KODEX

DES ÖSTERREICHISCHEN RECHTS

Herausgeber: Univ.-Prof. Dr. Werner Doralt
Redaktion: Dr. Veronika Doralt

SOZIAL-VERSICHERUNG

Durchführungsvorschriften und Empfehlungen

bearbeitet von

MMag. Herta Baumann
Mag. Veronika Jakobs

Dachverband der Sozialversicherungst

Rubbeln Sie Ihren persönlichen Code frei und laden Sie diesen Kodexband kostenlos in die Kodex App!

Benützungsanleitung: Die Novellen sind nach dem Muster der Wiederverlautbarung in Kursivdruck jeweils am Ende eines Paragraphen, eines Absatzes oder einer Ziffer durch Angabe des Bundesgesetzblattes in Klammer ausgewiesen. Soweit nach Meinung des Bearbeiters ein Bedarf nach einem genauen Novellenausweis besteht, ist der geänderte Text zusätzlich durch Anführungszeichen und Fettstellung hervorgehoben.

KODEX
DES ÖSTERREICHISCHEN RECHTS

VERFASSUNGSRECHT	STEUER-ERLÄSSE
EU-VERFASSUNGSRECHT	EStG-RICHTLINIENKOMMENTAR
VÖLKERRECHT	LSt-RICHTLINIENKOMMENTAR
EINFÜHRUNGSGESETZE ABGB UND B-VG	KStG-RICHTLINIENKOMMENTAR
	UmgrStG-RICHTLINIENKOMMENTAR
PARLAMENTSRECHT	UStG-RICHTLINIENKOMMENTAR
BÜRGERLICHES RECHT	GebG-RICHTLINIENKOMMENTAR
FAMILIENRECHT	DOPPELBESTEUERUNGSABKOMMEN
UNTERNEHMENSRECHT	VERRECHNUNGSPREISE
ZIVILGERICHTLICHES VERFAHREN	FINANZPOLIZEI
INTERNATIONALES PRIVATRECHT	ZOLLRECHT UND VERBRAUCH-STEUERN
WIRTSCHAFTSPRIVATRECHT	
SCHIEDSVERFAHREN	RECHNUNGSLEGUNG UND PRÜFUNG
STRAFRECHT	INTERNATIONALE RECHNUNGS-LEGUNG
IT-STRAFRECHT	
LEGAL TECH	VERBRAUCHERRECHT
IP-/IT-RECHT	VERKEHRSRECHT
GERICHTSORGANISATION	WEHRRECHT
ANWALTS- UND GERICHTSTARIFE	ÄRZTERECHT
NOTARIATSRECHT	KRANKENANSTALTENGESETZE
JUSTIZGESETZE	VETERINÄRRECHT
WOHNUNGSGESETZE	GESUNDHEITSBERUFE
FINANZMARKTRECHT	UMWELTRECHT
VERSICHERUNGSRECHT	EU-UMWELTRECHT
WIRTSCHAFTSGESETZE	WASSERRECHT
UWG	ABFALLRECHT UND ÖKO-AUDIT
TELEKOMMUNIKATION	CHEMIKALIENRECHT
KARTELLRECHT	EU-CHEMIKALIENRECHT
VERGABEGESETZE	LEBENSMITTELRECHT
COMPLIANCE FÜR UNTERNEHMEN	SCHULGESETZE
GLÜCKSSPIEL- UND WETTRECHT	UNIVERSITÄTSRECHT
ARBEITSRECHT	ASYL- UND FREMDENRECHT
EU-ARBEITSRECHT	BESONDERES VERWALTUNGSRECHT
ARBEITNEHMERSCHUTZ	VERWALTUNGSVERFAHRENSGESETZE
SOZIALVERSICHERUNG	INNERE VERWALTUNG
SOZIALVERSICHERUNG DURCHFÜHRUNGSVORSCHRIFTEN	POLIZEIRECHT
	LANDESRECHT TIROL
PERSONALVERRECHNUNG	LANDESRECHT VORARLBERG
STEUERGESETZE	BAURECHT TIROL

ISBN 978-3-7073-4573-5
LINDE VERLAG Ges. m. b. H., 1210 Wien, Scheydgasse 24
Telefon: 01/24 630 Serie, Telefax: 01/24 630-23 DW

Satz und Layout: psb, Rosenthaler Str. 9, 10119 Berlin

Druck und Bindung: Hans Jentzsch & Co. Ges. m. b. H., 1210 Wien, Scheydgasse 31

Alle Angaben in diesem Fachbuch (sowie in darauf aufbauenden Online-Angeboten, E-Books, Apps udgl.) erfolgen trotz sorgfältiger Bearbeitung ohne Gewähr; eine Haftung des Verlages, des Autors, des Herausgebers sowie der Entwickler ist ausgeschlossen.

Vorwort zur 12. Auflage SV-D

Mit der 12. Auflage des Kodex Sozialversicherung Durchführungsvorschriften und Empfehlungen wurden alle bis zum Stichtag erfolgten Änderungen und Neuerungen der abgedruckten Rechtsvorschriften und Zusammenstellungen eingearbeitet.

Im Bereich des Versicherungs- und Leistungsrechts wurden nur geringe Änderungen vorgenommen. Die Durchführungsvorschriften der Sozialversicherung gelten daher in großen Teilen unverändert weiter.

Neu erlassen wurden die Richtlinien für die Erbringung von Leistungen im Rahmen der Rehabilitation sowie von Leistungen im Rahmen der Festigung der Gesundheit und der Gesundheitsvorsorge – (RRK 2021), die Richtlinien über die Beurteilung der Voraussetzungen für eine Herabsetzung der Beitragsgrundlage für Selbstversicherte in der Krankenversicherung und über Form und Inhalt diesbezüglicher Anträge – RBGKV 2021, die Richtlinien zur einheitlichen Vollzugspraxis der Versicherungsträger im Bereich der AuftraggeberInnenhaftung (RVAGH 2022) sowie die Richtlinien zur einheitlichen Vollzugspraxis der Versicherungsträger im Bereich der Erstattung von Beiträgen ab dem Beitragsjahr 2019 (RVABE 2022), die die Vorgängerrichtlinien ersetzen.

Bei den Musterregelungen wurde die neue Mustersatzung (MS 2020) sowie deren 1. Änderung aufgenommen. Bei der Musterkrankenordnung (MKO 2016) gibt es derzeit keine Änderung zur 11. Auflage.

Bei den veränderlichen Werten werden – der bisherigen Praxis folgend – die Werte der Jahre 2022, 2021 und 2020 abgedruckt.

Die E-MVB befinden sich in ihrer aktuellen Fassung im Kodex.

Der Arbeitsbehelf für Dienstgeberinnen und Dienstgeber sowie Lohnverrechnerinnen und Lohnverrechner (Arbeitsbehelf 2022) der Österreichischen Gesundheitskasse wurde in die neue Auflage wieder aufgenommen. Zu finden ist dieser elektronisch unter www.gesundheitskasse.at.

Zur Frage der Auswahl der Texte:

Der Dachverband der Sozialversicherungsträger und die einzelnen Sozialversicherungsträger haben nach den Sozialversicherungsgesetzen zahlreiche Durchführungsvorschriften dazu erlassen. Neben Regelungen, die nur Fragen der inneren Organisation bzw. die Zusammenarbeit zwischen den Sozialversicherungsträgern regeln, existieren auch eine Reihe von Vorschriften, die Fragen des Melde-, Versicherungs- und Beitragsrechts sowie Fragen des Leistungsrechts berühren.

Mit dem vorliegenden *Kodex Sozialversicherung Durchführungsvorschriften und Empfehlungen* werden ausgewählte Regelungen dieses Rechtsbereichs erstmals gesammelt und griffbereit vorgelegt.

Mit Blick auf eine umfassende Relevanz für die RechtsanwenderInnen wurden in den *Kodex Sozialversicherung Durchführungsvorschriften und Empfehlungen* nicht nur Durchführungsvorschriften, sondern auch praxisrelevante Zusammenstellungen von sich jährlich ändernden Zahlenwerten sowie Empfehlungen für die einheitliche Vollzugspraxis der Versicherungsträger im Bereich des Melde-, Versicherungs- und Beitragswesens (E-MVB) aufgenommen.

Zum Inhalt des Bandes im Einzelnen:

Richtlinien

Dem Dachverband „obliegt die Beschlussfassung von Richtlinien zur Förderung der Zweckmäßigkeit und Einheitlichkeit der Vollzugspraxis der Sozialversicherungsträger" (§ 30 Abs. 2 Z 1 ASVG). Der Dachverband hat daher zahlreiche Richtlinien zu erlassen, deren Adressatenkreis in erster Linie die Sozialversicherungsträger sind (vgl. zur Frage der Außenwirkung das Erkenntnis des VfGH vom 19. Juni 2006, G 145/05). Für den Kodex wurden jene Richtlinien ausgewählt, die für Außenstehende von besonderer Relevanz erscheinen.

Musterregelungen

Die Versicherungsträger haben Satzungen sowie Krankenordnungen zu erlassen. Sowohl die Satzungen als auch die Krankenordnungen enthalten zahlreiche Bestimmungen, die sich direkt an die Versicherten (Anspruchsberechtigten), LeistungsempfängerInnen und BeitragsschuldnerInnen (also auch DienstgeberInnen) richten.

Der Dachverband hat sowohl eine Mustersatzung (§ 455 Abs. 2 ASVG) als auch eine Musterkrankenordnung (§ 456 Abs. 2 ASVG) aufzustellen.

Es wurden bei allen Rechtsvorschriften die jeweiligen Novellenangaben berücksichtigt. Es wurden alle bis zum Stichtag erfolgten Änderungen eingearbeitet.

Feststellungen

Gemäß § 49 Abs. 4 ASVG kann der Hauptverband, wenn dies der Wahrung einer einheitlichen Beurteilung der Beitragspflicht bzw. Beitragsfreiheit von Bezügen dient, nach Anhörung der Interessensvertretungen der DienstnehmerInnen und DienstgeberInnen feststellen, ob und inwieweit Bezüge iSd

Abs. 3 Z 1, 2, 6 oder 11 leg. cit. nicht als Entgelt gelten. Die *Feststellung* hat auch das Ausmaß (Höchstausmaß) der Bezüge bzw. Bezugsteile zu enthalten, das nicht als Entgelt gilt.

Beitragsrechtliche und leistungsrechtliche Werte

Dabei handelt es sich um sogenannte „veränderliche Werte". Die Änderungen dieser Werte werden jährlich durch Verordnung des zuständigen Bundesministeriums festgelegt. Diese Werte ergeben sich durch Aufwertung bzw. Anpassung mit einem bestimmten Faktor. Das Ergebnis dieser Verordnung bzw. Kundmachung ist eine Auflistung, welche gesetzliche Bestimmung mit welcher neuen „Zahl" zu lesen ist. Für die AnwenderInnen sind diese Verordnungen und Kundmachungen ohne dazugehörigen Gesetzestext praktisch nicht lesbar.

Vom Dachverband werden daher jährlich praxisnahe Zusammenstellungen zu beitrags- und leistungsrechtlichen Zahlenwerten, die einer Veränderung unterliegen, im Internet veröffentlicht.

Im Kodex finden sich neben den aktuellen Werten für 2022 auch jene für 2021 und 2020.

Empfehlungen zur einheitlichen Vollzugspraxis der Versicherungsträger im Bereich des Melde-, Versicherungs- und Beitragswesens (E-MVB)

Bei den E-MVB handelt es sich um einen Praxiskommentar zum ASVG in Anlehnung an die Lohnsteuerrichtlinien. Gemeinsam mit den Sozialversicherungsträgern werden im Bereich des Melde-, Versicherungs- und Beitragswesens Empfehlungen für eine österreichweit einheitliche Vorgangsweise erarbeitet, die insbesondere die laufende Judikatur der Höchstgerichte (VwGH, VfGH) berücksichtigen.

Die E-MVB, die im vergangenen Jahr wieder überarbeitet und angepasst wurden, finden sich in ihrer nun aktuellen Fassung (Stand Jänner 2022) im Kodex.

Abschließend möchten wir darauf hinweisen, dass alle abgedruckten Rechtsvorschriften sowie alle Rechtsvorschriften, die vom Dachverband und den Sozialversicherungsträgern erlassen werden, in ihrer authentischen Fassung unter www.ris.bka.gv.at/SVRecht verlautbart sind und kostenfrei abgefragt werden können. Eine Zusammenstellung des gesamten Sozialversicherungsrechts mit umfangreichen Suchmöglichkeiten und Informationen finden Sie in der vom Dachverband betriebenen Sozialrechtsdokumentation – SozDok unter www.sozdok.at. Allgemeine Informationen zur Sozialversicherung finden Sie im Internet-Portal der Sozialversicherung unter www.sozialversicherung.at.

Veronika Jakobs, Herta Baumann

Inhaltsverzeichnis

1.	**Verordnungen**		7
	1/1. SV-DSV 2018		7
2.	**Richtlinien**		23
	2/1. RöV 2005		25
	2/2. RöK 2005		35
	2/3. RJU 2016		40
	2/4. RVU		44
	2/5. RERS 2005		63
	2/6. RBS 2005		64
	2/7. RRZ 2008		66
	2/8. RRK 2021		72
	2/9. RBZRehab 2005		84
	2/10. RBZGesVors 2011		86
	2/11. RBGKV 2021		88
	2/12. RZB 2005		90
	2/13. RVABE 2022		92
	2/14. RMDFÜ 2005		94
	2/15. RVAGH 2022		97
	2/16. RBG 2013		99
	2/17. RZR 2013		101
3.	**Musterregelungen**		105
	3/1. Mustersatzung 2020		107
	3/2. Musterkrankenordnung 2016		133
4.	**Feststellungen beitragsfreier Entgeltbestandteile § 49 Abs. 4 ASVG**		167
5.	**Veränderliche Werte**		199
	5/1. Beitragsrechtliche Werte		
		5/1/1. Beitragsrechtliche Werte 2022	201
		5/1/2. Beitragsrechtliche Werte 2021	219
		5/1/3. Beitragsrechtliche Werte 2020	234
	5/2. Leistungsrechtliche Werte		
		5/2/1. Leistungsrechtliche Werte 2022	249
		5/2/2. Leistungsrechtliche Werte 2021	259
		5/2/3. Leistungsrechtliche Werte 2020	265
6.	**Empfehlungen zur einheitlichen Vollzugspraxis der Versicherungsträger im Bereich des Melde-, Versicherungs- und Beitragswesens (E-MVB)**		271
7.	**Arbeitsbehelf 2022 für Dienstgeberinnen und Dienstgeber sowie Lohnverrechnerinnen und Lohnverrechner der ÖGK**		481

1/1. SV-DSV 2018

SV-Datenschutzverordnung 2018, AVSV 2018/79 idF
1 AVSV 2018/203   **2** AVSV 2019/26   **3** AVSV 2020/4

GLIEDERUNG

- § 1. Geltungsbereich:
- § 2. Öffentlicher Bereich
- § 3. Dachverband als Auftragsverarbeiter
- § 4. Sozialversicherungsträger als Auftragsverarbeiter
- § 5. Gemeinsam für die Verarbeitung Verantwortliche
- § 6. Datenschutzbeauftragter
- § 7. Datengeheimnis
- § 8. Grundsätze für die Verarbeitung von personenbezogenen Daten
- § 9. Verarbeitung besonderer Kategorien personenbezogener Daten
- § 10. Einwilligung für die Verarbeitung von personenbezogenen Daten
- § 11. Datensicherheitsmaßnahmen
- § 12. Meldung von Verletzungen des Schutzes personenbezogener Daten (Data Breach Notification)
- § 13. Verzeichnis von Verarbeitungstätigkeiten (VVT)
- § 14. Datenschutz-Folgenabschätzung
- § 15. Protokollierung
- § 16. Aufbewahrungsfristen
- § 17. Archivierung
- § 18. Informationspflicht des Verantwortlichen
- § 19. Auskunftsrecht
- § 20. Andere Auskunftsvorschriften
- § 21. Recht auf Berichtigung
- § 22. Recht auf Löschung
- § 23. Recht auf Einschränkung der Verarbeitung
- § 24. Mitteilungspflicht bei Berichtigung, Löschung oder Einschränkung
- § 25. Widerspruchsrecht
- § 26. Information der Bediensteten
- § 27. Inkrafttreten
- § 28. Inkrafttreten der 3. Änderung

Datenschutzverordnung für die gesetzliche Sozialversicherung (SV-Datenschutzverordnung 2018 – SV-DSV 2018)

Geltungsbereich

§ 1. (1) Diese Verordnung gilt für
1. den Dachverband der Sozialversicherungsträger
2. die Österreichische Gesundheitskasse
3. die Versicherungsanstalt öffentlich Bediensteter, Eisenbahnen und Bergbau
4. die Sozialversicherungsanstalt der Selbständigen
5. die Allgemeine Unfallversicherungsanstalt
6. die Pensionsversicherungsanstalt

als Verantwortliche gemäß Art. 4 Z 7 Datenschutz-Grundverordnung (DSGVO) und Auftragsverarbeiter gemäß Art. 4 Z 8 DSGVO. Soweit nicht anderes vorgesehen, ist der Dachverband nach dieser Verordnung wie ein Sozialversicherungsträger zu behandeln.

(AVSV 2020/4)

(2) Die Sozialversicherungsträger sind verpflichtet, Unternehmen, über welche sie alleine oder gemeinsam mit anderen Sozialversicherungsträgern einen beherrschenden Einfluss ausüben, zur Anwendung dieser Verordnung zu verpflichten, soweit diese Unternehmen für Zwecke der Sozialversicherung (unter Verwendung von personenbezogenen Daten) tätig sind.

(3) Diese Verordnung bildet die Grundlage für eine einheitliche Vorgangsweise und Auslegung der DSGVO durch die Sozialversicherungsträger, solange keine kraft Anwendungsvorrang zu beachtenden anderslautenden Entscheidungen oder Änderungen der Rechtslage vorliegen. Diese Verordnung gilt sowohl für die Verarbeitung von personenbezogenen Daten in Dateisystemen nach Art. 4 Z 1 und 6 DSGVO bzw. nach dem Datenschutzgesetz (DSG) als auch für den Bereich des Grundrechts auf Datenschutz und auch in jenen Bereichen, in denen sich Datenverarbeitungen ganz oder teilweise auf Rechtsgrundlage außerhalb des Anwendungsbereiches des Vertrages über die Arbeitsweise der Europäischen Union stützen. Sie hat keine Rechtswirkungen darüber hinaus und begründet insbesondere keine Rechte und Pflichten von Versicherten, Beitragszahlern, Dienstgebern, Vertragspartnern oder meldepflichtigen Stellen.

(4) Verweise auf Normen sind nach deren Stand am Tag der Kundmachung zu verstehen, soweit nicht ausdrücklich eine andere Fassung genannt ist.

(AVSV 2020/4)

Öffentlicher Bereich

§ 2. Die Datenverarbeitungen der Verantwortlichen und der Auftragsverarbeiter der Sozialversicherung nach § 1 Abs. 2 sind, soweit nicht ausdrücklich anderes vorgesehen ist (§ 1 Abs. 3), nach § 26 Abs. 1 Z 1 DSG dem öffentlichen Bereich zuzuordnen.

Dachverband als Auftragsverarbeiter
(AVSV 2020/4)

§ 3. (1) Soweit der Dachverband der Sozialversicherungsträger im Rahmen seiner gesetzlichen Zuständigkeit (z. B. nach § 30d Abs. 1 ASVG, § 84a Abs. 5 ASVG) tätig wird, ist er soweit nicht ausdrücklich anderes vorgesehen ist (§ 1 Abs. 3), als datenschutzrechtlicher Auftragsverarbeiter für die Sozialversicherungsträger zu behandeln.

(AVSV 2020/4)

(2) Diese Verordnung und die anderen Richtlinien und Beschlüsse des Dachverbandes (REDV, SV-SR usw.) sind, soweit sie datenschutzrechtliche Bestimmungen enthalten und nicht ausdrücklich anderes vorgesehen ist (§ 1 Abs. 3), als andere Rechtsinstrumente nach Art. 28 Abs. 3 DSGVO zu behandeln. Ihre Verbindlichkeit richtet sich nach § 30 Abs. 3 ASVG. Der Abschluss zusätzlicher Verträge über die Tätigkeit als Auftragsverarbeiter ist nicht notwendig. Die nach Art. 28 Abs. 3 DSGVO vorgesehenen Abläufe sind durch Vollziehung der jeweils anwendbaren Rechtsvorschriften, insbesondere dieser Verordnung und der § 30d Abs. 1 ASVG, § 321, § 460a, § 460d, § 460e ASVG einzuhalten.

(AVSV 2020/4)

Sozialversicherungsträger als Auftragsverarbeiter

§ 4. (1) Sozialversicherungsträger sind, soweit nicht ausdrücklich anderes vorgesehen ist (§ 1 Abs. 3), Auftragsverarbeiter für die von ihnen verarbeiteten Daten auch dann, wenn diese Daten von anderen Sozialversicherungsträgern in Anwendungsbereich der Standardprodukte (vgl. Anhang der REDV 2006) oder anderen trägerübergreifenden Auftragsverarbeitungsvorgängen verarbeitet werden. § 3 Abs. 2 gilt sinngemäß.

(2) Dies gilt in gleicher Weise für die Gesellschaften, die von Sozialversicherungsträgern nach § 10 BVergG 2018 wie eigene Dienststellen zu behandeln sind (sogenannte in-house-GmbHs wie die SVC, ITSV, SVD etc.). § 3 Abs. 2 gilt sinngemäß.

Gemeinsam für die Verarbeitung Verantwortliche

§ 5. (1) Datenverarbeitungen, bei denen Verantwortliche gemeinsam die Zwecke und die Mittel zur Verarbeitung festlegen, sind Verarbeitungen nach Art. 26 DSGVO, wenn folgende Kriterien gemeinsam erfüllt sind:

1. Gemeinsame Festlegung von Zwecken und Mitteln durch Sozialversicherungsträger. Diese liegt dann vor, wenn

   a) die Datenverarbeitung nur von Sozialversicherungsträgern oder von Sozialversicherungsträgern mit Tochtergesellschaften, an denen eine Beteiligung des Sozialversicherungsträgers besteht, oder mit juristischen Personen, die einem Sozialversicherungsträger gleichzuhalten sind (Versorgungsanstalt des österreichischen Notariats, Krankenfürsorgeanstalt, betrieblicher Gesundheitsfonds nach den §§ 5a f. ASVG), geführt wird,

   (AVSV 2020/4)

   b) nur Sozialversicherungsträger auf die Gestaltung dieser Datenverarbeitung, insbesondere auf die Einbeziehung anderer Stellen (z. B. Krankenfürsorgeanstalten, § 2 Abs. 1 Z 2 B-KUVG) entweder

   aa) alleinigen Einfluss haben oder

   bb) durch amtlich kundgemachte Rechtsvorschriften ein Einfluss anderer Stellen (z. B. Weisungsbindung im Rahmen eines übertragenen Wirkungsbereiches im Pflegegeld-Informationssystem, § 30c Abs. 1 Z 2 lit. a ASVG, § 5 SV-EG) vorgesehen ist.

   (AVSV 2020/4)

   c) die beteiligten Sozialversicherungsträger einen Zuständigen aus ihrem Kreis bestellt haben, welchem die Koordination allfälliger administrativer Abläufe beim Betrieb der gemeinsamen Datenverarbeitung (z. B. nach § 13 Abs. 6) übertragen ist. Bei Datenverarbeitungen, die im Anhang der REDV 2006 genannt sind, ist dies der dort genannte Sozialversicherungsträger, bei mehreren genannten übernimmt, falls keine anderen Festlegungen getroffen sind, diese Aufgabe der Dachverband bzw. dann, wenn dieser nicht genannt ist, der in der Liste nach § 4 Abs. 1 MKO erstgenannte Sozialversicherungsträger.

   (AVSV 2020/4)

2. Der Zweck der Datenverarbeitung ist die Vollziehung der österreichischen Sozialversicherungsgesetze oder anderer amtlich kundgemachter Rechtsvorschriften, in denen ausdrücklich eine Mitarbeit von Sozialversicherungsträgern vorgesehen ist.

3. Die Mittel der Datenverarbeitung werden zumindest zum Teil von Sozialversicherungsträgern aufgebracht oder es handelt sich um Mittel, deren Heranziehung im Entscheidungsbereich der Sozialversicherungsträger liegt oder die durch amtlich kundgemachte Rechtsvorschriften dafür bereitzustellen sind (z. B. Kostensätze nach § 6 Abs. 4 SV-EG).

(AVSV 2020/4)

(2) Die SV-DSV ist eine nach Art. 26 Abs. 1 DSGVO vorgesehene Rechtsvorschrift des Mitgliedstaates Österreich. Sie ersetzt die nach Art. 26

DSGVO ansonsten vorgesehenen Vereinbarungen. Es werden folgende Regeln getroffen:

1. Die Verpflichtungen nach der DSGVO, insbesondere die Informationspflichten nach Art. 13 und 14 DSGVO sowie die Erfüllung der Auskunftsverpflichtung nach Art. 15 DSGVO, sind (jeweils für die selbst verarbeiteten Daten) von jenen Sozialversicherungsträgern zu erfüllen, bei denen die betroffenen Personen versichert sind oder von denen sie (z. B. im Ruhestand) Leistungen erhalten, bei mehreren Sozialversicherungsträgern ist im Zweifel jener Sozialversicherungsträger als Anlaufstelle zuständig, an den die Meldung (§ 33 ff. ASVG usw.) zu richten war.
2. Liegt keine Versicherung vor, so ist jener Sozialversicherungsträger als Anlaufstelle zuständig, bei dem das letzte Versicherungsverhältnis bestand, im Zweifel jener Sozialversicherungsträger, an den die Meldung (§§ 33 ff. ASVG usw.) zu richten war.
3. Liegt auch keine frühere Versicherung vor, ist jener Sozialversicherungsträger als Anlaufstelle zuständig, der zuletzt für die betroffene Person eine e-card ausgestellt hat.
4. Wurde auch keine e-card nach Z 3 ausgestellt, ist dann, wenn von der betroffenen Person nachgewiesen wird, dass personenbezogene Daten von einem Sozialversicherungsträger in Österreich verarbeitet wurden, jener Sozialversicherungsträger als Anlaufstelle zuständig, der für die betroffene Person nach internationalem Sozialversicherungsrecht zuständig wäre (§ 7 SV-EG).

(AVSV 2020/4)

5. Anfragen, die sich auf die Informations- und/oder Auskunftsrechte nach der DSGVO stützen, aber bei einem unzuständigen Sozialversicherungsträger einlangen (Art. 26 Abs. 3 DSGVO), dürfen nicht zurückgewiesen werden, sondern sind an einen jeweils als zuständig ermittelten Verantwortlichen weiterzuleiten (§ 321 ASVG, § 183 GSVG, § 171 BSVG, § 119 B-KUVG, § 102 NVG 2020 usw.). Zu diesem Zweck dürfen personenbezogene Daten auch von einem unzuständigen Sozialversicherungsträger verarbeitet werden.

(AVSV 2020/4)

6. Allgemeine Auskünfte darüber, welche Sozialversicherungsträger als Anlaufstelle zur Wahrnehmung der Informationsrechte nach Art. 13 bis 15 DSGVO in Betracht kommen, sind von jedem Sozialversicherungsträger ungeachtet seiner Zuständigkeit, z. B. durch Übermittlung eines Versicherungsdatenauszuges, zu geben.

(3) Der Dachverband hat der betroffenen Person auf Anfrage im Regelfall binnen eines Monats (Art. 12 DSGVO) Auskunft darüber zu geben, wer nach den ihm vorhandenen Daten dieser Person (§ 30c Abs. 1 Z 2 lit. a ASVG) für die Verarbeitung von Daten der betroffenen Person als möglicher Verantwortlicher in Betracht kommt oder mitzuteilen, dass kein möglicher Verantwortlicher betreffend der Daten der betroffenen Person gefunden werden konnte (Negativauskunft). Die Auskunft ist auf Grundlage der in der Anfrage genannten Daten (insb. Namens- und Geburtsdatumsschreibweisen) zu geben. Der Dachverband hat für Anfragen im Internet eine allgemeine Auskunftsmöglichkeit (z. B. über „meineSV" – Kontaktformular, Abfragemöglichkeit des Versicherungsdatenauszuges) anzubieten. Dafür sind zur Identitätsprüfung die Regeln des E-Government zu verwenden (Bürgerkarte, E-ID, §§ 4 ff. E-GovG).

(AVSV 2020/4)

(4) Die Vorgangsweise bei der Datenverarbeitung hat sich im Rahmen der durch diese Verordnung, die REDV 2006 und die Sicherheits-Richtlinien SV-SR gegebenen Regeln zu halten.

(5) Im Verzeichnis der Verarbeitungstätigkeiten ist von jedem Sozialversicherungsträger eine Liste jener Datenverarbeitungen zu veröffentlichen, in denen er Daten gemeinsam im Sinn des Art. 26 DSGVO verarbeitet und welche die Kriterien nach Abs. 1 erfüllen. Für Datenverarbeitungen, welche die Kriterien des Abs. 1 nicht erfüllen, ist jeder Sozialversicherungsträger alleiniger Verantwortlicher und damit auch alleinige Ansprechstelle für die Wahrnehmung der Informations- und Auskunftsrechte betreffend die darin verarbeiteten Daten.

Datenschutzbeauftragter

§ 6. (1) Jeder Sozialversicherungsträger hat gemäß § 5 DSG und nach Maßgabe des Art. 37 Abs. 5 DSGVO einen Datenschutzbeauftragten zu benennen.

(AVSV 2020/4)

(2) Der Datenschutzbeauftragte ist nach Art. 37 DSGVO auf der Grundlage seiner beruflichen Qualifikation, seines Fachwissens und seinen bisherigen Erfahrungen mit Datenverarbeitungen zu benennen; eine formalisierte Ausbildung ist nicht zu fordern. Dem Datenschutzbeauftragten ist Gelegenheit zu geben, seine Aufgaben nach Art. 39 DSGVO in zweckentsprechender Weise mit den dafür notwendigen räumlichen, zeitlichen und arbeitsmäßigen Kapazitäten, bei Bedarf durch Zuordnung entsprechender MitarbeiterInnen und technischen Ausstattungen zu erfüllen. Als Datenschutzbeauftragte können auch natürliche Personen vorgesehen werden, die nicht Dienstnehmer des Sozialversicherungsträgers sind, wobei in diesem Fall gegebenenfalls eine Zeichnungsbefugnis vorgesehen werden sollte, da der Datenschutzbeauftragte u. a. auch mit der Aufsichtsbehörde zusammen zu arbeiten hat. Der Datenschutzbeauftragte muss aber nicht als Vertreter des Sozialversicherungsträgers zur Unterfertigung schriftlicher Ausfertigungen berechtigt werden, wenn auf andere Weise eine rasche Ausführung seiner Agenden (insbesondere bei Data Breach-Notification) sichergestellt ist.

(3) Persönliche Erreichbarkeit für Ansprechpersonen in Datenschutzangelegenheiten (nicht jedoch ständige persönliche Erreichbarkeit des Datenschutzbeauftragten selbst) ist im Rahmen der

beim Sozialversicherungsträger üblichen Kundendienstzeiten sicher zu stellen.

(4) Die Kontaktdaten des Datenschutzbeauftragten sind im Internet auf der jeweiligen Website des Sozialversicherungsträgers zu veröffentlichen und der Datenschutzbehörde mitzuteilen.

(5) Jeder Verantwortliche hat nach Anhörung des Datenschutzbeauftragten (Art. 39 Abs. 1 lit. b DSGVO) eine Vorgangsweise (Person, Organisationseinheit, Schulungen) für Datensicherheitsmaßnahmen und andere Datenschutzthemen festzulegen. Im Rahmen dieser Vorgangsweise sind einschlägige Unterlagen (Organisationsbeschreibungen, Datensicherheitsmaßnahmen etc., z. B. über das Intranet) gesammelt zugänglich zu machen. Es ist weiters eine Stelle festzulegen, die als interne Kontaktstelle für jene datenschutzrechtlichen Fragen dient, die im Zusammenhang mit der Verarbeitung der Daten eines Auskunfts- oder Antragstellers in technischer und rechtlicher Hinsicht entstehen. Dies gilt auch, soweit datenschutzrechtliche Gesichtspunkte nicht völlig ausgeschlossen werden können, für Auskunftsersuchen und Anfragen nach dem Auskunftspflichtrecht.

(6) Der Datenschutzbeauftragte und die für ihn tätigen Personen sind unbeschadet sonstiger Verschwiegenheitspflichten bei der Erfüllung der Aufgaben und auch nach Ende ihrer Tätigkeit zur Geheimhaltung verpflichtet (§ 460a ASVG).

(7) Der Datenschutzbeauftragte ist bezüglich der Ausübung seiner Aufgaben weisungsfrei.

(8) Der Datenschutzbeauftragte hat gegenüber dem Verantwortlichen beratende Funktion. Verbindliche Anordnungen sind von den geschäftsführenden Organen des Sozialversicherungsträgers zu treffen. Der Datenschutzbeauftragte kann nicht als verantwortlicher Beauftragter nach § 9 Verwaltungsstrafgesetz bestellt werden.

(9) Verantwortliche und Auftragsverarbeiter haben den Datenschutzbeauftragten im Sinne des Art. 38 DSGVO zu unterstützen.

Datengeheimnis

§ 7. (1) Alle Bediensteten und sonstige Personen (z. B. Versicherungsvertreter) sind zur Geheimhaltung von personenbezogenen Daten verpflichtet, die ihnen bei einem Verantwortlichen oder Auftragsverarbeiter aufgrund ihrer Beschäftigung oder Funktion anvertraut oder zugänglich wurden. Dies unbeschadet sonstiger allfälliger Verschwiegenheitspflichten (§ 460a ASVG). Darüber hinaus ist es diesen Personen insbesondere untersagt,

1. sich personenbezogene Daten unbefugt zu beschaffen;
2. personenbezogene Daten zu einem anderen Zweck als für ihre eigene Arbeit zu verarbeiten;
3. unbefugten Personen oder offensichtlich unzuständigen Stellen personenbezogene Daten zugänglich zu machen.

(2) Die im Abs. 1 genannten Personen sind zur Einhaltung dieser Verbote sowie zur Verschwiegenheit auch nach Beendigung ihres Dienstverhältnisses oder ihrer Funktion verpflichtet.

Grundsätze für die Verarbeitung von personenbezogenen Daten

§ 8. (1) Personenbezogene Daten dürfen nur im Rahmen des Art. 5 Abs. 1 DSGVO verarbeitet werden. Zur Auslegung der DSGVO sind auch deren Erwägungsgründe heranzuziehen.

(2) Grundsätze für die Verarbeitung von personenbezogenen Daten in der Sozialversicherung sind:

1. Personenbezogene Daten dürfen nur in der Art und dem Umfang verwendet werden, als dies für den Verantwortlichen oder den Auftragsverarbeiter zur Wahrnehmung der ihm gesetzlich übertragenen Aufgaben bzw. der Erfüllung der in diesem Zusammenhang geschlossenen Verträge (Privatwirtschaftsverwaltung) eine wesentliche Voraussetzung ist. Dazu gehört auch die Überprüfung, ob eine Maßnahme sinnvoll war (z. B. Kontrollen, Evaluierungen, Prüfungen des Erfolges von Rehabilitationsmaßnahmen, Prüfung eines Ausbildungserfolges). Die Verarbeitung nicht notwendiger personenbezogener Daten (Ballastwissen, Überschusswissen) ist unzulässig. Aufzeichnungen über technische Vorgänge (Programm-zu-Programm-Verbindungen, Abläufe des Portalverbundprotokolls), die der technischen Sicherheit, Nachvollziehbarkeit und Kontrolle von Datenverarbeitungen dienen, bilden kein Überschusswissen, auch wenn sie nicht für eine konkrete Datenverarbeitung fachlicher Art verarbeitet werden. Aufzeichnungen, die für Aufgaben der Innenrevision, für Einschaurechte einer Aufsichtsbehörde nach den §§ 448 ff. ASVG, Untersuchungen der Aufsichtsbehörde nach Art. 58 DSGVO oder Prüfungen durch den Rechnungshof nach Art. 126c B-VG verwendet werden sollen, bilden kein Überschusswissen. Bei ihrer Aufbewahrung ist jedoch auf möglichste Schonung personenbezogener Aspekte Rücksicht zu nehmen (keine Speicherung im Rahmen allgemein zugänglicher Arbeitsabläufe).
2. Datenverarbeitungen dürfen nur auf Grund einer ausdrücklichen Rechtsgrundlage durchgeführt werden und nicht schon dann, wenn eine solche Berechtigung im Wege einer Interpretation einer Bestimmung erschlossen werden könnte.
3. Die datenschutzrechtliche Zulässigkeit einer Datenverarbeitung begründet für sich allein noch keine Verpflichtung hiezu. Für eine Datenverarbeitung haben konkrete Gründe aus dem Vollziehungsbereich des jeweiligen Rechtsträgers im Sinne der Art. 5 Abs. 1 und Art. 6 Abs. 1 DSGVO vorzuliegen.

(AVSV 2020/4)

4. Personenbezogene Daten, die nicht mehr benötigt werden, sind vorbehaltlich allfälliger

Aufbewahrungsfristen (§ 16) zu löschen oder zu archivieren. Zu diesem Zweck sind Dateisysteme nach Art. 4 Z 6 DSGVO regelmäßig auf die Notwendigkeit der darin enthaltenen personenbezogenen Daten durchzusehen. Die bloße theoretische Möglichkeit, Datenbestände zur Vollziehung einer noch nicht absehbaren zukünftigen Regelung verarbeiten zu können, ist für sich allein kein ausreichender Grund, entsprechende personenbezogene Daten aufzubewahren.

5. Einem Ersuchen eines Dritten um Übermittlung darf ein Verantwortlicher oder Auftragsverarbeiter nur entsprechen, wenn folgende Voraussetzungen gemeinsam vorliegen:
   a) eine Rechtsgrundlage (Z 2) hiefür feststeht und die Sicherheit des Datenaustausches gewährleistet ist;
   b) bei Zweifeln an der Übermittlungszulässigkeit die ersuchende Stelle vor der Datenermittlung ihre Ermittlungsberechtigung glaubhaft gemacht hat;
   c) bei automationsunterstützten Übermittlungsverfahren der Übermittlungsempfänger für die Dauer des Bestehens seiner Zugriffsberechtigung verpflichtet ist, regelmäßige Kontrollen durchzuführen, Kontrollmaßnahmen der übermittelnden Stelle zu unterstützen und die tatsächliche Umsetzung dieser Pflichten dem Verantwortlichen oder Auftragsverarbeiter gegenüber glaubhaft gemacht ist;
   d) sich Übermittlungsersuchen auf konkret umschriebene personenbezogene Daten beziehen, wobei die Übermittlung nur allgemein beschriebener Datenbestände jedenfalls unzulässig ist;
   e) andere Möglichkeiten, ein überwiegendes und demnach berechtigtes Interesse zu wahren, nicht vorliegen oder nicht zumutbar sind.

   Dies gilt in gleicher Weise auch für einen Auftragsverarbeiter, wenn er im Rahmen seiner Auftragserfüllung Übermittlungsersuchen zu erledigen hat.

6. Das gelindeste zur Verfügung stehende Mittel im Sinn des § 1 Abs. 2 letzter Satz DSG wird dann nicht mehr eingesetzt, wenn personenbezogene Daten aus Beständen der Sozialversicherung für Zwecke verarbeitet werden sollen, zu deren Unterstützung andere Register eingerichtet sind (z. B. für Adressenermittlungen die Melderegister, für Einkommenserhebungen jene der Finanzverwaltung).

7. Die Verantwortung des Verantwortlichen bzw. des Auftragsverarbeiters für die weitere Verwendung der personenbezogenen Daten endet mit der Übermittlung dieser personenbezogenen Daten an Dritte.

8. Daten eines Sozialversicherungsträgers oder des Dachverbandes über die Beschäftigung von eigenen Bediensteten (Personaldaten), über Vertragspartner (§§ 338 ff. ASVG) oder sonstige Geschäftspartner, Lieferanten usw. sind organisatorisch (z. B. durch getrennte Zugriffsrechte) von jenen personenbezogenen Daten zu trennen, die für diese Personen in deren Eigenschaft als Versicherte, Vertragspartner oder Dienstgeber (meldepflichtige Stellen) verarbeitet werden. Eine gleichzeitige Verarbeitung solcher Daten in mehreren Zusammenhängen ist auf das unbedingt notwendige Ausmaß (z. B. Wohn- und/oder Betriebsadressen) einzuschränken. Die zur Verwendung von Dienstnehmerdaten berechtigten Personen dürfen aus den Versicherungsdaten nur jene Auskünfte erhalten, die nach den jeweiligen gesetzlichen Bestimmungen auch einem Dienstgeber außerhalb der Sozialversicherung oder einer sonstigen hiezu berechtigten Stelle gegeben werden dürfen.

(AVSV 2020/4)

9. Daten eines Sozialversicherungsträgers oder des Dachverbandes dürfen für im öffentlichen Interesse liegende Archivzwecke, wissenschaftliche oder historische Forschungszwecke oder für statistische Zwecke weiter verarbeitet werden, wenn die Weiterverarbeitung gemäß Art. 89 Abs. 1 DSGVO erfolgt.

(AVSV 2020/4)

10. Neu eingerichtete Datenverarbeitungen sind jedenfalls, vorhandene Datenverarbeitungen möglichst so zu gestalten, dass das jeweilige bereichsspezifische Personenkennzeichen bPK nach § 9 E-GovG verwendet werden und das GTelG sowie die Abläufe des E-GovG (inkl. Portalverbundorganisation des Bundes) eingehalten werden kann. Dies kann für solche Datenverarbeitungen entfallen, die nicht für Zwecke außerhalb des jeweiligen Rechtsträgers vorgesehen sind und bei denen eine zukünftige Zusammenarbeit mit ähnlichen Datenverarbeitungen anderer Rechtsträger ausgeschlossen werden kann.

11. Bei der Verarbeitung von pseudonymisierten oder anonymisierten Daten ist darauf zu achten, dass ausgeschlossen wird, durch Kombination mehrerer Angaben dennoch auf einen Personenbezug rückschließen zu können. Zu diesem Zweck dürfen Datenbestände, die auf Gruppen von weniger als zehn Sachverhalten beruhen, durch Target Record Swapping oder ähnliche Verfahren so verändert werden, dass zwar nicht die grundsätzliche Aussage beeinträchtigt wird, wohl aber Rückschlüsse auf Einzelpersonen unmöglich werden. Allgemein ist eine möglichst hohe k-Anonymität bzw. l-diversity anzustreben.

Verarbeitung besonderer Kategorien personenbezogener Daten

§ 9. (1) Die Verarbeitung von besonderen Kategorien personenbezogener Daten ist ausschließlich in den Fällen, die in Art. 9 DSGVO taxativ aufgezählt sind, zulässig. Bei der Verarbeitung dieser Daten sind jedenfalls die Datensicherheitsmaßnahmen nach § 11 zu treffen. Dabei sind folgende Grundsätze zu beachten:

1. Zugriffe auf personenbezogene Daten, die automationsunterstützt verarbeitet werden, sind lückenlos zu protokollieren.
2. Verantwortliche und Auftragsverarbeiter, die personenbezogene Daten verarbeiten, haben personenbezogene Daten, die ihnen anvertraut wurden oder zugänglich geworden sind, unbeschadet sonstiger gesetzlicher Verschwiegenheitspflichten, geheim zu halten, soweit kein rechtlich zulässiger Grund für eine Übermittlung der anvertrauten oder zugänglich gewordenen personenbezogenen Daten besteht (Datengeheimnis, vgl. § 7).
3. Personenbezogene Daten dürfen ausschließlich für konkret genannte Zwecke, die auf gesetzlichen Grundlagen beruhen, verarbeitet werden. Bei Datenverarbeitungen ist eine klar nachvollziehbare Ablauforganisation unter Vermeidung von parallelen Abläufen einzurichten (Datenminimierung, Art. 5 Abs. 1 lit. c DSGVO).
4. Natürliche Personen, deren personenbezogene Daten verarbeitet werden, dürfen keine über die Vollziehung von Gesetzen hinausgehenden Nachteile aus der Verarbeitung erleiden.
5. Verantwortliche, die Verarbeitungen durchführen, haben
   a) im Internet öffentlich einsehbar auf die Inanspruchnahme dieser Rechtsgrundlage hinzuweisen (Verzeichnis der Verarbeitungstätigkeiten, VVT § 13),
   b) bei Ausstattung ihrer Daten mit bereichsspezifischen Personenkennzeichen dafür zu sorgen, dass Fremd-bPKs nur verschlüsselt zum Einsatz gelangen und nicht durch Surrogate ersetzt werden (§ 13 Abs. 2 E-GovG),
   c) vor Heranziehung von Registern sich darüber jedenfalls von ihrem Datenschutzbeauftragten (Art. 37 DSGVO, § 6) beraten zu lassen,
   d) die Aufgabenverteilung bei der Verarbeitung der Daten zwischen den Organisationseinheiten und zwischen den MitarbeiterInnen ausdrücklich festzulegen,
   e) die Verarbeitung von Daten an das Vorliegen gültiger Aufträge der anordnungsbefugten Organisationseinheiten und MitarbeiterInnen zu binden,
   f) alle MitarbeiterInnen über die nach dieser Verordnung und innerorganisatorischen Datenschutzvorschriften bestehenden Pflichten zu belehren (vgl. § 26),
   g) die Zutrittsberechtigung zu den Räumlichkeiten, in denen die Verarbeitung der Daten tatsächlich erfolgt, zu regeln,
   h) die Zugriffsberechtigung auf Daten und Programme der Schutz der Datenträger vor der Einsicht und Verwendung durch Unbefugte zu regeln,
   i) die Berechtigung zum Betrieb der Datenverarbeitungsgeräte festzulegen und jedes Gerät durch Vorkehrungen bei den eingesetzten Maschinen oder Programmen gegen die unbefugte Inbetriebnahme abzusichern,
   j) in der Dokumentation (§ 11 Abs. 7) die nach der lit. d bis i getroffenen Maßnahmen zu berücksichtigen, um die Kontrolle und Beweissicherung zu erleichtern,
6. Die Veröffentlichung von bereichsspezifischen Personenkennzeichen darf, außer gegenüber dem Betroffenen, unter keinen Umständen erfolgen.

(AVSV 2020/4)

(2) Ein wichtiges öffentliches Interesse im Sinn des Art. 9 Abs. 2 lit. i DSGVO kann auch ein wichtiges wirtschaftliches öffentliches Interesse an internem Controlling sowie externer Revision und Aufsichtstätigkeit sein, wobei auch in solchen Zusammenhängen die Datenverarbeitung nur im tatsächlich notwendigen Ausmaß erfolgen darf (z. B. Evaluierung der Verwendung öffentlicher Mittel im Gesundheitswesen durch Aufsichtsbehörden und Rechnungshof, Ergebnisprüfung für den Einsatz von Heilmethoden, Beobachtung volkswirtschaftlicher Entwicklungen, Zusammenwirken bei der Gesundheitsvorsorge nach § 459e Abs. 2 Z 4 und 5 ASVG).

(AVSV 2020/4)

(3) Wichtiges öffentliches Interesse im Sinn dieser Verordnung besteht auch, wenn die Verarbeitung im öffentlichen Interesse liegenden Archivzwecken, wissenschaftlichen oder historischen Forschungszwecken oder statistischen Zwecken dient.

(4) Bei der Verarbeitung von besonderen Kategorien personenbezogener Daten sind diese Daten zum frühestmöglichen Zeitpunkt zu pseudonymisieren, sofern dies ohne Beeinträchtigung der gesetzlichen und sonstigen Verpflichtungen der Sozialversicherung möglich ist.

(AVSV 2020/4)

Einwilligung für die Verarbeitung von personenbezogenen Daten

§ 10. (1) Eine datenschutzrechtlich gültige Einwilligung iSd Art. 4 Z 11 DSGVO ist insbesondere dann gegeben, wenn sie von der betroffenen Person

1. freiwillig;
2. für einen konkreten Sachverhalt („den bestimmten Fall");
3. nach ausreichender Information („in informierter Weise");

entweder ausdrücklich (explizit) und schriftlich erfolgt, d. h. durch die Erklärung, dass zugestimmt wird, oder schlüssig (konkludent) durch eine aktive Handlung abgegeben wurde (z. B. das Anklicken einer Checkbox), die nur so verstanden werden kann, dass die betroffene Person mit der Verarbeitung ihrer Daten einverstanden ist.

(2) Wird die Einwilligung nach Abs. 1 widerrufen, bewirkt dies die Rechtswidrigkeit künftiger Datenverwendung, d. h. Rechtswidrigkeit der Verarbeitung der Daten des Widerrufenden ab dem Einlangen des Widerrufs beim Verantwortlichen, sofern nicht eine weitere, von der widerrufenen Einwilligung unabhängige Rechtsgrundlage für die Verarbeitung gemäß Art. 6 oder 9 DSGVO besteht.

(3) Gesetzlich vorgesehene Aufgaben (z. B. im Rahmen der Satzung oder Krankenordnung eines Sozialversicherungsträgers) beruhen nicht auf einer Einwilligung zur Verarbeitung der davon betroffenen personenbezogenen Daten. Eine Einwilligung im Sinn der DSGVO ist daher für Datenverarbeitungen im Rahmen solcher Aufgaben nicht notwendig.

Datensicherheitsmaßnahmen

§ 11. (1) Verantwortliche und Auftragsverarbeiter haben bereits im Stadium der Konzeption und Entwicklung von Datenverarbeitungen die Grundsätze des Art. 25 DSGVO zu berücksichtigen.

(2) Verantwortliche und Auftragsverarbeiter haben die Richtigkeit der Verarbeitungen in regelmäßigen Abständen durch Stichproben oder Prüfprogramme zu überprüfen. Die ergriffenen Datensicherheitsmaßnahmen sind gemäß Art. 32 Abs. 1 lit. d DSGVO zur Feststellung ihrer Wirksamkeit und Aktualität regelmäßig zu testen. Die Ergebnisse der Tests sowie die daraus abzuleitenden (Verbesserungs-)Maßnahmen sind zu dokumentieren (ISO-Zertifizierungen etc.). Die Ergebnisse dieser Prüfung sind drei Jahre ab dem Jahr, in dem die Prüfung stattgefunden hat, aufzubewahren. Der jeweils aktuelle Stand dieser Dokumentationen ist auf Wunsch der Datenschutzbehörde in deren Funktion als Aufsichtsbehörde zur Verfügung zu stellen.

(3) Personenbezogene Daten und Programme sind unter Berücksichtigung des Standes der Technik und der Implementierungskosten vor Veränderung, Vernichtung und Verlust sowie gegen unbefugte Verwendung und Weitergabe zu schützen.

(4) Der Verantwortliche (oder in dessen Auftrag der Auftragsverarbeiter) hat für die Vernichtung unbrauchbarer oder nicht mehr benötigter Ausdrucke und sonstiger Datenträger bzw. das sichere Löschen nicht mehr benötigter Daten nach dem jeweiligen Stand der Technik Sorge zu tragen.

(5) Für die ordnungsgemäße und sichere Verarbeitung von personenbezogenen Daten sind insbesondere folgende Datensicherheitsmaßnahmen zu setzen:

1. Die technische Datensicherheit ist auf Grundlage der SV-Sicherheitsrichtlinien – SV-SR zu gewährleisten. Vor Neueinrichtung von Datenverarbeitungen bzw. für bestehende Datenanwendungen (regelmäßige Überprüfung siehe § 11 Abs. 6) ist eine Klassifizierung der zu verarbeitenden Daten laut SV-Handbuch „SV-Sicherheitsklassen und Klassifizierung" (detaillierter Mindeststandard laut § 3 Abs. 2 SV-SR) für die Bereiche Datenschutz und Datensicherheit durchzuführen und zu dokumentieren sowie eine SV-Sicherheitsklasse für die Daten festzulegen bzw. für Datenverarbeitung davon abzuleiten (höchste erhobene SV-Sicherheitsklasse ist anzuwenden). Darüber hinaus ist eine Klassifizierung der Verfügbarkeit der Datenanwendung nach oben erwähntem SV-Handbuch zu erheben und zu dokumentieren.
(AVSV 2020/4)
2. Für die Programmverwaltung sind Zuständigkeiten und Regeln festzulegen. Zugriffsschutz zu personenbezogenen Daten und Datensicherheitsmaßnahmen sind nach Maßgabe des jeweiligen Standes der Technik zu organisieren; erteilte Zugriffsberechtigungen sind einfach lesbar auf nachvollziehbare Weise (inklusive der Berechtigungszeitraumes) zu dokumentieren. Der Umfang der Zugriffsberechtigungen ist auf das für die Aufgabenerfüllung Erforderliche zu beschränken. Bestehende Einrichtungen sind regelmäßig auf Verbesserungsmöglichkeiten zu untersuchen.
3. Zugriff auf Datenverarbeitungen darf nur eingeräumt werden, nachdem die Bestimmungen über das Datengeheimnis, die Datensicherheitsmaßnahmen und diese Verordnung zur Kenntnis gebracht wurden. Ein Zugriff muss in letzter (Protokoll-)Instanz immer auf eine identifizierbare natürliche Person rückführbar sein. Sammelzugriffsberechtigungen, über die Zugriffe mehrerer Personen dokumentiert werden, sind unzulässig. Ebenso unzulässig ist es, Datenbestände außerhalb ausdrücklicher gesetzlicher Bestimmungen oder eindeutiger Vereinbarungen über eine Auftragsdatenverarbeitung gesammelt an zugriffsberechtigte Stellen zu übermitteln, um diesen bei Bedarf das Verarbeiten der personenbezogenen Daten möglich zu machen.
4. Zugriffsberechtigungen außerhalb ausdrücklicher gesetzlicher Verpflichtungen (z. B. im Rahmen von Projekten nach § 459e ASVG) sind nur befristet einzuräumen und jedenfalls zu beenden, wenn sie
   a) zur weiteren Arbeit nicht mehr benötigt werden oder
   b) vom Berechtigten Verstöße gegen Datensicherheitsvorschriften gesetzt wurden.
5. Bei der Neueinrichtung von Datenverarbeitungen ist gemäß Art. 32 Abs. 1 lit. a DSGVO zu prüfen, ob die Verwendung personenbezogener Daten in diesen Verarbeitungen durch vorgezogene Pseudonymisierung gesichert werden kann (bei der Personendaten nur an einer Stelle des gesamten Ablaufes verwen-

det werden und der restliche Ablauf über technisch nicht personenbezogene Identitätskennzeichen verläuft). Die Verwendung bereichsspezifischer Personenkennzeichen bPK nach § 9 E-GovG (§ 30c Abs. 1 Z 1 ASVG) ist in neuen Datenverarbeitungen jedenfalls vorzusehen.
(AVSV 2020/4)

6. Datenträger, unabhängig davon ob diese unverschlüsselt oder verschlüsselt sind, welche eine undokumentierte nachträgliche Veränderung oder ein nicht nachvollziehbares Löschen von personenbezogenen Daten ermöglichen oder die auf einfache Weise durch ein anderes gleich aussehendes Exemplar ersetzt werden können (z. B. USB-Sticks, CD-ROMs, transportable Festplatten, etc.) dürfen für Übermittlungen nicht verwendet werden.

7. Datenverarbeitungen (insbesondere Übermittlungen), für die Anwendungen im Rahmen des elektronischen Verwaltungssystems der österreichischen Sozialversicherung ELSY (§§ 31a ff. ASVG oder hinsichtlich der Datensicherheit gleichwertige Datenübermittlungssysteme zur Verfügung stehen, dürfen nicht über andere Wege (Programme, Applikationen usw.) vorgenommen werden.

8. Datenverarbeitungen sind, so dies im Sinne einer wirtschaftlichen, zweckmäßigen und sparsamen Erfüllung der gesetzlichen Aufgaben der Sozialversicherungsträger möglich ist, in getrennter Form so zu organisieren, dass Datenweitergaben (Übermittlungen) nur an wenigen Schnittstellen erfolgen und die gemeinsame Nutzung von Datenbeständen für verschiedene Zwecke, aber auch die parallele Führung von Datenbeständen für gleiche Zwecke vermieden wird.

9. Zur Vermeidung, Abwehr und Nachverfolgung von Angriffen auf Datenbestände oder technische Einrichtungen der Datenverarbeitung ist mit den dafür bestehenden Einrichtungen für öffentliche Stellen zusammenzuarbeiten (z. B. Gov-CERT).

10. Die Sozialversicherungsträger und der Dachverband haben sich an Einrichtungen anzubinden, durch welche eine sichere elektronische Zustellung (§§ 28 ff. ZustG) möglich ist sowie selbst elektronische Posteingangsadressen für Zustelldienste anzubieten.
(AVSV 2020/4)

11. Von einem Verfahren der Datenschutzbehörde nach § 24 DSG ist vom betroffenen Versicherungsträger jedenfalls der Dachverband in Grundzügen des Sachverhaltes zu verständigen (§ 321 ASVG, § 183 GSVG, § 171 BSVG, § 119 B-KUVG, § 102 NVG 2020). Der Dachverband hat andere Sozialversicherungsträger, welche personenbezogene Daten der gleichen Kategorie usw. der betroffenen Person ver- arbeiten, über die rechtlichen Grundlagen des Verfahrens zu informieren.
(AVSV 2020/4)

12. Der Einsatz von Mobile Devices bedarf vor Inbetriebnahme und während des Betriebes wiederkehrender Sicherheitsanalysen, in denen mögliche Bedrohungen und Gefährdungen identifiziert werden und geeignete technische und/oder organisatorische Maßnahmen zum Schutz der auf den Devices befindlichen personenbezogenen Daten festgelegt werden. Der SV-Mindeststandard SV-Handbuch „Mobile Device Sicherheit" (detaillierter Mindeststandard laut § 3 Abs. 2 SV-SR) ist zu beachten.

Die Anordnung dieser Datensicherheitsmaßnahmen umfasst auch die Einrichtung redundanter Systeme, auf welche die Daten der Primärsysteme in regelmäßigen Abständen übertragen werden („Spiegelung") und die bei Ausfall der Primärsysteme deren Aufgaben übernehmen.

(6) Vor dem Einsatz von Datenverarbeitungen sind diese unabhängig von der Art ihrer Erstellung (Eigenentwicklung, Fremdbeschaffung) auf Funktionalität, Einhaltung der datensicherheitstechnischen Voraussetzungen auf Basis der festgelegten Klassifizierung der zu verwendeten Daten und festgelegte Verfügbarkeit der Datenverarbeitung zu prüfen. Für die Prüfung sind entweder ausschließlich synthetische Daten heranzuziehen oder vor Beginn der Prüfung alle Voraussetzungen nach der DSGVO, dem DSG sowie dieser Verordnung – welche ein Produktivsystem zu erfüllen hat – umzusetzen. Prüfungen (nicht aber Tests mit originären Echtdaten) können auch bereits vor Inkrafttreten der gesetzlichen Grundlage für die Datenverarbeitung durchgeführt werden, damit der gesetzlich vorgesehene Produktivsetzungszeitpunkt eingehalten werden kann.

(7) Über alle Datensicherheitsmaßnahmen ist eine Dokumentation zu führen; diese ist laufend – oder ansonsten zumindest einmal jährlich – zu aktualisieren und mindestens drei Jahre bis nach Beendigung der Datenverarbeitung aufzubewahren. Alternativ kann die Dokumentation in einem laufend aktuell gehaltenen elektronischen System (z. B. IT-MAP) geführt werden. Die Dokumentation der Sicherheitsmaßnahmen dient gleichzeitig auch als Basis für eine gemäß § 13 erforderliche Folgenabschätzung.

(8) Die zu ergreifenden Datensicherheitsmaßnahmen sind sozialversicherungsübergreifend im Sinne der SV-SR zu standardisieren. Sie sind in das EDV-Handbuch (§ 16 REDV 2006) zu übernehmen und gelten, soweit nicht konkrete Ausnahmen zulässig erklärt wurden, für alle Sozialversicherungsträger.

(9) Die Datensicherheitsmaßnahmen sind zur Feststellung deren Wirksamkeit und Aktualität gemäß Art. 32 Abs. 1 lit. d DSGVO regelmäßig zu überprüfen. Die daraus resultierenden Ergebnisse der Überprüfung sowie die daraus abzuleitenden (Verbesserungs-)Maßnahmen sind zu dokumentieren, unverzüglich einer Risikobewertung zu

unterziehen und entsprechend dem Ergebnis der Risikobewertung priorisiert umzusetzen.

(10) Bedient sich der Dachverband oder ein Sozialversicherungsträger für eine Datenverarbeitung eines Auftragsverarbeiters, so ist dieser zur Einhaltung aller datenschutzrechtlichen Bestimmungen und Ergreifung der in dieser Verordnung vorgesehenen Datensicherheitsmaßnahmen zu verpflichten.

(AVSV 2020/4)

Meldung von Verletzungen des Schutzes personenbezogener Daten (Data Breach Notification)

§ 12. (1) Ein Verantwortlicher hat im Falle einer Verletzung des Schutzes personenbezogener Daten eine Meldung nach Maßgabe des Art. 33 DSGVO an die Datenschutzbehörde zu erstatten, wenn dadurch voraussichtlich ein Risiko für die Rechte und Freiheiten der betroffenen Personen besteht. Ein solches Risiko ist dann anzunehmen, wenn auf Dauer leistungsrechtliche Anwartschaften oder Leistungsansprüche der betroffenen Personen oder deren Identitätsdaten (z. B. durch Veränderung) gefährdet wurden. Ein Risiko ist im Regelfall nicht anzunehmen, wenn durch sofortige Maßnahmen eine Verletzung des Schutzes personenbezogener Daten verhindert werden kann (Sperre von Geräten, Maßnahmen nach dem Signatur- und Vertrauensdienste G wie Zertifikatssperren) und nicht aus anderen Gründen (z. B. wenn ein weiter verbreiteter Software- oder Hardwarefehler angenommen werden muss) eine Information notwendig erscheint. Der eigene Datenschutzbeauftragte ist unabhängig davon jedenfalls zu informieren.

(2) Wenn einem Auftragsverarbeiter eine Verletzung des Schutzes personenbezogener Daten bekannt wird, hat er diese zu dokumentieren und unverzüglich dem Verantwortlichen zu melden. Ist eine Meldung nach Abs. 1 zu erstatten, so hat der Verantwortliche zeitgleich auch den Chief Security Officer (CSO) des Dachverbandes in Grundzügen (ohne personenbezogene Daten) darüber zu informieren.

(AVSV 2020/4)

(3) Im Rahmen einer Verletzung des Schutzes personenbezogener Daten haben der Verantwortliche und der Auftragsverarbeiter alles zu unternehmen, um das Schadensausmaß gering zu halten, den betroffenen Personen unnötige Mühe zu ersparen, die Fehlerbehebung raschest einzuleiten und Folgefehler zu verhindern.

(4) Ob die betroffenen Personen von einer Verletzung des Schutzes personenbezogener Daten zu benachrichtigen sind, richtet sich nach Art. 34 DSGVO. Ein unverhältnismäßiger Aufwand (Art. 34 Abs. 3 lit. c DSGVO) ist dann anzunehmen, wenn der Kreis der betroffenen Personen nicht eingegrenzt werden kann. Bei Schutzverletzungen, die daraus entstanden sind, dass einem Patienten in medizinischen Zusammenhängen (Erste Hilfe) rasch geholfen werden sollte, ist im Zweifel nicht anzunehmen, dass daraus ein hohes Risiko im Sinn des Art. 34 DSGVO entstanden ist.

Verzeichnis von Verarbeitungstätigkeiten (VVT)

§ 13. (1) Die Verantwortlichen und die Auftragsverarbeiter haben für jede Datenverarbeitung ein schriftliches Verzeichnis der dafür vorhandenen Verarbeitungstätigkeiten gemäß Art. 30 DSGVO zu führen. Der Dachverband hat dafür im Rahmen seiner Zuständigkeit zur Schaffung einheitlicher Formulare (§ 30c Abs. 1 Z 3 ASVG) Muster aufzulegen.

(AVSV 2020/4)

(2) Das Verzeichnis der Verarbeitungstätigkeiten hat jedenfalls folgende Angaben zu enthalten:

1. den Namen und die Kontaktdaten des Verantwortlichen (sowie – falls vorhanden – die verfahrensverantwortliche Abteilung), und gegebenenfalls des gemeinsam mit ihm Verantwortlichen, gegebenenfalls des Vertreters des Verantwortlichen, sowie des Datenschutzbeauftragten (Art. 30 Abs. 1 lit. a DSGVO);
2. die Zwecke der Verarbeitung (z. B. Versicherungsdatenverwaltung, Beitragseinhebung, Leistungserbringung, Leistungsverrechnung, Forderungseinbringung, Personalverwaltung, Verwaltungskörperorganisation, Gesundheitsförderungsprojekte nach § 459e ASVG, Vollziehung von Strukturplänen nach § 84a Abs. 1 ASVG;
3. bei Verantwortlichen eine Zusammenstellung jener Datenverarbeitungen die gemeinsam mit anderen Verantwortlichen erfolgt (Art. 26 DSGVO);
4. bei Verantwortlichen die Beschreibung der Datenkategorien betroffener Personenkreise und der Kategorien personenbezogener Daten (= Datenarten), bei Auftragsverarbeitern die Kategorien von Verarbeitungen, die im Auftrag des Verantwortlichen durchgeführt werden;
5. bei Verantwortlichen die Kategorien von Empfängern (einschließlich Empfänger in Drittländern oder internationalen Organisationen), bei Auftragsverarbeitern nur – falls überhaupt gegeben – Empfänger in Drittländern oder internationalen Organisationen; für Datenübermittlungen im Rahmen von Amtshilfe (Art. 22 B-VG) ist auf die allgemeine Amtshilfeverpflichtung, nicht jedoch auf die Namen aller Amtshilfeberechtigten Institutionen zu verweisen. Die betroffene Person selbst sowie eigene MitarbeiterInnen sind nicht namentlich als Empfänger anzuführen.
6. bei Verantwortlichen wenn möglich: die Löschungsfristen der verschiedenen Datenkategorien und
7. wenn möglich: die Beschreibung technischer und organisatorischer Maßnahmen gemäß Art. 32 DSGVO sowie die SV-Sicherheits-

klasse und die Verfügbarkeit der Datenverarbeitung.

(3) Die Verantwortlichen und die Auftragsverarbeiter haben das Verzeichnis der Verarbeitungstätigkeiten nach Abs. 2 im Internet auf der jeweiligen Website zu veröffentlichen. Diese Verpflichtung dient der Erfüllung der Informationspflichten des Verantwortlichen gegenüber den betroffenen Personen.

(4) Änderungen und Löschungen von Datenverarbeitungen im Verzeichnis der Verarbeitungstätigkeiten, die im Rahmen eines Standardproduktes (§ 2 Z 6 REDV 2006) vorzunehmen sind, sind durch den Standardprodukt-Dienstleister (§ 5 Abs. 2 Z 1 und 5 REDV 2006) als Auftragsverarbeiter durchzuführen, bzw. für den Fall, dass dieser nicht Verantwortlicher einzelner Datenarten sein sollte, auch als Muster zu erstellen. In jenen Fällen, in denen der Standardprodukt-Dienstleister nicht für die Entwicklung der jeweiligen Datenverarbeitung verantwortlich ist, hat der jeweilige Produktverantwortliche das VVT-Muster zu erstellen. Das geänderte Verzeichnis bzw. das Muster ist von den Standardprodukt-Dienstleistern als Vorlage an die betroffenen Sozialversicherungsträger weiterzuleiten. Von sonstigen Änderungen (sowie auch Löschungen) von Datenverarbeitungen im Verzeichnis der Verarbeitungstätigkeiten hat der Verantwortliche – soweit dafür Auftragsverarbeiter vorhanden sind – die Auftragsverarbeiter unverzüglich zu verständigen.

(5) Bei gemeinsamen Datenverarbeitungen hat der jeweilige Zuständige (§ 5Abs. 1 Z 1 lit. c) das Verzeichnis zu der betreffenden Verarbeitungstätigkeit zu erstellen sowie Änderungsmeldungen und Löschungen darin vorzunehmen bzw. vorzubereiten. Dieses Verzeichnis hat auch die jeweiligen (unmittelbar beauftragten) Auftragsverarbeiter zu umfassen und dieses ist von ihm auf dem in Abs. 5 genannten Weg an die betroffenen Sozialversicherungsträger bzw. Auftragsverarbeiter weiterzuleiten.

(6) Das Verzeichnis von Verarbeitungstätigkeiten ist nach der erstmaligen Erstellung auf Basis einer umfassenden Datenerhebung laufend – oder zumindest einmal jährlich – zu aktualisieren. Als Grundlage und weitere Detaillierung des Verzeichnisses der Verarbeitungstätigkeiten ist im Rahmen der Aufzeichnungen der jeweiligen IT-Organisation/Abteilung eine Übersicht über die jeweiligen Verarbeitungen (z. B. IT-MAP) zu führen. Diese Unterlagen sind laufend auf Aktualität zu prüfen und entsprechend aktuell zu halten.

(7) Jeder Verantwortliche, seine Auftragsverarbeiter oder gegebenenfalls deren Vertreter haben der Datenschutzbehörde auf deren Anfrage das Verzeichnis der Verarbeitungstätigkeiten zur Verfügung zu stellen.

Datenschutz-Folgenabschätzung

§ 14. (1) Wenn bei einer Datenverarbeitung die Voraussetzungen des Art. 35 Abs. 1 DSGVO gegeben sind, so ist vom Verantwortlichen vorab eine Datenschutz-Folgenabschätzung durchzuführen. Wenn mehrere Verantwortliche gemeinsam mehrere ähnliche Verarbeitungsvorgänge betreiben, so kann dafür eine einzige Abschätzung vorgenommen werden. Die Mindestangaben nach Art. 35 Abs. 7 DSGVO und die Verhaltensregeln dieser Verordnung sind dabei einzuhalten. Der Dachverband hat für die Datenschutz-Folgenabschätzung im Rahmen seiner Zuständigkeit zur Schaffung einheitlicher Formulare (§ 30c Abs. 1 Z 3 ASVG) Muster aufzulegen.

(AVSV 2020/4)

(2) Wenn bei einer Datenverarbeitung, welche im Rahmen eines Standardproduktes (§ 2 Z 6 REDV 2006) durchgeführt wird, die Voraussetzungen des Art. 35 Abs. 1 DSGVO vorliegen, ist die Folgenabschätzung durch den Standardprodukt-Dienstleister (§ 5 Abs. 2 Z 1 und 5 REDV 2006) bzw. bei gemeinsamen Verarbeitungstätigkeiten vom jeweiligen Zuständigen (§ 5 Abs. 1 lit. c) durchzuführen. Das Ergebnis ist allen betroffenen Verantwortlichen zu übermitteln.

(3) Keine Datenschutz-Folgenabschätzung ist nötig, wenn

1. für bereits existierende Verarbeitungsvorgänge (Datenanwendungen) diese Verarbeitungsvorgänge durch die Datenschutzbehörde bereits zu einem früheren Zeitpunkt im Zuge einer DVR-Registrierung im Rahmen eines Vorabkontrollverfahrens gemäß § 18 Datenschutzgesetz 2000 (DSG 2000) genehmigt wurden.

2. die Aufsichtsbehörde (Datenschutzbehörde) eine Liste von Datenverarbeitungen veröffentlicht hat (Art. 35 Abs. 5 DSGVO), wonach dies für bestimmte Verarbeitungen nicht erforderlich ist;

3. ein Ausnahmetatbestand des Art. 35 Abs. 10 DSGVO vorliegt (insbesondere bereits im Rahmen eines Gesetzgebungsverfahrens eine allgemeine Datenschutz-Folgenabschätzung durchgeführt worden ist).

(4) Bei der Entscheidung, ob eine Datenschutz-Folgenabschätzung nötig ist oder nicht, hat der Verantwortliche den Rat des Datenschutzbeauftragten einzuholen.

Protokollierung

§ 15. (1) Protokollierungen sind in leicht zugänglicher und einfach lesbarer bzw. weiter verarbeitbarer Weise vorzunehmen. Die Führung eines Verzeichnisses von Verarbeitungstätigkeiten einer einzelfallbezogenen Datenübermittlung an Stellen außerhalb des Aufsichtsbereiches der Aufsichtsbehörde der Sozialversicherung (z. B. im Rahmen von Amtshilfe) befreit nicht von der Verpflichtung, diese Übermittlungen zu protokollieren (es reicht hiezu allerdings eine Dokumentation im Akt). Alle Zugriffe auf personenbezogene Daten im Rahmen von Standardprodukten sind nach einheitlichen Regeln zu protokollieren.

(2) Als Angabe über den Grund für eine Abfrage reicht es zur Dokumentation aus, wenn der Arbeits-

bereich der jeweils protokollierten zugreifenden MitarbeiterInnen auch rückwirkend eindeutig ermittelt werden kann. Dies kann durch Aufzeichnungen erfolgen, die automatisch im Zuge der Abfrage entstehen oder durch zusätzliche Unterlagen (z. B. laufend nummerierte Formulare mit weiteren Angaben, die durch Angaben im Protokolldatensatz auffindbar bleiben).

(3) Ob eine Protokollierung tatsächlich entfallen darf, ist für jede Datenverarbeitung im Einzelfall nach Maßgabe des Art. 24 DSGVO abzuwägen. Datenübermittlungen an Stellen außerhalb eines Sozialversicherungsträgers (z. B. im Rahmen von Amtshilfe nach Art. 22 B-VG und darauf beruhenden einfachgesetzlichen Bestimmungen) sind jedenfalls zu protokollieren. Datenverarbeitungen durch automatisiert ohne zusätzliche Eingriffe ablaufende Programm-zu-Programm-Verbindungen, die der Aktualisierung der jeweiligen Datenverarbeitungen dienen, müssen nicht protokolliert werden, wenn nicht aus Gründen der Fehlereingrenzung bzw. Fehlerverfolgung dennoch eine Protokollierung notwendig ist, um feststellen zu können, ob eine Übermittlung korrekt stattgefunden hat oder nicht. Die Protokollierung darf darüber hinaus nur entfallen, wenn

1. personenbezogene Daten nach § 7 DSG für im öffentlichen Interesse liegende Archivzwecke, wissenschaftliche oder historische Forschungszwecke oder statistische Zwecke verarbeitet werden;
2. personenbezogene Daten gesammelt als Grundlage gesetzlich vorgesehener konkreter weiterer Verwendungen (z. B. zur Vorbereitung von Wahlen nach § 45 AKG 1992) übermittelt werden.

(4) Die Protokollierung ist bis spätestens Anfang 2020 so zu gestalten, dass zur Sicherung interner Prüfungen (Innenrevision) auch Zugriffe der eigenen MitarbeiterInnen samt Datum und Uhrzeit der Verarbeitung nachvollzogen werden können. Soweit dies aus technischen Gründen (alte Host-Lösungen) nicht möglich ist, sind die Gründe hiefür zu dokumentieren und zumindest ein Konzept über die Ablöse solcher Lösungen zu erstellen. Die Daten dieser MitarbeiterInnen sind jedoch nicht Gegenstand des Auskunftsrechts. Die MitarbeiterInnen sind nachweislich darüber zu informieren, dass sämtliche ihrer Zugriffe auf Datenverarbeitungen der Protokollierung unterliegen und dokumentiert werden.

(5) Protokolle müssen vor Manipulation und unbefugtem Zugriff geschützt sein. Protokolle sind regelmäßig zu prüfen und, soweit diese und andere Vorschriften keine anderen Aufbewahrungsfristen für Protokolle vorsehen, drei Jahre in automationsunterstützt lesbarer Form aufzubewahren. Danach sind die Protokolldaten zu löschen. Die Dreijahresfrist beginnt nach Ablauf jenes Kalenderjahres, in dem der protokollierte Zugriff stattgefunden hat.

Aufbewahrungsfristen

§ 16. (1) Die Mindestaufbewahrungsfristen richten sich nach den hiefür geltenden Regeln (z. B. § 10 KAKuG für Krankengeschichten, § 58 der Rechnungsvorschriften gemäß § 444 ASVG, usw.).

(2) Nach Ablauf dieser Fristen sind Daten, die nicht zur dauernden Aufbewahrung (einschließlich Sicherung, Aktualisierung von Signaturen etc.) einem Archiv übergeben werden, zu löschen, wenn sichergestellt ist, dass dabei keine Aufzeichnungen betroffen sein können, die aufgrund der zivil- und strafrechtlichen Verjährungsfristen noch rechtlich relevant werden können. Für den Fall, dass dies nicht ausgeschlossen werden kann, dürfen Daten auch über die Mindestaufbewahrungsfristen hinaus außerhalb eines Archives, längstens (soweit nicht nach anderen Rechtsvorschriften längere Fristen zulässig sind), jedoch für zweiundvierzig Jahre in personenbezogener Form aufbewahrt werden. Es ist auch in diesem Fall sicherzustellen, dass Zugriffe aus dem laufenden Bürobetrieb auf Daten, die nach dieser Bestimmung aufbewahrt werden, nicht ohne zusätzliche Kontrollen erfolgen können.

(3) Bestimmungen über Auskünfte, Aufbewahrungsfristen, Archivierung gelten nicht für Daten, die aus einer allenfalls zulässigen Nutzung durch ArbeitnehmerInnen und FunktionsträgerInnen eines Sozialversicherungsträgers für private Zwecke (z. B. E-mail) entstehen. In den internen Organisationsvorschriften ist dafür insoweit Vorsorge zu treffen, als die Anlegung getrennter Mailordner bzw. Verzeichnisse für solche Daten vorzusehen ist. Solche Daten (Mailordner, Verzeichnisse) sind nach Beendigung des Arbeitsverhältnisses zu löschen bzw. ist den Betroffenen Gelegenheit zu geben, dies selbst zu tun. Dokumentation, Protokollierungen und technische Maßnahmen (Zugriffssperren) zur Klärung allenfalls rechtswidriger Handlungen bleiben davon unberührt und sind weiterhin zulässig.

Archivierung

§ 17. (1) Ob und durch wen ein Archiv geführt wird, obliegt der Entscheidung des geschäftsführenden Organs des Sozialversicherungsträgers bzw. des Dachverbandes.

(AVSV 2020/4)

(2) Ein Archiv ist im Rahmen des Datenschutzrechts so zu führen, dass archivwürdige Daten für wissenschaftliche oder historische Forschungszwecke weiterhin zur Verfügung stehen (Art. 17 Abs. 3 lit. d DSGVO, z. B. Unterlagen geschäftsführender Organe, Aufzeichnungen über Versicherungsdaten). Dabei ist dafür zu sorgen, dass
1. Zugriffe aus dem laufenden Bürobetrieb nicht möglich sind und
2. Zugriffe nur nach Angabe rechtmäßiger Gründe für eindeutig identifizierte Personen möglich sind (z. B. wissenschaftliche Untersuchungen, Erforschung von Zeitreihen der Bevölkerungsentwicklung, Morbiditätsstatistiken des Gesundheitswesens oder sonstiger historischer Zusammenhänge; Feststellung länger zurückliegender beitrags- oder leis-

tungsrechtlicher Ansprüche, z. B. nach § 68a ASVG, Aufklärung von länger zurückliegenden Straftaten) sowie
3. für Zugriffe eindeutige, von den üblichen Zugriffsberechtigungen des laufenden Betriebes getrennte Aufzeichnungen geführt werden und
4. Archivregelungen (Benützungsbedingungen) nach dem Vorbild der Archive des Bundes und der Länder erstellt werden.

(3) Personenbezogene Daten, die für wissenschaftliche Untersuchungen benützt werden sollen, sind zu pseudonymisieren. Eine vollständige Pseudonymisierung der Archivbestände darf jedoch, um Forschungen volkswirtschaftlicher Art nicht zu verhindern, nur im Rahmen einer für den Vollziehungsbereich des Bundes allgemein geltenden Vorgangsweise erfolgen. Bis zur Schaffung einer für die Vollziehung des Bundes bereichsübergreifend geltenden Pseudonymisierungsmöglichkeit dürfen Daten personenbezogen archiviert werden. In diesem Zusammenhang ist es unerheblich, auf welchen Datenträgern die betroffenen Daten ursprünglich verzeichnet waren (z. B. Stammkarten auf Papier, Kunststoffkarteiblättern, Mikrofilmen).

(4) Aus einem Archiv ist betroffenen Personen auf Antrag Auskunft (§ 19) über die sie betreffenden personenbezogenen Daten zu erteilen, soweit
1. das Archivgut erschlossen ist,
2. die betroffenen Personen Angaben machen, die das Auffinden der personenbezogenen Daten ermöglichen, und
3. der für die Erteilung der Auskunft erforderliche Aufwand im Verhältnis zu dem geltend gemachten Informationsinteresse steht.

(5) Machen betroffene Personen glaubhaft, dass das Archivgut eine falsche Tatsachenbehauptung enthält, die sie erheblich in ihren Rechten beeinträchtigt, so können sie verlangen, dass dem betreffenden Archivgut eine von der betroffenen Person verfasste Gegendarstellung beigefügt wird.

Informationspflicht des Verantwortlichen
§ 18. In welcher Form die Informationspflicht auszuüben ist, richtet sich nach Art. 13 und 14 DSGVO.

Auskunftsrecht
§ 19. (1) Eine Auskunft (Art. 15 DSGVO) darf nur erteilt werden, wenn die Identität der betroffenen Person in unbedenklicher Form festgestellt werden kann. Eine Kopie der verarbeiteten Dateninhalte muss so gestaltet sein, dass die Datenschutzrechte anderer Personen nicht verletzt werden.

(2) Auskünfte nach Art. 15 DSGVO dürfen nur in folgenden Fällen gegeben werden:
1. an die betroffene Person über die eigenen Daten. Dies schließt die Beantwortung einer Anfrage an einen bevollmächtigten Dritten nicht aus, soweit der Umfang der Bevollmächtigung nach den jeweiligen Umständen des Einzelfalles eindeutig nachvollziehbar ist;
2. an behördlich bestellte Vertreter (Erwachsenenvertreter, Kuratoren etc.) auf Grund ausdrücklicher Bestellungsurkunden, Beschlüsse oder Aufträge;
3. an gesetzliche Vertreter (Erziehungsberechtigte), jedoch in den Fällen, in denen ein Kind das 14. Lebensjahr bereits vollendet hat (§ 361 Abs. 2 ASVG), nur dann, wenn vor der Auskunftserteilung bescheinigt ist, dass die Auskunftserteilung nicht gegen dessen Interessen verstößt. Diese Bescheinigung hat der Art der angeforderten personenbezogenen Daten zu entsprechen und ist bei besonderen Kategorien personenbezogener Daten nachvollziehbar festzuhalten.

In diesen Fällen muss allenfalls auch eine Negativauskunft ausgestellt werden.

(3) Bei Anfragen an einen Auftragsverarbeiter ist auf den zuständigen Verantwortlichen zu verweisen. Auskünfte sind so zu erteilen, dass bei durchschnittlichem Verständnis von der betroffenen Person erwartet werden kann, dass sie Inhalt und Aussage der Auskunft zweifelsfrei versteht. Ein Auftragsverarbeiter hat von erteilten Auskünften den jeweiligen Verantwortlichen zu informieren. Das Auskunftsrecht betreffend Empfänger (oder Kategorien von Empfängern) umfasst nicht personenbezogene Daten anderer Personen (z. B. Name, Benutzerkennzeichen von MitarbeiterInnen) oder Sicherheitsdaten der abfrageberechtigten Stellen (z. B. Passwörter). Abkürzungen dürfen in der Auskunft verwendet werden, wenn erwartet werden kann, dass die betroffene Person sie versteht, oder wenn ihre Bedeutung dem Auskunftsschreiben zu entnehmen ist.

(4) Die Auskunft darf auch dadurch erteilt werden, dass der betroffenen Person ein Link oder die Internetadresse übermittelt wird, an der die entsprechende Auskunft jederzeit ohne weitere Suche mit persönlicher Identifikation (E-ID, Handysignatur) abrufbar ist oder ein Ausdruck ihrer Daten (z. B. eine Bildschirmkopie) mit Erläuterungen übersandt wird. Eine mündliche Auskunftserteilung ist nur dann ausreichend, wenn die betroffene Person damit einverstanden ist. Auskünfte über Telefon sind nur dann zulässig, wenn hiefür Sicherheitsvorkehrungen (Rückruf, Rückfragen, etc.) genützt werden. Auskünfte über Telefax dürfen nur ausnahmsweise erteilt werden, und nur dann, wenn insbesondere die gespeicherten Rufnummern regelmäßig und nachweislich auf ihre Aktualität geprüft werden. Ab 2020 ist eine Auskunftserteilung über Telefax nicht mehr zulässig, soweit dafür keine besonderen gesetzlichen Bestimmungen bestehen (§ 27 Abs. 12 GTelG 2012, BVergG 2018). Auskünfte über E-Mail (ohne Verschlüsselungsverfahren, elektronische Signatur, etc.) sind nur in Einzelfällen zulässig, wenn der Empfänger nachweislich durch Rückfragen etc. eindeutig identifiziert worden ist. Für Auskünfte in elektronischer Form ist vorrangig die Organisation des SV-Postfaches zu verwenden. Per Telefon,

Telefax oder E-Mail dürfen besondere Kategorien von personenbezogenen Daten nur dann übermittelt werden, wenn vor der Übermittlung nachweislich und nachvollziehbar festgestellt werden konnte (z. B. durch einzelfallbezogene, auch telefonische, Anfragen von Versicherten zu ihrem Akt/Fall im Verwaltungsverfahren), dass die betroffene Person aufgrund der vorhandenen Informationen eindeutig identifiziert werden konnte und mit dieser Übermittlung einverstanden ist. Auch in solchen Fällen ist auf die Möglichkeit der Nutzung des SV-Postfaches hinzuweisen.

(5) Bei der schlüssig dargelegten Behauptung, dass ein Missbrauchsfall einer Abfrage vorliegt, umfasst das Auskunftsrecht auch Auskünfte aus Protokolldaten über externe Zugriffe auf Daten der betroffenen Person, ebenso aus Datenverarbeitungen (auch Übermittlungen wie z. B. Auskünfte, Verarbeitungen), die von bzw. bei einem Auftragsverarbeiter (z. B. dem Dachverband nach § 30d Abs. 1 ASVG) erfolgten. Personenbezogene Daten anderer Personen (z. B. Benutzerkennzeichen oder Namen von MitarbeiterInnen) oder Sicherheitsdaten der abfrageberechtigten Stellen (z. B. Passwörter) dürfen bei Vorliegen überwiegender Interessen des Verantwortlichen oder eines Dritten bzw. überwiegender öffentlicher Interessen nicht preisgegeben werden.

(AVSV 2020/4)

(6) Eine Auskunft schließt auch Daten des Auskunftswerbers ein, die unter einem Ordnungsmerkmal eines Dritten (z. B. eines Dienstgebers, behandelnden Arztes) gespeichert sind, soweit der Auskunftswerber einen geeigneten Hinweis zur Feststellung dieses Ordnungsmerkmales gibt. Auskunft über eigene Behandlungsdaten der betroffenen Person (Diagnosen, verrechnete Leistungen etc.) darf nicht unter Berufung auf ein Geheimhaltungsinteresse des Behandlers verweigert werden. Angaben über Honorarzahlungen durch eine Versicherung gehören nicht zu den Behandlungsdaten von Patienten.

(7) Bei der Beantwortung eines Auskunftsbegehrens ist die betroffene Person unaufgefordert über die Rechte zu informieren, die ihr zustehen. Dies beinhaltet insbesondere das Recht auf:
1. Berichtigung (Art. 16 DSGVO);
2. Löschung (Art. 17 DSGVO);
3. Einschränkung (Art. 18 DSGVO);
4. Widerspruch gegen die Verarbeitung (Art. 21 DSGVO);
5. Beschwerde bei der Datenschutzbehörde (Art. 79 DSGVO).

Die Beantwortung eines Auskunftsbegehrens und andere Erledigungen im Rahmen eines Auskunftsverfahrens sind keine Bescheide im Sinn des § 410 ASVG, auf die datenschutzrechtliche Grundlage ist im Text solcher Erledigungen ausdrücklich hinzuweisen.

(8) Ein Auskunftswerber hat am Auskunftsverfahren in dem ihm zumutbaren Ausmaß mitzuwirken, um ungerechtfertigten und unverhältnismäßigen Aufwand beim Verantwortlichen zu vermeiden. Von der Bearbeitung eines Auskunftsersuchens ist abzusehen, wenn die betroffene Person nach entsprechender Aufforderung nicht in zumutbarer Weise am Verfahren mitwirkt. Auf diesen Umstand ist die betroffene Person in einer Aufforderung zur Mitwirkung hinzuweisen. Ein Auskunftswerber wirkt jedenfalls dann am Verfahren mit, wenn er
1. in jenen Fällen, in denen Anhaltspunkte dafür vorliegen, dass mehrere Personen mit gleichen oder sehr ähnlichen Daten vorhanden sind, die notwendigen konkreten Hinweise zur Unterscheidung seiner Person von diesen anderen Personen gibt;
2. die Datenverarbeitungen bezeichnet, bezüglich derer er betroffene Person sein kann und er bei umfangreichen Datenverarbeitungen auch den zeitlichen und inhaltlichen Zusammenhang der Verarbeitung seiner Daten nennt;
3. allenfalls durch die Vorlage von Unterlagen oder die Beschreibung von Lebensumständen glaubhaft macht, dass seine personenbezogenen Daten irrtümlich oder missbräuchlich in Datenbeständen des Verantwortlichen enthalten sind;
4. angibt, unter welchem Namen (bzw. Namensschreibweisen) und Geburtsdaten über ihn aufgefunden werden könnten.

(9) Auskünfte sind überdies nicht zu erteilen, soweit überwiegende berechtigte Interessen des Verantwortlichen oder eines Dritten, insbesondere auch überwiegende öffentliche Interessen, der Auskunftserteilung entgegenstehen. Fälle, in denen der betroffenen Person gegenüber wegen überwiegenden öffentlichen Interesses Daten geheim zu halten sind (unbeschadet der ihr nach den maßgeblichen Verfahrensvorschriften zustehenden Rechte – nach Abwägung der Umstände des Einzelfalles), sind insbesondere Datenübermittlungen:
1. im Zuge eines gerichtlichen oder verwaltungsbehördlichen Strafverfahrens oder Disziplinarverfahrens sowie diesbezüglicher Vorerhebungen, solange das Verfahren noch nicht rechtskräftig abgeschlossen ist;
2. bei denen die Empfänger diesen Stellen angehören, sofern die Übermittlung für Zwecke eines gerichtlichen oder verwaltungsbehördlichen Strafverfahrens oder eines Disziplinarverfahrens durchgeführt wurde.

(10) Für Auskunftsanträge gelten die Fristen gemäß Art. 12 DSGVO. Die in Art. 12 Abs. 3 DSGVO enthaltene Frist von einem Monat für die Erteilung von Auskünften beginnt mit dem Einlangen des Auskunftsbegehrens beim Verantwortlichen. Wurde der Auskunftswerber aufgefordert, sein Auskunftsbegehren zu konkretisieren, so beginnt die Frist für die Auskunftserteilung mit dem Einlangen des konkretisierten Auskunftsbegehrens bei der auskunftsverpflichteten Stelle.

Andere Auskunftsvorschriften

§ 20. (1) Die Auskunftsbestimmungen des DSG und der DSGVO sind nicht anzuwenden, wenn Auskunftsbegehren auf einer anderen Grundlage als dem Datenschutzgesetz beruhen. Insbesondere werden die Vorschriften über Aufklärung und Information (§§ 81, 81a ASVG, §§ 27, 27a B-KUVG, §§ 7, 8 SVSG, §§ 19, 20 NVG 2020) nicht berührt.

(AVSV 2020/4)

(2) Auskünfte über personenbezogene Daten sind außerhalb des Versicherungsverhältnisses der betroffenen Person sowie außerhalb gesetzlicher oder vertraglicher Beziehungen (§ 42 ASVG, § 338 Abs. 4 ASVG u. a.) nach der DSGVO, dem DSG und dieser Verordnung zu erteilen, soweit sich der Auskunftsberechtigte nicht ausdrücklich auf eine andere Rechtsgrundlage beruft.

Recht auf Berichtigung

§ 21. (1) Das Recht auf Berichtigung von personenbezogenen Daten nach Art. 16 DSGVO in den Stammdaten der Datenverarbeitungen der Sozialversicherung besteht nur insoweit, als nicht andere gesetzliche Vorschriften entgegenstehen (wie z. B. § 358 ASVG betreffend die Feststellung des Geburtsdatums). Das Recht auf Berichtigung umfasst keinesfalls ein Recht auf Veränderungen in Programmabläufen.

(2) Akademische Titel/Grade sind in den Datenverarbeitungen der Sozialversicherung (inklusive e-card) nach den Verzeichnissen des Bundesministeriums für Wissenschaft, Forschung und Wirtschaft über die Führung und Abkürzung akademischer Grade einzutragen (NARIC-Verzeichnis und deren Eintragungsrichtlinien). Namen und Titel dürfen stärker als es für die Anführung auf einer e-card notwendig ist, abgekürzt werden, wenn es die Bestimmungen über die Europäische Krankenversicherungskarte EKVK oder andere international zu beachtende Regeln oder kurzfristig nicht änderbare Feldlängen notwendig machen. Andere (Berufs- und Ehren-)Titel oder Bezeichnungen sind nur dann zu verwenden, wenn die jeweilige Bezeichnung nach dem Personalstatut (§ 9 IPRG) des Betroffenen ein Bestandteil des Namens ist.

(3) Die Speicherung von Namens- und Geburtsdatenvarianten, früheren Namen oder Adressvarianten ist zulässig, wenn sie zur besseren Feststellung der Identität beitragen kann.

(4) Ein Berichtigungswerber hat am Berichtigungsverfahren in dem ihm zumutbaren Ausmaß mitzuwirken, um ungerechtfertigten und unverhältnismäßigen Aufwand beim Verantwortlichen zu vermeiden. Von der Bearbeitung eines Berichtigungsantrags ist abzusehen, wenn die betroffene Person nicht am Verfahren mitwirkt. Auf diesen Umstand ist die betroffene Person in einer Aufforderung zur Mitwirkung hinzuweisen. Ein Berichtigungswerber wirkt jedenfalls dann am Verfahren mit, wenn er

1. in jenen Fällen, in denen Anhaltspunkte dafür vorliegen, dass mehrere Personen mit gleichen oder sehr ähnlichen Daten vorhanden sind, die notwendigen konkreten Hinweise zur Unterscheidung seiner Person von diesen anderen Personen gibt;
2. die Datenverarbeitungen bezeichnet, bezüglich derer er betroffene Person sein kann und er bei umfangreichen Datenverarbeitungen auch den zeitlichen und inhaltlichen Zusammenhang der Verarbeitung seiner Daten nennt;
3. allenfalls durch die Vorlage von Unterlagen glaubhaft macht, dass seine personenbezogenen Daten unrichtig oder unvollständig in Datenbeständen des Verantwortlichen enthalten sind;
4. angibt, unter welchem Namen (bzw. Namensschreibweisen) und Geburtsdaten Daten über ihn aufgefunden werden könnten.

(5) Für Berichtigungsanträge gelten die Fristen gemäß Art. 12 DSGVO. Die in Art. 12 Abs. 3 DSGVO enthaltene Frist von einem Monat für die Entscheidung über den Berichtigungsantrag beginnt mit dem Einlangen des Berichtigungsbegehrens beim Verantwortlichen. Wurde der Berichtigungswerber aufgefordert, sein Berichtigungsbegehren zu konkretisieren bzw. Unterlagen dazu vorzulegen, so beginnt die Frist für dieses mit dem Einlangen des konkretisierten Berichtigungsbegehrens bei der zuständigen Stelle zu laufen.

(6) Mitteilungen über eine Berichtigung, eine Ablehnung derselben und andere Erledigungen im Rahmen eines Berichtigungsverfahrens sind keine Bescheide im Sinn des § 410 ASVG, auf die datenschutzrechtliche Grundlage ist im Text solcher Erledigungen ausdrücklich hinzuweisen und diese sind neben der Begründung der Entscheidung mit einer Rechtsbehelfsbelehrung über die Möglichkeit einer Beschwerde bei der Datenschutzbehörde zu versehen.

Recht auf Löschung

§ 22. (1) Vor jeder Löschung von Daten ist zu prüfen, ob diese Daten tatsächlich von allen in Frage kommenden Verarbeitungen nicht mehr benötigt werden. Löschungen vor Ablauf der Aufbewahrungsfristen (§ 16) sind unzulässig. Eine Löschung ist weiters unzulässig, solange eine andere Datenverarbeitung diese Daten benötigt (zur Einschränkung der Verarbeitung siehe § 23). Daten, die zur Vollziehung gesetzlicher Vorschriften heranzuziehen sind, dürfen nicht gelöscht werden. Das Recht auf Löschung von personenbezogenen Daten nach Art. 17 DSGVO umfasst keinesfalls ein Recht auf Veränderungen in Programmabläufen.

(2) Anträge auf Löschung sind nach der Sach- und Rechtslage im Zeitpunkt ihres Einlangens zu behandeln, sie müssen nicht solange aufgehoben werden, bis die Daten tatsächlich nicht mehr benötigt werden. Ausnahmen von der Löschpflicht bestehen im Rahmen des Art. 17 Abs. 3 DSGVO.

(3) Daten, die gespeichert werden, um Verwechslungen von Personen mit gleichen oder sehr ähnlichen Namen und Geburtsdaten zu erschweren, dürfen nicht gelöscht werden.

(4) Bei personenbezogenen Daten, die für Sicherungszwecke (Sicherungskopien ohne zusätzlichen Verwendungszweck) aufbewahrt werden, ist durch geeignete Maßnahmen sicherzustellen, dass im Falle eines Rückgriffes auf diese Daten allfällige Löschungen wirksam bleiben.

(5) Ein Löschungswerber hat am Löschungsverfahren in dem ihm zumutbaren Ausmaß mitzuwirken, um ungerechtfertigten und unverhältnismäßigen Aufwand beim Verantwortlichen zu vermeiden. Von der Bearbeitung eines Löschungsantrags ist abzusehen, wenn die betroffene Person nicht am Verfahren mitwirkt. Auf diesen Umstand ist die betroffene Person in einer Aufforderung zur Mitwirkung hinzuweisen. Ein Löschungswerber wirkt jedenfalls dann am Verfahren mit, wenn er

1. ein erkennbares Löschungsbegehren abgibt;
2. die Datenverarbeitungen bzw. den Löschungsgegenstand bezeichnet, bezüglich derer er betroffene Person sein kann und er bei umfangreichen Datenverarbeitungen auch den zeitlichen und inhaltlichen Zusammenhang der Verarbeitung seiner Daten nennt;
3. einen Löschungsgrund angibt;
4. in jenen Fällen, in denen Anhaltspunkte dafür vorliegen, dass mehrere Personen mit gleichen oder sehr ähnlichen Daten vorhanden sind, die notwendigen konkreten Hinweise zur Unterscheidung seiner Person von diesen anderen Personen gibt;
5. allenfalls durch die Vorlage von Unterlagen glaubhaft macht, dass seine personenbezogenen Daten in den Datenbeständen des Verantwortlichen zu löschen sind;
6. angibt, unter welchem Namen (bzw. Namenschreibweisen) und Geburtsdaten Daten über ihn aufgefunden werden könnten.

(6) Ein zulässiger Löschungsantrag kann nur die eigenen personenbezogenen Daten betreffen. In diesem Rahmen kann der Löschungswerber den Umfang des Löschungsrechts selbst bestimmen.

(7) Für Löschungsanträge gelten die Fristen gemäß Art. 12 DSGVO. Die in Art. 12 Abs. 3 DSGVO enthaltene Frist von einem Monat für die Entscheidung über den Löschungsantrag beginnt mit dem Einlangen des Löschungsbegehrens beim Verantwortlichen. Wurde der Löschungswerber aufgefordert, sein Löschungsbegehren zu konkretisieren bzw. Unterlagen dazu vorzulegen, so beginnt die Frist für dieses mit dem Einlangen des konkretisierten Löschungsbegehrens bei der zuständigen Stelle zu laufen.

(8) Mitteilungen über eine Löschung, eine Ablehnung derselben und andere Erledigungen im Rahmen eines Löschungsverfahrens sind keine Bescheide im Sinn des § 410 ASVG, auf die datenschutzrechtliche Grundlage ist im Text solcher Erledigungen ausdrücklich hinzuweisen und diese sind neben der Begründung der Entscheidung mit einer Rechtsbehelfsbelehrung über die Möglichkeit einer Beschwerde bei der Datenschutzbehörde zu versehen.

Recht auf Einschränkung der Verarbeitung

§ 23. (1) Das Recht auf Einschränkung der Verarbeitung von personenbezogenen Daten nach Art. 18 DSGVO umfasst keinesfalls ein Recht auf Veränderungen in Programmabläufen.

(2) Das Recht auf Einschränkung der Verarbeitung ist ein zeitlich beschränktes bzw. bedingtes Recht. Es handelt sich um einen vorübergehenden Schutzzustand, damit der betroffenen Person aus der Datenverarbeitung bzw. durch die Beendigung der Datenverarbeitung keine Nachteile entstehen. Die Einschränkung der Verarbeitung ist soweit dies nicht anders möglich ist, durch Zugriffssperre und/oder Pseudonymisierung und/oder von der Datenverarbeitung abgesonderte Sicherung der Daten herzustellen.

(3) In den Fällen des Art. 18 Abs. 1 lit. a (Berichtigung) und d (Widerspruch) DSGVO ist die Einschränkung auf die Dauer der Prüfung des Hauptanspruches beschränkt.

(4) Ein Einschränkungswerber hat am Einschränkungsverfahren in dem ihm zumutbaren Ausmaß mitzuwirken, um ungerechtfertigten und unverhältnismäßigen Aufwand beim Verantwortlichen zu vermeiden. Von der Bearbeitung eines Einschränkungsantrags ist abzusehen, wenn die betroffene Person nicht am Verfahren mitwirkt. Auf diesen Umstand ist die betroffene Person in einer Aufforderung zur Mitwirkung hinzuweisen. Ein Einschränkungswerber wirkt jedenfalls dann am Verfahren mit, wenn er

1. eine erkennbare und explizite Einschränkung der Nutzung beantragt;
2. die Datenverarbeitungen bzw. den Einschränkungsgegenstand bezeichnet, bezüglich derer er betroffene Person sein kann und er bei umfangreichen Datenverarbeitungen auch den zeitlichen und inhaltlichen Zusammenhang der Verarbeitung seiner Daten nennt;
3. in jenen Fällen, in denen Anhaltspunkte dafür vorliegen, dass mehrere Personen mit gleichen oder sehr ähnlichen Daten vorhanden sind, die notwendigen konkreten Hinweise zur Unterscheidung seiner Person von diesen anderen Personen gibt;
4. allenfalls durch die Vorlage von Unterlagen glaubhaft macht, dass seine personenbezogenen Daten in den Datenbeständen des Verantwortlichen einzuschränken sind;
5. angibt, unter welchem Namen (bzw. Namenschreibweisen) und Geburtsdaten Daten über ihn aufgefunden werden könnten.

(5) Wird die Richtigkeit personenbezogener Daten bestritten und lässt sich weder die Richtigkeit noch die Unrichtigkeit der Daten feststellen, besteht für die betroffene Person kein Recht auf Einschränkung der Verarbeitung gemäß Art. 18 DSGVO.

(6) Personenbezogene Daten, hinsichtlich derer das Recht auf Einschränkung der Datenverarbeitung ausgeübt worden ist, dürfen nur mehr mit Einwilligung der betroffenen Person, zur Geltend-

machung von Rechtsansprüchen, zum Schutz der Rechte anderer oder aus wichtigen öffentlichen Interessen verarbeitet werden.

(7) Für Einschränkungsanträge gelten die Fristen gemäß Art. 12 DSGVO. Die in Art. 12 Abs. 3 DSGVO enthaltene Frist von einem Monat für die Entscheidung über den Einschränkungsantrag beginnt mit dem Einlangen des Einschränkungsbegehrens beim Verantwortlichen. Wurde der Einschränkungswerber aufgefordert, sein Einschränkungsbegehren zu konkretisieren bzw. Unterlagen dazu vorzulegen, so beginnt die Frist für dieses mit dem Einlangen des konkretisierten Einschränkungsbegehrens bei der zuständigen Stelle zu laufen.

(8) Die betroffene Person muss vom Verantwortlichen vor Aufhebung der Einschränkung informiert werden.

(9) Mitteilungen über eine Einschränkung, eine Aufhebung oder Ablehnung derselben und andere Erledigungen im Rahmen eines Einschränkungsverfahrens sind keine Bescheide im Sinn des § 410 ASVG, auf die datenschutzrechtliche Grundlage ist im Text solcher Erledigungen ausdrücklich hinzuweisen und diese sind neben der Begründung der Entscheidung mit einer Rechtsbehelfsbelehrung über die Möglichkeit einer Beschwerde bei der Datenschutzbehörde zu versehen.

Mitteilungspflicht bei Berichtigung, Löschung oder Einschränkung

§ 24. In welcher Form die Mitteilungspflicht auszuüben ist, richtet sich nach Art. 19 DSGVO.

Widerspruchsrecht

§ 25. Das Recht auf Widerspruch richtet sich nach Art. 21 DSGVO. Das Recht auf Widerspruch gemäß Art. 21 Abs. 1 DSGVO besteht nicht, soweit an der Verarbeitung ein zwingendes öffentliches Interesse, das die Interessen der betroffenen Person überwiegt, oder eine gesetzliche Verpflichtung (inklusive deren Durchführungsregeln, wie Satzungen, Krankenordnungen, etc.) zur Verarbeitung besteht.

Information der Bediensteten

§ 26. (1) Alle Bediensteten eines Verantwortlichen oder Auftragsverarbeiters sind von diesem in geeigneter Form über die für sie wesentlichen Bestimmungen des DSG, der DSGVO und dieser Verordnung in Kenntnis zu setzen.

(2) Die Bediensteten, die mit der Durchführung von Datenverarbeitungen befasst sind, sind in einem erhöhten Maße über datenschutzrechtliche Bestimmungen zu informieren.

Inkrafttreten

§ 27. (1) Diese Verordnung tritt mit 25. Mai 2018 in Kraft. Gleichzeitig tritt die SV-Datenschutzverordnung 2012 (SV-DSV 2012), avsv Nr. 63/2012, geändert durch avsv Nr. 54/2016 und avsv Nr. 181/2016, außer Kraft.

Inkrafttreten der 3. Änderung

§ 28. Die 3. Änderung zur Datenschutzverordnung für die gesetzliche Sozialversicherung (SV-DSV) tritt mit 1. Jänner 2020 in Kraft.
(AVSV 2020/4)

*

Diese Datenschutzverordnung für die gesetzliche Sozialversicherung (SV-DSV) wurde vom Verbandsvorstand des Hauptverbandes der österreichischen Sozialversicherungsträger am 17. April 2018 beschlossen. Die Erläuterungen dieser Verordnung sind unter www.sozdok.at kostenlos zugänglich.

Diese 1. Änderung der Datenschutzverordnung für die gesetzliche Sozialversicherung (SV-DSV) wurde vom Verbandsvorstand des Hauptverbandes der österreichischen Sozialversicherungsträger am 16. Oktober 2018 beschlossen. Die Erläuterungen dieser Verordnung sind unter www.sozdok.at kostenlos zugänglich.

Diese 2. Änderung der Datenschutzverordnung für die gesetzliche Sozialversicherung (SV-DSV) wurde vom Verbandsvorstand des Hauptverbandes der österreichischen Sozialversicherungsträger am 22. Jänner 2019 beschlossen. Die Erläuterungen dieser Verordnung sind unter www.sozdok.at kostenlos zugänglich.

Diese 3. Änderung der Datenschutzverordnung für die gesetzliche Sozialversicherung (SV-DSV) wurde von der Konferenz des Dachverbandes der Sozialversicherungsträger am 14. Jänner 2020 beschlossen. Die Erläuterungen dieser Verordnung sind unter www.sozdok.at kostenlos zugänglich.

2. Richtlinien

Inhaltsverzeichnis

2/1.	Richtlinien über die ökonomische Verschreibweise von Heilmitteln und Heilbehelfen	Seite 25
2/2.	Wiederverlautbarung der Richtlinien über die Berücksichtigung ökonomischer Grundsätze bei der Krankenbehandlung gemäß § 31 Abs. 5 Z 10 ASVG	Seite 35
2/3.	Richtlinien für die Durchführung und Auswertung der Jugendlichenuntersuchungen gemäß § 31 Abs. 5 Z 17 ASVG	Seite 40
2/4.	Richtlinien für die Durchführung und Auswertung der Vorsorgeuntersuchungen	Seite 44
2/5.	Richtlinien über die Einhebung und die Rückerstattung des Service-Entgelts gemäß § 31 Abs. 5 Z 34 ASVG	Seite 63
2/6.	Richtlinien für die Befreiung vom Service-Entgelt gemäß § 31 Abs. 5 Z 16 ASVG	Seite 64
2/7.	Richtlinien für die Befreiung von der Rezeptgebühr gemäß § 31 Abs. 5 Z 16 ASVG	Seite 66
2/8.	Richtlinien für die Erbringung von Leistungen im Rahmen der Rehabilitation sowie von Leistungen im Rahmen der Festigung der Gesundheit und der Gesundheitsvorsorge	Seite 72
2/9.	Wiederverlautbarung der Richtlinien für die Befreiung von Zuzahlungen gemäß § 31 Abs. 5 Z 27 ASVG bei Maßnahmen der Rehabilitation	Seite 84
2/10.	Richtlinien für die Befreiung von Zuzahlungen bei Maßnahmen zur Festigung der Gesundheit und der Gesundheitsvorsorge gemäß § 31 Abs. 5 Z 27 ASVG	Seite 86
2/11.	Richtlinien über die Beurteilung der Voraussetzungen für eine Herabsetzung der Beitragsgrundlage für Selbstversicherte in der Krankenversicherung und über Form und Inhalt diesbezüglicher Anträge	Seite 88
2/12.	Wiederverlautbarung der Richtlinien für die Befreiung vom Zusatzbeitrag für Angehörige gemäß § 31 Abs. 5 Z 16a ASVG (RZB)	Seite 90
2/13.	Richtlinien zur einheitlichen Vollzugspraxis der Versicherungsträger im Bereich der Erstattung von Beiträgen für das Beitragsjahr 2019	Seite 92
2/14.	Wiederverlautbarung der Richtlinien über Ausnahmen von der Meldungserstattung mittels Datenfernübertragung gemäß § 31 Abs. 5 Z 29 ASVG	Seite 94
2/15.	Richtlinien zur einheitlichen Vollzugspraxis der Versicherungsträger im Bereich der AuftraggeberInnenhaftung	Seite 97
2/16.	Richtlinien für die Grundsätze der Erstellung von Gutachten in Angelegenheiten der beruflichen Maßnahmen der Rehabilitation	Seite 99
2/17.	Richtlinien für das Zusammenwirken der Versicherungsträger untereinander und mit dem Arbeitsmarktservice bei der Durchführung der medizinischen und beruflichen Maßnahmen der Rehabilitation zur Erhaltung oder Wiedererlangung der Arbeitsfähigkeit	Seite 101

Richtlinien
RöV 2005
RöK 2005
RJU 2016
RVU
RERS 2005
RBS 2005
RRZ 2008
RRK 2021
RBZRehab 2005
RBZGesVors 2011
RBGKV 2021
RZB 2005
RVABE 2022
RMDFÜ 2005
RVAGH 2022
RBG 2013
RZR 2013

2/1. RöV 2005

Richtlinien über die ökonomische Verschreibweise von Heilmitteln und Heilbehelfen, AVSV 2005/5 idF

1 AVSV 2005/68   2 AVSV 2006/29   3 AVSV 2020/5

GLIEDERUNG

§ 1. Allgemeine Bestimmungen
§ 2. Zweckmäßigkeit und Wirtschaftlichkeit von Verschreibungen
§ 3. Übernahme der Kosten für Arzneispezialitäten im grünen Bereich
§ 4. Übernahme der Kosten für magistrale Verschreibungen
§ 5. Übernahme der Kosten für Applikationsmittel
§ 6. Ärztliche Bewilligung des chef- oder kontrollärztlichen Dienstes
§ 7. Einheitliche Dokumentation an Stelle der ärztlichen Bewilligung des chef- oder kontrollärztlichen Dienstes
§ 8. Ausschluss der Kostenübernahme
§ 9. Übernahme der Kosten in Notfällen
§ 10. Übernahme der Kosten in Einzelfällen
§ 11. Ausgabe von Formularen für Krankenkassenrezepte und Verordnungsscheine
§ 12. Gültigkeit von Krankenkassenrezepten
§ 13. Ausfüllen des Rezeptes
§ 14. Korrektur oder Ergänzung von Rezeptangaben
§ 15. Zeitliche Begrenzung der Gültigkeit von Krankenkassenrezepten
§ 16. Gültigkeit von Verordnungsscheinen
§ 17. Übernahme von zusätzlichen Kosten
§ 18. Kontrolle der Zweckmäßigkeit und Wirtschaftlichkeit sowie der Dokumentation
§ 19. Ärztemuster
§ 20. Verschreibung auf Privatrezepten
§ 21. Übergangsbestimmung
§ 22. Wirksamkeitsbeginn und Geltungsbereich
§ 23. Inkrafttreten der 1. Änderung
§ 24. Inkrafttreten der 2. Änderung
Beilage

Richtlinien über die ökonomische Verschreibweise von Heilmitteln und Heilbehelfen (RöV 2005)

Allgemeine Bestimmungen

§ 1. (1) Die Krankenversicherungsträger haben nach Maßgabe dieser Richtlinien die Kosten ärztlich verschriebener Heilmittel (§ 136 ASVG, § 64 B-KUVG, § 92 GSVG, § 86 BSVG) einschließlich der allenfalls notwendigen Mittel zu ihrer Applikation sowie die Kosten ärztlich verschriebener Heilbehelfe (§ 137 ASVG, § 65 B-KUVG, § 93 GSVG, § 87 BSVG) zu tragen, soweit sie für eine ausreichende und zweckmäßige, das Maß des Notwendigen nicht überschreitende Krankenbehandlung erforderlich sind.

(2) Die Übernahme von Kosten durch den Krankenversicherungsträger erfolgt

1. durch Abrechnung mit öffentlichen Apotheken bzw. hausapothekenführenden Ärzten, wenn ein von einem Vertragsarzt, einer Vertragseinrichtung oder einer eigenen Einrichtung ausgestelltes gültiges Krankenkassenrezept (§ 11), eine Suchtgiftverschreibung (inkl. jene zur Substitutionstherapie) oder ein gültiger Verordnungsschein (§ 15) vorliegt oder wenn ein Rezept eines Wahlarztes oder einer Wahleinrichtung gemäß § 350 Abs. 2 ASVG einem Krankenkassenrezept gleichgestellt worden ist;
(AVSV 2006/29)

2. durch Erstattung der Kosten an den Versicherten unter den besonderen Voraussetzungen der §§ 131 ASVG, 59 B-KUVG, 85 GSVG bzw. 88 BSVG, wenn die verschriebenen Heilmittel bzw. Heilbehelfe privat bezogen und bezahlt worden sind.

(3) Die Abgabe von Heilmitteln für Rechnung des Krankenversicherungsträgers muss in einer öffentlichen Apotheke bzw. durch einen hausapothekenführenden Arzt erfolgt sein. Voraussetzung ist, dass die betreffende öffentliche Apotheke bzw. der hausapothekenführende Arzt mit dem Krankenversicherungsträger in einem Vertragsverhältnis steht.

(4) Soweit Heilmittel oder Heilbehelfe nicht nach diesen Richtlinien, nach dem Erstattungskodex (§ 30b Abs. 1 Z 4 ASVG) (Anführung im grünen Bereich), oder nach Krankenordnungen des Krankenversicherungsträgers zur freien Verschreibung zugelassen sind, dürfen von den Krankenversicherungsträgern die Kosten nur dann übernommen werden, wenn der Arzt (die Ärztin) vor dem Bezug die ärztliche Bewilligung des chef- oder kontrollärztlichen Dienstes des Krankenversicherungsträgers eingeholt hat. Für Arzneispezialitäten,

die im gelben Bereich des Erstattungskodex unter Bezug auf eine oder mehrere bestimmte Verwendungen angeführt sind und die der nachfolgenden Kontrolle über die Einhaltung der bestimmten Verwendung unterliegen, tritt an Stelle der ärztlichen Bewilligung durch den chef- oder kontrollärztlichen Dienst des Krankenversicherungsträgers die einheitliche Dokumentation gemäß § 7.
(AVSV 2020/5)

Zweckmäßigkeit und Wirtschaftlichkeit von Verschreibungen

§ 2. (1) Die Verschreibung von Heilmitteln oder Heilbehelfen durch den behandelnden Arzt ist zweckmäßig und wirtschaftlich, wenn die Verschreibung geeignet ist, den größtmöglichen therapeutischen Nutzen zu erzielen und die Behandlungskosten im Verhältnis zum Erfolg und zur Dauer der Behandlung möglichst gering zu halten.

(2) Bei der Beurteilung der Zweckmäßigkeit und Wirtschaftlichkeit ist insbesondere darauf Bedacht zu nehmen,

1. ob von mehreren therapeutisch geeigneten Heilmitteln (Heilbehelfen) das ökonomisch günstigste Heilmittel (der ökonomisch günstigste Heilbehelf) gewählt wurde, d.h. von mehreren im Preis gleichen Mitteln das geeignetste, von mehreren gleich geeigneten Mitteln jenes, das die geringsten Kosten verursacht;
2. ob im Einzelfall mit Rücksicht auf die in Z 1 geregelten Kriterien statt der Verschreibung eines im Roten Bereich des Erstattungskodex angeführten Heilmittels die Verschreibung eines Heilmittels aus dem Gelben oder grünen Bereich bzw. statt der Verschreibung eines im Gelben Bereich angeführten Heilmittels die Verschreibung eines Heilmittels aus dem Grünen Bereich zweckmäßiger und wirtschaftlicher wäre;
3. ob im Einzelfall die Verschreibung einer kleineren Menge eines Heilmittels im Hinblick auf die Art und Dauer der Erkrankung (etwa die Verschreibung einer Kleinpackung zur Anbehandlung oder Erprobung eines Heilmittels zur Behandlung einer chronischen Krankheit) zweckmäßiger und wirtschaftlicher wäre;
4. ob bei einer chronischen Krankheit die Verschreibung einer größeren Menge, die die medikamentöse Versorgung für die Dauer eines Monates oder bei Zutreffen der Voraussetzungen nach § 6 Abs. 3 für die Dauer von bis zu drei Monaten sichern soll, zweckmäßiger und wirtschaftlicher wäre als die wiederholte Verschreibung von kleinen Mengen;

(AVSV 2005/68)

5. ob im Einzelfall eine Wiederholung der Verschreibung aufgrund der Art und Menge der vom Patienten bereits verbrauchten Mittel erforderlich ist und ob die verbrauchte Menge mit der vorgesehenen Anwendungszeit übereinstimmt;

6. ob gegebenenfalls statt der Verschreibung von Heilmitteln überhaupt andere, z. B. hygienische, physikalische, diätetische oder psychotherapeutische Maßnahmen zweckmäßiger und wirtschaftlicher wären.

(3) Verschreibungen von Heilmitteln und Heilbehelfen, für welche der Krankenversicherungsträger nach den Bestimmungen dieser Richtlinien die Kosten ohne ärztliche Bewilligung des chef- oder kontrollärztlichen Dienstes zu übernehmen hat, sind vorerst grundsätzlich als zweckmäßig und wirtschaftlich zu betrachten. Dies gilt nicht, wenn vom Krankenversicherungsträger im Wege der nachprüfenden Kontrolle (§ 18) festgestellt wird, dass der behandelnde Arzt bei der Verschreibung die Grundsätze der Zweckmäßigkeit und Wirtschaftlichkeit nicht beachtet hat.

Übernahme der Kosten für Arzneispezialitäten im grünen Bereich

§ 3. (1) Die Kosten für die im grünen Bereich des Erstattungskodex angeführten Arzneispezialitäten sind ohne ärztliche Bewilligung des chef- oder kontrollärztlichen Dienstes zu übernehmen,

1. soweit die im Erstattungskodex angegebene frei verschreibbare Menge nicht überschritten wird,
2. wenn eine im Erstattungskodex allenfalls vorgesehene Abgabebeschränkung beachtet worden ist.

(2) Die Abgabe einer größeren als der im Erstattungskodex vorgesehenen Menge ist nur dann zu bewilligen, wenn die Voraussetzungen des § 6 Abs. 3 vorliegen.

(AVSV 2005/68)

Übernahme der Kosten für magistrale Verschreibungen

§ 4. (1) Die Kosten für Stoffe oder rezepturmäßig herzustellende Zubereitungen aus Stoffen (magistrale Zubereitungen) sind mit Ausnahme des Abs. 2 ohne ärztliche Bewilligung des chef- oder kontrollärztlichen Dienstes zu übernehmen, wenn die vom behandelnden Arzt verschriebenen Stoffe (Zubereitungen aus Stoffen) den Vorschriften des jeweils gültigen Arzneibuches entsprechen oder wenn sie in der Österreichischen Arzneitaxe bzw.
– wenn für die magistrale Zubereitung Arzneispezialitäten zu verwenden sind – diese Arzneispezialitäten im Warenverzeichnis des Österreichischen Apothekerverlages angeführt sind.

(2) Eine ärztliche Bewilligung des chef- oder kontrollärztlichen Dienstes ist erforderlich:
1. wenn zur Herstellung
   a) eine Arzneispezialität gebraucht wird, für die eine ärztliche Bewilligung des chef- oder kontrollärztlichen Dienstes vorgeschrieben ist, oder eine Menge davon, die über der frei verschreibbaren Menge liegt;
   b) im gelben Bereich des Erstattungskodex des Dachverbandes angeführte Stoffe

(Zubereitungen aus Stoffen) oder nicht frei verschreibbare Mengen von Stoffen benötigt werden;
(AVSV 2020/5)
2. wenn ein für die Herstellung einer magistralen Zubereitung benötigter Stoff (eine Zubereitung aus Stoffen) weder in der Österreichischen Arzneitaxe noch im Warenverzeichnis des Österreichischen Apothekerverlages enthalten ist;
3. wenn gemäß den im Erstattungskodex enthaltenen besonderen Abgabebedingungen eine Abgabebeschränkung für eine magistrale Zubereitung besteht oder von den erforderlichen Stoffen (Zubereitungen aus Stoffen) größere Mengen verschrieben wurden, als zur Herstellung der in den besonderen Abgabebedingungen angegebenen Darreichungsformen benötigt werden.

(3) Der Krankenversicherungsträger hat die Kosten für eine magistrale Zubereitung auch dann zu übernehmen, wenn ein für die magistrale Zubereitung verordneter Stoff, der für die Wirkung der Arznei nicht wesentlich ist, die ärztliche Bewilligung des chef- oder kontrollärztlichen Dienstes bedingen würde und der Apotheker im Einvernehmen mit dem Patienten und nach Zustimmung des verordnenden Arztes die magistrale Zubereitung ohne diesen Stoff angefertigt hat.

Übernahme der Kosten für Applikationsmittel

§ 5. Kann eine Arznei nur mit Hilfe eines Mittels zur Applikation (z. B. Augensalbenstäbchen, Augentropfenzähler, Inhalator) angewandt werden, hat der Krankenversicherungsträger die Kosten auch für das Applikationsmittel zu übernehmen.

Ärztliche Bewilligung des chef- oder kontrollärztlichen Dienstes

§ 6. (1) Voraussetzung für die Erteilung einer ärztlichen Bewilligung des chef- oder kontrollärztlichen Dienstes für die Verschreibung eines Heilmittels ist grundsätzlich das Vorliegen einer Zulassung in Österreich sowie dessen Anführung im Erstattungskodex des Dachverbandes. Die Bewilligung ist entgegen Satz 1 in folgenden Fällen möglich:
1. Bei Verschreibung eines in Österreich nicht zugelassenen Heilmittels: Wenn eine zumutbare, erfolgversprechende Behandlung nach wissenschaftlich anerkannten Regeln der ärztlichen Kunst mit in Österreich zugelassenen Heilmitteln nicht zur Verfügung steht oder erfolglos blieb und
   a) die Behandlung mit dem nicht zugelassenen Heilmittel erfolgreich war oder
   b) von der Behandlung nach den Ergebnissen einer für die Bildung eines Erfahrungssatzes ausreichenden Zahl von Fällen ein Erfolg erwartet werden konnte.
2. Bei Verschreibung eines nicht im Erstattungskodex angeführten Heilmittels: Wenn die Behandlung aus zwingenden therapeutischen Gründen notwendig ist und deshalb eine Arzneispezialität aus dem Erstattungskodex zur Krankenbehandlung überhaupt nicht zur Verfügung steht.

(AVSV 2020/5)

(2) Der chef- oder kontrollärztliche Dienst hat den Bezug eines nicht frei verschreibbaren Heilmittels oder Heilbehelfes für Rechnung des Krankenversicherungsträgers ärztlich nur zu bewilligen, wenn die Verschreibung
1. vom Arzt begründet wurde und
2. bei der Verschreibung die Grundsätze der Zweckmäßigkeit und Wirtschaftlichkeit (§ 2 Abs. 1 und 2) beachtet wurden.

(3) Liegt die verordnete Packungsgröße oder Menge über der im Erstattungskodex angeführten, so ist die ärztliche Bewilligung des chef- oder kontrollärztlichen Dienstes dann zu erteilen, wenn mit der verschriebenen Packungsgröße oder Menge eine ökonomischere Versorgung der Patienten/Patientinnen erzielt wird und medizinisch-therapeutische Gründe nicht dagegen sprechen. Dies ist insbesondere bei Vorliegen folgender Voraussetzungen gegeben:
1. Die verordnete Packungsgröße oder Menge ist für die Abdeckung des individuell höheren Monatsbedarfes notwendig.
2. Die Arzneispezialität wird für die Behandlung einer chronischen Erkrankung eingesetzt, wobei
   a) die Compliance des Patienten nach Therapie mit der im Erstattungskodex angeführten Packungsgröße oder Menge nachgewiesen ist; der Nachweis ist jedenfalls nach einer Behandlungszeit von drei Monaten bei Vorliegen eines relevanten Patientennutzens und der Verträglichkeit der Arzneispezialität gegeben;
   b) die verordnete Packungsgröße oder Menge einen Behandlungszeitraum bis zu drei Monaten abdeckt.

(AVSV 2005/68)

(4) Liegt eine ärztliche Bewilligung des chef- oder kontrollärztlichen Dienstes vor, so hat der Krankenversicherungsträger die Kosten für das Heilmittel bzw. für den Heilbehelf zu übernehmen.

(AVSV 2005/68)

Einheitliche Dokumentation an Stelle der ärztlichen Bewilligung des chef- oder kontrollärztlichen Dienstes

§ 7. (1) Arzneispezialitäten, die im gelben Bereich des Erstattungskodex unter Bezug auf eine oder mehrere bestimmte Verwendungen angeführt sind und die der nachfolgenden Kontrolle über die Einhaltung der bestimmten Verwendung unterliegen, dürfen ohne vorherige ärztliche Bewilligung des chef- oder kontrollärztlichen Dienstes nur dann verschrieben werden, wenn der verordnende Arzt (die verordnende Ärztin) die Einhaltung der bestimmten Verwendung dokumentiert hat.

(2) Die Ausstellung eines Rezeptes für den Bezug einer derartigen Arzneispezialität auf Rechnung des Krankenversicherungsträgers darf erst nach Anfertigung einer Dokumentation erfolgen.

(3) Der verordnende Arzt/die verordnende Ärztin hat die Einhaltung der bestimmten Verwendung unter Beachtung des § 4 Abs. 3 der Heilmittel-Bewilligungs- und Kontroll-Verordnung in seiner Patientenkartei oder Patientendatei zu dokumentieren. Im Falle der nachträglichen Kontrolle hat er/sie die entsprechende Dokumentation über die Einhaltung der bestimmten Verwendung in geeigneter Form nach der in § 4 Abs. 3 der Heilmittel-Bewilligungs- und Kontroll-Verordnung angeführten Gliederung zur Verfügung zu stellen. Für Arzneispezialitäten, die im Übergangszeitraum bis zum Zeitpunkt der Verfügbarkeit der technischen Infrastruktur der e-card der nachfolgenden Kontrolle unterliegen, ist unter Beachtung des § 12 Abs. 2 der Heilmittel-Bewilligungs- und Kontroll-Verordnung sinngemäß vorzugehen.

(AVSV 2005/68)

Ausschluss der Kostenübernahme

§ 8. Für folgende Mittel werden vom Krankenversicherungsträger im Allgemeinen keine Kosten übernommen. Für diese Mittel darf eine ärztliche Bewilligung des chef- oder kontrollärztlichen Dienstes nur bei Vorliegen der Ausnahmetatbestände des § 6 Abs. 1 erteilt werden.

1. Alle Arzneimittel, die einer Kategorie der Liste nicht erstattungsfähiger Arzneimittelkategorien gemäß § 351c Abs. 2 ASVG (avsv Nr. 34/2004 idgF) angehören.
2. Sonstige Mittel zur Behandlung in Krankenanstalten; das sind Mittel, die im Allgemeinen aufgrund des Anwendungsgebietes, der Behandlungsqualität, der notwendigen Überwachung und/oder Sicherheitsvorkehrungen für Fertigstellung, Anwendung oder Entsorgung nicht im niedergelassenen Bereich verwendbar sind sowie Mittel, deren Anwendung im Allgemeinen nur im Rahmen eines Aufenthaltes in einer Krankenanstalt, einer Leistungserbringung in einer Krankenanstalt oder im Zusammenhang mit einer Leistungserbringung einer Krankenanstalt medizinisch zweckmäßig und vertretbar sind.
3. Sonstige Mittel zur Prophylaxe; das sind Mittel zur Krankheitsverhütung (z.B. Reiseprophylaxe) sowie Mittel für den Einsatz in der Primärprävention und Mittel zur Eigenblutvorsorge.
4. Sonstige Mittel mit offensichtlich nicht ausreichendem Nachweis einer therapeutischen Wirkung wie insbesondere Homöopathika, Mittel zur Anwendung im Rahmen einer Bachblütentherapie, Mittel zur Anwendung im Rahmen einer Wärmetherapie, Umstimmungsmittel, Mittel zur Anwendung im Rahmen einer Aromatherapie, Anthroposophika, niedrigdosierte Venenmittel, Nootropika, niedrigdosierte Magnesiummittel, Mittel zur Organ- und Zelltherapie, Immunstimulantien, Badezusätze, Medizinalweine und weinhaltige Zubereitungen.
5. Sonstige Mittel zur Empfängnisverhütung.
6. Sonstige Mittel zur Ausübung des Geschlechtsverkehrs, das sind Mittel zur Anreizung bzw. Verstärkung des Sexualtriebes und Mittel, die bei vorhandenem Sexualtrieb die Ausübung des Geschlechtsverkehrs ermöglichen ohne die zugrundeliegende Störung körperlicher und/oder psychischer Natur zu beheben.
7. Sonstige Mittel mit überwiegend kosmetischer Wirkung.
8. Sonstige Mittel für die körperliche Hygiene wie insbesondere Mittel zur Reinigung oder Pflege der Haut, der Haare, der Nägel, der Zähne oder der Mundhöhle.
9. Sonstige Mittel zur Förderung von Wachstum und Qualität von Haaren und Nägeln.
10. Sonstige Mittel zur Leistungssteigerung bzw. zur Steigerung des Wohlbefindens wie insbesondere Roborantien, Eiweißpräparate oder Dopingmittel.
11. Sonstige Mittel zum Ersatz der Nahrungsaufnahme und/oder zum Ausgleich alimentärer Defizite, das sind Mittel mit wirksamkeitsbestimmenden Inhaltsstoffen in einer Menge bzw. Konzentration, die im Allgemeinen durch eine normale Nahrungsaufnahme erzielbar und zumutbar ist, wie insbesondere Fette, Öle, Spurenelemente, Mineralstoffe und -wässer, Aminosäuren und Vitamine.
12. Sonstige Mittel zur Entwöhnung vom Nikotingebrauch.
13. Sonstige Mittel zur Unterstützung von gewichtsreduzierenden Maßnahmen wie insbesondere Appetitzügler und Resorptionshemmer.
14. Sonstige Mittel zur medizinischen Vorbereitung einer assistierten Reproduktion.
15. magistrale Zubereitungen, wenn sie in ihrer Darreichungsform und Zusammensetzung einer oder mehreren Arzneispezialitäten entsprechen, es sei denn, dadurch wird eine ökonomischere Krankenbehandlung als durch die entsprechende(n) Arzneispezialität(en) gewährleistet.

(AVSV 2006/29)

Übernahme der Kosten in Notfällen

§ 9. (1) Die Kosten für Heilmittel sind ohne die ansonsten erforderliche ärztliche Bewilligung des chef- oder kontrollärztlichen Dienstes zu übernehmen, wenn sie am Ausstellungstag des Kassenrezeptes oder am darauffolgenden Tag abgegeben wurden und der Vertragsarzt auf dem Kassenrezept

1. einen auf das Vorliegen von Lebensgefahr hindeutenden Vermerk (z. B. „per. vit.") angebracht hat oder
2. Verbandmaterialien mit einem Vermerk verordnet hat, aus dem hervorgeht, dass es sich um einen Fall von „Erster Hilfe" handelt.

(2) In besonderen Notfällen hat der Krankenversicherungsträger, wenn ein Heilmittel in der Zeit, in der der Chef- oder Kontrollarzt nicht erreichbar ist, in einer öffentlichen Apotheke abgegeben werden musste, die Kosten für die kleinste zum Apothekenverkehr zugelassene Packung des verschriebenen Heilmittels zu übernehmen. Die Abgabe muss jedoch am Ausstellungstag des Krankenkassenrezeptes oder am darauffolgenden Tag erfolgen.

Übernahme der Kosten in Einzelfällen
§ 10. (1) Für Heilmittel, die in Form von Dauerverschreibungen oder Vorratsverschreibungen auf Krankenkassenrezepten verschrieben wurden, sind keine Kosten zu übernehmen, außer aufgrund von Dauerverschreibungen im Sinne des § 16 der Suchtgiftverordnung.

(2) Hat der behandelnde Arzt ein Heilmittel verschrieben und hiezu unzulässigerweise vermerkt, dass der Apotheker statt dieses Heilmittels auch ein anderes Heilmittel abgeben dürfe („aut simile"-Verschreibung), so hat der Krankenversicherungsträger die Kosten für das verschriebene Heilmittel zu übernehmen, falls dieses abgegeben wurde. Für ein Heilmittel, das aufgrund der „aut simile"-Verschreibung substituiert wurde, sind keine Kosten zu übernehmen.

Ausgabe von Formularen für Krankenkassenrezepte und Verordnungsscheine
§ 11. (1) Die Österreichische Gesundheitskasse hat allen im jeweiligen Bundesland niedergelassenen Vertragsärzten die zur Verschreibung von Heilmitteln auf Rechnung eines Krankenversicherungsträgers notwendigen Rezeptformulare auf Anforderung zur Verfügung zu stellen. Dies gilt auch für Verordnungsscheine, wenn diese bundeseinheitlich gestaltet sind.
(AVSV 2020/5)

(2) Sind die Formulare für Verordnungsscheine nicht bundeseinheitlich gestaltet, hat die Österreichische Gesundheitskasse die betreffenden Formulare nur für den Zuständigkeitsbereich der ASVG-Krankenversicherungsträger den Vertragsärzten zur Verfügung zu stellen, die Sonderkrankenversicherungsträger hingegen jeweils für den eigenen Zuständigkeitsbereich.
(AVSV 2020/5)

Gültigkeit von Krankenkassenrezepten
§ 12. (1) Ein Krankenkassenrezept oder eine Suchtgiftverschreibung (inkl. jene zur Substitutionstherapie) ist gültig, wenn auf dem Rezeptformular folgendes vermerkt ist:
1. im Rezeptkopf:

   a) der zuständige Krankenversicherungsträger und (soweit vorgesehen) die Versichertenkategorie;

   b) Vorname, Familienname, Versicherungsnummer (bei Fehlen jedenfalls das Geburtsdatum) und Anschrift des Patienten, für den das Heilmittel bestimmt ist; bei Inanspruchnahme von Leistungen durch in anderen EU-Mitgliedstaaten, EWR-Staaten und der Schweiz versicherte Personen mit der Europäischen Krankenversicherungskarte (EKVK) oder mit einer diese Karte ersetzende Anspruchsbescheinigung ist bis zum Einsatz des neuen A5- Rezeptes die dort angeführte persönliche Kennnummer (bis zu 20 Stellen) im Feld „Anschrift" anzugeben.

   c) wenn das Kassenrezept eine Verschreibung für einen Angehörigen enthält, tunlichst auch Vorname, Familienname und Versicherungsnummer (jedenfalls das Geburtsdatum) des Versicherten;

   d) für nicht krankenversicherte Personen, die der Österreichischen Gesundheitskasse aufgrund gesetzlicher Vorschrift oder aufgrund eines zwischenstaatlichen Abkommens zur Betreuung zugeteilt sind, die Angabe der Österreichischen Gesundheitskasse und im Feld „Beschäftigt bei" ein auf die gesetzliche Grundlage der Betreuung hindeutender Vermerk (z. B. „KOVG");
   (AVSV 2006/29, AVSV 2020/5)

   e) bei einer Suchtgiftverordnung (inkl. jener Substitutionstherapie) hat die Vignette entsprechend den Bestimmungen der Suchtgiftverordnung auf dem Rezept angebracht zu sein.
   (AVSV 2006/29)

2. in der Rezeptur:

   a) das Ausstellungsdatum;

   b) das verordnete Heilmittel;

   c) die Darreichungsform und die zahlenmäßige Angabe der Menge und der Stärke des verordneten Heilmittels, soweit dies für die eindeutige Identifizierung erforderlich ist;

   d) die Gebrauchsanweisung, wenn eine solche nach § 3 Abs. 1 lit. e des Rezeptpflichtgesetzes erforderlich ist.

3. als Signum:

   a) ein Abdruck des Vertragsarztstempels, des Stempels einer Vertragseinrichtung oder des Stempels einer eigenen Einrichtung, tunlichst mit integriertem Datum, in Ausnahmefällen auch ein anderer Stempel des Vertragsarztes, bei Fehlen eines Stempels der in Blockschrift (Maschinschrift) beigesetzte Name und Berufssitz sowie tunlichst die Vertragspartnernummer des Arztes;

b) die eigenhändige Unterschrift (eventuell verkürzter Namenszug) des verschreibenden Vertragsarztes, des Arztes einer Vertragseinrichtung oder einer eigenen Einrichtung.

(AVSV 2006/29)

(2) Ist eine allfällige Befreiung von der Rezeptgebühr vom Arzt ersichtlich zu machen, muss auf dem Rezept ein zweiter Abdruck des Vertragsarztstempels bzw. ein zweites Mal der in Blockschrift (Maschinschrift) beigesetzte Name und Berufssitz sowie die Vertragspartnernummer des Arztes in dem dafür vorgesehenen Feld enthalten sein.

Ausfüllen des Rezeptes

§ 13. Im Zusammenhang mit der Überprüfung der auf Rechnung der Krankenversicherungsträger abgegebenen Heilmittel haben diese auch darauf zu achten, dass zumindest der Name und das Geburtsjahr der Person, für die das Heilmittel verschrieben wurde, der für die Bezahlung zuständige Krankenversicherungsträger, die Versichertengruppe und die im § 12 Abs. 1 Z 2 und 3 angeführten Angaben vom behandelnden Arzt auf dem Kassenrezept eingetragen worden sind.

Korrektur oder Ergänzung von Rezeptangaben

§ 14. (1) Wurden die im § 12 Abs. 1 Z 2 genannten Angaben korrigiert oder ergänzt, ist diese Korrektur bzw. Ergänzung nur gültig, wenn diese Änderung grundsätzlich vor der Abgabe des Heilmittels mit einem Korrektur- bzw. Ergänzungsvermerk und der Unterschrift oder Paraphe des verschreibenden Arztes versehen wurde.

(2) Falls in der Rezeptur unterschiedliche Schriftbilder aufscheinen, die den Verdacht des Missbrauches erwecken, sind grundsätzlich keine Kosten zu übernehmen, sofern nicht die Richtigkeit der Verschreibung durch die Unterschrift oder Paraphe des Arztes bestätigt worden ist.

(3) Ferner sind grundsätzlich keine Kosten zu übernehmen, wenn auf dem Krankenkassenrezept das Abgabedatum korrigiert wurde.

Zeitliche Begrenzung der Gültigkeit von Krankenkassenrezepten

§ 15. (1) Die Kosten für ärztliche Verschreibungen auf Krankenkassenrezepten dürfen vom Krankenversicherungsträger nur übernommen werden, wenn das Heilmittel spätestens einen Monat nach dem Ausstellungstag abgegeben wurde. Die Kosten für Suchtgift-Einzelverschreibungen dürfen vom Krankenversicherungsträger nur übernommen werden, wenn das Suchtgift spätestens 14 Tage nach dem Ausstellungstag abgegeben wurde.

(AVSV 2006/29)

(2) Bedarf es einer ärztlichen Bewilligung des chef- oder kontrollärztlichen Dienstes, so gilt der Tag der Bewilligung als Ausstellungstag im Sinne des Abs. 1. Bei Anerkennung eines Privatrezeptes als Kassenrezept gilt der Tag der Anerkennung als Ausstellungstag.

(AVSV 2006/29)

(3) Wurde die Frist überschritten, weil das Heilmittel nicht vorrätig war, und konnte es daher innerhalb der noch zur Verfügung stehenden Zeit nicht mehr beschafft werden oder dauert die Anfertigung einer magistralen Zubereitung länger als üblich, dürfen die Kosten vom Krankenversicherungsträger nur übernommen werden, wenn vom Apotheker bzw. vom hausapothekenführenden Arzt auf dem Rezept der Einreichungstag sowie die Dauer der Verzögerung und ihre Begründung vermerkt und dies von ihm mit Datum und Unterschrift (Paraphe) bestätigt wurde.

(4) Die Kosten für die im Rahmen eines ärztlichen Bereitschaftsdienstes (z.B. Wochenend- und Feiertagsbereitschaftsdienst, Ärztefunkdienst, ärztlicher Notdienst) auf einem besonders gekennzeichneten Krankenkassenrezept verschriebenen Heilmittel sind nur dann zu übernehmen, wenn das Heilmittel am Ausstellungstag oder am darauffolgenden Tag abgegeben wurde.

Gültigkeit von Verordnungsscheinen

§ 16. Die in den §§ 12 bis 15, ausgenommen § 12 Abs. 2 und § 15 Abs. 4, aufgestellten Vorschriften für die Gültigkeit von Krankenkassenrezepten gelten entsprechend für die Gültigkeit von Verordnungsscheinen mit folgender Maßgabe:
1. im Verordnungsteil des Verordnungsscheines ist das Ausstellungsdatum und die genaue Bezeichnung und Menge des verschriebenen Heilbehelfs anzuführen;
2. die Kosten für ärztliche Verschreibungen auf Verordnungsscheinen dürfen vom Krankenversicherungsträger nur übernommen werden, wenn der Heilbehelf innerhalb der auf dem Verordnungsschein angegebenen Gültigkeitsdauer, gerechnet ab dem Ausstellungstag, abgegeben wurde.

Übernahme von zusätzlichen Kosten

§ 17. (1) Für Heilmittel, die während der gesetzlichen Sperrzeit einer Apotheke abgegeben wurden, sind die zusätzlichen Kosten zu übernehmen, wenn
1. auf dem Krankenkassenrezept vom Arzt der Vermerk „expeditio nocturna" oder ein anderer Vermerk (z. B. „per. vit."), der auf die Dringlichkeit der Abgabe während der Sperrzeit hinweist, angebracht wurde,
2. das Heilmittel innerhalb der am Ausstellungstag begonnenen oder noch nicht beendeten Sperrzeit abgegeben wurde und
3. die Zeit der Inanspruchnahme der Apotheke auf dem Rezept vermerkt und vom abgebenden Apotheker die Unterschrift oder Paraphe beigesetzt worden ist.

(2) Handelt es sich um ein besonders gekennzeichnetes Krankenkassenrezept eines ärztlichen Bereitschaftsdienstes, ist ein Vermerk (Abs. 1 Z 1) nicht erforderlich.

(3) Telegrammgebühren, Fernsprechgebühren, Porto, Zoll und ähnliche Unkosten anlässlich der Beschaffung eines in Österreich nicht erhältlichen notwendigen Heilmittels sind vom Krankenversicherungsträger zu vergüten, wenn dieser vor der Beschaffung auf die voraussichtlichen Kosten hingewiesen wurde und er sich zur Zahlung bereit erklärt hat.

(4) Für die Beschaffung von Arzneiwaren, für die eine Unbedenklichkeitsbescheinigung gemäß § 2 Abs. 3 des Arzneiwareneinfuhrgesetzes erteilt wurde, gilt Abs. 3 entsprechend.

Kontrolle der Zweckmäßigkeit und Wirtschaftlichkeit sowie der Dokumentation

§ 18. (1) Der Krankenversicherungsträger hat zu kontrollieren, ob die behandelnden Ärzte bei der Verschreibung von Heilmitteln und Heilbehelfen die Grundsätze der Zweckmäßigkeit und Wirtschaftlichkeit (§ 2 Abs. 1 und 2) beachten.

(2) Bei Heilmitteln, die auf einem Krankenkassenrezept mit einem auf Lebensgefahr hindeutenden Vermerk verschrieben wurden, ist bei der Kontrolle auch darauf zu achten, ob das Heilmittel hinsichtlich Art und Menge zur Abwendung eines lebensbedrohenden Zustandes notwendig und geeignet war. Bei Verbandmaterialien, die mit einem auf Erste Hilfe hindeutenden Vermerk verschrieben wurden, ist darauf zu achten, ob damit hinsichtlich Art und Menge einem dringenden Bedarf entsprochen wurde.

(3) Sind bei Ausübung der Kontrolle Fragen der ärztlichen Behandlung zu klären, hat dies durch den chef(kontroll)ärztlichen Dienst des Krankenversicherungsträgers zu erfolgen.

(4) Der Krankenversicherungsträger hat die Verschreibung der Arzneispezialitäten, die im gelben Bereich des Erstattungskodex unter Bezug auf eine oder mehrere bestimmte Verwendungen angeführt sind, sowie deren einheitliche Dokumentation gemäß § 7 zu kontrollieren.

Ärztemuster

§ 19. Für Ärztemuster sind keine Kosten zu übernehmen.

Verschreibung auf Privatrezepten

§ 20. Für Heilmittel, die auf einem Privatrezept verschrieben und vom Patienten privat bezogen wurden, dürfen – vorausgesetzt, dass ein Anspruch auf Kostenerstattung vorgesehen ist – nur dann Kosten erstattet werden, wenn die Verschreibung zweckmäßig und wirtschaftlich ist. Das gleiche gilt hinsichtlich einer Gleichstellung von Rezepten nach § 350 Abs. 2 ASVG. Die §§ 1 bis 10, 14 und 17 bis 19 dieser Richtlinien gelten sinngemäß.

Übergangsbestimmung

§ 21. Bis zum Zeitpunkt der Verfügbarkeit der technischen Infrastruktur der e-card für die vorherige chef- oder kontrollärztliche Bewilligung für Arzneispezialitäten des gelben Bereiches (ausgenommen für Arzneispezialitäten, die unter Bezug auf eine oder mehrere bestimmte Verwendungen angeführt sind und die der nachfolgenden Kontrolle unterliegen) und des roten Bereiches des Erstattungskodex kann die vorherige Bewilligung durch eine nachfolgende Kontrolle (§ 12 Heilmittel-Bewilligungs- und Kontroll-Verordnung) oder durch eine Bewilligungskommunikation per Fax (§ 13 Heilmittel-Bewilligungs- und Kontroll-Verordnung) ersetzt werden; für Arzneispezialitäten, die nicht im Erstattungskodex angeführt sind, gilt § 6 Abs. 1 Z 2 in Verbindung mit § 14 Heilmittel-Bewilligungs- und Kontroll-Verordnung.

Wirksamkeitsbeginn und Geltungsbereich

§ 22. (1) Diese Richtlinien treten mit 1. Jänner 2005 in Kraft.

(2) Diese Richtlinien sind gemäß § 30 Abs. 3 ASVG für die im Dachverband der Sozialversicherungsträger zusammengefassten Krankenversicherungsträger verbindlich.

(AVSV 2020/5)

Inkrafttreten der 1. Änderung

§ 23. (1) Die §§ 3 Abs. 2 und 6 Abs. 3 treten mit 1. Juli 2005 in Kraft.

(2) Der § 7 Abs. 3 tritt rückwirkend mit 1. Jänner 2005 in Kraft.

(AVSV 2005/68)

Inkrafttreten der 2. Änderung

§ 24. Diese Änderung der Richtlinien tritt mit 1. April 2006 in Kraft.

(AVSV 2006/29)

2/1. RöV 2005
Beilage
– 32 –

Beilage

DOKUMENTATION gemäß § 4 der Heilmittel-Bewilligungs- und Kontroll-Verordnung   **RE2-PRÄPARATE**

Vor- und Familienname des Patienten/der Patientin	Versicherungsnummer	KV-Träger

Verordnete Arzneispezialität (inkl. Anzahl der Packungen, Packungsgröße, Dosierung etc. – lt. Rezeptangaben)

1.

Voraussichtliche Behandlungsdauer (wenn nicht Dauermedikation) **2.**

Diagnose im Volltext oder vereinbarte softwareunterstützte Codierung

3.

Achtung!   Falls die Diagnose nicht unter die besondere Verwendung subsumierbar ist, ist die ärztliche Bewilligung durch den chef- und kontrollärztlichen Dienst der SV-Träger jedenfalls einzuholen.

4.	Auflistung von verfügbaren Vergleichspräparaten (inkl. Angabe der Dosierung) aus dem grünen Bereich *)	Begründung, warum die nebenstehenden Vergleichspräparate aus dem grünen Bereich für die Behandlung nicht zweckmäßig und wirtschaftlich sind (§ 2 RöV)

Arzneispezialitäten mit gleichem Wirkstoff, wenn billiger bzw. Arzneispezialitäten mit anderem Wirkstoff, aber zumindest teilweise deckungsgleichem Anwendungsbereich:

a)		
b)		
c)		

*) entfällt, wenn kein Vergleichspräparat verfügbar ist.

Verordnungsrelevante Patientendaten (Auf Datum und Fundstelle der Patientendokumentation kann verwiesen werden. Bei nachfolgender Kontrolle sind die entsprechenden Unterlagen mitzuliefern.)

5.	**Anamnese** (inkl. Körpergröße und –gewicht)	
6.	**Vorbehandlungsdaten**	
7.	**Befunddaten**	

Mit dieser Unterschrift bestätige ich die Vollständigkeit und Richtigkeit der vorliegenden Dokumentation und nehme zur Kenntnis, dass eine mangelhafte (unvollständige) Dokumentation gemäß § 5 Abs. 5 Heilmittel-Bewilligungs- und Kontroll-Verordnung entsprechend sanktioniert werden kann.

Datum: Stempel und Unterschrift:

2/1. RöV 2005
Beilage

— 33 —

Seite 2
FOLGEVERORDNUNGEN

Verordnungsdatum	Seit der Erstverordnung eingetretene Änderungen	Unterschrift

Richtlinien
RöV 2005
RöK 2005
RJU 2016
RVU
RERS 2005
RBS 2005
RRZ 2008
RRK 2021
RBZRehab 2005
RBZGesVors 2011
RBGKV 2021
RZB 2005
RVABE 2022
RMDFÜ 2005
RVAGH 2022
RBG 2013
RZR 2013

DB HG 18122004

*

Die Richtlinien über die ökonomische Verschreibweise von Heilmitteln und Heilbehelfen wurden von der Geschäftsführung des Hauptverbandes der österreichischen Sozialversicherungsträger am 16. Dezember 2004 beschlossen. Der Verwaltungsrat hat am 16. Dezember 2004 den Richtlinien zugestimmt. Der Bundesminister für soziale Sicherheit, Generationen und Konsumentenschutz hat ihr gesetzmäßiges Zustandekommen am 28. Dezember 2004, GZ: BMSG-21410/0024-II/A/3/2004, beurkundet.

Die 1. Änderung der Richtlinien über die ökonomische Verschreibweise von Heilmitteln und Heilbehelfen wurde von der Trägerkonferenz des Hauptverbandes der österreichischen Sozialversicherungsträger am 29. Juni 2005 beschlossen. Die Bundesministerin für soziale Sicherheit, Generationen und Konsumentenschutz hat ihr gesetzmäßiges Zustandekommen am 8. Juli 2005, GZ: BMSG-21410/0020-II/A/3/2005, beurkundet.

Die 2. Änderung der Richtlinien über die ökonomische Verschreibweise von Heilmitteln und Heilbehelfen wurde von der Trägerkonferenz des Hauptverbandes der österreichischen Sozialversicherungsträger am 3. Februar 2006 beschlossen. Die Bundesministerin für soziale Sicherheit, Generationen und Konsumentenschutz hat ihr gesetzmäßiges Zustandekommen am 24. Februar 2006, GZ: BMSG-21410/0003-II/A/3/2006, beurkundet.

2/2. RöK 2005

Wiederverlautbarung der Richtlinien über die Berücksichtigung ökonomischer Grundsätze bei der Krankenbehandlung gemäß § 31 Abs. 5 Z 10 ASVG, AVSV 2005/148 idF

1 AVSV 2016/192   2 AVSV 2018/201

Richtlinien
RöV 2005
RöK 2005
RJU 2016
RVU
RERS 2005
RBS 2005
RRZ 2008
RRK 2021
RBZRehab 2005
RBZGesVors 2011
RBGKV 2021
RZB 2005
RVABE 2022
RMDFÜ 2005
RVAGH 2022
RBG 2013
RZR 2013

GLIEDERUNG

1. Abschnitt: Allgemeine Bestimmungen
§ 1. Geltungsbereich
§ 2. Verbindlichkeit
§ 3. Ökonomische Grundsätze
§ 4. Ärztliche Bewilligung des chef- und kontrollärztlichen Dienstes des Sozialversicherungsträgers
§ 5. Kostenerstattung, Kostenzuschuss, Kostenersatz

2. Abschnitt: Bestimmungen für den Vertragspartner
§ 6. Beachtung der ökonomischen Grundsätze
§ 7. Aufklärungspflicht durch den Vertragspartner
§ 8. Keine Bewilligung des chef- und kontrollärztlichen Dienstes des Sozialversicherungsträgers

§ 9. Überweisungen oder Zuweisungen

3. Abschnitt: Bestimmungen für den Krankenversicherungsträger
§ 10. Prüfung der Einhaltung der ökonomischen Grundsätze
§ 11. Vertragspartnerbezogene Prüfung nach Durchschnittswerten
§ 12. Vertragspartnerbezogene Prüfung auf der Grundlage von Stichproben oder in Einzelfällen

4. Abschnitt: Wirksamkeit
§ 13
§ 14. Inkrafttreten der 1. Änderung
§ 15. Inkrafttreten der 2. Änderung
§ 16. Inkrafttreten der 3. Änderung
§ 17. Inkrafttreten der 4. Änderung
ANLAGE

Wiederverlautbarung der Richtlinien über die Berücksichtigung ökonomischer Grundsätze bei der Krankenbehandlung gemäß § 31 Abs. 5 Z 10 ASVG (RöK)

Auf Grund des § 593 Abs. 3 ASVG werden mit dieser Kundmachung die Richtlinien über die Berücksichtigung ökonomischer Grundsätze bei der Krankenbehandlung im Internet wiederverlautbart.

Stammfassung und Änderungen

Die Richtlinien über die Berücksichtigung ökonomischer Grundsätze bei der Krankenbehandlung wurden in ihrer Stammfassung kundgemacht am 20. März 1996 in der Fachzeitschrift „Soziale Sicherheit" 1996, Seite 264 ff., Amtliche Verlautbarung Nr. 40/1996; die 1. Änderung wurde kundgemacht am 31. Jänner 2001 in der Fachzeitschrift „Soziale Sicherheit" 2001, Seite 50, Amtliche Verlautbarung Nr. 2/2001; die 2. Änderung wurde kundgemacht am 19. September 2001 in der Fachzeitschrift „Soziale Sicherheit" 2001, Seite 678, Amtliche Verlautbarung Nr. 98/2001.

Veränderungen im Text

Für die Wiederverlautbarung wurden nachstehende Veränderungen im Text der Richtlinien vorgenommen:

Der Ausdruck „chef(kontroll)ärztliche Bewilligung" wurde durch den Ausdruck „ärztliche Bewilligung des chef- und kontrollärztlichen Dienstes des Sozialversicherungsträgers" ersetzt.

Bezeichnung nach der Wiederverlautbarung

Die Richtlinien werden unter dem Titel „Richtlinien über die Berücksichtigung ökonomischer Grundsätze bei der Krankenbehandlung 2005 – RöK 2005" mit folgendem Text wiederverlautbart:

Richtlinien über die Berücksichtigung ökonomischer Grundsätze bei der Krankenbehandlung 2005 – RöK 2005

1. Abschnitt
Allgemeine Bestimmungen

Geltungsbereich

§ 1. (1) Die Richtlinien regeln

1. die ökonomischen Grundsätze, nach denen
   a) die ärztliche Hilfe,
   b) die der ärztlichen Hilfe gleichgestellten Leistungen,
   c) die im Zusammenhang mit Leistungen gemäß lit. a und b veranlassten Maßnahmen,

d) die Abgabe von Heilbehelfen durch andere Vertragspartner als Apotheker und hausapothekenführende Ärzte als ausreichend, zweckmäßig, das Maß des Notwendigen nicht übersteigend zu beurteilen sind sowie

2. die Maßnahmen, die die Einhaltung dieser Grundsätze sicherstellen sollen.

(2) Für die Verordnung von Heilmitteln und Heilbehelfen und die Abgabe durch Apotheker und hausapothekenführende Ärzte sind die Richtlinien über die ökonomische Verschreibweise von Heilmitteln und Heilbehelfen anzuwenden.

Verbindlichkeit

§ 2. (1) Die Richtlinien sind für die im Hauptverband der österreichischen Sozialversicherungsträger zusammengefassten Krankenversicherungsträger mit der Maßgabe verbindlich, dass der 3. Abschnitt nur vom abrechnenden Krankenversicherungsträger anzuwenden ist.

(2) Die §§ 1 bis 4 und der 2. Abschnitt sind auch für die in Betracht kommenden Vertragspartner verbindlich.

Ökonomische Grundsätze

§ 3. (1) Durch die Krankenbehandlung sollen die Gesundheit, die Arbeitsfähigkeit und die Fähigkeit, für die lebenswichtigen persönlichen Bedürfnisse zu sorgen, nach Möglichkeit wiederhergestellt, gefestigt oder gebessert werden.

(2) Die Krankenbehandlung muss ausreichend und zweckmäßig sein, sie darf jedoch das Maß des Notwendigen nicht überschreiten. Sie ist nach dem jeweiligen und aktuellen Stand der medizinischen Wissenschaft zu erbringen. Innerhalb dieses Rahmens erfüllt die Krankenbehandlung unter Beachtung des Wohles und der Betroffenheit des Versicherten (Angehörigen) die ökonomischen Grundsätze, wenn sie geeignet ist,

– einen ausreichenden therapeutischen und diagnostischen Nutzen zu erzielen und
– die Kosten im Verhältnis zum Erfolg der Maßnahme möglichst gering zu halten.

(3) Eine Maßnahme ist dabei nicht nur für sich allein zu betrachten, sondern es sind die im überblickbaren Behandlungs- und Untersuchungsverlauf gesetzten bzw. zu setzenden Maßnahmen zu berücksichtigen.

(4) Dabei ist insbesondere darauf Bedacht zu nehmen,

1. dass von mehreren gleichwertig geeigneten Möglichkeiten die ökonomisch günstigste Möglichkeit gewählt wird;
2. ob andere, z.B. hygienische oder diätetische Maßnahmen auch ökonomischer wären als Maßnahmen der Krankenbehandlung;
3. ob anstelle der Einweisung zu einem stationären Krankenhausaufenthalt die Behandlung im ambulanten Bereich (z.B. Krankenhausambulanz, Betreuung durch den Hausarzt, medizinische Hauskrankenpflege) ökonomischer wäre;
4. ob anstelle von ambulant serienweise angewendeten Behandlungsmethoden die Unterbringung in Kur- oder Rehabilitationseinrichtungen ökonomischer wäre.

Ärztliche Bewilligung des chef- und kontrollärztlichen Dienstes des Sozialversicherungsträgers

§ 4. (1) In der Anlage sind jene Leistungen angeführt, die entweder allgemein oder unter bestimmten Voraussetzungen nach einer ärztlichen Bewilligung des chef- und kontrollärztlichen Dienstes des Sozialversicherungsträgers auf Rechnung des Krankenversicherungsträgers vom Vertragspartner angewendet werden dürfen.

(1a) Ambulante Tumorbehandlungen durch eine punktförmige Bestrahlung des Tumors mit Protonen und/oder Kohlenstoffionen dürfen nur angewendet werden, wenn eine ärztliche Bewilligung des chef- und kontrollärztlichen Dienstes des Sozialversicherungsträgers vorliegt, wobei bei einer punktförmigen Bestrahlung des Tumors mit Protonen zusätzlich die Voraussetzungen des § 38 Abs. 3 der Mustersatzung 2016 vorliegen müssen.

(AVSV 2016/192)

(2) Für einzelne Vertragspartner oder für bestimmte Gruppen von Vertragspartnern können die Krankenversicherungsträger – allenfalls zeitlich befristet – vorsehen, dass für in der Anlage angeführte Leistungen keine ärztliche Bewilligung des chef- und kontrollärztlichen Dienstes des Sozialversicherungsträgers erforderlich ist oder dass die ärztliche Bewilligung des chef- und kontrollärztlichen Dienstes des Sozialversicherungsträgers nur bei Vorliegen besonderer Voraussetzungen notwendig ist, wenn bei diesem Vertragspartner oder bei dieser Gruppe von Vertragspartnern die ökonomische Krankenbehandlung gemäß § 3 sichergestellt ist.

(3) Aus Gründen der Zweckmäßigkeit kann festgelegt werden, dass die Physiotherapie ab der 31. Anwendung, jedenfalls aber ab der 11. Sitzung, einer vorherigen ärztlichen Bewilligung des chef- und kontrollärztlichen Dienstes des Sozialversicherungsträgers bedarf.

(4) Aus Gründen der Zweckmäßigkeit kann festgelegt werden, dass die Psychotherapie erst ab der 11. Sitzung einer vorherigen ärztlichen Bewilligung des chef- und kontrollärztlichen Dienstes des Sozialversicherungsträgers bedarf.

(AVSV 2018/201)

(5) Aus Gründen der Zweckmäßigkeit kann festgelegt werden, dass nur jene Untersuchungen der medizinischen und chemischen Labordiagnostik einer vorherigen ärztlichen Bewilligung des chef- und kontrollärztlichen Dienstes bedürfen, die eine auffällige jährliche Steigerungsrate aufweisen.

(AVSV 2016/192)

Kostenerstattung, Kostenzuschuss, Kostenersatz

§ 5. Die §§ 1, 3 und 4 gelten sinngemäß für die Fälle
- der Erstattung von Kosten der Krankenbehandlung,
- der Kostenzuschüsse,
- der Kostenersätze.

2. Abschnitt
Bestimmungen für den Vertragspartner

Beachtung der ökonomischen Grundsätze

§ 6. (1) Der Vertragspartner ist verpflichtet, die Krankenbehandlung so zu erbringen und zu veranlassen, dass diese den ökonomischen Grundsätzen gemäß § 3 entspricht.

(2) Gibt der Versicherte (Angehörige) z.B. durch Vorlage eines Krankenscheines zu erkennen, dass er auf Rechnung der Sozialversicherung behandelt werden will, ist für bewilligungspflichtige Maßnahmen ein Antrag auf vorherige ärztliche Bewilligung des chef- und kontrollärztlichen Dienstes des Sozialversicherungsträgers auszustellen.

Aufklärungspflicht durch den Vertragspartner

§ 7. (1) Der Vertragspartner hat den Versicherten (Angehörigen) bei Veranlassung, spätestens vor der Anwendung einer bewilligungspflichtigen Behandlungs- oder Untersuchungsmethode ausdrücklich darauf hinzuweisen, dass vor Durchführung dieser Methode die ärztliche Bewilligung des chef- und kontrollärztlichen Dienstes des Sozialversicherungsträgers einzuholen ist und der Krankenversicherungsträger im Falle einer Ablehnung keine Kosten übernimmt.

(2) Die ärztliche Bewilligung des chef- und kontrollärztlichen Dienstes des Sozialversicherungsträgers ist entweder vom Versicherten (Angehörigen) oder in seinem Namen vom Vertragspartner beim Krankenversicherungsträger vor Durchführung dieser Methode einzuholen. Der Vertragspartner hat die beabsichtigte Anwendung dieser Behandlungs- oder Untersuchungsmethode so zu begründen, dass der Krankenversicherungsträger in der Regel ohne zusätzliche Erhebung darüber entscheiden kann.

Keine Bewilligung des chef- und kontrollärztlichen Dienstes des Sozialversicherungsträgers

§ 8. Eine ärztliche Bewilligung des chef- und kontrollärztlichen Dienstes des Sozialversicherungsträgers ist nicht erforderlich, wenn die Anwendung der bewilligungspflichtigen Behandlungs- oder Untersuchungsmethode in Fällen der ersten Hilfe oder zur Abwendung einer erheblichen Gesundheitsbeeinträchtigung unverzüglich notwendig war. Dies ist vom Vertragspartner auf dem jeweiligen Abrechnungsbeleg schriftlich zu begründen.

Überweisungen oder Zuweisungen

§ 9. (1) Die Maßnahmen des Vertragspartners haben im Rahmen des § 3 alle Leistungen zu umfassen, die aufgrund der medizinischen Ausbildung und der dem Vertragspartner zu Gebote stehenden Hilfsmittel sowie zweckmäßigerweise außerhalb einer stationären Krankenhausbehandlung durchgeführt werden können. Für erforderliche Leistungen, die der Vertragspartner nicht selbst erbringen kann, hat er Überweisungen oder Zuweisungen unter Berücksichtigung der ökonomischen Grundsätze vorzunehmen, wobei er sich auch zu vergewissern hat, ob und inwieweit entsprechende maßgebliche Vorbefunde vorhanden sind.

(2) Im Falle einer notwendigen Überweisung oder Zuweisung ist grundsätzlich zu Vertragspartnern zu überweisen oder zuzuweisen. Eine Zuweisung oder Überweisung zu Wahlbehandlern soll nur dann erfolgen, wenn ein Vertragspartner unter Berücksichtigung der Dringlichkeit der Behandlung oder Untersuchung in zumutbarer Entfernung nicht vorhanden ist.

3. Abschnitt
Bestimmungen für den Krankenversicherungsträger

Prüfung der Einhaltung der ökonomischen Grundsätze

§ 10. (1) Der Krankenversicherungsträger hat die Tätigkeit der Vertragspartner bezüglich der Einhaltung der Grundsätze der ökonomischen Krankenbehandlung zu prüfen.

(2) Die vertragspartnerbezogene Prüfung erfolgt
1. nach Durchschnittswerten;
2. auf der Grundlage von Stichproben;
3. in Einzelfällen.

(3) Die Prüfung umfasst insbesondere:
- ärztliche Leistungen,
- ärztlich verordnete Leistungen,
- der ärztlichen Hilfe gleichgestellte Leistungen,
- die Häufigkeit von Überweisungen,
- Krankenhauseinweisungen,
- die Feststellungen der Arbeitsunfähigkeit,
- die Ausstellung von Reise(Fahrt)- und Transportaufträgen.

Vertragspartnerbezogene Prüfung nach Durchschnittswerten

§ 11. (1) Für jede Vertragspartnergruppe sind statistische Durchschnittswerte für den Honorar- und Folgekostenbereich zu ermitteln.

(2) Wird vom Krankenversicherungsträger eine maßgebliche Überschreitung relevanter Durchschnittswerte festgestellt, soll mit dem Vertragspartner ein Gespräch geführt werden. Dies gilt jedenfalls bei Überschreitungen von mehr als 50 %. Der Krankenversicherungsträger hat dabei eine Vertragspartner über die ökonomischen Aspekte seiner Tätigkeit zu informieren. Erforderlichenfalls

sind vom Krankenversicherungsträger die vertraglich und gesetzlich vorgesehenen Schritte zu setzen.

Vertragspartnerbezogene Prüfung auf der Grundlage von Stichproben oder in Einzelfällen

§ 12. Der Krankenversicherungsträger hat regelmäßig im Wege von Stichproben sowie in begründeten Einzelfällen die Einhaltung der ökonomischen Grundsätze und die Richtigkeit der Abrechnung zu prüfen. Ergibt sich aus einer solchen Überprüfung die Vermutung unökonomischen Verhaltens, soll mit dem Vertragspartner ein Gespräch geführt werden. Erforderlichenfalls sind vom Krankenversicherungsträger die vertraglich und gesetzlich vorgesehenen Schritte zu setzen.

4. Abschnitt
Wirksamkeit

§ 13. Die Richtlinien treten mit dem Monatsersten in Kraft, der auf die Verlautbarung in der Fachzeitschrift „Soziale Sicherheit" folgt.

Inkrafttreten der 1. Änderung

§ 14. § 4 Abs. 4 sowie Punkt 4 der Anlage treten mit 1. Jänner 2001 in Kraft.

Inkrafttreten der 2. Änderung

§ 15. Punkt 13 der Anlage tritt mit 1. Oktober 2001 in Kraft.

Inkrafttreten der 3. Änderung

§ 16. Die 3. Änderung der Richtlinien tritt mit 1. Jänner 2017 in Kraft.
(AVSV 2016/192)

Inkrafttreten der 4. Änderung

§ 17. Die 4. Änderung der Richtlinien tritt mit 1. September 2018 in Kraft.
(AVSV 2018/201)

ANLAGE

Leistungen, für die zur Sicherstellung des gesetzlichen Wirtschaftlichkeitsgebotes eine vorherige ärztliche Bewilligung des chef- und kontrollärztlichen Dienstes des Sozialversicherungsträgers erforderlich ist

Folgende Leistungen bedürfen vor ihrer Anwendung einer ärztlichen Bewilligung des chef- und kontrollärztlichen Dienstes des Sozialversicherungsträgers:

1. Logopädische Behandlung ab der 2. Sitzung
2. Ergotherapie ab der 2. Behandlungseinheit
3. – Physiotherapie ab der 21. Anwendung, jedenfalls ab der 7. Sitzung; die Verordnung ist bei Beginn der Behandlung vom Vertragspartner oder Versicherten (Angehörigen) der Kasse vorzulegen
   (AVSV 2016/192)
   – Physiotherapie in Form von Hausbesuchen ab der 1. Sitzung
   (AVSV 2016/192)
4. Psychotherapie ab der 11. Sitzung
   (AVSV 2018/201)
5. Medizinische Hauskrankenpflege ab der 5. Woche
6. Geplante Behandlungen und Untersuchungen, sofern es sich um
   a) eine geplante Behandlung und Untersuchung in einem EU-Staat, EWR-Staat oder der Schweiz nach den EU-Verordnungen zur Koordinierung der Systeme der sozialen Sicherheit oder
   b) eine geplante Behandlung und Untersuchung in einem EU-Staat, EWR-Staat oder der Schweiz, für die ein Anspruch auf besondere Kostenerstattung besteht oder
   c) eine geplante Behandlung und Untersuchung in Vertrags- bzw. Nichtvertrags-Staaten handelt,
   (AVSV 2016/192)
7. Computertomographie, Kernspintomographie, nuklearmedizinische Untersuchungen
8. Kosmetische Behandlung
9. Sterilisation, Schwangerschaftsunterbrechung, Geschlechtsumwandlung
10. HELP-Therapie
11. Operative Maßnahmen zur Gewichtsreduktion
12. Flugtransporte
13. Krankentransporte mit Ausnahme von Transporten in Fällen der ersten Hilfe, zur Dialyse sowie zur Chemo- oder Strahlentherapie
14. Heimdialyse
15. Ambulante Tumorbehandlungen durch eine punktförmige Bestrahlung des Tumors mit Protonen und/oder Kohlenstoffionen nach der Empfehlung durch das für die Krankenanstalt zuständige multidisziplinäre Tumorboard,
    (AVSV 2016/192)
16. Untersuchungen der medizinischen und der chemischen Labordiagnostik.
    (AVSV 2016/192)

*

Die Wiederverlautbarung der Richtlinien über die Berücksichtigung ökonomischer Grundsätze bei der Krankenbehandlung 2005 – RöK 2005 wurde vom Verbandsvorstand des Hauptverbandes der österreichischen Sozialversicherungsträger am 19. Oktober 2005 beschlossen und der Bundesministerin für soziale Sicherheit, Generationen und Konsumentenschutz zur Kenntnis gebracht.

Die 3. Änderung der Richtlinien wurde von der Trägerkonferenz des Hauptverbandes der österreichischen Sozialversicherungsträger am 13. Dezember 2016 beschlossen.

Die 4. Änderung der Richtlinien wurde von der Trägerkonferenz des Hauptverbandes der österreichischen Sozialversicherungsträger am 2. Oktober 2018 beschlossen.

2/3. RJU 2016

RJU 2016, AVSV 2015/107 idF
1 AVSV 2018/85   2 AVSV 2018/246   3 AVSV 2020/5
4 AVSV 2020/89

GLIEDERUNG

§ 1. Personenkreis
§ 2. Zuständigkeit
§ 3. Einladung der Jugendlichen
§ 4. Bestätigung für den Arbeitgeber
§ 5. Untersuchungsprogramm
§ 6. Untersuchungsmethoden und Dokumentation
§ 7. Maßnahmen aufgrund des Untersuchungsergebnisses
§ 8. Tätigkeitsbericht
§ 9. Standardstatistik
§ 10. Auswertungen
§ 11. Ausbildungsprogramm der untersuchenden Ärztinnen und Ärzte
§ 12. Fortbildungsprogramm der untersuchenden Ärztinnen und Ärzte
§ 13. Inkrafttreten / Übergangsbestimmung
§ 14. Inkrafttreten der 1. Änderung
§ 15. Inkrafttreten der 4. Änderung

Richtlinien für die Durchführung und Auswertung der Jugendlichenuntersuchungen gemäß § 30a Abs. 1 Z 18 ASVG (RJU 2016)
(AVSV 2020/5)

Personenkreis

§ 1. (1) Als Jugendliche im Sinne dieser Richtlinien gelten die in den §§ 132a Abs. 2 ASVG, 81 Abs. 2 BSVG und 88 Abs. 2 GSVG angeführten Personen.

(2) Für männliche Jugendliche, die gemäß § 18 Wehrgesetz einer Stellungsuntersuchung zu unterziehen sind, kann in dem Jahr, in dem diese stattzufinden hat, die Einladung nach § 3 der Richtlinien entfallen, sofern der Jugendliche an den bis dahin vorgesehenen Untersuchungen teilgenommen hat.

Zuständigkeit

§ 2. Die ärztliche Untersuchung der Jugendlichen ist vom zuständigen Versicherungsträger durchzuführen. Die Versicherungsträger sind jedoch berechtigt, mit der Durchführung der Untersuchung einen anderen Versicherungsträger zu betrauen; in diesem Fall ist das Einvernehmen mit diesem anderen Versicherungsträger herzustellen.

Einladung der Jugendlichen

§ 3. (1) Die Untersuchung der Jugendlichen ist so zu organisieren, dass dem Gesetzesauftrag, die Jugendlichen mindestens einmal jährlich einer Untersuchung nach diesen Richtlinien zu unterziehen, entsprochen wird. Bei Jugendlichen, die erstmalig eine Beschäftigung angetreten haben, ist die Untersuchung möglichst bald nach Beginn der Beschäftigung durchzuführen.

(2) Die Einladung zur Untersuchung ist in schriftlicher Form an den Jugendlichen persönlich zu richten. Jugendliche, deren Untersuchung während einer Berufsausbildung an einer Schule, Lehrwerkstätte oder ähnlichen Einrichtungen erfolgt, können von der persönlichen und schriftlichen Form der Einladung ausgenommen werden.

(3) In der Einladung ist auf die Wichtigkeit der Untersuchung hinzuweisen und der Jugendliche aufzufordern, den Dienstgeber (der die für die Durchführung der Untersuchung erforderliche Freizeit gemäß § 25 Abs. 1 KJBG unter Fortzahlung des Entgeltes zu gewähren hat) unverzüglich davon in Kenntnis zu setzen. Bei Nichtbefolgung der Einladung hat der Versicherungsträger durch geeignete Maßnahmen im eigenen Bereich darauf hinzuwirken, dass der Jugendliche die Untersuchung in Anspruch nimmt (z. B. nochmalige Einladung).

(4) Bei Sozialversicherungsträgern mit einer geringen Frequenz von Jugendlichenuntersuchungen kann anstelle eines Einladungssystems ein Anmeldesystem eingerichtet werden.

Bestätigung für den Arbeitgeber

§ 4. Den Arbeitgebern, die einen Nachweis über die erfolgte Jugendlichenuntersuchung benötigen, ist auf Anforderung von der Untersuchungsstelle eine Bestätigung auszustellen.

„Untersuchungsprogramm

§ 5. (1) Die Untersuchung ist aufgrund des Untersuchungsprogrammes von einem Arzt, der die Erfordernisse für die selbständige Ausübung des ärztlichen Berufes erfüllt, vorzunehmen.

(2) Die Untersuchung umfasst die Aufnahme folgender Daten des/der Jugendlichen:
1. Vorname
2. Familienname(n)
3. Anschrift

4. Geschlecht (männlich/weiblich/etwaige andere Geschlechter)
5. Sozialversicherungsnummer und Geburtsdatum
6. Lehrberuf/derzeitige Tätigkeit: (Lehrberufsnummer der Wirtschaftskammer Österreich bzw. Freifeld „Sonstiges")
7. Lehrjahr
8. Berufsort
9. Leistungszuständiger Krankenversicherungsträger
10. Mit der Jugendlichenuntersuchung betraute Versicherungsträger (fakultativ)
11. Ort der Untersuchung

(3) Das Untersuchungsprogramm umfasst folgende durchzuführende und zu dokumentierende Teilbereiche:

1. Psychische Gesundheit
   a) Einsatz des WHO-5 Fragebogens zum emotionalen Wohlbefinden inklusive Dokumentation des Gesamtscores
   b) Empfehlung zur weiteren Abklärung bei auffälligem Score
   c) Freifeld für Arzt/Ärztin
2. Riskanter Alkoholkonsum
   a) Einsatz des AUDIT-C zur Identifikation von problematischem Alkoholkonsum
   b) Kurzberatung zu riskantem Alkoholkonsum durchgeführt (ja/nein)
   c) Freifeld für Arzt/Ärztin
3. Nikotinkonsum
   a) Rauchen Sie Zigaretten? (gar nicht – ja, weniger als 30 Zigaretten /Monat – ja, 30 Zigaretten /Monat oder mehr)
   b) Konsumieren Sie andere Nikotinprodukte (z. B. Shisha/Wasserpfeife, E-Zigaretten, Hanfzigaretten, Snüs)? (gar nicht – höchstens 2x/Woche – öfter als 2x/Woche)
   c) Kurzintervention Empfehlung zum Rauchstopp durchgeführt (ja/nein)
   d) Freifeld für Arzt/Ärztin
4. Riskantes Sexualverhalten
   a) Kurzberatung zur Vermeidung von riskantem Sexualverhalten durchgeführt (ja/nein)
   b) Freifeld für Arzt/Ärztin
5. Freizeitlärm
   a) Kurzberatung zur Vermeidung von Freizeitlärm durchgeführt (ja/nein)
   b) Freifeld für Arzt/Ärztin
6. Körperliche Bewegung
   a) Wie viel bewegen Sie sich in Ihrer Arbeit (inkl. Weg zu und von der Arbeit)? (eher viel – eher wenig)
   b) An wie vielen Tagen in der Woche sind Sie normalerweise in Ihrer Freizeit körperlich so aktiv, dass Sie dabei außer Atem kommen und/oder schwitzen? (an 4 Tagen oder mehr – an 2-3 Tagen – seltener – nie)
   c) Falls körperlich aktiv: Was trainieren Sie dabei? (nur Ausdauer – nur Kraft – beides)
   d) Kurzberatung zur ausreichenden körperlichen Bewegung durchgeführt (ja/nein)
   e) Freifeld für Arzt/Ärztin
7. Sehvermögen
   a) normal, ohne Sehhilfe – herabgesetzt, ohne Sehhilfe – herabgesetzt, mit inadäquater Sehhilfe – korrigiert, mit adäquater Sehhilfe
   b) Freifeld für Arzt/Ärztin
8. Body Mass Index
   a) Gewicht in kg
   b) Größe in m
   c) Berechnung der BMI-Perzentilen
   d) Kurzberatung zum Ess- und Trinkverhalten durchgeführt (ja/nein)
   e) Freifeld für Arzt/Ärztin
9. Blutdruck
   a) Blutdruckmessung systolisch/diastolisch
   b) Freifeld für Arzt/Ärztin
10. Klinische Untersuchung und Inspektion
    a) Inspektion der Mundhöhle (o.B. oder Auffälligkeiten mit Freifeld für Arzt/Ärztin)
    b) Palpation Hals /Schilddrüse (o.B. oder Auffälligkeiten mit Freifeld für Arzt/Ärztin)
    c) Auskultation Herz /Lunge (o.B. oder Auffälligkeiten mit Freifeld für Arzt/Ärztin)
    d) Grobinspektion Wirbelsäule, Becken, Gangbild (o.B. oder Auffälligkeiten mit Freifeld für Arzt/Ärztin)
    e) Palpation Abdomen /Niere (o.B. oder Auffälligkeiten mit Freifeld für Arzt/Ärztin)
    f) Ausreichendes Hören (o.B. oder Auffälligkeiten mit Freifeld für Arzt/Ärztin)
    g) Grobinspektion Haut, Hautkrebsscreening (o.B. oder Auffälligkeiten mit Freifeld für Arzt/Ärztin)
11. Abschlussgespräch
    a) Abschlussgespräch durchgeführt (ja/nein mit Freifeld für Arzt/Ärztin)
    b) Weiterführende medizinische Abklärung empfohlen bei (ja/nein mit Freifeld für Arzt/Ärztin)
    c) Spezifische Therapie /Behandlung empfohlen (ja/nein mit Freifeld für Arzt/Ärztin)
    d) Mitteilung an das Arbeitsinspektorat erfolgt (ja/nein)

Richtlinien

RöV 2005
RöK 2005
RJU 2016
RVU
RERS 2005
RBS 2005
RRZ 2008
RRK 2021
RBZRehab 2005
RBZGesVors 2011
RBGKV 2021
RZB 2005
RVABE 2022
RMDFÜ 2005
RVAGH 2022
RBG 2013
RZR 2013

12. Bei Folgeuntersuchung
    a) Bei empfohlenen Ärztinnen /Ärzten vorstellig geworden? (ja – nein – es gab keine Empfehlungen)
    b) Psychisches Problem abgeklärt? (ja – nein – es gab keine Empfehlungen)
    c) Empfohlene Therapie /Behandlung gemacht? (ja – nein – es gab keine Empfehlungen)"

(AVSV 2020/89)

Untersuchungsmethoden und Dokumentation

§ 6. (1) Der Dachverband hat Erläuterungen in Form eines Arzthandbuchs zu den in § 5 angeführten Untersuchungen hinsichtlich der Bedeutung und Abgrenzung der einzelnen Fragen und der Untersuchungsmethoden herauszugeben.

(AVSV 2020/5)

(2) Die Dokumentation der Untersuchungsergebnisse muss in pseudonymisierter Form erfolgen. Diese ist so vorzunehmen, dass eine Verlaufskontrolle je Jugendlichen für alle durchgeführten Untersuchungen möglich ist.

(AVSV 2018/246)

Maßnahmen aufgrund des Untersuchungsergebnisses

§ 7. (1) Ist zu erwarten, dass der Jugendliche eine empfohlene Behandlung nicht in Anspruch nimmt bzw. eine Krankheit vorliegt, die unbedingt einer Behandlung bedarf, kann der Erziehungsberechtigte verständigt werden.

(2) Ergeben sich aufgrund der Untersuchung unter Berücksichtigung der besonderen Belastung durch den derzeit ausgeübten Beruf ernste Bedenken gegen die weitere Berufsausübung, so ist dies (ausgenommen bei Versicherten der Sozialversicherungsanstalt der Selbständigen) dem zuständigen Arbeitsinspektorat durch Verständigung zur Kenntnis zu bringen.

(AVSV 2020/5)

Tätigkeitsbericht

§ 8. Die Versicherungsträger, welche Jugendlichenuntersuchungen durchführen, haben für jedes Kalenderjahr bis zum 28. Februar des folgenden Jahres dem Dachverband einen Tätigkeitsbericht mit folgendem Inhalt zu übermitteln:

1. Anzahl der Zielpersonen je leistungszuständigem Versicherungsträger, getrennt nach Bundesland und Geschlecht. Als Zielperson gelten jene Jugendlichen gemäß § 1, welche innerhalb des Berichtsjahres vom Versicherungsträger zu untersuchen wären.
2. Anzahl der zur Untersuchung eingeladenen Jugendlichen je leistungszuständigem Versicherungsträger, getrennt nach Bundesland und Geschlecht. Bei wiederholter Einladung eines Jugendlichen ist nur die erste zu zählen.
3. Anzahl der untersuchten Jugendlichen je leistungszuständigem Versicherungsträger, getrennt nach Bundesland und Geschlecht.
4. Anzahl der Jugendlichen, die an das Arbeitsinspektorat wegen Bedenken gemäß § 7 der Richtlinien gemeldet wurden, je leistungszuständigem Versicherungsträger, getrennt nach Bundesland und Geschlecht.
5. Eine Darstellung des Untersuchungsablaufes mit folgenden Angaben:
    a) Art und Anzahl der mit Jugendlichenuntersuchungen befassten Untersuchungsstellen (Untersuchungsteam, Kontrollarzt, Amtsarzt, mobile Untersuchungsstelle usw.).
    b) ob die Untersuchungen vom Arzt allein oder unter Heranziehung von anderen Gesundheitsberufen und/oder Hilfskräften durchgeführt wurden.

(AVSV 2018/85, AVSV 2020/5)

Standardstatistik

§ 9. Der Dachverband hat die komprimierten Daten der Tätigkeitsberichte nach § 8 in dem dem Berichtsjahr folgenden Jahr den Bundesministerien für „Soziales, Gesundheit, Pflege und Konsumentenschutz", für Bildung, Wissenschaft und Forschung, für Digitalisierung und Wirtschaftsstandort sowie für Nachhaltigkeit und Tourismus in folgender Form zu übermitteln:

1. Aufgliederung nach Versicherungsträger und Geschlecht wie folgt:
    a) Zielpersonen,
    b) Eingeladene,
    c) Anzahl Untersuchungen,
    d) Anzahl untersuchte Personen,
    e) Fremdversicherte Untersuchungen (Davonzahlen von c)),
    f) Fremdversicherte untersuchte Personen (Davonzahlen von d))
2. Aufgliederung nach Bundesland (Dienstort) und Geschlecht der unter Ziffer 1 angeführten Positionen.

(AVSV 2018/85, AVSV 2020/5, AVSV 2020/89)

Auswertungen

§ 10. (1) Der Dachverband kann das Untersuchungsprogramm gemäß § 5 im Hinblick auf bestimmte medizinische oder sozialmedizinische Fragestellungen in pseudonymisierter Form auswerten.

(AVSV 2020/5)

(2) Wenn eine solche spezielle Auswertung geplant ist, haben die durchführenden Versicherungsträger die dafür benötigten Daten aus den Untersuchungsblättern elektronisch zu erfassen und an den Dachverband zu übermitteln.

(AVSV 2020/5)

(3) Die dafür benötigten Daten sind so aufzubereiten, dass eine pseudonymisierte Verlaufsauswertung der untersuchten Jugendlichen möglich ist.
(AVSV 2018/85)

Ausbildungsprogramm der untersuchenden Ärztinnen und Ärzte

§ 11. (1) Der Dachverband kann für die untersuchenden Ärztinnen und Ärzte ein Ausbildungsprogramm entwickeln.
(AVSV 2020/5)

(2) Wenn ein solches Ausbildungsprogramm durchgeführt wird, haben die durchführenden ÄrztInnen und Ärzte verpflichtend vor Beginn ihrer Untersuchungstätigkeit den Nachweis über die Teilnahme an diesem Ausbildungsprogramm zu erbringen.
(AVSV 2018/85)

Fortbildungsprogramm der untersuchenden Ärztinnen und Ärzte

§ 12. (1) Der Dachverband kann für die untersuchenden Ärztinnen und Ärzte ein Fortbildungsprogramm entwickeln.

(2) Wenn ein solches Fortbildungsprogramm durchgeführt wird, haben die durchführenden ÄrztInnen und Ärzte verpflichtend den Nachweis über die Teilnahme an diesem Fortbildungsprogramm zu erbringen.
(AVSV 2018/85)

Inkrafttreten / Übergangsbestimmung

§ 13. (1) Diese Richtlinien treten mit dem Zeitpunkt der Freigabe der Verlautbarung im Internet zur Abfrage in Kraft und können von allen Sozialversicherungsträgern angewendet werden, wenn die technische und organisatorische Umstellung der Jugendlichenuntersuchung auf das neu verlautbarte Untersuchungsprogramm gemäß RJU 2016 durch die umsetzenden Institutionen gewährleistet ist; alle anderen haben weiterhin die bisherigen Richtlinien für die Durchführung und Auswertung der Jugendlichenuntersuchungen gemäß § 31 Abs. 5 Z 17 ASVG (RJU 2005), verlautbart unter avsv Nr. 182/2005, anzuwenden.

(2) Die bisherigen Richtlinien für die Durchführung und Auswertung der Jugendlichenuntersuchungen gemäß § 31 Abs. 5 Z 17 ASVG (RJU 2005), verlautbart unter avsv Nr. 182/2005, treten vorbehaltlich Abs. 1 mit 31. Dezember 2015 außer Kraft.
(AVSV 2018/85)

Inkrafttreten der 1. Änderung

§ 14. (1) Die 1. Änderung der Richtlinien für die Durchführung und Auswertung der Jugendlichenuntersuchungen gemäß § 31 Abs. 5 Z 17 ASVG (RJU 2016) tritt rückwirkend mit 8. Jänner 2018 in Kraft.
(AVSV 2018/85)

„Inkrafttreten der 4. Änderung

§ 15. (1) Die 4. Änderung der Richtlinien für die Durchführung und Auswertung der Jugendlichenuntersuchungen gemäß § 30a Abs. 1 Z 18 ASVG (RJU 2016) tritt mit 1. Jänner 2021 in Kraft."
(AVSV 2020/89)

*

Diese Richtlinien wurden von der Trägerkonferenz des Hauptverbandes der österreichischen Sozialversicherungsträger am 9. Juni 2015 beschlossen.
Die 1. Änderung der Richtlinien für die Durchführung und Auswertung der Jugendlichenuntersuchungen gemäß § 31 Abs. 5 Z 17 ASVG (RJU 2016) wurde von der Trägerkonferenz des Hauptverbandes der österreichischen Sozialversicherungsträger am 24. April 2018 beschlossen.
Diese Änderung der Richtlinien für die Durchführung und Auswertung der Jugendlichenuntersuchungen wurden von der Trägerkonferenz des Hauptverbandes der österreichischen Sozialversicherungsträger am 11. Dezember 2018 beschlossen.
Die 4. Änderung der Richtlinien für die Durchführung und Auswertung der Jugendlichenuntersuchungen gemäß § 30a Abs. 1 Z 18 ASVG (RJU 2016) wurde von der Konferenz des Dachverbandes der Sozialversicherungsträger am 18. November 2020 beschlossen.

2/4. RVU

Richtlinien für die Durchführung und Auswertung der Vorsorgeuntersuchungen, AVSV 2005/58 idF

1 AVSV 2005/112	2 AVSV 2007/121	3 AVSV 2009/111
4 AVSV 2013/76	5 AVSV 2013/93	6 AVSV 2014/101
7 AVSV 2016/1	8 AVSV 2016/140	9 AVSV 2018/247
10 AVSV 2019/175		

GLIEDERUNG

§ 1. Geltungsbereich
§ 2. Sprachliche Gleichbehandlung
§ 3. Personenkreis
§ 4. Zuständigkeit
§ 5. Untersuchungsziele
§ 6. Untersuchungsprogramme
§§ 7, 8. Inanspruchnahme
§ 9. Organisation
§ 10. Einladungssystem (Call/Recall)
§ 11. Ersatzleistungen des Bundes für nichtversicherte Probanden
§ 12. Auswertung
§ 12a. Durchführung von Untersuchungen im Rahmen des österreichischen Brustkrebs-Früherkennungsprogramms
§ 13. Inkrafttreten
§ 14. Verlautbarung

Richtlinien für die Durchführung und Auswertung der Vorsorgeuntersuchungen – RVU

Geltungsbereich

§ 1. Diese Richtlinien gelten für die Durchführung und Auswertung der Vorsorgeuntersuchungen.

Sprachliche Gleichbehandlung

§ 2. Soweit im Folgenden personenbezogene Bezeichnungen nur in männlicher Form angeführt sind, beziehen sie sich auf Frauen und Männer in gleicher Weise.

Personenkreis

§ 3. Die Durchführung von Vorsorgeuntersuchungen gemäß §§ 132b ASVG, 61a B-KUVG, 89 GSVG und 82 BSVG kommt für Personen ab dem vollendeten 18. Lebensjahr (im folgenden „Probanden" genannt) in Betracht. Anspruch auf Mammographie und notwendige Mammasonographie (§ 6 Abs. 1 lit. c) besteht für Frauen gemäß § 12a Abs. 4 und 5 im Rahmen des österreichischen Brustkrebs-Früherkennungsprogramms, Anspruch auf Koloskopie (§ 6 Abs. 1 lit. d) besteht für Probanden ab dem 50. Lebensjahr alle zehn Jahre.
(AVSV 2013/76)

Zuständigkeit

§ 4. (1) Die Durchführung der Vorsorgeuntersuchungen bzw. die Kostenübernahme obliegt für Versicherte und deren mitversicherte Angehörige dem zuständigen Krankenversicherungsträger.

(2) Für Personen, die ihren Wohnsitz oder gewöhnlichen Aufenthalt im Inland haben und für die nicht bereits aufgrund einer Pflichtversicherung oder einer freiwilligen Versicherung ein Leistungsanspruch besteht (Nichtversicherte), ist die Österreichische Gesundheitskasse zuständig.
(AVSV 2019/175)

Untersuchungsziele

§ 5. Die Vorsorgeuntersuchungen dienen der Verhütung und Erkennung folgender Krankheiten im Frühstadium bzw. dem Aufzeigen folgender Gesundheitsrisiken:

a) Arteriosklerose, Herz-Kreislauferkrankungen, erhöhter Blutdruck
b) Bestimmte Karzinome (insbesondere Darmkarzinom, Cervix-Karzinom, Mamma-Karzinom, Haut-Karzinom, Prostatakarzinom und ausgewählte familiär gehäuft auftretende Karzinome)
c) Diabetes mellitus, Alkoholmissbrauch, Rauchen, Arzneimittelmissbrauch, Adipositas, gesundheitsrelevanter Bewegungsmangel, Paradontitis
d) Bestimmte Hör- und Sehstörungen (Glaukom, Altersfehlsichtigkeit und Altersschwerhörigkeit)

Untersuchungsprogramme

§ 6. (1) Der sachliche Umfang der Vorsorgeuntersuchungen ergibt sich wie folgt:

a) Ein allgemeines Untersuchungsprogramm (Anlage 1)
b) Eine spezifische Untersuchung auf Cervix-Karzinom (PAP-Abstrich)

c) Eine spezifische Untersuchung auf Mammakarzinom (Mammographie und notwendige Mammasonographie) im Rahmen des österreichischen Brustkrebs-Früherkennungsprogramms.
(AVSV 2013/76)
d) Eine spezifische Untersuchung auf Kolon-Karzinom (Koloskopie)
e) Eine spezifische Vorgehensweise bei Wunsch des Probanden auf Abklärung Prostatakarzinom

(2) Bestehende vertragliche Regelungen hinsichtlich eines gynäkologischen Programms für weibliche Probanden bleiben im vollen Umfang (bisherige Leistungserbringer, bisheriger Leistungsumfang) aufrecht, bis sie durch eine österreichweite Regelung oder andere Länderregelungen ersetzt werden.

(3) Die Untersuchungsstelle (§ 7) hat die Anamnese zu erheben und die Probanden gemäß dem jeweiligen Untersuchungsprogramm zu untersuchen. Die Anamnese ist nach dem jeweiligen Stand der Erkenntnisse der medizinischen Wissenschaft durchzuführen.

(4) Nach Erhebung der Anamnese und nach Auswertung aller durchgeführten Untersuchungen ist mit dem Probanden ein ausführliches Abschlussgespräch zu führen, für das grundsätzlich 15 Minuten vorzusehen sind. Der Proband ist hierbei in verständlicher Form ausführlich über den erfassten Gesundheitszustand, über bestehende oder mögliche Risikofaktoren (z.B. riskante Lebens- und Ernährungsgewohnheiten) zu informieren und über die erforderlichen Maßnahmen zur Behandlung aufzuklären. Eventuell notwendige weitergehende Untersuchungen sind ihm vorzuschlagen und zu erklären.

(5) Die Untersuchungsstelle die den PAP-Abstrich durchführt, hat eine zytologische Untersuchung zu veranlassen. Die Probandin ist gemäß § 9 Abs. 7 und 8 über das Ergebnis zu informieren.

(6) Unter Beibehaltung der im § 5 festgelegten Untersuchungsziele können, wenn es sich für diese Ziele als notwendig erweist, zusätzlich besondere Untersuchungsprogramme zur Prüfung ihrer Eignung für eine Übernahme in das Untersuchungsprogramm nach Abs. 1 zeitlich begrenzt eingesetzt werden. Für solche Untersuchungsprogramme sind von den Krankenversicherungsträgern im Einvernehmen mit dem Hauptverband und der Untersuchungsmethoden und der Zeitraum der Durchführung, gegebenenfalls auch die örtliche Verteilung der hiefür in Betracht kommenden Untersuchungsstellen festzulegen.

Inanspruchnahme

§ 7. Für die Durchführung der Untersuchungen kommen unter Bedachtnahme auf die Vorsorgeziele insbesondere Vertragsärzte, Vertragseinrichtungen und sonstige Vertragspartner sowie eigene Einrichtungen in Betracht. Das allgemeine Untersuchungsprogramm kann von Ärzten für Allgemeinmedizin, von Fachärzten für Innere Medizin und Fachärzten für Lungenheilkunde durchgeführt werden. PAP-Abstriche können sowohl von Ärzten für Allgemeinmedizin als auch von Fachärzten für Gynäkologie durchgeführt werden. Die ab dem 40. Lebensjahr in Abständen von zwei Jahren mögliche Mammographie kann nur von einem Facharzt für Radiologie durchgeführt werden. Die Untersuchungen im Rahmen des österreichischen Brustkrebs-Früherkennungsprogramms dürfen nur von einem Facharzt für Radiologie nach Maßgabe des § 12a durchgeführt werden.
(AVSV 2013/76)

§ 8. (1) Für das allgemeine Untersuchungsprogramm können sich die Probanden direkt bei der von ihnen gewünschten und nach § 7 in Betracht kommenden Untersuchungsstelle zur Vorsorgeuntersuchung anmelden.

(2) Personen, für die eine e-card ausgestellt wurde, haben den Anspruch durch Verwendung der e-card nachzuweisen. Personen, für die keine e-card ausgestellt wurde, haben ihre Anspruchsberechtigung durch Vorlage eines e-card-Ersatzbelegs nachzuweisen. Im österreichischen Brustkrebs-Früherkennungsprogramm gilt das Einladungsschreiben als e-card Ersatzbeleg.
(AVSV 2013/76)

(3) Die Untersuchungsstelle hat die Anspruchsberechtigung vor Durchführung der Untersuchung online zu überprüfen. Untersuchungsstellen, die nicht mit der e-card-Infrastruktur ausgestattet sind in Anspruch nehmen, müssen sich beim zuständigen Sozialversicherungsträger einen Anspruchsnachweis ausstellen lassen.
(AVSV 2013/76)

Organisation

§ 9. (1) Die Untersuchungsstellen haben für die Vorsorgeuntersuchung eigene Ordinationszeiten, getrennt von den der kurativen Behandlung dienenden Ordinationszeiten, festzulegen.

(2) Das allgemeine Untersuchungsprogramm der Vorsorgeuntersuchung ist mit der Durchführung und Dokumentation des Untersuchungsprogrammes abgeschlossen. Liegt ein Verdacht auf eine Erkrankung vor und kann die erforderliche Behandlung nicht von demselben Vertragsarzt (Vertragseinrichtung, eigene Einrichtung) durchgeführt werden, ist dem Probanden zu empfehlen, sich anderweitig in ärztliche Behandlung zu begeben.

(3) Vom Probanden auszufüllende Bögen sind: der Anamnesebogen (Anlage 2) und der Alkoholfragebogen (Anlage 3).

(4) Die Ergebnisse des allgemeinen Untersuchungsprogrammes sind von den Untersuchungsstellen mittels des vollständig ausgefüllten Befundblattes (Anlage 4) zu dokumentieren. Dieses wird dem jeweiligen Träger in pseudonymisierter Form übermittelt.
(AVSV 2018/247)

(5) Ab Einführung der e-card-Infrastruktur ist das allgemeine Untersuchungsprogramm von der Untersuchungsstelle verpflichtend elektronisch

Richtlinien
RöV 2005
RöK 2005
RJU 2016
RVU
RERS 2005
RBS 2005
RRZ 2008
RRK 2021
RBZRehab 2005
RBZGesVors 2011
RBGKV 2021
RZB 2005
RVABE 2022
RMDFÜ 2005
RVAGH 2022
RBG 2013
RZR 2013

abzuwickeln. Das Befundblatt ist elektronisch auszufüllen und an den jeweiligen Krankenversicherungsträger zu senden. Für Untersuchungsstellen ohne e-card Ausstattung gilt bezüglich der elektronischen Übermittlung, dass eine solche durch einen Dienstleister erfolgen kann. Dies gilt sinngemäß auch für Abs. 7–11.

(6) Dem Probanden ist ein Arztbrief oder die Kopie, bzw. ein Ausdruck des Befundblattes, ab dem Zeitpunkt seiner elektronischen Verfügbarkeit an deren Stelle der Ausdruck des Probandenblattes (Anlage 8), auszuhändigen.

(AVSV 2016/140)

(7) Falls die Untersuchungsstelle, die das allgemeine Untersuchungsprogramm durchführt auch die Abstrichnahme für den PAP-Befund selbst durchführt, ist sie außerdem verpflichtet, das Dokumentationsblatt „PAP-Abstrich" (Anlage 5) vollständig auszufüllen. Die Ergebnisse des PAP-Abstrichs sind in diesem Fall auch im Abschlussgespräch zu berücksichtigen und die Untersuchungsstelle ist verpflichtet, die Probandin über das Ergebnis der zytologischen Untersuchung zu informieren.

(8) Der Gynäkologe, der die VU-Leistung PAP-Abstrich auf Zuweisung aus dem allgemeinen Untersuchungsprogramm durchführt, ist verpflichtet das Dokumentationsblatt „PAP-Abstrich" (Anlage 5) vollständig auszufüllen und die Probandin über das Ergebnis der zytologischen Untersuchung zu informieren.

(9) Der Radiologe, der die VU-Leistung im Rahmen des österreichischen Brustkrebs-Früherkennungsprogramms durchführt, ist verpflichtet, das vorgesehene Dokumentationsblatt mit den in Anlage 6 enthaltenen Angaben elektronisch zu erfassen und zu übermitteln, sowie die Probandin über das Ergebnis der radiologischen Untersuchung zu informieren.

(AVSV 2013/76)

(10) (aufgehoben)

(AVSV 2013/76)

(11) Die Untersuchungsstelle soll das Dokumentationsblatt „PAP-Abstrich" auch dann verwenden, wenn der PAP-Abstrich im Rahmen des gynäkologischen Programms erfolgt.

(12) Die Krankenversicherungsträger (gemeinsamen Abrechnungsstellen) haben an Hand der übermittelten Unterlagen die Honorierung durchzuführen.

Einladungssystem (Call/Recall)

§ 10. (1) Zur Erhöhung der Inanspruchnahme der Vorsorgeuntersuchung wird ein zielgruppenspezifisches Einladungs- und Wiedereinladungssystem entwickelt. Die Intervalle für das Wiedereinladungssystem werden wie folgt gestaltet:

Personen unter vierzig Jahren werden alle drei Jahre und Personen über vierzig Jahre alle zwei Jahre eingeladen.

(AVSV 2013/76)

(2) Abs. 1 gilt nicht für Untersuchungen im Rahmen des österreichischen Brustkrebs-Früherkennungsprogramms.

(AVSV 2013/76)

Ersatzleistungen des Bundes für nichtversicherte Probanden

§ 11. Wurden Vorsorgeuntersuchungen an nichtversicherten Probanden (§ 4 Abs. 2) durchgeführt, so ist, sofern keine Einzelerfassung möglich ist, der hiedurch entstandene Aufwand für jedes Geschäftsjahr im Verhältnis der Fallzahlen der einzelnen Untersuchungen (allgemeines Untersuchungsprogramm und gynäkologisches Untersuchungsprogramm) für diesen Personenkreis zu den Fallzahlen aller Probanden in dem betreffenden Jahr zu ermitteln. Der zur Geltendmachung der Ersatzleistung des Bundesministeriums für Arbeit, Soziales, Gesundheit und Konsumentenschutz zu ermittelnde Betrag ist jener Teil der von den Versicherungsträgern gemäß den Weisungen des Bundesministeriums für soziale Sicherheit, Generationen und Konsumentenschutz für die Rechnungslegung und Rechnungsführung ausgewiesenen Gesamtaufwendungen für Vorsorgeuntersuchungen, welcher sich nach der gemäß dem ersten Satz ermittelten Verhältniszahl ergibt.

(AVSV 2018/247)

Auswertung

§ 12. (1) Die Krankenversicherungsträger (bzw. die gemeinsamen Abrechnungsstellen) haben die Vorsorgeuntersuchungen gemäß Abs. 2 pseudonymisiert auszuwerten und einmal jährlich dem Hauptverband zur Verfügung zu stellen. Der Hauptverband hat die Ergebnisse der Vorsorgeuntersuchungen zusammenzufassen und dem Bundesministerium für Arbeit, Soziales, Gesundheit und Konsumentenschutz einen Bericht über die Entwicklung der Vorsorge(Gesunden)untersuchungen vorzulegen. Dieser Bericht hat insbesondere zu beinhalten:

(AVSV 2018/247)

1. die zahlenmäßige Entwicklung der Vorsorge(Gesunden)untersuchungen gemäß Abs. 2 sowie eine Darstellung der Maßnahmen zur Steigerung der Inanspruchnahme der Vorsorge(Gesunden)untersuchungen,
2. eine Evaluierung der Auswirkungen der Änderungen des Untersuchungsprogramms sowie einer Kosten-Nutzen-Bewertung samt einer Prognose der Entwicklung der zumindest nächsten drei Jahre,
3. die Auswirkungen auf Leistungen, die nicht im Untersuchungsprogramm enthalten sind,
4. eine gezielte Evaluierung der Vorsorge(Gesunden)untersuchungen nach spezifischen Risikogruppen.

(2) Die Auswertung ist in Form einer Standardstatistik durchzuführen. Die Standardstatistik ist einmal jährlich mit den Daten des dem Ausgabejahr

unmittelbar vorangegangenen Kalenderjahres zu erstellen. Sie ist wie folgt aufzugliedern:
1. Untersuchungen insgesamt, getrennt nach Untersuchungsprogrammen,
(AVSV 2013/76)
2. Untersuchungen, gegliedert nach dem Geschlecht der Untersuchten (gilt für das allgemeine Untersuchungsprogramm),
3. Untersuchungen, gegliedert nach Untersuchungsstellen (§ 7),
4. Untersuchungen, gegliedert nach Altersgruppen der Untersuchten,
5. Untersuchungen, gegliedert nach Bundesländern (nur bei der Versicherungsanstalt öffentlich Bediensteter, Versicherungsanstalt für Eisenbahnen und Bergbau, Sozialversicherungsanstalt der gewerblichen Wirtschaft und Sozialversicherungsanstalt der Bauern).

Durchführung von Untersuchungen im Rahmen des österreichischen Brustkrebs-Früherkennungsprogramms
§ 12a. (1) Untersuchungen im Rahmen des österreichischen Brustkrebs-Früherkennungsprogramms sind nur solche Untersuchungen, die von einem Facharzt für Radiologie mit aktuell aufrechtem ÖÄK Zertifikat Mammadiagnostik und an Vertragsstandorten, die die technischen Voraussetzungen erfüllen, durchgeführt werden (2. Zusatzprotokoll zum Vorsorgeuntersuchungs-Gesamtvertrag, www.avsv.at Nr. 87/2012).

(2) Im österreichischen Brustkrebs-Früherkennungsprogramm ersetzt das Einladungsschreiben die Zuweisung zum Facharzt für Radiologie. Frauen, die der Zielgruppe des Abs. 4 2. Satz angehören, erhalten ein Einladungsschreiben auf Anforderung.

(3) Für die Programmumsetzung des österreichischen Brustkrebs-Früherkennungsprogramms sind in jedem Bundesland Regionalstellen bei den zuständigen Gebietskrankenkassen einzurichten.

(4) Zur Mammographie aktiv eingeladen werden Frauen ab Beginn des 46. Lebensjahres bis zum vollendeten 70. Lebensjahr. Darüber hinaus können Frauen ab Beginn des 41. bis zum vollendeten 45. Lebensjahr sowie Frauen ab Beginn des 71. Lebensjahrs durch Anforderung eine Einladung erhalten und am österreichischen Brustkrebs-Früherkennungsprogramm teilnehmen. Die Einladung erfolgt ohne Vorgabe von Zeit und Name eines konkreten Leistungserbringers (Abs. 1). Das Einladungsschreiben hat den (höchstens sechs Monate dauernden) Gültigkeitszeitraum anzuführen, in dem Untersuchungen im Rahmen des österreichischen Brustkrebs-Früherkennungsprogramms in Anspruch genommen werden können.
(AVSV 2014/101)

(5) Das Untersuchungsintervall beginnt ab einer zuletzt durchgeführten Mammographie und beträgt 24 Monate; ausgenommen sind Fälle in denen aufgrund des Untersuchungsergebnisses ein verkürztes Untersuchungsintervall („early rescreen") medizinisch notwendig ist.

(6) Das Befundungsergebnis und die Befundungsschritte aller Brustuntersuchungen (Erstbefund der Mammographie, Mammasonographie, Zweitbefund der Mammographie, Konsensus) werden vom Hauptverband in pseudonymisierter Form an die Gesundheit Österreich GmbH zur Evaluierung übermittelt (§ 12).

(7) Zur Qualitätssicherung im Rahmen des österreichischen Brustkrebs-Früherkennungsprogramms werden regelmäßig Feedbackberichte durch eine wissenschaftliche Evaluierungsstelle an die teilnehmenden Radiologen übermittelt.

(8) Verträge mit Rechtsträgern von Krankenanstalten, die sich am österreichischen Brustkrebs-Früherkennungsprogramm beteiligen, haben die gleichen Qualitätsanforderungen zu enthalten wie jene für freiberuflich niedergelassene Ärzte.
(AVSV 2013/76)

Inkrafttreten
§ 13. (1) Diese Richtlinie tritt mit 1. Juli 2005 in Kraft. Die bis dahin in Geltung stehende Richtlinie tritt mit Ablauf des 30. Juni 2005 außer Kraft.

(2) Die 1. Änderung der Richtlinie tritt mit 5. November 2005 in Kraft.

(3) Die 2. Änderung der Richtlinie tritt mit 15. Oktober 2007 in Kraft.
(AVSV 2007/121)

(4) Die 3. Änderung der Richtlinie tritt mit dem der Verlautbarung folgenden Tag in Kraft.
(AVSV 2009/111)

(5) Diese Richtlinien in der Fassung der 4. Änderung treten mit Beginn jenes Kalendervierteljahres (Abrechnungsquartals) in Kraft, in dem die Voraussetzungen im § 16 Abs. 1 zweiter Satz des 2. Zusatzprotokolls zum Vorsorgeuntersuchungs-Gesamtvertrag, avsv Nr. 87/2012, (Wirksamwerden der Verrechnungsbestimmungen in allen Gesamtverträgen) erfüllt sind. Vorbereitende Maßnahmen (Versendung der Einladungsschreiben usw.) können bereits nach Einigung über diese Verrechnungsbestimmungen eingeleitet werden.
(AVSV 2013/76, AVSV 2013/93)

(6) Die 5. Änderung der Richtlinien tritt mit 2. Oktober 2013 in Kraft.
(AVSV 2013/93)

(7) Die 6. Änderung der Richtlinien tritt mit 1. Juni 2014 in Kraft.
(AVSV 2014/101)

(8) Die 10. Änderung der Richtlinien tritt mit 1. Jänner 2020 in Kraft.
(AVSV 2019/175)

Verlautbarung
§ 14. Diese Richtlinie und ihre Abänderungen werden im Internet unter www.ris.bka.gv.at/Avsv veröffentlicht.
(AVSV 2016/140, AVSV 2019/175)

*

Die Richtlinien für die Durchführung und Auswertung der Vorsorgeuntersuchungen wurden von der Trägerkonferenz des Hauptverbandes der österreichischen Sozialversicherungsträger am 14. April 2005 beschlossen. Die Bundesministerin für soziale Sicherheit, Generationen und Konsumentenschutz hat ihr gesetzmäßiges Zustandekommen am 25. Mai 2005, GZ: BMSG-21410/0015-II/A/3/2005, beurkundet.

*

Die 1. Änderung der Richtlinien für die Durchführung und Auswertung der Vorsorgeuntersuchungen wurde von der Trägerkonferenz des Hauptverbandes der österreichischen Sozialversicherungsträger am 30. September 2005 beschlossen. Die Bundesministerin für soziale Sicherheit, Generationen und Konsumentenschutz hat ihr gesetzmäßiges Zustandekommen am 17. Oktober 2005, GZ: BMSG-21410/0028-II/A/3/2005, beurkundet.

Die 2. Änderung der Richtlinien für die Durchführung und Auswertung der Vorsorgeuntersuchungen (RVU) wurde von der Trägerkonferenz des Hauptverbandes der österreichischen Sozialversicherungsträger am 9. Oktober 2007 beschlossen.

Die 3. Änderung der Richtlinien für die Durchführung und Auswertung der Vorsorgeuntersuchungen wurde von der Trägerkonferenz des Hauptverbandes der österreichischen Sozialversicherungsträger am 15. Dezember 2009 beschlossen.

Die 4. Änderung der Richtlinien für die Durchführung und Auswertung der Vorsorgeuntersuchungen wurde von der Trägerkonferenz des Hauptverbandes der österreichischen Sozialversicherungsträger am 11. Juni 2013 beschlossen.

Die 7. Änderung der Richtlinien für die Durchführung und Auswertung der Vorsorgeuntersuchungen wurde von der Trägerkonferenz des Hauptverbandes der österreichischen Sozialversicherungsträger am 15. Dezember 2015 beschlossen.

Die 8. Änderung der Richtlinien für die Durchführung und Auswertung der Vorsorgeuntersuchungen wurde von der Trägerkonferenz des Hauptverbandes der österreichischen Sozialversicherungsträger am 4. Oktober 2016 beschlossen.

Diese Änderung der Richtlinien für die Durchführung und Auswertung der Vorsorgeuntersuchungen wurde von der Trägerkonferenz des Hauptverbandes der österreichischen Sozialversicherungsträger am 11. Dezember 2018 beschlossen.

Die 10. Änderung der Richtlinien für die Durchführung und Auswertung der Vorsorgeuntersuchungen wurde von der Überleitungskonferenz des Dachverbandes der Sozialversicherungsträger gemäß § 538z Abs. 7 Z 4 ASVG am 17. Dezember 2019 beschlossen; die Zeichnung erfolgt gemäß § 17b Abs. 2 der Satzung des Hauptverbandes der österreichischen Sozialversicherungsträger (avsv Nr. 4/2006 idF avsv Nr. 164/2019).

*

Übersicht zu den Anlagen, Beilagen etc.

1. Tabelle – Allgemeines Untersuchungsprogramm
2. Anamneseblatt
3. Alkoholfragebogen
4. Befundblatt
5. Dokumentationsblatt PAP-Abstrich
6. Dokumentationsblatt des österreichischen Brustkrebs-Früherkennungsprogramms
7. Dokumentationsbogen VU-Koloskopie
8. Muster Probandenblatt

2/4. RVU
Anlage 1

Richtlinien
RöV 2005
RöK 2005
RJU 2016
RVU
RERS 2005
RBS 2005
RRZ 2008
RRK 2021
RBZRehab 2005
RBZGesVors 2011
RBGKV 2021
RZB 2005
RVABE 2022
RMDFÜ 2005
RVAGH 2022
RBG 2013
RZR 2013

Allgemeines Untersuchungsprogramm

Anlage 1
Tabelle – Allgemeines Untersuchungsprogramm

Die folgende Tabelle gibt einen Gesamtüberblick über das wissenschaftlich basierte neue Programm zur Vorsorgeuntersuchung, wie es vom gemeinsamen medizinischen Arbeitskreis (Hauptverband der österreichischen Sozialversicherungsträger sowie Österreichische Ärztekammer) erarbeitet wurde, ergänzt um die Ergebnisse der Verhandlungen zwischen HV und ÖÄK.

Die derzeit befristeten Parameter Triglyzeride, Rotes Blutbild für Frauen und Harnstreifentest fallen nach einem etwaigen Konsensbeschluss zwischen Ärztekammer und Sozialversicherung grundsätzlich weg, außer neue grundlegende wissenschaftlich gesicherte Studienergebnisse beweisen die Sinnhaftigkeit dieser Parameter in einer Vorsorgeuntersuchung. Der Parameter Gamma GT bleibt grundsätzlich weiter im Programm. Es wird jedoch eine Parallelevaluierung mit dem Audit GMAT Bogen durchgeführt. Falls diese Evaluierung ergibt, dass das Gamma GT keine Aussagekraft hat, scheidet dieser Parameter aus dem Programm aus.

Allgemeines Untersuchungsprogramm

Nr.	Neue Intervention/ Aktivität/ Beratung	Vorsorgeziel: Krankheit/ Gesundheitsproblem	Risiko-Gruppen-Identifizierung / Angabe von spezifizierenden Risikofaktoren	Geschlecht	Alter min. (Jahre)	Alter max. (Jahre)
01	Erhebung von Krankheits-Symptomen / (vor-)erkrankungen/ Operationen	Kein Äquivalent	Nicht anwendbar	B	18	nach oben offen
02	Erhebung von regelmäßiger Einnahme von Sedativa/ Analgetika	Missbrauch und Abhängigkeit von Sedativum und Analgetikum	Nicht anwendbar	B	18	nach oben offen
03	Erhebung von regelmäßiger Einnahme sonstiger Medikamente	Kein Äquivalent	Nicht anwendbar	B	18	nach oben offen
04	Erhebung von Familien-Anamnese Malignes Melanom	Hautkrebs, Malignes Melanom	Malignes Melanom bei Verwandten ersten Grades	B	18	nach oben offen
05	Erfassung von pathologischen Hautauffälligkeiten	Hautkrebs, prim. bösartige, nicht melanomartige Hautneubildung und Malignes Melanom	Nicht anwendbar	B	18	nach oben offen

Allgemeines Untersuchungsprogramm

Nr.	Neue Intervention/ Aktivität/ Beratung	Vorsorgeziel: Krankheit/ Gesundheitsproblem	Risiko-Gruppen-Identifizierung / Angabe von spezifizierenden Risikofaktoren	Geschlecht	Alter min. (Jahre)	Alter max. (Jahre)
06	Erhebung von Familien-Anamnese Diabetes mellitus	Diabetes Mellitus	Nicht anwendbar	B	18	nach oben offen
07	Erhebung von Familien-Anamnese Kardiovaskuläre Krankheit (Herz-Gefäß-Krankheit)	Kardiovaskuläre Krankheiten	Nicht anwendbar	B	18	nach oben offen
08	Erhebung von Familien-Anamnese Krebs	Mammakarzinom und andere	Nicht anwendbar	B	18	nach oben offen
09	Identifizierung des erhöhten Risikos für Glaukom bzw. Frage ob regelmäßige augenärztliche Kontrolle in den Hoch-Risiko-Gruppen besteht.	Glaukom	Familiäres Glaukom / Hochgradige Myopie / Diabetes mellitus / Schwarze Bev. ≥ 40a / Weiße Bev. ≥ 65a	B	18	nach oben offen
10	Identifizierung des Problems mit Alkoholkonsum/ der Alkohol-Abhängigkeit	Problem mit Alkoholkonsum/Alkoholabhängigkeit	Nicht anwendbar	B	18	nach oben offen
11	Erhebung der Rauchgewohnheit	Tabak (Nikotin) - Konsum	Nicht anwendbar	B	18	nach oben offen
12	Periodontitis- Anamnese/ Inspektion der Mundhöhle /Risikoklassifizierung	Parodontiumkrankheit / Zahnfleischkrankheit	Nicht anwendbar	B	18	nach oben offen
13	Klinische Untersuchung	Kein Äquivalent	Nicht anwendbar	B	18	nach oben offen
14	Dokumentation von sonstigen auffälligen Befunden	Kein Äquivalent	Nicht anwendbar	B	18	nach oben offen

2/4. RVU
Anlage 1

Allgemeines Untersuchungsprogramm

Nr.	Neue Intervention/ Aktivität/ Beratung	Vorsorgeziel: Krankheit/ Gesundheitsproblem	Risiko-Gruppen-Identifizierung / Angabe von spezifizierten Risikofaktoren	Geschlecht	Alter min.	Alter max.
15	Ärztliche Beratung/Aufklärung und Veranlassung des PAP-Abstrichs	Zervix-Karzinom	Nicht anwendbar	W	18	nach oben offen
16	Bestimmung des Blutdrucks	Arterielle Hypertonie	Nicht anwendbar	B	18	nach oben offen
17	Bestimmung von BMI	Adipositas	Nicht anwendbar	B	18	nach oben offen
18	Beratung zur körperlichen Bewegung	KHK, arterielle Hypertonie, Adipositas, Diabetes Mellitus	Nicht anwendbar	B	18	nach oben offen
19	Dokumentation von Verdachtsmomenten	Kein Äquivalent	Nicht anwendbar	B	18	nach oben offen
20	Einschätzung des Kardiovaskulären Risikos	Herz-Kreislauf-Erkrankungen	Nicht anwendbar	B	18	nach oben offen
21	Erhebung von Gesamt-Cholesterin und HDL-Cholesterin	Kardiovaskuläre Krankheiten, Störungen des Lipoproteinstoffwechsel & sonstige Lipidämien	Nicht anwendbar	D	10	nach oben offen
22	Selektierte Diätische Beratung für Personen mit erhöhtem absoluten kardiovaskulären Risiko	Kardiovaskuläre Krankheiten	Übergewicht/ Adipositas, Hyperlipidämie oder andere Risikofaktoren für kardiovaskuläre Krankheit (Rauchen, arterielle Hypertonie, Diabetes mellitus)	B	18	nach oben offen
23	Erhebung von Blutzucker	Diabetes mellitus	Nicht anwendbar	B	18	nach oben offen
24	Veranlassung /Durchführung von Hämoccult	Kolorektales Karzinom	Nicht anwendbar	B	50	nach oben offen
25	Ärztliche Beratung/Aufklärung und Veranlassung von Koloskopie	Kolorektales Karzinom	Nicht anwendbar	B	50	nach oben offen

Allgemeines Untersuchungsprogramm

Nr.	Neue Intervention/ Aktivität/ Beratung	Vorsorgeziel: Krankheit/ Gesundheitsproblem	Risiko-Gruppen-Identifizierung / Angabe von spezifizierten Risikofaktoren	Geschlecht	Alter min.	Alter max.
26	Ärztliche Beratung/ strukturierte Aufklärung über den PSA-Test auf Nachfrage des Probanden nach PSA-Bestimmung	Prostatakarzinom	Auf individuelle Nachfrage nach PSA Test	M	50	nach oben offen
27	Frage nach Hörverlust und Durchführen des Flüstertest	Hörverlust	Nicht anwendbar	B	65	nach oben offen
28	Frage ob Überprüfung des Sehvermögens regelmäßig durchgeführt wird.	Altersbedingte Sehschwäche	Nicht anwendbar	B	65	nach oben offen
29	Gamma GT	Kein Äquivalent	Nicht anwendbar	B	18	nach oben offen
30	Rotes Blutbild für Frauen	Kein Äquivalent	Nicht anwendbar	W	18	nach oben offen
31	Triglyzeride	Kein Äquivalent	Nicht anwendbar	B	18	nach oben offen
32	Harnstreifen	Kein Äquivalent	Nicht anwendbar	B	18	nach oben offen
33	Abschlussgespräch	Kein Äquivalent	Nicht anwendbar	B	18	nach oben offen

(AVSV 2013/76)

2/4. RVU
Anamnesebogen

Anamnesebogen

Richtlinien
RöV 2005
RöK 2005
RJU 2016
RVU
RERS 2005
RBS 2005
RRZ 2008
RRK 2021
RBZRehab 2005
RBZGesVors 2011
RBGKV 2021
RZB 2005
RVABE 2022
RMDFÜ 2005
RVAGH 2022
RBG 2013
RZR 2013

VORSORGEUNTERSUCHUNG DER ÖSTERREICHISCHEN SOZIALVERSICHERUNG
Anamnesebogen
Dieses Formular verbleibt beim Arzt!

Vorname

Familienname/Nachname

Sozialversicherungsnummer – TT - MM - JJ

Ausfülldatum: Tag - Monat - Jahr

○ männlich
○ weiblich

	ja	nein	ich weiß es nicht
Ich habe Probleme beim Sehen (trotz Tragens einer Brille oder von Kontaktlinsen):	○	○	
Ich brauche starke Brillen oder Kontaktlinsen, um in der Ferne sehen zu können:	○	○	○
Ich habe einen Blutsverwandten ersten Grades (Elternteil, Bruder, Schwester oder Kind) mit grünem Star:	○	○	○
ab 65 Jahre: Mein Sehvermögen wird regelmäßig überprüft:	○	○	
Mir wurde gesagt, dass ich Diabetes (Zucker) habe (kein Schwangerschaftsdiabetes):	○	○	○
Ich bin deswegen in Behandlung:	○	○	
Ich habe einen Blutsverwandten mit Diabetes:	○	○	○
Frauen: Während der Schwangerschaft hat man mir gesagt, dass ich Diabetes habe:	○	○	○
Ich habe einen Elternteil, einen Bruder oder eine Schwester (unter 60 Jahre) der/die ein Herzleiden haben oder der/die daran starben:	○	○	○
Ich habe bzw. hatte einen Blutsverwandten mit hohen Cholesterinwerten:	○	○	○
Ich habe bereits einen Herzinfarkt erlitten bzw. wurde mir gesagt, dass ich an einer Durchblutungsstörung der Herzkranzgefäße leide:	○	○	○
Ich rauche:	○	○	
Zigaretten pro Tag:			
Ich habe Bluthochdruck (d.h. einen Blutdruck über 140/90) und/oder nehme derzeit Medikamente gegen Bluthochdruck ein:	○	○	○
ab 65 Jahre: Ich habe Probleme beim Hören:	○	○	
In den letzten 2 Wochen nahm ich:			
Schmerzmittel (Aspirin oder Ähnliches)	○	○	
Beruhigungsmittel (Valium oder Ähnliches)	○	○	
Schlafmittel	○	○	

Wie oft trinken Sie Alkohol?
○ nie   ○ zwei- bis viermal im Monat   ○ viermal pro Woche oder öfter
○ einmal im Monat oder seltener   ○ zwei- bis dreimal pro Woche

DVSV-VU_Anaml-12.13

2/4. RVU
Anamnesebogen — 52 —

VORSORGEUNTERSUCHUNG DER ÖSTERREICHISCHEN SOZIALVERSICHERUNG
Anamnesebogen
Dieses Formular verbleibt beim Arzt!

	ja	nein
Blutet Ihr Zahnfleisch beim Zähneputzen oder beim Essen harter Nahrung, oder fühlt sich Ihr Zahnfleisch geschwollen oder empfindlich an?	O	O
Hat sich Ihr Zahnfleisch zurückgezogen? Glauben Sie, dass Ihre Zähne scheinbar länger geworden sind, oder sind die Zwischenräume zwischen Ihren Zähnen größer geworden?	O	O
Falls Sie eine Teilprothese tragen, hat sich die Passform verändert?	O	O
Haben Sie Probleme mit Mundgeruch?	O	O

Während der letzten 2 Monate hatte ich folgende akute Erkrankungen:
- O Erkältung
- O Grippe
- O akute Bronchitis
- O Lungenentzündung
- O Infektion der Nieren oder des Harntraktes
- O Durchfall
- O Erbrechen
- O Magengeschwür
- O oder andere [zählen Sie bitte auf]:
  _____
  _____

Ich habe/hatte folgende chronische Krankheiten:
- O Schlaganfall/Gehirnblutung
- O Krebs
- O Depression
- O Migräne oder regelmäßige Kopfschmerzen
- O chronische Atemwegserkrankung
  - O Asthma   O Atemnot
  - O Emphysem   O chronischer Husten
- O chronisches Ekzem
- O Schwindelanfälle mit Stürzen
- O Darmerkrankungen
- O Inkontinenz (Blasenschwäche)
- O chronische Rückenschmerzen
- O Abnutzung der Gelenke
- O chronische Entzündung der Gelenke (Arthritis)
- O andere chronische Krankheiten [zählen Sie bitte auf]:
  _____

Operationen [zählen Sie bitte auf]: _____

	ja	nein	ich weiß es nicht
Ich habe eine Blutsverwandte, die Brustkrebs hat/hatte:	O	O	O
Ich habe/hatte eine/n Verwandte/n ersten Grades (Elternteil, Bruder, Schwester oder Kind), der/die Hautkrebs (Melanom) hat/hatte:	O	O	O
Ich habe/hatte eine/n Verwandte/n ersten Grades (Elternteil, Bruder, Schwester oder Kind), der/die irgendeine Form von Krebs (Lunge, Dickdarm, Blut, Prostata oder Gebärmutter) hat/hatte:	O	O	O

Wenn ja, welcher Verwandte ersten Grades (Elternteil, Bruder, Schwester oder Kind):

Wenn ja, welche Krebsart:

In Ordination zu messen:
Körpergröße: ☐☐☐ cm   Körpergewicht: ☐☐☐ kg   BMI: ☐☐,☐

Sozialversicherungsnummer - TT - MM - JJ
☐☐☐☐ - ☐☐ - ☐☐ - ☐☐

DVSV-VU_Anam2-12.13

(AVSV 2019/175)

2/4. RVU
Alkoholfragebogen

Richtlinien
RöV 2005
RöK 2005
RJU 2016
RVU
RERS 2005
RBS 2005
RRZ 2008
RRK 2021
RBZRehab 2005
RBZGesVors 2011
RBGKV 2021
RZB 2005
RVABE 2022
RMDFÜ 2005
RVAGH 2022
RBG 2013
RZR 2013

Alkoholfragebogen

VORSORGEUNTERSUCHUNG DER ÖSTERREICHISCHEN SOZIALVERSICHERUNG
Alkoholfragebogen
Dieses Formular verbleibt beim Arzt!

Nachfolgend finden Sie einige Fragen zu Ihrem Alkoholkonsum während der letzten 12 Monate. Beantworten Sie bitte alle Fragen!

Wie oft trinken Sie Alkohol?
- nie
- einmal im Monat oder seltener
- zwei- bis viermal im Monat
- zwei- bis dreimal pro Woche
- viermal pro Woche oder öfter

Wenn Sie Alkohol trinken, wie viele Gläser trinken Sie dann üblicherweise an einem Tag?
(Ein Glas Alkohol entspricht 1 Seidl oder 1 kleinen Dose Bier, 1/8 Wein/Sekt, oder 1 einfachen Schnaps)
- trinke nie Alkohol
- 1–2
- 3–4
- 5–6
- 7–9
- 10 oder mehr

Wie oft trinken Sie sechs oder mehr Gläser Alkohol bei einer Gelegenheit (z.B. beim Abendessen, auf einer Party)?
(Ein Glas entspricht 1 Seidl oder 1 kleinen Dose Bier, 1/8 Wein/Sekt, oder 1 einfachen Schnaps)
- nie
- einmal im Monat oder seltener
- zwei- bis viermal im Monat
- zwei- bis dreimal pro Woche
- viermal pro Woche oder öfter

Wie oft konnten Sie während der letzten 12 Monate nicht mehr aufhören zu trinken, nachdem Sie einmal angefangen hatten?
- nie
- einmal im Monat oder seltener
- zwei- bis viermal im Monat
- zwei- bis dreimal pro Woche
- viermal pro Woche oder öfter

Wie oft konnten Sie während der letzten 12 Monate Ihren Verpflichtungen nicht mehr nachkommen, weil Sie zuviel getrunken hatten?
- nie
- einmal im Monat oder seltener
- zwei- bis viermal im Monat
- zwei- bis dreimal pro Woche
- viermal pro Woche oder öfter

Wie oft haben Sie während der letzten 12 Monate morgens zuerst einmal ein Glas Alkohol gebraucht, um in Schwung zukommen?
- nie
- einmal im Monat oder seltener
- zwei- bis viermal im Monat
- zwei- bis dreimal pro Woche
- viermal pro Woche oder öfter

Wie oft hatten Sie während der letzten 12 Monate Schuldgefühle oder ein schlechtes Gewissen, weil Sie zuviel getrunken hatten?
- nie
- einmal im Monat oder seltener
- zwei- bis viermal im Monat
- zwei- bis dreimal pro Woche
- viermal pro Woche oder öfter

Wie oft waren Sie während der letzten 12 Monate nicht in der Lage, sich an Dinge zu erinnern, weil Sie zuviel getrunken hatten?
- nie
- einmal im Monat oder seltener
- zwei- bis viermal im Monat
- zwei- bis dreimal pro Woche
- viermal pro Woche oder öfter

Haben Sie sich schon einmal verletzt, weil Sie zuviel getrunken hatten? Oder ist jemand anderes schon einmal verletzt worden, weil Sie zuviel getrunken hatten?
- nein
- ja, aber nicht während der letzten 12 Monate
- ja, während der letzten 12 Monate

Hat sich ein Verwandter, Freund oder Arzt schon einmal Sorgen gemacht, weil Sie zuviel trinken, oder Ihnen geraten, weniger zu trinken?
- nein
- ja, aber nicht während der letzten 12 Monate
- ja, während der letzten 12 Monate

Vom Arzt übernommen
Ausfülldatum
Unterschrift Arzt

DVSV-VU_Alk-12.13

(AVSV 2016/140, AVSV 2019/175)

2/4. RVU
Vorsorgeuntersuchung

Vorsorgeuntersuchung

VORSORGEUNTERSUCHUNG DER ÖSTERREICHISCHEN SOZIALVERSICHERUNG
Allgemeines Programm für Frauen und Männer

Seite 1/2

Daten des Probanden
Vorname, Familienname/Nachname und Anschrift

Geschlecht: ☐ männlich ☐ weiblich

Sozialversicherungsnummer – TT-MM-JJ

versichert bei:

Postleitzahl

Versicherungsstatus
☐ erwerbstätig, AMS
☐ PensionistIn
☐ Kriegshinterbliebener
☐ Fremdstaaten
☐ EU-Abkommen
☐ nicht versichert

Klinische Untersuchung | **Maßnahmen**
- Kopf/Hals
- Herz/Lunge/Gefäße
- Abdomen
- WS/Gelenke
- Haut

Hörverminderung
ab 65 Jahre Vorbefundung ☐ ja ☐ nein ☐ keine Angabe möglich
neue Verdachtsdiagnose in der VU ☐ ja ☐ nein

weitere Abklärung ☐ empfohlen ☐ nicht erforderlich

Sehverminderung
ab 65 Jahre Vorbefundung ☐ ja ☐ nein ☐ keine Angabe möglich
neue Verdachtsdiagnose in der VU ☐ ja ☐ nein

weitere Abklärung ☐ empfohlen ☐ nicht erforderlich

Glaukom
bis 65 Jahre bei Vorliegen von Diabetes mellitus oder Myopie (>–5dpt) oder familiären Glaukom
Risikogruppe ☐ ja ☐ nein
Vorbefundung ☐ ja ☐ nein ☐ keine Angabe möglich
neue Verdachtsdiagnose in der VU ☐ ja ☐ nein

weitere Abklärung ☐ empfohlen ☐ nicht erforderlich
sonstige Maßnahmen Hören/Sehen ☐ empfohlen ☐ nicht erforderlich

Paradontitis-Risikoklasse
☐ kein Risiko (Risikoklasse 0)
☐ erhöhtes Risiko (Risikoklasse 1 und 2)
☐ VollprothesenträgerIn

Beratung: ☐ durchgeführt ☐ nicht erforderlich
Abklärung Zahnarzt/-ärztin: ☐ empfohlen ☐ nicht erforderlich

Blutuntersuchung
Chol mg/dl ___   HDL-Chol mg/dl ___   Chol/HDL-Chol ___,___
Triglyceride (nüchtern) mg/dl ___   Gamma-GT U/I ___

Rotes Blutbild (Frauen)
Ery T/l ___,___   Hb g/dl ___,___   Hkt % ___,___

Harn
| | neg | pos | | neg | pos | | neg | pos |
Leukozyten ☐ ☐   Nitrit ☐ ☐   Blut ☐ ☐
Glucose ☐ ☐   Eiweiß ☐ ☐   Ubg ☐ ☐

Befundbesprechung ☐ durchgeführt ☐ nicht erforderlich
weitere Abklärung ☐ empfohlen ☐ nicht erforderlich
sonstige Maßnahmen ☐ empfohlen ☐ nicht erforderlich

Diabetes
bestehender Diabetes ☐ ja, Typ 1 ☐ ja, Typ 2 ☐ nein
Blutzucker nüchtern (mg/dl) ___
neue Verdachtsdiagnose in der VU ☐ ja ☐ nein

Befundbesprechung ☐ durchgeführt ☐ nicht erforderlich
Therapiefortsetzung/-änderung ☐ empfohlen ☐ nicht erforderlich
weitere Abklärung ☐ empfohlen ☐ nicht erforderlich
sonstige Maßnahmen ☐ empfohlen ☐ nicht erforderlich

Lebensstil 1
Körpergröße in cm ___   Körpergewicht in kg ___
BMI ___
Taille
☐ Männer kleiner 102 cm/ Frauen kleiner 88 cm
☐ größerer Taillenumfang

Körperliche Bewegung
☐ keine
☐ weniger als 2,5 h pro Woche
☐ 2,5 h pro Woche oder mehr

Beratung Bewegung ☐ durchgeführt ☐ nicht erforderlich
Beratung Ernährung ☐ durchgeführt ☐ nicht erforderlich
sonstige Maßnahmen ☐ empfohlen ☐ nicht erforderlich

DVSV-VU_AP1-12.13

2/4. RVU
Vorsorgeuntersuchung

Seite 2/2

Richtlinien
RöV 2005
RöK 2005
RJU 2016
RVU
RERS 2005
RBS 2005
RRZ 2008
RRK 2021
RBZRehab 2005
RBZGesVors 2011
RBGKV 2021
RZB 2005
RVABE 2022
RMDFÜ 2005
RVAGH 2022
RBG 2013
RZR 2013

Lebensstil 2
Rauchen
☐ NichtraucherIn (Insgesamt nicht länger als 6 Monate regelmäßig geraucht)
☐ Gelegenheits-RaucherIn (gelegentlich, weniger als 20 Zig./Monat)
☐ RaucherIn (regelmäßig, mind. 20 Zig./Monat)
☐ Ex-RaucherIn (—> in der Vergangenheit über längeren Zeitraum geraucht – mind. 6 Monate)

Alkoholfragebogen
☐ ja   ☐ Ergebnis [ ]
☐ nein
Vorbefundung   ☐ ja ☐ nein ☐ keine Angabe möglich/nicht erwünscht

Kardiovaskuläres Risiko
Familiäre Belastung   ☐ ja ☐ nein
Befund lt. Anamnesebogen [ ]   Blutdruck (mmHg) [ ]
Bestehende Hypertonie   ☐ ja ☐ nein ☐ keine Angabe möglich
Neue Verdachtsdiagnose Hypertonie in der VU   ☐ ja ☐ nein
Bestehende kardiovaskuläre Erkrankung   ☐ ja ☐ nein
Ergebnis des AHA Calculator (bis 40 Jahre) [ ]   Ergebnis des New Zealand Risk Scale (ab 40 Jahre bis 75 Jahre) [ ]
Neue Verdachtsdiagnose für kardiovaskuläre Erkrankungen in der VU   ☐ ja ☐ nein ☐ keine Angabe möglich

Krebsfrüherkennung
Haut
Melanom bei Verwandtem 1. Grades   ☐ ja ☐ nein ☐ keine Angabe möglich
Vorbefundung   ☐ ja ☐ nein ☐ keine Angabe möglich
Auffälligkeit lt. Angaben der ProbandIn   ☐ ja ☐ nein ☐ keine Angabe möglich
Auffälligkeit bei klinischer Untersuchung   ☐ ja ☐ nein ☐ Untersuchung abgelehnt

Prostata *Männer ab 50 Jahre*
Beratung zur informierten Entscheidungsfindung auf Wunsch des Probanden   ☐ durchgeführt ☐ nicht erforderlich

Kolonkarzinom *bis 50 Jahre*
Familiäre Belastung   ☐ ja ☐ nein

Koloskopie *ab 50 Jahre*
Familiäre Belastung   ☐ ja ☐ nein
Wann war die letzte Koloskopie   ☐ innerhalb der letzten 10 Jahre ☐ länger als 10 Jahre ☐ keine
Okkultes Blut im Stuhl   ☐ negativ ☐ positiv ☐ keine Angabe möglich

PAP-Abstrich *Frauen*
PAP-Abstrich-Befund (zeitgerecht)   ☐ ja ☐ nein
☐ keine Angabe möglich ☐ nicht erforderlich

Kurzintervention Rauchen
☐ durchgeführt ☐ nicht erforderlich ☐ abgelehnt
Entwöhnungsprogramm Rauchen
☐ empfohlen ☐ nicht erforderlich
Kurzintervention Alkohol
☐ durchgeführt ☐ nicht erforderlich ☐ abgelehnt
Entwöhnungsprogramm Alkohol
☐ empfohlen ☐ nicht erforderlich
sonstige Maßnahmen
☐ empfohlen ☐ nicht erforderlich

Befundbesprechung
☐ durchgeführt ☐ nicht erforderlich
weitere Abklärung
☐ empfohlen ☐ nicht erforderlich
Therapiefortsetzung/-änderung
☐ empfohlen ☐ nicht erforderlich
sonstige Maßnahmen
☐ empfohlen ☐ nicht erforderlich

Selbstbeobachtung
☐ empfohlen ☐ nicht erforderlich
Weitere Abklärung
☐ empfohlen ☐ nicht erforderlich
sonstige Maßnahmen
☐ empfohlen ☐ nicht erforderlich

Weitere Abklärung
☐ empfohlen ☐ nicht erforderlich
Beratung
☐ durchgeführt ☐ nicht erforderlich
Überweisung VU-Koloskopie
☐ empfohlen/ausgestellt ☐ nicht erfolgt

Beratung
☐ durchgeführt ☐ nicht erforderlich
Überweisung VU-PAP-Abstrich
☐ empfohlen/ausgestellt ☐ nicht erfolgt

Sonstiges
Bereits bekannte Erkrankungen

Verdacht auf behandlungswürdiges Gesundheitsproblem und neu entdeckte Erkrankungen

Abschlussgespräch   ☐ durchgeführt ☐ ProbandIn nicht erschienen / vorzeitig abgebrochen

Untersuchungsdatum TT- MM - JJJJ [ ]-[ ]-[ ]   Fachgebiet - Vertragspartnernummer [ ]-[ ]   Sozialversicherungsnummer – TT-MM-JJ [ ]-[ ]-[ ]

Stempel oder Etikett der Praxis

Ich bestätige hiermit, dass ich in den letzten 12 Monaten bei keiner Vorsorgeuntersuchung war!
Unterschrift ProbandIn

Unterschrift Arzt/Ärztin

DVSV-VU_AP2-12.13

(AVSV 2016/140, AVSV 2019/175)

2/4. RVU
PAP-Abstrich

PAP-Abstrich

VORSORGEUNTERSUCHUNG DER ÖSTERREICHISCHEN SOZIALVERSICHERUNG
Früherkennungsprogramm für Frauen – PAP-Abstrich

Vorname, Familienname /Nachname und Anschrift der Probandin

Postleitzahl

Sozialversicherungsnummer - TT-MM-JJ

versichert bei:

Versicherungsstatus
- ☐ erwerbstätig, AMS
- ☐ Pensionist
- ☐ Kriegshinterbliebener
- ☐ Fremdstaaten
- ☐ EU-Abkommen
- ☐ nicht versichert

Aufklärung vor Untersuchung durchgeführt ☐ ja ☐ nein

Beurteilung der Abstrichqualität

Qualität: gut beurteilbar (repräsentativ mit Zellen der Transformationszone (TZ))

Qualität: eingeschränkte Aussagekraft
- ☐ keine Zellen der TZ
- ☐ andere Ursachen

Abstrichwiederholung ☐ ja ☐ nein

Qualität: nicht beurteilbar (Pap 0)
- ☐ keine Zellen der TZ
- ☐ andere Ursachen

Zervikalzytologischer Befund und Folgemaßnahme

PAP-Klasse
- ☐ I
- ☐ II
- ☐ III
- ☐ IIID
- ☐ IIIG
- ☐ IV
- ☐ V

Maßnahme
- ☐ Routine-Screening
- ☐ Abstrichwiederholung innerhalb von 6 Monaten
- ☐ sofortiger Handlungsbedarf (Histologie)

informationsrelevanter Befund ☐ ja ☐ nein
Probandin über Ergebnis informiert ☐ ja ☐ nein

Sonstige Auffälligkeiten

Fachgebiet - Vertragsnummer

Untersuchungsdatum TT - MM - JJJJ

Stempel oder Etikett der Praxis

DVSV-VU_Pap1-12.13

(AVSV 2019/175)

2/4. RVU
Mammographie

Richtlinien
RöV 2005
RöK 2005
RJU 2016
RVU
RERS 2005
RBS 2005
RRZ 2008
RRK 2021
RBZRehab 2005
RBZGesVors 2011
RBGKV 2021
RZB 2005
RVABE 2022
RMDFÜ 2005
RVAGH 2022
RBG 2013
RZR 2013

Mammographie

Vorsorgeuntersuchung der Österreichischen Sozialversicherung
Früherkennungsprogramm für Frauen - Mammographie

Name und Anschrift der Probandin

Postleitzahl

Sozialversicherungsnummer - TT - MM - JJ

versichert bei:

Versicherungsstatus
☐ erwerbstätig, AMS
☐ Pensionist
☐ Kriegshinterbliebener
☐ Fremdstaaten
☐ EU-Abkommen
☐ nicht versichert

Aufklärung vor Untersuchung durchgeführt ☐ ja ☐ nein

Von der Probandin zu bestätigen:
Bei mir wurde innerhalb der letzten zwei Jahre eine Mammographie durchgeführt ☐ ja ☐ nein
Wenn ja, Datum des Mammographiebefundes

Mammogramm
Ergebnis in BI-RADS Kategorien und sich daraus ergebende empfohlene Maßnahmen

Kategorie	Bewertung des Mammogramms	Maßnahme	Maßnahme initiiert
☐ 1	normales Erscheinungsbild	Routine-Screening	☐
☐ 2	gutartig	Routine-Screening	☐
☐ 3	wahrscheinlich gutartig	Kontrolle in sechs Monaten	☐
☐ 0	nicht beurteilbar (im Sinne BI-RADS)	zusätzliche bildgebende Evaluierung erforderlich (z. B. Spotkompressionen, mammographische Vergrößerungsaufnahmen, Ergänzungsaufnahmen, Sonographie)	☐
☐ 4	suspekte Veränderung ☐ a geringe Malignitätswahrscheinlichkeit ☐ b mittlere Malignitätswahrscheinlichkeit ☐ c hohe Malignitätswahrscheinlichkeit	Histologie gewinnen (z. B. Biopsie)	☐
☐ 5	hochgradiger Verdacht auf Bösartigkeit	Indikation für Intervention	☐
☐ 6	histologisch verifizierter maligner Tumor (noch unbehandelt)	Indikation für Intervention	☐
		informationsrelevanter Befund	☐ ja ☐ nein
		Probandin über Ergebnis informiert	☐ ja ☐ nein

Sonstige Auffälligkeiten

Fachgebiet - Vertragspartnernummer

Stempel oder Etikett der Praxis

Untersuchungsdatum TT - MM - JJJJ

Design by JOANNEUM RESEARCH (2004)   4348603772

2/4. RVU
Mammographie

Dokumentationsblatt des österreichischen Brustkrebs-Früherkennungsprogramms

Betroffene Personengruppen	Datenarten	Nach der Pseudonymisierung	Empfängerkreise
TeilnehmerInnen an der Vorsorgeuntersuchung	Sozialversicherungsnummer	Pseudonymisierte Sozialversicherungsnummer	01, 02
	Sozialversicherungsnummer		03
	Leistungszuständiger Sozialversicherungsträger (Versicherungsträger, bei dem der/die Teilnehmerin versichert ist bzw. der nach § 132b Abs. 6 ASVG die Leistung erbringt)		01
	Arzt-SW spezifische Patienten ID (verschlüsselt durch die Arzt-SW)	Arzt-SW spezifische Patienten ID (verschlüsselt durch die Arzt-SW)	02
	Geburtsdatum	Geburtsjahr	01, 02
	Anschrift	Bundesland	01, 02
		Politischer Bezirk	01, 02
	Einladungsdatum (Datum des Einladungsschreibens auf Grund dessen die Leistungserbringung erfolgt)	Einladungsdatum	01, 02
	Einladungsstatus (Status, ob es sich um Selbsteinlader oder um eine automatische Teilnahme handelt)		01, 02
	Ersteinladung (Kennzeichen, ob es sich um eine Erst- oder Folgeeinladung handelt)		01, 02
	Datum der nächsten Einladung	Datum der nächsten Einladung	01, 03
	Medizinische Daten	Medizinische Daten	01, 02
Vertragspartner, der die Vorsorgeuntersuchung durchgeführt hat (niedergelassene Ärzte/Ärztinnen, Krankenanstalten, weitere Behandler)	Vertragspartnernummer + Ordinationsnummer	Vertragspartnernummer + Ordinationsnummer verschlüsselt	01
		Vertragspartnernummer + Ordinationsnummer	02
	Standort ID (Ein künstlicher Schlüssel für den Standort, um bei Stempelverlust oder Übersiedlung weiterhin auf denselben Standort verweisen zu können.)	Standort ID verschlüsselt	01
		Standort ID	02
	Anschrift	Bundesland	01, 02
	Arzt-ID (Ein programmweit eindeutiger Arzt-Identifier (d.h. über Standorte und Radiologiesysteme hinweg) (Es handelt sich um die ÖAK-Arztnummer, welche über http://abfrage.aerztekammer.at/index.jsf abgefragt werden kann.))	Arzt-ID verschlüsselt	01
		Arzt-ID	02
	Leistungsdatum/Zeitstempel (Beginn der Leistungserbringung)	Leistungsdatum	01, 02
	Zeitstempel der einzelnen Befundungsschritte	Zeitstempel der einzelnen Befundungsschritte	01, 02
	Kennzeichen Korrekturbefund	Kennzeichen Korrekturbefund	01, 02

2/4. RVU Mammographie

Richtlinien
RöV 2005
RöK 2005
RJU 2016
RVU
RERS 2005
RBS 2005
RRZ 2008
RRK 2021
RBZRehab 2005
RBZGesVors 2011
RBGKV 2021
RZB 2005
RVABE 2022
RMDFÜ 2005
RVAGH 2022
RBG 2013
RZR 2013

	Zeitstempel der einzelnen Befundungsschritte	Zeitstempel der einzelnen Befundungsschritte	01, 02	
	Kennzeichen Korrekturbefund	Kennzeichen Korrekturbefund	01, 02	
	Organisatorische Form der Zusammenarbeit zwischen Erst- und Zweitbefunder	Setting der Doppelbefundung	01, 02	
	Datum Abholbereitschaft bzw. Versandtermin Untersuchungsergebnis	Datum Abholbereitschaft bzw. Versandtermin Untersuchungsergebnis	01	

Empfängerkreise:
- 01   Datenauswertende Stelle für Programmevaluierung
- 02   Jeder programmteilnehmende Arzt oder Institut, Krankenanstalt
- 03   Für die Einladung zuständige, programmteilnehmende Krankenversicherungsträger

Gesundheitsdaten des Dokumentationsblatts Screening:
- Parenchymdichte durch Erst- und Zweitbefunder, Endergebnis
- Ergebnis Mammographiebefundung durch Erst- und Zweitbefunder, Endergebnis
- Grund für Ultraschall
- Ergebnis: Ultraschall
- Kennzeichen, dass es sich um eine Früherkennungsmammografie handelt
- Kennzeichen: Aus medizinischen bzw. anatomischen Gründen wurden mammographische Zusatzaufnahmen durchgeführt
- Kennzeichen: Zumindest eine Aufnahme war radiologisch inakzeptabel
- Kennzeichen: Zumindest eine Aufnahme musste aus technischen Gründen wiederholt werden
- Größe Läsion links / rechts
- Weitere Vorgehensweise
- Grund für Wiedereinbestellung der Probandin

(AVSV 2005/112, AVSV 2013/76, AVSV 2019/175)

2/4. RVU
Koloskopie

VORSORGEUNTERSUCHUNG DER ÖSTERREICHISCHEN SOZIALVERSICHERUNG
Früherkennungsprogramm für Frauen und Männer – Koloskopie
Dieses Formular wird nur elektronisch ausgestellt. Stand: 2020

Vertragspartner-Nr.:
Fachgebiet:
Ordinationsbundesland:

Sozialversicherungsnummer:

Versicherungsträger:

Geschlecht:
☐ weiblich ☐ männlich
Familienname / Nachname:

Vorname:

Geburtsdatum:

Postleitzahl: **Ort** (optional):

Untersuchungsdatum:

Untersuchung
☐ Vorsorge ☐ Nachsorge
Vorbereitungsqualität
☐ ausgezeichnet ☐ gut ☐ mittelmäßig
☐ nicht ausreichend ☐ schlecht ☐ schlecht nur im rechten Kolon
Sedierung / Analgesie
☐ ja ☐ nein
Zoekum erreicht
☐ ja ☐ nein
Grund für unvollständige Koloskopie
☐ Verschmutzung ☐ Komplikation
☐ Schmerzen ☐ Stenose ☐ Sonstiges

Makroskopischer Befund
☐ ohne Befund ☐ Rektum-Ca.
☐ Polyp(en) ☐ Kolon-Ca. ☐ Sonstiges

Bei Polypen und / oder Karzinom
Zahl ☐ 1 ☐ 2 ☐ 3 ☐ 4 ☐ 5 >5 ____**
Form* ☐ sessil ☐ gestielt ☐ flach
Größe* ☐ <0,5 cm ☐ 0,5–1 cm
☐ 1–2 cm ☐ >2 cm
Lokalisation ☐ nur proximal des Sigma
☐ nur Sigma/Rektum ☐ distales und proximales Kolon
* Bei mehreren Polypen den mit der schwerwiegendsten Pathologie beschreiben
** Bitte hier die genaue Anzahl angeben

Kommentar:

Polypenabtragung / Biopsie
Polypektomie mittels
Schlinge* ☐ kalt ☐ hochfrequent ☐ keine
Zangenabtragung* ☐ ja ☐ nein
Polyp(en) entfernt* ☐ alle ☐ ein Teil ☐ keine(r)
Polyp(en) geborgen* ☐ ja ☐ nein
Biopsie entnommen* ☐ ja ☐ nein
* Bei Polypen / Sonstiges sind Angaben verpflichtend

Interventionspflichtige Komplikationen
☐ nein
☐ ja ☐ kardiopulmonal ☐ Blutung
☐ Perforation ☐ andere
Behandlung der Komplikation
☐ konservativ ☐ operativ
☐ ambulant ☐ stationär
Ausgang der Komplikation
☐ Restitutio ad integrum ☐ Folgeschäden
☐ Tod des Patienten ☐ unbekannt

Histologischer Befund
Polyp ☐ hyperplastisch ☐ sonstiger (gutartig)
Adenom ☐ 1 ☐ 2 ☐ 3 ☐ 4 ☐ 5 >5 ____**
☐ tubulär ☐ sessil serratiert (SSA)
☐ villös ☐ traditionell serratiert (TSA)
☐ tubulovillös
in toto entfernt* ☐ ja ☐ nein ☐ unklar
Lokalisation Adenome
☐ nur proximal d. Sigma ☐ nur Sigma/Rektum ☐ distales & proximales Kolon
Dysplasie
☐ keine ☐ niedriggradig ☐ hochgradig
Karzinom ☐
in toto entfernt* ☐ ja ☐ nein ☐ unklar
Sonstiges ☐ benigne ☐ maligne
* Bei Adenom / Karzinom sind Angaben verpflichtend | ** Bitte hier die genaue Anzahl angeben

Schwerwiegendste Diagnose
☐ Darmpolyp(en) ☐ Kolon-Ca.
☐ Adenome ☐ Sonstiges
☐ Rektum-Ca.

Angeratene weitere Maßnahmen bei Polyp(en) / Adenom(en) / Karzinom
☐ ja ☐ nein
☐ endoskopische Polypenabtragung
☐ ambulant ☐ stationär
☐ Operation
☐ Kontrollkoloskopie in .... Monaten angeraten

(AVSV 2007/121, AVSV 2009/111, AVSV 2013/76, AVSV 2013/93, AVSV 2016/1, AVSV 2016/140)

2/4. RVU
Arztbrief

Richtlinien
RöV 2005
RöK 2005
RJU 2016
RVU
RERS 2005
RBS 2005
RRZ 2008
RRK 2021
RBZRehab 2005
RBZGesVors 2011
RBGKV 2021
RZB 2005
RVABE 2022
RMDFÜ 2005
RVAGH 2022
RBG 2013
RZR 2013

Dr. Anna Maria Maier-Aicher, Datum: 01.09.2013
Ergebnis der Vorsorgeuntersuchung von: Fr. Susanne Maria Antonia Müller-Meier-Musterhausen
geb. 18.02.1940, SVN 1802180240

Danke, dass Sie an der Vorsorgeuntersuchung teilgenommen haben! Dies ist die Zusammenfassung Ihrer aktuellen Vorsorgeuntersuchung.

Klinische Untersuchung

	Besonderheit
Kopf/Hals:	Ohne Besonderheit
Herz/Lunge/Gefäße:	Ohne Besonderheit
Abdomen:	Ohne Besonderheit
Wirbelsäule/Gelenke:	Ohne Besonderheit *(Hinweis: wird automatisch am Druck mit "Ohne Besonderheit" versorgt wenn das entsprechende Kennzeichen auf Maske 1218 gesetzt wurde)*
Haut	Freitext durch den Arzt (max. 250 Zeichen)

Hören	Empfehlung zur ärztlichen Abklärung
Sehen	Empfehlung zur ärztlichen Abklärung
Glaukom	Empfehlung zur ärztlichen Abklärung
Sonstige Maßnahme	Freitext der Massnahme
Zahngesundheit	Empfehlung zur zahnärztlichen Abklärung

Labor
Blut:

Cholesterin	210 mg/dl	HDL-Cholesterin	70 mg/dl	Cholesterin/HDL-Cholesterin	3
Triglyceride	156 mg/dl	Gamma-GT	29 U/l		
Erythrozyten	4,3 T/1	Hämoglobin	12,8 g/dl	Hämatokrit	39%

Auffälligkeiten im Harn:
Leukozyten, Nitrit, Blut, Glucose, Eiweiß, Urobilinogen

Ihre Laborwerte sind kontrollbedürftig.

Blutzucker
Ihr Blutzucker beträgt: 220 mg/dl und ist daher kontrollbedürftig

Wie Sie wissen, sind Sie zuckerkrank. Befolgen Sie die vorgeschriebene Medikation, gehen Sie regelmäßig zur ärztlichen Kontrolle und achten Sie auf Ihre Ernährung.

Blutdruck
Ihr Blutdruck beträgt 150/90 und ist daher kontrollbedürftig

Wie Sie wissen, haben Sie Bluthochdruck. Befolgen Sie die vorgeschriebene Medikation, messen Sie regelmäßig Ihren Blutdruck und nehmen Sie ärztliche Betreuung in Anspruch.

Gewicht

Ihr Körpergewicht beträgt:	100 kg	Bei einer Körpergröße von	185 cm
BMI	29.22	Sie sind daher leicht übergewichtig	

Kodex Sozialversicherung – Durchführungsvorschriften 1.5.2022

2/4. RVU
Arztbrief

Rauchen
Sie wurden über das Risiko des Rauchens informiert.
Ich empfehle Ihnen mit dem Rauchen aufzuhören. Das österreichische Rauchfrei Telefon unter 0800 810 013 unterstützt Sie dabei.

Alkohol
Sie wurden über das Risiko des Alkoholkonsums informiert.

Herz-Kreislauf-Risiko
Ihr Risiko für Herz-Kreislauferkrankungen ist gering
Sie haben eine Herz-Kreislauf-Erkrankung. Achten Sie auf die regelmäßige Einnahme der verschriebenen Medikamente und nehmen Sie ärztliche Betreuung in Anspruch.
Interner Hinweis: Dieser Satz und „Ihr Risiko ... " schließen sich gegenseitig aus.
Die ärztliche Empfehlung ist: weitere Abklärung, Therapiefortsetzung/-änderung
Sonstige Maßnahme: Freitextangabe ca. 100 Zeichen

Krebsfrüherkennung
Haut:
Die ärztliche Empfehlung ist: Selbstbeobachtung, weitere Abklärung
Sonstige Maßnahme: entsprechende Ausgabe der Arzt-Eingabe

Prostata:
Eine Beratung wurde durchgeführt.

Koloskopie:
Eine Beratung wurde durchgeführt.

PAP-Abstrich:
Empfehlung zur zeitgerechten, regelmäßigen Untersuchung

Zusammenfassung

Bereits bekannte Erkrankungen:
Hier wird der Freitext angezeigt der vom Arzt auf der Maske 121N im Feld "Bereits bekannte Erkrankungen" angegeben wurde.
Neu entdeckte Krankheiten:
Hier wird der Freitext angezeigt der vom Arzt auf der Maske 121N im Feld 'Verdacht auf behandlungswürdiges Gesundheitsproblem und neu entdeckte Erkrankungen" angegeben wurde.
Weitere Anmerkungen:
Hier wird der Freitext angezeigt der vom Arzt auf der Maske 121N im Feld "Weitere Anmerkungen für den Probanden/die Probandin" angegeben wurde.

Eine aktive Lebensführung mit regelmäßiger Bewegung, ausgewogener Ernährung und Gewichtsbewusstsein ist eine wertvolle Maßnahme für Ihre Gesundheit.
(AVSV 2016/140)

2/5. RERS 2005

Richtlinien über die Einhebung und die Rückerstattung des Service-Entgelts gemäß § 30a Abs. 1 Z 33 ASVG, AVSV 2005/110 idF

1 AVSV 2020/5

Richtlinien über die Einhebung und die Rückerstattung des Service-Entgelts gemäß § 30a Abs. 1 Z 33 ASVG (RERS 2005)
(AVSV 2020/5)

Inhalt
§ 1. Inhalt dieser Richtlinien ist die in § 31c Abs. 4 ASVG vorgesehene Festlegung abweichender Bestimmungen zur Einhebung des Service-Entgelts durch die Krankenversicherungsträger sowie zur Rückerstattung von zuviel gezahlten Service-Entgelten gemäß § 31c Abs. 3 bis 5 ASVG.

Geltungsbereich
§ 2. Diese Richtlinien sind für die Österreichische Gesundheitskasse und die Versicherungsanstalt für Eisenbahnen und Bergbau verbindlich.
(AVSV 2020/5)

Einhebung des Service-Entgelts von mehrfach geringfügig Beschäftigten
§ 3. Die Krankenversicherungsträger haben von mehrfach geringfügig Beschäftigten kein Service-Entgelt einzuheben.

Zahlung des Service-Entgelts
§ 4. Das Service-Entgelt ist von jenen Personen, denen es durch einen Krankenversicherungsträger vorgeschrieben wurde, binnen 15 Tagen nach Zustellung der Vorschreibung einzuzahlen. Die Zustellung gilt mit Ablauf des zweiten Werktages nach der Aufgabe der Beitragsvorschreibung zur Post, bzw. mit dem Zeitpunkt der Übergabe durch Organe des Trägers der Krankenversicherung als bewirkt. Für Personen, die in Betrieben beschäftigt sind, in denen die Beiträge zur Sozialversicherung im Lohnsummenverfahren abgeführt werden, ist das Service-Entgelt binnen 30 Tagen nach Fälligkeit zu zahlen. Erfolgt die Einzahlung zwar verspätet, aber noch innerhalb von drei Tagen nach Ablauf der 30-Tage-Frist, so bleibt diese Verspätung ohne Rechtsfolgen.

Meldung des Service-Entgelts
§ 5. Die Dienstgeber, denen die Zahlung des Service-Entgelts von den Krankenversicherungsträgern vorgeschrieben wird, haben die für die Einhebung des Service-Entgelts bedeutsamen Daten innerhalb von 7 Tagen nach Ende des Beitragszeitraumes November den zuständigen Krankenversicherungsträgern zu melden.

Rückerstattung des Service-Entgelts
§ 6. (1) Die Rückerstattung des Service-Entgelts ist nur auf Antrag des Betroffenen in den im § 31c Abs. 5 ASVG genannten Fällen möglich.

(2) Die Rückerstattung ist von jenem Krankenversicherungsträger durchzuführen, bei dem zuerst ein Antrag auf Rückerstattung gestellt wird.

(3) Nach Einlangen des Antrages beim Krankenversicherungsträger ist zu prüfen, ob ein Rückerstattatbestand nach Abs. 1 vorliegt. Der Krankenversicherungsträger hat sich zu vergewissern, dass beim Antragsteller noch keine Rückerstattung durch einen anderen Krankenversicherungsträger erfolgt ist.

(4) Die Zahlung des Service-Entgelts durch den Antragsteller ist entsprechend nachzuweisen. Dies kann etwa durch die Vorlage eines Gehaltszettels, in dem der Abzug des Service-Entgelts vermerkt ist, oder durch die Vorlage einer Bestätigung des Dienstgebers über die Einhebung des Service-Entgelts geschehen.

Inkrafttreten
§ 7. Diese Richtlinien treten mit 1. November 2005 in Kraft.

*

Die Richtlinien über die Einhebung und die Rückerstattung des Service-Entgelts gemäß § 31 Abs. 5 Z 34 ASVG wurden von der Trägerkonferenz des Hauptverbandes der österreichischen Sozialversicherungsträger am 30. September 2005 beschlossen. Die Bundesministerin für soziale Sicherheit, Generationen und Konsumentenschutz hat ihr gesetzmäßiges Zustandekommen am 17. Oktober 2005, GZ: BMSG-21410/0025-II/A/3/2005, beurkundet.

Diese SV-OG Anpassungsverlautbarung wurde von der Konferenz des Dachverbandes in ihrer Sitzung vom 14. Jänner 2020 beschlossen. Die Erläuterungen dieser Verordnung sind unter www.sozdok.at kostenlos zugänglich.

2/6. RBS 2005

Richtlinien für die Befreiung vom Service-Entgelt gemäß § 30a Abs. 1 Z 15 ASVG, AVSV 2005/111 idF

1 AVSV 2008/6   2 AVSV 2020/5

Richtlinien für die Befreiung vom Service-Entgelt gemäß § 30a Abs. 1 Z 15 ASVG (RBS 2005)
(AVSV 2020/5)

Geltungsbereich

§ 1. (1) Diese Richtlinien gelten für die Befreiung vom Service-Entgelt nach § 31c Abs. 2 ASVG.

(2) Rechtsgrundlage dieser Richtlinien ist § 30a Abs. 1 Z 15 ASVG. Sie sind für die Österreichische Gesundheitskasse sowie für die Versicherungsanstalt für Eisenbahnen und Bergbau verbindlich.
(AVSV 2020/5)

Gesetzliche Befreiung sowie Befreiung bei besonderer sozialer Schutzbedürftigkeit

§ 2. (1) Das Service-Entgelt darf von Gesetzes wegen nicht eingehoben werden von:
1. Beziehern einer Pension nach dem ASVG oder GSVG,
2. (aufgehoben)
(AVSV 2020/5)
3. Beziehern von Sonderunterstützung nach § 1 Abs. 1 des Sonderunterstützungsgesetzes,
4. Personen, die eine einkommensabhängige Rentenleistung nach dem Kriegsopferversorgungsgesetz 1957, dem Heeresversorgungsgesetz oder dem Opferfürsorgesetz beziehen,
(AVSV 2020/5)
5. Personen, die in der Krankenversicherung der Kriegshinterbliebenen sowie in der Krankenversicherung der Hinterbliebenen nach dem Heeresversorgungsgesetz versichert sind,
6. als Angehörigen geltenden Kindern (§ 123 Abs. 2 Z 2 bis 6 ASVG) und Angehörige der Personen nach Z 1 bis 4,
7. Versicherten nach § 8 Abs. 1 Z 1 lit. c ASVG (Präsenzdiener) und deren Angehörigen,
8. Versicherten nach § 8 Abs. 1 Z 4 ASVG (Zivildiener) und deren Angehörigen.

(2) Die nachstehend angeführten Bezieher bestimmter Geldleistungen sind wegen besonderer sozialer Schutzbedürftigkeit vom Service-Entgelt befreit:
1. Bezieher einer Provision, einer Witwenprovision oder einer Waisenprovision mit Ergänzungszulage von der Generaldirektion der österreichischen Bundesforste,
2. (aufgehoben)
(AVSV 2020/5)
3. Bezieher eines Vorschusses gemäß § 18 ARÜG, BGBl. Nr. 290/1961.

(3) Personen, die gemäß § 1 Z 17 und 19 der Verordnung des Bundesministers für Arbeit und Soziales über die Durchführung der Krankenversicherung für die gemäß § 9 ASVG in die Krankenversicherung einbezogenen Personen krankenversichert sind (Asylwerber in Bundesbetreuung und unterstützungswürdige hilfs- und schutzbedürftige Fremde nach Artikel 2 der Vereinbarung gemäß Artikel 15a B-VG über gemeinsame Maßnahmen zur vorübergehenden Grundversorgung für hilfs- und schutzbedürftige Fremde), sind vom Service-Entgelt befreit.

Befreiung wegen sozialer Schutzbedürftigkeit

§ 3. Personen, die wegen sozialer Schutzbedürftigkeit gemäß dem 2. Teil der Richtlinien für die Befreiung von der Rezeptgebühr 2008 von der Rezeptgebühr befreit sind, sind auch vom Service-Entgelt befreit. Liegen die Voraussetzungen für die soziale Schutzbedürftigkeit nach den Richtlinien für die Befreiung von der Rezeptgebühr vor, ohne dass eine Befreiung von der Rezeptgebühr erfolgt ist, kann die Befreiung vom Service-Entgelt auf Antrag bewilligt werden.
(AVSV 2008/6)

Befreiung vom Service-Entgelt und der Rezeptgebühr

§ 4. Ein Antrag auf Befreiung vom Service-Entgelt gilt gleichzeitig als Antrag auf Befreiung von der Rezeptgebühr. Ein Antrag auf Rezeptgebührenbefreiung gilt gleichzeitig als Antrag auf Befreiung vom Service-Entgelt.

Keine Befreiung vom Service-Entgelt

§ 5. In der Krankenversicherung freiwillig versicherten Personen, die Hilfe (bzw. einen Zuschuss) zur Sicherung ihres Lebensbedarfes von einem Träger der Sozialhilfe erhalten, sowie den Angehörigen dieser Person darf eine Befreiung vom Service-Entgelt nicht bewilligt werden.

Inkrafttreten

§ 6. Diese Richtlinien treten mit 1. November 2005 in Kraft.

Inkrafttreten der 1. Änderung

§ 7. Die 1. Änderung der Richtlinien tritt mit 1. Jänner 2008 in Kraft.
(AVSV 2008/6)

*

Die Richtlinien für die Befreiung vom Service-Entgelt gemäß § 31 Abs. 5 Z 16 ASVG wurden von der Trägerkonferenz des Hauptverbandes der österreichischen Sozialversicherungsträger am 30. September 2005 beschlossen. Die Bundesministerin für soziale Sicherheit, Generationen und Konsumentenschutz hat ihr gesetzmäßiges Zustandekommen am 17. Oktober 2005, GZ: BMSG-21410/0026-II/A/3/2005, beurkundet.

Die 1. Änderung der Richtlinien für die Befreiung vom Service-Entgelt gemäß § 31 Abs. 5 Z 16 ASVG (RBS 2005) wurde von der Trägerkonferenz des Hauptverbandes der österreichischen Sozialversicherungsträger am 11. Dezember 2007 beschlossen.

Diese SV-OG Anpassungsverlautbarung wurde von der Konferenz des Dachverbandes in ihrer Sitzung vom 14. Jänner 2020 beschlossen. Die Erläuterungen dieser Verordnung sind unter www.sozdok.at kostenlos zugänglich.

Richtlinien
RöV 2005
RöK 2005
RJU 2016
RVU
RERS 2005
RBS 2005
RRZ 2008
RRK 2021
RBZRehab 2005
RBZGesVors 2011
RBGKV 2021
RZB 2005
RVABE 2022
RMDFÜ 2005
RVAGH 2022
RBG 2013
RZR 2013

2/7. RRZ 2008

Richtlinien für die Befreiung von der Rezeptgebühr gemäß § 30a Abs. 1 Z 15 ASVG, AVSV 2008/5 idF

1 AVSV 2008/119	2 AVSV 2009/112	3 AVSV 2010/50
4 AVSV 2010/517	5 AVSV 2011/40	6 AVSV 2013/51
7 AVSV 2013/73	8 AVSV 2015/30	9 AVSV 2016/179
10 AVSV 2020/5	11 AVSV 2020/35	12 AVSV 2021/69
13 AVSV 2022/43		

GLIEDERUNG

§ 1. Geltungsbereich

1. Teil: Befreiung nach Personengruppen

§ 2. Personengruppen

2. Teil: Befreiung wegen besonderer sozialer Schutzbedürftigkeit

§ 3. Befreiung ohne Antrag
§ 4. Befreiung über Antrag
§ 5. Befreiung in besonderen Fällen
§ 6. Befreiung bei Anstaltsunterbringung
§ 7. Befreiung von Asylwerbern und unterstützungswürdigen Fremden
§ 8. Beginn der Befreiung
§ 9. Befreiung von der Rezeptgebühr und vom Service-Entgelt
§ 10. Kennzeichnung der Befreiung
§ 11. Ende der Befreiung
§ 12. Freiwillig versicherte Sozialhilfeempfänger

3. Teil: Befreiung wegen Überschreitung der Rezeptgebührenobergrenze

§ 13. Allgemeines
§ 14. Grundlagen für die Berechnung des Jahresnettoeinkommens
§ 15. Berechnung des Jahresnettoeinkommens aus den Grundlagen
§ 16. Sonderregeln für die Berechnung des Jahresnettoeinkommens
§ 17. Berücksichtigung der für Angehörige bezahlten Rezeptgebühren
§ 18. Berücksichtigung von zu viel bezahlten Rezeptgebühren
§ 19. Antrag auf Neufestsetzung des Jahresnettoeinkommens und der bezahlten Rezeptgebühren
§ 20. Beginn der Befreiung
§ 21. Rezeptgebührenkonto
§ 22. Inkrafttreten
§ 23. Inkrafttreten der 1. Änderung
§ 24. Inkrafttreten der 2. Änderung
§ 25. Inkrafttreten der 3. Änderung
§ 26. Inkrafttreten der 4. Änderung
§ 27. Inkrafttreten der 5. Änderung
§ 28. Inkrafttreten der 6. Änderung
§ 29. Inkrafttreten der 7. Änderung
§ 30. Inkrafttreten der 8. Änderung
§ 31. Inkrafttreten der 9. Änderung
§ 32. Inkrafttreten der 10. Änderung
§ 33. Inkrafttreten der 11. Änderung
§ 34. Inkrafttreten der 12. Änderung

Richtlinien für die Befreiung von der Rezeptgebühr gemäß § 30a Abs. 1 Z 15 ASVG (RRZ 2008)

(AVSV 2020/5)

Geltungsbereich

§ 1. Diese Richtlinien gelten für die Befreiung von der Rezeptgebühr nach § 136 Abs. 3 ASVG, § 64 Abs. 3 B-KUVG, § 92 Abs. 3 GSVG, § 86 Abs. 3 BSVG. Ihre Rechtsgrundlage ist § 30a Abs. 1 Z 15 ASVG. Sie sind gemäß § 30 Abs. 3 ASVG für alle Träger der gesetzlichen Krankenversicherung verbindlich.

(AVSV 2020/5)

1. Teil
Befreiung nach Personengruppen

Personengruppen

§ 2. (1) Von Personen, die an einer anzeigepflichtigen übertragbaren Krankheit leiden, darf eine Rezeptgebühr von Gesetzes wegen nicht eingehoben werden. Dies gilt für folgende Krankheiten:

1. Geschlechtskrankheiten (§ 10 Abs. 2 des Geschlechtskrankheitengesetzes),
2. Krankheiten nach § 1 des Epidemiegesetzes 1950,
3. Krankheiten nach § 1 der Verordnung des Bundesministeriums für soziale Verwaltung, BGBl. Nr. 189/1948,

4. Krankheiten nach § 1 des Tuberkulosegesetzes,
5. jede im Sinn des § 1 des AIDS-Gesetzes manifeste Erkrankung an AIDS.

(2) Keine Rezeptgebühr ist ferner von Personen einzuheben, die der Österreichischen Gesundheitskasse gemäß § 26 Abs. 2 KOVG 1957, § 8 Abs. 2 HVG oder § 12 Abs. 1 OFG zugeteilt sind.
(AVSV 2020/5)
(3) (aufgehoben)
(AVSV 2009/112)

2. Teil
Befreiung wegen besonderer sozialer Schutzbedürftigkeit

Befreiung ohne Antrag

§ 3. (1) Die nachstehend angeführten Bezieher bestimmter Geldleistungen werden wegen besonderer sozialer Schutzbedürftigkeit von der Rezeptgebühr befreit, wenn die betreffende Geldleistung die Pflichtversicherung in der Krankenversicherung begründet:
1. Bezieher einer Ausgleichszulage zu einer Pension aus der Pensionsversicherung,
2. Bezieher einer Ergänzungszulage
    a) zu einem Ruhe- oder Versorgungsgenuss im Sinne des Pensionsgesetzes 1965 oder
    b) zu einer gleichartigen Pensionsleistung bzw. zu einem außerordentlichen Versorgungsgenuss eines öffentlich-rechtlichen Dienstgebers,
3. Bezieher einer Provision, einer Witwenprovision oder einer Waisenprovision mit Ergänzungszulage von der Generaldirektion der österreichischen Bundesforste,
4. Bezieher eines Vorschusses gemäß § 18 ARÜG, BGBl. Nr. 290/1961,
5. a) Bezieher einer Waisenrente oder Waisenbeihilfe gemäß §§ 39 ff. KOVG 1957 sowie
    (AVSV 2016/179)
    b) Bezieher einer Elternrente gemäß §§ 44 ff. KOVG 1957 oder gemäß § 43 ff. HVG in Verbindung mit § 25 Abs. 1 HEG,
    (AVSV 2016/179)
6. Bezieher einer Witwen-(Witwer-)zusatzrente gemäß § 35 Abs. 3 KOVG 1957 oder gemäß § 33 Abs. 2 HVG in Verbindung mit § 25 Abs. 1 HEG
    (AVSV 2016/179)
7. Bezieherinnen und Bezieher einer Hilfe zum Lebensunterhalt oder zum Wohnbedarf nach den ~~in Ausführung der Vereinbarung zwischen dem Bund und den Ländern gemäß Artikel 15a B-VG über eine Bedarfsorientierte Mindestsicherung beschlossenen~~ Sozialhilfe- und Mindestsicherungsgesetzen der Länder.
    (AVSV 2010/517, AVSV 2021/69)
8. Bezieher und Bezieherinnen eines Ausgleichszulagenbonus/Pensionsbonus.
    (AVSV 2020/35)

(2) (aufgehoben)
(AVSV 2011/40, AVSV 2015/30, AVSV 2016/179)
(3) Zivildiener sind aufgrund ihrer besonderen sozialen Schutzbedürftigkeit von der Rezeptgebühr befreit.
(AVSV 2009/112)
(4) Die gemäß § 4 Abs. 1 Z 11 ASVG versicherten Teilnehmer/innen des Freiwilligen Sozialjahres, des Freiwilligen Umweltschutzjahres, des Gedenkdienstes oder des Friedens- und Sozialdienstes im Ausland nach dem Freiwilligengesetz, BGBl. I Nr. 17/2012, sind aufgrund ihrer besonderen sozialen Schutzbedürftigkeit von der Rezeptgebühr befreit.
(AVSV 2013/51)
(5) Die gemäß § 16 Abs. 2a ASVG wegen der Pflege eines behinderten Kindes Versicherten sind aufgrund ihrer besonderen sozialen Schutzbedürftigkeit von der Rezeptgebühr befreit.
(AVSV 2013/73)

Befreiung über Antrag

§ 4. (1) Auf Antrag ist eine Befreiung von der Rezeptgebühr wegen besonderer sozialer Schutzbedürftigkeit auch zu bewilligen,
1. wenn ein Bezieher
    – einer Pension aus der Pensionsversicherung ausschließlich aus dem Grunde des § 293 Abs. 4 ASVG (§ 150 Abs. 4 GSVG, § 141 Abs. 4 BSVG) keinen Anspruch auf Ausgleichszulage hat bzw.
    – eines Ruhe- oder Versorgungsgenusses ausschließlich aus dem Grunde des § 26 Abs. 6 zweiter Satz Pensionsgesetz keinen Anspruch auf Ergänzungszulage hat bzw.
    (AVSV 2020/5, AVSV 2020/35)
    – einer Pension aus der Pensionsversicherung ausschließlich aus dem Grunde des § 299a Abs. 6 ASVG (§ 156a Abs. 6 GSVG, § 147a Abs. 6 BSVG) keinen Bonus nach § 299a Abs. 5 ASVG (§ 156a Abs. 5 GSVG, § 147a Abs. 5 BSVG) bezieht;
    (AVSV 2020/35)
2. wenn das Einkommen eines Versicherten den nach § 293 Abs. 1 lit. a ASVG (§ 150 Abs. 1 lit. a GSVG, § 141 Abs. 1 lit. a BSVG) in Betracht kommenden Richtsatz nicht übersteigt; bei Versicherten nach dem B-KUVG sind hiebei die entsprechenden Richtsätze der Ergänzungszulagenverordnung nach § 26 Abs. 5 Pensionsgesetz maßgeblich;
    (AVSV 2009/112)
3. wenn in Versicherter (Angehöriger, für den ein Leistungsanspruch besteht) an Krankheiten oder Gebrechen leidet, durch die ihm erfahrungsgemäß besondere Aufwendungen

entstehen, sofern das Einkommen des Versicherten 115 % des nach Z 2 in Betracht kommenden Richtsatzes nicht übersteigt.

(2) Lebt in den Fällen des Abs. 1 Z 2 und 3 der Versicherte mit einem Lebensgefährten im gemeinsamen Haushalt, ist der Richtsatz nach § 293 Abs. 1 lit. a sublit. aa ASVG (§ 150 Abs. 1 lit. a sublit. aa GSVG, § 141 Abs. 1 lit. a sublit. aa BSVG) bzw. der entsprechende Richtsatz der Ergänzungszulagenverordnung nach § 26 Abs. 5 Pensionsgesetz zugrunde zu legen.

(AVSV 2008/119)

(3) (aufgehoben)

(AVSV 2011/40, AVSV 2015/30, AVSV 2016/179)

(4) Als Einkommen gilt das Nettoeinkommen nach Maßgabe des § 292 ASVG (§ 149 GSVG, § 140 BSVG). Hiebei sind Unterhaltsansprüche in der Höhe des gebührenden Unterhalts zu berücksichtigen. Ist der tatsächlich geleistete Unterhalt höher als der gebührende, so ist der tatsächlich geleistete Unterhalt heranzuziehen.

(AVSV 2016/179)

(5) Bei der Feststellung des Einkommens der/des Versicherten ist das Einkommen eines mit ihr/ihm im gemeinsamen Haushalt lebenden Ehegattin/Ehegatten, eingetragenen Partnerin/ Partner oder Lebensgefährtin/Lebensgefährten mitzuberücksichtigen. Das Einkommen sonstiger mit ihr/ihm im gemeinsamen Haushalt lebenden Personen ist zu 12,5 % zu berücksichtigen.

(AVSV 2010/50, AVSV 2016/179)

Befreiung in besonderen Fällen

§ 5. In anderen als den in den §§ 3 und 4 genannten Fällen ist eine Befreiung von der Rezeptgebühr zu bewilligen, wenn sich nach Prüfung der Umstände im Einzelfall herausstellt, dass eine besondere soziale Schutzbedürftigkeit gegeben ist. Dies ist insbesondere dann anzunehmen, wenn eine länger dauernde medikamentöse Behandlung notwendig ist, die im Hinblick auf die wirtschaftlichen Verhältnisse des Versicherten eine nicht zumutbare Belastung mit Rezeptgebühren zur Folge hätte.

Befreiung bei Anstaltsunterbringung

§ 6. Personen, die in einer der in § 324 Abs. 3 ASVG (§ 185 Abs. 3 GSVG, § 173 Abs. 3 BSVG, § 121 Abs. 3 B-KUVG) genannten Institutionen verpflegt werden, sofern

- ihre Pension nicht höher als 240 % des Richtsatzes gemäß § 293 Abs. 1 lit. a sublit. bb ASVG (§ 150 Abs. 1 lit. a sublit. bb GSVG; § 141 Abs. 1 lit. a sublit. bb BSVG, § 1 der Ergänzungszulagenverordnung gemäß § 26 Abs. 5 Pensionsgesetz) ist,

- und sie einen unterhaltsberechtigten Angehörigen haben, der weder sonst eine Angehörigeneigenschaft gemäß § 123 ASVG (§ 83 GSVG, § 78 BSVG, § 56 B-KUVG) hat noch pflichtversichert ist,

sind von der Rezeptgebühr befreit.

Befreiung von Asylwerbern und unterstützungswürdigen Fremden

„**§ 7.** Personen, die gemäß § 1 Z 17, 19 und 21 der Verordnung des Bundesministers für Soziales, Gesundheit, Pflege und Konsumentenschutz über die Durchführung der Krankenversicherung für die gemäß § 9 ASVG in die Krankenversicherung einbezogenen Personen krankenversichert sind (Asylwerber in Bundesbetreuung und unterstützungswürdige hilfs- und schutzbedürftige Fremde nach Artikel 2 der Vereinbarung gemäß Artikel 15a B-VG über gemeinsame Maßnahmen zur vorübergehenden Grundversorgung für hilfs- und schutzbedürftige Fremde sowie Ukrainische Staatsangehörige und weitere Personen, die ab dem 24. Februar 2022 wegen der kriegerischen Ereignisse in der Ukraine vorübergehend in Österreich aufgenommen werden), sind von der Rezeptgebühr befreit."

(AVSV 2022/43)

Beginn der Befreiung

§ 8. Die Befreiung von der Rezeptgebühr gilt ab dem Zeitpunkt der Erfüllung der Voraussetzungen, in den Fällen des § 4 Abs. 1 Z 2 und 3 sowie Abs. 2 und des § 5 jedoch frühestens ab dem Zeitpunkt des Einlangens des Antrages beim Krankenversicherungsträger. Sie gilt sowohl für den Versicherten selbst als auch für die Angehörigen, für die ein Leistungsanspruch besteht.

Befreiung von der Rezeptgebühr und vom Service-Entgelt

§ 9. (1) Ein Antrag auf Rezeptgebührenbefreiung gilt gleichzeitig als Antrag auf Befreiung vom Service-Entgelt. Ein Antrag auf Befreiung vom Service-Entgelt gilt gleichzeitig als Antrag auf Befreiung von der Rezeptgebühr.

(2) Wird ein Antrag auf Befreiung von der Rezeptgebühr abgelehnt, so ist das nachgewiesene Nettoeinkommen vom Krankenversicherungsträger für die Ermittlung des Jahresnettoeinkommens im Sinne des dritten Teils zu berücksichtigen.

Kennzeichnung der Befreiung

§ 10. In allen Fällen einer Befreiung von der Rezeptgebühr ist dies über das e-card-System auf geeignete Weise ersichtlich zu machen.

Ende der Befreiung

§ 11. (1) Mit dem Wegfall der für die Befreiung von der Rezeptgebühr maßgebenden Voraussetzungen verliert die Befreiung jedenfalls sofort ihre Gültigkeit. Der bis dahin befreite Versicherte (Angehörige) darf nach dem Erlöschen der Befreiung von einer ihm erteilten Bewilligung keinen Gebrauch mehr machen. Er hat den Krankenversicherungsträger ehestens von jeder Änderung der maßgebenden Umstände zu verständigen.

(2) Im übrigen gilt die Befreiung von der Rezeptgebühr in den Fällen des § 3 ohne zeitliche Begrenzung. In den Fällen des § 4 Abs. 1 und 2 und des § 5 ist die Befreiung von der Rezeptgebühr

mindestens für drei Monate, in der Regel aber nicht länger als für die Dauer eines Jahres, zu bewilligen. Liegen die Gründe für die Befreiung von der Rezeptgebühr nach Ablauf der Frist weiterhin vor, ist die Bewilligung über Antrag neuerlich zu erteilen. Für Bezieher einer Alterspension kann die Befreiung von der Rezeptgebühr für längstens fünf Jahre erfolgen.

Freiwillig versicherte Sozialhilfeempfänger

§ 12. In der Krankenversicherung freiwillig versicherten Personen, die Hilfe (bzw. einen Zuschuss) zur Sicherung ihres Lebensbedarfes von einem Träger der Sozialhilfe erhalten, sowie den Angehörigen dieser Personen darf eine Befreiung von der Rezeptgebühr nicht bewilligt werden.

3. Teil
Befreiung wegen Überschreitung der Rezeptgebührenobergrenze

Allgemeines

§ 13. (1) Personen, deren Belastung mit Rezeptgebühren in einem Kalenderjahr den Grenzbetrag von zwei Prozent des Jahresnettoeinkommens (Rezeptgebührenobergrenze) überschreitet, sind ab dem Überschreiten für den Rest des Kalenderjahres von der Rezeptgebühr befreit.

(2) Die Rezeptgebührenobergrenze ist nach den in diesen Richtlinien aufgestellten Regeln zu berechnen. Der errechnete Betrag ist kaufmännisch auf einen Cent zu runden. Als Jahresnettoeinkommen gilt der nach den §§ 14 bis 16 ermittelte Betrag.

Grundlagen für die Berechnung des Jahresnettoeinkommens

§ 14. Die Berechnung des Jahresnettoeinkommens erfolgt ohne Berücksichtigung der Sonderzahlungen aufgrund der jeweils aktuellsten Datenbestände
1. aufgrund der bei den Sozialversicherungsträgern vorhandenen Daten krankenversicherungspflichtiger Leistungen (z. B. Pensionsbezüge),
2. aufgrund der Beitragsgrundlagen des jeweiligen Kalenderjahres für die Krankenversicherung bei unselbständig Erwerbstätigen und freiwillig Krankenversicherten,
3. aufgrund der Beitragsgrundlagen in der Krankenversicherung nach § 25 GSVG und § 23 BSVG bei selbständig Erwerbstätigen.

Berechnung des Jahresnettoeinkommens aus den Grundlagen

§ 15. (1) Ist das Jahresnettoeinkommen nach § 14 Z 2 aufgrund der Beitragsgrundlagen eines Kalenderjahres zu berechnen, so sind von den Beitragsgrundlagen des vorangegangenen bzw. wenn diese nicht bekannt sind von den Beitragsgrundlagen des zweitvorangegangenen Kalenderjahres, die zum Zeitpunkt der Berechnung für einen alleinstehenden Angestellten maßgeblichen sozialen Abgaben und die maßgebliche Einkommensteuer unter Berücksichtigung der ohne Antrag gebührenden Freibeträge von der Beitragsgrundlage abzuziehen.

(2) Ist das Jahresnettoeinkommen gemäß § 14 Z 3 aufgrund der Beitragsgrundlage nach § 25 GSVG zu berechnen, so ist die Beitragsgrundlage, die nicht älter sein darf als die Beitragsgrundlage des drittvorangegangenen Kalenderjahres, um den Hinzurechnungsbetrag nach § 25 Abs. 2 Z 2 GSVG zu vermindern, das Sonderzahlungsäquivalent in Höhe eines Siebentels abzuziehen und der resultierende Betrag um die maßgebliche Einkommensteuer unter Berücksichtigung der ohne Antrag gebührenden Freibeträge zu vermindern.

(3) Ist das Jahresnettoeinkommen gemäß § 14 Z 3 aufgrund der Beitragsgrundlage nach § 23 BSVG zu berechnen, so ist von der Beitragsgrundlage des zweitvorangegangenen Kalenderjahres ein Sonderzahlungsäquivalent in Höhe eines Siebentels abzuziehen und das Ergebnis um einen pauschalen Abschlag in Höhe von 30 % zu vermindern.

(4) Veränderungen in den Grundlagen für die Berechnung des Jahresnettoeinkommens sind bei Berechnung der Rezeptgebührenobergrenze zu berücksichtigen.

(5) Liegen im maßgeblichen Kalenderjahr mehrere Einkommen gemäß § 14 vor, so ist das Jahresnettoeinkommen aus der Summe der nach den Regeln der Absätze 1 bis 3 und § 16 Abs. 2 bis 3 errechneten Beträge sowie der Leistungen nach § 14 Z 1 zu ermitteln.

Sonderregeln für die Berechnung des Jahresnettoeinkommens

§ 16. (1) Für Zeiten, in denen nur der Bezug von Kinderbetreuungsgeld bzw. der Bezug von Leistungen nach dem Karenzgeldgesetz vorliegt, ist der Richtsatz nach § 293 Abs. 1 lit. a sublit. bb ASVG (Einzelrichtsatz) zur Berechnung des Jahresnettoeinkommens heranzuziehen.

(2) Für Zeiten der Ableistung des Präsenz- bzw. Ausbildungsdienstes beim österreichischen Bundesheer ist der Richtsatz nach § 293 Abs. 1 lit. a sublit. bb ASVG (Einzelrichtsatz) zur Berechnung des Jahresnettoeinkommens heranzuziehen.

(3) Für Zeiten der Selbstversicherung in der Krankenversicherung gemäß § 16 Abs. 1 ASVG bzw. der Weiterversicherung gemäß § 8 GSVG oder § 8 BSVG ist für die Ermittlung des Jahresnettoeinkommens der entsprechende Krankenversicherungsbeitrag von der Beitragsgrundlage abzuziehen. Liegt das für diese Zeiten ermittelte Nettoeinkommen unter dem Ausgleichszulageneinzelrichtsatz ist der Ausgleichszulageneinzelrichtsatz für die Berechung des Jahresnettoeinkommens heranzuziehen.

(4) Übersteigt das ermittelte Jahresnettoeinkommen nicht das Zwölffache des Richtsatzes nach § 293 Abs. 1 lit. a sublit. bb ASVG (§ 150 Abs. 1 lit. a sublit. bb GSVG, § 141 Abs. 1 lit. a sublit. bb BSVG) (Einzelrichtsatz), so ist das Zwölffache dieses Richtsatzes als Jahresnettoeinkommen heranzuziehen.

(5) Kann ein Jahresnettoeinkommen aus den Grundlagen nach § 14 und § 16 Abs. 1 bis 3 nicht ermittelt werden, so ist die sechsfache monatliche Höchstbeitragsgrundlage (§ 45 Abs. 1 ASVG) vermindert um die in § 15 Abs. 1 geregelten Abzüge als jährliches Einkommen heranzuziehen.

Berücksichtigung der für Angehörige bezahlten Rezeptgebühren

§ 17. Rezeptgebühren für mitversicherte Angehörige sind dem Versicherten anzurechnen, von dem die Leistung in Anspruch genommen wurde. Kann dieser nicht festgestellt werden, sind diese Rezeptgebühren der Mutter (Pflegemutter, Stiefmutter etc.) zuzurechnen.

Berücksichtigung von zu viel bezahlten Rezeptgebühren

§ 18. Rezeptgebühren, die entrichtet wurden, obwohl die Obergrenze bereits überschritten war (z. B. aufgrund später einlangender Abrechnungen von Vertragspartnern), sind für die Erreichung der Obergrenze in den nächstfolgenden Kalenderjahren zu berücksichtigen. Eine Rückzahlung von Rezeptgebühren, durch deren Zahlung in einem Kalenderjahr die Obergrenze überschritten wurde, kann auf Antrag des Versicherten frühestens ab dem zweitfolgenden Kalenderjahr bzw. auf Antrag der Bezugsberechtigten gemäß § 107a ASVG nach dem Tod des Versicherten erfolgen, sofern diese Rezeptgebühren nicht bereits für die Erreichung der Rezeptgebührenobergrenze berücksichtigt wurden.

Antrag auf Neufestsetzung des Jahresnettoeinkommens und der bezahlten Rezeptgebühren

§ 19. (1) Auf Antrag des Versicherten hat der zuständige Krankenversicherungsträger das Jahresnettoeinkommen aufgrund der vom Versicherten dargelegten aktuellen Einkommensverhältnisse neu festzulegen. Für die Berechnung des Jahresnettoeinkommens auf Antrag sind die Regelungen der §§ 292 bis 294 ASVG heranzuziehen. Das festgelegte Jahresnettoeinkommen darf jedoch nicht unter dem Zwölffachen des Richtsatzes nach § 293 Abs. 1 lit. a sublit. bb ASVG (§ 150 Abs. 1 lit. a sublit. bb GSVG, § 141 Abs. 1 lit. a sublit. bb BSVG) (Einzelrichtsatz) liegen. Abweichend von § 292 Abs. 4 lit. c ASVG sind Kinderzuschüsse dabei als Bestandteil des Jahresnettoeinkommens zu werten.

(2) Hat der Versicherte nachgewiesen, dass von ihm im laufenden Kalenderjahr bezahlte Rezeptgebühren für die Frage der Erreichung der Rezeptgebührenobergrenze nicht berücksichtigt wurden, so ist dies im Rezeptgebührenkonto des Versicherten entsprechend zu berücksichtigen.

(AVSV 2009/112)

(3) Das aufgrund des Antrags des Versicherten festgestellte Nettoeinkommen ist der Festlegung der Rezeptgebührenobergrenze des nächstfolgenden Kalenderjahres so lange zugrunde zu legen, bis die Beitragsgrundlagen des maßgeblichen Kalenderjahres verzeichnet sind oder aktuelle Leistungsdaten vorliegen.

Beginn der Befreiung

§ 20. Die Befreiung von der Rezeptgebühr nach diesem Teil gilt ab dem Zeitpunkt der Erfüllung der Voraussetzungen, in den Fällen des § 19 Abs. 1 und 2 jedoch frühestens ab dem Zeitpunkt des Einlangens des Antrages beim Krankenversicherungsträger. Sie gilt sowohl für den Versicherten selbst als auch für die Angehörigen, für die ein Leistungsanspruch besteht.

Rezeptgebührenkonto

§ 21. (1) Der Dachverband der Sozialversicherungsträger hat für jeden Versicherten, der nicht aufgrund des 2. Teils von der Rezeptgebühr befreit ist, ein Rezeptgebührenkonto einzurichten.

(AVSV 2020/5)

(2) Die Kontoführung beginnt mit dem Kalenderjahr 2008 und endet mit Ablauf jenes Kalenderjahres, in das der Tod des Versicherten fällt.

(3) Für jedes Kalenderjahr der Kontoführung sind folgende Daten kontenmäßig zu erfassen:
1. die im Kalenderjahr vom Versicherten bezahlten Rezeptgebühren,
2. das für das Kalenderjahr errechnete Jahresnettoeinkommen,
3. das Vorliegen einer Befreiung von der Rezeptgebühr aufgrund des Erreichens der Rezeptgebührenobergrenze,
4. die vom Versicherten erworbenen Gutschriften.

Inkrafttreten

§ 22. Diese Richtlinien treten mit 1. Jänner 2008 in Kraft.

Inkrafttreten der 1. Änderung

§ 23. Die 1. Änderung der Richtlinien tritt mit 1. Jänner 2009 in Kraft.

(AVSV 2008/119)

Inkrafttreten der 2. Änderung

§ 24. Die 2. Änderung der Richtlinien tritt mit 1. Jänner 2010 in Kraft.

(AVSV 2009/112)

Inkrafttreten der 3. Änderung

§ 25. Die 3. Änderung der Richtlinien tritt rückwirkend mit 1. Jänner 2010 in Kraft.

(AVSV 2010/50)

Inkrafttreten der 4. Änderung

§ 26. Die 4. Änderung der Richtlinien tritt zu jenem Zeitpunkt in Kraft, zu dem die Bezieherinnen und Bezieher einer Hilfe zum Lebensunterhalt oder zum Wohnbedarf nach den in Ausführung der Vereinbarung zwischen dem Bund und den Ländern gemäß Artikel 15a B-VG über eine Bedarfsorientierte Mindestsicherung beschlossenen

Sozialhilfe- und Mindestsicherungsgesetzen der Länder gemäß § 9 ASVG in die Krankenversicherung einbezogen werden.
(AVSV 2010/517)

Inkrafttreten der 5. Änderung
§ 27. Die 5. Änderung der Richtlinien tritt rückwirkend mit 1. Jänner 2011 in Kraft.
(AVSV 2011/40)

Inkrafttreten der 6. Änderung
§ 28. Die 6. Änderung der Richtlinien tritt mit dem auf die Kundmachung folgenden Tag in Kraft.
(AVSV 2013/51)

Inkrafttreten der 7. Änderung
§ 29. Die 7. Änderung der Richtlinien tritt nach Ablauf des fünften Kalendertages ab dem Zeitpunkt der Freigabe der Verlautbarung zur Abfrage in Kraft.
(AVSV 2013/73)

Inkrafttreten der 8. Änderung
§ 30. Die 8. Änderung der Richtlinien tritt rückwirkend mit 1. Jänner 2015 in Kraft.
(AVSV 2015/30)

Inkrafttreten der 9. Änderung
§ 31. Die 9. Änderung der Richtlinien tritt mit 1. Jänner 2017 in Kraft. § 3 Abs. 2 in der zum 31. Dezember 2016 geltenden Fassung ist in Fällen, in denen zum 1. Jänner 2017 keine Ausgleichszulage zu einer Pension gebührt, bis zu einem Anfall einer Ausgleichszulage weiter anzuwenden. Abweichend davon tritt § 3 Abs. 1 in der Fassung der 9. Änderung rückwirkend mit 1. Juli 2016 in Kraft.
(AVSV 2016/179)

Inkrafttreten der 10. Änderung
§ 32. Die 10. Änderung der Richtlinien tritt mit dem auf die Kundmachung folgenden Tag in Kraft.
(AVSV 2020/35)

„Inkrafttreten der 11. Änderung
§ 33. Die 11. Änderung der Richtlinien tritt mit dem auf die Kundmachung folgenden Tag in Kraft."
(AVSV 2021/69)

„Inkrafttreten der 12. Änderung
§ 34. Die 12. Änderung der Richtlinien tritt mit 12. März 2022 in Kraft und mit Ablauf des 31. Dezember 2023 außer Kraft. § 7 in der Fassung vom 11. März 2022 tritt mit 1. Jänner 2024 in Kraft."
(AVSV 2022/43)

*

Die Richtlinien für die Befreiung von der Rezeptgebühr gemäß § 31 Abs. 5 Z 16 ASVG (RRZ 2008) wurden von der Trägerkonferenz des Hauptverbandes der österreichischen Sozialversicherungsträger am 11. Dezember 2007 beschlossen und werden gemäß § 634 Abs. 4 ASVG kundgemacht.

Die 1. Änderung der Richtlinien für die Befreiung von der Rezeptgebühr 2008 (RRZ 2008) wurde von der Trägerkonferenz des Hauptverbandes der österreichischen Sozialversicherungsträger am 2. Dezember 2008 beschlossen.

Die 2. Änderung der Richtlinien für die Befreiung von der Rezeptgebühr 2008 – RRZ 2008 wurde von der Trägerkonferenz des Hauptverbandes der österreichischen Sozialversicherungsträger am 15. Dezember 2009 beschlossen.

Die 3. Änderung der Richtlinien für die Befreiung von der Rezeptgebühr 2008 – RRZ 2008 wurde von der Trägerkonferenz des Hauptverbandes der österreichischen Sozialversicherungsträger am 13. April 2010 beschlossen.

Die 4. Änderung der Richtlinien für die Befreiung von der Rezeptgebühr 2008 – RRZ 2008 wurde von der Trägerkonferenz des Hauptverbandes der österreichischen Sozialversicherungsträger am 9. Juni 2010 beschlossen.

Die 5. Änderung der Richtlinien für die Befreiung von der Rezeptgebühr 2008 – RRZ 2008 wurde von der Trägerkonferenz des Hauptverbandes der österreichischen Sozialversicherungsträger am 15. Februar 2011 beschlossen.

Die 6. Änderung der Richtlinien für die Befreiung von der Rezeptgebühr 2008 – RRZ 2008 wurde von der Trägerkonferenz des Hauptverbandes der österreichischen Sozialversicherungsträger am 16. April 2013 beschlossen.

Die 7. Änderung der Richtlinien für die Befreiung von der Rezeptgebühr 2008 – RRZ 2008 wurde von der Trägerkonferenz des Hauptverbandes der österreichischen Sozialversicherungsträger am 11. Juni 2013 beschlossen.

Die 9. Änderung der Richtlinien für die Befreiung von der Rezeptgebühr 2008 – RRZ 2008 wurde von der Trägerkonferenz des Hauptverbandes der österreichischen Sozialversicherungsträger am 13. Dezember 2016 beschlossen.

Die 10. Änderung der Richtlinien für die Befreiung von der Rezeptgebühr 2008 – RRZ 2008 wurde von der Konferenz des Dachverbandes der Sozialversicherungsträger am 19. Februar 2020 beschlossen. Diese SV-OG Anpassungsverlautbarung wurde von der Konferenz des Dachverbandes in ihrer Sitzung vom 14. Jänner 2020 beschlossen. Die Erläuterungen dieser Verordnung sind unter www.sozdok.at kostenlos zugänglich.

Die 11. Änderung der Richtlinien für die Befreiung von der Rezeptgebühr 2008 – RRZ 2008 wurde von der Konferenz des Dachverbandes der Sozialversicherungsträger am 1. Dezember 2021 beschlossen.

Richtlinien
RöV 2005
RöK 2005
RJU 2016
RVU
RERS 2005
RBS 2005
RRZ 2008
RRK 2021
RBZRehab 2005
RBZGesVors 2011
RBGKV 2021
RZB 2005
RVABE 2022
RMDFÜ 2005
RVAGH 2022
RBG 2013
RZR 2013

2/8. RRK 2021

Richtlinien für die Erbringung von Leistungen im Rahmen der Rehabilitation sowie von Leistungen im Rahmen der Festigung der Gesundheit und der Gesundheitsvorsorge (RRK 2021), AVSV 2021/63

GLIEDERUNG

ABSCHNITT 1: Allgemeines
§ 1. Inhalt und Geltungsbereich

ABSCHNITT 2: Persönliche Voraussetzungen
§ 2. Versicherungsrechtliche Voraussetzungen
§ 3. Personenkreis
§ 4. Leistungszugehörigkeit
§ 5. Leistungszuständigkeit

ABSCHNITT 3: Bestimmungen über die Maßnahmen im Einzelfall

Unterabschnitt 1: Medizinische Maßnahmen
§ 6. Genesungsaufenthalte
§ 7. Erholungsaufenthalte für Mütter oder Väter mit Kleinkindern
§ 8. Erholungsaufenthalte für Kinder und Jugendliche bis zum vollendeten 18. Lebensjahr
§ 9. Erholungsaufenthalte für Erwachsene
§ 10. Landaufenthalte
§ 11. Kuraufenthalte
§ 12. Maßnahmen der stationären Rehabilitation (Unterbringung in Krankenanstalten, die vorwiegend der Rehabilitation dienen)
§ 12a. Maßnahmen der ambulanten Rehabilitation
§ 12b. Maßnahmen der Telerehabilitation
§ 12c. Maßnahmen der medizinisch-berufsorientierten Rehabilitation
§ 13. Hilfsmittel und sonstige Behelfe

Unterabschnitt 2: Berufliche Maßnahmen der Rehabilitation aus der Pensionsversicherung oder der erweiterten Rehabilitation aus der Krankenversicherung nach dem B-KUVG
§ 14. Berufliche Ausbildung zur Wiedergewinnung oder Erhaltung der Erwerbsfähigkeit oder für die Ausübung eines neuen Berufes
§ 15. Hilfe zur Fortsetzung der Erwerbstätigkeit
§ 16. Hilfe zur Erlangung einer Arbeitsstelle oder einer anderen Erwerbsmöglichkeit

Unterabschnitt 3: Soziale Maßnahmen
§ 17. Grundsätze
§ 18. Hilfe zur Adaptierung von Wohnräumen
§ 19. Hilfe für die Erlangung oder Erhaltung der Lenkerbefugnis
§ 20. Hilfe zum Ankauf oder zur Adaptierung eines Personenkraftwagens
§ 21. Weitere soziale Maßnahmen der Rehabilitation

Unterabschnitt 4: Ergänzende Leistungen zu den medizinischen und beruflichen Maßnahmen der Rehabilitation
§ 22. Unterhaltsbeitrag während einer Ausbildung
§ 23. Unterhaltsbeitrag bei Gewährung von medizinischen Maßnahmen der Rehabilitation aus der Pensionsversicherung an Angehörige

Unterabschnitt 5
§ 24. Vorzeitige Einstellung von Maßnahmen

ABSCHNITT 4: Grundsätze für die Gewährung von Maßnahmen der Rehabilitation für die im § 300 Abs. 1 ASVG, § 157 Abs. 1 GSVG und § 150 Abs. 1 BSVG bezeichneten Pensionsbezieher*innen
§ 25.

ABSCHNITT 5: Information und Beratung über Ziel und Möglichkeiten der Rehabilitation
§ 26.

ABSCHNITT 6: Verfahren
§ 27. Einleitung des Verfahrens
§ 28. Antrag auf Erholungs-, Genesungs- oder Landaufenthalt
§ 29. Antrag auf Hilfsmittel oder sonstige Behelfe
§ 30. Prüfung der Leistungszuständigkeit und der Voraussetzungen
§ 31. Erledigung

ABSCHNITT 7: Früherfassung der für Maßnahmen der Rehabilitation in Betracht kommenden Personen durch die Österreichische Gesundheitskasse und die Versicherungsanstalt öffentlich Bediensteter, Eisenbahnen und Bergbau für die „neuen" Vertragsbediensteten; Maßnahmen nach dem Arbeit-und-Gesundheit-Gesetz
§ 32. Früherfassung der Versicherten nach Diagnosen
§ 33. Auswahl der Versicherten
§ 33a. Maßnahmen nach dem Arbeit-und-Gesundheit-Gesetz

§ 34. Meldung der Versicherten

ABSCHNITT 7a: Frühintervention

§ 34a. Maßnahmen der Frühintervention

§ 34b. Verhältnis zu den Maßnahmen nach Abschnitt 7

Richtlinien für die Erbringung von Leistungen im Rahmen der Rehabilitation sowie von Leistungen im Rahmen der Festigung der Gesundheit und der Gesundheitsvorsorge (RRK 2021)

ABSCHNITT 1
Allgemeines

Inhalt und Geltungsbereich

§ 1. (1) Rechtsgrundlage dieser Richtlinien ist § 30a Abs. 1 Z 20 und Z 21 ASVG.

(2) Diese Richtlinien regeln nach Maßgabe der gesetzlichen Bestimmungen
1. die Voraussetzungen, nach denen
   a) in der Krankenversicherung
      aa) Medizinische Maßnahmen der Rehabilitation,
      bb) Maßnahmen zur Festigung der Gesundheit,
      cc) Maßnahmen zur Krankheitsverhütung und
      dd) Maßnahmen der erweiterten Rehabilitation nach dem B-KUVG,
   b) in der Pensionsversicherung
      aa) Maßnahmen der Rehabilitation und
      bb) Maßnahmen der Gesundheitsvorsorge
   erbracht werden;
2. das koordinierte Zusammenwirken der Sozialversicherungsträger bei der Behandlung und Erledigung der Anträge für diese Leistungen und der Entgegennahme und Weiterleitung der Anträge für die Leistungen der Unfallheilbehandlung, der beruflichen sowie der sozialen Rehabilitation aus der Unfallversicherung.

(3) Diese Richtlinien gelten für alle Kranken-, Unfall- und Pensionsversicherungsträger, die dem Dachverband der Sozialversicherungsträger angehören.

(4) Der Umfang des Leistungskataloges dieser Richtlinien in Bezug auf die einzelnen freiwilligen Leistungen ist für die Sozialversicherungsträger nicht bindend und kann im Rahmen der gesetzlichen Bestimmungen eingeschränkt oder erweitert werden. Werden jedoch in diesen Richtlinien angeführte freiwillige Leistungen beantragt, so sind die gegenständlichen Bestimmungen zu beachten.

ABSCHNITT 8: Koordination der Versicherungsträger bei der Errichtung und beim Ausbau von Krankenanstalten, die vorwiegend der Rehabilitation dienen

§ 35.

ABSCHNITT 9: Schlussbestimmungen

§ 36. Inkrafttreten

ABSCHNITT 2
Persönliche Voraussetzungen

Versicherungsrechtliche Voraussetzungen

§ 2. (1) Als Versicherte gelten Personen, die
1. in der Krankenversicherung im Zeitpunkt der Antragstellung oder der Einleitung des Verfahrens durch den Versicherungsträger (§ 27) pflicht-, freiwillig versichert oder anspruchsberechtigt (ausgenommen die Angehörigen gemäß § 56 B-KUVG) sind;
2. in der Pensionsversicherung
   a) im Zeitpunkt der Antragstellung oder der Einleitung des Verfahrens durch den Versicherungsträger (§ 27) pflicht- oder freiwillig versichert sind oder
   b) im Zeitpunkt der Antragstellung oder der Einleitung des Verfahrens durch den Versicherungsträger (§ 27), wenn die Antragstellung auf einen Monatsersten fällt, sonst mit dem auf diesen Tag folgenden Monatsersten,
      aa) mindestens drei Versicherungsmonate innerhalb der letzten 12 Monate oder
      bb) mindestens zwölf Versicherungsmonate innerhalb der letzten 36 Monate oder
      cc) mindestens 60 Versicherungsmonate innerhalb der letzten 120 Monate
   erworben haben oder bei denen
   c) die allgemeine Anspruchsvoraussetzung für eine Pension aus einem Versicherungsfall der geminderten Arbeitsfähigkeit (Erwerbsunfähigkeit) erfüllt ist oder
   d) die Erfüllung der allgemeinen Anspruchsvoraussetzungen im Sinne des § 235 Abs. 3 ASVG, § 120 Abs. 2 GSVG, § 111 Abs. 2 BSVG entfällt.

(2) Für die Erfüllung der im Abs. 1 Z 2 lit. b, c und d geforderten Voraussetzungen sind auch Versicherungszeiten aus Vertragsstaaten zu berücksichtigen, sofern sich ein zwischenstaatliches Abkommen auch auf Leistungen der Rehabilitation oder der Gesundheitsvorsorge erstreckt, die Zusammenrechnung der Versicherungszeiten aus den Vertragsstaaten hiefür vorgesehen ist und in Österreich mindestens ein Versicherungsmonat erworben wurde.

Richtlinien
RöV 2005
RöK 2005
RJU 2016
RVU
RERS 2005
RBS 2005
RRZ 2008
RRK 2021
RBZRehab 2005
RBZGesVors 2011
RBGKV 2021
RZB 2005
RVABE 2022
RMDFÜ 2005
RVAGH 2022
RBG 2013
RZR 2013

(3) Als Pensionist*innen gelten Personen, welchen im Zeitpunkt der Antragstellung oder der Einleitung des Verfahrens durch den Versicherungsträger (§ 27) ein Leistungsbezug aus einer Pensionsversicherung oder ein Ruhe(Versorgungs)genuss zusteht. Personen, welche eine Leistung aus dem Versicherungsfall des Alters oder der geminderten Arbeitsfähigkeit bzw. Erwerbsunfähigkeit beziehen, und die zum Zeitpunkt der Antragstellung oder der Einleitung des Verfahrens durch den Versicherungsträger aufgrund einer Erwerbstätigkeit pflichtversichert sind, gelten als Versicherte.

(4) Als Angehörige gelten
1. in der Krankenversicherung Personen, auf die im Zeitpunkt der Antragstellung oder der Einleitung des Verfahrens durch den Versicherungsträger die Voraussetzungen gemäß § 123 ASVG, § 83 GSVG, § 78 BSVG, § 56 B-KUVG zutreffen;
2. in der Pensionsversicherung Personen, auf die im Zeitpunkt der Antragstellung oder der Einleitung des Verfahrens durch den Versicherungsträger die Voraussetzungen gemäß § 301 Abs. 2 und 307d Abs. 4 ASVG, § 158 Abs. 2 und 169 Abs. 4 GSVG, § 150a Abs. 2 und 161 Abs. 4 BSVG zutreffen.

(5) Von den Voraussetzungen des Abs. 1 Z 2 und des Abs. 2 kann in besonders berücksichtigungswürdigen Fällen Abstand genommen und eine Vorleistung nach dem Bundesbehindertengesetz erbracht werden.

(6) Um die notwendigen Maßnahmen nicht zu verzögern, sind diese nach Maßgabe des Bundesbehindertengesetzes zu erbringen, wenn die Zuständigkeit noch nicht festgestellt werden konnte. Ergibt sich nachträglich die sachliche Zuständigkeit eines anderen Kostenträgers, so ist der Ersatz der Kosten beim zuständigen Kostenträger in dem Ausmaß geltend zu machen, in dem dieser die Leistungen zu erbringen gehabt hätte.

Personenkreis

§ 3. (1) In der Krankenversicherung kommen
1. medizinische Maßnahmen der Rehabilitation,
2. Maßnahmen zur Krankheitsverhütung,
3. Maßnahmen zur Festigung der Gesundheit,
4. Maßnahmen der erweiterten Rehabilitation nach dem B-KUVG

für Versicherte und Angehörige (ausgenommen Z 4) in Betracht.

(2) In der Pensionsversicherung kommen
1. medizinische und soziale Maßnahmen der Rehabilitation für
   a) Versicherte,
   b) Bezieher*innen einer (befristeten) Pension aus den Versicherungsfällen der geminderten Arbeitsfähigkeit (Erwerbsunfähigkeit),
   c) Angehörige von Versicherten und Pensionist*innen sowie Bezieher*innen von Waisenpensionen (jedoch nur für Maßnahmen gemäß § § 302 Abs. 1 Z 1 und Z 1a sowie 304 ASVG, § § 160 Abs. 1 Z 1 und Z 1a sowie 162 GSVG und § § 152 Abs. 1 Z 1 und Z 1a sowie 154 BSVG)
   d) Bezieher*innen einer Knappschaftspension

in Betracht.

2. berufliche Maßnahmen der Rehabilitation für
   a) Versicherte,
   b) Bezieher*innen einer (befristeten) Pension aus den Versicherungsfällen der geminderten Arbeitsfähigkeit (Erwerbsunfähigkeit)

in Betracht.

3. Maßnahmen der Gesundheitsvorsorge für
   a) Versicherte und Pensionist*innen,
   b) Angehörige

in Betracht.

(3) Maßnahmen nach Abs. 2 Z 3 kommen grundsätzlich nur für Personen in Betracht, die ihren Wohnsitz im EWR-Inland oder der Schweiz haben. Dem Wohnsitz im EWR-Inland ist ein Wohnsitz in einem Staat gleichgestellt, mit dem ein zwischenstaatliches Sozialversicherungsabkommen besteht, soweit diese Maßnahmen nach Abs. 2 erfasst.

Leistungszugehörigkeit

§ 4. (1) Für Maßnahmen der Rehabilitation und der Gesundheitsvorsorge in der Pensionsversicherung sind
1. Versicherte jener Pensionsversicherung, in der sie zuletzt versichert waren,
2. Pensionist*innen jener Pensionsversicherung, aus der ihnen der Pensionsanspruch zusteht,

leistungszugehörig. Pensionist*innen, welche gleichzeitig Versicherte sind, gelten für die Feststellung der Leistungszugehörigkeit als Versicherte. Der Bezug einer Direktpension geht einer Hinterbliebenenpension vor. Für Maßnahmen der Rehabilitation in Fällen des § 361 Abs. 1 ASVG gelten bezüglich der Leistungszugehörigkeit die Bestimmungen des § 251a Abs. 2 bis 5 ASVG im Zusammenhang mit § 245 Abs. 2 bis 5 ASVG und der § § 129 Abs. 2 bis 5 GSVG und 120 Abs. 2 bis 5 BSVG.

(2) Wird eine Pension aus den Versicherungsfällen der geminderten Arbeitsfähigkeit (Erwerbsunfähigkeit) abgelehnt, ist für die Durchführung dieser Maßnahmen der Pensionsversicherungsträger zuständig, der diese Feststellung getroffen hat.

(3) Die Leistungszugehörigkeit von Angehörigen ist von der versicherten Person abhängig.

(4) Wird nach Bewilligung von Maßnahmen nach Abschnitt 3, jedoch vor deren Durchführung eine Versicherungszeit in einer anderen Pensionsversicherung erworben, bewirkt dies keinen Wechsel der Leistungszugehörigkeit und -zuständigkeit.

Leistungszuständigkeit

§ 5. (1) Die Feststellung und Erbringung von Leistungen aus der Pensionsversicherung obliegt dem Versicherungsträger, der für die Durchführung der Pensionsversicherung zuständig ist, zu der die Person leistungszugehörig (§ 4) ist.

(2) Können in diesen Richtlinien angeführte Leistungen aufgrund eines Arbeitsunfalles (Dienstunfalles) oder einer Berufskrankheit aus der Unfallversicherung erbracht werden, ist ein diesbezüglicher Antrag vom Träger der Pensions- bzw. Krankenversicherung an den zuständigen Träger der Unfallversicherung zu übermitteln.

(3) Werden vom Unfallversicherungsträger zumindest gleichwertige Leistungen, wie in diesen Richtlinien ausgeführt, erbracht, können aus dem gleichen Anlassfall keine Leistungen nach diesen Richtlinien erbracht werden. Über das Ergebnis der Prüfung ist der den Antrag weiterleitende Versicherungsträger zu verständigen.

(4) Kommen mehrere Träger der Krankenversicherung für die Leistungserbringung in Betracht, ist der Versicherungsträger leistungszuständig, der zuerst in Anspruch genommen wird.

ABSCHNITT 3
Bestimmungen über die Maßnahmen im Einzelfall

Unterabschnitt 1
Medizinische Maßnahmen

Genesungsaufenthalte

§ 6. (1) Genesungsaufenthalte können erbracht werden
1. durch Unterbringung in eigenen Einrichtungen;
2. durch Unterbringung in Vertragseinrichtungen;
3. durch Unterbringung in Einrichtungen anderer Versicherungsträger;
4. durch Kostenzuschüsse.

(2) Genesungsaufenthalte werden grundsätzlich in der Dauer von 22 Tagen (inklusive An- und Abreisetag) erbracht. Eine Verlängerung ist in medizinisch begründeten Fällen möglich.

Erholungsaufenthalte für Mütter oder Väter mit Kleinkindern

§ 7. (1) Erholungsaufenthalte für Mütter oder Väter mit Kleinkindern können erbracht werden
1. durch Unterbringung in eigenen Einrichtungen;
2. durch Unterbringung in Vertragseinrichtungen;
3. durch Unterbringung in Einrichtungen anderer Versicherungsträger;
4. durch Kostenzuschüsse.

(2) Erholungsaufenthalte werden mindestens in der Dauer von 14 Tagen erbracht. Eine Verlängerung ist in medizinisch begründeten Fällen möglich.

Erholungsaufenthalte für Kinder und Jugendliche bis zum vollendeten 18. Lebensjahr

§ 8. (1) Erholungsaufenthalte für Kinder und Jugendliche können erbracht werden
1. durch Unterbringung in eigenen Einrichtungen;
2. durch Unterbringung in Vertragseinrichtungen;
3. durch Unterbringung in Einrichtungen anderer Versicherungsträger;
4. durch Kostenzuschüsse.

(2) Erholungsaufenthalte werden innerhalb eines Kalenderjahres mit einer Mindestdauer von 14 Tagen und einer Höchstdauer von 28 Tagen erbracht.

Erholungsaufenthalte für Erwachsene

§ 9. (1) Erholungsaufenthalte für Erwachsene können erbracht werden
1. durch Unterbringung in eigenen Einrichtungen;
2. durch Unterbringung in Vertragseinrichtungen;
3. durch Unterbringung in Einrichtungen anderer Versicherungsträger;
4. durch Kostenzuschüsse.

(2) Erholungsaufenthalte werden grundsätzlich in der Dauer von 22 Tagen (inklusive An- und Abreisetag) innerhalb eines Kalenderjahres erbracht; sie dürfen 14 Tage nicht unterschreiten. In medizinisch begründeten Fällen ist eine Verlängerung bis zu 28 Tagen möglich.

(3) Mehr als zwei Aufenthalte innerhalb von fünf Kalenderjahren werden nur bei besonderer medizinischer Begründung erbracht. Als Aufenthalte gelten auch Leistungen nach § 10 für Erwachsene, sowie Leistungen nach den §§ 11, 12 und 12a Abs. 2 Z 2, mit Ausnahme von Anschlussheilverfahren (§ 12 Abs. 2).

Landaufenthalte

§ 10. (1) Landaufenthalte können erbracht werden
1. durch Unterbringung in eigenen Einrichtungen;
2. durch Unterbringung in Vertragseinrichtungen;
3. durch Unterbringung in Einrichtungen anderer Versicherungsträger;
4. durch Kostenzuschüsse.

(2) Im Übrigen gelten sinngemäß, wenn der Landaufenthalt
1. für Kinder bzw. Jugendliche bis zum vollendeten 18. Lebensjahr erbracht wird, die Bestimmung des § 8 Abs. 2,
2. für Erwachsene erbracht wird, die Bestimmungen des § 9 Abs. 2 und 3.

Kuraufenthalte

§ 11. (1) Kuraufenthalte (Kurheilverfahren) können erbracht werden
1. durch Unterbringung in eigenen Einrichtungen;
2. durch Unterbringung in Vertragseinrichtungen;
3. durch Unterbringung in Einrichtungen anderer Versicherungsträger;
4. durch Kurkostenzuschüsse zu einem Heilverfahren.

(2) Kuraufenthalte werden innerhalb eines Kalenderjahres grundsätzlich in der Dauer von 22 Tagen (inklusive An- und Abreisetag) erbracht.

(3) Mehr als zwei Aufenthalte innerhalb von fünf Kalenderjahren werden nur bei besonderer medizinischer Begründung erbracht. Als Aufenthalte gelten auch Maßnahmen nach § 12 und § 12a Abs. 2 Z 2 mit Ausnahme von Anschlussheilverfahren (§ 12 Abs. 2).

(4) Wird bei einem Heilverfahren eine Begleitperson bewilligt, können für diese die Aufenthaltskosten (Unterkunft, Verpflegung, Kurtaxe) in angemessener Höhe übernommen werden, jedoch nur bis zum Ausmaß der für die Unterbringung der heilverfahrensberechtigten Person – ohne die anfallenden Kosten für ärztliche Betreuung und sonstige Behandlungen (Kurmittel) – erwachsenden Kosten.

Maßnahmen der stationären Rehabilitation (Unterbringung in Krankenanstalten, die vorwiegend der Rehabilitation dienen)

§ 12. (1) Maßnahmen der stationären Rehabilitation können erbracht werden
1. in eigenen Einrichtungen;
2. in Vertragseinrichtungen;
3. in Einrichtungen anderer Versicherungsträger;
4. als Heimpflegeschulung im Rahmen eines Aufenthaltes gemäß Z 1 bis 3.

(2) Anschlussheilverfahren sollen unmittelbar nach dem Aufenthalt in einer Akutkrankenanstalt erbracht werden; frühestens aber ab dem Zeitpunkt, zu dem die Voraussetzung zu rehabilitativer Therapie besteht. Sie haben spätestens innerhalb von zwölf Wochen ab diesem Zeitpunkt zu beginnen.

(3) Wird bei einem Heilverfahren eine Begleitperson oder eine Heimpflegeschulung bewilligt, können für diese die Aufenthaltskosten (Unterkunft, Verpflegung, Kurtaxe) in angemessener Höhe übernommen werden, jedoch nur bis zum Ausmaß der für die Unterbringung der zu rehabilitierenden Person – ohne die anfallenden Kosten für ärztliche Betreuung und sonstige Behandlungen (Kurmittel) – erwachsenden Kosten.

Maßnahmen der ambulanten Rehabilitation

§ 12a. (1) Als Leistungen kommen in Betracht:
1. Maßnahmen der ambulanten Rehabilitation in den eigenen Einrichtungen;
2. Maßnahmen der ambulanten Rehabilitation in Einrichtungen von Vertragspartnern;
3. Maßnahmen der ambulanten Rehabilitation in Einrichtungen anderer Versicherungsträger;

(2) Als Maßnahmen nach Abs. 1 kommen in Betracht
1. unmittelbar nach Aufenthalt in einer Akutkrankenanstalt eine ambulante Maßnahme der Phase II;
2. als Alternative zu einem stationären Heilverfahren eine ambulante Maßnahme der Phase II;
3. im Anschluss an ein stationäres oder ambulantes Heilverfahren der Phase II eine ambulante Maßnahme der Phase III.

Maßnahmen der Telerehabilitation

§ 12b. (1) Maßnahmen der Telerehabilitation werden als medizinische Maßnahmen der ambulanten Rehabilitation gemäß § 12a erbracht. Dies erfolgt durch digital unterstützte Systeme zur Sicherung längerfristiger Rehabilitationserfolge.

(2) Die Maßnahme der Telerehabilitation kommt als ambulante Maßnahme der Phase III im Anschluss an ein stationäres oder ambulantes Heilverfahren der Phase II in Betracht.

Maßnahmen der medizinisch-berufsorientierten Rehabilitation

§ 12c. Für den Personenkreis nach § 3 Abs. 2 Z 2 können Maßnahmen der medizinisch-berufsorientierten Rehabilitation gewährt werden, wenn im Rahmen des Rehabilitationsheilverfahrens neben der Erkrankung besonders die berufliche Situation der zu rehabilitierenden Person berücksichtigt werden soll.

Hilfsmittel und sonstige Behelfe

§ 13. Der Dachverband hat einen Hilfsmittelkatalog aufzustellen, der für alle Sozialversicherungsträger verbindlich ist. In diesem Katalog sind jene Behelfe angeführt, die vom Sozialversicherungsträger aus dem Titel der medizinischen Rehabilitation erbracht werden.

Unterabschnitt 2
Berufliche Maßnahmen der Rehabilitation aus der Pensionsversicherung oder der erweiterten Rehabilitation aus der Krankenversicherung nach dem B-KUVG

Berufliche Ausbildung zur Wiedergewinnung oder Erhaltung der Erwerbsfähigkeit oder für die Ausübung eines neuen Berufes

§ 14. (1) Als Maßnahmen kommen insbesondere in Betracht:
1. Arbeitserprobung, Berufsfindung, Berufsvorbereitung;
2. Arbeitstraining;
3. Ein-, Um- oder Nachschulung;
4. Lehr- oder Schulausbildung.

(2) Maßnahmen der beruflichen Ausbildung nach Abs. 1 können über die Pflichtleistung nach §§ 253e und 270a ASVG (§ 131 GSVG, § 122 BSVG) hinaus erbracht werden, wenn
1. ohne derartige Maßnahmen aus medizinischen Gründen der Weiterverbleib im bisherigen Beruf nicht oder in absehbarer Zeit nicht möglich ist,
2. die Eignung der Person für die in Aussicht genommene oder angestrebte berufliche oder schulische Ausbildung festgestellt wurde und
3. weitestgehend sichergestellt ist, dass der in Aussicht genommene Beruf unter Beachtung der persönlichen Eignung und der aktuellen Arbeitsmarktsituation auch ausgeübt werden kann.

(3) Maßnahmen der beruflichen Ausbildung können so lange erbracht werden, als durch sie die Erreichung des angestrebten Zieles, nämlich die Person in die Lage zu versetzen, im beruflichen und wirtschaftlichen Leben einen angemessenen Platz möglichst dauernd einnehmen zu können, zu erwarten ist.

(4) Die zu treffenden Maßnahmen sind mit allen in Betracht kommenden Rehabilitations- bzw. Kostenträgern zu koordinieren.

(5) Die Kosten der beruflichen Ausbildung können im Rahmen bestehender Vereinbarungen teilweise oder zur Gänze übernommen werden. Bei verschiedenen, annähernd gleichwertigen, Ausbildungsmöglichkeiten ist der kostengünstigsten der Vorzug zu geben.

Hilfe zur Fortsetzung der Erwerbstätigkeit

§ 15. (1) Als Maßnahmen kommen Darlehen in Betracht, insbesondere
1. für die Anschaffung oder Adaptierung von Maschinen, Geräten und anderen technischen Hilfsmitteln als arbeitserleichternde Maßnahmen im Rahmen des Behinderungsausgleiches bei selbständiger Berufsausübung;
2. für arbeitserleichternde notwendige Umbauten oder Neubauten im Rahmen des Behinderungsausgleiches bei selbständiger Berufsausübung;
3. zur Gründung einer selbständigen Erwerbstätigkeit.

(2) Weiters kommen als sonstige Hilfsmaßnahmen insbesondere in Betracht:
1. Kostenübernahme für Ersatzarbeitskräfte und sonstige Fremdhilfe zur Sicherung der Betriebsfortführung oder des betrieblichen Einkommens bei selbständig Erwerbstätigen;
2. Kostenübernahme für die Adaptierung von Arbeitsgeräten und berufsspezifischen Maschinen, welche ausschließlich dem Behinderungsausgleich dienen und Hilfsmittelcharakter haben;
3. Kostenübernahme für die Anschaffung von Geräten, die ausschließlich dem Behinderungsausgleich dienen und nicht eine herkömmliche betriebliche Investition darstellen, sondern Hilfsmittelcharakter besitzen.

(3) Maßnahmen nach Abs. 1 und 2 können nur erbracht werden, wenn
1. es sich um einen Arbeitsplatz handelt, der der zu rehabilitierenden Person einen angemessenen Lebensunterhalt sichert;
2. es sich um einen landwirtschaftlichen oder gewerblichen Betrieb oder um eine selbständige Tätigkeit handelt, der der zu rehabilitierenden Person einen angemessenen Lebensunterhalt sichert.

(4) Für die Erbringung von Darlehen nach Abs. 1 gilt:
1. Darlehen werden zinsenfrei erbracht;
2. Darlehen können
   a) für die Anschaffung von Arbeitsgeräten, Maschinen oder technischen Hilfsmitteln bis zum 5-fachen der Bemessungsgrundlage gemäß § 181 Abs. 1 ASVG,
   b) für den Umbau der Betriebsstätte oder des Arbeitsplatzes bis zum 10-fachen der Bemessungsgrundlage gemäß § 181 Abs. 2 Z 1 ASVG,
   c) für die Aufnahme einer selbständigen Erwerbstätigkeit bis zum 5-fachen der Bemessungsgrundlage gemäß § 181 Abs. 1 ASVG,
   erbracht werden;
3. Darlehen sind der zu rehabilitierenden Person selbst oder für deren Rechnung an von ihr namhaft gemachte Personen (Stellen) auszuzahlen;
4. für jedes Darlehen ist eine entsprechende Sicherstellung durchzuführen, deren Kosten vom Sozialversicherungsträger übernommen werden können;
5. Darlehen sind in regelmäßigen aufeinander folgenden Raten zurückzuzahlen;
6. Pensionen sollen grundsätzlich zur Darlehenstilgung herangezogen werden;
7. werden Pensionen zur Darlehenstilgung oder zur Sicherstellung (Bürgschaft) herangezogen, ist eine Abtretungserklärung gemäß § 98 ASVG, § 65 GSVG, § 61 BSVG vor der Auszahlung des Darlehensbetrages zu unterzeichnen;
8. Darlehen können freiwillig auf einmal oder in höheren als den festgesetzten Raten vorzeitig zurückgezahlt werden.

Hilfe zur Erlangung einer Arbeitsstelle oder einer anderen Erwerbsmöglichkeit

§ 16. Als Maßnahmen können erbracht werden:
1. ein Zuschuss bis zum vollen Entgelt für eine versicherte Person, die eine Arbeitsstelle angenommen hat, in der sie das volle Entgelt erst nach Erlangung der erforderlichen Fertigkeit erreichen kann, für die Übergangszeit, längstens aber für vier Jahre;

2. ein Zuschuss oder ein Darlehen an eine versicherte Person zur Beschaffung von Arbeitsausrüstung oder zur behindertengerechten Adaptierung des Arbeitsplatzes sowie des dazugehörigen Sanitärbereiches;
3. ein Zuschuss an den*die Dienstgeber*in einer versicherten Person, die eine Arbeitsstelle angenommen hat, in der sie ihre volle Leistungsfähigkeit erst nach Erlangung der erforderlichen Fertigkeit erreichen kann, für die Übergangszeit, längstens aber für vier Jahre, wenn der Person das betriebsübliche Entgelt gezahlt wird.

Unterabschnitt 3
Soziale Maßnahmen

Grundsätze

§ 17. (1) Die sozialen Maßnahmen der Rehabilitation umfassen solche Leistungen, die über die medizinischen und beruflichen Maßnahmen hinaus geeignet sind, zur Erreichung und Sicherung des Rehabilitationszieles beizutragen. Grundlage für die Erbringung sozialer Maßnahmen ist das im Gesamtplan (§ 5 Bundesbehindertengesetz) festgelegte Rehabilitationsziel und die dafür vorgesehenen Maßnahmen.

(2) Zu den sozialen Maßnahmen gehören insbesondere auch die regelmäßige Betreuung der zu rehabilitierenden Person vor und bei Bedarf nach Erreichen des Rehabilitationszieles durch qualifiziertes Personal des Sozialversicherungsträgers.

Hilfe zur Adaptierung von Wohnräumen

§ 18. (1) Unter Berücksichtigung der Schwere des Leidens oder des Grades der Behinderung kann vom Versicherungsträger zur Adaptierung der von der zu rehabilitierenden Person bewohnten oder zu bewohnenden Räumlichkeiten grundsätzlich ein zinsenfreies Darlehen (nach dem B-KUVG auch ein Zuschuss) bis zum 5-fachen (in besonders begründeten Fällen bis zum 10-fachen) der Bemessungsgrundlage gemäß § 181 Abs. 2 Z 1 ASVG in folgenden Fällen erbracht werden:
1. Beseitigung architektonischer Barrieren, insbesondere
   a) Errichtung von Rampen anstelle von Stufen,
   b) Einbau eines Personenaufzuges,
   c) Verbreiterung von Türen;
2. Errichtung sanitärer Räume;
3. Ausstattung der Räumlichkeiten, insbesondere
   a) Ausrüstung sanitärer Räume mit Geräten und Armaturen entsprechend dem Behinderungsgrad,
   b) Ausstattung der Wohnräume mit Haltegriffen, Türgriffen, Elektroschaltern und sonstigen technischen Einrichtungen, die dem Behinderungsgrad angemessen sind.

(2) § 15 Abs. 4 gilt sinngemäß.

(3) Zuschüsse anderer Rehabilitationsträger sind anzurechnen.

Hilfe für die Erlangung oder Erhaltung der Lenkerbefugnis

§ 19. Ist einer versicherten Person aufgrund ihrer Behinderung die Benützung eines öffentlichen Verkehrsmittels und (oder) die zu Fuß zurückzulegende Wegstrecke nicht zumutbar, kann vom Versicherungsträger zu den Kosten für die Erlangung der Lenkerbefugnis sowie der Überprüfung der weiteren Eignung zur Lenkung des Kraftfahrzeuges ein Zuschuss erbracht werden.

Hilfe zum Ankauf oder zur Adaptierung eines Personenkraftwagens

§ 20. (1) Ist einer versicherten Person aufgrund ihrer Behinderung die Benützung eines öffentlichen Verkehrsmittels und (oder) die zu Fuß zurückzulegende Wegstrecke nicht zumutbar, kann vom Versicherungsträger ein Darlehen (nach dem B-KUVG auch ein Zuschuss) zum Ankauf oder zur Adaptierung eines Personenkraftwagens erbracht werden.

(2) Ein Darlehen (Zuschuss) nach Abs. 1 wird unbeschadet der Beteiligung anderer Rehabilitationsträger bis zum Betrag der doppelten Bemessungsgrundlage nach festen Beträgen gemäß § 181 Abs. 1 ASVG (§ 148f Abs. 1 BSVG) erbracht.

(3) Der Kaufpreis des serienmäßig ausgestatteten Personenkraftwagens darf grundsätzlich den Betrag nach Abs. 2 nicht übersteigen.

(4) Ein Darlehen (Zuschuss) kann weiters in Fällen spezieller Behinderung für die Ausstattung eines vorhandenen Personenkraftwagens mit einer dem Grad der Behinderung angepassten Sonderausrüstung erbracht werden.

(5) Auf Darlehen gemäß Abs. 1, 2 und 4 sind anzurechnen:
1. Zuschüsse anderer Rehabilitationsträger,
2. der Erlös aus dem Verkauf des Altwagens,
3. Eigenmittel.

(6) § 15 Abs. 4 gilt sinngemäß. Ein neuerliches Darlehen (neuerlicher Zuschuss) wird grundsätzlich nur nach Ablauf von fünf Jahren ab Zulassung erbracht.

Weitere soziale Maßnahmen der Rehabilitation

§ 21. Als weitere soziale Maßnahmen der Rehabilitation kommen insbesondere in Betracht:
1. Zahlung von Sozialversicherungsbeiträgen;
2. Übernahme der Transportkosten für eine zu rehabilitierende Person zu und vom Arbeitsplatz.

Unterabschnitt 4
Ergänzende Leistungen zu den medizinischen und beruflichen Maßnahmen der Rehabilitation

Unterhaltsbeitrag während einer Ausbildung

§ 22. (1) Während der Dauer einer Ausbildung (§ 14) kann der versicherten Person ein Beitrag zu den Kosten des Unterhaltes für sie und ihre Angehörigen mit dem Ziel erbracht werden, die notwendigen Kosten der Lebensführung abzudecken.

(2) Bei der Prüfung, ob ein Beitrag zu den Kosten des Unterhaltes in Betracht kommt, ist von den persönlichen Einkommensverhältnissen auszugehen. Dabei sind insbesondere folgende Umstände zu berücksichtigen:
1. die durch die Schwere des Leidens oder der Behinderung hervorgerufene finanzielle Belastung;
2. die finanziellen Aufwendungen für Familienangehörige;
3. das Einkommen von Familienangehörigen;
4. sonstige laufende finanzielle Verpflichtungen.

Unterhaltsbeitrag bei Gewährung von medizinischen Maßnahmen der Rehabilitation aus der Pensionsversicherung an Angehörige

§ 23. (1) Für die Dauer der Gewährung von medizinischen Maßnahmen der Rehabilitation aus der Pensionsversicherung (§ 12) an Angehörige kann der versicherten Person ein Beitrag zu den Kosten des Unterhaltes für sie und ihre Angehörigen erbracht werden, wenn sie im Zusammenhang mit der Inanspruchnahme der Maßnahmen in dieser Zeit eine erhebliche finanzielle Mehrbelastung zu tragen hat.

(2) Eine erhebliche finanzielle Mehrbelastung ist dann gegeben, wenn der versicherten Person im Zusammenhang mit der Inanspruchnahme medizinischer Rehabilitationsmaßnahmen ihrer Angehörigen nicht mindestens ein Einkommen verbleibt, das dem aufgrund ihres Familienstandes in Betracht kommenden Richtsatz für die Ausgleichszulage in der Pensionsversicherung (§ 293 ASVG, § 150 GSVG, § 141 BSVG) entspricht.

Unterabschnitt 5
Vorzeitige Einstellung von Maßnahmen

§ 24. Maßnahmen gemäß den §§ 12, 12a, 12b, 12c, 14, 15 und 16 können ganz oder teilweise vorzeitig eingestellt werden, wenn
1. sich die Undurchführbarkeit herausstellt,
2. die leistungsempfangende Person durch ihr Verhalten die ordnungsgemäße Durchführung vereitelt oder
3. sich die Angaben oder Unterlagen über die Einkommens- oder Vermögensverhältnisse als unvollständig oder unrichtig erweisen.

ABSCHNITT 4
Grundsätze für die Gewährung von Maßnahmen der Rehabilitation für die im § 300 Abs. 1 ASVG, § 157 Abs. 1 GSVG und § 150 Abs. 1 BSVG bezeichneten Pensionsbezieher*innen

§ 25. (1) Die Rehabilitation in der Pensionsversicherung umfasst medizinische und berufliche Maßnahmen und, soweit dies zu ihrer Ergänzung erforderlich ist, soziale Maßnahmen mit dem Ziel, Pensionist*innen aus einem Versicherungsfall der geminderten Arbeitsfähigkeit oder Erwerbsunfähigkeit bis zu einem solchen Grad ihrer Leistungsfähigkeit herzustellen oder wiederherzustellen, der sie in die Lage versetzt, im beruflichen und wirtschaftlichen Leben und in der Gemeinschaft einen ihnen angemessenen Platz möglichst dauernd einnehmen zu können.

(2) Für Bezieher*innen einer Pension aus den Versicherungsfällen des Alters oder des Todes (ausgenommen Waisenpensionen) kommen Maßnahmen der Rehabilitation aus der Pensionsversicherung nicht in Betracht. Ausgenommen sind Personen, die gemäß § 2 Abs. 3 als Versicherte gelten.

(3) Der die Rehabilitationsmaßnahmen begründende Zustand muss nicht ausschließlich mit jenen Leiden oder Gebrechen im Zusammenhang stehen, die zur Zuerkennung der Pension geführt haben; vorwiegend altersbedingte Leiden und Gebrechen bleiben außer Betracht.

ABSCHNITT 5
Information und Beratung über Ziel und Möglichkeiten der Rehabilitation

§ 26. (1) Die Pensionsversicherungsträger haben die zu rehabilitierende Person insbesondere bei beruflichen und sozialen Maßnahmen über Ziel und Möglichkeiten der Rehabilitation nachweislich zu informieren und zu beraten.

(2) Die Information hat sich auf alle Sach- und Rechtsfragen, die für die zu rehabilitierende Person bei Durchführung von Maßnahmen der Rehabilitation von Bedeutung sein können, und auf die Benennung von Rehabilitationsleistungen der in Betracht kommenden Träger zu erstrecken.

(3) Die Beratung hat sich auf alle Fragen zu erstrecken, die für die zu rehabilitierende Person zur Beurteilung ihrer Rechte und Pflichten von Bedeutung sein können. Hierbei ist auf die Gesamtpersönlichkeit und die Lebensumstände der zu rehabilitierenden Person einzugehen. Die Beratung ist mit dem Ziel zu erteilen, der zu rehabilitierenden Person durch Vermittlung von Sachinformationen verantwortliche Entscheidungen über individuelle Rehabilitationsmöglichkeiten zu erleichtern. Die Beratung hat auch die nachgehende Betreuung zur Sicherung des Rehabilitationszieles zu umfassen.

(4) Im Sinne einer umfassenden Information und Beratung über berufliche und soziale Maßnahmen der Rehabilitation ist gemeinsam mit der zu rehabilitierenden Person ein Gesamtplan aller Maßnahmen (§ 5 Bundesbehindertengesetz) zu erstellen.

ABSCHNITT 6
Verfahren

Einleitung des Verfahrens

§ 27. (1) Maßnahmen nach diesen Richtlinien werden grundsätzlich nur über vorherigen Antrag erbracht. §§ 360b und 361 ASVG sind entsprechend anzuwenden.

(2) Von Amts wegen kann ein Verfahren eingeleitet werden anlässlich

1. einer Untersuchung oder aufgrund von eingeholten Krankengeschichten oder sonstigen vorliegenden Befunden vom Ärztlichen Dienst eines Sozialversicherungsträgers,
2. eines sonstigen Verfahrens im Bereich des Sozialversicherungsträgers,
3. einer Teamberatung.

Antrag auf Erholungs-, Genesungs- oder Landaufenthalt

§ 28. Anträge auf Erholungs-, Genesungs- oder Landaufenthalt, für die aus der Pensionsversicherung offensichtlich keine Leistung erbracht wird, werden ohne materielle Prüfung vom Pensionsversicherungsträger an den zuständigen Krankenversicherungsträger übermittelt bzw. vom Krankenversicherungsträger nicht an den Pensionsversicherungsträger weitergeleitet. Die leistungswerbende Person wird vom Krankenversicherungsträger schriftlich über die Entscheidung verständigt.

Antrag auf Hilfsmittel oder sonstige Behelfe

§ 29. (1) Bei Anträgen auf Hilfsmittel als medizinische Maßnahmen der Rehabilitation hat vorerst der Pensionsversicherungsträger zu prüfen, ob diese Leistung aus der Pensionsversicherung zu gewähren ist. Sind die Voraussetzungen hiefür nicht gegeben, ist der Antrag samt Befunden und Ablehnungsgrund an den zuständigen Krankenversicherungsträger zur endgültigen Entscheidung weiterzuleiten. Sind auch die Voraussetzungen für die Leistungserbringung durch den Krankenversicherungsträger nicht gegeben, hat der Krankenversicherungsträger die versicherte Person schriftlich davon zu verständigen, dass diese Leistung weder vom Pensionsversicherungsträger noch vom Krankenversicherungsträger erbracht werden kann.

(2) Solange die Zuständigkeit für medizinische Maßnahmen der Rehabilitation noch nicht geklärt ist, hat der zuständige Krankenversicherungsträger das notwendige Hilfsmittel zu gewähren. Sind die Voraussetzungen für medizinische Maßnahmen der Rehabilitation in der Pensionsversicherung oder für eine Leistung aus der Unfallversicherung gegeben, sind die Kosten mit dem zuständigen Sozialversicherungsträger zu verrechnen. Eine pauschalierte Kostenabgeltung des zuständigen Sozialversicherungsträgers ist zulässig, wenn darüber Vereinbarungen geschlossen wurden.

(3) Kann der Pensionsversicherungsträger diese Leistung offensichtlich nicht erbringen, weil sie für Bezieher*innen von Pensionen aus den Versicherungsfällen des Alters oder des Todes, Angehörige oder nur in der Krankenversicherung Selbstversicherte beantragt ist, hat der Krankenversicherungsträger diese Anträge nicht an den Pensionsversicherungsträger zur Prüfung weiterzuleiten bzw. der Pensionsversicherungsträger hat sie an den zuständigen Krankenversicherungsträger ohne materielle Prüfung zu übermitteln. Das Gleiche gilt für die Bezieher*innen einer Pension aus den Versicherungsfällen der geminderten Arbeitsfähigkeit oder Erwerbsunfähigkeit, wenn diese Leistung ohne zeitliche Befristung zuerkannt wurde.

(4) Anträge auf Hilfsmittel sind dem Unfallversicherungsträger zur Prüfung zu übermitteln, wenn die Erbringung des Hilfsmittels aufgrund der Folgen eines Arbeitsunfalles (Dienstunfalles) oder einer Berufskrankheit erforderlich sein könnte.

(5) Jeder Versicherungsträger hat auf die in § 3 des Bundesbehindertengesetzes zusätzlich genannten Rehabilitationsträger, die ebenfalls zur (anteiligen) Kostentragung verpflichtet sind, Bedacht zu nehmen. Die Frage der Finanzierung der Hilfsmittel soll zu keiner Verzögerung der Bereitstellung der Hilfsmittel führen.

Prüfung der Leistungszuständigkeit und der Voraussetzungen

§ 30. (1) Vom zuständigen Sozialversicherungsträger sind in jedem Fall zum Zeitpunkt der Antragstellung oder der amtswegigen Einleitung zuerst die versicherungsrechtlichen Voraussetzungen (§ 2) zu prüfen.

(2) Bei Anträgen auf Maßnahmen nach den vorliegenden Richtlinien ist vom ärztlichen Dienst des Sozialversicherungsträgers aufgrund beigebrachter oder vorhandener medizinischer Unterlagen oder aufgrund einer Untersuchung ein Vorschlag über Notwendigkeit, Art und Dauer der Maßnahme zu erstellen.

(3) Bei der Erbringung von beruflichen und sozialen Maßnahmen der Rehabilitation ist unter Berücksichtigung der Expertise des ärztlichen Dienstes zu prüfen, ob die persönlichen und beruflichen Voraussetzungen gegeben sind. Zu diesem Zwecke sind erforderlichenfalls entsprechende Gutachten von den dafür in Frage kommenden Einrichtungen (Dienststelle des Arbeitsmarktservice oder der beruflichen Interessenvertretung) einzuholen.

Erledigung

§ 31. (1) Die Entscheidung über einen Antrag ist der leistungswerbenden Person vom endgültig entscheidenden Sozialversicherungsträger in allgemein verständlicher Form schriftlich mitzuteilen.

(2) Die Bewilligungen haben vom Datum der Ausstellung an längstens folgende Gültigkeit:
1. Ambulante Rehabilitation Phase III: 2 Monate,
2. Anschlussheilverfahren, Rehabilitationsheilverfahren von Bezieher*innen von Rehabilitationsgeld, Rehabilitationsheilverfahren im Rahmen der Früherfassung sowie Ambulante Rehabilitation Phase II: 4 Monate,

3. andere Rehabilitationsheilverfahren und Kurheilverfahren (inkl. Gesundheitsvorsorge Aktiv): 12 Monate.

Die Bewilligung erlischt, wenn das bewilligte Heilverfahren nicht innerhalb dieses Zeitraumes angetreten wird. Im Bedarfsfall ist ein neuer Antrag zu stellen.

ABSCHNITT 7
Früherfassung der für Maßnahmen der Rehabilitation in Betracht kommenden Personen durch die Österreichische Gesundheitskasse und die Versicherungsanstalt öffentlich Bediensteter, Eisenbahnen und Bergbau für die „neuen" Vertragsbediensteten; Maßnahmen nach dem Arbeit-und-Gesundheit-Gesetz

Früherfassung der Versicherten nach Diagnosen

§ 32. Für die Früherfassung kommen Versicherte in Betracht, die an folgenden Krankheiten leiden sofern Rehabilitationsnotwendigkeit, Rehabilitationspotenzial (Vorhandensein von trainierbaren Funktions- bzw. Leistungsdefiziten und das Erfordernis intensiver Schulung) sowie die Rehabilitationsfähigkeit vorliegt:

1. Stütz- und Bewegungsapparat – Erkrankungen und Verletzungen
   a) Zustand nach operativem Eingriff an einem oder mehreren Gelenken
   b) Zustand nach Amputation (zur Prothesenversorgung)
   c) Zustand nach (Poly)trauma
   d) Zustand nach operativem Eingriff an der Wirbelsäule
2. Herz- und Kreislaufkrankheiten
   a) Zustand nach akutem Koronarsyndrom
   b) Zustand nach koronarer Bypassoperation
   c) Zustand nach anderen Operationen am Herzen und an den großen Gefäßen
   d) Zustand nach Herz- und oder Lungen-Transplantation
   e) Patient*innen nach einer koronaren Intervention
3. Erkrankungen des zentralen und peripheren Nervensystems
   a) Zustand nach Insult/cerebraler Durchblutungsstörung
   b) Zustand nach intracerebraler, Subdural- und Subrachnoidalblutung
   c) Zustand nach Gehirnoperation (Tumore – maligne und benigne, Abszesse, Gefäße etc.)
   d) Funktionsstörungen des Rückenmarkes mit Teil – oder Komplettlähmung (nach Erkrankung, Operation oder Trauma)
4. Endokrinopathien und Stoffwechselkrankheiten
   – Neu manifestierter Diabetes mellitus
5. Erkrankungen der Lunge/Atemwege
   a) Zustand nach ausgedehnter Pneumonie
   b) Zustand nach Pulmonalembolie/infarkt
   c) COPD/Asthma bronchiale
   d) Zustand nach Lungenoperation (auch bei Malignomen) – (z. B. Pneumektomie und Lobektomie)
   e) Zustand nach Lungentransplantation
6. Erkrankungen des Gastrointestinaltraktes
   a) Zustand nach ausgedehntem abdominellem Eingriff, (z. B. Gastrektomie, Hemicolektomie)
   b) Zustand nach Leber/Pankreastransplantation
   c) Zustand nach akuter Pankreatitis/chron. Pankreatitis
   d) Chronische Darmerkrankung (M. Crohn, Colitis ulcerosa) bei akuter Exacerbation oder nach Operation
7. Zustand nach Schädelhirntrauma
8. Lymphabflussstörungen
   – Sekundäres Lymphödem Stadium II und III
9. onkologische Erkrankungen – elektive Rehabilitationsaufenthalte nach dem Tumorereignis zur Behandlung tumorspezifischer bzw. tumorassoziierter Leiden (z. B. Lymphödem, Ernährungsprobleme nach gastrointestinalen Tumoren etc.)
10. Psychiatrische Krankheiten
    a) Psychische und Verhaltensstörungen durch psychotrope Substanzen
    b) Schizophrenie, schizoaffektive Störungen (Schizophrenie in Verbindung mit depressiven Störungen)
    c) affektive (Gefühls-) Störungen, wie manische Episoden, depressive Episoden, bipolare affektive Störungen, rezidivierende depressive Störungen, anhaltende affektive Störungen,
    d) neurotische Störungen, Belastungsstörungen und somatoforme Störungen, wie phobische Störungen (z. B. Platzangst), Angststörungen, Zwangsstörungen, Reaktionen auf schwere Belastungen und Anpassungsstörungen, Konversionsstörungen (psychische Störungen werden durch körperliche Symptome ausgedrückt)
    e) Essstörungen: Anorexia nervosa (Magersucht), Bulimie (Brechsucht)
    f) Persönlichkeits- und Verhaltensstörungen

Auswahl der Versicherten

§ 33. Die nach § 32 in Betracht kommenden Versicherten sind vom Krankenversicherungsträger nach folgenden Grundsätzen für die Meldung

Richtlinien
RöV 2005
RöK 2005
RJU 2016
RVU
RERS 2005
RBS 2005
RRZ 2008
RRK 2021
RBZRehab 2005
RBZGesVors 2011
RBGKV 2021
RZB 2005
RVABE 2022
RMDFÜ 2005
RVAGH 2022
RBG 2013
RZR 2013

an den Pensions- oder Unfallversicherungsträger auszuwählen:
1. Die Auswahl hat so rechtzeitig zu erfolgen, dass die medizinischen Maßnahmen der Rehabilitation (Unfallheilbehandlung) durch den Pensions- oder Unfallversicherungsträger umgehend bei bestehender Rehabilitationsfähigkeit der Person erfolgen können.
2. Die Auswahl hat grundsätzlich im Zuge der Beurteilung (Untersuchung) der Arbeitsunfähigkeit infolge Krankheit durch den chef(kontroll)ärztlichen Dienst zu erfolgen.
3. Versicherte, bei denen innerhalb der letzten 365 Tage mindestens 40 Tage der Versicherungsfall der Arbeitsunfähigkeit infolge Krankheit aufgrund der im § 32 genannten Indikationen vorlag, sind jedenfalls vom chef(kontroll)ärztlichen Dienst hinsichtlich einer Früherfassung zu beurteilen.
4. Dem Unfallversicherungsträger sind nur diejenigen Versicherten zu melden, bei denen der Verdacht besteht, dass die Ursache der Arbeitsunfähigkeit ein Arbeitsunfall (Dienstunfall) oder eine Berufskrankheit sein könnte.

Maßnahmen nach dem Arbeit-und-Gesundheit-Gesetz

§ 33a. (1) Für Maßnahmen nach dem Arbeit-und-Gesundheit-Gesetz kommen Versicherte in Betracht, die an folgenden Krankheiten leiden, sofern in den letzten 365 Tagen eine Arbeitsunfähigkeit infolge Krankheit von mindestens 40 Tagen aufgrund der folgenden Indikationen vorliegt:
1. Stütz- und Bewegungsapparat – Erkrankungen und Verletzungen
   a) Degenerative und entzündliche Erkrankungen (Morbus Bechterew, PCP etc.)
2. Herz- und Kreislaufkrankheiten
   a) Chronische Belastungs- Herzinsuffizienz (NYHA Stadium II, III)
   b) Patient*innen mit stabiler koronarer Herzkrankheit
   c) Pulmonale Hypertonie
   d) Motivierbare Hochrisikopatient*innen für kardiovaskuläre Erkrankungen
3. Psychiatrische Krankheiten
   a) Schizophrenie, schizoaffektive Störungen (Schizophrenie in Verbindung mit depressiven Störungen)
   b) affektive (Gefühls-) Störungen, wie manische Episoden, depressive Episoden, bipolare affektive Störungen, rezidivierende depressive Störungen, anhaltende affektive Störungen,
   c) neurotische Störungen, Belastungsstörungen und somatoforme Störungen, wie phobische Störungen (z. B. Platzangst), Angststörungen, Zwangsstörungen, Reaktionen auf schwere Belastungen und Anpassungsstörungen, Konversionsstörungen (psychische Störungen werden durch körperliche Symptome ausgedrückt)
   d) Essstörungen: Anorexia nervosa (Magersucht), Bulimie (Brechsucht)
4. Erkrankungen des zentralen und peripheren Nervensystems
   a) Demyelinisierende Erkrankungen (Multiple Sklerose)
   b) Zustand nach entzündlichen Erkrankungen (Enzephalitis, Meningitis etc.)
   c) Periphere Nervenschädigung
5. Endokrinopathien und Stoffwechselkrankheiten
   – Zustand nach Stoffwechselentgleisung bei Diabetes mellitus
6. Erkrankungen der Lunge/Atemwege
   – Zustand nach Komplikationen bei chronischer Lungenerkrankung (z. B. COPD)
7. Lymphabflussstörungen
   – Primäres Lymphödem Stadium II und III

(2) Versicherte, bei denen die Voraussetzungen nach Absatz 1 zutreffen – ausgenommen die nach § 8 Abs. 1 Z 1 lit. d ASVG pflichtversicherten Personen – sind vom Krankenversicherungsträger zu einem freiwilligen Beratungsgespräch bei der zuständigen Beratungs- und Case-Managementstelle einzuladen.

Meldung der Versicherten

§ 34. (1) Der Krankenversicherungsträger meldet dem Pensionsversicherungs- oder Unfallversicherungsträger im Sinne des Abs. 2 die von ihm ausgewählten Fälle mittels elektronischer Datenfernübertragung in einem bundeseinheitlich festgelegten Datensatz. Dieser Datensatz hat jedenfalls folgenden Angaben zu enthalten:
1. Name der versicherten Person,
2. Versicherungsnummer der versicherten Person,
3. Anschrift der versicherten Person,
4. Beginn der Arbeitsunfähigkeit,
5. Diagnose im ICD 10 – Code und Klartext,
6. Name und Telefonnummer der ärztlichen Ansprechperson beim Krankenversicherungsträger sowie Angabe der täglichen Erreichbarkeit,
7. Krankenhausaufenthalte der versicherten Person während der Arbeitsunfähigkeit.

Weitere beim Krankenversicherungsträger vorhandene Unterlagen (z. B. medizinische Befunde, Gutachten, bezogene Heilmittel, Heilbehelfe oder Hilfsmittel) sind nur auf gesonderte Anforderung des Pensionsversicherungsträgers oder Unfallversicherungsträgers zu übermitteln.

(2) Als Pensionsversicherungsträger im Sinn des Abs. 1 gilt die Landesstelle des Bundeslandes der Pensionsversicherungsanstalt, in dem die ver-

sicherte Person ihren Wohnsitz hat. Als Unfallversicherungsträger im Sinn des Abs. 1 gilt die AUVA.

(3) Spätestens zum Zeitpunkt der ersten Kontaktaufnahme mit der versicherten Person zur Prüfung der Einleitung von Maßnahmen der Rehabilitation hat der Pensions- oder Unfallversicherungsträger die Person in geeigneter Weise über die erfolgte Meldung an den Pensions- oder Unfallversicherungsträger durch den Krankenversicherungsträger zu informieren. Der Pensionsversicherungs- oder Unfallversicherungsträger gibt dem Krankenversicherungsträger seine Entscheidung und eine kurze Begründung für diese Entscheidung mittels elektronischer Datenfernübertragung in einem bundeseinheitlich festgelegten Datensatz bekannt. Gleichzeitig ist auch mit der versicherten Person im Falle einer (vorherigen) Kontaktaufnahme über die getroffene Entscheidung in geeigneter Weise zu informieren.

ABSCHNITT 7a
Frühintervention

Maßnahmen der Frühintervention

§ 34a. (1) Für Maßnahmen der Frühintervention kommen Versicherte in Betracht, die aufgrund der in § 33a Abs. 1 genannten Indikationen seit mindestens 28 Tagen durchgehend arbeitsunfähig in Folge Krankheit sind. Zeiten einer Anstaltspflege, stationären oder ambulanten Rehabilitation, einer Maßnahme der Gesundheitsvorsorge der Pensionsversicherungsträger oder einer Maßnahme zur Festigung der Gesundheit sowie Zeiten von medizinischen Maßnahmen der Rehabilitation in der Unfallversicherung bleiben dabei außer Betracht.

(2) Versicherte, bei denen die Voraussetzungen nach Absatz 1 zutreffen, sind vom Krankenversicherungsträger zu einem freiwilligen Beratungsgespräch einzuladen. In diesem Gespräch ist der weitere Krankheits- und Heilungsverlauf zu erörtern, auf bestehende Präventions-, Frühinterventions- und Rehabilitationsmaßnahmen aufmerksam zu machen sowie auf allfällige nach Abschnitt 7 in Betracht kommende Maßnahmen hinzuweisen. Dabei ist insbesondere auf die im Rahmen des Beschäftigungsverhältnisses ausgeübte Tätigkeit sowie auf die konkrete Arbeitsplatzsituation Bedacht zu nehmen.

Verhältnis zu den Maßnahmen nach Abschnitt 7

§ 34b. Versicherte, bei denen Maßnahmen gesetzt wurden, die aus einer Meldung zur Früherfassung nach § 32 resultieren, oder die bereits zu einem Beratungsgespräch nach § 33a eingeladen wurden, sind nicht zu einem Beratungsgespräch nach § 34a Abs. 2 einzuladen.

ABSCHNITT 8
Koordination der Versicherungsträger bei der Errichtung und beim Ausbau von Krankenanstalten, die vorwiegend der Rehabilitation dienen

§ 35. Die Sozialversicherungsträger als Rehabilitationsträger haben bei der Errichtung und beim Ausbau von Krankenanstalten, die vorwiegend der Rehabilitation dienen, auf den Bedarf nach allen geltenden Planungsgrundlagen des Gesundheitswesens (z. B. ÖSG-VO, ÖSG, Rehabilitationsplan des Dachverbandes, Reha-Evidenz) Bedacht zu nehmen.

ABSCHNITT 9
Schlussbestimmungen

Inkrafttreten

§ 36. (1) Die Richtlinien für die Erbringung von Leistungen im Rahmen der Rehabilitation sowie von Leistungen im Rahmen der Festigung der Gesundheit und der Gesundheitsvorsorge (RRK 2021) treten mit Ablauf des Tages ihrer Kundmachung in Kraft.

(2) Gleichzeitig treten die bis dahin geltende Richtlinien für die Erbringung von Leistungen im Rahmen der Rehabilitation sowie von Leistungen im Rahmen der Festigung der Gesundheit und der Gesundheitsvorsorge (RRK 2005), kundgemacht im Internet unter https://www.ris.bka.gv.at/Avsv, Amtliche Verlautbarung Nr. 114/2005 (Stammfassung), in der Fassung ihrer Änderungen:

1. Amtliche Verlautbarung im Internet, avsv Nr. 125/2011
2. Amtliche Verlautbarung im Internet, avsv Nr. 48/2012
3. Amtliche Verlautbarung im Internet, avsv Nr. 100/2014
4. Amtliche Verlautbarung im Internet, avsv Nr. 85/2016
5. Amtliche Verlautbarung im Internet, avsv Nr. 177/2016
6. Amtliche Verlautbarung im Internet, avsv Nr. 5/2020

außer Kraft.

*

Die Richtlinien für die Erbringung von Leistungen im Rahmen der Rehabilitation sowie von Leistungen im Rahmen der Festigung der Gesundheit und der Gesundheitsvorsorge (RRK 2021) wurden von der Konferenz der Sozialversicherungsträger am 22. September 2021 beschlossen.

Die Erläuterungen dieser Richtlinien sind unter www.sozdok.at kostenlos zugänglich.

2/9. RBZRehab 2005

Wiederverlautbarung der Richtlinien für die Befreiung von Zuzahlungen gemäß § 31 Abs. 5 Z 27 ASVG bei Maßnahmen der Rehabilitation, AVSV 2005/146 idF

1 AVSV 2010/51 2 AVSV 2010/519 3 AVSV 2018/93
4 AVSV 2020/5

GLIEDERUNG

1. Abschnitt
§ 1. Inhalt und Geltungsbereich

2. Abschnitt
§ 2. Befreiung von Zuzahlungen
§ 3. Erwerbseinkommen, Pension oder eine gleichgestellte Leistung

3. Abschnitt
§ 4. Wirksamkeit
§ 5. Inkrafttreten der 1. Änderung
§ 6. Inkrafttreten der 2. Änderung
§ 7. Inkrafttreten der 3. Änderung

Wiederverlautbarung der Richtlinien für die Befreiung von Zuzahlungen gemäß § 31 Abs. 5 Z 27 ASVG bei Maßnahmen der Rehabilitation (RBZRehab)

Auf Grund des § 593 Abs. 3 ASVG werden mit dieser Kundmachung die Richtlinien für die Befreiung von Zuzahlungen gemäß § 31 Abs. 5 Z 27 ASVG bei Maßnahmen der Rehabilitation im Internet wiederverlautbart.

Stammfassung und Änderungen

Die Richtlinien für die Befreiung von Zuzahlungen gemäß § 31 Abs. 5 Z 27 ASVG bei Maßnahmen der Rehabilitation wurden in ihrer Stammfassung kundgemacht am 28. Juni 1996 in der Fachzeitschrift „Soziale Sicherheit" 1996, Seite 640, Amtliche Verlautbarung Nr. 74/1996.

Veränderungen im Text

Für die Wiederverlautbarung wurden keine Veränderungen im Text der Richtlinien vorgenommen.

Bezeichnung nach der Wiederverlautbarung

Die Richtlinien werden unter dem Titel „Richtlinien für die Befreiung von Zuzahlungen bei Maßnahmen der Rehabilitation 2005 – RBZRehab 2005" mit folgendem Text wiederverlautbart:

Richtlinien für die Befreiung von Zuzahlungen bei Maßnahmen der Rehabilitation 2005 – RBZRehab 2005

1. Abschnitt

Inhalt und Geltungsbereich

§ 1. (1) Diese Richtlinien regeln die Befreiung von Zuzahlungen zu Maßnahmen der Rehabilitation (§ 154a Abs. 7, § 302 Abs. 4 ASVG, § 99a Abs. 7, § 160 Abs. 4 GSVG, § 96a Abs. 7, § 152 Abs. 4 BSVG, § 65a Abs. 5 B-KUVG).

(2) Rechtsgrundlage dieser Richtlinien ist § 30a Abs. 1 Z 27 ASVG.
(AVSV 2020/5)

(3) Diese Richtlinien gelten für alle Kranken- und Pensionsversicherungsträger, die dem Dachverband der Sozialversicherungsträger angehören.
(AVSV 2020/5)

2. Abschnitt

Befreiung von Zuzahlungen

§ 2. (1) Für Maßnahmen nach § 1 Abs. 1 haben keine Zuzahlungen zu leisten:
1. Versicherte, deren Erwerbseinkommen (§ 3) den Betrag des Einzelrichtsatzes für Ausgleichszulagen (§ 293 Abs. 1 lit. a sublit. bb ASVG) nicht übersteigt,
2. Bezieher einer Ausgleichszulage nach geltendem Dauerrecht zu einer Pension aus der Pensionsversicherung,
3. Bezieher einer Ergänzungszulage zu einem Ruhe- oder Versorgungsgenuss im Sinne des Pensionsgesetzes 1965 oder zu einer gleichartigen Pensionsleistung bzw. zu einem außerordentlichen Versorgungsgenuss eines öffentlich-rechtlichen Dienstgebers,
4. Personen, deren im gemeinsamen Haushalt lebende Ehegattin/lebender Ehegatte bzw. eingetragene Partnerin/eingetragener Partner eine Ausgleichszulage (Ergänzungszulage) nach geltendem Dauerrecht bezieht,
(AVSV 2010/51)
5. Personen, die gemäß § 1 Z 20 der Verordnung gemäß § 9 ASVG in die Krankenversicherung einbezogen sind (Bezieherinnen und Bezieher einer Hilfe zum Lebensunterhalt oder zum Wohnbedarf nach den in Ausführung der Vereinbarung zwischen dem Bund und den Ländern gemäß Artikel 15a B-VG über

eine Bedarfsorientierte Mindestsicherung beschlossenen Sozialhilfe- und Mindestsicherungsgesetzen der Länder),
(AVSV 2010/519, AVSV 2018/93)

6. Personen, die das 18. Lebensjahr noch nicht vollendet haben,
(AVSV 2018/93)
7. Begleitpersonen im Allgemeinen sowie Sekundärpatienten im Rahmen einer familienorientierten Rehabilitation.
(AVSV 2018/93)

(2) In Fällen besonderer sozialer Schutzbedürftigkeit kann über Antrag des Versicherten bzw. des Pensionisten eine Befreiung von der Zuzahlung ausgesprochen werden. Besondere soziale Schutzbedürftigkeit ist insbesondere bei Vorliegen solcher Umstände gegeben, bei denen Mittel des Unterstützungsfonds nach Maßgabe der hiefür von den einzelnen Sozialversicherungsträgern erlassenen Richtlinien grundsätzlich zur Verfügung gestellt werden.

Erwerbseinkommen, Pension oder eine gleichgestellte Leistung

§ 3. (1) Zur Ermittlung des Erwerbseinkommens des Versicherten sind grundsätzlich die bei dem für die Maßnahme zuständigen Versicherungsträger vorhandenen aktuellen Einkommensdaten zum Zeitpunkt der Antragstellung heranzuziehen. Sind solche Daten nicht vorhanden, sind die beim Dachverband der Sozialversicherungsträger für Zwecke der Pensionsversicherung gespeicherten jährlichen Beitragsgrundlagen maßgebend.
(AVSV 2020/5)

(2) Zur Ermittlung der Höhe der Pension oder einer gleichgestellten Leistung sind grundsätzlich die im Zeitpunkt der Antragstellung vorhandenen aktuellen Daten heranzuziehen. Diese Daten sind bei Bedarf auf Anfrage des für die Maßnahme zuständigen Krankenversicherungsträgers vom jeweiligen Pensionsversicherungsträger zur Verfügung zu stellen.

(3) Sind weder Einkommensdaten nach Abs. 1 noch solche nach Abs. 2 vorhanden, so kann eine Befreiung von der Zuzahlung nach § 2 nur über begründeten Antrag des Versicherten bzw. des Pensionisten erfolgen.

3. Abschnitt
Wirksamkeit

§ 4. Die Richtlinien treten mit 1. Juli 1996 in Kraft.

Inkrafttreten der 1. Änderung

§ 5. Die 1. Änderung der Richtlinien tritt rückwirkend mit 1. Jänner 2010 in Kraft.
(AVSV 2010/51)

Inkrafttreten der 2. Änderung

§ 6. Die 2. Änderung der Richtlinien tritt zu jenem Zeitpunkt in Kraft, zu dem die Bezieherinnen und Bezieher einer Hilfe zum Lebensunterhalt oder zum Wohnbedarf nach den in Ausführung der Vereinbarung zwischen dem Bund und den Ländern gemäß Artikel 15a B-VG über eine Bedarfsorientierte Mindestsicherung beschlossenen Sozialhilfe- und Mindestsicherungsgesetzen der Länder gemäß § 9 ASVG in die Krankenversicherung einbezogen werden.
(AVSV 2010/519)

Inkrafttreten der 3. Änderung

§ 7. Die 3. Änderung der Richtlinien tritt mit 1. März 2018 In Kraft.
(AVSV 2018/93)

*

Diese Wiederverlautbarung der Richtlinien für die Befreiung von Zuzahlungen bei Maßnahmen der Rehabilitation 2005 – RBZRehab 2005 wurde vom Verbandsvorstand des Hauptverbandes der österreichischen Sozialversicherungsträger am 19. Oktober 2005 beschlossen und der Bundesministerin für soziale Sicherheit, Generationen und Konsumentenschutz zur Kenntnis gebracht.

Die 1. Änderung der Richtlinien für die Befreiung von Zuzahlungen bei Maßnahmen der Rehabilitation wurde von der Trägerkonferenz des Hauptverbandes der österreichischen Sozialversicherungsträger am 13. April 2010 beschlossen.

Die 2. Änderung der Richtlinien für die Befreiung von Zuzahlungen bei Maßnahmen der Rehabilitation wurde von der Trägerkonferenz des Hauptverbandes der österreichischen Sozialversicherungsträger am 9. Juni 2010 beschlossen.

Die 3. Änderung der Richtlinien für die Befreiung von Zuzahlungen bei Maßnahmen der Rehabilitation wurde von der Trägerkonferenz des Hauptverbandes der österreichischen Sozialversicherungsträger am 24. April 2018 beschlossen.

2/10. RBZGesVors 2011

Richtlinien für die Befreiung von Zuzahlungen bei Maßnahmen zur Festigung der Gesundheit und der Gesundheitsvorsorge gemäß § 30a Abs. 1 Z 27 ASVG, AVSV 2011/44 idF

1 AVSV 2020/5

Richtlinien für die Befreiung von Zuzahlungen bei Maßnahmen zur Festigung der Gesundheit und der Gesundheitsvorsorge gemäß § 30a Abs. 1 Z 27 ASVG – RBZGesVors 2011
(AVSV 2020/5)

1. Abschnitt

Inhalt und Geltungsbereich

§ 1. (1) Diese Richtlinien regeln die Befreiung von Zuzahlungen zu
- Maßnahmen der Festigung der Gesundheit und
- Maßnahmen der Gesundheitsvorsorge.

(2) Diese Richtlinien gelten für alle Kranken- und Pensionsversicherungsträger, die dem Dachverband der Sozialversicherungsträger angehören.
(AVSV 2020/5)

Erwerbseinkommen, Pension oder eine gleichgestellte Leistung

§ 2. (1) Zur Ermittlung des Erwerbseinkommens der/des Versicherten sind grundsätzlich die bei dem für die Maßnahme zuständigen Versicherungsträger vorhandenen aktuellen Einkommensdaten zum Zeitpunkt der Antragstellung heranzuziehen. Sind solche Daten nicht vorhanden, sind die beim Dachverband der Sozialversicherungsträger für Zwecke der Pensionsversicherung gespeicherten jährlichen Beitragsgrundlagen maßgebend.
(AVSV 2020/5)

(2) Zur Ermittlung der Höhe der Pension oder einer gleichgestellten Leistung sind grundsätzlich die im Zeitpunkt der Antragstellung vorhandenen aktuellen Daten heranzuziehen. Diese Daten sind bei Bedarf auf Anfrage des für die Maßnahme zuständigen Krankenversicherungsträgers vom jeweiligen Pensionsversicherungsträger zur Verfügung zu stellen.

(3) Sind weder Einkommensdaten nach Abs. 1 noch solche nach Abs. 2 vorhanden, so kann eine Befreiung von der Zuzahlung nach § 3 nur über begründeten Antrag der/des Versicherten bzw. der Pensionistin/des Pensionisten erfolgen.

2. Abschnitt

Befreiung von Zuzahlungen

§ 3. (1) Für Maßnahmen nach § 1 Abs. 1 haben keine Zuzahlungen zu leisten:
1. Versicherte, deren Erwerbseinkommen (§ 2) den Betrag des Einzelrichtsatzes für Ausgleichszulagen (§ 293 Abs. 1 lit. a sublit. bb ASVG) nicht übersteigt,
2. Bezieherinnen/Bezieher einer Ausgleichszulage nach geltendem Dauerrecht zu einer Pension aus der Pensionsversicherung,
3. Bezieherinnen/Bezieher einer Ergänzungszulage zu einem Ruhe- oder Versorgungsgenuss im Sinne des Pensionsgesetzes 1965 oder zu einer gleichartigen Pensionsleistung bzw. zu einem außerordentlichen Versorgungsgenuss eines öffentlich-rechtlichen Dienstgebers,
4. Personen, deren im gemeinsamen Haushalt lebende Ehegattin/lebender Ehegatte bzw. eingetragene Partnerin/eingetragener Partner eine Ausgleichszulage (Ergänzungszulage) nach geltendem Dauerrecht bezieht,
5. Personen, die gemäß § 1 Z 20 der Verordnung gemäß § 9 ASVG in die Krankenversicherung einbezogen sind (Bezieherinnen und Bezieher einer Hilfe zum Lebensunterhalt oder zum Wohnbedarf nach den in Ausführung der Vereinbarung zwischen dem Bund und den Ländern gemäß Artikel 15a B-VG über eine Bedarfsorientierte Mindestsicherung beschlossenen Sozialhilfe- und Mindestsicherungsgesetzen der Länder).

(2) In Fällen besonderer sozialer Schutzbedürftigkeit kann über Antrag der/des Versicherten bzw. der Pensionistin/des Pensionisten eine Befreiung von der Zuzahlung ausgesprochen oder die Höhe der Zuzahlung verringert werden. Besondere soziale Schutzbedürftigkeit ist insbesondere bei Vorliegen solcher Umstände gegeben, bei denen Mittel des Unterstützungsfonds nach Maßgabe der hiefür von den einzelnen Sozialversicherungsträgern erlassenen Richtlinien grundsätzlich zur Verfügung gestellt werden.

3. Abschnitt

Inkrafttreten

§ 4. (1) Die Richtlinien für die Befreiung von Zuzahlungen bei Maßnahmen zur Festigung der Gesundheit und der Gesundheitsvorsorge – RBZGesVors 2011 treten rückwirkend mit 1. Jänner 2011 in Kraft. Zugleich treten die Richtlinien für die Festsetzung und Befreiung von Zuzahlungen bei Maßnahmen zur Festigung der Gesundheit und der Gesundheitsvorsorge – RBZGesVors 2010 mit Ablauf des 31. Dezember 2010 außer Kraft.

*

Die Richtlinien für die Befreiung von Zuzahlungen bei Maßnahmen zur Festigung der Gesundheit und der Gesundheitsvorsorge – RBZGesVors 2011 wurden von der Trägerkonferenz des Hauptverbandes der österreichischen Sozialversicherungsträger am 15. Februar 2011 beschlossen.

Diese SV-OG Anpassungsverlautbarung wurde von der Konferenz des Dachverbandes in ihrer Sitzung vom 14. Jänner 2020 beschlossen. Die Erläuterungen dieser Verordnung sind unter www.sozdok.at kostenlos zugänglich.

2/11. RBGKV 2021

Richtlinien über die Beurteilung der Voraussetzungen für eine Herabsetzung der Beitragsgrundlage für Selbstversicherte in der Krankenversicherung und über Form und Inhalt diesbezüglicher Anträge – RBGKV 2021, AVSV 2021/73

Richtlinien über die Voraussetzungen für eine Herabsetzung der Beitragsgrundlage für Selbstversicherte in der Krankenversicherung und über Form und Inhalt diesbezüglicher Anträge – RBGKV 2021

Anwendungsbereich

§ 1. (1) Diese Richtlinien sind anzuwenden, wenn eine Herabsetzung der Beitragsgrundlage für Selbstversicherte in der Krankenversicherung beantragt wird.

(2) Die Richtlinien sind nicht anzuwenden:
1. für Selbstversicherte, wenn für sie die Beiträge gemäß § 76 Abs. 1 Z 2 erster Halbsatz ASVG zu berechnen sind (begünstigte Selbstversicherung für Studierende);
2. für Selbstversicherte, die regelmäßige Leistungen zur Sicherung ihres Lebensbedarfes von einem Träger der Sozialhilfe erhalten;
3. für Selbstversicherte, die von einem Wohlfahrtsfonds ganz oder teilweise die Beiträge zur Selbstversicherung in der Krankenversicherung ersetzt erhalten.

Antrag

§ 2. (1) Zur Antragstellung ist grundsätzlich das bundeseinheitliche Formular der Österreichischen Gesundheitskasse (ÖGK) zu verwenden.

(2) Jeder Antrag auf Herabsetzung der Beitragsgrundlage ist zu begründen. Die geltend gemachten Umstände sind zum Zeitpunkt der Antragstellung durch entsprechende Nachweise zu belegen. Werden die Nachweise für die Herabsetzung der Beitragsgrundlage nicht binnen einer Frist von 14 Tagen nach Antragstellung beigebracht, gilt die allfällige Herabsetzung erst mit dem Monatsersten, der auf die Beibringung der Nachweise folgt.

(3) Die ÖGK hat unter Berücksichtigung der Angaben im Antrag und der vorgelegten Nachweise zu entscheiden, ob und wie weit dem Antrag stattzugeben ist.

Wirtschaftliche Verhältnisse

§ 3. (1) Zur Beurteilung der wirtschaftlichen Verhältnisse der Antragstellerin/des Antragstellers sind
1. ihr/sein Einkommen nach Abs. 2 und
2. Unterhaltsansprüche nach Abs. 4 und 5

zu berücksichtigen.

(2) Das Einkommen ist der Gesamtbetrag aller Einkünfte nach Ausgleich mit Verlusten. Einkünfte sind insbesondere:

1. Einkünfte aus selbständiger Erwerbstätigkeit (z. B. in der gewerblichen Wirtschaft, in der Land- und Forstwirtschaft, in einem freien Beruf, aufgrund eines Werkvertrages);
2. Einkünfte aus unselbständiger Erwerbstätigkeit;
3. Einkünfte aus Pensionen und/oder Renten;
4. Einkünfte aus Vermietung und Verpachtung;
5. Einkünfte aus Kapitalvermögen (Zinsen, Dividenden oder andere Erlöse);
6. sonstige Einkünfte (z. B. Leibrenten, Einkünfte aus Veräußerungsgeschäften); hierzu zählen auch die in § 292 Abs. 4 lit. a, b, d, g, i und m ASVG angeführten Bezüge.

(3) Grundlage für die Ermittlung der Einkünfte ist bei:
1. selbständiger Erwerbstätigkeit (Abs. 2 Z 1) der letzte Einkommensteuerbescheid samt Nachweisen über die in diesem Kalenderjahr vorgeschriebenen Sozialversicherungsbeiträge (z. B. Bestätigung des Sozialversicherungsträgers) aufgrund dieser selbständigen Erwerbstätigkeit. Falls (noch) kein Einkommensteuerbescheid vorliegt, sind die Einkünfte durch andere Nachweise glaubhaft zu machen.
2. unselbständiger Erwerbstätigkeit (Abs. 2 Z 2) die aktuelle Gehalts-/Lohnbestätigung (Bruttobetrag) der auszahlenden Stelle. Allfällige Sonderzahlungen sind zu berücksichtigen.
3. Einkünfte aus Pensionen und/oder Renten (Abs. 2 Z 3) eine aktuelle Bestätigung der pensions-/rentenauszahlenden Stelle über deren Höhe (Bruttobetrag), wobei allfällige Sonderzahlungen zu berücksichtigen sind.
4. Einkünfte aus Vermietung und Verpachtung (Abs. 2 Z 4) der letzte Einkommensteuerbescheid aufgrund der Vermietung oder Verpachtung. Falls (noch) kein Einkommensteuerbescheid vorliegt, ist ein Kontoauszug, aus dem die Miet-/Pachteinahmen hervorgehen oder – falls noch keine Einnahmen geflossen sind – der Mietvertrag/Pachtvertrag vorzulegen.
5. Einkünfte aus Kapitalvermögen (Abs. 2 Z 5) der letzte Einkommensteuerbescheid aufgrund des Kapitalvermögens. Falls (noch) kein Einkommensteuerbescheid vorliegt, sind die Einkünfte durch andere Nachweise glaubhaft zu machen.
6. sonstige Einkünfte (Abs. 2 Z 6) der letzte Einkommensteuerbescheid aufgrund der

sonstigen Einkünfte. Falls (noch) kein Einkommensteuerbescheid vorliegt, sind die Einkünfte durch andere Nachweise glaubhaft zu machen.

(3a) Bei Einkünften aus selbständiger Erwerbstätigkeit (Z 1) sind die nachgewiesenen Beiträge zur Kranken-, Arbeitslosen- und Pensionsversicherung hinzuzurechnen. Im Falle der nicht oder nicht fristgerechten Übermittlung (§ 2 Abs. 2) ist der Betrag der Einkünfte pauschal um 32,8 % zu erhöhen.

(3b) Die Einkünfte des letzten Einkommensteuerbescheides sind entsprechend ihrer zeitlichen Lagerung gemäß § 25a Abs. 1 Z 2 GSVG aufzuwerten.

(4) Unterhaltsansprüche gegenüber Ehegattinnen/Ehegatten bzw. geschiedenen Ehegattinnen/Ehegatten und eingetragenen Partnerinnen/Partnern bzw. ehemaligen eingetragenen Partnerinnen/Partnern sind nach Maßgabe des § 76 Abs. 3 und 5 ASVG zu berücksichtigen.

(5) Für die Berücksichtigung der wirtschaftlichen Verhältnisse bei Ehegattinnen/Ehegatten sowie geschiedenen Ehegattinnen/Ehegatten bzw. eingetragenen Partnerinnen/Partnern sowie ehemaligen eingetragenen Partnerinnen/Partnern ist, wenn das Nettoeinkommen der/des Unterhaltspflichtigen nachgewiesen wurde und wenn beide Ehegattinnen/Ehegatten bzw. geschiedenen Ehegattinnen/Ehegatten bzw. eingetragene Partnerinnen/Partner sowie ehemalige eingetragene Partnerinnen/Partner Einkünfte beziehen, das eigene Einkommen der/des Unterhaltsberechtigten zuzüglich des gesetzlich zustehenden Anspruchs auf Unterhalt heranzuziehen. Bezieht die/der Unterhaltsberechtigte keine eigenen Einkünfte, ist der gesetzlich zustehende Anspruch auf Unterhalt maßgeblich.

Beitragsgrundlage

§ 4. (1) Als Beitragsgrundlage ist jener Betrag festzusetzen, der dem durchschnittlich auf den Monat entfallenden Teil des Jahreseinkommens der Antragstellerin/des Antragstellers entspricht.

(2) Die Beitragsgrundlage darf – abgesehen von den Fällen des Abs. 3 – nicht niedriger sein als 25 % des 30-fachen der Beitragsgrundlage nach § 76 Abs. 1 Z 1 ASVG.

(3) Für Bezieherinnen/Bezieher einer Pension nach dem GSVG, die keinen Antrag zur Einbeziehung in die Versicherung nach dem GSVG gestellt haben, darf die Beitragsgrundlage nicht niedriger sein als der Betrag des Richtsatzes für Ausgleichszulagen für alleinstehende Pensionistinnen/Pensionisten (§ 293 Abs. 1 lit. a sublit. bb ASVG).

Übergangsbestimmung

§ 5. Eine bereits vorgenommene Herabsetzung der Beitragsgrundlage bleibt bis zum gesetzlich vorgesehenen Ablauf ihrer Gültigkeit in Kraft, es sei denn, dass sich die wirtschaftlichen Verhältnisse der Antragstellerin/des Antragstellers geändert haben.

Verbindlichkeit

§ 6. Die Richtlinien sind für die Österreichische Gesundheitskasse verbindlich.

Inkrafttreten

§ 7. (1) Die Richtlinien über die Beurteilung der Voraussetzungen für eine Herabsetzung der Beitragsgrundlage für Selbstversicherte in der Krankenversicherung und über Form und Inhalt diesbezüglicher Anträge – RBGKV 2021 treten mit 1. Jänner 2022 in Kraft.

(2) Gleichzeitig treten die Richtlinien über die Beurteilung der Voraussetzungen für eine Herabsetzung der Beitragsgrundlage für Selbstversicherte in der Krankenversicherung und über Form und Inhalt diesbezüglicher Anträge – RBGKV 2010, kundgemacht im Internet unter https://www.ris.bka.gv.at/Avsv, Amtliche Verlautbarung Nr. 55/2010 (Stammfassung) in der Fassung ihrer Änderungen:
1. Amtliche Verlautbarung im Internet, avsv Nr. 145/2012
2. Amtliche Verlautbarung im Internet, avsv Nr. 5/2020

außer Kraft.

*

Diese Richtlinien über die Beurteilung der Voraussetzungen für eine Herabsetzung der Beitragsgrundlage für Selbstversicherte in der Krankenversicherung und über Form und Inhalt diesbezüglicher Anträge – RBGKV 2021 wurden von der Konferenz des Dachverbandes der Sozialversicherungsträger am 14. Dezember 2021 beschlossen.

Die Erläuterungen dieser Richtlinien sind unter www.sozdok.at kostenlos zugänglich.

2/12. RZB 2005

Wiederverlautbarung der Richtlinien für die Befreiung vom Zusatzbeitrag für Angehörige gemäß § 31 Abs. 5 Z 16a ASVG, AVSV 2005/143 idF

1 AVSV 2008/48 **2** AVSV 2010/53 **3** AVSV 2020/5

Wiederverlautbarung der Richtlinien für die Befreiung vom Zusatzbeitrag für Angehörige gemäß § 31 Abs. 5 Z 16a ASVG (RZB)

Auf Grund des § 593 Abs. 3 ASVG werden mit dieser Kundmachung die Richtlinien für die Befreiung vom Zusatzbeitrag für Angehörige gemäß § 31 Abs. 5 Z 16a ASVG im Internet wiederverlautbart.

Stammfassung und Änderungen

Die Richtlinien für die Befreiung vom Zusatzbeitrag für Angehörige gemäß § 31 Abs. 5 Z 16a ASVG wurden in ihrer Stammfassung kundgemacht am 31. Jänner 2001 in der Fachzeitschrift „Soziale Sicherheit" 2001, Seite 50, Amtliche Verlautbarung Nr. 3/2001.

Veränderungen im Text

Für die Wiederverlautbarung wurden keine Veränderungen im Text der Richtlinien vorgenommen.

Bezeichnung nach der Wiederverlautbarung

Die Richtlinien werden unter dem Titel „Richtlinien für die Befreiung vom Zusatzbeitrag für Angehörige 2005 – RZB 2005" mit folgendem Text wiederverlautbart:

Richtlinien für die Befreiung vom Zusatzbeitrag für Angehörige 2005 – RZB 2005

§ 1. (1) Diese Richtlinien gelten für die Befreiung vom Zusatzbeitrag für Angehörige gemäß §§ 51d ASVG, 27c GSVG, 24c BSVG, 20b B-KUVG.

(2) Rechtsgrundlage dieser Richtlinien ist § 30a Abs. 1 Z 16 ASVG. Sie sind für alle im Dachverband zusammengefassten Krankenversicherungsträger verbindlich.

(AVSV 2020/5)

Befreiung bei sozialer Schutzbedürftigkeit

§ 2. Der Zusatzbeitrag für Angehörige ist vom Krankenversicherungsträger nicht einzuheben, wenn

1. der Versicherte Präsenzdiener oder Zivildiener ist;
2. der Versicherte wegen seiner sozialen Schutzbedürftigkeit gemäß dem 2. Teil der Richtlinien für die Befreiung von der Rezeptgebühr 2008 befreit ist;
   (AVSV 2008/48)
3. das Nettoeinkommen (§§ 292 ASVG, 149 GSVG, 140 BSVG) der/des Versicherten den Ausgleichszulagenrichtsatz für Ehepaare bzw. eingetragene Partnerinnen und Partner (§§ 293 Abs. 1 lit. a sublit. aa ASVG, 150 Abs. 1 lit. a sublit. aa GSVG, 141 Abs. 1 lit. a sublit. aa BSVG) nicht übersteigt. Dieser Richtsatz ist gegebenenfalls entsprechend der Bestimmungen in den §§ 293 Abs. 1 zweiter Satz ASVG, 150 Abs. 1 zweiter Satz GSVG und 141 Abs. 1 zweiter Satz BSVG zu erhöhen.

(AVSV 2010/53)

Befreiung in besonderen Einzelfällen

§ 3. In anderen als den im § 2 genannten Fällen kann eine Befreiung vom Zusatzbeitrag über Antrag des Versicherten bewilligt werden, wenn sich nach Prüfung der Umstände im Einzelfall herausstellt, dass eine besondere soziale Schutzbedürftigkeit gegeben ist.

Wirksamkeit

§ 4. Die Richtlinien treten mit 1. Jänner 2001 in Kraft.

Inkrafttreten der 1. Änderung

§ 5. Die 1. Änderung der Richtlinien tritt mit 1. Jänner 2008 in Kraft.

(AVSV 2008/48)

Inkrafttreten der 2. Änderung

§ 6. Die 2. Änderung der Richtlinien tritt rückwirkend mit 1. Jänner 2010 in Kraft.

(AVSV 2010/53)

*

Diese Wiederverlautbarung der Richtlinien für die Befreiung vom Zusatzbeitrag für Angehörige 2005 – RZB 2005 wurde vom Verbandsvorstand des Hauptverbandes der österreichischen Sozialversicherungsträger am 19. Oktober 2005 beschlossen und der Bundesministerin für soziale Sicherheit, Generationen und Konsumentenschutz zur Kenntnis gebracht.

Die 1. Änderung der Richtlinien für die Befreiung vom Zusatzbeitrag für Angehörige gemäß § 31 Abs. 5 Z 16a ASVG (RZB 2005) wurde von der Trägerkonferenz des Hauptverbandes der österreichischen Sozialversicherungsträger am 8. April 2008 beschlossen.

Die 2. Änderung der Richtlinien für die Befreiung vom Zusatzbeitrag für Angehörige (RZB 2005) wurde von der Trägerkonferenz des Hauptverbandes der österreichischen Sozialversicherungsträger am 13. April 2010 beschlossen.

Diese SV-OG Anpassungsverlautbarung wurde von der Konferenz des Dachverbandes in ihrer Sitzung vom 14. Jänner 2020 beschlossen. Die Erläuterungen dieser Verordnung sind unter www.sozdok.at kostenlos zugänglich.

Richtlinien
RöV 2005
RöK 2005
RJU 2016
RVU
RERS 2005
RBS 2005
RRZ 2008
RRK 2021
RBZRehab 2005
RBZGesVors 2011
RBGKV 2021
RZB 2005
RVABE 2022
RMDFÜ 2005
RVAGH 2022
RBG 2013
RZR 2013

2/13. RVABE 2022

Richtlinien zur einheitlichen Vollzugspraxis der Versicherungsträger im Bereich der Erstattung von Beiträgen ab dem Beitragsjahr 2019 – RVABE 2022, AVSV 2021/71

Richtlinien zur einheitlichen Vollzugspraxis der Versicherungsträger im Bereich der Erstattung von Beiträgen ab dem Beitragsjahr 2019 – RVABE 2022

Gegenstand und Geltungsbereich

§ 1. Diese Richtlinien legen den leistungszuständigen Versicherungsträger für die amtswegige Beitragserstattung bei Überschreitung der Höchstbeitragsgrundlage fest und sind für die Österreichische Gesundheitskasse, die Pensionsversicherungsanstalt, die Sozialversicherungsanstalt der Selbständigen und die Versicherungsanstalt öffentlich Bediensteter, Eisenbahnen und Bergbau verbindlich.

Allgemeines

§ 2. (1) Der leistungszuständige Versicherungsträger hat die Beitragserstattung bis zum 30. Juni des Kalenderjahres, das dem Jahr der gänzlichen Entrichtung der Beiträge zur Krankenversicherung für ein Kalenderjahr folgt, durchzuführen.

(2) Die Beitragserstattung ist vom leistungszuständigen Versicherungsträger für sämtliche Versicherungszweige und für die Arbeitslosenversicherung ab dem Beitragsjahr 2019 durchzuführen.

Österreichische Gesundheitskasse als leistungszuständiger Versicherungsträger

§ 3. (1) Überschreitet bei pflichtversicherten Personen ab dem Kalenderjahr 2019 im jeweiligen Kalenderjahr die Summe aller Beitragsgrundlagen der Pflichtversicherung die Höchstbeitragsgrundlage und war für die dafür heranzuziehenden Versicherungsverhältnisse die Österreichische Gesundheitskasse (vor dem 1. 1. 2020 eine oder mehrere Gebietskrankenkasse/n oder Betriebskrankenkasse/n) zuständig, gilt die Österreichische Gesundheitskasse als leistungszuständiger Versicherungsträger.

(2) Dasselbe gilt, wenn neben Versicherungsverhältnissen im Sinne von Abs. 1 zumindest ein Versicherungsverhältnis bestanden hat, aus welchem die versicherte Person einen Leistungsanspruch bei einer Krankenfürsorgeeinrichtung des Dienstgebers im Sinne von § 7 Z 4 lit. f. sublit. aa ASVG gehabt hat.

Versicherungsanstalt öffentlich Bediensteter, Eisenbahnen und Bergbau als leistungszuständiger Versicherungsträger

§ 4. (1) Überschreitet bei pflichtversicherten Personen ab dem Kalenderjahr 2019 im jeweiligen Kalenderjahr die Summe aller Beitragsgrundlagen der Pflichtversicherung die Höchstbeitragsgrundlage und war für zumindest ein dafür heranzuziehendes Versicherungsverhältnis die Versicherungsanstalt öffentlich Bediensteter, Eisenbahnen und Bergbau (vor dem 1. 1. 2020 die Versicherungsanstalt öffentlich Bediensteter oder die Versicherungsanstalt für Eisenbahnen und Bergbau) zuständig, gilt die Versicherungsanstalt öffentlich Bediensteter, Eisenbahnen und Bergbau als leistungszuständiger Versicherungsträger.

(2) Dasselbe gilt, wenn neben oder anstelle von Versicherungsverhältnissen im Sinne von Abs. 1 zumindest ein Versicherungsverhältnis bestanden hat, aus welchem die versicherte Person einen Leistungsanspruch bei einer Krankenfürsorgeeinrichtung des Dienstgebers im Sinne von § 7 Z 4 lit. f. sublit. aa ASVG gehabt hat.

Sozialversicherungsanstalt der Selbständigen als leistungszuständiger Versicherungsträger

§ 5. (1) Überschreitet bei pflichtversicherten Personen ab dem Kalenderjahr 2019 im jeweiligen Kalenderjahr die Summe aller Beitragsgrundlagen der Pflichtversicherung die Höchstbeitragsgrundlage und war für zumindest ein dafür heranzuziehendes Versicherungsverhältnis die Sozialversicherungsanstalt der Selbständigen (vor dem 1. 1. 2020 die Sozialversicherungsanstalt der gewerblichen Wirtschaft oder die Sozialversicherungsanstalt der Bauern) zuständig, gilt die Sozialversicherungsanstalt der Selbständigen als leistungszuständiger Versicherungsträger.

(2) Abs. 1 ist nicht anzuwenden, wenn auf Grund von Versicherungsverhältnissen im Sinne von § 3 und § 4 auch ohne Heranziehung der vorliegenden Versicherungsverhältnisse, für welche die Sozialversicherungsanstalt der Selbständigen (vor dem 1. 1. 2020 die Sozialversicherungsanstalt der gewerblichen Wirtschaft oder die Sozialversicherungsanstalt der Bauern) zuständig war, die Höchstbeitragsgrundlage überschritten wurde, es sei denn, es liegt ab dem Kalenderjahr 2019 im jeweiligen Kalenderjahr ein Versicherungsverhältnis gemäß § 3 Abs. 1 Z 1 GSVG oder § 4 Z 1 BSVG vor.

(3) Abweichend von § 3 und § 4 ist die Sozialversicherungsanstalt der Selbständigen leistungszuständiger Versicherungsträger, wenn die Höchstbeitragsgrundlage ab dem Jahr 2019 ausschließlich im Zweig der Pensionsversicherung überschritten wurde und in diesem Zeitraum für die versicherte Person ein Anrechnungsbetrag im Sinne von § 13 des Bundesbezügegesetzes an die Sozialversicherungsanstalt der Selbständigen geleistet wurde.

Pensionsversicherungsanstalt als leistungszuständiger Versicherungsträger

§ 6. Abweichend von § 3 und § 4 ist die Pensionsversicherungsanstalt leistungszuständiger Versicherungsträger, wenn die Höchstbeitragsgrundlage ab dem Kalenderjahr Jahr 2019 im jeweiligen Kalenderjahr ausschließlich im Zweig der Pensionsversicherung überschritten wurde und in diesem Zeitraum für die versicherte Person ein Anrechnungsbetrag im Sinne von § 13 des Bundesbezügegesetzes an die Pensionsversicherungsanstalt geleistet wurde.

Inkrafttreten

§ 7. (1) Diese Richtlinien treten mit 1. Jänner 2022 in Kraft und sind auf Beiträge anzuwenden, die ab dem Kalenderjahr 2019 geleistet wurden. Abweichend davon sind diese Richtlinien auch für ab dem 1. Jänner 2019 entrichtete Beiträge sinngemäß anzuwenden, soweit sie zusammen mit Beiträgen für ein bestimmtes, vor dem Kalenderjahr 2019 liegendes, Kalenderjahr entrichtet wurden.

(2) Gleichzeitig treten die Richtlinien zur einheitlichen Vollzugspraxis der Versicherungsträger im Bereich der Erstattung von Beiträgen ab dem Beitragsjahr 2019 (RVABE 2021), verlautbart unter avsv Nr. 102/2020 mit Ablauf des 31. Dezember 2021 außer Kraft.

*

Die Richtlinien zur einheitlichen Vollzugspraxis der Versicherungsträger im Bereich der Erstattung von Beiträgen ab dem Beitragsjahr 2019 wurden nach Anhörung der in Betracht kommenden gesetzlichen Interessenvertretungen von der Konferenz am 1. Dezember 2021 beschlossen.

Die Erläuterungen dieser Richtlinien sind unter www.sozdok.at kostenlos zugänglich.

2/14. RMDFÜ 2002

Wiederverlautbarung der Richtlinien über Ausnahmen von der Meldungserstattung mittels Datenfernübertragung gemäß § 31 Abs. 5 Z 29 ASVG, AVSV 2005/145 idF

1 AVSV 2005/181	2 AVSV 2007/124	3 AVSV 2013/153
4 AVSV 2015/248	5 AVSV 2018/245	6 AVSV 2020/5

GLIEDERUNG

§ 1. Richtlinien über Ausnahmen von der Meldungserstattung mittels Datenfernübertragung 2005 – RMDFÜ 2005

Abschnitt I: Vollständige Anmeldung, Abmeldung, Beitragsnachweisung, Lohnzettel und Änderungen

§ 2. Meldungen
§ 3. Unzumutbarkeit der Meldung über Datenfernübertragung
§ 4. Ausfall der Datenfernübertragungseinrichtung
§ 5. Reihenfolge anderer Meldungsarten

Abschnitt II: Anmeldung

§ 6. Anmeldung
§ 7. Unzumutbarkeit der Anmeldung über Datenfernübertragung
§ 8. Ausfall der Datenfernübertragungseinrichtung
§ 9. Reihenfolge anderer Meldungsarten für Anmeldungen
§ 10. Inkrafttreten der 1. Änderung
§ 11. Inkrafttreten der 2. Änderung
§ 12. Inkrafttreten der 3. Änderung
§ 13. Inkrafttreten der 4. Änderung
§ 14. Inkrafttreten der 5. Änderung

Wiederverlautbarung der Richtlinien über Ausnahmen von der Meldungserstattung mittels Datenfernübertragung gemäß § 31 Abs. 5 Z 29 ASVG (RMDFÜ 2002)

Auf Grund des § 593 Abs. 3 ASVG werden mit dieser Kundmachung die Richtlinien über Ausnahmen von der Meldungserstattung mittels Datenfernübertragung gemäß § 31 Abs. 5 Z 29 ASVG im Internet wiederverlautbart.

Stammfassung und Änderungen

Die Richtlinien über Ausnahmen von der Meldungserstattung mittels Datenfernübertragung gemäß § 31 Abs. 5 Z 29 ASVG wurden in ihrer Stammfassung kundgemacht am 20. Dezember 2001 in der Fachzeitschrift „Soziale Sicherheit" 2001, Seite 901, Amtliche Verlautbarung Nr. 157/2001.

Veränderungen im Text

Für die Wiederverlautbarung wurden keine Veränderungen im Text der Richtlinien vorgenommen.

Bezeichnung nach der Wiederverlautbarung

Die Richtlinien werden unter dem Titel „Richtlinien über Ausnahmen von der Meldungserstattung mittels Datenfernübertragung 2005 – RMD-FÜ 2005" mit folgendem Text wiederverlautbart:

Richtlinien über Ausnahmen von der Meldungserstattung mittels Datenfernübertragung 2005 – RMDFÜ 2005

§ 1. (1) Diese Richtlinien regeln die Ausnahmen von der Meldungserstattung mittels Datenfernübertragung.

(2) Rechtsgrundlage dieser Richtlinien ist § 30a Abs. 1 Z 29 ASVG in Verbindung mit § 41 Abs. 4 ASVG.

(AVSV 2020/5)

(3) Diese Richtlinien gelten für alle Dienstgeber (§ 35 ASVG) und sonstigen meldepflichtigen Stellen (§ 36 ASVG), die Meldungen nach § 33 Abs. 1, 1a und 2 ASVG sowie nach § 34 ASVG zu erstellen und zu bearbeiten haben.

(AVSV 2005/181)

(4) Diese Richtlinien gelten für alle ASVG-Krankenversicherungsträger, die dem Dachverband angehören.

(AVSV 2020/5)

**Abschnitt I
Vollständige Anmeldung, Abmeldung, Beitragsnachweisung, Lohnzettel und Änderungen**

(AVSV 2005/181)

Meldungen

(AVSV 2013/153)

§ 2. (1) Meldungen nach § 33 Abs. 1 und 2 ASVG sowie nach § 34 ASVG gelten nur dann als erstattet,

wenn sie mittels elektronischer Datenfernübertragung (§ 41 Abs. 1 ASVG) in den vom Dachverband festgelegten einheitlichen Datensätzen (§ 30c Abs. 1 Z 3 ASVG) erfolgen.
(AVSV 2013/153, AVSV 2020/5)

(1a) Für Anmeldungen gem. § 33 Abs. 1a Z 1 ASVG gelten die Bestimmungen des Abschnitts II.
(AVSV 2018/245)

(2) Meldungen durch natürliche Personen im Rahmen von Privathaushalten gelten außerhalb elektronischer Datenfernübertragung als erstattet, wenn
1. eine Meldung mittels Datenfernübertragung unzumutbar ist (§ 3) oder
2. die Meldung nachweisbar durch unverschuldeten Ausfall eines wesentlichen Teiles der Datenfernübertragungseinrichtung technisch ausgeschlossen war (§ 4).
(AVSV 2013/153, AVSV 2015/248)

Unzumutbarkeit der Meldung über Datenfernübertragung

§ 3. Eine Meldung über Datenfernübertragung ist unzumutbar, wenn die meldepflichtige Stelle
1. über keine EDV-Ausstattung (zumindest PC) verfügt und
2. ihre Personalabrechnung (Lohnverrechnung) auch nicht von einer anderen Stelle (Wirtschaftstreuhänder, Datenverarbeitungsbetrieb etc.) durchführen lässt, bei der eine entsprechende EDV-Einrichtung vorhanden ist.

Ausfall der Datenfernübertragungseinrichtung

§ 4. Eine Meldung darf ausnahmsweise im Einzelfall ohne Datenfernübertragung erstattet werden, wenn ein wesentlicher Teil der Datenfernübertragungseinrichtung (PC, Bildschirm, Tastatur, Modem, Leitungsweg) für längere Zeit nachweisbar ausgefallen war und deshalb die Meldung nicht innerhalb der Meldefrist hätte erstattet werden können.

Reihenfolge anderer Meldungsarten

§ 5. (1) Andere Meldungsarten, die außerhalb der elektronischen Datenfernübertragung verwendet werden dürfen, sind folgende:
1. mit Telefax auf dem Formular, das beim Versicherungsträger für Meldungen aufliegt,
(AVSV 2013/153)
2. schriftlich mit dem Formular, das beim Versicherungsträger für Meldungen aufliegt.
(AVSV 2013/153)

(2) Die Reihenfolge der Meldungsarten nach Abs. 1 bezeichnet auch deren Nachrangigkeit im Sinne des § 41 Abs. 4 Z 2 ASVG. Die in Abs. 1 Z 1 genannte Meldungsart ist wirtschaftlich unzumutbar, wenn sie mangels Telefaxgerät nicht möglich ist.
(AVSV 2013/153)

(3) Meldungen auf anderen Wegen, insbesondere in Papierform mittels e-mail oder telefonisch, gelten als nicht erstattet.
(AVSV 2005/181, AVSV 2013/153, AVSV 2015/248)

(4) (aufgehoben)
(AVSV 2013/153)

Abschnitt II
Anmeldung
(AVSV 2018/245)

Anmeldung

§ 6. (1) Anmeldungen nach § 33 Abs. 1 und Abs. 2 ASVG, die gemäß § 33 Abs. 1a Z 1 ASVG zu erstatten sind, gelten nur dann als erstattet, wenn sie mittels elektronischer Datenfernübertragung (§ 41 Abs. 1 ASVG) in den vom Dachverband festgelegten einheitlichen Datensätzen (§ 30c Abs. 1 Z 3 ASVG) erfolgen.
(AVSV 2020/5)

(2) Anmeldungen außerhalb elektronischer Datenfernübertragung gelten dennoch als erstattet, wenn
1. eine Meldung über Datenfernübertragung für die meldepflichtige Stelle unzumutbar ist (§ 7) oder
2. wenn die Anmeldungen nachweisbar durch unverschuldeten Ausfall eines wesentlichen Teils der Datenfernübertragungseinrichtung technisch ausgeschlossen war (§ 8).

(3) Dies gilt auch für die Anmeldung von fallweise beschäftigten Personen im Sinne des § 33 Abs. 3 ASVG.
(AVSV 2018/245)

Unzumutbarkeit der Anmeldung über Datenfernübertragung

§ 7. Eine Anmeldung über Datenfernübertragung ist unzumutbar, wenn die meldepflichtige Stelle
1. über keine EDV-Ausstattung (zumindest PC) und keinen Internetzugang verfügt und
2. ihre Personalabrechnung (Lohnverrechnung) auch nicht von einer anderen Stelle (Wirtschaftstreuhänder, Datenverarbeitungsbetrieb etc.) durchführen lässt, bei der eine entsprechende EDV-Einrichtung vorhanden ist, oder
3. ihre Personalabrechnung (Lohnverrechnung) von einer anderen Stelle (Wirtschaftstreuhänder, Datenverarbeitungsbetrieb etc) durchführen lässt und diese nicht mehr erreichbar ist (Arbeitsaufnahme außerhalb der Bürozeiten des Dienstleisters) oder
4. der Beschäftigte in einer Betriebsstätte (Filiale, Baustelle) des Dienstgebers aufgenommen wird und die Betriebsstätte (Filiale, Baustelle) über keine EDV-Ausstattung (zumindest PC) oder keinen Internetzugang verfügt.
(AVSV 2005/181, AVSV 2018/245)

2/14. RMDFÜ 2002
§§ 8 – 14

Ausfall der Datenfernübertragungseinrichtung

§ 8. (1) Eine Anmeldung darf ausnahmsweise im Einzelfall ohne Datenfernübertragung erstattet werden, wenn ein wesentlicher Teil der Datenfernübertragungseinrichtung (PC, Bildschirm, Tastatur, Modem, Endgerät für mobiles Internet, Leitungsweg) für längere Zeit nachweisbar ausgefallen war und deshalb die Anmeldung nicht innerhalb der Meldefrist hätte erstattet werden können.

(2) Gemäß § 33 Abs. 1b ASVG ist die elektronische Übermittlung innerhalb von 7 Tagen ab dem Beginn der Pflichtversicherung nachzuholen. Dies gilt nicht für natürliche Personen im Rahmen von Privathaushalten im Sinne des § 2 Abs. 2.

(AVSV 2018/245)

Reihenfolge anderer Meldungsarten für Anmeldungen

§ 9. (1) Andere Meldungsarten, die außerhalb der elektronischen Datenfernübertragung für Anmeldungen verwendet werden dürfen, sind folgende:

1. mit Telefax auf dem Formular „Vor-Ort-Anmeldung", das beim Versicherungsträger aufliegt und an das ELDA-Call Center unter der Telefonnummer 05 780 761 gesendet wird, *(AVSV 2018/245)*
2. telefonische Mitteilung an das ELDA-Call Center unter der Telefonnummer 05 780 760,
3. schriftlich mit dem Formular „Vor-Ort-Anmeldung", das beim Versicherungsträger für Mindestangaben-Anmeldungen aufliegt.

(AVSV 2018/245)

(AVSV 2018/245)

(2) Die Reihenfolge der Meldungsarten nach Abs. 1 bezeichnet auch deren Nachrangigkeit im Sinn des § 41 Abs. 4 Z 2 ASVG. Vorrangige Meldungsarten sind, wenn sie mangels (Telefax-)Gerätes nicht möglich sind, wirtschaftlich unzumutbar.

(3) Meldungen auf anderen Wegen, insbesondere mittels e-mail oder SMS (Short Message Service), gelten als nicht erstattet.

(AVSV 2013/153)

(4) (aufgehoben)

(AVSV 2013/153)

(AVSV 2005/181, AVSV 2007/124, AVSV 2018/245)

Inkrafttreten der 1. Änderung

§ 10. Die 1. Änderung tritt mit 1. Jänner 2006 in Kraft.

(AVSV 2005/181)

Inkrafttreten der 2. Änderung

§ 11. Die 2. Änderung tritt mit 1. Jänner 2008 in Kraft.

(AVSV 2007/124)

Inkrafttreten der 3. Änderung

§ 12. Die 3. Änderung der Richtlinien über Ausnahmen von der Meldungserstattung mittels Datenfernübertragung 2005 – RMDFÜ 2005 tritt mit 1. Jänner 2014 in Kraft.

(AVSV 2013/153)

Inkrafttreten der 4. Änderung

§ 13. Die 4. Änderung der Richtlinien über Ausnahmen von der Meldungserstattung mittels Datenfernübertragung 2005 – RMDFÜ 2005 tritt mit 1. Jänner 2016 in Kraft.

(AVSV 2015/248)

Inkrafttreten der 5. Änderung

§ 14. Die 5. Änderung der Richtlinien über Ausnahmen von der Meldungserstattung mittels Datenfernübertragung 2005 – RMDFÜ 2005 tritt mit 1. Jänner 2019 in Kraft. Sie gilt nicht für Meldungen, die Beitragszeiträume vor dem 1. Jänner 2019 betreffen.

(AVSV 2018/245)

*

Diese Wiederverlautbarung der Richtlinien über die Ausnahmen von der Meldungserstattung mittels Datenfernübertragung 2005 – RMDFÜ 2005 wurde vom Verbandsvorstand des Hauptverbandes der österreichischen Sozialversicherungsträger am 19. Oktober 2005 beschlossen und der Bundesministerin für soziale Sicherheit, Generationen und Konsumentenschutz zur Kenntnis gebracht.

Die 1. Änderung der Richtlinien über Ausnahmen von der Meldungserstattung mittels Datenfernübertragung 2005 – RMDFÜ 2005 wurde von der Trägerkonferenz des Hauptverbandes der österreichischen Sozialversicherungsträger am 30. November 2005 beschlossen. Die Bundesministerin für soziale Sicherheit, Generationen und Konsumentenschutz hat ihr gesetzmäßiges Zustandekommen am 19. Dezember 2005, GZ: BMSG–21410/0034-II/A/3/2005, beurkundet.

Die 2. Änderung der Richtlinien über Ausnahmen von der Meldungserstattung mittels Datenfernübertragung 2005 – RMDFÜ 2005 wurde von der Trägerkonferenz des Hauptverbandes der österreichischen Sozialversicherungsträger am 9. Oktober 2007 beschlossen.

Die 4. Änderung der Richtlinien über Ausnahmen von der Meldungserstattung mittels Datenfernübertragung 2005 – RMDFÜ 2005 wurde von der Trägerkonferenz des Hauptverbandes der österreichischen Sozialversicherungsträger am 15. Dezember 2015 beschlossen.

Die 5. Änderung der Richtlinien über Ausnahmen von der Meldungserstattung mittels Datenfernübertragung 2005 – RMDFÜ 2005 wurde von der Trägerkonferenz des Hauptverbandes der österreichischen Sozialversicherungsträger am 11. Dezember 2018 beschlossen.

2/15. RVAGH 2022

Richtlinien zur einheitlichen Vollzugspraxis der Versicherungsträger im Bereich der AuftraggeberInnenhaftung 2022 – RVAGH 2022, AVSV 2021/70

Richtlinien zur einheitlichen Vollzugspraxis der Versicherungsträger im Bereich der AuftraggeberInnenhaftung 2022 – RVAGH 2022

Gegenstand und Geltungsbereich

§ 1. Diese Richtlinien regeln die Vollzugspraxis der Österreichischen Gesundheitskasse, der Versicherungsanstalt öffentlich Bediensteter, Eisenbahnen und Bergbau sowie der Sozialversicherung der Selbständigen für die Beurteilung des Vorliegens einer mindestens dreijährigen Bauleistungserbringung nach dem AuftraggeberInnen-Haftungsgesetz (§ 67a bis § 67e ASVG). Sie sind gemäß § 30 Abs. 3 ASVG für die Österreichische Gesundheitskasse, die Versicherungsanstalt öffentlich Bediensteter, Eisenbahnen und Bergbau sowie die Sozialversicherung der Selbständigen verbindlich.

Allgemeines

§ 2. (1) Bei der Beurteilung, ob ein Unternehmen nach einer Änderung bzw. Umgestaltung drei Jahre lang Bauleistungen nach § 19 Abs. 1a des Umsatzsteuergesetzes 1994 erbracht hat, ist die Personenidentität oder die Unternehmensidentität maßgebend.

(2) Folgende Fälle einer Umgestaltung oder Veränderung eines Unternehmens sind insbesondere maßgebend:
1. GesellschafterInnenwechsel,
2. Erwerb eines Unternehmens durch Einzelrechtsnachfolge,
3. Umgründungsvorgänge im Wege der Gesamtrechtsnachfolge:
   a) Einantwortung,
   b) Vermögensübernahme gemäß § 142 UGB,
   c) Verschmelzung,
   d) Spaltung,
   e) Umwandlung,
4. Neugründung eines Unternehmens.

(3) Beantragt ein Unternehmen im Fall einer Umgestaltung oder einer Veränderung des Unternehmens gemäß Abs. 2 die Aufnahme in die HFU-Liste, ist den Krankenversicherungsträger die Personenidentität oder die Unternehmensidentität durch entsprechende Unterlagen bzw. Erklärungen nachzuweisen.

GesellschafterInnenwechsel

§ 3. Bei einem GesellschafterInnenwechsel in einem Unternehmen bleiben die Personenidentität und die Unternehmensidentität gewahrt. Die bereits zurückgelegte Zeit der Erbringung der Bauleistung wird durch den GesellschafterInnenwechsel nicht berührt.

Einzelrechtsnachfolge

§ 4. (1) Geht der wesentliche Unternehmenskern auf das neue Unternehmen über, ist die Zeit der Erbringung der Bauleistungen dem neuen Unternehmen zuzurechnen.

(2) Von einem Übergang des wesentlichen Unternehmenskerns ist dann auszugehen, wenn der Schwerpunkt des Unternehmens mit den zur Betriebsfähigkeit notwendigen Zubehörstücken und sachlichen Ausstattungen, mit denen die Fortführung des Betriebes nach Verkehrsauffassung möglich ist, übernommen wird. Bedacht zu nehmen ist auch auf die Anzahl der übernommenen DienstnehmerInnen oder ob die Betriebsnachfolge bereits nach § 67 Abs. 4 ASVG bescheidmäßig festgestellt wurde.

(3) Vom antragstellenden Unternehmen ist der diesbezügliche Kaufvertrag vorzulegen; außerdem ist zu bescheinigen, dass der wesentliche Unternehmenskern übergegangen ist.

Gesamtrechtsnachfolge

§ 5. Wird ein Unternehmen im Rahmen der Gesamtrechtsnachfolge gemäß § 2 Abs. 2 Z 3 umgestaltet, ist die Zeit der Erbringung der Bauleistung des übergebenden Unternehmens zu berücksichtigen, wenn folgende Nachweise beigebracht werden:
1. im Fall der Einantwortung die Einantwortungsurkunde,
2. im Fall einer Vermögensübernahme, Verschmelzung oder Umwandlung die Firmenbucheintragung bzw. der Notariatsakt,
3. im Fall einer Spaltung der Spaltungsvertrag bzw. Spaltungsplan, der Firmenbucheintrag sowie der Nachweis des Übergangs des wesentlichen Unternehmenskerns gemäß § 4 Abs. 2.

Neue Unternehmen, Tochtergesellschaft, Arbeitsgemeinschaft

§ 6. (1) Bei Neugründung einer Gesellschaft muss diese für die Aufnahme in die HFU-Liste die Voraussetzungen der Erbringung von Bauleistungen im Sinne des § 19 Abs. 1a UStG 1994 für einen Zeitraum von drei Jahren selbst erfüllen. Insbesondere ist die Zurechnung von erbrachten Bauleistungen der Muttergesellschaft auf die Tochtergesellschaft ausgeschlossen.

(2) Eine Zurechnung der erbrachten Bauleistungen eines anderen Unternehmens kann nur dann erfolgen, wenn

1. ein bestehendes Einzelunternehmen im Sinne des Umgründungssteuergesetzes eingebracht wird oder
2. eine Gesellschaft bürgerlichen Rechts bzw. Arbeitsgemeinschaft in eine OG bzw. KG umgewandelt wird.

In diesen Fällen hat der Nachweis durch Firmenbucheintragung bzw. sonstige Unterlagen (z. B. Entscheidungen der Finanzbehörde nach dem UmgrStG) durch das antragstellende Unternehmen zu erfolgen.

Inkrafttreten

§ 7. Diese Richtlinien treten mit 1. Jänner 2022 in Kraft. Zugleich treten die Richtlinien zur einheitlichen Vollzugspraxis der Versicherungsträger im Bereich der AuftraggeberInnenhaftung (RVAGH 2021), verlautbart unter www.ris.bka.gv.at/avsv, Nr. 101/2020 am 18. Dezember 2020, mit Ablauf des 31. Dezember 2021 außer Kraft.

*

Die Richtlinien zur einheitlichen Vollzugspraxis der Versicherungsträger im Bereich der AuftraggeberInnenhaftung wurden nach Anhörung der in Betracht kommenden gesetzlichen Interessenvertretungen von der Konferenz des Dachverbandes der Sozialversicherungsträger am 1. Dezember 2021 beschlossen.

Die Erläuterungen dieser Richtlinien sind unter www.sozdok.at kostenlos zugänglich.

2/16. RBG 2013

Richtlinien für die Grundsätze der Erstellung von Gutachten in Angelegenheiten der beruflichen Maßnahmen der Rehabilitation, AVSV 2013/161 idF

[1] AVSV 2020/5

Richtlinien
RöV 2005
RöK 2005
RJU 2016
RVU
RERS 2005
RBS 2005
RRZ 2008
RRK 2021
RBZRehab 2005
RBZGesVors 2011
RBGKV 2021
RZB 2005
RVABE 2022
RMDFÜ 2005
RVAGH 2022
RBG 2013
RZR 2013

Richtlinien für die Grundsätze der Erstellung von Gutachten in Angelegenheiten der beruflichen Maßnahmen der Rehabilitation – RBG 2013

ABSCHNITT 1
Allgemeines

Inhalt und Geltungsbereich

§ 1. (1) Rechtsgrundlage dieser Richtlinien ist § 30a Abs. 1 Z 35 ASVG.

(AVSV 2020/5)

(2) Die Richtlinien regeln nach Maßgabe der gesetzlichen Bestimmungen die Grundsätze für die Gutachtenserstellung in Angelegenheiten der beruflichen Rehabilitation im Kompetenzzentrum Begutachtung (§ 307g ASVG, § 171a GSVG, § 163a BSVG) oder der Begutachtungsstelle der Versicherungsanstalt für Eisenbahnen und Bergbau in Zusammenhang mit den Versicherungsfällen der geminderten Arbeitsfähigkeit und der Erwerbsunfähigkeit.

(3) Diese Richtlinien gelten für alle Pensionsversicherungsträger, die dem Dachverband der Sozialversicherungsträger angehören.

(AVSV 2020/5)

Person des Gutachters

§ 2. Für die Erstellung der Gutachten sind Ärzte und Ärztinnen der Allgemeinmedizin als auch aller Fachgebiete heranzuziehen, die für das Kompetenzzentrum Begutachtung (§ 307g ASVG, § 171a GSVG, § 163a BSVG) tätig werden und durch die Akademie für ärztliche und pflegerische Begutachtung (§ 307g Abs. 4) zur Erstellung von Gutachten in Angelegenheiten der Versicherungsfälle der geminderten Arbeitsfähigkeit ausgebildet und/oder zertifiziert wurden. Stehen keine ausgebildeten und/oder zertifizierten Ärzte und Ärztinnen zur Verfügung, können zur Erstellung der Gutachten auch jene Ärzte und Ärztinnen herangezogen werden, deren Ausbildung vom Pensionsversicherungsträger als geeignet anerkannt wird.

ABSCHNITT 2
Ärztliche Feststellungen

Struktur

§ 3. Die ärztlichen Gutachten haben mindestens zu enthalten

1. allgemeine Angaben zum Leistungswerber/zur Leistungswerberin;
2. allgemeine medizinische Anamnese;
3. fachspezifische medizinische Anamnese;
4. Berufsanamnese;
5. Sozialanamnese;
6. klinischer Status;
7. erforderliche Hilfs-/Zusatzbefunde;
8. Diagnosen;
9. ganzheitliches Leistungskalkül;
10. Beurteilung einschließlich Prognose.

Inhalt

§ 4. Aus dem ärztlichen Gutachten müssen die Fähigkeiten und Leistungseinschränkungen des/der Untersuchten ableitbar sein; es hat unter Anwendung von Zeitbegriffen – soweit zielführend – Aussage zu treffen über

1. körperliches Leistungsvermögen;
2. psychisch/geistiges Leistungsvermögen;
3. Hand- und Fingergeschick;
4. (nicht) mögliche Arbeitsorte;
5. Arbeitsfähigkeit unter Zeitdruck;
6. Arbeitsfähigkeit in Zwangshaltung;
7. Umstellbarkeit;
8. spezielle Leistungseinschränkungen.

ABSCHNITT 3
Berufsfindung

Berufskundliche Feststellungen

§ 5. (1) Die berufskundlichen Feststellungen sind nachvollziehbar auf Basis der ärztlichen Feststellungen nach § 3 und § 4 zu treffen. Es ist ein Fähigkeitsprofil zu erstellen, in dem die aktuelle und die potentielle Leistungsfähigkeit des/der Versicherten dokumentiert ist.

(2) Das berufskundliche Gutachten trifft eine Aussage darüber, ob Maßnahmen der beruflichen Rehabilitation mit an Sicherheit grenzender Wahrscheinlichkeit im Vorhinein ausgeschlossen werden können. Ist dies nicht der Fall, ist zur Abklärung von zweckmäßigen und zumutbaren beruflichen Maßnahmen der Rehabilitation eine Berufspotentialanalyse durchzuführen. Zur Klärung arbeitsmarktbezogener Fragen ist bei Bedarf ein sachkundiger Vertreter/eine sachkundige Vertreterin des Arbeitsmarktservice beizuziehen (§ 307g Abs. 1 ASVG, letzter Satz).

Berufspotentialanalyse

§ 6. Die Berufspotentialanalyse ist vom zuständigen Pensionsversicherungsträger und/oder einem von diesem beauftragten Vertragspartner unter Mitwirkung des Antragstellers/der Antragstellerin durchzuführen. Als Ergebnis der Berufspotentialanalyse sind höchstens drei Berufsfelder bzw. Berufe festzulegen, für die der/die Versicherte durch Maßnahmen der beruflichen Rehabilitation voraussichtlich qualifiziert werden kann.

ABSCHNITT 4
Schlussbestimmungen

Inkrafttreten

§ 7. Die Richtlinien treten mit 1. Jänner 2014 in Kraft.

*

Die Richtlinien für die Grundsätze der Erstellung von Gutachten in Angelegenheiten der beruflichen Maßnahmen der Rehabilitation wurden von der Trägerkonferenz des Hauptverbandes der österreichischen Sozialversicherungsträger am 17. Dezember 2013 beschlossen.

Diese SV-OG Anpassungsverlautbarung wurde von der Konferenz des Dachverbandes in ihrer Sitzung vom 14. Jänner 2020 beschlossen. Die Erläuterungen dieser Verordnung sind unter www.sozdok.at kostenlos zugänglich.

2/17. RZR 2013

Richtlinien für das Zusammenwirken der Versicherungsträger untereinander und mit dem Arbeitsmarktservice bei der Durchführung der medizinischen und beruflichen Maßnahmen der Rehabilitation zur Erhaltung oder Wiedererlangung der Arbeitsfähigkeit, AVSV 2013/157 idF
1 AVSV 2020/5

GLIEDERUNG

ABSCHNITT 1: Allgemeines
§ 1. Inhalt und Geltungsbereich
§ 2. Betroffener Personenkreis
§ 3. Feststellungsanträge

ABSCHNITT 2: Zusammenwirken bei der Durchführung von medizinischen Maßnahmen der Rehabilitation zur Wiederherstellung der Arbeitsfähigkeit
§ 4. Zuständigkeit und Einleitung des Verfahrens
§ 5. Zusammenwirken

ABSCHNITT 3: Zusammenwirken bei der Durchführung von beruflichen Maßnahmen der Rehabilitation zur Wiederherstellung der Arbeitsfähigkeit
§ 6. Zuständigkeit
§§ 7, 8. Berufsfindung
§ 9. Rahmenvereinbarung

ABSCHNITT 4: Feststellung und Auszahlung des Rehabilitationsgeldes

§ 10. Zuständigkeit
§ 11. Verfahren
§ 12. Entziehung
§ 13. Aufrechnung und Ersatzansprüche
§ 14. Regress

ABSCHNITT 5: Case Management
§ 15. Aufgaben
§ 16. Wiederbegutachtung und Zuweisung
§ 17. Verletzung der Mitwirkungspflicht

ABSCHNITT 6: Meldungen und Datenaustausch
§ 18. Datenübermittlung zwischen Pensionsversicherungsträger und Krankenversicherungsträger
§ 19. Datenübermittlung zwischen Pensionsversicherungsträger und Arbeitsmarktservice

ABSCHNITT 7: Schlussbestimmungen
§ 20. Inkrafttreten

Richtlinien für das Zusammenwirken der Versicherungsträger untereinander und mit dem Arbeitsmarktservice bei der Durchführung der medizinischen und beruflichen Maßnahmen der Rehabilitation zur Erhaltung oder Wiedererlangung der Arbeitsfähigkeit – RZR 2013

ABSCHNITT 1
Allgemeines

Inhalt und Geltungsbereich

§ 1. (1) Rechtsgrundlage dieser Richtlinien ist § 30a Abs. 1 Z 36 ASVG.
(AVSV 2020/5)

(2) Die Richtlinien regeln nach Maßgabe der gesetzlichen Bestimmungen
1. das Zusammenwirken der Sozialversicherungsträger untereinander und mit dem Arbeitsmarktservice bei
   a) der Durchführung der medizinischen und beruflichen Maßnahmen der Rehabilitation zur Wiederherstellung der Arbeitsfähigkeit;
   b) der Feststellung und Auszahlung des Rehabilitationsgeldes (§§ 367 Abs. 4 und 143a ASVG) sowie
   c) der Durchführung des Case Managements (§ 143b ASVG)
   für die in § 2 genannten Personen;
2. die Meldungen sowie den Datenaustausch der Versicherungsträger untereinander und mit dem Arbeitsmarktservice, soweit diese zur Erfüllung der Aufgaben nach Z 1 erforderlich sind.

(3) Diese Richtlinien gelten für alle Kranken- und Pensionsversicherungsträger, die dem Dachverband der Sozialversicherungsträger angehören, mit Ausnahme der Sozialversicherungsanstalt der Selbständigen.
(AVSV 2020/5)

Betroffener Personenkreis

§ 2. Die Richtlinien sind auf Personen anzuwenden,
1. für die für eine Leistung aus den Versicherungsfällen der geminderten Arbeitsfähigkeit

die Pensionsversicherungsanstalt oder die Versicherungsanstalt für Eisenbahnen und Bergbau leistungszuständig (§§ 245 und 246 ASVG) sind und

(AVSV 2020/5)

2. die am 1. Jänner 2014 das 50. Lebensjahr noch nicht vollendet haben.

Feststellungsanträge

§ 3. (1) Bei Anträgen auf Feststellung nach § 255a, § 273a oder § 280a ASVG sind die Feststellungen zu einem fiktiven Stichtag zu treffen. Der fiktive Stichtag ist der Tag der Antragstellung, wenn dieser auf einen Monatsersten fällt, sonst der dem Tag der Antragstellung folgende Monatserste.

(2) Der Pensionsversicherungsträger ist, wenn aufgrund eines Antrages nach § 255a, § 273a oder § 280a ASVG festgestellt wurde, dass Invalidität (Berufsunfähigkeit) zumindest vorübergehend vorliegt, an diese Feststellung für die Dauer von 6 Monaten gebunden.

ABSCHNITT 2
Zusammenwirken bei der Durchführung von medizinischen Maßnahmen der Rehabilitation zur Wiederherstellung der Arbeitsfähigkeit

Zuständigkeit und Einleitung des Verfahrens

§ 4. Die Feststellung des Anspruchs auf medizinische Maßnahmen der Rehabilitation und die Erbringung von medizinischen Maßnahmen der Rehabilitation obliegen dem zuständigen (§§ 245 und 246 ASVG) Pensionsversicherungsträger nach Maßgabe der §§ 253f, 270b und 276f ASVG

1. von Amts wegen,
2. auf Antrag des/der Versicherten oder
3. auf Anregung des Case Managements (§ 143b ASVG) des zuständigen (§ 10) Krankenversicherungsträgers.

Zusammenwirken

§ 5. Besteht Anspruch auf Rehabilitationsgeld, hat der Pensionsversicherungsträger bei Gewährung von medizinischen Maßnahmen der Rehabilitation das Case Management des zuständigen Krankenversicherungsträgers über Beginn und Ende der Maßnahmen zu informieren (§ 18).

ABSCHNITT 3
Zusammenwirken bei der Durchführung von beruflichen Maßnahmen der Rehabilitation zur Wiederherstellung der Arbeitsfähigkeit

Zuständigkeit

§ 6. Die Feststellung und Erbringung von beruflichen Maßnahmen der Rehabilitation obliegt dem Arbeitsmarktservice nach Maßgabe der Feststellungen des Pensionsversicherungsträgers gemäß § 367 Abs. 4 Z 1 ASVG. Eine Abweichung von diesen Feststellungen hat einvernehmlich zu erfolgen.

(AVSV 2020/5)

Berufsfindung

§ 7. Stellt der Pensionsversicherungsträger im Verfahren fest, dass die Wiederherstellung der Arbeitsfähigkeit mittels beruflicher Maßnahmen der Rehabilitation (Umschulung oder Nachschulung) nicht von Vornherein mit an Sicherheit grenzender Wahrscheinlichkeit ausgeschlossen ist, so hat er eine Berufspotentialanalyse zur Berufsfindung durchzuführen. Ergebnis dieser Berufspotentialanalyse sind konkrete und priorisierte Berufsfelder bzw. Berufe für die der/die Versicherte durch zweckmäßige und zumutbare Maßnahmen der beruflichen Rehabilitation qualifiziert werden kann.

§ 8. Zweckmäßigkeit (§ 253e Abs. 3 ASVG) und Zumutbarkeit (§ 253e Abs. 4 ASVG) von Maßnahmen der beruflichen Rehabilitation sind jedenfalls nicht gegeben, wenn kein Berufsschutz besteht oder bei bestehendem Berufsschutz die voraussichtliche Dauer von beruflichen Rehabilitationsmaßnahmen im Verhältnis zur Dauer bis zum zu erwartenden Pensionsantritt unverhältnismäßig erscheint.

(AVSV 2020/5)

Rahmenvereinbarung

§ 9. Die Pensionsversicherungsanstalt und die Versicherungsanstalt für Eisenbahnen und Bergbau haben unter Einbeziehung des Dachverbandes der Sozialversicherungsträger mit dem Arbeitsmarktservice die Grundsätze der Zusammenarbeit in einer Rahmenvereinbarung festzuhalten.

(AVSV 2020/5)

ABSCHNITT 4
Feststellung und Auszahlung des Rehabilitationsgeldes

Zuständigkeit

§ 10. Die Anmeldung zur Teilversicherung in der Krankenversicherung bei Zuerkennung von Rehabilitationsgeld (§ 143a ASVG) erfolgt durch den zuständigen Pensionsversicherungsträger. Bei der Bestimmung des sachlich und örtlich zuständigen Krankenversicherungsträgers sind Bestimmungen über die Krankenversicherung der Pensionisten/Pensionistinnen anzuwenden.

Verfahren

§ 11. (1) Die Einleitung des Verfahrens erfolgt durch einen, beim zuständigen (§§ 245 und 246 ASVG) Pensionsversicherungsträger einzubringenden, Antrag auf eine Pension aus den Versicherungsfällen der geminderten Arbeitsfähigkeit. Dieser Antrag gilt gemäß § 361 Abs. 1 ASVG vorrangig als Antrag auf Leistungen der Rehabilitation einschließlich des Rehabilitationsgeldes. Der Pensionsversicherungsträger entscheidet bei Vorliegen der Voraussetzungen mit Bescheid (§ 143a Abs. 1, letzter Satz ASVG) über den Anspruch auf Rehabilitationsgeld (§ 143a ASVG) dem Grunde nach. Das Ausmaß (Höhe des Rehabilitationsgeldes und bei Vorliegen der Voraussetzungen des Teilrehabilitationsgeldes) ist durch den sachlich und örtlich zuständigen Krankenversicherungsträger (§ 10) festzustellen.

(2) Die Bestimmungen über die Bemessungsgrundlage für das Krankengeld (§ 125 ASVG) sind bei der Berechnung des Rehabilitationsgeldes sinngemäß anzuwenden. Konnte der, für die Berechnung des Rehabilitationsgeldes zugrunde zu legende, letzte Arbeitsverdienst für ein Versicherungsverhältnis unter Anwendung des § 125 Abs. 1 ASVG nicht ermittelt werden, ist als täglicher Arbeitsverdienst die Summe der allgemeinen Beitragsgrundlagen des betroffenem Versicherungsverhältnisses aus dem Kalenderjahr, in das der Beitragszeitraum fällt, geteilt durch die Anzahl der Beitragstage, anzunehmen.

(3) Das Rehabilitationsgeld (§ 143a ASVG) gebührt für den Kalendertag. Bei einer Erhöhung bis zur Höhe des Richtsatzes (§ 293 Abs. 1 lit. a sublit. bb ASVG) nach § 143a Abs. 2 ASVG gebührt für den Kalendertag der dreißigste Teil dieses Betrages. Die Auszahlung erfolgt alle vier Wochen im Nachhinein.

Entziehung

§ 12. (1) Bei erheblicher Veränderung (Besserung oder Verschlechterung) des Gesundheitszustandes oder Nichtmitwirkung des/der Versicherten (§ 17) hat der zuständige Krankenversicherungsträger ein Verfahren zur Überprüfung des Anspruchs auf Rehabilitationsgeld (§ 143a ASVG) beim zuständigen Pensionsversicherungsträger einzuleiten. Gleichzeitig ist vom Krankenversicherungsträger ein Bericht des Case Managements mit einer chefärztlichen Fallbeurteilung an den Pensionsversicherungsträger zu übermitteln. Über die Entziehung der Leistung entscheidet der Pensionsversicherungsträger.

(2) Der zuständige Pensionsversicherungsträger kann seinerseits von Amts wegen ein Entziehungsverfahren einleiten.

Aufrechnung und Ersatzansprüche

§ 13. (1) Die Versicherungsträger dürfen auf die von Ihnen zu erbringenden Geldleistungen bis zur Höhe der nachzuzahlenden Beträge aufrechnen:
1. von einem örtlich unzuständigen Versicherungsträger aus dem gleichen Rechtsgrund für den gleichen Zeitraum erbrachte Leistungen;
2. von Versicherungsträgern erbrachte Leistungen für den gleichen Zeitraum, deren Zahlung durch den Rechtsgrund der neu anfallenden Leistung zu Unrecht erbracht wurden

(2) Unterstützt ein Träger der Sozialhilfe aufgrund einer gesetzlichen Verpflichtung bzw. eine Dienststelle des Bundes oder eines Landes aufgrund der Vereinbarung gemäß Art. 15a B-VG über die Grundversorgung für hilfs- und schutzbedürftige Fremde eine(n) Hilfsbedürftige(n) für eine Zeit, für die er/sie einen Anspruch auf Rehabilitationsgeld (§ 143a ASVG) hat, so hat der zuständige Krankenversicherungsträger dem Träger der Sozialhilfe bzw. dem Bund oder Land die von diesem geleisteten Unterstützungen bis zur Höhe der Versicherungsleistung, auf die der/die Unterstützte während dieser Zeit Anspruch hat, zu ersetzen. Diese Ansprüche sind gleichrangig mit Ansprüchen aus einer Legalzession gemäß § 23 Abs. 6 AlVG.

Regress

§ 14. Jener Pensionsversicherungsträger, der über den Anspruch auf Rehabilitationsgeld (§ 143a ASVG) mit Bescheid gemäß § 367 Abs. 4 ASVG entscheidet, hat dem auszahlenden Krankenversicherungsträger gemäß § 143c ASVG die Kosten zu ersetzen und gilt daher in Regressangelegenheiten (§ 332 ASVG) als jener Versicherungsträger, der die Leistung zu erbringen hat. Die Krankenversicherungsträger haben in derartigen Fällen den jeweiligen Pensionsversicherungsträger die für die Durchführung der Regressansprüche erforderlichen Mitteilungen zu machen.

ABSCHNITT 5
Case Management

Aufgaben

§ 15. (1) Das Case Management des zuständigen Krankenversicherungsträgers nach § 143b ASVG hat umgehend nach Bescheidzustellung durch den Pensionsversicherungsträger, spätestens jedoch nach Abschluss von stationären medizinischen Rehabilitationsmaßnahmen mit dem Versicherten Kontakt aufzunehmen, um den Bedarf zu erheben und einen Versorgungsplan zu erstellen.

(2) Vor einer Wiederbegutachtung durch das Kompetenzzentrum Begutachtung oder im Zuge der Einleitung eines Entziehungsverfahrens ist vom Case Management ein Bericht über die getroffenen Maßnahmen mit einer chefärztlichen Fallbeurteilung zu erstellen und an den zuständigen Pensionsversicherungsträger zu übermitteln.

Wiederbegutachtung und Zuweisung

§ 16. (1) Drei Monate vor Ablauf der Jahresfrist zur neuerlichen Begutachtung im Kompetenzzentrum Begutachtung beziehungsweise in der Begutachtungsstelle der Versicherungsanstalt für Eisenbahnen und Bergbau hat der Pensionsversicherungsträger die Versicherte/den Versicherten schriftlich zur Wiederbegutachtung vorzuladen. Vor diesem Zeitpunkt ist die Zuweisung durch den Pensionsversicherungsträger von Amts wegen oder auf Ersuchen des Krankenversicherungsträgers im Vorfeld einer Entziehung aus dem im § 12 genannten Gründen möglich.

(2) Bei der Entscheidung des Pensionsversicherungsträgers ist der Bericht nach § 15 Abs. 2 zu berücksichtigen.

Verletzung der Mitwirkungsplicht

§ 17. (1) BezieherInnen von Rehabilitationsgeld (§ 143a ASVG) sind verpflichtet, insbesondere Einladungen des Krankenversicherungsträgers (des Case Managements) Folge zu leisten, und vereinbarte Maßnahmen umzusetzen, um einen dem Stand der medizinischen Wissenschaft entsprechenden Behandlungsprozess für den Übergang zwischen einer Krankenbehandlung und der

Rehabilitation zur Wiederherstellung der Arbeitsfähigkeit und einen optimalen Ablauf der notwendigen Versorgungsschritte sicher stellen zu können.

(2) Wird einer Anordnung im Sinne des Abs. 1 nicht entsprochen, so hat der Krankenversicherungsträger den zuständigen Pensionsversicherungsträger zu informieren, dem die Prüfung obliegt, ob hier eine Verweigerung der zumutbaren Mitwirkung im Sinne des § 143a Abs. 5 ASVG (unter Berücksichtigung des § 366 ASVG) vorliegt und das Rehabilitationsgeld (§ 143a ASVG) zu entziehen ist. Eine Entziehung ist nur zulässig, wenn der Krankenversicherungsträger nachweislich die Säumnisfolgen schriftlich mit Setzung einer angemessenen Frist angedroht hat. Die Entziehung ist nicht zulässig, wenn die aufgeforderte Person glaubhaft macht, dass sie durch ein unvorhergesehenes oder unabwendbares Ereignis ohne ihr Verschulden verhindert war, der Anordnung fristgerecht nachzukommen.

(AVSV 2020/5)

ABSCHNITT 6
Meldungen und Datenaustausch

Datenübermittlung zwischen Pensionsversicherungsträger und Krankenversicherungsträger

§ 18. (1) Die Kranken- und Pensionsversicherungsträger haben einander die nach § 459i ASVG zu übermittelnden Unterlagen und Informationen zur Verfügung zu stellen. Die Übermittlung zwischen den Krankenversicherungsträgern untereinander ist auch ohne Weiterleitung durch den zuständigen Pensionsversicherungsträger zulässig.

(2) Die Übermittlung von
1. Bescheiden
2. Gutachten
3. Entlassungsberichten bei medizinischen Rehabilitationsmaßnahmen
4. Berichten des Case Managements inklusive chefärztlicher Fallbeurteilung und gegebenenfalls Nachweis über Aufklärung bei Nichtmitwirkung (§ 17 Abs. 2)
5. Aufforderungen und Einladungen zur Wiederbegutachtung im Kompetenzzentrum Begutachtung
6. Informationen
   a. zu erhobenen Rechtsmitteln
   b. zu beim Pensionsversicherungsträger angemeldeten Ersatzansprüchen
   c. zur Berufspotentialanalyse
   d. zum Rehabilitationsgeld

erfolgt über die Datendrehscheibe des Dachverbandes der Sozialversicherungsträger.

(AVSV 2020/5)

Datenübermittlung zwischen Pensionsversicherungsträger und Arbeitsmarktservice

§ 19. (1) Die Pensionsversicherungsträger und das Arbeitsmarktservice haben die nach § 459h ASVG zu übermittelnden Unterlagen und Informationen zur Verfügung zu stellen. Die Übermittlung von
1. Bescheiden
2. Gutachten
3. Informationen
   a. zu erhobenen Rechtsmitteln
   b. zur Berufspotentialanalyse und Verfahrensinformationen
   c. zum Umschulungsgeld
   d. zu beruflichen Rehabilitationsmaßnahmen und sonstigen der Arbeitsmarktintegration dienenden Maßnahmen, für die der Pensionsversicherungsträger die Aufwendungen zu ersetzen hat

erfolgt über die Datendrehscheibe des Dachverbandes der Sozialversicherungsträger.

(AVSV 2020/5)

ABSCHNITT 7
Schlussbestimmungen

Inkrafttreten

§ 20. Die Richtlinien treten mit 1. Jänner 2014 in Kraft.

*

Die Richtlinien für das Zusammenwirken der Versicherungsträger untereinander und mit dem Arbeitsmarktservice bei der Durchführung der medizinischen und beruflichen Maßnahmen der Rehabilitation zur Erhaltung oder Wiedererlangung der Arbeitsfähigkeit wurden von der Trägerkonferenz des Hauptverbandes der österreichischen Sozialversicherungsträger am 17. Dezember 2013 beschlossen.

Diese SV-OG Anpassungsverlautbarung wurde von der Konferenz des Dachverbandes in ihrer Sitzung vom 14. Jänner 2020 beschlossen. Die Erläuterungen dieser Verordnung sind unter www.sozdok.at kostenlos zugänglich.

3. Musterregelungen

3. Musterregelungen

Inhaltsverzeichnis

3/1.	Mustersatzung 2020	Seite 107
3/2.	Musterkrankenordnung 2016	Seite 133

MS 2020

MKO 2016

3/1. Mustersatzung 2020

Mustersatzung 2020, AVSV 2020/88 idF
1 AVSV 2021/1

1. Teil
Einführungsbestimmungen zur Mustersatzung 2020

Grundlage und Geltungsbereich

§ 1. (1) Die Mustersatzung wird vom Dachverband der Sozialversicherungsträger nach § 455 Abs. 2 ASVG aufgestellt.

(2) Sie gilt für alle im Dachverband der Sozialversicherungsträger zusammengefassten Krankenversicherungsträger.

(3) Eine Verbindlicherklärung von Bestimmungen dieser Mustersatzung im Sinne des § 455 Abs. 2 ASVG erfolgt nicht.

Name der Kasse in der Satzung

§ 2. (1) Die Bezeichnung „Kasse" im Text der Mustersatzung kann im Text der Satzung einer Kasse durch deren Namen ersetzt werden.

(2) Soweit im Text der Mustersatzung auf Bestimmungen des ASVG Bezug genommen wird, sollen gegebenenfalls die entsprechenden Bestimmungen der anderen Sozialversicherungsgesetze verwendet werden.

Inkrafttreten

§ 3. (1) Die Mustersatzung 2020 und ihre Einführungsbestimmungen treten mit Ablauf des Tages der Kundmachung in Kraft.

(2) Gleichzeitig tritt die bis dahin geltende Mustersatzung 2016, kundgemacht im Internet unter https://www.ris.bka.gv.at/Avsv, Amtliche Verlautbarung Nr. 66/2016 (Stammfassung), in der Fassung ihrer Änderungen:
1. Amtliche Verlautbarung im Internet, avsv Nr. 194/2016
2. Amtliche Verlautbarung im Internet, avsv Nr. 38/2017
3. Amtliche Verlautbarung im Internet, avsv Nr. 93/2017
4. Amtliche Verlautbarung im Internet, avsv Nr. 143/2017
5. Amtliche Verlautbarung im Internet, avsv Nr. 3/2018
6. Amtliche Verlautbarung im Internet, avsv Nr. 140/2018
7. Amtliche Verlautbarung im Internet, avsv Nr. 199/2018
8. Amtliche Verlautbarung im Internet, avsv Nr. 162/2019

außer Kraft.

„Inkrafttreten der 1. Änderung
§ 4. Die 1. Änderung der Mustersatzung 2020 tritt mit 1. Jänner 2021 in Kraft."
(AVSV 2021/1)

2. Teil
Satzung der ... ...

Inhaltsverzeichnis

1. Abschnitt: Organisation
§ 1. Geltungsbereich
§ 2. Sitz
§ 3. Organe, Geschäftsführung und Vertretung
§ 4. Informationsveranstaltungen
§ 5. Verlautbarungen
§ 6. Vorläufige Verfügung der/des Vorsitzenden des Verwaltungsrates
§ 7. Büro
§ 8. Form rechtsverbindlicher Akte
§ 9. One-stop-shop der österreichischen Sozialversicherung

2. Abschnitt: Versicherungs-, Melde- und Beitragswesen
§ 10. Meldefrist
§ 11. Beitragsvorschreibung für bestimmte Gruppen
§ 12. Fälligkeit der Sonderbeiträge
§ 13. Fälligkeit der Beiträge für Selbstversicherte nach § 19a ASVG

3. Abschnitt: Leistungsrecht
§ 14. Wartezeit für Selbstversicherte
§ 15. Angehörige
§ 16. Bemessungsgrundlage
§ 17. Bestätigung des Dienstgebers/der Dienstgeberin über das Entgelt
§ 18. Erstattung von Kosten der ärztlichen Hilfe
§ 19. Feststellung einer Arbeitsunfähigkeit
§ 20. Erste Hilfeleistung
§ 21. Kostenersatz für Anmelde- und Registrierungskosten bei Organtransplantationen
§ 22. Kostenerstattung für Leistungen, die der ärztlichen Hilfe gleichgestellt sind sowie für medizinische Hauskrankenpflege
§ 23. Heilbehelfe
§ 24. Satzungsmäßiges Krankengeld

§ 25. Besonderes Krankengeld bei stationärem Aufenthalt
§ 26. Umfang von Zahnbehandlung und Zahnersatz
§ 27. Konservierend, chirurgische Zahnbehandlung
§ 28. Kieferregulierungen
§ 29. Kieferregulierungen für Kinder und Jugendliche
§ 30. Zahnersatz
§ 31. Kostenerstattung im vertragslosen Zustand
§ 32. Kostenerstattung bei Fehlen einer flächendeckenden Versorgung
§ 33. Kostenzuschüsse bei Fehlen vertraglicher Regelungen
§ 34. Kostenzuschuss bei Fehlen einer regional ausgewogenen flächendeckenden Sachleistungsversorgung
§ 35. Kostenzuschüsse bei Fehlen vertraglicher Regelungen mit den Gruppenpraxen
§ 36. Pflegekostenzuschuss bei Anstaltspflege in einer Krankenanstalt, die nicht über Landesfonds finanziert wird
§ 37. Ambulanzkostenzuschuss bei Krankenbehandlung in einer Krankenanstalt, die nicht über Landesfonds finanziert wird
§ 38. Hilfsmittel
§ 39. Sonstige Maßnahmen zur Erhaltung der Volksgesundheit
§ 40. Maßnahmen zur Krankheitsverhütung
§ 41. Berücksichtigung der Sonderzahlungen bei der Bemessung des Wochengeldes
§ 42. Reise(Fahrt)kosten
§ 43. Transportkosten
§ 44. Auszahlung von Leistungen

4. Abschnitt: Schlussbestimmungen
§ 45. Wirksamkeitsbeginn
§ 46. Wirksamkeitsbeginn der ... Änderung

Anhänge
Anhang 1: Konservierend-chirurgische Zahnbehandlung, Kieferorthopädische Behandlung, Prothetische Zahnbehandlung
Anhang 2: Kostenzuschüsse für außervertragliche Leistungen im Bereich Zahnbehandlung und Zahnersatz in besonderen medizinischen Fällen nach § 153 ASVG
Anhang 3: Leistungen der Mund-, Kiefer-, und Gesichtschirurgie gemäß § 27 Abs. 3 und des Zahnersatzes gemäß § 30 Abs. 6
Anhang 4: Zuzahlungen bzw. Zuschüsse für Kieferregulierungen gemäß § 28 Abs. 1 und 2 und Zuzahlungen für unentbehrlichen Zahnersatz gemäß § 30 Abs. 5
Anhang 5: Kostenzuschuss für kleine kieferorthopädische Behelfe gemäß § 28 Abs. 3
Anhang 6: Kostenzuschuss für Leistungen der medizinischen Hauskrankenpflege gemäß § 33 Abs. 1
Anhang 7: Kostenzuschüsse bei Fehlen vertraglicher Regelungen
Anhang 8: Kostenzuschuss nach § 34
Anhang 9: Einstufung der Kieferfehlstellung nach dem Index of Orthodontic Treatment Need (IOTN) für Leistungen gemäß § 28 und § 29
Anhang 10: Kostenzuschüsse bei Fehlen vertraglicher Regelungen gemäß § 20

1. Abschnitt – Organisation

Geltungsbereich

§ 1. Diese Satzung gilt für die ... . Zusatzbezeichnungen, wie z. B. „Gesundheitskasse", „Forum Gesundheit", legt die Hauptversammlung fest.

Sitz

§ 2. Sitz der Kasse ist ... .

Organe, Geschäftsführung und Vertretung

§ 3. (1) Der Aufbau der Verwaltung der Kasse und ihre Organe sind insbesondere im 8. Teil Abschnitte I bis III des Allgemeinen Sozialversicherungsgesetz (ASVG) geregelt.

(2) Wenn in dieser Satzung, in anderen Rechtsvorschriften oder in Schriftstücken der Kasse personenbezogene Bezeichnungen nur in männlicher oder weiblicher Form angeführt sind, gelten sie für Frauen, Männer und Personen alternativer Geschlechtsidentität in gleicher Weise. Bei der Anwendung auf bestimmte Personen ist die jeweils geschlechtsspezifische oder die von der betroffenen Person gewünschte Form zu verwenden.

(3) Obmann/Obfrau und deren Stellvertreter/Stellvertreterinnen werden als Synonyme für Vorsitzende/Vorsitzender des Verwaltungsrates und deren Stellvertreter/Stellvertreterinnen verwendet.

**Informationsveranstaltungen
(§ 453 Abs. 1 Z 3 ASVG)**

§ 4. (1) Die Kasse hält in Abständen von ... Informationsveranstaltungen für Versicherte und Dienstgeber/Dienstgeberinnen ab.

(2) Informationsveranstaltungen können auch
1. für Arbeitnehmer/innen oder Arbeitgeber/Arbeitgeberinnen getrennt,
2. für bestimmte Regionen des Zuständigkeitsbereichs der Kasse oder
3. für bestimmte Themenbereiche
abgehalten werden.

Verlautbarungen (§ 453 Abs. 1 Z 2 ASVG)

§ 5. (1) Die Satzung, die Krankenordnung, der Anhang zur Geschäftsordnung des Verwaltungsrates (§ 456a Abs. 3 ASVG) und ihre Änderungen werden nach § 455 ASVG im Rechtsinformationssystem des Bundes RIS im Internet verlautbart.

(2) Andere amtliche Verlautbarungen, insbesondere solche, durch die Versicherten oder Dienstgebern/Dienstgeberinnen Verpflichtungen auferlegt werden, erfolgen ebenfalls im Internet.

(3) Die Form sonstiger Verlautbarungen beschließt der Verwaltungsrat der Kasse im Einzelfall.

Vorläufige Verfügung der/des Vorsitzenden des Verwaltungsrates (§ 453 Abs. 2 ASVG)

§ 6. (1) Angelegenheiten, die in den Wirkungsbereich des Verwaltungsrates oder der Hauptversammlung fallen, sind bei Gefahr im Verzug
1. zur Abwendung eines der Kasse drohenden Schadens oder
2. zur Sicherung eines der Kasse entgehenden Vorteils

vorläufig durch Verfügung der/des Vorsitzenden des Verwaltungsrates zu regeln, wenn der in Betracht kommende Verwaltungskörper nicht rechtzeitig zusammentreten kann.

(2) Vorteil (Abs. 1 Z 2) ist insbesondere nicht nur ein allgemeiner finanzieller Vorteil, sondern auch eine wesentliche Ersparnis an Verwaltungs-, Organisations-, Personal- oder Sachaufwand.

(3) Die Verfügungen sind von der/von dem Vorsitzenden des Verwaltungsrates im Einvernehmen mit seinem/ihrer Stellvertreter/Stellvertreterin zu treffen, bei dessen Abwesenheit oder Verhinderung auch ohne ihre/seine Mitwirkung.

(4) In allen diesen Fällen hat der/die/ Vorsitzende/r des Verwaltungsrats vom zuständigen Verwaltungskörper die nachträgliche Genehmigung einzuholen.

Büro

§ 7. (1) Die unmittelbare Durchführung der Aufgaben der Kasse obliegt dem Büro nach den Beschlüssen und Weisungen des Verwaltungsrates. Die grundlegende Organisation des Büros ist durch die Büroordnung festgelegt, Detailregelungen erfolgen durch Dienstanweisung, Arbeitsanleitungen und interne Richtlinien.

(2) Der/Die leitende Angestellte (Generaldirektor/Generaldirektorin) im Sinn des § 460 ASVG hat für die ordnungsgemäße Durchführung der Bürogeschäfte, Beschlüsse und Weisungen (Abs. 1) durch die Dienstnehmer/Dienstnehmerinnen der Kasse zu sorgen.

(3) Der/Die leitende Angestellte und dessen/deren Stellvertreter/Stellvertreterinnen sind berechtigt, an den Sitzungen der Verwaltungskörper mit beratender Stimme teilzunehmen. Mit Zustimmung der Vorsitzenden der Verwaltungskörper kann der/die Leitende Angestellte auch andere Angestellte den Sitzungen der Verwaltungskörper beiziehen.

(4) Der/Die leitende Angestellte hat sich bei Gefahr im Verzug zunächst an den/die Vorsitzenden des Verwaltungsrates zu wenden. Kann eine Weisung des zuständigen Verwaltungskörpers oder eine Verfügung des/der Vorsitzenden des Verwaltungsrates bzw. seines Stellvertreters/seiner Stellvertreterin/ihres Stellvertreters/ihrer Stellvertreterin nicht rechtzeitig eingeholt werden, hat der/die leitende Angestellte alles zu veranlassen, was zur Wahrung der Interessen der Kasse unumgänglich notwendig ist. Er/Sie hat darüber dem/der Vorsitzenden des Verwaltungsrates unverzüglich zu berichten.

(5) Der/Die leitende Angestellte und die von ihm/ihr darüber hinaus dazu ermächtigten Personen sind berechtigt, alle an die Kasse gerichteten Sendungen entgegenzunehmen.

(6) Bei Abwesenheit oder Verhinderung des/der leitenden Angestellten gehen dessen/deren Rechte und Pflichten auf seine/ihre Stellvertreter/Stellvertreterinnen über. Der Verwaltungsrat kann die Aufgaben des/der leitenden Angestellten und seiner Stellvertreter/Stellvertreterinnen zweckentsprechend verteilen. Abs. 2 wird davon nicht berührt.

Form rechtsverbindlicher Akte (§ 453 Abs. 1 Z 2 ASVG)

§ 8. (1) Schriftliche Ausfertigungen der Kasse in allen Angelegenheiten, die
1. von der Hauptversammlung,
2. vom Verwaltungsrat,
3. von einem Landesstellenausschuss

beschlossen wurden, müssen, um rechtsverbindlich zu sein, sowohl vom Vorsitzenden/von der Vorsitzenden als auch vom/von der leitenden Angestellten unterzeichnet sein. Als Schriftform gilt auch die elektronische Form mit Amtssignatur (§ 19 E-Government-Gesetz, E-GovG). Mündliche Ausfertigungen sind in solchen Angelegenheiten nicht vorhanden.

(2) Schriftliche Ausfertigungen der Kasse in allen Angelegenheiten, in denen der Verwaltungsrat einzelne seiner Obliegenheiten dem Obmann/der Obfrau übertragen hat, müssen, um rechtsverbindlich zu sein, sowohl vom/von der Obmann/Obfrau als auch vom/von der leitenden Angestellten unterzeichnet sein, als Schriftform gilt auch die elektronische Form mit Amtssignatur (§ 19 E-GovG).

(3) Schriftliche Ausfertigungen der Kasse in allen Angelegenheiten, deren Besorgung dem Büro übertragen wurde, müssen, um rechtsverbindlich zu sein, vom/von der leitenden Angestellten oder einem von diesem/dieser damit beauftragten Angestellten unterzeichnet sein.

(4) Die persönliche Unterzeichnung der in den Abs. 1 bis 3 genannten Personen kann
1. durch eine elektronische Signatur der jeweiligen Person oder
2. durch Ausfertigung mittels elektronischer Datenverarbeitungsanlagen

ersetzt werden, wenn die dabei eindeutige Identität (§ 2 Z 2 E-GovG) der Unterzeichnenden auch auf der Basis von Ausdrucken eindeutig ermittelt werden kann.

One-stop-shop der österreichischen Sozialversicherung (§ 321, § 361 Abs. 4 ASVG)

§ 9. (1) Die Kasse arbeitet mit den anderen Sozialversicherungsträgern und der Versorgungsanstalt des österreichischen Notariates (§ 102 Abs. 1 NVG 2020) bei der Organisation eines one-stop-shop (Kundenservice, einheitliche Einbringungs- und Beratungsorganisation) der österreichischen Sozialversicherung zusammen.

(2) Anträge, Meldungen und Mitteilungen an die Kasse können innerhalb der in der Erreichbarkeitskundmachung (§ 13 des Allgemeinen Verwaltungsverfahrensgesetzes, § 1a Abs. 2 E-GovG) angegebenen Zeiten und Rahmenbedingungen fristwahrend

1. bei jeder dafür eingerichteten Stelle der Kasse einschließlich ihres Kontaktangebotes „meineSV" im Internet, über einen elektronischen Zustelldienst und jedenfalls persönlich bei allen Landesstellen des Versicherungsträgers oder
2. unter den Voraussetzungen des § 321 ASVG, § 119 B-KUVG, § 171 BSVG, § 183 GSVG, § 13 SVSG, § 102 NVG 2020 und des § 361 Abs. 4 ASVG auch
   a) bei anderen Versicherungsträgern,
   b) Behörden der allgemeinen staatlichen Verwaltung oder
   c) Gemeinden

eingebracht werden.

(3) Die Kasse nimmt im gesetzlichen Rahmen fristwahrend Anträge, Meldungen und Mitteilungen für andere Sozialversicherungsträger oder den Dachverband entgegen.

2. Abschnitt – Versicherungs-, Melde- und Beitragswesen

Meldefrist (§ 33 Abs. 3 ASVG)

§ 10. Die Frist für die vollständige Anmeldung sowie die Abmeldung fallweise beschäftigter Personen hinsichtlich der innerhalb des Kalendermonates liegenden Beschäftigungstage beginnt mit dem Ende des Kalendermonates, in dem die Tätigkeit verrichtet wurde.

Beitragsvorschreibung für bestimmte Gruppen (§ 58 Abs. 4 ASVG)

§ 11. Rechtsträgern von Einrichtungen, die Zivildienstleistende im Sinne des Zivildienstgesetzes 1986, BGBl. Nr. 679/1986 beschäftigen, werden die Beiträge für diese durch die Kasse vorgeschrieben.

Fälligkeit der Sonderbeiträge (§ 58 Abs. 1 ASVG)

§ 12. (1) Sonderbeiträge (§ 54 ASVG) sind am letzten Tag des Kalendermonates fällig, in dem die Sonderzahlung fällig wurde. Wird die Sonderzahlung vor ihrer Fälligkeit ausgezahlt, sind die Sonderbeiträge am letzten Tag des Kalendermonates fällig, in dem die Sonderzahlung ausgezahlt worden ist.

(2) Werden die Sonderbeiträge von der Kasse vorgeschrieben, sind sie mit Ablauf des zweiten Werktages nach
1. a) der Aufgabe der Beitragsvorschreibung zur Post oder
   b) der Freigabe zur Abholung in einem Zustelldienst oder
2. mit dem Zeitpunkt der Zustellung durch Organe der Kasse fällig.

Fälligkeit der Beiträge für Selbstversicherte nach § 19a ASVG (§ 78 Abs. 1 ASVG)

§ 13. Die Beiträge für Selbstversicherte nach § 19a ASVG (Selbstversicherung bei geringfügiger Beschäftigung) sind zu Beginn des Kalendermonates fällig.

3. Abschnitt – Leistungsrecht

Wartezeit für Selbstversicherte (§ 124 Abs. 1 ASVG)

§ 14. Selbstversicherte nach § 16 ASVG haben erst nach einer Wartezeit von sechs Monaten unmittelbar vor Eintritt des Versicherungsfalles Anspruch auf Kassenleistungen. Dies gilt nicht
1. für die Personen, die in § 16 Abs. 2 ASVG genannt sind, wenn ihre Beiträge von der Beitragsgrundlage nach § 76 Abs. 1 Z 2 erster Halbsatz ASVG (begünstigte Beitragsgrundlage für Studenten/Studentinnen) berechnet werden,
2. für die in § 16 Abs. 2a und 2b ASVG bezeichneten Personen sowie
3. für Personen, bei denen nach § 124 Abs. 2 ASVG das Erfordernis der Erfüllung der Wartezeit entfällt.

Angehörige (§ 123 Abs. 8 ASVG, § 124 Abs. 1 ASVG)

§ 15. Als Angehörige von Selbstversicherten nach § 16 ASVG gelten nur:
1. die Ehegattin/der Ehegatte bzw. die eingetragene Partnerin/der eingetragene Partner
2. die Kinder (§ 123 Abs. 2 Z 2 bis 6 und Abs. 4 ASVG).

Bemessungsgrundlage (§ 125 Abs. 2 und 3 ASVG)

§ 16. (1) Bei der Ermittlung der Bemessungsgrundlage für Barleistungen aus dem Versicherungsfall der Arbeitsunfähigkeit infolge Krankheit ist für folgende Gruppe von Versicherten ein anderer Beitragszeitraum als jener nach § 125 Abs. 1 ASVG heranzuziehen: Für gemäß § 5 Abs. 1 Z 2 ASVG nicht von der Vollversicherung ausgenommene geringfügig Beschäftigte der dem Ende des vollen Entgeltanspruches zuletzt vorangegangene Kalendermonat. Kommt dieser Kalendermonat nicht in Betracht, tritt an seine Stelle der laufende Kalendermonat.

(2) Der Zuschlag zur Bemessungsgrundlage nach § 125 Abs. 3 ASVG für die in einem Kalenderjahr

gebührenden Sonderzahlungen beträgt 17 %. Der Zuschlag darf ein Sechstel der Höchstbeitragsgrundlage (§ 45 Abs. 1 ASVG) nicht übersteigen.

Bestätigung des Dienstgebers/der Dienstgeberin über das Entgelt (§ 361 Abs. 3 ASVG)

§ 17. (1) Der/Die Dienstgeber/Dienstgeberin hat für die Berechnung des Krankengeldes auf dem Formular „Arbeits- und Entgeltbestätigung" anzugeben:
1. die Personaldaten des/der Versicherten (Vor- und Familienname, Wohnadresse, Versicherungsnummer),
2. den Eintrittstag sowie den letzten Arbeitstag,
3. die zuletzt ausgeübte Tätigkeit,
4. den Grund der Arbeitseinstellung,
5. den Tag und die Art der Beendigung des Dienstverhältnisses,
6. den genauen Brutto-Geldbezug (einschließlich Trinkgelder, Provisionen usw.) in dem Beitragszeitraum, der dem Ende des vollen Entgeltanspruches zuletzt vorangegangen ist; kommt ein solcher Beitragszeitraum nicht in Betracht, ist der genaue Brutto-Geldbezug des laufenden Beitragszeitraums anzugeben;
7. die Sachbezüge,
8. den Anspruch auf Sonderzahlungen,
9. allenfalls die Leistung einer Kündigungsentschädigung oder einer Ersatzleistung für den Urlaub,
10. allenfalls für welche Dauer und in welcher Höhe für die Zeit der Arbeitsunfähigkeit volles Entgelt oder Teilentgelt über den letzten Arbeitstag hinaus weitergewährt wird,
11. die Dienstgeberkontonummer.

(2) Für die Berechnung des Wochengeldes gilt Abs. 1 mit der Abweichung, dass statt des Betrages nach Z 6 der gebührende Arbeitsverdienst der letzten 13 Wochen (der letzten drei Kalendermonate) vor dem Eintritt des Versicherungsfalles (§ 120 Z 3 ASVG), vermindert um die gesetzlichen Abzüge, zu melden ist.

Erstattung von Kosten der ärztlichen Hilfe (§ 131 Abs. 1 und 2 ASVG)

§ 18. (1) Bei Inanspruchnahme eines/einer Nichtvertragsarztes/Nichtvertragsärztin (Wahlarztes/Wahlärztin) oder einer Wahl-Gruppenpraxis werden die Kosten für eine Ordination mit zwei Fünfteln der in Betracht kommenden pauschalierten Grundvergütung (Fallpauschale u. a.) herangezogen. Die Kostenerstattung darf im Kalendervierteljahr 80 % der in der Honorarordnung für eine/n vergleichbare/n Vertragsarzt/Vertragsärztin oder eine vergleichbare Vertrags-Gruppenpraxis vorgesehenen Grundvergütung (Fallpauschale u. a.), zuzüglich 80 % der in der Honorarordnung vorgesehenen Zuschläge und Honorare für Einzelleistungen und Visiten, jedenfalls aber das Honorar, das dem/der Wahlarzt/Wahlärztin oder der Wahl-Gruppenpraxis tatsächlich entrichtet wurde, nicht übersteigen.

(2) Existiert keine vergleichbare Vertrags-Gruppenpraxis, hat die Kasse einen Kostenzuschuss in der Höhe von 80 % der um 10 % verminderten in der Honorarordnung für eine/n vergleichbare/n Vertragsarzt/Vertragsärztin vorgesehenen Vergütung zu erbringen.

(3) Die Kasse erstattet diese Kosten nur, wenn die Voraussetzungen des § 37 der Krankenordnung erfüllt sind.

Feststellung einer Arbeitsunfähigkeit (§ 131 Abs. 2 ASVG)

§ 19. Wenn der/die Versicherte durch einen Wahlarzt/eine Wahlärztin (Wahlzahnarzt/Wahlzahnärztin) oder eine Wahl-Gruppenpraxis behandelt wird, werden der Beginn und das Ende einer Arbeitsunfähigkeit infolge Krankheit nicht durch den Wahlarzt/die Wahlärztin (Wahlzahnarzt/Wahlzahnärztin) oder die Wahl-Gruppenpraxis, sondern durch einen von der Kasse bestimmten Arzt (Zahnarzt)/eine von der Kasse bestimmte Ärztin (Zahnärztin) festgestellt. Der Anspruch des/der Versicherten auf Kostenerstattung für die Wahl(zahn)arztbehandlung wird dadurch nicht berührt, auch dann nicht, wenn der/die von der Kasse bestimmte Arzt/Ärztin (Zahnarzt/Zahnärztin) ein Vertragsarzt/Vertragsärztin (Vertragszahnarzt/Zahnärztin) oder ein Arzt/eine Ärztin (Zahnarzt/Zahnärztin) in einer Vertrags-Gruppenpraxis ist.

Erste Hilfeleistung (§ 131 Abs. 3 ASVG)

§ 20. (1) Wenn bei Unfällen, plötzlichen Erkrankungen und ähnlichen Ereignissen, die im Inland eingetreten sind, ein Vertragsarzt/eine Vertragsärztin (Vertragszahnarzt/Vertragszahnärztin), eine Vertrags-Gruppenpraxis, eine Vertragskrankenanstalt oder eine eigene Einrichtung der Kasse nicht rechtzeitig die notwendige Hilfe leisten konnte, erstattet die Kasse die tatsächlich erwachsenen Kosten der Behandlung durch einen Arzt/eine Ärztin, einen Zahnarzt/eine Zahnärztin, eine Gruppenpraxis bzw. eine Krankenanstalt. Diese Kostenerstattung wird aber höchstens bis zur Höhe der doppelten geltenden Tarifsätze für die Behandlung durch einen Vertragsarzt/eine Vertragsärztin, einen Vertragszahnarzt/eine Vertragszahnärztin, eine Vertrags-Gruppenpraxis oder eine Vertragseinrichtung (bei ambulanter Behandlung) bzw. bei Anstaltspflege (stationär oder tagesklinisch) bis zur Höhe des doppelten Pflegekostenzuschusses gemäß § 36 geleistet.

(2) Die notwendigen Transportkosten werden nach den entsprechenden vertraglich festgelegten Tarifsätzen erstattet. Besteht keine vertragliche Regelung, erfolgt die Erstattung in der Höhe der zuletzt in Geltung gestandenen Tarife bzw. leistet die Kasse in deren Ermangelung einen Zuschuss nach Anhang 10 zur Satzung. Im Falle der Beförderung durch ein Luftfahrzeug gilt § 43 Abs. 6 und 7.

(3) Die Kosten für Heilmittel, soweit sie mit oder ohne chefärztliche Bewilligung auf Rechnung der Kasse abgebbar sind, werden in der tatsächlich erwachsenen Höhe erstattet, wobei die Rezeptgebühr abzuziehen ist.

Kostenersatz für Anmelde- und Registrierungskosten bei Organtransplantationen (§ 150a ASVG)

§ 21. Für eine notwendige Organtransplantation ersetzt die Kasse die volle Höhe der notwendigen Anmelde- und Registrierungskosten. Als Nachweis der Kostentragung hat der/die Antragsteller/Antragstellerin eine von der Einrichtung, die die Registrierung durchgeführt oder veranlasst hat, ausgestellte und saldierte Rechnung vorzulegen.

Kostenerstattung für Leistungen, die der ärztlichen Hilfe gleichgestellt sind sowie für medizinische Hauskrankenpflege (§ 131 Abs. 1 und 2 ASVG)

§ 22. Die Kasse erstattet die Kosten für Leistungen, die der ärztlichen Hilfe gleichgestellt sind, sowie für medizinische Hauskrankenpflege nur, wenn die Voraussetzungen des § 37 der Krankenordnung erfüllt sind.

Heilbehelfe (§ 137 ASVG)

§ 23. (1) Die Kasse übernimmt die Kosten für notwendige Heilbehelfe höchstens bis zum ...fachen der täglichen Höchstbeitragsgrundlage (§ 108 Abs. 3 ASVG), jedoch begrenzt mit der Höhe der tatsächlichen Kosten.

(2) Die Kasse übernimmt die Kosten der Instandsetzung notwendiger Heilbehelfe höchstens bis zum ...fachen der täglichen Höchstbeitragsgrundlage (§ 108 Abs. 3 ASVG), wenn die Instandsetzung zweckentsprechend ist, jedoch begrenzt mit der Höhe der tatsächlichen Kosten.

(3) Die Kasse übernimmt die Kosten für Kontaktlinsen höchstens bis zum Achtfachen der täglichen Höchstbeitragsgrundlage (§ 108 Abs. 3 ASVG) unter Berücksichtigung der Mindestgebrauchsdauer gemäß § 32 der Krankenordnung, sofern keine Direktverrechnung aufgrund von vertraglichen Regelungen erfolgen kann, jedoch begrenzt mit der Höhe der tatsächlichen Kosten, bei Vorliegen folgender Indikationen:

1. Anisometropie ab 3 Dioptrien bei nachweislich vorhandenem Binokularsehen,
2. Regulärer Astigmatismus ab 3 Dioptrien,
3. Irregulärer Astigmatismus,
4. Keratokonus,
5. Hochgradige Myopie ab 6 Dioptrien,
6. Hypermetropie ab 6 Dioptrien,
7. Aphakie,
8. bei Erosion oder rezidivierender Erosion (nicht als Dauerversorgung),
9. nach Nasenbeinoperationen (postoperativ bis zu 12 Wochen),
10. Progrediente Myopie bei nachweislicher Dioptrienzunahme von mindestens einer Dioptrie pro Jahr bei Kindern und Jugendlichen bei Behandlung mit peripher Defokus modifizierten Kontaktlinsen oder Orthokeratologie-Linsen.

Satzungsmäßiges Krankengeld (§ 139 Abs. 2, § 141 Abs. 3 ASVG)

§ 24. (1) Die Kasse leistet bei Arbeitsunfähigkeit infolge Krankheit – ausgenommen für die nach § 122 Abs. 2 Z 2 und 3 ASVG Anspruchsberechtigten – bei ein und demselben Versicherungsfall Krankengeld unter Beachtung des Abs. 2 bis zur Höchstdauer von 52 Wochen, wenn der/die Anspruchsberechtigte innerhalb der letzten 12 Monate vor dem Eintritt des Versicherungsfalles mindestens 6 Monate in der Krankenversicherung versichert war.

(2) Über die Dauer von 26 Wochen hinaus wird das Krankengeld längstens bis zur Zustellung eines Bescheides über die Zuerkennung einer Pension (eines Vorschusses auf eine Pension) aus eigener Pensionsversicherung erbracht; fällt eine Pension aus den Versicherungsfällen der geminderten Arbeitsfähigkeit erst nach der Bescheidzustellung an, weil der/die Versicherte die Tätigkeit, aufgrund welcher er/sie als invalid (berufsunfähig, dienstunfähig) gilt, nicht aufgegeben hat, wird das Krankengeld bis zu dem Tag geleistet, an dem die Pension angefallen ist.

(3) Die Kasse leistet das Krankengeld bei ein und demselben Versicherungsfall im Einzelfall über die Dauer von 52 Wochen hinaus (Abs. 1 und 2 sind anzuwenden) bis zu ... Wochen, wenn aufgrund einer chef(kontroll)ärztlichen Begutachtung das Erreichen der Arbeitsfähigkeit des/der Versicherten bzw. dessen/deren Wiedereingliederung in den Arbeitsprozess innerhalb dieses Zeitraumes zu erwarten sein wird. Diese chef(kontroll)ärztliche Begutachtung erfolgt spätestens in der 40. bis 44. Woche des Krankengeldbezuges.

(4) Ab dem 43. Tag der Arbeitsunfähigkeit wird das Krankengeld um 10 % der Bemessungsgrundlage (§ 125 Abs. 1 ASVG iVm § 16 der Satzung) erhöht, wenn mindestens ein Angehöriger/eine Angehörige im Sinne des § 123 Abs. 2 Z 2 bis 6 oder Abs. 4 ASVG ohne eigenes Einkommen vorhanden ist oder der/die Versicherte Alleinerzieher/Alleinerzieherin ist oder bei einer Ehe (Lebensgemeinschaft) der Ehegatte/die Ehegattin (der Lebensgefährte/die Lebensgefährtin) kein eigenes Einkommen hat. Besteht über den 42. Tag der Arbeitsunfähigkeit hinaus Anspruch auf Entgeltfortzahlung, so wird das Krankengeld erst ab dem Tag des gänzlichen Wegfalls des Entgeltanspruches erhöht. Es gilt § 35 der Krankenordnung.

Besonderes Krankengeld bei stationärem Aufenthalt (§ 139 Abs. 2b ASVG)

§ 25. Die Kasse leistet Personen,

1. deren Anspruch auf Leistungen aus der Arbeitslosenversicherung während der Unter-

bringung in einer Heil- oder Pflegeanstalt nach § 16 Abs. 1 lit. c des Arbeitslosenversicherungsgesetzes 1977 (BGBl. Nr. 609/1977 in der Fassung des Bundesgesetzes BGBl. I Nr. 162/2015) ruht,
2. bei denen die Höchstdauer ihres Krankengeldanspruches (§ 139 Abs. 1 und 2 ASVG) abgelaufen ist und
3. bei denen mangels Wiedererlangung der Arbeitsfähigkeit nach § 139 Abs. 4 ASVG noch kein neuer Krankengeldanspruch entstanden ist,

Krankengeld in der zuletzt bezogenen Höhe für die Dauer notwendiger, unaufschiebbarer stationärer Aufenthalte (Krankenhaus- sowie Rehabilitationsaufenthalte im Anschlussheilverfahren).

Umfang von Zahnbehandlung und Zahnersatz (§ 153 ASVG)

§ 26. (1) Die Zahnbehandlung und der unentbehrliche Zahnersatz werden von der Kasse im Umfang der Anhänge 1, 2, 3 und 5 geleistet.

(2) Die Zahnbehandlung umfasst die konservierende, chirurgische Zahnbehandlung und die Kieferregulierung. Letztere, soweit sie zur Verhütung von schweren Gesundheitsstörungen oder zur Beseitigung von berufsstörenden Verunstaltungen notwendig ist. Unentbehrlicher Zahnersatz ist der Zahnersatz, der notwendig ist, um eine Gesundheitsstörung zu vermeiden oder zu beseitigen. Zum unentbehrlichen Zahnersatz gehört auch die notwendige Reparatur von unentbehrlichen Zahnersatzstücken.

(3) Als unentbehrlicher Zahnersatz wird im Allgemeinen der abnehmbare Zahnersatz samt medizinisch notwendiger Halteelemente (Klammerzahnkrone) erbracht. Festsitzender Zahnersatz wird nur dann erbracht, wenn eine prothetische Versorgung mit abnehmbarem Zahnersatz aus medizinischen Gründen nicht möglich ist. Dies ist insbesondere der Fall bei
1. Patienten/Patientinnen mit Lippen-Kiefer-Gaumenspalten,
2. Tumorpatienten/Tumorpatientinnen in der postoperativen Rehabilitation,
3. Patienten/Patientinnen nach polytraumatischen Kieferfrakturen in der posttraumatischen Rehabilitation,
4. Patienten/Patientinnen mit extremen Kieferrelationen (z. B. extreme Progenie, Prognathie, extreme Atrophie des Kieferkammes im zahnlosen Kiefer oder sonstige Formen der extremen Atrophie im Zusammenhang mit Fällen nach Z 1 bis 3) sowie
5. Aplasie im Bereich der Zähne 1 bis 5 im Ober- bzw. Unterkiefer.

Für festsitzenden Zahnersatz ohne diese medizinische Notwendigkeit übernimmt die Kasse keine Kosten.

(4) Kronen, Brücken, gegossene Stiftaufbauten und Implantate gelten jedenfalls als festsitzender Zahnersatz.

(5) Kieferregulierungen, unentbehrlicher Zahnersatz (auch bei vorzeitiger Neuherstellung gemäß § 30 Abs. 3) oder Zuschüsse zu diesen Leistungen sowie Zuschüsse zu Leistungen der Zahnbehandlung gemäß § 27 Abs. 2 und Kostenerstattungen gemäß § 27 Abs. 3 zweiter Satz müssen – grundsätzlich vor Behandlungsbeginn – von der Kasse genehmigt werden. Dies gilt nicht für die Reparatur von kieferorthopädischen Apparaten und Zahnersatzstücken.

(6) Ein Zuschuss wird nicht geleistet, wenn für dieselbe Leistung bereits ein Zuschuss aus einer anderen gesetzlichen Krankenversicherung in Anspruch genommen wurde.

(7) Kosten für die Behandlung durch Wahlzahnärzte/Wahlzahnärztinnen, zahnärztliche Wahl-Gruppenpraxen oder Wahleinrichtungen werden in der Höhe von 80 % des Betrages erstattet, der bei Inanspruchnahme des/der entsprechenden Vertragspartners/Vertragspartnerin von der Kasse aufzuwenden gewesen wäre, jedoch nicht mehr als die tatsächlichen Kosten. Soweit zu einzelnen Leistungen lediglich Zuschüsse vorgesehen sind, werden für die Behandlung durch eine/n Wahlzahnärztin/Wahlzahnarzt, eine Wahl-Gruppenpraxis oder eine Wahleinrichtung die Zuschüsse in der im Anhang 2 bestimmten Höhe geleistet, jedoch nicht mehr als die tatsächlichen Kosten.

(8) Existiert keine entsprechende Vertrags-Gruppenpraxis, hat die Kasse einen Kostenzuschuss in der Höhe von 80 % der um 10 % verminderten in der Honorarordnung für einen/eine vergleichbaren/vergleichbare Vertragszahnarzt/Vertragszahnärztin vorgesehenen Vergütung zu erbringen.

(9) Die Kosten für Zahnbehandlung und Zahnersatz werden von der Kasse nur für Arbeiten in allgemein körperverträglichem Material und in einwandfreier Ausführung übernommen.

Konservierend, chirurgische Zahnbehandlung (§ 153 ASVG)

§ 27. (1) Konservierend, chirurgische Zahnbehandlung wird im Umfang des Anhanges 1, Teil A als Sachleistung (Vertragsleistung oder Kostenerstattung) erbracht. Ist die Leistung im Anhang 1, Teil A der Art nach vorgesehen, verlangt der/die Versicherte (Angehörige) aber die Verwendung eines anderen einwandfreien haltbaren Materials (z. B. aus kosmetischen Gründen), hat der/die Versicherte (Angehörige) die Leistung selbst zu zahlen und die Kasse leistet einen Zuschuss im Ausmaß von 80 % des Vertragstarifes für die entsprechende Leistung nach Anhang 1, Teil A.

(2) Stehen in medizinisch begründeten Einzelfällen Leistungen nach Anhang 1, Teil A nicht zur Verfügung, gewährt die Kasse für die im Anhang 2, Teil A genannten Leistungen den entsprechenden Kostenzuschuss.

(3) – **VARIANTE 1** – Mund-, kiefer- und gesichtschirurgische Leistungen, die über den Leistungsumfang der Anhänge 1, Teil A und 2, Teil A hinausgehen, werden von der Kasse gemäß Anhang 3, Teil A erbracht. Werden solche Leistungen außer-

halb einer Vertragseinrichtung erbracht, leistet die Kasse eine Kostenerstattung in Höhe von 80 % des entsprechenden Vertragstarifes, wenn der Leistungserbringer/die Leistungserbringerin die im Anhang 3, Teil A jeweils genannten Qualitätsvoraussetzungen erfüllt. § 18 Abs. 1 ist hinsichtlich des anzuwendenden Vertrages sinngemäß anzuwenden.

(4) – **VARIANTE 2** – Für mund-, kiefer- und gesichtschirurgische Leistungen, die über den Leistungsumfang der Anhänge 1 und 2 hinausgehen, leistet die Kasse Kostenzuschüsse nach der Regelung und den Bedingungen (insbesondere Qualitätsvoraussetzungen) des Anhanges 3.

Kieferregulierungen (§ 153 ASVG)

§ 28. (1) Die Kasse erbringt Kieferregulierungen als Sachleistung (Vertragsleistung oder Kostenerstattung) im Umfang des Anhanges 1, Teil B
1. bei nachstehenden Fehlbildungen sowie
2. jedenfalls bei nachstehenden Kieferfehlstellungen nach dem Index of Orthodontic Treatment Need (IOTN) nach Anhang 9,

sofern nicht die Voraussetzungen für Leistungen nach § 29 bzw. § 34 erfüllt sind:
a. Hemmungsmissbildungen, insbesondere Spaltbildungen sowie IOTN-Grad 5p,
b. Unterzahl von drei benachbarten oder von vier und mehr Zähnen in einem Kiefer; insbesondere IOTN-Grad 5h,
c. Überzahl von drei oder mehr Zähnen in einem Kiefer, insbesondere IOTN-Grad 4x,
d. totale Nonokklusion, insbesondere IOTN-Grad 4l,
e. extremer oberer Schmalkiefer mit ein- oder beidseitigem Kreuzbiss und gestörter Nasenatmung sowie erschwertem Mundschluss, insbesondere IOTN-Grade 4c, 3c und 2c,
f. extremer Tiefbiss (insbesondere Deckbiss) mit traumatischem Einbiss im antagonistischen parodontalen Gebiet, insbesondere IOTN-Grad 3f und 4f,
g. frontaler offener Biss mit Einschluss der ersten Prämolaren, insbesondere IOTN-Grade 4e und 3e,
h. Progenie mit Mesialokklusion und Frontzahnstufe bei gestörter Nasenatmung sowie erschwertem Mundschluss, insbesondere IOTN-Grade 5m, 4m, 4b, 3b und 2b,
i. extreme Frontzahnstufe bei Distalokklusion von mehr als einer Prämolarenbreite bei gestörter Nasenatmung sowie erschwertem Mundschluss, insbesondere IOTN-Grade 3a, 4a und 5a,
j. Fehlbildungen, die in ihrer Bedeutung für die zu Behandelnde/den zu Behandelnden den in lit. a bis i genannten Anomalien entsprechen, insbesondere jegliche Grade von IOTN 4 und 5 sowie die in lit. a bis i genannten Indikationen,
k. Fehlbildungen, bei denen kieferorthopädische Maßnahmen zur Behandlung von Krankheiten erforderlich sind, die ihrem Wesen nach zu anderen ärztlichen Fachgebieten gehören (Hals-Nasen-Ohren-Heilkunde, Neurologie, Psychotherapie).

Dabei sind vom/von der Versicherten (Angehörigen) Zuzahlungen in der im Anhang 4, Teil A festgesetzten Höhe zu entrichten. Wenn eine Sachleistung mangels einer Regelung im Vertrag mit den Zahnärzten/Zahnärztinnen nicht möglich ist, leistet die Kasse einen Zuschuss nach Maßgabe der Bestimmungen des Anhanges 4, Teil A. Therapien mit Alignern sind keine dem § 153 ASVG gleichzuhaltende Leistungen.

(2) Für die Ermittlung der Höhe der Kostenerstattung ist vom Vertragstarif für die entsprechende Leistung nach Anhang 1, Teil B die Zuzahlung des/der Versicherten (Angehörigen) nach Anhang 4, Teil A abzuziehen; die Kostenerstattung für den/die Versicherten/Versicherte (Angehörigen/Angehörige) beträgt dann 80 % dieses Betrages.

(3) Können kieferorthopädische Fehlstellungen nach Abs. 1 lit. a bis k oder gleichwertige Fehlstellungen durch kleine kieferorthopädische Behelfe vermieden oder behoben werden oder kann dadurch der Erfolg der vorangegangenen kieferorthopädischen Behandlung sichergestellt werden, wird anstelle einer Kieferregulierung nach Abs. 1 ein Kostenzuschuss nach Anhang 5 erbracht.

Kieferregulierungen für Kinder und Jugendliche (§ 153a ASVG)

§ 29. (1) Die Kasse erbringt die kieferorthopädische Beratung im Umfang des Anhangs 1, Teil A, Pos. Nr. 1a als Sachleistung für Anspruchsberechtigte vor Vollendung des 18. Lebensjahres, frühestens, wenn beim Patienten/bei der Patientin die vier oberen und die vier unteren Schneidezähne zur Gänze durchgebrochen sind. Von der letztgenannten Voraussetzung kann im Einzelfall aus medizinisch zwingenden Gründen abgewichen werden. Die kieferorthopädische Beratung wird bis zum vollendeten 18. Lebensjahr nur einmal erbracht.

(2) Die Kasse erbringt folgende Leistungen der Kieferorthopädie im Umfang des Anhangs 1, Teil C als Sachleistungen durch Vertragspartner/Vertragspartnerinnen oder in eigenen Einrichtungen der Kasse, wenn Behandlungsbedürftigkeit aufgrund einer erheblichen Zahn- und Kieferfehlstellung gegeben ist:
1. Feststellung des Grades nach dem Index of Orthodontic Treatment Need (IOTN Grad) bei Vorliegen der Voraussetzungen des Abs. 3,
2. Interzeptive kieferorthopädische Behandlung bei Vorliegen der Voraussetzungen des Abs. 4,
3. Kieferorthopädische Hauptbehandlung in der späten Phase des Wechselgebisses bei Vorliegen der Voraussetzungen des Abs. 5.

(3) Die Feststellung des IOTN Grades (Anhang 1, Teil C, Punkt 1) wird für Anspruchsberechtigte nur ab Vollendung des 12. Lebensjahres längstens bis zur Vollendung des 18. Lebensjahres höchstens zweimal erbracht. Die zweite IOTN-Feststellung

kann frühestens ein Jahr nach der erstmaligen Feststellung erfolgen. Die Kasse erbringt keine Leistung, wenn IOTN 1 und 2 vorliegt oder wenn für eine sonstige kieferorthopädische Leistung kein Anspruch auf Erbringung einer Leistung aufgrund des § 28 und Abs. 2 Z 1 besteht. Wird innerhalb eines Jahres nach der Feststellung des IOTN-Grades mit der Behandlung gemäß Abs. 5 durch denselben Leistungserbringer/dieselbe Leistungserbringerin begonnen, ist die Feststellung Bestandteil dieser Behandlung.

(4) Ziel der interzeptiven kieferorthopädischen Behandlung (Anhang 1, Teil C, Punkt 2) ist die frühe Korrektur von Zahnfehlstellungen, um eine möglichst normale Weiterentwicklung des Gebisses zu ermöglichen. Leistungen der interzeptiven kieferorthopädischen Behandlung werden erbracht, wenn
1. der Behandlungsbeginn (Abs. 7) in der Regel (bei nicht verzögerter Zahnentwicklung) vor Vollendung des 10. Lebensjahres liegt,
2. eine Zahn- oder Kieferfehlstellung nach dem IOTN Grad 4 oder 5 gegeben ist und
3. eine der folgenden Indikationen vorliegt:
    a) Lippen-Kiefer-Gaumenspalte und andere kraniofaziale Anomalien,
    b) skelettal offener Biss größer als 4 mm bei abgeschlossenem Wurzelwachstum der Frontzähne,
    c) seitlich offener Biss ab 4 mm vertikalem Kauflächenabstand bei abgeschlossenem Wurzelwachstum der Seitenzähne,
    d) ein- oder beidseitiger lateraler Kreuzbiss,
    e) frontaler Kreuzbiss (progener Zwangsbiss),
    f) bukkale Nonokklusion (ein- oder beidseitig),
    g) progener Formenkreis mit frontalem Kreuzbiss bis 4 mm negative Frontzahnstufe,
    h) Distalbiss ab einer Frontzahnstufe über 6 mm und myofunktionellen Problemen mit Verschlechterungstendenzen,
    i) Distalbiss ab einer Frontzahnstufe über 9 mm,
    j) Platzmangel in Stützzone größer als 4 mm. Ein Fall ist nicht in diese Gruppe einzustufen, wenn damit zu rechnen ist, dass ein noch nicht (oder außerhalb des Zahnbogens) durchgebrochener Zahn nach Reduzierung der Zahnzahl (Extraktionstherapie) spontan durchbricht und sich in den Zahnbogen einstellt.
    k) unterminierende Resorption von Milchzähnen durch 6-Jahr-Molaren,
    l) Tiefbiss/Deckbiss, sofern ein nachgewiesenes Trauma im antagonistischen Parodontium vorliegt,
    m) verletzungsbedingte Kieferfehlstellungen (z. B. nach einer Collum-Fraktur).

Platzmangel im Frontzahnbereich während der frühen Wechselgebissphase oder Gingivakontakt der Zähne mit dem antagonistischen Parodont stellen dabei alleine noch keine Indikation für eine interzeptive kieferorthopädische Behandlung dar.

(5) Leistungen der kieferorthopädischen Hauptbehandlung (Anhang 1, Teil C, Punkt 3) in der späten Phase des Wechselgebisses werden erbracht, wenn:
1. der Behandlungsbeginn (Abs. 7) vor Vollendung des 18. Lebensjahres liegt,
2. vor Behandlungsbeginn und jedenfalls nach dem 30. Juni 2015 eine Zahn- oder Kieferfehlstellung nach dem IOTN Grad 4 oder 5 gegeben ist,
3. die Behandlung zu einem Zeitpunkt erfolgt, zu dem in der Regel bei Behandlungsabschluss die Siebener regulär eingegliedert sind,
4. abgesehen von medizinisch begründeten Einzelfällen der Abschluss einer allfälligen interzeptiven kieferorthopädischen Behandlung bei Behandlungsbeginn mindestens ein Jahr zurückliegt und
5. der Leistungserbringer/die Leistungserbringerin folgende Voraussetzungen erfüllt, welche der Kasse gegenüber nachgewiesen wurden:
    a) Ausbildung zum Fachzahnarzt/zur Fachzahnärztin für Kieferorthopädie (KFO) (mit entsprechender Ausbildung im EU-Inland und Ausland) oder
    b) dreijährige klinisch-universitäre Vollzeit-Ausbildung im Bereich KFO oder
    c) Nachweis der Befähigung nach den Richtlinien des Austrian Board of Orthodontists (ABO) oder European Board of Orthodontists (EBO) oder
    d) entsprechende postgraduale Ausbildung in der KFO (z. B. Master of Science) oder
    e) Habilitation im Bereich der Kieferorthopädie (KFO) oder
    f) Fortbildungsnachweis (Fortbildungsdiplom KFO der Österreichischen Zahnärztekammer) oder
    g) gleichwertige Ausbildung im EU-Inland bzw. Ausland und 20 Multibracket-Behandlungsfälle, die in den letzten drei Jahren abgeschlossen wurden, bei denen eine Verbesserung durch die Behandlung von durchschnittlich mindestens 70 % nach dem Peer Assessment Rating Index (PAR-Index), bezogen auf all diese Fälle, bewirkt wurde. Diese Fälle müssen im Rahmen der selbständigen Berufsausübung (§ 23 ZÄG) persönlich geplant, durchgeführt und dokumentiert worden sein.

Wird auf Wunsch des Patienten/der Patientin ein kieferorthopädischer Apparat unter ausschließlich kosmetischen Aspekten erstellt (z. B. linguale Versorgung, Keramikbrackets, zahnfarbene Bögen), werden für die kieferorthopädische Leistung in ihrer Gesamtheit von der Kasse keine Kosten übernommen.

(6) Leistungen nach den Abs. 4 und 5 werden nicht erbracht, wenn der/die Anspruchsberechtigte bereits kieferorthopädische Leistungen nach § 28 erhält. Abweichend davon gewährt die Kasse die für die Restbehandlungsdauer (in der Regel die Differenz aus drei Behandlungsjahren und der bereits erfolgten Behandlungszeit) in Frage kommenden Leistungen nach den Abs. 4 oder 5, wenn der/die Anspruchsberechtigte ab 1. Juli 2015 die Voraussetzungen für eine Leistung nach den Abs. 4 oder 5 erfüllt und der/die Anspruchsberechtigte einen entsprechenden Antrag gestellt hat.

(7) Als Behandlungsbeginn bei Leistungen nach den Abs. 4 und 5 gilt das Datum, zu dem erstmals durch den Kieferorthopäden/die Kieferorthopädin die erforderlichen Geräte für Leistungen nach dieser Bestimmung in den Mund des Patienten/der Patientin eingebracht werden. Die Behandlung gilt bei Leistungen nach Abs. 4 als beendet, wenn die in der Behandlungsplanung getroffenen Erfolgsannahmen eingetreten sind, außer dies ist aus zahnmedizinischer Sicht trotz zweckmäßiger Behandlung und zumutbarer Mitwirkung des Patienten/der Patientin nicht möglich. Die Behandlung gilt bei Leistungen nach Abs. 5 als beendet, sobald

1. eine Verbesserung des Ausgangszustandes von zumindest 70 % nach dem PAR-Index erreicht wird, außer dies ist aus zahnmedizinischer Sicht trotz zweckmäßiger Behandlung und zumutbarer Mitwirkung des Patienten/der Patientin nicht möglich, und

2. die geeigneten Retentionsmaßnahmen gesetzt wurden.

Zahnersatz (§ 153 Abs. 2 ASVG)

§ 30. (1) Die Kasse erbringt den unentbehrlichen Zahnersatz, soweit nicht ein Anspruch

1. aus der gesetzlichen Unfallversicherung,
2. nach dem Kriegsopferversorgungsgesetz 1957,
3. nach dem Heeresversorgungsgesetz oder Heeresentschädigungsgesetz,
4. nach dem Opferfürsorgegesetz,
5. nach dem Verbrechensopfergesetz,
6. nach dem Impfschadengesetz oder
7. nach dem Strafvollzugsgesetz

besteht.

(2) Der unentbehrliche Zahnersatz wird im Umfang des Anhanges 1, Teil D als Sachleistung (Vertragsleistung oder Kostenerstattung) geleistet. Muss aus medizinischen Gründen (z. B. wegen nachgewiesener Allergie gegen ein Vertragsmaterial) oder weil ein abnehmbarer Zahnersatz nicht anders Halt findet, für die Herstellung eines unentbehrlichen Zahnersatzes ein Material oder ein besonderes Halteelement verwendet werden, das in den Verträgen nicht vorgesehen ist, leistet die Kasse für die Differenzkosten auf das höherwertige Material bzw. das Halteelement einen Zuschuss, dessen Höhe im Anhang 2, Teil B, Punkt 1. bestimmt ist. In anderen Fällen erbringt die Kasse für derartige Leistungen keinen Zuschuss.

(3) Hat die Kasse als Leistung eine totale Kunststoffprothese als Dauerversorgung, eine Metallgerüstprothese oder eine Verblend-Metallkeramikkrone erbracht, wird eine Neuherstellung frühestens nach sechs Jahren, bei sonstigen Prothesen frühestens nach vier Jahren geleistet, es sei denn, dass infolge notwendig gewordener Extraktionen oder anderer Veränderungen im Mund eine vorzeitige Neuherstellung notwendig wird. Für Reservestücke werden keine Kosten übernommen.

(4) Für verlorene oder nicht durch normalen Gebrauch beschädigte Zahnersatzstücke leistet die Kasse vor Ablauf der im Abs. 3 genannten Frist keinen Ersatz.

(5) Für unentbehrlichen Zahnersatz sind vom/von der Versicherten (Angehörigen) Zuzahlungen zu leisten. Die Höhe der Zuzahlungen ist im Anhang 4, Teil B, Abs. 1 zur Satzung festgesetzt. Für den aus medizinischen Gründen notwendigen festsitzenden Zahnersatz (§ 26 Abs. 3 zweiter und dritter Satz) leistet die Kasse Zuschüsse, deren Höhe im Anhang 2, Teil B, Punkt 2 bestimmt wird, sofern kein Anspruch nach Abs. 6 besteht.

(6) Leistungen des Zahnersatzes, die über den Leistungsumfang des Anhangs 1, Teil D hinausgehen, werden von der Kasse in den Fällen des § 26 Abs. 3 zweiter und dritter Satz gemäß Anhang 3, Teil B erbracht. Werden solche Leistungen außerhalb einer Vertragseinrichtung erbracht, leistet die Kasse Kostenerstattung in der Höhe von 80 % des entsprechenden Vertragstarifes, wenn die Leistungserbringer/die Leistungserbringerin die im Anhang 3, Teil B genannten Qualitätsvoraussetzungen erfüllt. § 18 Abs. 1 ist hinsichtlich des anzuwendenden Vertrages sinngemäß anzuwenden.

Kostenerstattung im vertragslosen Zustand (§ 131a ASVG)

§ 31. Im Falle eines vertragslosen Zustandes wegen Beendigung der vertraglichen Beziehungen mit freiberuflich tätigen Ärzten/Ärztinnen, Gruppenpraxen oder anderen Leistungserbringern/Leistungserbringerinnen erstattet die Kasse Kosten nach der Regelung im Anhang zur Satzung.

Kostenerstattung bei Fehlen einer flächendeckenden Versorgung (§ 131 Abs. 6 ASVG)

§ 32. Nimmt der/die Versicherte einen

1. ......
2. ......
3. ......

in Anspruch, der mit der Kasse in keinem Vertragsverhältnis steht, erstattet die Kasse Kosten in der Höhe des Betrages, der bei Inanspruchnahme des/der entsprechenden Vertragspartners/Vertragspartnerin von der Kasse aufzuwenden gewesen wäre.

Kostenzuschüsse bei Fehlen vertraglicher Regelungen (§ 131b ASVG)

§ 33. (1) Stehen Vertragspartner/Vertragspartnerinnen für
1. einzelne Leistungen der ärztlichen Hilfe,
2. die der ärztlichen Hilfe gleichgestellten Leistungen (§ 135 Abs. 1 Z 1 bis 4 ASVG),
3. die medizinische Hauskrankenpflege (§ 151 ASVG),
4. den Beistand durch diplomierte Kinderkranken- und Säuglingsschwestern aus dem Versicherungsfall der Mutterschaft (§ 159 ASVG),
5. die Versorgung mit Heilbehelfen oder Hilfsmitteln

auf Rechnung der Kasse nicht zur Verfügung, weil Verträge nicht zustande gekommen sind, leistet die Kasse Kostenzuschüsse nach den Regelungen in den Anhängen 6 und 7.

(2) Stehen Vertragspartnerinnen/Vertragspartner für eine als Krankenbehandlung erbrachte ambulante Tumorbehandlung durch eine punktförmige Bestrahlung des Tumors mit Protonen und/oder Kohlenstoffionen auf Rechnung der Kasse nicht zur Verfügung, weil Verträge nicht zustande gekommen sind, leistet die Kasse Kostenzuschüsse nach den Regelungen der Abs. 3 bis 6.

(3) Für eine als Krankenbehandlung erbrachte ambulante Tumorbehandlung durch eine punktförmige Bestrahlung des Tumors mit Protonen leistet die Kasse einen Kostenzuschuss in Höhe von 18.649,59 €, jedoch begrenzt mit der Höhe der tatsächlich erwachsenen Kosten. Dies gilt mit Ausnahme von besonderen Einzelfällen für die Behandlung folgender Erkrankungen:
1. Melanome am Auge, die nicht für Brachytherapie mit Jod- oder Ruthenium-Applikatoren geeignet sind,
2. Chordome und Chondrosarkome der Schädelbasis,
3. Adenoidzystische Speicheldrüsenkarzinome, wenn diese nicht operabel sind oder bei Vorliegen von makroskopischen Krankheitsrückständen nach einer Operation,
4. Pädiatrische Tumoren bei Patienten oder Patientinnen bis zur Vollendung des 16. Lebensjahres sowie
5. Meningeome, wenn diese neurologischen Symptome verursachen und durch neurochirurgische Maßnahmen ein hohes Risiko für zusätzliche Schädigungen zu befürchten ist.

(4) Für eine als Krankenbehandlung erbrachte ambulante Tumorbehandlung durch eine punktförmige Bestrahlung des Tumors mit Kohlenstoffionen leistet die Kasse einen Kostenzuschuss in Höhe von 14.628,17 €, jedoch begrenzt mit der Höhe der tatsächlich erwachsenen Kosten.

(5) Mit der Leistung des Kostenzuschusses nach den Abs. 2 bis 4 sind sämtliche mit dieser ambulanten Tumorbehandlung in Zusammenhang stehenden medizinischen Leistungen abgegolten. Falls eine derartige Therapie nicht abgeschlossen wird, ist der Kostenzuschuss entsprechend den tatsächlich erbrachten Therapieeinheiten zu aliquotieren.

(6) Bei Unterbleiben der von der Kasse bewilligten punktförmigen Bestrahlung des Tumors mit Protonen und/oder Kohlenstoffionen leistet die Kasse für allfällige mit der ambulanten Tumorbehandlung in Zusammenhang stehenden erbrachten medizinischen Leistungen (wie Voruntersuchungen mittels Computertomographie) einen Kostenzuschuss in Höhe von 511,32 €, jedoch begrenzt mit der Höhe der tatsächlich erwachsenen Kosten.

Kostenzuschuss bei Fehlen einer regional ausgewogenen flächendeckenden Sachleistungsversorgung (§ 153a Abs. 6 ASVG)

§ 34. (1) Stehen nicht oder nicht mehr genug Vertragspartner/Vertragspartnerinnen für die Gewährleistung einer regional ausgewogenen flächendeckenden Sachleistungsversorgung für Leistungen nach § 29 Abs. 2 Z 3 (kieferorthopädische Hauptbehandlung) auf Rechnung der Kasse zur Verfügung (Nichtzustandekommen oder Wegfall des Gesamtvertrags nach § 343e ASVG), leistet die Kasse für die kieferorthopädische Hauptbehandlung bei Leistungserbringern/Leistungserbringerinnen, die keinen SonderEinzelvertrag nach § 343e Abs. 2 ASVG abgeschlossen haben, einen Kostenzuschuss nach der Regelung des Anhangs 8, wenn der/die Versicherte (Angehörige) die Kieferorthopäden/eine Kieferorthopädin in Anspruch genommen hat, der/die in § 29 Abs. 5 Z 5 angeführten Ausbildungs- und Erfahrungsvoraussetzungen erfüllt, welche der Kasse gegenüber nachgewiesen wurden.

(2) Die Kasse erbringt den Kostenzuschuss erst nach Abschluss der kieferorthopädischen Hauptbehandlung. Die Kasse erbringt Teilbeträge nach § 41 Abs. 4 der Krankenordnung vor Abschluss der Behandlung, wenn die Kasse durch geeignete Maßnahmen, welche sachgerecht kundzutun sind, sichergestellt hat,
1. dass der Kieferorthopäde/die Kieferorthopädin die Voraussetzungen nach § 29 Abs. 5 Z 5 erfüllt,
2. die Behandlungsnotwendigkeiten nach § 29 Abs. 5 Z 1 bis 4 vorliegen und
3. der verwendete kieferorthopädische Apparat bzw. der Behandlungsplan einen Behandlungserfolg erwarten lassen.

(3) Ein Zuschuss wird nicht geleistet, wenn für dieselbe Leistung bereits ein Zuschuss oder eine Sachleistung (Kostenerstattung) von einem anderen Krankenversicherungsträger erbracht wurde.

Kostenzuschüsse bei Fehlen vertraglicher Regelungen mit den Gruppenpraxen

§ 35. Stehen Vertragspartner/innen zur Erbringung von ärztlicher Hilfe durch Gruppenpraxen aufgrund des Fehlens von Verträgen mit Gruppenpraxen nicht zur Verfügung, hat die Kasse einen Kostenzuschuss in der Höhe von 80 % der um 10 % verminderten in der Honorarordnung für eine/n vergleichbare/n Vertragsärztin/Vertragsarzt vorgesehenen Vergütung zu erbringen.

Pflegekostenzuschuss bei Anstaltspflege in einer Krankenanstalt, die nicht über Landesfonds finanziert wird (§ 150 ASVG)

§ 36. (1) Hat der/die Versicherte (Angehörige) notwendige Anstaltspflege in einer Krankenanstalt stationär in Anspruch genommen, die nicht über Landesfonds finanziert wird und mit der keine vertragliche Regelung gemäß § 149 Abs. 3 ASVG iVm. § 150 Abs. 2 ASVG besteht, erbringt die Kasse einen Pflegekostenzuschuss in Höhe des Pauschalbetrages von „309,00" € pro Tag in einer Krankenanstalt.

(AVSV 2021/1)

(2) Hat der/die Versicherte (Angehörige) tagesklinische Leistungen in einer Krankenanstalt in Anspruch genommen, die nicht über Landesfonds finanziert wird und mit der keine vertragliche Regelung gemäß § 149 Abs. 3 ASVG iVm. § 150 Abs. 2 ASVG besteht, erbringt die Kasse einen Pflegekostenzuschuss in Höhe des Pauschalbetrages von „309,00" € pro Tag in einer Krankenanstalt, jedoch nicht mehr als die tatsächlichen Kosten.

(AVSV 2021/1)

(3) Die Pauschalbeträge nach Abs. 1 und 2 verringern sich um 10 % für Angehörige, sofern nicht gemäß § 447f Abs. 7 Z 1 bis 4 ASVG davon abzusehen ist.

(4) Dies gilt entsprechend auch für die Anstaltspflege in einer ausländischen Krankenanstalt, sofern die Kasse keine volle Übernahme der Kosten im Voraus zugesichert hat.

Ambulanzkostenzuschuss bei Krankenbehandlung in einer Krankenanstalt, die nicht über Landesfonds finanziert wird (§ 131b ASVG)

§ 37. (1) Hat der/die Versicherte (Angehörige) Krankenbehandlung ambulant in einer Krankenanstalt in Anspruch genommen, die nicht über Landesfonds finanziert wird und mit der keine diesbezügliche vertragliche Regelung besteht, und besteht auch keine vertragliche Regelung mit einer anderen vergleichbaren Krankenanstalt, erbringt die Kasse einen Ambulanzkostenzuschuss in Höhe von 80 % bis zum 31. Dezember 1996 geltenden Ambulanztarife mit der nächstgelegenen geeigneten öffentlichen Krankenanstalt, jedoch nicht mehr als die tatsächlichen Kosten. Dies gilt entsprechend auch für die ambulante Behandlung in einer ausländischen Krankenanstalt.

(2) Die zum 31. Dezember 1996 geltenden Ambulanztarife sind für das in Betracht kommende Kalenderjahr mit dem Betrag aufzuwerten, um den die Vertragstarife für private Krankenanstalten für stationäre Pflege erhöht werden.

Hilfsmittel (§ 154 ASVG)

§ 38. (1) Die Kasse leistet für die Anschaffung eines notwendigen Hilfsmittels einen Zuschuss, wenn die Kosten höher sind als 20 % der täglichen Höchstbeitragsgrundlage (§ 108 Abs. 3 ASVG). Der Zuschuss beträgt 90 % der Anschaffungskosten, höchstens jedoch

1. allgemein das ...fache der täglichen Höchstbeitragsgrundlage (§ 108 Abs. 3 ASVG),
2. das ...fache der täglichen Höchstbeitragsgrundlage (§ 108 Abs. 3 ASVG) für Hilfsmittel, welche geeignet sind, die Funktion fehlender oder unzulänglicher Körperteile zu übernehmen,

wobei vom/von der Versicherten (Angehörigen) jedenfalls 20 % der täglichen Höchstbeitragsgrundlage (§ 108 Abs. 3 ASVG) zu tragen sind.

(1a) Der Zuschuss für Krankenfahrstühle beträgt höchstens das Zwanzigfache der täglichen Höchstbeitragsgrundlage (§ 108 Abs. 3), sofern keine Direktverrechnung gemäß Abs. 4 erfolgen kann.

(2) Für ständig benötigte Hilfsmittel, die nur einmal oder nur kurzfristig verwendet werden können und daher in der Regel mindestens einmal im Monat erneuert werden müssen, beträgt der Zuschuss 90 % der Anschaffungskosten, höchstens jedoch das ...fache der täglichen Höchstbeitragsgrundlage (§ 108 Abs. 3 ASVG).

(3) Die Kasse übernimmt den Anteil des/der Versicherten (Angehörigen) gemäß Abs. 1 und 2, wenn die Voraussetzungen des § 137 Abs. 4 lit. a oder b ASVG zutreffen.

(4) Bestehen mit Vertragspartnern/Vertragspartnerinnen Vereinbarungen zur Abgabe der notwendigen Hilfsmittel an die/den Versicherten/ Versicherte (Angehörigen/Angehörige), werden der Zuschuss oder die Anschaffungskosten nach Abs. 3 mit dem Vertragspartner/der Vertragspartnerin direkt verrechnet.

(5) Für die zweckentsprechende und wirtschaftliche Instandsetzung notwendiger Hilfsmittel beträgt der Zuschuss 90 % der Instandsetzungskosten, maximal jedoch das ...fache der täglichen Höchstbeitragsgrundlage (§ 108 Abs. 3), sofern die Instandsetzungskosten höher sind als 20 % der täglichen Höchstbeitragsgrundlage (§ 108 Abs. 3 ASVG). Vom/Von der Versicherten (Angehörigen) sind jedenfalls 20 % der täglichen Höchstbeitragsgrundlage (§ 108 Abs. 3 ASVG) zu tragen.

(6) Der Zuschuss für saugende Inkontinenzprodukte in Form von Windeln und Einlagen beträgt pro Quartal höchstens das Achtfache der täglichen Höchstbeitragsgrundlage (§ 108 Abs. 3 ASVG), sofern keine Direktverrechnung gemäß Abs. 4 erfolgen kann.

(7) Der Zuschuss für Perücken, die bei einem mit einer Erkrankung im Zusammenhang stehenden Haarausfall, wie insbesondere bei onkologischer Behandlung, in Anspruch genommen werden, beträgt höchstens das Achtfache der täglichen Höchstbeitragsgrundlage (§ 108 Abs. 3 ASVG), sofern keine Direktverrechnung gemäß Abs. 4 erfolgen kann.

(7) Der Zuschuss für Orthopädische Maßschuhe verringert sich um € 58,14 pro Paar bzw. € 29,07 pro Stück für alle Versicherten (Angehörigen). Für Kinder, für die unabhängig von der Angehörigeneigenschaft die Voraussetzungen nach § 123 Abs. 4 ASVG vorliegen sowie für die ohne Rücksicht auf das Lebensalter Anspruch auf erhöhte Familienbeihilfe besteht, wird kein Eigenkostenanteil eingehoben.

Sonstige Maßnahmen zur Erhaltung der Volksgesundheit (§ 132c Abs. 3 ASVG)

§ 39. (1) Die Kasse leistet nach Maßgabe der diesbezüglichen Verordnung des Bundesministers/ der Bundesministerin für Gesundheit und Frauen an Versicherte (Angehörige) einen Zuschuss von 4,00 € zu Impfungen (aktive Immunisierung) gegen Frühsommer-Meningoencephalitis. Der Zuschuss kann auch in der Form geleistet werden, dass die Kasse das Impfserum zu einem um diesen Betrag reduzierten Preis zur Verfügung stellt.

(2) Die Kasse leistet nach Maßgabe der diesbezüglichen Verordnung des Bundesministers/ der Bundesministerin für Gesundheit und Frauen an Versicherte (Angehörige) einen Zuschuss zu folgenden Maßnahmen zur Erhaltung der Volksgesundheit:
1. … … … … €
2. … … … … €
3. … … … … €.

Maßnahmen zur Krankheitsverhütung (§ 156 Abs. 1 Z 2 ASVG)

§ 40. Die Kasse leistet in Verbindung mit § 27 für Versicherte (Angehörige) zwischen dem vollendeten 10. Lebensjahr und dem vollendeten 18. Lebensjahr einmal innerhalb eines Jahres Mundhygiene als Sachleistung (Anhang 1, Teil A, Pos. Nr. 65). Diese umfasst:
1. bedarfsorientierte Information und Aufklärung über Zahn- und Zahnfleischerkrankungen und deren Vermeidung, Ernährungsberatung/-lenkung – Kurzintervention
2. bedarfsorientierte Motivation bzw. Remotivation (Nutzenfindung für die Patientin/den Patienten)
3. bedarfsorientierte Evaluierung der Putztechnik und der Interdentalraumreinigung inkl. Plaque- bzw. Biofilmfärbung
4. bedarfsorientierte Instruktion zur effektiven häuslichen Zahnpflege, Demonstration von Putztechniken und deren Schwachstellen und der Interdentalraumreinigung
5. professionelle, bedarfsorientierte Zahnreinigung (Entfernung aller supragingivaler Zahnbeläge mit entsprechender Methode)
6. medizinisch notwendige Fluoridierung und Spülung

Versicherten (Angehörigen) zwischen dem vollendeten 10. Lebensjahr und dem vollendeten 18. Lebensjahr, die sich einer kieferorthopädischen Behandlung mit festsitzenden Geräten unterziehen, leistet die Kasse maximal zwei Mal innerhalb eines Jahres Mundhygiene als Sachleistung, wobei die Leistungen mindestens sechs Monate auseinander zu liegen haben.

Berücksichtigung der Sonderzahlungen bei der Bemessung des Wochengeldes (§ 162 Abs. 4 ASVG)

§ 41. Die auf die letzten drei Kalendermonate bzw. die letzten 13 Wochen entfallenden Sonderzahlungen sind bei der Bemessung des Wochengeldes dadurch zu berücksichtigen, dass der nach § 162 Abs. 3 ASVG ermittelte Nettoarbeitsverdienst um einen entsprechenden Prozentsatz erhöht wird, und zwar
1. bei Sonderzahlungen bis zur Höhe eines Monatsbezuges bzw. von 4 1/3 Wochenbezügen .... um 14 %
2. bei Sonderzahlungen
   a) von mehr als einem Monatsbezug bis zur Höhe von zwei Monatsbezügen bzw.
   b) von mehr als 4 1/3 Wochenbezügen bis zur Höhe von 8 2/3 Wochenbezügen .... um 17 %
3. bei Sonderzahlungen
   a) von mehr als zwei Monatsbezügen bzw.
   b) von mehr als 8 2/3 Wochenbezügen .... um 21 %
4. bei Sonderzahlungen von gemäß § 471f ASVG Pflichtversicherten .... um 17 %

Reise(Fahrt)kosten (§ 135 Abs. 4 ASVG)

§ 42. (1) Die Kasse ersetzt Reise(Fahrt)kosten für Fahrten
1. im Zusammenhang mit der Inanspruchnahme von vertragsärztlicher Hilfe (ärztlicher Hilfe gleichgestellte Leistungen, § 135 Abs. 4 ASVG),
2. im Zusammenhang mit der Inanspruchnahme von Zahnbehandlung und Zahnersatz (§ 153 Abs. 5 ASVG),
3. zur und von der nächstgelegenen geeigneten Vertragskrankenanstalt (§ 144 Abs. 5 ASVG),
4. im Zusammenhang mit der körpergerechten Anpassung von Heilbehelfen und Hilfsmitteln (§ 137 Abs. 9 ASVG),
5. im Zusammenhang mit medizinischen Maßnahmen der Rehabilitation (§ 154a Abs. 2 ASVG),
6. im Zusammenhang mit Jugendlichenuntersuchungen (§ 132a Abs. 3 ASVG),
7. im Zusammenhang mit Vorsorge(Gesunden) untersuchungen (§ 132b Abs. 5 ASVG),
8. im Zusammenhang mit humangenetischen Maßnahmen (§ 132c Abs. 5 ASVG),
9. im Zusammenhang mit den notwendigen Beratungen bei der Kasse im Rahmen des Case-Managements bei Bezug von Rehabilitationsgeld,

10. im Zusammenhang mit der Inanspruchnahme einer Hebamme in der Hebammenordination (§ 159 ASVG).

(2) Die Kasse ersetzt Reise(Fahrt)kosten bei Vorliegen der Voraussetzungen für die Befreiung von der Rezeptgebühr nach dem ersten und zweiten Teil der Richtlinien für die Befreiung von der Rezeptgebühr (soziale Schutzbedürftigkeit),
1. für Fahrten außerhalb des Ortsgebietes und
2. wenn die Entfernung zwischen Wohnort und Behandlungsstelle (Abs. 4) 20 Kilometer übersteigt.

(3) Die Kasse ersetzt Reise(Fahrt)kosten nach Abs. 1 auch für eine Begleitperson
1. für Kinder unter 15 Jahren,
2. für Personen, bei denen dies aufgrund ihres körperlichen bzw. geistigen Zustandes notwendig und ärztlich bestätigt ist.

(4) Für die Ermittlung des Reise(Fahrt)kostenersatzes ist die Entfernung vom Wohnort zum/zur nächsterreichbaren Vertragspartner/in desselben Fachgebietes bzw. der nächstgelegenen geeigneten medizinischen Einrichtung heranzuziehen.

(5) Der Ersatz der Reise(Fahrt)kosten gebührt für Hin- sowie Rückfahrten. Dieser beträgt pauschal für Fahrtstrecken von mehr als 20 km bis 50 km 6,00 € bzw. bei Fahrten mit einer Begleitperson 9,00 €. Bei Fahrten von mehr als 50 km erfolgt die Gewährung des Kostenersatzes auf Basis der tatsächlich zurückgelegten Kilometer, wobei der Kilometersatz 0,12 € bzw. bei Fahrten mit einer Begleitperson 0,18 € beträgt. Der Kostenersatz wird unabhängig davon gewährt, welches Verkehrsmittel der/die Versicherte (Angehörige) tatsächlich benützt hat. Höhere als die dem/der Versicherten (Angehörigen) tatsächlich entstandenen Kosten werden nicht ersetzt.

(6) Die Kasse ersetzt ohne Bedachtnahme auf die Befreiung von der Rezeptgebühr nach dem ersten und zweiten Teil der Richtlinien für die Befreiung von der Rezeptgebühr Reise(Fahrt)kosten für Fahrten
1. zur Durchführung einer Dialyse,
2. zur Durchführung einer Chemo- oder Strahlentherapie aufgrund einer onkologischen Erkrankung,
3. im Zusammenhang mit Maßnahmen der medizinischen Rehabilitation die Kosten für die Beförderung in eine Krankenanstalt, die vorwiegend der Rehabilitation dient bzw. aus dieser Krankenanstalt in die Wohnung des/der Rehabilitanden/Rehabilitandin sowie zur körpergerechten Anpassung von Körperersatzstücken, orthopädischen Behelfen und anderen Hilfsmitteln.

(7) Wenn ein Transport nach § 43 Abs. 3 erfolgt ist, ersetzt die Kasse keine Reise(Fahrt)kosten.

(8) Bei Inanspruchnahme eines/einer Wahlarztes/Wahlärztin, einer Wahl-Gruppenpraxis, eines/einer Wahlzahnarztes/Wahlzahnärztin, einer Wahleinrichtung oder eines/einer Wahlpartners/Wahlpartnerin zur Erbringung von Leistungen, die der ärztlichen Hilfe gleichgestellt sind, gelten die Absätze 1 bis 7 mit der Einschränkung, dass Reise(Fahrt)-kosten höchstens mit dem Betrag ersetzt werden, der bei Inanspruchnahme
1. des/der nächsterreichbaren Vertragsarztes/Vertragsärztin (des/der nächsterreichbaren Vertragszahnarztes/Vertragszahnärztin) bzw.
2. der nächsterreichbaren vergleichbaren Vertrags-Gruppenpraxis,
3. der nächsterreichbaren Primärversorgungseinheit,
4. der nächsterreichbaren eigenen Einrichtung oder Vertragseinrichtung bzw.
5. des/der nächsterreichbaren sonst in Betracht kommenden Vertragspartners/Vertragspartnerin
zu ersetzen gewesen wäre.

Transportkosten (§ 135 Abs. 5 ASVG, § 144 Abs. 5 ASVG, § 153 Abs. 5 ASVG, § 154 Abs. 4 ASVG, § 154a Abs. 2 ASVG)

§ 43. (1) Die Kasse übernimmt Transportkosten, wenn ärztlich bescheinigt wird, dass der/die gehunfähig erkrankte Versicherte oder Angehörige aufgrund seines/ihres körperlichen oder geistigen Zustandes kein öffentliches Verkehrsmittel (auch nicht mit einer Begleitperson) benutzen kann.

(2) Transportkosten werden nur für Beförderungen im Inland
1. zur Anstaltspflege in die nächstgelegene geeignete Krankenanstalt bzw. aus dieser Krankenanstalt in die Wohnung des/der Erkrankten,
2. bei aus medizinischen Gründen notwendiger Überstellung zur stationären Behandlung von einer Krankenanstalt in die nächstgelegene geeignete Krankenanstalt,
3. zur ambulanten Behandlung zum/zur nächstgelegenen geeigneten Vertragsarzt/Vertragsärztin (Vertragszahnarzt/Vertragszahnärztin), der nächstgelegenen geeigneten Vertrags-Gruppenpraxis oder zur nächstgelegenen geeigneten Einrichtung (Vertragseinrichtung) bzw. in die Wohnung des/der Erkrankten zurück,
4. zur körpergerechten Anpassung von Heilbehelfen und Hilfsmitteln

in Höhe der vertraglich festgelegten Tarife übernommen. Wenn sich der/die Erkrankte im Zeitpunkt der notwendigen Beförderung vorübergehend nicht an seinem/ihren Wohnsitz aufgehalten hat, übernimmt die Kasse die Kosten des Transportes von der Krankenanstalt in die Wohnung des/der Erkrankten bis zur Höhe der Kosten des Transportes von diesem Aufenthaltsort (Ereignis- oder Unfallort) in die nächstgelegene geeignete Krankenanstalt. Gibt es keine vertraglich festgelegten Tarife, ersetzt die Kasse dem/der Versicherten (Angehörigen) Kosten in Höhe der zuletzt geltenden Tarife, sofern im Anhang zur Satzung kein anderer Kostenersatz festgelegt ist.

(3) Ein bodengebundener Transport erfolgt entweder als

1. Krankenbeförderung

    Befördert werden Versicherte (Angehörige), die während der Fahrt und auf dem Weg zum und vom Fahrzeug (PKW) keiner Unterstützung durch einen/eine Sanitäter/Sanitäterin bedürfen. Der/Die Versicherte (Angehörige) kann

    a) mit einem Privat-PKW bzw. mit einem entsprechend ausgestatteten Lohnfuhrwerk (Taxi bzw. Mietwagenunternehmen) befördert werden oder

    b) durch die unter a) angeführten Unternehmen liegend oder sitzend in einem Tragesessel befördert werden, sofern landesgesetzlich zulässig oder

2. Krankentransport

    Transportiert werden Versicherte (Angehörige), die keine Notfallpatienten/Notfallpatientinnen sind und entweder

    a) auf dem Weg zum und vom Sanitätskraftwagen der Unterstützung durch einen/eine Sanitäter/Sanitäterin bedürfen und/oder die Möglichkeit des Bedarfs einer sanitätsdienstlichen Versorgung während der Fahrt gegeben ist. Der/Die Versicherte (Angehörige) kann in einem Behelfskrankentransportwagen (BKTW) transportiert werden, wobei der/die Sanitäter/Sanitäterin gleichzeitig Einsatzfahrer/Einsatzfahrerin ist (einfacher Krankentransport), oder

    b) während des Transportes auf sanitätsdienstliche Versorgung angewiesen sind. Die Betreuung während des Transportes erfolgt durch einen/eine Sanitäter/Sanitäterin, der/die nicht gleichzeitig Einsatzfahrer/Einsatzfahrerin ist. Der/Die Versicherte (Angehörige) wird grundsätzlich liegend oder sitzend in einem Tragesessel mit einem Krankentransportwagen (KTW) transportiert (qualifizierter Krankentransport);

    oder

3. Rettungstransport

    Transportiert werden Notfallpatienten/Notfallpatientinnen, die sich nicht in Lebensgefahr befinden, jedoch schwere gesundheitliche Schäden nicht ausgeschlossen werden können, wenn nicht unverzüglich qualifizierte sanitätsdienstliche Hilfe geleistet wird. Zur Vermeidung weiterer Schäden ist der Transport mit einem Rettungstransportwagen (RTW) zur weiterführenden medizinischen Versorgung in eine geeignete Behandlungseinrichtung angezeigt. Die Betreuung während des Transportes erfolgt durch einen/eine Sanitäter/Sanitäterin, der/die nicht gleichzeitig Einsatzfahrer/Einsatzfahrerin ist;

    oder

4. Notarzttransport

    Transportiert werden Notfallpatienten/Notfallpatientinnen, die sich in Lebensgefahr befinden und/oder bei denen schwere gesundheitliche Schäden zu erwarten sind, wenn sie am Notfallort nicht notärztlich versorgt werden. Lebensgefahr ist anzunehmen, wenn die Erkrankung im NACA-Score mit IV bis VI zu bewerten ist. Der/Die Versicherte (Angehörige) ist unter Aufrechterhaltung der Transportfähigkeit mit dem Notarztwagen (NAW) in eine Krankenanstalt zu bringen. Die Betreuung während des Transportes erfolgt durch einen/eine Sanitäter/Sanitäterin und einen/eine Notarzt/Notärztin, wobei diese nicht gleichzeitig Einsatzfahrer/Einsatzfahrerin sind.

Die jeweilige Art des Transportes ist aufgrund des körperlichen oder geistigen Zustandes des/der Erkrankten ärztlich zu bescheinigen.

(4) Wird ein privates Kraftfahrzeug benützt, ersetzt die Kasse Kosten in Höhe des halben amtlichen Kilometergeldes.

(5) Die Kasse übernimmt die Kosten der Beförderung im Inland mit einem Luftfahrzeug in die nächstgelegene geeignete Krankenanstalt, wenn

1. eine Beförderung von Notfallpatienten/Notfallpatientinnen, die sich in Lebensgefahr befinden und/oder bei denen schwere gesundheitliche Schäden zu erwarten sind, wenn sie am Notfallort nicht notärztlich versorgt werden, wegen der Dringlichkeit des Falles auf dem Landweg nicht zu verantworten wäre und

2. die medizinische Notwendigkeit des Lufttransportes

    a) durch eine ärztliche Bescheinigung nachgewiesen und

    b) diese Notwendigkeit von der Kasse anerkannt

worden ist.

Lebensgefahr ist anzunehmen, wenn die Erkrankung im NACA-Score mit IV bis VI zu bewerten ist.

(6) Die Höhe der zu übernehmenden Kosten richtet sich nach dem von der Kasse mit der Flugrettungsorganisation vereinbarten Tarif. Gibt es keine vertraglich festgelegten Tarife, ersetzt die Kasse dem/der Versicherten (Angehörigen) Kosten in folgender Höhe:

1. für Flugtransporte nach Verkehrsunfällen:

    a) Primärtransporte pauschal: 1.821,97 €,

    b) Sekundärtransporte pauschal: 2.125,00 €;

2. für Flugtransporte nach sonstigen Unfällen bzw. in Notfällen:

    a) Primärtransporte pauschal: 948,27 €,

    b) Sekundärtransporte pauschal: 1.275,00 €;

3. für Flugtransporte (Primärtransporte) nach einem Unfall in Ausübung von Sport und Touristik am Berg, sofern der Flugtransport auch dann erforderlich wäre, wenn sich der Unfall im Tal ereignet hätte: pauschal 894,93 €.

Die in den Z 1 bis 3 angeführten Beträge sind um die anteilige Umsatzsteuer zu erhöhen, wenn in der Rechnung über die Leistung eine Umsatzsteuer ausgewiesen ist.

(7) Bei Inanspruchnahme einer Wahlkrankenanstalt, eines Wahlarztes/einer Wahlärztin, eines Wahlzahnarztes/einer Wahlzahnärztin, einer Wahl-Gruppenpraxis oder einer Wahleinrichtung gelten die Abs. 1 bis 3 mit der Maßgabe, dass die Transportkosten höchstens mit dem Betrag ersetzt werden, der bei Inanspruchnahme

1. der nächstgelegenen geeigneten Krankenanstalt,
2. der nächsterreichbaren eigenen Einrichtung oder Vertragseinrichtung,
3. des/der nächstgelegenen geeigneten Vertragsarztes/Vertragsärztin (Vertragszahnarztes/Vertragszahnärztin) oder
4. der nächstgelegenen geeigneten Vertrags-Gruppenpraxis

zu ersetzen gewesen wäre.

(8) Die Kasse übernimmt die Transportkosten (auch Beförderung mit einem Luftfahrzeug) zur Anstaltspflege in die nächstgelegene geeignete ausländische Krankenanstalt bzw. aus dieser, wenn die Kasse entweder nach inländischem Recht oder aufgrund zwischenstaatlicher Regelungen die Kosten der Anstaltspflege im Ausland zu übernehmen hat.

(9) Die Kasse übernimmt im Rahmen der medizinischen Maßnahmen der Rehabilitation die Transportkosten für die Beförderung

1. in eine Krankenanstalt, die vorwiegend der Rehabilitation dient, bzw. aus dieser Krankenanstalt in die Wohnung des/der Rehabilitanden/Rehabilitandin,
2. zur körpergerechten Anpassung von Körperersatzstücken, orthopädischen Behelfen und anderen Hilfsmitteln

in Höhe der vertraglich festgelegten Tarife, wenn eine besondere soziale Schutzbedürftigkeit des/der Versicherten (Angehörigen) nach den Richtlinien über die Befreiung von der Rezeptgebühr vorliegt.

Auszahlung von Leistungen (§ 104 ASVG)

§ 44. (1) Folgende Geldleistungen werden alle vier Wochen im Nachhinein ausgezahlt:
1. Krankengeld
2. Wochengeld

(2) Rehabilitationsgeld (§ 143a ASVG) und Wiedereingliederungsgeld (§ 143d ASVG) werden monatlich im Nachhinein am Ersten des Folgemonats ausgezahlt. Fällt der Auszahlungstermin der genannten Leistung auf einen Samstag, Sonntag oder gesetzlichen Feiertag, so wird diese Leistung so zeitgerecht angewiesen, dass sie an dem diesen Tagen vorhergehenden Werktag dem Leistungsbezieher bzw. der Leistungsbezieherin zur Verfügung steht.

4. Abschnitt – Schlussbestimmungen
Wirksamkeitsbeginn

§ 45. (1) Diese Satzung tritt gemäß § 30a Abs. 5 ASVG mit Ablauf des Tages ihrer Kundmachung im Internet in Kraft. Gleichzeitig wird die bisher geltende Satzung, kundgemacht im Internet unter avsv Nr. .../.... (Stammfassung) in der Fassung der Änderungen:
1. avsv Nr. .../....
2. avsv Nr. .../....
3. avsv Nr. .../....

aufgehoben.

(2) Die aufgehobene Satzung ist jedoch auf eingetretene Versicherungsfälle sowie bereits geltend gemachte Leistungsansprüche, die vor ihrer Aufhebung verwirklicht wurden, weiterhin anzuwenden.

Wirksamkeitsbeginn der ... Änderung

§ 46. (1) Die Neufassung des § ..., § ... und § ... dieser Satzung durch die ... Änderung tritt mit Ablauf des Tages ihrer Kundmachung in Kraft.

(2) Gleichzeitig werden die bis dahin geltenden Fassungen dieser Paragraphen aufgehoben. § ... und § ... in der bisher geltenden Fassung sind jedoch auf Sachverhalte, die vor ihrer Aufhebung verwirklicht wurden, weiterhin anzuwenden.

*

Die Mustersatzung 2020 wurde von der Konferenz der Sozialversicherungsträger am 21. Oktober 2020 beschlossen. Die Genehmigung durch den Bundesminister für Soziales, Gesundheit, Pflege und Konsumentenschutz erfolgte mit Bescheid vom 6. November 2020, GZ: 2020-0.689.580.

Die 1. Änderung der Mustersatzung 2020 wurde von der Konferenz des Dachverbandes der Sozialversicherungsträger am 16. Dezember 2020 beschlossen. Die Genehmigung durch den Bundesminister für Soziales, Gesundheit, Pflege und Konsumentenschutz erfolgte mit Bescheid vom 23. Dezember 2020, GZ: 2020-0.833.373.

Anhänge

Anhang 1

Konservierend-chirurgische Zahnbehandlung, Kieferorthopädische Behandlung, Prothetische Zahnbehandlung

Folgende Leistungen werden entsprechend der Honorarordnung für Vertragsfachärzte/Vertragsfachärztinnen für Zahn-, Mund- und Kieferheilkunde bzw. Vertragsdentisten/Vertragsdentistinnen als Sachleistung erbracht:

Teil A
Konservierend, chirurgische Zahnbehandlung gemäß § 27 Abs. 1

Pos. Nr.
1 Beratung
1a Kieferorthopädische Beratung gemäß § 29 Abs. 1
   Diese umfasst folgende Leistungen:
   a) Ersteinschätzung über die Notwendigkeit, Art und Dauer der KFO-Behandlung,
   b) Information über den Ablauf einer KFO-Behandlung,
   c) Information über die Art und Notwendigkeit der Mitwirkung (Compliance) des Patienten/der Patientin,
   d) Information über Vor- und Nachteile einer KFO-Behandlung.
2 Extraktion eines Zahnes inklusive Anästhesie und Injektionsmittel
3 Anästhesie einschließlich Injektionsmittel bei Vitalexstirpation und Vitalamputation sowie in Ausnahmefällen mit Begründung
4 Visite
5 Hilfeleistung bei Ohnmacht und Kollaps
6 Einflächenfüllung (einschließlich Unterlage)
7 Zweiflächenfüllung (einschließlich Unterlage)
8 Dreiflächen- oder Mehrflächenfüllung im Zusammenhang (einschließlich Unterlage)
9 Aufbau mit Höckerdeckung
61 Einflächenfüllung mit Komposite oder ähnlichen Materialien mit Säureadhäsivtechnik (einschließlich Unterlage)
71 Zweiflächenfüllung mit Komposite oder ähnlichen Materialien mit Säureadhäsivtechnik (einschließlich Unterlage)
81 Dreiflächen- oder Mehrflächenfüllung im Zusammenhang mit Komposite oder ähnlichen Materialien mit Säureadhäsivtechnik (einschließlich Unterlage)
10 Eckenaufbau bzw. Aufbau einer Schneidekante an Front- und Eckzähnen, pro Zahn
11 Stiftverankerung
12 WB-Amputation
13 WB-Exstirpation einkanalig
14 WB-Exstirpation zweikanalig
15 WB-Exstirpation dreikanalig
16 WB-unvollendete (pro Sitzung), bis zu drei Sitzungen
17 Nachbehandlung nach blutigen Eingriffen (Tamponentfernung, Nahtentfernung, Wundbehandlung u. ä.), in gesonderter Sitzung, bis zu drei Sitzungen pro Quadrant
18 Blutstillung durch Tamponade, in gesonderter Sitzung pro Ereignis
19 Behandlung empfindlicher Zahnhälse, pro Sitzung, bis zu drei Sitzungen pro Behandlungsfall
20 Zahnsteinentfernung
21 Einschleifen des natürlichen Gebisses (pro Sitzung), bis zu drei Sitzungen
22 Wiedereinzementierung oder Abnahme technischer Arbeiten (pro Pfeilerstelle)
23 Bestrahlung (bei Periostitis, nach blutigen Eingriffen u. ä.) unter besonderer Beachtung des § 10 Abs. 2 und 4 des Gesamtvertrages, pro Sitzung, bis zu drei Sitzungen pro Quadrant
24 Zahnröntgen
25 Panoramaröntgen
26 Stomatitisbehandlung (pro Sitzung)
27 Entfernung eines retinierten Zahnes inklusive Anästhesie und Injektionsmittel
28 Zystenoperation (nicht gleichzuhalten einer Zystenauskratzung durch die Alveole im Anschluss an eine Zahnextraktion) inklusive Anästhesie und Injektionsmittel sowie allfälliger Einsendung des Materials zur histologischen Untersuchung
29 Wurzelspitzenresektion inklusive Anästhesie und Injektionsmittel
30 Operative Entfernung eines Zahnes inklusive Anästhesie und Injektionsmittel
31 Operation kleiner Geschwülste inklusive Anästhesie und Injektionsmittel sowie allfälliger Einsendung des Materials zur histologischen Untersuchung
32 Incision eines Abszesses inklusive Anästhesie und Injektionsmittel
33 Kieferkammkorrektur oder chirurgische Wundrevision bei dolor post oder operative Sequesterentfernung in begründeten Fällen, pro Quadrant, inklusive Anästhesie und Injektionsmittel
34 Entfernung von Schleimhautwucherungen und chirurgische Taschenabtragung innerhalb eines Quadranten inklusive Anästhesie und Injektionsmittel
35 Blutstillung durch Naht innerhalb eines Quadranten inklusive Anästhesie und Injektionsmittel (kann in derselben Sitzung nicht neben den Positionen 27 bis 30 und 36 bis 39 verrechnet werden)
36 Trepanation eines Kieferknochens (Lüftung) inklusive Anästhesie und Injektionsmittel
37 Verschluss einer eröffneten Kieferhöhle durch Zahnfleischplastik inklusive Anästhesie und Injektionsmittel
38 Beseitigung eines Schlotterkammes pro Quadrant inklusive Anästhesie und Injektionsmittel
39 Plastische Lippen-, Wangen- oder Zungenbändchenoperation inklusive Anästhesie und Injektionsmittel
40 Kurz(Rausch)narkose exklusive Narkosemittel
41 Therapeutische Injektion subcutan, intramusculär bzw. intravenös (exklusive Arznei)

65 Mundhygiene nach § 40
62 Amalgamersetzende Einflächenfüllung im Seitenzahnbereich
72 Amalgamersetzende Zweiflächenfüllung im Seitenzahnbereich
82 Amalgamersetzende Dreiflächen- oder Mehrflächenfüllung im Zusammenhang im Seitenzahnbereich
92 Amalgamersetzender Aufbau mit Höckerdeckung im Seitenzahnbereich

Teil B
Kieferregulierung gemäß § 28 Abs. 1

1. Kieferorthopädische Behandlungen auf der Basis abnehmbarer Geräte pro Behandlungsjahr
2. Reparaturen an abnehmbaren kieferorthopädischen Apparaten
   a) Bruch oder Sprung am Kunststoffkörper, Ersatz eines einfachen Drahtelementes
   b) Unterfütterung oder Erweiterung eines therapeutisch ausgeschöpften Apparates
   c) Reparatur eines Labialbogens, Ersatz einer Dehnschraube

Teil C
Kieferorthopädie gemäß § 29 Abs. 2

1. Feststellung des Grades nach dem Index of Orthodontic Treatment Need (IOTN Grad) gemäß § 29 Abs. 2 Z 1
2. Interzeptive kieferorthopädische Behandlung gemäß § 29 Abs. 2 Z 2

Die Leistung der interzeptiven kieferorthopädischen Behandlung umfasst:
   a) eine kieferorthopädische Diagnose (dreidimensional getrimmte Modelle, Fotos intra- und extraoral, Panoramaröntgen; bei Verdacht auf skelettale Abweichungen auch laterales Fernröntgen),
   b) Behandlungsplanung inklusive Erfolgsannahme,
   c) die kieferorthopädische Behandlung,
   d) die Dokumentation zum Ende der interzeptiven Behandlung mit deren Ergebnis.

Hiezu gehört auch die einmalige Reparatur der Geräte, deren Ursache in der Sphäre des Patienten/der Patientin gelegen ist. Weitere Reparaturen sind auf Kosten der Kasse nur vorzunehmen, wenn diese einer Kostenübernahme zustimmt.

3. Kieferorthopädische Hauptbehandlung gemäß 29 Abs. 2 Z 3

Die kieferorthopädische Hauptbehandlung umfasst:
   A. Diagnostische Leistungen; dies sind:
      a) Behandlungsplanung,
      b) die klinische Inspektion der Mundhöhle und der Kiefer samt allenfalls notwendiger Überweisungen,
      c) Panoramaröntgen,
      d) laterales Fernröntgen,
      e) Fotos intra- und extraoral,
      f) Modelle,
      g) Bissregistrat,
      h) Analysen zur Sicherstellung des Behandlungserfolges.
   B. Therapeutische Leistungen; dies sind:
      a) Therapie mit Metallbrackets, Bändern, Bogenfolgen und Gummizügen zur Sicherstellung des Behandlungserfolges,
      b) Information und Instruktion zur Handhabung der kieferorthopädischen Apparaturen und zur Einhaltung einer optimalen häuslichen Mundhygiene,
      c) erstmalige Anfertigung und Eingliederung von geeigneten Retainern zum Abschluss der Behandlung,
      d) chirurgische Eingriffe, die primär zur Verkürzung der Behandlung dienen,
      e) einmalige Verwendung von Non-Compliance-Geräten.

Hiezu gehören auch zwei Reparaturen der Geräte, deren Ursache in der Sphäre des Patienten/der Patientin gelegen ist. Weitere Reparaturen sind auf Kosten der Kasse nur vorzunehmen, wenn diese einer Kostenübernahme zustimmt.

Teil D
Prothetische Zahnbehandlung (unentbehrlicher Zahnersatz) gemäß § 30 Abs. 2

1. Totale Kunststoffprothese als Dauerversorgung
2. Kunststoff-Prothesen – Neuherstellung
   a) Platte (jeder Größe)
   b) Zahn, pro Einheit
   c) Klammer (eine mehrarmige Klammer jedoch nur in einfacher Ausführung)
   d) Sauger
3. Reparaturen an Kunststoff-Prothesen
   a) Reparatur gesprungener oder gebrochener Platten, Wiederbefestigung je Zahn oder Klammer
   b) Ersatz eines Zahnes oder einer Klammer, Erweiterung um einen Zahn, Anbringung eines Saugers, künstliches Zahnfleisch ergänzen (Teilunterfütterung)
   c) Leistungen gemäß a) und b) gemeinsam bzw. zwei Leistungen gemäß a) oder b)

d) Mehr als zwei Leistungen (Einheiten) wie vorstehend, totale Unterfütterung eines partiellen Zahnersatzstückes, Obturator
e) Totale Unterfütterung totaler Zahnersatzstücke
4. Metallgerüst-Prothesen – Neuherstellung einschließlich fortgesetzter Klammer, Aufruhen und Zahnklammern (die Zähne werden zusätzlich nach dem jeweiligen Honorartarifsatz gemäß Punkt 2 lit. b abgegolten)
5. Reparaturen an Metallgerüst-Prothesen
   a) Anlöten einer Retention, Klammer oder Aufruhe
   b) Zwei Leistungen gemäß a), Reparatur eines Metallbügels oder einer fortgesetzten Klammer
   c) Mehr als zwei Leistungen gemäß a) oder b), Erweiterung der Metallbasis
6. Verblend-Metall-Keramikkrone (VMK) an Klammerzähnen (parallelisiert) mit den notwendigen Aufruhen, Schultern bzw. Abstützungen inklusive Verbindungen und Lötstellen
7. Voll-Metallkrone (VG) an Klammerzähnen bei Teilprothesen (Vollgusskronen und Bandkronen mit gegossener Kaufläche)

Anhang 2
Kostenzuschüsse für außervertragliche Leistungen im Bereich Zahnbehandlung und Zahnersatz in besonderen medizinischen Fällen nach § 153 ASVG

Für nachstehende Leistungen leistet die Kasse Kostenzuschüsse in folgender Höhe:

Teil A
Konservierend, chirurgische Zahnbehandlung gemäß § 27 Abs. 2

1. Inlays aus Gold oder Keramik bei z. B. nachgewiesenen Allergien gegen Vertragsmaterialien
   a) Einflächenfüllung .... 159,20 €
   b) Zweiflächenfüllung .... 214,40 €
   c) Dreiflächen- oder Mehrflächenfüllung .... 223,20 €
2. Onlay aus Gold oder Keramik (Höckerdeckung) bei z. B. nachgewiesenen Allergien gegen Vertragsmaterialien............ 226,40 €
3. Einmalige Versorgung eines stark zerstörten Milchmolaren (bis zum Zahnwechsel) mit konfektionierter Edelstahlkrone einschließlich Entfernung der kariösen Zahnsubstanz und Pulpenüberkappung .... 27,00 €
4. Digitale Volumentomographie (DVT), in zahnmedizinisch begründeten Einzelfällen chirurgischer Interventionen, in denen ein (Panorama-) Röntgen keine ausreichende Beurteilung ermöglicht, höchstens einmal alle zwei Jahre und nicht im Zusammenhang mit einer Privatleistung........................... 27,00 €
5. Parodontale Initialtherapie zur Vor- oder Akutbehandlung einer Zahnfleischerkrankung bei Grad 3 oder 4 der parodontalen Grunduntersuchung (PGU) laut ÖGP (Befundblatt).Der Zuschuss gebührt bei Behandlung
   a) von bis zu 5 Zähnen unabhängig von deren Lage in einem Kiefer...... 54,00 €
   b) von mindestens 6 Zähnen unabhängig von deren Lage in einem Kiefer .... 108,00 €
   c) von mindestens 11 Zähnen unabhängig von deren Lage in einem Kiefer .... 162,00 €
6. Bruxismus(Tiefzieh)Schiene inkl. Anpassung und Nachkontrolle für ein Jahr......... 74,10 €
7. Aufbissschiene mit individueller Kauflächengestaltung (gnathologische Schiene); Indikation: bei Kiefergelenksproblematiken, Bisshebung, bzw. als notwendige Vorbereitung im Zusammenhang mit einer prothetischen Versorgung; inkl. Anpassung und Nachkontrolle für ein Jahr .... 151,50 €

Teil B
1. Unentbehrlicher Zahnersatz gemäß § 30 Abs. 2

1. Differenzzuschuss bei Metallgerüstprothesen für anderes geeignetes Material (z. B. Titan) – Haltbarkeit mindestens 6 Jahre ...... 41,62 €
2. Differenzzuschuss bei Kunststoffprothesen für anderes geeignetes Material (z. B. methaacrylatfreier Kunststoff) – Haltbarkeit mindestens 6 Jahre............................ 33,82 €
3. Funktionell notwendiges Halteelement für abnehmbaren Zahnersatz (z. B. Steg, Druckknopf, Anker u. a.) – Haltbarkeit mindestens 6 Jahre .... 49,94 €

2. Festsitzender Zahnersatz in medizinischen Sonderfällen gemäß § 30 Abs. 5

1. Stiftverankerung pulpal gegossen – Haltbarkeit mindestens 6 Jahre.................... 98,94 €
2. Keramikfacettierte Krone (VMK) im sichtbaren Bereich – Haltbarkeit mindestens 6 Jahre .... 300,00 €
3. Brückenglied Keramik verblendet im sichtbaren Bereich – Haltbarkeit mindestens 6 Jahre .... 245,00 €
4. Implantat jeweils aller diagnostischen und therapeutischen Vor- und Nebenleistungen (ausgenommen CT oder DVT) im Zusammenhang mit einem abnehmbaren Zahnersatz oder einem aus medizinischen Gründen notwendigen festsitzenden Zahnersatz – Haltbarkeit mindestens 10 Jahre..................... 450,00 €

Der Zuschuss gebührt je Einheit
   a) in den Fällen des § 31 Abs. 3 Z 1 bis 3, sowie bei Nichtanlage von bleibenden

Frontzähnen und Prämolaren bei unversehrten Nebenzähnen nach Abschluss des Kieferwachstums.

b) im zahnlosen Kiefer bei ausgeprägter Atrophie des Kieferkammes in Kombination mit einer Totalprothese im Oberkiefer maximal 4 Einheiten, im Unterkiefer maximal 2 Einheiten.

c) in zahnmedizinisch besonders begründeten Einzelfällen maximal 4 Einheiten im Unterkiefer.

Die oben angeführten Beträge sind um die anteilige Umsatzsteuer zu erhöhen, wenn in der Rechnung über die Leistung eine Umsatzsteuer ausgewiesen ist.

Anhang 3
Leistungen der Mund-, Kiefer- und Gesichtschirurgie gemäß § 27 Abs. 3 und des Zahnersatzes gemäß § 30 Abs. 6

Teil A

1. Allgemeine Mund-, kiefer- und gesichtschirurgische Leistungen

Erfolgt die Leistungserbringung außerhalb einer Vertragseinrichtung, hat der Leistungserbringer/die Leistungserbringerin dieselben Qualitätsvoraussetzungen (Ausbildung zum/zur Facharzt/Fachärztin für Mund-, Kiefer- und Gesichtschirurgie, apparative und personelle Ausstattung) wie die Vertragseinrichtung zu erfüllen. Folgende Leistungen sind umfasst:

1. Probeexcision
2. Kiefergelenksluxation; konservative (unblutige) Reposition
3. Fibrinklebung, der Fibrinkleber ist zum Apothekeneinstandspreis zusätzlich verrechenbar, bei mehr als 0,5 ml Verbrauch pro Zahneinheit ist eine zusätzliche Begründung anzugeben
4. Verblockung pro Quadrant bei Parodontalbehandlung durch Leistungserbringer/Leistungserbringerinnen mit einer durch die ÖGP für Parodontologie anerkannten Ausbildung
5. Schienung (z. B. Drahtschienenverband od. vom Zeitaufwand vergleichbares) eines einzelnen traumatisch subluxierten Zahnes inkl. Lokalanästhesie, je Kiefer
6. Schienung (z. B. Drahtschienenverband od. vom Zeitaufwand vergleichbares) von zwei oder drei traumatisch subluxierten Zähnen inkl. Lokalanästhesie, je Kiefer
7. Schienung (z. B. Drahtschienenverband od. vom Zeitaufwand vergleichbares) von mehr als drei traumatisch subluxierten Zähne inkl. Lokalanästhesie, je Kiefer
8. Verschiebelappenoperation, Flapoperation durch Leistungserbringer/Leistungserbringerinnen mit einer durch die ÖGP für Parodontologie anerkannten Ausbildung; pro Sextant
9. Chirurgische Fremdkörperentfernung
10. Wurzelrestentfernung
11. Replanation eines traumatisch luxierten Zahnes mit Schienung
12. Vestibulumplastik pro Kiefer
13. Stiftverankerung parapulpär, mehrere Stifte pro Zahn
14. Retrograde Wurzelfüllung (nicht in Kombination mit Pos. 12, 13, 14 und 15 nach Anhang 1 Teil A) wenn die Wurzelkanalaufbereitung retrograd unter optischer Vergrößerung (Mikroskop, Lupenbrille) durchgeführt wird.
15. Schleimcystenoperation
16. Versorgung von Haut- und Schleimhautwunden bis 5 cm
17. Entfernung eines Speichelsteines
18. Drainage einer Kieferhöhle inkl. allenfalls notwendiger Spülung, (Verrechenbar je Kieferhöhle)
19. Endoskopie der Kieferhöhle
20. Freilegung eines retinierten Zahnes mit Anschlingen
21. Freilegung eines retinierten Zahnes
22. Gingivektomie pro Quadrant
23. Freies Schleimhauttransplantat
24. Entfernung von Osteosynthesematerial, pro Operationsstelle
25. Schienenabnahme pro Kiefer
26. Wiederanlegen einer gelösten Apparatur oder kleine Änderung, teilweise Erneuerung von Schienen oder Stützapparaten, nicht im Zusammenhang mit einer KFO-Behandlung

2. Mund-, kiefer- und gesichtschirurgische Leistungen nur in den Fällen des § 26 Abs. 3 zweiter und dritter Satz:

Erfolgt die Leistungserbringung außerhalb einer Vertragseinrichtung hat der Leistungserbringer/die Leistungserbringerin dieselben Qualitätsvoraussetzungen (Ausbildung zum/zur Facharzt/Fachärztin für Mund-, Kiefer- und Gesichtschirurgie, apparative und personelle Ausstattung) wie die Vertragseinrichtung zu erfüllen. Folgende Leistungen sind umfasst:

1. Neuro – Transposition
2. Erste Röntgenaufnahme des Schädels (Fernröntgen), nicht im Zusammenhang mit einer Kieferregulierung
3. Jede weitere Aufnahme des Schädels (Fernröntgen), nicht im Zusammenhang mit einer Kieferregulierung

4. Transplantation eines Zahnes inkl. Schienung
5. Entfernung eines Implantates
6. temporäres Implantat
7. Chirurgische Kronenverlängerung
8. Augmentation oder Reduktion/Quadrant
9. Augmentation oder Reduktion/Einzelzahn
10. Osteotomie klein
11. Osteotomie groß
12. Implantoplastik
13. Exstirpation größerer Weichteilgeschwülste (z. B. Tumore) im Mund-Kieferbereich
14. Exstirpation größerer Weichteilgeschwülste im Mund-Kieferbereich mit Defektdeckung mittels Nahlappenplastik
15. Dekortikation bei Ostitis
16. Korrektur posttraumatischer Gesichts- und Halshautveränderungen mittels Hautplastik
17. Revision der Kieferhöhle mit Antrotomie

3. Mund-, kiefer- und gesichtschirurgische Leistungen

Erfolgt die Leistungserbringung außerhalb einer Vertragseinrichtung hat der Leistungserbringer/die Leistungserbringerin dieselben Qualitätsvoraussetzungen und Organisationsform (Krankenanstalt) wie die Vertragseinrichtung zu erfüllen. Folgende Leistungen sind umfasst:

1. Injektionsbehandlung bei Trigeminusneuralgie, inkl. Arznei
2. Intraarticuläre Kiefergelenksinjektion
3. Neuro – Anastomose
4. Scanora Spiralthomographie 1. Bild (4 Schichten)
5. Scanora Spiralthomographie maximal insgesamt 3 Aufnahmen à 4 Schichten (4 Schichten)
6. Augmentation mit autologem Transplantat
7. Jochbeinimplantate
8. Jochbeinaufrichtung
9. Reposition von Frakturen des Jochbogens, der Nase exkl. Schienenverband
10. Reposition und Retention einer einfachen Fraktur des Ober- und Unterkiefers
11. Exhairese eines peripheren Trigeminusastes
12. Prognathieoperation nach Thoma
13. Chirurgische Gaumennahtsprengung bei Schmalkiefer
14. Caldwell-Luc-Operation
15. Caldwell-Luc-Operation mit Entfernung einer Wurzel aus der Kieferhöhle
16. Unvollständige Versorgung eines Zahnes, bis zu zwei Sitzung
17. Lippenbändchen (einfache Durchtrennung)
18. Speichelgangsondierung
19. Sialographie
20. Gipsmodell (z. B. bei Frakturen) pro Modell
21. Funktionsanalyse im Rahmen einer kieferchirurgischen Behandlung
22. Instrumentale Funktionsanalyse im Rahmen einer kieferchirurgischen Behandlung (Modell, Außenbogen Artikulator, Einschleiftherapie)
23. Diagnostisches Setup (pro Kiefer für med. Sonderfälle)
24. Funktionsstörungen des Kiefergelenks, einfache Befunderhebung und Therapie von Myopathien auf Basis abnehmbarer Geräte (3 Monate)
25. Diagnostisches Aufwachsen pro Kiefer
26. Axiographie
27. Kieferorthopädie festsitzend
28. KFO Halteschraube (Knochenschraube)
29. UDIPS im Zusammenhang mit Parodontalbehandlungen
30. UDIA im Zusammenhang mit technischen Versorgungen
31. Versorgung von Haut- und Schleimhautwunden über 5 cm
32. Narkose erste Stunde
33. Narkose weitere Stunde
34. Ambulante Inhalationsnarkose (inkl. Medikament)
35. Ambulante Inhalationsnarkose, i.v. (inkl. Medikament)
36. Erste Röntgenaufnahme des Schädels (Fernröntgen), nicht im Zusammenhang mit einer Kieferregulierung
37. Jede weitere Aufnahme des Schädels (Fernröntgen), nicht im Zusammenhang mit einer Kieferregulierung
38. Kiefergelenksröntgen
39. TMI-Tomographie, nicht, wenn im selben Behandlungsfall eine CT-Untersuchung erfolgt.

4. Heilbehelfe im Zusammenhang mit den in Teil A, Punkt 1. bis 3. genannten Leistungen: (die Bestimmungen des § 137 ASVG sind zu beachten)

1. Cystenobturator
2. schiefe Ebene
3. Tiefzieh-, Miniplast-, Aufbiss-, Knirscher-, Lingualschiene
4. Obere Platte, Dehnplatte, Aktivator, Kunststoffplattenschienung (bei Frakturen, Abdeckplatte bei LKG-Spalten)

5. Kappenschiene, gegossene Greiferschiene
6. Frakturversorgung (Drahtschienenverband inklusive Ottenhacken und intermaxilläre Fixation, Sauerschiene, Ivyligatur), Kopfgerüst jeder Art
7. Bänder, Brackets (Klebung, Aufzementierung, Abnahme) nicht im Zusammenhang mit einer KFO-Behandlung
8. Resektionskloß ohne Prothese
9. Gesichtsepithesen
10. Nasen-, Ohrepithesen, Mittelgesicht ein- oder doppelseitig jede Größe
11. Kopf-, Kinnkappe, Mundvorhofplatte, Wangenschild, Platzhalter
12. Protrusionsbehelf (Schnarchschiene)
13. Trinkerplatte (Gaumenplatte bei LKG-Patienten/-Patientinnen bis zum Gaumenverschluss)

Teil B

Erfolgt die Leistungserbringung außerhalb einer Vertragseinrichtung hat der Leistungserbringer/die Leistungserbringerin dieselben Qualitätsvoraussetzungen und Organisationsform (Krankenanstalt) wie die Vertragseinrichtung zu erfüllen. Folgende Leistungen sind umfasst:

1. Wurzelkappe mit Stiftverankerung pulpal individuell gefertigt
2. Stiftverankerung pulpal
3. Austausch Verschleißteile retentives Element in Überkonstruktion
4. Retentives Element für Zähne Locator
5. Retentives Element für Zähne Ball Attachment und Geschiebe
6. Retentives Element für Implantat Locator
7. Retentives Element für Implantat Ball Attachment und Geschiebe
8. Verbindung zu Implantat
9. Verbindung zu Implantat provisorisch
10. Brücke 12 Stellen auf vier Implantaten
11. Brücke 12 Stellen auf sechs Implantaten
12. Brücke 12 Stellen auf acht Implantaten
13. Brückenglied keramischer Werkstoff
14. Interimskrone Kunststoff
15. Interimsbrückenglied Kunststoff
16. Steg konfektioniert mit Reiter
17. Magnetverankerung, Druckknopf (auf Implantat)
18. Stegkappe auf Implantat
19. Vollgusskrone (Metallkrone)
20. Krone verblendet
21. Brückenglied verblendet
22. Innenteleskop
23. Klebebrücke, zwei Pfeiler und Zwischenglieder
24. Krone keramischer Werkstoff
25. Inlay eine Fläche aus Gold oder Keramik
26. Inlay zwei Flächen aus Gold oder Keramik
27. Inlay drei Flächen aus Gold oder Keramik
28. Onlay aus Gold oder Keramik
29. Implantat im Zusammenhang mit einem abnehmbaren Zahnersatz oder einem aus medizinischen Gründen notwendigen festsitzenden Zahnersatz (einzeitige oder zweizeitige Implantation)
30. Reparatur von Implantaten
31. Immediatprothese, wenn diese nichtnach Anhang 1 Teil D – erbracht wird

Anhang 4

Teil A
Zuzahlungen bzw. Zuschüsse für Kieferregulierungen gemäß § 28 Abs. 1 und 2 und Zuzahlungen für unentbehrlichen Zahnersatz gemäß § 30 Abs. 5

(1) Die Zuzahlung des/der Versicherten (Angehörigen) zu den Kosten von kieferorthopädischen Behandlungen auf der Basis abnehmbarer Geräte gemäß § 28 Abs. 1 beträgt:
1. pro Behandlungsjahr 30 %
2. für Reparaturen 30 %
der mit den Vertragszahnärzten/Vertragszahnärztinnen (Vertragseinrichtungen) jeweils vereinbarten Tarifsätze.

(2) Wird an Stelle der kieferorthopädischen Behandlung auf Basis abnehmbarer Geräte gemäß § 28 Abs. 1 eine Behandlung auf Basis festsitzender Geräte erbracht, beträgt der Zuschuss der Kasse:
1. pro Behandlungsjahr 70 %
2. für Reparaturen 70 %
der mit den Vertragszahnärzten/Vertragszahnärztinnen (Vertragseinrichtungen) jeweils vereinbarten Tarifsätze auf Basis der abnehmbaren Geräte.

(3) Die Zuzahlung des/der Versicherten (Angehörigen) zu den Kosten von kieferorthopädischen Behandlungen auf Basis festsitzender Geräte in medizinischen Sonderfällen (§ 26 Abs. 3 zweiter und dritter Satz) beträgt in den für die Sachleistungserbringung vorgesehenen Vertragseinrichtungen, sofern kein Anspruch nach § 29 besteht:
1. pro Behandlungsjahr 30 %
2. für Reparaturen 30 %
der mit diesen Vertragseinrichtungen dazu vereinbarten Tarifsätzen.

Teil B
Zuzahlungen für unentbehrlichen Zahnersatz gemäß § 30 Abs. 5

(1) Die Zuzahlung des/der Versicherten (Angehörigen) zu den Kosten des unentbehrlichen Zahnersatzes beträgt:
1. für Kunststoffprothesen und deren Reparaturen 25 %
2. für Metallgerüstprothesen einschließlich fortgesetzter Klammer, Aufruhen, Zahn-

klammern und die erforderlichen Zähne sowie deren Reparaturen 25 %
3. für
   a) Voll-Metallkronen an Klammerzähnen 25 %
   b) Verblend-Metall-Keramikkronen bei Teilprothesen 25 %

der mit den Vertragszahnärzten/Vertragszahnärztinnen (Vertragseinrichtungen) jeweils vereinbarten Tarifsätze.

(2) Die Zuzahlung des/der Versicherten (Angehörigen) zu den Kosten eines unentbehrlichen festsitzenden Zahnersatzes in medizinischen Sonderfällen (§ 26 Abs. 3) beträgt in den für die Sachleistungserbringung vorgesehenen Vertragseinrichtungen 25 % der mit diesen Vertragseinrichtungen dazu vereinbarten Tarifsätzen.

Anhang 5
Kostenzuschuss für kleine kieferorthopädische Behelfe gemäß § 28 Abs. 3

Für nachstehende Leistungen leistet die Kasse Kostenzuschüsse in folgender Höhe:
1. Kieferorthopädische Behelfe in der Art von z. B. Schiefe Ebene, Platzhalter pro Kiefer, Mundvorhofplatte; alle inkl. Anpassung und Nachkontrolle, sofern nicht innerhalb eines Jahres nach Ende des Einsatzes dieses Behelfes mit einer kieferorthopädischen Behandlung nach § 28 Abs. 1 bzw. 29 Abs. 2 Z 2 oder 3 begonnen wird, für die die Kasse die Kosten übernimmt. .... 97,02 €
2. Aufbissschiene als Okklusionssperre mit individueller Kauflächengestaltung inkl. Anpassung und Nachkontrolle, sofern nicht innerhalb eines Jahres nach Ende des Einsatzes dieses Behelfes mit der Kieferorthopädischen Behandlung nach § 28 Abs. 1 bzw. 29 Abs. 2. Z 2 oder 3 begonnen wird, für die die Kasse die Kosten übernimmt. .... 151,50 €
3. Positioner zum Erhalt der Zahnstellung als einmalige Zuschussleistung nach Abschluss der Retentionsphase einer kieferorthopädischen Behandlung nach § 28 Abs. 1 bzw. § 29 Abs. 2 Z 3, für die von der Kasse die Kosten übernommen wurden; inkl. Anpassung und Nachkontrolle, pro Kiefer................. 99,57 €
4. individuell gefertigter Retainer (insbesondere Kleberetainer) pro Kiefer als einmalige Zuschussleistung nach Abschluss einer kieferorthopädischen Behandlung nach § 28 Abs. 1, für die von der Kasse die Kosten übernommen wurden; inkl. Anpassung und Nachkontrolle .... 67,21 €

Die oben angeführten Beträge sind um die anteilige Umsatzsteuer zu erhöhen, wenn in der Rechnung über die Leistung eine Umsatzsteuer ausgewiesen ist.

Anhang 6
Kostenzuschuss für Leistungen der medizinischen Hauskrankenpflege gemäß § 33 Abs. 1

Für Leistungen der medizinischen Hauskrankenpflege leistet die Kasse pro Besuch Kostenzuschüsse in folgender Höhe:
1. Grundbetrag für Leistungen der medizinischen Hauskrankenpflege bis zur Dauer von 45 Minuten .... 8,64 €
2. Für jede weitere volle Viertelstunde erhöht sich der Kostenzuschuss um .... 2,88 €

Anhang 7
Kostenzuschüsse bei Fehlen vertraglicher Regelungen

Die Kasse erbringt bei Fehlen vertraglicher Regelungen folgende Kostenzuschüsse:
1. Für die Behandlung durch eine/n nicht-ärztliche/n freiberuflich tätige/n Psychotherapeutin/Psychotherapeuten:
   a) für eine Einzelsitzung zu 30 Minuten 16,00 €
   b) für eine Einzelsitzung zu 60 Minuten 28,00 €
   c) für eine Gruppensitzung (maximal 10 Personen) zu 45 Minuten pro Person 7,00 €
   d) für eine Gruppensitzung (maximal 10 Personen) zu 90 Minuten pro Person 10,00 €
2. Für die Behandlung durch eine/n freiberuflich tätige/n Physiotherapeutin/Physiotherapeuten:
   a) für eine Einzelheilgymnastik zu 30 Minuten 16,74 €
   b) für eine Einzelheilgymnastik zu 45 Minuten 25,07 €
   c) für eine Gruppenheilgymnastik zu 30 Minuten pro Person 5,38 €
   d) für eine Einzelheilgymnastik bei neurologischen Erkrankungen zu 30 Minuten 22,17 €
   e) für eine Einzelheilgymnastik bei neurologischen Erkrankungen zu 45 Minuten 29,65 €
   f) für eine manuelle Lymphdrainage zu 45 Minuten 18,89 €
   g) für eine Heilmassage zu 15 Minuten 6,61 €
   h) für eine Hippotherapie zu 30 Minuten 21,80 €
   i) für einen ärztlich verordneten Hausbesuch 17,80 €
3. Für die logopädisch-phoniatrisch-audiologische Krankenbehandlung durch eine/n freiberuflich tätige/n Logopädin/Logopäden:
   a) für die Erstuntersuchung/Statuserhebung 29,07 €

b) pro nachfolgender Behandlung zu 30 Minuten 14,53 €
c) für eine Gruppensitzung (maximal 4 Personen) zu 60 Minuten pro Person 8,72 €
d) für einen ärztlich verordneten Hausbesuch (pauschaler Zuschlag) 13,81 €

4. Für die ergotherapeutische Krankenbehandlung durch eine/n freiberuflich tätige/n Ergotherapeutin/Ergotherapeuten:
   a) für eine Behandlung zu 30 Minuten 15,00 €
   b) für eine Behandlung zu 60 Minuten 30,00 €
   c) für einen ärztlich verordneten Hausbesuch 10,40 €

5. Sonstige Therapien und Behandlungen:
   a) ……
   b) ……
   c) ……

Anhang 8

Kostenzuschuss nach § 34

Die Kasse leistet für Leistungen nach § 29 Abs. 2 Z 3 (kieferorthopädische Hauptbehandlung) bei Fehlen einer regional ausgewogenen Versorgung einen Kostenzuschuss von 70 % des Vertragstarifs für die kieferorthopädische Behandlung nach § 28 Abs. 1 auf Basis abnehmbarer Geräte mit dreijähriger Behandlungsdauer.

Anhang 9

Einstufung der Kieferfehlstellung nach dem Index of Orthodontic Treatment Need (IOTN) für Leistungen gemäß § 28 und § 29

1. IOTN 2b: Verkehrter Überbiss größer 0 mm, aber kleiner gleich 1 mm: Messbereich (Zähne 2 bis 2). Das 2b auslösende Merkmal ist gegeben, wenn sich alle 4 oberen Schneidezähne im verkehrten Überbiss befinden und an mindestens einem davon mehr als 0 mm und weniger als/gleich 1 mm Distanz zum Antagonisten vorliegt. Messstrecke: Parallel zur Okklusionsebene und radial zum Zahnbogen, an den Punkten, die am weitesten voneinander entfernt liegen.

2. IOTN 2c: Anteriorer oder posteriorer Kreuzbiss bzw. Kantbiss mit Diskrepanz kleiner gleich 1 mm zwischen RKP und IKP:
   a) Anteriorer Kreuzbiss bzw. Kantbiss liegt vor, wenn 1, 2 oder 3 Oberkiefer-Schneidezähne in lingualer Position stehen.
   b) Posteriorer Kreuzbiss bzw. Kantbiss liegt vor, wenn für mindestens einen der Zähne (3 bis 7) eines der folgenden Merkmale vorliegt:
      aa) Schneidekanten-Schneidekantenkontakt (Eckzahn)
      bb) Höcker-Höcker-Verzahnung (bukkal lingual) Zähne 4 bis 7
      cc) Kreuzbiss

3. IOTN 3a: Sagittale Stufe größer 3,5 mm aber kleiner gleich 6 mm mit inkompetentem Lippenschluss; Messbereich: Zähne 2 bis 2. Das 3a auslösende Merkmal ist gegeben, wenn an mindestens einem davon mehr als 3,5 mm oder weniger als/gleich 6 mm Distanz zum Antagonisten vorliegt. Definition der Messstrecke: Parallel zur Okklusionsebene und radial zum Zahnbogen; an den Punkten, die am weitesten voneinander entfernt liegen.

4. IOTN 3b: Verkehrter Überbiss größer 1 mm, aber kleiner gleich 3,5 mm: Messbereich (Zähne 2 bis 2). Das 3b auslösende Merkmal ist gegeben, wenn sich alle 4 oberen Schneidezähne im verkehrten Überbiss befinden und an mindestens einem davon mehr als 1 mm und weniger als/gleich 3,5 mm Distanz zum Antagonisten vorliegt. Messstrecke: Parallel zur Okklusionsebene und radial zum Zahnbogen, an den Punkten, die am weitesten voneinander entfernt liegen.

5. IOTN 3c: Anteriorer oder posteriorer Kreuzbiss bzw. Kantbiss mit Diskrepanz größer als 1 mm, aber kleiner gleich 2 mm zwischen RKP und IKP:
   a) Anteriorer Kreuzbiss bzw. Kantbiss liegt vor, wenn 1, 2 oder 3 Oberkiefer-Schneidezähne in lingualer Position stehen.
   b) Posteriorer Kreuzbiss bzw. Kantbiss liegt vor, wenn für mindestens einen der Zähne (3 bis 7) eines der folgenden Merkmale vorliegt:
      aa) Schneidekanten-Schneidekantenkontakt (Eckzahn)
      bb) Höcker-Höcker-Verzahnung (bukkal lingual) Zähne 4 bis 7
      cc) Kreuzbiss

6. IOTN 3e: Seitlicher oder frontaler offener Biss bei vollständig durchgebrochenen bleibenden Zähnen größer 2 mm, aber kleiner gleich 4 mm. Kriterium liegt bei mindestens einem Zahn vor. Messbereich: Zähne 1 bis 7. Messstrecke – vertikal (rechter Winkel) zur Okklusionsebene.

7. IOTN 3f: Vergrößerter und kompletter Überbiss (eines oder mehrerer Frontzähne) ohne traumatischen Einbiss in palatinale, labiale Schleimhaut.

8. IOTN 4a: Sagittale Stufe größer 6 mm, aber kleiner gleich 9 mm – Messbereich: Zähne 2 bis 2. Das 4a auslösende Merkmal ist gegeben, wenn an mindestens einem davon mehr als 6 mm oder weniger als/gleich 9 mm Distanz zum Antagonisten vorliegt. Definition der Messstrecke: Parallel zur Okklusionsebene und radial zum Zahnbogen; an den Punkten, die am weitesten voneinander entfernt liegen.

9. IOTN 4b: Verkehrter Überbiss größer 3,5 mm ohne Kaustörung oder Sprachbeeinträchti-

gung: Messbereich (Zähne 2 bis 2). Das 4b auslösende Merkmal ist gegeben, wenn sich alle 4 oberen Schneidezähne im verkehrten Überbiss befinden und an mindestens einem davon mehr als 3,5 mm Distanz zum Antagonisten vorliegt. Messstrecke: Parallel zur Okklusionsebene und radial zum Zahnbogen, an den Punkten, die am weitesten voneinander entfernt liegen.

10. IOTN 4c: Anteriorer oder posteriorer Kreuzbiss mit Diskrepanz größer 2 mm zwischen RKP (Retrale Kontaktposition) und IKP (Interkuspidale Kontaktposition):
    a) Anteriorer Kreuzbiss bzw. Kantbiss liegt vor, wenn 1, 2 oder 3 Oberkiefer-Schneidezähne in lingualer Position stehen.
    b) Posteriorer Kreuzbiss bzw. Kantbiss liegt vor, wenn für mindestens einen der Zähne (3 bis 7) eines der folgenden Merkmale vorliegt:
        aa) Schneidekanten-Schneidekanten-kontakt (Eckzahn)
        bb) Höcker-Höcker-Verzahnung (bukkal lingual) Zähne 4 bis 7
        cc) Kreuzbiss

11. IOTN 4d: Ausgeprägte Kontaktpunktverschiebung von benachbarten bleibenden Zähnen größer als 4 mm. Die Kontaktpunktverschiebung wird an den anatomischen Kontaktpunkten gemessen, wo Zähne von der Linie des Zahnbogens abweichen (rotierte Prämolaren werden nur berücksichtigt, wenn ein Kreuz- bzw. Kantbiss vorliegt). Generell nicht berücksichtigt werden:
    a) Vertikale Verschiebungen in der Höhe
    b) Lücken (auch nicht nach Zahnextraktionen), es sei denn, ein Zahn bzw. mehrere Zähne weichen vom Zahnbogen ab. Messstrecke: Parallel zur Okklusionsebene; an den anatomischen Kontaktpunkten, die am weitesten voneinander entfernt liegen.

12. IOTN 4e: Extremer seitlicher oder frontaler offener Biss bei vollständig durchgebrochenen bleibenden Zähnen größer als 4 mm. Kriterium liegt bei mindestens einem Zahn vor. Messbereich: Zähne 1 bis 7. Messstrecke – vertikal (rechter Winkel) zur Okklusionsebene; an den Punkten, die am weitesten voneinander entfernt liegen. Messpunkte: Frontzahnbereich – Schneidekante-Schneidekante; Seitzahnbereich – Höckerspitze-Höckerspitze.

13. IOTN 4f: Vergrößerter und kompletter Überbiss (eines oder mehrerer Frontzähne) mit traumatischem Einbiss in palatinale, labiale Schleimhaut.

14. IOTN 4h: Wenig ausgeprägte Nichtanlage (ein nicht angelegter Zahn in mindestens einem Quadranten), die eine kieferorthopädische Behandlung für den Lückenschluss oder eine kieferorthopädische Behandlung für die Lü-

ckenöffnung als prärestaurative Maßnahme erfordert.

15. IOTN 4l: Scherenbiss ohne funktionalen Okklusionskontakt in einem oder beiden Seitzahnsegment(en) – Messbereich: Zähne 4 bis 7.

16. IOTN 4m: Verkehrter Überbiss größer als 1 mm, aber kleiner gleich 3,5 mm mit Kaustörung und/oder Sprachbeeinträchtigung (ein eventuelles Nichtvorliegen der Störung bzw. Beeinträchtigung ist nachzuweisen): Messbereich (Zähne 2 bis 2). Das 4m auslösende Merkmal ist gegeben, wenn sich alle 4 oberen Schneidzähne im verkehrten Überbiss befinden und an mindestens einem davon mehr als 1 mm oder weniger als/gleich 3,5 mm Distanz zum Antagonisten vorliegt. Messstrecke: Parallel zur Okklusionsebene und radial zum Zahnbogen; an den Punkten, die am weitesten voneinander entfernt liegen.

17. IOTN 4t: Teilweise durchgebrochener Zahn, gekippt zum benachbarten Zahn, wenn durch gelindere Mittel (z. B. Separierdraht, Entfernen der Weisheitszähne, etc.) das Merkmal nicht beseitigt werden kann.

18. IOTN 4x: Überzähliger bleibender Zahn bzw. überzählige bleibende Zähne, der/die eine Zahnentfernung notwendig macht/machen, gefolgt von einer kieferorthopädischen Behandlung zur Ausformung des Zahnbogens und/oder zum Lückenschluss.

    Vorhandensein eines überzähligen bleibenden Zahnes bzw. überzählige bleibender Zähne, bei dessen/deren Vorliegen nach einer angemessenen Extraktion (keine relevante negative Beeinflussung des Zahnbreitenverhältnisses von Oberkiefer zu Unterkieferzahnbogen und vice versa) eine kieferorthopädische Ausrichtung oder ein kieferorthopädischer Lückenschluss durchgeführt wird. Merkmal ist nicht gegeben bei (einem) überzähligen Weisheitszahn(zähnen).

19. IOTN 5a: Sagittale Stufe größer 9 mm – Messbereich: Zähne 2 bis 2. Das 5a auslösende Merkmal ist gegeben, wenn an mindestens einem davon mehr als 9 mm Distanz zum Antagonisten vorliegt. Definition der Messstrecke: Parallel zur Okklusionsebene und radial zum Zahnbogen; an den Punkten, die am weitesten voneinander entfernt liegen.

20. IOTN 5h: Ausgeprägte Zahnunterzahl (mehr als ein nicht angelegter Zahn in mindestens einem Quadranten), die eine kieferorthopädische Behandlung für den Lückenschluss oder eine kieferorthopädische Behandlung für die Lückenöffnung als prärestaurative Maßnahme erfordert.

21. IOTN 5i: Behinderung des regelrechten Zahndurchbruchs (mit Ausnahme Weisheitszahn) wegen
    a) Platzmangels:

aa) bei Lückeneinengung: kleiner gleich 4 mm zwischen den zwei bleibenden Zähnen, die dem zu beurteilenden Zahn benachbart sind

bb) im Wechselgebiss in Oberkiefer-Stützzone kleiner gleich 18 mm (Messstrecke: vom distalen Kontaktpunkt 2er zum mesialen Kontaktpunkt 6er)

cc) im Wechselgebiss in Unterkiefer-Stützzone kleiner gleich 17 mm (Messstrecke: vom distalen Kontaktpunkt 2er zum mesialen Kontaktpunkt 6er)

b) Verlagerung:

aa) Liegt der Zahn außerhalb des Zahnbogens (ektopisch) und ist nicht durchgebrochen, wird er als impaktiert betrachtet (maximale Durchbruchshemmung). Unter einer Verlagerung ist eine Fehllage des Zahnkeims ohne realistische Chance zum spontanen Zahndurchbruch zu verstehen. Eine Verlagerung von Weisheitszähnen rechtfertigt eine Einstufung in die Gruppe 5i nicht.

c) einem oder mehrerer überzähliger Zähne – wie etwa ein Mesiodens oder ein Odontom, die einen regelrechten Zahndurchbruch verhindern, und nach deren Entfernung eine kieferorthopädische Einreihung, Ausrichtung der Zähne bzw. ein Lückenschluss durchgeführt wird.

d) persistierender, ankylosierter oder retinierter Milchzähne, wenn der nachfolgende bleibende Zahn angelegt ist und keine Chance auf Spontandurchbruch nach Entfernung des retinierten Milchzahnes besteht. Anmerkung: Dies kann in der Regel erst nach einer Wartezeit von einem Jahr nach Entfernung des retinierten Milchzahnes unter Einbeziehung der Zahnwurzelentwicklung bewertet werden.

e) einer anderen pathologischen Ursache (z. B. Tumore).

Sobald der Zahn bzw. ein Teil des Zahnes im Mund sichtbar ist, ist 5 i nicht mehr zu geben.

22. IOTN 5m: Verkehrter Überbiss größer 3,5 mm mit Kaustörung oder Sprachbeeinträchtigung (ein eventuelles Nichtvorliegen der Störung bzw. Beeinträchtigung ist nachzuweisen): Messbereich (Zähne 2 bis 2). Das 5m auslösende Merkmal ist gegeben, wenn sich alle 4 oberen Schneidezähne im verkehrten Überbiss befinden und an mindestens einem davon mehr als 3,5 mm Distanz zum Antagonisten vorliegt. Messstrecke: Parallel zur Okklusionsebene und radial zum Zahnbogen; an den Punkten, die am weitesten voneinander entfernt liegen.

23. IOTN 5p: Bei Defekten wie Lippen-, Kiefer-, Gaumenspalten (mit Auswirkungen auf die Zahnstellung).

24. IOTN 5s: Infraokklusion eines Milchzahns wird nur dann erfasst, wenn nur zwei Höcker sichtbar verbleiben und/oder die benachbarten Zähne stark über diesem Milchzahn zueinander gekippt sind und dadurch der überdeckte Zahn in seinem vollständigen Durchbruch gehemmt wird.

Anhang 10
Kostenzuschüsse bei Fehlen vertraglicher Regelungen gemäß § 20

1. Bei Fehlen vertraglicher Regelungen leistet die Kasse für Transporte einen Zuschuss in Höhe des halben amtlichen Kilometergeldes.

2. Für Bergungskosten nach Unfällen, die nicht unter § 131 Abs. 4 ASVG fallen, leistet die Kasse einen Zuschuss in Höhe von € 72,00, höchstens jedoch die tatsächlichen Kosten.

3/2. MKO 2016
1. Teil, §§ 1 – 10

3/2. Musterkrankenordnung 2016

Musterkrankenordnung 2016, AVSV 2016/67 idF
1 AVSV 2016/191
2 AVSV 2017/92
3 AVSV 2018/2
4 AVSV 2018/139
5 AVSV 2018/200
6 AVSV 2019/149
7 AVSV 2019/161

Musterkrankenordnung 2016 (MKO 2016)

1. Teil
Einführungsbestimmungen zur Musterkrankenordnung 2016

Grundlage und Geltungsbereich

§ 1. (1) Die Musterkrankenordnung wird vom Dachverband der Sozialversicherungsträger nach § 456 Abs. 2 ASVG aufgestellt.
(AVSV 2019/161)

(2) Sie gilt für alle im Dachverband der Sozialversicherungsträger zusammengefassten Krankenversicherungsträger.
(AVSV 2019/161)

Name des Versicherungsträgers

§ 2. Die Bezeichnung „Kasse" im Text der Musterkrankenordnung kann im Text der Krankenordnung der Kasse durch deren Namen (§ 1 der Satzung) ersetzt werden.
(AVSV 2019/161)

Inkrafttreten

§ 3. (1) Die Musterkrankenordnung 2016 und ihre Einführungsbestimmungen treten mit Ablauf des Tages ihrer Kundmachung in Kraft.

(2) Gleichzeitig tritt die bis dahin geltende Musterkrankenordnung 2011, kundgemacht im Internet unter www.avsv.at, Jahrgang 2011, Amtliche Verlautbarung Nr. 106/2011 (Stammfassung), in der Fassung ihrer Änderungen:
1. Jahrgang 2012, Amtliche Verlautbarung im Internet avsv Nr. 117/2012,
2. Jahrgang 2013, Amtliche Verlautbarung im Internet avsv Nr. 112/2013,
3. Jahrgang 2014, Amtliche Verlautbarung im Internet avsv Nr. 132/2014,
4. Jahrgang 2014, Amtliche Verlautbarung im Internet avsv Nr. 201/2014,
5. Jahrgang 2014, Amtliche Verlautbarung im Internet avsv Nr. 65/2014,
6. Jahrgang 2015, Amtliche Verlautbarung im Internet avsv Nr. 96/2015,
7. Jahrgang 2016, Amtliche Verlautbarung im Internet avsv Nr. 3/2016
außer Kraft.
(AVSV 2019/161)

Inkrafttreten der 1. Änderung

§ 4. Die 1. Änderung der Musterkrankenordnung 2016 tritt mit 1. Jänner 2017 in Kraft. Abweichend davon tritt § 19 Abs. 1 Z 3 lit. c sublit bb in der Fassung der 1. Änderung der Musterkrankenordnung 2016 rückwirkend mit 1. Juli 2016 in Kraft.
(AVSV 2016/191, AVSV 2019/161)

Inkrafttreten der 2. Änderung

§ 5. § 32 tritt mit 1. Oktober 2017 in Kraft. § 64 Abs. 6 tritt mit 1. Juli 2017 in Kraft.
(AVSV 2017/92, AVSV 2019/161)

Inkrafttreten der 3. Änderung

§ 6. Die 3. Änderung der Musterkrankenordnung tritt mit 1. Jänner 2018 in Kraft.
(AVSV 2018/2, AVSV 2019/161)

Inkrafttreten der 4. Änderung

§ 7. Die 4. Änderung der Musterkrankenordnung 2016 tritt mit 1. September 2018 in Kraft.
(AVSV 2018/139, AVSV 2019/161)

Inkrafttreten der 5. Änderung

§ 8. (1) Die 5. Änderung der Musterkrankenordnung 2016 tritt mit 1. Jänner 2019 in Kraft.

(2) Abweichend davon tritt Z 14 mit 1. Juni 2019 in Kraft.
(AVSV 2018/200, AVSV 2019/161)

Inkrafttreten der 6. Änderung

§ 9. Die 6. Änderung der Musterkrankenordnung 2016 tritt mit dem Tag nach ihrer Kundmachung in Kraft.
(AVSV 2019/149, AVSV 2019/161)

Inkrafttreten der 7. Änderung

§ 10. Die 7. Änderung der Musterkrankenordnung 2016 tritt mit 1. Jänner 2020 in Kraft.
(AVSV 2019/161)

2. Teil
Krankenordnung der ... ...

Inhaltsverzeichnis

1. Abschnitt Ärztliche Hilfe und gleichgestellte Leistungen

1. Unterabschnitt Ärztliche Hilfe
§ 1. Allgemeines

§ 2. e-card, Europäische Krankenversicherungskarte und Bürgerkarte
§ 3. Begriffsbestimmungen
§ 4. Ausstellung der e-card
§ 5. Allgemeine Verwendung der e-card und der EKVK-Information über Karteninhalte der e-card
§ 6. Benützung der e-card, der Europäischen Krankenversicherungskarte oder einer Ersatzbescheinigung für Leistungen der Kasse im In- und Ausland
§ 6a. Ausstellung von Ersatzbelegen bei fehlendem Lichtbild
§ 7. Ärztliche Hilfe mit Überweisungs- oder Zuweisungsschein
§ 8. Arztwechsel
§ 9. (aufgehoben durch AVSV Nr. 161/2019)
§ 10. Europäische Krankenversicherungskarte – EKVK European Health Insurance Card – EHIC
§ 11. Gültigkeitsdauer der Europäischen Krankenversicherungskarte
§ 12. Einschränkungen für die Ausstellung einer EKVK
§ 13. Verlust, Sperre und Neuausstellung der e-card und der EKVK nach einer Verlustmeldung
§ 14. Änderung der Angaben auf der e-card und der EKVK
§ 15. Verzicht und Kartenrückgabe von e-card oder EKVK
§ 16. Behandlung in der Ordination
§ 17. Ärztliche Krankenbesuche
§ 18. Auswahl des zuständigen Arztes/der zuständigen Ärztin
§ 19. Besondere Mitteilungspflichten bei Leistungsinanspruchnahme

2. Unterabschnitt Leistungen, die der ärztlichen Hilfe gleichgestellt sind

§ 20. Logopädisch-phoniatrisch-audiologische Behandlung
§ 21. Physiotherapie
§ 22. Ergotherapie
§ 23. Psychotherapie durch Psychotherapeuten oder Psychotherapeutinnen
§ 24. Diagnostische Leistung eines klinischen Psychologen oder einer klinischen Psychologin

3. Unterabschnitt Regelungen für die Inanspruchnahme von Leistungen, für die eine elektronische Administrationsunterstützung durch das elektronische Kommunikationsservice (eKOS) besteht

§ 25. Verpflichtungen des/der Versicherten bei Inanspruchnahme von Leistungen, für die eine elektronische Administrationsunterstützung durch des elektronische Kommunikationsservice (eKOS) besteht

2. Abschnitt Zahnbehandlung und Zahnersatz sowie Kieferregulierungen für Kinder und Jugendliche

§ 26. Leistungserbringer/Leistungserbringerinnen
§ 27. Kieferregulierungen für Kinder und Jugendliche

3. Abschnitt Heilmittel, Heilbehelfe und Hilfsmittel

§ 28. Heilmittel
§ 29. Nachweis des Jahres-Nettoeinkommens
§ 30. Heilbehelfe
§ 31. Hilfsmittel
§ 32. Mindestgebrauchsdauer und Abgabemenge

4. Abschnitt Krankengeld

§ 33. Arbeitsunfähigkeitsmeldung
§ 34. Meldung des Arbeitsentgeltes
§ 35. Nachweis der Anspruchsberechtigung für ein erhöhtes Krankengeld
§ 36. Bestätigung der Arbeitsunfähigkeit

5. Abschnitt Kostenerstattung

§ 37. Kostenerstattung bei Inanspruchnahme von Wahlärzten/Wahlärztinnen oder Wahl-Gruppenpraxen
§ 38. Keine Kostenerstattung
§ 39. Sonstige Vorschriften bei Kostenerstattung
§ 40. Kostenerstattung für die Behandlung durch Wahlzahnärzte/Wahlzahnärztinnen, Zahnärzte/Zahnärztinnen in Wahl-Gruppenpraxen, zahnärztliche Wahl-Gruppenpraxen und Wahleinrichtungen
§ 41. Kostenerstattung bei Erbringung von Leistungen nach § 153a Abs. 4 ASVG
§ 42. Kostenzuschuss bei Fehlen einer regional ausgewogenen flächendeckenden Versorgung
§ 43. Heilmittelverordnung durch Wahlärzte/Wahlärztinnen, Ärzte/Ärztinnen in Wahl-Gruppenpraxen oder Wahleinrichtungen
§ 44. Kostenerstattung für Privatrezepte
§ 45. Kostenerstattung für Behandlungen, die der ärztlichen Hilfe gleichgestellt sind
§ 46. Kostenerstattung für Heilbehelfe
§ 47. Kostenerstattung für Hilfsmittel
§ 48. Kostenzuschuss für Leistungen der medizinischen Hauskrankenpflege

6. Abschnitt Anstaltspflege

§ 49. Nächstgelegene geeignete Krankenanstalt
§ 50. Kostenübernahmeerklärung
§ 51. Aufenthaltsbestätigung

§ 52. Arbeitsunfähigkeit nach Anstaltspflege
§ 53. Pflegekostenzuschuss bei Anstaltspflege

7. Abschnitt Verfahren bei Maßnahmen zur Festigung der Gesundheit
§ 54. Bewilligungspflicht
§ 55. Verspäteter Antritt von Maßnahmen zur Festigung der Gesundheit
§ 56. Aufenthaltsbestätigung

8. Abschnitt Leistungen aus dem Versicherungsfall der Mutterschaft
§ 57. Wochengeld
§ 58. Kostenübernahmeerklärung

9. Abschnitt Überprüfung der ärztlichen Anordnungen und des Gesundheitszustandes
§ 59. Einhaltung der ärztlichen Anordnungen
§ 60. Krankenbesuchsdienst
§ 61. Prüfung des Gesundheitszustandes

10. Abschnitt Erkrankung außerhalb des Kassenbereiches bzw. außerhalb des Bundesgebietes
§ 62. Erkrankung außerhalb des Wohnortes bzw. Kassenbereiches im Inland
§ 63. Europäische Krankenversicherungskarte EKVK, Zwischenstaatlicher Betreuungsschein, sonstige gemeinschaftsrechtliche oder bilaterale Anspruchsbescheinigungen

11. Abschnitt Melde- und Auskunftspflicht der Versicherten
§ 64. Meldepflicht
§ 65. Auskunftspflicht

12. Abschnitt Verpflichtung zur Einholung einer chef(kontroll)ärztlichen Bewilligung und Verpflichtung zur Einholung einer Vorabgenehmigung bei Inanspruchnahme von Gesundheitsdienstleistungen im Ausland
§ 66. Vorherige chef(kontroll)ärztliche Bewilligung
§ 67. Verpflichtung zur Einholung einer Vorabgenehmigung bei Inanspruchnahme von Gesundheitsdienstleistungen im Ausland

13. Abschnitt Regelung für Härtefälle
§ 68. Härtefälle

14. Abschnitt Schlussbestimmungen
§ 69. Wirksamkeitsbeginn
§ 70. Wirksamkeitsbeginn der ... Änderung
Anhang 1 Leistungen, für die eine chef(kontroll)ärztliche Bewilligung erforderlich ist
Anhang 2 Bescheinigung als provisorischer Ersatz für die Europäische Krankenversicherungskarte
Anhang 3 Erklärung des in einem EU-Mitgliedstaat, EWR-Staat oder der Schweiz versicherten Patienten bei Inanspruchnahme von Sachleistungen während eines vorübergehenden Aufenthaltes in Österreich (Patientenerklärung zur Verwendung der Europäischen Krankenversicherungskarte)
Anhang 4 Bescheinigung als Ersatz für die e-card (e-card Ersatzbeleg)
Anhang 5 Leistungsarten, für die eine elektronische Administrationsunterstützung durch das elektronische Bewilligungs- und Antragsservice (eBS) besteht

1. Abschnitt
Ärztliche Hilfe und gleichgestellte Leistungen
(§ 135 ASVG)

1. Unterabschnitt
Ärztliche Hilfe

Allgemeines

§ 1. (1) Ärztliche Hilfe wird von der Kasse durch
1. Vertragsärzte/Vertragsärztinnen,
2. Vertrags-Gruppenpraxen,
3. eigene Einrichtungen (z. B. Ambulatorien),
4. Vertragseinrichtungen,
5. Wahlärzte/Wahlärztinnen,
6. Wahl-Gruppenpraxen oder
7. Wahleinrichtungen

geleistet, soweit sie ausreichend und zweckmäßig ist sowie das Maß des Notwendigen nicht überschreitet. Wahlarzt/Wahlärztin ist jede/r freiberuflich tätige Arzt/Ärztin, der/die mit der Kasse keinen Vertrag über die Sachleistungsverrechnung (Abs. 2) abgeschlossen hat. Wahl-Gruppenpraxis ist jede Gruppenpraxis, die mit der Kasse keinen Vertrag über die Sachleistungsverrechnung nach Abs. 2 abgeschlossen hat. Wahleinrichtung ist eine behördlich bewilligte Einrichtung, die mit der Kasse keinen Vertrag über die Sachleistungsverrechnung (Abs. 2) abgeschlossen hat.

(AVSV 2019/161)

(2) Ärztliche Hilfe als Sachleistung wird nach § 6
1. bei einem Vertragsarzt oder einer Vertragsärztin,
2. bei einer Vertrags-Gruppenpraxis,
3. bei einer Vertragseinrichtung,
4. in einer eigenen Einrichtung
(AVSV 2019/161)

durch direkte Verrechnung der erbrachten Leistung zwischen dem Vertragspartner/der Vertragspartnerin (eigener Einrichtung) und der Kasse erbracht.

(3) Bei ärztlicher Hilfe durch einen/eine Wahlarzt/Wahlärztin, eine Wahl-Gruppenpraxis oder eine Wahleinrichtung werden die Kosten, die dem/der Anspruchsberechtigten für die Leistung erwachsen, nach den §§ 37 ff erstattet. Verordnungen, Überweisungen und Zuweisungen von Wahlärzten/

Wahlärztinnen, Wahl-Gruppenpraxen oder Wahleinrichtungen sind nach einer Bewilligung der Kasse im Einzelfall den von den Vertragspartnern/Vertragspartnerinnen (Vertragseinrichtungen) ausgestellten Verordnungen, Überweisungen bzw. Zuweisungen gleichgestellt.

(4) In einem Kalendervierteljahr können nicht
1. mehrere Vertragsärzte/Vertragsärztinnen für Allgemeinmedizin oder
2. mehrere Vertragsfachärzte/Vertragsfachärztinnen des gleichen Fachgebietes

auf Rechnung der Kasse in Anspruch genommen werden, ausgenommen die Fälle, in denen nach § 8 etwas anderes bestimmt ist.

e-card und Europäische Krankenversicherungskarte

§ 2. (1) Die e-card ist die Chipkarte des elektronischen Verwaltungssystems ELSY der österreichischen Sozialversicherung (§ 31a ASVG). Sie wird von der Kasse (§ 31b Abs. 3 ASVG) für alle Versicherten und sonst anspruchsberechtigten oder mitversicherten Personen (all diese in der Folge „Versicherte" oder „Benützer/Benützerinnen" genannt) ausgestellt. Andere Chipkarten, wie z. B. die Ordinationskarte für Vertragspartner/Vertragspartnerinnen, werden durch diese Krankenordnung nicht berührt.

(AVSV 2019/161)

(2) Die e-card ist für sich allein weder ein Nachweis für ein bestehendes Versicherungsverhältnis noch für eine etwaige Anspruchsberechtigung. Die e-card ist jedenfalls zu verwenden (§ 6 Abs. 1 und Abs. 2 Z 2), um der behandelnden Stelle
1. die sozialversicherungsrechtliche Situation (Versicherungsstatus) hinsichtlich der Ansprüche aus der Krankenversicherung und
2. das Einverständnis zur Behandlung auf Kosten der Sozialversicherung

zu dokumentieren. Die Kosten von Behandlungen, die bei einem Vertragspartner/einer Vertragspartnerin der Kasse in Anspruch genommen werden, sind mit der Kasse zu verrechnen. Will ein Versicherter/eine Versicherte eine Behandlung nicht auf Kosten der Sozialversicherung in Anspruch nehmen, darf die e-card bei der behandelnden Stelle nicht vorgelegt werden. Eine Kostenerstattung ist in diesem Fall ausgeschlossen.

(3) Die e-card trägt auf der Rückseite ihres Kartenkörpers die Datenfelder der Europäischen Krankenversicherungskarte – EKVK. Bestimmungen dieser Krankenordnung, die sich auf die e-card beziehen, gelten auch für die EKVK, wenn dies ausdrücklich angeordnet ist. EKVK-Datenfelder, die keine Anspruchsdaten enthalten, sind als ungültig gekennzeichnet, ecards mit unausgefüllten EKVK-Datenfeldern werden nicht ausgegeben.

(AVSV 2019/161)

(4) Die e-card bzw. die EKVK werden zur Benützung überlassen und sind als Eigentum der ausstellenden Kasse zu behandeln. Ausstellung und Übergabe der Karten sind für den Versicherten/die Versicherte kostenlos, soweit diese Krankenordnung nicht ausdrücklich anderes vorsieht.

(AVSV 2019/161)

(5) Meldungen, die betreffend eine e-card oder eine EKVK an die Kasse oder einen anderen österreichischen Sozialversicherungsträger zu richten sind, müssen die betroffene Karte bezeichnen (z. B. durch Angabe der Sozialversicherungsnummer und des Namens) und bei einer der folgenden Stellen einlangen:
1. an den Adressen auf jenen technischen Wegen, die in der Erreichbarkeitskundmachung der Kasse oder eines anderen Sozialversicherungsträgers nach § 13 des Allgemeinen Verwaltungsverfahrensgesetzes – AVG im Internet unter www.ris.bka.gv.at/SVRecht/ kundgemacht sind; insbesondere bei der Kasse, auf die in der EKVK verwiesen wird, unabhängig davon, ob bei dieser tatsächlich ein Leistungsanspruch besteht,
2. mündlich, per e-mail oder Telefax bei der gemeinsamen Meldestelle aller Versicherungsträger (Serviceline der österreichischen Sozialversicherung),
3. durch Benützung der entsprechenden Eingabemöglichkeiten (Web-Interfaces) bei jenen Kommunikationsanschlüssen, welche im Internetangebot der österreichischen Sozialversicherung www.sozialversicherung.at für Mitteilungen über die e-card oder die EKVK ausdrücklich angeboten werden.

(AVSV 2019/161)

(6) Für Mitteilungen, Kartenzusendungen und sonstige Zustellungen der Kasse ist entweder
1. die zuletzt als aktuell bei der Kasse vorgemerkte Anschrift oder
2. eine im Zentralen Melderegister als aktuell verzeichnete Anschrift oder
3. eine sonst nach dem Zustellgesetz, BGBl. Nr. 200/1982 idF BGBl. I Nr. 104/2018, zulässige Zustelladresse (einschließlich elektronischer Zustellung nach den §§ 28 ff ZustG)

(AVSV 2019/161)

maßgeblich.

(AVSV 2019/161)

Begriffsbestimmungen

§ 3. Im Sinn dieser Musterkrankenordnung gelten
– als Wanderarbeitnehmerverordnungen die Verordnung (EWG) Nr. 1408/71 des Rates vom 14. Juni 1971 zur Anwendung der Systeme der sozialen Sicherheit auf Arbeitnehmer und Selbständige sowie deren Familienangehörige, die innerhalb der Gemeinschaft zu- und abwandern (ABl. L 149 vom 5. Juli 1971 S. 2) sowie die Verordnung (EWG) Nr. 574/72 des Rates vom 21. März 1972 über die Durchführung der Verordnung (EWG) Nr. 1408/71 über die Anwendung der Systeme der sozialen Sicherheit auf Arbeitnehmer und

Selbständige sowie deren Familienangehörige, die innerhalb der Gemeinschaft zu- und abwandern (ABl. L 74 vom 27. März 1972, S. 1),
- als Koordinierungsverordnungen die Verordnung (EG) Nr. 883/2004 des Europäischen Parlaments und des Rats vom 29. April 2004 zur Koordinierung der Systeme der sozialen Sicherheit (ABl. Nr. L 166 vom 30. April 2004, S. 1) sowie die Verordnung (EG) Nr. 987/2009 des Europäischen Parlaments und des Rates vom 16. September 2009 zur Festlegung der Modalitäten für die Durchführung der Verordnung (EG) Nr. 883/2004 über die Koordinierung der Systeme der sozialen Sicherheit (ABl. Nr. L 284 vom 30. Oktober 2009, Seite 1),
- als Abkommen über soziale Sicherheit die von Österreich geschlossenen Abkommen über soziale Sicherheit, die Zusammenrechnungsregelungen im Bereich der Krankenversicherung enthalten.

Ausstellung der e-card

§ 4. (1) Die e-card wird ohne Antrag auf Grund der der Kasse bekannten Daten ausgestellt. Bei mehreren zuständigen Kassen (Mehrfachversicherung in der Krankenversicherung) wird die e-card von der Kasse ausgestellt, die nach der folgenden Aufzählung als Erste in Frage kommt, solange nicht eine andere Kasse die Kartenausstellung (z. B. auf Verlangen des/der Versicherten zur Wahrnehmung seines/ihres Wahlrechts nach § 128 ASVG, § 87 Abs. 1 GSVG, § 80a BSVG, § 57 B-KUVG) an sich zieht. In diesem Fall wird diese Kasse zuständig:
1. Versicherungsanstalt öffentlich Bediensteter, Eisenbahnen und Bergbau,
2. Sozialversicherungsanstalt der Selbständigen,
3. Österreichische Gesundheitskasse.

Diese Reihenfolge hat keinen Einfluss auf Bestand und Umfang von Ansprüchen gegen eine Kasse. Die Regeln über die Ausstellung einer e-card gelten auch für die Änderung von Daten (§ 14) und für den Austausch fehlerhafter Karten (Abs. 4 Z 4 und 5). Die Nennung von Landesstellen der Österreichischen Gesundheitskasse, die z. B. aus verrechnungstechnischen Gründen erfolgen kann, hat keinen Einfluss auf Rechte und Pflichten von Versicherten. Personen,
- die nach europäischem Recht, einem Abkommen über soziale Sicherheit oder sonstigen Rechtsvorschriften von einem österreichischen Sozialversicherungsträger zu Lasten eines ausländischen Trägers zu betreuen sind und
- für die in den soeben genannten Bestimmungen keine Beschränkung der Sachleistungsansprüche verglichen mit in Österreich versicherten Personen vorgesehen ist,

erhalten im Rahmen dieser Betreuungspflicht eine e-card wie ein inländischer Versicherter/eine inländische Versicherte. Die Ausstellung der e-card ist in diesen Fällen bei der Österreichischen Gesundheitskasse zu beantragen (§ 31b Abs. 3 ASVG).

(AVSV 2019/161)

(2) Für den Fall, dass bei Ausstellung einer e-card Krankenversicherungsschutz (einschließlich Angehörigeneigenschaft, Schutzfrist, Ausleistungsfrist usw.) sowohl bei einer Kasse nach Abs. 1 als auch bei einer Krankenfürsorgeanstalt (§ 2 Abs. 1 Z 2 B-KUVG) besteht und die Krankenfürsorgeanstalt am e-card-System teilnimmt, wird die e-card nach folgenden Regeln ausgestellt, sofern die/der Versicherte nicht die Ausstellung der e-card durch eine andere Kasse, bei der Versicherungsschutz besteht, verlangt:
1. wenn Krankenversicherungsschutz bei einer der in Abs. 1 Z 1 und 2 aufgezählten Versicherungsanstalten besteht, von der Versicherungsanstalt öffentlich Bediensteter, Eisenbahnen und Bergbau,
2. wenn Krankenversicherungsschutz bei der Österreichischen Gesundheitskasse besteht, von der Krankenfürsorgeanstalt,

(AVSV 2019/161)

3. Kommen mehrere Krankenfürsorgeanstalten in Betracht, gilt die Reihenfolge dieser Anstalten nach § 2 Abs. 1 Z 2 B-KUVG.

(3) Die Kasse hat das Recht, eine e-card durch eine neue e-card zu ersetzen. In diesem Fall ist die Neuausstellung kostenlos. Ersatz für Daten und andere Speicherungen auf der e-card wird nicht geleistet. Die frühere e-card darf von dem Benützer/der Benützerin auf eigenes Risiko weiter verwendet werden.

(AVSV 2019/161)

(4) Die Vorgangsweise der Neuausstellung richtet sich nach folgenden Regeln:
1. Die e-card wird dem/der Versicherten ohne Antrag auf Kosten der ausstellenden Kasse übermittelt. Die näheren Regeln (Übermittlungswege, allfällige Abholmöglichkeiten) dafür bestimmt die Kasse.
2. Zur Identitätsfeststellung in Zweifelsfällen sind der Kasse nach Bedarf im Einzelfall auf deren Verlangen Personenstandsurkunden, amtliche Ausweise oder sonstige Unterlagen vorzulegen, aus denen folgende Angaben hervorgehen:
   a) Vorname und Familienname,
   (AVSV 2018/2)
   b) Geschlecht,
   c) Geburtsdatum (zumindest Geburtsjahr),
   d) Geburtsort und, wenn dieser im Inland gelegen ist, das Bundesland, wenn er im Ausland gelegen ist, der Staat, in dem sich dieser Ort befindet,
   e) Staatsangehörigkeit,
   f) Wohnsitz, mangels Wohnsitz die Zustelladresse,
   g) Angaben, die

- nach den Regeln über das Ergänzungsregister für natürliche Personen für Eintragungen in dieses Register notwendig sind (§ 6 Abs. 4 iVm § 10 Abs. 2 E-GovG) und/oder
- für die Vergabe eines bereichsspezifischen Personenkennzeichens (§ 31 Abs. 4 Z 1 ASVG) notwendig sind, einschließlich der Adresse, die dem Ergänzungsregister gegenüber angegeben wird,

(AVSV 2019/161)

h) bei Fremden: Art, Nummer, Ausstellungsbehörde und Ausstellungsdatum eines Reisedokumentes oder eines anderen amtlichen Dokumentes, mit Hilfe dessen die in lit. a bis e angeführten Identitätsdaten bestätigt werden können.

3. Der/Die Versicherte hat sich nach Erhalt einer neuen Karte davon zu überzeugen, dass die e-card in allen optisch lesbaren Teilen richtig ausgefüllt ist. Fehler und Unstimmigkeiten (z. B. bei der Namensschreibweise oder bei der Versicherungsnummer) sind nach § 14 unverzüglich mit der Kasse zu klären. Es liegt kein Fehler in der Namensschreibweise (einschließlich diakritischer Zeichen) vor, wenn Abweichungen auf die Zeichensätze oder Datenfeldlängen zurückzuführen sind, welche für die Karten verwendet werden.

4. Fehlerhafte Karten werden von der ausstellenden Kasse nach Abs. 3 gegen funktionsfähige getauscht.

5. Der Tausch ist kostenlos, wenn die Fehlerhaftigkeit der e-card nicht vom Benützer/von der Benützerin zu vertreten ist. Die Beweislast dafür liegt bei der Kasse, wobei bei offensichtlichen Beschädigungen vom Benützer/von der Benützerin zu bescheinigen ist, dass die Beschädigung ohne sein/ihr Verschulden entstanden ist und auch kein ersatzpflichtiger Schädiger/keine ersatzpflichtige Schädigerin dafür haftet.

6. Namensschreibweise und Geburtsdatumsangaben für die Ausstellung einer e-card werden durch die Kasse nach Maßgabe der für die Kartenausstellung bestehenden technischen und rechtlichen Möglichkeiten, insbesondere für die Schreibweise von Sonderzeichen und die Geburtsdatumsangaben (§ 358 ASVG), bestimmt.

7. Wenn die Fehlerhaftigkeit einer e-card durch Verschulden des Benützers/der Benützerin oder durch einen ersatzpflichtigen Dritten/eine ersatzpflichtige Dritte verursacht wurde, ist vom Verursacher/von der Verursacherin an die Kasse ein Ersatzbetrag in Höhe des Service-Entgelts nach § 31c Abs. 2 ASVG zu leisten.

(AVSV 2019/161)

(5) Die e-card wird ohne Gültigkeitsbegrenzung ausgestellt. Die Kasse ist berechtigt, e-cards im Einzelfall auf die voraussichtliche Verwendungsdauer befristet verwendbar zu machen. Allfällige weitere Beschränkungen für die Inanspruchnahme einer e-card ergeben sich aus dieser Krankenordnung (§§ 6 ff.).

(AVSV 2019/161)

(6) Wechsel zwischen Kassen und Zeiten ohne Krankenversicherungsschutz haben keinen Einfluss auf die Verwendbarkeit der e-card. Insbesondere ist die Verwendung einer e-card im Rahmen medizinischer Leistungen in Zeiten ohne Versicherungsschutz (z. B. zur Dokumentation einer Namensschreibweise, für Mutter-Kind-Pass-Leistungen, Vorsorgeuntersuchungen) zulässig. Die e-card muss bei Kassenwechsel oder Ende des Versicherungsschutzes nicht getauscht oder zurückgegeben werden.

(AVSV 2019/161)

(7) Wer nicht bereits nach Abs. 1 eine e-card erhalten hat, erhält von der Kasse auf Antrag eine e-card, wenn

1. seine/ihre Identität aufgrund der Vorlage geeigneter Dokumente wie amtlicher Lichtbildausweis oder Personenstandsurkunden feststeht und
2. durch die Ausstellung einer e-card
   a) entweder aus der Sicht der Kasse Vorteile für die Vollziehung der von einem Sozialversicherungsträger zu beachtenden Rechtsvorschriften und Verträge erwartet werden können
   b) oder die Ausstellung für die Verwendung der Elektronischen Gesundheitsakte ELGA verlangt wird.

Die Feststellung des Geburtsdatums erfolgt auch in diesen Fällen nach § 358 ASVG.

(AVSV 2018/2, AVSV 2019/161)

(8) Die Kasse kann in begründeten Fällen (z. B minderer Grad des Verschuldens) von der Einhebung der Beträge für die Neuausstellung einer e-card nach Abs. 4 Z 7, § 13 Abs. 4 oder nach § 15 Abs. 2 absehen.

(9) Die Ausstellung einer e-card nach Abs. 1 oder nach Abs. 7 wird von der Kasse in den Fällen des Abs. 10 abgelehnt. Die Kasse kann weiters auf die Ausstellung einer e-card auf Dauer oder befristet verzichten. Die Kasse wird in all diesen Fällen bei Bedarf durch Ausstellung eines e-card-Ersatzbeleges oder durch sonstige Maßnahmen dafür sorgen, dass der/die Versicherte und die mitversicherten Angehörigen seine/ihre Ansprüche entsprechend den jeweiligen Regeln uneingeschränkt und unbeeinflusst geltend machen können. Ob eine e-card oder ein e-card-Ersatzbeleg ausgestellt wird, wird von der Kasse bestimmt und richtet sich danach, wodurch im Einzelfall am Einfachsten die entsprechenden Leistungen ohne organisatorische Einschränkungen zur Verfügung gestellt werden können. Ein e-card-Ersatzbeleg wird insbesondere in jenen Fällen ausgestellt, in denen keine e-card ausgestellt wird, aber

1. nach einem von Österreich abgeschlossenen Abkommen auf Grund der ausländischen Betreuungsscheine vor der Behandlung österreichische Anspruchsnachweise anzufordern sind oder
2. in denen zwar ein Anspruch auf Leistungen nach der Wanderarbeitnehmerverordnung, der Drittstaatenverordnung oder der Koordinierungsverordnung außerhalb des für die Kostentragung zuständigen Staates besteht, dieser Anspruch aber nicht vom Leistungsumfang im Rahmen der EKVK gedeckt ist oder
3. nach einem von Österreich abgeschlossenen Abkommen während eines vorübergehenden Aufenthalts in Österreich für eine dringend notwendige ärztliche Behandlung ein österreichischer Anspruchsnachweis erforderlich ist.

(10) Die Ausstellung einer e-card wird von der Kasse abgelehnt:
1. Für Personen, welche die Zahlung des Betrages nach Abs. 4 Z 7, § 13 Abs. 4 oder nach § 15 Abs. 2 verweigern.
2. Für Personen, welche auf längere Zeit (z. B. wegen dauernder Unterbringung in einer Krankenanstalt) keine e-card benötigen.
3. Für Personen, welche nur für eine einmalige Behandlung oder für weniger als ein Jahr eine e-card benötigen würden.
4. Für Personen, deren Versicherungsschutz z. B. auf § 1 Z 17 oder Z 19 der Verordnung über die Durchführung der Krankenversicherung für die gemäß § 9 ASVG in die Krankenversicherung einbezogenen Personen, BGBl. Nr. 420/1969 idF BGBl. II Nr. 262/2010 (Einbeziehungsverordnung), beruht (Asylwerber/Asylwerberinnen in Bundesbetreuung, Grundversorgte mit Krankenbehandlungsanspruch nach den Grundversorgungsgesetzen des Bundes und der Länder).

Allgemeine Verwendung der e-card und der EKVK

§ 5. (1) Die e-card, eine allenfalls gesondert von einer e-card ausgestellte EKVK, die EKVK-Ersatzbescheinigung oder der e-card-Ersatzbeleg sind wie Bargeld, Kreditkarten oder andere unbare Zahlungsmittel zu verwahren. Sie dürfen nicht an andere Personen weitergegeben werden. Die Weitergabe an Gesundheitsdiensteanbieter/innen oder eine Verwahrung bei Gesundheitsdiensteanbietern/Gesundheitsdiensteanbieterinnen (Deponierung in einer Ordination oder Ambulanz) ist ohne Einvernehmen mit der Kasse nicht zulässig.

(AVSV 2019/161)

(2) E-card und EKVK, die EKVK-Ersatzbescheinigung, der e-card-Ersatzbeleg sind so zu verwenden, dass eine Beschädigung der Kartenoberfläche oder des integrierten Chips sowie ein Unkenntlichwerden der schriftlichen Inhalte vermieden wird. Blinde und schwer sehbehinderte Personen haben das Recht, ihre e-card an der dem Chip gegenüberliegenden rechten äußeren Kante durch kleine Einkerbungen, welche die Lesbarkeit der Karte auf der Rückseite nicht beeinträchtigen, individuell zu kennzeichnen. Insbesondere darf die Karte
1. nicht gebogen werden,
2. nicht so umgestaltet werden, dass ursprüngliche Eintragungen oder der Inhalt des Chips unlesbar werden,
3. nicht vorsätzlich oder grob fahrlässig solchen mechanischen, elektromagnetischen und chemischen Einwirkungen ausgesetzt werden, durch welche die Verwendbarkeit der Karte eingeschränkt würde.

(AVSV 2019/161)

(3) Eintragungen auf der e-card oder der EKVK, der EKVK-Ersatzbescheinigung oder dem e-card-Ersatzbeleg, gleichgültig, ob sie optisch lesbar (aufgedruckt) sind oder ob sie sich auf dem Teil des Chips der e-card befinden, welcher für Sozialversicherungszwecke verwendet werden soll, dürfen ohne Zustimmung der Kasse nicht verändert werden, ausgenommen Eintragungen, die im Rahmen der Aufbringung von Zertifikaten durch einen Zertifizierungsdiensteanbieter oder dessen Beauftragte erfolgen. E-cards oder EKVKs, Ersatzbescheinigungen oder e-card-Ersatzbelege mit veränderten Eintragungen werden durch andere Veränderungen ungültig. Die Kasse ist berechtigt, e-cards und EKVKs, EKVK-Ersatzbescheinigungen oder e-card-Ersatzbelege ohne Vorankündigung einzuziehen oder zu sperren, wenn sich bei deren Verwendung ergibt, dass Eintragungen ohne Zustimmung der Kasse verändert wurden.

(AVSV 2019/161)

(4) Karten von Personen, die im Zusammenhang mit medizinischen Behandlungen trotz Unterstützung dauerhaft nicht entscheidungsfähig sind, sind von den in diesem Bereich vertretungsbefugten Personen (Vorsorgebevollmächtigte/r, gewählte/r Erwachsenenvertreter/in, gesetzliche/r Erwachsenenvertreter/in, gerichtliche/r Erwachsenenvertreter/in) zu unterzeichnen.

(AVSV 2018/200)

(5) Eine e-card, die auf Grund des Sachverhalts im Einzelfall auf Dauer oder zumindest auf unbefristete Zeit nicht mehr berechtigt verwendet werden kann, wird von der Kasse eingezogen oder zumindest in ihren Sozialversicherungsfunktionen auf Dauer gesperrt. Eine e-card, die nicht mehr benötigt wird, kann bei der ausstellenden oder jeder anderen Kasse zurückgegeben oder von dem Benützer/der Benützer/in vernichtet werden. Karten, die nicht mehr verwendet werden können (z. B. e-cards und EKVKs verstorbener Benützer/innen), deren Garantiezeitraum als EKVK aber noch nicht abgelaufen ist, sind der Kasse zurückzugeben oder zu vernichten.

(6) Eine e-card, die für Sozialversicherungsfunktionen gesperrt ist, kann nach Bedarf auf Kosten und Risiko des Benützers/der Benützerin

weiterhin für Anwendungen außerhalb der Sozialversicherung verwendet werden.
(AVSV 2019/161)

(7) Die Kasse ist berechtigt, jede e-card,
1. bei der der Verdacht auf unrechtmäßige Verwendung aufgetreten ist oder
2. auf die bei einer Neuausstellung einer der Sachverhalte nach § 12 Abs. 2 (Ausstellungsverbote EKVK) zutreffen würde,

in der Kartenverwaltung und/oder in jenem Bereich des Chips, welcher für Sozialversicherungszwecke verwendet werden kann,
- auf Dauer,
- ohne Vorankündigung,
- unabhängig davon, ob ein aktueller Anspruch auf Versicherungsleistungen besteht, und
- unabhängig davon, auf welche Dauer eine auf der Rückseite der e-card vorhandene EKVK ausgestellt ist,

so zu kennzeichnen, dass die Schlüsselfunktion nicht oder nur mehr beschränkt verwendbar ist (Widerruf der Zertifikate oder gleichwertige Funktionen wie Kartensperre). Eine Sperre der e-card oder EKVK ist auf solche Gründe eingeschränkt, in denen durch den weiteren Gebrauch einer e-card oder EKVK für die Kasse Mehraufwendungen oder sonstige Nachteile zu erwarten wären. Die Kasse wird in diesen Fällen den Versicherten/die Versicherte von der Sperre und deren Begründung sofort schriftlich verständigen und ihm/ihr Gelegenheit zur Aufklärung des Sachverhalts geben. Eine Sperre nach diesem Absatz verändert einen bestehenden Anspruch auf Versicherungsleistungen nicht. Die Sachverhalte nach § 12 Abs. 2 Z 1 bewirken ab ihrem Bekanntwerden bei der Kasse zumindest dann eine Sperre der e-card des/der Betroffenen, wenn diese e-card mit einer EKVK verbunden ist. Der Inhaber/Die Inhaberin einer e-card, auf deren Rückseite sich eine EKVK (§ 2 Abs. 3) befindet, hat diese e-card unabhängig vom Grund der Sperre oder Verwendbarkeitseinschränkung auf deren Verlangen der Kasse vorzulegen, um eine Sperre der EKVK (Löschung des Gültigkeitszeitraums o. Ä.) zu ermöglichen.

(8) In den Fällen nach Abs. 7 wird eine e-card, die in den Einflussbereich der Kasse gelangt, ohne Vorankündigung eingezogen. Dieses Einziehen einer Karte ist auch ausländischen Sozialversicherungsträger im Rahmen seiner Amtshilfeverpflichtung nach Art. 84 Abs. 2 der Wanderarbeitnehmerverordnung bzw. Art. 76 Abs. 2 der Koordinierungsverordnung oder den analogen Bestimmungen in den bilateralen Abkommen über soziale Sicherheit, einem Vertragspartner oder einer Vertragspartnerin der Kasse gestattet.

(9) Zur Kontrolle der Eintragungen oder zur Prüfung der Funktionsfähigkeit einer e-card hat jeder/jede Versicherte das Recht, bei den dafür vorgesehenen Stellen der Kasse oder anderer Sozialversicherungsträger die Funktionsfähigkeit der e-card testen zu lassen. Angaben, die auf freiwilliger Speicherung beruhen, dürfen für Zwecke der in diesem Absatz beschriebenen Kontrolle nur mit schriftlicher Zustimmung des/der Versicherten gelesen werden, soweit keine andere Rechtsgrundlage in Betracht kommt.

(10) Bei Beginn einer Versicherung ist die e-card der jeweils meldepflichtigen Stelle (§§ 33 ff ASVG, §§ 11 ff B-KUVG, insbesondere dem Dienstgeber/der Dienstgeberin) gemeinsam mit einem amtlichen Lichtbildausweis vorzulegen. Wenn während eines Versicherungsverhältnisses eine neue e-card mit geändertem Namen (Namensbestandteil, einschließlich akademische Grade) und/oder geänderter Versicherungsnummer ausgestellt wurde, ist davon die meldepflichtige Stelle zu verständigen und auf deren Verlangen die neue e-card auch vorzulegen.

Benützung der e-card, der Europäischen Krankenversicherungskarte oder einer Ersatzbescheinigung für Leistungen der Kasse im In- und Ausland

§ 6. (1) Wer im Inland Leistungen auf Rechnung der Kasse in Anspruch nimmt, hat bei jeder Inanspruchnahme eines Vertragspartners, einer Vertragspartnerin oder eigener Einrichtungen einer Kasse
1. die e-card, wenn die Leistung als Anspruchsberechtigte/r eines österreichischen Krankenversicherungsträgers in Anspruch genommen wird, oder
2. die Europäische Krankenversicherungskarte EKVK und die hiefür vorgesehene Patientenerklärung (Anhang 3), wenn die Leistung als Anspruchsberechtigte/r nach der Wanderarbeitnehmerverordnung, der Drittstaatenverordnung oder der Koordinierungsverordnung in Anspruch genommen wird, oder
3. falls eine Anspruchsberechtigung nach Z 1 oder Z 2 besteht, aber keine e-card oder EKVK vorgelegt werden kann,
   a) die Ersatzbescheinigung, welche anstelle einer EKVK ausgestellt wurde (EKVK-Ersatzbescheinigung) sowie die entsprechende Patientenerklärung oder
   b) den Ersatzbeleg für die e-card (§ 4 Abs. 9, e-card-Ersatzbeleg),
vorzulegen sowie
4. die Verwendung der e-card zur Abfrage über das Bestehen einer Versicherung und Verifizierung der Angaben zur Identität und Erreichbarkeit zuzulassen bzw. die entsprechenden Verwendungen selbst einzuleiten (Ablesen der Kartendaten, Stecken der Karte ins Lesegerät) und
5. die Nutzung des e-card-Systems zur Übermittlung von Angaben über Identität und Versicherungsleistungen an andere Vertragspartner und den zuständigen Versicherungsträger zwecks Durchführung und Abrechnung von Leistungen zuzulassen (z. B. im Rahmen des Arzneimittel-Bewilligungssystems nach § 350 Abs. 3 ASVG oder zur Abwick-

lung anderer Bewilligungsverfahren, zur Übermittlung von Zuweisungen an andere Behandlungsstellen usw., zur Nutzung der elektronischen Gesundheitsakte ELGA nach § 14 ff. GesundheitstelematikG 2012).

Der Behandler/Die Behandlerin ist berechtigt, aber nicht verpflichtet, außerhalb der oben genannten Karten, der EKVK-Ersatzbescheinigung oder des e-card-Ersatzbeleges die Vorlage eines gültigen zwischenstaatlichen Betreuungsformulars (ausländische Anspruchsbescheinigung aus Staaten außerhalb des Europäischen Wirtschaftsraumes und der Schweiz) als Grundlage einer abkommens- und damit rechtskonformen Behandlung und als Verrechnungsgrundlage für die erbrachten Leistungen zu akzeptieren.

(AVSV 2019/161)

(2) Wer im Ausland Leistungen auf Rechnung der Kasse in Anspruch nimmt, hat

1. wenn kein Vertragspartner/keine Vertragspartnerin der Kasse in Anspruch genommen wird, der behandelnden Stelle
   a) die Europäische Krankenversicherungskarte oder
   b) die statt dieser Karte ausgestellte EKVK-Ersatzbescheinigung (Anhang 2) oder
   c) sofern die behandelnde Stelle dies akzeptiert, den entsprechenden zwischenstaatlichen Betreuungsschein

   vorzuweisen und die hiefür vorgesehenen Erklärungen in der jeweils vorgesehenen Form abzugeben,

2. bei jeder Inanspruchnahme eines Vertragspartners, einer Vertragspartnerin oder eigener Einrichtungen einer Kasse die e-card oder den statt dieser Karte ausgestellten e-card-Ersatzbeleg vorzulegen und, soweit hiefür technische Einrichtungen verfügbar sind, die e-card (nach § 9 statt der e-card auch die Bürgerkarte) zu verwenden.

(AVSV 2019/161)

(3) Die e-card in ihrer Funktion nach § 31c Abs. 1 ASVG, eine EKVK, die EKVK-Ersatzbescheinigung oder der e-card-Ersatzbeleg dürfen nur dann verwendet werden, wenn

1. Leistungen der Kasse aus dem Versicherungsverhältnis (für Versicherte, Angehörige, sonst anspruchsberechtigte Personen usw.) oder
2. Leistungen der Kasse als betreuender Versicherungsträger nach der Wanderarbeitnehmerverordnung, der Drittstaatenverordnung oder der Koordinierungsverordnung, zwischenstaatlichen Vereinbarungen oder gleichzuhaltenden Bestimmungen oder
3. sonstige auch außerhalb eines Versicherungsverhältnisses zugängliche Leistungen der Kasse wie Vorsorge- (Gesunden-) Untersuchungen, Mutter-Kind-Pass-Untersuchungen, Leistungen in Schutzfristfällen (§ 122 Abs. 3, § 134 Abs. 2 ASVG usw.)

in Anspruch genommen werden. E-card, EKVK, EKVK-Ersatzbescheinigung oder e-card-Ersatzbeleg sind hinsichtlich des durch sie deklarierten Anspruches auf Versicherungsleistungen gleichwertig und dürfen ohne anders lautende Genehmigung der Kasse der behandelnden Stelle erst bei der tatsächlichen Inanspruchnahme der Leistung verwendet werden. Wenn weder die e-card, die Europäische Krankenversicherungskarte noch eine EKVK-Ersatzbescheinigung oder ein e-card-Ersatzbeleg vorgelegt werden können, sind zumindest

a) die in- oder ausländische Sozialversicherungsnummer und
b) allfällige weitere Umstände, von denen sich ein Anspruch auf eine direkt mit der Kasse zu verrechnende Leistung ableiten soll,
   aa) im Inland für Anspruchsberechtigte auf Grund europarechtlicher Bestimmungen (Abs. 1 Z 2) durch Abgabe einer Patientenerklärung (Anhang 3),
   bb) im Inland für Anspruchsberechtigte auf Grund inländischer Rechtvorschriften durch Abgabe einer Patientenerklärung (Ersatzbescheinigung der Kasse – Anhang 4) oder
   cc) im Ausland durch die für Anspruchsberechtigte nach österreichischem Recht vorgesehenen Erklärungen in der für den ausländischen Behandler jeweils vorgesehenen Form

   bekannt zu geben,
c) der behandelnden Stelle gegenüber die Identität nachzuweisen und
d) der behandelnden Stelle gegenüber die Richtigkeit der Angaben durch Unterschrift oder gleichwertige Angaben (Kontaktpersonen usw.) zu bestätigen.

(AVSV 2019/161)

(4) Für Leistungen, die nicht zur gesetzlichen Leistungsverpflichtung der Kasse gehören, wie z. B. im Zusammenhang mit

1. Sportuntersuchungen, Befreiungen vom Turnunterricht, Schikurs etc.,
2. Pflegefreistellungsersuchen,
3. Einstellungsuntersuchungen bei Dienstantritt,
4. Untersuchungen zur medizinischen Befundung einer Invalidität, Berufsunfähigkeit, Erwerbsunfähigkeit oder der Notwendigkeit eines Kur- oder Erholungsaufenthaltes außerhalb des Leistungsbereichs der Kasse,

darf die e-card, EKVK, die EKVK-Ersatzbescheinigung oder der e-card-Ersatzbeleg nicht verwendet werden. Für solche Leistungen übernimmt die Kasse keine Kosten.

(AVSV 2019/161)

(5) In einem Kalendervierteljahr darf die e-card, EKVK, EKVK-Ersatzbescheinigung oder der e-card-Ersatzbeleg jeweils

1. nur zur Behandlung durch einen Arzt/eine Ärztin für Allgemeinmedizin, und weiters

2. zur Behandlung durch je einen Facharzt/eine Fachärztin dreier verschiedener Facharztsparten (ausgenommen Fachärzte/Fachärztinnen gemäß § 7 Abs. 1), wobei eine Behandlung in einer eigenen Einrichtung der Kasse (Gesundheitszentrum, Ambulatorium etc.) der Behandlung durch einen Facharzt/eine Fachärztin der jeweiligen Facharztsparte gleichzuhalten ist,

verwendet werden.

(6) Außerhalb des Kassenbereiches oder des Wohnortes darf die e-card, EKVK oder EKVK-Ersatzbescheinigung für den Fall einer Erkrankung in Österreich ohne die Einschränkungen nach Abs. 5 verwendet werden (§ 62).

(7) Die Verwendung der e-card, EKVK oder EKVK-Ersatzbescheinigung in dem Kalendervierteljahr, das bei Beginn der Versicherung bei einer neuen Kasse läuft, zählt nicht auf die Verwendungsbeschränkungen nach Abs. 5.

(8) Die Versicherten haben damit zu rechnen, dass der Behandler/die Behandlerin berechtigt ist, im Fall der Nichtvorlage einer e-card, einer EKVK oder einer EKVK-Ersatzbescheinigung oder eines e-card-Ersatzbeleges als Sicherheitsleistung einen angemessenen Geldbetrag zu verlangen, welcher bei späterer Vorlage der Karte oder Ersatzbescheinigung rückerstattet wird. Dies gilt jedoch nicht, wenn die Nichtverwendbarkeit der e-card nicht auf ein Verhalten des/der Versicherten, sondern auf die Nichtfunktionsfähigkeit der jeweiligen technischen Anlagen zurückzuführen ist.

(9) Jeder/Jede Versicherte ist berechtigt, die Kasse zu informieren, wenn er/sie die e-card, EKVK, die EKVK-Ersatzbescheinigung oder den e-card-Ersatzbeleg im Rahmen einer Leistungsinanspruchnahme nicht bestimmungsgemäß verwenden konnte, weil

1. die Annahme der e-card, der EKVK, der EKVK-Ersatzbescheinigung oder des e-card-Ersatzbeleges verweigert wurde, obwohl eine Behandlung auf Rechnung der Kasse angeboten oder vereinbart worden war
2. keine technische Einrichtung für die Verwendung der e-card angeboten wurde oder
3. für die Verwendung im Einzelfall außer den zulässigen Beträgen (wie die Sicherheitsleistung, das Service-Entgelt nach § 135 ASVG, eine Rezeptgebühr usw.) Zahlungen verlangt wurden.

(10) Die e-card ist bei jeder Inanspruchnahme eines/einer mit der entsprechenden technischen Infrastruktur ausgestatteten Vertragspartners/Vertragspartnerin (§§ 338 ff ASVG) vorzulegen.

(11) Anspruchsberechtigte und Leistungsempfänger/Leistungsempfängerinnen sind verpflichtet, auf Verlangen der Kasse oder auf Verlangen einer behandelnden Stelle (z. B. Vertragsarzt/Vertragsärztin, Wahlarzt/Wahlärztin, Krankenanstalt) Auskünfte über ihre Identität zu geben und die Richtigkeit dieser Auskünfte durch Urkunden (z. B. amtliche Lichtbildausweise) oder Zeugen/Zeuginnen zu bescheinigen. Für den Fall, dass nach Namensänderungen noch keine neue e-card vorgelegt werden kann, ist die Namensänderung durch eine amtliche Urkunde zu beweisen.

(AVSV 2019/161)

Ausstellung von Ersatzbelegen bei fehlendem Lichtbild

§ 6a. (1) Ist im Fall der Notwendigkeit der Erstausstellung oder des Tauches einer e-card kein Lichtbild der Person vorhanden und liegt auch keine Ausnahmebestimmung zur Anbringung eines Lichtbildes auf der e-card vor, stellt die Kasse bei Vorliegen der Voraussetzungen für eine Inanspruchnahme von Leistungen auf Kosten des Krankenversicherungsträgers nach Ablauf der Frist des Abs. 2 auf Antrag des Anspruchsberechtigten einen Ersatzbeleg aus. Dieser gilt grundsätzlich bis zum Ende des im Ausstellungszeitpunkt laufenden Abrechnungszeitraums, die Gültigkeit kann jedoch aus Gründen der Zweckmäßigkeit bis zum Ende des nachfolgenden Abrechnungszeitraums verlängert werden.

(AVSV 2019/161)

(2) Ab dem Zeitpunkt, ab dem ein Karteninhaber ein Foto beizubringen hat, können innerhalb einer 90-tägigen Toleranzfrist für das Nachbringen eines Lichtbildes Leistungen der Krankenversicherung von betroffenen Personen mit der alten e-card in Anspruch genommen werden. Ist keine oder keine gültige e-card vorhanden, können innerhalb dieser Frist Leistungen auch ohne e-card bei Vorliegen der anspruchsrechtlichen Voraussetzungen jedenfalls durch Nennung der Versicherungsnummer beim Vertragspartner/der Vertragspartnerin und Nachweis der Identität durch Urkunden (z.B. amtliche Lichtbildausweise) in Anspruch genommen werden.

(AVSV 2019/161)

(3) Anspruchsberechtigte und Leistungsempfänger/Leistungsempfängerinnen, für die ein Ersatzbeleg nach Abs. 1 ausgestellt wurde, haben ihre Identität bei jeder Inanspruchnahme von Leistungen auf Rechnung der Kasse bei einem Vertragspartner/einer Vertragspartnerin oder in eigenen Einrichtungen unaufgefordert durch Urkunden (z. B. amtliche Lichtbildausweise) zu bescheinigen.

(AVSV 2019/161)
(AVSV 2019/149)

Ärztliche Hilfe mit Überweisungs- oder Zuweisungsschein

§ 7. (1) Folgende Vertragspartner/Vertragspartnerinnen können nicht mit der e-card allein, sondern nur mit der e-card, dem e-card-Ersatzbeleg, der EKVK oder der EKVK-Ersatzbescheinigung gemeinsam mit einem Überweisungs- oder Zuweisungsschein in Anspruch genommen werden:

1. Vertragsfachärzte/Vertragsfachärztinnen oder Vertrags-Gruppenpraxen für Radiologie bzw. Fachärzte/Fachärztinnen für Radiologie, die in Vertrags-Gruppenpraxen tätig sind,

2. Vertragsfachärzte/Vertragsfachärztinnen oder Vertrags-Gruppenpraxen für physikalische Medizin bzw. Fachärzte/Fachärztinnen für physikalische Medizin, die in Vertrags-Gruppenpraxen tätig sind,
3. Vertragsfachärzte/Vertragsfachärztinnen oder Vertrags-Gruppenpraxen für Labordiagnostik bzw. Fachärzte/Fachärztinnen für Labordiagnostik, die in Vertrags-Gruppenpraxen tätig sind,
4. Vertragseinrichtungen für physikalische Therapie,
5. Vertragseinrichtungen für logopädisch-phoniatrisch-audiologische Behandlungen,
6. Vertragseinrichtungen für Computertomographie, Magnetresonanztherapie und nuklearmedizinische Diagnostik,
7. ... .
Bei der Inanspruchnahme von Fachärzten/Fachärztinnen für Radiologie bzw. sonstigen Leistungserbringern/Leistungserbringerinnen im Rahmen des österreichischen Brustkrebs-Früherkennungsprogrammes ersetzt das Einladungsschreiben die Zuweisung zum Facharzt/zur Fachärztin für Radiologie.

(2) Wenn für einen Anspruchsberechtigten/eine Anspruchsberechtigte in einem Kalendervierteljahr bereits
1. die Zahl der Verwendungsfälle der e-card gemäß § 6 Abs. 5 erschöpft ist und
2. im gleichen Kalendervierteljahr die Behandlung durch einen weiteren Facharzt/eine weitere Fachärztin eines anderen Faches bzw. durch einen Arzt/eine Ärztin dieses Faches in einer Vertrags-Gruppenpraxis notwendig wird,

kann dieser Facharzt/diese Fachärztin grundsätzlich über Zuweisung durch den Vertragsarzt/die Vertragsärztin oder die Vertrags-Gruppenpraxis, der bzw. die den Patienten/die Patientin bisher behandelt hat, mit einem Überweisungsschein (Zuweisungsschein) unter gleichzeitiger Vorlage der e-card in Anspruch genommen werden. Die Kasse wird in begründeten Fällen ein Abweichen von dieser Regel genehmigen.

(3) Abs. 1 gilt sinngemäß auch für eigene Einrichtungen der Kasse.

(4) Die Überweisung oder Zuweisung berechtigt die Versicherten innerhalb eines Monats ab dem Tag, an dem diese ausgestellt wurde, die entsprechende Leistung bei einem Vertragsfacharzt/einer Vertragsfachärztin, einer Vertragsgruppenpraxis bzw. einem Facharzt/einer Fachärztin, einer sonstigen Vertragseinrichtung oder einer kasseneigenen Einrichtung in Anspruch zu nehmen.

(5) Bei bewilligungspflichtigen Leistungen ist die Überweisung oder Zuweisung der Kasse innerhalb eines Monats ab dem Tag, an dem diese ausgestellt wurde, zur Bewilligung vorzulegen und sind die entsprechenden Leistungen innerhalb eines Monats ab dem Tag der Erteilung der Kassenbewilligung in Anspruch zu nehmen.

(6) Überweisungen oder Zuweisungen für Leistungen nach Anhang 5, die nicht bewilligungspflichtig sind, berechtigen die Versicherten die entsprechende Leistung innerhalb eines Monats ab dem Tag, an dem diese elektronisch im elektronischen Bewilligungs- und Antragsservice erfasst wurde, bei einem/einer Leistungserbringer/in in Anspruch zu nehmen. Hat der/die Versicherte innerhalb dieses Zeitraums Kontakt mit dem/der gewünschten Leistungserbringer/in aufgenommen und diesem/dieser den Antragscode der e-Zuweisung und seine/ihre Sozialversicherungsnummer bekanntgegeben, so verlängert sich der Zeitraum für die Leistungserbringung auf drei Monate ab dem Tage der elektronischen Erfassung bzw. Nacherfassung der nicht bewilligungspflichtigen Überweisung oder Zuweisung.
(AVSV 2018/139, AVSV 2019/161)

(7) Bei Leistungen nach Anhang 5, die der Bewilligungspflicht unterliegen, gelten die Regeln des Absatz 6. Der Zeitraum von drei Monaten beginnt jedoch mit dem Tag der Bewilligung durch die Kasse.
(AVSV 2018/139, AVSV 2019/161)

Arztwechsel

§ 8. (1) Der behandelnde Vertragsarzt/die behandelnde Vertragsärztin für Allgemeinmedizin darf innerhalb eines Kalendervierteljahres – ausgenommen Abs. 3 – nur mit Zustimmung der Kasse gewechselt werden. Eine Behandlung durch Ärzte/Ärztinnen für Allgemeinmedizin in einer Vertrags-Gruppenpraxis ist dabei einer Behandlung durch einen Vertragsarzt/eine Vertragsärztin für Allgemeinmedizin gleichzuhalten. Dies gilt auch in den Fällen, in denen der Wechsel darauf zurückzuführen ist, dass
1. der Arzt/die Ärztin von seinem/ihrem Recht, die Behandlung zu verweigern, Gebrauch macht, oder
2. der Patient/die Patientin aus gerechtfertigten Gründen die weitere Behandlung durch den bisherigen Arzt/die bisherige Ärztin ablehnt.

(2) Abs. 1 gilt sinngemäß, wenn innerhalb eines Kalendervierteljahres zusätzlich zur erfolgten Behandlung durch einen Vertragsfacharzt/eine Vertragsfachärztin die Behandlung durch einen anderen Vertragsfacharzt/eine andere Vertragsfachärztin des gleichen Faches verlangt wird, wobei
1. eine Behandlung in einer eigenen Einrichtung der Kasse (Gesundheitszentrum, Ambulatorium etc.) der Behandlung durch einen Facharzt/eine Fachärztin der jeweiligen Facharztsparte und
2. eine Behandlung durch Fachärzte/Fachärztinnen des gleichen Faches in einer Vertrags-Gruppenpraxis der Behandlung durch einen Vertragsfacharzt/eine Vertragsfachärztin des gleichen Faches

gleichzuhalten sind.

(3) Ein Wechsel des Arztes/der Ärztin (der Gruppenpraxis) desselben ärztlichen Fachgebietes ist

während eines Kalendervierteljahres ohne Zustimmung der Kasse für Behandlungen auf deren Rechnung nur zulässig
(AVSV 2019/161)

1. bei Übersiedlung des Patienten/der Patientin sowie bei Verlegung der Ordinationsstätte des Vertragsarztes/der Vertragsärztin oder des Berufssitzes der Vertrags-Gruppenpraxis, wenn der bisher behandelnde Vertragsarzt/die bisher behandelnde Vertragsärztin oder der entsprechende Arzt/die entsprechende Ärztin einer Vertrags-Gruppenpraxis nicht weiter der/die Nächsterreichbare ist,
2. bei Verhinderung des behandelnden Vertragsarztes/der behandelnden Vertragsärztin oder des behandelnden Arztes/der behandelnden Ärztin einer Vertrags-Gruppenpraxis durch Krankheit, Urlaub, Fortbildungsaufenthalt oder aus sonstigen Gründen, ohne dass eine Vertretung in der Ordination, in der Gruppenpraxis oder ein organisierter Bereitschaftsdienst zur Verfügung steht,
3. nach dem Ende des Vertrages der Kasse mit dem bisher behandelnden Arzt/der bisher behandelnden Ärztin oder Vertrags-Gruppenpraxis.

Auch aus den Gründen nach Z 1 bis 3 darf der Arzt/die Ärztin ohne Zustimmung der Kasse in einem Kalendervierteljahr pro Fachgebiet nur drei Mal gewechselt werden. Behandlungen im Rahmen von Erster Hilfe (einschließlich Notdienste) sind von den Einschränkungen dieses Absatzes ausgenommen.

§ 9. (aufgehoben)
(AVSV 2019/161)

Europäische Krankenversicherungskarte – EKVK

European Health Insurance Card – EHIC

§ 10. (1) Die EKVK dient zur Dokumentation von Leistungsansprüchen der österreichischen sozialen Krankenversicherung in den Staaten, für welche die Wanderarbeitnehmerverordnungen oder die Koordinierungsverordnungen gelten. Es gelten für sie folgende Grundsätze:

1. Die EKVK hat für Versicherte österreichischer Kassen in Österreich keine Rechtswirkungen.
2. Für die Ausstellung und Änderung einer EKVK ist die Kasse zuständig, die nach den Regeln des § 4 Abs. 1 in Betracht kommt. Bei Mehrfachversicherung kann vom Versicherten/von der Versicherten die ausstellende Kasse nach § 4 Abs. 1 gewählt werden. Das Recht, bei Mehrfachversicherung im Leistungsfall den zuständigen Versicherungsträger zu wählen (§ 128 ASVG) wird durch die Vorgangsweise bei der Ausstellung der EKVK und die Bezeichnung des auf der Karte angeführten Versicherungsträgers nicht eingeschränkt.
3. Die EKVK wird ausgestellt durch Eintragung der hiefür vorgesehenen Angaben auf der Rückseite der e-card.
4. Statt der EKVK wird
   a) in dringenden Fällen, in denen eine EKVK nicht rechtzeitig ausgestellt werden kann oder
   b) auf ausdrücklichen und nachvollziehbar sachlich begründeten Wunsch des/der Versicherten (z. B. zwecks Verringerung der Verlustgefahr einer längerfristig ausgestellten EKVK) oder
   c) in den Fällen des § 11 Abs. 1 Z 4 und 5
   von der Kasse eine Ersatzbescheinigung (EKVK-Ersatzbescheinigung, Anhang 2) ausgestellt. Dafür hat der Benützer/die Benützerin bei Bedarf im Einzelfall zwecks Feststellung seiner/ihrer Identität auf Wunsch der Kasse
   d) die Unterlagen vorzulegen, aus denen Angaben nach § 4 Abs. 4 Z 2 hervorgehen,
   e) die Anträge zu stellen, die zur Vergabe von Versicherungsnummer und bereichsspezifischem Personenkennzeichen notwendig sind und
   f) das Ergebnis der durch diese Anträge eingeleiteten Verfahren der Kasse unaufgefordert mitzuteilen.
5. Die EKVK oder die EKVK-Ersatzbescheinigung dürfen nur für Leistungen verwendet werden, die sich während des vorübergehenden Auslandsaufenthaltes als medizinisch notwendig erweisen, nicht für Leistungen, deren Inanspruchnahme der Grund der Aufenthaltsverlegung war.

(AVSV 2019/161)

(2) Wer eine EKVK benützt, ohne dass ein der Benützung zu Grunde liegender Anspruch besteht, haftet für die daraus entstehenden Schäden. Die unverzügliche Meldung des Verlustes der EKVK befreit den Versicherten/die Versicherte, für den/die die EKVK ausgestellt wurde, ab dem Zeitpunkt des Einlangens der Meldung bei einer zuständigen Stelle (§ 2 Abs. 5, § 13 Abs. 1) von der Haftung für weitere Schäden.

(AVSV 2016/191)

(3) Wer eine von der Kasse ausgestellte EKVK besitzt, deren Gültigkeitszeitraum noch nicht abgelaufen ist und den Aufenthalt nicht nur vorübergehend in das Ausland verlegt, hat die EKVK zurückzugeben oder seine/ihre e-card zwecks Stornierung der EKVK-Daten auf deren Rückseite der Kasse vorzulegen. Die Kasse ist berechtigt, in diesem Fall eine e-card, die außer der EKVK keine zusätzlichen Daten und Funktionen trägt, einzuziehen oder – wenn sie zusätzliche Daten und Funktionen trägt – eine e-card ohne EKVK-Daten auszustellen. Die EKVK behält jedoch ihre Gültigkeit und ist nicht zurückzugeben, wenn

- der Aufenthalt in einen Staat verlegt wird, in dem die Koordinierungsverordnungen anzuwenden sind oder
- eine aufgrund einer aktiven Erwerbstätigkeit versicherte Person ihren Aufenthalt in einen Staat verlegt, mit dem Österreich ein Abkommen über soziale Sicherheit abgeschlossen hat.

(4) Die Kasse legt fest, ob und unter welchen Umständen Ersatzbescheinigungen (Abs. 1 Z 4) auch von anderen Stellen (Dienstgebern/Dienstgeberinnen usw.) ausgestellt werden. Sie ist berechtigt, trotz bereits erfolgter Ausstellung einer EKVK in begründeten Einzelfällen eine EKVK-Ersatzbescheinigung auszustellen.

Gültigkeitsdauer der Europäischen Krankenversicherungskarte

§ 11. (1) Die EKVK wird für folgende Zeiträume ab Ausstellungstag ausgestellt. Der Ausstellungszeitraum (ausgenommen Fälle nach Z 4 und Z 5 – EKVK-Ersatzbescheinigung) ist jeweils mit Monatsende des entsprechenden Monats befristet. Die EKVK wird ausgestellt auf eine Gültigkeitsdauer von

1. zehn Jahren für Personen ab dem 60. Lebensjahr, die
   a) eine Leistung aus der Pensionsversicherung beziehen und
   b) diese Leistung mit einem Krankenversicherungsanspruch oder Betreuungsanspruch auf Grund internationaler Bestimmungen bei einem österreichischen Versicherungsträger verbunden ist und sie
   c) in den letzten zehn Jahren vor der Ausstellung zusammengerechnet mindestens fünf Jahre sowie
   d) im Jahr vor der Ausstellung mindestens 180 Tage in einer Krankenversicherung versichert waren,
2. fünf Jahren für Personen, die
   a) in den letzten zehn Jahren vor der Ausstellung zusammengerechnet mindestens fünf Jahre und
   b) im Jahr vor der Ausstellung mindestens 180 Tage in einer Krankenversicherung versichert waren,
3. einem Jahr für Personen, die
   a) in den letzten fünf Jahren vor der Ausstellung zusammengerechnet mindestens ein Jahr und
   b) im Jahr vor der Ausstellung mindestens 180 Tage in einer Krankenversicherung versichert waren,
4. höchstens sechs Monaten auf Antrag, wenn die EKVK nicht ausgestellt werden kann als EKVK-Ersatzbescheinigung (§ 10 Abs. 1),
5. höchstens einem Jahr als EKVK-Ersatzbescheinigung (§ 10 Abs. 1), wenn im Fall der Z 4 ein längerer Bedarf nachgewiesen wird,
6. mindestens fünf Jahren für Kinder und jedenfalls bis zur Vollendung deren 14. Lebensjahres.

(AVSV 2019/161)

(2) Für die Berechnung der Zeit, die nach Abs. 1 vor der Ausstellung der EKVK vorhanden sein muss, werden alle Zeiten (Wartezeiten, Vorversicherungszeiten, Angehörigeneigenschaft) herangezogen, die nach den jeweils geltenden Rechtsvorschriften, insbesondere nach der Wanderarbeitnehmerverordnung, nach der Drittstaatenverordnung oder der Koordinierungsverordnung oder einem zwischenstaatlichen Abkommen über soziale Sicherheit für die Entstehung von Leistungsansprüchen in der Krankenversicherung anzurechnen sind.

(AVSV 2019/161)

(3) Ein Recht auf Austausch einer EKVK gegen eine solche mit längerer Gültigkeitsdauer besteht erst dann, wenn die ursprünglich ausgestellte EKVK nur mehr kürzer als ein Jahr gültig wäre.

Einschränkungen für die Ausstellung einer EKVK

§ 12. (1) Eine EKVK wird von der Kasse ausnahmslos nur dann ausgestellt, wenn die Identität der betroffenen Person (Versicherungsnummer, bereichsspezifisches Personenkennzeichen, allenfalls durch Eintragung in das Ergänzungsregister für natürliche Personen) eindeutig ist; hiezu sind bei Bedarf im Einzelfall zwecks Feststellung der Identität auf Wunsch der Kasse

1. die Unterlagen vorzulegen, aus denen Angaben nach § 4 Abs. 4 Z 2 hervorgehen,
2. die Anträge zu stellen, die zur Vergabe von Versicherungsnummer und bereichsspezifischem Personenkennzeichen notwendig sind und
3. das Ergebnis der durch diese Anträge eingeleiteten Verfahren der Kasse unaufgefordert mitzuteilen.

(AVSV 2019/161)

(2) Eine EKVK wird in folgenden Fällen nicht ausgestellt:

1. Für Benützer und Benützerinnen, deren rechtliche Situation hinsichtlich des Schutzes im Krankheitsfall auf einem Aufenthalt im Inland beruht, wie z. B.
   a) für Versicherte nach § 1 Z 17 oder Z 19 (Asylwerber/Asylwerberinnen in Bundesbetreuung, Grundversorgte) der Verordnung über die Durchführung der Krankenversicherung für die gemäß § 9 ASVG in die Krankenversicherung einbezogenen Personen, BGBl. Nr. 420/1969 idF BGBl. II Nr. 262/2010 (Einbeziehungsverordnung),
   b) für Versicherte oder Anspruchsberechtigte nach § 66a AlVG oder den §§ 76, 77 Strafvollzugsgesetz – StVG (Strafgefangene) und sonst gerichtlich oder

polizeilich angehaltene Personen (Festgenommene, Untersuchungshäftlinge),

c) für Personen, denen Reisen ins Ausland aus anderen Gründen nicht erlaubt sind (Bewohner/innen von geschlossenen Anstalten).

2. Für Personen, die nach § 5 GSVG von der Krankenversicherung ausgenommen sind, es sei denn, dies wird von einem dem Dachverband angehörenden Versicherungsträger verlangt.
(AVSV 2019/161)

3. Für Personen, die nach § 2 Abs. 1 Z 2 B-KUVG wegen Zugehörigkeit zu einer Krankenfürsorgeanstalt von der Krankenversicherung ausgenommen sind, es sei denn, dies wird von einem dem Dachverband angehörenden Versicherungsträger verlangt oder die jeweilige Krankenfürsorgeanstalt nimmt an der e-card-Ausstellung allgemein teil.
(AVSV 2019/161)

(AVSV 2019/161)

(3) Eine EKVK mit den Garantiefristen des § 11 Abs. 1 Z 1 und 2 wird in folgenden Fällen nicht ausgestellt:

1. Für Versicherte, die ihre EKVK als verloren oder gestohlen angeben, ohne dies unverzüglich nach § 13 gemeldet zu haben.
2. Für Personen, für die bereits von einem anderen in- oder ausländischen Sozialversicherungsträger eine EKVK ausgestellt, aber dazu es mitgeteilt wurde (z. B § 321 ASVG, § 183 GSVG, § 171 BSVG und § 119 B-KUVG, Art. 84 Abs. 2 der Wanderarbeitnehmerverordnung oder Art. 76 Abs. 2 der Koordinierungsverordnung), dass diese EKVK unberechtigt verwendet wurde, unabhängig davon, ob diese andere EKVK als verloren gemeldet wurde, ob bereits ein Schaden festgestellt oder Verfolgungsmaßnahmen eingeleitet wurden. Das Ausstellungsverbot für diesen Fall endet mit dem Ablauf der Garantiefrist der früher ausgestellten Karte.

(AVSV 2019/161)

Verlust, Sperre und Neuausstellung der e-card und der EKVK nach einer Verlustmeldung

§ 13. (1) Vom Verlust einer e-card oder EKVK ist die ausstellende Kasse unverzüglich zu benachrichtigen. Ansprechstellen der Kasse sind die in § 2 Abs. 5 genannten Stellen oder das Fundbehörden Service www.fundamt.gv.at. Die Meldung hat die Karte möglichst genau zu bezeichnen (Name, Versicherungsnummer etc.) sowie zumindest die vermutete Zeit und Ort des Verlustes zu umfassen. Hinsichtlich der Meldepflichten eines Signators/einer Signatorin nach dem Signatur- und Vertrauensdienstegesetz (§ 5 SVG) ist die Kasse Empfangsstelle für Meldungen betreffend Zertifikate,

a) die vom Hauptverband der österreichischen Sozialversicherungsträger als Zertifizierungsdiensteanbieter ausgestellt wurden oder

b) die aufgrund eines Vertrages mit dem Hauptverband über die Ausstellung von Zertifikaten im Rahmen des elektronischen Verwaltungssystems (§§ 31a ff ASVG) von einem anderen Zertifizierungsdiensteanbieter ausgestellt wurden, wenn dies im Einvernehmen mit dem Hauptverband so vorgesehen ist.

Die Verlustmeldung an die Kasse umfasst das Verlangen nach Widerruf oder Sperre eines solchen Zertifikates auf Grund der signaturrechtlichen Bestimmungen.
(AVSV 2016/191, AVSV 2019/161)

(2) Die Verlustmeldung für eine e-card umfasst auch die Verlustmeldung für die auf deren Rückseite enthaltene EKVK. Für gesondert ausgestellte EKVKs sind gesonderte Verlustmeldungen notwendig.
(AVSV 2019/161)

(3) Die Verständigung nach Abs. 1 bewirkt die Sperre der e-card und der EKVK für die weitere Verwendung im Zuständigkeitsbereich der Sozialversicherung und erfüllt allfällige Verpflichtungen des Benützers/der Benützerin hinsichtlich des Widerrufs oder der Sperre der in Abs. 1 genannten Zertifikate. Für die Sperre anderer Funktionen (§ 2 Abs. 5) und Zertifikate ist der Benützer/die Benützerin selbst und auf eigenes Risiko verantwortlich. Die Kasse ist weder berechtigt noch verpflichtet, Verlustmeldungen über solche Funktionen oder Zertifikate an andere Stellen weiterzuleiten.
(AVSV 2019/161)

(4) Die Sperre für den Zuständigkeitsbereich der Sozialversicherung gilt auf Dauer ab dem Tag der Meldung. Die Neuausstellung ist für drei Fälle in fünf Jahren kostenlos, für weitere Fälle sind der Kasse die Kosten pro Kartenneuausstellung vor der Übergabe der Karte mit einem Pauschalbetrag in Höhe des Service-Entgelts nach § 31c Abs. 2 ASVG zu ersetzen.
(AVSV 2019/161)

(5) Aufwendungen, die einer Kasse dadurch entstehen, dass der Verlust einer e-card oder einer EKVK nicht unverzüglich gemeldet wird, wie z. B. Honoraraufwendungen, sind nach den Regeln über zu Unrecht bezogene Leistungen, darüber hinausgehende Schäden nach den zivilrechtlichen Schadenersatzbestimmungen zu ersetzen.

(6) Die Merkmale gesperrter EKVKs werden in Sperrregistern im Internet kostenlos zugänglich gemacht.

Änderung der Angaben auf der e-card und der EKVK

§ 14. (1) Diese Bestimmung gilt nur für Änderungen von Namen, akademischen Graden, auf der Karte sonst eingetragenen Titeln und für allfällige behördliche Änderungen im Geburtsdatum.

(2) Namensänderungen, die sich aus personenstandsrechtlich bedeutsamen Vorgängen (wie Ehe-

schließung, Namenswechsel, Scheidung) ergeben und die von einer österreichischen Personenstandsbehörde (Standesamt usw.) in das Zentrale Personenstandsregister (§ 44 PStG) eingetragen wurden, müssen nicht gemeldet werden, es sei denn, die Kasse verlangt Auskünfte darüber. Änderungen technischer Daten (insbesondere solcher, die technische Eigenschaften eines funktionsfähigen Chips betreffen) sind vom Benützer/von der Benützerin nicht zu melden. Die Kasse ist weder berechtigt noch verpflichtet, Änderungswünsche an Stellen außerhalb der Sozialversicherung weiterzugeben.
(AVSV 2019/161)

(3) Andere Namenswechsel (z. B. in Folge von Eheschließung und Namenswechsel im Ausland) oder behördliche Änderungen beim Geburtsdatum sind der ausstellenden Kasse oder der Kasse, bei der eine Krankenversicherung besteht, innerhalb eines Monats zu melden. Diese Kasse hat die Meldung entweder selbst für die Neuausstellung einer Karte zu berücksichtigen oder (z. B. bei Zuständigkeit mehrerer Versicherungsträger) an die kartenausstellende Kasse weiterzuleiten (§ 321 ASVG, § 183 GSVG, § 171 BSVG und § 119 B-KUVG). Falls keine Krankenversicherung besteht, ist die Meldung an die Österreichische Gesundheitskasse zu richten. So lange diese Meldung nicht erfolgt ist, darf jede Kasse davon ausgehen, dass unter den geänderten Daten keine Ansprüche an sie gerichtet, keine Leistungen mit ihr verrechnet werden und Forderungen, die von ihr unter den früheren Daten an den Benützer/die Benützerin gerichtet werden, nicht unter Hinweis auf die erfolgte Änderung bestritten werden.
(AVSV 2019/161)

(4) Änderungen bei akademischen Graden oder sonst auf der Karte eingetragenen Titeln dürfen der Kasse gemeldet werden, eine Verpflichtung hiezu besteht nicht. Auf Wunsch des Benützers/der Benützerin sind die Schreibweise von Titeln und Buchstaben (Sonderzeichen, diakritische Zeichen) im Rahmen der Möglichkeiten des für die e-card und die EKVK jeweils verwendeten Zeichensatzes richtig zu stellen. Dabei hat bei Bedarf der Benützer/die Benützerin das Sonderzeichen in der jeweiligen Codetabelle zu bezeichnen oder Personenstandsdokumente vorzulegen, aus denen sich die richtige Schreibweise ergibt.

(5) Nach Änderungen wird ohne unnötigen Aufschub von der Kasse eine neue Karte ausgestellt und dem/der Versicherten oder Anspruchsberechtigten per Post übermittelt.

Verzicht und Kartenrückgabe von e-card oder EKVK

§ 15. (1) Auf die Ausstellung einer e-card oder einer auf deren Rückseite angebrachten EKVK kann im Vorhinein nicht verzichtet werden.

(2) Vor der Neuausstellung einer e-card innerhalb von fünf Jahren nach einer Rückgabe wegen Nichtverwendung sind dann, wenn nicht aus anderen Gründen ohnedies eine neue e-card auszustellen wäre, die Ausstellungskosten pauschaliert mit der Höhe des Service-Entgelts nach § 31c Abs. 2 ASVG zu ersetzen. Die Neuausstellung einer EKVK ist nach Ablauf eines Kalenderjahres kostenlos.
(AVSV 2019/161)

Behandlung in der Ordination

§ 16. Der/Die Anspruchsberechtigte hat sich für eine Behandlung an die Ordinationszeit des Vertragsarztes/der Vertragsärztin oder der Vertrags-Gruppenpraxis zu halten. Die Inanspruchnahme des Vertragsarztes/der Vertragsärztin oder der Vertrags-Gruppenpraxis außerhalb der Ordinationszeit, insbesondere während der Nacht, ist nur in dringenden Fällen (z. B. Erste Hilfeleistung) zulässig. Die Inanspruchnahme eines zum Sonn- und Feiertagsdienst bzw. Wochenenddienst eingeteilten Arztes/Ärztin oder einer eingeteilten Gruppenpraxis ist gleichfalls nur in dringenden Fällen zulässig.
(AVSV 2019/161)

Ärztliche Krankenbesuche

§ 17. (1) Zu einem Krankenbesuch darf ein Vertragsarzt/eine Vertragsärztin oder ein Arzt/eine Ärztin, der/die einer Vertrags-Gruppenpraxis angehört, nur gerufen werden, wenn der/die Anspruchsberechtigte wegen seines/ihres Krankheitszustandes außerstande ist, den Arzt/die Ärztin in der Ordination aufzusuchen.
(AVSV 2019/161)

(2) Von plötzlichen schweren Erkrankungen und Unglücksfällen abgesehen, sind Krankenbesuche rechtzeitig beim Vertragsarzt/bei der Vertragsärztin oder der Vertrags-Gruppenpraxis anzumelden.

(3) Ein/e zum Sonn- und Feiertagsdienst bzw. Wochenenddienst eingeteilte/r Ärztin/Arzt sowie ein Arzt/eine Ärztin, der/die einer hiezu eingeteilten Vertrags-Gruppenpraxis angehört, darf nur in dringenden Fällen zu einem Krankenbesuch gerufen werden.

Auswahl des zuständigen Arztes/der zuständigen Ärztin

§ 18. (1) Zu Krankenbesuchen ist grundsätzlich der nächsterreichbare Vertragsarzt/die nächsterreichbare Vertragsärztin für Allgemeinmedizin oder Arzt/Ärztin für Allgemeinmedizin in einer Vertrags-Gruppenpraxis zu rufen. Bei Inanspruchnahme eines/einer entfernter wohnenden Vertragsarztes/Vertragsärztin für Allgemeinmedizin oder eines/einer entfernter wohnenden Arztes/Ärztin für Allgemeinmedizin in einer Vertrags-Gruppenpraxis hat der/die Anspruchsberechtigte die Mehrkosten an Wegegebühren grundsätzlich selbst zu tragen.
(AVSV 2019/161)

(2) Ein Vertragsfacharzt/Eine Vertragsfachärztin oder ein Facharzt/eine Fachärztin in einer Vertrags-Gruppenpraxis kann nur dann zu einem

Krankenbesuch gerufen werden, wenn der/die Anspruchsberechtigte
(AVSV 2019/161)
1. schon bisher von ihm/ihr behandelt wird,
2. nicht ausgehfähig ist und
3. am Niederlassungsort des Vertragsfacharztes/der Vertragsfachärztin oder des Facharztes/der Fachärztin in einer Vertrags-Gruppenpraxis – ein Umkreis von 5 km gerechnet von der Ordinationsstätte ist dem gleichzuhalten – wohnt.

Besondere Mitteilungspflichten bei Leistungsinanspruchnahme

§ 19. (1) Der/Die Anspruchsberechtigte hat dem/der behandelnden Arzt/Ärztin und der Kasse mitzuteilen,
1. ob er/sie sich die Krankheit oder Verletzung
    a) durch fremdes Verschulden,
    b) bei einem Unfall (insbesondere bei einem Verkehrsunfall),
    c) bei einem Unfall im Zusammenhang mit der Erwerbstätigkeit (Arbeitsunfall, Unfall auf Wegen, die mit der Arbeit verbunden waren)
    zugefügt hat oder
2. ob er/sie vor dem Eintritt der Verletzungen alkoholische Getränke oder Suchtgifte konsumiert hat oder
3. ob die Krankheit oder Verletzung auf
    a) die Folgen eines früheren Arbeitsunfalls,
    b) eine Berufskrankheit,
    c) eine Dienstbeschädigung nach dem
        aa) Kriegsopferversorgungsgesetz 1957 (KOVG 1957), z. B. Kriegsverletzungen,
        bb) Heeresentschädigungsgesetz (HEG) oder Heeresversorgungsgesetz (HVG), z. B. Verletzungen im Präsenzdienst oder bei Waffenübungen,
        (AVSV 2016/191)
        cc) Strafvollzugsgesetz (StVG), z. B. beim Unfall eines/einer Strafgefangenen,
    d) eine Gesundheitsschädigung nach dem
        aa) Verbrechensopfergesetz,
        (AVSV 2016/191)
        bb) Impfschadengesetz oder
        cc) Opferfürsorgegesetz, z. B. durch Lageraufenthalte,
    zurückzuführen ist.
(AVSV 2019/161)

(2) Der/Die Anspruchsberechtigte hat den Erhebungsbogen der Kasse wahrheitsgemäß auszufüllen und an die Kasse zurückzuschicken.
(AVSV 2019/161)

2. Unterabschnitt
Leistungen, die der ärztlichen Hilfe gleichgestellt sind (§ 135 Abs. 1 Z 1 bis 4 ASVG)

Logopädisch-phoniatrisch-audiologische Behandlung

§ 20. (1) Logopädisch-phoniatrisch-audiologische Behandlungen sowie audiologische Untersuchungen können bei den Vertragspartnern/Vertragspartnerinnen (eigenen Einrichtungen) der Kasse, die zur Durchführung dieser Behandlungen berechtigt sind, über Verordnung (Zuweisung) durch
1. eine/n Vertragsfachärztin/Vertragsfacharzt für Hals-, Nasen- und Ohrenkrankheiten (Laryngologie),
2. eine/n Vertragsfachärztin/Vertragsfacharzt für Nervenkrankheiten (Neurologie),
3. eine/n Vertragsfachärztin/Vertragsfacharzt für Kinder- und Jugendheilkunde,
4. eine/n entsprechenden Ärztin/Arzt in einer Vertrags-Gruppenpraxis,
5. eine entsprechende eigene Einrichtung der Kasse,
6. eine entsprechende Vertragseinrichtung der Kasse

auf Rechnung der Kasse in Anspruch genommen werden.

(2) Wird die Behandlung von jemandem durchgeführt, der/die zwar zur Behandlung berechtigt ist, aber keinen Vertrag mit der Kasse hat, erstattet die Kasse dem/der Anspruchsberechtigten Kosten nach den §§ 37 ff, sofern eine ärztliche Verordnung nach Abs. 1 vorliegt.

Physiotherapie

§ 21. (1) Physiotherapeutische Behandlungen können bei den Vertragspartnern/Vertragspartnerinnen (eigenen Einrichtungen) der Kasse, die zur Durchführung dieser Behandlungen berechtigt sind, über Verordnung (Zuweisung) durch
1. eine/n Vertragsärztin/Vertragsarzt, eine Vertrags-Gruppenpraxis oder
2. eine eigene Einrichtung (Vertragseinrichtung)

auf Rechnung der Kasse in Anspruch genommen werden.

(2) Wird die Behandlung von einer Person durchgeführt, die zwar zur Behandlung berechtigt ist, aber keinen Vertrag mit der Kasse hat, erstattet die Kasse dem/der Anspruchsberechtigten Kosten nach den §§ 37 ff, sofern eine ärztliche Verordnung nach Abs. 1 vorliegt.

Ergotherapie

§ 22. (1) Ergotherapeutische Behandlungen können bei den Vertragspartnern/Vertragspartnerinnen (eigenen Einrichtungen) der Kasse, die zur Durchführung dieser Behandlungen berechtigt sind, über Verordnung (Zuweisung) durch
1. eine/n Vertragsärztin/Vertragsarzt, eine Vertrags-Gruppenpraxis oder

2. eine eigene Einrichtung (Vertragseinrichtung) auf Rechnung der Kasse in Anspruch genommen werden.

(2) Wird die Behandlung von einer Person durchgeführt, die zwar zur Behandlung berechtigt ist, aber keinen Vertrag mit der Kasse hat, erstattet die Kasse dem Anspruchsberechtigten/der Anspruchsberechtigten Kosten nach den §§ 37 ff, sofern eine ärztliche Verordnung nach Abs. 1 vorliegt.

Psychotherapie durch Psychotherapeuten oder Psychotherapeutinnen

§ 23. (1) Die Kasse leistet unter folgenden Voraussetzungen einen Zuschuss für die psychotherapeutische Behandlung durch eine/n Psychotherapeutin/Psychotherapeuten:

1. es liegt eine psychische Befindensstörung vor, die eine Krankheit im sozialversicherungsrechtlichen Sinne ist;
2. der/die Psychotherapeut/Psychotherapeutin muss in die Psychotherapeutenliste eingetragen sein;
3. die Durchführung einer ärztlichen Untersuchung spätestens vor der zweiten psychotherapeutischen Sitzung einer psychotherapeutischen Behandlungsserie muss nachgewiesen werden;
4. die Originalhonorarnote muss folgende Angaben enthalten:
    a) Familienname, Vorname und Versicherungsnummer des/der Versicherten; bei Behandlung eines/einer Angehörigen zusätzlich seine/ihre Personaldaten,
    (AVSV 2018/2)
    b) Diagnose (ICD-Code),
    c) Behandlungsmethode,
    d) Anzahl der Behandlungen (Sitzungen),
    e) Angaben darüber, ob eine Einzel- oder Gruppenbehandlung(sitzung) erfolgte,
    f) Datum und Dauer der einzelnen Behandlungen (Sitzungen),
    g) Zahlungsbestätigung, stattdessen kann auch der verwendete Einzahlungsnachweis (Zahlschein, Erlagschein, Kontoauszug) im Original übergeben werden; liegt kein Einzahlungsnachweis vor, kann im begründeten Einzelfall der/die Anspruchsberechtigte die Zahlung mit eigenhändiger Unterschrift bestätigen,
    h) Unterschrift und Ordinationsstempel des/der Psychotherapeuten/Psychotherapeutin bzw. der in Betracht kommenden Einrichtung.

(AVSV 2019/161)

(2) Der/Die Anspruchsberechtigte hat der Kasse jene Unterlagen vorzulegen, die die Kasse benötigt, um feststellen zu können, dass eine psychische Befindensstörung mit Krankheitswert vorliegt und die Kasse leistungszuständig ist. Sofern dies anderweitig nicht möglich ist, hat der/die Anspruchsberechtigte die entsprechenden Unterlagen vom/von der Psychotherapeuten/Psychotherapeutin zu verlangen.

(AVSV 2019/161)

(3) Anstelle der Originalhonorarnote kann, wenn dies in § 37 Abs. 1 vorgesehen ist, sofern die Identität des/der Anspruchsberechtigten feststeht, eine Kopie der Originalhonorarnote, unabhängig davon, ob diese in Papierform vorliegt oder elektronisch erstellt wurde, oder eine im Auftrag des/der Anspruchsberechtigten von einem Psychotherapeuten/ einer Psychotherapeutin direkt an die Kasse übermittelte, bereits bezahlte elektronische Rechnung (Datensatz) nach den dafür in § 37 Abs. 1 festgelegten Regeln übergeben oder auf elektronischem Weg übermittelt werden.

(AVSV 2019/161)

Diagnostische Leistung eines klinischen Psychologen oder einer klinischen Psychologin

§ 24. (1) Diagnostische psychologische Leistungen können bei den Vertragspartnern/Vertragspartnerinnen der Kasse, die zu solchen Behandlungen berechtigt sind, über Verordnung (Zuweisung) durch eine/n:

1. Vertragsfachärztin/Vertragsfacharzt für Neurologie (und Psychiatrie),
2. Vertragsfachärztin/Vertragsfacharzt für Psychiatrie (und Neurologie),
3. Vertragsfachärztin/Vertragsfacharzt für innere Medizin,
4. Vertragsfachärztin/Vertragsfacharzt für Kinder- und Jugendheilkunde,
5. entsprechende/n Ärztin/Arzt in einer Vertrags-Gruppenpraxis,
6. Psychotherapeutin/Psychotherapeuten,
7. ... ...

auf Rechnung der Kasse in Anspruch genommen werden. Die Verordnung (Zuweisung) durch eine/n Psychotherapeutin/Psychotherapeuten bedarf der Genehmigung der Kasse.

(2) Wird die Diagnostik von jemandem durchgeführt, der/die hiefür zwar berechtigt ist, aber keinen Vertrag mit der Kasse hat, erstattet die Kasse dem/der Anspruchsberechtigten Kosten nach den §§ 37 ff, sofern eine Verordnung (Zuweisung) nach Abs. 1 vorliegt.

3. Unterabschnitt
Regelungen für die Inanspruchnahme von Leistungen, für die eine elektronische Administrationsunterstützung durch das elektronische Kommunikationsservice (eKOS) besteht

(AVSV 2018/200)

Verpflichtungen des/der Versicherten bei Inanspruchnahme von Leistungen, für die eine elektronische Administrationsunterstützung durch des elektronische Kommunikationsservice (eKOS) besteht

§ 25. Wurde die Überweisung oder Zuweisung für eine Leistung nach Anhang 5 nicht elektronisch erstellt, hat der/die Versicherte, falls er/sie die Leistung bei einem Vertragspartner bzw. einer Vertragspartnerin oder einem/einer berechtigten Partner/in ohne Kassenvertrag mit anschließender Kostenerstattung in Anspruch nehmen will, innerhalb eines Monats nach Ausstellung der Überweisung oder Zuweisung dafür zu sorgen, dass diese elektronisch nacherfasst werden kann. Die Nacherfassung kann auf folgende Arten durch den Versicherten bzw. die Versicherte veranlasst werden:

1. Übermittlung der Überweisung oder Zuweisung in Papierform an einen Krankenversicherungsträger zum Zweck der Nacherfassung, oder
2. Übermittlung der Überweisung oder Zuweisung über das dafür durch die Kasse vorgesehene Online-Service an die Kasse, oder
3. Übermittlung der Überweisung oder Zuweisung an eine leistungserbringenden Vertragspartner bzw. eine leistungserbringende Vertragspartnerin seiner/ihrer Wahl zum Zweck der elektronischen Nacherfassung in eKOS.

(AVSV 2018/200)

Ist die Überweisung oder Zuweisung trotz Erfüllung der vorgenannten Verpflichtung des/der Versicherten in eKOS nicht erfasst worden, so hat die Kasse die dafür notwendigen Maßnahmen zu setzen.

(AVSV 2018/200, AVSV 2019/161)

2. Abschnitt
Zahnbehandlung und Zahnersatz sowie Kieferregulierungen für Kinder und Jugendliche (§§ 153 und 153a ASVG)

Leistungserbringer/Leistungserbringerinnen

§ 26. (1) Zahnbehandlung und Zahnersatz werden erbracht:

1. durch Vertragsfachärztinnen/Vertragsfachärzte für Zahn-, Mund- und Kieferheilkunde (Vertragszahnärzte/Vertragszahnärztinnen),
2. durch zahnärztliche Vertrags-Gruppenpraxen,
3. durch Zahnärzte/Zahnärztinnen in Vertrags-Gruppenpraxen,
4. in eigenen Einrichtungen der Kasse (Zahnambulatorien),
5. in Vertragseinrichtungen,
6. durch Wahlzahnärztinnen/Wahlzahnärzte und Wahleinrichtungen,
7. durch zahnärztliche Wahl-Gruppenpraxen,
8. durch Zahnärzte/Zahnärztinnen in Wahl-Gruppenpraxen.

Wahlzahnarzt/Wahlzahnärztin ist jede/r freiberuflich tätige Zahnärztin/Zahnarzt, die/der mit der Kasse keinen Vertrag über die Sachleistungsverrechnung (Abs. 2) abgeschlossen hat. Wahl-Gruppenpraxis ist jede Gruppenpraxis, die mit der Kasse keinen Vertrag über die Sachleistungsverrechnung nach Abs. 2 abgeschlossen hat. Wahleinrichtung ist eine behördlich bewilligte Einrichtung, die mit der Kasse keinen Vertrag über die Sachleistungsverrechnung (Abs. 2) abgeschlossen hat.

(AVSV 2019/161)

(2) Der/Die Anspruchsberechtigte hat Anspruch auf Zahnbehandlung und Zahnersatz durch einen Vertragszahnarzt/eine Vertragszahnärztin, eine zahnärztliche Vertrags-Gruppenpraxis, einen Zahnarzt/eine Zahnärztin in einer Vertrags-Gruppenpraxis oder durch eine eigene Einrichtung (Vertragseinrichtung) durch direkte Verrechnung der erbrachten Leistung zwischen Vertragspartner/Vertragspartnerin und Kasse, wenn er/sie

– die e-card oder
– den Überweisungs-, Behandlungs-, Zuweisungsschein oder sonstigen Beleg, welcher die Wirkung eines dieser Scheine hat, gemeinsam mit der e-card

vorlegt. Dabei gelten § 1 Abs. 4 sowie die §§ 2 bis 19 sinngemäß.

(3) Der/Die Anspruchsberechtigte muss sich nach einer entsprechenden Aufforderung der Kasse einer Vor- oder Nachbegutachtung durch einen von der Kasse beauftragten Arzt/eine von der Kasse beauftragte Ärztin unterziehen.

(AVSV 2019/161)

(4) Vor Beginn der Behandlung muss der/die Anspruchsberechtigte eine Genehmigung der Kasse einholen, wenn

1. kieferorthopädische Behandlungen (Kieferregulierungen) oder
2. der unentbehrliche Zahnersatz

auf Rechnung der Kasse in Anspruch genommen werden sollen. Dies gilt auch für Zuschüsse zu diesen Leistungen sowie für Zuschüsse zu Leistungen der Zahnbehandlung nach den Bestimmungen der Satzung. Diese Genehmigung wird ungültig, wenn sie nicht innerhalb von drei Monaten verwendet wird. Die Kasse kann, wenn besondere Gründe vorhanden sind, auf die vorherige Genehmigung verzichten.

(5) Wenn der/die Anspruchsberechtigte vor der Anfertigung des unentbehrlichen Zahnersatzes eine Mundsanierung oder die sonstigen notwendigen Maßnahmen verweigert, übernimmt die Kasse keine Kosten für den unentbehrlichen Zahnersatz.

(6) Wird die Behandlung von einem Wahlzahnarzt/einer Wahlzahnärztin, von einer zahnärztlichen Wahl-Gruppenpraxis, einem Zahnarzt/einer Zahnärztin in einer Wahl-Gruppenpraxis oder einer Wahleinrichtung durchgeführt, erstattet die Kasse die Kosten nach § 40.

Kieferregulierungen für Kinder und Jugendliche (§ 153a ASVG)

§ 27. (1) Leistungen der interzeptiven kieferorthopädischen Behandlung (§ 34 Abs. 4 der Satzung) werden durch folgende Behandlungsstellen erbracht:
1. Vertragsfachärztinnen/Vertragsfachärzte für Zahn-, Mund- und Kieferheilkunde (Vertragszahnärzte/Vertragszahnärztinnen),
2. Vertragskieferorthopäden/Vertragskieferorthopädinnen
3. zahnärztliche Vertrags-Gruppenpraxen,
4. Zahnärzte/Zahnärztinnen in Vertrags-Gruppenpraxen,
5. eigene Einrichtungen der Kasse (Zahnambulatorien),
6. Vertragseinrichtungen (Institute),
7. Wahlzahnärztinnen/Wahlzahnärzte,
8. Wahlkieferorthopäden/Wahlkieferorthopädinnen,
9. zahnärztliche Wahl-Gruppenpraxen,
10. Zahnärzte/Zahnärztinnen in Wahl-Gruppenpraxen,
11. Wahleinrichtungen (Institute).

(AVSV 2019/161)

(2) Leistungen der kieferorthopädischen Hauptbehandlung (§ 34 Abs. 5 der Satzung) werden durch folgende Behandlungsstellen erbracht:
1. Kieferorthopäden/Kieferorthopädinnen, die in einem Vertragsverhältnis aufgrund des Gesamtvertrages Kieferorthopädie für Leistungen gemäß § 153a ASVG (§ 94a GSVG, § 95a BSVG, § 69a B-KUVG) und den Richttarif gemäß § 343c ASVG stehen,
2. kieferorthopädische Gruppenpraxen,
3. Kieferorthopäden/Kieferorthopädinnen in Gruppenpraxen,
4. Einrichtungen (Institute),
5. eigene Einrichtungen der Kasse (Zahnambulatorien),
6. Kieferorthopäden/Kieferorthopädinnen, die in keinem Vertragsverhältnis zur Kasse stehen,
7. Kieferorthopäden/Kieferorthopädinnen in Wahl-Gruppenpraxen,
8. zahnärztliche Wahl-Gruppenpraxen,
9. Wahleinrichtungen (Institute).

(AVSV 2019/161)

(3) Der/Die Anspruchsberechtigte, für den/die Leistungen nach Abs. 1 oder 2 erbracht werden, hat durch sein/ihr Verhalten das Erreichen der Behandlungsziele zu unterstützen. Im Rahmen seiner/ihrer Mitwirkungspflicht hat der/die Anspruchsberechtigte insbesondere
1. für eine ausreichende Mundhygiene Sorge zu tragen,
2. die vereinbarten Behandlungstermine einzuhalten,
3. die Therapieempfehlungen und Therapiemaßnahmen zu befolgen,
4. mit den Behandlungsgeräten sorgfältig umzugehen und diese nicht mutwillig zu zerstören bzw. zu beschädigen.

§ 26 Abs. 2 und 3 sind anzuwenden. Verletzt der Anspruchsberechtigte/die Anspruchsberechtigte trotz Aufklärung seine/ihre Mitwirkungspflicht, kann die Kasse den Abbruch der Behandlung verlangen, sofern der Anspruchsberechtigte/die Anspruchsberechtigte vorher schriftlich auf die Folgen seines/ihres Verhaltens hingewiesen worden ist. Die mit dem Abbruch verbundenen Kosten sind von der Kasse zu tragen.

(AVSV 2019/161)

(4) Ein Wechsel der Behandlungsstelle kann während der laufenden Behandlung nach Abs. 1 oder 2 nur mit Zustimmung der Kasse erfolgen,
1. wenn dem/der Anspruchsberechtigten aufgrund eines Wechsels seines/ihres Wohnortes die weitere Konsultation der bisher in Anspruch genommenen Behandlungsstelle wegen der Entfernung nicht mehr zumutbar ist oder
2. wenn der Einzelvertrag mit der Behandlungsstelle geendet hat oder
3. wenn sonst ein vom/von der Anspruchsberechtigten nicht zu vertretender Grund vorliegt, der die Fortsetzung der Behandlung unmöglich oder unzumutbar macht.

§ 64 Abs. 1 und 2 sind anzuwenden.

(AVSV 2019/161)

(5) Als Kieferorthopäde bzw. Kieferorthopädin im Sinn des § 27 und des § 41 gelten Fachärzte und Fachärztinnen für Zahn-, Mund- und Kieferheilkunde, die die Voraussetzungen des § 34 Abs. 5 Z 5 der Satzung erfüllen.

(AVSV 2019/161)

3. Abschnitt
Heilmittel, Heilbehelfe und Hilfsmittel
(§§ 136, 137, 154 ASVG)

Heilmittel

§ 28. (1) Der/Die Anspruchsberechtigte erhält die vom Vertragsarzt/von der Vertragsärztin, einem Arzt/einer Ärztin in einer Vertrags-Gruppenpraxis oder in einer eigenen Einrichtung (Vertragseinrichtung) auf Kassenrezept (Suchtgiftrezept) verordneten notwendigen Heilmittel auf Rechnung der Kasse von der öffentlichen Apotheke oder vom hausapothekenführenden Vertragsarzt/von der hausapothekenführenden Vertragsärztin. Das notwendige Heilmittel bestimmt der behandelnde Arzt/die behandelnde Ärztin. Die Bestimmungen über eine allfällige chef- oder kontrollärztliche Bewilligung bleiben unberührt.

(2) Auf Rechnung der Kasse können Heilmittel auch außerhalb der festgesetzten Öffnungszeiten einer Apotheke bezogen werden. Die Kasse übernimmt die Zusatzgebühr aber nur dann, wenn dies nach den Richtlinien über die ökonomische Ver-

schreibweise von Heilmitteln und Heilbehelfen vorgesehen ist.

(AVSV 2019/161)

(3) Das Rezept wird ungültig, wenn es nicht innerhalb von einem Monat nach dem Ausstellungstag oder Tag der Bewilligung durch die Kasse eingelöst wird.

(AVSV 2019/161)

(4) Werden Heilmittel durch Wahlärzte/Wahlärztinnen, Ärzte/Ärztinnen in Wahl-Gruppenpraxen, Wahlzahnärzte/Wahlzahnärztinnen, Wahleinrichtungen verordnet, übernimmt die Kasse die Kosten nach den §§ 43 und 44.

(5) Der Patient/Die Patientin hat bei der Verwendung der Heilmittel die Anordnungen des Arztes/ der Ärztin zu beachten.

(6) § 6 Abs. 11 gilt sinngemäß.

(AVSV 2019/161)

Nachweis des Jahres-Nettoeinkommens

§ 29. (1) Hat der Versicherte/die Versicherte einen Antrag nach Teil 2 oder 3 der Richtlinien für die Befreiung von der Rezeptgebühr gestellt, so hat er/sie mit diesem Antrag vollständige Angaben und geeignete Unterlagen über alle Umstände, die für die Ermittlung des Nettoeinkommens des laufenden Kalenderjahres im Sinne der Bestimmungen über die Ausgleichszulage des betreffenden Jahres maßgeblich sind, vorzulegen. Der Antragsteller/ Die Antragstellerin hat alle Umstände, aus denen sich eine Änderung der im Antrag dargelegten Einkommensverhältnisse ergibt, unverzüglich schriftlich dem zuständigen Krankenversicherungsträger mitzuteilen.

(2) Hat der Versicherte/die Versicherte in seinem/ihrem Antrag gemäß Teil 3 der Richtlinien für die Befreiung von der Rezeptgebühr geltend gemacht, dass von ihm/ihr im laufenden Kalenderjahr bezahlte Rezeptgebühren für die Erreichung der Rezeptgebührenobergrenze nicht berücksichtigt wurden, so hat er/sie dies dem zuständigen Krankenversicherungsträger durch Vorlage geeigneter Unterlagen nachzuweisen.

Heilbehelfe

§ 30. (1) Notwendige Heilbehelfe werden von den Vertragsärzten/Vertragsärztinnen, den Ärzten/ Ärztinnen in Vertrags-Gruppenpraxen oder den eigenen Einrichtungen (Vertragseinrichtungen) verordnet. Der Verordnungsschein wird ungültig, wenn er nicht innerhalb von 14 Tagen nach dem Ausstellungstag oder nach dem Tag, an dem die Kasse die Bewilligung erteilt hat, eingelöst wird.

(2) Für den Bezug von Heilbehelfen ist eine vorherige Bewilligung der Kasse einzuholen, sofern der Heilbehelf nicht im Anhang angeführt ist. Bei Heilbehelfen, für die keine tarifliche Vereinbarung besteht, ist ein Kostenvoranschlag des/der Vertragslieferanten/Vertragslieferantin vorzulegen.

(3) Werden Heilbehelfe leihweise beigestellt, sind sie nach Ablauf der Leihdauer in ordentlichem Zustand zurückzugeben.

(4) Der notwendige Heilbehelf ist zweckentsprechend zu verwenden. Bei nicht zweckentsprechender Verwendung oder bei schuldhafter Beschädigung übernimmt die Kasse weder die Kosten der Instandsetzung noch die Kosten für den neuen Heilbehelf.

(5) § 6 Abs. 11 gilt sinngemäß.

(AVSV 2019/161)

Hilfsmittel

§ 31. (1) Notwendige Hilfsmittel werden von den Vertragsärzten/Vertragsärztinnen, den Ärzten/ Ärztinnen in Vertrags-Gruppenpraxen oder den eigenen Einrichtungen (Vertragseinrichtungen) verordnet. Der Verordnungsschein wird ungültig, wenn er nicht innerhalb von 14 Tagen nach dem Ausstellungstag oder nach dem Tag, an dem die Kasse die Bewilligung erteilt hat, eingelöst wird.

(2) Für den Bezug von Hilfsmitteln ist eine vorherige Bewilligung der Kasse einzuholen, sofern das Hilfsmittel nicht im Anhang angeführt ist. Bei Hilfsmitteln, für die keine tarifliche Vereinbarung besteht, ist ein Kostenvoranschlag des Vertragslieferanten/der Vertragslieferantin vorzulegen.

(3) Werden Hilfsmittel leihweise beigestellt, sind sie nach Ablauf der Leihdauer in ordentlichem Zustand zurückzugeben.

(4) Das notwendige Hilfsmittel ist zweckentsprechend zu verwenden. Bei nicht zweckentsprechender Verwendung oder bei schuldhafter Beschädigung übernimmt die Kasse weder die Kosten der Instandsetzung noch die Kosten für das neue Hilfsmittel.

(5) § 6 Abs. 11 gilt sinngemäß.

(AVSV 2019/161)

Mindestgebrauchsdauer

§ 32. (1) Für die folgenden Heilbehelfe und Hilfsmittel wird als Mindestgebrauchsdauer festgesetzt:

1. Krankenfahrstühle — 10 Jahre
2. Ober- und Unterschenkelprothesen — 4 Jahre
3. Ober- und Unterarmprothesen — 5 Jahre
4. Hörapparate — 5 Jahre
5. Stützapparate der oberen und unteren Extremitäten — 5 Jahre
6. Stützapparate des Rumpfes — 4 Jahre
7. Sehbehelfe
   a) Brillen — 3 Jahre
   b) Kontaktlinsen — 2 Jahre
8. Orthopädische Schuhe
   a) bei erstmaliger Anschaffung, wenn zwei Paar Schuhe abwechselnd getragen werden, zusammen — 2 Jahre
   b) in weiterer Folge — 1 Jahr
   c) für Kinder bis zu 14 Jahren — 1/2 Jahr

9. Zurichtungen an Konfektionsschuhen — 1/2 Jahr
   a) für Kinder bis zu 14 Jahren — 1/4 Jahr
10. Perücken — 1 Jahr

(AVSV 2018/200, AVSV 2019/161)

(2) Vor Ablauf der im Abs. 1 festgesetzten Gebrauchsdauer wird der gleiche Heilbehelf oder das gleiche Hilfsmittel neu nur geleistet, wenn dies aus besonderen Gründen und ohne ein Verschulden des Leistungswerbers/der Leistungswerberin notwendig geworden ist. In diesem Fall ist jedenfalls die vorherige Bewilligung der Kasse einzuholen.

(AVSV 2019/161)

(3) Sind Heilbehelfe oder Hilfsmittel auch nach Ablauf der Gebrauchsdauer noch gebrauchsfähig, wird der gleiche Heilbehelf oder das gleiche Hilfsmittel nicht neuerlich beigestellt.

(AVSV 2019/161)

(4) Für die Blutzuckerteststreifen wird als therapieabhängige Normabgabemenge festgesetzt:

Blutzuckerteststreifen bei
1. Basis Bolus Therapie — 1/4 Jahr — 650 Stück
2. Insulinpumpe — 1/4 Jahr — 650 Stück
3. Gestationsdiabetes insulinpflichtig/nicht insulinpflichtig — 1/4 Jahr — 550 Stück
4. schwangere Diabetikerinnen (d.h. bis zu acht Messungen pro Tag) — 1/4 Jahr — 650 Stück
5. BOT – basisunterstützte orale Therapie (z. B. Bed-Time-Insulin; d.h. eine Messung pro Tag und ein 7-Punkt-Profil pro Woche) — 1/4 Jahr — 200 Stück
6. alle anderen Insulintherapien (d.h. ein 3-Punkt-Profil pro Tag oder drei bis vier 7-Punkt-Profile pro Woche) — 1/4 Jahr — 300 Stück
7. orale Antidiabetika (d.h. ein 7-Punkt-Profil pro Woche) — 1/4 Jahr — 100 Stück
8. keine medikamentöse Diabetesbehandlung (d.h. ein 7-Punkt-Profil pro Monat) — 1/2 Jahr — 50 Stück + 50 Stück bei Manifestation

(AVSV 2018/200, AVSV 2019/161)

(5) Die Abgabemenge für saugende Inkontinenzprodukte in Form von Windeln und Einlagen hat sich an der medizinischen Notwendigkeit im Einzelfall zu orientieren.

(AVSV 2019/161)
(AVSV 2017/92)

4. Abschnitt
Krankengeld (§§ 138 ff ASVG)

Arbeitsunfähigkeitsmeldung

§ 33. (1) Beginn und Ende der Arbeitsunfähigkeit werden für Anspruchsberechtigte, die Anspruch
1. auf Krankengeld oder
2. auf Fortzahlung des Entgelts

haben, durch den Vertragsarzt/die Vertragsärztin, die Vertrags-Gruppenpraxis bzw. durch eine eigene Einrichtung der Kasse gemeldet. Mit dem Einlangen dieser Meldung wird der/die Anspruchsberechtigte von der ansonsten ihm/ihr obliegenden Meldeverpflichtung befreit.

(2) Die Kasse kann die Richtigkeit von Krankmeldungen und Gesundmeldungen überprüfen und aus medizinischen Gründen einen davon abweichenden Zeitpunkt des Beginnes und des Endes der Arbeitsunfähigkeit bestimmen.

(AVSV 2019/161)

(3) Wird der/die Anspruchsberechtigte von einem Wahlarzt/einer Wahlärztin oder einer Wahl-Gruppenpraxis behandelt und bescheinigt dieser bzw. diese die Arbeitsunfähigkeit, hat dies der/die Anspruchsberechtigte unverzüglich der Kasse unter Vorlage der ärztlichen Bescheinigung zu melden. Die Feststellung der Arbeitsunfähigkeit (Beginn und Ende) obliegt dem/der von der Kasse hiezu beauftragten Arzt/Ärztin. Ist diese/r Ärztin/Arzt ein/e Vertragsarzt/Vertragsärztin der Kasse, bleibt der Anspruch des/der Anspruchsberechtigten auf Rückersatz für die Inanspruchnahme des Wahlarztes/der Wahlärztin unberührt.

(AVSV 2019/161)

Meldung des Arbeitsentgeltes

§ 34. (1) Für die Berechnung des Krankengeldes ist der Kasse eine Bestätigung des Dienstgebers/der Dienstgeberin über die Höhe und Dauer der Lohn-(Gehalts-)ansprüche vor und während der Arbeitsunfähigkeit vorzulegen.

(AVSV 2019/161)

(2) Bezieher/innen einer Geldleistung aus der Arbeitslosenversicherung (z. B. Arbeitslosengeld, Notstandshilfe) haben einen Nachweis über die zuletzt bezogene Leistung nur dann zu erbringen, wenn diese Leistung nicht schon direkt von der regionalen Geschäftsstelle des Arbeitsmarktservices gemeldet wurde.

(AVSV 2019/161)

Nachweis der Anspruchsberechtigung für ein erhöhtes Krankengeld

§ 35. Beantragt der/die Versicherte ein erhöhtes Krankengeld nach § ... der Satzung, weil er/sie Angehörige hat, ist deren Angehörigeneigenschaft entsprechend nachzuweisen.

Bestätigung der Arbeitsunfähigkeit

§ 36. (1) Der/Die Anspruchsberechtigte, der/die einen Entgeltfortzahlungs- oder Krankengeldanspruch hat, muss sich

1. die Fortdauer der Arbeitsunfähigkeit vom behandelnden Vertragsarzt/von der behandelnden Vertragsärztin oder von der Vertrags-Gruppenpraxis auf dem von der Kasse aufgelegten Formular bestätigen lassen oder
2. bei einem Krankenhausaufenthalt eine Aufenthaltsbestätigung ausstellen lassen.

(2) Für die Auszahlung des Krankengeldes ist der vom behandelnden Arzt/von der behandelnden Ärztin bestätigte Auszahlungsschein vorzulegen.

(3) Wird der/die Anspruchsberechtigte von einem Wahlarzt/einer Wahlärztin oder in einer Wahl-Gruppenpraxis behandelt, obliegt die Feststellung der Fortdauer der Arbeitsunfähigkeit dem/der von der Kasse hiezu beauftragten Arzt/Ärztin.

5. Abschnitt
Kostenerstattung (§ 131 ASVG)

Kostenerstattung bei Inanspruchnahme von Wahlärzten/Wahlärztinnen oder Wahl-Gruppenpraxen

§ 37. (1) Der/Die Anspruchsberechtigte hat dem Wahlarzt/der Wahlärztin oder der Wahl-Gruppenpraxis das vollständige Honorar vor Einreichung der Honorarnote bei der Kasse zu zahlen. Für die Kostenerstattung muss der/die Anspruchsberechtigte der Kasse die Originalhonorarnote oder, sofern die Identität des/der Anspruchsberechtigten feststeht, eine Kopie der Originalhonorarnote, unabhängig davon, ob diese in Papierform vorliegt oder elektronisch erstellt wurde, übergeben oder sie auf elektronischem Weg über das Online-Service „Meine SV" übermitteln. Die Honorarnote muss folgende Angaben enthalten:

1. Vorname und Familienname des/der Anspruchsberechtigten,
   (AVSV 2018/2)
2. Versicherungsnummer,
3. Wohnadresse,
4. bei Behandlung eines/einer Angehörigen außerdem die unter Z 1 bis 3 angeführten Personaldaten des/der Angehörigen,
5. die Zahlungsbestätigung, statt dessen kann auch der verwendete Einzahlungsnachweis (Zahlschein, Erlagschein, Kontoauszug) übergeben werden; liegt kein Einzahlungsnachweis vor, kann im begründeten Einzelfall der/die Anspruchsberechtigte die Zahlung mit eigenhändiger Unterschrift bestätigen,
6. das Ausstellungsdatum,
7. genaue Angaben über die ärztlichen Leistungen, und zwar
   a) die Diagnose und Therapie,
   b) die Zahl der Ordinationen, Visiten, Nachtordinationen, Sonn- und Feiertagsordinationen und bei Sonn- und Feiertagsordinationen sowie Nachtvisiten und Nachtordinationen auch die entsprechende Begründung,
   c) die Sonderleistungen,
8. das Datum, an dem die Leistungen erbracht wurden, bei Nachtvisiten und Nachtordinationen auch die Uhrzeit,
9. bei Inanspruchnahme einer Wahl-Gruppenpraxis den Namen und das Fachgebiet des/der behandelnden Arztes/Ärztin der Gruppenpraxis.

(2) Nimmt der/die Versicherte, dessen/deren Überweisung oder Zuweisung elektronisch erstellt oder im eKOS nacherfasst wurde, für eine derartige Leistung einen berechtigten Partner ohne Kassenvertrag bzw. eine berechtigte Partnerin ohne Kassenvertrag in Anspruch, ist er/sie im Fall der Einreichung der Honorarnote zur Kostenerstattung verpflichtet, das Informationsblatt zur e-Zuweisung bzw. e-Überweisung, das er/sie bei der elektronischen Zuweisung erhalten hat, zu übermitteln oder im Antrag auf Kostenerstattung den Antragscode anzuführen.

(AVSV 2018/200, AVSV 2019/161)

Keine Kostenerstattung

§ 38. (1) Kosten werden – ausgenommen die Fälle des § 8 – nicht erstattet, wenn der/die Anspruchsberechtigte im selben Abrechnungszeitraum

1. einen Arzt/eine Ärztin für Allgemeinmedizin als Wahlarzt/Wahlärztin und eine/n Ärztin/Arzt für Allgemeinmedizin als Vertragsarzt/Vertragsärztin,
2. einen Facharzt/eine Fachärztin als Wahlarzt/Wahlärztin und einen Facharzt/eine Fachärztin des gleichen Fachgebietes als Vertragsarzt/Vertragsärztin,
3. zwei oder mehrere Wahlärzte/Wahlärztinnen für Allgemeinmedizin oder
4. zwei oder mehrere Wahlfachärzte/Wahlfachärztinnen des gleichen Fachgebietes,

unabhängig davon, ob diese/r einer Vertrags- oder Wahl-Gruppenpraxis angehört, in Anspruch genommen hat. Das Gleiche gilt sinngemäß bei Inanspruchnahme eines Wahlarztes/einer Wahlärztin, eines Arztes/einer Ärztin in einer Wahl-Gruppenpraxis oder einer Wahleinrichtung neben einer eigenen Einrichtung oder Vertragseinrichtung der Kasse. In den Fällen der Z 3 und 4 werden nur die Kosten für die Inanspruchnahme jenes Wahlarztes/jener Wahlärztin ersetzt, dessen/deren Honorarrechnung der/die Anspruchsberechtigte der Kasse als Erste für den entsprechenden Abrechnungszeitraum übergibt.

(AVSV 2019/161)

(2) Kosten werden nicht erstattet, wenn der/die Anspruchsberechtigte einen Vertragsarzt/eine Vertragsärztin, eine Vertrags-Gruppenpraxis (eine Vertragseinrichtung, einen anderen Vertragspart-

ner/eine andere Vertragspartnerin) in Anspruch genommen hat.
(AVSV 2019/161)

Sonstige Vorschriften bei Kostenerstattung

§ 39. (1) Die Kasse kann die medizinische Notwendigkeit und den Umfang der erbrachten Leistungen der Krankenbehandlung durch eine/n von der Kasse bestellte/n Ärztin/Arzt prüfen lassen. Der/Die Anspruchsberechtigte hat bei einer solchen Prüfung mitzuwirken.
(AVSV 2019/161)

(2) Wenn für bestimmte Leistungen (§ 66) schon bei der Behandlung durch eine/n Vertragspartner/in der Kasse eine vorherige Genehmigung notwendig ist, werden dafür Kosten bei einer Behandlung durch eine/n Wahlbehandler/in nur dann erstattet, wenn für diese Leistung vorher die Genehmigung der Kasse eingeholt wurde.

(3) Ist ein Anspruchsberechtigter/eine Anspruchsberechtigte von einem Wahlarzt/einer Wahlärztin oder einer Wahl-Gruppenpraxis behandelt worden, so bedarf er/sie für eine nachfolgende fachärztliche Behandlung aufgrund desselben Versicherungsfalles der vorherigen Bewilligung durch die Kasse, wenn er/sie einen im § 7 Abs. 1 angeführten Facharzt/eine im § 7 Abs. 1 angeführte Fachärztin, eine Vertrags-Gruppenpraxis oder Vertrags-Einrichtung (Vertragspartner/Vertragspartnerin oder Wahlbehandler/Wahlbehandlerin) in Anspruch nimmt.

(4) Als entsprechender Vertragspartner/entsprechende Vertragspartnerin (§ 131 Abs. 1 ASVG) gilt jener/jene, der/die insbesondere der gleichen Berufsgruppe und Organisationsform wie der Leistungserbringer/die Leistungserbringerin (Wahlarzt/Wahlärztin, Wahleinrichtung, Wahlbehandler/Wahlbehandlerin) zugehört und der/die zumindest die gleichen Ausbildungs- und sonstigen Qualifikationserfordernisse (praktische Behandlungserfahrung, Ordinationsausstattung usw.) besitzt, wie sie für Vertragspartner/Vertragspartnerinnen vereinbart und in Verträgen nach § 338 Abs. 1 letzter Satz ASVG veröffentlicht sind. Als entsprechende Vertrags-Gruppenpraxis gilt jene, die hinsichtlich der Zusammensetzung der vertretenen Fachgebiete und der Anzahl der Ärzte/Ärztinnen pro Fachgebiet gleich ist. Bei der Ermittlung der Kostenerstattung sind die in den Honorarordnungen vertraglich vorgesehenen Verrechnungsbeschränkungen in qualitativer (z. B. Ausbildungserfordernisse, Fachgebietsbeschränkungen) und quantitativer (z. B. Limitierungen) Hinsicht entsprechend anzuwenden. Der Versicherte/Die Versicherte hat der Kasse alle Unterlagen vorzulegen und Auskünfte zu geben, die notwendig sind, um die Einhaltung dieser Bestimmungen (einschließlich aller Leistungsbestandteile, wie Anpassung und Wartung) beurteilen zu können.
(AVSV 2019/161)

Kostenerstattung für die Behandlung durch Wahlzahnärzte/Wahlzahnärztinnen, Zahnärzte/Zahnärztinnen in Wahl-Gruppenpraxen, zahnärztliche Wahl-Gruppenpraxen und Wahleinrichtungen

§ 40. (1) Für die Behandlung durch einen Wahlzahnarzt/eine Wahlzahnärztin, einen Zahnarzt/eine Zahnärztin in einer Wahl-Gruppenpraxis, eine zahnärztliche Wahl-Gruppenpraxis oder eine Wahleinrichtung werden die Kosten nach der Satzung erstattet, wenn die Honorarnote (Rechnung) nach der Behandlung der Kasse übergeben wird. § 26 Abs. 4 gilt sinngemäß.

(2) Die Honorarrechnung des Wahlzahnarztes/der Wahlzahnärztin, des Zahnarztes/der Zahnärztin in einer Wahl-Gruppenpraxis, der zahnärztlichen Wahl-Gruppenpraxis oder der Wahleinrichtung muss alle Angaben nach § 37 Abs. 1, insbesondere auch genaue Angaben über die erbrachten Leistungen (Art der Leistung, Zahnspiegel usw.), enthalten.

(3) Kosten für die Behandlung durch einen Wahlzahnarzt/eine Wahlzahnärztin, einen Zahnarzt/eine Zahnärztin in einer Wahl-Gruppenpraxis, eine zahnärztliche Wahl-Gruppenpraxis oder eine Wahleinrichtung werden nicht erstattet, wenn der/die Anspruchsberechtigte eine vollständige Nachbegutachtung durch die Kasse verweigert. Die Kasse ist berechtigt, die medizinische Notwendigkeit, das Ausmaß und die Qualität der vom Wahlzahnarzt/von der Wahlzahnärztin, dem Zahnarzt/der Zahnärztin in einer Wahl-Gruppenpraxis, der zahnärztlichen Wahl-Gruppenpraxis oder von der Wahleinrichtung durchgeführten Zahnbehandlung durch einen von der Kasse bestimmten Arzt/eine von der Kasse bestimmte Ärztin überprüfen zu lassen.

(4) § 39 Abs. 4 gilt sinngemäß.

Kostenerstattung bei Erbringung von Leistungen nach § 153a Abs. 4 ASVG

§ 41. (1) Für die interzeptive kieferorthopädische Behandlung durch Behandler/innen gemäß § 27 Abs. 1 Z 7 bis 11 werden die Kosten nach der Satzung erstattet, wenn die Behandlung aufgrund einer plausiblen Erfolgsannahme von der Kasse genehmigt wurde, und nach Abschluss der Behandlung die Honorarnote (Rechnung) der Kasse übergeben wird. § 37 ist anzuwenden.
(AVSV 2019/161)

(2) Für die kieferorthopädische Hauptbehandlung durch Behandler/innen gemäß § 27 Abs. 2 Z 6 bis 9 werden die Kosten nach der Satzung erstattet, wenn

1. die Behandlung durch Leistungserbringer/Leistungserbringerinnen erfolgt, die in keinem Vertragsverhältnis zur Kasse stehen und die für Vertragspartner/Vertragspartnerinnen vorgesehenen Ausbildungs- und Erfahrungsvoraussetzungen (§ 34 Abs. 5 Z 5 der Satzung) erfüllen und

2. dies der Kasse nachgewiesen wurde und

3. nach Abschluss der Behandlung die Honorarnote (Rechnung) der Kasse übergeben wird (§ 37 ist anzuwenden) und
4. entweder
   a) die Behandlung von der Kasse aufgrund einer plausiblen Erfolgsannahme unter Vorlage des Behandlungsplanes samt IOTN-Feststellung genehmigt wurde oder
   b) ohne Vorliegen einer Bewilligung durch die Behandlung der Erfolg gemäß § 34 Abs. 7 Z 1 und 2 der Satzung eingetreten ist und
5. die weiteren Voraussetzungen des § 153a Abs. 4 ASVG vorliegen

(AVSV 2019/161)

(3) Der/Die Versicherte hat den von der Kasse aufgelegten Vordruck für die Kostenerstattung auszufüllen und alle erforderlichen Unterlagen gemäß Abs. 2 Z 4 vorzulegen. Die Kosten der Behandlung nach Abs. 1 und 2 sind in der Höhe von 80 % der vertraglich festgelegten Tarife zum Zeitpunkt des Behandlungsendes zu erstatten. Der Betrag der Kostenerstattung darf das Honorar, das dem Wahlbehandler/der Wahlbehandlerin entrichtet wurde, nicht übersteigen.

(AVSV 2019/161)

(4) Kosten für eine Behandlung nach Abs. 1 und 2 werden erst nach Abschluss der Behandlung erstattet. Die Kasse erbringt für Leistungen nach Abs. 2 maximal folgende Teilbeträge des Erstattungsbetrags nach Abs. 3 vor Abschluss der Behandlung, wenn eine Vorabgenehmigung nach Abs. 2 Z 4 lit. a) vorliegt und der/die Anspruchsberechtigte eine saldierte Honorarnote (Rechnung) über die erbrachten Leistungen vorgelegt hat:
1. 45 % des Vertragstarifes für die kieferorthopädische Hauptbehandlung für jenen Zeitraum, in den der Behandlungsbeginn fällt;
2. 25 % des Vertragstarifes für die kieferorthopädische Hauptbehandlung für jenen Zeitraum, in dem das erste Behandlungsjahr abgeschlossen ist;
3. 30 % des Vertragstarifes für die kieferorthopädische Hauptbehandlung für jenen Zeitraum, in den das Behandlungsende fällt.

(AVSV 2019/161)

(5) Der/die Versicherte ist verpflichtet, sich auf Aufforderung einer Nachbegutachtung zu unterziehen bzw. die Vorlage der Anfangs- und Endmodelle durch den Behandler/die Behandlerin zu veranlassen. Die Kosten werden nicht erstattet, wenn der/die Anspruchsberechtigte für eine kieferorthopädische Behandlung einen Vertragszahnarzt/ eine Vertragszahnärztin (eine Vertragseinrichtung) oder einen Vertragskieferorthopäden/eine Vertragskieferorthopädin in Anspruch genommen hat. Eine Kostenerstattung wird nicht geleistet, wenn für dieselbe Leistung bereits ein Zuschuss oder eine Sachleistung (Kostenerstattung) von einem Krankenversicherungsträger erbracht wurde.

(AVSV 2019/161)

Kostenzuschuss bei Fehlen einer regional ausgewogenen flächendeckenden Versorgung (§ 153a Abs. 6 ASVG)

§ 42. (1) Für Behandlungen bei Fehlen einer regional ausgewogenen flächendeckenden Versorgung leistet die Kasse einen Kostenzuschuss nach § 39 iVm Anhang 8 der Satzung.

(AVSV 2019/161)

(2) Ein Zuschuss wird nicht geleistet, wenn für dieselbe Leistung bereits ein Zuschuss oder eine Sachleistung (Kostenerstattung) von einem Krankenversicherungsträger erbracht wurde.

(AVSV 2019/161)

Heilmittelverordnung durch Wahlärzte/ Wahlärztinnen, Ärzte/Ärztinnen in Wahl-Gruppenpraxen oder Wahleinrichtungen

§ 43. Verordnungen von Heilmitteln durch Wahlärzte/Wahlärztinnen, Ärzte/Ärztinnen in Wahl-Gruppenpraxen (Wahlzahnärzte/Wahlzahnärztinnen, Zahnärzte/Zahnärztinnen in Wahl-Gruppenpraxen, Wahleinrichtungen) werden durch eine vorherige Bestätigung der Kasse den Kassenrezepten gleichgestellt, wenn die Verschreibung nach den Richtlinien über die ökonomische Verschreibweise von Heilmitteln und Heilbehelfen zulässig ist.

Kostenerstattung für Privatrezepte

§ 44. Hat der/die Anspruchsberechtigte das Privatrezept nicht gemäß § 43 einem Kassenrezept gleichstellen lassen, erstattet die Kasse dem/der Anspruchsberechtigten die Kosten des bezahlten Heilmittels, wenn
1. die Verordnung nach den Richtlinien über die ökonomische Verschreibweise von Heilmitteln und Heilbehelfen zulässig ist und
2. die Honorarnote (Rezept) der Kasse übergeben wird.

Kostenerstattung für Behandlungen, die der ärztlichen Hilfe gleichgestellt sind

§ 45. (1) Wird für die der ärztlichen Hilfe gleichgestellten Behandlungen nicht ein Vertragspartner/ eine Vertragspartnerin (eine eigene Einrichtung) der Kasse in Anspruch genommen, erstattet die Kasse die Kosten, wenn der/die Anspruchsberechtigte das Privathonorar gezahlt hat und er/ sie die Originalhonorarnote (Rechnung) nach der Behandlung der Kasse übergibt. Anstelle der Originalhonorarnote kann, wenn dies in § 37 Abs. 1 vorgesehen ist, sofern die Identität des/der Anspruchsberechtigten feststeht, eine Kopie der Originalhonorarnote, unabhängig davon, ob diese in Papierform vorliegt oder elektronisch erstellt wurde oder eine im Auftrag des/der Anspruchsberechtigten von einem Leistungserbringer/einer Leistungserbringerin ohne Kassenvertrag direkt an die Kasse übermittelte, bereits bezahlte elekt-

ronische Rechnung (Datensatz) nach den dafür in § 37 Abs. 1 festgelegten Regeln übergeben oder auf elektronischem Weg übermittelt werden.
(AVSV 2019/161)

(2) Die Honorarrechnung muss die Angaben nach § 37 Abs. 1, insbesondere genaue Angaben über die erbrachten Leistungen (Art der Leistungen, Behandlungszeitraum, Zahl der Behandlungen usw.) enthalten.
(AVSV 2019/161)

(3) §§ 38 und 39 gelten sinngemäß.
(AVSV 2019/161)

Kostenerstattung für Heilbehelfe

§ 46. (1) Wenn für die Beschaffung eines Heilbehelfes nicht ein/eine Vertragspartner/in der Kasse in Anspruch genommen wird, erstattet die Kasse die Kosten, wenn der/die Anspruchsberechtigte das Privathonorar gezahlt hat und er/sie die Honorarnote der Kasse übergibt.

(2) Wenn zum Bezug des Heilbehelfs die Bewilligung der Kasse (§ 30 Abs. 2) erforderlich ist, muss sie vorher eingeholt werden. Dabei ist für tariflich nicht geregelte Heilbehelfe ein Kostenvoranschlag des Lieferanten/der Lieferantin vorzulegen.

(3) Bei der Ermittlung der Kostenerstattung sind die vertraglich vorgesehenen Abgabebestimmungen in qualitativer und quantitativer Hinsicht entsprechend anzuwenden. Die §§ 32, 37 Abs. 1 und 39 Abs. 1 und 4 gelten sinngemäß.
(AVSV 2019/161)

Kostenerstattung für Hilfsmittel

§ 47. (1) Wenn für die Beschaffung eines Hilfsmittels nicht ein Vertragspartner/eine Vertragspartnerin der Kasse in Anspruch genommen wird, so richtet sich der Zuschuss nach den Bestimmungen, die auch für die Hilfsmittelbeschaffung bei einem Vertragspartner/einer Vertragspartnerin gelten.

(2) Wenn zum Bezug des Hilfsmittels die Bewilligung der Kasse (§ 31 Abs. 2) erforderlich ist, muss sie vorher eingeholt werden. Dabei ist für tariflich nicht geregelte Hilfsmittel ein Kostenvoranschlag des Lieferanten/der Lieferantin vorzulegen.

(3) Bei der Ermittlung der Kostenerstattung sind die vertraglich vorgesehenen Abgabebestimmungen in qualitativer und quantitativer Hinsicht entsprechend anzuwenden. Die §§ 32, 37 Abs. 1 und 39 Abs. 1 und 4 gelten sinngemäß.
(AVSV 2019/161)

Kostenzuschuss für Leistungen der medizinischen Hauskrankenpflege

§ 48. (1) Stellt der/die Versicherte einen Antrag auf einen Kostenzuschuss für Leistungen der medizinischen Hauskrankenpflege nach § 38 Z 2 der Satzung, so hat er/sie der Kasse folgende Nachweise vorzulegen:
1. Ärztliche Anordnung der medizinischen Hauskrankenpflege sowie deren Datum,
2. Diagnose,
3. Medizinische Begründung für die Durchführung der medizinischen Hauskrankenpflege,
4. Erbringung durch diplomiertes Pflegepersonal (Name),
5. Datum, Art und Dauer der durchgeführten medizinischen Leistungen und qualifizierten Pflegeleistungen in Minuten,
6. Bestätigung der Richtigkeit der Angaben durch das diplomierte Pflegepersonal.

(2) §§ 37 Abs. 1 Z 1 bis 6 und 39 Abs. 1, 2 und 4 gelten sinngemäß.

6. Abschnitt
Anstaltspflege (§§ 144 ff ASVG)

Nächstgelegene geeignete Krankenanstalt

§ 49. Für die Anstaltspflege als Sachleistung stehen alle Krankenanstalten, mit denen die Kasse einen Vertrag abgeschlossen hat, zur Verfügung. Wer auf eigenes Verlangen nicht in die nächstgelegene geeignete, sondern in eine weiter entfernte geeignete Krankenanstalt aufgenommen wird, hat für die dadurch entstehenden Mehraufwand (höhere Pflegegebühren, Transportkosten etc.) selbst aufzukommen.

Kostenübernahmeerklärung

§ 50. (1) Vor einer Anstaltspflege muss unter Vorlage eines entsprechenden Antrages eines/einer Vertragsarztes/Vertragsärztin, einer Vertrags-Gruppenpraxis oder einer eigenen Einrichtung (Vertragseinrichtung) ein Kostenverpflichtungsschein (eine Kostenübernahmeerklärung) der Kasse angefordert werden, wenn die Kasse im Verhältnis zur Krankenanstalt nicht darauf verzichtet hat. Dieser Beleg muss der Krankenhausverwaltung vor der Aufnahme vorgelegt werden. Wenn mit der Spitalsaufnahme ohne Gefahr für die Gesundheit des/der Anspruchsberechtigten nicht zugewartet werden kann, entfällt diese Verpflichtung.

(2) § 6 Abs. 11 gilt sinngemäß.
(AVSV 2019/161)

Aufenthaltsbestätigung

§ 51. Bei der Entlassung aus der Krankenanstalt erhält der/die Anspruchsberechtigte eine Aufenthaltsbestätigung. Diese ist der Kasse unverzüglich vorzulegen. Die Verpflichtung des/der Anspruchsberechtigten entfällt, wenn die Entlassung von der Krankenanstalt der Kasse aufgrund bestehender Vereinbarungen direkt mitgeteilt wird.

Arbeitsunfähigkeit nach Anstaltspflege

§ 52. Ist der/die erkrankte Anspruchsberechtigte nach der Entlassung aus der Krankenanstalt noch nicht arbeitsfähig, hat er/sie die Arbeitsunfähigkeit durch eine/n Vertragsärztin/Vertragsarzt, eine Vertrags-Gruppenpraxis oder eine eigene Einrichtung der Kasse unverzüglich feststellen zu lassen.

Pflegekostenzuschuss bei Anstaltspflege

§ 53. (1) Wenn der/die Anspruchsberechtigte in einer privaten, nicht landesfondsfinanzierten, bettenführenden Krankenanstalt, deren Finanzierung durch den Fonds nach § 149 Abs. 3 ASVG erfolgt, behandelt wurde, erbringt den Pflegekostenzuschuss der Fonds, wenn die Anstaltspflege notwendig war. Der/Die Anspruchsberechtigte hat die notwendigen Unterlagen (Befunde, Behandlungsnachweise u. ä.) sowie die Honorarnote (§ 37 Abs. 1 Z 1 bis 9) der Kasse zu übergeben. Die Kasse leitet bei Zutreffen der leistungsrechtlichen Zuständigkeit und der Leistungsverpflichtung die Honorarnote und den Nachweis der Honorarzahlung mit einem diesbezüglichen Vermerk an den Fonds zur Zahlung weiter.

(2) Wenn der/die Anspruchsberechtigte in einer Krankenanstalt, deren Finanzierung nicht über Landesfonds oder durch den Fonds nach § 149 Abs. 3 ASVG erfolgt, behandelt wurde, erbringt die Kasse den Pflegekostenzuschuss, wenn die Anstaltspflege notwendig war. Der/Die Anspruchsberechtigte hat die notwendigen Unterlagen (Befunde, Behandlungsnachweise u. ä.) sowie die Honorarnote (§ 37 Abs. 1 Z 1 bis 9) der Kasse zu übergeben.

7. Abschnitt
Verfahren bei Maßnahmen zur Festigung der Gesundheit (§ 155 ASVG)

Bewilligungspflicht

§ 54. Maßnahmen zur Festigung der Gesundheit werden nach einem durch den behandelnden Arzt/die behandelnde Ärztin befürworteten Antrag und Begutachtung durch den Chef(kontroll)arzt/die Chef(kontroll)ärztin der Kasse geleistet.

Verspäteter Antritt von Maßnahmen zur Festigung der Gesundheit

§ 55. (1) Wenn die Kasse eine gänzliche oder teilweise Kostenübernahme für einen
1. Genesungs- oder Erholungsaufenthalt,
2. Landaufenthalt,
3. Aufenthalt in einem Kurort oder einer Kuranstalt

zugesagt hat und der/die Berechtigte den Aufenthalt nicht zur vorgesehenen Zeit antreten kann, hat er/sie dies und die Gründe dafür möglichst rasch der Kasse zu melden. Die Kasse kann ihre Zusage widerrufen, wenn die Meldung unterlassen bzw. nicht rechtzeitig erstattet wurde oder nicht hinreichend begründet ist.

(2) Der von der Kasse vorgeschriebene Zuzahlungsbetrag für den Aufenthalt ist vom/von der Anspruchsberechtigten vor Antritt des Aufenthaltes an die Kasse zu zahlen.

Aufenthaltsbestätigung

§ 56. Nach der Entlassung aus einer Einrichtung, in der sich der/die Berechtigte während einer Maßnahme nach § 55 Abs. 1 aufgehalten hat, ist der Kasse die Aufenthaltsbestätigung unverzüglich vorzulegen. Diese Verpflichtung entfällt, wenn die Entlassung der Kasse aufgrund bestehender Vereinbarungen direkt mitgeteilt wird. Im Falle der Arbeitsunfähigkeit gilt § 52 entsprechend.

8. Abschnitt
Leistungen aus dem Versicherungsfall der Mutterschaft (§§ 157 ff ASVG)

Wochengeld

§ 57. (1) Für die Leistung von Wochengeld und Pflege in einer Krankenanstalt ist der Kasse eine ärztliche Bestätigung über den voraussichtlichen Entbindungstag vorzulegen.

(2) Zur Geltendmachung eines vorzeitigen Wochengeldanspruches wegen eines besonderen Beschäftigungsverbotes nach den Vorschriften des Mutterschutzgesetzes ist die Bestätigung eines/einer Arbeitsinspektionsarztes/Arbeitsinspektionsärztin, eines/einer Amtsarztes/Amtsärztin, eines Facharztes/einer Fachärztin für Frauenheilkunde oder eines Facharztes/einer Fachärztin für Innere Medizin nach den gesetzlichen Vorschriften vorzulegen.
(AVSV 2018/200, AVSV 2019/161)

(3) Bei einem Antrag auf Wochengeld hat die Anspruchsberechtigte eine Bestätigung des/der Dienstgebers/Dienstgeberin über die Höhe des in den letzten drei Kalendermonaten erzielten Nettoarbeitsverdienstes vorzulegen. Der Anspruch auf allfällige Sonderzahlungen muss aus dieser Bestätigung ersichtlich sein.
(AVSV 2019/161)

(4) Bezieherinnen einer Geldleistung aus der Arbeitslosenversicherung (z. B. Arbeitslosengeld, Notstandshilfe) müssen diesen Leistungsbezug nur dann eigens nachweisen, wenn die entsprechenden Angaben nicht von der regionalen Geschäftsstelle des Arbeitsmarktservices gemeldet wurden.
(AVSV 2019/161)

(5) Zur Errechnung des Anspruches auf Wochengeld nach der Geburt des Kindes ist der Kasse eine Geburtsbescheinigung vorzulegen.

Kostenübernahmeerklärung

§ 58. (1) Vor einem Aufenthalt in einer Krankenanstalt muss unter Vorlage des entsprechenden Antrages eines/einer Vertragsarztes/Vertragsärztin, einer Vertrags-Gruppenpraxis oder einer eigenen Einrichtung (Vertragseinrichtung) eine Kostenübernahmeerklärung der Kasse angefordert werden, wenn die Kasse im Verhältnis zu bestimmten Krankenanstalten nicht darauf verzichtet hat. Die Kostenübernahmeerklärung muss der Verwaltung der Krankenanstalt vor der Aufnahme vorgelegt werden.

(2) Die Entlassung aus der Krankenanstalt ist der Kasse mit der Aufenthaltsbestätigung mitzuteilen. Diese Verpflichtung entfällt, wenn die Entlassung der Kasse aufgrund bestehender Vereinbarungen direkt mitgeteilt wird.

(3) Bei einer Entbindung in einer Krankenanstalt ohne Vertrag mit der Kasse gilt § 53 sinngemäß.

9. Abschnitt
Überprüfung der ärztlichen Anordnungen und des Gesundheitszustandes

Einhaltung der ärztlichen Anordnungen

§ 59. (1) Die Anordnungen des Arztes/der Ärztin, die der Heilung dienen sollen, sind zu befolgen. Hat der Arzt/die Ärztin Bettruhe oder eine Ausgehzeit angeordnet, ist diese einzuhalten. Die Kasse kann aus medizinischen Gründen bei Fehlen einer diesbezüglichen ärztlichen Anordnung Bettruhe bzw. eine Ausgehzeit festlegen oder eine von der diesbezüglichen Anordnung des Arztes/der Ärztin abweichende Regelung treffen. Vom chef(kontroll)ärztlichen Dienst der Kasse getroffene Anordnungen sind zu befolgen.

(AVSV 2019/161)

(2) Jedes Verhalten, das geeignet ist, die Genesung zu beeinträchtigen, ist zu vermeiden. Die Beurteilung darüber obliegt dem chef(kontroll)ärztlichen Dienst der Kasse. Insbesondere ist die Verrichtung von Erwerbsarbeiten während der Arbeitsunfähigkeit in jenem Beruf, in dem die Arbeitsunfähigkeit ärztlich festgestellt wurde, untersagt.

(AVSV 2019/161)

Krankenbesuchsdienst

§ 60. (1) Die Kasse ist im Hinblick auf ihre gesetzliche Verpflichtung berechtigt, sich davon zu überzeugen, dass die ärztlichen Anordnungen und die Bestimmungen der Krankenordnung vom/von der Anspruchsberechtigten eingehalten werden.

(AVSV 2019/161)

(2) Jede/r Krankenbesucher/in hat sich auszuweisen.

(AVSV 2019/161)

(3) Der/Die Anspruchsberechtigte ist verpflichtet, den/die Krankenbesucher/in in seine/ihre Wohnung (Unterkunft) einzulassen und die erforderlichen Auskünfte zu erteilen.

(AVSV 2019/161)

Prüfung des Gesundheitszustandes

§ 61. (1) Die Kasse ist im Hinblick auf ihre gesetzliche Verpflichtung berechtigt, den Gesundheitszustand des/der Erkrankten zu prüfen. Der/Die Erkrankte hat eine entsprechende Einladung zu befolgen und sich auch untersuchen zu lassen.

(AVSV 2019/161)

(2) Wer der Einladung nicht folgen kann, muss dies der einladenden Stelle unverzüglich unter Beilage einer Bestätigung des/der behandelnden Arztes/Ärztin mitteilen. Wird der Einladung ohne wichtigen Grund nicht Folge geleistet, kann die Kasse nach vorheriger Androhung der Säumnisfolgen ihrer Entscheidung den festgestellten bzw. wahrscheinlichen Sachverhalt zugrunde legen.

(AVSV 2019/161)

10. Abschnitt
Erkrankung außerhalb des Kassenbereiches bzw. außerhalb des Bundesgebietes

Erkrankung außerhalb des Wohnortes bzw. Kassenbereiches im Inland

§ 62. Wer in Österreich außerhalb des Wohnortes bzw. örtlichen Zuständigkeitsbereiches der Kasse erkrankt, kann sich von einem Vertragsarzt/einer Vertragsärztin oder einer Vertrags-Gruppenpraxis der für den Aufenthalt zuständigen Gebietskrankenkasse behandeln lassen. Diesem Arzt/Dieser Ärztin ist die Anspruchsberechtigung mit der e-card nachzuweisen.

Europäische Krankenversicherungskarte EKVK, Zwischenstaatlicher Betreuungsschein, sonstige gemeinschaftsrechtliche oder bilaterale Anspruchsbescheinigungen

§ 63. (1) Die Inanspruchnahme medizinischer Leistungen in Staaten, in denen die Koordinierungsverordnungen anzuwenden sind, richtet sich in den durch die EKVK gedeckten Fällen nach § 6 Abs. 2 und 3, sonst nach den für den jeweiligen Leistungsfall anzuwendenden Bestimmungen (z. B. Formblatt E 112 bzw. S 2 für die Einreise zum Zweck der Inanspruchnahme medizinischer Leistungen). Die Bestimmungen über die freie Arztwahl oder die Erstattung von Kosten der Krankenbehandlung werden dadurch nicht eingeschränkt.

(2) Wer sich
1. in ein Gebiet außerhalb der in Abs. 1 genannten Staaten begibt, für das ein Abkommen über soziale Sicherheit gilt, welches Regelungen über die aushilfsweise Gewährung von Leistungen aus der Krankenversicherung zu Lasten einer österreichischen Kasse vorsieht, oder
2. in einen Staat nach Abs. 1 begibt, aber die entsprechende Leistung nicht von der EKVK gedeckt ist,

kann, wenn es in den entsprechenden Regelungen vorgesehen ist, vor der Ausreise beim Dienstgeber/bei der Dienstgeberin bzw. bei der Kasse einen zwischenstaatlichen Betreuungsschein oder den entsprechenden Beleg nach den Wanderarbeitnehmerverordnungen oder den Koordinierungsverordnungen anfordern.

(AVSV 2016/191)

(3) In den Fällen des Abs. 2 muss für die Leistungsinanspruchnahme in einem anderen Staat das dafür vorgesehene Verfahren eingehalten werden (z. B sofern erforderlich, hat ein Umtausch beim Träger des Wohn- oder Aufenthaltsortes in einen nationalen Behandlungsschein zu erfolgen); Hinweise auf das einzuhaltende Verfahren enthält in der Regel das jeweilige Formular.

11. Abschnitt
Melde- und Auskunftspflicht der Versicherten

Meldepflicht (§ 40 ASVG)

§ 64. (1) Wer Leistungen der Kasse erhält, muss jede Änderung
1. des Wohnsitzes,
2. des Familienstandes,
3. der Anspruchsberechtigung für Angehörige

längstens binnen zwei Wochen der Kasse melden.
(AVSV 2019/161)

(2) Diese Meldepflicht ist
1. vom/von der Versicherten oder
2. vom/von der Leistungsbezieher/in

zu erfüllen.
(AVSV 2019/161)

(3) Das Ende einer Arbeitsunfähigkeit ist der Kasse sofort zu melden. Diese Verpflichtung entfällt, wenn das Ende der Arbeitsunfähigkeit der Kasse direkt vom/von der behandelnden Arzt/Ärztin mitgeteilt wird.
(AVSV 2019/161)

(4) Wer während einer Arbeitsunfähigkeit bzw. des Anspruchs auf Rehabilitationsgeld seinen Aufenthalt innerhalb des Kassenbereiches ändern will, hat dies vorher der Kasse zu melden.
(AVSV 2019/161)

(5) Wer während einer Arbeitsunfähigkeit bzw. während des Anspruchs auf Rehabilitationsgeld den Kassenbereich verlassen will, hat vorher die Zustimmung der Kasse einzuholen. Diese ist zu erteilen, wenn
1. es von der behandelnden Stelle befürwortet wird,
2. es sich nicht negativ auf den Heilungsverlauf bzw. die Einhaltung der im Rahmen des Case Managements nach § 143b ASVG vereinbarten Maßnahmen (Versorgungsplan) auswirken kann und
3. am neuen Aufenthaltsort die notwendige medizinische Betreuung für die Fortführung der laufenden Behandlung bzw. die Umsetzung der im Versorgungsplan vereinbarten Maßnahmen gewährleistet ist.

Die Zustimmung ist höchstens für die voraussichtliche Dauer der Arbeitsunfähigkeit bzw. für jenen Zeitraum zu erteilen, der die Einhaltung der im Versorgungsplan vorgesehenen Maßnahmen durch die Versicherte/den Versicherten nicht gefährdet.
(AVSV 2019/161)

(6) Versicherte, denen der Bezug von Wiedereingliederungsgeld bewilligt wurde, müssen
1. den Nichtantritt der Wiedereingliederungsteilzeit sowie einen Antritt der Wiedereingliederungsteilzeit zu einem von der Wiedereingliederungsvereinbarung abweichenden Zeitpunkt,
2. jede Änderung der wöchentlichen Normalarbeitszeit, die von der Regelung in der Wiedereingliederungsvereinbarung abweicht

der Kasse unverzüglich melden.
(AVSV 2017/92, AVSV 2019/161)

Auskunftspflicht (§ 43 ASVG)

§ 65. (1) Anspruchsberechtigte und Leistungsempfänger/innen sind verpflichtet, der Kasse über alle Umstände, die
1. für das Versicherungsverhältnis,
2. für Leistungen der Kasse,
3. für Rückforderungsansprüche der Kasse

von Bedeutung sind, wahrheitsgemäß Auskunft zu geben und bei einer allfälligen Überprüfung mitzuwirken.

(2) Diese Verpflichtung besteht auch gegenüber jenen Mitarbeitern/Mitarbeiterinnen der Kasse, die sich (z. B. bei Krankenbesuchen) gehörig ausweisen können.
(AVSV 2019/161)

12. Abschnitt
Verpflichtung zur Einholung einer chef(kontroll)ärztlichen Bewilligung und Verpflichtung zur Einholung einer Vorabgenehmigung bei Inanspruchnahme von Gesundheitsdienstleistungen im Ausland

Vorherige chef(kontroll)ärztliche Bewilligung

§ 66. (1) Bei den im Anhang 1 angeführten Leistungen muss vor deren Anwendung die chef(kontroll)ärztliche Bewilligung eingeholt werden. Der/Die Versicherte hat der Kasse dafür alle für die Beurteilung der Bewilligung erforderlichen Unterlagen vorzulegen.
(AVSV 2016/191)

(2) Für ambulante Tumorbehandlungen durch eine punktförmige Bestrahlung des Tumors mit Protonen und/oder Kohlenstoffionen ist vor deren Anwendung die chef(kontroll)ärztliche Bewilligung nach der Empfehlung durch das für die zuweisende Krankenanstalt zuständige multidisziplinäre Tumorboard einzuholen. Der/Die Versicherte hat der Kasse dafür alle für die Beurteilung der Bewilligung erforderlichen Unterlagen vorzulegen.
(AVSV 2016/191, AVSV 2019/161)

(3) Für psychotherapeutische Behandlungen ist vor der 11. Sitzung für die weitere Behandlung die chef(kontroll)ärztliche Bewilligung einzuholen. § 23 Abs. 2 gilt sinngemäß.
(AVSV 2018/139, AVSV 2019/161)

(4) Die Verordnung ist bei Beginn der physiotherapeutischen Behandlung vom/von der Vertragspartner/in oder Versicherten (Angehörigen) der Kasse vorzulegen. Für physiotherapeutische Behandlungen ist vor der 21. Anwendung, jedenfalls vor der 7. Sitzung, für die weitere Behandlung die chef(kontroll)ärztliche Bewilligung einzuholen. Für physiotherapeutische Behandlungen in Form

von Hausbesuchen ist die chef(kontroll)ärztliche Bewilligung vor der 1. Behandlung einzuholen.

(AVSV 2018/139, AVSV 2019/161)

(5) Die Verordnung ist bei Beginn der logopädischen Behandlung vom/von der Vertragspartner/in oder Versicherten (Angehörigen) der Kasse vorzulegen. Für logopädische Behandlungen ist vor der 2. Sitzung für die weitere Behandlung die chef(kontroll)ärztliche Bewilligung einzuholen.

(AVSV 2018/139, AVSV 2019/161)

(6) Die Verordnung ist bei Beginn der ergotherapeutischen Behandlung vom/von der Vertragspartner/in oder Versicherten (Angehörigen) der Kasse vorzulegen. Für ergotherapeutische Behandlungen ist vor der 2. Behandlungseinheit für die weitere Behandlung die chef(kontroll)ärztliche Bewilligung einzuholen.

(AVSV 2018/139, AVSV 2019/161)

Verpflichtung zur Einholung einer Vorabgenehmigung bei Inanspruchnahme von Gesundheitsdienstleistungen im Ausland

§ 67. (1) Für folgende Behandlungen und Untersuchungen im Ausland besteht Anspruch auf besondere Kostenerstattung im Ausmaß des § 7b Abs. 6 des Sozialversicherungs-Ergänzungsgesetzes, wenn der/die Versicherte eine vorherige Genehmigung der Kasse eingeholt hat:

1. stationäre Behandlungen und Untersuchungen nach § 7b Abs. 4 Z 1 des Sozialversicherungs-Ergänzungsgesetzes,
2. ambulante Behandlungen und Untersuchungen nach § 7b Abs. 4 Z 2 des Sozialversicherungs-Ergänzungsgesetzes, die den Einsatz hoch spezialisierter und kostenintensiver medizinischer Infrastruktur oder medizinischer Ausrüstung erfordern, dies sind
   a) diagnostische und therapeutische Anwendungen von Strahlen oder Teilchen wie CT, MRT, Kernspintomographie, Protonentherapie und Ionentherapie,
   b) ambulante Behandlungen und Untersuchungen mit Großgeräten, die in Österreich unter den Großgeräteplan fallen würden,
   c) kosmetische Behandlungen, für die eine Leistungspflicht gemäß § 133 Abs. 3 ASVG besteht,
   d) humangenetische Untersuchungen,
   e) operative Eingriffe, die in einem sterilen Bereich erfolgen müssen,
3. Behandlungen, die mit einem besonderen Risiko für die Patientin/den Patienten oder die Bevölkerung verbunden sind oder
4. Behandlungen, die von Gesundheitsdienstleisterinnen/Gesundheitsdienstleistern erbracht werden, die im Einzelfall zu ernsthaften und spezifischen Bedenken hinsichtlich der Qualität oder Sicherheit der Versorgung Anlass geben könnten, mit Ausnahme der Gesundheitsversorgung, die dem Unionsrecht über die Gewährleistung eines Mindestsicherungsniveaus und einer Mindestqualität in der ganzen Union unterliegt.

(AVSV 2019/161)

(2) Der/Die Versicherte hat der Kasse Unterlagen über die Art der Behandlung, das angestrebte Behandlungsziel, den Zeitpunkt der Behandlung, den Gesundheitsdienstleister/die Gesundheitsdienstleisterin, bei dem/der die Behandlung in Anspruch genommen werden soll, sowie Unterlagen über seinen/ihren Gesundheitszustand, die eine Beurteilung der Dringlichkeit der Behandlung zulassen, vorzulegen.

(AVSV 2019/161)

(3) Eine besondere Kostenerstattung nach Absatz 1 kann nur dann erfolgen, wenn dies vom Versicherten/von der Versicherten in Kenntnis der Möglichkeit einer Inanspruchnahme der Behandlung oder Untersuchung aufgrund einer chefärztlichen Bewilligung nach § 66 in Verbindung mit Anhang 1 Z 2 ausdrücklich gewünscht wird.

(AVSV 2018/139, AVSV 2019/161)

13. Abschnitt
Regelung für Härtefälle

Härtefälle

§ 68. Im Rahmen der gesetzlichen Leistungsbestimmungen kann die Kasse Leistungen auch dann erbringen, wenn Verfahrensvorschriften aus berücksichtigungswürdigen Gründen nicht eingehalten wurden. Solche Gründe sind insbesondere dann vorhanden, wenn

1. die Leistung sofort erbracht werden musste,
2. eine entschuldbare Verhinderung (z. B. wegen Krankheit) glaubhaft gemacht wird,
3. bei einer Fristüberschreitung belegt werden kann, dass der frühestmögliche Behandlungstermin wahrgenommen wurde,
4. die vorherige Bewilligung der Kasse in besonderen Ausnahmefällen nicht eingeholt wurde.

(AVSV 2019/161)

14. Abschnitt
Schlussbestimmungen

Wirksamkeitsbeginn

§ 69. (1) Diese Krankenordnung tritt gemäß § 31 Abs. 9a ASVG mit Ablauf des Tages ihrer Kundmachung im Internet in Kraft. Gleichzeitig wird die bisher geltende Krankenordnung, kundgemacht im Internet unter avsv Nr. ..../.... (Stammfassung) in der Fassung der Änderungen:

1. avsv Nr. ..../....
2. avsv Nr. ..../....
3. avsv Nr. ..../....

aufgehoben.

(2) Die aufgehobene Krankenordnung ist jedoch auf eingetretene Versicherungsfälle sowie bereits

geltend gemachte Leistungsansprüche, die vor ihrer Aufhebung verwirklicht wurden, weiterhin anzuwenden.

Wirksamkeitsbeginn der ... Änderung

§ 70. (1) Die Neufassung der § ..., § ... und § ... der Krankenordnung durch die ... Änderung tritt mit Ablauf des Tages ihrer Kundmachung in Kraft.

(2) Gleichzeitig werden die bis dahin geltenden Fassungen dieser Paragraphen aufgehoben. Die §§ ... und ... in der geltenden Fassung sind jedoch auf eingetretene Versicherungsfälle sowie bereits geltend gemachte Leistungsansprüche, die vor ihrer Aufhebung verwirklicht wurden, weiterhin anzuwenden.

*

Die Musterkrankenordnung 2016 wurde von der Trägerkonferenz des Hauptverbandes der österreichischen Sozialversicherungsträger am 19. April 2016 beschlossen. Die Genehmigung durch die Bundesministerin für Gesundheit erfolgte mit Bescheid vom 26. April 2016, GZ: BMG-96420/0005-II/A/7/2016.

Die 1. Änderung der Musterkrankenordnung 2016 wurde von der Trägerkonferenz des Hauptverbandes der österreichischen Sozialversicherungsträger am 13. Dezember 2016 beschlossen. Die Genehmigung durch die Bundesministerin für Gesundheit und Frauen erfolgte mit Bescheid vom 20. Dezember 2016, GZ: BMGF-96420/0008-II/A/7/2016.

Die 2. Änderung der Musterkrankenordnung 2016 wurde von der Trägerkonferenz des Hauptverbandes der österreichischen Sozialversicherungsträger am 13. Juni 2017 beschlossen. Die Genehmigung durch die Bundesministerin für Gesundheit und Frauen erfolgte mit Bescheid vom 28. Juni 2017, GZ: BMGF-96420/0006-II/A/7/2017.

Die 3. Änderung der Musterkrankenordnung 2016 wurde von der Trägerkonferenz des Hauptverbandes der österreichischen Sozialversicherungsträger am 20. Dezember 2017 beschlossen. Die Genehmigung durch die Bundesministerin für Gesundheit und Frauen erfolgte mit Bescheid vom 28. Dezember 2017, GZ: BMGF-96420/0011-II/A/6/2017.

Die 4. Änderung der Musterkrankenordnung 2016 wurde von der Trägerkonferenz des Hauptverbandes der österreichischen Sozialversicherungsträger am 19. Juni 2018 beschlossen. Die Genehmigung durch die Bundesministerin für Arbeit, Soziales, Gesundheit und Konsumentenschutz erfolgte mit Bescheid vom 18. Juli 2018, GZ: BMASGK-96420/0002-IX/A/6/2018.

Die 5. Änderung der Musterkrankenordnung 2016 wurde von der Trägerkonferenz des Hauptverbandes der österreichischen Sozialversicherungsträger am 2. Oktober 2018 beschlossen. Die Genehmigung durch die Bundesministerin für Arbeit, Soziales, Gesundheit und Konsumentenschutz erfolgte mit Bescheid vom 11. Oktober 2018, GZ: BMASGK-21420/0001-II/A/10/2018.

3/2. MKO 2016
Anhang 1

Anhänge

Leistungen, für die eine chef(kontroll)ärztliche Bewilligung erforderlich ist
Anhang 1

Folgende Leistungen bedürfen vor ihrer Anwendung einer chef(kontroll)ärztlichen Bewilligung:

1. Medizinische Hauskrankenpflege ab der 5. Woche,
   (AVSV 2018/139)
2. Geplante Behandlungen und Untersuchungen, sofern es sich um
   a) eine geplante Behandlung und Untersuchung in einem EU-Staat, EWR-Staat oder der Schweiz nach den EU-Verordnungen zur Koordinierung der Systeme der sozialen Sicherheit oder
   b) eine geplante Behandlung und Untersuchung in einem EU-Staat, EWR-Staat oder der Schweiz in den Fällen des § 67 Abs. 1 oder
   (AVSV 2016/191)
   c) eine geplante Behandlung und Untersuchung in Vertrags- bzw. Nichtvertrags-Staaten handelt,
   (AVSV 2018/139)
3. Computertomographie, Kernspintomographie, nuklearmedizinische Untersuchungen,
   (AVSV 2018/139)
4. Kosmetische Behandlung,
   (AVSV 2018/139)
5. Sterilisation, Schwangerschaftsunterbrechung, Geschlechtsumwandlung,
   (AVSV 2018/139)
6. HELP-Therapie,
   (AVSV 2018/139)
7. Operative Maßnahmen zur Gewichtsreduktion,
   (AVSV 2018/139)
8. Flugtransporte,
   (AVSV 2018/139)
9. Krankentransporte mit Ausnahme von Transporten in Fällen der Ersten Hilfe, zur Dialyse sowie zur Chemo- oder Strahlentherapie,
   (AVSV 2018/139)
10. Heimdialyse,
    (AVSV 2018/139)
11. Ambulante Tumorbehandlungen durch eine punktförmige Bestrahlung des Tumors mit Protonen oder mit Kohlenstoffionen nach der Empfehlung durch das für die Krankenanstalt zuständige multidisziplinäre Tumorboard.
    (AVSV 2016/191)

3/2. MKO 2016
Anhang 2

Bescheinigung als provisorischer Ersatz für die europäische Krankenversicherungskarte
Anhang 2

PROVISORISCHE ERSATZBESCHEINIGUNG
FÜR DIE
EUROPÄISCHE KRANKENVERSICHERUNGSKARTE

gemäß Anhang II des Beschlusses Nr. S2
betreffend die technischen Merkmale der Europäischen Krankenversicherungskarte

Ausgabemitgliedstaat

1. ....   2. ...

Angaben zum Karteninhaber

3. Name: ....
4. Vornamen: ....
5. Geburtsdatum: .../.../......
6. Persönliche Kennnummer: ....

Angaben zum zuständigen Träger

7. Kennnummer des Trägers: ....

Angaben zur Karte

8. Kennnummer der Karte: ....
9. Ablaufdatum: .../.../......

Gültigkeitsdauer der Bescheinigung   *Ausgabedatum der Bescheinigung*

a) Von: .../.../......   c) .../.../......
b) bis .../.../......

Stempel des Trägers und Unterschrift

d)

Hinweise und Informationen

Alle Bestimmungen, die für die sichtbaren Daten auf der europäischen Karte gelten und sich auf die Datenfelder „Bezeichnung", „Werte", „Länge" sowie „Hinweis" beziehen, gelten auch für die Bescheinigung.

3/2. MKO 2016

Anhang 3

Erklärung des in einem EU-Mitgliedstaat, EWR-Staat oder der Schweiz versicherten Patienten bei Inanspruchnahme von Sachleistungen während eines vorübergehenden Aufenthaltes in Österreich
Anhang 3

ERKLÄRUNG
einer in einem EU-Mitgliedstaat, EWR-Staat oder der Schweiz versicherten Person bei Inanspruchnahme von Sachleistungen während eines vorübergehenden Aufenthaltes in Österreich

Entnehmen Sie bitte die nachfolgend erforderlichen Daten Ihrer Europäischen Krankenversicherungskarte bzw. der Provisorischen Ersatzbescheinigung für die Europäische Krankenversicherungskarte (PEB)

I. PEB — Gültigkeitsdauer der Bescheinigung von .... bis ....

II. 1. EKVK — 2. Ausgabestaat

III. 3. Name:
4. Vorname(n):
5. Geburtsdatum:
6. Persönliche Kennnummer:

IV. 7. Kennnummer des Trägers:

V. 8. Kennnummer der Karte:
9. Ablaufdatum:

VI. Identitätsnachweis des Patienten/der Patientin:
☐ Reisepass
☐ Personalausweis
☐ Führerschein
Nummer: ....
Ausstellungsdatum:
Ausstellende Behörde:

VII. Ich bestätige die Richtigkeit der oben gemachten Angaben und erkläre, dass ich beabsichtige, mich bis zum __/__/____ in Österreich aufzuhalten und nicht zum Zweck der Behandlung eingereist bin.

Datum — Unterschrift des Patienten/der Patientin bzw. der Begleitperson

VOM VERTRAGSARZT/VON DER VERTRAGSÄRZTIN AUSZUFÜLLEN:

VIII. a) Die Identität des Patienten/der Patientin wurde überprüft.

Datum — Stempel und Unterschrift des Vertragsarztes/der Vertragsärztin bzw. des Verwaltungsassistenten/der Verwaltungsassistentin

b) Die auf Grund der Beschwerden des Patienten/der Patientin erbrachten Sachleistungen sind im Rahmen der angegebenen Aufenthaltsdauer medizinisch erforderlich.

Datum — Stempel und Unterschrift des Vertragsarztes/der Vertragsärztin

Patienten/Patientinnenerklärung Jänner 2012

Bescheinigung als Ersatz für die e-card (e-card Ersatzbeleg)
Anhang 4

Dieser Anhang ist nicht verbindlich. Gestaltung und Verwendung des Belegs (Ersatzkrankenschein, Ersatzbehandlungsschein o. Ä., siehe § 6 Abs. 3 lit. b sublit. bb), sind freigestellt.

Leistungsarten, für die eine elektronische Administrationsunterstützung durch das elektronische Kommunikationsservice (eKOS) besteht
Anhang 5

Für folgende Leistungsarten besteht eine elektronische Administrationsunterstützung durch eKOS:
1. Computertomographie,
2. Magnetresonanztomographie,
3. Nuklearmedizinische Untersuchungen,
4. Humangenetische Untersuchungen,
5. Klinisch-psychologische Diagnostik,
6. Knochendichtemessung.
7. Röntgenuntersuchungen,
8. Röntgentherapien,
9. Sonographien.

(AVSV 2018/200)

4. Feststellungen nach § 49 Abs. 4

4. Feststellungen beitragsfreier Entgeltbestandteile nach § 49 Abs. 4 ASVG

Feststellungen gemäß § 49 Abs. 4 ASVG, AVSV 2005/189

Wiederverlautbarungen von Feststellungen gemäß § 49 Abs. 4 ASVG

Inhaltsverzeichnis

1. Feststellung gemäß § 49 Abs. 4 ASVG zum Kollektivvertrag für die der Bundesinnung der Müller angehörenden Erzeugungszweige vom 1. Oktober 1982 in der jeweils geltenden Fassung
2. Feststellung gemäß § 49 Abs. 4 ASVG zum Kollektivvertrag für die Fleischwarenindustrie vom 26. Februar 1976 in der jeweils geltenden Fassung
3. Feststellung gemäß § 49 Abs. 4 ASVG zum Kollektivvertrag der Handelsarbeiter Österreichs vom 1. Jänner 1985 in der jeweils geltenden Fassung
4. Feststellung gemäß § 49 Abs. 4 ASVG zum Kollektivvertrag für die Milchindustrie vom 13. November 1987 in der jeweils geltenden Fassung
5. Feststellung gemäß § 49 Abs. 4 ASVG zum Kollektivvertrag für das Molkereigewerbe vom 1. November 1987 in der jeweils geltenden Fassung
6. Feststellung gemäß § 49 Abs. 4 ASVG betreffend den Anhang Mühlenindustrie zum Rahmenkollektivvertrag für die Nahrungs- und Genussmittelindustrie Osterreichs vom 20. Dezember 1985 in der jeweils geltenden Fassung
7. Feststellung gemäß § 49 Abs. 4 ASVG zur Lohntafel für die Mühlenindustrie vom 14. Juli 1988 in der jeweils geltenden Fassung
8. Feststellung gemäß § 49 Abs. 4 ASVG zur Lohnvereinbarung für die Müller vom 1. August 1988 in der jeweils geltenden Fassung
9. Feststellung gemäß § 49 Abs. 4 ASVG zum Kollektivvertrag des Österreichischen Raiffeisenverbandes vom 1. Dezember 1979 in der jeweils geltenden Fassung
10. Feststellung gemäß § 49 Abs. 4 ASVG zum Kollektivvertrag der Dachdecker für Wien vom 4. August 1954 in der jeweils geltenden Fassung
11. Feststellung gemäß § 49 Abs. 4 ASVG zum Bundeskollektivvertrag das Dachdeckergewerbe vom 18. Juli 1949, Lohnordnung der Dachdecker für Oberösterreich in der jeweils geltenden Fassung
12. Feststellung gemäß § 49 Abs. 4 ASVG zur Zusatzvereinbarung für Dachdecker in Kärnten vom 10. März 1950 zum Bundeskollektivvertrag für das Dachdeckergewerbe vom 18. Juli 1949 in der jeweils geltenden Fassung
13. Feststellung gemäß § 49 Abs. 4 ASVG zum Bundeskollektivvertrag für das Dachdeckergewerbe vom 18. Juli 1949, Lohnvereinbarung der Dachdecker und Pflasterer für Tirol vom 11. Juli 1955, in der jeweils geltenden Fassung
14. Feststellung gemäß § 49 Abs. 4 ASVG zum Kollektivvertrag für Bauhilfsgewerbe vom 10. Mai 1954 in der jeweils geltenden Fassung
15. Feststellung gemäß § 49 Abs. 4 ASVG zum Zusatzübereinkommen vom 1. Mai 1960 für Isolierer gegen Feuchtigkeit und Schwarzdecker in Oberösterreich zum Kollektivvertrag für Bauhilfsgewerbe vom 10. Mai 1954 in der jeweils geltenden Fassung
16. Feststellung gemäß § 49 Abs. 4 ASVG zum Zusatzübereinkommen vom 30. Mai 1949 für Isolierer (Kälte-, Wärme- und Schallschutz) in Oberösterreich und Salzburg zum Kollektivvertrag für Bauhilfsgewerbe vom 27. November 1948 in der jeweils geltenden Fassung
17. Feststellung gemäß § 49 Abs. 4 ASVG zum Zusatzübereinkommen vom 13. Mai 1954 für Holzstöckelpflasterer in Wien zum Kollektivvertrag für Bauhilfsgewerbe vom 10. Mai 1954 in der jeweils geltenden Fassung
18. Feststellung gemäß § 49 Abs. 4 ASVG zum Zusatzübereinkommen vom 30. Dezember 1964 für Stuckateure und Gipser in Wien zum Kollektivvertrag für Bauhilfsgewerbe vom 10. Mai 1954 in der jeweils geltenden Fassung
19. Feststellung gemäß § 49 Abs. 4 ASVG zum Zusatzübereinkommen vom 18. Oktober 1964 für Kälte-, Wärme- und Schallisolierer in Wien zum Kollektivvertrag für Bauhilfsgewerbe vom 10. Mai 1954 in der jeweils geltenden Fassung
20. Feststellung gemäß § 49 Abs. 4 ASVG zum Zusatzübereinkommen vom 23. Mai 1956 für Isolierer (Kälte-, Wärme- und Schallschutz) in Kärnten zum Kollektivvertrag für Bauhilfsgewerbe vom 10. Mai 1954 in der jeweils geltenden Fassung
21. Feststellung gemäß § 49 Abs. 4 ASVG zum Zusatzübereinkommen für Isolierer (Kälte-, Wärme- und Schallschutz) in Steiermark vom 11. Oktober 1972 zum Kollektivvertrag für Bauhilfsgewerbe vom 10. Mai 1954 in der jeweils geltenden Fassung

4. Feststellungen
nach § 49 Abs. 4

22. Feststellung gemäß § 49 Abs. 4 ASVG zum Zusatzübereinkommen für Wien vom 14. Mai 1984 zum Kollektivvertrag für das holzverarbeitende Gewerbe vom 20. März 1948 (Wiederverlautbarung vom 1. Mai 1983) für Fußbodenleger (Parkettleger) in der jeweils geltenden Fassung

23. Feststellung gemäß § 49 Abs. 4 ASVG zum Zusatzübereinkommen für Steiermark vom 16. Juli 1985 zum Kollektivvertrag für das holzverarbeitende Gewerbe vom 20. März 1948 (Wiederverlautbarung vom 1. Mai 1983) für Fußbodenleger (Parkettleger) in der jeweils geltenden Fassung

24. Feststellung gemäß § 49 Abs. 4 ASVG zum Kollektivvertrag vom 10. April 1968 für Naturstein-, Sand-, Kies- und Kalkerzeuger in Kärnten zum Kollektivvertrag für Naturstein-, Sand-, Kies- und Kalkerzeuger vom 29. Dezember 1955 in der jeweils geltenden Fassung

25. Feststellung gemäß § 49 Abs. 4 ASVG zum Kollektivvertrag für die gewerblichen Betriebe der Naturstein-, Sand-, Kies- und Kalkerzeugung in Kärnten vom 28. Dezember 1955 in der jeweils geltenden Fassung

26. Feststellung gemäß § 49 Abs. 4 ASVG zum Kollektivvertrag für die gewerblichen Kalk-, Sand- und Schotterbetriebe im Burgenland vom 22. September 1956 in der jeweils geltenden Fassung

27. Feststellung gemäß § 49 Abs. 4 ASVG zum Zusatzkollektivvertrag für die gewerblichen Sand- und Schotterbetriebe, Steinbrüche und Kalkbrennereien in Steiermark vom 27. Dezember 1960 zum Kollektivvertrag für Steinarbeiter in der jeweils geltenden Fassung

28. Feststellung gemäß § 49 Abs. 4 ASVG zur Lohnvereinbarung für die gewerblichen Sand-Schotter- und Kiesgewinnungsbetriebe in Tirol vom 20. Mai 1955 in der jeweils geltenden Fassung

29. Feststellung gemäß § 49 Abs. 4 ASVG zum Zusatz-Kollektivvertrag vom 19. August 1954 zum Kollektivvertrag für Steinarbeiter in der jeweils geltenden Fassung

30. Feststellung gemäß § 49 Abs. 4 ASVG zum am 28. August 1953 abgeschlossenen Kollektivvertrag (Löhne und Zulagen im Geltungsbereich des Kollektivvertrages für Steinarbeiter) in der jeweils geltenden Fassung für den Bereich der Kalk-, Schotter-, Sand- und Kiesindustrie von Kärnten, Oberösterreich, Salzburg, Steiermark und Tirol

31. Feststellung gemäß § 49 Abs. 4 ASVG zum am 17. Dezember 1964 abgeschlossenen Kollektivvertrag (Lohnanhang zum Kollektivvertrag für Steinarbeiter) in der jeweils geltenden Fassung für Beton- und Kunststeinerzeuger in Oberösterreich (gewerbliche Betriebe)

32. Feststellung gemäß § 49 Abs. 4 ASVG zum für den Bereich des Landes Kärnten abgeschlossenen Zusatzkollektivvertrag vom 23. Juli 1986 zum Bundeskollektivvertrag für das Rauchfangkehrergewerbe vom 2. Mai 1949 in der jeweils geltenden Fassung

33. Feststellung gemäß § 49 Abs. 4 ASVG zur Betriebsvereinbarung der Heizbetriebe Wien Ges.m.b.H. vom 1. Juni 1972 in der jeweils geltenden Fassung

34. Feststellung gemäß § 49 Abs. 4 ASVG zum Kollektivvertrag für Wildbach- und Lawinenverbauung vom 28. Juni 1983 in der jeweils geltenden Fassung

35. Feststellung gemäß § 49 Abs. 4 ASVG zum Kollektivvertrag für die Steinarbeiter vom 23. März 1983, Anhang II, in der jeweils geltenden Fassung für den Bereich der Betonsteinindustrie

36. Feststellung gemäß § 49 Abs. 4 ASVG zum Bundes-Kollektivvertrag für die Ziegel- und Fertigteilindustrie vom 1. November 1988 in der jeweils geltenden Fassung

37. Feststellung gemäß § 49 Abs. 4 ASVG zum Kollektivvertrag für Bauindustrie und Baugewerbe vom 30. April 1954 in der jeweils geltenden Fassung

38. Feststellung gemäß § 49 Abs. 4 ASVG zum Kollektivvertrag für den Hafen-, Umschlags- und Lagereibetrieb und für den Schiffsbetrieb der Wiener Hafen-, Lager- und Umschlagsbetriebe Ges.m.b.H. vom 16. August 1983 in der jeweils geltenden Fassung

39. Feststellung gemäß § 49 Abs. 4 ASVG zum Kollektivvertrag für die Dienstnehmer der Speditions- und Lagereibetriebe Österreichs vom 31. März 1986 in der jeweils geltenden Fassung

40. Feststellung gemäß § 49 Abs. 4 ASVG zur Lohntafel für die Stadlauer Malzfabrik vom 30. Oktober 1987 in der jeweils geltenden Fassung

41. Feststellung gemäß § 49 Abs. 4 ASVG zum Kollektivvertrag für die Pelzindustrie vom 26. Jänner 1984 in der jeweils geltenden Fassung

42. Feststellung gemäß § 49 Abs. 4 ASVG zum Kollektivvertrag für die im Land Tirol tätigen Berufsjäger vom 26. Februar 1986 in der jeweils geltenden Fassung

43. Feststellung gemäß § 49 Abs. 4 ASVG zum Kollektivvertrag vom 27. Jänner 1986 für Forstarbeiter in Tirol, soweit sie nicht in Betrieben der Österreichischen Bundesforste in der jeweils geltenden Fassung

44. Feststellung gemäß § 49 Abs. 4 ASVG zum für den Bereich des Landes Salzburg abgeschlossenen Zusatzkollektivvertrag vom 21. Dezember 1988 zum Bundeskollektivvertrag für das Rauchfangkehrergewerbe vom 2. Mai 1949 in der jeweils geltenden Fassung

4. Feststellungen nach § 49 Abs. 4

1.
Feststellung gemäß § 49 Abs. 4 ASVG zum Kollektivvertrag für die der Bundesinnung der Müller angehörenden Erzeugungszweige vom 1. Oktober 1982 in der jeweils geltenden Fassung

Wiederverlautbarung der Feststellung gemäß § 49 Abs. 4 ASVG zum Kollektivvertrag für die der Bundesinnung der Müller angehörenden Erzeugungszweige vom 1. Oktober 1982 in der jeweils geltenden Fassung

Auf Grund des § 593 Abs. 3 ASVG wird mit dieser Kundmachung die Feststellung gemäß § 49 Abs. 4 ASVG zum Kollektivvertrag für die der Bundesinnung der Müller angehörenden Erzeugungszweige vom 1. Oktober 1982 in der jeweils geltenden Fassung gemäß § 31 Abs. 9 ASVG im Internet wiederverlautbart.

Stammfassung und Änderungen

Die Feststellung gemäß § 49 Abs. 4 ASVG zum Kollektivvertrag für die der Bundesinnung der Müller angehörenden Erzeugungszweige vom 1. Oktober 1982 in der jeweils geltenden Fassung wurde in ihrer Stammfassung am 15. Juni 1989 in der Fachzeitschrift „Soziale Sicherheit" Nr. 6/1989, Amtliche Verlautbarung Nr. 51/1989 kundgemacht.

Veränderungen im Text

Für die Wiederverlautbarung wurden keine Veränderungen im Text der Feststellung vorgenommen.

Text der Wiederverlautbarung

Die Feststellung gemäß § 49 Abs. 4 ASVG zum Kollektivvertrag für die der Bundesinnung der Müller angehörenden Erzeugungszweige vom 1. Oktober 1982 in der jeweils geltenden Fassung wird mit folgendem Text wiederverlautbart:

Feststellung gemäß § 49 Abs. 4 ASVG zum Kollektivvertrag für die der Bundesinnung der Müller angehörenden Erzeugungszweige vom 1. Oktober 1982 in der jeweils geltenden Fassung

I.

Der folgende im Kollektivvertrag für die der Bundesinnung der Müller angehörenden Erzeugungszweige vom 1. Oktober 1982 in der jeweils geltenden Fassung vorgesehene Bezug gehört nicht zum Entgelt gemäß § 49 Abs. 1 und 3 ASVG:

50 % der im § 11 Z 4 des Kollektivvertrages für den Bereich des Mühlengewerbes vorgesehenen Zulage für Bachräumarbeiten in der Bachsohle sowie für Arbeiten im Turbinenschacht für jede während der Bachabkehr geleistete Arbeitsstunde.

II.

Diese Feststellung gilt ab dem Beginn des Beitragszeitraumes, in den der auf die Verlautbarung in der Fachzeitschrift „Soziale Sicherheit" nächstfolgende Monatserste fällt. Sie ist gemäß § 49 Abs. 4 ASVG für alle Sozialversicherungsträger und Behörden verbindlich.

2.
Feststellung gemäß § 49 Abs. 4 ASVG zum Kollektivvertrag für die Fleischwarenindustrie vom 26. Februar 1976 in der jeweils geltenden Fassung

Wiederverlautbarung der Feststellung gemäß § 49 Abs. 4 ASVG zum Kollektivvertrag für die Fleischwarenindustrie vom 26. Februar 1976 in der jeweils geltenden Fassung

Auf Grund des § 593 Abs. 3 ASVG wird mit dieser Kundmachung die Feststellung gemäß § 49 Abs. 4 ASVG zum Kollektivvertrag für die Fleischwarenindustrie vom 26. Februar 1976 in der jeweils geltenden Fassung gemäß § 31 Abs. 9 ASVG im Internet wiederverlautbart.

Stammfassung und Änderungen

Die Feststellung gemäß § 49 Abs. 4 ASVG zum Kollektivvertrag für die Fleischwarenindustrie vom 26. Februar 1976 in der jeweils geltenden Fassung wurde in ihrer Stammfassung am 15. Juni 1989 in der Fachzeitschrift „Soziale Sicherheit" Nr. 6/1989, Amtliche Verlautbarung Nr. 50/1989 kundgemacht.

Veränderungen im Text

Für die Wiederverlautbarung wurden keine Veränderungen im Text der Feststellung vorgenommen.

Text der Wiederverlautbarung

Die Feststellung gemäß § 49 Abs. 4 ASVG zum Kollektivvertrag für die Fleischwarenindustrie vom 26. Februar 1976 in der jeweils geltenden Fassung wird mit folgendem Text wiederverlautbart:

Feststellung gemäß § 49 Abs. 4 ASVG zum Kollektivvertrag für die Fleischwarenindustrie vom 26. Februar 1976 in der jeweils geltenden Fassung

I.

Der folgende im Kollektivvertrag für die Fleischwarenindustrie vom 26. Februar 1976 in der jeweils geltenden Fassung vorgesehene Bezug gehört nicht zum Entgelt gemäß § 49 Abs. 1 und 3 ASVG:

Schmutzzulage gemäß Z 2 des Kollektivvertrages in der Höhe von mindestens 7,5 %, höchstens jedoch 15 % des kollektivvertraglichen Wochenlohnes.

II.

Diese Feststellung gilt ab dem Beginn des Beitragszeitraumes, in den der auf die Verlautbarung in der Fachzeitschrift „Soziale Sicherheit" nächstfolgende Monatserste fällt. Sie ist gemäß § 49 Abs. 4 ASVG für alle Sozialversicherungsträger und Behörden verbindlich.

III.

Die zuletzt in Geltung gestandene Feststellung von nicht zum Entgelt gehörenden Bezügen nach

4. Feststellungen
nach § 49 Abs. 4

dem Kollektivvertrag für die Fleischwarenindustrie (Verlautbarung im „Amtsblatt zur Wiener Zeitung" vom 2. Oktober 1956, Nr. 229) tritt mit Wirksamkeit der neuen Feststellung außer Kraft.

3.
Feststellung gemäß § 49 Abs. 4 ASVG zum Kollektivvertrag der Handelsarbeiter Österreichs vom 1. Jänner 1985 in der jeweils geltenden Fassung

Wiederverlautbarung der Feststellung gemäß § 49 Abs. 4 ASVG zum Kollektivvertrag der Handelsarbeiter Österreichs vom 1. Jänner 1985 in der jeweils geltenden Fassung

Auf Grund des § 593 Abs. 3 ASVG wird mit dieser Kundmachung die Feststellung gemäß § 49 Abs. 4 ASVG zum Kollektivvertrag der Handelsarbeiter Österreichs vom 1. Jänner 1985 in der jeweils geltenden Fassung gemäß § 31 Abs. 9 ASVG im Internet wiederverlautbart.

Stammfassung und Änderungen

Die Feststellung gemäß § 49 Abs. 4 ASVG zum Kollektivvertrag der Handelsarbeiter Österreichs vom 1. Jänner 1985 in der jeweils geltenden Fassung wurde in ihrer Stammfassung am 15. September 1987 in der Fachzeitschrift „Soziale Sicherheit" Nr. 9/1987, Amtliche Verlautbarung Nr. 100/1987 kundgemacht.

Veränderungen im Text

Für die Wiederverlautbarung wurden keine Veränderungen im Text der Feststellung vorgenommen.

Text der Wiederverlautbarung

Die Feststellung gemäß § 49 Abs. 4 ASVG zum Kollektivvertrag der Handelsarbeiter Österreichs vom 1. Jänner 1985 in der jeweils geltenden Fassung wird mit folgendem Text wiederverlautbart:

Feststellung gemäß § 49 Abs. 4 ASVG zum Kollektivvertrag der Handelsarbeiter Österreichs vom 1. Jänner 1985 in der jeweils geltenden Fassung

I.

Folgende im Kollektivvertrag der Handelsarbeiter Österreichs vom 1. Jänner 1985 in der jeweils geltenden Fassung vorgesehenen Bezüge gehören nicht zum Entgelt gemäß § 49 Abs. 4 ASVG:

1. 50 % der für Arbeiter im Großhandel mit Eisen und Eisenwaren, Metallen und Metallwaren, Röhren und Fittings im Abschnitt A Z 3 lit. b der Lohnordnung in der Höhe von 10 %, in Salzburg in der Höhe von 15 % auf die kollektivvertraglichen Mindestlöhne vorgesehenen Erschwerniszulage (Anteil für Verschmutzung);
2. 50 % der für Arbeiter im Schrotthandel und Handel mit Altmetallen im Abschnitt A Z 3 lit. c der Lohnordnung in der Höhe von 10 % auf die kollektivvertraglichen Mindestsätze vorgesehenen Erschwerniszulage (Anteil für Verschmutzung);
3. (gegenstandslos: keine Feststellungskompetenz des Hauptverbandes der österreichischen Sozialversicherungsträger)
4. (gegenstandslos: keine Feststellungskompetenz des Hauptverbandes der österreichischen Sozialversicherungsträger)
5. (gegenstandslos: keine Feststellungskompetenz des Hauptverbandes der österreichischen Sozialversicherungsträger)
6. (gegenstandslos: keine Feststellungskompetenz des Hauptverbandes der österreichischen Sozialversicherungsträger)
7. (gegenstandslos: keine Feststellungskompetenz des Hauptverbandes der österreichischen Sozialversicherungsträger)
8. (gegenstandslos: keine Feststellungskompetenz des Hauptverbandes der österreichischen Sozialversicherungsträger)
9. (gegenstandslos: keine Feststellungskompetenz des Hauptverbandes der österreichischen Sozialversicherungsträger)
10. (gegenstandslos: keine Feststellungskompetenz des Hauptverbandes der österreichischen Sozialversicherungsträger)
11. (gegenstandslos: keine Feststellungskompetenz des Hauptverbandes der österreichischen Sozialversicherungsträger)
12. 50 % der für Arbeiter im Handel mit Altpapier und Alttextilien im Abschnitt A Z 3 lit. o der Lohnordnung in der Höhe von 10 % auf die kollektivvertraglichen Mindestlöhne vorgesehenen Staub(Schmutz)zulage für Arbeiten, die eine besondere Staub(Schmutz)entwicklung verursachen;
13. (gegenstandslos: keine Feststellungskompetenz des Hauptverbandes der österreichischen Sozialversicherungsträger)

II.

(1) Abschnitt I Z 1 dieser Feststellung gilt nur für Arbeiter, die in Betrieben beschäftigt sind, welche mehr als 20 Arbeitnehmer (Arbeiter und Angestellte, nicht aber Lehrlinge) beschäftigen.

(2) Abschnitt I Z 1 und 2 dieser Feststellung gilt nicht für Kraftwagenlenker, die beim Be- und Entladen des Fahrzeugs nicht mitarbeiten, sowie Wächter und Arbeitnehmer, die mit Reinigungsarbeiten beschäftigt sind.

(3) (gegenstandslos: keine Feststellungskompetenz des Hauptverbandes der österreichischen Sozialversicherungsträger)

(4) (gegenstandslos: keine Feststellungskompetenz des Hauptverbandes der österreichischen Sozialversicherungsträger)

(5) (gegenstandslos: keine Feststellungskompetenz des Hauptverbandes der österreichischen Sozialversicherungsträger)

4. Feststellungen nach § 49 Abs. 4

III.

Diese Feststellung gilt ab dem Beginn des Beitragszeitraumes, in den der auf die Verlautbarung in der Fachzeitschrift „Soziale Sicherheit" nächstfolgende Monatserste fällt. Sie ist gemäß § 49 Abs. 4 ASVG für alle Sozialversicherungsträger und Behörden verbindlich.

IV.

Die zuletzt in Geltung gestandene Feststellung von nicht zum Entgelt gehörenden Bezügen im Geltungsbereich des Kollektivvertrages der Handelsarbeiter (Verlautbarung im „Amtsblatt zur Wiener Zeitung" vom 13. Oktober 1957, Nr. 239) tritt mit Wirksamkeit der neuen Feststellung außer Kraft.

4.
Feststellung gemäß § 49 Abs. 4 ASVG zum Kollektivvertrag für die Milchindustrie vom 13. November 1987 in der jeweils geltenden Fassung

Wiederverlautbarung der Feststellung gemäß § 49 Abs. 4 ASVG zum Kollektivvertrag für die Milchindustrie vom 13. November 1987 in der jeweils geltenden Fassung

Auf Grund des § 593 Abs. 3 ASVG wird mit dieser Kundmachung die Feststellung gemäß § 49 Abs. 4 ASVG zum Kollektivvertrag für die Milchindustrie vom 13. November 1987 in der jeweils geltenden Fassung gemäß § 31 Abs. 9 ASVG im Internet wiederverlautbart.

Stammfassung und Änderungen

Die Feststellung gemäß § 49 Abs. 4 ASVG zum Kollektivvertrag für die Milchindustrie vom 13. November 1987 in der jeweils geltenden Fassung wurde in ihrer Stammfassung am 15. Juni 1989 in der Fachzeitschrift „Soziale Sicherheit" Nr. 6/1989, Amtliche Verlautbarung Nr. 48/1989 kundgemacht.

Veränderungen im Text

Für die Wiederverlautbarung wurden keine Veränderungen im Text der Feststellung vorgenommen.

Text der Wiederverlautbarung

Die Feststellung gemäß § 49 Abs. 4 ASVG zum Kollektivvertrag für die Milchindustrie vom 13. November 1987 in der jeweils geltenden Fassung wird mit folgendem Text wiederverlautbart:

Feststellung gemäß § 49 Abs. 4 ASVG zum Kollektivvertrag für die Milchindustrie vom 13. November 1987 in der jeweils geltenden Fassung

I.

Der folgende im Kollektivvertrag für die Milchindustrie vom 13. November 1987 in der jeweils geltenden Fassung vorgesehene Bezug gehört nicht zum Entgelt gemäß § 49 Abs. 1 und 3 ASVG: Zulage für händische Tankreinigung und Desinfektion in der Höhe von 5 % des Stundengrundlohnes.

II.

Diese Feststellung gilt ab dem Beginn des Beitragszeitraumes, in den der auf die Verlautbarung in der Fachzeitschrift „Soziale Sicherheit" nächstfolgende Monatserste fällt. Sie ist gemäß § 49 Abs. 4 ASVG für alle Sozialversicherungsträger und Behörden verbindlich.

III.

Die zuletzt in Geltung gestandene Feststellung von nicht zum Entgelt gehörenden Bezügen aufgrund des Kollektivvertrages für die Milchindustrie (Verlautbarung im „Amtsblatt zur Wiener Zeitung" vom 2. Dezember 1956, Nr. 281) tritt mit Wirksamkeit der neuen Feststellung außer Kraft.

5.
Feststellung gemäß § 49 Abs. 4 ASVG zum Kollektivvertrag für das Molkereigewerbe vom 1. November 1987 in der jeweils geltenden Fassung

Wiederverlautbarung der Feststellung gemäß § 49 Abs 4 ASVG zum Kollektivvertrag für das Molkereigewerbe vom 1. November 1987 in der jeweils geltenden Fassung

Auf Grund des § 593 Abs 3 ASVG wird mit dieser Kundmachung die Feststellung gemäß § 49 Abs 4 ASVG zum Kollektivvertrag für das Molkereigewerbe vom 1. November 1987 in der jeweils geltenden Fassung gemäß § 31 Abs 9 ASVG im Internet wiederverlautbart.

Stammfassung und Änderungen

Die Feststellung gemäß § 49 Abs 4 ASVG zum Kollektivvertrag für das Molkereigewerbe vom 1. November 1987 in der jeweils geltenden Fassung wurde in ihrer Stammfassung am 15. Juni 1989 in der Fachzeitschrift „Soziale Sicherheit" Nr. 6/1989, Amtliche Verlautbarung Nr. 49/1989 kundgemacht.

Veränderungen im Text

Für die Wiederverlautbarung wurden keine Veränderungen im Text der Feststellung vorgenommen.

Text der Wiederverlautbarung

Die Feststellung gemäß § 49 Abs 4 ASVG zum Kollektivvertrag für das Molkereigewerbe vom 1. November 1987 in der jeweils geltenden Fassung wird mit folgendem Text wiederverlautbart:

Feststellung gemäß § 49 Abs 4 ASVG zum Kollektivvertrag für das Molkereigewerbe vom 1. November 1987 in der jeweils geltenden Fassung

I.

Der folgende im Kollektivvertrag für das Molkereigewerbe vom 1. November 1987 in der jeweils geltenden Fassung vorgesehene Bezug gehört nicht zum Entgelt gemäß § 49 Abs 1 und 3 ASVG:

Zulage gemäß § 8 Z 1 des Kollektivvertrages für händische Tankreinigung in der Höhe von 5 % des Stundengrundlohnes.

4. Feststellungen
nach § 49 Abs. 4

II.

Diese Feststellung gilt ab dem Beginn des Beitragszeitraumes, in den der auf die Verlautbarung in der Fachzeitschrift „Soziale Sicherheit" nächstfolgende Monatserste fällt. Sie ist gemäß § 49 Abs 4 ASVG für alle Sozialversicherungsträger und Behörden verbindlich.

6.
Feststellung gemäß § 49 Abs. 4 ASVG betreffend den Anhang Mühlenindustrie zum Rahmenkollektivvertrag für die Nahrungs- und Genussmittelindustrie Österreichs vom 20. Dezember 1985 in der jeweils geltenden Fassung

Wiederverlautbarung der Feststellung gemäß § 49 Abs. 4 ASVG betreffend den Anhang Mühlenindustrie zum Rahmenkollektivvertrag für die Nahrungs- und Genussmittelindustrie Österreichs vom 20. Dezember 1985 in der jeweils geltenden Fassung

Auf Grund des § 593 Abs. 3 ASVG wird mit dieser Kundmachung die Feststellung gemäß § 49 Abs. 4 ASVG betreffend den Anhang Mühlenindustrie zum Rahmenkollektivvertrag für die Nahrungs- und Genussmittelindustrie Österreichs vom 20. Dezember 1985 in der jeweils geltenden Fassung gemäß § 31 Abs. 9 ASVG im Internet wiederverlautbart.

Stammfassung und Änderungen

Die Feststellung gemäß § 49 Abs. 4 ASVG betreffend den Anhang Mühlenindustrie zum Rahmenkollektivvertrag für die Nahrungs- und Genussmittelindustrie Österreichs vom 20. Dezember 1985 in der jeweils geltenden Fassung wurde in ihrer Stammfassung am 15. Juni 1989 in der Fachzeitschrift „Soziale Sicherheit" Nr. 6/1989, Amtliche Verlautbarung Nr. 52/1989 kundgemacht.

Veränderungen im Text

Für die Wiederverlautbarung wurden keine Veränderungen im Text der Feststellung vorgenommen.

Text der Wiederverlautbarung

Die Feststellung gemäß § 49 Abs. 4 ASVG betreffend den Anhang Mühlenindustrie zum Rahmenkollektivvertrag für die Nahrungs- und Genussmittelindustrie Österreichs vom 20. Dezember 1985 in der jeweils geltenden Fassung wird mit folgendem Text wiederverlautbart:

Feststellung gemäß § 49 Abs. 4 ASVG betreffend den Anhang Mühlenindustrie zum Rahmenkollektivvertrag für die Nahrungs- und Genussmittelindustrie Österreichs vom 20. Dezember 1985 in der jeweils geltenden Fassung

I.

Der folgende im Anhang Mühlenindustrie zum Rahmenkollektivvertrag für die Nahrungs- und Genussmittelindustrie Österreichs vom 20. Dezember 1985 in der jeweils geltenden Fassung vorgesehene Bezug gehört nicht zum Entgelt gemäß § 49 Abs. 1 und 3 ASVG:

50 % der vorgesehenen Zulage für Bachräumungsarbeiten in der Bachsohle für jede während der Bachabkehr geleistete Arbeitsstunde.

II.

Diese Feststellung gilt ab dem Beginn des Beitragszeitraumes, in den der auf die Verlautbarung in der Fachzeitschrift „Soziale Sicherheit" nächstfolgende Monatserste fällt. Sie ist gemäß § 49 Abs. 4 ASVG für alle Sozialversicherungsträger und Behörden verbindlich.

7.
Feststellung gemäß § 49 Abs. 4 ASVG zur Lohntafel für die Mühlenindustrie vom 14. Juli 1988 in der jeweils geltenden Fassung

Wiederverlautbarung der Feststellung gemäß § 49 Abs. 4 ASVG zur Lohntafel für die Mühlenindustrie vom 14. Juli 1988 in der jeweils geltenden Fassung

Auf Grund des § 593 Abs. 3 ASVG wird mit dieser Kundmachung die Feststellung gemäß § 49 Abs. 4 ASVG zur Lohntafel für die Mühlenindustrie vom 14. Juli 1988 in der jeweils geltenden Fassung gemäß § 31 Abs. 9 ASVG im Internet wiederverlautbart.

Stammfassung und Änderungen

Die Feststellung gemäß § 49 Abs. 4 ASVG zur Lohntafel für die Mühlenindustrie vom 14. Juli 1988 in der jeweils geltenden Fassung wurde in ihrer Stammfassung am 15. Juni 1989 in der Fachzeitschrift „Soziale Sicherheit" Nr. 6/1989, Amtliche Verlautbarung Nr. 53/1989 kundgemacht.

Veränderungen im Text

Für die Wiederverlautbarung wurden keine Veränderungen im Text der Feststellung vorgenommen.

Text der Wiederverlautbarung

Die Feststellung gemäß § 49 Abs. 4 ASVG zur Lohntafel für die Mühlenindustrie vom 14. Juli 1988 in der jeweils geltenden Fassung wird mit folgendem Text wiederverlautbart:

Feststellung gemäß § 49 Abs. 4 ASVG zur Lohntafel für die Mühlenindustrie vom 14. Juli 1988 in der jeweils geltenden Fassung

I.

Die folgenden in der Lohntafel für die Mühlenindustrie vom 14. Juli 1988 in der jeweils geltenden Fassung vorgesehenen Bezüge gehören nicht zum Entgelt gemäß § 49 Abs. 1 und 3 ASVG:

1. 50 % der Schmutzzulage gemäß Abschnitt V lit. C der Lohntafel für Arbeiten in Silokammern jeweils für den gesamten Arbeitsgang;
2. 50 % der im Abschnitt V lit. D der Lohntafel für die Generalreinigung der Mühle in der Höhe von 25 % des auf die Zeit der General-

4. Feststellungen nach § 49 Abs. 4

reinigung, jedoch mindestens auf eine Woche entfallenden Monatslohnes vorgesehenen Schmutzzulage;
3. 50 % der im Abschnitt V lit. D der Lohntafel für eine Teilreinigung der Mühle in der Höhe von 25 % des auf eine Woche entfallenden Monatslohnes vorgesehenen Schmutzzulage.

II.

Diese Feststellung gilt ab dem Beginn des Beitragszeitraumes, in den der auf die Verlautbarung in der Fachzeitschrift „Soziale Sicherheit" nächstfolgende Monatserste fällt. Sie ist gemäß § 49 Abs. 4 ASVG für alle Sozialversicherungsträger und Behörden verbindlich.

III.

Die zuletzt in Geltung gestandene Feststellung von nicht zum Entgelt gehörenden Bezügen aufgrund der kollektivvertraglichen Regelung für die Mühlenindustrie (Amtliche Verlautbarung Nr. 63/1973 in der „Sozialen Sicherheit" Nr. 7/8/1973) tritt mit Wirksamkeit der neuen Feststellung außer Kraft.

8.
Feststellung gemäß § 49 Abs. 4 ASVG zur Lohnvereinbarung für die Müller vom 1. August 1988 in der jeweils geltenden Fassung

Wiederverlautbarung der Feststellung gemäß § 49 Abs. 4 ASVG zur Lohnvereinbarung für die Müller vom 1. August 1988 in der jeweils geltenden Fassung

Auf Grund des § 593 Abs. 3 ASVG wird mit dieser Kundmachung die Feststellung gemäß § 49 Abs. 4 ASVG zur Lohnvereinbarung für die Müller vom 1. August 1988 in der jeweils geltenden Fassung gemäß § 31 Abs. 9 ASVG im Internet wiederverlautbart.

Stammfassung und Änderungen

Die Feststellung gemäß § 49 Abs. 4 ASVG zur Lohnvereinbarung für die Müller vom 1. August 1988 in der jeweils geltenden Fassung wurde in ihrer Stammfassung am 15. Juni 1989 in der Fachzeitschrift „Soziale Sicherheit" Nr. 6/1989, Amtliche Verlautbarung Nr. 54/1989 kundgemacht.

Veränderungen im Text

Für die Wiederverlautbarung wurden keine Veränderungen im Text der Feststellung vorgenommen.

Text der Wiederverlautbarung

Die Feststellung gemäß § 49 Abs. 4 ASVG zur Lohnvereinbarung für die Müller vom 1. August 1988 in der jeweils geltenden Fassung wird mit folgendem Text wiederverlautbart:

Feststellung gemäß § 49 Abs. 4 ASVG zur Lohnvereinbarung für die Müller vom 1. August 1988 in der jeweils geltenden Fassung

I.
Die folgenden in der Lohnvereinbarung für die Müller am 1. August 1988 in der jeweils geltenden Fassung vorgesehenen Bezüge gehören nicht zum Entgelt gemäß § 49 Abs. 1 und 3 ASVG:
1. 50 % der Schmutzzulage gemäß Abschnitt VII lit. a der Lohnvereinbarung für Arbeiten im Inneren von Getreidesilos;
2. 50 % der im Abschnitt VII lit. b der Lohnvereinbarung für die Generalreinigung der Mühle in der Höhe von 25 % des auf die Zeit der Generalreinigung entfallenden Monatslohnes vorgesehenen Schmutzzulage;
3. 50 % der im Abschnitt VII lit. b der Lohnvereinbarung für eine Teilreinigung der Mühle in der Höhe von 25 % des auf eine Woche entfallenden Monatslohnes vorgesehenen Schmutzzulage.

II.

Diese Feststellung gilt ab dem Beginn des Beitragszeitraumes, in den der auf die Verlautbarung in der Fachzeitschrift „Soziale Sicherheit" nächstfolgende Monatserste fällt. Sie ist gemäß § 49 Abs. 4 ASVG für alle Sozialversicherungsträger und Behörden verbindlich.

III.

Die zuletzt in Geltung gestandene Feststellung von nicht zum Entgelt gehörenden Bezügen aufgrund der kollektivvertraglichen Regelung für die Müller (Verlautbarung in „Amtsblatt zur Wiener Zeitung" vom 7. Juni 1967, Nr. 129) tritt mit Wirksamkeit der neuen Feststellung außer Kraft.

9.
Feststellung gemäß § 49 Abs. 4 ASVG zum Kollektivvertrag des Österreichischen Raiffeisenverbandes vom 1. Dezember 1979 in der jeweils geltenden Fassung

Wiederverlautbarung der Feststellung gemäß § 49 Abs. 4 ASVG zum Kollektivvertrag des Österreichischen Raiffeisenverbandes vom 1. Dezember 1979 in der jeweils geltenden Fassung

Auf Grund des § 593 Abs. 3 ASVG wird mit dieser Kundmachung die Feststellung gemäß § 49 Abs. 4 ASVG zum Kollektivvertrag des Österreichischen Raiffeisenverbandes vom 1. Dezember 1979 in der jeweils geltenden Fassung gemäß § 31 Abs. 9 ASVG im Internet wiederverlautbart.

Stammfassung und Änderungen

Die Feststellung gemäß § 49 Abs. 4 ASVG zum Kollektivvertrag des Österreichischen Raiffeisenverbandes vom 1. Dezember 1979 in der jeweils geltenden Fassung wurde in ihrer Stammfassung am 15. Juni 1989 in der Fachzeitschrift „Soziale

4. Feststellungen
nach § 49 Abs. 4

Sicherheit" Nr. 6/1989, Amtliche Verlautbarung Nr. 47/1989 kundgemacht.

Veränderungen im Text

Für die Wiederverlautbarung wurden keine Veränderungen im Text der Feststellung vorgenommen.

Text der Wiederverlautbarung

Die Feststellung gemäß § 49 Abs. 4 ASVG zum Kollektivvertrag des Österreichischen Raiffeisenverbandes vom 1. Dezember 1979 in der jeweils geltenden Fassung wird mit folgendem Text wiederverlautbart:

Feststellung gemäß § 49 Abs. 4 ASVG zum Kollektivvertrag des Österreichischen Raiffeisenverbandes vom 1. Dezember 1979 in der jeweils geltenden Fassung

I.

Der folgende im Kollektivvertrag des Österreichischen Raiffeisenverbandes vom 1. Dezember 1979 in der jeweils geltenden Fassung vorgesehene Bezug gehört nicht zum Entgelt gemäß § 49 Abs. 1 und 3 ASVG:

Zulage gemäß § 8 Z 4 des Kollektivvertrages für händische Tankreinigung in der Höhe von 5 % des Stundengrundlohnes.

II.

Diese Feststellung gilt ab dem Beginn des Beitragszeitraumes, in den auf die Verlautbarung in der Fachzeitschrift „Soziale Sicherheit" nächstfolgende Monatserste fällt. Sie ist gemäß § 49 Abs. 4 ASVG für alle Sozialversicherungsträger und Behörden verbindlich.

10.
Feststellung gemäß § 49 Abs. 4 ASVG zum Kollektivvertrag der Dachdecker für Wien vom 4. August 1954 in der jeweils geltenden Fassung

Wiederverlautbarung der Feststellung gemäß § 49 Abs. 4 ASVG zum Kollektivvertrag der Dachdecker für Wien vom 4. August 1954 in der jeweils geltenden Fassung

Auf Grund des § 593 Abs. 3 ASVG wird mit dieser Kundmachung die Feststellung gemäß § 49 Abs. 4 ASVG zum Kollektivvertrag der Dachdecker für Wien vom 4. August 1954 in der jeweils geltenden Fassung gemäß § 31 Abs. 9 ASVG im Internet wiederverlautbart.

Stammfassung und Änderungen

Die Feststellung gemäß § 49 Abs. 4 ASVG zum Kollektivvertrag der Dachdecker für Wien vom 4. August 1954 in der jeweils geltenden Fassung wurde in ihrer Stammfassung am 1. August 1986 in der Fachzeitschrift „Soziale Sicherheit" Nr. 7/8/1986, Amtliche Verlautbarung Nr. 69/1986 kundgemacht.

Veränderungen im Text

Für die Wiederverlautbarung wurden keine Veränderungen im Text der Feststellung vorgenommen.

Text der Wiederverlautbarung

Die Feststellung gemäß § 49 Abs. 4 ASVG zum Kollektivvertrag der Dachdecker für Wien vom 4. August 1954 in der jeweils geltenden Fassung wird mit folgendem Text wiederverlautbart:

Feststellung gemäß § 49 Abs. 4 ASVG zum Kollektivvertrag der Dachdecker für Wien vom 4. August 1954 in der jeweils geltenden Fassung

I.

Die nachstehende, im Kollektivvertrag der Dachdecker für Wien vom 4. August 1954 in der jeweils geltenden Fassung vorgesehenen Bezüge gehören nicht zum Entgelt gemäß § 49 Abs. 1 und 3 ASVG:

a) 50 % der im § 2 Z 1 des Kollektivvertrages in der Höhe von 10 % auf den jeweiligen Stundenlohn pro Stunde vorgesehenen Zulage;

b) Werkzeugentschädigung gemäß § 2 Z 2 des Kollektivvertrages in der Höhe von 2,5 % des jeweiligen Stundenlohnes pro Stunde.

II.

Die vorstehende Feststellung wird mit dem Beginn des Beitragszeitraumes wirksam, in den der auf die Verlautbarung in der Fachzeitschrift „Soziale Sicherheit" nächstfolgende Monatserste fällt. Sie ist gemäß § 49 Abs. 4 ASVG für alle Sozialversicherungsträger und Behörden verbindlich.

III.

Die zuletzt in Geltung gestandene Feststellung von nicht zum Entgelt gemäß § 49 Abs. 1 und 3 ASVG gehörenden Bezügen nach dem Kollektivvertrag der Dachdecker für Wien (Verlautbarung im „Amtsblatt zur Wiener Zeitung" Nr. 229 vom 2. Oktober 1956) tritt mit Wirksamkeit der neuen Feststellung außer Kraft.

11.
Feststellung gemäß § 49 Abs. 4 ASVG zum Bundeskollektivvertrag das Dachdeckergewerbe vom 18. Juli 1949, Lohnordnung der Dachdecker für Oberösterreich in der jeweils geltenden Fassung

Wiederverlautbarung der Feststellung gemäß § 49 Abs. 4 ASVG zum Bundeskollektivvertrag das Dachdeckergewerbe vom 18. Juli 1949, Lohnordnung der Dachdecker für Oberösterreich, in der jeweils geltenden Fassung

Auf Grund des § 593 Abs. 3 ASVG wird mit dieser Kundmachung die Feststellung gemäß § 49 Abs. 4 ASVG zum Bundeskollektivvertrag das Dachdeckergewerbe vom 18. Juli 1949, Lohnordnung der Dachdecker für Oberösterreich, in der jeweils geltenden Fassung gemäß § 31 Abs. 9 ASVG im Internet wiederverlautbart.

4. Feststellungen
nach § 49 Abs. 4

Stammfassung und Änderungen

Die Feststellung gemäß § 49 Abs. 4 ASVG zum Bundeskollektivvertrag das Dachdeckergewerbe vom 18. Juli 1949, Lohnordnung der Dachdecker für Oberösterreich, in der jeweils geltenden Fassung wurde in ihrer Stammfassung am 1. August 1986 in der Fachzeitschrift „Soziale Sicherheit" Nr. 7/8/1986, Amtliche Verlautbarung Nr. 70/1986 kundgemacht.

Veränderungen im Text

Für die Wiederverlautbarung wurden keine Veränderungen im Text der Feststellung vorgenommen.

Text der Wiederverlautbarung

Die Feststellung gemäß § 49 Abs. 4 ASVG zum Bundeskollektivvertrag das Dachdeckergewerbe vom 18. Juli 1949, Lohnordnung der Dachdecker für Oberösterreich, in der jeweils geltenden Fassung wird mit folgendem Text wiederverlautbart:

Feststellung gemäß § 49 Abs. 4 ASVG zum Bundeskollektivvertrag das Dachdeckergewerbe vom 18. Juli 1949, Lohnordnung der Dachdecker für Oberösterreich, in der jeweils geltenden Fassung

I.

Die nachstehende, im Bundeskollektivvertrag das Dachdeckergewerbe vom 18. Juli 1949, Lohnordnung der Dachdecker für Oberösterreich, in der jeweils geltenden Fassung vorgesehenen Bezüge gehören nicht zum Entgelt gemäß § 49 Abs. 1 und 3 ASVG:

a) 50 % der im Abschnitt I der Lohnordnung in der Höhe von 10 % des jeweiligen Lohnes (Stunden- bzw. Akkordlohnes) pro Stunde vorgesehenen Zulage für Schwarzarbeiten (Teer, Holzzement, Bitumen und gekochten Massen);

b) Werkzeugentschädigung gemäß Abschnitt I der Lohnordnung in der Höhe von 2,5 % des Facharbeiterstundenlohnes pro Stunde.

II.

Die vorstehende Feststellung wird mit dem Beginn des Beitragszeitraumes wirksam, in der der auf die Verlautbarung in der Fachzeitschrift „Soziale Sicherheit" nächstfolgende Monatserste fällt. Sie ist gemäß § 49 Abs. 4 ASVG für alle Sozialversicherungsträger und Behörden verbindlich.

III.

Die zuletzt in Geltung gestandene Feststellung von nicht zum Entgelt gemäß § 49 Abs. 1 und 3 ASVG gehörenden Bezügen nach der Lohnordnung der Dachdecker in Oberösterreich (Verlautbarung im „Amtsblatt zur Wiener Zeitung" Nr. 281 vom 2. Dezember 1956) tritt mit Wirksamkeit der neuen Feststellung außer Kraft.

12.
Feststellung gemäß § 49 Abs. 4 ASVG zur Zusatzvereinbarung für Dachdecker in Kärnten vom 10. März 1950 zum Bundeskollektivvertrag für das Dachdeckergewerbe vom 18. Juli 1949 in der jeweils geltenden Fassung

Wiederverlautbarung der Feststellung gemäß § 49 Abs. 4 ASVG zur Zusatzvereinbarung für Dachdecker in Kärnten vom 10. März 1950 zum Dachdeckergewerbe vom 18. Juli 1949 in der jeweils geltenden Fassung

Auf Grund des § 593 Abs. 3 ASVG wird mit dieser Kundmachung die Feststellung gemäß § 49 Abs. 4 ASVG zur Zusatzvereinbarung für Dachdecker in Kärnten vom 10. März 1950 zum Bundeskollektivvertrag für das Dachdeckergewerbe vom 18. Juli 1949 in der jeweils geltenden Fassung gemäß § 31 Abs. 9 ASVG im Internet wiederverlautbart.

Stammfassung und Änderungen

Die Feststellung gemäß § 49 Abs. 4 ASVG zur Zusatzvereinbarung für Dachdecker in Kärnten vom 10. März 1950 zum Bundeskollektivvertrag für das Dachdeckergewerbe vom 18. Juli 1949 in der jeweils geltenden Fassung wurde in ihrer Stammfassung am 1. August 1986 in der Fachzeitschrift „Soziale Sicherheit" Nr. 7/8/1986, Amtliche Verlautbarung Nr. 71/1986 kundgemacht.

Veränderungen im Text

Für die Wiederverlautbarung wurden keine Veränderungen im Text der Feststellung vorgenommen.

Text der Wiederverlautbarung

Die Feststellung gemäß § 49 Abs. 4 ASVG zur Zusatzvereinbarung für Dachdecker in Kärnten vom 10. März 1950 zum Bundeskollektivvertrag für das Dachdeckergewerbe vom 18. Juli 1949 in der jeweils geltenden Fassung wird mit folgendem Text wiederverlautbart:

Feststellung gemäß § 49 Abs. 4 ASVG zur Zusatzvereinbarung für Dachdecker in Kärnten vom 10. März 1950 zum Bundeskollektivvertrag für das Dachdeckergewerbe vom 18. Juli 1949 in der jeweils geltenden Fassung

I.

Die nachstehende, in der Zusatzvereinbarung für Dachdecker in Kärnten vom 10. März 1950 zum Bundeskollektivvertrag für das Dachdeckergewerbe vom 18. Juli 1949 in der jeweils geltenden Fassung vorgesehenen Bezüge gehören nicht zum Entgelt gemäß § 49 Abs. 1 und 3 ASVG:

50 % der im Abschnitt I lit. b der Zusatzvereinbarung in der Höhe von 10 % des Facharbeiterstundenlohnes im dritten Gehilfenjahr pro Stunde vorgesehenen Zulage für Schwarzarbeiten (Teer, Holzzement, Bitumen und gekochten Massen);

4. Feststellungen
nach § 49 Abs. 4

II.

Die vorstehende Feststellung wird mit dem Beginn des Beitragszeitraumes wirksam, in den der auf die Verlautbarung in der Fachzeitschrift „Soziale Sicherheit" nächstfolgende Monatserste fällt. Sie ist gemäß § 49 Abs. 4 ASVG für alle Sozialversicherungsträger und Behörden verbindlich.

III.

Die zuletzt in Geltung gestandene Feststellung von nicht zum Entgelt gemäß § 49 Abs. 1 und 3 ASVG gehörenden Bezügen nach der Zusatzvereinbarung für Dachdecker in Kärnten (Verlautbarung im „Amtsblatt zur Wiener Zeitung" Nr. 97 vom 25. April 1957) tritt mit Wirksamkeit der neuen Feststellung außer Kraft.

13.
Feststellung gemäß § 49 Abs. 4 ASVG zum Bundeskollektivvertrag für das Dachdeckergewerbe vom 18. Juli 1949, Lohnvereinbarung der Dachdecker und Pflasterer für Tirol vom 11. Juli 1955, in der jeweils geltenden Fassung

Wiederverlautbarung der Feststellung gemäß § 49 Abs. 4 ASVG zum Bundeskollektivvertrag für das Dachdeckergewerbe vom 18. Juli 1949, Lohnvereinbarung der Dachdecker und Pflasterer für Tirol vom 11. Juli 1955, in der jeweils geltenden Fassung

Auf Grund des § 593 Abs. 3 ASVG wird mit dieser Kundmachung die Feststellung gemäß § 49 Abs. 4 ASVG zum Bundeskollektivvertrag für das Dachdeckergewerbe vom 18. Juli 1949, Lohnvereinbarung der Dachdecker und Pflasterer für Tirol vom 11. Juli 1955, in der jeweils geltenden Fassung gemäß § 31 Abs. 9 ASVG im Internet wiederverlautbart.

Stammfassung und Änderungen

Die Feststellung gemäß § 49 Abs. 4 ASVG zum Bundeskollektivvertrag für das Dachdeckergewerbe vom 18. Juli 1949, Lohnvereinbarung der Dachdecker und Pflasterer für Tirol vom 11. Juli 1955, in der jeweils geltenden Fassung wurde in ihrer Stammfassung am 1. August 1986 in der Fachzeitschrift „Soziale Sicherheit" Nr. 7/8/1986, Amtliche Verlautbarung Nr. 72/1986 kundgemacht.

Veränderungen im Text

Für die Wiederverlautbarung wurden keine Veränderungen im Text der Feststellung vorgenommen.

Text der Wiederverlautbarung

Die Feststellung gemäß § 49 Abs. 4 ASVG zum Bundeskollektivvertrag für das Dachdeckergewerbe vom 18. Juli 1949, Lohnvereinbarung der Dachdecker und Pflasterer für Tirol vom 11. Juli 1955 in der jeweils geltenden Fassung wird mit folgendem Text wiederverlautbart:

Feststellung gemäß § 49 Abs. 4 ASVG zum Bundeskollektivvertrag für das Dachdeckergewerbe vom 18. Juli 1949, Lohnvereinbarung der Dachdecker und Pflasterer für Tirol vom 11. Juli 1955, in der jeweils geltenden Fassung

I.

Die nachstehende, im Bundeskollektivvertrag für das Dachdeckergewerbe vom 18. Juli 1949, Lohnvereinbarung der Dachdecker und Pflasterer für Tirol vom 11. Juli 1955, in der jeweils geltenden Fassung vorgesehenen Bezüge gehören nicht zum Entgelt gemäß § 49 Abs. 1 und 3 ASVG:

a) 50 % der im Abschnitt III Z 1 der Lohnvereinbarung in der Höhe von 5 % des jeweiligen kollektivvertraglichen Stundenlohnes pro Stunde vorgesehenen Teerzulage;

b) Zulage für Umdeckerarbeiten gemäß Abschnitt III Z 3 der Lohnvereinbarung in der Höhe von 10 % des jeweiligen kollektivvertraglichen Stundenlohnes pro Stunde;

c) Verpflegszulage gemäß Abschnitt III Z 4 der Lohnvereinbarung in der Höhe von S 63,90 pro Tag.

II.

Die vorstehende Feststellung wird mit dem Beginn des Beitragszeitraumes wirksam, in den der auf die Verlautbarung in der Fachzeitschrift „Soziale Sicherheit" nächstfolgende Monatserste fällt. Sie ist gemäß § 49 Abs. 4 ASVG für alle Sozialversicherungsträger und Behörden verbindlich.

III.

Die zuletzt in Geltung gestandene Feststellung von nicht zum Entgelt gemäß § 49 Abs. 1 und 3 ASVG gehörenden Bezügen nach der Lohnvereinbarung der Dachdecker und Pflasterer für Tirol (Verlautbarung im „Amtsblatt zur Wiener Zeitung" Nr. 281 vom 2. Dezember 1956) tritt mit Wirksamkeit der neuen Feststellung außer Kraft.

14.
Feststellung gemäß § 49 Abs. 4 ASVG zum Kollektivvertrag für Bauhilfsgewerbe vom 10. Mai 1954 in der jeweils geltenden Fassung

Wiederverlautbarung der Feststellung gemäß § 49 Abs 4 ASVG zum Kollektivvertrag für Bauhilfsgewerbe vom 10. Mai 1954 in der jeweils geltenden Fassung

Auf Grund des § 593 Abs 3 ASVG wird mit dieser Kundmachung die Feststellung gemäß § 49 Abs 4 ASVG zum Kollektivvertrag für Bauhilfsgewerbe vom 10. Mai 1954 in der jeweils geltenden Fassung gemäß § 31 Abs 9 ASVG im Internet wiederverlautbart.

Stammfassung und Änderungen

Die Feststellung gemäß § 49 Abs 4 ASVG zum Kollektivvertrag für Bauhilfsgewerbe vom 10. Mai 1954 in der jeweils geltenden Fassung wurde in ihrer Stammfassung am 16. Februar 1987 in der stellung vorgenommen.

Fachzeitschrift „Soziale Sicherheit" Nr. 2/1987, Amtliche Verlautbarung Nr. 28/1987 kundgemacht.

Veränderungen im Text
Für die Wiederverlautbarung wurden keine Veränderungen im Text der Feststellung vorgenommen.

Text der Wiederverlautbarung
Die Feststellung gemäß § 49 Abs 4 ASVG zum Kollektivvertrag für Bauhilfsgewerbe vom 10. Mai 1954 in der jeweils geltenden Fassung wird mit folgendem Text wiederverlautbart:

Feststellung gemäß § 49 Abs 4 ASVG zum Kollektivvertrag für Bauhilfsgewerbe vom 10. Mai 1954 in der jeweils geltenden Fassung

I.
Folgende im Kollektivvertrag für Bauhilfsgewerbe vom 10. Mai 1954 in der jeweils geltenden Fassung vorgesehenen Bezüge gehören nicht zum Entgelt gemäß § 49 Abs. 1 und 3 ASVG:
1. (gegenstandslos: keine Feststellungskompetenz des Hauptverbandes der österreichischen Sozialversicherungsträger)
2. Auslöse gemäß § 8 Z 4 des Kollektivvertrages in der Höhe von 40 % vom Facharbeiterlohn der 1. Kategorie x 41 : 7 je Kalendertag;
3. (gegenstandslos: keine Feststellungskompetenz des Hauptverbandes der österreichischen Sozialversicherungsträger)
4. Teuerungszulage gemäß § 8 Z 6 des Kollektivvertrages in der Höhe von 20 % der Auslöse gemäß § 8 Z 4 je Kalendertag.

II.
Diese Feststellung gilt ab dem Beginn des Beitragszeitraumes, in den der auf die Verlautbarung in der Fachzeitschrift „Soziale Sicherheit" nächstfolgende Monatserste fällt. Sie ist gemäß § 49 Abs. 4 ASVG für alle Sozialversicherungsträger und Behörden verbindlich.

III.
Die zuletzt in Geltung gestandene Feststellung von nicht zum Entgelt gehörenden Bezügen nach dem Kollektivvertrag für Bauhilfsgewerbe (Verlautbarung im „Amtsblatt zur Wiener Zeitung" vom 6. Februar 1958, Nr. 30) tritt mit Wirksamkeit der neuen Feststellung außer Kraft.

4. Feststellungen nach § 49 Abs. 4

15.
Feststellung gemäß § 49 Abs. 4 ASVG zum Zusatzübereinkommen vom 1. Mai 1960 für Isolierer gegen Feuchtigkeit und Schwarzdecker in Oberösterreich zum Kollektivvertrag für Bauhilfsgewerbe vom 10. Mai 1954 in der jeweils geltenden Fassung

Wiederverlautbarung der Feststellung gemäß § 49 Abs. 4 ASVG zum Zusatzübereinkommen vom 1. Mai 1960 für Isolierer gegen Feuchtigkeit und Schwarzdecker in Oberösterreich zum Kollektivvertrag für Bauhilfsgewerbe vom 10. Mai 1954 in der jeweils geltenden Fassung

Auf Grund des § 593 Abs. 3 ASVG wird mit dieser Kundmachung die Feststellung gemäß § 49 Abs. 4 ASVG zum Zusatzübereinkommen vom 1. Mai 1960 für Isolierer gegen Feuchtigkeit und Schwarzdecker in Oberösterreich zum Kollektivvertrag für Bauhilfsgewerbe vom 10. Mai 1954 in der jeweils geltenden Fassung gemäß § 31 Abs. 9 ASVG im Internet wiederverlautbart.

Stammfassung und Änderungen
Die Feststellung gemäß § 49 Abs. 4 ASVG zum Zusatzübereinkommen vom 1. Mai 1960 für Isolierer gegen Feuchtigkeit und Schwarzdecker in Oberösterreich zum Kollektivvertrag für Bauhilfsgewerbe vom 10. Mai 1954 in der jeweils geltenden Fassung wurde in ihrer Stammfassung am 16. Februar 1987 in der Fachzeitschrift „Soziale Sicherheit" Nr. 2/1987, Amtliche Verlautbarung Nr. 29/1987 kundgemacht.

Veränderungen im Text
Für die Wiederverlautbarung wurden keine Veränderungen im Text der Feststellung vorgenommen.

Text der Wiederverlautbarung
Die Feststellung gemäß § 49 Abs. 4 ASVG zum Zusatzübereinkommen vom 1. Mai 1960 für Isolierer gegen Feuchtigkeit und Schwarzdecker in Oberösterreich zum Kollektivvertrag für Bauhilfsgewerbe vom 10. Mai 1954 in der jeweils geltenden Fassung wird mit folgendem Text wiederverlautbart:

Feststellung gemäß § 49 Abs. 4 ASVG zum Zusatzübereinkommen vom 1. Mai 1960 für Isolierer gegen Feuchtigkeit und Schwarzdecker in Oberösterreich zum Kollektivvertrag für Bauhilfsgewerbe vom 10. Mai 1954 in der jeweils geltenden Fassung

I.
Folgende im Zusatzübereinkommen vom 1. Mai 1960 für Isolierer gegen Feuchtigkeit und Schwarzdecker in Oberösterreich zum Kollektivvertrag für Bauhilfsgewerbe vom 10. Mai 1954 in der jeweils geltenden Fassung vorgesehenen Bezüge gehören nicht zum Entgelt gemäß § 49 Abs. 1 und 3 ASVG:
1. Zulage gemäß § 3 lit. c des Zusatzübereinkommens in der Höhe von S 0,25 je Stunde;.

Fest 49

4. Feststellungen
nach § 49 Abs. 4

2. 50 % der im § 3 lit. d des Zusatzübereinkommens in der Höhe von 10 % des Stundenlohnes vorgesehenen Zulage.

II.

Diese Feststellung gilt ab dem Beginn des Beitragszeitraumes, in den der auf die Verlautbarung in der Fachzeitschrift „Soziale Sicherheit" nächstfolgende Monatserste fällt. Sie ist gemäß § 49 Abs. 4 ASVG für alle Sozialversicherungsträger und Behörden verbindlich.

III.

Die zuletzt in Geltung gestandene Feststellung von nicht zum Entgelt gehörenden Bezügen nach dem Zusatzübereinkommen für Isolierer gegen Feuchtigkeit und Schwarzdecker in Oberösterreich (Verlautbarung im „Amtsblatt zur Wiener Zeitung" vom 6. Februar 1958, Nr. 30) tritt mit Wirksamkeit der neuen Feststellung außer Kraft.

16.
Feststellung gemäß § 49 Abs. 4 ASVG zum Zusatzübereinkommen vom 30. Mai 1949 für Isolierer (Kälte-, Wärme- und Schallschutz) in Oberösterreich und Salzburg zum Kollektivvertrag für Bauhilfsgewerbe vom 27. November 1948 in der jeweils geltenden Fassung

Wiederverlautbarung der Feststellung gemäß § 49 Abs. 4 ASVG zum Zusatzübereinkommen vom 30. Mai 1949 für Isolierer (Kälte-, Wärme- und Schallschutz) in Oberösterreich und Salzburg zum Kollektivvertrag für Bauhilfsgewerbe vom 27. November 1948 in der jeweils geltenden Fassung

Auf Grund des § 593 Abs. 3 ASVG wird mit dieser Kundmachung die Feststellung gemäß § 49 Abs. 4 ASVG zum Zusatzübereinkommen vom 30. Mai 1949 für Isolierer (Kälte-, Wärme- und Schallschutz) in Oberösterreich und Salzburg zum Kollektivvertrag für Bauhilfsgewerbe vom 27. November 1948 in der jeweils geltenden Fassung gemäß § 31 Abs. 9 ASVG im Internet wiederverlautbart.

Stammfassung und Änderungen

Die Feststellung gemäß § 49 Abs. 4 ASVG zum Zusatzübereinkommen vom 30. Mai 1949 für Isolierer (Kälte-, Wärme- und Schallschutz) in Oberösterreich und Salzburg zum Kollektivvertrag für Bauhilfsgewerbe vom 27. November 1948 in der jeweils geltenden Fassung wurde in ihrer Stammfassung am 16. Februar 1987 in der Fachzeitschrift „Soziale Sicherheit" Nr. 2/1987, Amtliche Verlautbarung Nr. 31/1987 kundgemacht.

Veränderungen im Text

Für die Wiederverlautbarung wurden keine Veränderungen im Text der Feststellung vorgenommen.

Text der Wiederverlautbarung

Die Feststellung gemäß § 49 Abs. 4 ASVG zum Zusatzübereinkommen vom 30. Mai 1949 für Isolierer (Kälte-, Wärme- und Schallschutz) in Oberösterreich und Salzburg zum Kollektivvertrag für Bauhilfsgewerbe vom 27. November 1948 in der jeweils geltenden Fassung wird mit folgendem Text wiederverlautbart:

Feststellung gemäß § 49 Abs. 4 ASVG zum Zusatzübereinkommen vom 30. Mai 1949 für Isolierer (Kälte-, Wärme- und Schallschutz) in Oberösterreich und Salzburg zum Kollektivvertrag für Bauhilfsgewerbe vom 27. November 1948 in der jeweils geltenden Fassung

I.

Folgende im Zusatzübereinkommen vom 30. Mai 1949 für Isolierer (Kälte-, Wärme- und Schallschutz) in Oberösterreich und Salzburg zum Kollektivvertrag für Bauhilfsgewerbe vom 27. November 1948 in der jeweils geltenden Fassung vorgesehenen Bezüge gehören nicht zum Entgelt gemäß § 49 Abs. 1 und 3 ASVG:

1. 50 % der im Abschnitt II Z 2 des Zusatzübereinkommens in der Höhe von 10 % des Stundenlohnes vorgesehenen Zulage;
2. 50 % der im Abschnitt II Z 3 des Zusatzübereinkommens in der Höhe von 10 % des Stundenlohnes vorgesehenen Zulage;
3. 50 % der im Abschnitt II Z 5 des Zusatzübereinkommens in der Höhe von 5 % des Stundenlohnes vorgesehenen Zulage;
4. 50 % der im Abschnitt II Z 6 des Zusatzübereinkommens in der Höhe von 10 % des Stundenlohnes vorgesehenen Zulage.

II.

Diese Feststellung gilt ab dem Beginn des Beitragszeitraumes, in den der auf die Verlautbarung in der Fachzeitschrift „Soziale Sicherheit" nächstfolgende Monatserste fällt. Sie ist gemäß § 49 Abs. 4 ASVG für alle Sozialversicherungsträger und Behörden verbindlich.

III.

Die zuletzt in Geltung gestandene Feststellung von nicht zum Entgelt gehörenden Bezügen nach dem Zusatzübereinkommen für Isolierer (Kälte-, Wärme- und Schallschutz) in Oberösterreich (Verlautbarung im „Amtsblatt zur Wiener Zeitung" vom 6. Februar 1958, Nr. 30) tritt mit Wirksamkeit der neuen Feststellung außer Kraft.

4. Feststellungen
nach § 49 Abs. 4

17.
Feststellung gemäß § 49 Abs. 4 ASVG zum Zusatzübereinkommen vom 13. Mai 1954 für Holzstöckelpflasterer in Wien zum Kollektivvertrag für Bauhilfsgewerbe vom 10. Mai 1954 in der jeweils geltenden Fassung

Wiederverlautbarung der Feststellung gemäß § 49 Abs. 4 ASVG zum Zusatzübereinkommen vom 13. Mai 1954 für Holzstöckelpflasterer in Wien zum Kollektivvertrag für Bauhilfsgewerbe vom 10. Mai 1954 in der jeweils geltenden Fassung

Auf Grund des § 593 Abs. 3 ASVG wird mit dieser Kundmachung die Feststellung gemäß § 49 Abs. 4 ASVG zum Zusatzübereinkommen vom 13. Mai 1954 für Holzstöckelpflasterer in Wien zum Kollektivvertrag für Bauhilfsgewerbe vom 10. Mai 1954 in der jeweils geltenden Fassung gemäß § 31 Abs. 9 ASVG im Internet wiederverlautbart.

Stammfassung und Änderungen

Die Feststellung gemäß § 49 Abs. 4 ASVG zum Zusatzübereinkommen vom 13. Mai 1954 für Holzstöckelpflasterer in Wien zum Kollektivvertrag für Bauhilfsgewerbe vom 10. Mai 1954 in der jeweils geltenden Fassung wurde in ihrer Stammfassung am 16. Februar 1987 in der Fachzeitschrift „Soziale Sicherheit" Nr. 2/1987, Amtliche Verlautbarung Nr. 33/1987 kundgemacht.

Veränderungen im Text

Für die Wiederverlautbarung wurden keine Veränderungen im Text der Feststellung vorgenommen.

Text der Wiederverlautbarung

Die Feststellung gemäß § 49 Abs. 4 ASVG zum Zusatzübereinkommen vom 13. Mai 1954 für Holzstöckelpflasterer in Wien zum Kollektivvertrag für Bauhilfsgewerbe vom 10. Mai 1954 in der jeweils geltenden Fassung wird mit folgendem Text wiederverlautbart:

Feststellung gemäß § 49 Abs. 4 ASVG zum Zusatzübereinkommen vom 13. Mai 1954 für Holzstöckelpflasterer in Wien zum Kollektivvertrag für Bauhilfsgewerbe vom 10. Mai 1954 in der jeweils geltenden Fassung

I.

Folgende im Zusatzübereinkommen vom 13. Mai 1954 für Holzstöckelpflasterer in Wien zum Kollektivvertrag für Bauhilfsgewerbe vom 10. Mai 1954 in der jeweils geltenden Fassung vorgesehenen Bezüge gehören nicht zum Entgelt gemäß § 49 Abs. 1 und 3 ASVG:
1. 50 % der im § 2 Z 4 des Zusatzübereinkommens in der Höhe von 10 % auf den Stundenlohn vorgesehenen Zulage;
2. (gegenstandslos: keine Feststellungskompetenz des Hauptverbandes der österreichischen Sozialversicherungsträger)
3. Teuerungszulage gemäß § 3 Abschnitt I Z 2 des Zusatzübereinkommens in der Höhe von 20 % des 2,73-fachen Stundenlohnes eines Vorarbeiters je Kalendertag;
4. (gegenstandslos: keine Feststellungskompetenz des Hauptverbandes der österreichischen Sozialversicherungsträger)

II.

Diese Feststellung gilt ab dem Beginn des Beitragszeitraumes, in den der auf die Verlautbarung in der Fachzeitschrift „Soziale Sicherheit" nächstfolgende Monatserste fällt. Sie ist gemäß § 49 Abs. 4 ASVG für alle Sozialversicherungsträger und Behörden verbindlich.

III.

Die zuletzt in Geltung gestandene Feststellung von nicht zum Entgelt gehörenden Bezügen nach dem Zusatzübereinkommen für Holzstöckelpflasterer in Wien (Verlautbarung im „Amtsblatt zur Wiener Zeitung" vom 6. Februar 1958, Nr. 30) tritt mit Wirksamkeit der neuen Feststellung außer Kraft.

18.
Feststellung gemäß § 49 Abs. 4 ASVG zum Zusatzübereinkommen vom 30. Dezember 1964 für Stuckateure und Gipser in Wien zum Kollektivvertrag für Bauhilfsgewerbe vom 10. Mai 1954 in der jeweils geltenden Fassung

Wiederverlautbarung der Feststellung gemäß § 49 Abs. 4 ASVG zum Zusatzübereinkommen vom 30. Dezember 1964 für Stuckateure und Gipser in Wien zum Kollektivvertrag für Bauhilfsgewerbe vom 10. Mai 1954 in der jeweils geltenden Fassung

Auf Grund des § 593 Abs. 3 ASVG wird mit dieser Kundmachung die Feststellung gemäß § 49 Abs. 4 ASVG zum Zusatzübereinkommen vom 30. Dezember 1964 für Stuckateure und Gipser in Wien zum Kollektivvertrag für Bauhilfsgewerbe vom 10. Mai 1954 in der jeweils geltenden Fassung gemäß § 31 Abs. 9 ASVG im Internet wiederverlautbart.

Stammfassung und Änderungen

Die Feststellung gemäß § 49 Abs. 4 ASVG zum Zusatzübereinkommen vom 30. Dezember 1964 für Stuckateure und Gipser Wien zum Kollektivvertrag für Bauhilfsgewerbe vom 10. Mai 1954 in der jeweils geltenden Fassung wurde in ihrer Stammfassung am 16. Februar 1987 in der Fachzeitschrift „Soziale Sicherheit" Nr. 2/1987, Amtliche Verlautbarung Nr. 34/1987 kundgemacht.

Veränderungen im Text

Für die Wiederverlautbarung wurden keine Veränderungen im Text der Feststellung vorgenommen.

Text der Wiederverlautbarung

Die Feststellung gemäß § 49 Abs. 4 ASVG zum Zusatzübereinkommen vom 30. Dezember 1964 für Stuckateure und Gipser in Wien zum Kollektivvertrag für Bauhilfsgewerbe vom 10. Mai 1954 in der jeweils geltenden Fassung wird mit folgendem Text wiederverlautbart:

4. Feststellungen
nach § 49 Abs. 4

Feststellung gemäß § 49 Abs. 4 ASVG zum Zusatzübereinkommen vom 30. Dezember 1964 für Stuckateure und Gipser in Wien zum Kollektivvertrag für Bauhilfsgewerbe vom 10. Mai 1954 in der jeweils geltenden Fassung

I.
Der folgende im Zusatzübereinkommen vom 30. Dezember 1964 für Stuckateure und Gipser in Wien zum Kollektivvertrag für Bauhilfsgewerbe vom 10. Mai 1954 in der jeweils geltenden Fassung vorgesehene Bezug gehört nicht zum Entgelt gemäß § 49 Abs. 1 und 3 ASVG:

50 % der im § 4 Z 6 des Zusatzübereinkommens in der Höhe von 10 % auf den Stundenlohn vorgesehenen Staubzulage.

II.
Diese Feststellung gilt ab dem Beginn des Beitragszeitraumes, in den der auf die Verlautbarung in der Fachzeitschrift „Soziale Sicherheit" nächstfolgende Monatserste fällt. Sie ist gemäß § 49 Abs. 4 ASVG für alle Sozialversicherungsträger und Behörden verbindlich.

III.
Die zuletzt in Geltung gestandene Feststellung von nicht zum Entgelt gehörenden Bezügen nach dem Zusatzübereinkommen für Stuckateure und Gipser (Verlautbarung im „Amtsblatt zur Wiener Zeitung" vom 6. Februar 1958, Nr. 30) tritt mit Wirksamkeit der neuen Feststellung außer Kraft.

19.
Feststellung gemäß § 49 Abs. 4 ASVG zum Zusatzübereinkommen vom 12. Oktober 1964 für Kälte-, Wärme- und Schallisolierer in Wien zum Kollektivvertrag für Bauhilfsgewerbe vom 10. Mai 1954 in der jeweils geltenden Fassung

Wiederverlautbarung der Feststellung gemäß § 49 Abs. 4 ASVG zum Zusatzübereinkommen vom 12. Oktober 1964 für Kälte-, Wärme- und Schallisolierer in Wien zum Kollektivvertrag für Bauhilfsgewerbe vom 10. Mai 1954 in der jeweils geltenden Fassung

Auf Grund des § 593 Abs. 3 ASVG wird mit dieser Kundmachung die Feststellung gemäß § 49 Abs. 4 ASVG zum Zusatzübereinkommen vom 12. Oktober 1964 für Kälte-, Wärme- und Schallisolierer in Wien zum Kollektivvertrag für Bauhilfsgewerbe vom 10. Mai 1954 in der jeweils geltenden Fassung gemäß § 31 Abs. 9 ASVG im Internet wiederverlautbart.

Stammfassung und Änderungen
Die Feststellung gemäß § 49 Abs. 4 ASVG zum Zusatzübereinkommen vom 12. Oktober 1964 für Kälte-, Wärme- und Schallisolierer in Wien zum Kollektivvertrag für Bauhilfsgewerbe vom 10. Mai 1954 in der jeweils geltenden Fassung wurde in ihrer Stammfassung am 15. April 1987 in der Fachzeitschrift „Soziale Sicherheit" Nr. 4/1987, Amtliche Verlautbarung Nr. 35/1987 kundgemacht.

Veränderungen im Text
Für die Wiederverlautbarung wurden keine Veränderungen im Text der Feststellung vorgenommen.

Text der Wiederverlautbarung
Die Feststellung gemäß § 49 Abs. 4 ASVG zum Zusatzübereinkommen vom 12. Oktober 1964 für Kälte-, Wärme- und Schallisolierer in Wien zum Kollektivvertrag für Bauhilfsgewerbe vom 10. Mai 1954 in der jeweils geltenden Fassung wird mit folgendem Text wiederverlautbart:

Feststellung gemäß § 49 Abs. 4 ASVG zum Zusatzübereinkommen vom 12. Oktober 1964 für Kälte-, Wärme- und Schallisolierer in Wien zum Kollektivvertrag für Bauhilfsgewerbe vom 10. Mai 1954 in der jeweils geltenden Fassung

I.
Folgende im Zusatzübereinkommen vom 12. Oktober 1964 für Kälte-, Wärme- und Schallisolierer in Wien zum Kollektivvertrag für Bauhilfsgewerbe vom 10. Mai 1954 in der jeweils geltenden Fassung vorgesehene Bezüge gehören nicht zum Entgelt gemäß § 49 Abs. 1 und 3 ASVG:

1. 50 % der im § 2 Z 1 des Zusatzübereinkommens in der Höhe von 25 % des Stundenlohnes vorgesehenen Zulage;
2. 50 % der im § 2 Z 2 des Zusatzübereinkommens in der Höhe von 10 % des Stundenlohnes vorgesehenen Zulage;
3. 50 % der im § 2 Z 5 des Zusatzübereinkommens in der Höhe von 5 % des Stundenlohnes vorgesehenen Zulage;
4. 50 % der im § 2 Z 8 des Zusatzübereinkommens in der Höhe von 15 % des Stundenlohnes vorgesehenen Zulage;
5. Auslöse gemäß § 4 Z 2 des Zusatzübereinkommens in der Höhe des dreifachen jeweiligen Isolierer-Stundenlohnes je Kalendertag;
6. Teuerungszulage gemäß § 4 Z 4 des Zusatzübereinkommens in der Höhe von 20 % der Auslöse gemäß § 4 Z 2 je Kalendertag;
7. (gegenstandslos: keine Feststellungskompetenz des Hauptverbandes der österreichischen Sozialversicherungsträger)
8. (gegenstandslos: keine Feststellungskompetenz des Hauptverbandes der österreichischen Sozialversicherungsträger)

II.
Diese Feststellung gilt ab dem Beginn des Beitragszeitraumes, in den der auf die Verlautbarung in der Fachzeitschrift „Soziale Sicherheit" nächstfolgende Monatserste fällt. Sie ist gemäß § 49 Abs. 4 ASVG für alle Sozialversicherungsträger und Behörden verbindlich.

III.
Die zuletzt in Geltung gestandene Feststellung von nicht zum Entgelt gehörenden Bezügen nach

4. Feststellungen
nach § 49 Abs. 4

dem Zusatzübereinkommen für Kälte-, Wärme- und Schallisolierer (Verlautbarung im „Amtsblatt zur Wiener Zeitung" vom 6. Februar 1958, Nr. 30) tritt mit Wirksamkeit der neuen Feststellung außer Kraft.

20.
Feststellung gemäß § 49 Abs. 4 ASVG zum Zusatzübereinkommen vom 23. Mai 1956 für Isolierer (Kälte-, Wärme- und Schallschutz) in Kärnten zum Kollektivvertrag für Bauhilfsgewerbe vom 10. Mai 1954 in der jeweils geltenden Fassung

Wiederverlautbarung der Feststellung gemäß § 49 Abs. 4 ASVG zum Zusatzübereinkommen vom 23. Mai 1956 für Isolierer (Kälte-, Wärme- und Schallschutz) in Kärnten zum Kollektivvertrag für Bauhilfsgewerbe vom 10. Mai 1954 in der jeweils geltenden Fassung

Auf Grund des § 593 Abs. 3 ASVG wird mit dieser Kundmachung die Feststellung gemäß § 49 Abs. 4 ASVG zum Zusatzübereinkommen vom 23. Mai 1956 für Isolierer (Kälte-, Wärme- und Schallschutz) in Kärnten zum Kollektivvertrag für Bauhilfsgewerbe vom 10. Mai 1954 in der jeweils geltenden Fassung gemäß § 31 Abs. 9 ASVG im Internet wiederverlautbart.

Stammfassung und Änderungen

Die Feststellung gemäß § 49 Abs. 4 ASVG zum Zusatzübereinkommen vom 23. Mai 1956 für Isolierer (Kälte-, Wärme- und Schallschutz) in Kärnten zum Kollektivvertrag für Bauhilfsgewerbe vom 10. Mai 1954 in der jeweils geltenden Fassung wurde in ihrer Stammfassung am 15. April 1987 in der Fachzeitschrift „Soziale Sicherheit" Nr. 4/1987, Amtliche Verlautbarung Nr. 36/1987 kundgemacht.

Veränderungen im Text

Für die Wiederverlautbarung wurden keine Veränderungen im Text der Feststellung vorgenommen.

Text der Wiederverlautbarung

Die Feststellung gemäß § 49 Abs. 4 ASVG zum Zusatzübereinkommen vom 23. Mai 1956 für Isolierer (Kälte-, Wärme- und Schallschutz) in Kärnten zum Kollektivvertrag für Bauhilfsgewerbe vom 10. Mai 1954 in der jeweils geltenden Fassung wird mit folgendem Text wiederverlautbart:

Feststellung gemäß § 49 Abs. 4 ASVG zum Zusatzübereinkommen vom 23. Mai 1956 für Isolierer (Kälte-, Wärme- und Schallschutz) in Kärnten zum Kollektivvertrag für Bauhilfsgewerbe vom 10. Mai 1954 in der jeweils geltenden Fassung

I.

Folgende im Zusatzübereinkommen vom 23. Mai 1956 für Isolierer (Kälte-, Wärme- und Schallschutz) in Kärnten zum Kollektivvertrag für Bauhilfsgewerbe vom 10. Mai 1954 in der jeweils geltenden Fassung vorgesehenen Bezüge gehören nicht zum Entgelt gemäß § 49 Abs. 1 und 3 ASVG:

1. 50 % der im Abschnitt II Z 1 des Zusatzübereinkommens in der Höhe von 25 % des Stundenlohnes vorgesehenen Zulage;
2. 50 % der im Abschnitt II Z 2 des Zusatzübereinkommens in der Höhe von 10 % des Stundenlohnes vorgesehenen Zulage;
3. 50 % der im Abschnitt II Z 3 des Zusatzübereinkommens in der Höhe von 10 % des Stundenlohnes vorgesehenen Zulage;
4. 50 % der im Abschnitt II Z 4 des Zusatzübereinkommens in der Höhe von 5 % des Stundenlohnes vorgesehenen Zulage;
5. Zulage gemäß Abschnitt II Z 5 des Zusatzübereinkommens in der Höhe von 10 % des Stundenlohnes vorgesehenen Zulage.

II.

Diese Feststellung gilt ab dem Beginn des Beitragszeitraumes, in dem der auf die Verlautbarung in der Fachzeitschrift „Soziale Sicherheit" nächstfolgende Monatserste fällt. Sie ist gemäß § 49 Abs. 4 ASVG für alle Sozialversicherungsträger und Behörden verbindlich.

III.

Die zuletzt in Geltung gestandene Feststellung von nicht zum Entgelt gehörenden Bezügen nach dem Zusatzübereinkommen für Isolierer (Kälte-, Wärme- und Schallschutz) in Kärnten (Verlautbarung im „Amtsblatt zur Wiener Zeitung" vom 6. Februar 1958, Nr. 30) tritt mit Wirksamkeit der neuen Feststellung außer Kraft.

21.
Feststellung gemäß § 49 Abs. 4 ASVG zum Zusatzübereinkommen für Isolierer (Kälte-, Wärme- und Schallschutz) in Steiermark vom 11. Oktober 1972 zum Kollektivvertrag für Bauhilfsgewerbe vom 10. Mai 1954 in der jeweils geltenden Fassung

Wiederverlautbarung der Feststellung gemäß § 49 Abs. 4 ASVG zum Zusatzübereinkommen für Isolierer (Kälte-, Wärme- und Schallschutz) in Steiermark vom 11. Oktober 1972 zum Kollektivvertrag für Bauhilfsgewerbe vom 10. Mai 1954 in der jeweils geltenden Fassung

Auf Grund des § 593 Abs. 3 ASVG wird mit dieser Kundmachung die Feststellung gemäß § 49 Abs. 4 ASVG zum Zusatzübereinkommen für Isolierer (Kälte-, Wärme- und Schallschutz) in Steiermark vom 11. Oktober 1972 zum Kollektivvertrag für Bauhilfsgewerbe vom 10. Mai 1954 in der jeweils geltenden Fassung gemäß § 31 Abs. 9 ASVG im Internet wiederverlautbart.

Stammfassung und Änderungen

Die Feststellung gemäß § 49 Abs. 4 ASVG zum Zusatzübereinkommen für Isolierer (Kälte-, Wärme- und Schallschutz) in Steiermark vom 11.

4. Feststellungen
nach § 49 Abs. 4

Oktober 1972 zum Kollektivvertrag für Bauhilfsgewerbe vom 10. Mai 1954 in der jeweils geltenden Fassung wurde in ihrer Stammfassung am 15. April 1987 in der Fachzeitschrift „Soziale Sicherheit" Nr. 4/1987, Amtliche Verlautbarung Nr. 37/1987 kundgemacht.

Veränderungen im Text

Für die Wiederverlautbarung wurden keine Veränderungen im Text der Feststellung vorgenommen.

Text der Wiederverlautbarung

Die Feststellung gemäß § 49 Abs. 4 ASVG zum Zusatzübereinkommen für Isolierer (Kälte-, Wärme- und Schallschutz) in Steiermark vom 11. Oktober 1972 zum Kollektivvertrag für Bauhilfsgewerbe vom 10. Mai 1954 in der jeweils geltenden Fassung wird mit folgendem Text wiederverlautbart:

Feststellung gemäß § 49 Abs. 4 ASVG zum Zusatzübereinkommen für Isolierer (Kälte-, Wärme- und Schallschutz) in Steiermark vom 11. Oktober 1972 zum Kollektivvertrag für Bauhilfsgewerbe vom 10. Mai 1954 in der jeweils geltenden Fassung

I.

Folgende im Zusatzübereinkommen für Isolierer (Kälte-, Wärme- und Schallschutz) in Steiermark vom 11. Oktober 1972 zum Kollektivvertrag für Bauhilfsgewerbe vom 10. Mai 1954 in der jeweils geltenden Fassung vorgesehenen Bezüge gehören nicht zum Entgelt gemäß § 49 Abs. 1 und 3 ASVG:
1. 50 % der im Abschnitt II Z 1 des Zusatzübereinkommens in der Höhe von 25 % auf den Stundenlohn vorgesehenen Zulage;
2. 50 % der im Abschnitt II Z 2 des Zusatzübereinkommens in der Höhe von 10 % auf den Stundenlohn vorgesehenen Zulage;
3. 50 % der im Abschnitt II Z 3 des Zusatzübereinkommens in der Höhe von 10 % auf den jeweiligen kollektivvertraglichen Stundenlohn vorgesehenen Zulage;
4. 50 % der im Abschnitt II Z 4 des Zusatzübereinkommens in der Höhe von 5 % auf den jeweiligen kollektivvertraglichen Stundenlohn vorgesehenen Zulage;.
5. Zulage gemäß Abschnitt II Z 5 des Zusatzübereinkommens in der Höhe von 10 % auf den jeweiligen kollektivvertraglichen Stundenlohn.

II.

Diese Feststellung gilt ab dem Beginn des Beitragszeitraumes, in den der auf die Verlautbarung in der Fachzeitschrift „Soziale Sicherheit" nächstfolgende Monatserste fällt. Sie ist gemäß § 49 Abs. 4 ASVG für alle Sozialversicherungsträger und Behörden verbindlich.

**22.
Feststellung gemäß § 49 Abs. 4 ASVG zum Zusatzübereinkommen für Wien vom 14. Mai 1984 zum Kollektivvertrag für das holzverarbeitende Gewerbe vom 20. März 1948 (Wiederverlautbarung vom 1. Mai 1983) für Fußbodenleger (Parkettleger) in der jeweils geltenden Fassung**

Wiederverlautbarung der Feststellung gemäß § 49 Abs. 4 ASVG zum Zusatzübereinkommen für Wien vom 14. Mai 1984 zum Kollektivvertrag für das holzverarbeitende Gewerbe vom 20. März 1948 (Wiederverlautbarung vom 1. Mai 1983) für Fußbodenleger (Parkettleger) in der jeweils geltenden Fassung

Auf Grund des § 593 Abs. 3 ASVG wird mit dieser Kundmachung die Feststellung gemäß § 49 Abs. 4 ASVG zum Zusatzübereinkommen für Wien vom 14. Mai 1984 zum Kollektivvertrag für das holzverarbeitende Gewerbe vom 20. März 1948 (Wiederverlautbarung vom 1. Mai 1983) für Fußbodenleger (Parkettleger) in der jeweils geltenden Fassung gemäß § 31 Abs. 9 ASVG im Internet wiederverlautbart.

Stammfassung und Änderungen

Die Feststellung gemäß § 49 Abs. 4 ASVG zum Zusatzübereinkommen für Wien vom 14. Mai 1984 zum Kollektivvertrag für das holzverarbeitende Gewerbe vom 20. März 1948 (Wiederverlautbarung vom 1. Mai 1983) für Fußbodenleger (Parkettleger) in der jeweils geltenden Fassung wurde in ihrer Stammfassung am 15. April 1987 in der Fachzeitschrift „Soziale Sicherheit" Nr. 4/1987, Amtliche Verlautbarung Nr. 46/1987 kundgemacht.

Veränderungen im Text

Für die Wiederverlautbarung wurden keine Veränderungen im Text der Feststellung vorgenommen.

Text der Wiederverlautbarung

Die Feststellung gemäß § 49 Abs. 4 ASVG zum Zusatzübereinkommen für Wien vom 14. Mai 1984 zum Kollektivvertrag für das holzverarbeitende Gewerbe vom 20. März 1948 (Wiederverlautbarung vom 1. Mai 1983) für Fußbodenleger (Parkettleger) in der jeweils geltenden Fassung wird mit folgendem Text wiederverlautbart:

Feststellung gemäß § 49 Abs. 4 ASVG zum Zusatzübereinkommen für Wien vom 14. Mai 1984 zum Kollektivvertrag für das holzverarbeitende Gewerbe vom 20. März 1948 (Wiederverlautbarung vom 1. Mai 1983) für Fußbodenleger (Parkettleger) in der jeweils geltenden Fassung

I.

Folgende im Zusatzübereinkommen für Wien vom 14. Mai 1984 zum Kollektivvertrag für das holzverarbeitende Gewerbe vom 20. März 1948 (Wiederverlautbarung vom 1. Mai 1983) in der jeweils geltenden Fassung vorgesehenen Bezüge für

4. Feststellungen nach § 49 Abs. 4

Fußbodenleger (Parkettleger) gehören nicht zum Entgelt gemäß § 49 Abs. 1 und 3 ASVG:
1. (gegenstandslos: keine Feststellungskompetenz des Hauptverbandes der österreichischen Sozialversicherungsträger)
2. Werkzeugentschädigung gemäß Z 2 der „besonderen Bestimmungen" des Zusatzübereinkommens in der Höhe von 12 %, enthalten in den Akkordsätzen bzw. im Akkorddurchschnittsverdienst.

II.

Diese Feststellung gilt ab dem Beginn des Beitragszeitraumes, in den der auf die Verlautbarung in der Fachzeitschrift „Soziale Sicherheit" nächstfolgende Monatserste fällt. Sie ist gemäß § 49 Abs. 4 ASVG für alle Sozialversicherungsträger und Behörden verbindlich.

23.
Feststellung gemäß § 49 Abs. 4 ASVG zum Zusatzübereinkommen für Steiermark vom 16. Juli 1985 zum Kollektivvertrag für das holzverarbeitende Gewerbe vom 20. März 1948 (Wiederverlautbarung vom 1. Mai 1983) für Fußbodenleger (Parkettleger) in der jeweils geltenden Fassung

Wiederverlautbarung der Feststellung gemäß § 49 Abs. 4 ASVG zum Zusatzübereinkommen für Steiermark vom 16. Juli 1985 zum Kollektivvertrag für das holzverarbeitende Gewerbe vom 20. März 1948 (Wiederverlautbarung vom 1. Mai 1983) für Fußbodenleger (Parkettleger) in der jeweils geltenden Fassung

Auf Grund des § 593 Abs. 3 ASVG wird mit dieser Kundmachung die Feststellung gemäß § 49 Abs. 4 ASVG zum Zusatzübereinkommen für Steiermark vom 16. Juli 1985 zum Kollektivvertrag für das holzverarbeitende Gewerbe vom 20. März 1948 (Wiederverlautbarung vom 1. Mai 1983) für Fußbodenleger (Parkettleger) in der jeweils geltenden Fassung gemäß § 31 Abs. 9 ASVG im Internet wiederverlautbart.

Stammfassung und Änderungen

Die Feststellung gemäß § 49 Abs. 4 ASVG zum Zusatzübereinkommen für Steiermark vom 16. Juli 1985 zum Kollektivvertrag für das holzverarbeitende Gewerbe vom 20. März 1948 (Wiederverlautbarung vom 1. Mai 1983) für Fußbodenleger (Parkettleger) in der jeweils geltenden Fassung wurde in ihrer Stammfassung am 15. April 1987 in der Fachzeitschrift „Soziale Sicherheit" Nr. 4/1987, Amtliche Verlautbarung Nr. 47/1987 kundgemacht.

Veränderungen im Text

Für die Wiederverlautbarung wurden keine Veränderungen im Text der Feststellung vorgenommen.

Text der Wiederverlautbarung

Die Feststellung gemäß § 49 Abs. 4 ASVG zum Zusatzübereinkommen für Steiermark vom 16. Juli 1985 zum Kollektivvertrag für das holzverarbeitende Gewerbe vom 20. März 1948 (Wiederverlautbarung vom 1. Mai 1983) für Fußbodenleger (Parkettleger) in der jeweils geltenden Fassung wird mit folgendem Text wiederverlautbart:

Feststellung gemäß § 49 Abs. 4 ASVG zum Zusatzübereinkommen für Steiermark vom 16. Juli 1985 zum Kollektivvertrag für das holzverarbeitende Gewerbe vom 20. März 1948 (Wiederverlautbarung vom 1. Mai 1983) für Fußbodenleger (Parkettleger) in der jeweils geltenden Fassung

I.

Folgende im Zusatzübereinkommen für Steiermark vom 16. Juli 1985 zum Kollektivvertrag für das holzverarbeitende Gewerbe vom 20. März 1948 (Wiederverlautbarung vom 1. Mai 1983) in der jeweils geltenden Fassung vorgesehenen Bezüge für Fußbodenleger (Parkettleger) gehören nicht zum Entgelt gemäß § 49 Abs. 1 und 3 ASVG:
1. (gegenstandslos: keine Feststellungskompetenz des Hauptverbandes der österreichischen Sozialversicherungsträger)
2. Werkzeugzulage gemäß Z 2 der „besonderen Bestimmungen" des Zusatzübereinkommens in der Höhe von 7 %, enthalten in den Akkordsätzen bzw. im Akkorddurchschnittsverdienst.

II.

Diese Feststellung gilt ab dem Beginn des Beitragszeitraumes, in den der auf die Verlautbarung in der Fachzeitschrift „Soziale Sicherheit" nächstfolgende Monatserste fällt. Sie ist gemäß § 49 Abs. 4 ASVG für alle Sozialversicherungsträger und Behörden verbindlich.

III.

Die zuletzt in Geltung gestandene Feststellung von nicht zum Entgelt gehörenden Bezügen nach dem Zusatzübereinkommen für Fußbodenleger zum Kollektivvertrag für das holzverarbeitende Gewerbe Verlautbarung im „Amtsblatt zur Wiener Zeitung" vom 25. April 1957, Nr. 97) tritt mit Wirksamkeit der neuen Feststellung außer Kraft.

4. Feststellungen
nach § 49 Abs. 4

24.
Feststellung gemäß § 49 Abs. 4 ASVG zum Kollektivvertrag vom 10. April 1968 für Naturstein-, Sand-, Kies- und Kalkerzeuger in Kärnten zum Kollektivvertrag für Naturstein-, Sand-, Kies- und Kalkerzeuger vom 29. Dezember 1955 in der jeweils geltenden Fassung

Wiederverlautbarung der Feststellung gemäß § 49 Abs. 4 ASVG zum Kollektivvertrag vom 10. April 1968 für Naturstein-, Sand-, Kies- und Kalkerzeuger in Kärnten zum Kollektivvertrag für Naturstein-, Sand-, Kies- und Kalkerzeuger vom 29. Dezember 1955 in der jeweils geltenden Fassung

Auf Grund des § 593 Abs. 3 ASVG wird mit dieser Kundmachung die Feststellung gemäß § 49 Abs. 4 ASVG zum Kollektivvertrag vom 10. April 1968 für Naturstein-, Sand-, Kies- und Kalkerzeuger in Kärnten zum Kollektivvertrag für Naturstein-, Sand-, Kies- und Kalkerzeuger vom 29. Dezember 1955 in der jeweils geltenden Fassung gemäß § 31 Abs. 9 ASVG im Internet wiederverlautbart.

Stammfassung und Änderungen

Die Feststellung gemäß § 49 Abs. 4 ASVG zum Kollektivvertrag vom 10. April 1968 für Naturstein-, Sand-, Kies- und Kalkerzeuger in Kärnten zum Kollektivvertrag für Naturstein-, Sand-, Kies- und Kalkerzeuger vom 29. Dezember 1955 in der jeweils geltenden Fassung wurde in ihrer Stammfassung am 15. April 1987 in der Fachzeitschrift „Soziale Sicherheit" Nr. 4/1987, Amtliche Verlautbarung Nr. 50/1987 kundgemacht.

Veränderungen im Text

Für die Wiederverlautbarung wurden keine Veränderungen im Text der Feststellung vorgenommen.

Text der Wiederverlautbarung

Die Feststellung gemäß § 49 Abs. 4 ASVG zum Kollektivvertrag vom 10. April 1968 für Naturstein-, Sand-, Kies- und Kalkerzeuger in Kärnten zum Kollektivvertrag für Naturstein-, Sand-, Kies- und Kalkerzeuger vom 29. Dezember 1955 in der jeweils geltenden Fassung wird mit folgendem Text wiederverlautbart:

Feststellung gemäß § 49 Abs. 4 ASVG zum Kollektivvertrag vom 10. April 1968 für Naturstein-, Sand-, Kies- und Kalkerzeuger in Kärnten zum Kollektivvertrag für Naturstein-, Sand-, Kies- und Kalkerzeuger vom 29. Dezember 1955 in der jeweils geltenden Fassung

I.

Der folgende im Kollektivvertrag vom 10. April 1968 für Naturstein-, Sand-, Kies- und Kalkerzeuger in Kärnten zum Kollektivvertrag für Naturstein-, Sand-, Kies- und Kalkerzeuger vom 29. Dezember 1955 vorgesehene Bezug gehört nicht zum Entgelt gemäß § 49 Abs. 1 und 3 ASVG:

Staubzulage gemäß dem Abschnitt ZULAGEN lit. b des Lohnanhanges des Kollektivvertrages in der Höhe von 10 % des Kollektivvertragslohnes.

II.

Diese Feststellung gilt ab dem Beginn des Beitragszeitraumes, in den der auf die Verlautbarung in der Fachzeitschrift „Soziale Sicherheit" nächstfolgende Monatserste fällt. Sie ist gemäß § 49 Abs. 4 ASVG für alle Sozialversicherungsträger und Behörden verbindlich.

25.
Feststellung gemäß § 49 Abs. 4 ASVG zum Kollektivvertrag für die gewerblichen Betriebe der Naturstein-, Sand-, Kies- und Kalkerzeugung in Kärnten vom 28. Dezember 1955 in der jeweils geltenden Fassung

Wiederverlautbarung der Feststellung gemäß § 49 Abs. 4 ASVG zum Kollektivvertrag für die gewerblichen Betriebe der Naturstein-, Sand-, Kies- und Kalkerzeugung in Kärnten vom 28. Dezember 1955 in der jeweils geltenden Fassung

Auf Grund des § 593 Abs. 3 ASVG wird mit dieser Kundmachung die Feststellung gemäß § 49 Abs. 4 ASVG zum Kollektivvertrag für die gewerblichen Betriebe der Naturstein-, Sand-, Kies- und Kalkerzeugung in Kärnten vom 28. Dezember 1955 in der jeweils geltenden Fassung gemäß § 31 Abs. 9 ASVG im Internet wiederverlautbart.

Stammfassung und Änderungen

Die Feststellung gemäß § 49 Abs. 4 ASVG zum Kollektivvertrag für die gewerblichen Betriebe der Naturstein-, Sand-, Kies- und Kalkerzeugung in Kärnten vom 28. Dezember 1955 in der jeweils geltenden Fassung wurde in ihrer Stammfassung am 15. Mai 1987 in der Fachzeitschrift „Soziale Sicherheit" Nr. 5/1987, Amtliche Verlautbarung Nr. 61/1987 kundgemacht.

Veränderungen im Text

Für die Wiederverlautbarung wurden keine Veränderungen im Text der Feststellung vorgenommen.

Text der Wiederverlautbarung

Die Feststellung gemäß § 49 Abs. 4 ASVG zum Kollektivvertrag für die gewerblichen Betriebe der Naturstein-, Sand-, Kies- und Kalkerzeugung in Kärnten vom 28. Dezember 1955 in der jeweils geltenden Fassung wird mit folgendem Text wiederverlautbart:

4. Feststellungen nach § 49 Abs. 4

Feststellung gemäß § 49 Abs. 4 ASVG zum Kollektivvertrag für die gewerblichen Betriebe der Naturstein-, Sand-, Kies- und Kalkerzeugung in Kärnten vom 28. Dezember 1955 in der jeweils geltenden Fassung

I.

Der folgende im Kollektivvertrag für die gewerblichen Betriebe der Naturstein-, Sand-, Kies- und Kalkerzeugung in Kärnten vom 28. Dezember 1955 in der jeweils geltenden Fassung vorgesehene Bezug gehört nicht zum Entgelt im Sinne des § 49 Abs. 1 und 3 ASVG:

50 % der im Abschnitt II Z 2 des Kollektivvertrages in der Höhe von 10 % des kollektivvertraglichen Grundlohnes vorgesehenen Staubzulage.

II.

Diese Feststellung gilt ab dem Beginn des Beitragszeitraumes, in den der auf die Verlautbarung in der Fachzeitschrift „Soziale Sicherheit" nächstfolgende Monatserste fällt. Sie ist gemäß § 49 Abs. 4 ASVG für alle Sozialversicherungsträger und Behörden verbindlich.

26.
Feststellung gemäß § 49 Abs. 4 ASVG zum Kollektivvertrag für die gewerblichen Kalk-, Sand- und Schotterbetriebe im Burgenland vom 22. September 1956 in der jeweils geltenden Fassung

Wiederverlautbarung der Feststellung gemäß § 49 Abs. 4 ASVG zum Kollektivvertrag für die gewerblichen Kalk-, Sand- und Schotterbetriebe im Burgenland vom 22. September 1956 in der jeweils geltenden Fassung

Auf Grund des § 593 Abs. 3 ASVG wird mit dieser Kundmachung die Feststellung gemäß § 49 Abs. 4 ASVG zum Kollektivvertrag für die gewerblichen Kalk-, Sand- und Schotterbetriebe im Burgenland vom 22. September 1956 in der jeweils geltenden Fassung gemäß § 31 Abs. 9 ASVG im Internet wiederverlautbart.

Stammfassung und Änderungen

Die Feststellung gemäß § 49 Abs. 4 ASVG zum Kollektivvertrag für die gewerblichen Kalk-, Sand- und Schotterbetriebe im Burgenland vom 22. September 1956 in der jeweils geltenden Fassung wurde in ihrer Stammfassung am 15. Mai 1987 in der Fachzeitschrift „Soziale Sicherheit" Nr. 5/1987, Amtliche Verlautbarung Nr. 59/1987 kundgemacht.

Veränderungen im Text

Für die Wiederverlautbarung wurden keine Veränderungen im Text der Feststellung vorgenommen.

Text der Wiederverlautbarung

Die Feststellung gemäß § 49 Abs. 4 ASVG zum Kollektivvertrag für die gewerblichen Kalk-, Sand- und Schotterbetriebe im Burgenland vom 22. September 1956 in der jeweils geltenden Fassung wird mit folgendem Text wiederverlautbart:

Feststellung gemäß § 49 Abs. 4 ASVG zum Kollektivvertrag für die gewerblichen Kalk-, Sand- und Schotterbetriebe im Burgenland vom 22. September 1956 in der jeweils geltenden Fassung

I.

Der folgende im Kollektivvertrag für die gewerblichen Kalk-, Sand- und Schotterbetriebe im Burgenland vom 22. September 1956 in der jeweils geltenden Fassung vorgesehene Bezug gehört nicht zum Entgelt im Sinne des § 49 Abs. 1 und 3 ASVG:

50 % der im Punkt 2 des Kollektivvertrages in der Höhe von 10 % des tariflichen Zeitlohnes vorgesehenen Staubzulage.

II.

Diese Feststellung gilt ab dem Beginn des Beitragszeitraumes, in den der auf die Verlautbarung in der Fachzeitschrift „Soziale Sicherheit" nächstfolgende Monatserste fällt. Sie ist gemäß § 49 Abs. 4 ASVG für alle Sozialversicherungsträger und Behörden verbindlich.

III.

Die zuletzt in Geltung gestandene Feststellung von nicht zum Entgelt gehörenden Bezüge für Kalk-, Sand- und Schotterbetriebe im Burgenland (Verlautbarung im „Amtsblatt zur Wiener Zeitung" vom 25. April 1957, Nr. 97) tritt mit Wirksamkeit der neuen Feststellung außer Kraft.

27.
Feststellung gemäß § 49 Abs. 4 ASVG zum Zusatzkollektivvertrag für die gewerblichen Sand- und Schotterbetriebe, Steinbrüche und Kalkbrennereien in Steiermark vom 27. Dezember 1960 zum Kollektivvertrag für Steinarbeiter in der jeweils geltenden Fassung

Wiederverlautbarung der Feststellung gemäß § 49 Abs. 4 ASVG zum Zusatzkollektivvertrag für die gewerblichen Sand- und Schotterbetriebe, Steinbrüche und Kalkbrennereien in Steiermark vom 27. Dezember 1960 zum Kollektivvertrag für Steinarbeiter in der jeweils geltenden Fassung

Auf Grund des § 593 Abs. 3 ASVG wird mit dieser Kundmachung die Feststellung gemäß § 49 Abs. 4 ASVG zum Zusatzkollektivvertrag für die gewerblichen Sand- und Schotterbetriebe, Steinbrüche und Kalkbrennereien in Steiermark vom 27. Dezember 1960 zum Kollektivvertrag für Steinarbeiter in der jeweils geltenden Fassung gemäß § 31 Abs. 9 ASVG im Internet wiederverlautbart.

Stammfassung und Änderungen

Die Feststellung gemäß § 49 Abs. 4 ASVG zum Zusatzkollektivvertrag für die gewerblichen Sand- und Schotterbetriebe, Steinbrüche und Kalkbrennereien in Steiermark vom 27. Dezember 1960 zum Kollektivvertrag für Steinarbeiter in der jeweils geltenden Fassung wurde in ihrer Stammfassung am 15. Mai 1987 in der Fachzeitschrift „Soziale

4. Feststellungen
nach § 49 Abs. 4

Sicherheit" Nr. 5/1987, Amtliche Verlautbarung Nr. 60/1987 kundgemacht.

Veränderungen im Text

Für die Wiederverlautbarung wurden keine Veränderungen im Text der Feststellung vorgenommen.

Text der Wiederverlautbarung

Die Feststellung gemäß § 49 Abs. 4 ASVG zum Zusatzkollektivvertrag für die gewerblichen Sand- und Schotterbetriebe, Steinbrüche und Kalkbrennereien in Steiermark vom 27. Dezember 1960 zum Kollektivvertrag für Steinarbeiter in der jeweils geltenden Fassung wird mit folgendem Text wiederverlautbart:

Feststellung gemäß § 49 Abs. 4 ASVG zum Zusatzkollektivvertrag für die gewerblichen Sand- und Schotterbetriebe, Steinbrüche und Kalkbrennereien in Steiermark vom 27. Dezember 1960 zum Kollektivvertrag für Steinarbeiter in der jeweils geltenden Fassung

I.

Folgende im Zusatzkollektivvertrag für die gewerblichen Sand- und Schotterbetriebe, Steinbrüche und Kalkbrennereien in Steiermark vom 27. Dezember 1960 zum Kollektivvertrag für Steinarbeiter in der jeweils geltenden Fassung vorgesehenen Bezüge gehören nicht zum Entgelt im Sinne des § 49 Abs. 1 und 2 ASVG:

1. (gegenstandslos: keine Feststellungskompetenz des Hauptverbandes der österreichischen Sozialversicherungsträger)
2. jeweils 50 % der im § 3 Z 2 bis 4 des Zusatzkollektivvertrages in der Höhe von 10 % des kollektivvertraglichen Grundlohnes vorgesehenen Staubzulagen;
3. Zulage bei Ver- und Entladen von Kohle und Koks gemäß § 3 Z 5 des Zusatzkollektivvertrages in der Höhe von 5 % des kollektivvertraglichen Grundlohnes;
4. jeweils 50 % der im § 3 Z 6 und 8 des Zusatzkollektivvertrages in der Höhe von 10 % des kollektivvertraglichen Grundlohnes vorgesehenen Schmutz- und Hitzezulagen;
5. 50 % der im § 3 Z 7 des Zusatzkollektivvertrages in der Höhe von 5 % des kollektivvertraglichen Grundlohnes vorgesehenen Schmutz- und Hitzezulage;
6. 50 % der im § 3 Z 9 des Zusatzkollektivvertrages in der Höhe von 10 % des kollektivvertraglichen Grundlohnes vorgesehenen Zulage für Handwerker, Baggerführer, Caterpillarfahrer und Schmierer, die einer Außergewöhnlichen Verschmutzung oder Staubeinwirkung bei Durchführung von Reparaturen in den Anlagen ausgesetzt sind.

II.

Diese Feststellung gilt ab dem Beginn des Beitragszeitraumes, in der der auf die Verlautbarung in der Fachzeitschrift „Soziale Sicherheit" nächstfolgende Monatserste fällt. Sie ist gemäß § 49 Abs. 4 ASVG für alle Sozialversicherungsträger und Behörden verbindlich.

III.

Die zuletzt in Geltung gestandene Feststellung von nicht zum Entgelt gehörenden Bezügen für Steinarbeiter in Steiermark (Verlautbarung im Amtsblatt zur „Wiener Zeitung" vom 8. November 1961, Nr. 259) tritt mit Wirksamkeit der neuen Feststellung außer Kraft.

28.
Feststellung gemäß § 49 Abs. 4 ASVG zur Lohnvereinbarung für die gewerblichen Sand-Schotter- und Kiesgewinnungsbetriebe in Tirol vom 20. Mai 1955 in der jeweils geltenden Fassung

Wiederverlautbarung der Feststellung gemäß § 49 Abs. 4 ASVG zur Lohnvereinbarung für die gewerblichen Sand-Schotter- und Kiesgewinnungsbetriebe in Tirol vom 20. Mai 1955 in der jeweils geltenden Fassung

Auf Grund des § 593 Abs. 3 ASVG wird mit dieser Kundmachung die Feststellung gemäß § 49 Abs. 4 ASVG zur Lohnvereinbarung für die gewerblichen Sand- Schotter- und Kiesgewinnungsbetriebe in Tirol vom 20. Mai 1955 in der jeweils geltenden Fassung gemäß § 31 Abs. 9 ASVG im Internet wiederverlautbart.

Stammfassung und Änderungen

Die Feststellung gemäß § 49 Abs. 4 ASVG zur Lohnvereinbarung für die gewerblichen Sand-Schotter- und Kiesgewinnungsbetriebe in Tirol vom 20. Mai 1955 in der jeweils geltenden Fassung wurde in ihrer Stammfassung am 15. Mai 1987 in der Fachzeitschrift „Soziale Sicherheit" Nr. 5/1987, Amtliche Verlautbarung Nr. 62/1987 kundgemacht.

Veränderungen im Text

Für die Wiederverlautbarung wurden keine Veränderungen im Text der Feststellung vorgenommen.

Text der Wiederverlautbarung

Die Feststellung gemäß § 49 Abs. 4 ASVG zur Lohnvereinbarung für die gewerblichen Sand-Schotter- und Kiesgewinnungsbetriebe in Tirol vom 20. Mai 1955 in der jeweils geltenden Fassung wird mit folgendem Text wiederverlautbart:

Feststellung gemäß § 49 Abs. 4 ASVG zur Lohnvereinbarung für die gewerblichen Sand-Schotter- und Kiesgewinnungsbetriebe in Tirol vom 20. Mai 1955 in der jeweils geltenden Fassung

I.

Folgende in der Lohnvereinbarung für die gewerblichen Sand- Schotter- und Kiesgewinnungsbetriebe in Tirol vom 20. Mai 1955 in der jeweils geltenden Fassung vorgesehenen Bezüge gehören

4. Feststellungen nach § 49 Abs. 4

nicht zum Entgelt im Sinne des § 49 Abs. 1 und 3 ASVG:
1. 50 % der im Punkt 5 lit. a der Lohnvereinbarung in der Höhe von 10 % des tariflichen Zeitlohnes vorgesehenen Staubzulage;
2. 50 % der im Punkt 5 lit. c der Lohnvereinbarung in der Höhe von 10 %, bei Zurverfügungstellung einer ausreichenden Schutzkleidung in der Höhe von 5 % des tariflichen Zeitlohnes vorgesehenen Zulage beim Abtragen ungelöschten Kalkes.

II.

Diese Feststellung gilt ab dem Beginn des Beitragszeitraumes, in den der auf die Verlautbarung in der Fachzeitschrift „Soziale Sicherheit" nächstfolgende Monatserste fällt. Sie ist gemäß § 49 Abs. 4 ASVG für alle Sozialversicherungsträger und Behörden verbindlich.

29.
Feststellung gemäß § 49 Abs. 4 ASVG zum Zusatz-Kollektivvertrag vom 19. August 1954 zum Kollektivvertrag für Steinarbeiter in der jeweils geltenden Fassung

Wiederverlautbarung der Feststellung gemäß § 49 Abs. 4 ASVG zum Zusatz-Kollektivvertrag vom 19. August 1954 zum Kollektivvertrag für Steinarbeiter in der jeweils geltenden Fassung

Auf Grund des § 593 Abs. 3 ASVG wird mit dieser Kundmachung die Feststellung gemäß § 49 Abs. 4 ASVG zum Zusatz-Kollektivvertrag vom 19. August 1954 zum Kollektivvertrag für Steinarbeiter in der jeweils geltenden Fassung gemäß § 31 Abs. 9 ASVG im Internet wiederverlautbart.

Stammfassung und Änderungen

Die Feststellung gemäß § 49 Abs. 4 ASVG zum Zusatz-Kollektivvertrag vom 19. August 1954 zum Kollektivvertrag für Steinarbeiter in der jeweils geltenden Fassung wurde in ihrer Stammfassung am 15. Mai 1987 in der Fachzeitschrift „Soziale Sicherheit" Nr. 5/1987, Amtliche Verlautbarung Nr. 63/1987 kundgemacht.

Veränderungen im Text

Für die Wiederverlautbarung wurden keine Veränderungen im Text der Feststellung vorgenommen.

Text der Wiederverlautbarung

Die Feststellung gemäß § 49 Abs. 4 ASVG zum Zusatz-Kollektivvertrag vom 19. August 1954 zum Kollektivvertrag für Steinarbeiter in der jeweils geltenden Fassung wird mit folgendem Text wiederverlautbart:

Feststellung gemäß § 49 Abs. 4 ASVG zum Zusatz-Kollektivvertrag vom 19. August 1954 zum Kollektivvertrag für Steinarbeiter in der jeweils geltenden Fassung

I.

Folgende im Zusatz-Kollektivvertrag vom 19. August 1954 zum Kollektivvertrag für Steinarbeiter in der jeweils geltenden Fassung vorgesehenen Bezüge gehören nicht zum Entgelt im Sinne des § 49 Abs. 1 und 3 ASVG:
1. 50 % der in den Lohnordnungen für Burgenland, Niederösterreich und Wien in der Höhe von 10 % des tariflichen Zeitlohnes vorgesehenen Staubzulage für Arbeiter an Brecheranlagen;
2. 50 % der in den Lohnordnungen für Burgenland, Niederösterreich und Wien in der Höhe von 10 % des tariflichen Zeitlohnes vorgesehenen Zulage beim Abtragen ungelöschten Kalkes.

II.

Diese Feststellung gilt ab dem Beginn des Beitragszeitraumes, in den der auf die Verlautbarung in der Fachzeitschrift „Soziale Sicherheit" nächstfolgende Monatserste fällt. Sie ist gemäß § 49 Abs. 4 ASVG für alle Sozialversicherungsträger und Behörden verbindlich.

30.
Feststellung gemäß § 49 Abs. 4 ASVG zum am 28. August 1953 abgeschlossenen Kollektivvertrag (Löhne und Zulagen im Geltungsbereich des Kollektivvertrages für Steinarbeiter) in der jeweils geltenden Fassung für den Bereich der Kalk-, Schotter-, Sand- und Kiesindustrie von Kärnten, Oberösterreich, Salzburg, Steiermark und Tirol

Wiederverlautbarung der Feststellung gemäß § 49 Abs. 4 ASVG zum am 28. August 1953 abgeschlossenen Kollektivvertrag (Löhne und Zulagen im Geltungsbereich des Kollektivvertrages für Steinarbeiter) in der jeweils geltenden Fassung für den Bereich der Kalk-, Schotter-, Sand- und Kiesindustrie von Kärnten, Oberösterreich, Salzburg, Steiermark und Tirol

Auf Grund des § 593 Abs. 3 ASVG wird mit dieser Kundmachung die Feststellung gemäß § 49 Abs. 4 ASVG zum am 28. August 1953 abgeschlossenen Kollektivvertrag (Löhne und Zulagen im Geltungsbereich des Kollektivvertrages für Steinarbeiter) in der jeweils geltenden Fassung für den Bereich der Kalk-, Schotter-, Sand- und Kiesindustrie von Kärnten, Oberösterreich, Salzburg, Steiermark und Tirol gemäß § 31 Abs. 9 ASVG im Internet wiederverlautbart.

Stammfassung und Änderungen

Die Feststellung gemäß § 49 Abs. 4 ASVG zum am 28. August 1953 abgeschlossenen Kollektivvertrag (Löhne und Zulagen im Geltungsbereich

4. Feststellungen
nach § 49 Abs. 4

des Kollektivvertrages für Steinarbeiter) in der jeweils geltenden Fassung für den Bereich der Kalk-, Schotter-, Sand- und Kiesindustrie von Kärnten, Oberösterreich, Salzburg, Steiermark und Tirol wurde in ihrer Stammfassung am 15. Mai 1987 in der Fachzeitschrift „Soziale Sicherheit" Nr. 5/1987, Amtliche Verlautbarung Nr. 64/1987 kundgemacht.

Veränderungen im Text
Für die Wiederverlautbarung wurden keine Veränderungen im Text der Feststellung vorgenommen.

Text der Wiederverlautbarung
Die Feststellung gemäß § 49 Abs. 4 ASVG zum am 28. August 1953 abgeschlossenen Kollektivvertrag (Löhne und Zulagen im Geltungsbereich des Kollektivvertrages für Steinarbeiter) in der jeweils geltenden Fassung für den Bereich der Kalk-, Schotter-, Sand- und Kiesindustrie von Kärnten, Oberösterreich, Salzburg, Steiermark und Tirol wird mit folgendem Text wiederverlautbart:

Feststellung gemäß § 49 Abs. 4 ASVG zum am 28. August 1953 abgeschlossenen Kollektivvertrag (Löhne und Zulagen im Geltungsbereich des Kollektivvertrages für Steinarbeiter) in der jeweils geltenden Fassung für den Bereich der Kalk-, Schotter-, Sand- und Kiesindustrie von Kärnten, Oberösterreich, Salzburg, Steiermark und Tirol

I.
Folgende in dem zwischen dem Fachverband der Stein- und keramischen Industrie Österreichs und der Gewerkschaft der Bau- und Holzarbeiter am 28. August 1953 abgeschlossenen Kollektivvertrag (Löhne und Zulagen im Geltungsbereich des Kollektivvertrages für Steinarbeiter) in der jeweils geltenden Fassung für den Bereich der Kalk-, Schotter-, Sand- und Kiesindustrie von Kärnten, Oberösterreich, Salzburg, Steiermark und Tirol vorgesehenen Bezüge gehören nicht zum Entgelt im Sinne des § 49 Abs. 1 und 3 ASVG:

1. jeweils 50 % der im Abschnitt II A Z 2 bis 4 des Kollektivvertrages in der Höhe von 10 % des kollektivvertraglichen Grundlohnes vorgesehenen Staubzulagen;
2. Zulagen beim Verladen von Kohle und Koks gemäß Abschnitt II A Z 5 des Kollektivvertrages in der Höhe von 5 % des kollektivvertraglichen Grundlohnes;
3. jeweils 50 % der im Abschnitt II A Z 6 und 8 des Kollektivvertrages in der Höhe von 10 % des kollektivvertraglichen Grundlohnes vorgesehenen Schmutz- oder Hitzezulagen;
4. 50 % der im Abschnitt II A Z 7 des Kollektivvertrages in der Höhe von 5 % des kollektivvertraglichen Grundlohnes vorgesehenen Schmutz- und Hitzezulage;
5. 50 % der im Abschnitt II D des Kollektivvertrages in der Höhe von 10 % des kollektivvertraglichen Grundlohnes vorgesehenen Zulage für Handwerker, Baggerführer, Caterpillarfahrer und Schmierer, die einer außergewöhnlichen Verschmutzung oder Staubeinwirkung bei Durchführung von Reparaturen in den Anlagen ausgesetzt sind.

II.
Diese Feststellung gilt ab dem Beginn des Beitragszeitraumes, in den der auf die Verlautbarung in der Fachzeitschrift „Soziale Sicherheit" nächstfolgende Monatserste fällt. Sie ist gemäß § 49 Abs. 4 ASVG für alle Sozialversicherungsträger und Behörden verbindlich.

III.
Die zuletzt in Geltung gestandene Feststellung von nicht zum Entgelt gehörenden Bezüge für Kalk-, Schotter-, Sand- und Kiesindustrie von Kärnten, Oberösterreich, Salzburg, Steiermark und Tirol (Verlautbarung im „Amtsblatt zur Wiener Zeitung" vom 2. Oktober 1956, Nr. 229) tritt mit Wirksamkeit der neuen Feststellung außer Kraft.

31.
Feststellung gemäß § 49 Abs. 4 ASVG zum am 17. Dezember 1964 abgeschlossenen Kollektivvertrag (Lohnanhang zum Kollektivvertrag für Steinarbeiter) in der jeweils geltenden Fassung für Beton- und Kunststeinerzeuger in Oberösterreich (gewerbliche Betriebe)

Wiederverlautbarung der Feststellung gemäß § 49 Abs. 4 ASVG zum am 17. Dezember 1964 abgeschlossenen Kollektivvertrag (Lohnanhang zum Kollektivvertrag für Steinarbeiter) in der jeweils geltenden Fassung für Beton- und Kunststeinerzeuger in Oberösterreich (gewerbliche Betriebe)

Auf Grund des § 593 Abs. 3 ASVG wird mit dieser Kundmachung die Feststellung gemäß § 49 Abs. 4 ASVG zum am 17. Dezember 1964 abgeschlossenen Kollektivvertrag (Lohnanhang zum Kollektivvertrag für Steinarbeiter) in der jeweils geltenden Fassung für Beton- und Kunststeinerzeuger in Oberösterreich (gewerbliche Betriebe) gemäß § 31 Abs. 9 ASVG im Internet wiederverlautbart.

Stammfassung und Änderungen
Die Feststellung gemäß § 49 Abs. 4 ASVG zum am 17. Dezember 1964 abgeschlossenen Kollektivvertrag (Lohnanhang zum Kollektivvertrag für Steinarbeiter) in der jeweils geltenden Fassung für Beton- und Kunststeinerzeuger in Oberösterreich (gewerbliche Betriebe) wurde in ihrer Stammfassung am 15. September 1987 in der Fachzeitschrift „Soziale Sicherheit" Nr. 9/1987, Amtliche Verlautbarung Nr. 103/1987 kundgemacht.

Veränderungen im Text
Für die Wiederverlautbarung wurden keine Veränderungen im Text der Feststellung vorgenommen.

Text der Wiederverlautbarung
Die Feststellung gemäß § 49 Abs. 4 ASVG zum am 17. Dezember 1964 abgeschlossenen Kollektiv-

4. Feststellungen
nach § 49 Abs. 4

vertrag (Lohnanhang zum Kollektivvertrag für Steinarbeiter) in der jeweils geltenden Fassung für Beton- und Kunststeinerzeuger in Oberösterreich (gewerbliche Betriebe) wird mit folgendem Text wiederverlautbart:

Feststellung gemäß § 49 Abs. 4 ASVG zum am 17. Dezember 1964 abgeschlossenen Kollektivvertrag (Lohnanhang zum Kollektivvertrag für Steinarbeiter) in der jeweils geltenden Fassung für Beton- und Kunststeinerzeuger in Oberösterreich (gewerbliche Betriebe)

I.

Der folgende in dem zwischen der Bundesinnung der Steinmetzmeister und der Bundesinnung der Bauhilfsgewerbe einerseits und der Gewerkschaft der Bau- und Holzarbeiter andererseits am 17. Dezember 1964 abgeschlossenen Kollektivvertrag (Lohnanhang zum Kollektivvertrag für Steinarbeiter) in der jeweils geltenden Fassung für Beton- und Kunststeinerzeuger in Oberösterreich (gewerbliche Betriebe) vorgesehene Bezug gehört nicht zum Entgelt im Sinne des § 49 Abs. 1 und 3 ASVG:

50 % der im Lohnanhang (Bestimmungen für Oberösterreich) in der Höhe von 10 % des Stundenlohnes vorgesehenen Zulage für Arbeiter, die mit Zement bei besonders großer Staubentwicklung oder bei Trockenschleifarbeiten in der Kunststeinwarenerzeugung arbeiten.

II.

Diese Feststellung gilt ab dem Beginn des Beitragszeitraumes, in den der auf die Verlautbarung in der Fachzeitschrift „Soziale Sicherheit" nächstfolgende Monatserste fällt. Sie ist gemäß § 49 Abs. 4 ASVG für alle Sozialversicherungsträger und Behörden verbindlich.

III.

Die zuletzt in Geltung gestandene Feststellung von nicht zum Entgelt gehörenden Bezügen für Beton-, Zement- und Kunststeinwarenerzeuger in Oberösterreich (Verlautbarung im „Amtsblatt zur Wiener Zeitung" vom 2. Dezember 1956, Nr. 281) tritt mit Wirksamkeit der neuen Feststellung außer Kraft.

32.
Feststellung gemäß § 49 Abs. 4 ASVG zum für den Bereich des Landes Kärnten abgeschlossenen Zusatzkollektivvertrag vom 23. Juli 1986 zum Bundeskollektivvertrag für das Rauchfangkehrergewerbe vom 2. Mai 1949 in der jeweils geltenden Fassung

Wiederverlautbarung der Feststellung gemäß § 49 Abs. 4 ASVG zum für den Bereich des Landes Kärnten abgeschlossenen Zusatzkollektivvertrag vom 23. Juli 1986 zum Bundeskollektivvertrag für das Rauchfangkehrergewerbe vom 2. Mai 1949 in der jeweils geltenden Fassung

Auf Grund des § 593 Abs. 3 ASVG wird mit dieser Kundmachung die Feststellung gemäß § 49 Abs. 4 ASVG zum für den Bereich des Landes Kärnten abgeschlossenen Zusatzkollektivvertrag vom 23. Juli 1986 zum Bundeskollektivvertrag für das Rauchfangkehrergewerbe vom 2. Mai 1949 in der jeweils geltenden Fassung gemäß § 31 Abs. 9 ASVG im Internet wiederverlautbart.

Stammfassung und Änderungen

Die Feststellung gemäß § 49 Abs. 4 ASVG zum für den Bereich des Landes Kärnten abgeschlossenen Zusatzkollektivvertrag vom 23. Juli 1986 zum Bundeskollektivvertrag für das Rauchfangkehrergewerbe vom 2. Mai 1949 in der jeweils geltenden Fassung wurde in ihrer Stammfassung am 15. Oktober 1987 in der Fachzeitschrift „Soziale Sicherheit" Nr. 10/1987, Amtliche Verlautbarung Nr. 117/1987 kundgemacht.

Veränderungen im Text

Für die Wiederverlautbarung wurden keine Veränderungen im Text der Feststellung vorgenommen.

Text der Wiederverlautbarung

Die Feststellung gemäß § 49 Abs. 4 ASVG zum für den Bereich des Landes Kärnten abgeschlossenen Zusatzkollektivvertrag vom 23. Juli 1986 zum Bundeskollektivvertrag für das Rauchfangkehrergewerbe vom 2. Mai 1949 in der jeweils geltenden Fassung wird mit folgendem Text wiederverlautbart:

Feststellung gemäß § 49 Abs. 4 ASVG zum für den Bereich des Landes Kärnten abgeschlossenen Zusatzkollektivvertrag vom 23. Juli 1986 zum Bundeskollektivvertrag für das Rauchfangkehrergewerbe vom 2. Mai 1949 in der jeweils geltenden Fassung

I.

Folgende Bezüge gemäß dem für den Bereich des Landes Kärnten abgeschlossenen Zusatzkollektivvertrag vom 23. Juli 1986 zum Bundeskollektivvertrag für das Rauchfangkehrergewerbe vom 2. Mai 1949 gehören – nach Maßgabe des Abschnittes II dieser Feststellung – nicht zum Entgelt im Sinne des § 49 Abs. 1 und 3 ASVG:

4. Feststellungen
nach § 49 Abs. 4

1. (gegenstandslos: keine Feststellungskompetenz des Hauptverbandes der österreichischen Sozialversicherungsträger)
2. (gegenstandslos: keine Feststellungskompetenz des Hauptverbandes der österreichischen Sozialversicherungsträger)
3. Fahrradpauschale gemäß Abschnitt III Z 5 des Zusatzkollektivvertrages in folgender Höhe:
   – bei Arbeitgebern mit Kehrbezirken nur im Stadtgebiet monatlich S 100,–,
   – bei Arbeitgebern mit Kehrbezirken im Stadt- und Landgebiet monatlich S 120,–.

Diese Feststellung gilt ab 1. August 1986. Sie ist gemäß § 49 Abs. 4 ASVG für alle Sozialversicherungsträger und Behörden verbindlich.

II.
(gegenstandslos: keine Feststellungskompetenz des Hauptverbandes der österreichischen Sozialversicherungsträger)

III.
Die zuletzt in Geltung gestandene Feststellung von nicht zum Entgelt gemäß § 49 Abs. 1 und 3 ASVG gehörenden Bezügen im Geltungsbereich des Kollektivvertrages für die Rauchfangkehrer in Kärnten (Verlautbarung im „Amtsblatt zur Wiener Zeitung" vom 2. Dezember 1956, Nr. 281) tritt mit Wirksamkeit der neuen Feststellung außer Kraft.

33.
Feststellung gemäß § 49 Abs. 4 ASVG zur Betriebsvereinbarung der Heizbetriebe Wien Ges. m. b. H. vom 1. Juni 1972 in der jeweils geltenden Fassung

Wiederverlautbarung der Feststellung gemäß § 49 Abs. 4 ASVG zur Betriebsvereinbarung der Heizbetriebe Wien Ges.m.b.H. vom 1. Juni 1972 in der jeweils geltenden Fassung

Auf Grund des § 593 Abs. 3 ASVG wird mit dieser Kundmachung die Feststellung gemäß § 49 Abs. 4 ASVG zur Betriebsvereinbarung der Heizbetriebe Wien Ges.m.b.H. vom 1. Juni 1972 in der jeweils geltenden Fassung gemäß § 31 Abs. 9 ASVG im Internet wiederverlautbart.

Stammfassung und Änderungen
Die Feststellung gemäß § 49 Abs. 4 ASVG zur Betriebsvereinbarung der Heizbetriebe Wien Ges.m.b.H. vom 1. Juni 1972 in der jeweils geltenden Fassung wurde in ihrer Stammfassung am 15. Oktober 1987 in der Fachzeitschrift „Soziale Sicherheit" Nr. 10/1987, Amtliche Verlautbarung Nr. 124/1987 kundgemacht.

Veränderungen im Text
Für die Wiederverlautbarung wurden keine Veränderungen im Text der Feststellung vorgenommen.

Text der Wiederverlautbarung
Die Feststellung gemäß § 49 Abs. 4 ASVG zur Betriebsvereinbarung der Heizbetriebe Wien Ges.m.b.H. vom 1. Juni 1972 in der jeweils geltenden Fassung wird mit folgendem Text wiederverlautbart:

Feststellung gemäß § 49 Abs. 4 ASVG zur Betriebsvereinbarung der Heizbetriebe Wien Ges.m.b.H. vom 1. Juni 1972 in der jeweils geltenden Fassung

I.
Folgende Bezüge gemäß der Betriebsvereinbarung der Heizbetriebe Wien Ges.m.b.H. vom 1. Juni 1972 in der jeweils geltenden Fassung gehören nicht zum Entgelt im Sinne des § 49 Abs. 1 und 3 ASVG:

1. (gegenstandslos: keine Feststellungskompetenz des Hauptverbandes der österreichischen Sozialversicherungsträger)
2. 50 % der im Punkt 1 lit. d der Betriebsvereinbarung in der Höhe von S 4,20 pro Stunde vorgesehenen kombinierten Zulage bei Verrichtung von Arbeiten der nachstehend angeführten Art:
   a) Reparatur an den Müllbunkertoren, sofern in dieser Zeit keine Müllentladearbeiten stattfinden,
   b) Reinigungsarbeiten nach Arbeit des Rauchfangkehrers bei außergewöhnlichen Bedingungen,
   c) manuelle Einschüttung von Mytrid,
   d) Schachtauspumpen bei Schächten über 8 Meter Tiefe;
3. (gegenstandslos: keine Feststellungskompetenz des Hauptverbandes der österreichischen Sozialversicherungsträger)
4. 50 % der im Punkt 2 lit. d der Betriebsvereinbarung vorgesehenen kombinierten Zulage in der Höhe von S 5,40 pro Stunde bei Verrichtung von Arbeiten der nachstehend angeführten Art:
   a) Entladen der Müllfahrzeuge und sonstige Müllarbeiten direkt bei den Müllbunkertoren,
   b) Reparatur an den Müllbunkertoren bei gleichzeitiger Entladung von Müllfahrzeugen,
   c) Reparatur und Reinigungsarbeiten, bei denen ein Einsteigen in den Kessel erforderlich ist;
5. 50 % der im Punkt 3 lit. d der Betriebsvereinbarung in der Höhe von S 7,05 pro Stunde vorgesehenen kombinierten Zulage bei Verrichtung von Isolierarbeiten mit Glaswolle in Umformerstationen.

II.
Diese Feststellung gilt ab 1. November 1986. Sie ist gemäß § 49 Abs. 4 ASVG für alle Sozialversicherungsträger und Behörden verbindlich.

4. Feststellungen nach § 49 Abs. 4

III.

Die zuletzt in Geltung gestandene Feststellung von nicht zum Entgelt gehörenden Bezügen nach der Betriebsvereinbarung der Heizbetriebe Wien Ges.m.b.H. (Amtliche Verlautbarung Nr. 99/1973 in der „Sozialen Sicherheit" Nr. 11/1973) tritt mit Wirksamkeit der neuen Feststellung außer Kraft.

34.
Feststellung gemäß § 49 Abs. 4 ASVG zum Kollektivvertrag für Wildbach- und Lawinenverbauung vom 28. Juni 1983 in der jeweils geltenden Fassung Wiederverlautbarung der Feststellung gemäß § 49 Abs. 4 ASVG zum Kollektivvertrag für Wildbach- und Lawinenverbauung vom 28. Juni 1983 in der jeweils geltenden Fassung

Auf Grund des § 593 Abs. 3 ASVG wird mit dieser Kundmachung die Feststellung gemäß § 49 Abs. 4 ASVG zum Kollektivvertrag für Wildbach- und Lawinenverbauung vom 28. Juni 1983 in der jeweils geltenden Fassung gemäß § 31 Abs. 9 ASVG im Internet wiederverlautbart.

Stammfassung und Änderungen

Die Feststellung gemäß § 49 Abs. 4 ASVG zum Kollektivvertrag für Wildbach- und Lawinenverbauung vom 28. Juni 1983 in der jeweils geltenden Fassung wurde in ihrer Stammfassung am 15. Februar 1988 in der Fachzeitschrift „Soziale Sicherheit" Nr. 2/1988, Amtliche Verlautbarung Nr. 19/1988 und ihre Änderung zu Punkt II am 15. Mai 1990 in der Fachzeitschrift „Soziale Sicherheit" Nr. 5/1990, Amtliche Verlautbarung Nr. 36/1990 kundgemacht.

Veränderungen im Text

Für die Wiederverlautbarung wurden keine Veränderungen im Text der Feststellung vorgenommen.

Text der Wiederverlautbarung

Die Feststellung gemäß § 49 Abs. 4 ASVG zum Kollektivvertrag für Wildbach- und Lawinenverbauung vom 28. Juni 1983 in der jeweils geltenden Fassung wird mit folgendem Text wiederverlautbart:

Feststellung gemäß § 49 Abs. 4 ASVG zum Kollektivvertrag für Wildbach- und Lawinenverbauung vom 28. Juni 1983 in der jeweils geltenden Fassung

I.

Folgende im Kollektivvertrag für Wildbach- und Lawinenverbauung vom 28. Juni 1983 in der jeweils geltenden Fassung vorgesehenen Bezüge gehören nicht zum Entgelt gemäß § 49 Abs. 1 und 3 ASVG:
1. Zulagen
   a) Zulage gemäß § 6 Z 1 lit. c des Kollektivvertrages für Arbeiten in gebrauchten Abortanlagen sowie in verstopften Kanälen und bei Ausräumen von Latrinen- und Jauchegruben in der Höhe von 25 % des Stundenlohnes (174. Teil des kollektivvertraglichen Monatslohnes der Lohnstufe 1 der jeweiligen Beschäftigungsgruppe plus 20 %) pro Arbeitsstunde;
   b) 50 % der im § 6 Z 1 lit. c des Kollektivvertrages in der Höhe von 10 % des Stundenlohnes (174. Teil des kollektivvertraglichen Monatslohnes der Lohnstufe 1 der jeweiligen Beschäftigungsgruppe plus 20 %) pro Arbeitsstunde vorgesehenen Zulage für Arbeiten, bei denen der Arbeitnehmer in erheblichem Maße mit Rauch, Ruß oder Asche sowie Zement bei außerordentlicher Staubentwicklung oder sonstigen besonders schmutzigen Stoffen in Berührung kommt;
   c) 50 % der im § 6 Z 1 lit. f des Kollektivvertrages in der Höhe von 10 % des Stundenlohnes (174. Teil des kollektivvertraglichen Monatslohnes der Lohnstufe 1 der jeweiligen Beschäftigungsgruppe plus 20 %) pro Stunde vorgesehenen Zulage für Arbeiten, bei denen der Arbeitnehmer mit Karbolineum, Xylamon, Teer, heißen bituminösen Stoffen, Klebeanstrich oder frisch imprägnierten Hölzern, soweit diese noch abfärben, in Berührung kommt;
   d) 50 % der im § 6 Z 1 lit. f des Kollektivvertrages in der Höhe von 15 % des Stundenlohnes (174. Teil des kollektivvertraglichen Monatslohnes der Lohnstufe 1 der jeweiligen Beschäftigungsgruppe plus 20 %) pro Stunde vorgesehenen Zulage bei heißer Asphaltaufbereitung mit primitiven Mitteln in offenen Pfannen;
2. (gegenstandslos: keine Feststellungskompetenz des Hauptverbandes der österreichischen Sozialversicherungsträger)

II.

Die obige Feststellung gilt auch für die laut Zusatzkollektivvertrag vom 31. März 1969 in der jeweils geltenden Fassung entlohnten Partieführer der Wildbach- und Lawinenverbauung, sofern der Kollektivvertrag vom 28. Juni 1983 in der jeweils geltenden Fassung anzuwenden ist.

III.

(gegenstandslos: keine Feststellungskompetenz des Hauptverbandes der österreichischen Sozialversicherungsträger)

IV.

Im Falle von kollektivvertraglichen Änderungen der in Prozentsätzen oder in einem Vielfachen des Kollektivvertragslohnes vorgesehenen Zulage ist nur hinsichtlich der Differenz zwischen den früheren und den neu vereinbarten Sätzen ein

4. Feststellungen
nach § 49 Abs. 4

Verfahren zur Neufestsetzung nach § 49 Abs. 4 ASVG einzuleiten.

V.

Diese Feststellung gilt ab dem Beginn des; Beitragszeitraumes, in den der auf die Verlautbarung in der Fachzeitschrift „Soziale Sicherheit" nächstfolgende Monatserste fällt. Sie ist gemäß § 49 Abs. 4 ASVG für alle Sozialversicherungsträger und Behörden verbindlich.

35.
Feststellung gemäß § 49 Abs. 4 ASVG zum Kollektivvertrag für die Steinarbeiter vom 23. März 1983, Anhang II, in der jeweils geltenden Fassung für den Bereich der Betonsteinindustrie

Wiederverlautbarung der Feststellung gemäß § 49 Abs. 4 ASVG zum Kollektivvertrag für die Steinarbeiter vom 23. März 1983, Anhang II, in der jeweils geltenden Fassung für den Bereich der Betonsteinindustrie

Auf Grund des § 593 Abs. 3 ASVG wird mit dieser Kundmachung die Feststellung gemäß § 49 Abs. 4 ASVG zum Kollektivvertrag für die Steinarbeiter vom 23. März 1983, Anhang II, in der jeweils geltenden Fassung für den Bereich der Betonsteinindustrie gemäß § 31 Abs. 9 ASVG im Internet wiederverlautbart.

Stammfassung und Änderungen

Die Feststellung gemäß § 49 Abs. 4 ASVG zum Kollektivvertrag für die Steinarbeiter vom 23. März 1983, Anhang II, in der jeweils geltenden Fassung für den Bereich der Betonsteinindustrie wurde in ihrer Stammfassung am 15. Dezember 1988 in der Fachzeitschrift „Soziale Sicherheit" Nr. 12/1988, Amtliche Verlautbarung Nr. 118/1988 kundgemacht.

Veränderungen im Text

Für die Wiederverlautbarung wurden keine Veränderungen im Text der Feststellung vorgenommen.

Text der Wiederverlautbarung

Die Feststellung gemäß § 49 Abs. 4 ASVG zum Kollektivvertrag für die Steinarbeiter vom 23. März 1983, Anhang II, in der jeweils geltenden Fassung für den Bereich der Betonsteinindustrie wird mit folgendem Text wiederverlautbart:

Feststellung gemäß § 49 Abs. 4 ASVG zum Kollektivvertrag für die Steinarbeiter vom 23. März 1983, Anhang II, in der jeweils geltenden Fassung für den Bereich der Betonsteinindustrie

I.

Folgende im Kollektivvertrag für die Steinarbeiter vom 23. März 1983, Anhang II, in der jeweils geltenden Fassung für den Bereich der Betonsteinindustrie vorgesehenen Bezüge gehören nicht zum Entgelt gemäß § 49 Abs. 1 und 3 ASVG:

1. 50 % der im Punkt 1 lit. b der Bestimmungen des Anhanges III für die Betonsteinindustrie in der Höhe von 7 % auf den kollektivvertraglichen Stundenlohn vorgesehenen Schmutzzulagen;
2. 50 % der im Punkt 1 lit. c der Bestimmungen des Anhanges III für die Betonsteinindustrie in der Höhe von 10 % auf den kollektivvertraglichen Stundenlohn vorgesehenen Säurezulage.

II.

Diese Feststellung gilt ab dem Beginn des Beitragszeitraumes in der auf die Verlautbarung in der Fachzeitschrift „Soziale Sicherheit" nächstfolgende Monatserste fällt. Sie ist gemäß § 49 Abs. 4 ASVG für alle Sozialversicherungsträger und Behörden verbindlich.

III.

Die zuletzt in Geltung gestandene Feststellung von nicht zum Entgelt gemäß § 49 Abs. 1 und 3 ASVG gehörenden Bezüge im Geltungsbereich des Kollektivvertrages für die Betonsteinindustrie von Kärnten, Oberösterreich, Salzburg, Steiermark und Tirol (Verlautbarung im „Amtsblatt zur Wiener Zeitung" vom 25. April 1957, Nr. 97) tritt mit Wirksamkeit der neuen Feststellung außer Kraft.

36.
Feststellung gemäß § 49 Abs. 4 ASVG zum Bundes-Kollektivvertrag für die Ziegel- und Fertigteilindustrie vom 1. November 1988 in der jeweils geltenden Fassung

Wiederverlautbarung der Feststellung gemäß § 49 Abs. 4 ASVG zum Bundes-Kollektivvertrag für die Ziegel- und Fertigteilindustrie vom 1. November 1988 in der jeweils geltenden Fassung

Auf Grund des § 593 Abs. 3 ASVG wird mit dieser Kundmachung die Feststellung gemäß § 49 Abs. 4 ASVG zum Bundes-Kollektivvertrag für die Ziegel- und Fertigteilindustrie vom 1. November 1988 in der jeweils geltenden Fassung gemäß § 31 Abs. 9 ASVG im Internet wiederverlautbart.

Stammfassung und Änderungen

Die Feststellung gemäß § 49 Abs. 4 ASVG zum Bundes-Kollektivvertrag für die Ziegel- und Fertigteilindustrie vom 1. November 1988 in der jeweils geltenden Fassung wurde in ihrer Stammfassung am 15. Jänner 1990 in der Fachzeitschrift „Soziale Sicherheit" Nr. 1/1990, Amtliche Verlautbarung Nr. 3/1990 kundgemacht.

Veränderungen im Text

Für die Wiederverlautbarung wurden keine Veränderungen im Text der Feststellung vorgenommen.

Text der Wiederverlautbarung

Die Feststellung gemäß § 49 Abs. 4 ASVG zum Bundes-Kollektivvertrag für die Ziegel- und Fertigteilindustrie vom 1. November 1988 in der je-

4. Feststellungen nach § 49 Abs. 4

weils geltenden Fassung wird mit folgendem Text wiederverlautbart:

Feststellung gemäß § 49 Abs. 4 ASVG zum Bundes-Kollektivvertrag für die Ziegel- und Fertigteilindustrie vom 1. November 1988 in der jeweils geltenden Fassung

I.

Folgende im Bundes-Kollektivvertrag für die Ziegel- und Fertigteilindustrie vom 1. November 1988 in der jeweils geltenden Fassung vorgesehenen Bezüge gehören nicht zum Entgelt gemäß § 49 Abs. 1 und 3 ASVG:

1. (gegenstandslos: keine Feststellungskompetenz des Hauptverbandes der österreichischen Sozialversicherungsträger)
2. Staubzulage gemäß § 15 lit. b des Kollektivvertrages
   a) für Kohlenverlader und -entlader zur Gänze,
   b) für die übrigen Personen zu 50 %;
3. 50 % der Zulagen gemäß § 15 I lit. c und e des Kollektivvertrages;
4. 1/3 der Schmutz-, Staub- und Hitzezulage gemäß § 15 I lit. d des Kollektivvertrages;
5. (gegenstandslos: keine Feststellungskompetenz des Hauptverbandes der österreichischen Sozialversicherungsträger)
6. Staubzulage gemäß § 16 lit. b des Kollektivvertrages
   a) für Kohlenverlader und -entlader zur Gänze,
   b) für die übrigen Personen zu 50 %;
7. 50 % der Zulagen gemäß § 16 lit. c und e des Kollektivvertrages;
8. 1/3 der Schmutz-, Staub- und Hitzezulage gemäß § 16 lit. d des Kollektivvertrages;
9. 50 % der Zulage gemäß § 16 lit. f des Kollektivvertrages.

II.

Diese Feststellung gilt ab dem Beginn des Beitragszeitraumes, in den der auf die Verlautbarung in der Fachzeitschrift „Soziale Sicherheit" nächstfolgende Monatserste fällt. Sie ist gemäß § 49 Abs. 4 ASVG für alle Sozialversicherungsträger und Behörden verbindlich.

III.

Die zuletzt in Geltung gestandene Feststellung von nicht zum Entgelt gehörenden Bezügen nach dem Bundes-Kollektivvertrag für die österreichische Ziegelindustrie (Verlautbarung im „Amtsblatt zur Wiener Zeitung" Nr. 97 vom 25. April 1957) tritt mit Wirksamkeit der neuen Feststellung außer Kraft.

37.
Feststellung gemäß § 49 Abs. 4 ASVG zum Kollektivvertrag für Bauindustrie und Baugewerbe vom 30. April 1954 in der jeweils geltenden Fassung

Wiederverlautbarung der Feststellung gemäß § 49 Abs. 4 ASVG zum Kollektivvertrag für Bauindustrie und Baugewerbe vom 30. April 1954 in der jeweils geltenden Fassung

Auf Grund des § 593 Abs. 3 ASVG wird mit dieser Kundmachung die Feststellung gemäß § 49 Abs. 4 ASVG zum Kollektivvertrag für Bauindustrie und Baugewerbe vom 30. April 1954 in der jeweils geltenden Fassung gemäß § 31 Abs. 9 ASVG im Internet wiederverlautbart.

Stammfassung und Änderungen

Die Feststellung gemäß § 49 Abs. 4 ASVG zum Kollektivvertrag für Bauindustrie und Baugewerbe vom 30. April 1954 in der jeweils geltenden Fassung wurde in ihrer Stammfassung am 15. Mai 1987 in der Fachzeitschrift „Soziale Sicherheit" Nr. 5/1987, Amtliche Verlautbarung Nr. 60/1987 kundgemacht.

Veränderungen im Text

Für die Wiederverlautbarung wurden keine Veränderungen im Text der Feststellung vorgenommen.

Text der Wiederverlautbarung

Die Feststellung gemäß § 49 Abs. 4 ASVG zum Kollektivvertrag für Bauindustrie und Baugewerbe vom 30. April 1954 in der jeweils geltenden Fassung wird mit folgendem Text wiederverlautbart:

Feststellung gemäß § 49 Abs. 4 ASVG zum Kollektivvertrag für Bauindustrie und Baugewerbe vom 30. April 1954 in der jeweils geltenden Fassung

I.

Nachstehende, im Kollektivvertrag für Bauindustrie und Baugewerbe vom 30. April 1954 in der jeweils geltenden Fassung vorgesehene Bezüge gehören nicht zum Entgelt gemäß § 49 Abs. 1 ASVG:

a) Zulage gemäß § 6 I/d Z 1 des Kollektivvertrages in der Höhe von 25 % des Kollektivvertragslohnes;
b) 50 % der im § 6 I/d Z 2 des Kollektivvertrages in der Höhe von 20 % des Kollektivvertragslohnes vorgesehenen Zulage;
c) Zulage gemäß § 6 I/d Z 3/aa des Kollektivvertrages in der Höhe von 10 % des Kollektivvertragslohnes;
d) 50 % der im § 6 I/d Z 3/bb des Kollektivvertrages in der Höhe von 10 % des Kollektivvertragslohnes vorgesehenen Zulage;
e) Zulage gemäß § 6 I/d Z 3/cc des Kollektivvertrages in der Höhe von 10 % des Kollektivvertragslohnes;

4. Feststellungen
nach § 49 Abs. 4

f) Zulage gemäß § 6 I/d Z 4 des Kollektivvertrages in der Höhe von 10 % des Kollektivvertragslohnes;
g) 50 % der im § 6 I/d Z 5 des Kollektivvertrages in der Höhe von 15 % des Kollektivvertragslohnes vorgesehen Zulage;
h) Zulage gemäß § 6 I/e des Kollektivvertrages in der Höhe von 10 % des Kollektivvertragslohnes vorgesehenen Zulage;
i) 50 % der im § 6 I/h des Kollektivvertrages in der Höhe von 10 % bzw. 15 % des Kollektivvertrages vorgesehenen Zulage.

II.

Diese Feststellung gilt ab dem Beginn des Beitragszeitraumes Jänner 1990. Sie ist gemäß § 49 Abs. 4 ASVG für alle Sozialversicherungsträger und Behörden verbindlich.

III.

Im Falle von kollektivvertraglichen Änderungen der in Prozentsätzen des Kollektivvertragslohnes vorgesehenen Zulagen ist nur hinsichtlich der Differenz zwischen den früheren und den neu vereinbarten Sätzen ein Verfahren zur Neufeststellung nach § 49 Abs. 4 ASVG einzuleiten.

IV.

Die zuletzt in Geltung gestandene Feststellung von nicht zum Entgelt gemäß § 49 Abs. 1 ASVG gehörenden Bezügen im Geltungsbereich des Kollektivvertrages für Bauindustrie und Baugewerbe (Amtliche Verlautbarung Nr. 13/1985 in der „Sozialen Sicherheit" Nr. 2/1985) tritt mit Wirksamkeit der neuen Feststellung außer Kraft.

38.
Feststellung gemäß § 49 Abs. 4 ASVG zum Kollektivvertrag für den Hafen-, Umschlags- und Lagereibetrieb und für den Schiffsbetrieb der Wiener Hafen-, Lager- und Umschlagsbetriebe Ges.m.b.H. vom 16. August 1983 in der jeweils geltenden Fassung

Wiederverlautbarung der Feststellung gemäß § 49 Abs. 4 ASVG zum Kollektivvertrag für den Hafen-, Umschlags- und Lagereibetrieb und für den Schiffsbetrieb der Wiener Hafen-, Lager- und Umschlagsbetriebe Ges.m.b.H. vom 16. August 1983 in der jeweils geltenden Fassung

Auf Grund des § 593 Abs. 3 ASVG wird mit dieser Kundmachung die Feststellung gemäß § 49 Abs. 4 ASVG zum Kollektivvertrag für den Hafen-, Umschlags- und Lagereibetrieb und für den Schiffsbetrieb der Wiener Hafen-, Lager- und Umschlagsbetriebe Ges.m.b.H. vom 16. August 1983 in der jeweils geltenden Fassung gemäß § 31 Abs. 9 ASVG im Internet wiederverlautbart.

Stammfassung und Änderungen

Die Feststellung gemäß § 49 Abs. 4 ASVG zum Kollektivvertrag für den Hafen-, Umschlags- und Lagereibetrieb und für den Schiffsbetrieb der Wiener Hafen-, Lager- und Umschlagsbetriebe Ges.m.b.H. vom 16. August 1983 in der jeweils geltenden Fassung wurde in ihrer Stammfassung am 15. Mai 1986 in der Fachzeitschrift „Soziale Sicherheit" Nr. 5/1986, Amtliche Verlautbarung Nr. 47/1986 kundgemacht.

Veränderungen im Text

Für die Wiederverlautbarung wurden keine Veränderungen im Text der Feststellung vorgenommen.

Text der Wiederverlautbarung

Die Feststellung gemäß § 49 Abs. 4 ASVG zum Kollektivvertrag für den Hafen-, Umschlags- und Lagereibetrieb und für den Schiffsbetrieb der Wiener Hafen-, Lager- und Umschlagsbetriebe Ges.m.b.H. vom 16. August 1983 in der jeweils geltenden Fassung wird mit folgendem Text wiederverlautbart:

Feststellung gemäß § 49 Abs. 4 ASVG zum Kollektivvertrag für den Hafen-, Umschlags- und Lagereibetrieb und für den Schiffsbetrieb der Wiener Hafen-, Lager- und Umschlagsbetriebe Ges.m.b.H. vom 16. August 1983 in der jeweils geltenden Fassung

I.

Nachstehende, im Kollektivvertrag für den Hafen-, Umschlags- und Lagereibetrieb und für den Schiffsbetrieb der Wiener Hafen-, Lager- und Umschlagsbetriebe Ges.m.b.H. vom 16. August 1983 in der jeweils geltenden Fassung vorgesehene Bezüge gehören nicht zum Entgelt gemäß § 49 Abs. 1 und 3 ASVG:

a) Staubzulage gemäß Abschnitt 11 Z 3 lit. b des Kollektivvertrages in der Höhe von 20 % des Normalstundenlohnes;
b) 50 % der in Höhe von 10 % des Grundlohnes vorgesehene Schmutz- und Erschwerniszulage gemäß Abschnitt 11 Z 3 lit. c des Kollektivvertrages.

II.

Die vorstehende Feststellung wird mit dem Beginn des Beitragszeitraumes wirksam, in den der auf die Verlautbarung in der Fachzeitschrift „Soziale Sicherheit" nächstfolgende Monatserste fällt. Sie ist gemäß § 49 Abs. 4 ASVG für alle Sozialversicherungsträger und Behörden verbindlich.

III.

Die zuletzt in Geltung gestandene Feststellung von nicht zum Entgelt gemäß § 49 Abs. 1 und 3 ASVG gehörenden Schmutzzulage im Geltungsbereich des Kollektivvertrages für Hafen- und Lagerhausarbeiter der Donauschifffahrt (Verlautbarung im „Amtsblatt zur Wiener Zeitung" Nr. 229 vom 2. Oktober 1956) tritt außer Kraft.

4. Feststellungen nach § 49 Abs. 4

39.
Feststellung gemäß § 49 Abs. 4 ASVG zum Kollektivvertrag für die Dienstnehmer der Speditions- und Lagereibetriebe Österreichs vom 31. März 1986 in der jeweils geltenden Fassung

Wiederverlautbarung der Feststellung gemäß § 49 Abs. 4 ASVG zum Kollektivvertrag für die Dienstnehmer der Speditions- und Lagereibetriebe Österreichs vom 31. März 1986 in der jeweils geltenden Fassung

Auf Grund des § 593 Abs. 3 ASVG wird mit dieser Kundmachung die Feststellung gemäß § 49 Abs. 4 ASVG zum Kollektivvertrag für die Dienstnehmer der Speditions- und Lagereibetriebe Österreichs vom 31. März 1986 in der jeweils geltenden Fassung gemäß § 31 Abs. 9 ASVG im Internet wiederverlautbart.

Stammfassung und Änderungen
Die Feststellung gemäß § 49 Abs. 4 ASVG zum Kollektivvertrag für die Dienstnehmer der Speditions- und Lagereibetriebe Österreichs vom 31. März 1986 in der jeweils geltenden Fassung wurde in ihrer Stammfassung am 15. September 1987 in der Fachzeitschrift „Soziale Sicherheit" Nr. 9/1987, Amtliche Verlautbarung Nr. 97/1987 kundgemacht.

Veränderungen im Text
Für die Wiederverlautbarung wurden keine Veränderungen im Text der Feststellung vorgenommen.

Text der Wiederverlautbarung
Die Feststellung gemäß § 49 Abs. 4 ASVG zum Kollektivvertrag für die Dienstnehmer der Speditions- und Lagereibetriebe Österreichs vom 31. März 1986 in der jeweils geltenden Fassung wird mit folgendem Text wiederverlautbart:

Feststellung gemäß § 49 Abs. 4 ASVG zum Kollektivvertrag für die Dienstnehmer der Speditions- und Lagereibetriebe Österreichs vom 31. März 1986 in der jeweils geltenden Fassung

I.
Folgende im Kollektivvertrag für die Dienstnehmer der Speditions- und Lagereibetriebe Österreichs vom 31. März 1986 in der jeweils geltenden Fassung vorgesehenen Bezüge gehören nicht zum Entgelt gemäß § 49 Abs. 1 und 3 ASVG:
1. (gegenstandslos: keine Feststellungskompetenz des Hauptverbandes der österreichischen Sozialversicherungsträger)
2. (gegenstandslos: keine Feststellungskompetenz des Hauptverbandes der österreichischen Sozialversicherungsträger)
3. Zulagen gemäß Abschnitt II der Zulagenordnung B (für Dienstnehmer der Lagereibetriebe ausgenommen Speditions- und Möbellager) in der nachstehend angegebenen Höhe:
   a) 50 % der im Abschnitt II Z 1 der Zulagenordnung B in der Höhe von S 4,-- je Stunde vorgesehenen Staubzulage für die bei der Getreideentladung an den Motorschaufeln und an den Saugdüsen der pneumatischen Saugheber und beim manuellen Schaufeln auf den Schüttböden verwendeten Dienstnehmer für die Dauer dieser Verwendung;
   b) 50 % der im Abschnitt II Z 3 der Zulagenordnung B für die Reinigung von Silozellen in der Höhe von S 34,-- je Zelle vorgesehenen Zulage;
4. (gegenstandslos: keine Feststellungskompetenz des Hauptverbandes der österreichischen Sozialversicherungsträger)

II.
Diese Feststellung gilt ab 31. März 1986. Sie ist gemäß § 49 Abs. 4 ASVG für alle Sozialversicherungsträger und Behörden verbindlich.

III.
Die zuletzt in Geltung gestandene Feststellung von nicht zum Entgelt gemäß § 49 Abs. 1 und 3 ASVG gehörenden Bezügen im Geltungsbereich des Kollektivvertrages für die Dienstnehmer der Speditions- und Lagereibetriebe (Verlautbarung im „Amtsblatt zur Wiener Zeitung" vom 27. September 1967, Nr. 224) tritt mit Wirksamkeit der neuen Feststellung außer Kraft.

40.
Feststellung gemäß § 49 Abs. 4 ASVG zur Lohntafel für die Stadlauer Malzfabrik vom 30. Oktober 1987 in der jeweils geltenden Fassung

Wiederverlautbarung der Feststellung gemäß § 49 Abs. 4 ASVG zur Lohntafel für die Stadlauer Malzfabrik vom 30. Oktober 1987 in der jeweils geltenden Fassung

Auf Grund des § 593 Abs. 3 ASVG wird mit dieser Kundmachung die Feststellung gemäß § 49 Abs. 4 ASVG zur Lohntafel für die Stadlauer Malzfabrik vom 30. Oktober 1987 in der jeweils geltenden Fassung gemäß § 31 Abs. 9 ASVG im Internet wiederverlautbart.

Stammfassung und Änderungen
Die Feststellung gemäß § 49 Abs. 4 ASVG zur Lohntafel für die Stadlauer Malzfabrik vom 30. Oktober 1987 in der jeweils geltenden Fassung wurde in ihrer Stammfassung am 15. Juni 1989 in der Fachzeitschrift „Soziale Sicherheit" Nr. 6/1989, Amtliche Verlautbarung Nr. 55/1989 kundgemacht.

Veränderungen im Text
Für die Wiederverlautbarung wurden keine Veränderungen im Text der Feststellung vorgenommen.

Text der Wiederverlautbarung
Die Feststellung gemäß § 49 Abs. 4 ASVG zur Lohntafel für die Stadlauer Malzfabrik vom 30. Ok-

4. Feststellungen
nach § 49 Abs. 4

tober 1987 in der jeweils geltenden Fassung wird mit folgendem Text wiederverlautbart:

Feststellung gemäß § 49 Abs. 4 ASVG zur Lohntafel für die Stadlauer Malzfabrik vom 30. Oktober 1987 in der jeweils geltenden Fassung

I.

Der folgende in der Lohntafel für die Stadlauer Malzfabrik vom 30. Oktober 1987 in der jeweils geltenden Fassung vorgesehene Bezug gehört nicht zum Entgelt gemäß § 49 Abs. 1 und 3 ASVG:

50 % der im Abschnitt IV lit. b der Lohntafel für Arbeiten in den Kesseln und Brunnen, Reparaturen im Kakaopulversilo der Glasurenmassenanlage, Reparaturen an den Trogkettenförderern am Gerstenboden, Reparaturen im Wenderkasten, Wechseln und Reinigen von Filter und Schläuchen, Reparaturen im Inneren der Rösttrommel, Reinigung der Keimstraßen-Horden mit Chlorat sowie Reinigung der Wärmeaustauscher bei den Darren in der Höhe von 25 % des Lohnes vorgesehenen Schmutzzulage.

II.

Diese Feststellung gilt ab dem Beginn des Beitragszeitraumes, in den der auf die Verlautbarung in der Fachzeitschrift „Soziale Sicherheit" nächstfolgende Monatserste fällt. Sie ist gemäß § 49 Abs. 4 ASVG für alle Sozialversicherungsträger und Behörden verbindlich.

III.

Die zuletzt in Geltung gestandene Feststellung von nicht zum Entgelt gehörenden Bezügen aufgrund kollektivvertraglicher Regelungen für die Stadlauer Malzfabrik (Verlautbarung im „Amtsblatt zur Wiener Zeitung" vom 2. Dezember 1956, Nr. 281) tritt mit Wirksamkeit der neuen Feststellung außer Kraft.

41.
Feststellung gemäß § 49 Abs. 4 ASVG zum Kollektivvertrag für die Pelzindustrie vom 26. Jänner 1984 in der jeweils geltenden Fassung

Wiederverlautbarung der Feststellung gemäß § 49 Abs. 4 ASVG zum Kollektivvertrag für die Pelzindustrie vom 26. Jänner 1984 in der jeweils geltenden Fassung

Auf Grund des § 593 Abs. 3 ASVG wird mit dieser Kundmachung die Feststellung gemäß § 49 Abs. 4 ASVG zum Kollektivvertrag für die Pelzindustrie vom 26. Jänner 1984 in der jeweils geltenden Fassung gemäß § 31 Abs. 9 ASVG im Internet wiederverlautbart.

Stammfassung und Änderungen

Die Feststellung gemäß § 49 Abs. 4 ASVG zum Kollektivvertrag für die Pelzindustrie vom 26. Jänner 1984 in der jeweils geltenden Fassung wurde in ihrer Stammfassung am 17. November 1986 in der Fachzeitschrift „Soziale Sicherheit" Nr. 11/1986, Amtliche Verlautbarung Nr. 107/1986 kundgemacht.

Veränderungen im Text

Für die Wiederverlautbarung wurden keine Veränderungen im Text der Feststellung vorgenommen.

Text der Wiederverlautbarung

Die Feststellung gemäß § 49 Abs. 4 ASVG zum Kollektivvertrag für die Pelzindustrie vom 26. Jänner 1984 in der jeweils geltenden Fassung wird mit folgendem Text wiederverlautbart:

Feststellung gemäß § 49 Abs. 4 ASVG zum Kollektivvertrag für die Pelzindustrie vom 26. Jänner 1984 in der jeweils geltenden Fassung

I.

Der nachstehende, im Kollektivvertrag für die Pelzindustrie vom 26. Jänner 1984 in der jeweils geltenden Fassung vorgesehene Bezug gehört nicht zum Entgelt gemäß § 49 Abs. 1 und 3 ASVG:

50 % der im Abschnitt III des Kollektivvertrages in der Höhe von 15 % des Stundenlohnes von Kürschner-Präparatorenfachkräften der Klasse 2 vorgesehenen Klopfzulage.

II.

Die vorstehende Feststellung wird mit dem Beginn des Beitragszeitraumes wirksam, in den der auf die Verlautbarung in der Fachzeitschrift „Soziale Sicherheit" nächstfolgende Monatserste fällt. Sie ist gemäß § 49 Abs. 4 ASVG für alle Sozialversicherungsträger und Behörden verbindlich.

III.

Die zuletzt in Geltung gestandene Feststellung von nicht zum Entgelt gemäß § 49 Abs. 1 und 3 ASVG gehörenden Bezügen im Geltungsbereich des Kollektivvertrages für die Pelzindustrie (Verlautbarung im Amtsblatt zur Wiener Zeitung" vom 2. Dezember 1956, Nr. 281) tritt außer Kraft.

42.
Feststellung gemäß § 49 Abs. 4 ASVG zum Kollektivvertrag für die im Land Tirol tätigen Berufsjäger vom 26. Februar 1986 in der jeweils geltenden Fassung

Wiederverlautbarung der Feststellung gemäß § 49 Abs. 4 ASVG zum Kollektivvertrag für die im Land Tirol tätigen Berufsjäger vom 26. Februar 1986 in der jeweils geltenden Fassung

Auf Grund des § 593 Abs. 3 ASVG wird mit dieser Kundmachung die Feststellung gemäß § 49 Abs. 4 ASVG zum Kollektivvertrag für die im Land Tirol tätigen Berufsjäger vom 26. Februar 1986 in der jeweils geltenden Fassung gemäß § 31 Abs. 9 ASVG im Internet wiederverlautbart.

4. Feststellungen nach § 49 Abs. 4

Stammfassung und Änderungen

Die Feststellung gemäß § 49 Abs. 4 ASVG zum Kollektivvertrag für die im Land Tirol tätigen Berufsjäger vom 26. Februar 1986 in der jeweils geltenden Fassung wurde in ihrer Stammfassung am 1. August 1986 in der Fachzeitschrift „Soziale Sicherheit" Nr. 7/8/1986, Amtliche Verlautbarung Nr. 75/1986 kundgemacht.

Veränderungen im Text

Für die Wiederverlautbarung wurden keine Veränderungen im Text der Feststellung vorgenommen.

Text der Wiederverlautbarung

Die Feststellung gemäß § 49 Abs. 4 ASVG zum Kollektivvertrag für die im Land Tirol tätigen Berufsjäger vom 26. Februar 1986 in der jeweils geltenden Fassung wird mit folgendem Text wiederverlautbart:

Feststellung gemäß § 49 Abs. 4 ASVG zum Kollektivvertrag für die im Land Tirol tätigen Berufsjäger vom 26. Februar 1986 in der jeweils geltenden Fassung

I.

Nachstehende, im Kollektivvertrag für die im Land Tirol tätigen Berufsjäger vom 26. Februar 1986 in der jeweils geltenden Fassung vorgesehene Bezüge gehören nicht zum Entgelt gemäß § 49 Abs. 1 und 3 ASVG:

1. (gegenstandslos: keine Feststellungskompetenz des Hauptverbandes der österreichischen Sozialversicherungsträger)
2. Kostenersatz für die Hundeführung in der Höhe von S 690,- (veränderlicher Wert) monatlich pro Hund, ab dem Zeitpunkt der abgelegten Hauptprüfung in der Höhe von S 1.080,- (veränderlicher Wert) monatlich gemäß § 10 Abs. 1;
3. Vergütung für Abschüsse von Schalenwild in der Höhe des dreifachen Anschaffungspreises einer der verwendeten Patronen im Zeitpunkt der Erlegung gemäß § 10 Abs. 3.

II.

Diese Feststellung tritt mit 1. April 1986 in Kraft. Sie ist gemäß § 49 Abs. 4 ASVG für alle Sozialversicherungsträger und Behörden verbindlich.

III.

Die zuletzt in Geltung gestandene Feststellung von nicht zum Entgelt gemäß § 49 Abs. 1 und 3 ASVG gehörenden Bezügen im Geltungsbereich des Kollektivvertrages für die im Land Tirol tätigen Berufsjäger (Verlautbarung im „Amtsblatt zur Wiener Zeitung" Nr. 156 vom 9. Juli 1971) tritt außer Kraft.

43. Feststellung gemäß § 49 Abs. 4 ASVG zum Kollektivvertrag vom 27. Jänner 1986 für Forstarbeiter in Tirol, soweit sie nicht in Betrieben der Österreichischen Bundesforste beschäftigt sind, in der jeweils geltenden Fassung

Wiederverlautbarung der Feststellung gemäß § 49 Abs. 4 ASVG zum Kollektivvertrag vom 27. Jänner 1986 für Forstarbeiter in Tirol, soweit sie nicht in Betrieben der Österreichischen Bundesforste beschäftigt sind, in der jeweils geltenden Fassung

Auf Grund des § 593 Abs. 3 ASVG wird mit dieser Kundmachung die Feststellung gemäß § 49 Abs. 4 ASVG zum Kollektivvertrag vom 27. Jänner 1986 für Forstarbeiter in Tirol, soweit sie nicht in Betrieben der Österreichischen Bundesforste beschäftigt sind, in der jeweils geltenden Fassung gemäß § 31 Abs. 9 ASVG im Internet wiederverlautbart.

Stammfassung und Änderungen

Die Feststellung gemäß § 49 Abs. 4 ASVG zum Kollektivvertrag vom 27. Jänner 1986 für Forstarbeiter in Tirol, soweit sie nicht in Betrieben der Österreichischen Bundesforste beschäftigt sind, in der jeweils geltenden Fassung wurde in ihrer Stammfassung am 15. Mai 1987 in der Fachzeitschrift „Soziale Sicherheit" Nr. 5/1987, Amtliche Verlautbarung Nr. 69/1987 kundgemacht.

Veränderungen im Text

Für die Wiederverlautbarung wurden keine Veränderungen im Text der Feststellung vorgenommen.

Text der Wiederverlautbarung

Die Feststellung gemäß § 49 Abs. 4 ASVG zum Kollektivvertrag vom 27. Jänner 1986 für Forstarbeiter in Tirol, soweit sie nicht in Betrieben der Österreichischen Bundesforste beschäftigt sind, in der jeweils geltenden Fassung wird mit folgendem Text wiederverlautbart:

Feststellung gemäß § 49 Abs. 4 ASVG zum Kollektivvertrag vom 27. Jänner 1986 für Forstarbeiter in Tirol, soweit sie nicht in Betrieben der Österreichischen Bundesforste beschäftigt sind, in der jeweils geltenden Fassung

I.

Der folgende im Kollektivvertrag vom 27. Jänner 1986 für Forstarbeiter in Tirol, soweit sie nicht in Betrieben der Österreichischen Bundesforste beschäftigt sind, vorgesehene Bezug gehört nicht zum Entgelt im Sinne des § 49 Abs. 1 und 3 ASVG:

Motorsägenpauschale im Höhe von S 15,69 pro erzeugten Festmeter als Ersatz für die Kosten der Anschaffung, der Reparaturen und der Betriebsmittel gemäß § 14 Abs. 2 des Kollektivvertrages.

4. Feststellungen
nach § 49 Abs. 4

44.
Feststellung gemäß § 49 Abs. 4 ASVG zum für den Bereich des Landes Salzburg abgeschlossenen Zusatzkollektivvertrag vom 21. Dezember 1988 zum Bundeskollektivvertrag für das Rauchfangkehrergewerbe vom 2. Mai 1949 in der jeweils geltenden Fassung

Wiederverlautbarung der Feststellung gemäß § 49 Abs. 4 ASVG zum für den Bereich des Landes Salzburg abgeschlossenen Zusatzkollektivvertrag vom 21. Dezember 1988 zum Bundeskollektivvertrag für das Rauchfangkehrergewerbe vom 2. Mai 1949 in der jeweils geltenden Fassung

Auf Grund des § 593 Abs. 3 ASVG wird mit dieser Kundmachung die Feststellung gemäß § 49 Abs. 4 ASVG zum für den Bereich des Landes Salzburg abgeschlossenen Zusatzkollektivvertrag vom 21. Dezember 1988 zum Bundeskollektivvertrag für das Rauchfangkehrergewerbe vom 2. Mai 1949 in der jeweils geltenden Fassung gemäß § 31 Abs. 9 ASVG im Internet wiederverlautbart.

Stammfassung und Änderungen

Die Feststellung gemäß § 49 Abs. 4 ASVG zum für den Bereich des Landes Salzburg abgeschlossenen Zusatzkollektivvertrag vom 21. Dezember 1988 zum Bundeskollektivvertrag für das Rauchfangkehrergewerbe vom 2. Mai 1949 in der jeweils geltenden Fassung wurde in ihrer Stammfassung am 15. Jänner 1990 in der Fachzeitschrift „Soziale Sicherheit" Nr. 1/1990, Amtliche Verlautbarung Nr. 2/1990 kundgemacht.

Veränderungen im Text

Für die Wiederverlautbarung wurden keine Veränderungen im Text der Feststellung vorgenommen.

Text der Wiederverlautbarung

Die Feststellung gemäß § 49 Abs. 4 ASVG zum für den Bereich des Landes Salzburg abgeschlossenen Zusatzkollektivvertrag vom 21. Dezember 1988 zum Bundeskollektivvertrag für das Rauchfangkehrergewerbe vom 2. Mai 1949 in der jeweils geltenden Fassung wird mit folgendem Text wiederverlautbart:

Feststellung gemäß § 49 Abs. 4 ASVG zum für den Bereich des Landes Salzburg abgeschlossenen Zusatzkollektivvertrag vom 21. Dezember 1988 zum Bundeskollektivvertrag für das Rauchfangkehrergewerbe vom 2. Mai 1949 in der jeweils geltenden Fassung

I.

Folgende Bezüge gemäß dem für den Bereich des Landes Salzburg abgeschlossenen Zusatzkollektivvertrag vom 21. Dezember 1988 zum Bundeskollektivvertrag für das Rauchfangkehrergewerbe vom 2. Mai 1949 in der jeweils geltenden Fassung gehören – nach Maßgabe des Abschnittes II dieser Feststellung – nicht zum Entgelt gemäß § 49 Abs. 1 und 3 ASVG:

1. Zulage bei Arbeiten in industriellen Anlagen, insbesondere an Hochdruckkesseln, in Brauereien, Fabriken usw. gemäß Abschnitt IV lit. a des Zusatzkollektivvertrages;
2. Schmutzzulage gemäß Abschnitt IV lit. b des Zusatzkollektivvertrages.

II.

Besteht für dieselben Zeiträume nebeneinander Anspruch sowohl auf die im Abschnitt I Z 2 dieser Feststellung angeführte Schmutzzulage als auch auf die im Abschnitt I Z 1 angeführte Zulage, so gilt die Feststellung nur hinsichtlich der höheren Zulage.

III.

Diese Feststellung gilt ab 1. Jänner 1989. Sie ist gemäß § 49 Abs. 4 ASVG für alle Sozialversicherungsträger und Behörden verbindlich.

IV.

Die zuletzt in Geltung gestandene Feststellung von nicht zum Entgelt gemäß § 49 Abs. 1 und 3 ASVG gehörenden Bezügen im Geltungsbereich des für den Bereich des Landes Salzburg abgeschlossenen Zusatzkollektivvertrages zum Bundeskollektivvertrag für das Rauchfangkehrergewerbe (Amtliche Verlautbarung Nr. 120/1987 in der „Sozialen Sicherheit" Nr. 10/1987) tritt mit Wirksamkeit der neuen Feststellung außer Kraft.

*

Diese Wiederverlautbarungen von Feststellungen beitragsfreier Entgeltbestandteile gemäß § 49 Abs. 4 ASVG wurden vom Verbandsvorstand des Hauptverbandes der österreichischen Sozialversicherungsträger am 14. Dezember 2005 beschlossen und der Bundesministerin für soziale Sicherheit, Generationen und Konsumentenschutz zur Kenntnis gebracht.

5. Veränderliche Werte

5. Veränderliche Werte

Inhaltsverzeichnis

5/1.	Beitragsrechtliche Werte		
	5/1/1. Beitragsrechtliche Werte 2022	Seite	201
	5/1/2. Beitragsrechtliche Werte 2021	Seite	219
	5/1/3. Beitragsrechtliche Werte 2020	Seite	234
5/2.	Leistungsrechtliche Werte		
	5/2/1. Leistungsrechtliche Werte 2022	Seite	249
	5/2/2. Leistungsrechtliche Werte 2021	Seite	259
	5/2/3. Leistungsrechtliche Werte 2020	Seite	265

5/1/1. Beitragsrechtliche Werte 2022

Beitragsrechtlicher Teil

ÜBERSICHT

A. Sozialversicherung der Unselbständigen
1. Monatliche Höchstbeitragsgrundlagen
2. Grenzbeträge für die Geringfügigkeit
3. Beitragssätze (in Prozent)
4. Monatliche Höchstbeiträge in der KV, UV und PV nach dem ASVG unter Berücksichtigung der Höchstbeitragsgrundlage
5. Beitragsgrundlage für Rehabilitanden
6. Beitragsgrundlage für Zivildienstleistende
7. Beitragsgrundlage für Pflichtversicherte ohne Entgelt
8. Übersicht über die monatlichen Beiträge bestimmter Dienstnehmergruppen
   a) Arbeiter
   b) Landarbeiter
   c) Bergarbeiter
   d) Angestellte
   e) Angestellte im Bergbau
   f) Freie Dienstnehmer
9. Beiträge für Weiter- und Selbstversicherte
10. Beiträge des Bundes für Familienangehörige von präsenzdienstleistenden Wehrpflichtigen
11. Beiträge für Zusatzversicherte in der Unfallversicherung

B. Sozialversicherung der öffentlich Bediensteten

C. Sozialversicherung der Versicherten bei Eisenbahnen und im Bergbau

D. Sozialversicherung der selbständig Erwerbstätigen

E. Sozialversicherung der Bauern

F. Krankenversicherung der Pensionisten

G. Krankenversicherung der gemäß § 9 ASVG in die Krankenversicherung einbezogenen Personen

5/1/1. Beitragsrechtliche Werte 2022

Beiträge

Aufwertungszahl gemäß § 108 Abs. 2 ASVG:	1,021

A. Sozialversicherung der Unselbständigen

1. Monatliche Höchstbeitragsgrundlagen

Bezeichnung	monatlich in Euro	Sonderzahlungen jährlich in Euro
in der Krankenversicherung, § 45 Abs. 1 ASVG	5.670,00	11.340,00
in der Unfallversicherung, § 45 Abs. 1 ASVG	5.670,00	11.340,00
in der Pensionsversicherung, § 45 Abs. 1 ASVG	5.670,00	11.340,00
für die Arbeitslosenversicherung	5.670,00	11.340,00
für den Zuschlag nach dem IESG	5.670,00	11.340,00
für die Arbeiterkammerumlage (Landarbeiterkammerumlage)	5.670,00	1)
für den Wohnbauförderungsbeitrag	5.670,00	-
für den Schlechtwetterentschädigungsbeitrag	5.670,00	11.340,00
für den Nachtschwerarbeits-Beitrag	5.670,00	11.340,00

1) Ausnahme: Kärnten 11.340,00 Euro hinsichtlich der Landarbeiterkammerumlage

Höchstbeitragsgrundlage täglich - monatlich (§ 108 Abs. 3 ASVG)	täglich in Euro	monatlich in Euro
in der Kranken-, Unfall- und Pensionsversicherung	189,00	5.670,00

2. Geringfügigkeitsgrenze (§ 5 Abs. 2 ASVG)

monatlich in Euro	485,85

5/1/1. Beitragsrechtliche Werte 2022

3. Beitragssätze (in Prozent)

Bezeichnung	Arbeiter [1]			Landarbeiter			Angestellte			Freie Dienstnehmer		
	insgesamt	Dienstnehmeranteil	Dienstgeberanteil	insgesamt	Dienstnehmeranteil	Dienstgeberanteil	insgesamt	Dienstnehmeranteil	Dienstgeberanteil	insgesamt	Dienstnehmeranteil	Dienstgeberanteil
Krankenversicherung, § 51 ASVG	7,65	3,87	3,78	7,65	3,87	3,78	7,65	3,87	3,78	7,65	3,87	3,78
Unfallversicherung, § 51 ASVG	1,20	-	1,20	1,20	-	1,20	1,20	-	1,20	1,20	-	1,20
Pensionsversicherung, § 51 ASVG [2]	22,80	10,25	12,55	22,80	10,25	12,55	22,80	10,25	12,55	22,80	10,25	12,55
Knappschaftliche Pensionsversicherung, §§ 51, 51a ASVG	28,30	10,25	18,05	-	-	-	28,30	10,25	18,05	-	-	-
Arbeitslosenversicherung (AV) [3]	6,00	3,00	3,00	6,00	3,00	3,00	6,00	3,00	3,00	6,00	3,00	3,00
IESG-Zuschlag	0,10	-	0,10	0,10	-	0,10	0,10	-	0,10	0,10	-	0,10
Arbeiterkammerumlage [4]	0,50	0,50	-	0,75	0,75	-	0,50	0,50	-	0,50	0,50	-
Wohnbauförderungsbeitrag	1,00	0,50	0,50	-	-	-	1,00	0,50	0,50	-	-	-
Schlechtwetterentschädigungsbeitrag [5]	1,40	0,70	0,70	-	-	-	-	-	-	-	-	-
Nachtschwerarbeits-Beitrag [6]	3,80	-	3,80	3,80	-	3,80	3,80	-	3,80	-	-	-
Dienstgeberabgabe [7]	16,40	-	16,40	16,40	-	16,40	16,40	-	16,40	16,40	-	16,40
Beitrag für Versicherte in geringfügigen Beschäftigungsverhältnissen gemäß § 53a ASVG [8]	14,12	14,12	-	14,12	14,12	-	14,12	14,12	-	14,12	14,12	-
Beitrag zur Betrieblichen Vorsorge (BV) [9]	1,53	-	1,53	1,53	-	1,53	1,53	-	1,53	1,53	-	1,53
Sozial- und Weiterbildungsfonds-Beitrag (SO) [10]	0,35	-	0,35	0,35	-	0,35	0,35	-	0,35	-	-	-

1) Gilt für Arbeiter, die dem EFZG unterliegen, und gemäß § 1154b ABGB.
2) Bei Aufschub des Antritts einer Alterspension wird die Beitragslast halbiert.
3) Bei geringem Einkommen ist der AV-Dienstnehmeranteil abweichend geregelt: Beitragsgrundlage bis € 1.828,00: **0 %**, über € 1.828,00 bis 1.994,00: **1 %**, über € 1.994,00 bis 2.161,00: **2 %** (§ 2a AMPFG).
4) bzw. Landarbeiterkammerumlage (in Wien und Burgenland wird keine Landarbeiterkammerumlage, sondern nur für einen Teil der Beschäftigten in der Land- und Forstwirtschaft die Arbeiterkammerumlage in der Höhe von 0,5 % eingehoben). Lehrlinge sind von der Landarbeiterkammerumlage - mit Ausnahme von Steiermark und Kärnten - befreit.
5) Nur für Arbeiter, für die die Schlechtwetterregelung im Baugewerbe gilt.
6) Nur für Dienstnehmer, auf die das Nachtschwerarbeitsgesetz anzuwenden ist.
7) Dienstgeberabgabe ist nur für im Betrieb geringfügig Beschäftigte zu entrichten, sofern deren Lohnsumme € **728,78** im Kalendermonat überschreitet (jährliche Zahlung).
8) Dienstnehmeranteil wird dem geringfügig Beschäftigten vom Krankenversicherungsträger vorgeschrieben, sofern die Summe seiner Erwerbseinkünfte aus mehreren ASVG-Beschäftigungsverhältnissen die Geringfügigkeitsgrenze übersteigt (Jahresbeitrag). Bei Dienstnehmern ist noch die AK-Umlage hinzuzurechnen.
9) Gilt für Arbeitsverhältnisse, die auf einem privatrechtlichen Vertrag beruhen und nach dem 31.12.2002 beginnen, sowie für freie Dienstnehmer ab 1.1.2008.
10) Für überlassene Arbeitnehmer ist dieser Beitrag bei Vorliegen der Voraussetzungen vom Überlasser nach § 22a Arbeitskräfteüberlassungsgesetz (AÜG) zu entrichten.

Kodex Sozialversicherung – Durchführungsvorschriften 1.5.2022

5/1/1. Beitragsrechtliche Werte 2022

4. Monatliche Höchstbeiträge in der Kranken-, Unfall- und Pensionsversicherung nach dem ASVG unter Berücksichtigung der Höchstbeitragsgrundlage

Bezeichnung	Arbeiter [1]			Angestellte		
	insgesamt	Dienstnehmeranteil	Dienstgeberanteil	insgesamt	Dienstnehmeranteil	Dienstgeberanteil
	in Euro					
Krankenversicherung	433,76	219,43	214,33	433,76	219,43	214,33
Unfallversicherung	68,04	-	68,04	68,04	-	68,04
Pensionsversicherung	1.292,77	581,18	711,59	1.292,76	581,18	711,59
BV-Betrag [2]						

1) Die Beiträge in dieser Tabelle gelten auch für Landarbeiter.
2) Es gelten weder Geringfügigkeitsgrenze noch Höchstbeitragsgrundlage.

5. Beitragsgrundlage für Rehabilitanden (§ 44 Abs. 6 lit. a ASVG)

Pro Kalendertag: 82,14 €	Beitragsgrundlage für Rehabilitanden monatlich: 2.464,20 €

6. Beitragsgrundlage für Zivildienstleistende (§ 44 Abs. 6 lit. b ASVG)

Pro Kalendertag: 42,89 €	monatlich: 1.286,70 €

7. Beitragsgrundlage für Pflichtversicherte ohne Entgelt (§ 44 Abs. 6 lit. c ASVG) (z.B. Krankenpflegeschüler, Hebammenschülerinnen, Kinder im elterlichen Betrieb)

Pro Kalendertag: 30,49 €	monatlich: 914,70 €

8. Übersicht über die monatlichen Beiträge bestimmter Dienstnehmergruppen (niedrigste und höchste Beiträge)

Die nächsten Seiten enthalten Tabellen über folgende Personengruppen:

- a) Arbeiter
- b) Landarbeiter
- c) Bergarbeiter
- d) Angestellte
- e) Angestellte im Bergbau
- f) Freie Dienstnehmer

ANMERKUNG:

1. Unfallversicherung

In der Unfallversicherung gibt es keine Geringfügigkeitsgrenze. In den folgenden Tabellen (a - f) wird dessenungeachtet der niedrigste Beitrag - auch in der Unfallversicherung - jeweils mit dem der Geringfügigkeitsgrenze entsprechenden Beitrag angegeben, weil in der Regel nur jene Personen vollversichert sind, deren Gesamtentgelt über der Geringfügigkeitsgrenze liegt (Ausnahme: Kurzarbeit, Hausbesorger gemäß HbG).

2. Geringfügig Beschäftigte, die nicht von der Vollversicherung ausgenommen sind (§ 5 Abs. 1 Z 2 ASVG):

Es ist der Dienstnehmeranteil des für die im folgenden genannten Personengruppen jeweils geltenden Beitragssatzes in der Kranken- und Pensionsversicherung (sowie die Arbeiterkammerumlage bei Dienstnehmern) heranzuziehen. Die dadurch ermittelten Beiträge werden dem Versicherten einmal jährlich von dem für das jeweilige geringfügige Beschäftigungsverhältnis zuständigen Krankenversicherungsträger vorgeschrieben (§ 53a Abs. 3 ASVG). Die Beitragsabfuhr über den jeweiligen Dienstgeber ist nicht vorgesehen.

5/1/1. Beitragsrechtliche Werte 2022

a) Arbeiter [1]

Bezeichnung	Beitragssatz in %			Geringfügigkeitsgrenze in Euro	Höchstbeitragsgrundlage in Euro	Niedrigster Beitrag in Euro			Höchster Beitrag in Euro		
	davon Dienstnehmer	davon Dienstgeber	insgesamt			davon Dienstnehmer	davon Dienstgeber	insgesamt	davon Dienstnehmer	davon Dienstgeber	insgesamt
Krankenversicherung	3,87	3,78	7,65	485,85	5.670,00	18,80	18,37	37,17	219,43	214,33	433,76
Unfallversicherung	-	1,20	1,20	485,85	5.670,00	-	5,83	5,83	-	68,04	68,04
Pensionsversicherung [2]	10,25	12,55	22,80	485,85	5.670,00	49,80	60,98	110,78	581,18	711,59	1.292,77
Arbeitslosenversicherung [3]	3,00	3,00	6,00	485,85	5.670,00	-	14,58	14,58	170,10	170,10	340,20
Zuschlag nach dem IESG	-	0,10	0,10	485,85	5.670,00	-	0,49	0,49	-	5,67	5,67
Arbeiterkammerumlage	0,50	-	0,50	485,85	5.670,00	2,43	-	2,43	28,35	-	28,35
Wohnbauförderungs-Beitrag	0,50	0,50	1,00	485,85	5.670,00	2,43	2,43	4,86	28,35	28,35	56,70
insgesamt	**18,12**	**21,13**	**39,25**			**73,46**	**102,68**	**176,14**	**1.027,41**	**1.198,08**	**2.225,49**
BV-Beitrag [4]	-	1,53	1,53								
Schlechtwetterentschädigungsbeitrag	0,70	0,70	1,40	485,85	5.670,00	3,40	3,40	6,80	39,69	39,69	79,38
Nachtschwerarbeits-Beitrag	-	3,80	3,80		5.670,00	-	18,46	18,46	-	215,46	215,46
Sozial- und Weiterbildungsfonds-Beitrag (SO) [5]	-	0,35	0,35	485,85	5.670,00	-	-	-	-	19,85	19,85

1) Gilt für Arbeiter, die dem EFZG unterliegen, die nicht dem EFZG unterliegen und gemäß § 1154b ABGB.
2) Bei Aufschub des Antritts einer Alterspension wird die Beitragslast halbiert.
3) Bei geringem Einkommen ist der AV-Dienstnehmeranteil abweichend geregelt: Beitragsgrundlage bis € 1.828,00: **0 %**, über € 1.828,00 bis 1.994,00: **1 %**, über € 1.994,00 bis 2.161,00: **2 %** (§ 2a AMPFG).
4) Es gelten weder Geringfügigkeitsgrenze noch Höchstbeitragsgrundlage.
5) Für überlassene Arbeitnehmer ist dieser Beitrag bei Vorliegen der Voraussetzungen vom Überlasser nach § 22d Arbeitskräfteüberlassungsgesetz (AÜG) zu entrichten, wobei die Geringfügigkeitsgrenze nicht gilt.

Kodex Sozialversicherung – Durchführungsvorschriften 1.5.2022

5/1/1. Beitragsrechtliche Werte 2022

b) Landarbeiter

Bezeichnung	Beitragssatz in %			Geringfügigkeitsgrenze in Euro	Höchstbeitragsgrundlage in Euro	Niedrigster Beitrag in Euro			Höchster Beitrag in Euro		
	davon Dienstnehmer	davon Dienstgeber	insgesamt			davon Dienstnehmer	davon Dienstgeber	insgesamt	davon Dienstnehmer	davon Dienstgeber	insgesamt
Krankenversicherung	3,87	3,78	7,65	485,85	5.670,00	18,80	18,37	37,17	219,43	214,33	433,76
Unfallversicherung	-	1,20	1,20	485,85	5.670,00	-	5,83	5,83	-	68,04	68,04
Pensionsversicherung 1)	10,25	12,55	22,80	485,85	5.670,00	49,80	60,98	110,78	581,18	711,59	1.292,77
Arbeitslosenversicherung 2)	3,00	3,00	6,00	485,85	5.670,00	-	14,58	14,58	170,10	170,10	340,20
Zuschlag nach dem IESG	-	0,10	0,10	485,85	5.670,00	-	0,49	0,49	-	5,67	5,67
Landarbeiterkammerumlage 3)	0,75	-	0,75			3,64	-	3,64	42,53	-	42,53
insgesamt	**17,87**	**20,63**	**38,50**			**72,24**	**100,25**	**172,49**	**1.013,24**	**1.169,73**	**2.182,97**
BV-Beitrag 4)	-	1,53	1,53								

1) Bei Aufschub des Antritts einer Alterspension wird die Beitragslast halbiert.
2) Bei geringem Einkommen ist der AV-Dienstnehmeranteil abweichend geregelt: Beitragsgrundlage bis € 1.828,00: **0** %, über € 1.828,00 bis 1.994,00: **1** %, über € 1.994,00 bis 2.161,00: **2** % (§ 2a AMPFG).
3) In Wien und Burgenland wird keine Landarbeiterkammerumlage, sondern nur für einen Teil der Beschäftigten in der Land- und Forstwirtschaft die Arbeiterkammerumlage in der Höhe von 0,50 % eingehoben; in Kärnten wird die Landarbeiterkammerumlage auch von den Sonderzahlungen (bis 11.340,00 € jährlich) berechnet.
4) Es gelten weder Geringfügigkeitsgrenze noch Höchstbeitragsgrundlage.

5/1/1. Beitragsrechtliche Werte 2022

c) Bergarbeiter

Bezeichnung	Beitragssatz in % davon Dienstnehmer	Beitragssatz in % davon Dienstgeber	Beitragssatz in % insgesamt	Geringfügigkeitsgrenze in Euro	Höchstbeitragsgrundlage in Euro	Niedrigster Beitrag in Euro davon Dienstnehmer	Niedrigster Beitrag in Euro davon Dienstgeber	Niedrigster Beitrag in Euro insgesamt	Höchster Beitrag in Euro davon Dienstnehmer	Höchster Beitrag in Euro davon Dienstgeber	Höchster Beitrag in Euro insgesamt
Krankenversicherung	3,87	3,78	7,65	485,85	5.670,00	18,80	18,37	37,17	219,43	214,33	433,76
Unfallversicherung	-	1,20	1,20	485,85	5.670,00	-	5,83	5,83	-	68,04	68,04
Pensionsversicherung [1) 2)]	10,25	18,05	28,30	485,85	5.670,00	49,80	87,70	137,50	581,18	1.023,44	1.604,62
Arbeitslosenversicherung [3)]	3,00	3,00	6,00	485,85	5.670,00	-	14,58	14,58	170,10	170,10	340,20
Zuschlag nach dem IESG	-	0,10	0,10	485,85	5.670,00	-	0,49	0,49	-	5,67	5,67
Arbeiterkammerumlage	0,50	-	0,50	485,85	5.670,00	2,43	-	2,43	28,35	-	28,35
Wohnbauförderungs-Beitrag	0,50	0,50	1,00	485,85	5.670,00	2,43	2,43	4,86	28,35	28,35	56,70
insgesamt	**18,12**	**26,63**	**44,75**			**73,46**	**129,40**	**202,86**	**1.027,41**	**1.509,93**	**2.537,34**
Nachtschwerarbeits-Beitrag	-	3,80	3,80		5.670,00	-	18,46	18,46	-	215,46	215,46
BV-Beitrag [4)]	-	1,53	1,53								

1) inklusive 5,5 % Zusatzbeitrag gemäß § 51a ASVG (entfällt zur Gänze auf den Dienstgeber)
2) Bei Aufschub des Antritts einer Alterspension werden die allgemeinen Pensionsversicherungsbeiträge halbiert.
3) Bei geringem Einkommen ist der AV-Dienstnehmeranteil abweichend geregelt: Beitragsgrundlage bis € 1.828,00: **0** %, über € 1.828,00 bis 1.994,00: **1** %, über € 1.994,00 bis 2.161,00: **2** % (§ 2a AMPFG).
4) Es gelten weder Geringfügigkeitsgrenze noch Höchstbeitragsgrundlage.

BeitrWerte 2022
BeitrWerte 2021
BeitrWerte 2020

5/1/1. Beitragsrechtliche Werte 2022

d) Angestellte

Bezeichnung	Beitragssatz in %			Geringfügigkeitsgrenze in Euro	Höchstbeitragsgrundlage in Euro	Niedrigster Beitrag in Euro			Höchster Beitrag in Euro		
	davon Dienstnehmer	davon Dienstgeber	insgesamt			davon Dienstnehmer	davon Dienstgeber	insgesamt	davon Dienstnehmer	davon Dienstgeber	insgesamt
Krankenversicherung	3,87	3,78	7,65	485,85	5.670,00	18,80	18,37	37,17	219,43	214,33	433,76
Unfallversicherung	-	1,20	1,20	485,85	5.670,00	-	5,83	5,83	-	68,04	68,04
Pensionsversicherung [1)]	10,25	12,55	22,80	485,85	5.670,00	49,80	60,97	110,77	581,18	711,59	1.292,77
Arbeitslosenversicherung [2)]	3,00	3,00	6,00	485,85	5.670,00	-	14,58	14,58	170,10	170,10	340,20
Zuschlag nach dem IESG	-	0,10	0,10	485,85	5.670,00	-	0,49	0,49	-	5,67	5,67
Arbeiterkammerumlage	0,50	-	0,50	485,85	5.670,00	2,43	-	2,43	28,35	-	28,35
Wohnbauförderungs-Beitrag	0,50	0,50	1,00	485,85	5.670,00	2,43	2,43	4,86	28,35	28,35	56,70
insgesamt	18,12	21,13	39,25			73,46	102,67	176,13	1.027,41	1.198,08	2.225,49
Nachtschwerarbeits-Beitrag	-	3,80	3,80		5.670,00		18,46	18,46		215,46	215,46
BV-Beitrag [3)]	-	1,53	1,53	485,85							
Sozial- und Weiterbildungsfonds-Beitrag (SO) [4)]	-	0,35	0,35							19,85	19,85

1) Bei Aufschub des Antritts einer Alterspension wird die Beitragslast halbiert.
2) Bei geringem Einkommen ist der AV-Dienstnehmeranteil abweichend geregelt: Beitragsgrundlage bis € 1.828,00: **0 %**, über € 1.828,00 bis 1.994,00: **1 %**, über € 1.994,00 bis 2.161,00: **2 %** (§ 2a AMPFG).
3) Es gelten weder Geringfügigkeitsgrenze noch Höchstbeitragsgrundlage.
4) Für überlassene Arbeitnehmer ist dieser Beitrag bei Vorliegen der Voraussetzungen nach § 22d Arbeitskräfteüberlassungsgesetz (AÜG) zu entrichten, wobei die Geringfügigkeitsgrenze nicht gilt.

5/1/1. Beitragsrechtliche Werte 2022

e) Angestellte im Bergbau

Bezeichnung	Beitragssatz in %			Geringfügigkeitsgrenze in Euro	Höchstbeitragsgrundlage in Euro	Niedrigster Beitrag in Euro			Höchster Beitrag in Euro		
	davon Dienstnehmer	davon Dienstgeber	insgesamt			davon Dienstnehmer	davon Dienstgeber	insgesamt	davon Dienstnehmer	davon Dienstgeber	insgesamt
Krankenversicherung	3,87	3,78	7,65	485,85	5.670,00	18,80	18,37	37,17	219,43	214,33	433,76
Unfallversicherung	-	1,20	1,20	485,85	5.670,00	-	5,83	5,83	-	68,04	68,04
Pensionsversicherung [1] [2]	10,25	18,05	28,30	485,85	5.670,00	49,80	87,70	137,50	581,18	1.023,44	1.604,62
Arbeitslosenversicherung [3]	3,00	3,00	6,00	485,85	5.670,00	-	14,58	14,58	170,10	170,10	340,20
Zuschlag nach dem IESG	-	0,10	0,10	485,85	5.670,00	-	0,49	0,49	-	5,67	5,67
Arbeiterkammerumlage	0,50	-	0,50	485,85	5.670,00	2,43	-	2,43	28,35	-	28,35
Wohnbauförderungs-Beitrag	0,50	0,50	1,00	485,85	5.670,00	2,43	2,43	4,86	28,35	28,35	56,70
insgesamt	18,12	26,63	44,75			73,46	129,40	202,86	1.027,41	1.509,93	2.537,34
Nachtschwerarbeits-Beitrag	-	3,80	3,80	485,85	5.670,00	-	18,46	18,46	-	215,46	215,46
BV-Beitrag [4]	-	1,53	1,53								

1) inklusive 5,5 % Zusatzbeitrag gemäß § 51a ASVG (entfällt zur Gänze auf den Dienstgeber)
2) Bei Aufschub des Antritts einer Alterspension werden die allgemeinen Pensionsversicherungsbeiträge halbiert.
3) Bei geringem Einkommen ist der AV-Dienstnehmeranteil abweichend geregelt: Beitragsgrundlage bis € 1.828,00: **0** %, über € 1.828,00 bis 1.994,00: **1** %, über € 1.994,00 bis 2.161,00: **2** % (§ 2a AMPFG).
4) Es gelten weder Geringfügigkeitsgrenze noch Höchstbeitragsgrundlage.

Kodex Sozialversicherung – Durchführungsvorschriften 1.5.2022

5/1/1. Beitragsrechtliche Werte 2022

f) Freie Dienstnehmer

Bezeichnung	Beitragssatz in %			Geringfügigkeitsgrenze in Euro	Höchstbeitragsgrundlage in Euro		Niedrigster Beitrag in Euro			Höchster Beitrag - Sonderzahlungen vereinbart - in Euro			Höchster Beitrag - keine Sonderzahlungen vereinbart - in Euro		
	davon Dienstnehmer	davon Dienstgeber	insgesamt		Sonderzahlungen vereinbart	keine Sonderzahlungen vereinbart	davon Dienstnehmer	davon Dienstgeber	insgesamt	davon Dienstnehmer	davon Dienstgeber	insgesamt	davon Dienstnehmer	davon Dienstgeber	insgesamt
Krankenversicherung	3,87	3,78	7,65	485,85	5.670,00	6.615,00	18,80	18,37	37,17	219,43	214,33	433,76	256,00	250,05	506,05
Unfallversicherung	-	1,20	1,20	485,85	5.670,00	6.615,00	-	5,83	5,83	-	68,04	68,04	-	79,38	79,38
Pensionsversicherung [1]	10,25	12,55	22,80	485,85	5.670,00	6.615,00	49,80	60,98	110,78	581,18	711,59	1.292,77	678,04	830,18	1.508,22
Arbeitslosenversicherung [2]	3,00	3,00	6,00	485,85	5.670,00	6.615,00	-	14,58	14,58	170,10	170,10	340,20	198,45	198,45	396,90
IESG-Zuschlag	-	0,10	0,10	485,85	5.670,00	6.615,00	-	0,49	0,49	-	5,67	5,67	-	6,62	6,62
Arbeiterkammerumlage	0,50	-	0,50	485,85	5.670,00	6.615,00	2,43	-	2,43	28,35	-	28,35	33,08	-	33,08
insgesamt	17,62	20,63	38,25				71,03	100,25	171,28	999,06	1.169,73	2.168,79	1.165,57	1.364,68	2.530,25
BV-Beitrag [3]	-	1,53	1,53												

1) Bei Aufschub des Antritts einer Alterspension wird die Beitragslast halbiert.
2) Bei geringem Einkommen ist der AV-Dienstnehmeranteil abweichend geregelt: Beitragsgrundlage bis € 1.828,00: **0** %, über € 1.828,00 bis 1.994,00: **1** %, über € 1.994,00 bis 2.161,00: **2** % (§ 2a AMPFG).
3) Es gelten weder Geringfügigkeitsgrenze noch Höchstbeitragsgrundlage.

5/1/1. Beitragsrechtliche Werte 2022

9. Beiträge für Weiter- und Selbstversicherte je Monat

SELBSTVERSICHERUNG	Beitragssatz in %	Niedrigste Beitragsgrundlage in Euro	Höchste Beitragsgrundlage in Euro	Niedrigster Beitrag in Euro	Höchster Beitrag in Euro
Krankenversicherung					
a) Studenten	7,55	858,00	858,00	64,78	64,78
b) Selbstversicherte gemäß § 19a ASVG [1]		-	-	-	68,59	68,59
c) Selbstversicherung für Zeiten der Pflege eines behinderten Kindes gem. § 16 Abs. 2a ASVG oder Pflege naher Angehöriger gemäß § 16 Abs. 2b ASVG [2]	7,55	858,00	858,00	64,78	64,78
d) sonstige Selbstversicherte [3]	7,55	858,00	6.151,20	64,78	464,42
Unfallversicherung (gem. §§ 19 ASVG, Beiträge laut §§ 76b Abs.1, 77 Abs.3 ASVG, Verweis auf Satzungen)					
a) selbständig Erwerbstätige [4]	1,90	684,30	2.741,10	13,00	52,08
b) deren Ehegatten und Kinder [4]	1,90	684,30	2.741,10	13,00	52,08
c) Lehrkräfte in Betriebsstätten, Fachschulen usw. [5]	1,00	675,60	2.706,60	6,76	27,07
d) Rettungsärzte und Rettungshelfer [5]	1,00	675,60	2.706,60	6,76	27,07
Pensionsversicherung					
a) Selbstversicherte gemäß § 19a ASVG [1]		-	-	-	68,59	68,59
b) Selbstversicherung gemäß § 16a ASVG					
bei vorangegangener Pflichtversicherung	22,80	890,70	6.615,00	203,08	1.508,22
ohne vorangegangene Pflichtversicherung	22,80	890,70	3.307,50	203,08	754,11
c) Selbstversicherung für Zeiten der Pflege eines behinderten Kindes gemäß § 18a ASVG [2]	22,80	2.027,75	2.027,75	462,33	462,33
d) Selbstversicherung für Zeiten der Pflege naher Angehöriger gemäß § 18b ASVG [6]	22,80	2.027,75	2.027,75	462,33	462,33

WEITERVERSICHERUNG IN DER PENSIONSVERSICHERUNG gemäß § 17 ASVG	Beitragssatz in %	Niedrigste Beitragsgrundlage in Euro	Höchste Beitragsgrundlage in Euro	Niedrigster Beitrag in Euro	Höchster Beitrag in Euro
1. Weiterversicherung für Zeiten der Pflege eines nahen Angehörigen mit Anspruch auf Pflegegeld zumindest in Höhe der Stufe 3 [6]	22,80	890,70	6.615,00	203,08	1.508,22
2. sonstige Weiterversicherte	22,80	890,70	6.615,00	203,08	1.508,22

[1] Pauschalbeitrag von € 68,59 monatlich für Krankenversicherung und Pensionsversicherung (§ 77 Abs. 2a ASVG).
[2] Die Beiträge werden aus Mitteln des Ausgleichsfonds für Familienbeihilfen und des Bundes getragen.
[3] Niedrigster Beitrag von € 64,78 gilt nur bei Herabsetzung der Beiträge in Berücksichtigung der wirtschaftlichen Verhältnisse.
[4] Gemäß § 60 der Satzung der SVS ist die Beitragsgrundlage für den Kalendertag im Jahr 2022 nach Wahl der versicherten Person ein Betrag von € 22,81 oder € 45,63 oder € 91,37.
[5] Gemäß § 15 der Satzung der AUVA ist die Beitragsgrundlage für den Kalendertag im Jahr 2022 nach Wahl der versicherten Person ein Betrag von € 22,52 oder € 45,06 oder € 90,22.
[6] Die Beiträge werden zur Gänze aus Mitteln des Bundes getragen.

5/1/1. Beitragsrechtliche Werte 2022

10. Beiträge des Bundes für Familienangehörige von präsenzdienstleistenden Wehrpflichtigen
monatlich pro Familienangehörigen (§ 56a Abs.2 ASVG)

Bezeichnung	Beitrag des Bundes in Euro
Pauschalbeitrag	78,89
Zusatzbeitrag	6,31
insgesamt	**85,20**

11. Beiträge für Zusatzversicherte in der Unfallversicherung
je Kalenderjahr (§ 74a ASVG)

Bezeichnung	Beitrag pro Versichertem [1] in Euro
Zusatzversicherung gemäß § 22a ASVG	1,16
Zusatzversicherung gemäß § 176 Abs. 1 Z 7 lit. b ASVG	2,18

[1] Von dem Rechtsträger zu entrichten, der die Einbeziehung in die Zusatzversicherung beantragt hat.

5/1/1. Beitragsrechtliche Werte 2022

B. Sozialversicherung der öffentlich Bediensteten
Beiträge je Monat

Bezeichnung	Beitragssatz in %, davon Dienstnehmer	Beitragssatz in %, davon Dienstgeber	Beitragssatz in %, insgesamt	Niedrigste Beitragsgrundlage in Euro [1]	Höchste Beitragsgrundlage in Euro	Niedrigster Beitrag in Euro, davon Dienstnehmer	Niedrigster Beitrag in Euro, davon Dienstgeber	Niedrigster Beitrag in Euro, insgesamt	Höchster Beitrag in Euro, davon Dienstnehmer	Höchster Beitrag in Euro, davon Dienstgeber	Höchster Beitrag in Euro, insgesamt
Krankenversicherung für Aktive	4,10	3,535	7,635	485,86	5.670,00	19,92	17,18	37,10	232,47	200,43	432,90
Krankenversicherung der Pensionisten	4,90	3,535	8,435	485,86	5.670,00	23,81	17,18	40,99	277,83	200,43	478,26
Unfallversicherung [2]	-	0,47	0,47	-	unbegrenzt	-	-	-	-	unbegrenzt	unbegrenzt
Pensionsbeitrag nach dem PG [3]											
Pensionsversicherung nach dem ASVG [4] [5]	10,25	12,55	22,80	485,86	5.670,00	49,80	60,98	110,77	581,18	711,59	1.292,77
Arbeitslosenversicherung [4] [6] [7]	3,00	3,00	6,00	485,86	5.670,00	-	14,58	14,58	170,10	170,10	340,20
Zuschlag nach dem IESG [6]	-	0,10	0,10	485,86	5.670,00	-	0,50	0,50	-	5,67	5,67
Arbeiterkammerumlage [8]	0,50	-	0,50	485,86	5.670,00	2,43	-	2,43	28,35	-	28,35
Landarbeiterkammerumlage	0,75	-	0,75	485,86	5.670,00	3,64	-	3,64	42,53	-	42,53
Wohnbauförderungsbeitrag	0,50	0,50	1,00	485,86	5.670,00	2,43	2,43	4,85	28,35	28,35	56,70
Dienstgeberabgabe [9]	-	16,15	16,15	728,78	-	-	117,70	117,70	-	-	-

1) Monatliches Entgelt, ab dem die monatliche Geringfügigkeitsgrenze von **€ 485,85** überschritten wird.
2) Die Beiträge sind vom Dienstgeber zu entrichten. Daneben gibt es eine Gruppe von Versicherten (die Versicherungsvertreter in den Verwaltungskörpern der Versicherungsanstalt öffentlich Bediensteter, die Bürgermeister und die übrigen Mitglieder der Gemeindevertretungen sowie die ehrenamtlich tätigen Bewährungshelfer), für die ein fixer Jahresbeitrag von der Versicherungsanstalt bzw. der Gemeinde bzw. der in Betracht kommenden Dienststelle oder privaten Vereinigung entrichtet wird. Die Höhe des UV-Pauschalbetrages im Jahr 2021 beträgt **€ 24,16**. In der Unfallversicherung nach dem B-KUVG gibt es keine Höchstbeitragsgrundlage.
3) Wird vom Dienstgeber eingehoben (§ 22 Gehaltsgesetz-GG).
4) Die Beitragspflicht in der Pensionsversicherung nach dem ASVG sowie die Arbeitslosenversicherung besteht für Vertragsbedienstete und Arbeitnehmer der Universitäten.
5) Bei Aufschub des Antritts einer Alterspension wird die Beitragslast halbiert.
6) Die AV-Beitrags- und IESG-Zuschlagspflicht besteht nur für öffentlich Bedienstete bestimmter Institutionen (Nationalbank u.a.).
7) Bei geringem Einkommen ist der AV-Dienstnehmeranteil abweichend geregelt: Beitragsgrundlage bis € 1.828,00: **0 %**, über € 1.828,00 bis 1.994,00: **1 %**, über € 1.994,00 bis 2.161,00: **2 %** (§ 2a AMPFG).
8) Dienstnehmer von Gebietskörperschaften, die in Dienststellen beschäftigt werden, welche in Vollziehung der Gesetze tätig sind, unterliegen nicht der Kammerumlagepflicht.
9) Dienstgeberabgabe ist nur für im Betrieb geringfügig Beschäftigte zu entrichten, sofern deren Lohnsumme **€ 728,78** im Kalendermonat überschreitet (jährliche Zahlung).

5/1/1. Beitragsrechtliche Werte 2022

C. Sozialversicherung der Versicherten bei Eisenbahnen und im Bergbau
Beiträge je Monat

Bezeichnung	Beitragssatz in % davon Dienstnehmer	Beitragssatz in % davon Dienstgeber	Beitragssatz in % insgesamt	Niedrigste Beitragsgrundlage in Euro [1]	Höchste Beitragsgrundlage in Euro	Niedrigster Beitrag in Euro davon Dienstnehmer	Niedrigster Beitrag in Euro davon Dienstgeber	Niedrigster Beitrag in Euro insgesamt	Höchster Beitrag in Euro davon Dienstnehmer	Höchster Beitrag in Euro davon Dienstgeber	Höchster Beitrag in Euro insgesamt
Krankenversicherung											
a) Personen, die dem EFZG unterliegen (ehem. VAB)	3,87	3,78	7,65	485,85	5.670,00	18,80	18,37	37,17	219,43	214,33	433,76
b) Personen, die dem EFZG unterliegen (ehem. VAE)	3,87	3,78	7,65	485,85	5.670,00	18,80	18,37	37,17	219,43	214,33	433,76
c) Beamte	4,75	4,30	9,05	485,85	5.670,00	23,08	20,89	43,97	269,33	243,81	513,14
d) Versicherte nach dem AngG	3,87	3,78	7,65	485,85	5.670,00	18,80	18,37	37,17	219,43	214,33	433,76
Zuschlag für Ruhe/Versorgungsgenussempfänger § 472a ASVG	0,15	-	0,15	485,85	5.670,00	0,73	-	0,73	8,51	-	8,51
Unfallversicherung (ehem. VAB)	-	1,20	1,20	485,85	5.670,00	-	5,83	5,83	-	68,04	68,04
Unfallversicherung (ehem. VAE) [2]	-	1,20	1,20	485,85	5.670,00	-	5,83	5,83	-	68,04	68,04
Arbeitslosenversicherung [3]	3,00	3,00	6,00	485,85	5.670,00	-	14,58	14,58	170,10	170,10	340,20
Pensionsversicherung [4] [5]	10,25	12,55	22,80	485,85	5.670,00	49,80	60,97	110,77	581,18	711,59	1.292,77
Knappschaftliche Pensionsversicherung [6] [7]	10,25	18,05	28,30	485,85	5.670,00	49,80	87,70	137,50	581,18	1.023,44	1.604,62
Zuschlag nach dem IESG	-	0,10	0,10	485,85	5.670,00	-	0,49	0,49	-	5,67	5,67
Arbeiterkammerumlage	0,50	-	0,50	485,85	5.670,00	2,43	-	2,43	28,35	-	28,35
Wohnbauförderungsbeitrag	0,50	0,50	1,00	485,85	5.670,00	2,43	2,43	4,86	28,35	28,35	56,70
Nachtschwerarbeits-Beitrag	-	3,80	3,80	-	5.670,00	-	18,46	18,46	-	215,46	215,46
BV-Beitrag [8]	-	1,53	1,53	-	-	-	-	-	-	-	-

1) Monatliches Entgelt, ab dem die monatliche Geringfügigkeitsgrenze von € **485,85** überschritten wird.
2) Die Beiträge zur Unfallversicherung werden nach dem Umlageverfahren berechnet.
3) Bei geringem Einkommen ist der AV-Dienstnehmeranteil abweichend geregelt: Beitragsgrundlage bis € 1.828,00: **0** %, über € 1.828,00 bis 1.994,00: **1** %, über € 1.994,00 bis 2.161,00: **2** % (§ 2a AMPFG).
4) Nur für die nichtpragmatisierten Dienstnehmer.
5) Bei Aufschub des Antritts einer Alterspension wird die Beitragslast halbiert.
6) inklusive 5,5 % Zusatzbeitrag gemäß § 51a ASVG (entfällt zur Gänze auf den Dienstgeber)
7) Bei Aufschub des Antritts einer Alterspension werden die allgemeinen Pensionsversicherungsbeiträge halbiert.
8) Es gelten weder Geringfügigkeitsgrenze noch Höchstbeitragsgrundlage.

5/1/1. Beitragsrechtliche Werte 2022

D. Sozialversicherung der selbständig Erwerbstätigen mit und ohne Mitgliedschaft in der Wirtschaftskammer sowie der freiberuflich selbständig Erwerbstätigen
Beiträge je Monat

Bezeichnung	Beitragssatz - Versichertenanteil in %	Mindestbeitragsgrundlage in Euro	Höchste Beitragsgrundlage in Euro	Niedrigster Beitrag in Euro	Höchster Beitrag in Euro
Krankenversicherung					
	6,80 [1]	485,85 [2]	6.615,00	33,04	449,82
Unfallversicherung [3]					
Pensionsversicherung					
a) nach dem GSVG für Kammermitglieder					
Pflichtversicherung	18,50	485,85	6.615,00	89,88	1.223,78
Weiterversicherung	22,80	485,85	6.615,00	110,77	1.508,22
b) nach dem GSVG für Neue Selbständige					
Pflichtversicherung	18,50	485,85	6.615,00	89,88	1.223,78
Weiterversicherung	22,80	485,85	6.615,00	110,77	1.508,22
c) nach dem FSVG					
Pflichtversicherung	20,00	485,85	6.615,00	97,17	1.323,00
Weiterversicherung	20,00	485,85	6.615,00	97,17	1.323,00

1) Zuzüglich Leistung des Bundes in der Höhe von 0,85 % der Beitragsgrundlage.
2) Dieser Wert gilt auch als fixe (keine Nachbemessung) Beitragsgrundlage für Kammermitglieder in der KV in den ersten beiden Kalenderjahren der Pflichtversicherung (wirksam ab 2003).
3) Pauschalierter Monatsbeitrag € **10,64** .

ANMERKUNG: Auf die Darstellung der Beitragssätze und Werte für die Selbst-/Pflichtversicherung gemäß §§ 14a, 14b GSVG für Freiberufler wird aus Übersichtsgründen verzichtet (relativ geringe Fallanzahl).

5/1/1. Beitragsrechtliche Werte 2022

E. Sozialversicherung der Bauern

1. Beiträge für Betriebsführer je Monat

Bezeichnung	Beitragssatz - Versichertenanteil in %	Mindestbeitragsgrundlage in Euro [1]	Höchstbeitragsgrundlage in Euro	Niedrigster Beitrag in Euro	Höchster Beitrag in Euro
Krankenversicherung [2] [3] [4]	6,80	485,85	6.615,00	33,04	449,82
Betriebshilfebeitrag	0,40	485,85	6.615,00	1,94	26,46
Unfallversicherung [5]	1,90	896,56	6.615,00	17,03	125,69
Pensionsversicherung					
a) Pflichtversicherung [4]	17,00	485,85	6.615,00	82,59	1.124,55
b) Weiterversicherung [3] [6]	22,80	485,85	6.615,00	110,77	1.508,22

1) Beitragsgrundlagenoption gemäß § 23 Abs. 1a iVm § 23 Abs. 10 lit. a BSVG: € 485,85 in der Krankenversicherung, € 896,56 in der Pensionsversicherung und € 1.684,74 in der Unfallversicherung.
2) Wenn beide Ehegatten gemäß § 2a Abs. 1 und/oder § 2b Abs. 1 BSVG pflichtversichert sind, betragen die Beitragsgrundlagen, mit Ausnahme der Höchstbeitragsgrundlagen, in der Kranken- und Pensionsversicherung nur die Hälfte.
3) Bei freiwilliger Weiterversicherung in der Kranken- bzw. Pensionsversicherung ist eine Herabsetzung bis zu einer Beitragsgrundlage von € 890,72 monatlich zulässig; in der Pensionsversicherung jedoch nur, wenn die Beitragsgrundlage über dem monatlichen Betrag von € 890,72 liegt.
4) Weitere 5,80 % entfallen in der Pensionsversicherung auf eine Partnerleistung des Bundes. In der Krankenversicherung leistet der Bund zusätzlich 0,85% zum Beitrag der Pflichtversicherten.
5) Betriebsbeitrag. Für Gesellschafter einer OG und für persönlich haftende Gesellschafter einer KG beträgt der monatliche Beitrag € 15,91.
6) Bei Ausscheiden aus einer Pflichtversicherung wegen Pflege eines nahen Angehörigen mit Anspruch auf Pflegegeld der Stufen 3 bis 7 wird der Beitrag über Antrag zur Gänze aus Bundesmitteln getragen (§ 28 Abs. 6 BSVG).

2. Beiträge für mittätige Kinder, Enkel, Wahl-, Stief- und Schwiegerkinder je Monat [1]

Bezeichnung	Beitragssatz - Versichertenanteil in %	Mindestbeitragsgrundlage in Euro	Höchstbeitragsgrundlage in Euro [2]	Niedrigster Beitrag in Euro	Höchster Beitrag in Euro
Krankenversicherung [3] [4]	6,80	485,85	2.205,00	33,04	149,94
Betriebshilfebeitrag	0,40	485,85	2.205,00	1,94	8,82
Unfallversicherung	-			-	-
Pensionsversicherung [3]					
a) Pflichtversicherung [4]	17,00	485,85	2.205,00	82,59	374,85
b) Weiterversicherung [5]	22,80	485,85	2.205,00	110,77	502,74

1) Der Beitrag für hauptberuflich beschäftigte Angehörige bis zur Vollendung des 18. Lebensjahres beträgt in der Kranken- und Pensionsversicherung (Pflichtversicherung) jeweils die Hälfte des Angehörigenbeitrages.
2) Für Kinder, die das 27. Lebensjahr noch nicht vollendet haben 3.307,50 € in der Pensionsversicherung.
3) Wenn beide Ehegatten gemäß § 2a Abs. 2 und/oder § 2b Abs. 2 BSVG in der Kranken- und Pensionsversicherung pflichtversichert sind, betragen die Beitragsgrundlagen, mit Ausnahme der Höchstbeitragsgrundlagen, die Hälfte = 1/6 Versicherungswert/Beitragsgrundlage bzw. in der Pensionsversicherung vor Vollendung des 27. Lebensjahres 1/4.
4) Weitere 5,80 % entfallen in der Pensionsversicherung auf eine Partnerleistung des Bundes. In der Krankenversicherung leistet der Bund zusätzlich 0,85% zum Beitrag der Pflichtversicherten.
5) Bei Ausscheiden aus einer Pflichtversicherung wegen Pflege eines nahen Angehörigen mit Anspruch auf Pflegegeld der Stufen 3 bis 7 wird der Beitrag über Antrag zur Gänze aus Bundesmitteln getragen (§ 28 Abs. 6 BSVG).

3. Beiträge für mittätige Eltern, Großeltern, Wahl-, Stief- und Schwiegerelternteile je Monat

Bezeichnung	Beitragssatz - Versichertenanteil in %	Mindestbeitragsgrundlage in Euro [1]	Höchstbeitragsgrundlage in Euro	Niedrigster Beitrag in Euro	Höchster Beitrag in Euro
Krankenversicherung [2]	6,80	242,93	3.307,50	16,52	224,91
Betriebshilfebeitrag	0,40	242,93	3.307,50	0,97	13,23
Unfallversicherung	-			-	-
Pensionsversicherung					
a) Pflichtversicherung [2]	17,00	242,93	3.307,50	41,30	562,28
b) Weiterversicherung [3]	22,80	242,93	3.307,50	55,39	754,11

1) Beitragsgrundlagenoption gemäß § 23 Abs. 1a iVm § 23 Abs. 10 lit.a BSVG: € 242,93 in der Kranken- und € 448,28 in der Pensionsversicherung.
2) Weitere 5,80 % entfallen in der Pensionsversicherung auf eine Partnerleistung des Bundes. In der Krankenversicherung leistet der Bund zusätzlich 0,85% zum Beitrag der Pflichtversicherten.
3) Bei Ausscheiden aus einer Pflichtversicherung wegen Pflege eines nahen Angehörigen mit Anspruch auf Pflegegeld der Stufen 3 bis 7 wird der Beitrag über Antrag zur Gänze aus Bundesmitteln getragen (§ 28 Abs. 6 BSVG).

5/1/1. Beitragsrechtliche Werte 2022

F. Krankenversicherung für Pensionisten und Übergangsgeldbezieher nach ASVG, GSVG oder BSVG

Pensionsversicherungsträger	Krankenversicherungsträger	Pensionist krankenversichert nach	Beitragssatz	
			Pensionist (in Prozent) [1]	Pensionsversicherungsträger ("Hebesatz", in Prozent) [2]
PVA	ÖGK	ASVG	5,1	178,00
	BVAEB	B-KUVG		171,00
BVAEB	BVAEB	B-KUVG		308,00
SVS	SVS	GSVG		196,00
		BSVG		387,00

[1] von jeder auszuzahlenden Pension und Pensionssonderzahlung (ausgenommen Waisenpensionen) sowie von jedem auszuzahlenden Übergangsgeld

[2] von der Summe aller auszuzahlenden Pensionen Pensionssonderzahlungen (ausgenommen Waisenpensionen) und Übergangsgelder

5/1/1. Beitragsrechtliche Werte 2022

G. Krankenversicherung der gemäß § 9 ASVG in die Krankenversicherung einbezogenen Personen
Beiträge je Monat[1]

Personenkreis	Beitragssatz in %	Beitragsgrundlage in Euro	Beitrag in Euro
1. Bezieher von Vorschüssen auf Renten in einer fremdstaatlichen Rentenversicherung; Bezieher von Leistungen aufgrund des Pensionsstatutes der DDSG; andere Bezieher von Ruhe- bzw. Versorgungsgenüssen aufgrund diverser Pensionssondersysteme; Bezieher einer italienischen Rente, die seit 1950 in Österreich leben, wenn und solange sie ihren Wohnsitz in Tirol, Steiermark oder Salzburg haben.	10,50	1.232,10	129,37
2. Asylwerber in Bundesbetreuung	7,65	1.232,10	94,26
3. Bezieher einer Leistung der Bedarfsorientierten Mindestsicherung [2]	9,08	-	-
4. Alle übrigen gemäß § 9 einbezogenen Personen	7,65	1.232,10	94,26

1) Die Beiträge werden in den meisten Fällen zur Gänze von der bezugsauszahlenden Stelle (Bund, Caritasverband, Stadt Wien, Stadt Graz usw.) getragen, in einigen Fällen ist ein Teil vom Versicherten zu tragen.
2) Die Beitragsgrundlage ist der um ein Sechstel erhöhte jeweils anzuwendende Richtsatz nach § 293 Abs. 1 ASVG. Die Beiträge werden zur Gänze von den Bundesländern getragen.

5/1/2. Beitragsrechtliche Werte 2021

Beitragsrechtlicher Teil

ÜBERSICHT

A. Sozialversicherung der Unselbständigen

1. Monatliche Höchstbeitragsgrundlagen

2. Grenzbeträge für die Geringfügigkeit

3. Beitragssätze (in Prozent)

4. Monatliche Höchstbeiträge in der KV, UV und PV nach dem ASVG unter Berücksichtigung der Höchstbeitragsgrundlage

5. Beitragsgrundlage für Rehabilitanden

6. Beitragsgrundlage für Zivildienstleistende

7. Beitragsgrundlage für Pflichtversicherte ohne Entgelt

8. Übersicht über die monatlichen Beiträge bestimmter Dienstnehmergruppen:
   a) Arbeiter
   b) Landarbeiter
   c) Bergarbeiter
   d) Angestellte
   e) Angestellte im Bergbau
   f) Freie Dienstnehmer

9. Beiträge für Weiter- und Selbstversicherte

10. Beiträge des Bundes für Familienangehörige von präsenzdienstleistenden Wehrpflichtigen

11. Beiträge für Zusatzversicherte in der Unfallversicherung

B. Sozialversicherung der öffentlich Bediensteten

C. Sozialversicherung der Versicherten bei Eisenbahnen und im Bergbau

D. Sozialversicherung der selbständig Erwerbstätigen

E. Sozialversicherung der Bauern

F. Krankenversicherung der Pensionisten

G. Krankenversicherung der gemäß § 9 ASVG in die Krankenversicherung einbezogenen Personen

BeitrWerte 2022
BeitrWerte 2021
BeitrWerte 2020

5/1/2. Beitragsrechtliche Werte 2021

BEITRÄGE

Aufwertungszahl gemäß § 108 Abs. 2 ASVG:	1,033

A. Sozialversicherung der Unselbständigen

1. Monatliche Höchstbeitragsgrundlagen	monatlich in Euro	Sonderzahlungen jährlich in Euro
in der Krankenversicherung, § 45 Abs. 1 ASVG	5.550,00	11.100,00
in der Unfallversicherung, § 45 Abs. 1 ASVG	5.550,00	11.100,00
in der Pensionsversicherung, § 45 Abs. 1 ASVG	5.550,00	11.100,00
für die Arbeitslosenversicherung	5.550,00	11.100,00
für den Zuschlag nach dem IESG	5.550,00	11.100,00
für die Arbeiterkammerumlage (Landarbeiterkammerumlage)	5.550,00	1)
für den Wohnbauförderungsbeitrag	5.550,00	-
für den Schlechtwetterentschädigungsbeitrag	5.550,00	11.100,00
für den Nachtschwerarbeits-Beitrag	5.550,00	11.100,00

1) Ausnahme: Kärnten 11.100,00 Euro hinsichtlich der Landarbeiterkammerumlage

Höchstbeitragsgrundlage täglich - monatlich (§ 108 Abs. 3 ASVG)	täglich in Euro	monatlich in Euro
in der Kranken-, Unfall- und Pensionsversicherung	185,00	5.550,00

2. Geringfügigkeitsgrenze (§ 5 Abs. 2 ASVG)	monatlich in Euro
	475,86

5/1/2. Beitragsrechtliche Werte 2021

3. Beitragssätze (in Prozent)

Bezeichnung	Arbeiter[1]			Landarbeiter			Angestellte			Freie Dienstnehmer		
	ins-gesamt	Dienst-nehmer-anteil	Dienst-geber-anteil	ins-gesamt	Dienst-nehmer-anteil	Dienst-geber-anteil	ins-gesamt	Dienst-nehmer-anteil	Dienst-geber-anteil	ins-gesamt	Dienst-nehmer-anteil	Dienst-geber-anteil
Krankenversicherung, § 51 ASVG	7,65	3,87	3,78	7,65	3,87	3,78	7,65	3,87	3,78	7,65	3,87	3,78
Unfallversicherung, § 51 ASVG	1,20	0,00	1,20	1,20	0,00	1,20	1,20	0,00	1,20	1,20	0,00	1,20
Pensionsversicherung, § 51 ASVG [10]	22,80	10,25	12,55	22,80	10,25	12,55	22,80	10,25	12,55	22,80	10,25	12,55
Knappschaftliche Pensionsversicherung, §§ 51,51a ASVG	28,30	10,25	18,05	-	-	-	28,30	10,25	18,05	-	-	-
Arbeitslosenversicherung (AV) [8]	6,00	3,00	3,00	6,00	3,00	3,00	6,00	3,00	3,00	6,00	3,00	3,00
IESG-Zuschlag	0,20	0,00	0,20	0,20	0,00	0,20	0,20	0,00	0,20	0,20	0,00	0,20
Arbeiterkammerumlage [2]	0,50	0,50	0,00	0,75	0,75	0,00	0,50	0,50	0,00	0,50	0,50	0,00
Wohnbauförderungsbeitrag	1,00	0,50	0,50	-	-	-	1,00	0,50	0,50	-	-	-
Schlechtwetterentschädigungsbeitrag [3]	1,40	0,70	0,70	-	-	-	-	-	-	-	-	-
Nachtschwerarbeits-Beitrag [4]	3,80	0,00	3,80	3,80	0,00	3,80	3,80	0,00	3,80	-	-	-
Dienstgeberabgabe [5]	16,40	0,00	16,40	16,40	0,00	16,40	16,40	0,00	16,40	16,40	0,00	16,40
Beitrag für Versicherte in geringfügigen Beschäftigungsverhältnissen gemäß § 53a ASVG [6]	14,12	14,12	0,00	14,12	14,12	0,00	14,12	14,12	0,00	14,12	14,12	0,00
Beitrag zur Betrieblichen Vorsorge (BV) [7]	1,53	0,00	1,53	1,53	0,00	1,53	1,53	0,00	1,53	1,53	0,00	1,53
Sozial- und Weiterbildungsfonds-Beitrag (SO) [9]	0,35	0,00	0,35	-	-	-	0,35	0,00	0,35	-	-	-

1) Gilt für Arbeiter, die dem EFZG unterliegen und gemäß § 1154b ABGB.
2) bzw. Landarbeiterkammerumlage (in Wien und Burgenland wird keine Landarbeiterkammerumlage, sondern nur für einen Teil der Beschäftigten in der Land- und Forstwirtschaft die Arbeiterkammerumlage in der Höhe von 0,5 % eingehoben). Lehrlinge sind von der Landarbeiterkammerumlage - mit Ausnahme von Steiermark und Kärnten - befreit.
3) Nur für Arbeiter, für die die Schlechtwetterregelung im Baugewerbe gilt.
4) Nur für Dienstnehmer, auf die das Nachtschwerarbeitsgesetz anzuwenden ist.
5) Dienstgeberabgabe ist nur für im Betrieb geringfügig Beschäftigte zu entrichten, sofern deren Lohnsumme € 713,79 im Kalendermonat überschreitet (jährliche Zahlung).
6) Dienstnehmeranteil wird dem geringfügig Beschäftigten vom Krankenversicherungsträger vorgeschrieben, sofern die Summe seiner Erwerbseinkünfte aus mehreren ASVG-Beschäftigungsverhältnissen die Geringfügigkeitsgrenze übersteigt (Jahresbeitrag). Bei Dienstnehmern ist noch die AK-Umlage hinzuzurechnen.
7) Gilt für Arbeitsverhältnisse, die auf einem privatrechtlichen Vertrag beruhen und nach dem 31.12.2002 beginnen, sowie für freie Dienstnehmer ab 1.1.2008.
8) Bei geringem Einkommen ist der AV-Dienstnehmeranteil abweichend geregelt: Beitragsgrundlage bis € 1.790,00: **0 %**, über € 1.790,00 bis 1.953,00: **1 %**, über € 1.953,00 bis 2.117,00: **2 %** (§ 2a AMPFG).
9) Für überlassene Arbeitnehmer ist dieser Beitrag bei Vorliegen der Voraussetzungen vom Überlasser nach § 22d Arbeitskräfteüberlassungsgesetz (AÜG) zu entrichten.
10) Bei Aufschub des Antritts einer Alterspension wird die Beitragslast halbiert.

Kodex Sozialversicherung – Durchführungsvorschriften 1.5.2022

5/1/2. Beitragsrechtliche Werte 2021

4. Monatliche Höchstbeiträge in der Kranken-, Unfall- und Pensionsversicherung nach dem ASVG unter Berücksichtigung der Höchstbeitragsgrundlage

Bezeichnung	Arbeiter [1]			Angestellte		
	insgesamt	Dienst-nehmeranteil	Dienst-geberanteil	insgesamt	Dienst-nehmeranteil	Dienst-geberanteil
	in Euro					
Krankenversicherung	424,58	214,79	209,79	424,58	214,79	209,79
Unfallversicherung	66,60	0,00	66,60	66,60	0,00	66,60
Pensionsversicherung	1.265,41	568,88	696,53	1.265,40	568,88	696,53
BV-Beitrag [2]						

1) Die Beiträge in dieser Tabelle gelten auch für Landarbeiter.
2) Es gelten weder Geringfügigkeitsgrenze noch Höchstbeitragsgrundlage.

5. Beitragsgrundlage für Rehabilitanden (§ 44 Abs. 6 lit. a ASVG)

pro Kalendertag:	80,45 €	monatlich:	2.413,50 €

6. Beitragsgrundlage für Zivildienstleistende (§ 44 Abs. 6 lit. b ASVG)

pro Kalendertag:	42,01 €	monatlich:	1.260,30 €

7. Beitragsgrundlage für Pflichtversicherte ohne Entgelt (§ 44 Abs. 6 lit. c ASVG) (z.B. Krankenpflegeschüler, Hebammenschülerinnen, Kinder im elterlichen Betrieb)

pro Kalendertag:	29,86 €	monatlich:	895,80 €

8. Übersicht über die monatlichen Beiträge bestimmter Dienstnehmergruppen (niedrigste und höchste Beiträge)

Die nächsten Seiten enthalten Tabellen über folgende Personengruppen:

a) Arbeiter
b) Landarbeiter
c) Bergarbeiter
d) Angestellte
e) Angestellte im Bergbau
f) Freie Dienstnehmer

ANMERKUNG:

1. Unfallversicherung

In der Unfallversicherung gibt es keine Geringfügigkeitsgrenze. In den folgenden Tabellen (a - f) wird dessenungeachtet der niedrigste Beitrag - auch in der Unfallversicherung - jeweils mit dem der Geringfügigkeitsgrenze entsprechenden Beitrag angegeben, weil in der Regel nur jene Personen vollversichert sind, deren Gesamtentgelt über der Geringfügigkeitsgrenze liegt (Ausnahme: Kurzarbeit, Hausbesorger gemäß HbG).

2. Geringfügig Beschäftigte, die nicht von der Vollversicherung ausgenommen sind (§ 5 Abs. 1 Z 2 ASVG):

Es ist der Dienstnehmeranteil des für die im folgenden genannten Personengruppen jeweils geltenden Beitragssatzes in der Kranken- und Pensionsversicherung (sowie die Arbeiterkammerumlage bei Dienstnehmern) heranzuziehen. Die dadurch ermittelten Beiträge werden dem Versicherten einmal jährlich von dem für das jeweilige geringfügige Beschäftigungsverhältnis zuständigen Krankenversicherungsträger vorgeschrieben (§ 53a Abs. 3 ASVG). Die Beitragsabfuhr über den jeweiligen Dienstgeber ist nicht vorgesehen.

5/1/2. Beitragsrechtliche Werte 2021

a) Arbeiter[1]

Bezeichnung	Beitragssatz in %			Geringfügigkeitsgrenze in Euro	Höchstbeitragsgrundlage in Euro	Niedrigster Beitrag in Euro			Höchster Beitrag in Euro		
	davon Dienstnehmer	davon Dienstgeber	insgesamt			davon Dienstnehmer	davon Dienstgeber	insgesamt	davon Dienstnehmer	davon Dienstgeber	insgesamt
Krankenversicherung	3,87	3,78	7,65	475,86	5.550,00	18,42	17,99	36,41	214,79	209,79	424,58
Unfallversicherung	0,00	1,20	1,20	475,86	5.550,00	0,00	5,71	5,71	0,00	66,60	66,60
Pensionsversicherung [5]	10,25	12,55	22,80	475,86	5.550,00	48,78	59,72	108,50	568,88	696,53	1.265,41
Arbeitslosenversicherung [2]	3,00	3,00	6,00	475,86	5.550,00	0,00	14,28	14,28	166,50	166,50	333,00
Zuschlag nach dem IESG	0,00	0,20	0,20	475,86	5.550,00	0,00	0,95	0,95	0,00	11,10	11,10
Arbeiterkammerumlage	0,50	0,00	0,50	475,86	5.550,00	2,38	0,00	2,38	27,75	0,00	27,75
Wohnbauförderungs-Beitrag	0,50	0,50	1,00	475,86	5.550,00	2,38	2,38	4,76	27,75	27,75	55,50
insgesamt	**18,12**	**21,23**	**39,35**			**71,96**	**101,03**	**172,99**	**1.005,67**	**1.178,27**	**2.183,94**
BV-Beitrag [3]	0,00	1,53	1,53	475,86	5.550,00						
Schlechtwetterentschädigungsbeitrag	0,70	0,70	1,40	475,86	5.550,00	3,33	3,33	6,66	38,85	38,85	77,70
Nachtschwerarbeits-Beitrag	0,00	3,80	3,80	475,86	5.550,00	0,00	18,08	18,08	0,00	210,90	210,90
Sozial- und Weiterbildungsfonds-Beitrag (SO) [4]	0,00	0,35	0,35		5.550,00			0,00		19,43	19,43

1) Gilt für Arbeiter die dem EFZG unterliegen, die nicht dem EFZG unterliegen und gemäß § 1154b ABGB.
2) Bei geringem Einkommen ist der AV-Dienstnehmeranteil abweichend geregelt:
Beitragsgrundlage bis € 1.790,00: **0 %**, über € 1.790,00 bis 1.953,00: **1 %**, über € 1.953,00 bis 2.117,00: **2 %** (§ 2a AMPFG).
3) Es gelten weder Geringfügigkeitsgrenze noch Höchstbeitragsgrundlage.
4) Für überlassene Arbeitnehmer ist dieser Beitrag bei Vorliegen der Voraussetzungen vom Überlasser nach § 22d Arbeitskräfteüberlassungsgesetz (AÜG) zu entrichten, wobei die Geringfügigkeitsgrenze nicht gilt.
5) Bei Aufschub des Antritts einer Alterspension wird die Beitragslast halbiert.

5/1/2. Beitragsrechtliche Werte 2021

b) Landarbeiter

Bezeichnung	Beitragssatz in %			Gering-fügigkeits-grenze in Euro	Höchstbei-tragsgrund-lage in Euro	Niedrigster Beitrag in Euro			Höchster Beitrag in Euro		
	davon Dienst-nehmer	davon Dienst-geber	ins-gesamt			davon Dienst-nehmer	davon Dienst-geber	ins-gesamt	davon Dienst-nehmer	davon Dienst-geber	ins-gesamt
Krankenversicherung	3,87	3,78	7,65	475,86	5.550,00	18,42	17,99	36,41	214,79	209,79	424,58
Unfallversicherung	0,00	1,20	1,20	475,86	5.550,00	0,00	5,71	5,71	0,00	66,60	66,60
Pensionsversicherung [4]	10,25	12,55	22,80	475,86	5.550,00	48,78	59,72	108,50	568,88	696,53	1.265,41
Arbeitslosen-versicherung [3]	3,00	3,00	6,00	475,86	5.550,00	0,00	14,28	14,28	166,50	166,50	333,00
Zuschlag nach dem IESG	0,00	0,20	0,20	475,86	5.550,00	0,00	0,95	0,95	0,00	11,10	11,10
Landarbeiterkammer-umlage [1]	0,75	0,00	0,75	475,86	5.550,00	3,57	0,00	3,57	41,63	0,00	41,63
insgesamt	17,87	20,73	38,60			70,77	98,65	169,42	991,80	1.150,52	2.142,32
BV-Beitrag [2]	0,00	1,53	1,53								

1) In Wien und Burgenland wird keine Landarbeiterkammerumlage, sondern nur für einen Teil der Beschäftigten in der Land- und Forstwirtschaft die Arbeiterkammerumlage in der Höhe von 0,50 % eingehoben; in Kärnten wird die Landarbeiterkammerumlage auch von den Sonderzahlungen (bis 11.100,00 € jährlich) berechnet.
2) Es gelten weder Geringfügigkeitsgrenze noch Höchstbeitragsgrundlage.
3) Bei geringem Einkommen ist der AV-Dienstnehmeranteil abweichend geregelt:
Beitragsgrundlage bis € 1.790,00: **0 %**, über € 1.790,00 bis 1.953,00: **1 %**, über € 1.953,00 bis 2.117,00: **2 %** (§ 2a AMPFG).
4) Bei Aufschub des Antritts einer Alterspension wird die Beitragslast halbiert.

c) Bergarbeiter

Bezeichnung	Beitragssatz in %			Gering-fügigkeits-grenze in Euro	Höchstbei-tragsgrund-lage in Euro	Niedrigster Beitrag in Euro			Höchster Beitrag in Euro		
	davon Dienst-nehmer	davon Dienst-geber	ins-gesamt			davon Dienst-nehmer	davon Dienst-geber	ins-gesamt	davon Dienst-nehmer	davon Dienst-geber	ins-gesamt
Krankenversicherung	3,87	3,78	7,65	475,86	5.550,00	18,42	17,99	36,41	214,79	209,79	424,58
Unfallversicherung	0,00	1,20	1,20	475,86	5.550,00	0,00	5,71	5,71	0,00	66,60	66,60
Pensionsversicherung [1]	10,25	18,05	28,30	475,86	5.550,00	48,78	85,89	134,67	568,88	1.001,78	1.570,66
Arbeitslosen-versicherung [3]	3,00	3,00	6,00	475,86	5.550,00	0,00	14,28	14,28	166,50	166,50	333,00
Zuschlag nach dem IESG	0,00	0,20	0,20	475,86	5.550,00	0,00	0,95	0,95	0,00	11,10	11,10
Arbeiterkammer-umlage	0,50	0,00	0,50	475,86	5.550,00	2,38	0,00	2,38	27,75	0,00	27,75
Wohnbauförderungs-beitrag	0,50	0,50	1,00	475,86	5.550,00	2,38	2,38	4,76	27,75	27,75	55,50
insgesamt	18,12	26,73	44,85			71,96	127,20	199,16	1.005,67	1.483,52	2.489,19
Nachtschwerarbeits-Beitrag	0,00	3,80	3,80	475,86	5.550,00	0,00	18,08	18,08	0,00	210,90	210,90
BV-Beitrag [2]	0,00	1,53	1,53								

1) inklusive 5,5 % Zusatzbeitrag gemäß § 51a ASVG (entfällt zur Gänze auf den Dienstgeber)
2) Es gelten weder Geringfügigkeitsgrenze noch Höchstbeitragsgrundlage.
3) Bei geringem Einkommen ist der AV-Dienstnehmeranteil abweichend geregelt:
Beitragsgrundlage bis € 1.790,00: **0 %**, über € 1.790,00 bis 1.953,00: **1 %**, über € 1.953,00 bis 2.117,00: **2 %** (§ 2a AMPFG).
4) Bei Aufschub des Antritts einer Alterspension werden die allgemeinen Pensionsversicherungsbeiträge halbiert.

5/1/2. Beitragsrechtliche Werte 2021

d) Angestellte

Bezeichnung	Beitragssatz in %			Geringfügigkeitsgrenze in Euro	Höchstbeitragsgrundlage in Euro	Niedrigster Beitrag in Euro			Höchster Beitrag in Euro		
	davon Dienstnehmer	davon Dienstgeber	insgesamt			davon Dienstnehmer	davon Dienstgeber	insgesamt	davon Dienstnehmer	davon Dienstgeber	insgesamt
Krankenversicherung	3,87	3,78	7,65	475,86	5.550,00	18,42	17,99	36,41	214,79	209,79	424,58
Unfallversicherung	0,00	1,20	1,20	475,86	5.550,00	0,00	5,71	5,71	0,00	66,60	66,60
Pensionsversicherung[4]	10,25	12,55	22,80	475,86	5.550,00	48,78	59,72	108,50	568,88	696,53	1.265,41
Arbeitslosenversicherung[2]	3,00	3,00	6,00	475,86	5.550,00	0,00	14,28	14,28	166,50	166,50	333,00
Zuschlag nach dem IESG	0,00	0,20	0,20	475,86	5.550,00	0,00	0,95	0,95	0,00	11,10	11,10
Arbeiterkammerumlage	0,50	0,00	0,50	475,86	5.550,00	2,38	0,00	2,38	27,75	0,00	27,75
Wohnbauförderungsbeitrag	0,50	0,50	1,00	475,86	5.550,00	2,38	2,38	4,76	27,75	27,75	55,50
insgesamt	**18,12**	**21,23**	**39,35**			**71,96**	**101,03**	**172,99**	**1.005,67**	**1.178,27**	**2.183,94**
Nachtschwerarbeits-Beitrag	0,00	3,80	3,80	475,86	5.550,00	0,00	18,08	18,08	0,00	210,90	210,90
BV-Beitrag [1]	0,00	1,53	1,53								
Sozial- und Weiterbildungsfonds-Beitrag (SO) [3]	0,00	0,35	0,35		5.550,00				0,00	19,43	19,43

1) Es gelten weder Geringfügigkeitsgrenze noch Höchstbeitragsgrundlage.
2) Bei geringem Einkommen ist der AV-Dienstnehmeranteil abweichend geregelt:
Beitragsgrundlage bis € 1.790,00: **0 %**, über € 1.790,00 bis 1.953,00: **1 %**, über € 1.953,00 bis 2.117,00: **2 %** (§ 2a AMPFG).
3) Für überlassene Arbeitnehmer ist dieser Beitrag bei Vorliegen der Voraussetzungen vom Überlasser nach § 22d Arbeitskräfteüberlassungsgesetz (AÜG) zu entrichten, wobei die Geringfügigkeitsgrenze nicht gilt.
4) Bei Aufschub des Antritts einer Alterspension wird die Beitragslast halbiert.

e) Angestellte im Bergbau

Bezeichnung	Beitragssatz in %			Geringfügigkeitsgrenze in Euro	Höchstbeitragsgrundlage in Euro	Niedrigster Beitrag in Euro			Höchster Beitrag in Euro		
	davon Dienstnehmer	davon Dienstgeber	insgesamt			davon Dienstnehmer	davon Dienstgeber	insgesamt	davon Dienstnehmer	davon Dienstgeber	insgesamt
Krankenversicherung	3,87	3,78	7,65	475,86	5.550,00	18,42	17,99	36,41	214,79	209,79	424,58
Unfallversicherung	0,00	1,20	1,20	475,86	5.550,00	0,00	5,71	5,71	0,00	66,60	66,60
Pensionsversicherung[1]	10,25	18,05	28,30	475,86	5.550,00	48,78	85,89	134,67	568,88	1.001,78	1.570,66
Arbeitslosenversicherung[3]	3,00	3,00	6,00	475,86	5.550,00	0,00	14,28	14,28	166,50	166,50	333,00
Zuschlag nach dem IESG	0,00	0,20	0,20	475,86	5.550,00	0,00	0,95	0,95	0,00	11,10	11,10
Arbeiterkammerumlage	0,50	0,00	0,50	475,86	5.550,00	2,38	0,00	2,38	27,75	0,00	27,75
Wohnbauförderungsbeitrag	0,50	0,50	1,00	475,86	5.550,00	2,38	2,38	4,76	27,75	27,75	55,50
insgesamt	**18,12**	**26,73**	**44,85**			**71,96**	**127,20**	**199,16**	**1.005,67**	**1.483,52**	**2.489,19**
Nachtschwerarbeits-Beitrag	0,00	3,80	3,80	475,86	5.550,00	0,00	18,08	18,08	0,00	210,90	210,90
BV-Beitrag [2]	0,00	1,53	1,53								

1) inklusive 5,5 % Zusatzbeitrag gemäß § 51a ASVG (entfällt zur Gänze auf den Dienstgeber)
2) Es gelten weder Geringfügigkeitsgrenze noch Höchstbeitragsgrundlage.
3) Bei geringem Einkommen ist der AV-Dienstnehmeranteil abweichend geregelt:
Beitragsgrundlage bis € 1.790,00: **0 %**, über € 1.790,00 bis 1.953,00: **1 %**, über € 1.953,00 bis 2.117,00: **2 %** (§ 2a AMPFG).
4) Bei Aufschub des Antritts einer Alterspension werden die allgemeinen Pensionsversicherungsbeiträge halbiert.

5/1/2. Beitragsrechtliche Werte 2021

f) Freie Dienstnehmer

Bezeichnung	Beitragssatz in %			Geringfügigkeitsgrenze in Euro	Höchstbeitragsgrundlage in Euro		Niedrigster Beitrag in Euro			Höchster Beitrag - Sonderzahlungen vereinbart - in Euro			Höchster Beitrag - keine Sonderzahlungen vereinbart - in Euro		
	davon Dienstnehmer	davon Dienstgeber	insgesamt		Sonderzahlungen vereinbart	keine Sonderzahlungen vereinbart	davon Dienstnehmer	davon Dienstgeber	insgesamt	davon Dienstnehmer	davon Dienstgeber	insgesamt	davon Dienstnehmer	davon Dienstgeber	insgesamt
Krankenversicherung	3,87	3,78	7,65	475,86	5.550,00	6.475,00	18,42	17,99	36,41	214,79	209,79	424,58	250,58	244,76	495,34
Unfallversicherung	0,00	1,20	1,20	475,86	5.550,00	6.475,00	0,00	5,71	5,71	0,00	66,60	66,60	0,00	77,70	77,70
Pensionsversicherung [3]	10,25	12,55	22,80	475,86	5.550,00	6.475,00	48,78	59,72	108,50	568,88	696,53	1.265,41	663,69	812,61	1.476,30
Arbeitslosenversicherung [2]	3,00	3,00	6,00	475,86	5.550,00	6.475,00	0,00	14,28	14,28	166,50	166,50	333,00	194,25	194,25	388,50
IESG-Zuschlag	0,00	0,20	0,20	475,86	5.550,00	6.475,00	0,00	0,95	0,95	0,00	11,10	11,10	0,00	12,95	12,95
Arbeiterkammerumlage	0,50	0,00	0,50	475,86	5.550,00	6.475,00	2,38	0,00	2,38	27,75	0,00	27,75	32,38	0,00	32,38
insgesamt	17,62	20,73	38,35				69,58	98,65	168,23	977,92	1.150,52	2.128,44	1.140,90	1.342,27	2.483,17
BV-Beitrag [1]	0,00	1,53	1,53												

1) Es gelten weder Geringfügigkeitsgrenze noch Höchstbeitragsgrundlage.
2) Bei geringem Einkommen ist der AV-Dienstnehmeranteil abweichend geregelt: Beitragsgrundlage bis € 1.790,00: 0 %, über € 1.790,00 bis 1.953,00: 1 %, über € 1.953,00 bis 2.117,00: 2 % (§ 2a AMPFG).
3) Bei Aufschub des Antritts einer Alterspension wird die Beitragslast halbiert.

5/1/2. Beitragsrechtliche Werte 2021

9. Beiträge für Weiter- und Selbstversicherte je Monat

SELBSTVERSICHERUNG	Beitragssatz in %	Niedrigste Beitragsgrundlage in Euro	Höchste Beitragsgrundlage in Euro	Niedrigster Beitrag in Euro	Höchster Beitrag in Euro
Krankenversicherung					
a) Studenten	7,55	840,30	840,30	63,44	63,44
b) Selbstversicherte gemäß § 19a ASVG [5]	-	-	-	67,18	67,18
c) Selbstversicherung für Zeiten der Pflege eines behinderten Kindes gem. § 16 Abs. 2a ASVG oder Pflege naher Angehöriger gemäß § 16 Abs. 2b ASVG [3]	7,55	840,30	840,30	63,44	63,44
d) sonstige Selbstversicherte [1]	7,55	840,30	6.024,60	63,44	454,86
Unfallversicherung (gem. § 19 ASVG, Beiträge laut § 77 Abs.3 ASVG, Verweis auf Satzung) [2]					
a) selbständig Erwerbstätige	1,90	648,90	2.598,90	12,33	49,38
b) deren Ehegatten und Kinder	1,90	648,90	2.598,90	12,33	49,38
c) Lehrkräfte in Betriebsstätten, Fachschulen usw.	1,00	640,80	2.566,20	6,41	25,66
d) Rettungsärzte und Rettungshelfer	1,00	640,80	2.566,20	6,41	25,66
Pensionsversicherung					
a) Selbstversicherte gemäß § 19a ASVG [5]	-	-	-	67,18	67,18
b) Selbstversicherung gemäß § 16a ASVG					
bei vorangegangener Pflichtversicherung	22,80	872,40	6.475,00	198,91	1.476,30
ohne vorangegangene Pflichtversicherung	22,80	872,40	3.222,50	198,91	734,73
c) Selbstversicherung für Zeiten der Pflege eines behinderten Kindes gemäß § 18a ASVG [3]	22,80	1.986,04	1.986,04	452,82	452,82
d) Selbstversicherung für Zeiten der Pflege naher Angehöriger gemäß § 18b ASVG [4]	22,80	1.986,04	1.986,04	452,82	452,82

WEITERVERSICHERUNG IN DER PENSIONSVERSICHERUNG gemäß § 17 ASVG	Beitragssatz in %	Niedrigste Beitragsgrundlage in Euro	Höchste Beitragsgrundlage in Euro	Niedrigster Beitrag in Euro	Höchster Beitrag in Euro
1. Weiterversicherung für Zeiten der Pflege eines nahen Angehörigen mit Anspruch auf Pflegegeld zumindest in Höhe der Stufe 3 [4]	22,80	872,40	6.475,00	198,91	1.476,30
2. sonstige Weiterversicherte	22,80	872,40	6.475,00	198,91	1.476,30

1) Niedrigster Beitrag von € 63,44 gilt nur bei Herabsetzung der Beiträge in Berücksichtigung der wirtschaftlichen Verhältnisse.
2) Jährliche Beitragsgrundlage bzw. Jahresbeitrag. Gemäß § 15 der Satzung der AUVA ist die Beitragsgrundlage für den Kalendertag nach Wahl des Versicherten ein Betrag von € 21,68 oder € 43,36 oder € 86,82.
3) Die Beiträge werden aus Mitteln des Ausgleichsfonds für Familienbeihilfen und des Bundes getragen.
4) Die Beiträge werden zur Gänze aus Mitteln des Bundes getragen.
5) Pauschalbeitrag von € 67,18 monatlich für Krankenversicherung und Pensionsversicherung (§ 77 Abs. 2a ASVG).

5/1/2. Beitragsrechtliche Werte 2021

10. Beiträge des Bundes für Familienangehörige von präsenzdienstleistenden Wehrpflichtigen
monatlich pro Familienangehörigen (§ 56a Abs.2 ASVG)

Bezeichnung	Beitrag des Bundes in Euro
Pauschalbeitrag	77,27
Zusatzbeitrag	6,18
insgesamt	83,45

11. Beiträge für Zusatzversicherte in der Unfallversicherung
je Kalenderjahr (§ 74a ASVG)

Bezeichnung	Beitrag pro Versichertem [1] in Euro
Zusatzversicherung gemäß § 22a ASVG	1,16
Zusatzversicherung gemäß § 176 Abs. 1 Z 7 lit. b ASVG	2,18

1) Von dem Rechtsträger zu entrichten, der die Einbeziehung in die Zusatzversicherung beantragt hat.

5/1/2. Beitragsrechtliche Werte 2021

B. Sozialversicherung der öffentlich Bediensteten

Beiträge je Monat

Bezeichnung	Beitragssatz in %			Niedrigste Beitragsgrundlage in Euro [8]	Höchstbeitragsgrundlage in Euro	Niedrigster Beitrag in Euro			Höchster Beitrag in Euro		
	davon Dienstnehmer	davon Dienstgeber	insgesamt			davon Dienstnehmer	davon Dienstgeber	insgesamt	davon Dienstnehmer	davon Dienstgeber	insgesamt
Krankenversicherung für Aktive	4,10	3,535	7,635	475,87	5.550,00	19,51	16,82	36,33	227,55	196,19	423,74
Krankenversicherung der Pensionisten	4,90	3,535	8,435	475,87	5.550,00	23,32	16,82	40,14	271,95	196,19	468,14
Unfallversicherung [1]	-	0,47	0,47	-	unbegrenzt	-	-	-	-	unbegrenzt	unbegrenzt
Pensionsbeitrag nach dem PG [5]											
Pensionsversicherung nach dem ASVG [2,9]	10,25	12,55	22,80	475,87	5.550,00	48,78	59,72	108,49	568,88	696,53	1.265,41
Arbeitslosenversicherung [2,3,6]	3,00	3,00	6,00	475,87	5.550,00	-	14,28	14,28	166,50	166,50	333,00
Zuschlag nach dem IESG [3]	-	0,20	0,20	475,87	5.550,00	-	0,96	0,96	-	11,10	11,10
Arbeiterkammerumlage [4]	0,50	-	0,50	475,87	5.550,00	2,38	-	2,38	27,75	-	27,75
Landarbeiterkammerumlage	0,75	-	0,75	475,87	5.550,00	3,57	-	3,57	41,63	-	41,63
Wohnbauförderungsbeitrag	0,50	0,50	1,00	475,87	5.550,00	2,38	2,38	4,75	27,75	27,75	55,50
Dienstgeberabgabe [7]	-	16,15	16,15	713,79	-	-	115,28	115,28	-	-	-

1) Die Beiträge sind vom Dienstgeber zu entrichten. Daneben gibt es eine Gruppe von Versicherten (die Versicherungsvertreter in den Verwaltungskörpern der Versicherungsanstalt öffentlich Bediensteter, die Bürgermeister und die übrigen Mitglieder der Gemeindevertretungen sowie die ehrenamtlich tätigen Bewährungshelfer), für die ein fixer Jahresbeitrag von der Versicherungsanstalt bzw. der Gemeinde bzw. der in Betracht kommenden Dienststelle oder privaten Vereinigung entrichtet wird. Die Höhe des UV-Pauschalbetrages im Jahr 2021 beträgt € **23,43**. In der Unfallversicherung gibt es keine Höchstbeitragsgrundlage.

2) Die Beitragspflicht in der Pensionsversicherung nach dem ASVG sowie die Arbeitslosenversicherung besteht für Vertragsbedienstete und Arbeitnehmer der Universitäten.

3) Die AV-Beitrags- und IESG-Zuschlagspflicht besteht nur für öffentlich Bedienstete bestimmter Institutionen (Nationalbank u.a.).

4) Dienstnehmer von Gebietskörperschaften, die in Dienststellen beschäftigt werden, welche in Vollziehung der Gesetze tätig sind, unterliegen nicht der Kammerumlagepflicht.

5) Wird vom Dienstgeber eingehoben (§ 22 Gehaltsgesetz-GG).

6) Bei geringem Einkommen ist der AV-Dienstnehmeranteil abweichend geregelt: Beitragsgrundlage bis € 1.790,00: **0 %**, über € 1.790,00 bis 1.953,00: **1 %**, über € 1.953,00 bis 2.117,00: **2 %** (§ 2a AMPFG).

7) Vom Dienstgeber für im Betrieb geringfügig Beschäftigte zu entrichten, sofern deren Lohnsumme € **713,79** im Kalendermonat überschreitet.

8) Monatliches Entgelt, ab dem die monatliche Geringfügigkeitsgrenze von € **475,86** überschritten wird.

9) Bei Aufschub des Antritts einer Alterspension wird die Beitragslast halbiert.

BeitrWerte 2022
BeitrWerte 2021
BeitrWerte 2020

5/1/2. Beitragsrechtliche Werte 2021

C. Sozialversicherung der Versicherten bei Eisenbahnen und im Bergbau

Beiträge je Monat

Bezeichnung	Beitragssatz in %			Niedrigste Beitragsgrundlage in Euro [6]	Höchstbeitragsgrundlage in Euro	Niedrigster Beitrag in Euro			Höchster Beitrag in Euro		
	davon Dienstnehmer	davon Dienstgeber	insgesamt			davon Dienstnehmer	davon Dienstgeber	insgesamt	davon Dienstnehmer	davon Dienstgeber	insgesamt
Krankenversicherung											
a) Personen, die dem EFZG unterliegen (ehem. VAB)	3,87	3,78	7,65	475,86	5.550,00	18,42	17,99	36,41	214,79	209,79	424,58
b) Personen, die dem EFZG unterliegen (ehem. VAE)	3,87	3,78	7,65	475,86	5.550,00	18,42	17,99	36,41	214,79	209,79	424,58
c) Beamte	4,75	4,30	9,05	475,86	5.550,00	22,62	20,46	43,06	263,63	238,65	502,28
d) Versicherte nach dem AngG	3,87	3,78	7,65	475,86	5.550,00	18,42	17,99	36,41	214,79	209,79	424,58
Zuschlag für Ruhe/Versorgungsgenussempfänger § 472a ASVG	0,15	-	0,15	475,86	5.550,00	0,71	-	0,71	8,33	-	8,33
Unfallversicherung (ehem. VAB)	-	1,20	1,20	-	5.550,00	-	5,71	5,71	-	66,60	66,60
Unfallversicherung (ehem. VAE) [1]	-	1,20	1,20	-	5.550,00	-	5,71	5,71	-	66,60	66,60
Arbeitslosenversicherung [5]	3,00	3,00	6,00	475,86	5.550,00	-	14,28	14,28	166,50	166,50	333,00
Pensionsversicherung [2] [7]	10,25	12,55	22,80	475,86	5.550,00	48,78	59,72	108,50	568,88	696,53	1.265,41
Knappschaftliche Pensionsversicherung [3] [8]	10,25	18,05	28,30	475,86	5.550,00	48,78	85,89	134,67	568,88	1.001,78	1.570,66
Zuschlag nach dem IESG	-	0,20	0,20	475,86	5.550,00	-	0,95	0,95	-	11,10	11,10
Arbeiterkammerumlage	0,50	-	0,50	475,86	5.550,00	2,38	-	2,38	27,75	-	27,75
Wohnbauförderungsbeitrag	0,50	0,50	1,00	475,86	5.550,00	2,38	2,38	4,76	27,75	27,75	55,50
Nachtschwerarbeits-Beitrag	-	3,80	3,80	-	5.550,00	-	18,08	18,08	-	210,90	210,90
BV-Beitrag [4]	-	1,53	1,53	-	-	-	-	-	-	-	-

1) Die Beiträge zur Unfallversicherung werden nach dem Umlageverfahren berechnet.
2) Nur für die nichtpragmatisierten Dienstnehmer.
3) Inkl. 5,5 % Zusatzbeitrag gemäß § 51a ASVG (entfällt zur Gänze auf den Dienstgeber).
4) Es gelten weder Geringfügigkeitsgrenze noch Höchstbeitragsgrundlage.
5) Bei geringem Einkommen abweichender AV-Dienstnehmeranteil: Beitragsgrundlage bis € 1.790,00: **0 %**, über € 1.790,00 bis 1.953,00: **1 %**, über € 1.953,00 bis 2.117,00: **2 %** (§ 2a AMPFG)
6) Monatliches Entgelt, ab dem die monatliche Geringfügigkeitsgrenze von **€ 475,86** überschritten wird.
7) Bei Aufschub des Antritts einer Alterspension wird die Beitragslast halbiert.
8) Bei Aufschub des Antritts einer Alterspension werden die allgemeinen Pensionsversicherungsbeiträge halbiert.

5/1/2. Beitragsrechtliche Werte 2021

D. Sozialversicherung der selbständig Erwerbstätigen mit und ohne Mitgliedschaft in der Wirtschaftskammer sowie der freiberuflich selbständig Erwerbstätigen

Beiträge je Monat

Bezeichnung	Beitragssatz in %	Mindestbeitragsgrundlage in Euro	Höchste Beitragsgrundlage in Euro	Niedrigster Beitrag in Euro	Höchster Beitrag in Euro
Krankenversicherung					
	6,80 [3]	475,86 [1]	6.475,00	32,36	440,30
Unfallversicherung [2]					
Pensionsversicherung					
a) nach dem GSVG für Kammermitglieder					
Pflichtversicherung	18,50	574,36	6.475,00	106,26	1.197,88
Weiterversicherung	22,80	574,36	6.475,00	130,95	1.476,30
b) nach dem GSVG für selbständige Erwerbstätige					
Pflichtversicherung	18,50	475,86	6.475,00	88,03	1.197,88
Weiterversicherung	22,80	475,86	6.475,00	108,50	1.476,30
c) nach dem FSVG					
Pflichtversicherung	20,00	574,36	6.475,00	114,87	1.295,00
Weiterversicherung	20,00	574,36	6.475,00	114,87	1.295,00

1) Dieser Wert gilt auch als fixe (keine Nachbemessung) Beitragsgrundlage für Kammermitglieder in der KV in den ersten beiden Kalenderjahren der Pflichtversicherung (wirksam ab 2003).
2) Pauschalierter Monatsbeitrag € **10,42**.
3) Zuzüglich Leistung des Bundes in der Höhe von 0,85 % der Beitragsgrundlage.

ANMERKUNG: Auf die Darstellung der Beitragssätze und Werte für die Selbst-/Pflichtversicherung gemäß §§ 14a, 14b GSVG für Freiberufler wird aus Übersichtsgründen verzichtet (relativ geringe Fallanzahl).

5/1/2. Beitragsrechtliche Werte 2021

E. Sozialversicherung der Bauern

1. BEITRÄGE FÜR BETRIEBSFÜHRER je Monat

Bezeichnung	Beitragssatz in %	Mindest-beitragsgrundlage [5] in Euro	Höchst-beitragsgrundlage in Euro	Niedrigster Beitrag in Euro	Höchster Beitrag in Euro
Krankenversicherung [2] [3] [6]	6,80	475,86	6.475,00	32,36	440,30
Betriebshilfebeitrag	0,40	475,86	6.475,00	1,90	25,90
Unfallversicherung [1]	1,90	878,12	6.475,00	16,68	123,03
Pensionsversicherung [6]					
a) Pflichtversicherung [6]	17,00	475,86	6.475,00	80,90	1.100,75
b) Weiterversicherung [3] [4]	22,80	475,86	6.475,00	108,50	1.476,30

1) Betriebsbeitrag
2) Wenn beide Ehegatten gemäß § 2a Abs. 1 und/oder § 2b Abs. 1 BSVG pflichtversichert sind, betragen die Beitragsgrundlagen, mit Ausnahme der Höchstbeitragsgrundlagen, in der Kranken- und Pensionsversicherung nur die Hälfte.
3) Bei freiwilliger Weiterversicherung in der Kranken- bzw. Pensionsversicherung ist eine Herabsetzung bis zu einer Beitragsgrundlage von € 872,40 monatlich zulässig; in der Pensionsversicherung jedoch nur, wenn die Beitragsgrundlage über dem monatlichen Betrag von € 872,40 liegt.
4) Bei Ausscheiden aus einer Pflichtversicherung wegen Pflege eines nahen Angehörigen mit Anspruch auf Pflegegeld der Stufen 3 bis 7 wird der Beitrag über Antrag zur Gänze aus Bundesmitteln getragen (§ 28 Abs. 6 BSVG).
5) Beitragsgrundlagenoption gemäß § 23 Abs. 1a iVm § 23 Abs. 10 lit. a BSVG: € 475,86 in der Krankenversicherung, € 878,12 in der Pensionsversicherung und € 1.650,09 in der Unfallversicherung.
6) Weitere 5,80 % entfallen in der Pensionsversicherung auf eine Partnerleistung des Bundes. In der Krankenversicherung leistet der Bund zusätzlich 0,85% zum Beitrag der Pflichtversicherten.

2. BEITRÄGE FÜR MITTÄTIGE KINDER, ENKEL, WAHL-, STIEF- UND SCHWIEGERKINDER je Monat [1]

Bezeichnung	Beitragssatz in %	Mindest-beitragsgrundlage in Euro	Höchst-beitragsgrundlage in Euro [5]	Niedrigster Beitrag in Euro	Höchster Beitrag in Euro
Krankenversicherung [2] [4]	6,80	475,86	2.158,33	32,36	146,77
Betriebshilfebeitrag	0,40	475,86	2.158,33	1,90	8,63
Unfallversicherung	-			-	-
Pensionsversicherung [2]					
a) Pflichtversicherung [4]	17,00	475,86	2.158,33	80,90	366,92
b) Weiterversicherung [3]	22,80	475,86	2.158,33	108,50	492,10

1) Der Beitrag für hauptberuflich beschäftigte Angehörige bis zur Vollendung des 18. Lebensjahres beträgt in der Kranken- und Pensionsversicherung (Pflichtversicherung) jeweils die Hälfte des Angehörigenbeitrages.
2) Wenn beide Ehegatten gemäß § 2a Abs. 2 und/oder § 2b Abs. 2 BSVG in der Kranken- und Pensionsversicherung pflichtversichert sind, betragen die Beitragsgrundlagen, mit Ausnahme der Höchstbeitragsgrundlagen, die Hälfte = 1/6 Versicherungswert/Beitragsgrundlage.
3) Bei Ausscheiden aus einer Pflichtversicherung wegen Pflege eines nahen Angehörigen mit Anspruch auf Pflegegeld der Stufen 3 bis 7 wird der Beitrag über Antrag zur Gänze aus Bundesmitteln getragen (§ 28 Abs. 6 BSVG).
4) Weitere 5,80 % entfallen in der Pensionsversicherung auf eine Partnerleistung des Bundes. In der Krankenversicherung leistet der Bund zusätzlich 0,85% zum Beitrag der Pflichtversicherten.
5) Für Kinder, die das 27. Lebensjahr noch nicht vollendet haben 3.237,50 € in der Pensionsversicherung.

3. BEITRÄGE FÜR MITTÄTIGE ELTERN, GROSSELTERN, WAHL-, STIEF- UND SCHWIEGERELTERNTEILE je Monat

Bezeichnung	Beitragssatz in %	Mindest-beitragsgrundlage [3] in Euro	Höchst-beitragsgrundlage in Euro	Niedrigster Beitrag in Euro	Höchster Beitrag in Euro
Krankenversicherung [2]	6,80	237,93	3.237,50	16,18	220,15
Betriebshilfebeitrag	0,40	237,93	3.237,50	0,95	12,95
Unfallversicherung	-			-	-
Pensionsversicherung					
a) Pflichtversicherung [2]	17,00	237,93	3.237,50	40,45	550,38
b) Weiterversicherung [1]	22,80	237,93	3.237,50	54,25	738,15

1) Bei Ausscheiden aus einer Pflichtversicherung wegen Pflege eines nahen Angehörigen mit Anspruch auf Pflegegeld der Stufen 3 bis 7 wird der Beitrag über Antrag zur Gänze aus Bundesmitteln getragen (§ 28 Abs. 6 BSVG).
2) Weitere 5,80 % entfallen in der Pensionsversicherung auf eine Partnerleistung des Bundes. In der Krankenversicherung leistet der Bund zusätzlich 0,85% zum Beitrag der Pflichtversicherten.
3) Beitragsgrundlagenoption gemäß § 23 Abs. 1a iVm § 23 Abs. 10 lit.a BSVG: € 237,93 in der Kranken- und € 439,09 in der Pensionsversicherung.

5/1/2. Beitragsrechtliche Werte 2021

F. Krankenversicherung der Pensionisten
(ASVG, GSVG, BSVG)

Beitragssatz in %		Beitrag des Pensions-versicherungsträgers	Beitrag des Versicherten
Pensionsversicherungsträger	Versicherter		
2)	1)	2)	2)

1) Vom Pensionsversicherungsträger einzubehaltender Anteil des Versicherten:
5,10 % (ASVG, GSVG) bzw.
5,10 % (Vertragsbedienstete gemäß § 73 Abs. 1 Z 2 ASVG) bzw.
5,10 % (+ 0,5% Solidaritätsbeitrag gemäß § 29a BSVG)
von jeder Pension (mit Ausnahme von Waisenpensionen) und Pensionssonderzahlung (einschließlich Zuschüsse und Ausgleichszulagen).

2) Der vom Pensionsversicherungsträger zu entrichtende Beitrag für die Pensionisten ist ein Vielfaches des einzubehaltenden Anteils des Versicherten. Das Vielfache beträgt gemäß § 73 Abs. 2 ASVG **178 %** (bei der Versicherungsanstalt für Eisenbahnen und Bergbau **308 %**, für Vertragsbedienstete im B-KUVG **171 %**), gemäß § 29 Abs. 2 GSVG **196 %** und gemäß § 26 Abs. 2 BSVG **387 %**.

G. Krankenversicherung der gemäß § 9 ASVG in die Krankenversicherung einbezogenen Personen

Beiträge je Monat 1)

Personenkreis	Beitragssatz in %	Beitragsgrundlage in Euro	Beitrag in Euro
1. Bezieher von Vorschüssen auf Renten in einer fremdstaatlichen Rentenversicherung; Bezieher von Leistungen aufgrund des Pensionsstatutes der DDSG; andere Bezieher von Ruhe- bzw. Versorgungsgenüssen aufgrund diverser Pensionssondersysteme; Bezieher einer italienischen Rente, die seit 1950 in Österreich leben, wenn und solange sie ihren Wohnsitz in Tirol, Steiermark oder Salzburg haben.	10,50	1.206,90	126,72
2. Asylwerber in Bundesbetreuung	7,65	1.206,90	92,33
3. Bezieher einer Leistung der Bedarfsorientierten Mindestsicherung 2)	9,08	-	-
4. Alle übrigen gemäß § 9 einbezogenen Personen	7,65	1.206,90	92,33

1) Die Beiträge werden in den meisten Fällen zur Gänze von der bezugsauszahlenden Stelle (Bund, Caritasverband, Stadt Wien, Stadt Graz usw.) getragen, in einigen Fällen ist ein Teil vom Versicherten zu tragen.

2) Die Beitragsgrundlage ist der um ein Sechstel erhöhte jeweils anzuwendende Richtsatz nach § 293 Abs. 1 ASVG. Die Beiträge werden zur Gänze von den Bundesländern getragen.

5/1/3. Beitragsrechtliche Werte 2020

Beitragsrechtlicher Teil

ÜBERSICHT

A. Sozialversicherung der Unselbständigen

1. Monatliche Höchstbeitragsgrundlagen

2. Grenzbeträge für die Geringfügigkeit

3. Beitragssätze (in Prozent)

4. Monatliche Höchstbeiträge in der KV, UV und PV nach dem ASVG unter Berücksichtigung der Höchstbeitragsgrundlage

5. Beitragsgrundlage für Rehabilitanden

6. Beitragsgrundlage für Zivildienstleistende

7. Beitragsgrundlage für Pflichtversicherte ohne Entgelt

8. Übersicht über die monatlichen Beiträge bestimmter Dienstnehmergruppen:
   a) Arbeiter
   b) Landarbeiter
   c) Bergarbeiter
   d) Angestellte
   e) Angestellte im Bergbau
   f) Freie Dienstnehmer

9. Beiträge für Weiter- und Selbstversicherte

10. Beiträge des Bundes für Familienangehörige von präsenzdienstleistenden Wehrpflichtigen

11. Beiträge für Zusatzversicherte in der Unfallversicherung

B. Sozialversicherung der öffentlich Bediensteten

C. Sozialversicherung der Versicherten bei Eisenbahnen und im Bergbau

D. Sozialversicherung der selbständig Erwerbstätigen

E. Sozialversicherung der Bauern

F. Krankenversicherung der Pensionisten

G. Krankenversicherung der gemäß § 9 ASVG in die Krankenversicherung einbezogenen Personen

5/1/3. Beitragsrechtliche Werte 2020

BEITRÄGE

Aufwertungszahl gemäß § 108 Abs. 2 ASVG:	1,031

A. Sozialversicherung der Unselbständigen

1. Monatliche Höchstbeitragsgrundlagen	monatlich in Euro	Sonderzahlungen jährlich in Euro
in der Krankenversicherung, § 45 Abs. 1 ASVG	5.370,00	10.740,00
in der Unfallversicherung, § 45 Abs. 1 ASVG	5.370,00	10.740,00
in der Pensionsversicherung, § 45 Abs. 1 ASVG	5.370,00	10.740,00
für die Arbeitslosenversicherung	5.370,00	10.740,00
für den Zuschlag nach dem IESG	5.370,00	10.740,00
für die Arbeiterkammerumlage (Landarbeiterkammerumlage)	5.370,00	1)
für den Wohnbauförderungsbeitrag	5.370,00	-
für den Schlechtwetterentschädigungsbeitrag	5.370,00	10.740,00
für den Nachtschwerarbeits-Beitrag	5.370,00	10.740,00

1) Ausnahme: Kärnten 10.740,00 Euro hinsichtlich der Landarbeiterkammerumlage

Höchstbeitragsgrundlage täglich - monatlich (§ 108 Abs. 3 ASVG)	täglich in Euro	monatlich in Euro
in der Kranken-, Unfall- und Pensionsversicherung	179,00	5.370,00

2. Geringfügigkeitsgrenze (§ 5 Abs. 2 ASVG)	monatlich in Euro
	460,66

5/1/3. Beitragsrechtliche Werte 2020

3. Beitragssätze (in Prozent)

Bezeichnung	Arbeiter[1]			Landarbeiter			Angestellte			Freie Dienstnehmer		
	ins-gesamt	Dienst-nehmer-anteil	Dienst-geber-anteil	ins-gesamt	Dienst-nehmer-anteil	Dienst-geber-anteil	ins-gesamt	Dienst-nehmer-anteil	Dienst-geber-anteil	ins-gesamt	Dienst-nehmer-anteil	Dienst-geber-anteil
Krankenversicherung, § 51 ASVG	7,65	3,87	3,78	7,65	3,87	3,78	7,65	3,87	3,78	7,65	3,87	3,78
Unfallversicherung, § 51 ASVG	1,20	0,00	1,20	1,20	0,00	1,20	1,20	0,00	1,20	1,20	0,00	1,20
Pensionsversicherung, § 51 ASVG [10]	22,80	10,25	12,55	22,80	10,25	12,55	22,80	10,25	12,55	22,80	10,25	12,55
Knappschaftliche Pensionsversicherung, §§ 51,51a ASVG	28,30	10,25	18,05	-	-	-	28,30	10,25	18,05	-	-	-
Arbeitslosenversicherung (AV) [8]	6,00	3,00	3,00	6,00	3,00	3,00	6,00	3,00	3,00	6,00	3,00	3,00
IESG-Zuschlag	0,20	0,00	0,20	0,20	0,00	0,20	0,20	0,00	0,20	0,20	0,00	0,20
Arbeiterkammerumlage [2]	0,50	0,50	0,00	0,75	0,75	0,00	0,50	0,50	0,00	0,50	0,50	0,00
Wohnbauförderungsbeitrag	1,00	0,50	0,50	-	-	-	1,00	0,50	0,50	-	-	-
Schlechtwetterentschädigungsbeitrag [3]	1,40	0,70	0,70	-	-	-	-	-	-	-	-	-
Nachtschwerarbeits-Beitrag [4]	3,80	0,00	3,80	3,80	0,00	3,80	3,80	0,00	3,80	-	-	-
Dienstgeberabgabe [5]	16,40	0,00	16,40	16,40	0,00	16,40	16,40	0,00	16,40	16,40	0,00	16,40
Beitrag für Versicherte in geringfügigen Beschäftigungsverhältnissen gemäß § 53a ASVG [6]	14,12	14,12	0,00	14,12	14,12	0,00	14,12	14,12	0,00	14,12	14,12	0,00
Beitrag zur Betrieblichen Vorsorge (BV) [7]	1,53	0,00	1,53	1,53	0,00	1,53	1,53	0,00	1,53	1,53	0,00	1,53
Sozial- und Weiterbildungsfonds-Beitrag (SO) [9]	0,35	0,00	0,35	-	-	-	0,35	0,00	0,35	-	-	-

1) Gilt für Arbeiter, die dem EFZG unterliegen und gemäß § 1154b ABGB.
2) bzw. Landarbeiterkammerumlage (in Wien und Burgenland wird keine Landarbeiterkammerumlage, sondern nur für einen Teil der Beschäftigten in der Land- und Forstwirtschaft die Arbeiterkammerumlage in der Höhe von 0,5 % eingehoben). Lehrlinge sind von der Landarbeiterkammerumlage - mit Ausnahme von Steiermark und Kärnten - befreit.
3) Nur für Arbeiter, für die die Schlechtwetterregelung im Baugewerbe gilt.
4) Nur für Dienstnehmer, auf die das Nachtschwerarbeitsgesetz anzuwenden ist.
5) Dienstgeberabgabe ist nur für im Betrieb geringfügig Beschäftigte zu entrichten, sofern deren Lohnsumme € 690,99 im Kalendermonat überschreitet (jährliche Zahlung).
6) Dienstnehmeranteil wird vom geringfügig Beschäftigten vom Krankenversicherungsträger vorgeschrieben, sofern die Summe seiner Erwerbseinkünfte aus mehreren ASVG-Beschäftigungsverhältnissen die Geringfügigkeitsgrenze übersteigt (Jahresbeitrag). Bei Dienstnehmern ist noch die AK-Umlage hinzuzurechnen.
7) Gilt für Arbeitsverhältnisse, die auf einem privatrechtlichen Vertrag beruhen und nach dem 31.12.2002 beginnen, sowie für freie Dienstnehmer ab 1.1.2008.
8) Bei geringem Einkommen ist der AV-Dienstnehmeranteil abweichend geregelt: Beitragsgrundlage bis € 1.733,00: **0 %**, über € 1.733,00 bis 1.891,00: **1 %**, über € 1.891,00 bis 2.049,00: **2 %** (§ 2a AMPFG).
9) Für überlassene Arbeitnehmer ist dieser Beitrag bei Vorliegen der Voraussetzungen vom Überlasser nach § 22d Arbeitskräfteüberlassungsgesetz (AÜG) zu entrichten.
10) Bei Aufschub des Antritts einer Alterspension wird die Beitragslast halbiert.

5/1/3. Beitragsrechtliche Werte 2020

4. Monatliche Höchstbeiträge in der Kranken-, Unfall- und Pensionsversicherung nach dem ASVG unter Berücksichtigung der Höchstbeitragsgrundlage

Bezeichnung	Arbeiter [1]			Angestellte		
	insgesamt	Dienst-nehmeranteil	Dienst-geberanteil	insgesamt	Dienst-nehmeranteil	Dienst-geberanteil
	in Euro					
Krankenversicherung	410,81	207,82	202,99	410,81	207,82	202,99
Unfallversicherung	64,44	0,00	64,44	64,44	0,00	64,44
Pensionsversicherung	1.224,37	550,43	673,94	1.224,36	550,43	673,94
BV-Beitrag [2]						

1) Die Beiträge in dieser Tabelle gelten auch für Landarbeiter.
2) Es gelten weder Geringfügigkeitsgrenze noch Höchstbeitragsgrundlage.

5. Beitragsgrundlage für Rehabilitanden (§ 44 Abs. 6 lit. a ASVG)

pro Kalendertag:	77,88 €	monatlich:	2.336,40 €

6. Beitragsgrundlage für Zivildienstleistende (§ 44 Abs. 6 lit. b ASVG)

pro Kalendertag:	40,67 €	monatlich:	1.220,10 €

7. Beitragsgrundlage für Pflichtversicherte ohne Entgelt (§ 44 Abs. 6 lit. c ASVG) (z.B. Krankenpflegeschüler, Hebammenschülerinnen, Kinder im elterlichen Betrieb)

pro Kalendertag:	28,91 €	monatlich:	867,30 €

8. Übersicht über die monatlichen Beiträge bestimmter Dienstnehmergruppen (niedrigste und höchste Beiträge)

Die nächsten Seiten enthalten Tabellen über folgende Personengruppen:

a) Arbeiter
b) Landarbeiter
c) Bergarbeiter
d) Angestellte
e) Angestellte im Bergbau
f) Freie Dienstnehmer

ANMERKUNG:

1. Unfallversicherung

In der Unfallversicherung gibt es keine Geringfügigkeitsgrenze. In den folgenden Tabellen (a - f) wird dessenungeachtet der niedrigste Beitrag - auch in der Unfallversicherung - jeweils mit dem der Geringfügigkeitsgrenze entsprechenden Beitrag angegeben, weil in der Regel nur jene Personen vollversichert sind, deren Gesamtentgelt über der Geringfügigkeitsgrenze liegt (Ausnahme: Kurzarbeit, Hausbesorger gemäß HbG).

2. Geringfügig Beschäftigte, die nicht von der Vollversicherung ausgenommen sind (§ 5 Abs. 1 Z 2 ASVG):

Es ist der Dienstnehmeranteil des für die im folgenden genannten Personengruppen jeweils geltenden Beitragssatzes in der Kranken- und Pensionsversicherung (sowie die Arbeiterkammerumlage bei Dienstnehmern) heranzuziehen. Die dadurch ermittelten Beiträge werden den Versicherten einmal jährlich von dem für das jeweilige geringfügige Beschäftigungsverhältnis zuständigen Krankenversicherungsträger vorgeschrieben (§ 53a Abs. 3 ASVG). Die Beitragsabfuhr über den jeweiligen Dienstgeber ist nicht vorgesehen.

5/1/3. Beitragsrechtliche Werte 2020

a) Arbeiter[1]

Bezeichnung	Beitragssatz in %			Geringfügigkeitsgrenze in Euro	Höchstbeitragsgrundlage in Euro	Niedrigster Beitrag in Euro			Höchster Beitrag in Euro		
	davon Dienstnehmer	davon Dienstgeber	insgesamt			davon Dienstnehmer	davon Dienstgeber	insgesamt	davon Dienstnehmer	davon Dienstgeber	insgesamt
Krankenversicherung	3,87	3,78	7,65	460,66	5.370,00	17,83	17,41	35,24	207,82	202,99	410,81
Unfallversicherung	0,00	1,20	1,20	460,66	5.370,00	0,00	5,53	5,53	0,00	64,44	64,44
Pensionsversicherung [5]	10,25	12,55	22,80	460,66	5.370,00	47,22	57,81	105,03	550,43	673,94	1.224,37
Arbeitslosenversicherung [2]	3,00	3,00	6,00	460,66	5.370,00	0,00	13,82	13,82	161,10	161,10	322,20
Zuschlag nach dem IESG	0,00	0,20	0,20	460,66	5.370,00	0,00	0,92	0,92	0,00	10,74	10,74
Arbeiterkammerumlage	0,50	0,00	0,50	460,66	5.370,00	2,30	0,00	2,30	26,85	0,00	26,85
Wohnbauförderungs-Beitrag	0,50	0,50	1,00	460,66	5.370,00	2,30	2,30	4,60	26,85	26,85	53,70
insgesamt	18,12	21,23	39,35			69,65	97,79	167,44	973,05	1.140,06	2.113,11
BV-Beitrag [3]	0,00	1,53	1,53	460,66	5.370,00						
Schlechtwetterentschädigungsbeitrag	0,70	0,70	1,40	460,66	5.370,00	3,22	3,22	6,44	37,59	37,59	75,18
Nachtschwerarbeits-Beitrag	0,00	3,80	3,80	460,66	5.370,00	0,00	17,51	17,51	0,00	204,06	204,06
Sozial- und Weiterbildungsfonds-Beitrag (SO) [4]	0,00	0,35	0,35		5.370,00				0,00	18,80	18,80

1) Gilt für Arbeiter die dem EFZG unterliegen, die nicht dem EFZG unterliegen und gemäß § 1154b ABGB.
2) Bei geringem Einkommen ist der AV-Dienstnehmeranteil abweichend geregelt:
Beitragsgrundlage bis € 1.733,00: **0 %**, über € 1.733,00 bis 1.891,00: **1 %**, über € 1.891,00 bis 2.049,00: **2 %** (§ 2a AMPFG).
3) Es gelten weder Geringfügigkeitsgrenze noch Höchstbeitragsgrundlage.
4) Für überlassene Arbeitnehmer ist dieser Beitrag bei Vorliegen der Voraussetzungen vom Überlasser nach § 22d Arbeitskräfteüberlassungsgesetz (AÜG) zu entrichten, wobei die Geringfügigkeitsgrenze nicht gilt.
5) Bei Aufschub des Antritts einer Alterspension wird die Beitragslast halbiert.

5/1/3. Beitragsrechtliche Werte 2020

b) Landarbeiter

Bezeichnung	Beitragssatz in %			Gering-fügigkeits-grenze in Euro	Höchstbei-tragsgrund-lage in Euro	Niedrigster Beitrag in Euro			Höchster Beitrag in Euro		
	davon Dienst-nehmer	davon Dienst-geber	ins-gesamt			davon Dienst-nehmer	davon Dienst-geber	ins-gesamt	davon Dienst-nehmer	davon Dienst-geber	ins-gesamt
Krankenversicherung	3,87	3,78	7,65	460,66	5.370,00	17,83	17,41	35,24	207,82	202,99	410,81
Unfallversicherung	0,00	1,20	1,20	460,66	5.370,00	0,00	5,53	5,53	0,00	64,44	64,44
Pensionsversicherung [4]	10,25	12,55	22,80	460,66	5.370,00	47,22	57,81	105,03	550,43	673,94	1.224,37
Arbeitslosen-versicherung [3]	3,00	3,00	6,00	460,66	5.370,00	0,00	13,82	13,82	161,10	161,10	322,20
Zuschlag nach dem IESG	0,00	0,20	0,20	460,66	5.370,00	0,00	0,92	0,92	0,00	10,74	10,74
Landarbeiterkammer-umlage [1]	0,75	0,00	0,75	460,66	5.370,00	3,46	0,00	3,46	40,28	0,00	40,28
insgesamt	17,87	20,73	38,60			68,51	95,49	164,00	959,63	1.113,21	2.072,84
BV-Beitrag [2]	0,00	1,53	1,53								

1) In Wien und Burgenland wird keine Landarbeiterkammerumlage, sondern nur für einen Teil der Beschäftigten in der Land- und Forstwirtschaft die Arbeiterkammerumlage in der Höhe von 0,50 % eingehoben; in Kärnten wird die Landarbeiterkammerumlage auch von den Sonderzahlungen (bis 10.740,00 € jährlich) berechnet.
2) Es gelten weder Geringfügigkeitsgrenze noch Höchstbeitragsgrundlage.
3) Bei geringem Einkommen ist der AV-Dienstnehmeranteil abweichend geregelt:
Beitragsgrundlage bis € 1.733,00: **0 %**, über € 1.733,00 bis 1.891,00: **1 %**, über € 1.891,00 bis 2.049,00: **2 %** (§ 2a AMPFG).
4) Bei Aufschub des Antritts einer Alterspension wird die Beitragslast halbiert.

c) Bergarbeiter

Bezeichnung	Beitragssatz in %			Gering-fügigkeits-grenze in Euro	Höchstbei-tragsgrund-lage in Euro	Niedrigster Beitrag in Euro			Höchster Beitrag in Euro		
	davon Dienst-nehmer	davon Dienst-geber	ins-gesamt			davon Dienst-nehmer	davon Dienst-geber	ins-gesamt	davon Dienst-nehmer	davon Dienst-geber	ins-gesamt
Krankenversicherung	3,87	3,78	7,65	460,66	5.370,00	17,83	17,41	35,24	207,82	202,99	410,81
Unfallversicherung	0,00	1,20	1,20	460,66	5.370,00	0,00	5,53	5,53	0,00	64,44	64,44
Pensionsversicherung [1][4]	10,25	18,05	28,30	460,66	5.370,00	47,22	83,15	130,37	550,43	969,29	1.519,72
Arbeitslosen-versicherung [3]	3,00	3,00	6,00	460,66	5.370,00	0,00	13,82	13,82	161,10	161,10	322,20
Zuschlag nach dem IESG	0,00	0,20	0,20	460,66	5.370,00	0,00	0,92	0,92	0,00	10,74	10,74
Arbeiterkammer-umlage	0,50	0,00	0,50	460,66	5.370,00	2,30	0,00	2,30	26,85	0,00	26,85
Wohnbauförderungs-beitrag	0,50	0,50	1,00	460,66	5.370,00	2,30	2,30	4,60	26,85	26,85	53,70
insgesamt	18,12	26,73	44,85			69,65	123,13	192,78	973,05	1.435,41	2.408,46
Nachtschwerarbeits-Beitrag	0,00	3,80	3,80	460,66	5.370,00	0,00	17,51	17,51	0,00	204,06	204,06
BV-Beitrag [2]	0,00	1,53	1,53								

1) inklusive 5,5 % Zusatzbeitrag gemäß § 51a ASVG (enfällt zur Gänze auf den Dienstgeber)
2) Es gelten weder Geringfügigkeitsgrenze noch Höchstbeitragsgrundlage.
3) Bei geringem Einkommen ist der AV-Dienstnehmeranteil abweichend geregelt:
Beitragsgrundlage bis € 1.733,00: **0 %**, über € 1.733,00 bis 1.891,00: **1 %**, über € 1.891,00 bis 2.049,00: **2 %** (§ 2a AMPFG).
4) Bei Aufschub des Antritts einer Alterspension werden die allgemeinen Pernsionsversicherungsbeiträge halbiert.

5/1/3. Beitragsrechtliche Werte 2020

d) Angestellte

Bezeichnung	Beitragssatz in %			Geringfügigkeitsgrenze in Euro	Höchstbeitragsgrundlage in Euro	Niedrigster Beitrag in Euro			Höchster Beitrag in Euro		
	davon Dienstnehmer	davon Dienstgeber	insgesamt			davon Dienstnehmer	davon Dienstgeber	insgesamt	davon Dienstnehmer	davon Dienstgeber	insgesamt
Krankenversicherung	3,87	3,78	7,65	460,66	5.370,00	17,83	17,41	35,24	207,82	202,99	410,81
Unfallversicherung	0,00	1,20	1,20	460,66	5.370,00	0,00	5,53	5,53	0,00	64,44	64,44
Pensionsversicherung[4)]	10,25	12,55	22,80	460,66	5.370,00	47,22	57,81	105,03	550,43	673,94	1.224,37
Arbeitslosenversicherung [2)]	3,00	3,00	6,00	460,66	5.370,00	0,00	13,82	13,82	161,10	161,10	322,20
Zuschlag nach dem IESG	0,00	0,20	0,20	460,66	5.370,00	0,00	0,92	0,92	0,00	10,74	10,74
Arbeiterkammerumlage	0,50	0,00	0,50	460,66	5.370,00	2,30	0,00	2,30	26,85	0,00	26,85
Wohnbauförderungsbeitrag	0,50	0,50	1,00	460,66	5.370,00	2,30	2,30	4,60	26,85	26,85	53,70
insgesamt	**18,12**	**21,23**	**39,35**			**69,65**	**97,79**	**167,44**	**973,05**	**1.140,06**	**2.113,11**
Nachtschwerarbeits-Beitrag	0,00	3,80	3,80	460,66	5.370,00	0,00	17,51	17,51	0,00	204,06	204,06
BV-Beitrag [1)]	0,00	1,53	1,53								
Sozial- und Weiterbildungsfonds-Beitrag (SO) [3)]	0,00	0,35	0,35		5.370,00				0,00	18,80	18,80

1) Es gelten weder Geringfügigkeitsgrenze noch Höchstbeitragsgrundlage.
2) Bei geringem Einkommen ist der AV-Dienstnehmeranteil abweichend geregelt:
Beitragsgrundlage bis € 1.733,00: **0 %**, über € 1.733,00 bis 1.891,00: **1 %**, über € 1.891,00 bis 2.049,00: **2 %** (§ 2a AMPFG).
3) Für überlassene Arbeitnehmer ist dieser Beitrag bei Vorliegen der Voraussetzungen vom Überlasser nach § 22d Arbeitskräfteüberlassungsgesetz (AÜG) zu entrichten, wobei die Geringfügigkeitsgrenze nicht gilt.
4) Bei Aufschub des Antritts einer Alterspension wird die Beitragslast halbiert.

e) Angestellte im Bergbau

Bezeichnung	Beitragssatz in %			Geringfügigkeitsgrenze in Euro	Höchstbeitragsgrundlage in Euro	Niedrigster Beitrag in Euro			Höchster Beitrag in Euro		
	davon Dienstnehmer	davon Dienstgeber	insgesamt			davon Dienstnehmer	davon Dienstgeber	insgesamt	davon Dienstnehmer	davon Dienstgeber	insgesamt
Krankenversicherung	3,87	3,78	7,65	460,66	5.370,00	17,83	17,41	35,24	207,82	202,99	410,81
Unfallversicherung	0,00	1,20	1,20	460,66	5.370,00	0,00	5,53	5,53	0,00	64,44	64,44
Pensionsversicherung[1)]	10,25	18,05	28,30	460,66	5.370,00	47,22	83,15	130,37	550,43	969,29	1.519,72
Arbeitslosenversicherung [3)]	3,00	3,00	6,00	460,66	5.370,00	0,00	13,82	13,82	161,10	161,10	322,20
Zuschlag nach dem IESG	0,00	0,20	0,20	460,66	5.370,00	0,00	0,92	0,92	0,00	10,74	10,74
Arbeiterkammerumlage	0,50	0,00	0,50	460,66	5.370,00	2,30	0,00	2,30	26,85	0,00	26,85
Wohnbauförderungsbeitrag	0,50	0,50	1,00	460,66	5.370,00	2,30	2,30	4,60	26,85	26,85	53,70
insgesamt	**18,12**	**26,73**	**44,85**			**69,65**	**123,13**	**192,78**	**973,05**	**1.435,41**	**2.408,46**
Nachtschwerarbeits-Beitrag	0,00	3,80	3,80	460,66	5.370,00	0,00	17,51	17,51	0,00	204,06	204,06
BV-Beitrag [2)]	0,00	1,53	1,53								

1) inklusive 5,5 % Zusatzbeitrag gemäß § 51a ASVG (entfällt zur Gänze auf den Dienstgeber)
2) Es gelten weder Geringfügigkeitsgrenze noch Höchstbeitragsgrundlage.
3) Bei geringem Einkommen ist der AV-Dienstnehmeranteil abweichend geregelt:
Beitragsgrundlage bis € 1.733,00: **0 %**, über € 1.733,00 bis 1.891,00: **1 %**, über € 1.891,00 bis 2.049,00: **2 %** (§ 2a AMPFG).
4) Bei Aufschub des Antritts einer Alterspension werden die allgemeinen Pensionsversicherungsbeiträge halbiert.

5/1/3. Beitragsrechtliche Werte 2020

f) Freie Dienstnehmer

Bezeichnung	Beitragssatz in %			Geringfügigkeitsgrenze in Euro	Höchstbeitragsgrundlage in Euro		Niedrigster Beitrag in Euro			Höchster Beitrag - Sonderzahlungen vereinbart - in Euro			Höchster Beitrag - keine Sonderzahlungen vereinbart - in Euro		
	davon Dienstnehmer	davon Dienstgeber	insgesamt		Sonderzahlungen vereinbart	keine Sonderzahlungen vereinbart	davon Dienstnehmer	davon Dienstgeber	insgesamt	davon Dienstnehmer	davon Dienstgeber	insgesamt	davon Dienstnehmer	davon Dienstgeber	insgesamt
Krankenversicherung	3,87	3,78	7,65	460,66	5.370,00	6.265,00	17,83	17,41	35,24	207,82	202,99	410,81	242,46	236,82	479,28
Unfallversicherung	0,00	1,20	1,20	460,66	5.370,00	6.265,00	0,00	5,53	5,53	0,00	64,44	64,44	0,00	75,18	75,18
Pensionsversicherung 3)	10,25	12,55	22,80	460,66	5.370,00	6.265,00	47,22	57,81	105,03	550,43	673,94	1.224,37	642,16	786,26	1.428,42
Arbeitslosenversicherung 2)	3,00	3,00	6,00	460,66	5.370,00	6.265,00	0,00	13,82	13,82	161,10	161,10	322,20	187,95	187,95	375,90
IESG-Zuschlag	0,00	0,20	0,20	460,66	5.370,00	6.265,00	0,00	0,92	0,92	0,00	10,74	10,74	0,00	12,53	12,53
Arbeiterkammerumlage	0,50	0,00	0,50	460,66	5.370,00	6.265,00	2,30	0,00	2,30	26,85	0,00	26,85	31,33	0,00	31,33
insgesamt	17,62	20,73	38,35				67,35	95,49	162,84	946,20	1.113,21	2.059,41	1.103,90	1.298,74	2.402,64
BV-Beitrag 1)	0,00	1,53	1,53												

1) Es gelten weder Geringfügigkeitsgrenze noch Höchstbeitragsgrundlage.
2) Bei geringem Einkommen ist der AV-Dienstnehmeranteil abweichend geregelt:
Beitragsgrundlage bis € 1.733,00: **0 %**, über € 1.733,00 bis 1.891,00: **1 %**, über € 1.891,00 bis 2.049,00: **2 %** (§ 2a AMPFG).
3) Bei Aufschub des Antritts einer Alterspension wird die Beitragslast halbiert.

Kodex Sozialversicherung – Durchführungsvorschriften 1.5.2022

5/1/3. Beitragsrechtliche Werte 2020

9. Beiträge für Weiter- und Selbstversicherte je Monat

SELBSTVERSICHERUNG	Beitragssatz in %	Niedrigste Beitragsgrundlage in Euro	Höchste Beitragsgrundlage in Euro	Niedrigster Beitrag in Euro	Höchster Beitrag in Euro
Krankenversicherung					
a) Studenten	7,55	813,60	813,60	61,43	61,43
b) Selbstversicherte gemäß § 19a ASVG [5]	-	-	-	65,03	65,03
c) Selbstversicherung für Zeiten der Pflege eines behinderten Kindes gem. § 16 Abs. 2a ASVG oder Pflege naher Angehöriger gemäß § 16 Abs. 2b ASVG [3]	7,55	813,60	813,60	61,43	61,43
d) sonstige Selbstversicherte [1]	7,55	813,60	5.832,00	61,43	440,32
Unfallversicherung (ASVG) [2]					
a) selbständig Erwerbstätige	2,00	7.689,60	33.328,80	153,79	666,58
b) deren Ehegatten und Kinder	1,00	7.689,60	33.328,80	76,90	333,29
c) Lehrkräfte in Betriebsstätten, Fachschulen usw.	1,00	7.689,60	33.328,80	76,90	333,29
Pensionsversicherung					
a) Selbstversicherte gemäß § 19a ASVG [5]	-	-	-	65,03	65,03
b) Selbstversicherung gemäß § 16a ASVG					
bei vorangegangener Pflichtversicherung	22,80	844,50	6.265,00	192,55	1.428,42
ohne vorangegangene Pflichtversicherung	22,80	844,50	3.132,50	192,55	714,21
c) Selbstversicherung für Zeiten der Pflege eines behinderten Kindes gemäß § 18a ASVG [3]	22,80	1.922,59	1.922,59	438,35	438,35
d) Selbstversicherung für Zeiten der Pflege naher Angehöriger gemäß § 18b ASVG [4]	22,80	1.922,59	1.922,59	438,35	438,35

WEITERVERSICHERUNG IN DER PENSIONSVERSICHERUNG gemäß § 17 ASVG	Beitragssatz in %	Niedrigste Beitragsgrundlage in Euro	Höchste Beitragsgrundlage in Euro	Niedrigster Beitrag in Euro	Höchster Beitrag in Euro
1. Weiterversicherung für Zeiten der Pflege eines nahen Angehörigen mit Anspruch auf Pflegegeld zumindest in Höhe der Stufe 3 [4]	22,80	844,50	6.265,00	192,55	1.428,42
2. sonstige Weiterversicherte	22,80	844,50	6.265,00	192,55	1.428,42

1) Niedrigster Beitrag von € 61,43 gilt nur bei Herabsetzung der Beiträge in Berücksichtigung der wirtschaftlichen Verhältnisse.

2) Jährliche Beitragsgrundlage bzw. Jahresbeitrag. Gemäß § 18 der Satzung der AUVA ist die Beitragsgrundlage für den Kalendertag nach Wahl des Versicherten ein Betrag von € 21,36 oder € 42,72 oder € 92,58.

3) Die Beiträge werden aus Mitteln des Ausgleichsfonds für Familienbeihilfen und des Bundes getragen.

4) Die Beiträge werden zur Gänze aus Mitteln des Bundes getragen.

5) Pauschalbeitrag von € 65,03 monatlich für Krankenversicherung und Pensionsversicherung (§ 77 Abs. 2a ASVG).

5/1/3. Beitragsrechtliche Werte 2020

10. Beiträge des Bundes für Familienangehörige von präsenzdienstleistenden Wehrpflichtigen
monatlich pro Familienangehörigen (§ 56a ASVG)

Bezeichnung	Beitrag des Bundes in Euro
Pauschalbeitrag	74,80
Zusatzbeitrag	5,98
insgesamt	80,78

11. Beiträge für Zusatzversicherte in der Unfallversicherung
je Kalenderjahr (§ 74a ASVG)

Bezeichnung	Beitrag pro Versichertem [1] in Euro
Zusatzversicherung gemäß § 22a ASVG	1,16
Zusatzversicherung gemäß § 176 Abs. 1 Z 7 lit. b ASVG	2,18

1) Von dem Rechtsträger zu entrichten, der die Einbeziehung in die Zusatzversicherung beantragt hat.

5/1/3. Beitragsrechtliche Werte 2020

B. Sozialversicherung der öffentlich Bediensteten

Beiträge je Monat

Bezeichnung	Beitragssatz in %			Niedrigste Beitragsgrundlage in Euro [8]	Höchstbeitragsgrundlage in Euro	Niedrigster Beitrag in Euro			Höchster Beitrag in Euro		
	davon Dienstnehmer	davon Dienstgeber	insgesamt			davon Dienstnehmer	davon Dienstgeber	insgesamt	davon Dienstnehmer	davon Dienstgeber	insgesamt
Krankenversicherung für Aktive	4,10	3,535	7,635	460,67	5.370,00	18,89	16,28	35,17	220,17	189,83	410,00
Krankenversicherung der Pensionisten	4,90	3,535	8,435	460,67	5.370,00	22,57	16,28	38,85	263,13	189,83	452,96
Unfallversicherung [1]	-	0,47	0,47	-	unbegrenzt	-	-	-	-	unbegrenzt	unbegrenzt
Pensionsbeitrag nach dem PG [5]											
Pensionsversicherung nach dem ASVG [2] [9]	10,25	12,55	22,80	460,67	5.370,00	47,22	57,81	105,02	550,43	673,94	1.224,37
Arbeitslosenversicherung [2] [3] [6]	3,00	3,00	6,00	460,67	5.370,00	-	13,82	13,82	161,10	161,10	322,20
Zuschlag nach dem IESG [3]	-	0,20	0,20	460,67	5.370,00	-	0,93	0,93	-	10,74	10,74
Arbeiterkammerumlage [4]	0,50	-	0,50	460,67	5.370,00	2,30	-	2,30	26,85	-	26,85
Landarbeiterkammerumlage	0,75	-	0,75	460,67	5.370,00	3,46	-	3,46	40,28	-	40,28
Wohnbauförderungsbeitrag	0,50	0,50	1,00	460,67	5.370,00	2,30	2,30	4,60	26,85	26,85	53,70
Dienstgeberabgabe [7]	-	16,15	16,15	690,99	-	-	111,59	111,59	-	-	-

1) Die Beiträge sind vom Dienstgeber zu entrichten. Daneben gibt es eine Gruppe von Versicherten (die Versicherungsvertreter in den Verwaltungskörpern der Versicherungsanstalt öffentlich Bediensteter, die Bürgermeister und die übrigen Mitglieder der Gemeindevertretungen sowie die ehrenamtlich tätigen Bewährungshelfer), für die ein fixer Jahresbeitrag von der Versicherungsanstalt bzw. der Gemeinde bzw. der in Betracht kommenden Dienststelle oder privaten Vereinigung entrichtet wird. Die Höhe des UV-Pauschalbetrages im Jahr 2020 beträgt € 23,08. In der Unfallversicherung nach dem B-KUVG gibt es keine Höchstbeitragsgrundlage.

2) Die Beitragspflicht in der Pensionsversicherung nach dem ASVG sowie die Arbeitslosenversicherung besteht für Vertragsbedienstete und Arbeitnehmer der Universitäten.

3) Die AV-Beitrags- und IESG-Zuschlagspflicht besteht nur für öffentlich Bedienstete bestimmter Institutionen (Nationalbank u.a.).

4) Dienstnehmer von Gebietskörperschaften, die in Dienststellen beschäftigt werden, welche in Vollziehung der Gesetze tätig sind, unterliegen nicht der Kammerumlagepflicht.

5) Wird vom Dienstgeber eingehoben (§ 22 Gehaltsgesetz-GG).

6) Bei geringem Einkommen ist der AV-Dienstnehmeranteil abweichend geregelt:
Beitragsgrundlage bis € 1.733,00: 0 %, über € 1.733,00 bis 1.891,00: 1 %, über € 1.891,00 bis 2.049,00: 2 % (§ 2a AMPFG).

7) Vom Dienstgeber für im Betrieb geringfügig Beschäftigte zu entrichten, sofern deren Lohnsumme € 690,99 im Kalendermonat überschreitet.

8) Monatliches Entgelt, ab dem die monatliche Geringfügigkeitsgrenze von € 460,66 überschritten wird.

9) Bei Aufschub einer Antritts einer Alterspension wird die Beitragslast halbiert.

5/1/3. Beitragsrechtliche Werte 2020

C. Sozialversicherung der Versicherten bei Eisenbahnen und im Bergbau

Beiträge je Monat

Bezeichnung	Beitragssatz in %			Niedrigste Beitragsgrundlage in Euro [6]	Höchstbeitragsgrundlage in Euro	Niedrigster Beitrag in Euro			Höchster Beitrag in Euro		
	davon Dienstnehmer	davon Dienstgeber	insgesamt			davon Dienstnehmer	davon Dienstgeber	insgesamt	davon Dienstnehmer	davon Dienstgeber	insgesamt
Krankenversicherung											
a) Personen, die dem EFZG unterliegen (ehem. VAB)	3,87	3,78	7,65	460,67	5.370,00	17,83	17,41	35,24	207,82	202,99	410,81
b) Personen, die dem EFZG unterliegen (ehem. VAE)	3,87	3,78	7,65	460,67	5.370,00	17,83	17,41	35,24	207,82	202,99	410,81
c) Beamte	4,75	4,30	9,05	460,67	5.370,00	21,88	19,81	41,69	255,08	230,91	485,99
d) Versicherte nach dem AngG	3,87	3,78	7,65	460,67	5.370,00	17,83	17,41	35,24	207,82	202,99	410,81
Zuschlag für Ruhe/Versorgungsgenussempfänger § 472a ASVG	0,15	-	0,15	-	-	0,69	-	0,69	8,06	-	8,06
Unfallversicherung (ehem. VAB)	-	1,20	1,20	460,67	5.370,00	-	5,53	5,53	-	64,44	64,44
Unfallversicherung (ehem. VAE) [1]	-	1,20	1,20	446,81	5.370,00	-	5,36	5,36	-	64,44	64,44
Arbeitslosenversicherung [5]	3,00	3,00	6,00	460,67	5.370,00	-	13,82	13,82	161,10	161,10	322,20
Pensionsversicherung [2] [7]	10,25	12,55	22,80	460,67	5.370,00	47,22	57,81	105,03	550,43	673,94	1.224,37
Knappschaftliche Pensionsversicherung [3] [8]	10,25	18,05	28,30	460,67	5.370,00	47,22	83,15	130,37	550,43	969,29	1.519,72
Zuschlag nach dem IESG	-	0,20	0,20	460,67	5.370,00	-	0,92	0,92	-	10,74	10,74
Arbeiterkammerumlage	0,50	-	0,50	460,67	5.370,00	2,30	-	2,30	26,85	-	26,85
Wohnbauförderungsbeitrag	0,50	0,50	1,00	460,67	5.370,00	2,30	2,30	4,60	26,85	26,85	53,70
Nachtschwerarbeits-Beitrag	-	3,80	3,80	460,67	5.370,00	-	17,51	17,51	-	204,06	204,06
BV-Beitrag [4]	-	1,53	1,53	-	-	-	-	-	-	-	-

1) Die Beiträge zur Unfallversicherung werden nach dem Umlageverfahren berechnet.
2) Nur für die nichtpragmatisierten Dienstnehmer.
3) Inkl. 5,5 % Zusatzbeitrag gemäß § 51a ASVG (entfällt zur Gänze auf den Dienstgeber)
4) Es gelten weder Geringfügigkeitsgrenze noch Höchstbeitragsgrundlage.
5) Bei geringem Einkommen abweichender AV-Dienstnehmeranteil: Beitragsgrundlage bis € 1.733,00: **0 %**, über € 1.733,00 bis 1.891,00: **1 %**, über € 1.891,00 bis 2.049,00: **2 %** (§ 2a AMPFG)
6) Monatliches Entgelt, ab dem die monatliche Geringfügigkeitsgrenze von **€ 460,66** überschritten wird.
7) Bei Aufschub des Antritts einer Alterspension wird die Beitragslast halbiert.
8) Bei Aufschub des Antritts einer Alterspension werden die allgemeinen Pensionsversicherungsbeiträge halbiert.

5/1/3. Beitragsrechtliche Werte 2020

D. Sozialversicherung der selbständig Erwerbstätigen mit und ohne Mitgliedschaft in der Wirtschaftskammer sowie der freiberuflich selbständig Erwerbstätigen

Beiträge je Monat

Bezeichnung	Beitragssatz in %	Mindestbeitragsgrundlage in Euro	Höchste Beitragsgrundlage in Euro	Niedrigster Beitrag in Euro	Höchster Beitrag in Euro
Krankenversicherung					
	6,80 [3]	460,66 [1]	6.265,00	31,32	426,02
Unfallversicherung [2]					
Pensionsversicherung					
a) nach dem GSVG für Kammermitglieder					
Pflichtversicherung	18,50	574,36	6.265,00	106,26	1.159,03
Weiterversicherung	22,80	574,36	6.265,00	130,95	1.428,42
b) nach dem GSVG für selbständige Erwerbstätige					
Pflichtversicherung	18,50	460,66	6.265,00	85,22	1.159,03
Weiterversicherung	22,80	460,66	6.265,00	105,03	1.428,42
c) nach dem FSVG					
Pflichtversicherung	20,00	574,36	6.265,00	114,87	1.253,00
Weiterversicherung	20,00	574,36	6.265,00	114,87	1.253,00

1) Dieser Wert gilt auch als fixe (keine Nachbemessung) Beitragsgrundlage für Kammermitglieder in der KV in den ersten beiden Kalenderjahren der Pflichtversicherung (wirksam ab 2003).
2) Pauschalierter Monatsbeitrag **€ 10,09**.
3) Zuzüglich Leistung des Bundes in der Höhe von 0,85 % der Beitragsgrundlage.

<u>ANMERKUNG:</u> Auf die Darstellung der Beitragssätze und Werte für die Selbst-/Pflichtversicherung gemäß §§ 14a, 14b GSVG für Freiberufler wird aus Übersichtsgründen verzichtet (relativ geringe Fallanzahl).

5/1/3. Beitragsrechtliche Werte 2020

E. Sozialversicherung der Bauern

1. BEITRÄGE FÜR BETRIEBSFÜHRER *je Monat*

Bezeichnung	Beitragssatz in %	Mindest- beitragsgrundlage [5] in Euro	Höchst- beitragsgrundlage in Euro	Niedrigster Beitrag in Euro	Höchster Beitrag in Euro
Krankenversicherung [2] [3] [6]	6,80	460,66	6.265,00	31,32	426,02
Betriebshilfebeitrag	0,40	460,66	6.265,00	1,84	25,06
Unfallversicherung [1]	1,90	850,07	6.265,00	16,15	119,04
Pensionsversicherung					
a) Pflichtversicherung [6]	17,00	460,66	6.265,00	78,31	1.065,05
b) Weiterversicherung [3] [4]	22,80	460,66	6.265,00	105,03	1.428,42

1) Betriebsbeitrag
2) Wenn beide Ehegatten gemäß § 2a Abs. 1 und/oder § 2b Abs. 1 BSVG pflichtversichert sind, betragen die Beitragsgrundlagen, mit Ausnahme der Höchstbeitragsgrundlagen, in der Kranken- und Pensionsversicherung nur die Hälfte.
3) Bei freiwilliger Weiterversicherung in der Kranken- bzw. Pensionsversicherung ist eine Herabsetzung bis zu einer Beitragsgrundlage von € 844,50 monatlich zulässig; in der Pensionsversicherung jedoch nur, wenn die Beitragsgrundlage über dem monatlichen Betrag von € 844,50 liegt.
4) Bei Ausscheiden aus einer Pflichtversicherung wegen Pflege eines nahen Angehörigen mit Anspruch auf Pflegegeld der Stufen 3 bis 7 wird der Beitrag über Antrag zur Gänze aus Bundesmitteln getragen (§ 28 Abs. 6 BSVG).
5) Beitragsgrundlagenoption gemäß § 23 Abs. 1a iVm § 23 Abs. 10 lit. a BSVG: € 460,66 in der Kranken- und Unfallversicherung und € 850,07 in der Pensionsversicherung und € 1.597,38 in der Unfallversicherung.
6) Weitere 5,80 % entfallen in der Pensionsversicherung auf eine Partnerleistung des Bundes. In der Krankenversicherung leistet der Bund zusätzlich 0,85% zum Beitrag der Pflichtversicherten.

2. BEITRÄGE FÜR MITTÄTIGE KINDER, ENKEL, WAHL-, STIEF- UND SCHWIEGERKINDER *je Monat* [1]

Bezeichnung	Beitragssatz in %	Mindest- beitragsgrundlage [5] in Euro	Höchst- beitragsgrundlage in Euro	Niedrigster Beitrag in Euro	Höchster Beitrag in Euro
Krankenversicherung [2] [4]	6,80	460,66	2.088,33	31,32	142,01
Betriebshilfebeitrag	0,40	460,66	2.088,33	1,84	8,35
Unfallversicherung	-			-	-
Pensionsversicherung [2]					
a) Pflichtversicherung [4]	17,00	460,66	2.088,33	78,31	355,02
b) Weiterversicherung [3]	22,80	460,66	2.088,33	105,03	476,14

1) Der Beitrag für hauptberuflich beschäftigte Angehörige bis zur Vollendung des 18. Lebensjahres beträgt in der Kranken- und Pensionsversicherung (Pflichtversicherung) jeweils die Hälfte des Angehörigenbeitrages.
2) Wenn beide Ehegatten gemäß § 2a Abs. 2 und/oder § 2b BSVG in der Kranken- und Pensionsversicherung pflichtversichert sind, betragen die Beitragsgrundlagen, mit Ausnahme der Höchstbeitragsgrundlagen, die Hälfte = 1/6 Versicherungswert/Beitragsgrundlage.
3) Bei Ausscheiden aus einer Pflichtversicherung wegen Pflege eines nahen Angehörigen mit Anspruch auf Pflegegeld der Stufen 3 bis 7 wird der Beitrag über Antrag zur Gänze aus Bundesmitteln getragen (§ 28 Abs. 6 BSVG).
4) Weitere 5,80 % entfallen in der Pensionsversicherung auf eine Partnerleistung des Bundes. In der Krankenversicherung leistet der Bund zusätzlich 0,85% zum Beitrag der Pflichtversicherten.
5) Für Kinder, die das 27. Lebensjahr noch nicht vollendet haben, € 3.132,50 in der Pensionsversicherung.

3. BEITRÄGE FÜR MITTÄTIGE ELTERN, GROSSELTERN, WAHL-, STIEF- UND SCHWIEGERELTERNTEILE *je Monat*

Bezeichnung	Beitragssatz in %	Mindest- beitragsgrundlage [3] in Euro	Höchst- beitragsgrundlage in Euro	Niedrigster Beitrag in Euro	Höchster Beitrag in Euro
Krankenversicherung	6,80	230,33	3.132,50	15,66	213,01
Betriebshilfebeitrag	0,40	230,33	3.132,50	0,92	12,53
Unfallversicherung	-			-	-
Pensionsversicherung					
a) Pflichtversicherung [2]	17,00	230,33	3.132,50	39,16	532,53
b) Weiterversicherung [1]	22,80	230,33	3.132,50	52,52	714,21

1) Bei Ausscheiden aus einer Pflichtversicherung wegen Pflege eines nahen Angehörigen mit Anspruch auf Pflegegeld der Stufen 3 bis 7 wird der Beitrag über Antrag zur Gänze aus Bundesmitteln getragen (§ 28 Abs. 6 BSVG).
2) Weitere 5,80 % entfallen in der Pensionsversicherung auf eine Partnerleistung des Bundes. In der Krankenversicherung leistet der Bund zusätzlich 0,85% zum Beitrag der Pflichtversicherten.
3) Beitragsgrundlagenoption gemäß § 23 Abs. 1a iVm § 23 Abs. 10 lit. a BSVG: € 425,04 in der Pensionsversicherung

5/1/3. Beitragsrechtliche Werte 2020

F. Krankenversicherung der Pensionisten
(ASVG, GSVG, BSVG)

Beitragssatz in %		Beitrag des Pensions- versicherungsträgers	Beitrag des Versicherten
Pensionsver- sicherungsträger	Versicherter		
2)	1)	2)	2)

1) Vom Pensionsversicherungsträger einzubehaltender Anteil des Versicherten:
5,10 % (ASVG, GSVG) bzw.
5,10 % (Vertragsbedienstete gemäß § 73 Abs. 1 Z 2 ASVG) bzw.
5,10 % (+ 0,5% Solidaritätsbeitrag gemäß § 29a BSVG)
von jeder Pension (mit Ausnahme von Waisenpensionen) und Pensionssonderzahlung (einschließlich Zuschüsse und Ausgleichszulagen).

2) Der vom Pensionsversicherungsträger zu entrichtende Beitrag für die Pensionisten ist ein Vielfaches des einzubehaltenden Anteils des Versicherten. Das Vielfache beträgt gemäß § 73 Abs. 2 ASVG **178 %** (bei der Versicherungsanstalt für Eisenbahnen und Bergbau **308 %**, für Vertragsbedienstete im B-KUVG **171 %**), gemäß § 29 Abs. 2 GSVG **192 %** und gemäß § 26 Abs. 2 BSVG **387 %**.

G. Krankenversicherung der gemäß § 9 ASVG in die Krankenversicherung einbezogenen Personen

Beiträge je Monat [1]

Personenkreis	Beitragssatz in %	Beitragsgrundlage in Euro	Beitrag in Euro
1. Bezieher von Vorschüssen auf Renten in einer fremdstaatlichen Rentenversicherung; Bezieher von Leistungen aufgrund des Pensionsstatutes der DDSG; andere Bezieher von Ruhe- bzw. Versorgungsgenüssen aufgrund diverser Pensionssondersysteme; Bezieher einer italienischen Rente, die seit 1950 in Österreich leben, wenn und solange sie ihren Wohnsitz in Tirol oder Steiermark haben.[2]	10,50	1.168,20	122,66
2. Asylwerber in Bundesbetreuung	7,65	1.168,20	89,37
3. Bezieher einer Leistung der Bedarfsorientierten Mindestsicherung[2]	9,08	-	-
4. Alle übrigen gemäß § 9 einbezogenen Personen	7,65	1.168,20	89,37

1) Die Beiträge werden in den meisten Fällen zur Gänze von der bezugsauszahlenden Stelle (Bund, Caritasverband, Stadt Wien, Stadt Graz usw.) getragen, in einigen Fällen ist ein Teil vom Versicherten zu tragen.

2) Die Beitragsgrundlage ist der um ein Sechstel erhöhte jeweils anzuwendende Richtsatz nach § 293 Abs. 1 ASVG. Die Beiträge werden zur Gänze von den Bundesländern getragen.

5/2/1. Leistungsrechtliche Werte 2022

5/2/1. Leistungsrechtliche Werte 2022

Leistungsrechtlicher Teil

ÜBERSICHT

A. Pensionsversicherung

1. Erhöhung der Pensionen
2. Pensionskonto
3. Höchstbemessungsgrundlage
4. Bemessungsgrundlage für Zeiten der Kindererziehung
5. Frühstarterbonus
6. Richtsatz für Ausgleichszulagen
7. Ausgleichszulagenbonus/Pensionsbonus
8. Verminderung des Bezug einer Invaliditäts-, Berufsunfähigkeits-, Knappschaftsvoll- oder Erwerbsunfähigkeitspension bei gleichzeitigem Erwerbseinkommen
9. Kinderzuschuss
10. Nachkauf von Schul- und Studienzeiten
11. Grenzbetrag für die Anhebung einer Witwen/Witwerpension
12. Knappschaftssold
13. Bergmannstreuegeld
14. Pflegegeld nach dem Bundespflegegeldgesetz

B. Unfallversicherung

1. Erhöhung der Renten
2. Kinderzuschuss zu Schwerversehrtenrenten
3. Bemessungsgrundlage für Barleistungen an Schüler und Studenten
4. Versehrtengeld für Schüler und Studenten
5. Bemessungsgrundlage bei Einbeziehung in die Zusatzversicherung (§ 22a ASVG)
6. Bemessungsgrundlage für gewerblich Selbstständige und freiberuflich selbstständig Erwerbstätige
7. Unfallversicherungsbeitrag für GSVG-Versicherte
8. Bemessungsgrundlage für selbstständig Erwerbstätige

5/2/1. Leistungsrechtliche Werte 2022

   9. Bemessungsgrundlage für Bauern

C. Krankenversicherung

   1. Erwerbslosigkeit im Sinne des § 122 Abs. 2 Z 2 ASVG i.V.m.

   2. Krankengeld

   3. Kostenanteil bei Heilbehelfen und Hilfsmitteln

   4. Wochengeld

   5. Leistungen nach dem Kinderbetreuungsgeldgesetz (KBGG)

D. Rezeptgebühr

   1. Höhe der Rezeptgebühr

   2. Grenzbeträge für die Befreiung von der Rezeptgebühr

E. Service-Entgelt für die e-card

   1. Höhe des Service-Entgelts

   2. Grenzbeträge für die Befreiung vom Service-Entgelt

F. Behandlungsbeitrag (nur im BSVG)

   1. Behandlungsbeitrag

G. Zuzahlungen bei Maßnahmen der Rehabilitation und bei Maßnahmen der Festigung der Gesundheit und der Gesundheitsvorsorge in der Kranken- und Pensionsversicherung

   1. Grenzbetrag für die Befreiung von Zuzahlungen

   2. Höhe der Zuzahlungen

5/2/1. Leistungsrechtliche Werte 2022

Anpassungsfaktor (§ 108 Abs. 5 ASVG) für 2022 .... **1,018**

A. Pensionsversicherung

1. Erhöhung der Pensionen
   Erhöhung der Pensionen ab 1. Jänner 2022
   Die besonderen Bestimmungen des Pensionsanpassungsgesetzes 2022 sind zu beachten: beträgt das Gesamtpensionseinkommen nicht mehr als € 1.000,00 monatlich, ist es um 3,0 % zu erhöhen, wenn es über € 1.000,00 bis zu € 1.300,00 monatlich beträgt, um jenen Prozentsatz, der zwischen den genannten Werten von 3,0 % auf 1,8 % linear absinkt, wenn es über € 1.300,00 € monatlich beträgt, um 1,8 %.

2. Pensionskonto
   Pensionskonto: höchstmögliche jährliche Teilgutschrift für 2022 .... € 1.412,96

3. Höchstbemessungsgrundlage
   Höchstbemessungsgrundlage (auf Basis der „besten 34 Jahre") .... € 4.658,77

4. Bemessungsgrundlage für Zeiten der Kindererziehung
   Bemessungsgrundlage für Zeiten der Kindererziehung .... € 1.422,08

5. Frühstarterbonus
   Frühstarterbonus (§§ 262a ASVG, 286a ASVG, 144a GSVG, 135a BSVG):
   für jedes Beitragsmonat auf Grund einer Erwerbstätigkeit, erworben vor dem Monatsersten nach der Vollendung des 20. Lebensjahres, als Pensionsbestandteil zu jeder Eigenpension .... € 1,00
   im Höchstausmaß von .... € 60,00

6. Richtsatz für Ausgleichszulagen
   Richtsatz für Ausgleichszulage (§§ 293 ASVG, 150 GSVG, 141 BSVG) für allein stehende Pensionisten .... € 1.030,49
   für Pensionisten, die mit dem Ehegatten (der Ehegattin) im gemeinsamen Haushalt leben ... € 1.625,71
   Diese Richtsätze - außer bei Beziehern einer Witwen-(Witwer)pension - erhöhen sich für jedes Kind, dessen Nettoeinkommen .... € 379,02
   nicht erreicht, um .... € 159,00
   für Pensionsberechtigte auf Waisenpension
   a) bis zum 24. Lebensjahr .... € 379,02
   falls beide Elternteile verstorben sind .... € 569,11
   b) nach Vollendung des 24. Lebensjahres .... € 673,53
   falls beide Elternteile verstorben sind .... € 1.030,49
   Bei Berücksichtigung des Nettoeinkommens für die Ermittlung der Ausgleichszulage bleibt bei Lehrlingsentschädigungen der Betrag von .... € 245,20
   außer Betracht (§§ 292 Abs. 4 lit. h ASVG, 149 Abs. 4 lit. h GSVG, 140 Abs. 4 lit. h BSVG).
   Bei der Berücksichtigung des Nettoeinkommens für die Ermittlung der Ausgleichszulage ist der Wert der vollen freien Station .... € 309,93
   (§§ 292 Abs. 3 ASVG, 149 Abs. 3 GSVG, 140 Abs. 3 BSVG)

5/2/1. Leistungsrechtliche Werte 2022

7. **Ausgleichszulagenbonus/Pensionsbonus**
Ausgleichszulagenbonus/Pensionsbonus (§§ 299a ASVG, 156a GSVG, 147a BSVG):
Langzeitversicherten Personen gebührt bei gewöhnlichem Aufenthalt im Inland zur Ausgleichszulage/Pension aus eigener Pensionsversicherung ein Bonus, der bis zu einem Gesamteinkommen von € 1.141,83 maximal .... € 155,36
beträgt, wenn sie zum Stichtag mindestens 360 Beitragsmonate der Pflichtversicherung auf Grund einer Erwerbstätigkeit erworben haben, bis zu einem Gesamteinkommen von € 1.364,11 maximal .... € 396,21
beträgt, wenn sie zum Stichtag mindestens 480 Beitragsmonate der Pflichtversicherung auf Grund einer Erwerbstätigkeit erworben haben, beträgt.

Der Bonus beträgt maximal .... € 395,78
bei einem Gesamteinkommen bis € 1.841,29 (samt dem Nettoeinkommen des in gemeinsamen Haushalt lebenden Ehegatten/eingetragenen Partners), wenn die versicherte Person zum Stichtag mindestens 480 Beitragsmonate erworben hat

8. **Verminderung des Bezug bei gleichzeitigem Erwerbseinkommen**
Übersteigt bei Bezug einer Invaliditäts-, Berufsunfähigkeits-, Knappschaftsvoll- oder Erwerbsunfähigkeitspension bei gleichzeitigem Erwerbseinkommen das monatliche Gesamteinkommen brutto .... € 1.283,29
Der Anrechnungsbetrag setzt sich aus Gesamteinkommensteilen zusammen.
Für Gesamteinkommensteile von
über € 1.283,29 bis € 1.925,01 sind 30 %,
über € 1.925,01 bis € 2.566,57 40 % und
über € 2.566,57 50 %
dieser Gesamteinkommensteile anzurechnen.

9. **Kinderzuschuss**
Kinderzuschuss (§§ 262 ASVG, 144 GSVG, 135 BSVG) .... € 29,07

10. **Nachkauf von Schul- und Studienzeiten**
Nachkauf von Schul- und Studienzeiten (§ 227 Abs. 3 ASVG);
damit Schul- und Studienzeiten in der Pensionsversicherung wirksam werden, ist ein Beitrag zu entrichten. Dieser Beitrag beträgt für jeden Ersatzmonat des Besuchs einer mittleren, höheren Schule oder Hochschule .... € 1.292,76
(ohne allfälligen Risikozuschlag)

11. **Grenzbetrag für die Anhebung einer Witwen/Witwerpension**
Grenzbetrag für die Anhebung einer Witwen/Witwerpension
(§ 264 Abs. 6 ASVG) .... € 2.098,74

12. **Knappschaftssold**
Knappschaftssold (§ 283 ASVG)
Der Knappschaftssold beträgt monatlich .... € 114,82

13. **Bergmannstreuegeld**
Bergmannstreuegeld (§ 288 ASVG)
Das Bergmannstreuegeld beträgt für jedes volle Jahr einer Gewinnungshauertätigkeit oder ihr gleichgestellten Tätigkeit .... € 1.722,38
insgesamt höchstens .... € 17.223,80

14. **Pflegegeld nach dem Bundespflegegeldgesetz**
Stufe 1 .... € 165,40
Stufe 2 .... € 305,00
Stufe 3 .... € 475,20
Stufe 4 .... € 712,70
Stufe 5 .... € 968,10
Stufe 6 .... € 1.351,80
Stufe 7 .... € 1.776,50

5/2/1. Leistungsrechtliche Werte 2022

B. Unfallversicherung

1. **Erhöhung der Renten**
   Prozentuelle Erhöhung der Renten ab 1. Jänner 2022 .... 1,8%

2. **Kinderzuschuss zu Schwerversehrtenrenten (§ 207 ASVG)**
   Schwerversehrten wird für jedes Kind ein Kinderzuschuss im Ausmaß von 10 % der Versehrtenrente, höchstens jedoch .... € 76,31
   (fixer Wert) gewährt.

3. **Bemessungsgrundlage für Barleistungen an Schüler und Studenten**
   Bemessungsgrundlage für Schüler und Studenten (§ 181b ASVG)
   Bemessungsgrundlage für Barleistungen an Schüler und Studenten ist a) nach dem 15. bis Vollendung des 18. Lebensjahres .... € 10.766,84
   b) nach dem 18. bis Vollendung des 24. Lebensjahres .... € 14.357,18
   c) nach Vollendung des 24. Lebensjahres .... € 21.535,36

4. **Versehrtengeld für Schüler und Studenten**
   Versehrtengeld für Schüler und Studenten (§ 212 Abs.3 ASVG)
   Schüler und Studenten erhalten ein einmaliges Versehrtengeld für Folgen eines Arbeitsunfalles oder einer Berufskrankheit bei mindestens 20 % Erwerbsminderung durch drei Monate. Dieses Versehrtengeld beträgt bei einer Minderung der Erwerbsfähigkeit von 20 v.H. bis unter 30 v.H. .... € 747,46
   30 v.H. bis unter 40 v.H. .... € 1.625,89
   40 v.H. .... € 3.001,31
   und für je weitere 10 v.H. .... € 750,18

5. **Bemessungsgrundlage bei Einbeziehung in die Zusatzversicherung (§ 22a ASVG) gemäß § 181a Abs. 2 ASVG**
   Die Bemessungsgrundlage beträgt unabhängig vom Erwerbseinkommen des Versicherten mindestens .... € 32.303,04
   (=1,5-fache von 21.535,36)

6. **Bemessungsgrundlage für gewerblich Selbstständige und freiberuflich selbstständig Erwerbstätige**
   Bemessungsgrundlage für gewerblich Selbständige und freiberuflich Selbständige (§ 181 Abs.1, § 8 Abs. 1 Z 3 lit. a ASVG)
   Als Bemessungsgrundlage für Geldleistungen an die in der Unfallversicherung teilversicherten gewerblich und freiberuflich Selbständigen gilt ein Betrag von .... € 21.535,36
   Die zusätzliche Bemessungsgrundlage beträgt bei Entrichtung eines Höherversicherungsbeitrages (§ 77 Abs. 4 ASVG)
   von 127,76 .... € 13.681,22
   von 191,93 .... € 20.622,83

7. **Unfallversicherungsbeitrag für GSVG-Versicherte**
   Ab 2022 monatlicher Unfallversicherungsbeitrag für GSVG-Versicherte (§ 74 Abs. 1 Z 1 ASVG) .... € 10,64

8. **Bemessungsgrundlage für selbstständig Erwerbstätige**
   Bemessungsgrundlage für selbstständig Erwerbstätige (§ 181 Abs. 1 ASVG) .... € 21.535,36

9. **Bemessungsgrundlage für Bauern**
   Bemessungsgrundlage für Bauern (§ 181 Abs. 2 ASVG) für die Betriebsrenten für Schwerversehrte, sowie für Witwen(Witwer)renten (§181 Abs. 2 Z 1 ASVG) .... € 13.681,22
   in allen übrigen Fällen (§ 181 Abs. 2 Z 2 ASVG) .... € 6.840,09

5/2/1. Leistungsrechtliche Werte 2022

C. Krankenversicherung

1. Erwerbslosigkeit im Sinne des § 122 Abs. 2 Z 2 ASVG i.V.m.
§ 122 Abs. 4 ASVG liegt auch dann vor, wenn das Entgelt aus einem zweiten Beschäftigungsverhältnis nicht mehr als .... € 582,31 monatlich, beträgt.

2. Krankengeld
   a) Krankengeld für § 19a ASVG-Selbstversicherte (§ 141 Abs. 5 ASVG), für den Kalendermonat
   .... € 174,49
   b) Erhöhung des Krankengeldes (§ 141 Abs. 3 ASVG)
   Anspruch des Versicherten auf erhöhtes Krankengeld für einen Angehörigen besteht dann nicht, wenn dieser aus Erwerbstätigkeit oder aus Bezügen von der Sozialversicherung (ausgenommen Pflegegeld nach dem BPGG) ein monatliches Einkommen von mehr als .... € 582,31 bezieht.

3. Kostenanteil bei Heilbehelfen und Hilfsmitteln
   Der Kostenanteil des Versicherten (§ 137 Abs. 2 und 2a ASVG) beträgt
   a) bei Heilbehelfen und Hilfsmitteln mindestens .... € 37,80
   b) bei Sehbehelfen mindestens .... € 113,40

4. Wochengeld gemäß § 162 Abs. 3a ASVG für § 19a ASVG-Selbstversicherte
   täglich .... € 9,78

5. Leistungen nach dem Kinderbetreuungsgeldgesetz
   a) Kinderbetreuungsgeld täglich:
   Die Anspruchsdauer kann innerhalb des vorgegebenen Rahmens von 365 bis zu 851 Tagen (ab der Geburt des Kindes) gewählt werden. In der Grundvariante (365 Tage ab Geburt) beträgt das pauschale Kinderbetreuungsgeld € 33,88 täglich, in der längsten Variante mit 851 Tagen ab Geburt beträgt es € 14,53 täglich. Die Höhe des Tagesbetrages ergibt sich automatisch aus der individuell gewählten Variante (Anspruchsdauer). Je länger man bezieht, desto geringer ist der Tagesbetrag.

   Tagesbetrag bei der kürzesten Bezugsdauer von 365 Tagen
   (456 Tage bei Teilung mit Partner; § 3 Abs. 1 und 2 KBGG) .... € 33,88
   Tagesbetrag bei der längsten Bezugsdauer von 851 Tagen
   (1.063 Tage bei Teilung mit Partner; § 5 Abs. 1 und 2 KBGG) .... € 14,53

   Einkommensabhängiges Kinderbetreuungsgeld mit maximal 14 Monaten
   Bezugsdauer (davon mindestens 2 Monate der Partner) in der Höhe von
   80 % des letzten Nettoeinkommens mit mindestens .... € 33,88
   bis maximal .... € 66,00
   täglich (§§ 24a Abs. 2, 24d Abs. 1 KBGG).

   Einkommensermittlung
   Die Zuverdienstgrenze stellt auf die Einkünfte desjenigen Elternteiles ab, der Kinderbetreuungsgeld bezieht. Es ist also nicht das Familieneinkommen bzw. das Einkommen des (Ehe)Partners maßgeblich. Die Zuverdienstgrenze für das Kalenderjahr 2022 beträgt 60 % des letzten Einkommens
   (individueller Grenzbetrag) oder gem. § 8b Abs. 2 KBGG .... € 16.200,00
   (absoluter Grenzbetrag). Hinsichtlich des einkommensabhängigen Kinderbetreuungsgeldes ist gem. § 24 Abs. 1 Z 3 KBGG nur ein Zuverdienst von .... € 7.600,00
   möglich.

   b) Beihilfe zum Kinderbetreuungsgeld
   Bezieher einer Pauschalvariante können maximal für ein Jahr ab Antragstellung eine tägliche Beihilfe zum Kinderbetreuungsgeld gem. § 10 KBGG in der Höhe von .... € 6,06
   beziehen. Die Zuverdienstgrenze beträgt gem. § 9 Abs. 3 KBGG für den Antragsteller jährlich .... € 7.600,00
   und gem. § 12 KBGG für den Partner .... € 16.200,00

5/2/1. Leistungsrechtliche Werte 2022

D. Rezeptgebühr

1. Höhe der Rezeptgebühr
   Höhe der Rezeptgebühr (§ 136 Abs. 3 ASVG) .... € 6,65

2. Grenzbeträge für die Befreiung von der Rezeptgebühr
   Grenzbeträge für die Befreiung von der Rezeptgebühr gem. § 4 Abs. 1 Z 2 und 3 RRZ 2008
   a) Personen, deren monatliche Nettoeinkünfte
   € 1.030,49 (für Alleinstehende) bzw.
   € 1.625,71 (für Ehepaare bzw. Lebensgefährten)
   nicht übersteigen, sowie
   b) Personen, die infolge von Leiden oder Gebrechen überdurchschnittliche Ausgaben nachweisen und deren monatliche Nettoeinkünfte
   € 1.185,06 (für Alleinstehende) bzw.
   € 1.869,57 (für Ehepaare bzw. Lebensgefährten) nicht übersteigen, sind auf Antrag von der Entrichtung der Rezeptgebühr zu befreien.
   Die angeführten Grenzbeträge erhöhen sich für jedes Kind um .... € 159,00
   Leben im Familienverband des Versicherten Personen mit eigenem Einkommen, so ist dies zu berücksichtigen. Für Pensionsbezieher mit einem Ausgedinge gilt eine Sonderregelung (abweichende Grenzbeträge).

5/2/1. Leistungsrechtliche Werte 2022

E. Service-Entgelt für die e-card

1. **Höhe des Service-Entgelts**
   Höhe des Service-Entgelts (§ 31c Abs. 2 ASVG) für das Jahr 2023 .... € 12,95
   Das Service-Entgelt für das Jahr 2023 wird im November 2022 eingehoben.

2. **Grenzbeträge für die Befreiung vom Service-Entgelt**
   Grenzbeträge für die Befreiung vom Service-Entgelt
   (siehe Abschnitt D Punkt 2)

5/2/1. Leistungsrechtliche Werte 2022

F. Behandlungsbeitrag (nur im BSVG)

1. Behandlungsbeitrag
   Höhe des Behandlungsbeitrages (§ 80 Abs. 2 BSVG) .... € 10,97

5/2/1. Leistungsrechtliche Werte 2022

G. Zuzahlungen bei Maßnahmen der Rehabilitation und bei Maßnahmen der Festigung der Gesundheit und der Gesundheitsvorsorge in der Kranken- und Pensionsversicherung

1. Grenzbetrag für die Befreiung von Zuzahlungen
   Personen, deren monatliche Bruttoeinkünfte .... € 1.030,49
   nicht übersteigen.

2. Höhe der Zuzahlungen
   Höhe der Zuzahlungen pro Verpflegstag (§ 154a Abs. 7 ASVG)
   monatliches Bruttoeinkommen von € 1.030,50 bis € 1.611,87 .... € 9,09
   monatliches Bruttoeinkommen von € 1.611,88 bis € 2.193,26 .... € 15,58
   monatliches Bruttoeinkommen über € 2.193,26 .... € 22,08
   Die Zuzahlungen bei Maßnahmen der Rehabilitation sind höchstens für 28 Tage im Kalenderjahr zu leisten.

5/2/2. Leistungsrechtliche Werte 2021

ÜBERSICHT

Anpassungsfaktor

A. *Pensionsversicherung:*
1. Prozentsatz der Erhöhung der Pensionen
2. Höchstbemessungsgrundlage
3. Bemessungsgrundlage für Zeiten der Kindererziehung
4. Richtsatz für Ausgleichszulagen
5. Ausgleichszulagenbonus/Pensionsbonus
6. Kinderzuschuss
7. Nachkauf von Schul- und Studienzeiten
8. Grenzbetrag für die Anhebung einer Witwen/Witwerpension
9. Knappschaftssold
10. Bergmannstreuegeld
11. Pflegegeld nach dem Bundespflegegeldgesetz

B. *Unfallversicherung:*
1. Prozentsatz der Erhöhung der Renten
2. Kinderzuschuss zu Schwerversehrtenrenten
3. Bemessungsgrundlage für Barleistungen an Schüler und Studenten
4. Versehrtengeld und Pflegegeld für Schüler und Studenten
5. Bemessungsgrundlage bei Einbeziehung in die Zusatzversicherung (§ 22a ASVG)
6. Bemessungsgrundlage für gewerblich Selbstständige und freiberuflich selbstständig Erwerbstätige
7. Unfallversicherungsbeitrag für GSVG-Versicherte
8. Bemessungsgrundlage für Bauern

C. *Krankenversicherung:*
1. Erwerbslosigkeit im Sinne des § 122 ASVG
2. Krankengeld
3. Kostenanteil bei Heilbehelfen und Hilfsmitteln
4. Wochengeld
5. Leistungen nach dem Kinderbetreuungsgeldgesetz (KBGG)

D. *Rezeptgebühr*
1. Höhe der Rezeptgebühr
2. Grenzbeträge für die Befreiung von der Rezeptgebühr

E. *Service-Entgelt für die e-card*
1. Höhe des Service-Entgelts
2. Grenzbeträge für die Befreiung vom Service-Entgelt

F. *Behandlungsbeitrag (nur im BSVG)*
 Höhe des Behandlungsbeitrages

G. *Zuzahlungen bei Maßnahmen der Rehabilitation und bei Maßnahmen der Festigung der Gesundheit und der Gesundheitsvorsorge in der Kranken- und Pensionsversicherung*
1. Grenzbetrag für die Befreiung von Zuzahlungen
2. Höhe der Zuzahlungen

LeistWerte 2022
LeistWerte 2021
LeistWerte 2020

5/2/2. Leistungsrechtliche Werte 2021

Anpassungsfaktor (§ 108 Abs. 5 ASVG) für 2021 1,015

A. PENSIONSVERSICHERUNG

1. Erhöhung der Pensionen ab 1. Jänner 2021
   Die besonderen Bestimmungen des Budgetbegleitgesetzes 2021 sind zu beachten:
   Beträgt das Gesamtpensionseinkommen nicht mehr als € 1.000,00 monatlich ist es um 3,5 % zu erhöhen,
   wenn es über € 1.000,00 bis zu € 1.400,00 monatlich beträgt, um jenen Prozentsatz, der zwischen den genannten Werten von 3,5 % auf 1,5 % linear absinkt
   wenn es über € 1.400,00 bis zu € 2.333,00 monatlich beträgt, um 1,5 %
   wenn es über € 2.333,00 € monatlich beträgt, um € 35,00.

2. Höchstbemessungsgrundlage (auf Basis der „besten 33 Jahre") .... € 4.563,39

3. Bemessungsgrundlage für Zeiten der Kindererziehung .... € 1.360,65

4. Richtsatz für Ausgleichszulage (§§ 293 ASVG, 150 GSVG, 141 BSVG)
   für allein stehende Pensionisten .... € 1.000,48
   für Pensionisten, die mit dem Ehegatten (der Ehegattin) im gemeinsamen Haushalt leben .... € 1.578,36
   Diese Richtsätze - außer bei Beziehern einer Witwen-(Witwer)pension - erhöhen sich für jedes Kind, **dessen** Nettoeinkommen .... € 367,98
   nicht erreicht, um .... € 154,37
   für Pensionsberechtigte auf Waisenpension
   a) bis zum 24. Lebensjahr .... € 367,98
       falls beide Elternteile verstorben sind .... € 552,53
   b) nach Vollendung des 24. Lebensjahres .... € 653,91
       falls beide Elternteile verstorben sind .... € 1.000,48
   Bei Berücksichtigung des Nettoeinkommens für die Ermittlung der Ausgleichszulage bleibt bei Lehrlingsentschädigungen der Betrag von .... € 240,16
   außer Betracht
   (§§ 292 Abs. 4 lit. h ASVG, 149 Abs. 4 lit. h GSVG, 140 Abs. 4 lit. h BSVG).
   Bei der Berücksichtigung des Nettoeinkommens für die Ermittlung der Ausgleichszulage ist der Wert der vollen freien Station .... € 304,45
   (§§ 292 Abs. 3 ASVG, 149 Abs. 3 GSVG, 140 Abs. 3 BSVG)

5. Ausgleichszulagenbonus/Pensionsbonus (§§ 299a ASVG, 156a GSVG, 147a BSVG):
   Langzeitversicherten Personen gebührt bei gewöhnlichem Aufenthalt im Inland zur Ausgleichszulage/Pension aus eigener Pensionsversicherung ein Bonus, der
   bis zu einem Gesamteinkommen von € 1.113,48 maximal .... € 151,50
   beträgt, wenn sie zum Stichtag mindestens 360 Beitragsmonate der Pflichtversicherung auf Grund einer Erwerbstätigkeit erworben haben,
   bis zu einem Gesamteinkommen von € 1.339,99 maximal .... € 389,20
   beträgt, wenn sie zum Stichtag mindestens 480 Beitragsmonate der Pflichtversicherung auf Grund einer Erwerbstätigkeit erworben haben, beträgt.

   Der Bonus beträgt maximal .... € 388,78
   bei einem Gesamteinkommen bis € 1.808,73 (samt dem Nettoeinkommen des in gemeinsamen Haushalt lebenden Ehegatten/eingetragenen Partners),
   wenn die versicherte Person zum Stichtag mindestens 480 Beitragsmonate erworben hat

6. Kinderzuschuss (§§ 262 ASVG, 144 GSVG, 135 BSVG) .... € 29,07

7. Nachkauf von Schul- und Studienzeiten (§ 227 Abs. 3 ASVG);
   damit Schul- und Studienzeiten in der Pensionsversicherung wirksam werden, ist ein Beitrag zu entrichten.
   Dieser Beitrag beträgt für jeden Ersatzmonat des Besuchs einer mittleren, höheren Schule oder Hochschule .... € 1.265,40
   (ohne allfälligen Risikozuschlag)

5/2/2. Leistungsrechtliche Werte 2021

8.	Grenzbetrag für die Anhebung einer Witwen/Witwerpension (§ 264 Abs. 6 ASVG)	€	2.061,63
9.	Knappschaftssold (§ 283 ASVG) Der Knappschaftssold beträgt monatlich	€	112,79
10.	Bergmannstreuegeld (§ 288 ASVG) Das Bergmannstreuegeld beträgt für jedes volle Jahr einer Gewinnungshauertätigkeit oder ihr gleichgestellten Tätigkeit	€	1.691,93
	insgesamt höchstens	€	16.919,30
11.	Pflegegeld nach dem Bundespflegegeldgesetz		
	Stufe 1	€	162,50
	Stufe 2	€	299,60
	Stufe 3	€	466,80
	Stufe 4	€	700,10
	Stufe 5	€	951,00
	Stufe 6	€	1.327,90
	Stufe 7	€	1.745,10

5/2/2. Leistungsrechtliche Werte 2021

B. UNFALLVERSICHERUNG

1. Erhöhung der Renten ab 1. Jänner 2021 .... 1,5 %

2. Kinderzuschuss zu Schwerversehrtenrenten (§ 207 ASVG)
   Schwerversehrten wird für jedes Kind ein Kinderzuschuss im Ausmaß
   von 10 % der Versehrtenrente, höchstens jedoch .... € 76,31
   gewährt.

3. Bemessungsgrundlage für Schüler und Studenten (§ 181b ASVG)
   Bemessungsgrundlage für Barleistungen an Schüler und Studenten ist
   a) nach dem 15. bis Vollendung des 18. Lebensjahres .... € 10.576,46
   b) nach dem 18. bis Vollendung des 24. Lebensjahres .... € 14.103,32
   c) nach Vollendung des 24. Lebensjahres .... € 21.154,58

4. Versehrtengeld für Schüler und Studenten (§ 212 Abs. 3 ASVG)
   Schüler und Studenten erhalten ein einmaliges Versehrtengeld für Folgen
   eines Arbeitsunfalles oder einer Berufskrankheit bei mindestens 20 %
   Erwerbsminderung durch drei Monate. Dieses Versehrtengeld beträgt bei
   einer Minderung der Erwerbsfähigkeit von
   20 v.H. bis unter 30 v.H. .... € 734,24
   30 v.H. bis unter 40 v.H. .... € 1.597,14
   40 v.H. .... € 2.948,24
   und für je weitere 10 v.H. .... € 736,92

5. Bemessungsgrundlage bei Einbeziehung in die Zusatzversicherung
   (§ 22a ASVG) gemäß § 181a Abs. 2 ASVG
   Die Bemessungsgrundlage beträgt unabhängig vom Erwerbseinkommen
   des Versicherten mindestens .... € 31.731,87
   (=1,5fache von 21.154,58)

6. Bemessungsgrundlage für gewerblich Selbständige und freiberuflich
   Selbständige (§ 181 Abs.1, § 8 Abs. 1 Z 3 lit a ASVG)
   Als Bemessungsgrundlage für Geldleistungen an die in der
   Unfallversicherung teilversicherten gewerblich und freiberuflich
   Selbständigen gilt ein Betrag von .... € 21.154,58
   Die zusätzliche Bemessungsgrundlage beträgt bei Entrichtung
   eines Höherversicherungsbeitrages (§ 77 Abs. 4 ASVG)
   von € 125,13 .... € 13.439,31
   von € 187,98 .... € 20.258,18

7. Ab 2021 monatlicher Unfallversicherungsbeitrag für GSVG-Versicherte
   (§ 74 Abs. 1 Z 1 ASVG) .... € 10,42

8. Bemessungsgrundlage für Bauern (§ 181 Abs.1 ASVG) .... € 21.154,58
   Als Bemessungsgrundlage für Geldleistungen an die nach dem BSVG
   unfallversicherten Bauern, die gleichzeitig nach dem ASVG und (oder)
   GSVG eine Pension beziehen, gilt für die Betriebsrenten für Schwerversehrte,
   für das Versehrtengeld sowie für Witwen(Witwer)renten (§181 Abs.2 ASVG) € 13.439,31
   in allen übrigen Fällen (§ 181 Abs. 6 ASVG) .... € 6.719,15

5/2/2. Leistungsrechtliche Werte 2021

C. KRANKENVERSICHERUNG

1. Erwerbslosigkeit im Sinne des § 122 Abs. 2 Z 2 ASVG i.V.m. § 122 Abs. 4 ASVG liegt auch dann vor, wenn das Entgelt aus einem zweiten Beschäftigungsverhältnis nicht mehr als .... € 570,33 monatlich, beträgt.

2. Krankengeld
   a) Krankengeld für § 19a ASVG-Selbstversicherte (§ 141 Abs. 5 ASVG), für den Kalendermonat..€ 170,90
   b) Erhöhung des Krankengeldes (§ 141 ASVG)
   Anspruch des Versicherten auf erhöhtes Krankengeld für einen Angehörigen besteht dann nicht, wenn dieser aus Erwerbstätigkeit oder aus Bezügen von der Sozialversicherung (ausgenommen Pflegegeld nach dem BPGG) ein monatliches Einkommen von mehr als .... € 570,33 bezieht.

3. Der Kostenanteil des Versicherten (§ 137 Abs. 2 und 2a ASVG) beträgt
   a) bei Heilbehelfen und Hilfsmitteln mindestens .... € 37,00
   b) bei Sehbehelfen mindestens .... € 111,00

4. Wochengeld gemäß § 162 Abs. 3a ASVG für § 19a ASVG-Selbstversicherte täglich... € 9,61

5. Leistungen nach dem Kinderbetreuungsgeldgesetz:
   a) Kinderbetreuungsgeld täglich:
   Die Anspruchsdauer kann innerhalb des vorgegebenen Rahmens von 365 bis zu 851 Tagen (ab der Geburt des Kindes) gewählt werden. In der Grundvariante (365 Tage ab Geburt) beträgt das pauschale Kinderbetreuungsgeld € 33,88 täglich, in der längsten Variante mit 851 Tagen ab Geburt beträgt es € 14,53 täglich. Die Höhe des Tagesbetrages ergibt sich automatisch aus der individuell gewählten Variante (Anspruchsdauer). Je länger man bezieht, desto geringer ist der Tagesbetrag.

   Tagesbetrag bei der kürzesten Bezugsdauer von 365 Tagen
   (456 Tage bei Teilung mit Partner) .... € 33,88
   Tagesbetrag bei der längsten Bezugsdauer von 851 Tagen
   (1.063 Tage bei Teilung mit Partner) .... € 14,53

   Einkommensabhängiges Kinderbetreuungsgeld mit maximal 14 Monaten Bezugsdauer (davon mindestens 2 Monate der Partner) in der Höhe von 80 % des letzten Nettoeinkommens mit mindestens .... € 33,88
   ....bis maximal .... € 66,00

   Einkommensermittlung
   Die Zuverdienstgrenze stellt auf die Einkünfte desjenigen Elternteiles ab, der Kinderbetreuungsgeld bezieht. Es ist also nicht das Familieneinkommen bzw. das Einkommen des (Ehe)Partners maßgeblich. Die Zuverdienstgrenze für das Kalenderjahr 2021 beträgt 60 % des letzten Einkommens (individueller Grenzbetrag) oder .... € 16.200,00 (absoluter Grenzbetrag). Hinsichtlich des einkommensabhängigen Kinderbetreuungsgeldes ist nur ein Zuverdienst von .... € 7.300,00 möglich.

   b) Beihilfe zum Kinderbetreuungsgeld
   Bezieher einer Pauschalvariante können maximal für ein Jahr ab Antragstellung eine tägliche Beihilfe zum Kinderbetreuungsgeld in der Höhe von .... € 6,06
   beziehen. Die Zuverdienstgrenze beträgt für den Antragsteller jährlich ... € 7.300,00
   und für den Partner .... € 16.200,00

5/2/2. Leistungsrechtliche Werte 2021

D. REZEPTGEBÜHR

1. Höhe der Rezeptgebühr (§ 136 Abs. 3 ASVG) .... € 6,50

2. Grenzbeträge für die Befreiung von der Rezeptgebühr
   a) Personen, deren monatliche Nettoeinkünfte
      € 1.000,48 (für Alleinstehende) bzw.
      € 1.578,36 (für Ehepaare bzw. Lebensgefährten)
      nicht übersteigen, sowie
   b) Personen, die infolge von Leiden oder Gebrechen überdurchschnittliche Ausgaben nachweisen und deren monatliche Nettoeinkünfte
      € 1.150,55 (für Alleinstehende) bzw.
      € 1.815,11 (für Ehepaare bzw. Lebensgefährten)
      nicht übersteigen, sind auf Antrag von der Entrichtung der Rezeptgebühr zu befreien.

   Die angeführten Grenzbeträge erhöhen sich für jedes Kind um .... € 154,37

   Leben im Familienverband des Versicherten Personen mit eigenem Einkommen, so ist dies zu berücksichtigen. Für Pensionsbezieher mit einem Ausgedinge gilt eine Sonderregelung (abweichende Grenzbeträge).

E. SERVICE-ENTGELT für die e-card (§ 31c Abs. 2)

1. Höhe des Service-Entgelts für das Jahr 2021 .... € 12,70
   Das Service-Entgelt für das Jahr 2021 wird im November 2020 eingehoben.

2. Grenzbeträge für die Befreiung vom Service-Entgelt
   (siehe Abschnitt D Punkt 2)

F. BEHANDLUNGSBEITRAG (nur im BSVG)

Höhe des Behandlungsbeitrages (§ 80 Abs. 2 BSVG) .... € 10,74

G. ZUZAHLUNGEN BEI MASSNAHMEN DER REHABILITATION UND BEI MASSNAHMEN DER FESTIGUNG DER GESUNDHEIT UND DER GESUNDHEITSVORSORGE IN DER KRANKEN- UND PENSIONSVERSICHERUNG (§ 154a ASVG)

1. Grenzbetrag für die Befreiung von Zuzahlungen:
   Personen, deren monatliche Bruttoeinkünfte .... € 1.000,48
   nicht übersteigen.

2. Höhe der Zuzahlungen pro Verpflegstag (§ 154a Abs. 7 ASVG)
   monatliches Bruttoeinkommen von € 1.000,49 bis € 1.581,86 .... € 8,90
   monatliches Bruttoeinkommen von € 1.581,87 bis € 2.163,25 .... € 15,26
   monatliches Bruttoeinkommen über € 2.163,25 .... € 21,63

   Die Zuzahlungen bei Maßnahmen der Rehabilitation sind höchstens für 28 Tage im Kalenderjahr zu leisten.

5/2/3. Leistungsrechtliche Werte 2020

ÜBERSICHT

Anpassungsfaktor

A. Pensionsversicherung:
1. Prozentsatz der Erhöhung der Pensionen
2. Höchstbemessungsgrundlage
3. Bemessungsgrundlage für Zeiten der Kindererziehung
4. Richtsatz für Ausgleichszulagen
5. Ausgleichszulagenbonus/Pensionsbonus
6. Kinderzuschuss
7. Nachkauf von Schul- und Studienzeiten
8. Grenzbetrag für die Anhebung einer Witwen/Witwerpension
9. Knappschaftssold
10. Bergmannstreuegeld
11. Pflegegeld nach dem Bundespflegegeldgesetz

B. Unfallversicherung:
1. Prozentsatz der Erhöhung der Renten
2. Kinderzuschuss zu Schwerversehrtenrenten
3. Bemessungsgrundlage für Barleistungen an Schüler und Studenten
4. Versehrtengeld und Pflegegeld für Schüler und Studenten
5. Bemessungsgrundlage bei Einbeziehung in die Zusatzversicherung (§ 22a ASVG)
6. Bemessungsgrundlage für gewerblich Selbstständige und freiberuflich selbstständig Erwerbstätige
7. Unfallversicherungsbeitrag für GSVG-Versicherte
8. Bemessungsgrundlage für Bauern

C. Krankenversicherung:
1. Erwerbslosigkeit im Sinne des § 122 ASVG
2. Krankengeld
3. Kostenanteil bei Heilbehelfen und Hilfsmitteln
4. Wochengeld
5. Leistungen nach dem Kinderbetreuungsgeldgesetz (KBGG)

D. Rezeptgebühr
1. Höhe der Rezeptgebühr
2. Grenzbeträge für die Befreiung von der Rezeptgebühr

E. Service-Entgelt für die e-card
1. Höhe des Service-Entgelts
2. Grenzbeträge für die Befreiung vom Service-Entgelt

F. Behandlungsbeitrag (nur im BSVG)
Höhe des Behandlungsbeitrages

G. Zuzahlungen bei Maßnahmen der Rehabilitation und bei Maßnahmen der Festigung der Gesundheit und der Gesundheitsvorsorge in der Kranken- und Pensionsversicherung
1. Grenzbetrag für die Befreiung von Zuzahlungen
2. Höhe der Zuzahlungen

5/2/3. Leistungsrechtliche Werte 2020

Anpassungsfaktor (§ 108 Abs. 5 ASVG) für 2020 .... **1,018**

A. PENSIONSVERSICHERUNG

1. Erhöhung der Pensionen ab 1. Jänner 2020 ....
   Die besonderen Bestimmungen des Pensionsanpassungsgesetzes 2020 sind zu beachten:
   Beträgt das Gesamtpensionseinkommen nicht mehr als € 1 111,00 monatlich ist es um 3,6% zu erhöhen,
   wenn es über € 1 111,00 bis zu € 2 500,00 monatlich beträgt, um jenen Prozentsatz, der zwischen den genannten Werten von 3,6% auf 1,8% linear absinkt
   wenn es über € 2 500,00 bis zu € 5 220,00 monatlich beträgt, um 1,8 %
   wenn es über € 5 220,00 monatlich beträgt, um € 94,00.

2. Höchstbemessungsgrundlage (auf Basis der „besten 32 Jahre") .... €   4.458,16

3. Bemessungsgrundlage für Zeiten der Kindererziehung .... €   1.295,31

4. Richtsatz für Ausgleichszulage (§§ 293 ASVG, 150 GSVG, 141 BSVG)
   für allein stehende Pensionisten .... €   966,65
   für Pensionisten, die mit dem Ehegatten (der Ehegattin) im gemeinsamen Haushalt leben .... €   1.524,99
   Diese Richtsätze - außer bei Beziehern einer Witwen-(Witwer)pension - erhöhen sich für jedes Kind, **dessen** Nettoeinkommen .... €   355,54
   nicht erreicht, um .... €   149,15
   für Pensionsberechtigte auf Waisenpension
   a) bis zum 24. Lebensjahr   355,54
       falls beide Elternteile verstorben sind   533,85
   b) nach Vollendung des 24. Lebensjahres   631,80
       falls beide Elternteile verstorben sind   966,65
   Bei Berücksichtigung des Nettoeinkommens für die Ermittlung der Ausgleichszulage bleibt bei Lehrlingsentschädigungen der Betrag von .... €   232,49
   außer Betracht
   (§§ 292 Abs. 4 lit. h ASVG, 149 Abs. 4 lit. h GSVG, 140 Abs. 4 lit. h BSVG).
   Bei der Berücksichtigung des Nettoeinkommens für die Ermittlung der Ausgleichszulage ist der Wert der vollen freien Station .... €   299,95
   (§§ 292 Abs. 3 ASVG, 149 Abs. 3 GSVG, 140 Abs. 3 BSVG)

5. Ausgleichszulagenbonus/Pensionsbonus (§§ 299a ASVG, 156a GSVG, 147a BSVG):
   Langzeitversicherten Personen gebührt bei gewöhnlichem Aufenthalt im Inland zur Ausgleichszulage/Pension aus eigener Pensionsversicherung ein Bonus, der
   bis zu einem Gesamteinkommen von 1.080,00 € maximal   146,94
   beträgt, wenn sie zum Stichtag mindestens 360 Beitragsmonate der Pflichtversicherung auf Grund einer Erwerbstätigkeit erworben haben,
   bis zu einem Gesamteinkommen von 1.315,00 € maximal   381,94
   beträgt, wenn sie zum Stichtag mindestens 480 Beitragsmonate der Pflichtversicherung auf Grund einer Erwerbstätigkeit erworben haben, beträgt.

   Der Bonus beträgt maximal   383,03
   bei einem Gesamteinkommen bis 1.782,00 € (samt dem Nettoeinkommen des in gemeinsamen Haushalt lebenden Ehegatten/eingetragenen Partners),
   wenn die versicherte Person zum Stichtag mindestens 480 Beitragsmonate erworben hat

6. Kinderzuschuss (§§ 262 ASVG, 144 GSVG, 135 BSVG) .... €   29,07

7. Nachkauf von Schul- und Studienzeiten (§ 227 Abs. 3 ASVG);
   damit Schul- und Studienzeiten in der Pensionsversicherung wirksam werden, ist ein Beitrag zu entrichten.
   Dieser Beitrag beträgt für jeden Ersatzmonat des Besuchs einer mittleren, höheren Schule oder Hochschule .... €   1.224,36
   (ohne allfälligen Risikozuschlag)

5/2/3. Leistungsrechtliche Werte 2020

8. Grenzbetrag für die Anhebung einer Witwen/Witwerpension
   (§ 264 Abs. 6 ASVG) .... € 2.031,16

9. Knappschaftssold (§ 283 ASVG)
   Der Knappschaftssold beträgt monatlich .... € 111,12

10. Bergmannstreuegeld (§ 288 ASVG)
    Das Bergmannstreuegeld beträgt für jedes volle Jahr einer
    Gewinnungshauertätigkeit oder ihr gleichgestellten Tätigkeit .... € 1.666,93
    insgesamt höchstens .... € 16.669,30

11. Pflegegeld nach dem Bundespflegegeldgesetz
    Stufe 1 .... € 160,10
    Stufe 2 .... € 295,20
    Stufe 3 .... € 459,90
    Stufe 4 .... € 689,80
    Stufe 5 .... € 936,90
    Stufe 6 .... € 1.308,30
    Stufe 7 .... € 1.719,30

5/2/3. Leistungsrechtliche Werte 2020

B. UNFALLVERSICHERUNG

1.	Erhöhung der Renten ab 1. Jänner 2018	1,8 %
2.	Kinderzuschuss zu Schwerversehrtenrenten (§ 207 ASVG) Schwerversehrten wird für jedes Kind ein Kinderzuschuss im Ausmaß von 10 % der Versehrtenrente, höchstens jedoch .... € gewährt.	76,31
3.	Bemessungsgrundlage für Schüler und Studenten (§ 181b ASVG) Bemessungsgrundlage für Barleistungen an Schüler und Studenten ist a) nach dem 15. bis Vollendung des 18. Lebensjahres .... € b) nach dem 18. bis Vollendung des 24. Lebensjahres .... € c) nach Vollendung des 24. Lebensjahres .... €	10.420,16 13.894,90 20.841,95
4.	Versehrtengeld für Schüler und Studenten (§ 212 Abs.3 ASVG) Schüler und Studenten erhalten ein einmaliges Versehrtengeld für Folgen eines Arbeitsunfalles oder einer Berufskrankheit bei mindestens 20 % Erwerbsminderung durch drei Monate. Dieses Versehrtengeld beträgt bei einer Minderung der Erwerbsfähigkeit von 20 v.H. bis unter 30 v.H. .... € 30 v.H. bis unter 40 v.H. .... € 40 v.H. .... € und für je weitere 10 v.H. .... €	 723,39 1.573,54 2.904,67 726,03
5.	Bemessungsgrundlage bei Einbeziehung in die Zusatzversicherung (§ 22a ASVG) gemäß § 181a Abs. 2 ASVG Die Bemessungsgrundlage beträgt unabhängig vom Erwerbseinkommen des Versicherten mindestens .... €	31.262,93
6.	Bemessungsgrundlage für gewerblich Selbstständige und freiberuflich Selbstständige Als Bemessungsgrundlage für Geldleistungen an die in der Unfallversicherung teilversicherten gewerblich und freiberuflich Selbstständigen gilt ein Betrag von .... € Die zusätzliche Bemessungsgrundlage beträgt bei Entrichtung eines Höherversicherungsbeitrages von € 121,13 .... € von € 181,97 .... €	20.841,95 13.240,70 19.958,80
7.	Ab 2020 monatlicher Unfallversicherungsbeitrag für GSVG-Versicherte .... €	10,09
8.	Bemessungsgrundlage für Bauern .... € Als Bemessungsgrundlage für Geldleistungen an die nach dem BSVG unfallversicherten Bauern, die gleichzeitig nach dem ASVG und (oder) GSVG eine Pension beziehen, gilt für die Betriebsrenten für Schwerversehrte, für das Versehrtengeld sowie für Witwen(Witwer)renten .... € in allen übrigen Fällen .... €	20.841,95 13.240,70 6.619,85

5/2/3. Leistungsrechtliche Werte 2020

C. KRANKENVERSICHERUNG

1. Erwerbslosigkeit im Sinne des § 122 Abs. 2 Z 2 ASVG i.V.m.
   § 122 Abs. 4 ASVG liegt auch dann vor, wenn das Entgelt aus einem
   zweiten Beschäftigungsverhältnis nicht mehr als .... €   552,11
   monatlich, beträgt.

2. Krankengeld
   a) Krankengeld für § 19a ASVG-Selbstversicherte (§ 141 Abs. 5 ASVG),
   für den Kalendermonat ....€   165,44
   b) Erhöhung des Krankengeldes (§ 141 ASVG)
   Anspruch des Versicherten auf erhöhtes Krankengeld für einen
   Angehörigen besteht dann nicht, wenn dieser aus Erwerbstätigkeit oder
   aus Bezügen von der Sozialversicherung (ausgenommen Pflegegeld
   nach dem BPGG) ein monatliches Einkommen von mehr als .... €   552,11
   bezieht.

3. Der Kostenanteil des Versicherten beträgt
   a) bei Heilbehelfen und Hilfsmitteln mindestens .... €   35,80
   b) bei Sehbehelfen mindestens .... €   107,40

4. Wochengeld gemäß § 162 Abs. 3a ASVG für § 19a ASVG-Selbstversicherte
   täglich .... €   9,47

5. Leistungen nach dem Kinderbetreuungsgeldgesetz:
   a) Kinderbetreuungsgeld täglich:
   Die Anspruchsdauer kann innerhalb des vorgegebenen Rahmens von 365 bis zu 851 Tagen (ab der Geburt des Kindes) gewählt werden. In der Grundvariante (365 Tage ab Geburt) beträgt das pauschale Kinderbetreuungsgeld € 33,88 täglich, in der längsten Variante mit 851 Tagen ab Geburt beträgt es € 14,53 täglich. Die Höhe des Tagesbetrages ergibt sich automatisch aus der individuell gewählten Variante (Anspruchsdauer). Je länger man bezieht, desto geringer ist der Tagesbetrag.

   Tagesbetrag bei der kürzesten Bezugsdauer von 365 Tagen
   (456 Tage bei Teilung mit Partner) .... €   33,88
   Tagesbetrag bei der längsten Bezugsdauer von 851 Tagen
   (1.063 Tage bei Teilung mit Partner) .... €   14,53

   Einkommensabhängiges Kinderbetreuungsgeld mit maximal 14 Monaten
   Bezugsdauer (davon mindestens 2 Monate der Partner) in der Höhe von
   80 % des letzten Nettoeinkommens mit mindestens .... €   33,88
   ....bis maximal .... €   66,00

   Einkommensermittlung
   Die Zuverdienstgrenze stellt auf die Einkünfte desjenigen Elternteiles ab, der Kinderbetreuungsgeld bezieht. Es ist also nicht das Familieneinkommen bzw. das Einkommen des (Ehe)Partners maßgeblich. Die Zuverdienstgrenze für das Kalenderjahr 2018 beträgt 60 % des letzten Einkommens
   (individueller Grenzbetrag) oder .... €   16.200,00
   (absoluter Grenzbetrag). Hinsichtlich des einkommensabhängigen
   Kinderbetreuungsgeldes ist nur ein Zuverdienst von .... €   7.300,00
   möglich.

   b) Beihilfe zum Kinderbetreuungsgeld
   Bezieher einer Pauschalvariante können maximal für ein Jahr ab Antragstellung eine tägliche Beihilfe zum Kinderbetreuungsgeld in der
   Höhe von .... €   6,06
   beziehen. Die Zuverdienstgrenze beträgt für den Antragsteller jährlich ... €   7.300,00
   und für den Partner .... €   16.200,00

5/2/3. Leistungsrechtliche Werte 2020

D. REZEPTGEBÜHR

1. Höhe der Rezeptgebühr .... €   6,30

2. Grenzbeträge für die Befreiung von der Rezeptgebühr
   a) Personen, deren monatliche Nettoeinkünfte
      €   966,65 (für Alleinstehende) bzw.
      € 1.524,99 (für Ehepaare bzw. Lebensgefährten)
      nicht übersteigen, sowie
   b) Personen, die infolge von Leiden oder Gebrechen überdurchschnittliche Ausgaben nachweisen und deren monatliche Nettoeinkünfte
      € 1.111,65 (für Alleinstehende) bzw.
      € 1.753,74 (für Ehepaare bzw. Lebensgefährten)
      nicht übersteigen, sind auf Antrag von der Entrichtung der Rezeptgebühr zu befreien.

   Die angeführten Grenzbeträge erhöhen sich für jedes Kind um € 149,15

   Leben im Familienverband des Versicherten Personen mit eigenem Einkommen, so ist dies zu berücksichtigen. Für Pensionsbezieher mit einem Ausgedinge gilt eine Sonderregelung (abweichende Grenzbeträge).

E. SERVICE-ENTGELT für die e-card

1. Höhe des Service-Entgelts für das Jahr 2021 .... €   12,30
   Das Service-Entgelt für das Jahr 2021 wird im November 2020 eingehoben.

2. Grenzbeträge für die Befreiung vom Service-Entgelt
   (siehe Abschnitt D Punkt 2)

F. BEHANDLUNGSBEITRAG (nur im BSVG)

Höhe des Behandlungsbeitrages (§ 80 Abs. 2 BSVG) .... €   10,40

G. ZUZAHLUNGEN BEI MASSNAHMEN DER REHABILITATION UND BEI MASSNAHMEN DER FESTIGUNG DER GESUNDHEIT UND DER GESUNDHEITSVORSORGE IN DER KRANKEN- UND PENSIONSVERSICHERUNG

1. Grenzbetrag für die Befreiung von Zuzahlungen:
   Personen, deren monatliche Bruttoeinkünfte .... €   966,65
   nicht übersteigen.

2. Höhe der Zuzahlungen pro Verpflegstag:
   monatliches Bruttoeinkommen von € 966,66 bis € 1.548,03 .... €   8,62
   monatliches Bruttoeinkommen von € 1.548,04 bis € 2.129,42 .... €   14,77
   monatliches Bruttoeinkommen über € 2.129,42 .... €   20,94

   Die Zuzahlungen bei Maßnahmen der Rehabilitation sind höchstens für 28 Tage im Kalenderjahr zu leisten.

6. Empfehlungen zur einheitlichen Vollzugspraxis der Versicherungsträger im Bereich des Melde-, Versicherungs- und Beitragswesens (E-MVB)

003-00-00-001
Beschäftigung im Inland (§ 3 ASVG)

Als im Inland beschäftigt gelten unselbständig Erwerbstätige, deren Beschäftigungsort im Inland gelegen ist.

003-01-00-001
Territorialitätsprinzip

Die Sozialversicherungspflicht ist völlig unabhängig von der Staatsbürgerschaft, versichert sind alle Inländer und alle Ausländer, die eine versicherungspflichtige Erwerbstätigkeit im Inland ausüben (**Territorialitätsprinzip**).

Bei unselbstständig Beschäftigten muss der Beschäftigungsort (§ 30 Abs. 2 ASVG), bei Selbstständigen der Betriebssitz in Österreich liegen. Von diesem Grundsatz gibt es zwei Ausnahmen: die Ausstrahlung und die Einstrahlung.

003-02-00-001
Ausstrahlungsprinzip

Von Ausstrahlung spricht man, wenn österreichisches Sozialversicherungsrecht bei einer Tätigkeit außerhalb Österreichs angewendet wird. Das ist bei einer besonders engen Verknüpfung dieser Tätigkeit mit Österreich der Fall.

Erfasst ist

– das fahrende Personal von Transportunternehmen (mit Wohnsitz und/oder Betriebssitz im Inland),
– Dienstnehmer, die von einem in Österreich niedergelassenen Dienstgeber für höchstens fünf Jahre (bei Entsendung ins EU-Ausland 12 Monate) ins Ausland entsandt werden,
– österreichische Entwicklungshelfer und Zivildienstleistende im Auslandseinsatz sowie
– Österreicher, die bei einer amtlichen Vertretung der Republik Österreich oder bei einem Mitglied einer solchen Vertretung im Ausland beschäftigt sind.

Allen diesen Fällen ist gemeinsam, dass, obwohl die Beschäftigung nicht im Inland erfolgt, durch andere, gesetzlich vorgesehene Merkmale ein entsprechend starker Inlandsbezug hergestellt wird, der die ausnahmsweise Einbeziehung in den Risikoverband der österreichischen Sozialversicherung rechtfertigt. Diese Merkmale sind je nach Fallgruppen verschieden gestaltet, was vor allem mit Art und Besonderheiten der einzelnen Tätigkeiten zusammenhängt.

003-02-00-002
Schiff- und Luftfahrtspersonal

Bei Schiff- und Luftfahrtspersonal kommt es gemäß § 3 Abs. 2 lit. a und c ASVG grundsätzlich auf den Unternehmenssitz in Österreich, einen dem Inland zurechenbaren Wohnsitz des Dienstnehmers oder dessen österreichische Staatsangehörigkeit an.

Für die Definition des Begriffes „Wohnsitz" ist die Bestimmung des § 66 Jurisdiktionsnorm (JN) heranzuziehen, wonach der ordentliche Wohnsitz einer Person an dem Ort begründet ist, an welchem sie sich in der erweislichen oder aus den Umständen hervorgehenden Absicht niedergelassen hat, da selbst ihren bleibenden Aufenthalt zu nehmen. Zu den Merkmalen eines solchen bleibenden Aufenthaltes zählt unter anderem der Umstand, dass der gewählte Aufenthaltsort zum wirtschaftlichen und faktischen Mittelpunkt des Lebens gemacht wird, mag auch von Vornherein klar sein, dass sich dieser Aufenthalt über eine bestimmte oder unbestimmte Dauer hinaus nicht erstrecken wird. Lehre und Rechtsprechung zu § 66 JN legen Wert auf die äußerliche Erkennbarkeit einer solchen Niederlassungsabsicht, auf den Mittelpunkt des Lebensinteresses an einem bestimmten Ort nach der persönlichen Seite, nach dem Familiensitz und der Haushaltsführung. Der Aufenthaltsort muss bewusst zum wirtschaftlichen und faktischen Mittelpunkt gemacht werden; es darf sich bei dieser Wahl um keine Provisorialmaßnahme handeln. Als einzelne Merkmale für einen dauernden Aufenthalt im Sinne des Mittelpunktes der Lebensinteressen können herangezogen werden z.B die Dauer eines Mietvertrages, der Umfang getätigter wirtschaftlicher Investitionen, das Vorhandensein einer Dauererwerbsmöglichkeit, ein länger dauernder Dienstvertrag, das Eingehen einer Lebensgemeinschaft mit einer Person, bei der die Aufgabe ihres bisherigen Wohnsitzes allgemein nicht erwartet werden kann, sowie die Übernahme der Pflege dauernd pflegebedürftiger Angehöriger. (VwGH 5.12.1980, Zl. 3333/79)

Für die Beurteilung der Frage, ob ein Seeschiff die österreichische Seeflagge führt, sind die Bestimmungen des Seeflaggengesetzes, BGBl. Nr. 187/1957, in der jeweils geltenden Fassung heranzuziehen.

Nach den Angaben der Obersten Schifffahrtsbehörde sind derzeit die überwiegende Mehrzahl der Besatzungen von den die österreichische Flagge führenden Seeschiffen Ausländer, die zwar auf dem Schiff auf dem sie beschäftigt sind, wohnen, jedoch darüber hinaus noch einen Wohnsitz im Ausland haben.

In der Praxis würde die Einbeziehung dieser Ausländer in den Schutz der österreichischen Sozialversicherung zu erheblichen administrativen Schwierigkeiten und zu Schwierigkeiten im zwischenstaatlichen Sozialversicherungsrecht führen. Daher gelten nur die Dienstnehmer der Besatzung eines die österreichische Flagge führenden Seeschiffes als im Inland beschäftigt, die österreichische Staatsbürger sind.

003-02-00-003
Eisenbahnbedienstete

Eisenbahnbedienstete werden gemäß § 3 Abs. 2 lit. b ASVG hinsichtlich konkret angeführter Tätigkeiten in die österreichische Sozialversicherung einbezogen. Es muss sich hiebei um Tätigkeiten handeln, die auf im Ausland liegenden Anschlussstrecken oder Grenzbahnhöfen ausgeübt werden.

003-02-00-004
Entwicklungshelfer und Zivildiener

Für die Einbeziehung von Entwicklungshelfern und Zivildienern in die österreichische Sozialversicherung ist die österreichische Staatsbürgerschaft erforderlich. (§ 3 Abs. 2 lit. e ASVG)

Nach der früheren Rechtslage war die Versicherungspflicht der Entwicklungshelfer im Einzelfall von der Beurteilung der Frage abhängig, ob der Entwicklungshelfer als Dienstnehmer im Sinne des § 4 Abs. 2 ASVG anzusehen ist, dessen Dienstgeber den Sitz in Österreich hat und der ins Ausland entsendet wird. Dabei war die Versicherungspflicht nur dann zu bejahen, wenn auch während der Dauer des Auslandsaufenthaltes ein Verhältnis persönlicher und wirtschaftlicher Abhängigkeit und ein Entgeltanspruch gegenüber der inländischen entsendenden Organisation bestanden hat.

Um künftig keine Zweifel an der Vollversicherung der von einer Entwicklungshilfeorganisation ins Ausland entsendeten Entwicklungshelfer (Experten) aufkommen zu lassen, wurden, wie in der Begründung zur Regierungsvorlage zur 33. Novelle ausgeführt wird, die Entwicklungshelfer (Experten) in die Vollversicherung nach dem ASVG einbezogen und ausdrücklich in den Katalog jener Personen aufgenommen, die gemäß § 3 Abs. 2 ASVG als im Inland beschäftigt gelten.

§ 1 Abs. 2 des Entwicklungshilfegesetzes, BGBl. Nr. 474/1974, lautet:

„Entwicklungshilfeorganisationen im Sinne dieses Bundesgesetzes sind, sofern zu ihren erklärten Zielen Entwicklungshilfe gehört, österreichische Vereine, Stiftungen sowie die Einrichtungen der gesetzlich anerkannten Kirchen und Religionsgesellschaften, die in Österreich Rechtspersönlichkeit besitzen. Den Entwicklungshilfeorganisationen sind Gebietskörperschaften, sonstige öffentlich-rechtliche Körperschaften sowie Unternehmen, die ihren Sitz in Österreich haben, gleichzuhalten, soweit sie Entwicklungshilfe leisten."

003-02-00-005
Botschaftspersonal

Als amtliche Vertretung der Republik Österreich im Ausland gelten nicht die von der Bundeskammer der gewerblichen Wirtschaft im Ausland errichteten Außenhandelsstellen; die dorthin entsendeten Dienstnehmer werden jedoch durch die Bestimmung des § 3 Abs. 2 lit. d ASVG erfasst.

– Mit Rücksicht auf den Zweck der vorliegenden Bestimmung, Österreichern, die auf Grund eines Amtsauftrages im Ausland beschäftigt sind, des Schutzes der österreichischen Sozialversicherung teilhaftig werden zu lassen, ist anzunehmen, dass unter amtlicher Vertretung im Ausland nicht nur die Gesandtschaften, sondern auch sonstige staatliche Dienststellen im Ausland zu verstehen sind, die der Förderung der Beziehungen zu den betroffenen Staaten dienen wie z.B. Konsulate, die österreichischen Kulturinstitute im Ausland. Die an ausländischen Schulen tätigen Lehrer können als bei einer amtlichen Vertretung im Ausland beschäftigt nur angesehen werden, wenn die betreffenden Schulen Bestandteile eines österreichischen Kulturinstitutes oder eines ähnlichen amtlichen Institutes sind.

Ob die „Werkvertragsregelung" (Pflichtversicherungstatbestände für freie Dienstnehmer) auch auf die unter § 3 Abs. 2 lit. f ASVG angeführte Personengruppen Anwendung findet, hängt von der Auslegung des Begriffes „Dienstnehmer" ab. Der Dachverband der Sozialversicherungsträger und das Sozialministerium vertreten hiezu die Auffassung, dass unter „Dienstnehmer" lediglich diejenige Person zu verstehen ist, die in persönlicher und wirtschaftlicher Abhängigkeit beschäftigt wird. Dies bedeutet also, dass ein freier Dienstnehmer, der auf Grund einer Vereinbarung mit einer österreichischen Vertretungsbehörde oder einem österreichischen Kulturinstitut Leistungen im Ausland erbringt, nicht der Sozialversicherungspflicht nach dem ASVG unterliegt. (BMAGS 4.8.1997, GZ. 23.002/64-2/79)

Das ASVG knüpft hinsichtlich des in seinem Rahmen gewährleisteten Versicherungsschutzes im Sinne des Territorialitätsprinzips grundsätzlich an eine im Inland ausgeübte Beschäftigung an. Von diesem Grundsatz normiert § 3 ASVG insoweit Ausnahmen für Angehörige taxativ angeführter Personengruppen, als diese trotz Ausübung ihrer Beschäftigung im Ausland als im Inland beschäftigt gelten. Dies gilt unter anderem nach § 3 Abs. 2 lit. e ASVG (seit 1.1.1979 [33. Nov.]: § 3 Abs. 2 lit. f ASVG) für Dienstnehmer österreichischer Staatsangehörigkeit, die bei einer amtlichen Vertretung der Republik Österreich im Ausland oder bei Mitgliedern einer solchen Vertretung im Ausland beschäftigt sind. Die sozialversicherungsrechtliche Stellung von Dienstnehmern nicht österreichischer Staatsangehörigkeit, die bei einer österreichischen Vertretungsbehörde im Ausland oder bei Mitgliedern solcher Vertretungen beschäftigt sind, bestimmt sich grundsätzlich nach den diesbezüglich im jeweiligen Empfangsstaat geltenden Rechtsvorschriften, es sei denn, dass Österreich mit diesem Empfangsstaat ein Abkommen über Soziale Sicherheit geschlossen hat, das hinsichtlich dieser Personen entweder expressis verbis anderes vorsieht oder das – unter Anwendung des üblicherweise normierten Grundsatzes der persönlichen Gleichstellung der Staatsangehörigen der beiden Vertragsstaaten – eine Subsumierung des betreffenden Empfangsstaatsangehörigen unter die vorstehend zitierte Norm des § 3 Abs. 2 lit. e ASVG (seit 1.1.1979 [33. Nov.]: § 3 Abs. 2 lit. f ASVG) ermöglicht. (BMfsV 3.4.1973, GZ. 24.922/1-8b/73)

003-02-00-006
Entsendung

Unterliegt eine Entsendung weder der VO 1408/71, noch einem zwischenstaatlichen Abkommen, ist gemäß § 3 Abs. 2 lit. d ASVG zu prüfen, ob trotz konkreter Auslandsbeschäftigung weiterhin Sozialversicherungspflicht nach dem ASVG besteht. Eine Entsendung im Sinne des § 3 Abs. 2 lit. d ASVG liegt dann vor, wenn jemand zur Erfüllung eines Auftrages von einem Ort an einen anderen Ort geschickt wird, in der schon im Zeitpunkt der Entsendung bestehenden Erwartung, dass er nach Erfüllung dieses Auftrages wieder an den Ausgangspunkt zurückkehren werde. In Abgrenzung dazu gelten – unbeschadet und unvorgreiflich einer anderen zwischenstaatlichen Regelung (daher die vorgeschlagene Prüfreihenfolge) – Dienstnehmer inländischer Betriebe für die Zeit ihrer dauernden Beschäftigung im Ausland nicht als im Inland beschäftigt (§ 3 Abs. 3 ASVG). Hinter diesen Regelungen steht die Überlegung, dass eine vorübergehende Beschäftigung im Ausland dann die Zugehörigkeit zum innerstaatlichen System der sozialen Sicherheit nicht aufheben soll, wenn weder Arbeitnehmer noch Arbeitgeber den Mittelpunkt ihrer Lebensbeziehungen im Ausland haben. Nähere Informationen siehe unter www.sozialversicherung.at/media/14851.PDF

Voraussetzung für die Auslandsentsendung ist ein Inlandsbezug. Dies hat auch der Verwaltungsgerichtshof folgendermaßen festgestellt: „Eine Entsendung im Sinne des § 3 Abs. 2 lit. d ASVG erfordere, dass ein Dienstnehmer vom Dienstgeber zur Erbringung einer bestimmten und gelegentlichen Arbeit ins Ausland entsendet werde. Wesentlich sei, dass der Schwerpunkt der Tätigkeit im Entsendestaat liege und die Zeit der Beschäftigung im Ausland nicht dauernd, sondern nur vorübergehend sein dürfe ... Es müsse sich um die Abwicklung eines bestimmten und vorübergehenden Projektes im Ausland handeln ..." (VwGH 5.11.2003, Zl. 2000/08/0134)

Kriterium für die Anerkennung als Entsendung (Inlandsbezug) ist somit die Absicht des Dienstgebers, dass sich der Auslandsaufenthalt aufgrund der Entsendung nur auf eine befristete Dauer beziehen soll. Das bedeutet, es muss die Absicht vorliegen, dass die Arbeitsleistung nach dem Ende der Entsendung im Inland fortgesetzt werden soll. Wenn dann, wenn offensichtlich ist, dass es sich um eine Entsendung „für immer" handelt, wird keine Entsendung im sozialversicherungsrechtlichen Sinne mehr vorliegen. Bei einer Entsendung über die Dauer von zehn Jahren sollte dieser Inlandsbezug vom Krankenversicherungsträger beim Dienstnehmer (Dienstgeber) erhoben werden. (Hauptverband 17.2.2004, Zl. FO-MVB/51.1/04 Rv/Mm)

Sofern ein Unternehmen in einem EWR-Mitgliedstaat, in dem es eine Betriebsstätte hat, gewöhnlich eine nennenswerte Tätigkeit verrichtet, und zwischen dem Unternehmen und seinen Arbeitnehmern weiterhin eine arbeitsrechtliche Bindung besteht, unterliegen die Arbeitnehmer, wenn sie in einen anderen Mitgliedstaat entsendet werden, nach dem Beschluss Nr. 181 der Verwaltungskommission vom 13.12.2000 weiterhin den Rechtsvorschriften des Mitgliedstaates, in dem das Unternehmen die Betriebsstätte hat. Dies gilt grundsätzlich auch für Arbeitskräfteüberlassungsunternehmen. Im vorliegenden Fall liegt eine steuerliche Betriebsstätte in Österreich vor. Darunter versteht man eine „Briefkastenfirma". Eine solche wird jedoch nicht als Betriebsstätte im sozialversicherungsrechtlichen Sinn akzeptiert. Des weiteren wird in Liechtenstein keine nennenswerte Tätigkeit verrichtet. Es liegt somit keine Entsendung vor, wodurch die Anwendbarkeit von Liechtensteiner Sozialversicherungsrecht ausgeschlossen wird. Nachdem der Beschäftigungsort in Österreich liegt, ist österreichisches Sozialversicherungsrecht anzuwenden. (Hauptverband 16.3.2004, Zl. FO-MVB/51.1/04 Rv/Mm)

In einem vorliegenden Fall war strittig, ob ein von seinem Dienstgeber ins Ausland entsandter Dienstnehmer gemäß § 3 Abs. 2 lit d ASVG als im Inland beschäftigt gilt und der Sozialversicherung in Österreich unterliegt. Der Dienstnehmer verpflichtete sich zwischen Anfang 2004 und Ende 2009, ausschließlich Leistungen in den Ländern Iran, China, Russland und Taiwan zu erbringen. Die Arbeitsleistungen waren jeweils mit der Projektdauer begrenzt. Es lag jeweils Beschäftigung im Ausland für einen bestimmten vorübergehenden Zweck in Form der jeweiligen Projektdauer vor. Für die jeweiligen Entsendungen wurden jeweils eigene Verträge abgeschlossen.

Gemäß § 3 Abs. 2 lit. d ASVG gelten als im Inland beschäftigt, Dienstnehmer, deren Dienstgeber den Sitz in Österreich haben und die ins Ausland entsendet werden, sofern ihre Beschäftigung im Ausland die Dauer von fünf Jahren nicht übersteigt.

Der VwGH führt nun aus, dass eine Entsendung iSd § 3 Abs. 2 lit. d ASVG voraussetzt, dass das Arbeitsverhältnis seinen Schwerpunkt im Entsendungsstaat behält. Ist nur eine Entsendung des Dienstnehmers ins Ausland, ohne vorherige oder nachfolgende Arbeitsleistung im Inland beabsichtigt, liegt dann keine die Versicherungspflicht begründende ausreichende Inlandsbeziehung nur dann vor, wenn Dienstgeber und Dienstnehmer bei Vertragsabschluss ihren Sitz bzw. gewöhnlichen Aufenthalt im Inland haben. Voraussetzung dafür, dass eine Entsendung vorliegt, ist aber, dass von vornherein klar ist, dass die Beschäftigung im Ausland nur für eine bestimmte Zeit oder einen bestimmten, vorübergehenden Zweck gedacht ist und sie auf Rechnung und Gefahr des im Inland befindlichen Dienstgebers verrichtet wird. In jenen Fällen, in denen eine dauernde Beschäftigung im Ausland beabsichtigt ist, scheidet der Dienstnehmer hingegen schon mit dem Antritt dieser Beschäftigung aus dem Geltungsbereich des ASVG aus.

Von dieser Rechtsprechung ist das Bundesverwaltungsgericht im vorliegenden Fall nicht abgewichen. Da durch den Dienstnehmer keine vorherige oder nachfolgende Arbeitsleistung im Inland erfolgte bzw. erfolgen sollte, kam es entscheidend auf das – zum Zeitpunkt des jeweiligen Vertragsabschlusses zu prüfende – Kriterium seines gewöhnlichen Aufenthalts im Inland an (der inländische Sitz des Dienstgebers war im gesamten Verfahren unstrittig). Die diesbezügliche einzelfallbezogene Beurteilung hat das Bundesverwaltungsgericht nach Durchführung einer mündlichen Verhandlung – unter Bedachtnahme insbesondere auf den seit 1999 durchgehend aufrechten inländischen Hauptwohnsitz des Erstmitbeteiligten – in einer jedenfalls nicht unvertretbaren Weise vorgenommen.

Ausgehend vom demnach gegebenen gewöhnlichen Aufenthalt im Inland reicht es für die Bejahung einer Entsendung iSd § 3 Abs. 2 lit. d ASVG aus, dass die Beschäftigung im Ausland jeweils auf einen bestimmten Zeitraum bzw. einen bestimmten Zweck beschränkt war, selbst wenn eine Fortsetzung der Arbeitsleistung im Inland nicht beabsichtigt war. Dass aufgrund mehrerer Entsendungen (in unterschiedliche Länder) die Gesamtdauer der Auslandsaufenthalte fünf Jahre überschreitet, steht einem ausreichenden Inlandsbezug ebenfalls nicht entgegen, solange zum Zeitpunkt der jeweiligen Vertragsabschlüsse ein gewöhnlicher Aufenthalt im Inland gegeben ist. Aufgrund des ausreichenden Inlandsbezugs war im vorliegenden Fall die Sozialversicherungspflicht in Österreich gegeben. (Hauptverband, 13.9.2016, Zl. 51.1/16 Jv/Wot, VwGH 20. 4. 2016, Ra 2016/08/0067)

003-02-00-007
Wesentlich für Entsendung im Sinne von § 3 Abs. 2 lit. d ASVG

Eine Entsendung nach § 3 Abs. 2 lit. d ASVG erfordert nur, dass ein Dienstnehmer vom Dienstgeber zur Erbringung einer bestimmten und gelegentlichen Arbeit ins Ausland entsendet wird. Die voraussichtliche Dauer darf dabei grundsätzlich die Dauer von 2 Jahren (seit 1.8.1996: 5 Jahre) nicht übersteigen. Dass der Dienstnehmer unmittelbar vor der Entsendung im Inland beschäftigt gewesen sein muss, ist der genannten Bestimmung nicht zu entnehmen. Wesentlich ist vielmehr, dass das Schwergewicht der Beschäftigung im Gebiet des Entsendestaates liegen muss und die Zeit der Beschäftigung im Ausland nicht dauernd (§ 30 Abs. 3 ASVG), sondern nur vorübergehend sein darf. Nicht wesentlich ist, ob ein Dienstverhältnis, das an sich seinen Schwerpunkt im Inland hat, bereits mit der Entsendung beginnt oder die Entsendung erst zu einem späteren Zeitpunkt erfolgt. (VwGH 28.10.1997, Zl. 95/08/0293)

Wenngleich ein Wohnsitz des Arbeitnehmers im Inland im Falle des § 3 Abs. 2 lit. d ASVG nicht ausdrücklich vorgesehen ist, so ist zumindest das Erfordernis des gewöhnlichen inländischen Aufenthaltsortes (sieht man von dem durch die Entsendung bedingten Ortswechsel einmal ab) im Begriff der Entsendung eingeschlossen, da ein Arbeitnehmer mit Aufenthaltsort im Ausland schon begrifflich nicht in ein Gebiet außerhalb des örtlichen Geltungsbereiches des ASVG (und nur darum kann es in § 3 Abs. 2 lit. d ASVG gehen) entsendet werden kann. Davon zu unterscheiden ist der mögliche Fall der Beschäftigung eines Arbeitnehmers mit Wohnsitz im Ausland, der von einer inländischen Betriebsstätte aus (von der er z.B. Weisungen entgegenzunehmen oder an die er Berichte zu erstatten hat) abwechselnd an verschiedenen Orten beschäftigt ist: auch wenn diese wechselnden Orte im Ausland liegen, gilt ein solcher Arbeitnehmer als im Inland beschäftigt (arg aus § 30 Abs. 2 ASVG). (VwGH 28.10.1997, Zl. 95/08/0293)

Der Begriff der Entsendung bedeutet in sprachlicher Hinsicht nichts anderes, als jemanden zur Erfüllung eines Auftrages von einem Ort an einen anderen Ort zu schicken, in der schon im Zeitpunkt der Entsendung bestehenden Erwartung, dass er nach Erfüllung dieses Auftrages wieder an den Ausgangspunkt zurückkehren werde. Dieser Begriff unterscheidet sich von den rechtlichen Voraussetzungen im Sinne des § 3 Abs. 2 lit. d ASVG somit insoweit nicht, als von vornherein klar ist, dass die Beschäftigung im Ausland nur für eine bestimmte Zeit oder einen bestimmten, vorübergehenden Zweck gedacht ist und sie auf Rechnung und Gefahr des im Inland befindlichen Arbeitgebers verrichtet wird. In jenen Fällen, in denen eine dauernde Beschäftigung im Ausland beabsichtigt ist, scheidet der Arbeitnehmer schon mit dem Antritt dieser Beschäftigung aus dem Geltungsbereich des ASVG aus. (VwGH 28.10.1997, Zl. 95/08/0293)

Eine Beschäftigung, die auf unbestimmte Zeit und auch nicht für eine bestimmte, vorübergehende Aufgabe vereinbart wurde, ist auch keine Entsendung im Sinne des § 3 Abs. 2 lit. d ASVG, wenn sie faktisch schon nach drei Monaten endet, wenngleich einer relativ kurzen Dauer der Auslandsbeschäftigung eine Indizwirkung dahin, dass sie nur als vorübergehende Beschäftigung vereinbart wurde, vor allem dann zukommen kann, wenn nach den Umständen des Einzelfalles der Zeitpunkt der Beendigung der Tätigkeit (z.B. der konkreten Baustelle) von Anfang an vorhersehbar gewesen ist. Andererseits hat der Gesetzgeber durch Normierung einer höchstzulässigen (gesetzlichen bzw. durch die Behörde verlängerten) Frist einer solchen vorübergehenden Auslandsbeschäftigung eine zusätzliche zeitliche Abgrenzung der versicherten von der unversicherten Auslandsbeschäftigung und damit eine nähere Bestimmung des Begriffes der dauernden Auslandsbeschäftigung im Sinne des § 3 Abs. 3 ASVG vorgenommen. (VwGH 28.10.1997, Zl. 95/08/0293)

6. E-MVB
003-02-00-008

Bei der Frage, ob bei einer Entsendung das Schwergewicht der Beschäftigung im Inland liegt, kann es nicht auf die Verhältnisse vorher oder nachher, sondern nur auf jene während der Auslandsbeschäftigung ankommen. Für die Auffassung, sozialversicherungsrechtlich sei nur dann eine Entsendung anzunehmen, wenn die Dauer der Inlandsbeschäftigung beim selben Arbeitgeber überwiegt, fehlt jeder Ansatzpunkt im Gesetz. (VwGH 28.10.1997, Zl. 95/08/0293)

Für eine Entsendung im sozialversicherungsrechtlichen Sinn ist eine gewöhnliche Inlandsbeschäftigung nicht Voraussetzung. Es kommt daher nicht darauf an, ob die betroffenen Arbeitnehmer verpflichtet gewesen sind, auch im Inland für denselben Arbeitgeber tätig zu sein, sondern auf die Frage der vorübergehenden oder der dauernden Auslandsbeschäftigung. (VwGH 28.10.1997, Zl. 95/08/0293)

Nähere Informationen siehe unter www.sozialversicherung.at/media/14851.PDF

003-02-00-008
Entsendung in EU-Mitgliedstaaten und EWR-Staaten

<u>EU-Mitgliedstaaten und EWR-Staaten:</u>
BELGIEN, DÄNEMARK, DEUTSCHLAND, FINNLAND, FRANKREICH, GRIECHENLAND, GROSSBRITANNIEN UND NORDIRLAND, IRLAND, ISLAND, ITALIEN, LIECHTENSTEIN, LUXEMBURG, NIEDERLANDE, NORWEGEN, ÖSTERREICH, PORTUGAL, SCHWEDEN und SPANIEN.

Seit 1.6.2002 gelten u.a. die Entsendebestimmungen auch für die SCHWEIZ.

Eine Person, die im Gebiet eines EU-Mitgliedstaates, eines EWR-Staates oder der Schweiz von einem Unternehmen, dem sie gewöhnlich angehört abhängig beschäftigt wird und die von diesem Unternehmen zur Ausführung einer Arbeit für dessen Rechnung in das Gebiet eines anderen EU-Mitgliedstaates, eines EWR-Staates oder der Schweiz entsendet wird, unterliegt weiterhin den Rechtsvorschriften des Entsendestaates, sofern die voraussichtliche Dauer dieser Arbeit zwölf Monate nicht überschreitet und sie nicht eine andere Person ablöst, für welche die Entsendungszeit abgelaufen ist.

<u>Formulare:</u>
Bei einer Entsendung in einen EU-Mitgliedstaat, einen EWR-Staat bzw. in die Schweiz muss neben dem Formular E 101 (Bescheinigung über die anzuwendenden Rechtsvorschriften) auch das Formular E 128 (Bescheinigung über den Sachleistungsanspruch während eines Aufenthaltes in einem Mitgliedstaat) dem Dienstnehmer, dazu zählen auch die Dienstnehmer im internationalen Verkehrswesen, mitgegeben werden.

<u>Ausnahme:</u>
Bei einer Entsendung nach Dänemark oder in die Schweiz gelten die EU/EWR Entsendebestimmungen nicht für Drittstaatsangehörige.

In diesen Fällen wird vom Krankenversicherungsträger das Formular A/CH 1 bzw. A/DK 1 ausgestellt. Anspruch auf Leistungen besteht in diesen Fällen nicht!

Bei Entsendung bis zur Dauer von drei Monaten können die Formulare E 101 und E 128 vom Dienstgeber ausstellt werden, darüber hinaus nur vom zuständigen Krankenversicherungsträger.

Stellt der Dienstgeber das Formular E 101 aus, ist dem zuständigen Krankenversicherungsträger binnen 24 Stunden ein Duplikat zu übermitteln.

<u>Verlängerung:</u>
Geht eine solche Arbeit, deren Ausführung aus nicht vorhersehbaren Gründen die ursprünglich vorgesehene Dauer überschreitet, über zwölf Monate hinaus, so gelten die Rechtsvorschriften des Entsendestaates nur dann weiter, wenn die zuständige Behörde des EU-Mitgliedstaates, des EWR-Staates bzw. der Schweiz, in dessen Gebiet der Betreffende entsandt wurde dazu ihre Genehmigung erteilt.

Vor Ablauf der ersten 12 Monate ist daher vom Dienstgeber das Formular E 102 (Verlängerung der Entsendung) in 4-facher Ausfertigung an die zuständige Behörde oder die von der Behörde bezeichnete Stelle des Landes zu schicken, in das der Betreffende entsandt wurde. Diese Genehmigung darf nicht länger als für weitere zwölf Monate erteilt werden.

<u>Ausnahmeregelungen (Artikel 17 VO 1408/71):</u>
Auf Antrag können die zuständigen Behörden der EU-Mitgliedstaaten, der EWR-Staaten bzw. der Schweiz Ausnahmen von den genannten allgemeinen Grundsätzen vereinbaren, sodass der Dienstnehmer weiterhin den österreichischen Rechtsvorschriften unterstellt bleibt. In Österreich ist dieser Antrag beim Bundesministerium für soziale Sicherheit, Generationen und Konsumentenschutz einzubringen.

Für Fragen der Versicherungspflicht im zwischenstaatlichen Bereich wenden Sie sich bitte an den zuständigen Krankenversicherungsträger.

<u>Leistungen</u>
Krankenbehandlungen auf Rechnung des zuständigen Krankenversicherungsträgers werden von den Krankenkassen des jeweiligen Mitgliedstaates gegen Vorlage des Formulars E 128 aushilfsweise gewährt.

<u>Neue Mitgliedstaaten der EU</u>
Mit 1.5.2004 soll die EU um 10 Staaten erweitert werden: Estland, Lettland, Litauen, Malta, Polen, Slowakei, Slowenien, Tschechien, Ungarn, Zypern.

Mit einigen dieser Staaten bestehen bereits bilaterale Sozialversicherungsabkommen (Polen, Slowakei, Slowenien, Tschechien, Ungarn und Zypern), die durch den Beitritt ihre Bedeutung verlieren.

Bezüglich Übergangsfristen und Übergangsregelungen gibt der zuständige Krankenversicherungsträger Auskunft.

6. E-MVB
003-02-00-009 – 003-02-00-011

003-02-00-009
Entsendung in einen Vertragsstaat (bilaterale Abkommen)

Vertragsstaaten:

AUSTRALIEN, BOSNIEN und HERZEGOWINA, CHILE, ISRAEL, KANADA (QUEBEC), KROATIEN, MAZEDONIEN, PHILIPPINEN, POLEN, SCHWEIZ, SERBIEN UND MONTENEGRO, SLOWAKEI, SLOWENIEN, TSCHECHIEN, TUNESIEN, TÜRKEI, UNGARN, VEREINIGTE STAATEN VON AMERIKA, ZYPERN.

Wird ein Dienstnehmer von einem Unternehmen mit Sitz im Gebiet eines der Vertragsstaaten in das Gebiet eines anderen Vertragsstaates entsendet, so sind bis zum Ende des 24. Kalendermonates nach dieser Entsendung die Rechtsvorschriften des Entsendestaates weiter anzuwenden, als wäre er noch in dessen Gebiet beschäftigt.

Ausnahmen:

AUSTRALIEN – Entsendung nicht geregelt
KANADA u. CHILE – 60 Kalendermonate
USA – fünf Jahre

Ausnahmevereinbarung:

Über die genannten Fristen hinaus können der Dienstnehmer und sein Dienstgeber gemeinsam eine Ausnahme beim Bundesministerium für soziale Sicherheit, Generationen und Konsumentenschutz beantragen.

Formulare:

Die „Bescheinigung über die anzuwendenden Rechtsvorschriften"

BOSNIEN und HERZEGOWINA	– Formblatt A/BIH 1
CHILE	– Formblatt A/ RCH 1
ISRAEL	– Formblatt A/IL 1
KANADA	– Formblatt A/CDN 1
(Quebec)	– Formblatt A/QUE 1
KROATIEN	– Formblatt A/HR 1
MAZEDONIEN	– Formblatt A/MK 1
PHILIPPINEN	– Formblatt A/PI 1
POLEN	– Formblatt A/PL 1
SERBIEN und MONTENEGRO	– Formblatt A/YU 1
SLOWAKEI	– Formblatt A/SK 1
SLOWENIEN	– Formblatt A/SI 1
TSCHECHIEN	– Formblatt A/CZ 1
TÜRKEI	– Formblatt A/TR 1
TUNESIEN	– Formblatt AU/TN 1
UNGARN	– Formblatt A/H 1
USA	– Formblatt A/USA 1
ZYPERN	– Formblatt A/CY 1

stellt nur der zuständige Krankenversicherungsträger aus.

Leistungen:

Krankenbehandlung auf Rechnung des zuständigen Krankenversicherungsträgers ist in folgenden Ländern mit bilateralen Abkommen möglich: Bosnien und Herzegowina, Kroatien, Mazedonien, Polen, Serbien und Montenegro, Slowakei, Slowenien, Tschechien, Türkei und Ungarn.

Für die Inanspruchnahme benötigen die Versicherten und die sie begleitenden Angehörigen die nachstehenden Formulare „Bescheinigung über den Anspruch auf Sachleistungen bei vorübergehendem Aufenthalt in ... (Land)", die auch der Dienstgeber ausstellen kann:

Bosnien und Herzegowina	A/BIH 3
Kroatien	A/HR 3
Mazedonien	A/MK 3
Polen	A/PL 3
Serbien und Montenegro	A/YU 3
Slowakei	A/SK 3
Slowenien	A/SI 3
Tschechien	A/CZ 3
Türkei	A/TR 3
Ungarn	A/H 3

Diese Formulare finden Sie auch unter www.service.sozialversicherung.at/eSV/container.nsf

003-02-00-010
Entsendung in einen Nichtvertragsstaat

Dienstnehmer, die zur Dienstleistung ins Ausland entsendet werden, gelten als im Inland beschäftigt, sofern ihre Beschäftigung im Ausland die Dauer von fünf Jahren nicht übersteigt; das Bundesministerium für soziale Sicherheit, Generationen und Konsumentenschutz kann über Antrag, wenn die Art der Beschäftigung es begründet, diese Frist entsprechend verlängern (§ 3 Abs. 2 lit. d ASVG).

Leistungen:

Für die Dauer des Aufenthaltes in einem Nichtvertragsstaat erhalten die Dienstnehmer und ihre, sie begleitenden Angehörigen die ihnen zustehenden Leistungen der Krankenversicherung vom Dienstgeber. Der Dienstgeber ist aber verpflichtet, die Kasse vom Eintritt eines Versicherungsfalles (Krankheit, Arbeitsunfähigkeit infolge Krankheit und Mutterschaft) binnen eines Monates zu verständigen. Nur in diesem Fall hat der Dienstgeber Anspruch auf Kostenersatz gegenüber der Kasse (§ 130 ASVG).

003-02-00-011
Keine Entsendung

Unwesentlich für Entsendung im Sinne von § 3 Abs. 2 lit. d ASVG ist, ob ein Dienstverhältnis bereits mit der Entsendung beginnt oder die Entsendung erst zu einem späteren Zeitpunkt erfolgt. Die einer Entsendung vorangehende oder nachfolgende Beschäftigung beim selben Arbeitgeber stellt allerdings ein Indiz für eine Entsendung dar. (VwGH 11.5.1993, Zl. 90/08/0095)

Keine Entsendung im Sinne von § 3 Abs. 2 lit. d ASVG liegt vor bei:
- Auslandsbeschäftigung auf unbestimmte Zeit: Zeitlich geringfügige, wenn auch dienstliche Aufenthalte im Betrieb des entsendenden Dienstgebers, die einer zur Haupttätigkeit qualitativ und quantitativ hinzutretenden Hilfstätigkeit dienen, vermögen den zeitlichen Zusammenhang der Auslandstätigkeit nicht zu unterbrechen und können keineswegs als eine jeweils neuerlich in Österreich wieder aufgenommene Beschäftigung gedeutet werden, wenn ein einheitliches, weder zeitlich noch örtlich aufspaltbares Dienstverhältnis vorliegt (VwGH vom 17.12.1991, Zl. 86/08/0139) oder
- Auslandsbeschäftigung, die nicht für eine bestimmte, vorübergehende Aufgabe vereinbart ist (siehe Dienstvertrag) oder
- Entsendung ab 6. Jahr der Entsendung, sofern das Bundesministerium für soziale Sicherheit und Generationen der Verlängerung nicht zustimmte oder
- kein inländischer Arbeitgeber oder
- Wohnsitz des Dienstnehmers nicht im Inland.

Liegt einer der angeführten Umstände vor, besteht während der Auslandsbeschäftigung keine Sozialversicherungspflicht nach dem ASVG.

003-03-00-001
Einstrahlungsprinzip

Einstrahlung liegt vor, wenn trotz Beschäftigung in Österreich österreichisches Sozialversicherungsrecht nicht anwendbar ist. Ob und welches ausländische Sozialversicherungsrecht anzuwenden ist, bestimmt sich nach dem Recht des jeweils betroffenen Staates. In Betracht kommen folgende Fälle:
- Reisende mit ausländischem Wohnsitz, die von einem inländischen Unternehmen ausschließlich für den Auslandsdienst aufgenommen wurden;
- Dienstnehmer, die ihren Dienstgeber, der keinen inländischen Wohnsitz hat, vorübergehend nach Österreich begleiten und
- Dienstnehmer oder freie Dienstnehmer nach § 4 Abs. 4 ASVG, die von einem ausländischen Dienstgeber, der in Österreich eine Betriebsstätte (Niederlassung, Geschäftsstelle, Niederlage) besitzt, zum Dienst im Inland bestellt wurden, sofern sie ihrer Tätigkeit von einem ausländischen Wohnsitz nachgehen und auf Grund dieser Beschäftigung einem System der sozialen Sicherheit im Ausland unterliegen.

Bei der Beurteilung der Versicherungspflicht im Sinne des § 3 Abs. 3 ASVG hat der Versicherungsträger nur formell zu prüfen, ob der betreffende Dienstnehmer im Auslandsstaat einem System der sozialen Sicherheit unterliegt. Nicht ausschlaggebend kann sein, ob es sich hier um eine Vollversicherung oder nur um eine Versicherung in einzelnen Zweigen der Sozialversicherung, etwa nur in der Krankenversicherung oder nur in der Pensionsversicherung, handelt. (SoSi 6/1970)

Für das Zutreffen des Begriffes „Betriebsstätte" im Sinne des § 3 Abs. 3 ASVG wird das Bestehen einer Einrichtung vorausgesetzt werden müssen, von der eine wirtschaftliche Tätigkeit in Österreich entfaltet werden kann. Eine allgemeine Richtlinie für derartige Fälle lässt sich nicht aufstellen. Es muss im Gegenteil jeder Einzelfall geprüft werden, insbesondere dahingehend, ob die in den betreffenden Betriebsstätte beschäftigten Dienstnehmer berechtigt sind, Geschäfte mit verbindlicher Wirkung abzuschließen. (SoSi 6/1970)

Für eine durch eine Betriebsstätte im Inland gegebene Nahebeziehung zu diesem Land genügt, dass der Dienstgeber, der seinen Betriebssitz im Ausland hat, im Inland über eine örtliche Einrichtung oder Anlage verfügt, in der nicht nur vorübergehend auf seine Rechnung betriebliche Tätigkeiten verrichtet werden, die seinem ausländischen Betrieb dienen. Der Wortlaut des ASVG sowie der daraus ableitbare Zweck der Regelung seines Geltungsbereiches besagen nicht, dass diese Tätigkeiten der Art nach der Haupttätigkeit des Betriebes entsprechen müssten oder eine Berechtigung zum Abschluss von Geschäften mit verbindlicher Wirkung im Inland bestehen oder die vom ausländischen Unternehmen im Inland entfalteten Tätigkeiten eine gewisse Eigenständigkeit (im Gegensatz zu Hilfstätigkeiten) aufweisen müssten und daher z.B. bloße Informationsbeschaffung nicht genügen würde. (VwGH 4.7.1989, Zl. 87/08/0042)

003-03-00-002
Arbeitskräfteüberlassung

Als im Inland beschäftigt gelten auch Personen, die gemäß § 16 des Arbeitskräfteüberlassungsgesetzes (AÜG), BGBl. Nr. 196/1988, bei einem inländischen Betrieb beschäftigt werden.

Wenn kein Antrag gestellt und daher auch keine Bewilligung gemäß § 16 Abs. 4 AÜG erteilt wurde (verbotene Arbeitskräfteüberlassung), besteht dennoch aufgrund der tatsächlichen Verhältnisse Versicherungspflicht in Österreich. Dasselbe gilt, wenn gemäß § 16 Abs. 5 AÜG keine Bewilligung erteilt wurde. Zu dem durch Artikel IV des Arbeitskräfteüberlassungsgesetzes, BGBl. Nr. 196/1988, angefügten letzten Satz wird in der Regierungsvorlage zu diesem Gesetz ausgeführt:

„Artikel IV schließt eine bisher bestehende Lücke hinsichtlich der Sozialversicherungspflicht für aus dem Ausland überlassene Arbeitskräfte. Da diese in der Regel keinen Wohnsitz in Österreich begründen und überdies meist in irgendeiner Form in ihrem Heimatstaat weiterversichert werden, waren sie bisher in Österreich nicht versicherungspflichtig, was insbesondere bei Krankheit oder Unfall sehr ungünstige Auswirkungen für die betroffenen Arbeitskräfte hatte und insgesamt zu einer problematischen Ungleichbehandlung gegenüber anderen Arbeitskräften führte. In Zukunft soll, soweit zwischenstaatliche Abkommen nichts anderes vorsehen, die Sozialversicherungspflicht für die grenzüberschreitend überlassenen Arbeitskräfte gegeben sein und den Beschäftiger treffen."

003-03-00-003
Beschäftigung bei Konzerntochter im Ausland

Wenn ein Mitarbeiter aus steuerlichen Gründen seine Tätigkeit bei der österreichischen Konzernmutter in Hinkunft als Dienstnehmer des ungarischen Tochterunternehmens ausübt, die voraussichtliche Dauer des Dienstverhältnisses drei bis fünf Jahre beträgt und eine Rückkehrvereinbarung mit Wiedereinstellungszusage bei der Muttergesellschaft in Österreich vorgesehen ist, liegt keine Entsendung vor, da das Beschäftigungsverhältnis zur Mutterfirma beendet wird. Es liegt Dienstnehmereigenschaft zur ungarischen Firma vor. Es besteht kein Anknüpfungspunkt zu Österreich. Aufgrund einer Regelung im Sozialversicherungsabkommen mit Ungarn gibt es die Möglichkeit einer Ausnahme und Beibehaltung der österreichischen Sozialversicherung (Vereinbarung), wenn das Arbeitsverhältnis befristet ist und eine ausreichende Begründung für den Auslandsaufenthalt vorliegt. Die Begründung muss sich im Arbeitsrecht finden und kann z.B. nicht steuerlicher Natur sein. (Hauptverband 3.7.2003, Zl. FO-MVB/32-51.1/03 Rv/Mm)

003-EXKURS-001
Beschäftigung in einem EU-Mitgliedstaat, einem EWR-Staat bzw. der Schweiz

<u>Grundregeln:</u>

Dienstnehmer sind grundsätzlich in dem Staat versichert, in dem sie ihre Erwerbstätigkeit ausüben!

Dies gilt sowohl für Dienstnehmer als auch selbstständig Erwerbstätige, und zwar auch dann, wenn diese in einem anderen EU-Mitgliedstaat oder EWR-Staat wohnen oder wenn ihre Unternehmen bzw. Dienstgeber ihren Sitz in einem anderen EU-Mitgliedstaat oder EWR-Staat haben.

Dienstnehmer sind grundsätzlich immer nur den Rechtsvorschriften eines einzigen EU-Mitgliedstaates oder EWR-Staates unterworfen!

Dies gilt sowohl für Dienstnehmer als auch für selbstständig Erwerbstätige, für die die Bestimmungen der EG-Verordnungen gelten, und zwar auch dann, wenn sie ihre Erwerbstätigkeit in mehreren EU-Mitgliedstaaten oder EWR-Staaten ausüben. Auch Personen, die in vier oder fünf EU-Mitgliedstaaten oder EWR-Staaten gleichzeitig beschäftigt sind, sind nur den Rechtsvorschriften eines einzigen EU-Mitgliedstaates oder EWR-Staates unterworfen.

<u>Sonderfälle:</u>

Dienstnehmer, die gewöhnlich in mehr als einem EU-Mitgliedstaat oder EWR-Staat beschäftigt sind!

Diese Dienstnehmer sind in dem Land versichert, in dem sie wohnen, falls sie einen Teil ihrer Beschäftigungen in diesem Staat ausüben. Entsprechendes gilt für selbstständig Erwerbstätige, die in mehreren EU-Mitgliedstaaten oder EWR-Staaten tätig sind.

Wohnt der Dienstnehmer nicht in einem der EU-Mitgliedstaaten oder EWR-Staaten, in denen er seine Beschäftigungen ausübt, so ist er in dem EU-Mitgliedstaat oder EWR-Staat versichert, in dem sein Arbeitgeber bzw. das Unternehmen seinen Sitz hat. Handelt es sich um einen Selbstständigen, so ist er in dem Staat versichert, in dem er seine Haupttätigkeit ausübt.

Personen, die in einem EU-Mitgliedstaat oder EWR-Staat als selbstständig Erwerbstätige und in einem anderen als Dienstnehmer beschäftigt sind!

Grundsätzlich sind diese Personen in dem EU-Mitgliedstaat oder EWR-Staat versichert, in dem sie als Dienstnehmer beschäftigt sind.

Schweiz:

Für die Schweiz gelten grundsätzlich die vorstehenden Regelungen.

Bei etwaigen Detailfragen wenden sie sich bitte an ihren zuständigen Krankenversicherungsträger.

003-EXKURS-002
Urlaub im Ausland

Die Ausstellung der Formulare (Urlaubskrankenscheine) kann durch den Dienstgeber erfolgen, allerdings nur bei aufrechtem Beschäftigungsverhältnis. Das Formular E 111 darf nur für EU-Mitgliedstaaten, EWR-Staaten und die Schweiz ausgestellt werden, für den Aufenthalt in Staaten mit bilateralen Abkommen sind die jeweils vorgesehenen Formulare zu verwenden (siehe unter „Entsendung ins Ausland).

Diese Formulare stehen auch auf der homepage www.sozialversicherung.at unter Dienstgeber/Formulare/zuständiger Versicherungsträger zur Verfügung.

Bei bereits eingetretener Arbeitsunfähigkeit infolge Krankheit werden die Formblätter nur von der zuständigen Krankenkasse ausgestellt.

Für anspruchsberechtigte Familienangehörige dürfen die Formulare nur dann ausgestellt werden, wenn diese Angehörigen ständig in Österreich wohnhaft sind.

Jede vom Dienstgeber ausgefertigte Bescheinigung für Urlaubsaufenthalte muss zusätzlich zum Aufdruck der zuständigen Kasse folgende Angaben enthalten: Daten des Versicherten und seiner Angehörigen; Zeitraum, für die die Bescheinigung gültig ist; Datum, Firmenstempel und Unterschrift.

Für Urlaubskrankenscheine ist keine Krankenscheingebühr einzuheben (gilt auch für Urlaubskrankenscheine in Österreich).

Der Dienstnehmer ist aufzuklären, dass der Betreuungsschein im Ausland nicht als Krankenkassenscheck gilt, sondern nur für die Inanspruchnahme ärztlicher Hilfe oder Anstaltspflege bei dem für den Aufenthaltsort in Betracht kommenden Träger des Vertragsstaates, des EU-Mitgliedstaates oder EWR-Staates bzw. der Schweiz gegen einen Behandlungsschein einzulösen ist. Diese für den jeweiligen Vertragsstaat, EU-Mitgliedstaat oder EWR-Staat bzw. die Schweiz zuständige Stelle ist am Auslandsbetreuungsschein angeführt.

Ausnahme: in Ungarn ist der Betreuungsschein direkt bei der Behandlungsstelle abzugeben.

Es wird besonders darauf hingewiesen, dass ein Leistungsanspruch nur für Personen besteht, die sich vorübergehend im Ausland aufhalten (Urlaub, dienstliche Entsendung) und deren Gesundheitszustand eine sofortige ärztliche Behandlung notwendig macht – (Dringlichkeitsfall) oder die sich im dienstlichen Auftrag im Ausland befinden und ärztliche Hilfe benötigen.

Begibt sich ein Anspruchsberechtigter nur zum Zwecke der ärztlichen Behandlung ins Ausland, ist vorher die Zustimmung des zuständigen Krankenversicherungsträgers einzuholen.

Sollte eine nachträgliche Prüfung ergeben, dass kein Anspruch auf Leistung der Krankenbehandlung besteht, so sind die zu Unrecht in Anspruch genommenen Leistungen dem zuständigen Krankenversicherungsträger zurückzuzahlen.

Nicht verwendete Betreuungsscheine sind zu vernichten bzw. bei Anträgen auf Kostenerstattung beizulegen.

Für Großbritannien sind derzeit keine Formulare vorgesehen. In diesem Land wird die kostenlose Krankenbehandlung im Rahmen des staatlichen Gesundheitsdienstes gegen Vorlage eines gültigen österreichischen Reisepasses durchgeführt.

Ausnahme: Für Gibraltar ist eine Bescheinigung über Sachleistungsansprüche (Vordruck E 111) notwendig.

Die für das Inland vorgesehenen Krankenkassenschecks (Krankenscheine) haben für das Ausland keine Gültigkeit.

Muss eine Krankenbehandlung im Ausland von den Versicherten bezahlt werden, kann eine Kostenerstattung bei ihrer zuständigen Krankenkasse beantragt werden. Berechnungsgrundlage sind 80% der Kassentarife der gesetzlichen Leistungen. Ein zusätzlicher Krankenversicherungsschutz (Reiseversicherung) ist zu empfehlen.

004-00-00-001
Vollversicherung (§ 4 ASVG)

Im § 4 ASVG sind die Personengruppen angeführt, die der Vollversicherung unterliegen. Bei der Beurteilung der Pflichtversicherung kommt es nicht auf die äußere Erscheinungsform des Sachverhaltes an, sondern darauf, wie die Tätigkeit tatsächlich ausgeübt wird; es sind die tatsächlichen Verhältnisse maßgebend. Die versicherungsrechtliche Bewertung der Pflichtversicherungstatbestandes hat der Dienstgeber zu treffen. Zweckmäßigerweise sollte dies unter Beachtung der Prüfungsreihenfolge (§ 539a ASVG) geschehen.

004-01-01-001
Dienstnehmer im sozialversicherungsrechtlichen Sinne

Nach § 4 Abs. 2 ASVG ist Dienstnehmer im Sinne des ASVG, wer in einem Verhältnis persönlicher und wirtschaftlicher Abhängigkeit gegen Entgelt beschäftigt wird; hiezu gehören auch Personen, bei deren Beschäftigung die Merkmale persönlicher und wirtschaftlicher Abhängigkeit gegenüber den Merkmalen selbstständiger Ausübung der Erwerbstätigkeit überwiegen.

Sowohl die österreichischen Arbeitsämter als auch die deutschen Arbeitsämter erbringen Arbeitslosenschulungen und schreiben gleichzeitig für einen gewissen Zeitraum ein Praktikum vor (z.B. AMS-Lehrgang: Ausbildung zum Berufskraftfahrer – Betriebspraktikum mit 18 Wochenstunden). Diese Dienstnehmer sind beim AMS zur Sozialversicherung gemeldet (Möglichkeit des Dazuverdienstes bis zur Geringfügigkeitsgrenze). Die vorgeschriebene theoretische und praktische Schulung im Rahmen der Fortbildungsmaßnahme des AMS, ist von der „AMS-Versicherung" umfasst. Für die Zeit der praktischen Tätigkeit wird keine eigene Pflichtversicherung beim Betrieb begründet. Die Tätigkeit, die der Betroffene nebenbei beim DG (= Ausbildner) (Zuverdienst) verrichtet, ist als paralleles Versicherungsverhältnis zu beurteilen. Die Beurteilung dieser Pflichtversicherung erfolgt nach den tatsächlichen Verhältnissen; bei Vorliegen von persönlicher und wirtschaftlicher Abhängigkeit zum Betrieb, liegt Dienstnehmereigenschaft vor. (Hauptverband 16. November 2004, Zl. FO-MVB/51.1/04 Rv/Mm)

Das Bundesbetreuungsgesetz ermöglicht, dass Asylwerber für Hilfstätigkeiten für Bund, Land oder Gemeinden herangezogen werden können. Es sind mittlerweile einige Fälle bekannt, in denen Gemeinden von dieser Möglichkeit Gebrauch machen, ohne diese Beschäftigten aufgrund ihrer Tätigkeit zur Sozialversicherung zu melden. Die Gemeinden berufen sich dabei auf § 7 Abs. 3 Bundesbetreuungsgesetz, in dem ausgeführt wird, dass durch die Erbringung von Hilfstätigkeiten kein Dienstverhältnis begründet wird. Es liegen allerdings eindeutig Dienstverhältnisse gem. § 4 Abs. 2 ASVG vor, die eine Pflichtversicherung nach dem ASVG zur Folge haben. Eine Ausnahme von der Pflichtversicherung durch das Bundesbetreuungsgesetz ist nicht möglich. Eine solche Ausnahme ist lediglich durch das ASVG möglich. Wenn dies gewollt ist, so muss eine Ausnahmebestimmung im ASVG (Teilversicherung in der Unfallversicherung) aufgenommen werden. Bis dahin liegt Vollversicherung vor, sofern das Entgelt die Geringfügigkeitsgrenze übersteigt. (Hauptverband 16. November 2004, Zl. FO-MVB/51.1/04 Rv/Mm)

Die Dienstnehmereigenschaft ist auch zu prüfen, wenn ein Verein einen Anstellungsvertrag mit einem Dienstnehmer schließt. Inhalt ist die „Überlassung" an zwei GmbHs als Geschäftsführer. In den beiden GmbHs wird der Dienstnehmer organschaftlich zum Geschäftsführer bestellt. Es erfolgt eine interne Verrechnung der Geschäftsführertätigkeiten zwischen den GmbHs und dem Verein.

Zu prüfen ist, ob aufgrund dieser Aufsplittung der vertraglichen Verhältnisse unter Umständen eine Mehrfachversicherung entstehen kann, d.h. ob gegebenenfalls mehrere sozialversicherungsrechtliche Dienstgeber (Verein und die GmbHs) in Frage kommen können:

Wie der VwGH in seinem mit der vorliegenden Konstellation vergleichbaren Erkenntnis vom 1.4.2009, Zl. 2006/08/0113 entschieden hat, handelt es sich bei einer solchen Konstruktion um keine Arbeitskräfteüberlassung iSd AÜG, weil die „Beschäftiger-GmbHs" aufgrund eigener Rechtsbeziehungen zum Geschäftsführer, nämlich aufgrund des Geschäftsführer-Bestellungsaktes ein unmittelbares Recht auf die Arbeitsleistung des Geschäftsführers erworben haben, während sie hingegen bei einer echten Überlassung nur ein delegiertes abgeleitetes Recht des Überlassers ausüben würden.

Die Rechtsposition des Geschäftsführers lässt sich in eine organschaftliche und eine schuldrechtliche Seite unterteilen. Die organschaftliche Bestellung zum Geschäftsführer erfolgt durch Beschluss der Generalversammlung. Schon aus diesem Bestellungsakt ergibt sich die Pflicht des Geschäftsführers zur Geschäftsführung. Der Anstellungsvertrag hingegen, der auch konkludent geschlossen werden kann, regelt die schuldrechtliche Einbindung des Geschäftsführers. Es werden durch den Anstellungsvertrag aber lediglich die durch das Organschaftsverhältnis vorgezeichneten Verpflichtungen zur Dienstleistung und zur Geschäftsbesorgung näher ausgestaltet. Beide Verträge haben daher ein und dieselbe Hauptleistungspflicht zum Gegenstand.

Aus diesem Grund ist es lt. VwGH rechtlich nicht denkbar, die schuldrechtliche Ausformung der zwingend organschaftlich vorbestimmten Geschäftsführertätigkeit als selbständigen Gegenstand eines mit einem Dritten bestehenden Vertrages bestehen zu lassen.

Der Verein kann als Dritter nicht die schuldrechtliche Ausgestaltung des zwischen den GmbHs und dem Geschäftsführer bestehenden Bestellungsvertrages regeln. Der im Beispielfall vom Verein mit dem Geschäftsführer geschlossene Anstellungsvertrag entfaltet sozialversicherungsrechtlich keine Wirkung.

Es besteht daher hinsichtlich der Geschäftsführertätigkeit nach dem GmbH-Gesetz kein Beschäftigungsverhältnis zum Verein, sofern dem Verein gegenüber für die Dauer der Geschäftsführertätigkeit keine Arbeitsleistungen erbracht werden und nach dem tatsächlichen Vertragsinhalt auch gar nicht erbracht werden sollen, sondern der Arbeitsvertrag ausschließlich die „Überlassung" an die GmbHs als Geschäftsführer zum Gegenstand hat. Es besteht in diesem Fall nur (sofern die Geschäftsführertätigkeit in persönlicher und wirtschaftlicher Abhängigkeit gegen Entgelt erbracht wird) ein Beschäftigungsverhältnis zu den beiden GmbHs (vgl. VwGH vom 17.1.1995, Zl. 93/08/0182).

Entgeltlichkeit liegt auch dann vor, wenn die Entlohnung der Geschäftsführertätigkeit nicht unmittelbar, sondern über den Verein als Dritten an den Geschäftsführer erfolgt.

Ein Beschäftigungsverhältnis (auch) zum Verein wäre nur dann denkbar, wenn daneben ein (vom Anstellungsvertrag zur GmbH zu unterscheidender) Arbeitsvertrag zum Verein besteht, der sich nicht auf die Tätigkeit als Geschäftsführer sondern auf andere Arbeitsleistungen gegenüber dem Verein bezieht. (Hauptverband, 23.3.2010, Zl. 32-MVB-51.1/10 Dm/Mm)

Der Umstand, dass ein Werkvertrag geschlossen wird, kann das Vorliegen einer Dienstnehmereigenschaft nicht beeinflussen.

Das BVwG hat in einem vorliegenden Fall Dienstnehmereigenschaft bestätigt, obwohl ein Werkvertrag geschlossen wurde.

Im Zuge der Versicherungserklärung an die Sozialversicherungsanstalt der gewerblichen Wirtschaft, gab der Betroffene an, für die Beschwerdeführerin als Dienstnehmer tätig zu werden. Aufgrund der darin getätigten Ausführungen zur Tätigkeit konnte die Sozialversicherungsanstalt der gewerblichen Wirtschaft keine GSVG-Pflichtversicherung feststellen, weshalb eine versicherungsrechtliche Überprüfung durch die NÖGKK eingeleitet wurde. Mit Bescheid wurde Dienstnehmereigenschaft festgestellt. Dagegen wurde Beschwerde erhoben.

Es wurden insgesamt 3 Verträge geschlossen, die als Werkverträge bezeichnet werden.

Der Dienstnehmer erbrachte seine Dienstleistungen für die Beschwerdeführerin von 9.6.2010 bis 20.10.2010. Das Tätigkeitsausmaß betrug etwa zwischen 150 und 200 Stunden monatlich, verteilt auf 15 bis 20 Tage pro Monat zwischen 9 und 10 Stunden täglich. Die Dienstleistung umfasste die Qualifizierung SEJ (Sandung ULF 151), Qualifizierung SDN 32" (Vertrag 5.6.2010), den Aufbau einer Steuerung der Luftinjektion für die Standfördermenge beim Projekt ULF 151, den Einbau im Fahrzeug (bis zu 6 Erprobungsfahrzeuge), die Inbetriebsetzung der Fahrzeuge und Begleitung der Versuche (Vertrag 2.8.2010), sowie die Optimierung und Ansteuerung SEJ zur Stabilisierung der Standfördermenge beim Projekt ULF 151(Vertrag 27.9.2010). Zusammenfassend ergibt sich, dass das vom Dienstnehmer zu „erbringende Werk" darin bestanden hat, die Bremsanlage für das Schienenfahrzeug ULF 151 in ganz spezifizierten Punkten zu optimieren, bzw. den technischen Erfordernissen anzupassen. Vor Beginn der Tätigkeit war eine halbtägige Einschulung, welche unter anderem die Bedienung des Prüfstandes umfasste, erforderlich.

Zeitliche Vorgaben gab es insoweit, als der Dienstnehmer einerseits auf die Verfügbarkeit des Prüfstandes Rücksicht nehmen musste und der Prüfverantwortliche die Verfügbarkeit des Prüfstandes wöchentlich unter den Mitarbeitern einteilte und andererseits es etwa einmal wöchentlich zu Besprechungen einlud.

Die Beschwerdeführerin stellte den erforderlichen Prüfstand sowie die Infrastruktur vor Ort zur Verfügung. Der Dienstnehmer verwendete zusätzlich seinen Laptop und sein Handy. Der Dienstnehmer musste sicherheitstechnische Vorgaben für die Bedienung des Prüfstandes einhalten, was von der verantwortlichen Person für das Prüffeld sowohl im laufenden Betrieb als auch in Form von Stichproben überprüft wurde.

Für das Betriebsgelände bestanden, aufgrund des Schutzes von Know-How, Zugangsbeschränkungen, außerdem gab es einen Zugang nur mittels Zutrittskarte, die gescannt werden musste.

Der Dienstnehmer konnte sich gemäß Punkt 3 Absatz 5 des Werkvertrags durch geeignete Subunternehmer, Vertreter oder Gehilfen vertreten lassen. Der Dienstnehmer war zu einer rechtzeitigen Mitteilung darüber verpflichtet und die Beschwerdeführerin war berechtigt, die Erfüllung durch einen Dritten abzulehnen. Zu einer Vertretung des Dienstnehmers kam es nie.

Die Bezahlung des Dienstnehmers erfolgte nach Legung von Honorarnoten, nachdem der Dienstnehmer die im Vertrag beschriebenen Leistungen erbracht hatte.

Der Dienstnehmer verfügte weder über eine unternehmerische Struktur noch über eine Gewerbeberechtigung. Er arbeitete als Dienstnehmer lediglich für die Beschwerdeführerin und bot seine Leistungen nicht am freien Markt an.

Der Dienstnehmer unterlag einem Konkurrenzverbot für die Vertragsdauer und drei Monate darüber hinaus sowie einer Verpflichtung zur Wahrung von vertraulichen Informationen. Eine generelle Vertretungsbefugnis lag nicht vor.

In seiner Beweiswürdigung gelangt das BVwG unter Beachtung der ständigen Judikatur des VwGH zu dem Ergebnis, dass die Voraussetzungen für das Vorliegen eines Dienstverhältnisses gegeben sind. Der Definition eines Dienstnehmers wird entsprochen, es liegt eine persönliche und wirtschaftliche Abhängigkeit vor. (Hauptverband, 15./16.9.2015, Zl. 51.1/15 Jv/Km)

In einem anderen Fall hat ein Beteiligter (Erstbeteiligter) in bestimmten Zeiträumen für einen Seminarveranstalter (Zweitbeteiligter) Schulungen für Mitarbeiter aus dem Bankenwesen durchgeführt. Die Seminare sind von ihm inhaltlich eigenständig konzipiert worden. Die erstmitbeteiligte Partei hat weder auf den Inhalt der Kurse noch auf deren Gestaltung Einfluss genommen. Der Zweitmitbeteiligte hat der erstmitbeteiligten Partei die Termine, zu welchen Schulungen stattfinden sollten, und die Orte, an denen die Seminare abgehalten werden sollten, vorgeschlagen und unter Berücksichtigung der Bedürfnisse der Teilnehmer die täglichen Schulungszeiten festgelegt. Weiters hat er der erstmitbeteiligten Partei auch das dafür verlangte Honorar vorgeschlagen. Dieses hat sich nach der Anzahl der Tage, an denen die Schulung durchgeführt worden ist, gerichtet. Reisekosten und die Kosten für die erforderlichen Recherchen sind extra ersetzt worden. Die Verrechnung ist in der Art erfolgt, dass der vereinbarte Pauschalbetrag für die Konzeption sowie für die Durchführung der Seminare getrennt aufgeschlüsselt, aber gemeinsam abgerechnet worden sind.

Im Anschluss an die Seminare sind von den Teilnehmern „Feedback-Bögen" u.a. über die Vortragstätigkeit des Zweitmitbeteiligten abgegeben worden, die an die erstmitbeteiligte Partei weitergeleitet worden sind. Die Stellungnahmen in diesen Bögen haben über die weitere Beauftragung des Zweitmitbeteiligten entschieden. Im Fall der Unzufriedenheit der Teilnehmer hat es auch zu einer Kürzung des Honorars kommen können. Der Zweitmitbeteiligte konnte sich „vertreten lassen". Er hat den Vertreter selbst ausgewählt und mit diesem auch das Entgelt abgerechnet. Eine Zustimmung der erstmitbeteiligten Partei ist nicht vorausgesetzt gewesen. Der Zweitmitbeteiligte war auch für das „Institut für I." als Vortragender tätig.

Das Bundesverwaltungsgericht hat in seinem Erkenntnis festgestellt, dass hier keine Dienstnehmereigenschaft (weder gem. § 4 Abs. 2 noch § 4 Abs. 4 ASVG) vorliegt.

Gegen dieses Erkenntnis richtet sich die Revision.

Der VwGH hat Folgendes festgestellt:

Im vorliegenden Fall ist kein Werkvertrag gegeben. Eine vertragsmäßige Konkretisierung des Werkes scheitert schon daran, dass es sich bei der Erteilung von Unterricht nicht um ein Endprodukt handelt. Außerdem ist kein Maßstab ersichtlich, nach welchem die für den Werkvertrag typische Gewährleistungsansprüche bei Nichtherstellung oder mangelhafter Herstellung des Werkes beurteilt werden sollten. Ein, der für den Werkvertrag essentiellen Gewährleistungsverpflichtung entsprechender Erfolg der Tätigkeit des Zweitmitbeteiligten, ist nicht messbar, weshalb von einem individualisierbaren „Werk" nicht die Rede sein kann. Es liegt vielmehr eine Vereinbarung über Dienstleistungen vor (vgl. die hg. Erkenntnisse vom 24.1.2006, Zl. 2004/08/0101 (Aerobic-Trainerin), vom 25. April 2007, Zl. 2005/08/0162 (Seminarleiter für eine Tutorausbildung), vom 7.5.2007, Zl. 2007/08/0003 (Inventurhelfer), vom 20.2.2008, Zl. 2007/08/0053 (Musiker), und vom 4.6.2008, Zl. 2007/08/0179 (Tänzerin).

Eine Abwägung iSd § 4 Abs. 2 ASVG ergibt, dass bei der Tätigkeit des Zweitbeteiligten die Merkmale persönlicher und wirtschaftlicher Abhängigkeit gegenüber den Merkmalen selbständiger Ausübung der Erwerbstätigkeit nicht überwiegen. Er verpflichtete sich gegenüber der erstbeteiligten Partei im Rahmen deren Geschäftsbetriebs zur Abhaltung von Kursen gegen Entgelt. Er verfügte über keine wesentlichen eigenen Betriebsmittel und hatte seine Dienstleistungen im Wesentlichen persönlich zu erbringen. Er ist daher – auf Basis der Feststellungen des Verwaltungsgerichts – iSd § 4 Abs. 4 ASVG Dienstnehmern lediglich gleich zu halten und unterliegt somit der Pflichtversicherung gemäß § 4 Abs. 1 Z 14 iVm Abs. 4 ASVG und der gemäß § 1 Abs. 1 lit. a iVm Abs. 8 ALVG. (Hauptverband am 26.4.2016, Zl. LVB-51.1/16 Wot, VwGH vom 21.9.2015; GZ Ra 2015/08/0045)

004-01-04-001
Fachausbildung gem. Psychologengesetz 2013

In der Kranken-, Unfall- und Pensionsversicherung sind auf Grund dieses Bundesgesetzes versichert (vollversichert), wenn die betreffende Beschäftigung weder gemäß den §§ 5 und 6 von der Vollversicherung ausgenommen ist, noch nach § 7 nur eine Teilversicherung begründet:

Die zum Zwecke der vorgeschriebenen Ausbildung für den künftigen, abgeschlossenen Hochschulbildung erfordernden Beruf nach Abschluss dieser Hochschulbildung beschäftigten Personen, wenn die Ausbildung nicht im Rahmen eines Dienst- oder Lehrverhältnisses erfolgt, jedoch mit Ausnahme der Volontäre.

Im vorliegenden Fall stellt sich die Frage, wie die Versicherungspflicht für Fachausbildungskandidatinnen der Gesundheits psychologie und Klinischer Psychologie aussieht, die ihre praktische Ausbildung gemäß § 8 Abs. 1 Z 2 Psychologengesetz 2013 im Rahmen von Arbeitsverhältnissen zu absolvieren haben.

Unklar ist, welche Rolle die Bestimmung des § 4 Abs. 1 Z 4 ASVG, die auf die früheren Ausbildungskandidat/inn/en der Klinischen Psychologie anzuwenden war, da das Psychologengesetz, BGBl. Nr. 360/1990, ein PRAKTIKUM vorsah, das nach Abschluss des Studiums zum Erwerb der Gesundheitsberufsberechtigung nötig war, noch spielt.

Wird die Ausbildung im Rahmen eines die Vollversicherung begründenden Arbeitsverhältnisses absolviert, kommt § 4 Abs. 1 Z 4 ASVG jedenfalls nicht zum Tragen.

Grundsätzlich sind diese Personen demnach nach § 4 Abs. 2 ASVG zu versichern. Je nach Entgelthöhe liegt Vollversicherung oder eine Teilversicherung in der Unfallversicherung wegen geringfügiger Beschäftigung vor. Erfolgt diese Beschäftigung ohne Entgelt, kommt § 4 Abs. 1 Z 4 ASVG iVm § 44 Abs. 6 lit. c ASVG (fixe Beitragsgrundlage) zur Anwendung.

(Hauptverband, 20. März 2018, Zl. LVB-51.1/18 Jv/Km)

004-01-05-001
Ausbildung zum gehobenen Dienst für Gesundheits- und Krankenpflege

In der Kranken-, Unfall- und Pensionsversicherung sind auf Grund dieses Bundesgesetzes versichert (vollversichert), wenn die betreffende Beschäftigung weder gemäß den §§ 5 und 6 von der Vollversicherung ausgenommen ist, noch nach § 7 nur eine Teilversicherung begründet:

Schüler (Schülerinnen), die in Ausbildung zum gehobenen Dienst für Gesundheits- und Krankenpflege nach dem Gesundheits- und Krankenpflegegesetz, BGBl. I Nr. 108/1997, oder zum Krankenpflegefachdienst oder zum medizinisch-technischen Fachdienst im Sinne des Bundesgesetzes über die Regelung des medizinisch-technischen Fachdienstes und der Sanitätshilfsdienste stehen, bzw. Studierende an einer medizinisch-technischen Akademie nach dem MTD-Gesetz, BGBl. Nr. 460/1992, oder an einer Hebammenakademie nach dem Hebammengesetz, BGBl. Nr. 310/1994;

Jener Personenkreis, welcher unter die Bestimmungen des § 4 Abs. 1 Z 5 ASVG fällt, unterliegt während der gesamten Dauer der Ausbildung (Theorie und Praxis) der Vollversicherung. Als Beitragsgrundlage gelten die vom Träger der Einrichtung, in die die Ausbildung erfolgt, gewährten Bezüge (§ 44 Abs. 1 Z 2 ASVG). Sofern keine Bezüge gewährt werden, kommt die fixe Beitragsgrundlage gemäß § 44 Abs. 6 lit. c ASVG zur Anwendung. Im Regelfall wird sowohl der theoretische als auch der praktische Teil der Ausbildung beim selben Rechtsträger absolviert, wobei vorzitierte Regelungen anzuwenden sind. In der Praxis kommt es aber immer wieder vor, dass die im Rahmen der Ausbildung vorgesehenen Praktika nicht in jenen Einrichtungen des Rechtsträgers absolviert werden, von welchem die Gesamtausbildung angeboten wird. Die Anbieter des Praktikums zahlen oftmals auch eine geringfügige Entschädigung (Taschengeld) bzw. eine Entschädigung über der Geringfügigkeitsgrenze. Grundsätzlich wird durch das Ausüben des Praktikums bei einem anderen Praktikumsanbieter keine Doppelversicherung begründet; der andere Rechtsträger hat somit auch keine Anmeldung zur Pflichtversicherung vorzunehmen. Voraussetzung dafür ist allerdings, dass der Praktikant bei der „ersten Ausbildungseinrichtung" durchgehend gemäß § 4 Abs. 1 Z 5 ASVG versichert und gemeldet ist. Andernfalls wird beim „zweiten Praktikumsanbieter" eine Pflichtversicherung begründet und dieser hat die Anmeldung und die Beitragsabfuhr durchzuführen. (Hauptverband 5., 6., 7.10.2005, Zl. FO-MVB/51.1/05 Af/Mm)

Gemäß § 4 Abs. 1 Z 5 ASVG unterliegen Studierende an einer Hebammenakademie nach dem Hebammengesetz, BGBl. 310/1994 der Kranken-, Unfall- und Pensionsversicherung. Wie der Bestimmung des § 11 Abs. 2 Hebammengesetz idF BGBl. I Nr. 70/2005 entnommen werden kann, ist eine Urkunde über einen an einer österreichischen fachhochschulischen Einrichtung erfolgreich abgeschlossenen Fachhochschul-Bachelorstudiengang gemäß Fachhochschul-Studiengesetz, einem Diplom einer Hebammenakademie nach den Bestimmungen dieses Bundesgesetzes für die Ausbildung zur Hebamme gleichzuhalten, sofern dieser unter der Leitung einer Hebamme steht (Z 1) und der Verordnung gemäß Abs. 3 entspricht (Z 2). Dennoch führt die Ausbildung von Hebammen an einer Fachhochschule zu keiner Versicherungspflicht nach § 4 Abs. 1 Z 5 ASVG, sondern nach § 8 Abs. 1 Z 3 lit. i ASVG (Hauptverband 11.4.2011, Zl. 32-MVB-51.1/11 Af).

004-01-06-001
Vorstandsmitglieder

In der Kranken-, Unfall- und Pensionsversicherung sind Vorstandsmitglieder von Kreditgenossenschaften auf Grund dieses Bundesgesetzes versichert, wenn die betreffende Beschäftigung weder gem. den §§ 5 und 6 ASVG von der Vollversicherung ausgenommen ist, noch nach § 7 ASVG nur eine Teilversicherung begründet. Der Verfassungsgerichtshof hat in seinem Erkenntnis vom 4. März 2005, B 831/04, B 832/04, die Auffassung vertreten, dass auch auf Basis der derzeit geltenden Rechtslage zu prüfen ist, ob ein Dienstverhältnis aufgrund dieser Tätigkeit als Vorstandsmitglied (Geschäftsleiter) von Aktiengesellschaften, Sparkassen, Landeshypothekenbanken sowie Versicherungsvereinen auf Gegenseitigkeit und hauptberufliches Vorstandsmitglied (Geschäftsleiter) von Kreditgenossenschaften vorliegt. Eine derartige Prüfung, ob die Dienstnehmereigenschaft besteht, ist schon allein wegen der Arbeitslosenversicherung notwendig. Besteht nun eine derartige Dienstnehmereigenschaft, wird die Pflichtversicherung nach § 4 Abs. 2 ASVG und nicht nach § 4 Abs. 1 Z 6 ASVG vorliegen. In der Praxis bedeutet dies, dass – so wie in allen Fällen auch – die tatsächlichen Verhältnisse maßgebend sind und diesbezüglich zu beurteilen sind. Grundsätzlich wird aber davon auszugehen sein, dass Personen, die ausschließlich als Geschäftsleiter tätig sind, die Pflichtversicherung nach § 4 Abs. 2 ASVG als Dienstnehmer begründen werden. Dies insbesondere deshalb, weil dies im wesentlichen ihren tatsächlichen Verhältnissen entsprechen wird. Personen, die ausschließlich als Vorstand tätig sind, werden nach § 4 Abs. 1 Z 6 ASVG pflichtversichert sein und somit auch keiner AlVG-Pflicht unterliegen. In dieser „reinen Form" als Vorstand wird keine Dienstnehmereigenschaft vorliegen. Bei Personen, die sowohl Geschäftsleiter als auch eine Vorstandstätigkeit ausüben, wird davon auszugehen sein, dass als Vorstand die Pflichtversicherung nach § 4 Abs. 1 Z 6 ASVG vorliegen wird, soweit diese Tätigkeit nicht schon auf Grund anderer gesetzlicher Vorschriften pflichtversichert ist (Dienstnehmereigenschaft). (Hauptverband 30.5.–1.6.2005, Zl. FO-MVB/51.1/05 Rv/Mm)

004-01-11-001
Fachhochschulstudienlehrgänge – Sozialarbeit – Praktikumsverhältnisse

Auch für die Einstufung von Verwaltungspraktikanten sind die tatsächlichen Verhältnisse für die sozialversicherungsrechtliche Beurteilung relevant. Wenn für diese Tätigkeit die Kriterien der Dienstnehmereigenschaft vorliegen, kommt die Pflichtversicherung nach § 4 Abs. 1 Z 4 ASVG zur Anwendung. (Hauptverband 1.2.2005, Zl. FO-MVB/51.1/05 Rv/Mm)

§ 4 Abs. 1 Z 11 ASVG ist durch das SVÄG 2005 rückwirkend mit Ablauf des 31. 8. 2005 aufgehoben worden. Meldungen für Ferialpraktikanten im Sinne des § 4 Abs. 1 Z 11 ASVG, die nach dem 31.8.2005 liegen, sind durch den Dienstgeber zu stornieren bzw. gegebenenfalls die Abmeldung auf 31.8.2005 richtigzustellen. Sollte jedoch Dienstnehmereigenschaft im Sinne des § 4 Abs. 2 ASVG vorliegen, ist eine entsprechende Richtigstellung der Anmeldung vorzunehmen. Die Beurteilung der Pflichtversicherung hat anhand der Prüfreihenfolge unter Berücksichtigung der tatsächlichen Verhältnisse zu erfolgen. Wird ein Ferialpraktikant in einem Verhältnis persönlicher und wirtschaftlicher Abhängigkeit gegen Entgelt beschäftigt, ist Dienstnehmereigenschaft anzunehmen. Als Dienstnehmer gilt jedenfalls auch, wer nach § 47 Abs. 1 in Verbindung mit Abs. 2 EStG 1988 lohnsteuerpflichtig ist. Nach RZ 976 der Lohnsteuerrichtlinien 2002 wird davon ausgegangen, dass Ferialpraktikanten regelmäßig in einem Dienstverhältnis stehen. Sollten die Kriterien persönlicher und wirtschaftlicher Abhängigkeit nicht zutreffen, keine Lohnsteuerpflicht gegeben sein und der Ausbildungszweck im Vordergrund stehen, löst die Tätigkeit als Ferialpraktikant keine Versicherungspflicht in der Kranken- und Pensionsversicherung aus. Wird für einen Ferialpraktikanten kein Entgelt vereinbart und ist auch kein Anspruch in einem Kollektivvertrag vorgesehen, fehlt ein wesentliches Merkmal der Dienstnehmereigenschaft (arg.: gegen Entgelt beschäftigt wird). Es kommt daher zu keiner Pflichtversicherung als Dienstnehmer. In der Unfallversicherung sind Schüler und Studenten für ein Pflichtpraktikum aufgrund schul- oder studienrechtlicher Vorschriften gemäß § 8 Abs. 1 Z 3 lit. h und lit. i ASVG versichert. (Hauptverband 8.11.2005, Zl. FO-MVB/51.1/05 Af/Mm)

004-02-00-001
Persönliche Abhängigkeit

Die Beantwortung der Frage, ob bei der Erfüllung einer übernommenen Arbeitspflicht (also der Beschäftigung) die Merkmale persönlicher Abhängigkeit einer Person vom Arbeitsempfänger gegenüber jenen persönlicher Unabhängigkeit überwiegen, hängt nach der ständigen Rechtsprechung des Verwaltungsgerichtshofes davon ab, ob nach dem Gesamtbild der konkret zu beurteilenden Beschäftigung die Bestimmungsfreiheit des Beschäftigten durch die Beschäftigung weitgehend ausgeschaltet oder – wie bei anderen Formen der Beschäftigung (z.B. auf Grund eines Werkvertrages oder eines freien Dienstvertrages) – nur beschränkt ist.

Bei der Beurteilung des Vorliegens der persönlichen Abhängigkeit ist also nicht auf einzelne Merkmale gesondert abzustellen, sondern eine Gesamtbetrachtung vorzunehmen.

Von einer weitgehenden Ausschaltung der Bestimmungsfreiheit des Beschäftigten ist dann auszugehen, wenn der Beschäftigte durch seine Beschäftigung an Ordnungsvorschriften über den Arbeitsort, die Arbeitszeit und das arbeitsbezogene Verhalten sowie die sich darauf beziehenden Weisungs- und Kontrollbefugnisse und die damit eng verbundene (grundsätzlich) persönliche Arbeitspflicht gebunden ist (VwGH 2.7.1991, Zl. 89/08/0310, VwGH 21.2.2001, Zl. 96/08/0028).

Anhand der Tatbestandsmerkmale des § 4 Abs. 2 ASVG ist die zu untersuchende Beschäftigung einer Analyse zu unterziehen, wobei die vertragliche Gestaltung der Beschäftigung in die Beurteilung mit einzubeziehen ist, weil sie (sofern keine Anhaltspunkte für ein Scheinverhältnis – siehe Ausführungen zu § 539a ASVG – bestehen) die von den Parteien des Beschäftigungsverhältnisses in Aussicht genommenen Konturen des Beschäftigungsverhältnisses sichtbar werden lässt, die wiederum bei der Deutung von Einzelmerkmalen der Beschäftigung relevant sein können. Entscheidend bleibt aber, wie die in Aussicht genommene Beschäftigung konkret ausgeübt wird (vg. VwGH 21.2.2001, Zl. 96/08/0028).

In der Sozialversicherung sind demnach immer die tatsächlichen Verhältnisse, das heißt, die tatsächliche Art und Weise der Abwicklung der zu beurteilenden Tätigkeit, ausschlaggebend. Verträge gelten daher bloß als „Hülle", die nur dann maßgeblich ist, wenn auch die tatsächlichen Verhältnisse, also die tatsächliche Rechtsstellung des Arbeit Leistenden dieser vertraglichen Stellung entspricht. Weichen allerdings die tatsächlichen Verhältnisse, insbesondere die Abhängigkeitsverhältnisse, von der Vertragsgestaltung ab, wird in der Sozialversicherung den tatsächlichen Verhältnissen der Vorrang vor dem Vertragswerk gegeben.

In diesem Zusammenhang wird weiters auf die Ausführungen zu dem Kapitel „Grundsätze der Sachverhaltsdarstellung (§ 539a ASVG)" verwiesen.

004-02-00-002
Bindung an den Arbeitsort

Ein Merkmal für das Vorliegen der persönlichen Abhängigkeit ist nach ständiger Rechtsprechung des Verwaltungsgerichtshofes (vgl. VwGH 19.1.1999, Zl. 96/08/0350, VwGH 2.12.1997, Zl. 93/08/0288) unter anderem die Gebundenheit des Beschäftigten an einen ihm vom Dienstgeber zugewiesenen Arbeitsort. Der Umstand, dass der Beschäftigte somit den Ort, an dem er die Arbeitsleistung verrichtet, nicht frei wählen und eigenmächtig ändern kann, stellt somit grundsätzlich ein Indiz für die Ausschaltung dessen Bestimmungsfreiheit dar und ist für das Bestehen einer unselbstständigen Tätigkeit kennzeichnend.

Allerdings brachte der Verwaltungsgerichtshof in einigen Erkenntnissen (VwGH 20.4.1993, Zl. 91/08/0180, zur Pflichtversicherung eines Disc-Jockeys, VwGH 17.9.1991, Zl. 90/08/0146, zur Pflichtversicherung eines Zielorte-Reiseleiters) bereits zum Ausdruck, dass der Gebundenheit an einen Arbeitsort dann keine wesentliche Bedeutung zukommt, wenn eine Leistung schon der Natur der Sache nach nur an einem ganz bestimmten Ort verrichtet werden kann.

So ist etwa der Ort, an dem Leistungen der einzelne Disc-Jockeys zu erbringen sind, durch den Standort der Lokale bestimmt. Deshalb kommt in diesem speziellen Fall der Gebundenheit an den Arbeitsort keine Unterscheidungskraft zu (VwGH 20.4.1993, Zl. 91/08/0180).

004-02-00-003
Bindung an die Arbeitszeit

Ein weiteres Kriterium für das Vorliegen der persönlichen Abhängigkeit stellt die Bindung des Beschäftigten an Ordnungsvorschriften betreffend die Arbeitszeit dar. So ist es zweifellos ein Indiz für die Ausschaltung der Bestimmungsfreiheit, wenn ein Arbeitender an eine bestimmte Arbeitszeit gebunden ist.

Nach der Judikatur des Verwaltungsgerichtshofes genügt es für die Annahme persönlicher Abhängigkeit in Bezug auf die Arbeitszeit, wenn die konkrete Verpflichtung zu einer ihrer Art nach bestimmten Arbeitsleistung den Arbeitenden während dieser Zeit so in Anspruch nimmt, dass er über diese Zeit auf längere Zeit nicht frei verfügen kann und ihre Nichteinhaltung daher einen Vertragsbruch mit entsprechenden rechtlichen Konsequenzen darstellen würde. Dieser Umstand kann auch auf Teilzeitbeschäftigungen zutreffen (VwGH 17.9.1991, Zl. 90/08/0152).

Die Bindung an eine fixe Arbeitszeit kann auch dann angenommen werden, wenn der Beginn festgelegt und im Übrigen ein entsprechender Arbeitsumfang zugeteilt wird, der als solcher die Arbeitszeit vorgibt. Selbst eine innerhalb enger Grenzen mögliche Befugnis, Beginn und Ende der Arbeitszeit festzulegen, schließt die durch diese und während dieser Beschäftigung gegebene Ausschaltung der Bestimmungsfreiheit nicht aus. Eine persönliche Abhängigkeit kann sogar dann vorliegen, wenn der Beschäftigte auf Grund einer Vereinbarung oder der Betriebsübung oder der Art seiner Beschäftigung Beginn und Dauer der täglichen Arbeitszeit weithin selbst bestimmen kann. Ob eine solche Berechtigung aus betrieblichen oder aus Gründen, die in der Sphäre des Beschäftigten liegen, eingeräumt wird, ist hiebei irrelevant (VwGH 18.6.1982, Zl. 08/2967/80).

004-02-00-004
Bindung an Ordnungsvorschriften über das arbeitsbezogene Verhalten und das Arbeitsverfahren

Nach der Judikatur des Verwaltungsgerichtshofes stellt die Bindung des Beschäftigten an Ordnungsvorschriften über das arbeitsbezogene Verhalten und die sich darauf beziehenden Weisungs- und Kontrollbefugnisse eine wesentliches Kriterium für die Beurteilung der Dienstnehmereigenschaft dar (VwGH 19.1.1999, Zl. 96/08/0350).

Die Weisungen über das arbeitsbezogene Verhalten betreffen in erster Linie die Gestaltung des Arbeitsablaufes und der Arbeitsfolge und die damit in Zusammenhang stehenden organisatorischen Maßnahmen.

Die Erteilung von Ordnungsvorschriften über das arbeitsbezogene Verhalten unterbleiben in der Regel dann, wenn und sobald der Arbeitnehmer von sich aus weiß, wie er sich im Betrieb des

Dienstgebers zu bewegen und zu verhalten hat. In solchen Fällen lässt sich die Weisungsgebundenheit in Bezug auf Ordnungsvorschriften über das arbeitsbezogene Verhalten jedoch z.B. aus den damit korrespondierenden Kontrollrechten erkennen (VwGH 17.9.1991, Zl. 90/08/0152).

Es schließen jedoch sachbezogene Weisungen und Kontrollen die persönliche Unabhängigkeit dessen, der einen Arbeitserfolg (Werk/Leistungsgesamtheit) zu verrichten hat, ebenso wenig aus, wie Absprachen bezüglich der Arbeitszeit, wenn diese von der Art der Tätigkeit her notwendig sind (VwGH 20.4.1993, Zl. 91/08/0180).

Eine Pflicht eines Beschäftigten zur Erstattung von Berichten an den Arbeitsempfänger vermag auch nicht schlechthin die persönliche Abhängigkeit zum Arbeitsempfänger indizieren. Eine Berichtspflicht kann als Ausfluss des dem Arbeitsempfänger zustehenden Kontrollrechtes gesehen werden. Für die Frage der persönlichen Abhängigkeit ist jedoch der Inhalt dieses Kontrollrechtes von Bedeutung. Beziehen sich die Kontrollrechte auf die Einhaltung von Ordnungsvorschriften über Arbeitsort, Arbeitszeit und arbeitsbezogenes Verhalten, dann sind sie als unterscheidungskräftige Kriterien anzusehen (VwGH 30.5.1985, Zl. 84/08/0069, 84/08/0071).

Im Einzelfall kann ein Kontrollrecht allerdings noch nicht aus der Verpflichtung zur wöchentlich einmal vorzunehmenden „Abrechnung über die erzielten Fuhren" abgeleitet werden, wie der Verwaltungsgerichtshof bei der Frage der Pflichtversicherung eines Botenfahrers beschied (VwGH 22.1.1991, Zl. 89/08/0349).

Weisungen hinsichtlich des Arbeitsverfahrens – das sind solche, die sich auf die Durchführung der Arbeitsleistung selbst beziehen – stellen nach Meinung des Verwaltungsgerichtshofes kein entscheidendes Kriterium für die Dienstnehmereigenschaft dar.

So ist die „eigenverantwortliche", also in fachlicher Hinsicht weisungsfreie Ausführung der eigentlichen Tätigkeit mit der Ausübung dieser Tätigkeit im Rahmen eines Beschäftigungsverhältnisses im Sinne des § 1151 ABGB und damit in einem Beschäftigungsverhältnis nach § 4 Abs. 2 ASVG durchaus vereinbar (VwGH 3.9.1996, Zl. 93/08/0267). In dem zitierten Erkenntnis ging es um die Frage des Dienstverhältnisses eines Arztes. Klarerweise muss dieser in fachlicher Hinsicht weisungsfrei sein, dies gilt umso mehr dann, wenn der Dienstgeber nicht die gleiche Ausbildung hat.

004-02-00-005
Stille Autorität des Dienstgebers

Es können Fälle auftreten, in denen die Erteilung von Weisungen betreffend das arbeitsbezogene Verhalten und das Arbeitsverfahren dennoch unterbleibt, obwohl eine solche Weisungsgebundenheit des Beschäftigten an sich besteht. Dies ist dann gegeben, wenn der Dienstnehmer von sich aus weiß, wie er sich im Betrieb des Dienstgebers zu verhalten hat, wenn sich auf Grund seiner fachlichen Kenntnisse, Erfahrungen oder Fähigkeiten Weisungen über die Reihenfolge und den näheren Inhalt der zu verrichtenden Arbeiten erübrigen. Je qualifizierter und spezialisierter die Stellung eines Dienstnehmers ist, desto mehr tritt eine Weisungsgebundenheit in den Hintergrund. Allein die bestehende Möglichkeit des Dienstgebers, Weisungen zu erteilen, genügt allerdings für das Vorliegen einer Pflichtversicherung nach dem ASVG.

Der Verwaltungsgerichtshof bezeichnet in etlichen Erkenntnissen dieses durch Kontrollrechte zwar abgesicherte, sich aber nicht immer konkret äußernde Weisungsrecht als stille Autorität des Dienstgebers (VwGH 2.7.1991, Zl. 89/08/0310, VwGH 17.9.1991, Zl. 90/08/0152).

004-02-00-006
Persönliche Arbeitsleistungspflicht – Vertretungsbefugnis

Wesentlich für das Vorliegen persönlicher Abhängigkeit ist eine vertraglich bedungene grundsätzlich persönliche Arbeitspflicht. Schon die bloße Berechtigung eines Beschäftigten, die übernommene Arbeitspflicht generell durch Dritte vornehmen zu lassen (generelle Vertretungsbefugnis), schließt unabhängig davon, ob der Beschäftigte von dieser Berechtigung auch tatsächlich Gebrauch macht, ein Beschäftigungsverhältnis im Sinne von § 4 Abs. 2 ASVG aus. Bei einer eingeräumten generellen Vertretungsbefugnis fehlt die für die persönliche Abhängigkeit wesentliche grundsätzlich persönliche Arbeitspflicht und damit auch die Ausschaltung der Bestimmungsfreiheit durch die übernommene Arbeitspflicht.

Die Berechtigung, eine übernommene Arbeitspflicht generell durch Dritte vornehmen zu lassen oder sich ohne weitere Verständigung des Vertragspartners zur Verrichtung der bedungenen Arbeitsleistung einer Hilfskraft zu bedienen, schließt die persönliche Abhängigkeit wegen der dadurch fehlenden Ausschaltung der Bestimmungsfreiheit des Verpflichteten aus (VwGH 2.7.1991, Zl. 86/08/0155).

Eine gegenüber dem Dienstgeber bestehende sanktionslose Berechtigung zum Nichterscheinen oder zur jederzeitigen Beendigung einer übernommenen Arbeitsverpflichtung (nicht jedoch schon das tatsächliche Nichterscheinen oder tatsächliche vorzeitige Beenden der Beschäftigung) spricht gegen die Annahme persönlicher Abhängigkeit (VwGH 19.6.1990, Zl. 88/08/0097).

Die bloße Befugnis, sich im Falle der Verhinderung in bestimmten Einzelfällen, z.B. Krankheit oder Urlaub oder bei bestimmten Arbeiten innerhalb der umfassenderen Arbeitspflicht vertreten zu lassen, stellt keine generelle Vertretungsbefugnis dar.

Die bloße wechselseitige Vertretungsmöglichkeit mehrerer, vom selben Vertragspartner beschäftigter, Personen begründet ebenfalls keine generelle Vertretungsbefugnis (VwGH 22.10.1996, Zl. 94/08/0118).

6. E-MVB

004-02-00-007 – 004-02-00-008

Schränkt der Empfänger der Arbeitsleistung die Zahl der möglichen Vertreter durch für die Eignung aufgestellte Kriterien so ein, dass eine jederzeitige Vertretung ausgeschlossen ist, kann auch nicht mehr von einem Fehlen der persönlichen Arbeitspflicht gesprochen werden (VwGH 26.9.1995, Zl. 93/08/0155).

Nicht entscheidend ist, ob der Beschäftigte von einer vertraglich bedungen generellen Vertretungsmöglichkeit auch Gebrauch macht (VwGH 19.6.1990, Zl. 88/08/0200). Bei Bestehen einer generellen Vertretungsbefugnis stellt dessen Nichtgebrauch kein Abweichen der tatsächlichen Verhältnisse von den vertraglichen Vereinbarungen dar (VwGH 25.1.1994, Zl. 92/08/0226).

Solange aber eine generelle Vertretungsbefugnis weder vereinbart war noch nach dem tatsächlichen Beschäftigungsbild praktiziert wurde, ist im Zweifel von einer grundsätzlich persönlichen Arbeitspflicht auszugehen (VwGH 24.3.1992, Zl. 91/08/0117). In diesem Zusammenhang ist auch auf das Kapitel „Grundsätze der Sachverhaltsfeststellung (§ 539a ASVG)" zu verweisen.

Die nach § 7a ZDG abgeschlossene Vereinbarung über eine Beschäftigung nach Ableistung des ordentlichen Zivildienstes wird regelmäßig in einem Verhältnis persönlicher und wirtschaftlicher Abhängigkeit gegen Entgelt erfolgen. Die betroffenen Personen sind daher als Dienstnehmer im Sinne des § 4 Abs. 2 ASVG anzusehen. Es ist auch davon auszugehen, dass ein Arbeitsverhältnis auf Grund eines privatrechtlichen Vertrages vorliegt und Beitragspflicht nach den Bestimmungen des BMVG gegeben ist. Ebenso wird regelmäßig ein Dienstverhältnis im Sinne des § 47 Abs. 2 EStG anzunehmen sein. Der Freiwilligenförderungsbeitrag nach § 7a ZDG stellt eine Nettolohnvereinbarung dar. Zur Berechnung der Sozialversicherungsbeiträge ist auf den Bruttolohn hochzurechnen. (Hauptverband 12.12.2006, Zl.32-MVB-51.1/06 Af/Mm)

004-02-00-007
Wirtschaftliche Abhängigkeit (Betriebsmittel)

Neben der persönlichen Abhängigkeit ist das zweite Tatbestandsmerkmal des Dienstnehmerbegriffes im Sinne von § 4 Abs. 2 ASVG die wirtschaftliche Abhängigkeit. Die wirtschaftliche Abhängigkeit darf nicht mit Lohnabhängigkeit, also mit dem Angewiesensein des Beschäftigten auf das Entgelt zur Bestreitung seines Lebensunterhaltes gleichgesetzt werden. Diese bedeutet vielmehr das Fehlen der im eigenen Namen auszuübenden Verfügungsmacht über die nach dem Einzelfall für den Betrieb wesentlichen organisatorischen Einrichtungen und Betriebsmittel und ist bei entgeltlichen Arbeitsverhältnissen zwangsläufige Folge persönlicher Abhängigkeit (VwGH 17.9.1991, Zl. 90/08/0152).

So kann zwar wirtschaftliche Abhängigkeit bei persönlicher Unabhängigkeit bestehen, nicht aber persönliche Abhängigkeit ohne wirtschaftliche Abhängigkeit im genannten Sinn (VwGH 31.1.1995, Zl. 92/08/0213).

Die wirtschaftliche Abhängigkeit findet ihren Ausdruck im Fehlen der im eigenen Namen auszuübenden Verfügungsmacht über die nach dem Einzelfall für den Betrieb wesentlichen organisatorischen Einrichtungen und Betriebsmittel und ist deshalb bei entgeltlichen Arbeitsverhältnissen die zwangsläufige Folge persönlicher Abhängigkeit (VwGH 19.3.1984, Zl. 81/08/0061, VwGH 25.9.1990, Zl. 88/08/0227).

Unter einem Betrieb bzw. Unternehmen sind nicht nur gewinnorientierte Wirtschaftskörper zu verstehen, sondern jede Einheit, die eigene Betriebsmittel für einen bestimmten Betriebszweck einsetzt. Der Betriebszweck kann künstlerischer, wissenschaftlicher, pädagogischer oder auch wohltätiger Natur sein. (VwGH 21.2.2001, Zl. 96/08/0028).

004-02-00-008
Entgeltlichkeit

Neben der persönlichen und wirtschaftlichen Abhängigkeit ist die Entgeltlichkeit eine weitere Tatbestandsvoraussetzung für das Vorliegen einer Dienstnehmereigenschaft gemäß § 4 Abs. 2 ASVG.

Ob eine gegen Entgelt ausgeübte Beschäftigung vorliegt, ist nicht davon abhängig, ob und in welcher Höhe ein Entgelt tatsächlich gewährt wird, sondern ob ein solches als Gegenleistung für die bedungene Arbeit vereinbart worden ist.

Eine Person ist somit schon dann „gegen Entgelt" beschäftigt, wenn sie aus dem Dienstverhältnis einen Entgeltanspruch hat, gleichgültig ob ihr Entgelt tatsächlich ausbezahlt wird oder nicht (VwGH 22.12.1983, Zl. 08/0150/80).

Der Verwaltungsgerichtshof folgt somit dem „Anspruchslohnprinzip", wobei die Höhe des Entgeltanspruches nach arbeitsrechtlichen Vorschriften bzw. der jeweiligen Vereinbarung zwischen Dienstgeber und Dienstnehmer bestimmt wird.

Auch wenn der Beschäftigte die ihm gebührende Bezahlung ausgeschlagen hat, kommt dem keine Bedeutung zu, da er Anspruch darauf hatte und damit die erforderliche Entgeltlichkeit der Beschäftigung gegeben ist.

Grundsätzlich ist die Art des Entgeltes und der Entgeltleistung für die Dienstnehmereigenschaft nach § 4 Abs. 2 ASVG kein unterscheidungskräftiges Merkmal dafür, ob der Beschäftigte seine Beschäftigung in persönlicher Abhängigkeit verrichtet. Es kann jedoch im Rahmen der vorzunehmenden Beurteilung des Gesamtbildes seiner Beschäftigung dann, wenn die konkrete Gestaltung der organisatorischen Gebundenheit des Beschäftigten keine abschließende Beurteilung ob des Überwiegens der Merkmale persönlicher Abhängigkeit erlaubt, die vereinbarte und auch tatsächlich durchgeführte Art der Entgeltleistung für die Dienstnehmereigenschaft nach § 4 Abs. 2 ASVG von maßgeblicher Bedeutung sein (VwGH 31.1.1995, Zl. 92/08/0213).

Es stellt beispielsweise sehr wohl ein Indiz für das Vorliegen der Dienstnehmereigenschaft dar, wenn ein festes Entgelt zeitbezogen ausgezahlt wird, es also von der tatsächlich erbrachten Leistung unabhängig ist. Allerdings können auch persönlich abhängige Personen, wie etwa Handelsvertreter oder Akkordarbeiter, leistungsbezogen entlohnt werden.

In der Regel ist es jedoch dennoch so, dass eine Entlohnung, die sich an der tatsächlich erbrachten Leistung orientiert und unabhängig von der dafür aufgewendeten Zeit in einem vorher vereinbarten Betrag erfolgt, für die selbstständige Ausübung der Erwerbstätigkeit spricht.

Wenn Familienangehörige in einem Betrieb mitarbeiten, ohne dass sie dafür ein Entgelt erhalten, wird oft davon ausgegangen, dass auf Grund der Unentgeltlichkeit keine Pflichtversicherung gegeben ist, bei Betriebsprüfungen erfolgt jedoch immer wieder eine Einbeziehung in die Pflichtversicherung mit entsprechenden Beitragsnachzahlungen, weil das Kriterium der Unentgeltlichkeit in Abrede gestellt wird.

Es ist darauf hinzuweisen, dass immer die tatsächlichen Verhältnisse maßgeblich sind. Es muss sichergestellt werden, dass keine Umgehungshandlungen passieren. (Hauptverband 17.2.2009, Zl. 32-MVB-51.1/09 Jv/Mm)

Ein neues Erkenntnis des VwGH liegt nun bezüglich der Sozialversicherungspflicht von Bonusmeilen als Vorteils aus dem Dienstverhältnis vor. Einem Arbeitnehmer, der anlässlich seiner Dienstreisen Bonusmeilen sammelt, fließt erst im Jahr der Einlösung dieser beruflich erworbenen Bonusmeilen für private Zwecke ein steuerpflichtiger Vorteil aus dem Dienstverhältnis zu. Als von dritter Seite (Fluglinien) eingeräumter Arbeitslohn, unterliegt die Ersparnis aus der Teilnahme am Vielfliegerprogramm allerdings nicht dem Lohnsteuerabzug, sondern ist im Wege der Veranlagung zur Einkommensteuer zu erfassen. (VwGH, 29.4.2010, Zl. 2007/15/0293, Hauptverband, 15.–16.6.2010, Zl. 32-MVB-51.1/10Dm)

Sofern die erworbenen Bonusmeilen für private Zwecke genutzt werden, liegt aus sozialversicherungsrechtlicher Sicht eindeutig ein Vorteil aus dem Dienstverhältnis vor, der sozialversicherungspflichtig ist.

Der nicht sofort erfolgende Lohnsteuerabzug ändert nichts an der Sozialversicherungspflicht dieser Leistung von dritter Seite (Hauptverband, 14.9.2010, Zl. 32-MVB-51.1/10 Dm/Mm).

Bei einer GPLA wurden die vom Arbeitgeber bezahlten laufenden Prämien zu freiwilligen Pensionsversicherungen auf Grund des vertraglich unwiderruflich zugesicherten Anspruches der Arbeitnehmer auf die Leistungen aus dem Versicherungsvertrag als steuerpflichtige Einkünfte aus nichtselbstständiger Arbeit im Haftungswege nachverrechnet. Versicherungsnehmer und Begünstigter ist der Arbeitgeber. Der VwGH bestätigte die Nachverrechnung.

Aus den Entscheidungsgründen:

Zu Vorteilen aus dem bestehenden Dienstverhältnis zählen auch Leistungen zu einer Versicherung, die dem Arbeitnehmer „gehört". Um von einer solchen sprechen zu können, muss der Arbeitnehmer im Versicherungsverhältnis eine solche Stellung haben, dass er über die Ansprüche aus der Versicherung verfügen kann, es müssen ihm also die Ansprüche aus dem Versicherungsverhältnis zustehen.

Die Benennung des versicherten Arbeitnehmers gegenüber dem Versicherer als Bezugsberechtigten führt noch nicht zur Übertragung der Ansprüche des Arbeitgebers aus dem Versicherungsvertrag an den Arbeitnehmer. Im hier vorliegenden Fall erfolgte im Versicherungsvertrag keinerlei Begünstigung des Arbeitnehmers. Bezugsberechtigt ist nach der Versicherungspolizze ausschließlich der Versicherungsnehmer, also der Arbeitgeber, der Arbeitnehmer scheint in der Versicherungspolizze lediglich als versicherte Person auf. Die Begünstigung kann allerdings nicht nur in der Benennung des Bezugsberechtigten gegenüber dem Versicherer erfolgen; eine derartige Begünstigung kann vielmehr auch in einer Vereinbarung zwischen dem Versicherungsnehmer (Arbeitgeber) und dem Versicherten (Arbeitnehmer) erfolgen.

Nach den – in der Beschwerde nicht bekämpften – Sachverhaltsannahmen der belangen Behörde hatte sich die MAG verpflichtet, im Wege einer Kapitalauszahlung einen Betrag an die versicherte Person, an einen (von der versicherten Person) namhaft gemachten Dritten oder an die Begünstigten im Todesfall in der Höhe zu leisten, in der die Versicherungsanstalt aus dem vorhandenen Versicherungsrealisat leistet, wobei den Versicherten in näher genannten Fällen auch Eintrittsrechte in den Versicherungsvertrag eingeräumt sind. Eine Begünstigung als bezugsberechtigte Person im Versicherungsvertrag ist zwar im Hinblick auf § 166 Abs. 1 VersVG nur dann als unwiderruflich anzusehen, wenn diese ausdrücklich vereinbart ist. Eine Vereinbarung zwischen Arbeitnehmer und Arbeitgeber bedarf hingegen keiner derartigen ausdrücklichen Unwiderrufbarkeit, um auf Dauer verbindlich zu sein.

Im Hinblick auf diese vertragliche Regelung besteht aber ein Anspruch der Arbeitnehmer auf die Leistungen aus dem Versicherungsvertrag. Dieser Anspruch ist überdies durch ein Pfandrecht abgesichert. Demnach ist im hier vorliegenden Fall – wie bereits im Prüfungsbericht festgestellt – von einer unwiderruflichen Begünstigung der Arbeitnehmer aus dem Versicherungsvertrag auszugehen, sodass bereits die Einzahlungen des Arbeitgebers im Rahmen der Versicherungsverträge als Zufluss vom Arbeitslohn iSd § 25 Abs. 1 Zl lit a EStG 1988 an die Arbeitnehmer zu werden sind. (HV, 28.4.15, Zl. 51.1/15 Jv/Ph)

004-02-00-009
Dienstnehmer gemäß § 4 Abs. 2 zweiter Satz ASVG (§ 47 Abs. 1 und Abs. 2 EStG 1988)

Siehe Lohnsteuerrichtlinien Randzahlen 918–1019.

Ob diese Voraussetzungen im Einzelfall vorliegen, wird von der Kasse als Vorfrage eigenständig geprüft, sofern nicht ein rechtsgültiger Bescheid der Finanz über denselben Tatbestand vorliegt.

Gemäß § 4 Abs. 2, 3. Satz ASVG gilt als Dienstnehmer jedenfalls auch, wer nach § 47 Abs. 1 in Verbindung mit Abs. 2 EStG 1988 lohnsteuerpflichtig ist, wenn keine Ausnahme iSd Z 1 oder 2 des § 4 Abs. 2 ASVG vorliegt.

Der Verwaltungsgerichtshof hat mit Erkenntnis vom 26.04.2006, GZ: 2003/08/0264, in einem Verfahren auf Grund der Beschwerde eines Call-Centers festgestellt, dass wenn auf Grund der im vorliegenden Fall bestehenden Lohnsteuerpflicht die Vollversicherungspflicht gemäß § 4 Abs. 1 Z 1 i.V.m. Abs. 2 ASVG zutreffend festgestellt wurde, auf das weitere Beschwerdevorbringen, welches sich gegen Verfahrensmängel im Zusammenhang mit der Feststellung der Kriterien für die persönliche Abhängigkeit sowie die diesbezügliche Beweiswürdigung und die rechtliche Beurteilung im Hinblick auf das Vorliegen einer Arbeitsverpflichtung richtet, nicht mehr eingegangen zu werden braucht. (Hauptverband 13.6. 2006, Zl. 32-MVB-51.1/06/Af/Mm)

Setzt das Finanzamt mit Bescheid rechtskräftig den Dienstgeberbeitrag zum Ausgleichsfonds für Familienbeihilfe (DB) und den Zuschlag zum Dienstgeberbeitrag (DZ) fest, da es sich bei der zu Grunde liegenden Tätigkeit um ein Dienstverhältnis gem. § 47 Abs. 1 iVm Abs. 2 EStG 1988 handle, liegt eine bindende Vorfragenentscheidung bezüglich der Lohnsteuerpflicht und somit auch ein Dienstverhältnis gem. § 4 Abs. 1 iVm Abs. 2 ASVG vor. (Hauptverband, 15./16.9.2015, Zl. 51.1/15 Jv/Km).

004-02-00-010
Ausnahmen von der Pflichtversicherung als Dienstnehmer trotz Lohnsteuerpflicht

Bezüge, Auslagenersätze und Ruhe-(Versorgungs-)Bezüge im Sinne des Bezügegesetzes, des Verfassungsgerichtshofgesetzes sowie jene von Landesräten, Landtagsabgeordneten, (Vize-)Bürgermeistern, Stadträten und Mitgliedern einer Stadt-, Gemeinde- oder Ortsvertretung sind laut § 25 Abs. 1 Z 4 lit. a und b EStG 1988 lohnsteuerpflichtig.

Diese Personen wären, obwohl sie bereits der Pflichtversicherung nach dem Beamten-Kranken- und Unfallversicherungsgesetz (B-KUVG) unterliegen, daher als Dienstnehmer zu qualifizieren und nach dem Allgemeinen Sozialversicherungsgesetz (ASVG) zu versichern.

Um diese ungewollte Ausweitung des Dienstnehmerkreises zu „reparieren", wurde im Rahmen der 58. Novelle zum ASVG § 4 Abs. 2 ASVG nunmehr dahingehend ergänzt, dass die Bezieher der zuvor angeführten Einkünfte rückwirkend ab 1.1.2001 von der Pflichtversicherung nach dem ASVG ausgenommen bleiben.

Weiters wurde durch eine entsprechende Änderung des § 4 Abs. 2 ASVG klargestellt, dass lediglich Einkünfte von Beamten aus Nebentätigkeiten im Sinne des § 37 Beamten-Dienstrechtsgesetzes 1979 (§ 25 Abs. 1 Z 4 lit. c EStG 1988) von der Pflichtversicherung nach dem ASVG ausgenommen sind. Derartige Bezüge von Vertragsbediensteten sind hingegen der Beitragspflicht im Rahmen des bestehenden Dienstverhältnisses zu unterstellen.

Abschließend ist in diesem Zusammenhang allgemein anzumerken, dass trotz Bestehens einer lohnsteuerpflichtigen Tätigkeit keine Einbeziehung als Dienstnehmer in die Sozialversicherung in Betracht kommt, wenn österreichisches Sozialversicherungsrecht nicht anzuwenden ist. Dies ist etwa dann der Fall, wenn jemand nach Österreich entsendet wird und somit weiterhin den sozialversicherungsrechtlichen Vorschriften des Entsendestaates unterliegt.

004-02-00-011
Pflichtversicherung trotz fehlender Beschäftigungsbewilligung

Dass der Anspruch der Beschäftigten auf Gegenleistung für erbrachte Dienste nicht auf einem wirksamen Dienstvertrag, sondern auf dem Gesetz beruht, hindert nicht, die Gegenleistung als Entgelt im Sinne des § 4 Abs. 2 ASVG anzusehen. Die Sozialversicherungspflicht des in persönlicher und wirtschaftlicher Abhängigkeit gegen Entgelt beschäftigten Ausländers ist daher auch bei unerlaubten (gegen § 3 AuslBG verstoßend) Beschäftigungsverhältnissen zu bejahen. (VwGH 12.11.1991, Zl. 91/08/0125)

004-04-00-001
Freie Dienstnehmer

Die Voraussetzungen zur Begründung der Pflichtversicherung des freien Dienstnehmers sind im § 4 Abs. 4 ASVG geregelt.

Bei Vorliegen eines freien Dienstvertrages schließt die Innehabung eines Gewerbescheines – und daraus folgend die Pflichtversicherung nach § 2 Abs. 1 Z 1 GSVG – die Pflichtversicherung nach § 4 Abs. 4 ASVG aus, sodass auch keine Meldepflicht iSd § 33 Abs. 1 ASVG besteht. Der Vorwurf an den Dienstgeber, er habe durch die Nichtmeldung des Dienstnehmers zur Sozialversicherung vor Arbeitsantritt seine Meldepflicht verletzt, ist somit nicht zu Recht erfolgt. (Hauptverband, 15./16.9.2015, Zl. 51.1/15 Jv/Km, VwGH 16.10.2014, Ro 2014/08/0074)

004-04-00-002
Verpflichtung zur Dienstleistung

Durch die im § 4 Abs. 4 ASVG enthaltene Formulierung, „die sich auf Grund freier Dienstverträge zur Erbringung von Dienstleistungen verpflichten", ist klargestellt, dass man nicht auf Grund eines bloß faktischen Verhältnisses zum Freien Dienstnehmer im Sinne des ASVG wird. Entscheidend ist vielmehr, dass eine vertragliche Verpflichtung zur Erbringung von Dienstleistungen vorliegen muss. Diese kann auf Grund eines schriftlichen oder mündlichen Vertrages oder durch konkludente Handlung zustande kommen.

Voraussetzung für jeden freien Dienstvertrag ist hiernach das Vorliegen einer vertraglichen Verpflichtung, die schriftlich, mündlich, aber auch stillschweigend zustande kommen kann. Werden Dienstleistungen zwar honoriert, besteht jedoch keinerlei Verpflichtung zu einer Tätigkeit, so basieren diese auf Freiwilligkeit und begründen demnach kein Pflichtversicherungsverhältnis (BMAGS 13.2.1998, GZ. 23.002/12-2/98).

Gegenstand des freien Dienstvertrages sind Dienstleistungen. Sie werden im Gegensatz zum Dienstvertrag nicht in persönlicher Abhängigkeit geleistet.

Entscheidend ist dabei, dass nicht von vornherein eine einzelne Leistung geschuldet wird, deren Durchführung – wie lange dies auch immer dauern mag – die Pflicht des Schuldners abschließend erfüllt (= Werkvertrag), sondern dass Dienste einer mehr oder weniger bestimmten Art für eine von vornherein befristete oder aber für eine unbestimmte Dauer geschuldet werden (= Dienstvertrag). Beim freien Dienstvertrag wird daher ein Wirken (Dauerschuldverhältnis) und nicht ein Werk geschuldet. Der Auftragnehmer schuldet ein Bemühen und nicht ausschließlich einen Erfolg.

Dienstleistungen können Arbeiten, Verrichtungen, Tätigkeiten jedweder Art sein, unabhängig davon, ob die Tätigkeit erlaubterweise erfolgt. Ein berufs- oder gewerberechtlich unzulässiges Wirken kann daher ebenfalls Gegenstand einer Dienstleistung sein und somit versicherungspflichtig werden. (Hauptverband 8.7.1996, Zl. 32-52.1/96 Ch/Mz)

Jedenfalls keine Pflichtversicherung als Freier Dienstnehmer liegt vor
– bei Tätigkeiten auf Grund eines politischen Mandates (Gemeinderat, Bezirksrat usw.),
– bei Tätigkeiten, die auf Grund von Gerichtsbeschlüssen ausgeführt werden (gerichtlich beeidete Sachverständige),
– bei Tätigkeiten, die auf Grund eines Hoheitsaktes ausgeübt werden,
– bei Tätigkeiten als Mitglied des Aufsichtsrates, Verwaltungsrates oder anderer mit der Überwachung der Geschäftsführung betrauter Personen,
– bei Bezug von Funktionsgebühren (Hauptverband 12.6.1998, Zl. 32-51.1/98 Ch/Mm)

004-04-00-003
Dauerschuldverhältnis

Der Gesetzgeber hat im § 4 Abs. 4 ASVG nicht eine allgemeine Definition des freien Dienstvertrages konzipiert. Mit dem Kriterium „Vertragsverhältnis für eine bestimmte oder unbestimmte Zeit" macht der Gesetzgeber lediglich darauf aufmerksam, dass es sich beim freien Dienstvertrag um ein Dauerschuldverhältnis handelt. Im Widerspiel dazu stehe die sogenannte Zielschuldverhältnis, welches die Verpflichtung zur Erbringung einer genau umrissenen Leistung beinhaltet. Anlass und Zweck des § 4 Abs. 4 ASVG war es, solche Personen dem ASVG einzugliedern, die bei ihrer Beschäftigung einem Dienstnehmer wesentlich näher stehen als einem Selbstständigen. Abgrenzungskriterium ist, ob der Betreffende in seiner Beschäftigung mehr einem selbstständigen Unternehmer mit eigener Betriebsorganisation und verschiedenen Kundschaften entspricht oder mehr einem Dienstnehmer näher steht, der nur seine eigenen Kenntnisse und Fähigkeiten bei einem oder wenigen Vertragspartnern verwerten kann. (BMSG 19.3.2001, GZ. 123.177/1-7/01)

004-04-00-004
Entgeltlichkeit

Wie beim abhängigen Dienstverhältnis setzt auch die Pflichtversicherung Freier Dienstnehmer die Entgeltlichkeit der Tätigkeit voraus. Ohne Entgeltvereinbarung kann keine Pflichtversicherung nach § 4 Abs. 4 ASVG entstehen. (BMAGS 15.2.2000, GZ. 120.300/2-7/99)

004-04-00-005
Persönliche Arbeitsleistung – Vertretungsmöglichkeit

Maßgebend für den Eintritt der Pflichtversicherung nach § 4 Abs. 4 ASVG ist, dass der freie Dienstnehmer den Auftrag im Wesentlichen persönlich erbringt und nicht an andere weitergibt. Durch die jederzeitige Vertretungsmöglichkeit kann zwar die Dienstnehmereigenschaft ausgeschlossen werden, nicht jedoch auch die Pflichtversicherung gemäß § 4 Abs. 4 ASVG, wenn der Auftrag im Wesentlichen von der Person des freien Dienstnehmers erledigt wird.

004-04-00-006
Keine wesentlichen eigenen Betriebsmittel

Unter wesentlichen Betriebsmitteln sind nach der Judikatur jene Betriebsmittel zu verstehen, die nach der Betriebsart und dem Betriebsgegenstand die wesentliche Grundlage für die Erbringung wirtschaftlich werthafter Leistungen bilden und jemanden in die Lage versetzen, den Betrieb unter Einsatz weiterer, nicht die wesentliche Grundlage des Betriebes bildenden Betriebsmittel zu führen. (VwGH 30.9.1997, Zl. 95/08/0348)

Wesentliche Betriebsmittel sind auf die Tätigkeit bezogen jene Mittel, ohne die die Erbringung der Tätigkeit nicht möglich wäre.

Bei der Prüfung der wesentlichen Betriebsmittel ist folgendermaßen vorzugehen:

Welche Betriebsmittel sind zur Erbringung der Dienstleistung erforderlich?

Wenn für die Erbringung der Dienstleistung im Wesentlichen nur die eigene Arbeitskraft verwendet wird, so sind für diese Tätigkeit keine Betriebsmittel erforderlich und wird dadurch eine Pflichtversicherung nach § 4 Abs. 4 ASVG ausgeschlossen werden können.

Welche der erforderlichen Betriebsmittel sind für die Erbringung der Dienstleistung wesentlich?

Wesentlich bedeutet einerseits, dass ohne Verwendung dieses Betriebsmittels die Dienstleistung nicht erbracht werden kann, andererseits muss dieses Betriebsmittel so gestaltet sein, dass es über Mittel des allgemeinen täglichen Gebrauches hinausgeht (z.b. unternehmerische Struktur, eigenes Personal, finanziell aufwändige Spezialsoftware oder Spezialmaschinen usw.).

Werden die wesentlichen Betriebsmittel vom Dienstgeber oder vom freien Dienstnehmer bereitgestellt?

In jenen Fällen, in denen die wesentlichen Betriebsmittel vom freien Dienstnehmer zur Verfügung gestellt werden, ist der Pflichtversicherungstatbestand des § 4 Abs. 4 ASVG nicht erfüllt.

Bei vertraglich vereinbarter Abgeltung für die Verwendung eigener Betriebsmittel gelten diese allerdings nicht als vom Freien Dienstnehmer beigestellt. (Hauptverband 12.6.1998, Zl. 32-51.1/98 Ch/Mm)

004-04-00-007
Qualifizierte Dienstgebereigenschaft

Nach § 4 Abs. 4 ASVG besteht eine Pflichtversicherung nur dann, wenn die Dienstleistung für einen Dienstgeber im Rahmen „seines Geschäftsbetriebes, seiner Gewerbeberechtigung, seiner berufsrechtlichen Befugnis (Unternehmen, Betrieb usw.) oder seines statutenmäßigen Wirkungsbereiches (Vereinsziel usw.)" erbracht werden.

Weiters unterliegen auch die bei „Gebietskörperschaften oder sonstigen juristischen Personen des öffentlichen Rechts bzw. die von ihnen verwalteten Betriebe, Anstalten, Stiftungen oder Fonds (im Rahmen einer Teilrechtsfähigkeit)" tätigen freien Dienstnehmer der Pflichtversicherung.

Mit diesen näheren Ausführungen zur Dienstgebereigenschaft versuchte der Gesetzgeber, eine klare Trennung zwischen der privaten und der beruflichen Sphäre vorzunehmen. Beschäftigungen als Freier Dienstnehmer im privaten Bereich unterliegen demnach nicht der Pflichtversicherung nach dem ASVG, wobei diesem ausgenommen privaten Bereich ausdrücklich auch die bäuerliche Nachbarschaftshilfe zugerechnet wird.

Für Freie Dienstnehmer (§ 4 Abs. 4 ASVG) besteht keine Pflichtversicherung, wenn sie im privaten Bereich beschäftigt sind. Der im § 4 Abs. 4 Z 1 ASVG verwendete Begriff „Geschäftsbetrieb" dient nur zur Abgrenzung zum reinen Privat(Freizeit)bereich. Einziges Erfordernis des im § 4 Abs. 4 Z 1 ASVG verwendeten Begriffes „Geschäftsbetrieb" ist ein unmittelbarer Zusammenhang mit einer beruflichen Tätigkeit. (BMSG 20.2.2001, GZ. 124.204/2-7/00)

004-04-00-008
Abgrenzung Dienstnehmer – Freie Dienstnehmer

Bei der Beurteilung der Pflichtversicherung, insbesondere hinsichtlich der Abgrenzung zwischen Dienstnehmern und freien Dienstnehmern, ist der wahre wirtschaftliche Gehalt der vertraglichen Vereinbarung entscheidend.

Ein sozialversicherungspflichtiger freier Dienstvertrag wird – wie bereits vorstehend erwähnt – durch folgende Merkmale gekennzeichnet:

– Verpflichtung zur Dienstleistung für einen Dienstgeber, wobei die Tätigkeit im Wesentlichen persönlich erbracht werden muss,
– durch eine jederzeitige Vertretungsmöglichkeit wird die Pflichtversicherung als Freier Dienstnehmer nicht ausgeschlossen, wenn der Vertrag im Wesentlichen persönlich erfüllt wird,
– Möglichkeit, den Arbeitsablauf selbst zu regeln und gegebenenfalls den Beschäftigungsort sowie die Arbeitszeit selbst zu bestimmen,
– Erfüllung des Vertrages im Wesentlichen mit den Betriebsmitteln des Dienstgebers,
– Vertragsdauer: auf bestimmte oder unbestimmte Zeit (damit ist klargestellt, dass es sich so wie beim echten Dienstvertrag, um ein Dauerschuldverhältnis handeln muss),
– Entgeltbezug aus dieser Tätigkeit.

Zur Abgrenzung des freien Dienstvertrages stellte das Bundesministerium für Arbeit, Gesundheit und Soziales in seinem Erlass vom 18.1.2000, GZ. 124.007/1-2/2000 Folgendes fest:

Vom Werk- und vom freien Dienstvertrag unterscheidet sich der Dienstvertrag im Sinne des § 1151 ABGB vor allem durch die persönliche Abhängigkeit des Dienstnehmers vom Dienstgeber, während die damit regelmäßig verbundene wirtschaftliche Abhängigkeit und die persönliche Arbeitspflicht auch im freien Dienstverhältnis und Werkvertragsverhältnis vorkommen können. Im Gegensatz zu dem so gekennzeichneten Arbeitsvertrag steht der freie Dienstvertrag, der die Arbeit ohne persönliche Abhängigkeit, weitgehend selbstständig und frei von Beschränkungen des persönlichen Verhaltens ermöglicht. Der Freie Dienstnehmer kann den Ablauf der übernommenen Arbeit selbst regeln und jederzeit ändern. Ein freier Dienstvertrag wird immer in Form eines Dauerschuldverhältnisses ausgeübt. Werkvertrag und freier Dienstvertrag sind somit gewissermaßen Gegensatzpaare.

Jene Kriterien, die den echten Dienstnehmern vom Freien Dienstnehmer demnach wesentlich unterscheiden, sind somit die Bindung des echten Dienstnehmers an Ordnungsvorschriften über den Arbeitsort, die Arbeitszeit, das arbeitsbezogene Verhalten sowie die sich darauf beziehenden Weisungs- und Kontrollbefugnisse.

004-04-00-009
Ausnahmen von der Pflichtversicherung als Freier Dienstnehmer

Der Gesetzgeber musste vermeiden, dass die aus einem freien Dienstvertrag erzielten Einkünfte aus einem anderen Titel noch ein zweites Mal der Sozialversicherung unterworfen werden. Er sieht daher eine Subsidiaritätsregel vor: Einkünfte aus freien Dienstverträgen unterliegen dann nicht der Sozialversicherungspflicht nach § 4 Abs. 4 ASVG, wenn sie bereits von einer anderen Pflichtversicherung erfasst werden. In diesem Fall geht also die andere Pflichtversicherung vor.

Keine Pflichtversicherung besteht demnach gemäß § 4 Abs. 4 ASVG, wenn
- die betreffende Person auf Grund dieser Tätigkeit bereits gemäß § 2 Abs. 1 Z 1 bis 3 GSVG (Gewerbetreibende, Gesellschafter einer OHG oder OEG, persönlich haftende Gesellschafter einer KG oder KEG, Gesellschafter-Geschäftsführer einer GmbH; Wirtschaftstreuhänder, Dentisten, Journalisten, bildende Künstler, Tierärzte) oder gemäß § 2 Abs. 1 und 2 FSVG (Apotheker, Patentanwälte, freiberuflich tätige Ärzte) versichert ist oder
- es sich um eine (Neben)Tätigkeit im Sinne des § 19 Abs. 1 Z 1 lit. f B-KUVG handelt,
- diese Personen eine freiberufliche Tätigkeit, die die Zugehörigkeit zu einer gesetzlichen beruflichen Vertretung (Kammer) begründet, ausübt oder
- es sich um eine Tätigkeit als Kunstschaffender, insbesondere als Künstler im Sinne des § 2 Abs. 1 K-SVFG (Künstler-Sozialversicherungsfondsgesetz), handelt.

In den oben genannten Fällen der bereits bestehenden Versicherung nach GSVG bzw. FSVG ist also zu prüfen, ob die Tätigkeit zu einer bestehenden voll- oder teilsozialversicherungspflichtigen Tätigkeit gehört. Als besonderes Indiz dafür gilt, ob die Leistung (Entgelt, Erwerbseinkommen) aus der zu beurteilenden Tätigkeit in die Beitragsgrundlage der bestehenden Versicherung einfließt. Ist dies der Fall, besteht bereits „auf Grund dieser Tätigkeit" eine Pflichtversicherung.

Die Subsidiaritätsregelung im Rahmen des Versicherungstatbestandes gemäß § 4 Abs. 4 ASVG (freie Dienstverträge) wurde mit der 55. ASVG-Novelle rückwirkend mit 1.1.1998 um Tätigkeiten gemäß § 3 Abs. 3 (alt) GSVG erweitert. Da für die in dieser Bestimmung genannten Berufsgruppen (Wirtschaftstreuhänder, Dentisten, Journalisten, bildende Künstler, Tierärzte) die Pflichtversicherung in der Pensionsversicherung nach dem GSVG nur im Falle einer selbstständigen (freiberuflichen) Berufsausübung begründet wird, ist es folgerichtig, eine Pflichtversicherung als Freier Dienstnehmer im Falle einer solchen selbstständigen (freiberuflichen) Tätigkeit schon im Tatbestand des § 4 Abs. 4 ASVG auszuschließen.

Ausgenommen sind Einkünfte aus freien Dienstverträgen von Beamten, wenn die im Rahmen des freien Dienstvertrages erbrachten Dienste gleichzeitig Nebentätigkeiten im Sinne des öffentlichen Dienstrechts oder Tätigkeiten darstellen, zu denen der Beamte durch seinen Dienstgeber (dessen Beauftragten) herangezogen wurde, weil solche Einkünfte der Pflichtversicherung nach § 19 Abs. 1 lit. f B-KUVG unterliegen.

004-04-00-010
Prüfungsreihenfolge

Bei der Frage der Pflichtversicherung nach dem ASVG ist folgende Reihenfolge maßgebend:
1. Es ist zu prüfen, ob ein Dienstverhältnis im Sinne von § 4 Abs. 2 erster Satz ASVG (Vorliegen der Dienstnehmermerkmale) vorliegt.
2. Ist dies nicht der Fall, ist zu prüfen, ob die Dienstnehmereigenschaft im Sinne von § 4 Abs. 2 zweiter Satz ASVG (steuerrechtliche Anknüpfung) gegeben ist.
3. Sollte auch diese Prüfung negativ ausfallen, wäre zu untersuchen, ob allenfalls die im § 4 Abs. 4 ASVG unter lit. a bis d angeführten gesetzlichen Ausnahmetatbestände zutreffen bzw. die in Rede stehende Tätigkeit nicht auf Grund eines politischen Mandates, eines Gerichtsbeschlusses (gerichtlich beeideter Sachverständiger) oder eines Hoheitsaktes bzw. als Mitglied des Aufsichtsrates oder einer anderen Funktion ausgeübt wird.
4. Ist auch dies zu verneinen, wäre nunmehr der Sachverhalt an den Tatbestandsvoraussetzungen des § 4 Abs. 4 ASVG zu prüfen.
5. Im Falle eines neuerlichen negativen Ergebnisses, wird eine Pflichtversicherung nach dem GSVG oder BSVG vorliegen.

004-ABC-001
ABC der Berufsgruppen

Die Beurteilung der Pflichtversicherung hat immer an Hand der Prüfungsreihenfolge unter Berücksichtigung der tatsächlichen Verhältnisse im Einzelfall zu erfolgen. Die Zuordnung einer Berufsgruppe zu einem Versicherungstatbestand ohne einer derartigen Beurteilung ist daher nicht möglich.

004-ABC-A-001
Apotheker

Die Beurteilung der Pflichtversicherung hat immer an Hand der Prüfungsreihenfolge unter Berücksichtigung der tatsächlichen Verhältnisse im Einzelfall zu erfolgen. Die Zuordnung einer Berufsgruppe zu einem Versicherungstatbestand ohne einer derartigen Beurteilung ist daher nicht möglich.

Hinsichtlich der Pflichtversicherung für mitarbeitende Eigentümer in Apotheken kommt es in der Pensionsversicherung zu einer Pflichtversicherung nach dem FSVG. Bezüglich der Kranken- und Unfallversicherung kommt keine ASVG Pflichtversicherung in Betracht, da für diese Personengruppe keine Teilversicherung im ASVG gesetzlich vorgesehen ist. Es ist jedoch eine freiwillige Versicherung im ASVG möglich. Nachdem Arbeitnehmereigenschaft vorliegt, unterliegt der Betroffene dem BMSVG. Die Meldung bzw. die Beitragsabfuhr erfolgt bei der Österreichischen Gesundheitskasse. (VwGH v 17.3.2004, Zl. 2001/08/0170) (Hauptverband 27. Mai 2004, Zl. FO-MVB/51.1/04 Rv/Mm)

6. E-MVB
004-ABC-A-002 – 004-ABC-A-004

004-ABC-A-002
Ärzte – Dienstverhältnis zwischen zwei Ärzten

Nach Ansicht des Bundesministeriums für Arbeit, Gesundheit und Soziales ist aus versicherungsrechtlicher Sicht ein Dienstverhältnis zwischen zwei Ärzten zulässig. Eine solche Konstellation ist aber jedenfalls aus dem Gesichtspunkt des Vertragspartnerbereiches (§ 338 ff. ASVG) einer Prüfung zu unterziehen. (Hauptverband 22.4.1997, Zl. 32-51:52:53/97 Sm/Mm)

004-ABC-A-003
Ärzte – Gesundheits- und Krankenpflegepersonal

Die Beurteilung der Pflichtversicherung hat immer an Hand der Prüfungsreihenfolge unter Berücksichtigung der tatsächlichen Verhältnisse im Einzelfall zu erfolgen. Die Zuordnung einer Berufsgruppe zu einem Versicherungstatbestand ohne einer derartigen Beurteilung ist daher nicht möglich.

Ärzte sind entweder als Dienstnehmer nach § 4 Abs. 2 ASVG vollversichert oder als freiberufliche Ärzte ab 1.1.2000 nach dem FSVG pensionsversichert. Eine Pflichtversicherung nach § 4 Abs. 4 ASVG kann bei ärztlichen Tätigkeiten niemals in Betracht kommen. (Hauptverband 3.3.1998, Zl. 32 51.1/98 Sm/Mm)

In diesem Zusammenhang ist auch das diplomierte Gesundheits- und Krankenpflegepersonal in Krankenanstalten und Pflegeheimen durch Arbeitskräfteüberlasser zu erwähnen:

Das Personalbedarf habende Krankenhaus oder Pflegeheim kontaktiert die Firma und teilt mit, für welchen Tag- oder Nachtdienst auf den einzelnen Stationen Personal benötigt wird. Die Firma akquiriert aus ihrem Personaltopf das entsprechende Personal und übermittelt eine Diensteinteilung mit den Namen der für den Dienst vorgesehenen Diplomkrankenschwestern/Diplomkrankenpfleger.

Diese Arbeitskräfte finden sich zum vorgegebenen Zeitpunkt im jeweiligen Krankenhaus/Pflegeheim zum Dienst ein. Am Monatsende schickt die jeweilige Anstalt ein Verzeichnis über die geleisteten Pooldienste an die Firma; diese retourniert daraufhin eine als Beleg bezeichnete Rechnung (der Rechnungsbetrag setzt sich aus der Bezahlung für die Dienste der Diplomkrankenschwestern/Diplomkrankenpfleger und den Vermittlungskosten/Provision zusammen). Die Bezahlung der Diplomkrankenschwester/Diplomkrankenpfleger erfolgt ausschließlich durch die Firma, wobei ca. 50 bis 70% bar auf die Hand ausbezahlt werden, der Rest auf ein bekannt gegebenes Konto. Ein Geldfluss zwischen Krankenhaus/Pflegeheim und der(m) jeweiligen Diplomkrankenschwester/Diplomkrankenpfleger findet nicht statt. Aus den Protokollen, aufgenommen von der Bundessozialbehörde gemeinsam mit dem Arbeitsinspektorat bzw. der Finanz, geht hervor, dass dieses als Poolpersonal bezeichnete Personal die gleiche Tätigkeit wie das „eigene" (= ständige) Pflegepersonal verrichtet.

Das Fremdpersonal arbeitet nie alleine, sondern gemeinsam mit hauseigenem Personal. Die Qualität der Arbeitsleistung wird von der Stationsschwester und der diensthabenden Schwester kontrolliert, in der Nacht auch fallweise von der Pflegedienstleiterin. Eine Dienstübergabe vom ständigen an das Poolpersonal findet statt (detto umgekehrt); diesbezüglich findet sich im Merkblatt zum „Vermittlungsvertrag" der Hinweis, dass die Dienstübergabe mehrheitlich zehn Minuten vor Dienstbeginn erfolgt und daher pünktliches Erscheinen erforderlich ist. In diesem Merkblatt ist auch festgehalten, dass eine vorzeitige Dienstbeendigung in keinem Fall möglich ist. Es gibt dazu einen Erlass des Bundesministeriums für soziale Sicherheit und Generationen an alle Landeshauptmänner (23. Jänner 2003, GZ: 21.250/86-VI/C/13/02), der zu folgendem Ergebnis kommt: „Eine freiberufliche Tätigkeit von diplomierten Gesundheits- und Krankenpflegepersonal in Krankenanstalten durch Arbeitskräfteüberlassung widerspricht den einschlägigen Rechtsvorschriften und ist daher nicht zulässig." Aus arbeitsrechtlicher Sicht handelt es sich dabei um Arbeitskräfteüberlassung im Sinne des AÜG. Im sozialversicherungsrechtlichen Bereich sind die überlassenen Arbeitskräfte Dienstnehmer bei der vermittelnden Firma; diese ist Dienstgeber. (HV 27.3. bzw. 3.4.2003, Zl. FO-MVB-32-51.1/02 Rv/Mm)

004-ABC-A-004
Ärzte – Schulärzte

Die Beurteilung der Pflichtversicherung hat immer an Hand der Prüfungsreihenfolge unter Berücksichtigung der tatsächlichen Verhältnisse im Einzelfall zu erfolgen. Die Zuordnung einer Berufsgruppe zu einem Versicherungstatbestand ohne einer derartigen Beurteilung ist daher nicht möglich.

Ärzte sind entweder als Dienstnehmer nach § 4 Abs. 2 ASVG vollversichert oder als freiberufliche Ärzte ab 1.1.2000 nach dem FSVG pensionsversichert. Eine Pflichtversicherung nach § 4 Abs. 4 ASVG kann bei ärztlichen Tätigkeiten niemals in Betracht kommen. (Hauptverband 3.3.1998, Zl. 32 51.1/98 Sm/Mm)

In diesem Zusammenhang ist auch das diplomierte Gesundheits- und Krankenpflegepersonal in Krankenanstalten und Pflegeheimen durch Arbeitskräfteüberlasser zu erwähnen:

Das Personalbedarf habende Krankenhaus oder Pflegeheim kontaktiert die Firma und teilt mit, für welchen Tag- oder Nachtdienst auf den einzelnen Stationen Personal benötigt wird. Die Firma akquiriert aus ihrem Personaltopf das entsprechende Personal und übermittelt eine Diensteinteilung mit den Namen der für den Dienst vorgesehenen Diplomkrankenschwestern/Diplomkrankenpfleger.

Diese Arbeitskräfte finden sich zum vorgegebenen Zeitpunkt im jeweiligen Krankenhaus/Pflegeheim zum Dienst ein. Am Monatsende schickt die jeweilige Anstalt ein Verzeichnis über die geleisteten Pooldienste an die Firma; diese retourniert

6. E-MVB
004-ABC-A-005 – 004-ABC-A-008

daraufhin eine als Beleg bezeichnete Rechnung (der Rechnungsbetrag setzt sich aus der Bezahlung für die Dienste der Diplomkrankenschwestern/Diplomkrankenpfleger und den Vermittlungskosten/Provision zusammen). Die Bezahlung der Diplomkrankenschwester/Diplomkrankenpfleger erfolgt ausschließlich durch die Firma, wobei ca. 50 bis 70% bar auf die Hand ausbezahlt werden, der Rest auf ein bekannt gegebenes Konto. Ein Geldfluss zwischen Krankenhaus/Pflegeheim und der(m) jeweiligen Diplomkrankenschwester/Diplomkrankenpfleger findet nicht statt. Aus den Protokollen, aufgenommen von der Bundessozialbehörde gemeinsam mit dem Arbeitsinspektorat bzw. der Finanz, geht hervor, dass dieses als Poolpersonal bezeichnete Personal die gleiche Tätigkeit wie das „eigene" (= ständige) Pflegepersonal verrichtet. Das Fremdpersonal arbeitet nie alleine, sondern gemeinsam mit hauseigenem Personal. Die Qualität der Arbeitsleistung wird von der Stationsschwester und der diensthabenden Schwester kontrolliert, in der Nacht auch fallweise von der Pflegedienstleiterin. Eine Dienstübergabe vom ständigen an das Poolpersonal findet statt (detto umgekehrt); diesbezüglich findet sich im Merkblatt zum „Vermittlungsvertrag" der Hinweis, dass die Dienstübergabe mehrheitlich zehn Minuten vor Dienstbeginn erfolgt und daher pünktliches Erscheinen erforderlich ist. In diesem Merkblatt ist auch festgehalten, dass eine vorzeitige Dienstbeendigung in keinem Fall möglich ist. Es gibt dazu einen Erlass des Bundesministeriums für soziale Sicherheit und Generationen an alle Landeshauptmänner (23. Jänner 2003, GZ: 21.250/86-VI/C/13/02), der zu folgendem Ergebnis kommt: „Eine freiberufliche Tätigkeit von diplomierten Gesundheits- und Krankenpflegepersonal in Krankenanstalten durch Arbeitskräfteüberlassung widerspricht den einschlägigen Rechtsvorschriften und ist daher nicht zulässig." Aus arbeitsrechtlicher Sicht handelt es sich dabei um Arbeitskräfteüberlassung im Sinne des AÜG. Im sozialversicherungsrechtlichen Bereich sind die überlassenen Arbeitskräfte Dienstnehmer bei der vermittelnden Firma; diese ist Dienstgeber. (HV 27.3. bzw. 3.4.2003, Zl. FO-MVB-32-51.1/02 Rv/Mm)

Eine Ärztin, die als angestellte Ärztin in die Ärzteliste eingetragen ist und derzeit als Dienstnehmerin eine Beschäftigung als Schulärztin ausübt, ist nach Prüfung der tatsächlichen Verhältnisse entweder nach § 4 Abs. 2 ASVG pflichtversichert oder als Wohnsitzarzt nach § 2 Abs. 1 Z 4 GSVG mit Opting Out in der Krankenversicherung (Möglichkeit einer freiwilligen Krankenversicherung nach § 16 ASVG oder § 14a GSVG oder private Gruppenkrankenversicherung) versichert. Aufgrund des Ausnahmetatbestandes des § 4 Abs. 4 lit. c ASVG ist eine Pflichtversicherung als freie Dienstnehmerin nach § 4 Abs. 4 ASVG jedenfalls ausgeschlossen. (Hauptverband am 24.1. 2006, Zl. FO-MVB/51.1/06 Af/Mm)

004-ABC-A-005
Ärztliche Nebentätigkeiten bei angestellten Ärzten

Die Beurteilung der Versicherungspflicht hat immer anhand der Prüfreihenfolge unter Berücksichtigung der tatsächlichen Verhältnisse im Einzelfall zu erfolgen.

Die betroffenen Ärzte sind auf Grund des Ärztegesetzes verpflichtet, die nach Auffassung der Ärztekammer in jedem Fall als freiberuflich zu qualifizierende Nebentätigkeit der jeweiligen Landesärztekammer zu melden. Handelt es sich um einen bis zu diesem Zeitpunkt bei der Ärztekammer als „Angestellter" eingetragenen Arzt, verständigt die Ärztekammer die Sozialversicherungsanstalt der Selbständigen von der Aufnahme der freiberuflichen Nebentätigkeit. Die Sozialversicherungsanstalt der Selbständigen stellt die Pflichtversicherung nach dem FSVG fest und verständigt den betroffenen Arzt von der Einbeziehung in die Pflichtversicherung.

Daraus ergibt sich, dass auch ausschließlich angestellte Ärzte auf Grund ärztlicher Nebentätigkeiten nach § 2 Abs. 2 FSVG pflichtversichert sind und daher eine Versicherung nach § 4 Abs. 4 ASVG nicht in Betracht zu ziehen ist. (Hauptverband 3.9.1996, Zl. 32-51.1/96 Sm/Mm, bzw. 2.10.1996, Zl. 23-37.012/96 Gw/Hö)

Das Vorliegen eines Dienstverhältnisses im Sinne des § 4 Abs. 2 ASVG ist jedoch – bei Vorliegen der tatsächlichen Voraussetzungen – nicht ausgeschlossen und zu prüfen. Zur Versicherungspflicht von Notärzten siehe E-MVB 004-ABC-N-002 (Hauptverband, 15.12.2010, Zl. 32-MVB-51.1./10 Dm-Sbm/Mm).

004-ABC-A-006
Ärztliche Tätigkeiten aufgrund eines Hoheitsaktes

Sofern Ärzte Gutachten auf Grund eines Gerichtsbeschlusses bzw. eines anderen hoheitlichen Aktes erstellen, wird in diesen Fällen eine Pflichtversicherung nach § 4 Abs. 4 ASVG jedenfalls nicht begründet. (Hauptverband 25.7.1996, Zl. 32-51.1/96 Sm/Mm)

004-ABC-A-007
Auf- und Abbauhelfer

Auf- und Abbauhelfer sind als Dienstnehmer im Sinne des § 4 Abs. 2 ASVG anzumelden. (Hauptverband 5.6.2003, Zl. FO-MVB/32-51.1/02 Rv/Mm)

004-ABC-A-008
Aufbauhelfer von Messeständen

Die Beurteilung der Pflichtversicherung hat immer an Hand der Prüfungsreihenfolge unter Berücksichtigung der tatsächlichen Verhältnisse im Einzelfall zu erfolgen. Die Zuordnung einer Berufsgruppe zu einem Versicherungstatbestand ohne einer derartigen Beurteilung ist daher nicht möglich.

6. E-MVB
004-ABC-A-009 – 004-ABC-A-012

Wird der Messestand vom Auftraggeber beigestellt und stellt der Aufbauer lediglich sein Werkzeug bei, so wird es sich in der Regel um eine Pflichtversicherung nach dem ASVG handeln. (Hauptverband 12.11.1998, Zl. 32-51.1/98 Ch/Svs)

004-ABC-A-009
Au-Pair-Kräfte

Die Beurteilung der Pflichtversicherung hat immer an Hand der Prüfungsreihenfolge unter Berücksichtigung der tatsächlichen Verhältnisse im Einzelfall zu erfolgen. Die Zuordnung einer Berufsgruppe zu einem Versicherungstatbestand ohne einer derartigen Beurteilung ist daher nicht möglich.

Auf Grund vorliegender vertraglicher Regelungen (Mustervertrag des AMS) wird grundsätzlich davon auszugehen sein, dass Au-Pair-Kräfte als Dienstnehmer sozialversicherungspflichtig anzumelden sind und auch hinsichtlich der Höhe des Entgeltes der jeweilige Mindestlohntarif zur Anwendung zu kommen hat. Wie bei allen sv-rechtlichen Beurteilungen sind allerdings die tatsächlichen Verhältnisse maßgebend. Es kann daher im Einzelfall keine sozialversicherungspflichtige Beschäftigung vorliegen. Für die sozialversicherungsrechtliche Beurteilung ist kein Unterschied dahingehend, ob die Au-Pair-Kräfte aus einem EU-Land kommen oder aus anderen Drittstaaten. (Hauptverband 16.10.2001, Zl. 32-52.6/01 Ch/Mm)

004-ABC-A-010
Aushilfen

Die Beurteilung der Pflichtversicherung hat immer an Hand der Prüfungsreihenfolge unter Berücksichtigung der tatsächlichen Verhältnisse im Einzelfall zu erfolgen. Die Zuordnung einer Berufsgruppe zu einem Versicherungstatbestand ohne einer derartigen Beurteilung ist daher nicht möglich.

Eine große Möbelhandelskette setzte vorwiegend Karenzierte, Pensionisten und Studenten als Samstagsaushilfen in den Bereichen Lager, Kassa/Packtisch und Verkauf/Regalbetreuung für ihre Filialen ein. Der Dienstgeber hat die Ansicht vertreten, dass es sich hiebei um freie Dienstnehmer handle, da diese unter anderem die Möglichkeit hätten, die ihnen angebotenen Arbeiten abzulehnen und jederzeit auch eine Vertretung entsendet werden könne. Der Verwaltungsgerichtshof stellte nunmehr im Rahmen des steuerrechtlichen Verfahrens fest, dass derartige Aushilfskräfte mangels Vorliegens eines Unternehmerwagnisses und einer Vertretungsbefugnis sowie der bestehenden Weisungsgebundenheit und der betrieblichen Eingliederung in steuerrechtlicher Sicht als Dienstnehmer anzusehen sind und somit dem Grunde nach der Lohnsteuerpflicht unterliegen. Aus sozialversicherungsrechtlicher Sicht bedeutet dies, dass die in Rede stehenden Aushilfen im Hinblick auf § 4 Abs. 2 zweiter Satz ASVG jedenfalls als Dienstnehmer gelten. (Hauptverband 27. Mai 2004, Zl. FO-MVB/51.1/04 Rv/Mm) (VwGH v. 18.3.2004, Zl. 2000/15/0078 und Zl. 2000/15/0079

004-ABC-A-011
Autoren

Die Beurteilung der Pflichtversicherung hat immer an Hand der Prüfungsreihenfolge unter Berücksichtigung der tatsächlichen Verhältnisse im Einzelfall zu erfolgen. Die Zuordnung einer Berufsgruppe zu einem Versicherungstatbestand ohne einer derartigen Beurteilung ist daher nicht möglich.

Der Sozialversicherungspflicht gemäß § 4 Abs. 4 ASVG unterliegen nicht

– Tantiemen aus Autoren(Werknutzungs)verträgen für Bücher,
– Tantiemen aus Autoren(Werknutzungs)verträgen für lose Blattausgaben und Buchserien, die regelmäßig erscheinen.

Bei den folgenden Entgelten ist jeweils zu unterscheiden, ob die dafür erbrachte Tätigkeit auf Grund eines Auftrages oder ohne Auftrag (Angebot eines bestimmten fertigen Produktes) erfolgt ist:

– Entgelt an Autoren für Beiträge in Zeitschriften (Seitenhonorar),
– (regelmäßige) Entgelte aus freier Redaktionstätigkeit (Herausgebertätigkeit) für Zeitschriften (pro Nummer oder Zeiteinheit),
– pauschale Entgelte für die Zurverfügungstellung von Graphiken, Zeitungen, Abbildungen,
– pauschale Entgelte für die Zurverfügungstellung von Datenträgern mit dem Manuskript,
– pauschale Entgelte für die Zurverfügungstellung von reproreifen Druckvorlagen (Typoskripte),
– regelmäßige oder projektbezogene Entgelte von externen Lektoren.

Bei Vorliegen eines Auftrages für diese Tätigkeiten kann eine Sozialversicherungspflicht nach § 4 Abs. 4 ASVG bei Erfüllung der sonstigen Voraussetzungen vorliegen. Wurden diese Tätigkeiten ohne Auftrag (bloß durch Annahme eines unverbindlichen Angebotes des bereits fertiggestellten Produktes durch den „Verkäufer") erbracht, so liegt eine Sozialversicherungspflicht nach § 4 Abs. 4 ASVG grundsätzlich nicht vor. (Hauptverband 3.9.1996, Zl. 32-51.1/96 Sm/Mm)

004-ABC-A-012
Ärzte – Notärzte

Die Beurteilung der Versicherungspflicht hat immer anhand der Prüfreihenfolge (E-MVB 004-04-00-010) unter Berücksichtigung der tatsächlichen Verhältnisse im Einzelfall zu erfolgen.

Notärzte bei Einrichtungen des Rettungs- und Krankentransportdienstes sind regelmäßig in einem Verhältnis persönlicher und wirtschaftlicher Abhängigkeit gegen Entgelt tätig und daher Dienstnehmer im Sinne des § 4 Abs. 2 ASVG. (Hauptverband, 15.12.2010, Zl. 32-MVB-51.1/10 Dm-Sbm/

Mm). Entgelte für Tätigkeiten als Notarzt im landesgesetzlich geregelten Rettungsdienst, gelten nicht als Entgelt im Sinne des ASVG, sofern diese Tätigkeit weder den Hauptberuf noch die Hauptquelle der Einnahmen bildet (§ 49 Abs. 3 Z 26a ASVG). durch BGBl. I Nr. 8/2019, in Krafttreten mit 1. Juli 2019 (Hauptverband, 21. Jänner 2019, Zl. LVB-51.1/19 Jv/Wot).

004-ABC-A-013
Ärzte in Gruppenpraxen

Die Beurteilung der Versicherungspflicht hat immer anhand der Prüfungsreihenfolge (E-MVB 004-04-00-010) unter Berücksichtigung der tatsächlichen Verhältnisse im Einzelfall zu erfolgen.

Durch das BG zur Stärkung der ambulanten öffentlichen Gesundheitsversorgung, BGBl. I 61/2010, wurde u.a. das Ärztegesetz 1998 geändert.

Für Ärzte und Angehörige des zahnärztlichen Berufs wurde die Möglichkeit der Gründung einer Gruppenpraxis auch in der Rechtsform der GmbH eröffnet.

§ 52a ÄrzteG lautet auszugsweise:

(1) Die Zusammenarbeit von Ärzten, ..., kann weiters auch als selbstständig berufsbefugte Gruppenpraxis in der Rechtsform einer
1. offenen Gesellschaft iSd § 105 des Unternehmensgesetzbuches (UGB), oder
2. Gesellschaft mit beschränkter Haftung (GmbH) iSd GmbH-Gesetzes (GmbHG)

erfolgen.

(2) ...

Gesellschafter von Gruppenpraxen sind ausschließlich Mitglieder der Ärztekammern in den Bundesländern.

(3) ...

In diesem Sinne gelten folgende Rahmenbedingungen:
1. Der Gruppenpraxis dürfen als Gesellschafter nur zur selbstständigen Berufsausübung berechtigte Ärzte angehören.
2. Andere natürliche Personen und juristische Personen dürfen der Gruppenpraxis nicht als Gesellschafter angehören und daher nicht am Umsatz oder Gewinn beteiligt werden.
3.–5. ...
6. Jeder Gesellschafter ist maßgeblich zur persönlichen Berufsausübung in der Gesellschaft verpflichtet.
7. Unzulässig sind
   a) die Anstellung von Gesellschaftern und anderen Ärzten sowie
   b) das Eingehen sonstiger zivil- oder arbeitsrechtlicher Beziehungen der Gesellschaft oder der Gesellschafter zu anderen Ärzten oder Gesellschaften, insbesondere durch den Abschluss von freien Dienstverträgen, Werkverträgen und Leiharbeitsverhältnissen, zum Zweck der Erbringung ärztlicher Leistungen in der Gruppenpraxis, die über das Ausmaß einer vorübergehenden Vertretung, insbesondere aufgrund von Fortbildung, Krankheit und Urlaub, hinausgeht.
8. Eine Anstellung von Angehörigen anderer Gesundheitsberufe ist nur in einem Ausmaß zulässig, das keine Regelung in einer Anstaltsordnung erfordert.
9. Die Berufsausübung der Gesellschafter darf nicht an eine Weisung oder Zustimmung der Gesellschafter (Gesellschafterversammlung) gebunden werden.
10. Über Fragen der Berufsausübung entscheiden ausschließlich die entsprechend berufsberechtigten Gesellschafter. Gegen den Willen jener Gesellschafter, die über den Gegenstand einer Entscheidung überwiegend betroffene Berufsberechtigung verfügen, darf keine Entscheidung getroffen werden.
11. ...

(5) Im Gesellschaftsvertrag ist zu bestimmen, ob und welche Gesellschafter zur Geschäftsführung und Vertretung berechtigt sind. Zum Abschluss von Behandlungsverträgen für die Gesellschaft ist jeder Gesellschafter berechtigt. Die vorübergehende Einstellung oder Untersagung der Berufsausübung bis zur Dauer von sechs Monaten hindert Ärzte nicht an der Zugehörigkeit zur Gesellschaft, wohl aber an der Vertretung und an der Geschäftsführung.

Eine entsprechende Bestimmung enthält auch § 26 Zahnärztegesetz 1998 für Angehörige des zahnärztlichen Berufs.

Zur Versicherungspflicht von Ärzten als Gesellschafter-Geschäftsführer in Gruppenpraxen:

Gesellschafter-Geschäftsführer sind gemäß § 52a Abs. 3 ÄrzteG jedenfalls Ärzte dieser Gruppenpraxis.

1.) Freiberufliche Tätigkeit:

§ 2 Abs. 2 FSVG auszugsweise lautet:

... in der Unfall- und Pensionsversicherung der in gewerblichen Wirtschaft selbstständig Erwerbstätige pflichtversichert:
1. die ordentliche Kammerangehörigen einer Ärztekammer, wenn sie freiberuflich tätig sind und nicht als Wohnsitzärzte in die Ärzteliste eingetragen sind;
2. die Mitglieder der Österreichischen Zahnärztekammer, ausgenommen Angehörige des Dentistenberufs, wenn sie freiberuflich tätig und nicht als Wohnsitzzahnärzte/Wohnsitzzahnärztinnen in die Zahnärzteliste eingetragen sind.

Eine freiberufliche Tätigkeit ist auch eine Tätigkeit im Rahmen einer Gruppenpraxis nach § 52a Abs. 1 Z 1 ÄrzteG bzw. nach § 26 Abs. 1 Z 1 ZÄG oder als (geschäftsführender) Gesellschafter einer Gruppenpraxis nach § 52a Abs. 1 Z 2 ÄrzteG bzw. nach § 26 Abs. 1 Z 2 ZÄG.

...

6. E-MVB
004-ABC-A-014

Das FSVG regelt somit ausdrücklich, dass die Tätigkeit im Rahmen einer Gruppenpraxis oder als (geschäftsführender) Gesellschafter einer Gruppenpraxis eine freiberufliche Tätigkeit ist. Daher unterliegt diese Personengruppe explizit der Versicherungspflicht nach den Bestimmungen des FSVG.

2.) Dienstnehmer iSd § 4 Abs. 2 erster Satz ASVG

Dienstnehmer iSd ASVG ist, wer in einem Verhältnis persönlicher und wirtschaftlicher Abhängigkeit gegen Entgelt beschäftigt wird; hierzu gehören auch Personen, bei deren Beschäftigung die Merkmale persönlicher und wirtschaftlicher Abhängigkeit gegenüber den Merkmalen selbständiger Ausübung der Erwerbstätigkeit überwiegen.

Wie aus § 52a Abs. 3 Z 7 lit. a) ÄrzteG hervorgeht, ist die Anstellung von Gesellschaftern und anderen Ärzten unzulässig. Zwischen den Gesellschaftern und der Gesellschaft dürfte somit kein Anstellungsvertrag existieren, welcher einen Entgeltanspruch begründet. Die Gesellschafter sind am Gewinn der Gesellschaft beteiligt.

§ 2 Abs. 2 FSVG ist eine Spezialnorm gegenüber den Bestimmungen des ASVG.

(Anmerkung: § 2 Abs. 1 Z 3 GSVG bezieht Gesellschafter-Geschäftsführer nur dann in die Pflichtversicherung ein, wenn diese Personen nicht bereits auf Grund ihrer Beschäftigung (§ 4 Abs. 1 Z 1 iVm § 4 Abs. 2 ASVG) der Pflichtversicherung unterliegen. Eine Parallelbestimmung für Gesellschafter ist im FSVG nicht enthalten).

Es liegt keine Dienstnehmereigenschaft iSd § 4 Abs. 2 erster Satz ASVG vor.

3.) Dienstnehmer iSd § 4 Abs. 2 dritter Satz ASVG:

Als Dienstnehmer gilt jedenfalls auch, wer nach § 47 Abs. 1 iVm Abs. 2 EStG 1988 lohnsteuerpflichtig ist, ist sei denn, es handelt sich um

1. Bezieher von Einkünften nach § 25 Abs. 1 Z 4 lit. a oder b EStG 1988 oder
2. Bezieher von Einkünften nach § 25 Abs. 1 Z 4 lit. c EStG 1988, die in einem öffentlich-rechtlichen Verhältnis zu einer Gebietskörperschaft stehen.

§ 47 EStG auszugsweise lautet:

(1) Bei Einkünften aus nichtselbständiger Arbeit (§ 25) wird die Einkommensteuer durch Abzug vom Arbeitslohn erhoben (Lohnsteuer), wenn im Inland eine Betriebsstätte (§ 81) des Arbeitgebers besteht. Arbeitnehmer ist eine natürliche Person, die Einkünfte aus nichtselbständiger Arbeit bezieht. Arbeitgeber ist, wer Arbeitslohn im Sinne des § 25 auszahlt. ...

(2) Ein Dienstverhältnis liegt vor, wenn der Arbeitnehmer dem Arbeitgeber seine Arbeitskraft schuldet. Dies ist der Fall, wenn die tätige Person in der Betätigung ihres geschäftlichen Willens unter der Leitung des Arbeitgebers steht oder im geschäftlichen Organismus des Arbeitgebers dessen Weisungen zu folgen verpflichtet ist. Ein Dienstverhältnis ist weiters dann anzunehmen, wenn bei einer Person, die an einer Kapitalgesellschaft nicht wesentlich im Sinne des § 22 Z 2 beteiligt ist, die Voraussetzungen des § 25 Abs. 1 Z 1 lit. b vorliegen. Ein Dienstverhältnis ist weiters bei Personen anzunehmen, die Bezüge gemäß § 25 Abs. 1 Z 4 und 5 beziehen.

Gemäß § 25 Abs. 1 Z 1 lit. b EStG sind Einkünfte aus nichtselbständiger Arbeit (Arbeitslohn):

Bezüge und Vorteile von Personen, die an Kapitalgesellschaften nicht wesentlich im Sinne des § 22 Z 2 beteiligt sind, auch dann, wenn bei einer sonst alle Merkmale eines Dienstverhältnisses (§ 47 Abs. 2) aufweisenden Beschäftigung die Verpflichtung, den Weisungen eines anderen zu folgen, auf Grund gesellschaftsvertraglicher Sonderbestimmung fehlt.

Gemäß § 22 Z 2 EStG ist eine Person dann wesentlich beteiligt, wenn ihr Anteil am Grund- oder Stammkapital der Gesellschaft mehr als 25% beträgt.

§ 25 Abs. 1 Z 4 und 5 EStG kommt im gegenständlichen Fall nicht in Frage.

Für jene Zeiträume, für welche die Lohnsteuerpflicht der betreffenden Person nach § 47 Abs. 1 iVm Abs. 2 EStG mit Bescheid der Finanzbehörde festgestellt werden sollte, würde auch die SV-Pflicht nach § 4 Abs. 1 Z 1 iVm Abs. 2 ASVG bindend feststehen. Aus dem Gesetz für die ambulante Versorgung ergibt sich, dass kein Anstellungsverhältnis vorliegen kann. Es liegen jedenfalls Einkünfte nach § 22 Z 1 EStG 1988 vor, sofern der Gesellschafter für die Gruppenpraxis ärztlich tätig ist. Wenn ein Bezug für nichtärztliche Tätigkeiten in der Gesellschaft gewährt wird, können Einkünften nach § 25 Abs. 1 lit. a oder lit. b EStG 1988 vorliegen. Dadurch kommt es zur Versicherungspflicht gemäß § 4 Abs. 2 dritter Satz ASVG.

(Hauptverband 11.4.2011, Zl. 32-MVB-51.1/11 Af)

004-ABC-A-014
Autowäscher

Die Beurteilung der Versicherungspflicht hat immer anhand der Prüfungsreihenfolge (E-MVB 004-04-00-010) unter Berücksichtigung der tatsächlichen Verhältnisse im Einzelfall zu erfolgen.

Es geht um die Durchführung von Reinigungsarbeiten bei Gebrauchtwagen (Scheiben putzen, Sitze reinigen, Auto polieren) auf selbständiger Basis. Der Autoreiniger ist im Besitz einer eigenen KFZ-Werkstätte im Ausland mit gültigem Gewerbeschein. Die Durchführung der Arbeiten erfolgt bei Bedarf (nach Anruf) am Betriebssitz des Autohändlers. Die Entlohnung erfolgt in Höhe eines Nettostundenlohnes von € 8,50 pro Stunde. Die Stunden werden vom Autoreiniger aufgezeichnet und am Ende des Monats dem Autohändler vorgelegt. Diese werden vom Autohändler geprüft und der Stundenlohn bar ausbezahlt. Putzmittel werden dem Autoreiniger zur Verfügung gestellt.

Der VwGH hat dazu ausgeführt, dass bei einfachen manuellen Tätigkeiten oder Hilfstätigkeiten, die in Bezug auf die Arbeitsausführung und auf die Verwertbarkeit keinen ins Gewicht fallenden Gestaltungsspielraum des Dienstnehmers erlauben,

6. E-MVB
004-ABC-A-015 – 004-ABC-B-001

kann bei einer Integration des Beschäftigten in den Betrieb des Beschäftigers das Vorliegen eines Beschäftigungsverhältnisses in persönlicher und wirtschaftlicher Abhängigkeit im Sinne des § 4 Abs. 2 ASVG ohne weitwendige Untersuchungen vorausgesetzt werden. Es liegt eindeutig eine einfache manuelle Tätigkeit vor. Für eine generelle Vertretungsbefugnis gibt es keine Anhaltspunkte (Autoreiniger wird angerufen und führt Arbeiten durch). Das Vorliegen einer eigenen Gewerbeberechtigung ist nicht entscheidend. Die Tätigkeit wurde nach Aufforderung im Betrieb des Autohändlers erbracht. Der Autoreiniger unterlag der steten Kontrollmöglichkeit. Die Arbeitszeit orientierte sich an den Bedürfnissen des Autohändlers. (VwGH 11.12.2013, 2011/08/0322, Hauptverband vom 3./4.6.2014, Zl. 51.1/14/0006 Jv/Gd)

004-ABC-A-015
Auslieferungsfahrer

Die Beurteilung der Versicherungspflicht hat immer anhand der Prüfungsreihenfolge (E-MVB 004-04-00-010) unter Berücksichtigung der tatsächlichen Verhältnisse im Einzelfall zu erfolgen.

Das BFG teilte die Ansicht der Finanzverwaltung, dass es sich bei den Auslieferungsfahrern um echte Dienstnehmer iSd § 47 EStG handelt und bestätigte die Nachverrechnung von DB/DZ.

Folgende Kriterien sprachen für ein Dienstverhältnis:

Die „Vertriebsvereinbarung" regelte die Verpflichtung zur Durchführung von (Auslieferungs-)Arbeiten auf unbestimmte Zeit (kein Zielschuldverhältnis). Den „Vertragspartnern" wurden alle für die Erbringung der erwarteten Leistungen notwendigen Betriebsmittel und Produkte zur Verfügung gestellt. Auf einen einheitlichen Außenauftritt wurde besonderer Wert gelegt („corporate identity"). Ohne die „Vertragspartner", die nach außen deutlich als Teil des Betriebes der Beschwerdeführerin aufzutreten haben, wäre die Führung des Unternehmens nicht möglich, da ansonsten die erzeugten und auch die von der Beschwerdeführerin eingekauften (Fertig-) Produkte nicht zu den Abnehmern gelangen würden. Eine freie Zeiteinteilung im gegebenen Fall ist kein ausschlaggebendes Argument gegen das Vorliegen einer organisatorischen Eingliederung. Die Waren und der LKW waren zu einem vorweg vereinbarten Zeitpunkt abzuholen. Es waren zumindest jene Firmen zu besuchen, mit denen eine Vereinbarung über die Abnahme von Gutscheinen getroffen wurde. Die „Vertragspartner" haben die Tätigkeiten ausschließlich gegenüber dem Auftraggeber erbracht. Die „Vertragspartner" durften ausschließlich den gestellten LKW benützen, eine private Nutzung des Fahrzeuges war verboten. Die „Vertragspartner" durften ausschließlich die gestellten Waren verkaufen, eine eigenmächtige Sortimentserweiterung war nicht zulässig. Eine freie Möglichkeit, sich vertreten zu lassen, wurde in den „Vertriebsvereinbarungen" zwar festgeschrieben, tatsächlich aber nicht „gelebt". Im Falle eines Urlaubes wurde die (allenfalls notwendige) Vertretung ohne Zutun und Wissen der „Vertragspartner" organisiert. Die Bezahlung erfolgte nach geleisteten Arbeitsstunden. (Hauptverband, 15./16.9.2015, Zl. 51.1/15 Jv/Km, BFG 22.04.2015, RV/3100560/2011)

Auch wenn der Auslieferung von Waren grundsätzlich im Rahmen von Werkverträgen durch selbständige Transportunternehmen möglich ist, liegt ein sv-pflichtiges Dienstverhältnis iSd § 4 Abs. 2 ASVG in persönlicher und wirtschaftlicher Abhängigkeit vor, wenn der Versicherte seine Arbeitsverrichtung jeweils mit Wochenplan von der GmbH vorgeschrieben bekam, eine weitreichende Bindung an die Ordnungsvorschriften des Dienstgebers bestand und der Versicherte jahrelang und ausschließlich mit einer wöchentlichen Arbeitszeit von durchschnittlich 30 – 40 Stunden für die GmbH tätig war. Bei Urlaubskonsumation wurde der Versicherte von „Mitarbeitern" vertreten, das mit der GmbH vereinbarte generelle Vertretungsrecht wurde nicht tatsächlich praktiziert. Die Arbeiten erfolgten in den Betriebsräumen der GmbH sowie mit deren Betriebsmitteln (Firmenfahrzeug), wohingegen der Versicherte nur einzelne untergeordnete Wirtschaftsgüter (Handy, Schreibtisch, Hubwagen) beistellte. (Hauptverband, 7. und 8.6.2016, Zl. LVB-51.1/16 Jv/Wot, VwGH 2.9.2015, Ra 2015/08/0073)

004-ABC-A-016
Arbeitsmediziner

Die Beurteilung der Versicherungspflicht hat immer anhand der Prüfungsreihenfolge (E-MVB 004-04-00-010) unter Berücksichtigung der tatsächlichen Verhältnisse im Einzelfall zu erfolgen.

Im vorliegenden Fall hatte eine Ärztin von 2003 bis 2007 den Sprengel einer Stadt und eines politischen Bezirkes arbeitsmedizinisch zu betreuen. 400 Jahresbegehungsstunden in Betrieben wurden dafür veranschlagt, einen fixen Arbeitsort hatte die Frau dabei nicht. Auch mit dem Hinweis auf weitgehende Vertretungsmöglichkeiten behandelte die AUVA sie als Selbstständige auf Werkvertragsbasis.

Der VwGH bestätigte, dass dafür eine persönliche Arbeitspflicht Grundvoraussetzung ist. Er hält jedoch die in einem Gesamtvertrag zwischen AUVA und Ärztekammer vorgesehenen Vertretungsregeln so eng, dass die Ärztin sehr wohl persönlich verpflichtet gewesen sei. Auch habe sie ihre Tätigkeit nicht in persönlicher Unabhängigkeit ausgeübt, war sie doch an Weisungen gebunden und zu Berichten verpflichtet. Auch musste sie sich einschulen lassen und jährlich 30 Stunden Qualitätssicherungsmaßnahmen teilnehmen. Dass sie ihre eigenen Arzt- und Notfallkoffer mitführte, ändert an ihrer Unselbstständigkeit nichts. (Hauptverband, 20.10.2015, Zl. 51.1/15 Jv/Wot, VwGH 18.8.2015, Zl. 2013/08/0121)

004-ABC-B-001
Bäuerliche Nachbarschaftshilfe

Diese Ausnahmebestimmung von der Pflichtversicherung nach § 4 Abs. 4 ASVG sollte eher weit ausgelegt werden, z.B. auch gemeinsame Maschinenringe von benachbarten Bauern (nicht jedoch bei Inanspruchnahme von Fremdpersonen), Saatgutveredler etc. (Hauptverband 3.9.1996, Zl. 32-51.1/96 Sm/Mm)

004-ABC-B-002
Bauern als Schneeräumer oder Böschungsmäher

Grundsätzlich werden schneeräumende Bauern, wenn sie eigene Großgeräte und Maschinen für die Schneeräumung verwenden, auf selbstständiger Basis tätig. Dasselbe gilt auch für jene Bauern, die bestimmte öffentliche Grünflächen betreuen (sogenannte Böschungsmäher). (Hauptverband 9.10.1996, Zl. 32-51.1/96 Sm/Mm)

004-ABC-B-003
Bauern- bzw. Forstakkordanten

Bauernakkordanten sind selbstständige Landwirte, die mit eigenen Werkzeugen selbstständig Schlägerungen im Auftrag übernehmen. Diese Personen sind in der Regel selbstständig Erwerbstätige, die grundsätzlich echte Werkverträge abschließen werden. (Hauptverband 26. u. 27.6.1996, Zl. 32-51.1/96 Ch/Mz)

004-ABC-B-004
Beamte – Nebentätigkeit

Die Beurteilung der Pflichtversicherung hat immer an Hand der Prüfungsreihenfolge unter Berücksichtigung der tatsächlichen Verhältnisse im Einzelfall zu erfolgen. Die Zuordnung einer Berufsgruppe zu einem Versicherungstatbestand ohne einer derartigen Beurteilung ist daher nicht möglich.

Mit Wirksamkeit 1. Jänner 1997 wurden durch das 2. Sozialrechtsänderungsgesetz, BGBl. Nr. 764/96, Vergütungen auf Grund einer Nebentätigkeit nach § 25 des Gehaltsgesetzes 1956 oder einer vergleichbaren landesgesetzlichen Regelung und Vergütungen für andere Tätigkeiten, zu denen der Versicherte durch den Dienstgeber oder dessen Beauftragten herangezogen wurde, als Grundlage für die Bemessung der allgemeinen Beiträge einbezogen.

Unter § 19 Abs. 1 Z 1 lit. f B-KUVG fallen sämtliche Nebentätigkeiten von Beamten (öffentlich rechtliches Dienstverhältnis und Nebentätigkeit zu ein und derselben Gebietskörperschaft), und zwar unabhängig davon, in welcher Form (Dienstverhältnis, freies Dienstverhältnis, Tätigkeit als neuer Selbstständiger) diese erbracht wird.

Dies bedeutet, dass bei einem Beamten, der eine Nebentätigkeit zum Bunde (z.B. als Vertragsbediensteter, Freier Dienstnehmer, neuer Selbstständiger) entfaltet, die dafür gebührende Vergütung in die Beitragsgrundlage der Sozialversicherung nach dem B-KUVG einfließt.

Unter diese Regelung fällt aber nur eine Nebentätigkeit eines Bundesbeamten zum Bund. Eine gleichartige Beziehung eines Bundesbeamten zum Land oder einer sonstigen Gebietskörperschaft wird als Nebenbeschäftigung bezeichnet und ist vom § 19 Abs. 1 Z 1 lit. f B-KUVG nicht erfasst und führt zu einer anderweitigen Sozialversicherungspflicht. (Hauptverband 3.1.2000, Zl. 32-51.1:51.14/00 Ch/Sö)

004-ABC-B-005
Botendienst

Die Beurteilung der Pflichtversicherung hat immer an Hand der Prüfungsreihenfolge unter Berücksichtigung der tatsächlichen Verhältnisse im Einzelfall zu erfolgen. Die Zuordnung einer Berufsgruppe zu einem Versicherungstatbestand ohne einer derartigen Beurteilung ist daher nicht möglich.

Allgemein gilt, dass ein Betriebsmittel gemäß § 4 Abs. 4 ASVG als solches dann anerkannt wird, wenn es sich dabei grundsätzlich um ein auch steuerrechtlich anerkanntes Betriebsmittel handelt.

Für die Beurteilung, ob dieses Betriebsmittel als wesentlich zu qualifizieren ist, ist eine Gesamtbetrachtung des Beschäftigungsverhältnisses und der dabei eingesetzten Betriebsmittel anzustellen.

Überwiegt die Erbringung der Dienstleistung im Vergleich zum Einsatz notwendiger Betriebsmittel, so können diese Betriebsmittel nicht als wesentlich qualifiziert werden, um dadurch die Pflichtversicherung nach § 4 Abs. 4 ASVG ausschließen zu können.

Das Fahrrad eines Fahrradboten ist daher grundsätzlich nicht als wesentliches Betriebsmittel zu betrachten, weil die geschuldete Dienstleistung „Botendienst" im Vergleich zum dafür eingesetzten (Hilfs-)Betriebsmittel „Fahrrad" von überwiegender Bedeutung ist. (Hauptverband 28.1.1998, Zl. 32-51.1/98 Sm/Mm)

Ergänzend zu seinem Vorerkenntnis vom 23.1.2008, Zl 2007/08/0223, hat sich der VwGH im neuerlichen Rechtszug nochmals eingehender mit den Prüfkriterien für die Frage, ob wesentliche eigene Betriebsmittel vorliegen, auseinandergesetzt. Strittig war unter anderem, ob der Umstand, dass bei überwiegender privater Nutzung der Fahrzeuge die Aufwendungen (im Wege des Kilometergeldes) als Betriebsausgaben geltend gemacht wurden, ausreicht, um die Fahrzeuge als wesentliche eigene Betriebsmittel zu qualifizieren.

Gemischt genutzte Wirtschaftsgüter, also solche, die zum Teil betrieblich und zum Teil privat genutzt werden, sind, sofern es sich wie hier um bewegliche Wirtschaftsgüter handelt, entweder zur Gänze dem Betriebsvermögen oder zur Gänze dem Privatvermögen zuzuordnen; es ist dabei auf die überwiegende Nutzung abzustellen. Nur dann, wenn kein Überwiegen einer betrieblichen oder privaten Nutzung feststellbar ist, hat der Steuerpflichtige die Wahl der Zuordnung.

Wird ein KFZ überwiegend betrieblich genutzt (Zuordnung mittels Fahrtenbucheinträgen), befindet sich das Fahrzeug im Betriebsvermögen. Als Betriebsausgaben sind nur die tatsächlichen

Aufwendungen abzugsfähig. Der Ansatz von Kilometergeld ist in diesem Fall unzulässig.

Auch bei betrieblicher Verwendung eines nicht im Betriebsvermögen befindlichen (also überwiegend privat genutzten) Fahrzeuges sind grundsätzlich die Aufwendungen in tatsächlicher Höhe als Betriebsausgaben zu berücksichtigen. Ein Wahlrecht auf Berücksichtigung der Fahrtkosten durch den Ansatz der amtlichen Kilometergelder an Stelle der tatsächlichen Aufwendungen besteht nicht (Ausnahmen bei nicht mehr als 30.000 km jährlich möglich).

Im vorliegenden Fall hatte die Botenfahrerin ihren PKW überwiegend privat genutzt. Soweit allenfalls aufgrund des bloß geringfügigen Überwiegens der privaten Nutzung ein Wahlrecht der Steuerpflichtigen angenommen wurde, wurde dies offenkundig in der Weise ausgeübt, dass nicht die tatsächlichen Kosten angesetzt wurden (wie es einer Aufnahme in das Betriebsvermögen entsprechen würde), sondern es wurde das amtliche Kilometergeld angesetzt, was voraussetzt, dass sich das Fahrzeug im Privatvermögen befindet.

Es liegt hier daher kein wesentliches eigenes Betriebsmittel vor. Die Botenfahrerin unterliegt der Pflichtversicherung als freie Dienstnehmerin nach § 4 Abs. 4 ASVG.

Prüfkriterien für die Beurteilung, ob ein wesentliches eigenes Betriebsmittel vorliegt:

Es handelt sich nicht um ein geringwertiges Wirtschaftsgut (Grenze § 13 EStG € 400,--)

a) Das Fahrzeug ist entweder von vornherein in erster Linie für die betriebliche Tätigkeit bestimmt (Lieferwagen, LKW usw.) bzw. wurde extra für die Tätigkeit angeschafft.

b) oder der freie Dienstnehmer hat das Betriebsmittel durch Aufnahme in das Betriebsvermögen (und der damit einhergehenden steuerlichen Verwertung als Betriebsmittel) der Schaffung einer unternehmerischen Struktur gewidmet. Voraussetzung ist, dass es sich um ein Sachmittel handelt, das für die konkret in Rede stehende Tätigkeit des freien Dienstnehmers wesentlich ist.

Für die Aufnahme in das Betriebsvermögen gilt daher Folgendes:

Überwiegend betriebliche Nutzung (Zuordnung mittels Fahrtenbucheinträgen); das Fahrzeug befindet sich im Betriebsvermögen (tatsächliche Aufwendungen sind als Betriebsausgaben abzugsfähig), somit handelt es sich um ein wesentliches Betriebsmittel.

Keine überwiegende betriebliche Nutzung; das Fahrzeug befindet sich im Privatvermögen (ev. Geltendmachung von Kilometergeld). Hierbei handelt es sich um kein wesentliches Betriebsmittel. Bei zur Hälfte betrieblicher und privater Nutzung hat der Dienstnehmer die Wahl der Zuordnung. (VwGH vom 11.12.2013, Zl. 2013/08/0030, Hauptverband 29.4.2014, Zl. LVB-51.1/14 Jv/Gd)

Im vorliegenden Fall war Herr X war als Bote für einen WTH tätig. Im Verfahren war strittig, ob Herr X als echter oder freier Dienstnehmer für die Dienstgeberin tätig war. Laut VwGH kann bei einfachen manuellen Tätigkeiten oder Hilfstätigkeiten, die in Bezug auf die Arbeitsausführung und auf die Verwertbarkeit keinen ins Gewicht fallenden Gestaltungsspielraum des Dienstnehmers erlauben, – bei einer Integration des Beschäftigten in den Betrieb und mangels gegenläufiger Anhaltspunkte – das Vorliegen eines Beschäftigungsverhältnisses in persönlicher Abhängigkeit im Sinne des § 4 Abs. 2 ASVG ohne weitwendige Untersuchungen vorausgesetzt werden. Die Tätigkeit eines Boten für einen WTH stellt typischerweise ihrer Art nach eine Hilfstätigkeit dar, die keinen ins Gewicht fallenden Gestaltungsspielraum des Dienstnehmers erlaubt. Im Hinblick auf die berufsrechtlichen Anforderungen an Wirtschaftstreuhänder kann auch die Weisungs- und Kontrollunterworfenheit des Dienstnehmers mangels substantiierten gegenteiligen Vorbringens angenommen werden. Atypische Umstände, aus welchen sich die mangelnde persönliche Abhängigkeit und damit die Eigenschaft eines freien Dienstnehmers ergeben könnten, wurden im Verfahren nicht dargelegt. (VwGH v. 10.4.2013, Zl. 2011/08/0055, Hauptverband 29.4.2014, Zl. LVB-51.1/14 Jv/Gd)

Benutzt ein Bote seinen nicht von vornherein der betrieblichen Verwendung gewidmeten privaten PKW überwiegend betrieblich, so befindet sich das Fahrzeug im Betriebsvermögen und ist der Ansatz von Kilometergeld unzulässig, was zur Folge hat, dass das Kraftfahrzeug ein wesentliches Betriebsmittel iSd § 4 Abs. 4 ASVG darstellt. Benutzt er jedoch sein Fahrzeug überwiegend privat und befindet sich daher nicht im Betriebsvermögen, so stellt es kein wesentliches Betriebsmittel iSd § 4 Abs. 4 ASVG dar. (VwGH vom 11.12.2016, Zl. 2013/08/0030, Hauptverband, 20.1.2015, Zl. LVB-51.1/15 Jv/Km)

In einem vorliegenden Fall wurde im Zuge der GPLA die vom Beschwerdeführer (Bf.) vertraglich als freie DN (angeblich: generelles Vertretungsrecht, freie Arbeitszeiteinteilung, sanktionsloses Ablehnungsrecht) bezeichneten Fahrer im Transportbetrieb als echte DN qualifiziert und für die Jahre 2002 bis 2006 der DB nachverrechnet.

Das BFG bestätigte das Vorliegen von echten Dienstverhältnissen.

Neben der Fahrtätigkeit wurden keine anderen Beschäftigungen ausgeübt. Es wurden ausschließlich Fahrzeuge des Beschwerdeführers verwendet. Es erfolgte keine eigene Auftragsakquisition durch die Arbeitnehmer.

Der Umstand, dass man bei der Fahrtätigkeit naturgemäß auf sich allein gestellt war und nicht kontrolliert wurde, hat diesbezüglich keinen Einfluss.

Bei der Kontrolle durch den Beschwerdeführer ist von einer Art stillen Kontrolle auszugehen, die sich über Rückmeldungen der Auftraggeber an den Beschwerdeführer über die Rechtzeitigkeit und Ordnungsmäßigkeit des Transportes und der Zustellungen der Waren äußert. Dem Ablehnungsrecht kommt im Hinblick auf die Abhängigkeit vom

6. E-MVB

004-ABC-B-006 – 004-ABC-D-001

Beschwerdeführer keine praktische Bedeutung zu. Es gab fixe Touren. Ein gewisser zeitlicher Spielraum bei der Zustellung spricht nicht gegen eine Eingliederung, auch nicht, dass die KFZ teilweise im Wohnbereich abgestellt wurden.

Die Meldung einer Verhinderung (z.B. Krankheit) erfolgte an den Beschwerdeführer, der für geeignete Vertretung sorgt. Es ist somit kein generelles Vertretungsrecht gegeben. Die Entlohnung erfolgte mit einem weitestgehend fixen Gehalt. (Hauptverband, 2.6.2015, Zl. 51.1/15 Jv/Dm, Bundesfinanzgericht vom 19.2.2015, RV/20100724/2009).

004-ABC-B-006
Betreuer von Diplomarbeiten/ Bachelorarbeiten

Die Beurteilung der Pflichtversicherung hat immer an Hand der Prüfungsreihenfolge unter Berücksichtigung der tatsächlichen Verhältnisse im Einzelfall zu erfolgen. Die Zuordnung einer Berufsgruppe zu einem Versicherungstatbestand ohne einer derartigen Beurteilung ist daher nicht möglich.

Studierenden steht es frei, sich den Betreuer für die Diplomarbeit frei zu wählen. Dadurch kommt es in der Praxis dazu, dass selbständige Ausländer eine Diplomarbeit betreuen, die keine Lehrverpflichtung an der FHS haben (haben Privatversicherungen die kein E 101 kennen). Die Betreuung erfolgt ausschließlich über Internet/Telefon und die Betreuer erscheinen/arbeiten nie an der FHS. Manche Studierende haben auch eine Firma als „Betreuer" d.h. mehrere Personen dieser Firma betreuen den Studenten in seiner Diplomarbeit. Es entzieht sich der Kenntnis der Österreichischen Gesundheitskasse, wer wann wie viel betreut, aber auch die Diplomarbeitsbetreuungsvereinbarung seitens der Studierenden mit dem Unternehmen als Betreuer abgeschlossen wird. Oft ergeben sich durch die Komplexität des Themas mehrere Betreuer für einzelne Teilbereiche einer Diplomarbeit und wird daher auch ein Unternehmen gewählt. Es ließe sich gar nicht aufschlüsseln, wer wann wie viel betreut hat, da es ja auch nur einen Gesamtbetrag pro Betreuung gibt und keine Stundensätze.

Bachelorarbeiten sind Hausarbeiten von durchschnittlich 20 Seiten und werden auf Grund ihres geringen Umfanges lediglich begutachtet bzw. durchgelesen und benotet. Dies erfordert geringen zeitlichen Aufwand, daher kann ein Begutachter leicht mehrere (bis zu 20) Bachelorarbeiten begutachten. Eine Betreuung über einen längeren Zeitraum wie bei Diplomarbeiten ist nicht gegeben. Die Begutachtung erfolgt im Sommersemester im Juni bzw. im Wintersemester im Jänner und wird in diesen Monaten über die Personalverrechnung ausbezahlt. Personen, die weder in Lehre noch sonst in irgendeiner Art und Weise für die FHS tätig sind, können als Begutachter gewählt werden. Zum Teil wird die Begutachtung durch Ausländer über Internet, e-Mail vorgenommen.

In beiden Fällen kann eine Abrechnung über Honorarnote erfolgen. Es besteht keine Anmeldeverpflichtung bei der Österreichischen Gesundheitskasse. (Hauptverband, 2.12.2008, Zl. 32-MVB-51.1/08 Jv/Mm)

004-ABC-C-001
Call-Center-Agents

Die Beurteilung der Pflichtversicherung hat immer an Hand der Prüfungsreihenfolge unter Berücksichtigung der tatsächlichen Verhältnisse im Einzelfall zu erfolgen. Die Zuordnung einer Berufsgruppe zu einem Versicherungstatbestand ohne einer derartigen Beurteilung ist daher nicht möglich.

Call-Center-Agents, die „inbound-calls" (eingehende Telefonate wie z.B. Bestellungen, Reklamationen) bearbeiten, sind jedenfalls als echte Dienstnehmer gemäß § 4 Abs. 2 ASVG zu qualifizieren und als solche beim zuständigen Krankenversicherungsträger zu melden. Dasselbe gilt für Personen, die eine Mischtätigkeit ausüben, die also während der Arbeitsspitzen „inbound-calls" bearbeiten und zwischendurch auch „outbound-calls" (ausgehende Telefonate wie z.B. aktive Verkaufsgespräche, Kundenwerbung, Meinungsumfragen) durchführen.

Call-Center-Agents, die ausschließlich „outbound-calls" bearbeiten, sind im Einzelfall zu beurteilen. Zu prüfen ist in diesen Fällen anhand der vertraglichen Vereinbarung zwischen Call-Center-Betreiber und Call-Center-Agent als auch anhand der tatsächlichen Gegebenheiten, ob der Dienstnehmer an Arbeitszeit, Arbeitsort und arbeitsbezogene Weisungen gebunden ist.

Denkbar ist in diesen Fällen sowohl eine Pflichtversicherung als echter Dienstnehmer gemäß § 4 Abs. 2 ASVG als auch als Freier Dienstnehmer gemäß § 4 Abs. 4 ASVG.

Supervisor sind jedenfalls echte Dienstnehmer. (Hauptverband 12.9.2000, Zl. 32-51.1/00 Sm/Mm)

Das BMSG hat mit Bescheid vom 2.9.2004, festgestellt, dass Call Center Agents der Versicherungspflicht gemäß § 4 Abs. 1 Z 1 und Abs. 2 ASVG unterliegen. (Hauptverband 21. September 2004, Zl. FO-MVB/51.1/04 Rv/Mm)

004-ABC-D-001
Drachenfluglehrer

Die bei diversen Drachenflugschulen beschäftigten Fluglehrer – meist stundenweise beschäftigt nach einem Lehrplan – halten Kurse mit meist eigenen Geräten ab und erhalten eine stundenweise Bezahlung. Es stellt sich nun die Frage, ob diese Lehrer aufgrund des eigenen Gerätes als Selbständige oder doch als freie Dienstnehmer gelten? Diskutiert wird, ob der eigene Drachen als wesentliches eigenes Betriebsmittel gilt und somit eine Subsumption unter den Begriff des neuen Selbständigen zu erfolgen hat. Nachdem diese Lehrer allerdings bestenfalls ihre eigenen Drachen haben aber wohl kaum für alle Schüler ihre Drachen zur Verfügung stellen, ist davon auszugehen, dass es sich bei Drachenfluglehrern um Dienstnehmer iSd § 4 Abs. 2 ASVG handelt. Dies auch deshalb, weil die Merkmale der persönlichen Abhängigkeit (gebunden an Arbeitszeit und Arbeitsort, keine Vertretungsberechtigung) überwiegen. (Hauptverband 5.6.2003, Zl. FO-MVB/32-51.1/02 Rv/Mm)

004-ABC-E-001
Erntehelfer

Die Beurteilung der Pflichtversicherung hat immer an Hand der Prüfungsreihenfolge unter Berücksichtigung der tatsächlichen Verhältnisse im Einzelfall zu erfolgen. Die Zuordnung einer Berufsgruppe zu einem Versicherungstatbestand ohne einer derartigen Beurteilung ist daher nicht möglich.

Erntehelfer im Sinne des § 18 Abs. 3 Z 2 Fremdengesetz (FrG) sind nur von der Pflichtversicherung in der Pensionsversicherung ausgenommen.

Bei Erntehelfern gemäß § 18 Abs. 3 Z 2 FrG handelt es sich um Fremde, die zur sichtvermerksfreien Einreise berechtigt sind und denen eine Beschäftigungsbewilligung nach dem Ausländerbeschäftigungsgesetz im Reisedokument mit einer Geltungsdauer von höchstens 6 Wochen erteilt wurde. Diese Regelung gilt somit z.B. für Ungarn, Tschechen, Slowaken, Polen, Slowenen; nicht aber für z.B. Serben, Mazedonier, Rumänen, Ukrainer und Russen.

Bezüglich der sozialversicherungsrechtlichen Beurteilung gelten die Erntehelfer als Dienstnehmer. Dies bedeutet, dass neben den Sozialversicherungsbeiträgen (KV, UV, ALV) auch alle sonstigen Beiträge und Umlagen zu entrichten sind. (Hauptverband 13.7.2000, Zl. 32-51.1/00 Ch/Sö)

004-ABC-E-002
Erwachsenenbildung

Die Beurteilung der Pflichtversicherung hat immer an Hand der Prüfungsreihenfolge unter Berücksichtigung der tatsächlichen Verhältnisse im Einzelfall zu erfolgen. Die Zuordnung einer Berufsgruppe zu einem Versicherungstatbestand ohne einer derartigen Beurteilung ist daher nicht möglich.

Grundlage für die beitragsfreien Aufwandsentschädigungen für nebenberuflich an Erwachsenenbildungseinrichtungen Lehrende ist seit 1. November 2002 die Verordnung der zuständigen Bundesministeriums (BGBl. II Nr. 409/2002).

Diese Verordnung ist nur auf nebenberufliche Lehrende anzuwenden. Es ist daher vorweg zu beurteilen, ob diese Tätigkeit nicht Hauptberuf und Haupteinnahmequelle ist.

Für die Beurteilung des Hauptberufes ist ein Vergleich des zeitlichen Aufwandes der betreffenden Tätigkeit mit allen anderen ausgeübten beruflichen Tätigkeiten anzustellen. Überwiegt der zeitliche Aufwand der zu beurteilenden Tätigkeit im Vergleich zu den anderen beruflichen Tätigkeiten, gilt die zu beurteilende Tätigkeit als Hauptberuf. Es hat ein Direktvergleich zwischen dem zeitlichen Aufwand der ausgeübten Tätigkeiten stattzufinden.

Beruf in diesem Sinne ist auch eine Tätigkeit als Student bei ordentlichem Studienfortgang. Studenteneigenschaft besteht, wenn die Voraussetzungen für die begünstigte Studentenselbstversicherung gegeben sind. Als Beruf gilt auch die Tätigkeit als Hausfrau/mann (jedoch nur in einem Familienverband, Ehe- oder Lebensgemeinschaft; kein Singlehaushalt). Transferleistungen aus dem Bereich der Arbeitslosenversicherung (Arbeitslosengeld, Notstandshilfe) oder der Leistungsbezug aus einer Altersversorgung (Pension, Ruhegenuss) werden nicht als Beruf angesehen.

Bei Qualifizierung als Nebenberuf kann die Prüfung der Haupteinnahmequelle unterbleiben. Die Verordnung ist auch dann anzuwenden, wenn es sich nur um den Nebenberuf handelt, mögen auch die daraus bezogenen Einkünfte höher sein als die aus dem Hauptberuf. Bei der Ermittlung der Hauptquelle der Einnahmen werden alle Einkünfte (z.B. Erwerbseinkommen, Einkommen aus Kapitalvermögen oder aus Vermietung und Verpachtung, Pensionsbezug) herangezogen und gegenübergestellt. Sind die Einkünfte aus der zu beurteilenden Tätigkeit niedriger als die übrigen Einkünfte, bildet das Einkommen aus der zu beurteilenden Tätigkeit nicht die Hauptquelle der Einnahmen.

Das Vorliegen eines mit der Lehrtätigkeit verbundenen Aufwandes seitens des Lehrenden bzw. Vortragenden muss glaubhaft gemacht werden; hinsichtlich der Höhe hat die Erwachsenenbildungseinrichtung das Einvernehmen mit dem Lehrenden bzw. Vortragenden herzustellen.

Die beitragsfreie Aufwandsentschädigung bis zur Maximalhöhe von 537,78 € ist monatlich pro Dienst- bzw. Auftraggeber zu verstehen. Dies bedeutet, dass bei mehreren Kursen für ein und denselben Dienst- bzw. Auftraggeber, unabhängig davon, welcher Art die abgeschlossenen Verträge sind, insgesamt eine pauschalierte Aufwandsentschädigung von nicht mehr als 537,78 € beitragsfrei gehalten werden kann.

Die Sozialversicherung stellt bei der Beurteilung, ob Erwachsenenbildung vorliegt, darauf ab, ob die Einrichtung (der Rechtsträger) überwiegend Erwachsenenbildung betreibt. Dies ist dann der Fall, wenn zumindest zwei Drittel der Tätigkeit des Rechtsträgers in der Erwachsenenbildung erbracht werden.

Mit Erkenntnis vom 4.6.2008 hat der VwGH entschieden, dass Fachhochschulen keine Erwachsenenbildungseinrichtungen sind (VwGH 4.6.2008, Zl. 2004/08/0012, Hauptverband 16.9.2008, Zl. 32-MVB-51.1/08 Dm/Mm)). Näheres zu Fachhochschulen vgl. 004-ABC-F-011.

(Hauptverband 28.4.2015, Zl. LVB-51.1/15 Jv)

004-ABC-E-003
Essen auf Rädern

Die Beurteilung der Pflichtversicherung hat immer an Hand der Prüfungsreihenfolge unter

6. E-MVB
004-ABC-E-004

Berücksichtigung der tatsächlichen Verhältnisse im Einzelfall zu erfolgen. Die Zuordnung einer Berufsgruppe zu einem Versicherungstatbestand ohne eine derartige Beurteilung ist daher nicht möglich.

Es geht um einen gemeinnützigen Verein. Der Tätigkeitsbereich des Vereins umfasst neben den Tätigkeitsbereichen Krankentransport, Rettungsdienst sowie Katastrophenhilfe auch den Bereich „Essen auf Räder". Bei der Aktion „Essen auf Räder" handelt es sich um eine tägliche Essenszustellung an sozial bedürftige Personen. Die „Anspruchsberechtigung" wird seitens der Stadt xx festgestellt. Das Essen wird von der Stadt xx von einer externen gewerblichen Küche angekauft. Der Verein übernimmt die Essenszustellung und Betreuung der Kunden.

Die MitarbeiterInnen wirken im Rahmen der Essenszustellung der Aktion „Essen auf Räder" der Stadt xx mit. Sie sind gemäß den Vereinsstatuten ordentliche Mitglieder des Vereines und haben sich bereit erklärt, aktiv an der Tätigkeit des Vereins mitzuwirken. Die Essenszustellung erfolgt mit Fahrzeugen des Vereins täglich in der Zeit von ca. 9:30 Uhr bis 13:30 Uhr in Form von Sprengeln (Zustellgebieten) in die Wohnung der Kunden durch jeweils zwei MitarbeiterInnen pro Sprengel (Zustellfahrzeug). Organisationsintern erfolgt die Durchführungsplanung in Form eines Wochen- bzw. Monatsdienstplans. Die Erstellung des Dienstplans erfolgt durch freiwillige Meldungen der jeweiligen MitarbeiterInnen im Vorfeld, z.B. den Zustelldienst an einem bestimmten Tag (z.B. dienstags wöchentlich oder 14tägig) für einen bestimmten Sprengel zu übernehmen. Lücken im Dienstplan werden durch telefonische Anfragen seitens des Vereins, ob die Vereinsmitglieder einen bestimmten Dienst übernehmen möchten, gedeckt. Es steht dem Verein ein Pool von freiwilligen Mitarbeitern von rund 90 Personen zur Verfügung, welche ausschließlich in diesem Bereich „Essen auf Räder" mitwirken. Insgesamt verfügt der Verein über ca. 600 freiwillige MitarbeiterInnen, die jederzeit in der Aktion „Essen auf Räder" aktiv tätig werden können.

Die betroffenen Vereinsmitglieder können sich beliebig ohne Angabe von Gründen durch ein anderes Vereinsmitglied vertreten lassen. Dies kommt auch im täglichen Arbeitsablauf regelmäßig vor. Darüber hinaus können die MitarbeiterInnen die Eintragungen in den Dienstplan jederzeit, auch kurzfristig, ohne Angabe von Gründen und ohne weitere Sanktionen wieder streichen bzw. erklären, einen telefonisch zugesagten Dienst doch nicht zu übernehmen.

Die gegenständlichen MitarbeiterInnen erhalten für einen Einsatz (Zustelldienst an 1 Tag) eine pauschale Abgeltung iHv € 14,-.

Wenn tatsächlich die Möglichkeit besteht, einen vereinbarten Einsatztag sanktionslos abzulehnen und an diesem Tag nicht zu arbeiten, so ist die Betreffende bzw. der Betreffende für diesen Tag nicht anzumelden. Für die Tage, an denen die/der Betreffende tatsächlich arbeitet, ist sie/er als Dienstnehmerin bzw. Dienstnehmer im Sinne des § 4 Abs. 2 ASVG anzumelden, da sämtliche Voraussetzungen für eine echte Dienstnehmereigenschaft (z. B. persönliche Arbeitspflicht) vorliegen.

Aus steuerlicher Sicht ist Arbeitspflicht anzunehmen, wenn das einzelne Vereinsmitglied in die Einsatzliste eingetragen ist. Auch das führt im Ergebnis zu einer Subsumption unter § 4 Abs. 2 ASVG.

In einem abhängigen Beschäftigungsverhältnis iSd § 4 Abs. 2 ASVG kommt es in Fällen, in denen erst die Übernahme einer konkreten Arbeitsverpflichtung eine Arbeitspflicht begründet, zu keinem durchgehenden, jedoch eventuell tagesweisen Dienstverhältnis.

Mit dem Recht der Dienstnehmerin bzw. des Dienstnehmers, die Übernahme angebotener einzelner Aufträge abzulehnen, ist von nur einzelnen Beschäftigungsverhältnissen der Dienstnehmerin bzw. des Dienstnehmers mit der Dienstgeberin bzw. dem Dienstgeber an den jeweiligen Beschäftigungstagen auszugehen, sofern die zur Rede stehenden konkreten Arbeitsleistungen in persönlicher Abhängigkeit erbracht werden.

In diesem Zusammenhang wird auf ein Erkenntnis des VwGH vom 15.7.2013, GZ 2013/08/0124 verwiesen, in dem ein sanktionsloses Ablehnungsrecht nur dort angenommen werden kann, wo der Arbeitgeberin bzw. dem Arbeitgeber aufgrund der Einfachheit der Arbeiten gleichgültig ist, von welcher gleichwertigen Arbeitskraft aus dem potentiell zur Verfügung stehenden Kreis sie/er die Arbeiten verrichten lässt. Steht also die Möglichkeit offen, im Falle der Absage der von ihr bzw. ihm in Aussicht genommenen Person, aus dem „Pool" die jeweils nächste Arbeitskraft abzurufen und stehen ihm genügend Arbeitskräfte zur Verfügung, kann der einzelne Teilnehmer am „Pool", mit der/dem dies vereinbart wurde, tatsächlich davon ausgehen, einzelne Arbeitsleistungen sanktionslos ablehnen zu dürfen.

Bei Vorliegen dieser Sachverhalte, kann von einem freien Dienstverhältnis im Sinne des § 4 Abs. 4 ASVG ausgegangen werden. ((vgl. dazu VwGH vom 25. Juni 2013, GZ 2013/08/0093) Hauptverband 21. 1. 2014, Zl. 51.1/14/0013 Km/Gd)

004-ABC-E-004
Erziehungshelfer

Die Beurteilung der Pflichtversicherung hat immer an Hand der Prüfungsreihenfolge unter Berücksichtigung der tatsächlichen Verhältnisse im Einzelfall zu erfolgen. Die Zuordnung einer Berufsgruppe zu einem Versicherungstatbestand ohne eine derartige Beurteilung ist daher nicht möglich.

Im vorliegenden Fall führt ein Verein im Auftrag des Landes Erziehungshilfe bei Kindern mit entsprechendem Bedarf durch. Die Tätigkeit erfolgt im Rahmen der Jugendwohlfahrt des Landes. Der Sozialarbeiter der Bezirksverwaltungsbehörde stellt einen Bedarf bei Familien fest. Der Verein beschäftigt zur Durchführung Erziehungshelfer auf Werkvertragsbasis. Die Betreuung findet durch den Erziehungshelfer in der Familie statt.

6. E-MVB
004-ABC-E-005 – 004-ABC-F-004

Der Erziehungshelfer muss die Betreuung nach Vorgaben und Auflagen des Landes durchführen. Die zeitliche Einteilung bleibt weitgehend dem Erziehungshelfer überlassen. Lt. Werkvertrag ist eine Vertretung möglich.

Das BVwG hat Folgendes festgestellt: Es liegt ein Dienstverhältnis nach § 4 Abs. 2 ASVG vor. Es liegt kein Werkvertrag (konkretisierte, individualisierte, gewährleistungstaugliche Leistung), sondern eine Dienstleistung vor. Ein generelles Vertretungsrecht (jederzeit, ohne Rücksprache, nach eigenem Gutdünken) ist nicht gegeben und wäre auch mit den objektiven Anforderungen der Unternehmensorganisation nicht in Einklang zu bringen. Der Arbeitsort und die Arbeitszeit waren nicht frei bestimmbar, sondern hatten sich nach den Bedürfnissen der Familien zu richten. Ein arbeitsbezogenes Verhalten sowie Weisungs- und Kontrollmöglichkeiten waren durch die Vorgaben und Auflagen des Landes (laufende Betreuungsdokumentation, Berichte, Abrechnungsmodalitäten) gegeben. (Hauptverband am 19.1.2016, Zl. LVB-51.1/16 Jv/Wot, BVwG 3.9.2015, G302 2005091-1)

004-ABC-E-005
Einzelhandelszusteller

Der Auftraggeber übernimmt Transport, Zubringung und Zustellung von Printmedien und sonstigen Vertriebsprodukten sowie anderweitige Transportleistungen. Mit der Erbringung der hierfür notwendigen Service- und Dienstleistungen (Logistikdienstleistungen) beauftragt der Auftraggeber teilweise Drittunternehmen.

Mit dem BGBl. I, Nr. 125/2017 wurde eine neue Bestimmung zur Klärung der Versicherungszuordnung („Sozialversicherungszuordnungsgesetz") geschaffen.

Ziel war die Schaffung von Rechtssicherheit bei der Abgrenzung von selbstständiger und unselbstständiger Erwerbstätigkeit mit Bindungswirkung. Diese tritt künftig bei jeder (rechtskräftigen) Versicherungszuordnung ein, sofern keine Änderung des maßgeblichen Sachverhaltes eingetreten ist. Die Versicherungszuordnung erfolgt mit Bescheid des zuständigen Krankenversicherungsträgers nach dem ASVG (in bestimmten Fällen der Neuzuordnung zur ASVG-Pflichtversicherung) oder der Versicherungsanstalt der Selbständigen (bei übereinstimmender Zuordnung zur GSVG- bzw. BSVG-Pflichtversicherung).Im Zuge der Anwendung des SV-ZG (Sozialversicherungszuordnungsgesetz) waren Bewertungen durchzuführen.

Bei den Einzelhandelszustellern wurden die vorliegenden Verträge beurteilt.

Aufgrund der Darstellung im Vertrag handelt es sich um einen Transportauftrag an ein entsprechendes Unternehmen („Frächter"), der Auftragnehmer übt die Tätigkeit im Zuge seiner Gewerbeberechtigung (Kleintransporte) aus. (Hauptverband, 30. Jänner 2018, Zl. LVB-51.1/18 Jv/Km)

004-ABC-F-001
Fahrlehrer

Das Kraftfahrzeuggesetz (KFG) unterscheidet zwischen Fahrlehrer und Fahrschullehrer. Die Voraussetzungen sind im § 109 Abs. 1 lit. b (Vorliegen einer Lenkerberechtigung) und lit. g (Vertrauenswürdigkeit) KFG angeführt. Eine Zuordnung der Fahrlehrer zu § 4 Abs. 2 bzw. § 4 Abs. 4 ASVG ist aufgrund der tatsächlichen Verhältnisse vorzunehmen. Fahrschullehrer (theoretischer Unterricht) werden im Regelfall als Dienstnehmer im Sinne des § 4 Abs. 2 ASVG versicherungspflichtig sein. (Hauptverband 25., 26.9.2003, Zl. FO-MVB/32-51.1/03 Rv/Mm)

004-ABC-F-002
Ferialarbeiter – Ferialangestellte

Die Beurteilung der Pflichtversicherung hat immer an Hand der Prüfungsreihenfolge unter Berücksichtigung der tatsächlichen Verhältnisse im Einzelfall zu erfolgen. Die Zuordnung einer Berufsgruppe zu einem Versicherungstatbestand ohne einer derartigen Beurteilung ist daher nicht möglich.

Ferialarbeiter und Ferialangestellte sind Schüler und Studenten, die in persönlicher und wirtschaftlicher Abhängigkeit gegen Entgelt beschäftigt werden. Dies ist auch dann der Fall, wenn die Tätigkeit der Schüler und Studenten im Betrieb nicht dem Ausbildungszweck des jeweiligen Schultyps bzw. der Studienordnung entspricht. Dieser Personenkreis unterliegt als Dienstnehmer der Pflichtversicherung nach dem ASVG.

Es gelten die lohngestaltenden (kollektivvertraglichen) Vorschriften. Die Sozialversicherungsbeiträge sind zumindest vom gebührenden Entgelt (auch von Sonderzahlungen) zu entrichten. (Hauptverband 29. u. 30.9.1999, Zl. 32-51.1/99 Rj/Mm)

004-ABC-F-003
Ferialpraktikanten

§ 4 Abs. 1 Z 11 ASVG ist durch das SVÄG 2005 rückwirkend mit Ablauf des 31. 8. 2005 aufgehoben worden. Meldungen für Ferialpraktikanten im Sinne des § 4 Abs. 1 Z 11 ASVG, die nach dem 31.8.2005 liegen, sind durch den Dienstgeber zu stornieren bzw. gegebenenfalls die Abmeldung auf 31.8.2005 richtigzustellen. Sollte jedoch Dienstnehmereigenschaft im Sinne des § 4 Abs. 2 ASVG vorliegen, ist eine entsprechende Richtigstellung der Anmeldung vorzunehmen. Die Beurteilung der Pflichtversicherung hat anhand der Prüfreihenfolge unter Berücksichtigung der tatsächlichen Verhältnisse zu erfolgen. Wird ein Ferialpraktikant in einem Verhältnis persönlicher und wirtschaftlicher Abhängigkeit gegen Entgelt beschäftigt, ist Dienstnehmereigenschaft anzunehmen.

Näheres vgl. 004-01-11-001

004-ABC-F-004
Filmbeiratsmitglieder

Die Beurteilung der Pflichtversicherung hat

6. E-MVB

004-ABC-F-005 – 004-ABC-F-008

immer an Hand der Prüfungsreihenfolge unter Berücksichtigung der tatsächlichen Verhältnisse im Einzelfall zu erfolgen. Die Zuordnung einer Berufsgruppe zu einem Versicherungstatbestand ohne einer derartigen Beurteilung ist daher nicht möglich.

Für Filmbeiratsmitglieder, die gemäß § 10 Abs. 2 des Wiener Kinogesetzes bestellt werden, besteht keine Versicherungspflicht gemäß § 4 Abs. 4 ASVG, da die Bestellung der Mitglieder ein Hoheitsakt ist. (Hauptverband 12., 13. Oktober 2004, Zl. FO-MVB/51.1/04 Rv/Mm)

004-ABC-F-005
Fitnesstrainer

Die Beurteilung der Pflichtversicherung hat immer an Hand der Prüfungsreihenfolge unter Berücksichtigung der tatsächlichen Verhältnisse im Einzelfall zu erfolgen. Die Zuordnung einer Berufsgruppe zu einem Versicherungstatbestand ohne einer derartigen Beurteilung ist daher nicht möglich.

Fitnesstrainer in gewerblichen Betrieben oder diesen gleichzuhaltenden Fitnessklubs werden in der Regel Dienstnehmer sein. Sofern diese Tätigkeit jedoch auf Grund eines freien Dienstvertrages ausgeübt wird, ist jedenfalls eine Pflichtversicherung nach § 4 Abs. 4 ASVG gegeben, weil in diesen Fällen die Ausnahmebestimmung für Amateurtrainer grundsätzlich nicht in Frage kommt.

Als Amateurtrainer können grundsätzlich nur solche Personen bezeichnet werden, die diese Tätigkeit bei Sportvereinen und nicht in gewerblichen Fitness- oder Sportbetrieben ausüben.

Für Fitnesstrainer in Fitnessstudios kommt die Ausnahmebestimmung für Sportler nicht zur Anwendung. Die Verordnung nach § 49 Abs. 7 ASVG ist somit auch für diese Personen nicht anwendbar. Diese Personen werden in der Regel als Dienstnehmer oder freie Dienstnehmer sozialversicherungspflichtig werden. (Hauptverband 3.9.1996, Zl. 32-51.1/96 Sm/Mm)

War ein Fitnesstrainer in einem Fitnesscenter rund 3 Jahre durchgehend beschäftigt, wurde er nach geleisteten Arbeitsstunden bezahlt, setzte er keine eigenen Betriebsmittel ein und war er ausschließlich für den Betreiber des Fitnesscenters in dessen Betriebsräumlichkeiten und zu den üblichen Betriebszeiten tätig und hat er nie von dem vertraglich vereinbarten generellen Vertretungsrecht Gebrauch gemacht, so liegt eine Beschäftigung in persönlicher Abhängigkeit als echter Dienstnehmer vor, die auch nicht dadurch ausgeschlossen wird, dass der Dienstnehmer über einen Gewerbeschein verfügt. (VwGH vom 15.7.2013, Zl. 2013/08/0124, Hauptverband, 20.1.2015, Zl. LVB-51.1/15 Jv/Km)

004-ABC-F-006
Flüchtlingsberater

Die Beurteilung der Pflichtversicherung hat immer an Hand der Prüfungsreihenfolge unter Berücksichtigung der tatsächlichen Verhältnisse im Einzelfall zu erfolgen. Die Zuordnung einer Berufsgruppe zu einem Versicherungstatbestand ohne einer derartigen Beurteilung ist daher nicht möglich.

Flüchtlingsberater werden vom Bundesasylamt auf Grund ihrer Vertretungsmöglichkeit als Freie Dienstnehmer nach § 4 Abs. 4 ASVG angemeldet. Sie beziehen Geldleistungen nach § 40 Asylgesetz. Diese sind als Aufwandsentschädigung bezeichnet und gelten als Entgelt im sozialversicherungsrechtlichen Sinn.

Die Anmeldung als Freie Dienstnehmer ist zutreffend. (Hauptverband 23.1.2001, 32-51.1/01 Ch/Mm)

004-ABC-F-007
Forschungsaufträge

Die Beurteilung der Pflichtversicherung hat immer an Hand der Prüfungsreihenfolge unter Berücksichtigung der tatsächlichen Verhältnisse im Einzelfall zu erfolgen. Die Zuordnung einer Berufsgruppe zu einem Versicherungstatbestand ohne einer derartigen Beurteilung ist daher nicht möglich.

Diplomanden bzw. Dissertanten werden oft bei Firmen gegen Entgelt in Forschungsabteilungen beschäftigt. Das Nutzungsrecht für die Ergebnisse der Forschungen hat die jeweilige Firma, wobei der Diplomand bzw. Dissertant diese Ergebnisse auch in seiner Diplomarbeit bzw. Dissertation verwenden darf.

Nachdem die Dissertations- und Diplomandenstipendien steuerrechtlich als Erwerbstätigkeit behandelt werden (und daher zu Einkünften aus selbständiger Arbeit führen), führen sie auch sozialversicherungsrechtlich zu einer Pflichtversicherung nach § 2 Abs. 1 Z 4 GSVG. Es entsteht keine Sozialversicherungspflicht nach dem ASVG. (Hauptverband 27. Mai 2004, Zl. FO-MVB/51.1/04 Rv/Mm)

004-ABC-F-008
Freiwillige Mitarbeiter

Die Beurteilung der Pflichtversicherung hat immer an Hand der Prüfungsreihenfolge unter Berücksichtigung der tatsächlichen Verhältnisse im Einzelfall zu erfolgen. Die Zuordnung einer Berufsgruppe zu einem Versicherungstatbestand ohne einer derartigen Beurteilung ist daher nicht möglich.

Der Dachverband geht in seiner Beurteilung davon aus, dass es sich dabei um Personen handelt, die in ihrer Freizeit auf freiwilliger Basis Tätigkeiten beim Roten Kreuz ausüben. Bei diesen Tätigkeiten handelt es sich im Wesentlichen um Dienste im Rettungs- und Krankentransportbereich, wie Bereitschaftsdienst, Ausfahrten und sonstige damit im Zusammenhang stehenden Einsätzen. Diese Mitarbeiter erbringen ihren Dienst aus humanitären Motiven freiwillig ohne vertragliche Verpflichtung und ohne entsprechendes Auftragsverhältnis. Sie können ihre Tätigkeit jederzeit wahlweise festsetzen. Für diese freiwillige Tätigkeit wird kein Entgelt geleistet, sondern gegebenenfalls ein Aufwandersatz erbracht.

Unter Berücksichtigung der angeführten Voraussetzungen – für die Beurteilung der Pflichtversicherung sind die tatsächlichen Verhältnisse maßgebend – ist der Dachverband der Ansicht, dass bei freiwilligen Mitarbeitern keine Pflichtversicherung nach § 4 Abs. 4 ASVG besteht; es liegt keine Verpflichtung bzw. kein Auftragsverhältnis vor. Diese Aussage wird allerdings in dieser Form nicht mehr zutreffen, wenn entsprechend hohe Entgelte – auch aus dem Titel Aufwandsersatz – gezahlt werden. In solchen Fällen wird daher zu prüfen sein, ob die oben angeführten Voraussetzungen noch zutreffen, insbesondere ob dann tatsächlich keine Verpflichtung zur Dienstleistung besteht. Es sei noch ausdrücklich darauf hinzuweisen, dass die im Bereich der Steuer zur Anwendung kommenden „Vereinsrichtlinien" für die Sozialversicherung keine Bedeutung haben; für die beitragsrechtliche Beurteilung des Aufwandersatzes gelten die Bestimmungen des § 49 Abs. 3 Z 1 ASVG. (Hauptverband 10.3.1997, Zl. 32-51.1/97 Ch/Mm)

Die unentgeltliche freiwillige Mitarbeit löst keine Versicherungspflicht nach dem ASVG aus, auch wenn die freiwillige und unentgeltliche Mitarbeit beim Bau eines gemeindeeigenen Objektes erfolgt. (Hauptverband vom 3./4.6.2014, Zl. 51.1/14/0006 Jv/Gd)

004-ABC-F-009
Führerscheinprüfer

Die Beurteilung der Pflichtversicherung hat immer an Hand der Prüfungsreihenfolge unter Berücksichtigung der tatsächlichen Verhältnisse im Einzelfall zu erfolgen. Die Zuordnung einer Berufsgruppe zu einem Versicherungstatbestand ohne einer derartigen Beurteilung ist daher nicht möglich.

Die Bestellung einer Person zum Führerscheinprüfer ist ein Hoheitsakt, und es ist daher eine Pflichtversicherung nach § 4 Abs. 4 ASVG (freie Dienstnehmer) ausgeschlossen.

Werden Beamte für diese Tätigkeit bestellt, handelt es sich dabei um eine Nebentätigkeit im Sinne des § 19 Abs. 1 Z 1 lit. f B-KUVG und ist die Entlohnung der Beitragsgrundlage des Beamten-Dienstverhältnisses zuzuordnen. (Hauptverband 22.4.1999, Zl. 32-51.1/99 Sm/Mm)

004-ABC-F-010
Funktionäre

Die Beurteilung der Pflichtversicherung hat immer an Hand der Prüfungsreihenfolge unter Berücksichtigung der tatsächlichen Verhältnisse im Einzelfall zu erfolgen. Die Zuordnung einer Berufsgruppe zu einem Versicherungstatbestand ohne einer derartigen Beurteilung ist daher nicht möglich.

Gewählte oder entsendete Funktionäre von Genossenschaften, Vereinen o.ä. (z.B. Obmannfunktion), die eine Funktionsgebühr beziehen, sind grundsätzlich nicht nach § 4 Abs. 4 ASVG versicherungspflichtig. In diesen Fällen gibt es nämlich in der Regel keinen Dienstgeber im Sinne des § 4 Abs. 4 ASVG, und darüber hinaus mangelt es an einer Verpflichtung zu Dienstleistungen.

Werden die betroffenen Personen jedoch zusätzlich zu ihrer Funktionstätigkeit mit bestimmten anderen Tätigkeiten (z.B. Büroarbeiten) beauftragt, so kann für diesen Bereich eine Pflichtversicherung nach § 4 Abs. 2 ASVG bzw. § 4 Abs. 4 ASVG durchaus in Betracht kommen. (Hauptverband 3.9.1996, Zl. 32-51.1/96 Sm/Mm)

004-ABC-F-011
Fachhochschulen

Die Beurteilung der Pflichtversicherung hat immer an Hand der Prüfungsreihenfolge unter Berücksichtigung der tatsächlichen Verhältnisse im Einzelfall zu erfolgen. Die Zuordnung einer Berufsgruppe zu einem Versicherungstatbestand ohne einer derartigen Beurteilung ist daher nicht möglich.

Mit Erkenntnis vom 4. Juni 2008, hat der VwGH entschieden, dass Fachhochschulen keine Erwachsenenbildungseinrichtungen sind.

„... Gemäß § 3 Abs. 1 FHStG sind Fachhochschulstudiengänge solche auf Hochschulniveau, die einer wissenschaftlich fundierten Berufsausbildung dienen. Einrichtungen der Erwachsenenbildung dienen demgegenüber im Sinne einer ständigen Weiterbildung der Aneignung von Kenntnissen und Fertigkeiten sowie der Fähigkeit und Bereitschaft zu verantwortungsbewusstem Urteilen und Handeln und der Entfaltung der persönlichen Anlagen, wie dies § 1 Abs. 2 des Bundesgesetzes über die Förderung der Erwachsenenbildung ... vorsieht, wobei der Katalog ... zeigt, dass es sich bei Erwachsenenbildung um ein deutlich niederschwelliges und sehr breit gefächertes, insbesondere nicht primär auf Berufsausbildung zugeschnittenes Bildungsangebot handelt. Hinzu kommt, dass Einrichtungen nur dann als förderungswürdige Einrichtung der Erwachsenenbildung anerkannt werden können, wenn sie eine kontinuierliche und pädagogisch-planmäßige Bildungsarbeit auf den Gebieten der Erwachsenenbildung oder des Volksbüchereiwesens leisten ... Der Besuch von Veranstaltungen muss jedermann offen stehen, er darf nur im Hinblick auf erforderliche Vorkenntnisse beschränkt werden. ..." (VwGH 4.6.2008, Zl. 2004/08/0012, Hauptverband 16.9.2008, Zl. 32-MVB-51.1/08 Dm/Mm).

Bei Lehrern, die nach dem ASVG pflichtversichert sind, ist bei der Anwendbarkeit der Verordnung zu prüfen, ob diese Tätigkeit den Nebenberuf darstellt. Bei nebenberuflich Lehrenden ist die Lehrtätigkeit entweder nicht der Hauptberuf oder nicht die Haupteinnahmequelle. Unklarheit herrscht darüber, ob bei Ausübung der Tätigkeit eines Lehrenden bei verschiedenen Erwachsenenbildungseinrichtungen jene Tätigkeit für eine Erwachsenenbildungseinrichtung, die den Schwerpunkt der Tätigkeit bildet, den Hauptberuf darstellt und untergeordnete Nebenbeschäftigungen bei anderen Erwachsenenbildungseinrichtungen

6. E-MVB
004-ABC-F-011

dann als nebenberuflich zu qualifizieren sind oder ob für jede einzelne Tätigkeit Hauptberuflichkeit vorliegt. Richtigerweise ist jedes einzelne Beschäftigungsverhältnis gesondert zu beurteilen. Dies führt im vorliegenden Fall zu dem Ergebnis, dass Nebenberuflichkeit hinsichtlich jeder einzelnen Einrichtung vorliegt. (Hauptverband 17.2.2009, Zl. 32-MVB-51.1/09 Jv/Mm)

Nachdem § 5a Abs. 2 FHStG die „Nebenberuflichkeit" des Lehrpersonals unter anderem durch eine nachweislich andere voll sozialversicherungspflichtige Erwerbstätigkeit qualifiziert, stellt sich die Frage, welche einzelnen Berufsgruppen von dieser Norm gedeckt sind. Das Ziel ist eine ordnungsgemäße Beitragsgruppenzuordnung vornehmen zu können.

Die fraglichen Gruppen sind karenzierte Personen, arbeitsuchende Personen, Pensionisten, Wirtschaftstreuhänder, Notare, Rechtsanwälte, Ziviltechniker, Ärzte, Apotheker und Patentanwälte. Aus der Wortfolge „voll sozialversicherungspflichtigen Erwerbstätigkeit" kann geschlossen werden, dass der Gesetzgeber, in Anlehnung an den Terminus der Vollversicherung des § 4 Abs. 1 ASVG, Personen meint, die eine Tätigkeit ausüben, aufgrund derer sie in den Versicherungszweigen der KV, UV und PV der Pflichtversicherung unterliegen. Manche Tätigkeiten (z.B. Rechtsanwälte, Notare, Apotheker) begründen jedoch nicht in allen Zweigen eine Versicherungspflicht. Da es keine sachliche Begründung für eine unterschiedliche sozialversicherungsrechtliche Betrachtungsweise aufgrund der Beschäftigung gibt, sind als „voll sozialversicherungspflichtig" im Sinne des § 5a FHStG daher jene Personen zu verstehen, die aufgrund ihrer Beschäftigung einer Pflichtversicherung (Versicherungspflicht) unterliegen.

Eine „Erwerbstätigkeit" kann in einem persönlich anhängigen Beschäftigungsverhältnis oder im Rahmen einer selbständigen Tätigkeit ausgeübt werden. Da der Versicherungsschutz bei einem opting-out gleichwertig sein muss, ist auch bezüglich dieser Personen von einer „voll sozialversicherungspflichtigen Erwerbstätigkeit" im Sinne des § 5 Abs. 2 FHStG auszugehen.

Mangels anderer Erwerbstätigkeit können karenzierte Personen, arbeitsuchende Personen und Pensionisten nicht als nebenberufliches Lehrpersonal angesehen werden. Ärzte, Wirtschaftstreuhänder und Tierärzte können, da sie in allen drei Zweigen der Versicherungspflicht unterliegen, als nebenberufliches Lehrpersonal im Sinne des § 5a Abs. 2 FHStG tätig werden. Die Tätigkeiten von selbständigen Notaren, Rechtsanwälten, Ziviltechnikern, Apothekern und Patentanwälten begründen keine Versicherungspflicht in der UV. Da es keine sachliche Rechtfertigung für eine Ungleichbehandlung dieser Personengruppe zu den oben genannten Personen (Ärzte, Wirtschaftstreuhänder, Tierärzte) gibt, ist auch bei diesen Personen von einer „voll sozialversicherungspflichtigen Erwerbstätigkeit" im Sinne des § 5a Abs. 2 FHStG auszugehen. (Hauptverband 17.2.2009, Zl. 32-MVB-51.1/09 Jv/Mm)

Im Rahmen mehrerer Erhebungen betreffend die Beschäftigung von Vortragenden – ausgelöst durch Ansuchen der Sozialversicherungsanstalt der gewerblichen Anstalt, bei der eine Meldung als „Neuer Selbständiger" erfolgt ist – hat die Pädagogische Hochschule mitgeteilt, dass die Abrechnung der „Honorarnoten" über die Personalverrechnung vorgenommen wurde. Auf Grund der vorliegenden Abrechnung der Honorarnoten ist eine Trennung zwischen öffentlich-rechtlichem Auftrag und Teilrechtsfähigkeit nicht erkennbar. Wenn die Seminartätigkeit als Nebentätigkeit zur Beschäftigung als Lehrer zu sehen ist, ist die BVA zuständig. Bei privaten Hochschulen liegt die Prüfzuständigkeit bei der Österreichischen Gesundheitskasse. In der Regel werden Dienstverhältnisse vorliegen. (Hauptverband 21.4.2009, Zl. 32-MVB-51.1/09 Jv/Mm)

Vgl. Erwachsenenbildung unter 004-ABC-E-002 sowie 049-07-00-001

Das BMASK stellte in mehreren Verfahren zur Feststellung der Versicherungspflicht bescheidmäßig fest, dass Lehrende, welche von OEGs oder GmbHs an eine Fachhochschule entsendet werden, obwohl der Lehrauftrag seitens der Fachhochschule an die OEG vergeben wurde, der Vollversicherungspflicht nach dem ASVG und der Arbeitslosenversicherungspflicht nach dem AlVG aufgrund der Beschäftigung zur Fachhochschule unterliegen. Der VwGH bestätigte diese Rechtsansicht und begründete dies im Wesentlichen folgendermaßen:

„Ein Fachhochschul-Studiengang soll als Ort einer anspruchsvollen wissenschaftlich fundierten Berufsausbildung organisiert sein. Diese Leistung soll primär durch das professionelle Engagement eines hoch qualifizierten Lehrkörpers erbracht werden, der sich dieser Verantwortung auch bewusst ist. Darin unterscheidet sich die Fachhochschule von der Schule. Adressat der Autonomiegewährleistung ist der Erhalter, der im Rahmen seiner Organisationsgewalt dafür Sorge zu tragen hat, dass einer solchen professionellen Autonomie des Lehrkörpers Raum gegeben wird.

Mit einer derartigen Autonomie des Lehr- und Forschungspersonals wäre es aber unvereinbar, würde das Lehrpersonal – wie in den vorliegenden Verträgen angeführt – nach dem Dafürhalten einer dritten Partei (hier die G OEG) ausgewählt, könnte doch diese dritte Partei diesem auch (inhaltliche) Weisungen betreffend der Erbringung seiner Tätigkeiten erteilen. Selbst eine Beschäftigung des Lehr- und Forschungspersonals durch eine dem Erhalter des Fachhochschul-Studienganges nahestehende Person (samt Weisungserteilung aus dieser Beschäftigung) wäre in diesem Fall nicht ausgeschlossen, was aber der Autonomie des Lehr- und Forschungspersonals diametral entgegenstünde.

Der VwGH hat bereits in seinem Erkenntnis vom 25.04.2007, Zl. 2005/08/0137, unter Verweis auf die Bestimmungen des FHStG dargelegt, dass die – in erster Linie gesetzlich – vorgegebene Struktur eines Fachhochschul-Studienganges eine tendenziell vertretungsfeindliche ist. Die Konstruktion der Erbringung von Leistungen des Lehrpersonals im Rahmen einer Fachhochschule durch eine OEG steht auch im Widerspruch zu dieser Vertretungsfeindlichkeit. Wenn schon die Vertretung einer (natürlichen) Person durch eine andere Person tendenziell ausgeschlossen ist, ist es umso mehr ausgeschlossen, dass die Auswahl des Lehrpersonals eines Fachhochschul-Studienganges an eine außenstehende Gesellschaft ausgelagert wird.

Es ergibt sich daher schon bei wirtschaftlicher Betrachtung (im Sinne des § 539a Abs. 1 ASVG) die Zurechnung der Lehrdienstleistung an Herrn G.; auf eine allfällige Missbrauchs- oder Umgehungsabsicht komme es nicht an."

Ein Missbrauch von Formen und Gestaltungsmöglichkeiten des bürgerlichen Rechtes iSd § 539a ASVG liegt jedenfalls dann vor, wenn die Gestaltung der rechtlichen Verhältnisse anders als mit der Absicht der Umgehung gesetzlicher Verpflichtungen nicht erklärt werden kann. An Stelle der nach der erwähnten Gesetzesstelle unbeachtlichen Konstruktion tritt gemäß § 539a Abs. 3 ASVG jene, die den wirtschaftlichen Vorgängen, Tatsachen und Verhältnissen angemessen gewesen wäre. (Hauptverband, 19./20.6. 2012, Zl 32-MVB-51.1/12 Dm-Sbm/Sdo, VwGH, 14. März 2001, Zl. 2000/08/0097, VwGH 28.3.2012, Zl. 2009/08/0010)

004-ABC-F-012
Familienhafte Mitarbeit

Die Prüfung der Dienstnehmereigenschaft erfolgt anhand der zwischen dem Dienstgeber und Dienstnehmer getroffenen Vereinbarung und der tatsächlich gelebten Verhältnisse. Dies gilt auch bei der Beurteilung von durch Familienmitglieder ausgeübten Tätigkeiten in den Betrieben naher Angehöriger.

Bei der Frage, ob ein Dienstverhältnis oder familienhafte Mitarbeit vorliegt, handelt es sich stets um eine Einzelfallbeurteilung. Die Erläuterungen, die vom Hauptverband der österreichischen Sozialversicherungsträger (nunmehr: Dachverband der Sozialversicherungsträger) mit dem Bundesministerium für Finanzen und der Wirtschaftskammer Österreich abgestimmt wurden, dienen daher nur als Orientierungshilfe.

Eine Grundvoraussetzung für die Annahme familienhafter Mitarbeit ist bei den meisten Familienangehörigen die vereinbarte Unentgeltlichkeit der Tätigkeit, d. h. es dürfen tatsächlich keine Geld- oder Sachbezüge (auch nicht durch Dritte) gewährt werden.

Ein Wechsel zwischen der Ausübung der Tätigkeit aufgrund eines Dienstverhältnisses mit der bloßen Mithilfe im Familienverband ist allerdings nur bei einer einschlägigen und tatsächlichen Änderung der faktischen Gegebenheiten möglich. (Hauptverband 20. 1. 2015, Zl. LVB-51.1/15 Jv/Km)

Näheres dazu unter www.noedis.at.

004-ABC-G-001
Gesellschaft – Atypische stille Gesellschaft

Hier werden dem stillen Gesellschafter abweichend von der typischen stillen Gesellschaft Vermögensrechte am Unternehmen in der Form eingeräumt, dass er am Geschäftsvermögen in schuldrechtlicher Form so beteiligt wird, als ob er daran als Eigentümer beteiligt wäre und am Firmenwert Anteil hätte. Vielfach werden dem „Stillen" auch Geschäftsführungsbefugnisse zugestanden. Er ist daher als Mitunternehmer anzusehen, wodurch die Dienstnehmereigenschaft ausgeschlossen wird.

Atypische stille Gesellschafter – unabhängig vom Zeitpunkt der Begründung ihres Gesellschaftsverhältnisses – unterliegen ab dem 1. Jänner 1998 der Pflichtversicherung gemäß § 2 Abs. 1 Z 4 GSVG. Selbstständige Erwerbstätigkeit ist dann gegeben, wenn eine Geschäftsführungsbefugnis, sonstige Mittätigkeit oder eine gesellschaftsrechtliche Verlustbeteiligung im Sinne einer unbeschränkten Nachschusspflicht über die Höhe der Einlage hinaus vorliegt.

004-ABC-G-002
Gesellschaft – Geschäftsführender Gesellschafter einer GmbH mit einer Beteiligung bis inklusive 25%

Durch den im § 4 Abs. 2 ASVG enthaltenen Verweis auf § 47 Abs. 1 in Verbindung mit Abs. 2 EStG werden alle lohnsteuerpflichtigen Gesellschafter von Kapitalgesellschaften gemäß § 4 Abs. 2 ASVG als Dienstnehmer versicherungspflichtig. Bei diesen lohnsteuerpflichtigen geschäftsführenden Gesellschaftern handelt es sich um solche, die bis 25 % mit oder ohne Sperrminorität beteiligt sind und die Merkmale eines Dienstverhältnisses aufweisen. Es ist dabei unerheblich, ob die Gesellschaft Mitglied der Wirtschaftskammer ist oder nicht. Die Regelung tritt mit 1. Jänner 1999 in Kraft. Durch eine Übergangsbestimmung gemäß § 575 Abs. 3 ASVG und korrespondierend § 276 Abs. 3 GSVG ist § 4 Abs. 2 zweiter Satz ASVG in der Fassung des BGBl. I Nr. 138/1998 so lange nicht auf jene zu Geschäftsführern bestellten Gesellschafter einer GmbH, die am 31. Dezember 1998 gemäß § 2 Abs. 1 Z 3 GSVG pflichtversichert sind, anzuwenden, als die Tätigkeit als geschäftsführender Gesellschafter, die die Pflichtversicherung nach dem GSVG begründet, weiter ausgeübt wird und keine Änderung des maßgeblichen Sachverhaltes eintritt. Als Änderung des maßgeblichen Sachverhaltes könnte z.B. eine Änderung in den Beteiligungsverhältnissen angesehen werden. Wenn kein Arbeitsverhältnis zwischen Gesellschaft und Geschäftsführer vereinbart wurde, weil er nur organschaftlich tätig ist, werden die Bedingungen des § 47 Abs. 1 EStG nicht erfüllt. Mangels einer Lohnsteuerpflicht (und mangels einer Tätigkeit in persönlicher und wirtschaftlicher Abhängigkeit) besteht auch keine Pflichtversicherung nach dem ASVG, sondern eine Pflichtversicherung nach § 2 Abs. 1 Z 3 bzw. § 2 Abs. 1 Z 4 GSVG. Das Weisungsrecht der Generalversammlung kann durch einen Sondervertrag bzw. eine Sperrminorität ausgeschlossen werden. Das Fehlen eines Weisungsrechtes schließt die Dienstnehmereigenschaft an sich aus, nicht jedoch die Lohnsteuerpflicht. Die

6. E-MVB
004-ABC-G-002

Verknüpfung des § 4 Abs. 2 ASVG mit § 47 EStG bewirkt nämlich, dass auch alle der Generalversammlung gegenüber nicht weisungsgebundenen lohnsteuerpflichtigen Geschäftsführer als Dienstnehmer gelten und als solche der Pflichtversicherung nach dem ASVG unterliegen.

Nach Ansicht des Bundesministeriums für Soziale Sicherheit und Generationen kann für geschäftsführende Gesellschafter mit einem Anteil bis zu 25 % eine Voll- bzw. Teilversicherung nach dem ASVG nur dann eintreten, wenn ein Entgelt ausgezahlt wird. (Hauptverband 20.11.2000, Zl. 32-51.1/00 Sm/Mm, BMSG 2.11.2000, Zl. 21.130/10-2/2000)

Der Verwaltungsgerichtshof hat mit Erkenntnis vom 1. April 2009, unter Hinweis auf das Erkenntnis vom 17. Jänner 1995, Zl. 93/08/0182, im nachstehenden Fall festgestellt, dass ein drittangestellter Geschäftsführer zu einer GmbH in einem die Versicherungspflicht begründenden Beschäftigungsverhältnis gestanden ist. Die in diesem Fall „vorliegenden Rechtsbeziehungen zwischen „Verleihunternehmen" (Gemeinde), Entleihgesellschaft und dem „entliehenen" Geschäftsführer unterschieden sich von sonstigen Leiharbeitsverhältnissen vor allem dadurch, dass die Beschäftigergesellschaft ein Recht auf die Arbeitsleistung des Geschäftsführers auf Grund eigener Rechtsbeziehungen zu diesem aus dem Bestellungsakt zum Geschäftsführer der GmbH schon erworben hatte. Dieser war daher seine Dienste auf Grund dieses Rechtsverhältnisses zu leisten schuldig, und nicht erst auf Grund seiner Rechtsbeziehung zur Gemeinde. Der vom Bestellungsakt zum Geschäftsführer zu unterscheidende Anstellungsvertrag (der auch konkludent geschlossen werden kann) begründet keine vom Bestellungsvorgang verschiedene Hauptleistungspflicht des Geschäftsführers, sondern regelt nur die näheren Umstände, unter denen die Leistung des Geschäftsführers zu erbringen ist. Daher ist es rechtlich gar nicht denkbar, die die Weisungsgebundenheit des Geschäftsführers, den Arbeitsort, die Arbeitszeit und das arbeitsbezogene Verhalten bei Erbringung der Geschäftsführungstätigkeit betreffenden Umstände als selbständigen Gegenstand eines mit einem Dritten fortbestehenden Arbeitsvertrages anzusehen. Ein Beschäftigungsverhältnis iSd § 4 Abs. 2 ASVG zum Entleiher als Dienstgeber iSd § 35 Abs. 1 ASVG ist anzunehmen, wenn dem Entleiher – wie hier – auf Grund eigener Rechtsbeziehungen mit dem Dienstnehmer ein unmittelbarer (und nicht bloß vom Verleiher abgeleiteter) Rechtsanspruch auf die Arbeitsleistung zusteht." (VwGH 1.4.2009, Zl. 2006/08/011, Hauptverband 19.1.2010, Zl. 32-MVB-51.1/10 Dm/Mm).

Während die Geschäftsführer-Bezüge und Honorare der wesentlich beteiligten Gesellschafter-Geschäftsführer von der Rechtsanwalts-GmbH in die Beitrags-(Bemessungs-)grundlage zum DB bzw. zur Kommunalsteuer einbezogen wurden, wurden bei den nicht wesentlich beteiligten Gesellschafter-Geschäftsführer nur die Geschäftsführer-Bezüge, nicht jedoch die Honorare berücksichtigt.

Im Zuge einer GPLA wurde der DB und die Kommunalsteuer, der auf die Honorare der nicht wesentlich beteiligten Gesellschafter-Geschäftsführer entfiel, nachverrechnet.

Das BFG bestätigte die Nachverrechnung und wies die Beschwerde ab.

Aus den Entscheidungsgründen:

Nach den eindeutigen und klaren Bestimmungen des GmbHG, unabhängig von einer allenfalls bestehenden Beteiligung, sind die Geschäftsführer jedenfalls verpflichtet, den Beschlüssen (Weisungen) der Generalversammlung nachzukommen (z.B. §§ 16 Abs. 1, 20 Abs. 1, 35 Abs. 1 Z 5 GmbHG).

Nach der Rechtsprechung des Verwaltungsgerichtshofes kommt es für die Beantwortung der Frage, ob andere als von § 22 Z 2 zweiter Teilstrich EStG 1988 oder § 25 Abs. 1 Z 1 lit. b EStG 1988 erfasste Geschäftsführer ihre Arbeitskraft im Sinne des § 47 Abs. 2 EStG 1988 schulden, allein auf das Anstellungsverhältnis regelnden Anstellungsvertrag an, unabhängig von den gesellschaftsrechtlichen Bestimmungen.

Entscheidend ist demnach das schuldrechtliche Verhältnis zwischen den Geschäftsführern und der Gesellschaft.

Das völlige Fehlen einer Weisungsunterworfenheit schließt im Allgemeinen ein Dienstverhältnis aus. Allerdings reicht es bei leitenden Angestellten aus, wenn sich die Weisungsgebundenheit auf die grundsätzliche Erfüllung der Leitungsaufgaben beschränkt. Weisungsunterworfenheit bedeutet, dass der Arbeitgeber durch individuell-konkrete Anordnungen das Tätigwerden des Dienstnehmers beeinflussen kann (VwGH 28.6.2006, 2002/13/0175).

Nach Punkt VI. des Geschäftsführervertrages orientieren sich die Grenzen der Dispositionsfreiheit der Geschäftsführer an den gesetzlichen Vorschriften, dem Gesellschaftsvertrag und dem anwaltlichen Standesrecht. Durch diese Bestimmung wurden die gesellschaftsrechtlichen Bestimmungen in das schuldrechtliche Verhältnis zwischen den Geschäftsführern und der Gesellschaft übernommen. Die Geschäftsführer waren somit schuldrechtlich verpflichtet, den Beschlüssen (Weisungen) der Generalversammlung und sonstigen Obliegenheiten nachzukommen.

Ein Gesellschafter-Geschäftsführer hat durch seine Tätigkeit den Unternehmenszweck der Gesellschaft zu verwirklichen und bei höher qualifizierten Leistungen tritt die Weisungsgebundenheit in Bezug auf Art und Inhalt der ausgeübten Tätigkeit in den Hintergrund.

Die vorrangig zu prüfenden Kriterien der Weisungsgebundenheit und der Eingliederung sprechen, betreffend die nicht wesentlich an der Gesellschaft beteiligten Geschäftsführer, eindeutig für das Vorliegen eines Dienstverhältnisses.

Die Weisungsungebundenheit bei der Mandatsausübung (§ 21c Z 10 RAO) bzw. bei der „täglichen" Arbeit steht der Annahme eines Dienstverhältnisses nicht entgegen. (Hauptverband,

15./16.9.2015, Zl. 51.1/15 Jv/Km, BFG vom 9.6.2015, RV/2100544/2012)

Der VwGH hat das Erkenntnis des BFG, wonach bei den nicht wesentlich beteiligten G-GF einer Rechtsanwalts-GmbH ein Ausschluss der persönlichen Weisungsbindung nicht ausdrücklich abgeleitet werden kann und somit Einkünfte aus nicht selbständiger Arbeit vorliegen, wegen Rechtswidrigkeit infolge Verletzung von Verfahrensvorschriften (Verstoß gegen das Überraschungsverbot) aufgehoben.

Aus den Entscheidungsgründen:

Maßgeblich für die Beurteilung der Weisungsgebundenheit von G-GF einer GmbH iSd § 47 Abs. 2 EStG 1988 ist nicht die sachliche, sondern die davon zu unterscheidende persönliche Weisungsgebundenheit. Die Bindung eines (nicht wesentlich beteiligten) Geschäftsführers an den Gesellschaftsvertrag und die Gesellschafterbeschlüsse stellt bloß eine sachliche Weisungsgebundenheit her. Ob die G-GF der revisionswerbenden GmbH iSd § 47 Abs. 2 EStG 1988 „ihre Arbeitskraft schulden", ist aufgrund der zwischen den Geschäftsführern und der GmbH bestehenden schuldrechtlichen Verhältnisse zu beurteilen (vgl. mit zahlreichen Hinweisen auf die Vorjudikatur VwGH 24.11.2016, 2013/13/0046).

Im Abgabenverfahren gilt nach ständiger Rechtsprechung des Verwaltungsgerichtshofes ein Überraschungsverbot. Gemäß § 269 Abs. 1 BAO ist dies auch im Beschwerdeverfahren vor dem Bundesfinanzgericht zu beachten. Teilt das Bundesfinanzgericht die zwischen den Parteien des Beschwerdeverfahrens unstrittigen Standpunkte nicht, so obliegt es ihm daher bei sonstigem Verstoß gegen das Überraschungsverbot, dies den Parteien bekannt zu geben und ihnen Gelegenheit zur Geltendmachung ihrer Rechte und rechtlichen Interessen zu geben (vgl. VwGH 11.2.2016, Ra 2015/13/0047).

Ein derartiger Verfahrensmangel liegt im Revisionsfall vor, wenn das Bundesfinanzgericht erstmals aus Punkt I.5. der Geschäftsführerverträge das Bestehen einer persönlichen Weisungsgebundenheit der Geschäftsführer ableitet, zumal diese Vertragsbestimmung, wie die Revision zutreffend aufzeigt, überdies kaum Raum für die vom Bundesfinanzgericht gefundene Auslegung bietet. Dass die Revisionswerberin zu einer „Stellungnahme" hinsichtlich der Frage der persönlichen Weisungsgebundenheit ihrer Geschäftsführer aufgefordert worden wäre, ist dem angefochtenen Erkenntnis nicht zu entnehmen. Der Vorwurf des Unterbleibens einer die Zweifel des Bundesfinanzgerichts ausräumenden Stellungnahme erweist sich daher als nicht gerechtfertigt.

Gemäß § 914 ABGB ist bei der Auslegung von Verträgen die Absicht der Parteien zu erforschen und der Vertrag so zu verstehen, wie es der Übung des redlichen Verkehrs entspricht. Im gegenständlichen Fall wäre es sohin Sache des Bundesfinanzgerichts gewesen, den Parteiwillen zu erforschen, bevor es die betreffende Vertragsbestimmung als eine Festlegung von persönlicher Weisungsgebundenheit der Gesellschafter-Geschäftsführer interpretiert.

Die Angaben der Parteien über ihre Absicht im Rahmen des Vertragsabschlusses zählen zu den Ergebnissen des Ermittlungsverfahrens, welche gemäß § 167 Abs. 2 BAO bei der Beweiswürdigung zu berücksichtigen sind (vgl. VwGH 2.9.2009, 2005/15/0035).

(Hauptverband, 15. Mai 2018, Zl. LVB-51.1/18 Jv/Wot)

004-ABC-G-003
Gesellschaft – Geschäftsführender Gesellschafter einer GmbH mit einer Beteiligung über 25%

Alle einkommensteuerpflichtigen geschäftsführenden Gesellschafter von Kapitalgesellschaften mit einer Beteiligung über 25% sind im Regelfall nach den Bestimmungen des GSVG versicherungspflichtig.

Es ist durchaus denkbar, dass bei einem geschäftsführenden Gesellschafter mit einem Geschäftsanteil von über 25% im konkreten Fall Dienstnehmereigenschaft festgestellt wird (persönliche und wirtschaftliche Abhängigkeit gegen Entgelt beschäftigt) wird. In einem solchen Fall ist entgegen der sonstigen Regel, dass solche Personen grundsätzlich nach dem GSVG zuzuordnen sind, Pflichtversicherung nach § 4 Abs. 2 ASVG (Dienstnehmer) gegeben. Eine Pflichtversicherung als Freier Dienstnehmer gemäß § 4 Abs. 4 ASVG ist ausgeschlossen.

Wenn eine GmbH einzige Komplementärin einer GmbH&CoKG ist, ein Gesellschafter mit Stammanteilen von 75% beteiligt ist und für die restlichen 25% keine Sperrminorität besteht, hat der 75%-Gesellschafter in der GmbH bestimmenden Einfluss. Im Beispielfall verrichtet dieser Gesellschafter die Buchhaltung für die KG, ist aber an der GmbH nicht beteiligt. Die Finanz beurteilt jede Gesellschaft für sich und anerkennt ein lohnsteuerpflichtiges Dienstverhältnis des 75%-Gesellschafters zur KG. Die festgestellte Lohnsteuerpflicht bindet die Sozialversicherung. (Hauptverband 25., 26.9.2003, Zl. FO-MVB/32-51.1/03 Jv/Mm)

In einem konkreten Fall war der Geschäftsführer nicht Gesellschafter der mitbeteiligten Partei. Der verfahrensführende Träger führte völlig richtig aus, dass wenn der Gesetzgeber lohnsteuerpflichtige geschäftsführende Gesellschafter als Dienstnehmer gemäß § 4 Abs. 2 ASVG in die Pflichtversicherung nach dem ASVG miteinbeziehen, müsse dies umso mehr für einen lohnsteuerpflichtigen Geschäftsführer, der keine Gesellschaftsanteile besitze, gelten. Der VwGH führt aus, dass wegen den – unbestritten gebliebenen – Feststellungen sich nicht das für ein Arbeitsverhältnis typische Bild einer Beschäftigung in persönlicher Abhängigkeit ergibt. Schon mangels eines Weisungsrechts der Dienstgeberin hinsichtlich Arbeitszeit, Arbeitsort und arbeitsbezogenem Verhalten war keine weitgehende Ausschaltung der Bestimmungsfreiheit des Geschäftsführers gegeben. Der belangten Behörde

6. E-MVB
004-ABC-G-004 – 004-ABC-G-005

wäre daher nicht entgegenzutreten, wenn sie den Geschäftsführer nicht als Arbeitnehmer im arbeitsvertragsrechtlichen Sinn einstufte und folglich die Anwendung des Kollektivvertrags für Angestellte und Lehrlinge in Handelsbetrieben verneinte.

Gem. der bisherigen Ansicht ist eine Pflichtversicherung eines geschäftsführenden Gesellschafters als freier Dienstnehmer gemäß § 4 Abs. 4 ASVG jedoch ausgeschlossen.

Auf Grund der vorliegenden Einzelfallentscheidung ändert sich nichts an der grundsätzlichen Einstufung von Geschäftsführern und Gesellschafter-Geschäftsführern bei GmbHs als echte Dienstnehmer nach dem ASVG. (VwGH 14.01.2013, 2010/08/0171, Hauptverband 25.2.2014, Zl. LVB-51.1/14 Jv/Gd).

Der wesentlich beteiligte G-GF wurde im Rahmen von Projekten für die GmbH als Konsulent oder mit sonstigen Leistungen als Einzelunternehmer tätig. Die Tätigkeit des G-GF bestand im Wesentlichen aus Managementtätigkeiten für (der GmbH Auftrag gebende) Unternehmen. Im Zuge einer GPLA wurden die ausbezahlten Honorare dem DB und DZ unterworfen.

Die Beschwerde wurde im Wesentlichen unter Verweis auf das Erkenntnis des verstärkten Senates VwGH vom 10. November 2004, 2003/13/0018 und der im vorliegenden Fall gegebene Eingliederung in den geschäftlichen Organismus des Arbeitgebers abgewiesen.

Die Eingliederung in den geschäftlichen Organismus einer Gesellschaft wird durch jede nach außen hin auf Dauer angelegte erkennbare Tätigkeit hergestellt, mit welcher der Unternehmenszweck der Gesellschaft verwirklicht wird. Unerheblich dabei ist, ob der Gesellschafter-Geschäftsführer im operativen Bereich der Gesellschaft oder (ausschließlich) im Bereich der Geschäftsführung tätig ist (vgl. VwGH vom 10. November 2004, 2003/13/0018, Hauptverband vom 16.9.2014, Zl. 51.1/14/0008 Jv/Gd)

Zur Zwischenschaltung-Drittanstellung eines Geschäftsführers über eine KG:

Die „GF-Bezüge" des an der Gesellschaft zu 50% beteiligten GF wurden im Rahmen einer Außenprüfung dem DB/DZ unterworfen. Die „Honorare für Geschäftsführertätigkeit" wurden von einer KG in Rechnung gestellt, deren persönlich haftender Gesellschafter ebenfalls der GF der GmbH ist. Der VwGH bestätigte die direkte Zurechnung der „GF-Bezüge" an den GF und die Nachverrechnung.

Aus den Entscheidungsgründen:

Der wesentlich beteiligte G-GF der Beschwerdeführerin ist zugleich persönlich haftender Gesellschafter der dem Vorbringen nach zwischengeschalteten KG. Über das Zustandekommen und den Inhalt der Vertragsbeziehungen im behaupteten Dreiecksverhältnis wurden keine Urkunden vorgelegt. Auch die Beschwerde enthält keine konkreten Behauptungen über die Vertragsbeziehungen oder die wirtschaftlichen Hintergründe. Es wird nur dargelegt, die „Art der Verrechnung" habe darauf abgezielt, „dem wirtschaftlichen Engagement der Beschwerdeführerin auf Dauer gesehen die Ertragsfähigkeit zu verschaffen", und die „Verrechnung mit der Beschwerdeführerin" sei „zwar die Haupteinnahmequelle, aber nicht die einzige Einnahmequelle" der KG, die schon zwei Jahre vor der Beschwerdeführerin gegründet worden sei. Im vorliegenden Fall fehlt es somit an einem Vorbringen, dem zu entnehmen wäre, dass und inwiefern sich die Einbindung der KG in die Verhältnisse zwischen der Beschwerdeführerin und ihrem Geschäftsführer nicht in der Ausstellung von Rechnungen erschöpfte, sodass die KG nicht nur als „Zahlstelle" diente. Fehlt es schon an einem solchen Vorbringen, so ist es für die Zurechnung des Entgelts für die Geschäftsführertätigkeit an den Geschäftsführer nicht entscheidend, ob die Annahme einer Umgehungsabsicht schlüssig begründet ist (VwGH vom 24.9.2014, Zl. 2011/13/0092, Hauptverband, 20.1.2015, Zl. LVB-51.1/15 Jv/Km).

004-ABC-G-004
Gesellschaft – Geschäftsführender Gesellschafter mit Gewinnbeteiligung

Ist nur eine Gewinnbeteiligung als Entgelt für die Geschäftsführertätigkeit (unabhängig vom Gesellschaftsanteil) vereinbart, ist zu prüfen,

- ob die Gewinnbeteiligung aus dem Gesellschaftsanteil erzielt wird (Einkommensteuerpflicht) oder
- ob sie unabhängig davon ausschließlich als Entgelt für die Geschäftsführertätigkeit (Lohnsteuerpflicht) gebührt.

Im letzteren Fall besteht Pflichtversicherung nach dem ASVG auf Grund der Bindung an das Steuerrecht (§ 4 Abs. 2 zweiter Satz ASVG) auch, wenn die klassischen Dienstnehmereigenschaften (persönliche und wirtschaftliche Abhängigkeit gegen Entgelt) nicht vorliegen. Das geht aus § 25 Abs. 1 Z 1 lit. b EStG hervor.

004-ABC-G-005
Gesellschaft – Geschäftsführer ohne Beteiligung

Geschäftsführer ohne Entgelt: Wenn glaubhaft gemacht wird, dass ein Geschäftsführer ohne Beteiligung ohne Entgelt diese Funktion ausübt, hat das keine sozialversicherungsrechtlichen Folgen.

Geschäftsführer mit Prämien oder Gewinnbeteiligungen usw.: In diesen Fällen liegt Entgelt vor und wird daher eine Pflichtversicherung nach dem ASVG eintreten. Ist der kollektivvertragliche Anspruch höher als das gezahlte Entgelt, so ist von einem Beschäftigungsverhältnis nach § 4 Abs. 2 ASVG (Dienstverhältnis) vom höheren Kollektivvertragslohn als Anspruchslohn auszugehen.

Wenn bei einem handelsrechtlichen Geschäftsführer keine Tätigkeit vorliegt, aber ein Entgelt geleistet wird (für die Organverantwortlichkeit), so hat das grundsätzlich keine sozialversicherungsrechtlichen Folgen, weil immer eine Tätigkeit vorliegen muss; dies gilt ebenso für den gewerberechtlichen Geschäftsführer. Die Behauptung der Nichttätigkeit muss aber streng nachgewiesen werden.

Beim gewerberechtlichen Geschäftsführer ist das Erfordernis der 20 Wochenstunden ein großes Indiz für das Vorliegen einer sozialversicherungspflichtigen Tätigkeit.

Im Regelfall liegt bei Geschäftsführern eine Pflichtversicherung nach § 4 Abs. 2 ASVG (Dienstverhältnis) vor. (Hauptverband 12.11.1998, Zl. 32-51.1/98 Ch/Svs,)

004-ABC-G-006
Gesellschaft – Gesellschafter – Geschäftsführer

Die Beurteilung der Pflichtversicherung hat immer an Hand der Prüfungsreihenfolge unter Berücksichtigung der tatsächlichen Verhältnisse im Einzelfall zu erfolgen. Die Zuordnung einer Berufsgruppe zu einem Versicherungstatbestand ohne einer derartigen Beurteilung ist daher nicht möglich.

Maßgebend für die Beurteilung der Pflichtversicherung sind die Beteiligungsverhältnisse sowie die Möglichkeiten der Einflussnahmen.

004-ABC-G-007
Gesellschaft – Gesellschafter einer GmbH – kein Geschäftsführer

Einer GmbH kommt ab ihrer Eintragung in das Firmenbuch eigene Rechtspersönlichkeit zu. Sie ist ab diesem Zeitpunkt eine juristische Person. Vor der Protokollierung der Gesellschaft ins Firmenbuch haften die Gesellschafter persönlich zur ungeteilten Hand. Aus diesem Grund kann die Pflichtversicherung nach dem ASVG als Dienstnehmer eines Gesellschafters in der Regel erst ab dem Tag der Eintragung der Gesellschaft im Firmenbuch beginnen (Ausnahme: siehe „GmbH in Gründung").

Bei „Nur"-Gesellschaftern ist neben dem Vorliegen der Dienstnehmermerkmale nach § 4 Abs. 2 erster Satz ASVG noch zu prüfen, welche Möglichkeiten der Einflussnahme dem Gesellschafter auf die Gestion der Gesellschaft offen stehen. Maßgebliche Kriterien dafür sind einerseits die Beteiligungsverhältnisse am Stammkapital der Gesellschaft und andererseits die Regelungen des Gesellschaftsvertrages bezüglich der Beschlussfassungsmodalitäten. Grundsätzlich ist davon auszugehen, dass bei einem „Nur"-Gesellschafter eine überwiegende Beteiligung am Stammkapital (mehr als 50%) eine Pflichtversicherung nach dem ASVG ausschließt (aktives Weisungsrecht).

Eine Pflichtversicherung nach dem ASVG ist jedenfalls bei Vorliegen einer Lohnsteuerpflicht gemäß § 47 Abs. 1 in Verbindung mit Abs. 2 EStG gegeben.

004-ABC-G-008
Gesellschaft – Gewerberechtlicher Geschäftsführer mit oder ohne Gesellschaftsanteil

Wenn der gewerberechtliche Geschäftsführer an der GmbH beteiligt ist, ist bei der Prüfung so vorzugehen, wie bei Gesellschaftern, die nicht zu (handelsrechtlichen) Geschäftsführern bestellt wurden (siehe: „Gesellschafter einer GmbH – kein Geschäftsführer").

Gemäß § 39 Abs. 1 GewO (Gewerbeordnung) kann der Gewerbeinhaber für die Ausübung seines Gewerbes einen Geschäftsführer bestellen, der dem Gewerbeinhaber gegenüber für die fachlich einwandfreie Ausübung des Gewerbes und der Behörde gegenüber für die Einhaltung der gewerberechtlichen Vorschriften verantwortlich ist.

Gemäß § 39 Abs. 2 GewO muss der Geschäftsführer unter anderem in der Lage sein, den Betrieb entsprechend zu betätigen und selbstverantwortlich Anordnungsbefugnis besitzen.

Handelt es sich um ein Gewerbe, für das die Erbringung eines Befähigungsnachweises vorgeschrieben ist, muss der gemäß § 9 Abs. 1 GewO zu bestellende Geschäftsführer einer juristischen Person angehören oder ein mindestens zur Hälfte der wöchentlichen Normalarbeitszeit im Betrieb beschäftigter, nach den Bestimmungen des Sozialversicherungsrechtes (ASVG) vollversicherungspflichtiger Arbeitnehmer sein.

Wenn die geforderte tatsächlich entsprechende Tätigkeit nicht erfolgt (beispielsweise weil eine entsprechende Betätigungsmöglichkeit im geforderten Ausmaß nicht möglich ist – z.B. Geschäftsführer einer Vereinskantine, die wöchentlich nur 15 Stunden geöffnet ist), kann es sich dabei um eine Verletzung der gewerberechtlichen Vorschriften handeln; hinsichtlich der Sozialversicherungspflicht ist jedoch von den tatsächlichen Verhältnissen (unter Berücksichtigung des § 539a ASVG) auszugehen. Es kann daher nicht automatisch in allen Fällen davon ausgegangen werden, dass ein solcher Geschäftsführer jedenfalls mindestens 20 Wochenstunden beschäftigt ist und daher eine entsprechende sozialversicherungsrechtliche Stellung (vollversicherter Dienstnehmer) ex lege einnimmt.

Es kann auch dazu kommen, dass eine Vereinbarung, wonach der Gewerbeinhaber zwar keine Arbeitsleistung erbringt, wohl aber bei der Österreichischen Gesundheitskasse mit einer Arbeitszeit von 20 Stunden als beschäftigt angemeldet und als gewerberechtlicher Geschäftsführer bestellt werden soll (und auch wurde), nichtig ist, weil sie inhaltlich nichts anderes als die Übereinkunft darstellt, die Anordnungen der Gewerbeordnung durch Vortäuschung eines dieser Normen entsprechenden Beschäftigungsverhältnisses zu umgehen.

Eine solche Vereinbarung verstößt gegen das Gesetz und es wird dadurch eine strafbare Verwaltungsübertretung nach § 376 Z 7 GewO begangen.

Gemäß § 879 Abs. 1 ABGB ist ein Vertrag, der gegen ein gesetzliches Verbot verstößt, nichtig. Daraus ergibt sich, dass nach den tatsächlichen

6. E-MVB
004-ABC-G-009 – 004-ABC-G-011

Verhältnissen ein sozialversicherungspflichtiges Beschäftigungsverhältnis trotz Anmeldung gar nicht vorliegen kann.

Zusammenfassend ergibt sich, dass bei gewerberechtlichen Geschäftsführern, die nicht auch handelsrechtliche Geschäftsführer sind, grundsätzlich ein Dienstverhältnis gemäß § 4 Abs. 2 ASVG mit einer wöchentlichen Mindeststundenanzahl von 20 vorliegen wird, es sei denn, die tatsächlichen Verhältnisse sind nachweislich anders (z.b. keine Beschäftigung, freier Dienstvertrag, Werkvertrag). In der Regel wird Angestelltentätigkeit vorliegen. (Hauptverband 22.5.1999, Zl. 32-51.1/99 Sm)

004-ABC-G-009
Gesellschaft – GmbH & Co KG

Bei der GmbH & Co KG handelt es sich um eine besondere Form der Kommanditgesellschaft. Hier ist der Komplementär, also der persönlich haftende Gesellschafter, keine physische, sondern eine juristische Person, nämlich eine GmbH. Diese „Komplementär-GmbH" ist eine im Firmenbuch eingetragene GmbH, die natürlich auch einen (handelsrechtlichen) Geschäftsführer hat und diesen bei Vorliegen einer die Sozialversicherungspflicht begründenden Beschäftigung anzumelden hat. Die Prüfung der Pflichtversicherung nach dem ASVG bei einem von der GmbH angemeldeten Geschäftsführer erfolgt nach den vorstehend angeführten Kriterien für geschäftsführende Gesellschafter einer GmbH.

Bei der Prüfung der Pflichtversicherung der zur Versicherung angemeldeten Kommanditisten ist zusätzlich darauf Bedacht zu nehmen, ob und in welchem Ausmaß diese an der Komplementär-GmbH beteiligt sind und wieweit ihnen dadurch eine Einflussnahme auf die Führung und Verwaltung der Kommanditgesellschaft möglich ist.

004-ABC-G-010
Gesellschaft – GmbH in Gründung

Ab Vorliegen des Gesellschaftsvertrages kann der geschäftsführende Gesellschafter Dienstnehmer sein. Die Eintragung ins Firmenbuch ist nicht entscheidend. Die Pflichtversicherung beginnt mit Aufnahme der tatsächlichen Beschäftigung, frühestens jedoch mit dem Vorliegen des notariell beglaubigten Gesellschaftsvertrages. (Hauptverband 6.3. und 3.4. 2003, Zl. FO-MVB/32-51.1/03 Rv/Mm)

004-ABC-G-011
Gesellschaft – Kommanditgesellschaft (KAG) – Kommanditerwerbsgesellschaft (KEG)

Die Gesellschafter einer K(E)G sind die Komplementäre (persönlich haftender Gesellschafter) und die Kommanditisten.

Die Komplementäre haften mit ihrem gesamten Vermögen für die Handlungen der Gesellschaft und können aus diesem Grund wie die Gesellschafter einer OHG oder OEG nicht als Dienstnehmer im sozialversicherungsrechtlichen Sinn angesehen und somit nicht in die Voll- und Arbeitslosenversicherung einbezogen werden. Für diesen Personenkreis besteht allenfalls eine Pflichtversicherung nach § 2 Abs. 1 Z 2 GSVG.

Die rechtliche Stellung der Kommanditisten unterscheidet sich erheblich von derjenigen der Komplementäre. Sie sind zumeist nur Kapitalgeber und haften demnach nur bis zur Höhe ihrer Einlage. Wenn daher die Merkmale eines Dienstnehmers vorhanden sind, unterliegen sie der Pflichtversicherung nach dem ASVG.

Die Prüfung der Pflichtversicherung von Kommanditisten erfolgt in vergleichbarer Weise wie jene des Gesellschafter einer GmbH ohne Geschäftsführerfunktion. Sie können daher nicht als Dienstnehmer angesehen werden, wenn ihnen eine entscheidende Mitwirkung an der Führung der Geschäfte zusteht. In der Regel wird dies dann der Fall sein, wenn auf Grund von Bestimmungen im Gesellschaftsvertrag Rechte eingeräumt werden, die ihm einen maßgeblichen Einfluss auf die Gesellschaft ermöglichen. Die Stellung eines derartigen Kommanditisten kommt in diesen Fällen jener eines Komplementärs gleich, wodurch in derartigen Fällen die Dienstnehmerstellung zu verneinen ist.

Kommanditisten, deren Gesellschaftsverhältnis bis zum 30. Juni 1998 begründet wurde, bleiben gemäß § 276 Abs. 4 GSVG weiterhin von der Pflichtversicherung gemäß § 2 Abs. 1 Z 4 GSVG auch nach dem 1. Jänner 2000 ausgenommen. Dabei soll für die Überprüfung das Datum der Eingabe in das Firmenbuch maßgeblich sein. Verlangt der Versicherte einer Kommanditgesellschaft (KG) jedoch die Überprüfung auf Grund des Gesellschaftsvertrages bzw. des Beitritts(Einlage) vertrages, ist diese vorzunehmen (Datum der Eingabe im Firmenbuch liegt nach dem 30. Juni 1998, Gesellschaftsvertrag wurde jedoch schon davor abgeschlossen). Für die Kommandit-Erwerbsgesellschaft (KEG) ist zu unterscheiden, ob es sich um die Gesellschaftsgründung oder um den Beitritt zu einer bestehenden KEG handelt. Bei einer Gesellschaftsgründung entsteht die KEG erst mit der Eintragung im Firmenbuch und ist somit das Eintragungsdatum maßgeblich, beim Beitritt ist wie bei der KG primär auf die Eingabe abzustellen, auf Verlangen des Versicherten jedoch auf den Abschluss des Beitritts(Einlage)vertrages. Bei Veränderungen des Gesellschaftsverhältnisses nach dem 30. Juni 1998 (Erhöhung oder Reduzierung der Gesellschaftsanteile), wodurch die gesellschaftsrechtliche Stellung als Kommanditist nicht berührt wird, bleibt die Ausnahme aufrecht, weil das Gesellschaftsverhältnis vor dem 30. Juni 1998 begründet wurde. Wird jedoch der Altkommanditist (Begründung des Gesellschaftsverhältnisses vor dem 30. Juni 1998) Komplementär und wieder Kommanditist, liegt insoweit ein „Neu-Beitritt" vor.

Kommanditisten, deren Gesellschaftsverhältnis nach dem 30. Juni 1998 begründet wurde, sind ab. 1. Jänner 2000 in die Pflichtversicherung gemäß § 2 Abs. 1 Z 4 GSVG einzubeziehen, wenn sie selbstständig erwerbstätig sind. Selbstständige Erwerbstätigkeit ist dann gegeben, wenn er mitarbeitet und eine Geschäftsführungsbefugnis oder

eine gesellschaftsrechtliche Verlustbeteiligung im Sinne eine unbeschränkte Nachschusspflicht über die Höhe der Kommanditeinlage hinaus vorliegt.
BEACHTE: Kommanditisten nach § 161 ff. Handelsgesetzbuch als ausschließliche Kapitalgeber bleiben jedoch auch ab 1. Jänner 2000 versicherungsfrei.

004-ABC-G-012
Gesellschaft – Offene Handelsgesellschaft (OHG) – Offene Erwerbsgesellschaft (OEG)

Bei der OHG und der OEG handelt es sich um Personengesellschaften. Es gilt jeder Gesellschafter, ohne Rücksicht auf die Höhe der Einlage als Mitunternehmer mit einer unbeschränkten Haftung, welche ein Unternehmerrisiko begründet. Die Dienstnehmereigenschaft gemäß § 4 Abs. 2 ASVG ist in der Regel ausgeschlossen.

Der VwGH bestätigte in diesem Erkenntnis die Dienstnehmereigenschaft (§ 4 Abs. 2 ASVG) eines persönlich haftenden Gesellschafters einer „Offenen Gesellschaft" (OG) im Rahmen seiner Tätigkeit als Forstwirt. Die Dienstgeberstellung kam dabei der Forstverwaltung zu.

Zum Argument, dass diese Tätigkeiten ausschließlich auf Grund eines Dienstleistungsvertrages zwischen der OG und der Forstverwaltung erfolgten und der Gesellschafter seine Leistungen nur im Auftrag und auf Rechnung der OG erbracht habe, merkte der VwGH an, dass die Forstverwaltung nur dann nicht als Dienstgeber zu betrachten sei, wenn es sich beim Betreffenden um eine von der OG überlassene Arbeitskraft handeln würde. Dies sei aber nicht der Fall, da niemand Dienstnehmer sein könne, der auf einen Dienstgeber in rechtlicher Hinsicht einen beherrschenden Einfluss ausübe. Daher könne es insbesondere zwischen einer OG und ihrem uneingeschränkt vertretungs- und weisungsbefugten Gesellschafter keinen Dienstvertrag geben, sodass der Gesellschafter auch nicht überlassen werden könne. Auf Grund der Beschäftigungsmerkmale bestehe daher ein „echtes" Dienstverhältnis zwischen dem Gesellschafter und der Forstverwaltung. (VwGH 15.5.2013, Zl. 2013/08/0051-4, Hauptverband 17.9.2013, LVB-51.1/13 Dm/Gd)

004-ABC-G-013
Gesellschaft – Stille Gesellschaft

Die „Stille Gesellschaft" entsteht durch Abschluss des Gesellschaftsvertrages; eine Formvorschrift für den Gesellschaftsvertrag besteht nicht. Häufig sind auch stillschweigende Abschlüsse anzutreffen.

Die Lehre unterscheidet zwei Arten von stillen Gesellschaften:

004-ABC-G-014
Gesellschaft – Typische stille Gesellschaft

Der stille Gesellschafter beteiligt sich am Handelsgewerbe einer Person durch eine Vermögenseinlage, die in das Vermögen des Gewerbetreibenden übergeht. Der „Stille" ist am Gewinn beteiligt, seine Verlustbeteiligung kann ausgeschlossen werden. Es sind ihm keine Geschäftsführungsbefugnisse eingeräumt.

Wenn ein typischer stiller Gesellschafter, dessen Verlustbeteiligung mit der Höhe seiner Gesellschaftseinlage beschränkt ist, im Betrieb beschäftigt wird und dabei die Kriterien eines Dienstnehmers im sozialversicherungsrechtlichen Sinn vorliegen, ist Pflichtversicherung als Dienstnehmer anzunehmen.

004-ABC-G-015
Gesellschaft – Gesellschaft bürgerlichen Rechts

Im Zuge einer abgabenbehördlichen Prüfung wurde die Arbeitgeberhaftung bezüglich Lohnabgaben abweichend von den eigentlichen Rechtssubjekten (GmbH, Ltd) gegenüber einer von der Behörde aus den „tatsächlichen Verantwortlichen" gebildeten Gesellschaft nach bürgerlichem Recht geltend gemacht.

Der VwGH hat den angefochtenen Bescheid wegen Rechtswidrigkeit infolge Verletzung von Verfahrensvorschriften trotz umfangreicher Erhebungen der Behörde aufgehoben.

Der VwGH führt dazu aus, dass Arbeitgeber nur derjenige sein kann, demgegenüber das Dienstverhältnis iSd § 47 Abs. 2 EStG 1988 besteht (vgl. Doralt, EStG6, § 47 Tz 7). Dies kann auch eine Gesellschaft bürgerlichen Rechts sein, wenn der Arbeitnehmer seine Arbeitskraft diesem Zusammenschluss von Personen schuldet (vgl. das hg. Erkenntnis vom 25. Mai 1988, 87/13/0231).

Die Feststellung der belangten Behörde, dass die beiden Beschwerdeführer die „tatsächlich Verantwortlichen" der T GmbH und der S Ltd waren, stellt keine taugliche Begründung dafür dar, eine aus DL und GK gebildete Gesellschaft bürgerlichen Rechts als Arbeitgeber bestimmter Arbeitnehmer zu behandeln. Die Existenz einer (Kapital)Gesellschaft kann nicht mit dem Argument beiseitegeschoben werden, dass andere Personen als die im Firmenbuch eingetragenen Organe auf die Geschäftsführung maßgebenden Einfluss genommen hätten. Entscheidend ist, ob die (Kapital)Gesellschaft oder eine andere Person/andere Personen tatsächlich die vorgegebene Funktion eines Personalgestellers erfüllt haben. Diesbezügliche Feststellungen fehlen zur Gänze. Der Sachverhalt erweist sich daher insoweit als ergänzungsbedürftig. (VwGH 30.1.2014, 2013/15/0158, Hauptverband vom 3./4.6.2014, Zl. 51.1/14/0006 Jv/Gd)

004-ABC-G-016
Gesellschafter – Anwendung des Kollektivvertrags

Im vorliegenden Fall ist die GKK ist davon ausgegangen, dass der Geschäftsführer dem Kollektivvertrag für Handelsangestellte (KV) unterliegt und entsprechende Beiträge des Geschäftsführers nachverrechnet.

6. E-MVB
004-ABC-G-017 – 004-ABC-G-018

Die Berufungsbehörde hat entschieden, dass keine Beiträge nachzuzahlen sind, da der Geschäftsführer den Ablauf seiner Arbeit weisungsfrei und selbständig regeln konnte; es würde kein Arbeitsvertrag, sondern ein freier Dienstvertrag vorliegen, der KV für Handelsangestellte sei daher nicht anzuwenden. Der Geschäftsführer habe somit keinen arbeitsrechtlichen Anspruch auf eine kollektivvertragliche Entlohnung.

Wesentlich ist die Frage, ob sich der Entgeltanspruch des Geschäftsführers aufgrund des KV-Handelsangestellte ergibt.

In welcher Höhe ein Anspruch auf Entgelt besteht, ist nach zivilrechtlichen (arbeitsrechtlichen) Grundsätzen zu beurteilen.

Nimmt der anzuwendende Kollektivvertrag, wie im vorliegenden Sachverhalt, den Geschäftsführer von seinem Anwendungsbereich nicht grundsätzlich aus, ist darauf abzustellen, ob der Geschäftsführer Arbeitnehmer im Sinne des privatrechtlichen Arbeitnehmerbegriffes ist oder nicht, d.h. etwa einen freien Dienstvertrag mit der Gesellschaft geschlossen hat.

Es ist also zu prüfen, ob der Geschäftsführer den arbeitsvertragsrechtlichen Arbeitnehmerbegriff erfüllt. Entscheidend ist, ob bei einer Gesamtbetrachtung (nach der Methodik eines beweglichen Systems) die Merkmale der persönlichen Abhängigkeit ihrem Gewicht und ihrer Bedeutung nach überwiegen.

Auf die steuerrechtliche und sozialversicherungsrechtliche Behandlung der Einkünfte aus der Beschäftigung kommt es hingegen nicht an. Der Geschäftsführer war keinen Weisungen unterworfen und ein Weisungsrecht der Generalversammlung war ausdrücklich ausgeschlossen. Er war hinsichtlich der Geschäftsführertätigkeit an keinen bestimmten Dienstort und an keine bestimmte Dienstzeit gebunden und konnte sich vertreten lassen.

Diese vertraglichen Vereinbarungen wurden tatsächlich so gelebt.

Der Geschäftsführer wurde daher nicht als Arbeitnehmer im arbeitsvertragsrechtlichen Sinn eingestuft und folglich die Anwendung des KV-Handelsangestellte verneint.

Somit fehlte es, mangels eines höheren Entgeltanspruchs aus dem Kollektivvertrag, an einer Grundlage für die nachverrechneten Beiträge. (VwGH, 14.1.2013, 2010/08/0171, Hauptverband 25.2.2014, Zl. LVB-51.1/14 Jv/Gd)

004-ABC-G-017
Gipser und Maler

Vgl. 004-ABC-M-007

004-ABC-G-018
Aktiengesellschaft Drittanstellung

In einem vorliegenden Fall war es strittig, ob die von einer Aktiengesellschaft ausbezahlten Beträge (direkt) dem Vorstandsvorsitzenden oder den zwei in dessen Alleineigentum stehenden (ausländischen) Gesellschaften zuzurechnen sind. Das BFG anerkannte die Zwischenschaltung nicht und rechnete die Beträge direkt dem Vorstandsvorsitzenden zu (Ergebnis der GPLA bestätigt).

Aus den Entscheidungsgründen: Die Beschwerdeführerin hat mit dem Abschluss der beiden „Dienstleistungsverträge" auf die persönliche Leistungserbringung durch Herrn XY-1 nicht nur nicht verzichtet, sondern sogar ausdrücklich darauf bestanden. Der (behauptete) Verzicht auf die persönliche Leistungserbringung durch Herrn XY-1 scheidet somit als Grund für die Zwischenschaltung der beiden (im alleinigen Eigentum des Herrn XY-1 stehenden) Gesellschaften aus.

Auch bei einer direkten Leistungsbeziehung zwischen der Beschwerdeführerin und Herrn XY-1 (Dienstverhältnis) wäre es Herrn XY-1 unbenommen geblieben, Dritte zu beschäftigen. Auch die Beschäftigung von Dritten scheidet somit als Begründung für die die Zwischenschaltung der beiden (im alleinigen Eigentum des Herrn XY-1 stehenden) Gesellschaften aus.

In der Beschäftigung von Dritten liegt auch kein unternehmerisches Risiko, sodass eine daraus allenfalls resultierende persönliche Haftungsinanspruchnahme als Grund für die Zwischenschaltung der beiden (im alleinigen Eigentum des Herrn XY-1 stehenden) Gesellschaften ebenfalls ausscheidet.

Die Kosten für die Beschwerdeführerin waren in den streitgegenständlichen Kalenderjahren annähernd gleich hoch, sodass auch das, von ihr vorgebrachte Argument, dass die Zwischenschaltung für sie am kostengünstigsten gewesen sei, als (wirtschaftlicher sinnvoller) Grund für die Zwischenschaltung der beiden (im alleinigen Eigentum des Herrn XY-1 stehenden) Gesellschaften ausscheidet.

Die Größe „verbleibender Gewinn/persönlicher Profit" ist nur von der Höhe des damit in Zusammenhang stehenden Aufwandes, nicht aber davon, ob dieser Aufwand bei einer natürlichen Person oder bei einer Gesellschaft entstanden ist, abhängig, sodass auch das von der Beschwerdeführerin vorgebrachte Argument, dass die Zwischenschaltung für Herrn XY-1 am kostengünstigsten gewesen sei, als (wirtschaftlicher sinnvoller) Grund für die Zwischenschaltung der beiden (im alleinigen Eigentum des Herrn XY-1 stehenden) Gesellschaften ausscheidet.

Für das Bundesfinanzgericht sind daher keine Gründe erkennbar, die eine Zwischenschaltung der beiden (im alleinigen Eigentum des Herrn XY-1 stehenden) Gesellschaften für eine Leistung, die Herr XY-1 vor, wie nach der Zwischenschaltung persönlich erbracht hat, wirtschaftlich sinnvoll erscheinen lassen. Zum Vorstandsmitglied einer Aktiengesellschaft kann nur eine natürliche Person (mit voller Geschäftsfähigkeit) bestellt werden. Ausgeschlossen von der Vorstandstätigkeit sind gemäß § 75 Abs. 2 AktG juristische Personen sowie Personengesellschaften.

Nach dem Gesetz ist das Amt daher höchstpersönlich und unübertragbar (Kalss/Nowotny/Schauer, Österreichisches Gesellschaftsrecht,

6. E-MVB
004-ABC-H-001 – 004-ABC-H-003

Seite 631, 3/247). Das bedeutet, dass – im Sinne der oa. Ausführungen – die Möglichkeit, eine Marktchance als Vorstandsmitglied einer Aktiengesellschaft zu nutzen, somit nur eine natürliche Person hat. Damit ist aber die Leistungserbringung (sowie die Einkuftserzielung) ausschließlich der natürlichen Person, nicht aber einer „zwischengeschalteten" juristischen Person oder Personengesellschaft zuzurechnen (so auch: VwGH vom 28. März 2012, Zl. 2009/08/0010; in diesem Sinn auch: Doralt, Drittanstellung: Zwischengeschaltete GmbH steuerlich zulässig? (RdW 1/2015). (Hauptverband am 19.1.2016, Zl. LVB-51.1/16 Jv/Wot, BFG vom 2.10.2015, RV/7101717/2010)

004-ABC-H-001
Hausbesorger

Die Beurteilung der Pflichtversicherung hat immer an Hand der Prüfungsreihenfolge unter Berücksichtigung der tatsächlichen Verhältnisse im Einzelfall zu erfolgen. Die Zuordnung einer Berufsgruppe zu einem Versicherungstatbestand ohne einer derartigen Beurteilung ist daher nicht möglich.

Im Rahmen der Wohnrechtsnovelle 2000 wurde auch das Hausbesorgergesetz geändert.

Das Hausbesorgergesetz gilt nicht mehr für jene Dienstverhältnisse, die nach dem 30. Juni 2000 abgeschlossen wurden. Es gilt aber weiterhin (einschließlich künftiger Änderungen) für Dienstverhältnisse, die vor dem 1. Juli 2000 abgeschlossen wurden, und zwar auch dann, wenn ein befristetes Dienstverhältnis nach diesem Datum verlängert wird.

Für die nach dem 30. Juni 2000 abgeschlossenen Dienstverträge bezüglich der Verrichtung von Hausbesorgertätigkeiten sind die allgemeinen arbeitsrechtlichen Vorschriften im Rahmen ihres jeweiligen persönlichen und sachlichen Anwendungsbereiches maßgebend. Im Regelfall wird es sich dabei um Arbeitsverträge gemäß § 1151 ABGB handeln. Jedenfalls sind aber das EFZG, das Arbeitsruhegesetz (ARG) u.a. anzuwenden, weil die einschlägigen Ausnahmebestimmungen in diesen Gesetzen nicht geändert wurden.

Bezüglich der Entgelthöhe sind die regionalen Mindestlohntarife für Hausbesorger maßgebend; für die Sachbezüge (z.B. Dienstwohnung) sind die allgemeinen steuerrechtlichen Bewertungen heranzuziehen.

Für die Verrichtung von (neuen) Hausbesorgertätigkeiten ist auch eine geringfügige Beschäftigung möglich. Die Hauseigentümer sind aber auch verpflichtet, die Vertretung dieser Hausbetreuer zur Sozialversicherung anzumelden. (Hauptverband 13.7.2000, Zl. 32-51.1/00 Ch/Sö)

Hausbesorger, die nicht unter das alte HausbesorgerG fallen, können unter den Begriff der Freien Dienstnehmer im Sinne des § 4 Abs. 4 ASVG fallen, wenn die tatsächlichen Verhältnisse entsprechend vorliegen. (Hauptverband 10. u. 17.7.2001, Zl. 32-51.1/01 Rv)

004-ABC-H-002
Heimarbeiter

Die Beurteilung der Pflichtversicherung hat immer an Hand der Prüfungsreihenfolge unter Berücksichtigung der tatsächlichen Verhältnisse im Einzelfall zu erfolgen. Die Zuordnung einer Berufsgruppe zu einem Versicherungstatbestand ohne einer derartigen Beurteilung ist daher nicht möglich.

Heimarbeiter sind grundsätzlich nach § 4 Abs. 1 Z 7 ASVG pflichtversichert. In diesen Fällen kann daher § 4 Abs. 4 ASVG nicht zur Anwendung gelangen. (Hauptverband 22.4.1997, Zl. 32-51:52:53/97 Sm/Mm)

Die Ausbildung zum Heimhelfer ist im NÖ Alten-, Familien- und Heimhelfergesetz geregelt und umfasst einen theoretischen und einen praktischen Teil. Die praktische Ausbildung, die nach der NÖ Heimhelfer-, Ausbildungs- und Prüfungsordnung ursprünglich im Ausmaß von 80 Stunden erfolgte, soll nunmehr nach dem Vorbild des Wiener Heimhilfegesetzes um 120 Stunden erhöht werden und somit insgesamt 200 Stunden betragen. Die Ausbildung zur Heimhilfe selbst hat in geeigneten Ausbildungseinrichtungen in Form eines Lehrganges zu erfolgen, wobei seitens des Landes NÖ die NÖ Volkshilfe durch Bescheid als Ausbildungseinrichtung anerkannt wurde. Diese Ausbildungseinrichtungen stellen keine Schule iSd § 8 Abs. 1 Z 3 lit. h) ASVG dar. Es kommt somit auch keine Sozialversicherungspflicht nach § 4 Abs. 1 Z 11 ASVG in Betracht. Das bedeutet, dass der maßgebliche Sachverhalt zu beurteilen ist. Es ist also zu prüfen ob Dienstnehmereigenschaft vorliegt. Ist eine Eingliederung in den Betrieb gegeben, liegt persönliche Arbeitspflicht, Weisungsgebundenheit an Arbeitszeit, -ort und -folge und wirtschaftliche Abhängigkeit vor, dann ist Dienstnehmereigenschaft gegeben. (Hauptverband 3.5.2005, Zl. FO-MVB 51.1/05 Rv/Mm)

004-ABC-H-003
Holz- und Waldarbeiter

Die Beurteilung der Pflichtversicherung hat immer an Hand der Prüfungsreihenfolge unter Berücksichtigung der tatsächlichen Verhältnisse im Einzelfall zu erfolgen. Die Zuordnung einer Berufsgruppe zu einem Versicherungstatbestand ohne einer derartigen Beurteilung ist daher nicht möglich.

Im vorliegenden Fall geht es um Holzarbeiter, die ausschließlich für einen Auftraggeber tätig wurden. Schriftliche Verträge wurden nicht geschlossen. Die Arbeitszeiten wurden den Mitarbeitern vorgegeben. Der „Auftraggeber" hat für die Mitarbeiter Gewerbescheine besorgt. Deren Tätigkeit hat überwiegend im Setzen und Schlagen von Bäumen sowie anderen Waldarbeiten, wie u. a. „Gift" (Pestizide) spritzen, bestanden. Es wurden genaue Arbeitsanweisungen erteilt. Auch die Arbeitszeit der Arbeiter wurde eingeteilt. Als Entlohnung wurde üblicherweise ein täglicher Betrag ausbedungen. Die Mitarbeiter haben nie eine

6. E-MVB
004-ABC-I-001 – 004-ABC-K-002

Rechnung gelegt und auch keine Quittungen für erhaltene Zahlungen ausgefolgt. Sie haben über keine wesentlichen Betriebsmittel verfügt. Risiko oder Haftungsübernahmen wurden nicht vereinbart. Keiner der Mitarbeiter hat über eine eigene unternehmerische Struktur verfügt.

Der VwGH führt dazu aus die Arbeiten vom Auftraggeber koordiniert wurden. Dieser habe selbst Kontrollen durchgeführt. Die Mitarbeiter seien bei der Gestaltung ihrer Arbeit in ihrem arbeitsbezogenen Verhalten an die Vorgaben des Beschwerdeführers gebunden gewesen und hätten dessen Vorschriften über die Gestaltung des Arbeitsablaufes, der Arbeitsfolge und der damit im Zusammenhang stehenden organisatorischen Maßnahmen einzuhalten gehabt. Sie hätten ihre Arbeitszeit anhand des ihnen jeweils zugeteilten Arbeitspensums einteilen müssen und ihre „Prioritätenreihung" bei der Erledigung der Arbeiten an diesen Vorgaben orientiert. Es sei für sie nicht möglich gewesen, ohne bestimmten Grund irgendeinen geeigneten Vertreter zur Erfüllung der von ihnen übernommenen Arbeitspflichten heranzuziehen. Es sei daher von deren persönlicher Arbeitspflicht auszugehen. Die betreffenden Arbeiter unterlägen dem Weisungs- und Kontrollrecht des Beschwerdeführers und einer Berichterstattungspflicht. Sie seien in das Unternehmen des Beschwerdeführers organisatorisch eingegliedert gewesen, hätten für die Erbringung der Arbeiten den Anwesenheits- und Zeitplan anderer Arbeiter zu berücksichtigen gehabt und nicht allein auf Grund ihrer persönlichen Termingestaltung disponieren können. Die Merkmale persönlicher Abhängigkeit würden insgesamt gegenüber jenen der persönlichen Unabhängigkeit überwiegen. Mangels Übernahme eines Haftungsrisikos oder eines Einstehenmüssens im Gewährleistungsfall liege auch kein wirtschaftliches Risiko der Arbeiter vor. Die Ausstellung von Gewerbeberechtigungen spiele keine Rolle. (Hauptverband 27.3.2012, Zl. 32-MVB-51.1/12 Ph/Dm/Sdo, VwGH 18.1.2012, Zl. 2009/080145)

004-ABC-I-001
Interviewer

Die Beurteilung der Pflichtversicherung hat immer an Hand der Prüfungsreihenfolge unter Berücksichtigung der tatsächlichen Verhältnisse im Einzelfall zu erfolgen. Die Zuordnung einer Berufsgruppe zu einem Versicherungstatbestand ohne einer derartigen Beurteilung ist daher nicht möglich. Es stellt sich die Frage, wie InterviewerInnen, die für die Statistik Austria im Rahmen der Mikrozensuserhebung tätig sind, versicherungsrechtlich zu beurteilen sind. Wenn die Entlohnung von InterviewerInnen von der Erbringung der vereinbarten Anzahl von Interviews abhängig ist, liegt Selbstständigkeit iSd § 2 Abs. 1 Z 4 GSVG vor. Bei Gewerbescheininhabern ist grundsätzlich die Pflichtversicherung nach § 2 Abs. 1 Z 1 GSVG anzunehmen. Es ist aber zu prüfen, ob diese Tätigkeit vom Umfang der Gewerbeberechtigung umfasst ist. (Hauptverband 3.5.2005, Zl. FO-MVB 51.1/05 Rv/Mm)

004-ABC-J-001
Journalisten

Die Beurteilung der Pflichtversicherung hat immer an Hand der Prüfungsreihenfolge unter Berücksichtigung der tatsächlichen Verhältnisse im Einzelfall zu erfolgen. Die Zuordnung einer Berufsgruppe zu einem Versicherungstatbestand ohne einer derartigen Beurteilung ist daher nicht möglich.

Sozialversicherungsrechtlich ergibt sich, dass in den meisten Fällen auf Grund der tatsächlichen Verhältnisse (Einbindung der Lehrbeauftragten in die organisatorischen Abläufe der Fachhochschulen, gebunden an Arbeitszeit und Arbeitsort, kein beliebiges Vertretungsrecht, sondern nur im Rahmen der im Fachhochschulstudiumbuch angeführten Lehrbeauftragten usw.) ein Dienstverhältnis gemäß § 4 Abs. 2 ASVG vorliegen wird.

Pflichtversicherung eines bei der Firma XY beschäftigten Journalisten nach § 4 Abs. 4 ASVG:

Der Verwaltungsgerichtshof hat mit Erkenntnis vom 19.10.2005, 2002/08/0264, den Bescheid des BMSG (in Übereinstimmung mit Bescheiden der WGKK und LH) betreffend die Pflichtversicherung eines bei der Firma XY beschäftigten Journalisten nach § 4 Abs. 4 ASVG bestätigt.

arg.: Durchgehende, von einzelnen Werkverträgen (Artikeln) unabhängige, zeitraumbezogene Verpflichtung. (VwGH 19.10.2005, Zl. 2002/08/0264), (Hauptverband 13.12.2005, Zl. FO-MVB/51.1/05 Af/Mm)

004-ABC-K-001
Koch, Kellner

Die Beurteilung der Pflichtversicherung hat immer an Hand der Prüfungsreihenfolge unter Berücksichtigung der tatsächlichen Verhältnisse im Einzelfall zu erfolgen. Die Zuordnung einer Berufsgruppe zu einem Versicherungstatbestand ohne einer derartigen Beurteilung ist daher nicht möglich. Auch wenn die schriftliche Vereinbarung zwischen einem Koch bzw. Kellner und seinem Dienstgeber als Werkvertrag konzipiert ist, ist von einem der Versicherungspflicht nach dem ASVG unterliegenden echten Dienstverhältnis auszugehen, wenn der Arbeitsort vorgegeben war, sich die Arbeitszeit nach den Bedürfnissen des Dienstgebers richtet und eine Vertretungsbefugnis nur eingeschränkt – nämlich im Falle der Krankheit oder der Verhinderung des Dienstnehmers – gegeben war. (VwGH 17.11.2004, Zl. 2001/08/0131, Hauptverband 1.3.2005, Zl. FO-MVB/51.1/05 Rv/Mm)

004-ABC-K-002
Kooperationspartner

Die Beurteilung der Pflichtversicherung hat immer an Hand der Prüfungsreihenfolge unter Berücksichtigung der tatsächlichen Verhältnisse im Einzelfall zu erfolgen. Die Zuordnung einer Berufsgruppe zu einem Versicherungstatbestand ohne einer derartigen Beurteilung ist daher nicht möglich. Für die Tätigkeit eines Kooperationspartners ist das Vorliegen eines Gewerbescheines Voraussetzung. Liegt ein Gewerbeschein vor, so unterliegt der Betroffene gemäß § 2 Abs. 1 Z 1 GSVG der Pflichtversicherung. Liegt kein Gewerbeschein vor, ist davon auszugehen, dass Kooperationspartner sowie Gebietsbetreuer als Neue Selbstständige iSd § 2 Abs. 1 Z 4 GSVG zu werten sind. (Hauptverband 3.5.2005, FO-MVB51.1/05 Rv/Mm)

004-ABC-K-003
Krankenpflegeschüler

Die Ausbildung der KrankenpflegeschülerInnen im Sinne des § 4 Abs. 1 Z 5 ASVG setzt sich aus einem theoretischen und einem praktischen Unterricht beim Rechtsträger der Krankenpflegeschule zusammen. Diese Ausbildung begründet die Pflichtversicherung nach § 4 Abs. 1 Z 5 ASVG. Es kommt vor, dass diese SchülerInnen zusätzlich zum gehobenen Fachdienst verpflichtet werden. Zu diesem Zweck müssen diese wiederum ein Praktikum in Altenheimen oder in anderen Krankenhäusern absolvieren. Bei den Krankenpflegeschulen handelt es sich um Privatschulen im Sinne des Privatschulgesetzes. Ein solches Praktikum bei einem anderen Rechtsträger oder in einem Altenheim würde nach dem Gesetzeswortlaut die Pflichtversicherung nach § 4 Abs. 1 Z 11 ASVG begründen. Allerdings sind diese KrankenpflegeschülerInnen im Vergleich zu anderen Schülern und Studenten bereits als solche nach § 4 Abs. 1 Z 5 ASVG pflichtversichert, sodass vertreten wird, dass hier keine zusätzliche Pflichtversicherung eintritt. Es wäre noch zu prüfen, ob ein Dienstverhältnis begründet wird. Dies kann angenommen werden, wenn der Schüler aus diesem neuen Verhältnis ein entsprechendes Entgelt erhält. (Hauptverband 2., 3.12.2003, Zl. FO-MVB/32-51.1/03 Rv/Mm)

Personen, die die Ausbildung zum Krankenpflegefachdienst als Maßnahme des AMS (Beihilfe zur Sicherung des Lebensunterhaltes während einer beruflichen Aus- oder Weiterbildung) oder während der Bildungskarenz (Weiterbildungsgeld vom AMS) absolvieren, sind über das AMS versichert. Nach § 35 Abs. 2 AMSG sind Personen, die eine Beihilfe zur Deckung des Lebensunterhaltes beziehen, in der Arbeitslosen-, Kranken-, Unfall- und Pensionsversicherung pflichtversichert (ab Jänner 2004 in der Kranken- und Unfallversicherung). Personen, die eine Bildungskarenz gemäß § 11 AVRAG in Anspruch nehmen, erhalten nach § 26 AlVG ein Weiterbildungsgeld und sind nach § 40 AlVG während des Leistungsbezuges krankenversichert. Krankenpflegeschüler unterliegen nach § 4 Abs. 1 Z 5 ASVG der Vollversicherung. Nach § 44 Abs. 1 Z 2 ASVG sind bei diesen in einem Ausbildungsverhältnis stehenden Personen als Arbeitsverdienst (als allgemeine Beitragsgrundlage) jene Bezüge anzusehen, die der Versicherte vom Träger der Einrichtung, in der die Ausbildung erfolgt, erhält. Es liegt Doppelversicherung gemäß § 4 Abs. 1 Z 5 ASVG und nach § 35 Abs. 2 AMSG bzw. § 40 AlVG vor. (Hauptverband 2., 3.12.2003, Zl. FO-MVB/32-51.1/03 Rv/Mm)

In einem vorliegenden Fall stellte sich die Frage hinsichtlich der Pflichtversicherung von TeilnehmerInnen an einem von einer Erwachsenenbildungseinrichtung angebotenen Lehrgang „Ausbildung zur OrdinationsassistentIn".

Der Lehrgang umfasst eine theoretische Ausbildung (Anatomie, diagnostische und therapeutische Maßnahmen, Arzneimittellehre, Administration,...) sowie eine praktische Ausbildung in einer ärztlichen Ordination, in einer ärztlichen Gruppenpraxis oder in einem selbständigen Ambulatorium im Ausmaß von mind. 325 Stunden.

Bei den LehrgangsteilnehmerInnen handelt es sich teilweise um Personen, die bereits in einer Ordination oder ärztlichen Gruppenpraxis bzw. in einem selbständigen Ambulatorium im Rahmen eines Dienstverhältnisses tätig sind, teilweise handelt es sich um Personen, die nicht einem solchen Dienstverhältnis unterliegen.

Bei den von den Erwachsenenbildungsanstalten angebotenen Lehrgängen „Ausbildung zur OrdinationsassistenIn" handelt es sich um eine Ausbildung zu einem medizinischen Assistenzberuf im Sinne des Medizinischen Assistenzberufgesetzes (MABG).

Gem. § 4 Abs. 1 Z 5 des ASVG unterliegen Schüler (Schülerinnen), die in Ausbildung zu einem medizinischen Assistenzberuf im Sinn des Medizinischen Assistenzberufegesetzes (MABG), BGBl. I Nr. 89/2012, stehen, der Vollversicherung in der Kranken-, Unfall- und Pensionsversicherung. Die Ausbildung zur OrdinationsassistenIn umfasst gem. § 20 Abs. 6 MABG eine theoretische sowie eine praktische Ausbildung.

Laut dem Bundesministeriums für Gesundheit ist bezieht sich die genannte ASVG-Bestimmung zwar auf „Schüler (Schülerinnen)", ist jedoch aufgrund der erläuternden Bemerkung zum MABG so zu verstehen, dass die verpflichtende Vollversicherung auch für Lehrgangsteilnehmer/innen gilt.

Erläuternde Bemerkung zur Änderung des § 4 Abs. 1 Z 5 ASVG durch das Medizinische-Assistenzberufe-Gesetz (MABG; BGBl. I Nr. 89/2012): „Entsprechend der derzeitigen sozialversicherungsrechtlichen Regelungen für SchülerInnen von Schulen für den medizinisch-technischen Fachdienst werden die künftigen SchülerInnen bzw. Auszubildenden in den medizinischen Assistenzberufen in die Vollversicherung gem. § 4 Abs. 1 Z 5 ASVG aufgenommen." Da diese Lehrgänge im Ergebnis die gleiche Ausbildung verschaffen wie die Schulen für medizinische Assistenzberufe (§ 22 MABG), wäre es wohl auch nicht gerechtfertigt, unter der Bezeichnung „Schüler (Schülerinnen)" im Sinne des § 4 Abs. 1 Z 5 ASVG nicht auch die BesucherInnen der Lehrgänge zu verstehen. In ihrer Funktion sind sie zweifelsohne ebenfalls Schüler/innen.

Das Bundesministerium für Gesundheit wurde darüber informiert, dass bei der Lehrgangsausbildung häufig die Auffassung vertreten wird, Personen, die aus einem anderen Rechtstitel vollversichert sind (etwa durch ein Dienstverhältnis

6. E-MVB
004-ABC-K-004

oder einen Arbeitslosengeldbezug), müssten nicht nach § 4 Abs. 1 Z 5 ASVG versichert werden. Diese Auffassung ist nach Ansicht des Bundesministeriums für Gesundheit nicht richtig. Vielmehr bringt eine Lehrgangsteilnahme nach dem Grundsatz der Mehrfachversicherung (nach dem grundsätzlich jedes Beschäftigungsverhältnis und jede vom Gesetz diesbezüglich gleich behandelte Tätigkeit eine gesonderte Pflichtversicherung auslöst) eine Vollversicherung mit sich, die von anderen, möglicherweise gleichzeitig bestehenden Pflichtversicherungen unberührt bleibt. Eine Ausnahme davon könnte sich theoretisch dadurch ergeben, dass ein Dienstverhältnis und das Ausbildungsverhältnis eine faktische Einheit bilden. Das ist jedoch bei einer Ausbildung in Form eines Lehrganges offenbar nicht der Fall. Somit ergibt das Gesetz für Lehrgangsveranstalter/innen eine Verpflichtung, jede am Lehrgang teilnehmende Person zu einer gesonderten Vollversicherung anzumelden und die entsprechenden Beiträge für sie zu entrichten.

Es besteht kein Grund, an der Gültigkeit des Grundsatzes der Mehrfachversicherung für Lehrgangsteilnehmer/innen zu zweifeln. Eine Ausnahme bestünde lediglich nach § 5 Abs. 1 Z 16 ASVG: Sollte die in Ausbildung stehende Person gem. § 8 Abs. 1 Z 2 lit. b ASVG in der Pensionsversicherung teilversichert sein (z.B. Personen, die eine Geldleistung nach dem Arbeitslosenversicherungsgesetz, Sonderunterstützungsgesetz, Überbrückungshilfengesetz oder eine Beihilfe zur Deckung des Lebensunterhaltes nach dem Arbeitsmarktservicegesetz beziehen), so wäre die Person nicht nach § 4 Abs. 1 Z 5 ASVG in der Vollversicherung zu melden.

Eine Anmeldung zur Pflichtversicherung der Lehrgangsteilnehmer durch die Erwachsenenbildungseinrichtungen erfolgte bislang nicht. Es wird u.a. vorgebracht, dass es sich um einen berufsbegleitenden Lehrgang im Rahmen der Erwachsenenbildung handle, die Lehrgangsteilnehmer oftmals in einem Dienstverhältnis zur Ordination stünden, in der die praktische Ausbildung erfolge, und auch ein anderer Sozialversicherungsträger in einem anderen Bundesland von einer Ausnahme von der Pflichtversicherung gem. § 4 Abs. 1 Z 5 ASVG im Hinblick auf Erwachsenenbildungseinrichtungen ausgegangen sei.

Es stellten sich in diesem Zusammenhang die Fragen, wie diese LehrgangsteilnehmerInnen, die über eine Erwachsenenbildungseinrichtung einen Lehrgang zur Ausbildung zur Ordinationsassistentin absolvieren versichert sind, ob eine Mehrfachversicherung möglich ist und ob eine Meldeverpflichtung des Lehrgangsveranstalters besteht.

Laut Rechtsmeinung des BMG, bezieht sich die genannte ASVG-Bestimmung zwar auf „Schüler (Schülerinnen)", ist jedoch aufgrund der erläuternden Bemerkung zum MABG so zu verstehen, dass die verpflichtende Vollversicherung auch für Lehrgangsteilnehmer/innen gilt. Die Vorgangsweise betreffend die Versicherungspflicht erfolgt entsprechend dem Schreiben des BMG sowie des Praxisleitfadens für PraktikantInnen, zu finden unter www.noedis.at.

Es ist von einer Mehrfachversicherung sowie einer Meldeverpflichtung vom Lehrgangsveranstalter auszugehen. Das gilt auch, wenn bereits ein Versicherungsschutz für die LehrgangsteilnehmerInnen besteht (Ausgenommen AMS-Bezug). Personen, die eine Ausbildung zu einem medizinischen Assistenzberuf iSd MABG absolvieren, sind vom Lehrgangsveranstalter durchgehend für die gesamte Zeit, über die sich der Lehrgang erstreckt (theoretischer und praktischer Teil, 1. Tag des Lehrgangs bis zum Abschluss) zur Vollversicherung zu melden. Auch, wenn bereits ein Dienstverhältnis (Teil-, Vollversicherung) zu einer Ordination/Gruppenpraxis/Ambulatorium besteht, in welchem auch die praktische Ausbildung erfolgt, liegt Mehrfachversicherung vor und die LehrgangsveranstalterInnen trifft eine Meldeverpflichtung gem. § 4 Abs. 1 Z 5 ASVG für die gesamte Dauer des Lehrgangs (auch für die Zeit der praktischen Ausbildung in der Ordination). Die Ordination, in welcher die praktische Ausbildung zur OrdinationsassistentIn erfolgt, trifft grundsätzlich keinerlei Meldeverpflichtungen für den Lehrgang. Es sei denn, die Ordinationshilfe erhält für diese praktische Ausbildung ein Entgelt. Dann liegt Dienstnehmereigenschaft vor, somit ist Mehrfachversicherung gegeben und die Ordination trifft die Meldeverpflichtung. Als Beitragsgrundlage sind jene Bezüge heranzuziehen, die der Pflichtversicherte vom Träger jener Einrichtung erhält, in der die Ausbildung erfolgt (wird in der Praxis eher nicht vorkommen). Sollten keine Bezüge gebühren bzw. bezahlt werden, gilt als Beitragsgrundlage der im § 44 Abs. 6 lit c ASVG als täglicher Arbeitsverdienst festgelegte Betrag von täglich € 25,48 (2015). Die Beiträge sind in der Betragsgruppe D2k abzurechnen. Es fallen keine Nebenbeiträge sowie Beiträge zur Betrieblichen Vorsorge an. (Hauptverband, 15./16.9.2015, Zl. 51.1/15 Jv/Km)

004-ABC-K-004
Künstler – Kunstschaffende

Die Beurteilung der Pflichtversicherung hat immer an Hand der Prüfungsreihenfolge unter Berücksichtigung der tatsächlichen Verhältnisse im Einzelfall zu erfolgen. Die Zuordnung einer Berufsgruppe zu einem Versicherungstatbestand ohne einer derartigen Beurteilung ist daher nicht möglich.

Kunstschaffende, insbesondere Künstler, sind von der Pflichtversicherung als Freie Dienstnehmer ausgenommen (§ 4 Abs. 4 lit. d ASVG).

Künstler im Sinne der Bestimmungen des Künstler-Sozialversicherungsfondsgesetzes (K-SVFG) ist, wer in den Bereichen der bildenden Kunst, der darstellenden Kunst, der Musik, der Literatur oder in einer ihrer zeitgenössischen Ausformungen (insbesondere Fotografie, Filmkunst, Multimediakunst, literarische Übersetzung, Tonkunst) auf Grund seiner künstlerischen Befähigung im Rahmen einer künstlerischen Tätigkeit Werke der Kunst schafft. Wer eine künstlerische Hochschulbildung erfolgreich absolviert hat, weist jedenfalls die künstlerische Befähigung für die Ausübung der von der Hochschulbildung umfassten künstlerischen Tätigkeit auf. Ob Künstlereigenschaft im Sinne der vorstehenden Ausführungen vorliegt, wird von einer eigens eingerichteten Künstlerkommission beurteilt.

Der Begriff des Kunstschaffenden ist gesetzlich nicht näher definiert. Nach Interpretation der Krankenversicherungsträger ist er jedoch weitgehender als jener des Künstlers. Grundsätzlich handelt es sich dabei um jede selbstständige künstlerische Tätigkeit im produzierenden wie auch reproduzierenden Bereich.

Für diese Personenkreise kommt daher ab 1. August 2001 nur eine Pflichtversicherung als Dienstnehmer gemäß § 4 Abs. 2 ASVG oder als „Neuer Selbstständiger" nach § 2 Abs. 1 Z 4 GSVG in Betracht. Welcher Versicherungstatbestand im Einzelfall zur Anwendung gelangt, ist auf Grund der tatsächlichen Verhältnisse bzw. Gegebenheiten zu bestimmen.

Dienstnehmer im sozialversicherungsrechtlichen Sinn ist, wer in einem Verhältnis (überwiegender) persönlicher und wirtschaftlicher Abhängigkeit gegen Entgelt beschäftigt wird. Als Dienstnehmer gilt jedenfalls auch, wer gemäß § 47 Abs. 1 und Abs. 2 EStG der Lohnsteuerpflicht unterliegt.

Persönliche Abhängigkeit kommt insbesondere bei überwiegendem Vorliegen folgender Kriterien zum Ausdruck:
- Gebundenheit an bestimmte Arbeitszeiten (Proben, Aufführungen),
- persönliche Weisungs- und Kontrollunterworfenheit gegenüber dem Veranstalter oder dessen Beauftragten (Regisseur, Choreograf),
- Bindung an einen bestimmten Veranstaltungsort,
- persönliche Verpflichtung zur Arbeitsleistung.

Im Regelfall erscheint im darstellenden Bereich eine generelle bzw. uneingeschränkte Vertretungsbefugnis im Sinne eines Gelingens der jeweiligen Aufführung nahezu ausgeschlossen.

Wirtschaftliche Abhängigkeit ergibt sich aus der Bereitstellung der für die künstlerische Tätigkeit erforderlichen Betriebsmittel (z.B. Bühne, Requisiten, Instrumente, Kostüme). Liegen bei der jeweiligen Tätigkeit die vorstehenden Merkmale überwiegend vor, handelt es sich um ein Dienstverhältnis im Sinne des ASVG.

Personen, die dem Schauspielergesetz (SchSpG) unterliegen, sind jedenfalls Dienstnehmer.

Agiert ein bereits nach dem GSVG pflichtversicherter Künstler bzw. Kunstschaffender im Rahmen einer künstlerischen Veranstaltung überwiegend selbstständig, ist diese Tätigkeit seiner Eigenschaft als Künstler bzw. Kunstschaffender zuzuordnen. Die daraus erzielten Einkünfte fließen in die Beitragsgrundlage nach dem GSVG ein. Dies bedeutet allerdings nicht, dass ein „selbstständiger" Künstler bzw. Kunstschaffender nicht auch als Dienstnehmer (z.B. Schauspieler nach dem SchSpG) tätig werden kann und somit parallel zu seiner Versicherung nach dem GSVG der Pflichtversicherung nach dem ASVG unterliegt. (Hauptverband 10. u. 17.7.2001, Zl. 32-51.1/01 Rv)

Für nebenberufliche Mitglieder in einem Theaterunternehmen, MusikerInnen und FilmschauspielerInnen – soweit sie als Dienstnehmer oder freie Dienstnehmer tätig sind – regelt die Verordnung des Bundesministers für soziale Sicherheit und Generationen, BGBl. II Nr. 409/2002, die Möglichkeit beitragsfreier pauschalierter Aufwandsentschädigungen.

004-ABC-K-005
Kursleiter

Die Beurteilung der Pflichtversicherung hat immer an Hand der Prüfungsreihenfolge unter Berücksichtigung der tatsächlichen Verhältnisse im Einzelfall zu erfolgen. Die Zuordnung einer Berufsgruppe zu einem Versicherungstatbestand ohne einer derartigen Beurteilung ist daher nicht möglich.

Im zu beurteilenden Fall werden Deutschkurse abgehalten. Die einzelnen Kurstage werden zwischen Kursleiter und Organisator vereinbart. Wenn eine Gruppe von Teilnehmern zustande gekommen ist, wird ein Kurs in einem vom Organisator zur Verfügung gestellten Raum abgehalten. Die Unterrichtsunterlagen werden vom Kursleiter zur Verfügung gestellt, Kopiermöglichkeiten sowie Wörterbücher werden vom Organisator beigestellt. Aufgrund des vorliegenden Sachverhaltes kann nicht vom Vorliegen einer Tätigkeit als neuer Selbstständiger ausgegangen werden. Es kommt aber eine Einordnung unter den Begriff des freien Dienstnehmers im Sinne des § 4 Abs. 4 ASVG in Betracht. (LINK AUF §) (Hauptverband 20. April 2004, Zl. FO-MVB/51.1/04 Rv/Mm)

004-ABC-K-006
Konsulenten

Die Beurteilung der Pflichtversicherung hat immer an Hand der Prüfungsreihenfolge unter Berücksichtigung der tatsächlichen Verhältnisse im Einzelfall zu erfolgen. Die Zuordnung einer Berufsgruppe zu einem Versicherungstatbestand ohne einer derartigen Beurteilung ist daher nicht möglich.

Es stellt sich die Frage, ob bei Vorliegen einer Konsulentenvereinbarung von einem Zielschuldverhältnis ausgegangen werden kann. Im gegenständlichen Fall können weder aus der Konsulentenvereinbarung zwischen dem Landesgeschäftsführer und der Beschwerdeführerin noch aus dem gelebten Beschäftigungsverhältnis Zielschuldverhältnisse erkannt werden.

Durch den Verwaltungsgerichtshof wurde im Falle des Vorliegens eines Konsulentenvertrages ausgesprochen, dass ein Dauerschuldverhältnis vorgelegen sei, da der Konsulent kein erfolgsbezogenes Honorar erhielt und der Vertrag nicht bei Eintritt eines bestimmten Erfolges sondern mit

6. E-MVB

004-ABC-L-001

Zeitablauf endete (VwGH 2012/08/0303). Eben diese Komponenten sieht auch der Konsulentenvertrag im gegenständlichen Fall vor. So wurde dieser auf unbestimmte Zeit abgeschlossen und ein monatliches Entgelt für die Tätigkeit des Landesgeschäftsführers vereinbart. Ein Werkvertrag liegt somit nicht vor.

Im vorliegenden Fall kann schon auf Grund der Tatsache, dass Herr L. mit der Aufgabe des Landesgeschäftsführers betraut wurde, geschlossen werden, dass er dazu verpflichtet wurde, diese Dienstleistung höchstpersönlich zu erbringen. Dafür sprechen sowohl die fehlenden Vertretungsregelungen als auch die Geheimhaltungsverpflichtung, die im Rahmen der Arbeit für eine politische Partei von wesentlicher Bedeutung sind. (Hauptverband, 20.10.2015, Zl. 51.1/15 Jv/Wot, (BVwG v. 28.7.2015, GZ. W201 2013084-1/22E)

004-ABC-L-001
Lehrbeauftragte

Die Beurteilung der Pflichtversicherung hat immer an Hand der Prüfungsreihenfolge unter Berücksichtigung der tatsächlichen Verhältnisse im Einzelfall zu erfolgen. Die Zuordnung einer Berufsgruppe zu einem Versicherungstatbestand ohne einer derartigen Beurteilung ist daher nicht möglich. Sozialversicherungsrechtlich ergibt sich, dass in den meisten Fällen auf Grund der tatsächlichen Verhältnisse (Einbindung der Lehrbeauftragten in die organisatorischen Abläufe der Fachhochschulen, gebunden an Arbeitszeit und Arbeitsort, kein beliebiges Vertretungsrecht, sondern nur im Rahmen der im Fachhochschulstudiumbuch angeführten Lehrbeauftragten usw.) ein Dienstverhältnis gemäß § 4 Abs. 2 ASVG vorliegen wird.

Festgestellt wurde auch die Versicherungspflicht eines Religionslehrers, der für einen türkisch-islamischen Verein tätig ist. Unter einem „Beschäftigungsverhältnis" ist grundsätzlich das dienstliche „Verhältnis persönlicher und wirtschaftlicher Abhängigkeit" des „Dienstnehmers" im Sinne des § 4 Abs 2 ASVG zu einem „Dienstgeber" im Sinne des § 35 Abs. 1 erster Satz ASVG zu verstehen. Im vorliegenden Fall ist Versicherungspflicht der Religionslehrer anzunehmen. (VwGH 5.11.2003 Zl. 2000/08/0095), Hauptverband 1.2.2005, Zl. FO-MVB/51.1/05 Rv/Mm)

Nebenberuflich tätige Lehrbeauftragte an Pädagogischen Akademien und Instituten sind analog den Lehrbeauftragten an den Universitäten zu beurteilen. Es ist von einem ASVG-Pflichtversicherungsverhältnis auszugehen. Die Beurteilung hat nach dem maßgeblichen Sachverhalt zu erfolgen. Der Erlass des Bundesministeriums für Finanzen, wie in den E-MVB zitiert, gilt nicht mehr. Inhaltlich stellt dies aber keine Veränderung dar. Es ist davon auszugehen, dass Dienstnehmereigenschaft begründet wird.

Daran ändert auch die Regelung des § 1 Abs. 3 des Bundesgesetzes über die Abgeltung von bestimmten Unterrichts- und Erziehungstätigkeiten, BGBl.Nr. 656/1987, nichts, wonach durch diese Tätigkeit weder ein Dienstverhältnis zum Bund noch eine Pflichtversicherung im Sinne des ASVG begründet wird. (Hauptverband 3.5.2005, Zl. FO-MVB51.1/05 Rv/Mm).

In den LStR 2002, Rz 992-994, wird für Lehrbeauftragte ausgeführt, dass § 25 Abs. 1 Z 5 EStG 1988 nur dann zum Tragen kommt, wenn nicht bereits ein Dienstverhältnis nach den allgemeinen Kriterien gemäß § 47 Abs. 2 erster und zweiter Satz EStG 1988 vorliegt. Für die Annahme eines Dienstverhältnisses gemäß § 47 Abs. 2 erster und zweiter Satz EStG 1988 spricht bei den Lehrbeauftragten in den Fachhochschulen bereits die Eingliederung in den Schulbetrieb nach Maßgabe von Lehr- und Stundenplänen und einer entsprechenden Lehrverpflichtung. Sofern nicht bereits ein Dienstverhältnis gemäß § 47 Abs. 2 erster und zweiter Satz EStG 1988 vorliegt, gehören die Bezüge von Vortragenden, Lehrenden und Unterrichtenden, wenn sie diese Tätigkeit im Rahmen eines von der Bildungseinrichtung vorgegebenen Studien-, Lehr- oder Stundenplanes ausüben, zu den Einkünften aus nichtselbstständiger Arbeit im Sinne des § 25 Abs. 1 Z 5 EStG 1988. Diese Bezüge begründen ein Dienstverhältnis gemäß § 47 Abs. 2 letzter Satz EStG 1988. Die Verpflichtung zur Entrichtung des Wohnbauförderungsbeitrages erfolgt nicht nach der anzuwendenden Beitragsgruppe, sondern nach dem Bundesgesetz über die Einhebung des Wohnbauförderungsbeitrages. Gem. § 2 Abs. 1 lit. b leg. cit. unterliegen Dienstgeber, soweit deren Dienstnehmer beitragspflichtig sind, der Beitragspflicht zur Wohnbauförderung. § 2 Abs. 3 leg. cit. enthält eine taxative Aufzählung jenes Personenkreises, der von der Beitragspflicht ausgenommen ist. In dieser Aufzählung sind Lehrbeauftragte in Fachhochschulen nicht explizit erwähnt, so dass der Wohnbauförderungsbeitrag für diesen Personenkreis zu entrichten ist. (Hauptverband 27. 3 2007, Zl. 32-MVB-51.1/07 Af/Mm)

Anders ist der Fall einer AHS-Lehrerin zu beurteilen. Sie wurde vom Landesschulrat zur Pflichtversicherung nach den Bestimmungen des ASVG angemeldet. Ihr Dienstverhältnis als Bundes-Vertragsbedienstete bleibt auch während des Wochengeldbezuges aufrecht.

Überdies ist sie nach wie vor als Lehrbeauftragte an der Pädagogische Hochschule tätig. Auch während ihres wiederholten Kinderbetreuungsgeldbezuges übt sie ihre Tätigkeit als Lehrbeauftragte an der Pädagogischen Hochschule weiter aus und erzielt daraus ein durchschnittliches monatliches Entgelt von ca. € 700,00.

Es stellt sich nun die Frage der Verpflichtung, (nebenberufliche) Lehrbeauftragte an Pädagogischen Hochschulen zur Pflichtversicherung anzumelden.

Im vorliegenden Fall bleibt diese Tätigkeit während des Kinderbetreuungsgeldbezuges in Analogie zur Erwachsenenbildung (Hausfrau) eine nebenberufliche Tätigkeit. Analog zur Erwachsenenbildung bzw. zur „Sportlerregelung" (§ 49 Abs. 3 Z 28 ASVG) ist nämlich die Tätigkeit als Hausfrau mit Kinderbetreuung im Sinne einer einheitlichen

Vorgehensweise als Hauptberuf anzusehen und es hat daher keine Anmeldung zu erfolgen. Konkret liegt eine Dienstnehmereigenschaft vor, die aber vom ASVG ausgenommen ist. Bei korrekter Veranlagung ist eine Lohnsteuerpflicht gegeben.

Bei Abgabe einer Einkommensteuererklärung ist das Vorliegen einer allfälligen Pflichtversicherung nach dem GSVG zu prüfen. (Hauptverband 1.3.2011, Zl. 32-MVB-51.1/11 Dm/Sdo)

004-ABC-L-002
Lehrlinge

Die Beurteilung der Pflichtversicherung hat immer an Hand der Prüfungsreihenfolge unter Berücksichtigung der tatsächlichen Verhältnisse im Einzelfall zu erfolgen. Die Zuordnung einer Berufsgruppe zu einem Versicherungstatbestand ohne einer derartigen Beurteilung ist daher nicht möglich.

Lehrlinge sind Personen, die auf Grund eines Lehrvertrages zur Erlernung eines in der Lehrberufsliste angeführten Lehrberufes bei einem Lehrberechtigten fachlich ausgebildet und im Rahmen dieser Ausbildung verwendet werden (§ 1 Berufsausbildungsgesetz – BAG).

Gemäß § 4 Abs. 1 Z 2 ASVG unterliegen die in einem Lehrverhältnis stehenden Personen (Lehrlinge) der Pflichtversicherung in der Kranken-, Unfall- und Pensionsversicherung.

Der Arbeitslosenversicherung unterliegen Lehrlinge im letzten Lehrjahr sowie Lehrlinge, die auf Grund des Kollektivvertrages Anspruch auf eine Lehrlingsentschädigung mindestens in der Höhe des niedrigsten Hilfsarbeiterlohnes haben (§ 1 Abs. 1 lit. b AlVG).

Da der Gesetzgeber in § 4 Abs. 1 ASVG ausdrücklich zwischen den Dienstnehmern und den in einem Lehrverhältnis stehenden Personen (Lehrlingen) unterscheidet und somit ausdrücklich zum Ausdruck bringt, dass er die Lehrlinge nicht unter den Begriff der Dienstnehmer subsumiert wissen wollte, kann die Vorschrift des § 4 Abs. 2 ASVG auf die Lehrlinge keine Anwendung finden.

Es ist daher nicht erforderlich, dass bei Lehrlingen die Merkmale persönlicher und wirtschaftlicher Abhängigkeit wie bei Dienstnehmern im Sinne des § 4 Abs. 2 ASVG gegeben sind. Voraussetzung für die Pflichtversicherung ist das Vorliegen eines Lehrvertrages im Sinne des Berufsausbildungsgesetzes.

(Soziale Sicherheit 9/1970)

Die Annahme eines auf einen Lehrvertrag gegründeten Lehrverhältnisses umschließt begrifflich das Vorliegen eines besonderen Dienstverhältnisses und schließt damit Ausbildungsverhältnisse anderer Art (Volontärs- und Praktikantenverhältnisse) aus.

Im Rahmen einer GPLA wurde festgestellt, dass die Lehrlingsentschädigung nicht in die Bemessungsgrundlage für den Dienstgeberbeitrag (DB) und den Zuschlag zum Dienstgeberbeitrag (DZ) einbezogen worden sind.

Begründend führte der Beschwerdeführer im Wesentlichen aus, dass Lehrlinge keine Dienstnehmer oder Arbeitnehmer seien.

Das BFG wies die Beschwerde als unbegründet ab:

Unter Berücksichtigung des Umstandes, dass die in § 47 Abs. 2 EStG 1988 zweiter Satz genannten Voraussetzungen auch auf ein Lehrverhältnis zutreffen und der Verwaltungsgerichtshof in seinem Erkenntnis vom 31.3.1987, Zl. 86/14/0163 zum Ausdruck bringt, dass ein Ausbildungsverhältnis, das unter Anleitung ausgeübt wird, für die Annahme eines Dienst-verhältnisses spricht, ist davon auszugehen, dass im Fall eines Lehrverhältnisses ein Dienstverhältnis im Sinne des § 47 Abs. 2 EStG 1988 vorliegt und ein Lehrling Dienstnehmer im Sinne des § 41 Abs. 2 FLAG 1967 ist. (Hauptverband, 15./16.9.2015, Zl. 51.1/15 Jv/Km, BFG vom 28.5.2015, RV/7102163/2015)

Aufgrund der gesetzlichen Besonderheiten können in der vom AMS beauftragten überbetrieblichen Lehrlingsausbildung Ausbildungsverträge geschlossen werden, die sich nicht über die gesamte Lehrzeit erstrecken. Unabhängig von diesen Einzelverträgen ist sozialversicherungsrechtlich die jeweilige Einstufung aufgrund der Dauer der vorgeschriebenen Lehrzeit vorzunehmen. Dies bedeutet auch, dass für das dritte Lehrjahr Krankenversicherungs- und Arbeitslosenversicherungsbeiträge zu entrichten sind und von den Ausbildungseinrichtungen eine dementsprechende Änderungsmeldung zu erstatten ist. Aufgrund der beabsichtigten gesetzlichen Änderung durch das Steuerreformgesetz 2015/16 wird für alle ab 1.1.2016 beginnenden Lehrverhältnisse eine durchgehende Kranken- und Arbeitslosenversicherungsbeitragspflicht vorgesehen. Für die Übergangsfälle bedeutet dies, dass auch für alle im Jahr 2016 oder später beginnenden Ausbildungsverträge sofort die neue gesetzliche Regelung anzuwenden ist. (Hauptverband, 2.6.2015, Zl. 51.1/15 Jv/Dm)

004-ABC-L-003
Lehrlinge – Abrechnung der Beiträge

In der Krankenversicherung ist für die Dauer der ersten zwei Lehrjahre kein Krankenversicherungsbeitrag abzuführen (weder Dienstgeber- noch Lehrlingsanteil).

Ab Beginn des dritten Lehrjahres ist der gesamte Krankenversicherungsbeitrag abzuführen (Dienstgeber- und Lehrlingsanteil).

In der Unfallversicherung entfällt für die genannte Dauer des Lehrverhältnisses der Unfallversicherungsbeitrag.

Für Zeiten, für die kein Kranken- bzw. Unfallversicherungsbeitrag geleistet wird, besteht trotzdem Versicherungsschutz!

Ab 1. Jänner 2003 entfällt der IESG-Zuschlag für die gesamte Dauer des Lehrverhältnisses.

6. E-MVB
004-ABC-L-004 – 004-ABC-L-009

004-ABC-L-004
Lehrlinge – Beginn der Versicherung

Bei Lehrlingen beginnt die Pflichtversicherung nicht wie bei Dienstnehmern mit dem Tag der Aufnahme der Beschäftigung, sondern mit dem Tag des Beginnes des Lehr- oder Ausbildungsverhältnisses (siehe „Beginn der Pflichtversicherung" – § 10 ASVG).

Wird eine versicherungspflichtige Beschäftigung aufgenommen und ein Lehrvertrag mit einem späteren Wirksamkeitsbeginn abgeschlossen, hat die Anmeldung zur Sozialversicherung mit dem Tag der Aufnahme der Beschäftigung zu erfolgen. Die Beschäftigungsaufnahme erfolgt hier nicht als Lehrling, sondern als Dienstnehmer.

Erst ab dem im Lehrvertrag festgesetzten Zeitpunkt des Beginnes der Lehrzeit ist die Einstufung als Lehrling vorzunehmen.

004-ABC-L-005
Lehrlinge – Beitragsgruppen

Die anzuwendenden Beitragsgruppen für Lehrlinge können im Internet unter www.sozialversicherung.at abgerufen werden.

004-ABC-L-006
Lehrlinge – Ende der Versicherung

Maßgeblich für die Dauer der Pflichtversicherung eines Lehrlings ist der Bestand des Lehrverhältnisses. Bei Lehrlingen besteht die Pflichtversicherung grundsätzlich so lange, als das Lehrverhältnis nicht gelöst wurde (siehe „Ende der Pflichtversicherung" – § 11 ASVG).

004-ABC-L-007
Lehrlinge – Jugendausbildungs-Sicherungsgesetz

TeilnehmerInnen an Lehrgängen bzw. Lehrlingsstiftungen im Rahmen des Jugendausbildungs-Sicherungsgesetzes (JASG) gelten sozialversicherungsrechtlich als Lehrlinge im Sinne des § 4 Abs. 1 Z 2 ASVG und können eine besondere Beihilfe in der Höhe von 150,00 € (LehrgangsteilnehmerInnen) bzw. 220,00 € (StiftungsteilnehmerInnen) netto monatlich erhalten.

Entsprechend den Meldebestimmungen des ASVG haben die Maßnahmenträger die KursteilnehmerInnen den zuständigen Sozialversicherungsträgern zu melden.

„Lehrlinge" nach dem Jugendausbildungssicherungsgesetz haben eine fixe Beitragsgrundlage. Diese ist nach Ansicht des Bundesministeriums für soziale Sicherheit und Generationen Brutto für Netto zu sehen. Daneben sind die Lehrlinge in Firmen zum Praxiserwerb tätig. Die Firmen zahlen teilweise etwas dazu. Die Anmeldung zur Sozialversicherung aus diesem Grund ist nicht richtig, weil es sich dabei nicht um Entgelt im sozialversicherungsrechtlichen Sinn handelt. Wird das Entgelt allerdings für über das Ausbildungsverhältnis hinausgehende Leistungen des Lehrlings erbracht, wäre eine Anmeldung durchzuführen. (Hauptverband 16.10.2001, Zl. 32-52.6/01 Ch/Mm)

004-ABC-L-008
Lehrlinge Vorlehre

Im § 8b BAG ist die sogenannte „Vorlehre" geregelt. Diese kommt für schwer vermittelbare Jugendliche in Betracht, die auf einen späteren Lehrberuf vorbereitet werden sollen. Dabei sind die Bildungsinhalte des ersten Lehrjahres eines Lehrberufes in höchstens zwei Jahren zu vermitteln, wobei bei entsprechender Vereinbarung zwischen Vorlehrberechtigtem und Vorlehrling diese Höchstdauer um ein Jahr verlängert werden kann.

Aus sozialversicherungsrechtlicher Sicht ist wesentlich, dass die Personen, die im Rahmen einer Vorlehre ausgebildet werden, Lehrlingen gleichgestellt sind. Sie sind daher gemäß § 4 Abs. 1 Z 2 ASVG versichert.

Vorlehrverhältnisse decken den Ausbildungsstoff des ersten Lehrjahres ab. Die Vorlehrlinge haben Anspruch auf die Lehrlingsentschädigung des jeweiligen Lehrberufes des ersten Lehrjahres, während des gesamten Vorlehrjahre. Allfällige anders lautende kollektivvertragliche Vereinbarungen sind zu beachten.

Die Vorlehre ist grundsätzlich auf ein an die Vorlehre anschließendes Lehrverhältnis gemäß § 8b Abs. 3 in Verbindung mit § 13 Abs. 2 lit. i BAG anzurechnen.

Durch die Anrechnung bestimmter Ausbildungszeiten (Schulzeiten oder Vorlehre) wird die tatsächliche Lehrzeit verkürzt. Diese anzurechnenden Zeiten der „Vorbildung" sind vom Beginn der vorgeschriebenen Ausbildungsdauer abzuziehen. Dem Ausmaß der Anrechnung entsprechend steigt der Lehrling in das spätere Stadium der Lehrzeit ein. Wenn zum Beispiel ein Jahr auf die Lehrzeit anzurechnen ist, so ist bei Antritt der Lehre bereits das zweite Jahr der Lehrzeit anzunehmen.

Für die Meldung und Beitragsverrechnung bedeutet das, dass Lehrlinge mit verkürzter Lehrzeit entsprechend der anzurechnenden Zeit einzustufen und zu verrechnen sind.

004-ABC-L-009
LKW-Fahrer

Die Beurteilung der Pflichtversicherung hat immer an Hand der Prüfungsreihenfolge unter Berücksichtigung der tatsächlichen Verhältnisse im Einzelfall zu erfolgen. Die Zuordnung einer Berufsgruppe zu einem Versicherungstatbestand ohne einer derartigen Beurteilung ist daher nicht möglich.

Für Filmbeiratsmitglieder, die gemäß § 10 Abs. 2 des Wiener Kinogesetzes bestellt werden, besteht keine Versicherungspflicht gemäß § 4 Abs. 4 ASVG, da die Bestellung der Mitglieder ein Hoheitsakt ist. (Hauptverband 12., 13.10.2004, Zl. FO-MVB/51.1/04 Rv/Mm)

Es ist zwar denkbar, dass der Transport der Bühneneinrichtung während einer Konzerttournee für

6. E-MVB
004-ABC-L-010 – 004-ABC-M-001

sich als Werk betrachtet werden kann; erbringt der LKW-Fahrer seine Leistung jedoch zur Gänze mit Betriebsmitteln des Arbeitgebers und in Eingliederung in den Tourneeorganisationsplan, besteht eine persönliche Arbeitspflicht und ist auszuschließen, dass der Fahrer die für einen Werkvertrag typische Gewährleistungspflicht des Werkunternehmers für eine ordnungsgemäße, vollständige und schadenfreie Ablieferung der transportierten Bühneneinrichtung übernommen hat, ist von einem echten Dienstverhältnis auszugehen. (VwGH 23.2.2005, Zl. 2002/08/0220), (Hauptverband 5.7.2005, Zl. FO-MVB/51.1/05 Rv/Mm)

In einem vom VwGH zu beurteilenden Fall wurde ein Lenker von einem Lastkraftwagen in Durchführung von Baustellentransporten für ein Gerüstunternehmen angetroffen. Es stellt sich die Frage, ob von Dienstnehmereigenschaft auszugehen ist oder ob eine Beschäftigung „im delegierten Aktionsbereich eines Unternehmens" (vgl. *Krejci, Das Sozialversicherungsverhältnis*, 31) – wie z. B. bei der Tätigkeit eines Vertreters oder eines Außendienstmitarbeiters vorliegt. Insbesondere sind in diesem Zusammenhang die Weisungsgebundenheit in einer bestimmten Art, das Konkurrenzverbot, der Bezug eines Fixums oder einer Spesenvergütung, die Berichterstattungspflicht sowie die mangelnde Verfügung über eine eigene Betriebsstätte und eigene Betriebsmittel als für die Beurteilung der Versicherungspflicht maßgebliche Merkmale zu beachten. Diese Grundsätze gebieten aber im Einzelfall die Auseinandersetzung mit der Frage, ob tatsächlich diese Kriterien vorliegen, wobei dann bei einem Zusammentreffen von Merkmalen der Abhängigkeit und solchen, die auf eine Unabhängigkeit hinweisen, das Überwiegen der einen oder anderen Merkmale entscheidend ist (vgl. zB das hg. Erkenntnis vom 4. Juni 2008, Zl 2007/08/0252, mwN).

Im vorliegenden Fall ist die belangte Behörde im Ergebnis richtig davon ausgegangen, dass kein Werk geschuldet wurde, sondern die Erbringung von Dienstleistungen über einen bestimmten Zeitraum.

Als „Werk" wird im eingangs wiedergegeben Werkvertrag unter Punkt 1. die „Material An- bzw. Abfuhr der von uns eingeteilten Baustellen" genannt, wobei die Arbeiten an fünf Tagen der Woche erfolgen und in der Hauptsaison „auftragsbedingt fallweise an Samstagen Fahrten durchgeführt werden" können. Weiters sind eine „Probezeit" von vier Wochen und ein „Arbeitsbeginn" nach Vereinbarung vorgesehen. Die Abrechnung erfolgt gemäß Punkt 4. des Vertrages „pauschal ... pro geleistetem Arbeitstag von ca. 6–8 Stunden", wobei „für Tage an welchen keine Leistung erfolgt ... keine Bezahlung vorgenommen" wird. Aus diesen Vertragsbestimmungen ist zum einen ersichtlich, dass es sich um ein Dauerschuldverhältnis gehandelt hat, zum anderen ist ein herzustellendes Werk als Endprodukt nicht erkennbar. Vielmehr ist der vorgelegte Vertrag schon seinem Wortlaut nach auf die Übernahme laufender Verpflichtungen gerichtet, die typischerweise Dienstleistungen darstellen.

Es kann also bei der Durchführung von Baustellentransporten aufgrund der Typizität des Geschehens ohne weiteres vom Bestehen eines Dienstverhältnisses ausgegangen werden. Hauptverband, 4.12.2012, Zl. 32-MVB.51.1/12 Sbm/Ph/Dm/Sdo, VwGH, 12.9.2012, Zl. 2010/08/0133)

004-ABC-L-010
Lackierer

Die Beurteilung der Pflichtversicherung hat immer an Hand der Prüfungsreihenfolge unter Berücksichtigung der tatsächlichen Verhältnisse im Einzelfall zu erfolgen. Die Zuordnung einer Berufsgruppe zu einem Versicherungstatbestand ohne einer derartigen Beurteilung ist daher nicht möglich.

In einem vom VwGH zu beurteilenden Fall, hat die belangte Behörde hat festgestellt, dass die betroffenen drei Arbeiter beim Erbringen von Dienstleistungen (**Abschleifen von Autos und Lackierarbeiten**) im Betrieb des Beschwerdeführers angetroffen worden sein, dass sie ausschließlich Betriebmittel des Beschwerdeführers verwendet und über keine eigene betriebliche Infrastruktur verfügt hätten, dass sie nach geleisteten Arbeitsstunden entlohnt worden sein, ihre Bestimmungsfreiheit hinsichtlich der Arbeitszeit und des Arbeitsortes weitgehend ausgeschaltet gewesen sei und sie zumindest der „stillen Autorität" des Dienstgebers unterlegen seien, sowie dass sie eine persönliche Arbeitspflicht getroffen habe.

Auf Basis dieser Feststellungen war nach herrschender Rechtsprechung jedenfalls von einem Überwiegen der Merkmale persönlicher Abhängigkeit gegenüber jenen persönlicher Unabhängigkeit auszugehen. (Hauptverband, 4.12.2012, Zl. 32-Mvb-51.1/12 Sbm/Ph/Dm/Sdo, VwGH 12.9.2012, Zl 2010/08/0197)

004-ABC-M-001
Marktforscher

Die Beurteilung der Pflichtversicherung hat immer an Hand der Prüfungsreihenfolge unter Berücksichtigung der tatsächlichen Verhältnisse im Einzelfall zu erfolgen. Die Zuordnung einer Berufsgruppe zu einem Versicherungstatbestand ohne einer derartigen Beurteilung ist daher nicht möglich.

Interviewer, die von Marktforschungsinstituten beschäftigt werden, können diese Tätigkeit – je nach Vertragsgestaltung – entweder in einem freien Dienstvertrag oder als Selbstständige auf Grund eines Werkvertrages ausüben.

Bei der Beurteilung kommt es im Wesentlichen darauf an, ob ein Zielschuldverhältnis vorliegt (z.B. geschuldet werden Interviews mit genau 10 Personen, werden nur 9 Interviews abgeliefert, erfolgt keine Bezahlung, weil der Vertrag nicht erfüllt wurde) oder ein Dauerschuldverhältnis besteht. Wenn ein derartiges Zielschuldverhältnis vorliegt, wird es sich um einen Werkvertrag handeln; § 4 Abs. 4 ASVG kommt nicht zur Anwendung.

zu ASVG

6. E-MVB
004-ABC-M-002 – 004-ABC-M-005

Erfolgt die Bezahlung nach der Anzahl der erbrachten Meinungsumfragen (aliquote Bezahlung), so wird es sich grundsätzlich um ein Dauerschuldverhältnis (§ 4 Abs. 2 ASVG oder § 4 Abs. 4 ASVG) handeln. Dasselbe gilt bei Vorliegen von sogenannten Kettenwerkverträgen.

Wesentliche Betriebsmittel werden bei dieser Tätigkeit grundsätzlich nicht verwendet (auch wenn zur Anreise der eigene PKW verwendet wird). (Hauptverband 28.1.1998, Zl. 32-51.1/98 Sm/Mm, Hauptverband 12.1.1999, Zl. 32-51.1/98 Sm/Bc)

004-ABC-M-002
Masseur in Ausbildung

Die §§ 17 bis 28 Medizinischer Masseur- und Heilmasseurgesetz (MMHmG), BGBl. I, Nr. 169/2002, regeln die Ausbildung zum medizinischen Masseur. Demnach umfasst diese Ausbildung einen theoretischen Unterricht einschließlich praktischer Übungen in der Dauer von insgesamt 815 Stunden sowie eine praktische Ausbildung in der Dauer von 875 Stunden. Die Ausbildung kann im Rahmen eines Ausbildungsverhältnisses oder eines Dienstverhältnisses absolviert werden. Eine Teilzeitausbildung ist zulässig. Die praktische Ausbildung hat in den Fächern Massagetechniken zu Heilzwecken, Thermotherapie, Ultraschalltherapie und Packungsanwendung zu erfolgen und erfasst Pflichtpraktika an Patienten im Ausmaß von 875 Stunden. Nach § 30 Med. Masseur- und Heilmasseur-Ausbildungsverordnung (MMHmVo), BGBl. II, Nr. 250/2003, hat die praktische Ausbildung in Einrichtungen stattzufinden, die die für die Erreichung der Ausbildungsziele erforderliche Sach-, Personal- und Raumausstattung besitzen. Die organisatorische und zeitliche Einteilung der praktischen Ausbildung ist vom fachspezifischen und organisatorischen Leiter der Ausbildung zum med. Masseur festzulegen. Hier liegt eindeutig Arbeitspflicht vor. Es besteht kein Unterschied, ob im vorliegenden Fall ein Ausbildungsverhältnis oder ein Dienstverhältnis gegeben ist. Es besteht auch im Falle eines Ausbildungsverhältnisses eine Pflichtversicherung im Sinne des § 4 Abs. 2 ASVG. Als Grundlage ist das Entgelt heranzuziehen. Fließt bei einem Ausbildungsverhältnis kein Entgelt, wird auch keine Pflichtversicherung begründet. § 44 Abs. 6 lit. c ASVG gelangt nicht zur Anwendung. Übersteigt das Entgelt nicht die Geringfügigkeitsgrenze, ist von einem geringfügigen Beschäftigungsverhältnis auszugehen. (Hauptverband 25., 26.9.2003, Zl. FO-MVB/32-51.1/03 Rv/Mm)

004-ABC-M-003
Mitarbeiter von EU-Abgeordneten

Die Beurteilung der Pflichtversicherung hat immer an Hand der Prüfungsreihenfolge unter Berücksichtigung der tatsächlichen Verhältnisse im Einzelfall zu erfolgen. Die Zuordnung einer Berufsgruppe zu einem Versicherungstatbestand ohne einer derartigen Beurteilung ist daher nicht möglich.

Dieser Personenkreis wird grundsätzlich gleich behandelt wie österreichische Parlamentsmitarbeiter. In der Regel wird eine Pflichtversicherung nach § 4 Abs. 2 ASVG vorliegen. Wenn diese Mitarbeiter in Österreich tätig sind, wird der Wohnsitz zugleich der Beschäftigungsort sein. (Hauptverband 12.11.1998, Zl. 32-51.1/98 Ch/Svs)

004-ABC-M-004
Models

Die Beurteilung der Pflichtversicherung hat immer an Hand der Prüfungsreihenfolge unter Berücksichtigung der tatsächlichen Verhältnisse im Einzelfall zu erfolgen. Die Zuordnung einer Berufsgruppe zu einem Versicherungstatbestand ohne einer derartigen Beurteilung ist daher nicht möglich.

Bei Models, die von einer Agentur vermittelt und entlohnt werden, ist grundsätzlich von einer wirtschaftlichen und persönlichen Abhängigkeit auszugehen. Diesfalls kommt eine Einstufung unter § 4 Abs. 2 ASVG, bestenfalls § 4 Abs. 4 ASVG in Betracht. Sich selbst vermarktende Models sind als neue Selbstständige nach dem GSVG zu versichern. (Hauptverband 10. u. 17.7.2001, Zl. 32-51.1/01 Rv)

004-ABC-M-005
Musiklehrer

Die Beurteilung der Pflichtversicherung hat immer an Hand der Prüfungsreihenfolge unter Berücksichtigung der tatsächlichen Verhältnisse im Einzelfall zu erfolgen. Die Zuordnung einer Berufsgruppe zu einem Versicherungstatbestand ohne einer derartigen Beurteilung ist daher nicht möglich.

Zwischen Elternverein und Musiklehrer wurde ein Werkvertrag abgeschlossen, der im wesentlichen vorsah, dass der Musiklehrer Musikunterricht für bestimmte Instrumente auf unbestimmte Zeit an den als Schultage festgelegten Tagen stundenplanmäßig zum vereinbarten Honorar übernimmt. Im Krankheitsfall oder im Falle einer Verhinderung mussten die Unterrichtsstunden entweder zu einem späteren Zeitpunkt nachgeholt werden, bzw. hätten sich die Musikschullehrer nach Rücksprache mit der Leitung der Musikschule auch vertreten lassen können, dies aber nur, wenn ansonsten der geordnete Unterricht gefährdet wäre. VwGH: „Eine auf den Fall der Krankheit oder sonstigen Verhinderung eingeschränkte Vertretungsbefugnis berechtigt den Musikschullehrer nicht, sich jederzeit und nach Gutdünken durch eine geeignete Person vertreten zu lassen. Ohne Bedachtnahme auf das gesamte Beschäftigungsbild kann daher nicht gesagt werden, ob diese Berechtigung zumindest im Ergebnis einer generellen Vertretungsbefugnis gleichzuhalten ist. Allein aus der vertraglich eingeräumten Vertretungsbefugnis kann daher nicht auf das Vorliegen eines Werkvertrages und damit auf das Fehlen der Versicherungspflicht nach dem ASVG geschlossen werden." (VwGH 26. Mai 2004, Zl. 2001/08/0134) (Hauptverband 21. September 2004, Zl. FO-MVB/51.1/04 Rv/Mm)

6. E-MVB
004-ABC-M-006 – 004-ABC-M-007

004-ABC-M-006
Montagearbeiter von Sprinkelanlagen

Die Beurteilung der Pflichtversicherung hat immer an Hand der Prüfungsreihenfolge unter Berücksichtigung der tatsächlichen Verhältnisse im Einzelfall zu erfolgen. Die Zuordnung einer Berufsgruppe zu einem Versicherungstatbestand ohne einer derartigen Beurteilung ist daher nicht möglich.

Im vorliegenden Fall geht es um die Montage von Sprinkleranlageteilen inkl. der erforderlichen Anpassarbeiten und Errichtung von Zwischenstücken. Der angeführte Preis versteht sich als Festpreis bis Bauende für das Bauvorhaben und beinhaltet sämtliche Aufwendungen für die Errichtung des beauftragten Anlagenteiles sowie alle Kosten und Nebenkosten, inklusive Kosten für Handwerkzeug. Das Unternehmen hat es unterlassen, Arbeitnehmer bei der Sozialversicherung anzumelden. Gegen den Bescheid der damaligen Gebietskrankenkasse wurde Beschwerde beim VwGH erhoben, mit der Begründung, dass Werkverträge abgeschlossen worden waren. Diese wurde als unbegründet abgewiesen.

Der VwGH hat in seinem Erkenntnis das Vorliegen der persönlichen und wirtschaftlichen Abhängigkeit geprüft. Im geschilderten Fall haben sich sowohl die Arbeitszeit als auch der Arbeitsort der in Frage kommenden Arbeitnehmer nach den Bedürfnissen der T. GmbH gerichtet. Hinsichtlich der Vertretungsbefugnis ist der belangten Behörde beizupflichten, dass die Verpflichtung zur Wahrung von Geschäftsgeheimnissen und eine Konkurrenzklausel gegen eine umfassende Vertretungsbefugnis sprechen. Im Übrigen ist es auch unbestritten, dass es im konkreten Fall nie zu einer Vertretung gekommen ist. Ein für die persönliche Abhängigkeit sprechendes Kontrollsystem war bereits durch die Festlegungen in den „Auftragsschreiben" gegeben, insoweit ein täglich zu führendes Bautagebuch vorgeschrieben wurde, das wöchentlich an die T. GmbH zu übergeben gewesen ist. Hinsichtlich der wirtschaftlichen Abhängigkeit ist festzuhalten, dass diese ihren sinnfälligen Ausdruck im Fehlen der im eigenen Namen auszuübenden Verfügungsmacht über die nach dem Einzelfall für den Betrieb wesentlichen organisatorischen Einrichtungen und Betriebsmittel findet. Im vorliegenden Fall ist es unbestritten, dass nicht nur die für die Tätigkeit von den in Betracht kommenden Personen essentielle Gewindeschneidemaschine, sondern sogar die Leitern von der T. GmbH zur Verfügung gestellt wurden. Es kann daher kein Zweifel bestehen, dass die betroffenen Personen wirtschaftlich abhängig waren. Es ist keineswegs ausgeschlossen, dass ein Dienstverhältnis vorliegt, wenn der Dienstnehmer zusätzlich über einen Gewerbeschein verfügt (vgl. VwGH, 2.4. 2008, Zl. 2007/08/0038). Ebenso steht der Gewährung eines leistungsbezogener Entgeltes einem Dienstverhältnis nicht entgegen. (Hauptverband 21.4.2009, Zl. 32-MVB-51.1/09 Jv/Mm)

004-ABC-M-007
Maler und Gipser

Die Beurteilung der Pflichtversicherung hat immer an Hand der Prüfungsreihenfolge unter Berücksichtigung der tatsächlichen Verhältnisse im Einzelfall zu erfolgen. Die Zuordnung einer Berufsgruppe zu einem Versicherungstatbestand ohne eine derartige Beurteilung ist daher nicht möglich.

Anlässlich einer GPLA wurde das zwischen dem Beschwerdeführer und L.L. behauptete Werkvertragsverhältnis als Dienstverhältnis eingestuft sowie die von M.J. und D.S. gegenüber dem Beschwerdeführer erbrachten Leistungen als im Rahmen eines Dienstverhältnisses geleistet, beurteilt.

Aus den Entscheidungsgründen:

L.L. ist serbischer Staatsangehöriger und besitzt eine österreichische Gewerbeberechtigung für „Verspachtelung von Decken und Wänden"

L.L. war im Streitzeitraum ausschließlich für den Beschwerdeführer tätig. Eine Teilnahme am allgemeinen Markt und im unbegrenztes, oftmals abwechselndes Tätigwerden für verschiedene Auftraggeber, wie es für eine selbständige Tätigkeit typisch ist, erfolgte nicht. L.L. bot seine Leistung nicht auf dem Markt an, sondern gelangte zu seinen Aufträgen dadurch, dass er beim Beschwerdeführer anrief und fragte, ob er Arbeit für ihn habe. L.L. konnte sich bei der Durchführung der Arbeiten nicht vertreten lassen, der Beschwerdeführer bestimmte wo L.L seine Arbeit verrichtete. L.L. fuhr mit seinem Privatfahrzeug zu den vom Beschwerdeführer bekannt gegebenen Baustellen und nahm dort, eingebunden in die betrieblichen Abläufe des Beschwerdeführers, seine Tätigkeit wahr. Dass L.L. etwa in der Lage gewesen wäre, auf den Ablauf der Arbeiten (zeitlich, organisatorisch) auf den Baustellen Einfluss zu nehmen, dafür fehlen jegliche Anhaltspunkte. Lt. BFG sind durch diese Umstände die Weisungsgebundenheit und die Eingliederung in das Unternehmen gegeben. Es ist nicht ersichtlich, dass L.L. ein entscheidender Spielraum bei der Gestaltung seiner Einnahmen eingeräumt gewesen wäre. Es liegen z.B. keine Kalkulationsunterlagen über die schließlich zur Verrechnung gelangten Preise vor. Es ist nicht ersichtlich, dass L.L. die Höhe der Einnahmen durch besonderen Fleiß oder besonderes Geschick beeinflussen können hätte. Abgerechnet wurde mit einem Pauschalpreis je gesamter Baustelle. Das gesamte Arbeitsmaterial wurde vom Beschwerdeführer zur Verfügung gestellt, L.L. steuerte nur das Werkzeug bei. Es fehlten betriebliche Strukturen wie z.B. Büro, Lager. Die Firmenanschrift war gleichzeitig seine Wohnadresse (kein Firmenschild, kein Hinweis auf Standort eines Gewerbes).

L.L. hatte auch kein Firmenfahrzeug, sondern benützte für die Fahrten auf die Baustellen seinen Privat-Pkw. Lt. BFG fehlte es sowohl am einnahmen- als auch am ausgabenseitigen Unternehmerrisiko sowie an der Unternehmereigenschaft. Bei den von L.L. durchgeführten Arbeiten (Spachtelarbeiten) handelt es sich um Hilfstätigkeiten bzw. einfache manipulative Tätigkeiten, die nach ihrem

zu ASVG

6. E-MVB
004-ABC-M-008 – 004-ABC-N-001

wahren wirtschaftlichen Gehalt Dienstleistungen und kein selbständiges Werk darstellen. Wie der Verwaltungsgerichtshof in seiner Judikatur dargetan hat, können Hilfsarbeiten bzw. einfache manuelle Tätigkeiten nicht Gegenstand eines Werkvertrages sein (vgl. VwGH 27.10.1999, 98/09/0033, siehe dazu auch UFS 04.03.2008, RV/1744-W/07).

Bei dem Tätigwerden des M.J. (Schwiegersohn des Beschwerdeführers.) und des D.S. (dessen Freund) wurde vom Bf. eine unentgeltliche Gefälligkeitsleistung behauptet, ohne dass dieser davon gewusst habe.

Angesichts der vom Schwiegersohn bei einer Kontrolle getätigten gegenteiligen Aussagen und der Angabe bei der Kontrolle, dass er seinen Schwiegervater nicht kennen würde, bestätigte das BFG die Behörde, dass diese zu Recht davon ausgegangen ist, dass die erbrachten Leistungen im Rahmen eines Dienstverhältnisses erfolgt sind. Hauptverband vom 16.9.2014, Zl. 51.1/14/0008 Jv/Gd)

004-ABC-M-008
Masseure

Die Beurteilung der Pflichtversicherung hat immer an Hand der Prüfungsreihenfolge unter Berücksichtigung der tatsächlichen Verhältnisse im Einzelfall zu erfolgen. Die Zuordnung einer Berufsgruppe zu einem Versicherungstatbestand ohne einer derartigen Beurteilung ist daher nicht möglich.

In einem vorliegenden Fall betreibt ein Verein ein Aktivzentrum, wo er unter anderem Massagen anbietet. Der Verein schloss mit einem Masseur einen, auf unbestimmte Dauer vereinbarten, „Dienstleistungs(Service)vertrag" ab. Die Bezahlung erfolgt auf Honorarbasis pro Stunde. Der Masseur verpflichtete sich, mindestens 20 Stunden im Monat zur Verfügung zu stehen. Ein generelles Vertretungsrecht besteht nicht. Es gibt keine Bindung an Öffnungszeiten, der Masseur hatte einen eigenen Schlüssel zu den Räumlichkeiten. Das Aktivzentrum stellt Behandlungsraum, Behandlungstisch, Massageöl, Handtücher, Wärmelampe etc. zur Verfügung. Es gibt keine fixen Arbeitszeiten, die Terminvereinbarung erfolgt zwischen Masseur und Klienten des Vereins. Die damalige Gebietskrankenkasse hat Vollversicherungspflicht gem. § 4 Abs. 4 ASVG festgestellt. Gegen den bestätigenden Bescheid des BMASK wurde Beschwerde erhoben. In der gegenständlichen Vereinbarung verpflichtete sich der Masseur dazu, seine persönliche Dienstleistung als manueller Behandler für KlientInnen des Vereines in dessen Räumlichkeiten zur Verfügung zu stellen. Schon aus dem Wortlaut der Vereinbarung ergibt sich, dass der Masseur für den Verein tätig werden muss. Wesentliches Betriebsmittel sei nicht die Arbeitskraft des Masseurs sondern die „Sachmittel", also der Räumlichkeit und die Massageutensilien. (VwGH vom 11.6. 2014, Zl. 2012/08/0245; Hauptverband, 20.1.2015, Zl. LVB-51.1/15 Jv/Km).

Das BFG beurteilte die Tätigkeit von Masseuren in einem Hotel als Dienstverhältnis iSd § 47 Abs. 2 EStG.

Im Hotel werden verschiedene Massagen angeboten. Die Art der Massagen wurde durch das Hotel vorgegeben. Ein Programm der verschiedenen Massagen lag im Hotel auf. Die an die Kunden verrechneten Preise für die jeweiligen Massagen richteten sich nach der Art der Massage und nach der Behandlungsdauer. Neben ihren Tätigkeiten im Hotel waren Frau M1 und Herr M2 als gewerbliche Masseure tätig bzw. bezog der zuletzt genannte Einkünfte aus einer weiteren nichtselbständigen Tätigkeit. Zwischen dem Hotel und den Masseuren waren im Vorhinein grundsätzlich fixe Nachmittage vereinbart, an denen Massagen durchgeführt wurden. Die an den vereinbarten Tagen jeweils genauen Beginnzeiten wurden den Masseuren vom Hotel mittels SMS mitgeteilt. Die Termine mit den Kunden hat das Hotel vereinbart, ebenso die Art der Massage.

Die Massagen haben im Hotel in einem dafür eingerichteten Raum (Massageraum) stattgefunden, sämtliche dafür notwendigen Betriebsmittel wurden vom Hotel zur Verfügung gestellt. Es ist grundsätzlich nicht vorgekommen, dass die vereinbarten Termine von den Masseuren nicht wahrgenommen worden sind. Das Entgelt für die von den Masseuren durchgeführten Massagen hatten die Kunden an das Hotel zu entrichten. Die Masseure haben ihr Entgelt vom Hotel erhalten, hierfür wurden von den Masseuren (monatliche bzw. tägliche) Abrechnungen erstellt.

Für diese Abrechnungen waren die Anzahl der durchgeführten Vollmassagen (50 Minuten) und Teilmassagen (25 Minuten) maßgeblich, je nach Dauer waren fixe Entgelte vereinbart. Die Art der jeweils durchgeführten Massagen (klassische Massage, Fußreflexzonenmassage, etc.) waren für die Abrechnungen mit den Masseuren nicht von Bedeutung. (Hauptverband, 7. und 8.6.2016, Zl. LVB-51.1/16 Jv/Wot, BFG vom 21.3.2016, RV/2100799/2012)

004-ABC-N-001
Verkehrspsychologische Nachschulungen

Die Beurteilung der Pflichtversicherung hat immer an Hand der Prüfungsreihenfolge unter Berücksichtigung der tatsächlichen Verhältnisse im Einzelfall zu erfolgen. Die Zuordnung einer Berufsgruppe zu einem Versicherungstatbestand ohne einer derartigen Beurteilung ist daher nicht möglich.

Die Firma A GmbH ist eine von österreichweit ca. 14 Nachschulungsstellen, die vom Bundesminister für Verkehr, Innovation und Technologie zur Durchführung von Nachschulungen iSd Führerscheingesetzes und der dazu ergangenen Nachschulungsverordnung ermächtigt sind. Inhaltlich geht es bei diesen Nachschulungskursen um eine Einstellungs- und Verhaltensänderung von straffälligen Lenkern (z.B. nach Verkehrsverstößen unter Alkoholeinfluss). Die Kurse dürfen nur von speziell ausgebildeten Psychologen durchgeführt werden. Inhalt und Ablauf der Nachschulungen sind in der Nachschulungsverordnung genau festgelegt. Die GmbH beschäftigt diese Psychologen mit „Werkvertrag". Diese Psychologen selbst haben sich teilweise als Neue Selbständige gemeldet, teilweise sehen sie ihre Tätigkeit aber auch als abhängiges bzw. freies Dienstverhältnis. Psychologen allgemein arbeiten in der Regel als selbstständig Erwerbstätige. Die Tätigkeit bei der GmbH ist somit Ausfluss der ureigenen Tätigkeit. Diesfalls käme eine Beurteilung nach § 2 Abs. 1 Z 4 GSVG in Betracht. Als Argument für diese Beurteilung sei angeführt, dass es sich bei der Nachschulung nur um einen Teil seiner unternehmerischen Tätigkeit handelt. Psychologen, die ausschließlich für die GmbH arbeiten, sind nach § 4 Abs. 2 oder Abs. 4 ASVG zu beurteilen. Bei der gegenständlichen Tätigkeit handelt es sich aufgrund des Sachverhaltes um freie Dienstverhältnisse im Sinne des § 4 Abs. 4 ASVG. Auch das Kuratorium für Verkehrssicherheit, das bis 1996 zur Durchführung dieser Kurse allein ermächtigt war, meldet diesen Personenkreis als freie Dienstnehmer an. (Hauptverband 21.4.2009, Zl. 32-MVB-51.1/09 Jv/Mm)

004-ABC-N-002
Nachbarschaftshilfe

Die Beurteilung der Pflichtversicherung hat immer an Hand der Prüfungsreihenfolge unter Berücksichtigung der tatsächlichen Verhältnisse im Einzelfall zu erfolgen. Die Zuordnung einer Berufsgruppe zu einem Versicherungstatbestand ohne einer derartigen Beurteilung ist daher nicht möglich.

Es gibt Vereine zur Erhaltung der Lebensqualität und zur Förderung der Selbstorganisation und Nachbarschaftshilfe auf ehrenamtlicher Basis. Der Verein ermöglicht es Nachbarn in einer Gemeinde, ihre Talente und Fähigkeiten zu entfalten, Zeitguthaben für einen späteren Bedarf anzusparen und mit gutem Gefühl Nachbarschaftshilfe in Anspruch zu nehmen. Vereinsmitglieder können kleine Hilfsdienste anbieten oder Unterstützung zur Bewältigung von alltäglichen Tätigkeiten annehmen. Mittels so genannter „Zeit-Schecks", die die Vereinsmitglieder bekommen bzw. auch vom Verein kaufen können (getauscht wird nur Hilfe gegen Zeit), werden die Stunden bezahlt. Für die Hilfe die man gibt, bekommt man die Zeit dafür auf einem Stundenkonto gutgeschrieben. Nimmt man selber Hilfe in Anspruch, „bezahlt" man mit diesen angesparten Stunden. Hat man kein Stunden-Guthaben mehr, kann man sich einen Stundenblock vom Verein kaufen. Das dafür eingerichtete Büro wird von einem Vereinsmitglied geführt. Hier wird die Hilfeleistung organisiert, die Stunden vom Konto des Leistungsempfängers abgebucht und dem Konto des Helfers zugebucht.

Der gemeinnützige Verein versteht sich überparteilich und überkonfessionell. Die Hauptzielgruppe sind Menschen ab 55 Jahren. Es können aber auch jüngere Menschen mitarbeiten und im Verein aktiv werden. Aufgrund einer Referentenbesprechung im Jahr 2003 hat der Hauptverband (nunmehr: Dachverband) im Zusammenhang mit Seniorengenossenschaften folgendes festgehalten: „In einer Seniorengenossenschaft unterstützen sich Senioren, die Mitglieder dieser Genossenschaft sind, in Alltagserledigungen, wie Rasenmähen, Reinigungsarbeiten, Einkaufen, Behördenwege, Essenszubereitung, Schneeräumen u.a. Arbeiten gegenseitig. Es stellt sich nun die Frage nach der sozialversicherungsrechtlichen Beurteilung. Solange diese Senioren sich gegenseitig unterstützen und der Gegenseitigkeitsfaktor nicht nur zum Schein besteht, ist kein sozialversicherungsrechtlicher Tatbestand erfüllt."

Laut Sachverhalt gibt es keine Anhaltspunkte, die eine persönliche und wirtschaftliche Abhängigkeit belegen würden, daher ist nicht von einer Pflichtversicherung nach dem ASVG auszugehen. Es besteht auch kein Anspruch auf Gegenleistung für das Zeitguthaben. Zudem kann jedes Mitglied die Tätigkeit jederzeit ablehnen. Sollte sich kein Mitglied zur angefragten Tätigkeit bereit erklären, erfolgt lediglich eine Rückmeldung an den Anfrager, es gibt keinerlei Arbeitsverpflichtung!

Eine Bezahlung mit Geld würde zum Vereinsausschluss führen und ist ausdrücklich untersagt. Sonstige Aufwendungen sind unter den Mitgliedern selbst zu regeln und laufen auch nicht über den Verein. Bevorratete Stunden können auch nicht mehr zurückgekauft werden. Ferner können auch keine Minus-Stunden anfallen. Zwar können Zeitguthaben durch Kauf entgeltlich erworben werden, eine Entgeltlichkeit der Tätigkeit kann daraus aber nicht abgeleitet werden. Dazu kommt, dass ein Mitglied maximal 5 Stunden-Blocks gleichzeitig kaufen und bevorraten kann.

Auch aus steuerlicher Sicht ist keine Lohnsteuerpflicht gegeben. Zusammengefasst ist daher davon auszugehen, dass es sich bei der oben beschriebenen Nachbarschaftshilfe um kein versicherungspflichtiges Dienstverhältnis nach dem ASVG handelt. (Hauptverband, 14.9.2010, Zl. 32-MVB-51.1/10 Dm/Mm).

004-ABC-N-003
Ärzte – Notärzte

Vgl. Gliederungsnummer 004-ABC-A-012

004-ABC-N-004
Nachhilfelehrer

Trifft die bei einem Nachhilfeinstitut (Betrieb im Rahmen eines Franchisevertrages) beschäftigten Nachhilfelehrer eine persönliche Arbeitspflicht, sind sie in die Betriebsorganisation eingebunden, indem sie ihre Tätigkeit in den Institutsräumlichkeiten nach grundsätzlich verpflichtenden Stundenplänen abhalten und zur Anwendung eines bestimmten Computersystems (vorgegeben durch den Franchisevertrag) verpflichtet sind und haben nicht die Möglichkeit, den Ablauf der Arbeit jederzeit selbst zu regeln und auch zu ändern, überwiegen die Merkmale der persönlichen und wirtschaftlichen Abhängigkeit.

6. E-MVB
004-ABC-P-001 – 004-ABC-P-004

Bei den Bildungsinhalten von Nachhilfeinstituten handelt es sich um jene gem. § 3 Abs. 2 lit. a SchoG (vgl. VwGH 2009/08/0270) und unterliegen die dort beschäftigten Lehrer dem Mindestlohntarif für private Bildungseinrichtungen. (VwGH 20.2.2018, Ro 2018/08/0003, BVwG 18.10.2017, G312 2113623-1/19E) (Hauptverband, 15.5.2018, LVB-51.1/18 Jv/Wot)

004-ABC-P-001
Poststellenführer

Die Beurteilung der Pflichtversicherung hat immer an Hand der Prüfungsreihenfolge unter Berücksichtigung der tatsächlichen Verhältnisse im Einzelfall zu erfolgen. Die Zuordnung einer Berufsgruppe zu einem Versicherungstatbestand ohne einer derartigen Beurteilung ist daher nicht möglich.

Mit Gewerbetreibenden wurden zur Übernahme der Geschäftsführung von Postservicestellen im Rahmen ihres Gewerbebetriebes Verträge abgeschlossen. Auf Grund der Verträge wird davon auszugehen sein, dass keine Dienstnehmereigenschaft (weder im Sinne des § 4 Abs. 1 und 2 ASVG noch nach § 4 Abs. 4 ASVG) vorliegt. (Hauptverband 10. u. 17.7.2001, Zl. 32-51.1/01 Rv, Hauptverband 7.9.2001, Zl. 32-51.1/01 Rv)

004-ABC-P-002
Praktikanten – Auslandspraktikanten im Rahmen von EU-Programmen

Die Beurteilung der Pflichtversicherung hat immer an Hand der Prüfungsreihenfolge unter Berücksichtigung der tatsächlichen Verhältnisse im Einzelfall zu erfolgen. Die Zuordnung einer Berufsgruppe zu einem Versicherungstatbestand ohne einer derartigen Beurteilung ist daher nicht möglich.

Derzeit gibt es drei Programme, nämlich: Leonardo da Vinci (vermitteln Personen, die in Lehr- oder Arbeitsverhältnissen stehen), Socrates (Ausbildungszweck) und EU-Jugend (Ausbildungsprogramm und anschließende Sozialpraktikum). Alle drei Programme verfolgen den Zweck der Weiterbildung.

Unabhängig vom Programm und von der Absicht des Programmes bleibt der Staat für sich autonom zu entscheiden, wer versichert ist. Es ist eine unzulässige Argumentation, eine Pflichtversicherung aus dem Programm abzuleiten. Es gibt etliche Mitgliedstaaten, die ex lege solche EU-Programmteilnehmer von der Sozialversicherung ausnehmen. In Österreich ist das nicht der Fall.

Es ist auch falsch damit zu argumentieren, dass Ausbildungsverhältnis und Dienstverhältnis einander ausschließen.

Die Sozialversicherung hat in jedem Einzelfall zu prüfen, ob ein sozialversicherungspflichtiges Dienstverhältnis vorliegt oder nicht. Die Beurteilung als Dienstverhältnis hängt nicht vom Lohn ab. Es geht um die wirtschaftliche Abhängigkeit (= Verwendung fremder Betriebsmittel) und um die persönliche Abhängigkeit (= persönliche Arbeitsleistung, gebunden an Arbeitszeit und Arbeitsort). Als weiteres Argument für die Pflichtversicherung sei die Wertschöpfung für den Betrieb zu nennen, die ein weiteres Indiz für die Auslösung der Pflichtversicherung darstellt.

Im Einzelfall ist eine Vereinbarung gemäß Artikel 17 der Verordnung 1408 aus 1971 möglich. Das bedeutet, dass eine Verlagerung der Zuständigkeit ins Herkunftsland möglich ist. Wer ein „E 101 Formular" vorweisen kann, ist automatisch im Herkunftsland versichert. Österreich prüft nicht weiter.

Grundsätzlich geht die Sozialversicherung davon aus, dass eine Pflichtversicherung als Dienstnehmer begründet wird. (Hauptverband 16.10.2002, Zl. FO-MVB/32-52.6/02)

Praktikanten aus der Ukraine werden im Rahmen eines internationalen Austauschprogrammes in der österreichischen Landwirtschaft eingesetzt. Vereinbart wird ein geringes Entgelt plus Wohnung.

Diese Praktikanten sind als Dienstnehmer zumindest mit dem Kollektivvertragslohn für Hilfsarbeiter anzumelden. (Hauptverband 10. u. 17.7.2001, Zl. 32-51.1/01 Rv)

Eine Land- und forstwirtschaftliche Lehrlings- und Fachausbildungsstelle (LFA) ist der österreichische Partner des Projekts COMAAE, welches das Ziel hat, Personen in landwirtschaftlicher Ausbildung zu ermöglichen, einen Teil der Ausbildung in einem anderen EU-Land absolvieren zu können. Im vorliegenden Fall liegt eine Entsendung vor. Die sozialversicherungsrechtliche Beurteilung sieht so aus, dass bei einer Ausbildungsdauer in dem ausländischen Betrieb bis zu 12 Monate eine Entsendung vorliegt, von mehr als 12 Monaten das Beschäftigungslandprinzip (Österreich) gilt. Als Frist sind deshalb 12 Monate anzunehmen, da das zwischenstaatliche Recht eine 6-Monate-Frist nicht kennt. Im umgekehrten Fall – ein EU-Ausländer kommt nach Österreich – liegt ebenfalls Entsendung vor, es gelten die Kriterien des EU-Ausland. (Hauptverband 16. November 2004, Zl. FO-MVB/04 Rv/Mm)

004-ABC-P-003
Protokollführer

Die Beurteilung der Pflichtversicherung hat immer an Hand der Prüfungsreihenfolge unter Berücksichtigung der tatsächlichen Verhältnisse im Einzelfall zu erfolgen. Die Zuordnung einer Berufsgruppe zu einem Versicherungstatbestand ohne einer derartigen Beurteilung ist daher nicht möglich.

Protokollführer bei Sitzungen sind entweder als Dienstnehmer nach § 4 Abs. 2 ASVG oder als Freie Dienstnehmer im Sinne des § 4 Abs. 4 ASVG zu bewerten. (Hauptverband 5.9.2001, Zl. 32-51.1/01 Rv/Mm)

004-ABC-P-004
Provisionsvertreter – nebenberuflich

Die Beurteilung der Pflichtversicherung hat immer an Hand der Prüfungsreihenfolge unter

Berücksichtigung der tatsächlichen Verhältnisse im Einzelfall zu erfolgen. Die Zuordnung einer Berufsgruppe zu einem Versicherungstatbestand ohne einer derartigen Beurteilung ist daher nicht möglich.

Auf nebenberufliche Provisionsvertreter (inklusive Innendienstmitarbeiter der Versicherungsunternehmen) sind die sozialversicherungsrechtlichen Bestimmungen des GSVG und nicht des ASVG anzuwenden.

Auf Grund der gewerberechtlichen Bestimmungen ist dieser Personenkreis grundsätzlich verpflichtet, eine Gewerbeberechtigung zu erlangen (Versicherungsmakler, -berater, -agenten). Daraus ergibt sich eine Sozialversicherungspflicht nach § 2 Abs. 1 Z 1 GSVG auf Grund der mit der Gewerbeberechtigung verbundenen Mitgliedschaft in der Wirtschaftskammer.

Jene Personen, die keine Gewerbeberechtigung haben und keine Verpflichtung zur Dienstleistung haben, können nach § 2 Abs. 1 Z 4 GSVG als sogenannte „neue Selbstständige" – bei Überschreiten der jeweiligen Versicherungsgrenze – pflichtversichert sein, sofern die Vermittlungstätigkeit weisungsfrei, d.h. nicht in persönlicher und wirtschaftlicher Abhängigkeit ausgeübt wird, der nachgewiesene (daher schriftliche) Vertragswille auf eine Trennung der beiden Rechtsverhältnisse ausgerichtet ist, die Tätigkeiten verschieden und daher trennbar sind (z.B. ein Innendienstmitarbeiter ist Buchhalter, aber nicht im Kassendienst tätig, bei dem auch Versicherungsverträge vermittelt werden), die Tätigkeit als Versicherungsvermittler außerhalb der Dienstzeit ausgeübt wird und möglichst eine örtliche Trennung vorliegt, d.h. die nebenberufliche Vermittlung nicht am Dienstort (z.B. in der Bank) stattfindet.

Provisionsvertreter, die eine Verpflichtung zur Dienstleistung haben und keine Gewerbeberechtigung besitzen, sind grundsätzlich als Freie Dienstnehmer nach § 4 Abs. 4 ASVG pflichtversichert. (Hauptverband 28.1.1998, Zl. 32-51.1/98 Sm/Mm, Hauptverband 19.2.1998, Zl. 32-51.1/98 Sm/Mm, Hauptverband 17. u. 18.3.1998, Zl. 32-51:52:53/98 Sm/Mm, Hauptverband 1.4.1998, Zl. 32-51.1/98 Sm/Mm, Hauptverband 7.10.1998, Zl. 32-51.1/98 Sm/Mm)

Überwiegen bei einem Vertreter die Merkmale persönlicher und wirtschaftlicher Abhängigkeit, ist von seiner Dienstnehmereigenschaft auch dann auszugehen, wenn er ausschließlich erfolgsabhängig entlohnt wird. (VwGH 3.4.2001, Zl. 96/08/0053)

004-ABC-P-005
Provisionsvertreter

Die Beschäftigten im Direktvertrieb können – so wie auch in anderen Branchen – in verschiedenen sozialversicherungsrechtlichen Beschäftigungsverhältnissen tätig sein, nämlich als Dienstnehmer, freie Dienstnehmer, neue Selbständige, Gewerbetreibende. Die Versicherungspflicht richtet sich nach den tatsächlichen Verhältnissen und den vertraglichen Regelungen. Wenn das wirtschaftliche Risiko beim Beschäftigten liegt, ist ein Gewerbeschein notwendig. Manche Unternehmen ersetzen den Warenpräsentatoren den Aufwand, wenn bei einer Veranstaltung kein Abschluss erfolgt. Bei Fehlen der Weisungsgebundenheit und der Verpflichtung zur Dienstleistung, wird in diesem Fall die Versicherungspflicht als neuer Selbständiger zur Anwendung kommen. (Hauptverband 20.1.2004, Zl. FO-MVB/51.1/04 Rv/Mm)

Wird von einer Person für eine Bank lediglich ein Anbahnungsgespräch geführt ohne jeglichen vertraglichen Verpflichtung, solche Gespräche zu führen, und hat die Bank keine Weisungsmöglichkeit und stellt keine Betriebsmittel zur Verfügung, liegt kein Dienstverhältnis im Sinne des ASVG vor. Auf Grund der Einkünfte aus solch einer Tätigkeit besteht Versicherungspflicht nach § 2 Abs. 1 Z 4 GSVG (neuer Selbständiger). (Hauptverband 13.6.2006, Zl. 32-MVB-51.1/06/Af/Mm)

004-ABC-P-006
Physiotherapeuten

Die Beurteilung der Pflichtversicherung hat immer an Hand der Prüfungsreihenfolge unter Berücksichtigung der tatsächlichen Verhältnisse im Einzelfall zu erfolgen. Die Zuordnung einer Berufsgruppe zu einem Versicherungstatbestand ohne einer derartigen Beurteilung ist daher nicht möglich.

Im konkreten Fall wurde hinsichtlich drei Physiotherapeuten, die in mehreren Ordinationen des Beschwerdeführers tätig wurden, eine Dienstnehmerstellung nach § 4 Abs. 2 ASVG bestätigt. Seitens des Beschwerdeführers wurde eingewendet, dass es sich hiebei um Werkverträge gehandelt habe. Laut VwGH ist allerdings nicht zu sehen, worin im Fall der in den vorgelegten Vereinbarungen über einen längeren Zeitraum geschuldeten „physiotherapeutischen Tätigkeit" das gewährleistungstaugliche, individualisierte Werk liegen soll.

Im Ergebnis zeigt sich, dass die in Rede stehenden Physiotherapeuten über ihre Arbeitszeit nicht frei verfügen konnten, weisungsgebunden, kontrollunterworfen und grundsätzlich zur persönlichen Arbeitsleistung verpflichtet waren, mit einem fixen Betrag pro geleisteter Therapieeinheit entlohnt wurden und im Rahmen ihrer Tätigkeit nicht unternehmerisch disponieren konnten. (VwGH 4.9.2013, Zl. 2012/08/0310, Hauptverband 22.6.2013, Zl. LVB-51.1/13 Dm/Sdo)

004-ABC-P-007
Privathaus – Vollwärmeschutzarbeiten

Die Beurteilung der Pflichtversicherung hat immer an Hand der Prüfungsreihenfolge unter Berücksichtigung der tatsächlichen Verhältnisse im Einzelfall zu erfolgen. Die Zuordnung einer Berufsgruppe zu einem Versicherungstatbestand ohne einer derartigen Beurteilung ist daher nicht möglich.

Die Beschäftigten im Direktvertrieb können – so wie auch in anderen Branchen – in verschiedenen sozialversicherungsrechtlichen Beschäftigungsverhältnissen tätig sein, nämlich als Dienstnehmer,

6. E-MVB
004-ABC-P-008 – 004-ABC-R-003

freie Dienstnehmer, neue Selbständige, Gewerbetreibende. Die Versicherungspflicht richtet sich nach den tatsächlichen Verhältnissen. Im vorliegenden Fall führen ungarische Arbeiter Vollwärmeschutzarbeiten an einem Privathaus durch. Es liegt keine Entsendebestätigung vor, es gibt keinen Gewerbeschein in Ungarn und es erfolgte keine Anmeldung zur Sozialversicherung in Österreich. Laut VwGH handelt es sich um kein Dienstverhältnis gem. § 4 Abs. 2 ASVG. Bei einfachen manuellen Tätigkeiten oder Hilfstätigkeiten, die in Bezug auf die Arbeitsausführung und auf die Verwertbarkeit keinen ins Gewicht fallenden Gestaltungsspielraum des Dienstnehmers erlauben, kann bei einer Integration des Beschäftigten in den Betrieb des Beschäftigers das Vorliegen eines Beschäftigungsverhältnisses in persönlicher und wirtschaftlicher Abhängigkeit im Sinne des § 4 Abs. 2 ASVG ohne weitwendige Untersuchungen vorausgesetzt werden. Eine „Integration in den Betrieb" setzt jedoch das Vorhandensein eines Betriebes voraus. Der Umstand, Eigentümer eines Hauses zu sein, begründet keinen Betrieb. Zudem bestand keine persönliche und wirtschaftliche Abhängigkeit. Es handelte sich um eine Gruppe von Arbeitern, die Material und Gerüst besorgten und ohne Anleitung einen Vollwärmeschutz an einem nicht zu einem Geschäftsbetrieb gehörenden Haus eines Hausbesitzers aufbrachten. Laut VwGH ist auch das Vorliegen eines freien Dienstverhältnisses zu verneinen, weil die Erbringung der Dienstleistung nicht für einen Dienstgeber im Rahmen seines Geschäftsbetriebes, seiner Gewerbeberechtigung, seiner berufsrechtlichen Befugnis oder seines statutenmäßigen Wirkungsbereiches erfolgte, sondern im privaten Bereich. (Hauptverband vom 3./4.6.2014, Zl. 51.1/14/0006 Jv/Gd)

004-ABC-P-008
Präventivfachkräfte

Die Beurteilung der Pflichtversicherung hat immer an Hand der Prüfungsreihenfolge unter Berücksichtigung der tatsächlichen Verhältnisse im Einzelfall zu erfolgen. Die Zuordnung einer Berufsgruppe zu einem Versicherungstatbestand ohne eine derartige Beurteilung ist daher nicht möglich.

Das Bundesverwaltungsgericht hat mit Erkenntnis vom 20.01.2015 zu GZ. W145 2004772-1/3E u.a. die Beschäftigungsform eines Arbeitsmediziners nicht als Werkvertrag, sondern als nach ASVG vollversicherungspflichtigen Arbeitsvertrag beurteilt. Nunmehr erging vom Bundesministerium für Arbeit, Soziales und Konsumentenschutz an alle Arbeitsinspektorate ein Erlass betreffend Beschäftigung von Präventivfachkräften mit Werkvertrag oder anderer Vertragsbasis. Darin wird ausdrücklich festgehalten, dass nach Auffassung des Zentralen Arbeitsinspektorats (ZAI) die Beschäftigung von Präventivfachkräften mit Werkvertrag oder anderer Vertragsbasis im Einzelfall weiterhin zulässig und eine Inanspruchnahme auch externer Arbeitsmedizinerinnen und Arbeitsmediziner erfolgen kann, sofern der Vorrang betriebsinterner Betreuung nicht entgegensteht. Das Erkenntnis ist laut Begründung des BVwG einzelfallbezogen und daher nach Ansicht des ZAI nicht generalisierbar (Hauptverband, 28.4.2015, Zl. 51.1/15 Jv/Ph).

004-ABC-R-001
Rechtsanwaltsanwärter

Rechtsanwaltsanwärter sind nach § 5 Abs. 1 Z 8 ASVG iVm § 7 Abs. 1 lit. e ASVG nur in der Kranken- und Unfallversicherung pflichtversichert und von der Pensionsversicherung ausgenommen.

Wenn Rechtsanwaltsanwärter neben ihrer Rechtsanwaltsanwärtertätigkeit noch einer anderen geringfügigen Beschäftigung nachgehen, so wird durch Zusammenrechnung der Entgelte aus ihrer Rechtsanwaltsanwärtertätigkeit und einer anderen geringfügigen Beschäftigung keine Vollversicherung begründet und sie können daher keine Pensionsversicherungszeiten durch die Zusammenrechnung dieser Entgelte erwerben. (Hauptverband 29. u. 30.9.1999, Zl. 32-51.1/99 Rj/Mm)

004-ABC-R-002
Regisseure bei österreichischen Festspielveranstaltern

Regisseure bei Festspielveranstaltern werden bis dato als Dienstgeber gemäß § 4 Abs. 2 ASVG zur Pflichtversicherung angemeldet. Im Geltungsbereich des Doppelbesteuerungsabkommens vom 24. August 2000 wird allerdings die Rechtslage an jene des OECD-Musterabkommens angepasst, sodass die Vergütungen eines österreichischen Festspielveranstalters an deutsche Bühnenbildner, Kostümbildner, Regisseure und Choreographen keiner österreichischen Einkommensbesteuerung mehr unterliegen. Diese steuerliche Regelung wirkt sich auf die Sozialversicherungspflicht aber nicht aus. Aus sozialversicherungsrechtlicher Sicht sind Regisseure bei Festspielveranstaltern weiterhin als Dienstnehmer im Sinne des § 4 Abs. 2 ASVG anzumelden. (Hauptverband 5.6.2003, Zl. FO-MVB/32-51.1/02 Rv/Mm)

Orchester-, Chor- sowie Ballettensemblemitglieder sind grundsätzlich als echte Dienstnehmer im Sinne des § 4 Abs. 2 ASVG zu qualifizieren. Im Hinblick auf Personen aus dem Ausland muss zunächst geprüft werden, ob sie im Ausland sozialversichert sind. Wenn dem so ist, entsteht keine Versicherungspflicht in Österreich. (Hauptverband 20.1.2004, FO-MVB/51.1/04 Rv/Mm)

004-ABC-R-003
Restauratoren

Die Beurteilung der Pflichtversicherung hat immer an Hand der Prüfungsreihenfolge unter Berücksichtigung der tatsächlichen Verhältnisse im Einzelfall zu erfolgen. Die Zuordnung einer Berufsgruppe zu einem Versicherungstatbestand ohne einer derartigen Beurteilung ist daher nicht möglich.

Der Dachverband der Sozialversicherungsträger vertritt hier grundsätzlich die Ansicht, dass bei diesen Beschäftigungsverhältnissen Sozialversicherungspflicht als Dienstnehmer gemäß § 4 Abs. 1

Z 1 ASVG i. V. m. § 4 Abs. 2 ASVG vorliegen wird. Dies deshalb, weil bei diesen Arbeiten die Erbringung von bestimmten Dienstleistungen (z.B. Reinigung, Nachfreilegung, Retusche) gegenüber der Erbringung eines im Voraus individuell konkretisierten Werkes im Sinne eines selbstständigen Produktes im Vordergrund steht. Die Tatsache, dass die geschuldeten Arbeiten bereits im Vorhinein generell in ihrem Inhalt, in ihrem Umfang und in ihrem zeitlichen Rahmen definiert sind, ändert nichts an ihrer Qualifikation als Dienstleistung an sich. Zumeist gelangt das Honorar in monatlichen Teilbeträgen – entsprechend dem Arbeitsfortschritt – zur Auszahlung. Dies ist ein weiteres Indiz dafür, dass nicht ein zu einem bestimmten Erfüllungszeitpunkt abzulieferndes abgeschlossenes Werk geschuldet wird, sondern bestimmte Dienstleistungen vorliegen, deren laufende Erbringung eine regelmäßige, in bestimmte Arbeitsabschnitte einteilbare ständige Bewertung zulassen. Die gegenständlichen Arbeiten sind offensichtlich grundsätzlich persönlich und in Weisungsgebundenheit zu erbringen, weil eine allfällige Abänderung des inhaltlichen Arbeitsablaufes sowie die Entsendung einer fachlich geeigneten Arbeitsvertretung erst unter Zustimmung des Auftraggebers erfolgen kann. Weiters ist davon auszugehen, dass auch die wirtschaftliche Abhängigkeit vorliegt, weil das Restaurierungsobjekt, das allfällig verwendete Arbeitsgerüst und sonstige Arbeits- und Betriebsmittel sicher nicht vom einzelnen Auftragnehmer beigestellt werden. (Hauptverband 11.3.1997, Zl. 32-51.1/97 Sm/Mm)

Der betreffende Arbeiter war vom Schlossherrn mit der Renovierung der Fassade seines Schlosses beauftragt worden. Daneben hatte er auch diverse Hausmeistertätigkeiten, wie Garten- und Teichpflege, Wartungsarbeiten, Aufräumarbeiten, Malarbeiten, Sanierungsarbeiten von Fenstern und Dächern, Holzarbeiten, Beheizung des Schlosses und des Nebengebäudes zu verrichten gehabt.

Die Entlohnung erfolgte nach geleisteten Arbeitsstunden. Die Betriebsmittel wurden vom Schlossherrn zur Verfügung gestellt. Eine Vertretungsbefugnis hat in der Praxis nicht bestanden.

Der VwGH hat dazu unter anderem Folgendes ausgeführt:

„Der bloße Umstand, dass der Beschwerdeführer Eigentümer eines Gebäudes ist, an dem die hier zu Rede stehenden Arbeiten durchgeführt wurden, begründet keinen Betrieb. In Ermangelung eines Betriebes des Beschäftigers, in den der Beschäftigte integriert gewesen wäre, reicht das bloße Vorliegen einfacher manueller Arbeiten im Allgemeinen nicht aus, um von Vorliegen eines Beschäftigungsverhältnisses in persönlicher Abhängigkeit iSd § 4 Abs. 2 ASVG ausgehen zu können (vgl. das hg. Erkenntnis vom 13. November 2013, Zl. 2013/08/0146, mwN).

Es ist somit anhand weiterer charakteristischer Umstände des vorliegenden Falles zu klären, ob bei Erfüllung der übernommenen Arbeitspflicht die Merkmale persönlicher Abhängigkeit einer Person vom Empfänger der Arbeit gegenüber jener persönlicher Unabhängigkeit überwiegen und somit persönliche Abhängigkeit iSd § 4 Abs. 2 ASVG gegeben ist.

Den Feststellungen des angefochtenen Bescheides zufolge, hat der Erstmitbeteiligte vor seiner Tätigkeit für den Beschwerdeführer als angelernter Arbeiter in verschiedenen Betrieben der Baubranche gearbeitet. Den Vereinbarungen mit dem Beschwerdeführer zufolge sollte er an dessen Gebäude Renovierungsarbeiten für einen Nettostundenlohn von € 16,-- durchführen. Darüber hinaus hatte er diverse Hausmeistertätigkeiten wie Garten- und Teichpflege, Wartungsarbeiten, Aufräumarbeiten, Malarbeiten, Sanierungsarbeiten von Fenstern und Dächern, Holzarbeiten, Beheizung des Schlosses und des Nebengebäudes zu verrichten, wofür er – wie die Beschwerde einräumt – einen Sachbezug in Form einer Wohnung im Nebenhaus des Schlosses erhielt. Die Beschwerde bestreitet auch nicht, dass dem Erstmitbeteiligten eine Mischmaschine, das Baugerüst und ein Rasenmäher zur Verfügung gestellt wurden. Der Erstmitbeteiligte hat sohin niedrig qualifizierte Bauarbeiten bzw. Hausmeisterarbeiten über relativ lange Zeiträume (von Juli 2004 bis August 2007 praktisch durchgehend) ausschließlich für den Beschwerdeführer verrichtet und wurde nach Arbeitsstunden sowie durch eine Wohnung als Sachbezug entlohnt. Der Beschwerdeführer hat im Ergebnis – wie die früheren Arbeitgeber des Erstmitbeteiligten – über dessen Arbeitskraft verfügt und sie je nach Erfordernissen für die in seinem Schloss anfallenden Aufgaben eingesetzt.

In Gesamtbetrachtung dieser Umstände der vorliegenden Beschäftigung kommt der Verwaltungsgerichtshof zu dem Ergebnis, dass bei der Tätigkeit des Erstmitbeteiligten die Merkmale persönlicher und wirtschaftlicher Abhängigkeit gegenüber den Merkmalen selbständiger Ausübung der Erwerbstätigkeit iSd § 4 Abs. 2 ASVG überwogen haben und dass sohin die Beurteilung durch die belangte Behörde, dass Pflichtversicherung in den angegebenen Zweigen der Sozialversicherung bestanden hat, richtig ist. (VwGH 31.7.2014, 2012/08/0253, Hauptverband vom 16.9.2014, Zl. 51.1/14/0008 Jv/Gd)

004-ABC-R-004
Reinigungskräfte im Hotelbetrieb

Die Beurteilung der Pflichtversicherung hat immer an Hand der Prüfungsreihenfolge unter Berücksichtigung der tatsächlichen Verhältnisse im Einzelfall zu erfolgen. Die Zuordnung einer Berufsgruppe zu einem Versicherungstatbestand ohne eine derartige Beurteilung ist daher nicht möglich.

Im Zuge einer GPLA wurden die „Werkverträge" der Reinigungskräfte in einem Hotelbetrieb in echte Dienstverhältnisse umqualifiziert und von den Honorarzahlungen Kommunalsteuer vorgeschrieben.

Die Beschwerde dagegen wurde vom VwGH abgewiesen, da nach dem Gesamtbild der Verhältnisse die Merkmale eines Dienstverhältnisses überwiegen.

6. E-MVB
004-ABC-S-001 – 004-ABC-S-003

Für die organisatorische Eingliederung und der persönlichen Weisungsgebundenheit sprechen die Gewährleistung eines ungestörten Hotelbetriebs, die Arbeitseinteilung anhand der An- und Abreisedaten der Hotelgäste und die laufende Kontrolle durch einen Hotelmitarbeiter.

Indizien dafür, dass die Reinigungskräfte nicht einen bestimmten Arbeitserfolg, sondern ihre Arbeitskraft schuldeten sind die im „Werkvertrag" vorgenommene Leistungsbeschreibung, orientiert sich nur an der Art der Arbeiten („Reinigungstätigkeiten einschließlich objektbezogener Wartungsarbeiten") sowie die Vereinbarung eines Stundenhonorars und zeitraumbezogene Abrechnung.

Ein Indiz für das Fehlen des Unternehmerwagnisses sind die selbst angeschafften Reinigungsmittel, die an die Beschwerdeführerin weiterverrechnet wurden.

Das Vorliegen einer Gewerbeberechtigung ist für die steuerliche Beurteilung unmaßgeblich.

Wenn die Beschwerdeführerin vorbringt, die Arbeitskräfte hätten ihre Leistung im Rahmen der Dienstleistungsfreiheit als EU-Bürger angeboten und daher sei für die Beurteilung der Dienstnehmereigenschaft maßgebend, ob eine unselbständige Tätigkeit im Sinne des Art. 45 AEUV (ex-Art. 39 EGV) oder eine selbständige Tätigkeit im Sinne des Art. 56 AEUV (ex-Art. 43 EGV) vorliege, so genügt der Hinweis, dass die Kommunalsteuer innerhalb der Mitgliedstaaten nicht harmonisiert ist und keine Ungleichbehandlung zwischen In- und Ausländern aufgezeigt wird.

Sozialleistungen, wie die Gewährung von Urlaub, eine Entgeltfortzahlung im Krankheitsfall oder die Absicherung bei Verletzungen, sind zwar Kennzeichen eines allgemein üblichen Dienstverhältnisses, ihr Fehlen bedeutet aber noch nicht, dass ein Arbeitnehmer dem Arbeitgeber seine Arbeitskraft im Sinne des § 47 Abs. 2 EStG 1988 nicht schuldet (vgl. das hg. Erkenntnis vom 29. Februar 2012, 2008/13/0087, mwN).

Die im Werkvertrag vorgesehene Vertretungsmöglichkeit spricht zwar gegen das Vorliegen eines Dienstverhältnisses, jedoch führt eine Vertretungsbefugnis nicht zwangsläufig zur Verneinung des Bestehens einer unselbständigen Erwerbstätigkeit und hat der VwGH die Möglichkeit einer Vertretung bei Reinigungsarbeiten bereits als nicht ausschlaggebend erachtet (vgl. die hg. Erkenntnisse vom 25. Mai 1982, 3038/78, VwSlg. 5690/F, und vom 28. September 2004, 2000/14/0094).

Anmerkung: Mit Berufungsvorentscheidung wurde der Berufung insoweit stattgegeben, als für die Ermittlung der Kommunalsteuerbemessungsgrundlage die tatsächlichen Honorarzahlungen herangezogen und diese nicht zuvor auf Bruttobeträge hochgerechnet wurden.

(VwGH 18.12.2013, 2009/13/0230, Hauptverband 25.2.2014, Zl. LVB-51.1/14 Jv/Gd)

004-ABC-S-001
Sachverständige – Weinbewerter

Die Beurteilung der Pflichtversicherung hat immer an Hand der Prüfungsreihenfolge unter Berücksichtigung der tatsächlichen Verhältnisse im Einzelfall zu erfolgen. Die Zuordnung einer Berufsgruppe zu einem Versicherungstatbestand ohne einer derartigen Beurteilung ist daher nicht möglich.

Weinbewerter, die ehrenamtlich als Sachverständige tätig sind und für die Verkostung lediglich ein geringes Sachverständigenhonorar und Kilometergeld erhalten, sind als neue Selbständige im Sinne des § 2 Abs. 1 Z 4 GSVG zu werten. Sollten diese Weinbewerter hauptberuflich dem BSVG unterliegen, so unterliegen diesem auch mit der Tätigkeit als Sachverständiger. Angestellte der Landwirtschaftskammern, die als Weinbewerter fungieren, gelten als dienstbeauftragt. Das daraus erzielte Entgelt erhöht die Beitragsgrundlage aus der Beschäftigung. (LINK AUF §) (Hauptverband 20. April 2004, Zl. FO-MVB/51.1/04 Rv/Mm)

004-ABC-S-002
Sachverständige für Feuerbrand

Die Beurteilung der Pflichtversicherung hat immer an Hand der Prüfungsreihenfolge unter Berücksichtigung der tatsächlichen Verhältnisse im Einzelfall zu erfolgen. Die Zuordnung einer Berufsgruppe zu einem Versicherungstatbestand ohne einer derartigen Beurteilung ist daher nicht möglich. Feuerbrandsachverständige als behördlich bestellte Sachverständige sind hinsichtlich der Beurteilung der Versicherungspflicht einem gerichtlich beeideten Sachverständigen gleichzuhalten. Es wird dadurch keine Versicherungspflicht gemäß § 4 Abs. 4 ASVG begründet. (Hauptverband 1.2.2005, Zl. FO-MVB/51.1/05 Rv/Mm)

004-ABC-S-003
Selbstbedienungsaufsteller

Der Auftragnehmer übernimmt in seiner Verantwortung die Abholung, Montage, Befüllung, Demontage und Rückstellung der Selbstbedienungsgeräte (bestehend aus Werbetafeln, Plastikbeutel, Kassen und Schlössern, in der Folge SB-Geräte genannt) sowie die damit verbundenen Nebenleistungen (z.B. Retourenerfassung) einschließlich der ordnungsgemäßen Entsorgung dabei allfällig anfallender Abfälle und Altstoffe (z.B. Altpapier, Verpackungsschnüre etc.). Der Auftragnehmer holt die SB-Geräte an den Abholorten und zu den Abholterminen ab, montiert die SB-Geräte an die angegebenen Anbringungsorte und befüllt die SB-Geräte mit den in (Art und Anzahl) Printprodukten in einem angegebenen Zeitrahmen sowie gibt der Auftragnehmer dem Auftraggeber allenfalls die SB-Geräte längstens zu einem angegebenen Zeitpunkt zurück. Der Auftrag gilt als abgeschlossen, wenn die jeweils vereinbarte Anzahl von SB-Geräten ordnungsgemäß an den vorgesehenen Anbringungsorten montiert, vollständig mit den Printprodukten (trocken, sauber und

6. E-MVB
004-ABC-SCH-001 – 004-ABC-SCH-003

ohne Beschädigungen) befüllt und alle SB-Geräte wiederum demontiert und dem Auftraggeber allenfalls rückgestellt worden sind sowie die Retouren der Printprodukte je SB-Gerät dem Auftraggeber übermittelt worden sind.

Mit dem BGBl. I, Nr. 125/2017 wurde eine neue Bestimmung zur Klärung der Versicherungszuordnung („Sozialversicherungszuordnungsgesetz") geschaffen.

Ziel war die Schaffung von Rechtssicherheit bei der Abgrenzung von selbstständiger und unselbstständiger Erwerbstätigkeit mit Bindungswirkung. Diese tritt künftig bei jeder (rechtskräftigen) Versicherungszuordnung ein, sofern keine Änderung des maßgeblichen Sachverhaltes eingetreten ist. Die Versicherungszuordnung erfolgt mit Bescheid des zuständigen Krankenversicherungsträgers nach dem ASVG (in bestimmten Fällen der Neuzuordnung zur ASVG-Pflichtversicherung) oder der Sozialversicherungsanstalt der Selbständigen (bei übereinstimmender Zuordnung zur GSVG- bzw. BSVG-Pflichtversicherung). Im Zuge der Anwendung des SV-ZG (Sozialversicherungszuordnungsgesetz) waren Bewertungen durchzuführen.

Bei den Selbstbedienungsaufstellern wurden die vorliegenden Verträge beurteilt.

Dabei gelangt man zu dem Ergebnis, dass es sich den Verträgen nach auf Basis der Gesamtbetrachtung um Selbständige handelt.

Für die Beurteilung der Versicherung ist allerdings immer der wahre wirtschaftliche Gehalt ausschlaggebend. Es kann daher zu Umqualifizierungen kommen, sollte sich herausstellen, dass der Sachverhalt tatsächlich ein anderer ist, als dies vertraglich vereinbart war.

Auszug aus den Kriterien, die für die Gesamtbeurteilung herangezogen wurden:

keine persönliche Abhängigkeit (Vorgabe ist der Zeitrahmen in dem die Zeitungen in den Taschen zur Verfügung stehen müssen, ansonsten freie Zeiteinteilung, somit keine Bindung an Arbeitszeit)

generelles Vertretungsrecht (für die Ausübung der Tätigkeit sind im Regelfall Hilfskräfte nötig; es besteht lediglich Meldepflicht bei gänzlichem Ausfall des Zustellpartners)

keine Kontrollbefugnis (potentieller Käufer meldet, wenn kein SB-Gerät vorhanden, oder die Tasche leer ist)

keine wirtschaftliche Abhängigkeit (eigene Betriebsmittel)

kein Konkurrenzverbot

Rechnungslegung (Preis pro SB-Gerät ist verhandelbar; Zustellpartner kann zusätzliche Standorte vorschlagen um Honorar zu erhöhen)

(Hauptverband, 30. Jänner 2018, Zl. LVB-51.1/18 Jv/Km)

004-ABC-SCH-001
Schriftleiter

Die Beurteilung der Pflichtversicherung hat immer an Hand der Prüfungsreihenfolge unter Berücksichtigung der tatsächlichen Verhältnisse im Einzelfall zu erfolgen. Die Zuordnung einer Berufsgruppe zu einem Versicherungstatbestand ohne einer derartigen Beurteilung ist daher nicht möglich.

Ist der Schriftleiter einer juristischen Zeitschrift gegenüber dem Verlag nicht zur Herstellung eines oder mehrerer Werke, sondern zur Erbringung von Dienstleistungen im Rahmen eines Dauerschuldverhältnisses verpflichtet, begründet dies eine Pflichtversicherung als Freier Dienstnehmer gemäß § 4 Abs. 4 ASVG. (VwGH 5.6.2002, Zl. 2001/08/0107)

004-ABC-SCH-002
Schulwarte

Die Beurteilung der Pflichtversicherung hat immer an Hand der Prüfungsreihenfolge unter Berücksichtigung der tatsächlichen Verhältnisse im Einzelfall zu erfolgen. Die Zuordnung einer Berufsgruppe zu einem Versicherungstatbestand ohne einer derartigen Beurteilung ist daher nicht möglich.

Kurse der Volkshochschulen finden sehr oft in öffentlichen Schulgebäuden statt. Für die Betreuung wird von der Volkshochschule an die Schulwarte ein geringfügiges Entgelt geleistet. Die Volkshochschulen behaupten, dass die Schulwarte keine Verpflichtung gegenüber der Volkshochschule eingegangen sind. Aus diesem Grund besteht daher keine Pflichtversicherung nach § 4 Abs. 4 ASVG. Sollte sich ergeben, dass trotzdem eine Verpflichtung zur Dienstleistung vorliegt, wird eine Pflichtversicherung nach § 4 Abs. 4 ASVG begründet. Andernfalls wäre davon auszugehen, dass es sich bei den Leistungen der Volkshochschulen an den Schulwart um Entgelt von dritter Seite handelt. In diesem Fall wäre dieses Entgelt vom Dienstgeber des Schulwartes (Gemeinde, Land oder Bund) beitragspflichtig abzurechnen. (Hauptverband 16.5.2000, Zl. 32-51.1/00 Sm/Mm)

004-ABC-SCH-003
Schilehrer

Die Beurteilung der Pflichtversicherung hat immer an Hand der Prüfreihenfolge unter Berücksichtigung der tatsächlichen Verhältnisse zu erfolgen. Die Zuordnung einer Berufsgruppe zu einem Versicherungstatbestand ohne eine derartige Beurteilung ist daher nicht möglich.

Aus den Schischulgesetzen der Länder ergibt sich derzeit, dass der Schischulleiter (Inhaber der Schischulbewilligung) die einzige Person ist, die einen beherrschenden Einfluss auf die Geschäftsführung der Schischule hat. Damit kommt ex lege ausschließlich der Schischulleiter als Dienstgeber in Frage (vgl. VwGH 02.04.2008, 2007/08/0240). Sofern eines der jeweiligen Landesgesetze die Möglichkeit bietet, eine Schischule auch im Rahmen einer Gesellschaft zu betreiben, ist bei der Beurteilung der Dienstgebereigenschaft auf den Einzelfall abzustellen. Dementsprechend sind Schilehrer, vorbehaltlich der Beurteilung der tatsächlichen Verhältnisse im Einzelfall, ausschließlich als Dienstnehmer gemäß § 4 Abs. 2 ASVG zu beurteilen. Ein Dienstverhältnis gemäß § 4 Abs. 4 ASVG ist jedenfalls ausgeschlossen (VwGH 21.04.2004, 2000/08/0113, Hauptverband 10.11.2009, Zl. 32-MVB-51.1/09 Dm/Mm).

004-ABC-SCH-004
Schneeräumer

Die Beurteilung der Pflichtversicherung hat immer an Hand der Prüfreihenfolge unter Berücksichtigung der tatsächlichen Verhältnisse zu erfolgen. Die Zuordnung einer Berufsgruppe zu einem Versicherungstatbestand ohne eine derartige Beurteilung ist daher nicht möglich.

Im vorliegenden Fall waren die die Auftragnehmer jeweils für eine (Winter)Saison als Schneeräumer (einschließlich: Streuung, Splittkehrung udgl.) in den „Werkvertrag" umschriebenen Gebieten („Erfüllungsort") beschäftigt. Dabei waren sie verpflichtet, beim „Einsatzbefehl des Auftraggebers sofort mit den aufgetragenen Tätigkeiten zu beginnen und die Anweisungen zu befolgen". Für ihre Tätigkeit haben sie einen (im Vorhinein vereinbarten) Pauschalbetrag erhalten, der in (vier) Teilbeträgen ausbezahlt worden ist.

Das BFG beurteilte die Tätigkeit als Dienstverhältnis gem. § 47 Abs. 2 EStG.

Aus den Entscheidungsgründen:

Bei der Beurteilung, ob eine Leistungsbeziehung die Tatbestandsvoraussetzungen des § 47 Abs. 2 EStG 1988 erfüllt, kommt es weder auf die von den Vertragspartnern gewählte Bezeichnung des Vertragswerkes an (VwGH vom 19.9.2007, Zl. 2007/13/0071, vom 28.4.2004, Zl. 2000/14/0125, vom 18.3.2004, Zl. 2000/15/0079, vom 4.3.1986, Zl. 84/14/0063), noch darauf, wie ihre Rechtsbeziehung auf anderen Gebieten, wie beispielsweise dem Sozialversicherungsrecht oder dem Gewerberecht, zu beurteilen ist (VwGH vom 22.3.2010, Zl. 2009/15/0200; vom 2.2.2010, Zl. 2009/15/0191; vom 19.9.2007, Zl. 2007/13/0071).

Die Verpflichtung aus einem Werkvertrag besteht darin, eine genau umrissene Leistung (in der Regel bis zu einem bestimmten Termin) zu erbringen (VwGH vom 15.5.2009, Zl. 2009/09/0094, mwN).

Sowohl der (allgemein gehaltene) Vertragspassus „Schneeräumung, Streuung, ev. Kontrolltätigkeiten, Splittkehrung und Reinigung der Außenflächen" als auch die Verpflichtung, beim Einsatzbefehl durch den Bf. mit den (jeweils) aufgetragenen Tätigkeiten zu beginnen, machen (unmissverständlich) deutlich, dass nicht die Erbringung einer (schon im Vorhinein) individualisierten und konkretisierten Leistung vereinbart worden war.

In Anbetracht der (unstrittigen) Tatsache, dass die Durchführung von Schneeräumungsarbeiten – auf Abruf und nach den Anweisungen des Bf. – vereinbart worden war, gelangt das Bundesfinanzgericht daher zu dem Ergebnis, dass die beiden Herren dem Bf. ihre Arbeitskraft für die Durchführung der gerade anfallenden Schnee- räumungsarbeiten zur Verfügung gestellt haben. Auch der (unstrittige) Umstand, dass ein Pauschalentgelt vereinbart worden ist, lässt darauf schließen, dass die beiden Herren dem Bf. ihre Arbeitskraft und nicht ein bestimmtes Werk geschuldet haben (in diesem Sinn auch: VwGH vom 19.9.2007, Zl. 2007/13/0071). Das Schulden der Arbeitskraft lässt jedoch – wie bereits ausgeführt worden ist – auf das Vorliegen von Dienstverhältnissen schließen.

Wie oben ausgeführt worden ist, waren die beiden Herren verpflichtet, beim „Einsatzbefehl des Bf. sofort mit den (vom Bf.) aufgetragenen Tätigkeiten zu beginnen und die Anweisungen des Bf. zu befolgen".

Darin kommt nach Auffassung des Bundesfinanzgerichtes in einer jeden Zweifel ausschließenden Weise zum Ausdruck, dass die beiden Herren in den geschäftlichen Organismus des Bf. eingegliedert und weisungsgebunden waren. (Hauptverband, 7. und 8.6.2016, Zl. LVB-51.1/16 Jv/Wot, BFG vom 01.03.2016, RV/7101626/2013)

004-ABC-SP-001
Sport – Einzelsportarten

Bei jenen Sportarten, die nicht mannschaftlich ausgeübt werden, ist es grundsätzlich vorstellbar, dass an der persönlichen Leistungserbringung eines bestimmten Sportlers kein unmittelbares Interesse besteht und somit dieser auch generell vertreten lassen kann.

Bei diesen Sportarten ist bei Beurteilung der Sozialversicherungspflicht folgendermaßen vorzugehen:

Dienstnehmereigenschaft: Wie bei allen Beschäftigungsverhältnissen ist in erster Linie immer zunächst zu prüfen, ob ein sozialversicherungspflichtiges Dienstverhältnis im Sinne des § 4 Abs. 2 ASVG vorliegt. Dies wird dann der Fall sein, wenn an der Leistungserbringung eines bestimmten Sportlers oder Trainers auf Grund seiner persönlichen Fähigkeiten ein unmittelbares Interesse des Dienst- bzw. Auftraggebers besteht. Im Profisport wird das der Regelfall sein.

Freier Dienstvertrag gemäß § 4 Abs. 4 ASVG: Liegt kein Dienstverhältnis im zuvor definierten Sinne vor, so ist zu prüfen, ob ein sozialversicherungspflichtiges Beschäftigungsverhältnis nach § 4 Abs. 4 ASVG vorliegt.

Ein nach dieser Bestimmung sogenannter freier Dienstvertrag ist dann gegeben, wenn sich eine Person (z.B. Sportler, Trainer) auf bestimmte oder unbestimmte Zeit zu Dienstleistungen (z.B. Ausübung einer bestimmten Sportart) für einen Auftraggeber (z.B. Sportverein) im Rahmen seines Geschäftsbetriebes, seiner Gewerbeberechtigung, der berufsrechtlichen Befugnis oder seines statutenmäßigen Wirkungsbereiches (Vereinsziel usw.) gegen Entgelt verpflichtet, ohne Dienstnehmer im Sinne des § 4 Abs. 2 ASVG zu sein.

Verordnung über beitragsfreie pauschalierte Aufwandsentschädigungen (§ 49 Abs. 7 ASVG):

Das Bundesministerium für Arbeit, Gesundheit und Soziales hat mit Verordnung vom 10.2.1998 festgestellt, dass Aufwandsentschädigungen bis zur Höhe von € 537,78 (S 7.400,00) im Kalendermonat nicht als Entgelt im Sinne des § 49 Abs. 1 ASVG gelten, soweit sie an Dienstnehmer oder freie Dienstnehmer geleistet werden, die nicht im Hauptberuf als Sportler(innen), Trainer(innen) und Schieds(Wettkampf)richter(innen) im Rahmen eines Sportvereines oder -verbandes tätig sind. Fahrt- und Reisekostenvergütungen für die Teilnahme an Veranstaltungen (Wettkämpfen) sind im vorgenannten Pauschalbetrag nicht berücksichtigt. Diese Verordnung gemäß § 49 Abs. 7 ASVG wurde im BGBl. II Nr. 409/2002 per 1.11.2002 neu verlautbart. (Hauptverband 9.10.1996, Zl. 32-51.1/96 Sm/Mm)

004-ABC-SP-002
Sport – Mannschaftssportarten

Die Beurteilung der Pflichtversicherung hat immer an Hand der Prüfungsreihenfolge unter Berücksichtigung der tatsächlichen Verhältnisse im Einzelfall zu erfolgen. Die Zuordnung einer Berufsgruppe zu einem Versicherungstatbestand ohne einer derartigen Beurteilung ist daher nicht möglich.

Gerade in Mannschaftssportarten ist es in allen Ligen undenkbar, dass sich die einzelnen Sportler jederzeit beliebig vertreten lassen können. Für das Funktionieren eines Mannschaftssportes ist das im gemeinsamen Training erarbeitete Zusammenspiel der einzelnen Mannschaftspersönlichkeiten unabdingbar erforderlich. (VwGH 2.7.1991, Zl. 89/08/0310)

Die für die Dienstnehmereigenschaft insbesondere geforderte persönliche Abhängigkeit wird daher bei Mannschaftssportlern grundsätzlich immer gegeben sein. Wird in diesen Fällen eine über einen tatsächlich erwachsenen Aufwand hinausgehende Entschädigung bezogen, liegt Entgeltlichkeit und somit Sozialversicherungspflicht als Dienstnehmer nach § 4 Abs. 2 ASVG vor. Für Trainer gilt hier grundsätzlich dasselbe, Ausnahmefälle im Amateurbereich sind aber denkbar.

004-ABC-SP-003
Sport – Schiedsrichter

Bei Schiedsrichtern wird in der Regel keine Pflichtversicherung nach dem ASVG vorliegen. Hauptverband 9.10.1996, Zl. 32-51.1/96 Sm/Mm, Hauptverband 24.10.2000, Zl. 32-51.1/00 Ch/Mm)

004-ABC-SP-004
Sprecher

Die Beurteilung der Pflichtversicherung hat immer an Hand der Prüfungsreihenfolge unter Berücksichtigung der tatsächlichen Verhältnisse im Einzelfall zu erfolgen. Die Zuordnung einer Berufsgruppe zu einem Versicherungstatbestand ohne einer derartigen Beurteilung ist daher nicht möglich.

Für Videofilmproduktionen:

Der künstlerische Aspekt spielt bei dieser Tätigkeit nur sehr nachrangig eine Rolle, so dass der Begriff „Kunstschaffende" in solchen Fällen in der Regel nicht erfüllt sein wird. Vielmehr wird es sich beim Vertonen eines bereits fertiggestellten Videoprojektes durch Sprachaufnahmen um eine Tätigkeit als neuer Selbstständiger gemäß § 2 Abs. 1 Z 4 GSVG handeln. (Hauptverband 23.2.2000, Zl. 32-51.1/00 Sm/Mm)

004-ABC-SP-005
Speise- und Getränkezusteller

Die Beurteilung der Pflichtversicherung hat immer an Hand der Prüfungsreihenfolge unter Berücksichtigung der tatsächlichen Verhältnisse im Einzelfall zu erfolgen. Die Zuordnung einer Berufsgruppe zu einem Versicherungstatbestand ohne einer derartigen Beurteilung ist daher nicht möglich.

Der Beschwerdeführer (Bf.) führte in den Jahren 2007 und 2008 als Franchisenehmer einer Unternehmenskette einen Speisen- und Getränkezustelldienst. Im Rahmen einer gemeinsamen Prüfung der lohnabhängigen Abgaben (GPLA-Prüfung) wurde festgestellt, dass im Prüfungszeitraum als Speisen- und Getränkezusteller („Pizzazusteller") tätige Personen in einem Dienstverhältnis zum Beschwerdeführer im Sinne des § 47 Abs. 2 EStG 1988 gestanden seien. Das BFG bestätigte die Nachverrechnung von LSt, DB, DZ.

Folgende Merkmale wurden dabei abgewogen: Es gab einen im Voraus erstellten Dienstplan (Liste). Die Lieferung der Speisen und Getränke nach Eingang der Kundenbestellungen erfolgte mit dem eigenen Pkw. Es bestand die Verpflichtung, sich an die einmal getroffene Diensteinteilung grundsätzlich zu halten. Die Fahrer mussten zu Beginn jeder „Schicht" am jeweiligen Standort erscheinen. Es erfolgte eine Anmeldung im EDV-System. Die Fahrer mussten sich für Zustellungen bereithalten.

Es liegen im vorliegenden Fall Dienstleistungen und nicht individualisierte Werkleistungen vor. Das „Bereitstehen auf Abruf" begründet eine besondere persönliche Abhängigkeit, die für bestimmte Gruppen von Arbeitnehmern eher typisch ist als für selbständige Unternehmer (VwGH 28.4.2004, 2000/14/0125). Es wurden keine Vereinbarungen über eine Vertretungsmöglichkeit getroffen.

Die Möglichkeit, sich die Route nach örtlichen Zweckmäßigkeitsüberlegungen einteilen zu können, ändert nichts daran, dass die Zustelltätigkeit im Übrigen auch keinen ins Gewicht fallenden Gestaltungsspielraum zuließ.

Eine Entlohnung pro Zustellung spricht im gegebenen Zusammenhang nicht für die Selbständigkeit der Tätigkeit der Zusteller. Es bestand Möglichkeit, den Lohn für die Lieferung aufgrund eigener Kalkulationen festzusetzen. Die Übernahme zusätzlicher „Schichten", welche die Höhe der Einnahmen beeinflussen, bedingt noch kein Unternehmerwagnis, wenn der jeweilige Zusteller nicht auch die mit der Leistungserbringung verbunden Kosten tragen muss. Das Vorliegen einer Gewerbeberechtigung und eine Abrechnung in Form der Legung von Honorarnoten ist unerheblich.

Eine etwaige Unmöglichkeit der Zustellung oder Annahmeverweigerung durch die Kunden hatte keine finanziellen Folgen für die Zusteller. (Hauptverband am 19.1.2016, Zl. LVB-51.1/16 Jv/Wot)

004-ABC-ST-001
Statisten

Die Beurteilung der Pflichtversicherung hat immer an Hand der Prüfungsreihenfolge unter Berücksichtigung der tatsächlichen Verhältnisse im Einzelfall zu erfolgen. Die Zuordnung einer Berufsgruppe zu einem Versicherungstatbestand ohne einer derartigen Beurteilung ist daher nicht möglich. Bei diesen Personen handelt es sich in der Regel um Dienstnehmer. Sofern die Dienstnehmereigenschaft nicht gegeben ist, ist auch eine Pflichtversicherung nach § 4 Abs. 4 ASVG möglich, weil dieser Personenkreis nicht dem Kreis der Kunstschaffenden zuzurechnen ist. (Hauptverband 3.9.1996, Zl. 32-51.1/96 Sm/Mm)

004-ABC-ST-002
Stenographen

Die Beurteilung der Pflichtversicherung hat immer an Hand der Prüfungsreihenfolge unter Berücksichtigung der tatsächlichen Verhältnisse im Einzelfall zu erfolgen. Die Zuordnung einer Berufsgruppe zu einem Versicherungstatbestand ohne einer derartigen Beurteilung ist daher nicht möglich.

Stenographen bei Sitzungen sind entweder als Dienstnehmer nach § 4 Abs. 2 ASVG oder Freie Dienstnehmer nach § 4 Abs. 4 ASVG zu werten. (Hauptverband 5.9.2001, Zl. 32-51.1/01 Rv/Mm)

004-ABC-T-001
Tagesmütter

Die Beurteilung der Pflichtversicherung hat immer an Hand der Prüfungsreihenfolge unter Berücksichtigung der tatsächlichen Verhältnisse im Einzelfall zu erfolgen. Die Zuordnung einer Berufsgruppe zu einem Versicherungstatbestand ohne einer derartigen Beurteilung ist daher nicht möglich.

Tagesmütter werden in der Regel als neue Selbstständige tätig. Grundsätzlich kann diese Tätigkeit auch in anderer Form ausgeübt werden (Dienstvertrag, freier Dienstvertrag), wenn sie bei einem Verein beschäftigt sind. (Hauptverband 17. u. 18.3.1998, Zl. 32-51:52:53/97 Sm/Mm)

Tagesmütter sind als Angestellte in der Beitragsgruppe D 1 anzumelden, wenn für diese der Kollektivvertrag der BAGS (Berufsvereinigung von Arbeitgebern für Gesundheits- und Sozialberufe) gilt. (Hauptverband 20. April 2004, Zl. FO-MVB/51.1/04 Rv/Mm)

004-ABC-T-002
TänzerInnen

Die Beurteilung der Pflichtversicherung hat immer an Hand der Prüfungsreihenfolge unter Berücksichtigung der tatsächlichen Verhältnisse im Einzelfall zu erfolgen. Die Zuordnung einer Berufsgruppe zu einem Versicherungstatbestand ohne einer derartigen Beurteilung ist daher nicht möglich.

Laut Schreiben des Bundesministeriums für Inneres sind für ausländische ShowtänzerInnen (Gogo-girls u.dgl.) zur Erteilung der Aufenthaltserlaubnis als Nachweis zur Ausübung der selbstständigen Erwerbstätigkeit in diesem Berufszweig ein Engagementvertrag mit einer zur Künstlervermittlung berechtigten inländischen Agentur sowie der Vertrag der Agentur mit dem Veranstalter von der antragstellenden Tänzerin vorzulegen.

Werden diese Regelungen eingehalten, ist im Bereich der Sozialversicherung von einer selbstständigen Tätigkeit auszugehen. Andernfalls wird die Pflichtversicherung als Dienstnehmer anzunehmen sein.

(Bundesministerium für Inneres: 71.641/69-II/11/99)

Die Ausbildung zum Tanzlehrer umfasst nach der Wiener Tanzlehrprüfungsverordnung 1997 einen praktischen und einen theoretischen Teil. Das Praktikum ist in der Zeit von mindestens zwölf Wochenstunden durch mindestens 32 Wochen pro Ausbildungsjahr zu absolvieren. Der Praktikant hat hiebei unter Aufsicht und Weisung eines ausgebildeten Tanzlehrers beim Tanzunterricht mitzuwirken. Es ist hiefür keine Entlohnung vorgesehen. Wenn ein „Praktikum" für die Ausbildung zum Tanzlehrer notwendig ist und innerhalb dieser Zeit Mitwirkungspflicht unter Aufsicht und Weisung des ausgebildeten Tanzlehrers besteht, liegt persönliche Abhängigkeit vor. Ebenso liegt wirtschaftliche Abhängigkeit vor. Ein weiteres Kriterium für das Vorliegen der Dienstnehmereigenschaft ist gemäß § 4 Abs. 2 ASVG jedoch auch eine Beschäftigung gegen Entgelt. Ist kein Entgelt vorgesehen, so liegt auch keine Dienstnehmereigenschaft vor. (Hauptverband 1.2.2005, Zl. FO-MVB/51.1/05 Rv/Mm)

004-ABC-T-003
Telefonmarketing

Die Beurteilung der Pflichtversicherung hat immer an Hand der Prüfungsreihenfolge unter Berücksichtigung der tatsächlichen Verhältnisse im Einzelfall zu erfolgen. Die Zuordnung einer Berufsgruppe zu einem Versicherungstatbestand ohne einer derartigen Beurteilung ist daher nicht möglich.

Die im Telefonmarketing beschäftigten Personen gelten grundsätzlich als Freie Dienstnehmer, sofern eine Arbeitsverpflichtung gegeben ist. (Hauptverband 14.3.2000, Zl. 32-51.1/00 Ch/Mm)

6. E-MVB
004-ABC-T-004 – 004-ABC-T-006

004-ABC-T-004
Treuhänder

Es besteht die Möglichkeit, dass derjenige, der im Firmenbuch als Gesellschafter eingetragen ist, in Wirklichkeit nicht Eigentümer dieser Geschäftsanteile ist. Der echte Eigentümer bleibt im Hintergrund (= sogenannter Treugeber) und setzt einen Treuhänder ein, dem der Geschäftsanteil nicht gehört und der die Weisungen des Treugebers bei der Willensbildung der GmbH (im Wege von Generalversammlungsbeschlüssen) einhalten muss. Dieser Treuhänder darf daher nicht die „Vermögensmacht" aus diesem Geschäftsanteil für sich selbst ausüben.

Sogar ein 100%-iger Geschäftsanteil, der treuhändisch übertragen wird, schadet daher nicht der Pflichtversicherung nach dem ASVG. Dem Treugeber ist der Geschäftsanteil zuzurechnen.

004-ABC-T-005
Tierärzte

Die Beurteilung der Pflichtversicherung hat immer an Hand der Prüfungsreihenfolge unter Berücksichtigung der tatsächlichen Verhältnisse im Einzelfall zu erfolgen. Die Zuordnung einer Berufsgruppe zu einem Versicherungstatbestand ohne einer derartigen Beurteilung ist daher nicht möglich.

Gemäß § 273 Abs. 6 GSVG bleiben freiberuflich tätige Pflichtmitglieder der Tierärztekammer, die am 31.12.1999 aufgrund ihrer selbständigen Erwerbstätigkeit nach dem ASVG pflichtversichert sind, in der Kranken- und Unfallversicherung nach § 8 Abs. 1 Z 4b ASVG (i.d.F. 31.12.1999) pflichtversichert, so lange die selbständige Erwerbstätigkeit weiter ausgeübt wird und keine Änderung des maßgeblichen Sachverhaltes eintritt. Gemäß § 44 Abs. 1 Z 5 ASVG (i.d.F. 31.12.1999) ist als monatliche Beitragsgrundlage jedenfalls das 35-fache tägliche Höchstbeitragsgrundlage heranzuziehen. Im vorliegenden Fall meldet ein Tierarzt (Altfall) seine Praxis für einen Tag ruhend und übt anschließend die tierärztliche Tätigkeit wie bisher weiter aus. Er beantragt einen Wechsel in das GSVG und will gleichzeitig von der Möglichkeit des Opting Out Gebrauch machen und eine Selbstversicherung nach § 16 ASVG (mit Antrag auf Herabsetzung der Beitragsgrundlage) abschließen. Dadurch ist eine Änderung des maßgeblichen Sachverhaltes eingetreten. Es besteht die Möglichkeit eines Abschlusses einer Selbstversicherung gemäß § 16 ASVG, wenn vom Opting Out im GSVG Gebrauch gemacht wurde. Was die Herabsetzung der Beitragsgrundlage betrifft, so erfolgt die Vorschreibung der Beiträge, sofern kein Steuerbescheid vorliegt, auf der Höchstbeitragsgrundlage. Wenn das tatsächliche Entgelt niedriger ist, so erfolgt nachträglich eine Korrektur. Im GSVG ist es genau umgekehrt. Es wird zunächst von der Mindestbemessungsgrundlage ausgegangen und gegebenenfalls nach oben korrigiert.

(Hauptverband 21.4.2009, Zl. 32-MVB-51.1/09 Jv/Mm)

004-ABC-T-006
Transportunternehmen

Die Beurteilung der Pflichtversicherung hat immer an Hand der Prüfungsreihenfolge unter Berücksichtigung der tatsächlichen Verhältnisse im Einzelfall zu erfolgen. Die Zuordnung einer Berufsgruppe zu einem Versicherungstatbestand ohne einer derartigen Beurteilung ist daher nicht möglich.

Die NÖGKK führte im Zusammenhang mit einem Transportunternehmen mit Sitz in Österreich eine GPLA-Prüfung durch. Im Zuge dieser Prüfung stellte sich heraus, dass die LKW-Lenker von dem betreffenden Unternehmen nicht in Österreich zur Pflichtversicherung nach den Bestimmungen des ASVG gemeldet worden sind. Von der Unternehmensleitung wurde kundgetan, dass die Fahrer in einem Beschäftigungsverhältnis zu einer englischen LTD stehen würden und erfolgte in diesem Zusammenhang die Vorlage eines Personalleasingvertrages sowie eines Mietvertrages betreffend die Fahrzeuge. Die NÖGKK ist im Rahmen ihrer Erhebungen zum Ergebnis gelangt, dass in Beachtung der wahren wirtschaftlichen Verhältnisse dem österreichischen Unternehmen Dienstgebereigenschaft zugekommen ist. In weiterer Folge sind versicherungsrechtliche Bescheide erlassen worden. Die Rechtsansicht der Kasse ist sowohl von der Einspruchs- als auch von der Berufungsbehörde und nunmehr vom VwGH geteilt worden.

Wesentliche Punkte und Entscheidungsgründe des VwGH:

Das österreichische Unternehmen verfügte über die für den Betrieb des Transportunternehmens erforderliche Infrastruktur sowie über das erforderliche Personal (Bürokräfte, Disponenten etc.)

Der Betrieb wurde auf Rechnung und Gefahr des österreichischen Unternehmens betrieben und war dieses aus den getätigten Umsatzgeschäften berechtigt und verpflichtet – diese Argumente sprechen für die Dienstgebereigenschaft des österreichischen Unternehmens.

Die vertraglichen Konstrukte, die eine Verlagerung dieser Betriebskapazitäten weg vom österreichischen Unternehmen zum englischen Unternehmen untermauern sollten, hat die belangte Behörde in wirtschaftlicher Betrachtungsweise zu Recht als nicht maßgeblich angesehen.

Umstände, die gegen das Vorliegen eines einheitlichen Betriebes sprechen, wurden in der Beschwerde nicht dargetan. Dieser einheitliche Betrieb wurde jedenfalls auf Rechnung des österreichischen Unternehmens geführt. Auch dies führte zur Dienstgebereigenschaft des österreichischen Unternehmens iSd § 35 Abs. 1 ASVG. Gegen diese Rechtsansicht wendet sich die Beschwerde nicht.

Ob die LKW-Lenker direkt vom österreichischen Unternehmen oder vom englischen Unternehmen Entgelt erhielten, ist für die Beurteilung der Dienstgebereigenschaft iSd § 35 Abs. 1 ASVG nicht von Relevanz.

6. E-MVB
004-ABC-T-007 – 004-ABC-T-008

Die Anwendung österreichischen Sozialversicherungsrechts und die Zuständigkeit der österreichischen Sozialversicherungsträger wurden zutreffend bejaht. Dass auch in England eine sozialversicherungsrechtliche Zuständigkeit und das Vorliegen versicherungsrechtlicher Beschäftigungsverhältnisse angenommen wurden, ist nicht Gegenstand des vorliegenden Verfahrens und kann keine Verletzung des Art. 56 AEUV bewirken. (VwGH 15.7.2013, Zl. 2011/08/0151, Hauptverband 22.10.2013, Zl. LVB-51.1/13 Jv)

004-ABC-T-007
Taxifahrer

Die Beurteilung der Pflichtversicherung hat immer an Hand der Prüfungsreihenfolge unter Berücksichtigung der tatsächlichen Verhältnisse im Einzelfall zu erfolgen. Die Zuordnung einer Berufsgruppe zu einem Versicherungstatbestand ohne einer derartigen Beurteilung ist daher nicht möglich.

Im vorliegenden Fall war strittig, ob bei der beschwerdeführenden Gesellschaft beschäftigte Taxilenker als echte oder freie Dienstnehmer anzusehen sind.

Der VwGH hat erwogen, dass die Taxilenker persönlich abhängig iSd § 4 Abs. 2 ASVG und somit als echte Dienstnehmer anzusehen sind.

Das, in den Verträgen vorgesehene, generelle Vertretungsrecht konnte nach den wahren Verhältnissen nicht gelebt werden, da die Taxilenker eine etwaige Verhinderung dem Arbeitgeber melden mussten und dieser sich um eine Vertretung kümmerte. Ein mehrmaliges Ablehnen von Funkaufträgen hatte die Konsequenz, dass der betroffene Taxilenker in Folge keine Fahrten mehr zugewiesen bekam, was einen sanktionierenden Charakter aufweist.

Mit dem Arbeitgeber vereinbarte Dienstzeiten waren einzuhalten. Die Taxilenker konnten nicht frei über die vereinbarten Arbeitszeiten disponieren.

Die Entlohnung nach Umsatzbeteiligung spricht zwar gegen eine persönliche Abhängigkeit, jedoch schließt sie eine Dienstnehmereigenschaft nicht aus, womit diesem Umstand kein ausschlaggebendes Gewicht zukommt. (Hauptverband, 7.+8.6.2016, Zl. LVB-51.1/16 Jv/Wot, VwGH 15.10.2015, 2013/08/0175)

Das BFG verneinte das Vorliegen freier Dienstverhältnisse iSd § 4 Abs. 4 ASVG und bestätigte, dass es sich bei den Taxilenkern um echte Dienstnehmer gem. § 47 Abs. 2 EStG handelt.

Folgende Kriterien wurden u.a. für ein DV angeführt:
- Anmeldung der Fahrer an das Funknetz
- Zuweisung eines Fahrzeuges durch den AG
- Übergabe der Taxis zu den laut Dienstplan vereinbarten Zeiten an vorher festgelegten Standorten
- jeden Montag Dienstbesprechungen (Umsatzabrechnungen, Dienstplaneinteilungen)
- freien Wahl des konkreten Standplatzes ist keine Weisungsfreiheit bezüglich des Arbeitsortes, da das Einsatzgebiet eindeutig vorgegeben wurde
- Kontrolle durch die wöchentlichen Umsatzabrechnungen
- grundsätzliche Beförderungspflicht steht der Möglichkeit Fahrten abzulehnen entgegen
- Möglichkeit der freien Wahl der Arbeitszeit stellt keinen Ausschließungsgrund für eine nichtselbständige Tätigkeit dar
- Dauerschuldverhältnisse stellen ein Indiz für die Eingliederung im Rahmen einer nicht selbständigen Tätigkeit dar
- Verwendung der Arbeitsmittel (Fahrzeuge samt Funkeinrichtung) des AG
- Kein „generelles Vertretungsrecht"
- Das vom erbrachten Umsatz, jedoch nicht von anderen Wagnissen, abhängige Entgelt zeigt kein Unternehmerwagnis auf. (Hauptverband, 13.9.2016, Zl. 51.1/16 Jv/Wot BFG vom 3.09.2014, RV/2100372/2009, BFG vom 18.9.2014, RV/2100420/2009)

004-ABC-T-008
Testleiter zu Pilottestungen zu PISA 2018

Die Beurteilung der Pflichtversicherung hat immer an Hand der Prüfungsreihenfolge unter Berücksichtigung der tatsächlichen Verhältnisse im Einzelfall zu erfolgen. Die Zuordnung einer Berufsgruppe zu einem Versicherungstatbestand ohne einer derartigen Beurteilung ist daher nicht möglich.

Im vorliegenden Fall führte ein Forschungsinstitut in ganz Österreich Pilottestungen für PISA durch. Die Testleiter verpflichteten sich, PISA-Pilottestungen an bestimmten Schulen durchzuführen und stellten dabei ihre eigene Arbeitskraft zur Verfügung. Sie konnten sich nur untereinander vertreten lassen, es lag daher eine persönliche Arbeitsleistungspflicht vor. Die Verpflichtung zur Absolvierung einer eintägigen Schulung zeigt die Bindung an Ordnungsvorschriften. Die Bestimmungsfreiheit ist auch hinsichtlich dem Arbeitsort (zugewiesene Schulen) und der Arbeitszeit (vorgegebener Testzeitraum, Termine müssen dem Forschungsinstitut bekannt gegeben werden) weitgehend ausgeschaltet. Die Testleiter agierten in persönlicher und wirtschaftlicher Abhängigkeit, sodass eine Pflichtversicherung als Dienstnehmer gemäß § 4 Abs. 2 ASVG eintrat.

Durch die im Voraus mit den Schulen vereinbarten Termine handelt es sich um eine periodisch wiederkehrende Arbeitsleistung und liegt in einem solchen Fall ein durchlaufendes Beschäftigungsverhältnis vor.

Grundsätzlich ist für die Beurteilung der örtlichen Zuständigkeit der Beschäftigungsort maßgeblich. Ist der Testleiter bei Schulen in verschiedenen Bundesländern tätig, richtet sich die örtliche Zuständigkeit nach dem Wohnsitz des Testleiters, da keine feste Arbeitsstätte vorliegt und die Tätigkeit

6. E-MVB
004-ABC-U-001 – 004-ABC-V-002

vom Wohnsitz aufgenommen wird. (Hauptverband, 31.Jänner 2017, Zl. LVB-51.1/17 Jv/Wot).

004-ABC-U-001
Übersetzer – literarisch

Die Beurteilung der Pflichtversicherung hat immer an Hand der Prüfungsreihenfolge unter Berücksichtigung der tatsächlichen Verhältnisse im Einzelfall zu erfolgen. Die Zuordnung einer Berufsgruppe zu einem Versicherungstatbestand ohne einer derartigen Beurteilung ist daher nicht möglich.

Literarische Übersetzer sind als Kunstschaffende im Sinne des Sozialversicherungsrechts zu qualifizieren. (Siehe Kunstschaffende – Künstler) (Hauptverband 2.2.1998, Zl. 32-51.1/98 Sm/Mm)

004-ABC-U-002
Universitätsmitarbeiter

Die Beurteilung der Pflichtversicherung hat immer an Hand der Prüfungsreihenfolge unter Berücksichtigung der tatsächlichen Verhältnisse im Einzelfall zu erfolgen. Die Zuordnung einer Berufsgruppe zu einem Versicherungstatbestand ohne einer derartigen Beurteilung ist daher nicht möglich.

Nach der Dienstrechtsnovelle 2001 erfolgte ab 1. Oktober 2001 eine erstmalige Tätigkeit von Absolventen der Magister- oder Diplomstudien an der Universität (Universität der Künste) im Rahmen eines speziellen Rechtsverhältnisses als wissenschaftlicher (künstlerischer) Mitarbeiter. Nach diesem neuen Dienstrechtsmodell sind Neubesetzungen künftig ausschließlich im Rahmen privatrechtlicher Dienstverhältnisse oder Ausbildungsverhältnisse möglich.

Diese wissenschaftlichen (künstlerischen) Mitarbeiter, die an die Stelle der Universitätsassistenten treten, sind in der Kranken- und Unfallversicherung nach den Bestimmungen des B-KUVG zu versichern. Für die Pensionsversicherung ist eine Pflichtversicherung nach dem ASVG vorgesehen.

Die Meldung zur Pflichtversicherung sowie die Beitragsabfuhr sind für die wissenschaftlichen (künstlerischen) Mitarbeiter von der jeweiligen Universität vorzunehmen. Beitragsgrundlage ist dabei der Ausbildungsbeitrag sowie eine allfällige Vergütung für Tätigkeiten an der Universität im Rahmen der Teilrechtsfähigkeit.

Die Anmeldung zur Sozialversicherung und die Abfuhr aller Beiträge für diese Personen hat daher bei der Versicherungsanstalt öffentlich Bediensteter zu erfolgen. (Hauptverband 10. u. 17.7.2001, Zl. 32-51.1/01 Rv)

004-ABC-U-003
Unternehmensberater

Gem. der Vereinbarung mit dem Betreiber der betroffenen Krankenanstalten und Pflegeheime, sollte der Versicherte als selbstständiger Unternehmensberater die ihm obliegenden Leistungen (Analyse des Pflegebedarfs, Verhandlungen mit den Landesregierungen über Pflegebedarf, gesetzliche Bestimmungen, Bau- und Einrichtungsvorschriften für Krankenanstalten...) tunlichst persönlich erbringen. Er sollte jedoch berechtigt sein, sich in der Erbringung der Leistung dritter Personen zu bedienen, wobei dem Betreiber ein nicht weiter zu begründendes Ablehnungsrecht des Vertreters zustehen sollte.

Liegt die Tätigkeit eines Versicherten in der Durchführung von qualifizierten Beratungstätigkeiten (hier: Unternehmensberatertätigkeit für einen Krankenanstaltenbetreiber), so würde sich die Ausübung eines generellen Vertretungsrechts wegen der mit einer Eingliederung einer neuen Arbeitskraft in diesen Arbeitsprozess verbundenen Reibungsverluste nachteilig auf die Kontinuität bzw. Qualität der vom Versicherten zu leistenden „Beratungstätigkeiten" auswirken. Hat der Versicherte von der generellen Vertretungsbefugnis tatsächlich nicht Gebrauch gemacht und wurde außerdem auch ein sanktionsloses Ablehnungsrecht weder vereinbart noch jemals ausgeübt, so ist aufgrund der persönlichen Arbeitspflicht des Versicherten das Vorliegen eines Werkvertrages auszuschließen. (Hauptverband, 20.1.2015, Zl. LVB-51.1/15 Jv/Km, VwGH vom 2.12.2013, Zl. 2013/08/0191)

004-ABC-V-001
Vermieter – Privatzimmer

Die Beurteilung der Pflichtversicherung hat immer an Hand der Prüfungsreihenfolge unter Berücksichtigung der tatsächlichen Verhältnisse im Einzelfall zu erfolgen. Die Zuordnung einer Berufsgruppe zu einem Versicherungstatbestand ohne einer derartigen Beurteilung ist daher nicht möglich.

Wenn ein Privatzimmervermieter im Zusammenhang mit diesem Betrieb Personen beschäftigt, so handelt es sich um einen geschäftsbetrieblichen Auftrag und nicht um einen Auftrag von einer „Privatperson". Eine Pflichtversicherung als Freier Dienstnehmer ist möglich. (Hauptverband 3.9.1996, Zl. 32-51.1/96 Sm/Mm)

004-ABC-V-002
Vertragsbedienstete

Die Beurteilung der Pflichtversicherung hat immer an Hand der Prüfungsreihenfolge unter Berücksichtigung der tatsächlichen Verhältnisse im Einzelfall zu erfolgen. Die Zuordnung einer Berufsgruppe zu einem Versicherungstatbestand ohne einer derartigen Beurteilung ist daher nicht möglich.

Für gewisse Bedienstete von Ländern, Gemeinden und Gemeindeverbänden wurde die Zuständigkeit in der Sozialversicherung von den damaligen Gebietskrankenkassen (Betriebskrankenkassen) auf die Versicherungsanstalt öffentlich Bediensteter (Krankenfürsorgeanstalten) übertragen.

Diese Neuregelung gilt gemäß § 5 Abs. 1 Z 3b ASVG iVm § 1 Abs. 1 Z 17 lit. b B-KUVG per 1.

6. E-MVB
004-ABC-V-003 – 004-ABC-V-004

August 2001 für Bedienstete der Länder, Gemeinden und Gemeindeverbände,
- deren Dienstverhältnis auf einer dem Vertragsbedienstetengesetz 1948 gleichartigen landesgesetzlichen Regelung beruht und das Dienstverhältnis nach Ablauf des 31. Dezember 2000 begründet wurde;
- auf deren öffentlich-rechtliches Dienstverhältnis nach einer dem § 136b Abs. 4 Beamten-Dienstrechtsgesetz 1979 (BDG) gleichartigen landesgesetzlichen Regelung die für Vertragsbedienstete geltenden besoldungs- und sozialversicherungsrechtlichen Vorschriften anzuwenden sind.

Diese Personen sind nunmehr in der Kranken- und Unfallversicherung nach den Bestimmungen des B-KUVG sowie in der Pensionsversicherung nach den Bestimmungen des ASVG versichert. Dies bedeutet, dass alle Vertragsbediensteten, deren Dienstverhältnis nach Ablauf des 31. Dezember 2000 begründet wurde und zum 1. August 2001 noch aufrecht ist, von den Dienstgebern (Länder, Gemeinden, Gemeindeverbänden) mit 31. Juli 2001 bei den damaligen Gebietskrankenkassen (Betriebskrankenkassen) abzumelden waren. Mit 1. August 2001 sind diese Bediensteten bei der Versicherungsanstalt öffentlich Bediensteter anzumelden und alle Beiträge bei dieser abzuführen.

Die Aufnahme der Beschäftigung nach Karenz, Bundesheer etc. begründet kein neues Dienstverhältnis. Das Dienstverhältnis gilt sohin nicht als neues, bei dem man auf die Dezemberfrist achten muss. (Hauptverband 10. u. 17.7.2001, Zl. 32-51.1/01 Rv)

Geringfügig beschäftigte Vertragsbedienstete des Bundes (sofern ihr Dienstverhältnis nach 31. Dezember 1998 begründet wurde), der Länder, Gemeindeverbände und Gemeinden (sofern ihr Dienstverhältnis nach dem 31. Dezember 2000 begründet wurde) unterlagen auf Grund der vorstehend zitierten Bestimmungen des § 5 Abs. 1 Z 3a und 3b ASVG i.V.m. § 1 Abs. 1 Z 17 B-KUVG per 1. August 2001 der Kranken- und Unfallversicherung nach dem B-KUVG. Die im ASVG geregelte Pensionsversicherung trat auf Grund der lediglich geringfügigen Entgelte jedoch nicht ein.

Der Abschluss einer freiwilligen Selbstversicherung in der Kranken- und Pensionsversicherung nach § 19a ASVG war auf Grund der bestehenden Pflichtversicherung nach dem B-KUVG ausgeschlossen.

Um diesem Personenkreis die Möglichkeit der angesprochenen freiwilligen Selbstversicherung zu eröffnen, wurden die Betroffenen im Rahmen der 29. Novelle zum B-KUVG von der Pflichtversicherung nach dem B-KUVG ausgenommen.

Gleichzeitig gelten für diese geringfügig Beschäftigten bis zum Ablauf des 31. Dezember 2004 wiederum die dahingehenden Bestimmungen des ASVG.

004-ABC-V-003
Verwalter

Wurde mangels praktischer Bedeutung gestrichen.

004-ABC-V-004
Volontäre

Die Beurteilung der Pflichtversicherung hat immer an Hand der Prüfungsreihenfolge unter Berücksichtigung der tatsächlichen Verhältnisse im Einzelfall zu erfolgen. Die Zuordnung einer Berufsgruppe zu einem Versicherungstatbestand ohne einer derartigen Beurteilung ist daher nicht möglich.

Volontäre sind Personen, die von einem Betrieb die Erlaubnis erhalten, sich ausschließlich zum Zwecke der Erweiterung und Anwendung von meist theoretisch erworbenen Kenntnissen zum Erwerb von Fertigkeiten für die Praxis ohne Arbeitsverpflichtung und ohne Entgeltanspruch zu betätigen. Diese Personen unterliegen gemäß § 8 Abs. 1 Z 3 lit. c ASVG der Teilversicherung in der Unfallversicherung und sind bei der AUVA zu melden. (Hauptverband 29. u. 30.9.1999, Zl. 32-51.1/99 Rj/Mm)

Im vorliegenden Fall hat eine Dienstnehmerin selbst Anzeige bei der Polizei erstattet und angegeben, dass sie zu bestimmten Arbeitszeiten als einzige Verkaufskraft kassiert, Kunden bedient und beraten hat. Sie war nicht zur Sozialversicherung gemeldet. Eine KIAB-Kontrolle folgte und es wurde ein Beitragszuschlag erlassen. Der Dienstgeber rechtfertigte sich dahingehend, dass mit der Dienstnehmerin ein Volontariat vereinbart gewesen sei. Es habe keine Arbeitspflicht und keine Anwesenheitspflicht bestanden und sei kein Entgelt vereinbart worden. Vereinbarungen „über ein Volontariat" wurden vorgelegt. Bei einfach manuellen Tätigkeiten oder Hilfstätigkeiten, die in Bezug auf die Art der Arbeitsausführung und die Verwertbarkeit keinen ins Gewicht fallenden Gestaltungsspielraum des Dienstnehmers erlauben, kann bei einer Integration des Beschäftigten in den Betrieb des Beschäftigers – in Ermangelung gegenläufiger Anhaltspunkte – das Vorliegen eines Beschäftigungsverhältnisses in persönlicher Abhängigkeit im Sinn des § 4 Abs. 2 ASVG ohne weitwendige Untersuchungen vorausgesetzt werden.

Die vom Dienstgeber vorgelegten Volontariatsvereinbarungen entsprechen dem wahren wirtschaftlichen Gehalt der Tätigkeit der Dienstnehmerin und sind iSd § 539a Abs. 1 ASVG nicht maßgebend, zumal nicht einmal ansatzweise zu erkennen ist, in welcher Weise die Beschäftigung der Dienstnehmerin als Hilfskraft Zwecken ihrer Ausbildung und nicht in erster Linie Betriebsinteressen gedient haben soll.

Es handelt sich im vorliegenden Fall um (tageweise) Dienstverhältnisse im Sinn des § 4 Abs. 2 ASVG. (VwGH vom 25.6.2013, 2011/08/0161, Hauptverband 25.2.2014, Zl. LVB-51.1/14 Jv/Gd)

6. E-MVB
004-ABC-V-005 – 004-ABC-V-006

004-ABC-V-005
Volontäre – EU

Jugendliche zwischen 15 und 25 Jahren mit Staatsangehörigkeit eines EU-Mitgliedstaates, Islands oder Norwegens, die an einem der EU-Programme („Förderung der Mobilität junger Menschen", „Jugend für Europa", „Europ. Freiwilligendienst") teilnehmen, verrichten vorrangig Tätigkeiten im sozialen oder kulturellen Interesse, im Bereich des Umweltschutzes bzw. der humanitären Hilfe.

Eine Bindung an eine bestimmte Tätigkeit besteht während des vorübergehenden informellen Ausbildungsprogramms nicht. Derartig tätige Freiwillige haben zudem lediglich Anspruch auf ein monatliches Taschengeld, Verpflegung und freie Unterkunft.

Grundsätzlich handelt es sich im Gegenstand um Volontäre, die der Pflichtversicherung in der Unfallversicherung unterliegen.

Im Hinblick auf die Leistungsansprüche der Betreffenden aus ihrem jeweiligen Herkunftsstaat sowie das in diesem Zusammenhang von der Europäischen Kommission zugesicherte Versicherungspaket wurden diese Volontäre per 1.8.2001 von der Unfallversicherung ausgenommen.

Diese Regelung betrifft allerdings nur jene Personen, die tatsächlich als Volontäre tätig werden. (Hauptverband 10. u. 17.7.2001, Zl. 32-51.1/01 Rv)

004-ABC-V-006
Vorstandsmitglieder

Der Versicherungstatbestand des § 4 Abs. 1 Z 6 ASVG wurde mit der 69. ASVG-Novelle geändert und lautet seit 1. August 2009: „Vorstandsmitglieder (Geschäftsleiter) von Aktiengesellschaften, Sparkassen, Landeshypothekenbanken sowie Versicherungsvereinen auf Gegenseitigkeit und hauptberufliche Vorstandsmitglieder (Geschäftsleiter) von Kreditgenossenschaften, alle diese, soweit sie auf Grund ihrer Tätigkeit als Vorstandsmitglied (GeschäftsleiterIn) nicht schon nach Z 1 in Verbindung mit Abs. 2 pflichtversichert sind;"

Für Vorstände sieht § 70 AktG folgenden Spezialtatbestand vor: „§ 70. (1) Der Vorstand hat unter eigener Verantwortung die Gesellschaft so zu leiten, wie das Wohl des Unternehmens unter Berücksichtigung der Interessen der Aktionäre und der Arbeitnehmer sowie des öffentlichen Interesses es erfordert.

Der Vorstand kann aus einer oder mehreren Personen bestehen. Ist ein Vorstandsmitglied zum Vorsitzenden des Vorstands ernannt, so gibt, wenn die Satzung nichts anderes bestimmt, seine Stimme bei Stimmengleichheit den Ausschlag."

In der Praxis liegt bei den meisten Vorstandsmitgliedern nach Rücksprache mit der Finanz Lohnsteuerpflicht vor. Es stellt sich nun die Frage, ob Vorstandsmitglieder einer Aktiengesellschaft wegen des Spezialtatbestandes des § 70 AktG – auch bei Vorliegen von Lohnsteuerpflicht – nicht gemäß § 4 Abs. 2 ASVG versichert sind. Dies gilt nicht generell. Nach einhelliger Meinung der Krankenversicherungsträger ist jedenfalls die Prüffreihenfolge anzuwenden. Liegt Lohnsteuerpflicht gemäß § 47 Abs. 1 iVm Abs. 2 EStG vor, ist Versicherungspflicht nach § 4 Abs. 2 dritter Satz ASVG (Meldung mit Beitragsgruppe D1p) gegeben, andernfalls liegt Versicherungspflicht nach § 4 Abs. 1 Z 6 ASVG vor. Für Meldungen der Dienstgeber gilt dies ab 1. August 2009. (Hauptverband 15.12.2009, Zl. 32-MVB-51.1/09 Dm/Mm)

Im Zuge einer GPLA wurden die an den Vorstand (und Mehrheitsaktionär) zur Auszahlung gebrachten Honorare in die Bemessungsgrundlage für den DB und DZ miteinbezogen.

Aus den Entscheidungsgründen:

Vorweg ist festzuhalten, dass dem Wortlaut des § 22 Z 2 EStG 1988 in keiner Weise zu entnehmen ist, dass Einkünfte aus sonstiger selbständiger Arbeit nur in Bezug auf Geschäftsführerentgelte vorliegen würden.

Eingliederung des an einer Kapitalgesellschaft wesentlich Beteiligten in den geschäftlichen Organismus iSd Erkenntnis des verstärkten Senats VwGH vom 10. November 2004, 2003/13/0018 ist gegeben.

Kein Gewicht kommt dem Umstand zu, dass die Beschwerdeführer mit dem Vorstand für die einzelnen Aufträge Werkverträge abgeschlossen haben.

Dass der Vorstand auch andere Aufträge im Rahmen seines Einzelunternehmens übernommen hat, ist ebenfalls belanglos, weil weitere Tätigkeiten außerhalb des zu beurteilenden Leistungsverhältnisses einer Eingliederung in den geschäftlichen Organismus nicht entgegenstehen (vgl. VwGH vom 24. Oktober 2002, 2001/15/0062, Hauptverband vom 16.9.2014, Zl. 51.1/14/0008 Jv/Gd)

Der OGH hat zuletzt mehrfach entschieden, dass Vorstandsmitglieder von Aktiengesellschaften keinen Anspruch auf Entgelt aus dem IE-Fonds haben. Obgleich in den Erkenntnissen ausdrücklich zu „Vorstandsmitgliedern von Aktiengesellschaften" judiziert wurde, ist die Beitragsgruppe von Vorstandsmitgliedern von Aktiengesellschaften jener von Vorstandsmitgliedern von Sparkassen, die zweifelsohne mit den gleichen Rechten und Pflichten ausgestattete Vertretungsorgane juristischer Personen sind, gleichgehalten. Auch die SV-rechtliche Betrachtungsweise macht keinen Unterschied zwischen den Rechtsformen der Sparkassen, sondern unterscheidet bei Vorstandsmitgliedern, die lohnsteuerpflichtig sind und steuerrechtlich ein Dienstverhältnis gemäß § 47 Abs. 1 und Abs. 2 EStG haben (Normalfall Beitragsgruppe D1p, altersabhängig allenfalls D2p, D2pu, D4pu) von jenen, die steuerrechtlich kein Dienstverhältnis haben (oder zu mehr als 25% an der AG beteiligt sind). Auch einschlägige Kommentare enthalten diese Unterscheidung. Es ist korrekt, dass diese Sichtweise für alle Vorstandsmitglieder von Sparkassen (Vereins- und Gemeindesparkassen) und Sparkassen AGs anwendbar ist und diese keinen IESG-Beitrag zu entrichten haben. Bei der nächsten Überarbeitung des Arbeitsbehelfes erfolgt eine Ergänzung dahingehend, dass Vorstandsmitglieder von Sparkassen keinen IESG-Beitrag zu entrichten haben. (Hauptverband am 20.1.2015, Zl. LVB-51.1/15 Jv/Km)

004-ABC-V-007
Vortragende – Lehrende

Die Beurteilung der Pflichtversicherung hat immer an Hand der Prüfungsreihenfolge unter Berücksichtigung der tatsächlichen Verhältnisse im Einzelfall zu erfolgen. Die Zuordnung einer Berufsgruppe zu einem Versicherungstatbestand ohne einer derartigen Beurteilung ist daher nicht möglich.

Siehe Lohnsteuerrichtlinien Randzahlen 992 ff.

Es gibt eine Änderung des EStG 1988 durch das Budgetbegleitgesetz mit 1. Jänner 2001. Nach § 25 Abs. 1 Z 5 EStG 1988 gelten Bezüge, Auslagenersätze und Ruhebezüge von Vortragenden, Lehrenden und Unterrichtenden, die diese Tätigkeit im Rahmen eines von der Bildungseinrichtung vorgegebenen Studien-, Lehr- oder Stundenplanes ausüben, auch wenn mehrere Stunden zu Blockveranstaltungen zusammengefasst werden, als Einkünfte aus nichtselbständiger Arbeit. Ausgenommen davon sind Lehrtätigkeiten an Einrichtungen, die vorwiegend Erwachsenenbildung betreiben (siehe Ausführungen zur Erwachsenenbildung).

Nach den Lohnsteuerrichtlinien zu dieser Bestimmung (LStRL RZ 992 ff) sind Vortragende lohnsteuerpflichtig, wenn die Lehrgänge mindestens ein Semester dauern bzw. 17 Wochen und ein Lehr- oder Stundenplan bzw. ein entsprechend gegliedertes Lehrgangsprogramm vorliegt. Für die Lohnsteuerpflicht ist noch entscheidend, dass der Vortragende selbst auch regelmäßig tätig sein muss, also zumindest 17 Stunden im Semester halten wird müssen. Insbesondere sollen durch diese gesetzliche Regelung die Vortragenden an Fachhochschulen erfasst werden.

Im Steuerrecht ist auch eine Ausnahme für den Bereich der Erwachsenenbildung vorgesehen. Diese ist so textiert wie die Bestimmung im § 49 Abs. 7 ASVG. Die in der Sozialversicherung vorgenommenen Auslegungen bezüglich der Erwachsenenbildung wurden in die Lohnsteuerrichtlinien übernommen (Abstellen auf die Trägerorganisation). (Hauptverband 23.1.2001, Zl. 32-51.1/01 Ch/Mm)

Lehrende und Vortragende im Rahmen der Erwachsenenbildung siehe unter „Erwachsenenbildung".

Mit Erkenntnis des VfGH vom 20.6.2006, G 9/06 wurde die Gleichheitswidrigkeit der Ausnahme der Bezüge von in der Erwachsenenbildung tätigen Personen von der generellen Einstufung der Bezüge von Lehrbeauftragten als Einkünfte aus nichtselbständiger Arbeit festgestellt und der zweite Satz des § 25 Abs. 1 Z 5 EStG als verfassungswidrig aufgehoben. Die Aufhebung tritt mit dem Ablauf des 31.12.2006 in Kraft. Infolgedessen (vorbehaltlich einer Gesetzesänderung) unterliegen ab 1.1.2007 Vortragende, Lehrende und Unterrichtende, die an Einrichtungen tätig sind, die vorwiegend Erwachsenenbildung iSd § 1 Abs. 2 des BG über die Förderung der Erwachsenenbildung und des Volksbüchereiwesens aus Bundesmitteln betreiben, der Lohnsteuerpflicht und sind somit Dienstnehmer gemäß § 4 Abs. 2 ASVG. Sofern keine Gesetzesänderung erfolgt, ist bei Vorliegen der Lohnsteuerpflicht zwangsläufig auch die Dienstnehmereigenschaft nach § 4 Abs. 2 ASVG gegeben. Ab 1.1.2007 hat daher eine Anmeldung als Dienstnehmer zu erfolgen (bei Vollversicherung: BEGR: D1p). (Hauptverband 4.–6.9.2006, Zl. 32-MVB-51.1/06 Af/Mm).

Gemäß § 100 Abs. 3 UG 2002 besteht das wissenschaftliche und künstlerische Personal im Forschungs-, Kunst- und Lehrbetrieb besteht aus hauptberuflich und aus nebenberuflich tätigen Personen. Nur nebenberuflich tätige Personen, die ausschließlich in der Lehre tätig sind, fallen unter die Anordnung des § 100 Abs. 4 und 5 UG 2002.

Nebenberufliches Lehrpersonal, das die Voraussetzungen nach § 100 UG 2002 erfüllt, steht nach § 100 Abs. 5 leg. cit. in einem freien Dienstverhältnis zur Universität. Diese Personen können sich ohne vorherige Zustimmung der Universität von anderen geeigneten Personen vertreten lassen. Nach § 100 Abs. 6 UG 2002 gilt auch für die Gruppe der nebenberuflich tätigen Personen, selbst wenn ein freies Dienstverhältnis oder eine selbständige Tätigkeit vorliegt, § 98 ArbVG (personelles Informationsrecht).

Freie Dienstnehmer im Sinne des § 100 Abs. 5 UG 2002 sind daher keine Arbeitnehmer im Sinne des UG 2002. Seitens der Sozialversicherung und den Finanzbehörden wird im Rahmen einer Vorfragenbeurteilung zivilrechtlich nicht beurteilt, ob Arbeitsverhältnisse vorliegen. Die Anordnung des Gesetzgebers wird zur Kenntnis genommen und hat keine Auswirkung auf die sozialversicherungsrechtliche Beurteilung.

§ 100 Abs. 5 UG 2002 wird von der Sozialversicherung und Finanzverwaltung als rein arbeitsrechtliche Norm verstanden; diese Bestimmung ist keine Typisierung im Sinne des § 4 ASVG. Diese Annahme wird auch durch die Judikatur des Verwaltungsgerichtshofes gestützt (vgl. SV-Slg. XXIV/Nr. 42.002) Dies gilt auch für das EStG 1988 (Zusatzargument für den Bereich des EStG: Das EStG 1988 kennt den Begriff eines freien Dienstnehmers nicht.)

Nach den *RZ 992 und 992a der Lohnsteuerrichtlinien* ist primär zu prüfen, ob ein Dienstverhältnis nach § 25 Abs. 1 Z 1 EStG 1988 vorliegt. Wenn nein, ist zu prüfen, ob gemäß § 25 Abs. 1 Z 5 EStG 1988 Einkünfte aus nichtselbständiger Arbeit gegeben sind. Die Bestimmung des § 25 Abs. 1 Z 5 EStG 1988 geht davon aus, dass bei einem vorgegebenen Studien-, Lehr- oder Stundenplan für den Vortragenden in typisierender Betrachtungsweise ein Mindestmaß an Einbindung in die Organisation der Bildungseinrichtung notwendig ist. Damit ein solches Mindestmaß an Einbindung vorliegt, ist ein regelmäßiges Tätigwerden im Ausmaß von durchschnittlich mindestens einer Semesterwochenstunde im Rahmen eines

6. E-MVB
004-ABC-V-008 – 004-ABC-V-011

Studien-, Lehr- oder Stundenplanes erforderlich. Wird diese Lehrverpflichtung geblockt, liegen ebenfalls Einkünfte im Sinne des § 25 Abs. 1 Z 5 EStG vor. Laut Schreiben des BMWF vom 26 November 2009, Zl. BMWF-53.220/0300-I/6a/2009, sind unter „Semesterstunde" gemäß § 100 Abs. 4 Z 2 UG 2002 „Semesterwochenstunden" zu verstehen. Der Begriff „Semesterstunde" des UG und „Semesterwochenstunde" des FHStG haben inhaltlich dieselbe Bedeutung. Dabei berechnet sich eine Semesterstunde aus dem Zeitraum von 15 Wochen mit je einer Unterrichtseinheit von 45 Minuten, also 11,25 Präsenzstunden. Aus sozialversicherungsrechtlicher Sicht ist auch bei nebenberuflichem Lehrpersonal im Sinne des § 100 Abs. 4 UG 2002 nach der Prüfungsreihenfolge die Versicherungspflicht zu prüfen (vgl. E-MVB 004-04-00-010). Seitens der Sozialversicherung wird grundsätzlich davon ausgegangen, dass nebenberuflich Lehrende im Sinne des § 100 Abs. 4 Z 2 UG 2002 Dienstnehmer im Sinne des § 4 Abs. 2 erster Satz ASVG sind. Nebenberufliches Lehrpersonal im Sinne des § 100 Abs. 4 UG 2002 ist daher bei der Österreichischen Gesundheitskasse zur Sozialversicherung zu melden. Ergänzend wird bemerkt, dass Personen, die einmalige Gastvorträge halten, grundsätzlich nicht als Arbeitnehmer im Sinne des EStG 1988 und Dienstnehmer oder freie Dienstnehmer im Sinne des ASVG betrachtet werden. (Hauptverband, 23.2.2010, Zl. 32-MVB-51.1/10 Sbm/Mm)

004-ABC-V-008
Vortragende an der Sicherheitsakademie

Die Beurteilung der Pflichtversicherung hat immer an Hand der Prüfungsreihenfolge unter Berücksichtigung der tatsächlichen Verhältnisse im Einzelfall zu erfolgen. Die Zuordnung einer Berufsgruppe zu einem Versicherungstatbestand ohne einer derartigen Beurteilung ist daher nicht möglich.

Wenn es sich bei den Vortragenden um Beamte handelt, dann liegt eine Nebentätigkeit vor, die als solche dem B-KUVG unterliegt und in die Zuständigkeit der BVA fällt. Allgemeiner Tenor aufgrund der Verhältnisse ist jedoch, dass vom Vorliegen einer DN-Eigenschaft ausgegangen wird. (Hauptverband 21. September 2004, Zl. FO-MVB/51.1/04 Rv/Mm)

004-ABC-V-009
Vortragende Landwirte

Wenn jemand im BSVG pflichtversichert ist, weil er hauptberuflich in einem land- und forstwirtschaftlichen Betrieb tätig ist und daneben Vorträge in EDV-Angelegenheiten beim Ländlichen Fortbildungsinstitut (LFI) hält (EDV für Landwirte), gilt diese Vortragstätigkeit als landwirtschaftliche Nebentätigkeit im Sinne der Anlage 2 zum BSVG Punkt 7.7 (gewerbsmäßige land- und forstwirtschaftliche Beratungs- und Vortragstätigkeit). Der Inhalt dieser Vorträge hängt mit dem Thema Land- und Forstwirtschaft kausal zusammen. In diesem Fall wird keine Pflichtversicherung als Lehrender nach dem ASVG begründet. (Hauptverband 2.12.1999, Zl. 32-51.1/99 Ch/Bc)

004-ABC-V-010
Vortragstätigkeit von Landesbediensteten

Die Beurteilung der Pflichtversicherung hat immer an Hand der Prüfungsreihenfolge unter Berücksichtigung der tatsächlichen Verhältnisse im Einzelfall zu erfolgen. Die Zuordnung einer Berufsgruppe zu einem Versicherungstatbestand ohne einer derartigen Beurteilung ist daher nicht möglich.

Für Landesbeamte (KFA-Versicherte) stellt es eine Nebentätigkeit im Sinne des Beamtendienstrechts dar. Für Vertragsbedienstete des Landes gilt Folgendes:

Wenn diese hoheitlich bestellt sind (z.B. Prüftätigkeit), liegt kein freier Dienstvertrag gemäß § 4 Abs. 4 ASVG vor. Wenn keine hoheitliche Bestellung gegeben ist (z.B. Vortragstätigkeit), sind grundsätzlich alle Formen der Sozialversicherungspflicht denkbar.

Steuerrechtlich teilt die Nebentätigkeit grundsätzlich das Schicksal der Haupttätigkeit. Wenn eine Ausnahme von der Lohnsteuerpflicht vorliegt (§ 25 Abs. 1 Z 4 lit. c EStG), kann dennoch ein Dienstverhältnis gemäß § 4 Abs. 2 erster Satz ASVG vorliegen. (Hauptverband 1.3.2001, Zl. 32-51.1/01 Sm/Mm)

004-ABC-V-011
Vortragende bei AMS-Kursen

Die Beurteilung der Pflichtversicherung hat immer an Hand der Prüfungsreihenfolge unter Berücksichtigung der tatsächlichen Verhältnisse im Einzelfall zu erfolgen. Die Zuordnung einer Berufsgruppe zu einem Versicherungstatbestand ohne einer derartigen Beurteilung ist daher nicht möglich.

Der VwGH hat im Erkenntnis vom 20.10.2010, Zl. 2007/08/0145, die Versicherungspflicht eines Trainers von AMS-Kursen und EDV-Kursen nach § 4 Abs. 1 Z 1 iVm Abs. 2 ASVG und § 1 Abs. 1 lit. a AlVG bejaht.

Im vorliegenden Fall bestand für den Trainer keine uneingeschränkte Befugnis sich nach Belieben bei der Arbeitsleistung vertreten zu lassen. Ab Annahme des Kursangebotes war der Vortragende an den jeweiligen Termin und Kursort gebunden.

Der VwGH verwies weiters auf die Erkenntnisse vom 25.4.2007, Zl. 2005/08/0137 und 15.9.2010, Zl. 2007/08/0167, mit welchen der VwGH über die Pflichtversicherung von Lehrbeauftragten an einer Fachhochschule entschieden hat.

Nach der Rechtsprechung des VwGH wird die persönliche Abhängigkeit nicht schon dadurch ausgeschlossen, dass sich die betreffende Person fallweise mit oder ohne Wissen und Zustimmung des Dienstgebers tatsächlich vertreten lässt, sondern nur dann, wenn im Vorhinein eine uneingeschränkte Befugnis eingeräumt wurde, sich nach Belieben (und nicht nur bei Krankheit oder

6. E-MVB
004-ABC-V-012

Verhinderung) bei der Arbeitsleistung vertreten zu lassen und diese Befugnis entweder in der Durchführung des Beschäftigungsverhältnisses auch tatsächlich gelebt wurde oder wenn die Parteien bei Vertragsabschluss nach den Umständen des Einzelfalls zumindest ernsthaft damit rechnen konnten, dass von dieser Vertretungsbefugnis auch tatsächlich Gebrauch gemacht werden wird und die Einräumung dieser Vertretungsbefugnis nicht mit anderen vertraglichen Vereinbarungen in Widerspruch steht.

Erfolgt eine derartige Vereinbarung nach den obigen Rechtssätzen nicht, so ist aus dem bloßen Umstand der tatsächlich erfolgten fallweisen Vertretung auf Kosten des Vortragenden, keine die persönliche Abhängigkeit ausschließende Vertretungsbefugnis abzuleiten (VwGH, 20.10.2010, Zl. 2007/08/0145, Hauptverband 25.1.2011, Zl. 32-MVB-51.1/11 Af/Sdo).

In einem konkreten Fall bezog die zuständige GKK eine Trainerin von AMS Kursen bescheidmäßig als echte Dienstnehmerin (§ 4 Abs. 2 erster Satz ASVG) ein. Der Landeshauptmann und das zuständige Bundesministerium bestätigten diese Entscheidung.

Während des Verfahrens gab es bereits Einwendungen betreffend der Approbationsbefugnis des Sachbearbeiters Mag. T. Es wurde dagegen ausgeführt, dass diese gemäß Büroordnung mündlich erteilt werden kann und zudem nach der Rechtsprechung des VwGH eine Anscheinsvollmacht bei Bescheiden in Verwaltungssachen anzunehmen ist. Der VwGH folgte dieser seiner Ansicht zunächst nicht und behob den Bescheid des BMASK wegen Verletzung von Verfahrensvorschriften. Nachdem die Approbationsbefugnis mittels Stellungnahme der BGKK dem BMASK belegt wurde, erging ein neuer Bescheid des BMASK, Zl. BMASK-426522/0007-II/A/3/2013, gegen den erneut Beschwerde beim VwGH erhoben wurde. Der VwGH führt daraufhin in seinem Erkenntnis vom 27.03.2014, Zl. 2013/08/0259, aus, dass: „Soweit sich die Beschwerde gegen die rechtliche Beurteilung der belangten Behörde im Hinblick auf die Vollmachtserteilung an Mag. T. wendet, genügt es, auf die Ausführungen des Vorerkenntnisses Zl. 2013/08/0001 zu verweisen, wonach die Erteilung der Approbationsbefugnis innerhalb eines Organs grundsätzlich an keine Form gebunden ist und daher auch mündlich erfolgen kann...von den nicht bestrittenen Vorschriften der Satzung bzw. Büroordnung der mitbeteiligten Österreichischen Gesundheitskasse ist nicht zu entnehmen, dass die -Erteilung der Approbationsbefugnis an einen Angestellten der mitbeteiligten Österreichischen Gesundheitskasse, der nicht Abteilungsleiter ist, unzulässig wäre."

Die Einbeziehung der AMS Trainerin als echte Dienstnehmerin nach dem ASVG wurde unter Hinweis auf die ständige Rechtsprechung des VwGH bestätigt und die Beschwerde abgewiesen. (VwGH vom 27.03.2014, Zl. 2013/08/0259, Hauptverband 29.4.2014, Zl. LVB-51.1/14 Jv/Gd)

004-ABC-V-012
Vortragende bei Apotheken

Die Beurteilung der Pflichtversicherung hat immer an Hand der Prüfungsreihenfolge unter Berücksichtigung der tatsächlichen Verhältnisse im Einzelfall zu erfolgen. Die Zuordnung einer Berufsgruppe zu einem Versicherungstatbestand ohne eine derartige Beurteilung ist daher nicht möglich.

Im vorliegenden Fall war Frau A in einer Apotheke für die Organisation von Vorträgen und Veranstaltungen sowie für Führungen durch die Apotheke für Kinder tätig.

Jeweils fünf durchgehende Monate pro Jahr wurde sie als echte Dienstnehmerin zur Pflichtversicherung gemeldet, in den übrigen Monaten als freie Dienstnehmerin.

Lt. freien Dienstverträgen war Frau A bei der Erbringung der Arbeitsleistungen weder an Weisungen der Apotheke noch an einen bestimmten Ort, noch an eine bestimmte Arbeitszeit gebunden, verwendet ihre eigenen Betriebsmittel und konnte sich dabei auch durch qualifizierte dritte Personen vertreten lassen.

Laut den Feststellungen im Verfahren war die Tätigkeit im gesamten Zeitraum aber folgendermaßen: Frau A organisierte Veranstaltungen und Vorträge für die Apotheke. Die Themen und Programmpunkte wurden telefonisch oder per E-Mail vereinbart. Frau A erstellte ein Jahreskonzept, Foldertexte und schrieb Einladungstexte. Diese wurden mit der Dienstgeberin besprochen und Korrektur gelesen.

An den terminlich vereinbarten Besprechungen musste Frau A jedenfalls teilnehmen. Falls sie terminlich verhindert gewesen wäre, wäre ein neuer Termin vereinbart worden. Sie durfte zu diesen Besprechungen aber niemanden ihrer Wahl anstatt ihrer Person schicken.

Die Texte schrieb Frau A zu Hause mit ihrem eigenen Heim-Computer. Sie wurden in der Apotheke ausgedruckt, Einladungen etikettiert und kuvertiert.

Die Veranstaltungen wurden in einem eigenen Seminarraum in der Apotheke abgehalten.

Bei den Veranstaltungen und Vorträgen hatte Frau A persönlich zu erscheinen und auch die Moderationen in der Apotheke selber durchzuführen.

Ein- bis zweimal wöchentlich hielt Frau A Führungen für Kinder an der Betriebsadresse der Apotheke ab. Die Terminkoordination erfolgte immer durch die Gattin des Apothekenbetreibers. An den Führungstagen hatte Frau A ca. eine Stunde vor Beginn in der Apotheke zu sein, um die Schauobjekte (Arzneien, Cremen, Tees, etc.) – zusammen mit einem Angestellten der Apotheke oder der Gattin des Apothekenbetreibers – vorzubereiten. Dann führte Frau A die Führung durch und nach dem Ende der Führung räumten Frau A und Gattin des Apothekenbetreibers alles wieder weg.

Die Urlaubsabstimmung hatte mit dem Apothekenbetreiber zu erfolgen.

6. E-MVB
004-ABC-V-013 – 004-ABC-V-014

Hilfskräfte durfte Frau A ohne Rücksprache mit der Apotheke nicht einsetzen. Weisungen im herkömmlichen Sinn wurden keine erteilt, da immer alles in Absprache mit dem Apothekenbetreiber und seiner Gattin passierte.

Nach Ansicht des BMASK lag auch in den Zeiträumen, in denen Frau A als freie DN gemeldet wurde, in Wahrheit ein echtes Dienstverhältnis vor.

Laut VwGH liegt eine Eingliederung der Versicherten in die Betriebsorganisation der Apotheke vor. Ob die Versicherte den Großteil ihrer Arbeit zu Hause oder im Betrieb erledigt hat, ist nicht entscheidend; auch die Wahl des Arbeitsorts hat sich nämlich letztlich an den betrieblichen Gegebenheiten in der Apotheke und den Bedürfnissen der Dienstgeberin orientiert, da sie regelmäßig für Besprechungen und verschiedene Aufgaben vor Ort zur Verfügung stehen musste.

Eine Mitspracheätigkeit bei Terminen steht der Annahme einer Beschäftigung in persönlicher Abhängigkeit nicht entgegen. Die Versicherte war in der zeitlichen Gestaltung ihrer Tätigkeit nicht „vollkommen frei", da sie einmal festgelegte Termine ohne Vertretungsmöglichkeit einzuhalten hatte.

Die wirtschaftliche Abhängigkeit ist bei entgeltlichen Arbeitsverhältnissen die zwangsläufige Folge persönlicher Abhängigkeit. Auf die Frage der Verfügung über (wesentliche) Betriebsmittel ist es daher im Beschwerdefall nicht entscheidend angekommen.

Es ist auch sonst nicht ersichtlich, dass der Versicherten eigenständige unternehmerische Entscheidungsbefugnisse bzw. Gestaltungsmöglichkeiten zugekommen sind, die eine selbstständige Tätigkeit indizieren würden.

Im Ergebnis überwogen daher die Merkmale einer Beschäftigung in persönlicher und wirtschaftlicher Abhängigkeit gegenüber den Merkmalen selbständiger Ausübung der Erwerbstätigkeit. Es lag daher eine Pflichtversicherung nach § 4 Abs. 1 Z 1 iVm Abs. 2 ASVG vor. (VwGH v. 9.10.2013, Zl. 2012/08/0263, Hauptverband 29.4.2014, Zl. LVB-51.1/14 Jv/Gd)

004-ABC-V-013
Verkaufsassistenten

Die Beurteilung der Pflichtversicherung hat immer an Hand der Prüfungsreihenfolge unter Berücksichtigung der tatsächlichen Verhältnisse im Einzelfall zu erfolgen. Die Zuordnung einer Berufsgruppe zu einem Versicherungstatbestand ohne einer derartigen Beurteilung ist nicht möglich.

Strittig war im gegenständlichen Fall, ob die über freie Dienstverträge tätigen Verkaufsassistentinnen für ein Versicherungsmaklerunternehmen selbstständig oder nicht selbstständig tätig sind. Im Zuge einer GPLA wurden diese Personen als echte Dienstnehmerinnen qualifiziert und DB/DZ nachverrechnet. Das BFG bestätigte das Vorliegen eines Dienstverhältnisses.

Aus den Entscheidungsgründen: Das EStG 1988 unterscheidet nur Einkünfte aus betrieblichen Tätigkeiten oder nichtselbständiger Tätigkeit. Es gibt einkommensteuerrechtlich nur einen einheitlichen DienstnehmerInnenbegriff und keine Aufspaltung in DienstnehmerInnen und freie DienstnehmerInnen wie nach dem ASVG. Im vorliegenden Fall sieht es das Bundesfinanzgericht als unstrittig an, dass ein „freier" Dienstvertrag vorlag und auch, dass die Vertretung tatsächlich gelebt wurde. Der Fall war einkommensteuerlich zu lösen und nicht versicherungsrechtlich. Die Beschwerdeführerin schloss zwei „freie Dienstverträge" über die Tätigkeit als Verkaufsassistentin in ihrer Versicherungsmaklergesellschaft ab.

Diese Tätigkeit umfasste die Vorbereitung von Versicherungsabschlüssen, die Vertragsbestandspflege und nach der Einschulung den Verkauf von Versicherungsverträgen. Die Beschwerdeführerin bezahlte ein monatlich fixes Entgelt und bei Vertragsabschlüssen zusätzlich Prämien, sowie Diäten und Kilometergeld. Der PC wurde zur Verfügung gestellt und Schulungskosten bezahlte die Beschwerdeführerin. Die beiden freien Dienstnehmerinnen konnten sich vertreten lassen, sie waren in der Gestaltung ihrer Dienste frei und konnten unter Bedachtnahme auf den Vertragszweck ihre Dienste nach eigenem Ermessen erbringen. Sie waren hinsichtlich des Arbeitsablaufes, der Arbeitszeit und des Arbeitsortes nicht gebunden.

Insgesamt überwiegen nach dem Gesamtbild der Verhältnisse im vorliegenden Fall jene Kriterien, die für die Annahme einer unselbstständigen Tätigkeit sprechen, nämlich durch das Schulden der Arbeitskraft, da die Tätigkeiten von unbestimmter Dauer laufend in erforderlichem Ausmaß erbracht werden müssen, sowie durch die Unterordnung unter den geschäftlichen Willen der Beschwerdeführerin. Weiters dadurch, dass den freien Dienstnehmerinnen der PC zur Verfügung gestellt wurde, sowie durch laufende Zahlung eines Entgeltes (monatlich fixer Betrag, Diäten und Zahlung des Kilometergeldes). Auf die Formulierung des Vertrages kommt es nicht an. (Hauptverband, 28.4.2015, Zl. 51.1/15 Jv/Ph).

004-ABC-V-014
Versicherungsmakler

Die Beurteilung der Pflichtversicherung hat immer an Hand der Prüfungsreihenfolge unter Berücksichtigung der tatsächlichen Verhältnisse im Einzelfall zu erfolgen. Die Zuordnung einer Berufsgruppe zu einem Versicherungstatbestand ohne eine derartige Beurteilung ist daher nicht möglich.

Im vorliegenden Fall ist der Dienstgeber Mitglied des Fachverbandes der Versicherungsmakler und Mitglied des Fachverbandes der Finanzdienstleister. Für den Bereich Versicherungsmakler gilt der Kollektivvertrag für Handelsangestellte. Für den Bereich Finanzdienstleister gilt grundsätzlich der Kollektivvertrag für Gewerbeangestellte. Für den Dienstnehmer kommt jedoch die in § 2 Abs. 2 lit d des Kollektivvertrags für Gewerbeangestellte normierte Ausnahme vom persönlichen Geltungsbereich zum Tragen. Der Dienstnehmer begehrt die Zahlung nach dem Kollektivvertrag für Handelsangestellte.

Die Kollisionsregeln nach den §§ 9, 10 ArbVG sind nur auf jene Fälle anzuwenden, in denen der AG zwei oder mehreren Kollektivverträgen unterworfen ist (OGH 25.2.2006/9 ObA 139/05i).

Kommt im wirtschaftlich überwiegenden Bereich eines Mischbetriebes kein Kollektivvertrag zur Anwendung hat dies nicht zur Folge, dass der für den nicht überwiegenden Bereich geltende Kollektivvertrag verdrängt wird. Der Kollektivvertrag des nicht überwiegenden Betriebes ist auf den gesamten Betrieb anzuwenden. Auf die maßgebliche wirtschaftliche Bedeutung iSd § 9 Abs. 3 ArbVG kommt es nicht an. (Hauptverband, 28.4.2015, Zl. 51.1/15 Jv/Ph).

004-ABC-V-015
Vertretungsärzte

Die Beurteilung der Pflichtversicherung hat immer an Hand der Prüfungsreihenfolge unter Berücksichtigung der tatsächlichen Verhältnisse im Einzelfall zu erfolgen. Die Zuordnung einer Berufsgruppe zu einem Versicherungstatbestand ohne eine derartige Beurteilung ist daher nicht möglich.

Im vorliegenden Fall war strittig, ob Vertretungsärzte eines Facharztes für Urologie als Dienstnehmer im Sinne des § 47 Abs. 2 EStG einzustufen sind, oder ob eine freiberufliche Tätigkeit vorliegt. Die Ärztinnen vertraten den niedergelassenen Arzt nahezu regelmäßig immer dienstags und donnerstags.

Das BFG entschied im fortgesetzten Verfahren, nachdem die Berufungsentscheidung des Unabhängigen Finanzsenats (UFS 3.5.2011, RV/0793-G/09) vom VwGH mit Erkenntnis vom 21.11.2013 wegen Rechtswidrigkeit seines Inhaltes aufgehoben wurde (VwGH 21.11.2013, 2011/15/0122 – Amtsbeschwerde), dass es sich bei den Vertretungsärztinnen um eine selbständige Tätigkeit handelt. Gegen diese Entscheidung wurde eine Amtsrevision erhoben! (Hauptverband am 19.1.2016, Zl. LVB-51.1/16 Jv/Wot, BFG vom 19.11.2015, RV/2100115/2014).

004-ABC-V-016
Versicherungsagentur

Die Beurteilung der Pflichtversicherung hat immer an Hand der Prüfungsreihenfolge unter Berücksichtigung der tatsächlichen Verhältnisse im Einzelfall zu erfolgen. Die Zuordnung einer Berufsgruppe zu einem Versicherungstatbestand ohne eine derartige Beurteilung ist daher nicht möglich.

Im Zuge einer GPLA wurden in einem vorliegenden Fall die pauschalen regelmäßigen Entgelte („Aufwandsentschädigungen" – nicht jedoch die Provisionseinkünfte aus dem eigenen Kundenstock) an den „Sub"(Partner-Agent) für die Betreuung der Kunden der Versicherungsagentur als Einkünfte aus nichtselbständiger Arbeit qualifiziert. Folgende Tätigkeiten wurden dafür erbracht: Schadensregulierungen z.B. Krankenversicherung, Aufenthaltsbestätigungen, Kfz-Schäden, Sachversicherungen (Feuer-, Sturm-, LW-, Haftpflicht- und Unfallschäden); Kfz An-, Um- und Abmeldungen; die fachliche Betreuung der weiteren Mitarbeiter inklusive des Beschwerdeführers.

Das BFG bestätigte das Vorliegen von Einkünften aus nichtselbständiger Arbeit.

Aus den Entscheidungsgründen:

Der Einsatz der Arbeitskraft war ihm zwar aufgrund seiner fachlichen Qualifikation weitestgehend selbst überlassen, die Aufträge für diese Tätigkeiten erteilte jedoch ausschließlich der Beschwerdeführer. Daraus ist zweifelsohne eine nicht unbeträchtliche Leitungs- und Verfügungsmacht des Herrn AB und somit die für eine nichtselbständige Tätigkeit typische persönliche Abhängigkeit einschließlich der Kontrollmöglichkeiten durch den Beschwerdeführer zu erblicken, auch wenn eine wirtschaftliche Abhängigkeit vom Beschwerdeführer aufgrund der weiteren Einkünfte des Herrn AB nicht voll ausgeprägt ist.

Die Tätigkeit des AB für den Beschwerdeführer bedingte neben der Weisungsungebundenheit die unmittelbare Einbindung in betriebliche Abläufe und somit die Eingliederung in den geschäftlichen Organismus der Bf. im Sinne des § 47 Abs. 2 EStG 1988. Das ist daraus zu ersehen, dass Herrn AB für die Durchführung seiner Tätigkeit für den Beschwerdeführer vollständiger Einblick in die Versicherungsakten der Versicherungskunden des Beschwerdeführers gegeben werden musste. Der weitere Umstand, dass Herrn AB vom Beschwerdeführer ein eigener Büroschlüssel zur Verfügung gestellt wurde, wodurch ihm sämtliche Büroräumlichkeiten die gesamte Büroinfrastruktur des Unternehmens des Beschwerdeführers zur Verfügung gestanden ist, ohne hierfür eine Miete bezahlen zu müssen, zeugt eindeutig von der Eingliederung im Sinne des § 47 Abs. 2 EStG 1988. Daran ändert auch der Umstand nichts, dass nach dem Vorbringen des Beschwerdeführers Herr AB seine Arbeitsleistung auch außerhalb der dem Beschwerdeführer zuzurechnenden örtlichen Einrichtungen in freier Zeiteinteilung erbracht hat. Der Eingliederung in den betrieblichen Organismus steht nämlich nicht entgegen, wenn bei Tätigkeiten im Außendienst keine enge Bindung an Arbeitszeiten und Arbeitspausen gegeben gewesen sein sollte (Hauptverband, 18.10.2016, Zl. 51.1/16 Jv/Wot, VwGH vom 19.12.2000, 99/14/0166, BFG vom 5.8.2016, RV/2100008/2010).

004-ABC-W-001
Warenpräsentatoren

Die Beurteilung der Pflichtversicherung hat immer an Hand der Prüfungsreihenfolge unter Berücksichtigung der tatsächlichen Verhältnisse im Einzelfall zu erfolgen. Die Zuordnung einer Berufsgruppe zu einem Versicherungstatbestand ohne einer derartigen Beurteilung ist daher nicht möglich.

Warenpräsentatoren im Direktvertrieb benötigen grundsätzlich eine Gewerbeberechtigung, nach deren Erlangen eine Pflichtversicherung nach § 2

Abs. 1 Z 1 GSVG eintritt. Ist jedoch bei der Ausübung der Tätigkeit als Warenpräsentator keine Gewerbeberechtigung nach der Gewerbeordnung vorhanden, ist diese Tätigkeit als selbstständige Erwerbstätigkeit im Sinne des § 2 Abs. 1 Z 4 GSVG zu beurteilen, wenn die Sozialversicherungspflicht nach § 2 Abs. 1 Z 1 GSVG nicht vorliegt oder in Einzelfällen wegen fehlender Nachhaltigkeit nicht erforderlich sein sollte. Ein anders gelagerter Sachverhalt würde eine gesonderte rechtliche Beurteilung erfordern. (Hauptverband 10.6.1998, Zl. 22-51.12/98 Ru/Le)

Warenpräsentatoren im Direktvertrieb benötigen grundsätzlich eine Gewerbeberechtigung, nach deren Erlangen eine Pflichtversicherung nach § 2 Abs. 1 Z 1 GSVG eintritt. Ist jedoch bei der Ausübung der Tätigkeit als Warenpräsentator keine Gewerbeberechtigung nach der Gewerbeordnung vorhanden, ist diese Tätigkeit als selbstständige Erwerbstätigkeit im Sinne des § 2 Abs. 1 Z 4 GSVG zu beurteilen, wenn die Sozialversicherungspflicht nach § 2 Abs. 1 Z 1 GSVG nicht vorliegt oder in Einzelfällen wegen fehlender Nachhaltigkeit nicht erforderlich sein sollte. Voraussetzung für die Beurteilung ist jedoch, dass ein Werk bzw. ein Erfolg geschuldet wird. Für Regalbetreuer kommt eine freie Dienstnehmereigenschaft in Betracht, wenn die Voraussetzungen vorliegen (unselbständige Beschäftigung, im wesentlichen keine Vertretungsmöglichkeit, im wesentlichen fremde Betriebsmittel). (Hauptverband 1.2.2005, Zl. FO-MVB/51.1/05 Rv/Mm)

004-ABC-W-002
Wassergenossenschaft, Reinhalteverband

Die Beurteilung der Pflichtversicherung hat immer an Hand der Prüfungsreihenfolge unter Berücksichtigung der e tatsächlichen Verhältniss im Einzelfall zu erfolgen. Die Zuordnung einer Berufsgruppe zu einem Versicherungstatbestand ohne einer derartigen Beurteilung ist daher nicht möglich.

Ein Amtsleiter einer Gemeinde wird für die Erbringung bestimmter Tätigkeiten für z.B. einen Abwasserverband bestellt. Dieser Beschäftigung geht er in seiner Dienstzeit nach und bekommt dafür ein eigenes Entgelt.

Diese Person hat zum Verband ein echtes Dienstverhältnis nach § 4 Abs. 2 ASVG.

Unabhängig davon ist die Tätigkeit für den Abwasserverband keine hoheitliche, sondern eine privatrechtliche. (Hauptverband 9.10.1996, Zl. 32-51.1/96 Sm/Mm)

004-ABC-W-003
Werbedamen

Die Beurteilung der Pflichtversicherung hat immer an Hand der Prüfungsreihenfolge unter Berücksichtigung der tatsächlichen Verhältnisse im Einzelfall zu erfolgen. Die Zuordnung einer Berufsgruppe zu einem Versicherungstatbestand ohne einer derartigen Beurteilung ist daher nicht möglich.

Werbedamen, die Waren in Supermärkten präsentieren und lohnsteuerpflichtig sind, sind gemäß § 4 Abs. 2 ASVG als Dienstnehmer pflichtversichert (nach Ansicht der Finanz sind Werbedamen grundsätzlich lohnsteuerpflichtig). Dies gilt auch dann, wenn sie über eine Gewerbeberechtigung verfügen – es ist auf die Lohnsteuerpflicht abzustellen. (Hauptverband 29. u. 30.9.1999, Zl. 32-51.1/99 Rj/Mm)

Im vorliegenden Fall hat eine Werbedame in verschiedenen Kaufhäusern unterschiedliche Markenprodukte beworben. Zwischen dem Auftraggeber und der Werbedame wurde ein „Werkvertrag" abgeschlossen. Nach den tatsächlichen Verhältnissen wurden in der Regel 1 bis 2 Wochen vorher Einsatzort, Tag und Auftrag vom Auftraggeber telefonisch zugeteilt, die Anwesenheitspflicht richtete sich nach den Öffnungszeiten der Kaufhäuser. Bei Aufnahme der Tätigkeit musste sich die Werbedame beim Filialleiter des Kaufhauses melden und sich das Ende der Arbeitszeit vom Filialleiter bestätigen lassen. Außerdem musste sie Pausen eintragen und Aufzeichnungen über Verkaufs- und Verkostungszahlen führen. Vertretungsberechtigt war die Werbedame nur innerhalb des Mitarbeiterpools des Auftraggebers. Der VwGH hat nun mit Erkenntnis vom 7. Mai 2008 festgestellt, dass ein Werkvertrag mangels Konkretisierung und Individualisierung nicht vorliegt. Es liegt eine Dienstleistung (Präsentation von Waren) vor, die Merkmale einer Beschäftigung in persönlicher und wirtschaftlicher Abhängigkeit überwiegen. Die Beschwerde des Dienstgebers wurde abgewiesen (VwGH 7.5.2008, Zl. 2006/08/0276, Hauptverband 16.9.08, Zl. 32-MVB-51.1/2008 Dm/Mm).

004-ABC-W-004
Werbematerial-, Prospektverteiler

Die Beurteilung der Pflichtversicherung hat immer an Hand der Prüfungsreihenfolge unter Berücksichtigung der tatsächlichen Verhältnisse im Einzelfall zu erfolgen. Die Zuordnung einer Berufsgruppe zu einem Versicherungstatbestand ohne einer derartigen Beurteilung ist daher nicht möglich.

Nach Ansicht des Bundesministeriums für Arbeit, Gesundheit und Soziales ist diese Personengruppe im Regelfall dem Bereich der Selbstständigen zuzuordnen, weil sie sich grundsätzlich vertreten lassen können und für mehrere Auftraggeber tätig werden und zumeist über eigene Betriebsmittel verfügen. (Hauptverband 2. u. 3.12.1997, Zl. 31-51.1/97 Sm/Mm)

004-ABC-W-005
Werbemittelverteiler

Die Beurteilung der Pflichtversicherung hat immer an Hand der Prüfungsreihenfolge unter Berücksichtigung der tatsächlichen Verhältnisse im Einzelfall zu erfolgen. Die Zuordnung einer Berufsgruppe zu einem Versicherungstatbestand ohne einer derartigen Beurteilung ist daher nicht möglich.

6. E-MVB

004-ABC-W-006 – 004-ABC-Z-001

Ein Werbemittelverteiler war 20–25 Tage im Monat für ein Unternehmen tätig und musste sich um 8.30 Uhr bei diesem einfinden. Er lud das Werbematerial in den firmeneigenen Bus und musste dann am vereinbarten Ort das Material nach den Vorgaben des Arbeitgebers verteilen.

Laut Rahmenvertrag gab es keinerlei Weisungen, die Möglichkeit Aufträge jederzeit abzulehnen sowie die Vertretungsmöglichkeit durch Dritte.

VwGH: „Hatte sich ein Werbemittelverteiler an dem vom Arbeitgeber festgelegten Arbeitstagen zu einer bestimmten Zeit bei ihm einzufinden, um dann gemeinsam mit weiteren Werbemittelverteilern in einem Firmenbus in die jeweiligen Dörfer geführt zu werden, wo die Werbemittelverteiler ihr Prospektmaterial nach den Vorgaben des Arbeitgebers verteilen und in der Folge gemeinsam in das nächste Dorf geführt wurden, ist entgegen den anders lautenden Verfügungen in einem zwischen den Parteien abgeschlossenen „Rahmenwerkvertrag" von einem echten Dienstverhältnis in persönlicher und wirtschaftlicher Abhängigkeit auszugehen." (VwGH v. 26.5.2004, Zl. 2001/08/0026) (Hauptverband 21. September 2004, Zl. FO-MVB/51.1/04 Rv/Mm)

004-ABC-W-006
Wohnungseigentumsgemeinschaft

Die Beurteilung der Pflichtversicherung hat immer an Hand der Prüfungsreihenfolge unter Berücksichtigung der tatsächlichen Verhältnisse im Einzelfall zu erfolgen. Die Zuordnung einer Berufsgruppe zu einem Versicherungstatbestand ohne einer derartigen Beurteilung ist daher nicht möglich.

Werden von einer Wohnungseigentumsgemeinschaft Personen in einem freien Dienstvertrag beschäftigt (z.B. Raumpfleger, Buchhalter, Schneeschaufler), ist eine Pflichtversicherung nach § 4 Abs. 4 ASVG möglich, weil die Wohnungseigentumsgemeinschaft den im § 4 Abs. 4 ASVG enthaltenen qualifizierten Dienstgeberbegriff grundsätzlich erfüllt. Dies ergibt sich aus den Bestimmungen des Wohnungseigentumsgesetzes (Wohnungseigentümergemeinschaft als umsatzsteuerpflichtige Unternehmer). (Hauptverband 15.1.1998, Zl. 32-51.1/98 Sm/Mm)

004-ABC-W-007
Wald- und Holzarbeiter

Die Beurteilung der Pflichtversicherung hat immer an Hand der Prüfungsreihenfolge unter Berücksichtigung der tatsächlichen Verhältnisse im Einzelfall zu erfolgen. Die Zuordnung einer Berufsgruppe zu einem Versicherungstatbestand ohne einer derartigen Beurteilung ist daher nicht möglich.

Im vorliegenden Fall geht es um Holzarbeiter, die ausschließlich für einen Auftraggeber tätig wurden. Schriftliche Verträge wurden nicht geschlossen. Die Arbeitszeiten wurden den Mitarbeitern vorgegeben. Der „Auftraggeber" hat für die Mitarbeiter Gewerbescheine besorgt. Deren Tätigkeit hat überwiegend im Setzen und Schlagen von Bäumen sowie anderen Waldarbeiten, wie u. a. „Gift" (Pestizide) spritzen, bestanden. Es wurden genaue Arbeitsanweisungen erteilt. Auch die Arbeitszeit der Arbeiter wurde eingeteilt. Als Entlohnung wurde üblicherweise ein täglicher Betrag ausbedungen. Die Mitarbeiter haben nie eine Rechnung gelegt und auch keine Quittungen für erhaltene Zahlungen ausgefolgt. Sie haben über keine wesentlichen Betriebsmittel verfügt. Risiko oder Haftungsübernahmen wurden nicht vereinbart. Keiner der Mitarbeiter hat über eine eigene unternehmerische Struktur verfügt.

Der VwGH führt dazu aus die Arbeiten vom Auftraggeber koordiniert wurden. Dieser habe selbst Kontrollen durchgeführt. Die Mitarbeiter seien bei der Gestaltung ihrer Arbeit in ihrem arbeitsbezogenen Verhalten an die Vorgaben des Beschwerdeführers gebunden gewesen und hätten dessen Vorschriften über die Gestaltung des Arbeitsablaufes, der Arbeitsfolge und der damit im Zusammenhang stehenden organisatorischen Maßnahmen einzuhalten gehabt. Sie hätten ihre Arbeitszeit anhand des ihnen jeweils zugeteilten Arbeitspensums einteilen müssen und ihre „Prioritätenreihung" bei der Erledigung der Arbeiten an diesen Vorgaben orientiert. Es sei für sie nicht möglich gewesen, ohne bestimmten Grund irgendeinen geeigneten Vertreter zur Erfüllung der von ihnen übernommenen Arbeitspflichten heranzuziehen. Es sei daher von deren persönlicher Arbeitspflicht auszugehen. Die betreffenden Arbeiter unterlägen dem Weisungs- und Kontrollrecht des Beschwerdeführers und einer Berichterstattungspflicht. Sie seien in das Unternehmen des Beschwerdeführers organisatorisch eingegliedert gewesen, hätten für die Erbringung der Arbeiten den Anwesenheits- und Zeitplan anderer Arbeiter zu berücksichtigen gehabt und nicht allein auf Grund ihrer persönlichen Terminplanung disponieren können. Die Merkmale persönlicher Abhängigkeit würden insgesamt gegenüber jenen der persönlichen Unabhängigkeit überwiegen. Mangels Übernahme eines Haftungsrisikos oder eines Einstehenmüssens im Gewährleistungsfall liege auch kein wirtschaftliches Risiko der Arbeiter vor. Die Ausstellung von Gewerbeberechtigungen spiele keine Rolle. (Hauptverband 27.3.2012, Zl. 32-MVB-51.1/12 Ph/Dm/Sdo, VwGH 18.1.2012, Zl. 2009/080145)

004-ABC-Z-001
Zählorgane bei Volkszählungen

Die Beurteilung der Pflichtversicherung hat immer an Hand der Prüfungsreihenfolge unter Berücksichtigung der tatsächlichen Verhältnisse im Einzelfall zu erfolgen. Die Zuordnung einer Berufsgruppe zu einem Versicherungstatbestand ohne einer derartigen Beurteilung ist daher nicht möglich.

Die Tätigkeit von Zählorganen ist ausgehend von der steuerrechtlichen Beurteilung, dass diese Tätigkeit zu gewerblichen Einkünften nach § 23 EStG führt, aus sozialversicherungsrechtlicher Sicht als selbständige Erwerbstätigkeit im Sinne

6. E-MVB
004-ABC-Z-002 – 004-ABC-Z-003

des § 2 Abs. 1 Z 4 GSVG zu qualifizieren. Für diese Beurteilung sprechen insbesondere der geschuldete Erfolg (zeitgerechte Abgabe der ordnungsgemäß ausgefüllten Zählpapiere) und die erfolgsabhängige, vom Zeitaufwand unabhängige Entlohnung sowie die Durchführung auf eigenes Risiko und mit eigenen Betriebsmitteln und kein eigener Ersatz der Fahrtkosten und sonstigen Spesen.

Die Tätigkeit von Zählorganen, die in einem öffentlich-rechtlichen Dienstverhältnis zur Gemeinde bzw. Stadt stehen, ist als Nebentätigkeit zu qualifizieren. Deren Entgelt ist gemäß § 19 Abs. 1 Z 1 lit. f B-KUVG der Beitragsgrundlage nach dem B-KUVG hinzuzuschlagen und hiefür sind Krankenversicherungsbeiträge zu entrichten.

Üben Vertragsbedienstete diese Tätigkeit aus, so stellt diese einen Ausfluss aus dem Dienstverhältnis zur Gemeinde bzw. Stadt dar; das daraus resultierende und nach dem Budgetbegleitgesetz 2001 lohnsteuerpflichtige Entgelt ist daher der Beitragsgrundlage gemäß § 49 ASVG hinzuzurechnen und führt damit zur Beitragspflicht nach dem ASVG. (Hauptverband 28.12.2000, Zl. 32-51.1/00 Ch/Mm, BMSG 12.12.2000, Zl. 21.105/155-2/00)

004-ABC-Z-002
Ziviltechniker

Die Beurteilung der Pflichtversicherung hat immer an Hand der Prüfungsreihenfolge unter Berücksichtigung der tatsächlichen Verhältnisse im Einzelfall zu erfolgen. Die Zuordnung einer Berufsgruppe zu einem Versicherungstatbestand ohne einer derartigen Beurteilung ist daher nicht möglich.

Ziviltechniker im Sinne des Ziviltechnikerkammergesetzes werden von der Pflichtversicherung nach dem ASVG hinsichtlich der Beschäftigung ausgenommen, die die Teilnahme an der Wohlfahrtseinrichtung der Bundeskammer der Architekten und Ingenieurkonsulenten begründet. Angestellte Geschäftsführer von Ziviltechnikergesellschaften und die Berufsanwärter begründen eine Teilversicherung in der Kranken- und Unfallversicherung nach dem ASVG. Diese Regelung tritt mit 1. Jänner 2002 in Kraft. (Hauptverband 10. u. 17.7.2001, Zl. 32-51.1/01 Rv)

Da die Teilnahme an der Wohlfahrtseinrichtung der Kammer der Architekten und Ingenieurkonsulenten nur Ziviltechnikern offen steht und es den Berufsanwärter per se im Ziviltechnikerkammergesetz derzeit nicht gibt, liegt nach Ansicht der Österreichischen Gesundheitskasse zur Zeit keine Personengruppe vor, die gemäß § 5 Abs. 1 Z 15 ASVG von der Vollversicherungspflicht ausgenommen ist. Die Ausnahme von der Vollversicherung soll die Doppelversicherung in der Pensionsversicherung verhindern, sodass die derzeit noch unklar definierte Personengruppe der „Berufsanwärter" als nach § 4 ASVG vollversichert anzusehen ist, weil sie an der Wohlfahrtseinrichtung der Kammer der Architekten und Ingenieurkonsulenten nicht teilnehmen kann.

Eine Teilversicherung kann jedenfalls nicht angenommen werden, weil es den Berufsanwärter per se nicht gibt. Dieser Umstand wurde auch von der Kammer der Architekten und Ingenieurkonsulenten bestätigt (Hauptverband, 1.4.2008, Zl. 32-MVB/51.1/08 Dm/Mm).

004-ABC-Z-003
Zustelldienste – Pizza-Service

Die Beurteilung der Pflichtversicherung hat immer an Hand der Prüfungsreihenfolge unter Berücksichtigung der tatsächlichen Verhältnisse im Einzelfall zu erfolgen. Die Zuordnung einer Berufsgruppe zu einem Versicherungstatbestand ohne einer derartigen Beurteilung ist daher nicht möglich.

Grundsätzlich würde es sich bei diesen Zustelldiensten um Dienstnehmer oder Freie Dienstnehmer handeln. Als neue Selbstständige sind sie dann anzuerkennen, wenn es sich dabei ausschließlich um einen Zustelldienst handelt, der organisatorisch getrennt von der Pizzeria ist, der eigene PKW genützt wird und auf eigene Kosten eine Warmhalteausrüstung gekauft worden ist. (Hauptverband 2.12.1999, Zl. 32-51.1/99 Ch/Bc)

Eine mit der Zustellung von Speisen und Getränken an Kunden eines Gastgewerbebetriebes beauftragte freie DN (von 10/03 – 15.2.06) bzw. als Werkvertragsnehmerin (ab 1.5.06), wobei sich im Werkvertrag weder die Tätigkeit, noch das Entlohnungssystem von „faktisch" (!) EUR 7,59 pro Arbeitsstunde zuz. KM-Geld (0,36 bis einschl. 2/06, danach 0,38/km) nicht änderte, wurde in den vorinstanzlichen Entscheidungen als AN im echten DV bestätigt. Es wurde auch bestätigt, dass die Klägerin nicht nur für Zustellungen, sondern auch für andere Arbeitsleistungen während der eingeteilten Dienste herangezogen wurde.

Zuerkannt vom zuständigen Landesgericht als ASG wurden der Klägerin die Ansprüche auf Urlaubsentgelt, Feiertagsentgelt und die Jahresremuneration, nicht aber die Urlaubsersatzleistung.

In der Berufung kürzt das zuständige OLG die Forderung der Klägerin mit der Begründung, dass in der gelebten Praxis nicht von einem Anspruch auf einen Stundenlohn von EUR 7,59 zuz. Km-Geld ausgegangen werden könne, weil weder eine Arbeitszeit, noch ein Stundenlohn vereinbart worden seien, zur Berechnung der Ansprüche der Klägerin sei faktisch ein Stundenlohn von EUR 7,59 heranzogen worden. Nach Feber 2006 sei KM-Geld nicht mehr bezahlt worden, die Abrechnung sei nur mehr aufgrund der von der Klägerin gelegten Honorarnoten nach Zustellungen erfolgt. Es ergebe sich daher bis inkl. 2/2006 durch die der Klägerin bezahlten Honorare kein weiterer Anspruch auf Urlaubsentgelt, Jahresremuneration und Feiertagsentgelt; ab 3/06 ermittelt das OLG einen fiktiven Entgeltanspruch von rund EUR 11.100,--, dem Honorarzahlungen von rund EUR 14.900,-- gegenüberstünden. Das vom DG nicht mehr geleistete, jedoch als Aufwandsersatz gebührende KM-Geld wäre durch die Überzahlung von rund

6. E-MVB

005-00-00-001 – 005-01-03a-001

EUR 3.700,-- weitestgehend gedeckt, sodass der Klägerin auch für das restl. Jahr 2006 eine UE, die Jahresremuneration und das Feiertagsentgelt nicht zustünden.

Anders verhalte es sich im KJ 2007, weil aufgrund des KollV ein fiktiver Entgeltanspruch von EUR 14.600,-- brutto mit den Honoraren von EUR 14.800,-- zwar gerade abgedeckt sei. Da der Aufwandsersatz für die 21.137 mit dem Privat-PKW zurückgelegten Dienstkilometer dadurch nicht abgedeckt werde, sei der geltend gemachte Anspruch auf UE, Jahresremuneration und Feiertagsentgelt zuzuerkennen.

Aus der OGH-Entscheidung:

Den Parteien des Arbeitsvertrages steht es frei, durch eine über dem Mindestsatz des Kollektivvertrages liegende Entgeltvereinbarung eine Abgeltung von Sonderzahlungen vorzusehen.

Erhielt ein DN auf Basis eines „freien Dienstvertrages" oder „Werkvertrages" Honorare und wird festgestellt, dass in Wahrheit kraft der Art und Gestellung seiner Verwendung ein echtes DV bestanden hat, das einem bestimmten Kollektivvertrag unterliegt, dann muss bei der Prüfung der Frage, ob er aufgrund dieses Kollektivvertrages noch Ansprüche an Sonderzahlungen gegenüber seinem DG hat, das gesamte bezogene Honorar in Anschlag gebracht werden.

Schlussfolgerung:

Der tatsächlich ins Verdienen gebrachte Lohn pro Kalenderjahr ist im Anlassfall die Gesamthöhe der geflossenen Honorare pro Kalenderjahr, die maximale Jahresremuneration beträgt rein rechnerisch das 2-fache des ins Verdienen gebrachten Lohnes.

Das OGH-Urteil entspricht eigentlich nicht dem kollektivvertraglich gesicherten Sonderzahlungsanspruch, bedenklich scheint die Haltung des OLG, das mit dem Privat-PKW für dienstlich gefahrene Kilometer gewährte Kilometergeld als Entgeltbestandteil zu werten, obwohl es sich dabei um einen reinen Aufwandsersatz und der Gastgewerbebetrieb die 0,36 bzw. 0,38 EUR pro KM als Kilometergeld gesehen hat.

(OGH 29.4.2013, 8 ObA 33/12d, Hauptverband 17.9.2013, LVB-51.1/13 Dm/Gd)

005-00-00-001
Geringfügigkeit (§ 5 ASVG)

Im § 5 ASVG ist unter anderem geregelt, welche Personengruppen als geringfügig beschäftigt gelten (§ 5 Abs. 1 Z 2 ASVG) und welche Geringfügigkeitsgrenze (§ 5 Abs. 2 ASVG) zu beachten sind. Bei der Anwendung dieser Bestimmungen soll weitestgehend kein Unterschied zwischen Dienstnehmern im Sinne des § 4 Abs. 2 ASVG und freien Dienstnehmern im Sinne des § 4 Abs. 4 ASVG gemacht werden.

005-01-01-001
Ausnahmen von der Vollversicherung

Gemäß § 5 Abs. 1 Z 1 ASVG sind Kinder, Enkel, Wahlkinder, Stiefkinder und Schwiegerkinder eines selbstständigen Landwirtes im Sinne des § 2 Abs. 1 Z 1 BSVG, wenn sie hauptberuflich in dessen land(forst)wirtschaftlichen Betrieb beschäftigt sind, von der Vollversicherung nach § 4 ASVG ausgenommen. Wird neben der Tätigkeit im elterlichen land(forst)wirtschaftlichen Betrieb eine weitere Beschäftigung ausgeübt, so sind dieselben Kriterien anzuwenden, wie sie für Lehrende an Einrichtungen der Erwachsenenbildung vorgesehen sind. Es ist ein Vergleich des zeitlichen Aufwandes der betreffenden Tätigkeit mit allen anderen ausgeübten beruflichen Tätigkeiten anzustellen. Überwiegt der zeitliche Aufwand der zu beurteilenden Tätigkeit im Vergleich zu den anderen beruflichen Tätigkeiten, so gilt die zu beurteilende Tätigkeit als Hauptberuf. Es soll ein Direktvergleich zwischen dem zeitlichen Aufwand der ausgeübten Tätigkeiten stattfinden. Beruf in diesem Sinne ist auch eine Tätigkeit als Student bei ordentlichem Studienfortgang. (Hauptverband 2., 3.12.2003, Zl. FO-MVB/32-51.1/03 Rv/Mm)

005-01-02-001
Geringfügig Beschäftigte im sozialversicherungsrechtlichen Sinn

Als geringfügig beschäftigt gilt ua. ein Dienstnehmer oder freier Dienstnehmer, wenn das ihm aus einem oder mehreren Beschäftigungsverhältnissen im Kalendermonat gebührende Entgelt den im § 5 Abs. 2 ASVG angeführten Betrage (= Geringfügigkeitsgrenze, die ab Beginn jedes Beitragsjahres mit der jeweiligen Aufwertungszahl aufgewertet werden, siehe www.sozialversicherung.at, aktuelle Werte) nicht übersteigt. Von der Bestimmung des § 5 Abs. 1 Z 2 ASVG sind nur Beschäftigungsverhältnisse nach dem ASVG umfasst, ein Beschäftigungsverhältnis zB als Beamter wäre daher mit einer geringfügigen Beschäftigung nach dem ASVG nicht zusammenzurechnen. (geändert durch das BGBl. I 2015/79)

Umfangreiche Beispiele für die Ermittlung Geringfügigkeit/Vollversicherung siehe Homepage https://www.noedis.at/

005-01-03a-001
Gesetzlich anerkannte Religionsgemeinschaften

Gem. § 5 Abs. 1 Z 3 lit. a ASVG sind dauernd angestellte DienstnehmerInnen der gesetzlich anerkannten Religionsgesellschaften, wenn ihnen aus ihrem Dienstverhältnis die Anwartschaft auf Ruhe- und Versorgungsgenüsse zusteht, die den Leistungen der betreffenden Unfall- und Pensionsversicherung gleichwertig sind und sie im Erkrankungsfalle Anspruch auf Weiterzahlung ihrer Dienstbezüge durch mindestens 6 Monate haben, von der Vollversicherung ausgenommen.

Wenn die DienstnehmerInnen der Freikirchen in Österreich keine derartigen Ansprüche bekommen, so sind sie als DienstnehmerInnen der Religionsgemeinschaft anzumelden. (Hauptverband vom 3./4.6.2014, Zl. 51.1/14/0006 Jv/Gd)

005-01-05-001
Arbeitnehmer der Universitäten nach dem Universitätsgesetz 2002

Die ArbeitnehmerInnen der Universitäten nach dem Universitätsgesetz 2002 sind gemäß § 5 Abs. 1 Z 5 ASVG in der Fassung der 60. ASVG-Novelle von der Vollversicherung nach den Bestimmungen dieses Gesetzes ausgenommen und ab 1.1.2004 bei der Versicherungsanstalt öffentlich Bediensteter kranken- und unfallversichert. Der Dienstgeber hatte die Abmeldung bei der damaligen GKK (per 31.12.2003) und die Anmeldung bei der damaligen BVA (per 1.1.2004) durchzuführen. Es stellt sich die Frage, welche Personengruppen unter diesen Arbeitnehmerbegriff des UG 2002 fallen:

– Bei Lehrlingen wird das Lehrverhältnis von der Universität fortgesetzt. Es liegt kein Arbeitsverhältnis im Sinne des UG 2002 vor. Lehrlinge unterlagen weiterhin der Versicherungspflicht nach dem ASVG und blieben daher bis zum Ende des Lehrverhältnisses bei der jeweiligen Gesundheitskasse gemeldet.

– Geringfügig Beschäftigte stehen zwar in einem Arbeitsverhältnis, blieben aber aufgrund der damals geltenden Rechtslage jedenfalls bis 31.12.2004 nach dem ASVG (§ 203 Abs. 2 B-KUVG – Änderung im SVÄG) bei der damals örtlich zuständigen Gebietskrankenkasse versichert (Teilversicherung in der Unfallversicherung). Auch neueintretende geringfügig Beschäftigte sind nach dem ASVG versichert und bei der Österreichischen Gesundheitskasse anzumelden. Erhält eine geringfügig beschäftigte Person kurzfristig ein Entgelt über der Geringfügigkeitsgrenze und erhält diese Person danach wieder Bezüge unter der Geringfügigkeitsgrenze, so bleibt die Versicherung bei der Österreichischen Gesundheitskasse bestehen. Im umgekehrten Fall bleibt die Versicherung bei der BVAEB bestehen. Wird aus einer geringfügigen Beschäftigung eine dauernde Vollbeschäftigung, ist der Versicherte bei Zutreffen der sonstigen Voraussetzungen bei der Österreichischen Gesundheitskasse abzumelden.

– Eine „freie" Dienstnehmereigenschaft kann nur dann vorliegen, wenn kein Arbeitsverhältnis vorliegt. Ist dies der Fall, dann verbleibt dieser „freie" Dienstnehmer zuständigkeitsmäßig im ASVG. Dieser ist aufgrund § 4 Abs. 4 ASVG bei der Österreichischen Gesundheitskasse zur Pflichtversicherung anzumelden. Dies betrifft sowohl vollversicherte freie Dienstnehmer als auch geringfügig beschäftigte freie Dienstnehmer.

– „Steuerliche" Dienstnehmer gemäß § 4 Abs. 2 zweiter Satz ASVG verbleiben im ASVG, da kein Arbeitsverhältnis im Sinne des UG 2002 vorliegt. „Altfälle" bleiben nach dem ASVG versichert, „Neufälle" sind bei der Österreichischen Gesundheitskasse anzumelden (z.B. Privatdozenten, emeritierte Universitätsprofessoren).

– Forschungsstipendiaten unterliegen als freie Dienstnehmer dem ASVG, sind bei der Österreichischen Gesundheitskasse versichert, da sie in keinem Arbeitsverhältnis zur Universität stehen.

– Privatdozenten stehen in keinem Arbeitsverhältnis zur Universität. Im Abgeltungsgesetz wird geregelt, dass diese Personen nicht der Pflichtversicherung nach dem ASVG unterliegen. Das Abgeltungsgesetz tritt mit 31.12.2003 außer Kraft. Die Einkünfte aus dieser Tätigkeit unterliegen der Lohnsteuerpflicht, daher besteht ab 1.1.2004 – aufgrund des Außerkrafttretens des Abgeltungsgesetzes – Versicherungspflicht gemäß § 4 Abs. 2 letzter Satz ASVG. Für auslaufende Lehraufträge sind die Übergangsbestimmungen zu beachten. Neuanmeldungen sind jedenfalls bei der Österreichischen Gesundheitskasse vorzunehmen.

– Lehrbeauftragte stehen in einem Arbeitsverhältnis zur Universität und unterliegen seit 1.1.2004 grundsätzlich nicht mehr den Bestimmungen des ASVG. Es entsteht also Pflichtversicherung nach dem B-KUVG. Aufgrund der Übergangsbestimmungen bleiben Lehrbeauftragte, Gastprofessoren, Tutoren, Studienassistenten und Demonstratoren bis zum Ablauf der Lehrverpflichtung – im Regelfall bis Ende des Semesters oder Studienjahres – bei den damaligen Gebietskrankenkassen gemeldet.

– Bei zahnärztlichen Assistenten handelt es sich nicht um Arbeitsverhältnisse. Diese Personen unterliegen bis zur Beendigung bzw. für die Dauer dieses Ausbildungsverhältnisses weiterhin der Versicherungspflicht nach dem ASVG und sind daher bei der Österreichischen Gesundheitskasse zu melden.

– Ebenso begründen veterinärmedizinischen Praktikanten kein Arbeitsverhältnis zur Universität. Diese Personen unterliegen bis zur Beendigung bzw. für die Dauer dieses Ausbildungsverhältnisses weiterhin der Versicherungspflicht nach dem ASVG. Die Praktikanten sind wie bisher bei der Österreichischen Gesundheitskasse zu melden. Diese Ausbildungsverhältnisse gibt es nur an den Veterinärmedizinischen Universitäten.

– Tageweise beschäftigte Personen sind Arbeitnehmer und unterliegen dem B-KUVG. Nur bei geringfügiger Beschäftigung bleiben sie aufgrund der Übergangsbestimmungen im ASVG.

– Sowohl vollversicherte als auch teilversicherte fallweise (geringfügig) beschäftigte Dienstnehmer sind bis auf weiteres bei der Österreichischen Gesundheitskasse anzumelden.

(Hauptverband 2., 3.12.2003, Zl. FO-MVB/32-51.1/03 Rv/Mm)

6. E-MVB

005-01-09-001 – 005-02-00-002

005-01-09-001
Botschaftsmitglieder

Gem. § 5 Abs. 1 Z 9 ASVG sind Dienstnehmer nicht österreichischer Staatsangehörigkeit hinsichtlich einer Beschäftigung bei Dienstgebern, denen Exterritorialität zukommt, von der Vollversicherung nach § 4 ASVG – unbeschadet einer nach § 7 ASVG oder nach § 8 ASVG eingetretenen Teilversicherung – ausgenommen.

Diese Bestimmung wurde bisher – unter Heranziehung der Judikatur des VwGH – so ausgelegt, dass nur „Nicht-EU/EWR/CH-Bürger/innen von der Pflichtversicherung nach § 5 Abs. 1 Z 9 ASVG ausgenommen sind.

Der EuGH hat mit Urteil vom 15.1.2015 in der Rechtssache Evans (Rechtssache C-179/13) entschieden, dass das EU-Recht nicht das Wiener Übereinkommen über diplomatische Beziehungen überlagert.

§ 5 Abs. 1 Z 9 ASVG ist daher eng auszulegen. Auch EU/EWR/CH-Staatsbürger/innen sind von der Pflichtversicherung ausgenommen.

Aus Sicht des BMASK sind auch jene Fälle umfasst, in denen z.B. ein EU-Bürger (z.B. aus D) bei einer EU-Botschaft (z.B. F) in einem anderen EU-Mitgliedstaat (z.B. Ö) als Dienstnehmer beschäftigt ist.

Es stellte sich in diesem Zusammenhang die Frage, ob im Falle der Rechtswahl von österreichischem Arbeitsrecht BV-Beiträge abzuführen sind.

Wenn ein/e Dienstnehmer/in mit einem/einer in Österreich pflichtversicherten Person verheiratet ist oder mit ihm/ihr seit mehr als 10 Monaten in einem gemeinsamen Haushalt lebt und in jenem Staat, dessen Staatsangehörigkeit er/sie besitzt, nicht pflichtversichert ist, ist diese/r Dienstnehmer/in dann als Angehörige/r mitversichert?

Die richtige Vorgangsweise ist die Anmeldungen von Dienstnehmer/innen, die nicht österreichische Staatsangehörigkeit besitzen, bei exterritorialen Dienstgeber/innen (z.B. Botschaften, Konsulate). Bestehende Pflichtversicherungen bleiben aufrecht. Im Fall, dass der/die Versicherte eine andere Vorgangsweise wünscht – Ausscheiden aus der Pflichtversicherung – ist dies durchzuführen.

Wird österreichisches Arbeitsrecht zwischen dem exterritorialen Dienstgeber und dem/der Dienstnehmer/in vereinbart, so sind die BV-Beiträge von dem/der Dienstnehmer/in abzuführen.

Gemäß § 123 Abs. 10 ASVG gilt eine im Abs. 2 und 4 sowie Abs. 7, 7a, 7b und 8 genannte Person nicht als Angehöriger, wenn sie im Ausland eine Erwerbstätigkeit ausübt, die, würde sie im Inland ausgeübt werden, nach den Bestimmungen dieses oder eines anderen Bundesgesetzes die Versicherungspflicht in der Krankenversicherung begründen, oder eine Pension auf Grund dieser Erwerbstätigkeit bezieht. Dies gilt entsprechend für eine Beschäftigung bei einer internationalen Organisation und den Bezug einer Pension auf Grund dieser Beschäftigung.

Eine Erwerbstätigkeit bei einem Dienstgeber, dem Exterritorialität zukommt, ist einer Erwerbstätigkeit im Ausland gleichzusetzen; würde die Tätigkeit im Inland ausgeübt, würde dies eine Versicherungspflicht im Inland begründen, weshalb eine Angehörigeneigenschaft in solchen Fällen zu verneinen ist. (Hauptverband, 15./16.9.2015, Zl. 51.1/15 Jv/Km)

005-01-13-001
Erntehelfer

Erntehelfer nach § 18 Abs. 3 Z 2 Fremdengesetz sind gemäß § 5 Abs. 1 Z 13 ASVG von der Vollversicherung ausgenommen und unterliegen nach § 7 Z 1 lit. f ASVG der Teilversicherung in der Kranken- und Unfallversicherung. Die Begründung einer geringfügigen Beschäftigung ist zu verneinen. (Hauptverband 3.7.2003, Zl. FO-MVB/32-51.1/03 Rv/Mm)

Es stellt sich die Frage, ob Erntehelfer mit einem Entgelt unter der Geringfügigkeitsgrenze in der Kranken- und Unfallversicherung unter den Beitragsgruppen A111 bzw. A11 teilversichert sind bzw. eine tageweise Versicherung in Betracht kommt. Entsprechend einer Auskunft des AMS darf für Erntehelferbewilligungen ein Beschäftigungsausmaß von durchgehend 20 Wochenstunden nicht unterschritten werden. Bei einem Entgelt unter der Geringfügigkeitsgrenze ist der Betroffene als geringfügig anzumelden und ist dann nicht als Erntehelfer im Sinne des Fremdengesetzes zu sehen. Anmeldungen von Erntehelfern mit Entgelt unter der Geringfügigkeitsgrenze sind bei den regionalen Geschäftsstellen des AMS zu melden. (Hauptverband 25., 26.9.2003, Zl. FO-MVB/32-51.1/03 Rv/Mm)

005-02-00-001
Geringfügigkeitsgrenze

Ein Beschäftigungsverhältnis gilt als geringfügig, wenn daraus im Kalendermonat kein höheres Entgelt als 405,98 €, vervielfacht mit den Aufwertungszahlen für die Jahre 2016 und 2017, gebührt. An die Stelle dieses Betrages tritt ab Beginn jedes Beitragsjahres (§ 242 Abs. 10) der unter Bedachtnahme auf § 108 Abs. 6 mit der jeweiligen Aufwertungszahl (§ 108a Abs. 1) vervielfachte Betrag. (geändert durch das BGBl. 2015/79)

005-02-00-002
Bildung der allgemeinen Beitragsgrundlage für ein geringfügiges Beschäftigungsverhältnis

Das Entgelt im Sinne des § 5 Abs. 2 ASVG wird dadurch festgestellt, dass das im jeweiligen Kalenderjahr gebührende Gesamtentgelt für die (geringfügige) Beschäftigung mit Ausnahme der Sonderzahlungen (= Jahresbeitragsgrundlage) durch die Anzahl der Monate dividiert wird, in denen das geringfügige Beschäftigungsverhältnis ausgeübt wurde (= allgemeine monatliche Beitragsgrundlage und Entgelt im Sinne des § 5 Abs. 2 ASVG).

005-02-00-003
Schwankender Arbeitsverdienst

Treten bei einem Beschäftigungsverhältnis, das die Vollversicherung begründet, die Voraussetzungen für die geringfügige Beschäftigung (Teilversicherung in der Unfallversicherung) ein, endet die Vollversicherung mit Ende des laufenden Beitragszeitraumes. Tritt der Ausnahmegrund aber bereits am ersten Tag des Beitragszeitraumes ein, endet die Vollversicherung mit dem Ablauf des vorhergehenden Beitragszeitraumes.

Kommt es während der Teilversicherung in der Unfallversicherung (geringfügigen Beschäftigung) zu einer Erhöhung, wodurch die Geringfügigkeitsgrenze überschritten wird, liegt ab Beginn des jeweiligen Beitragszeitraumes Vollversicherung vor.

Die Änderungen der Vollversicherung auf geringfügige Beschäftigung und umgekehrt sind der Kasse vom Arbeitgeber jeweils mit Änderungsmeldung bekannt zu geben (§ 11 Abs. 6 in Verbindung mit Abs. 4 ASVG, siehe auch „Ende der Versicherung").

005-02-00-004
Ausnahmen von der geringfügigen Beschäftigung

Keine geringfügige Beschäftigung liegt allerdings vor, wenn das im Kalendermonat gebührende Entgelt die monatliche Geringfügigkeitsgrenze nur deshalb nicht übersteigt, weil

– infolge Arbeitsmangels im Betrieb die sonst übliche Zahl von Arbeitsstunden nicht erreicht wird (Kurzarbeit) oder
– die Beschäftigung im Laufe des betreffenden Kalendermonates begonnen oder geendet hat oder unterbrochen wurde.

Auch gilt eine Beschäftigung als Hausbesorger nach dem Hausbesorgergesetz nicht als geringfügig, außer während der Zeit

– eines Beschäftigungsverbotes gemäß den §§ 3 und 5 MSchG (Schutzfristen vor und nach der Geburt eines Kindes) oder
– einer Karenz gemäß den §§ 15, 15a, 15b und 15d MSchG und den §§ 2, 5 und 9 EKUG, bei Anspruch auf Wochengeld bzw. auf Karenzgeld nach dem Karenzgeldgesetz (KGG).

005-02-00-005
Auswirkungen geringfügiger Beschäftigung

Aus sozialversicherungsrechtlicher Sicht hat eine geringfügige Beschäftigung zur Folge, dass dieser Dienstnehmer bzw. freier Dienstnehmer gemäß § 7 Z 3 lit. a ASVG nur in der Unfallversicherung pflichtversichert ist, d.h. dass nur der Dienstgeber den Unfallversicherungsbeitrag in Höhe von 1,3% der Beitragsgrundlage (§ 51 Abs. 1 Z 2 ASVG) zu entrichten hat. Die Beitragsgrundlage für die Berechnung des Unfallversicherungsbeitrages ist nach den Vorschriften des § 44a ASVG zu ermitteln.

Der Unfallversicherungsbeitrag für geringfügig Beschäftigte ist in folgenden Beitragsgruppen abzurechnen:

– N14 für Dienstnehmer – Arbeitertätigkeit
   N14k für Dienstnehmer – Arbeitertätigkeit, kürzer als ein Monat vereinbart
– N24 für Dienstnehmer – Angestelltentätigkeit
   N 24k für Dienstnehmer – Angestelltentätigkeit, kürzer als ein Monat vereinbart
– L14 für freie Dienstnehmer – Arbeitertätigkeit
   L 14k für freie Dienstnehmer – Arbeitertätigkeit, kürzer als ein Monat vereinbart
– M24 für freie Dienstnehmer – Angestelltentätigkeit
   M24k für freie Dienstnehmer – Angestelltentätigkeit, kürzer als ein Monat vereinbart

Für mehrere geringfügige Beschäftigte hat der Dienstgeber die Dienstgeberabgabe (DAG) zu entrichten.

Während auf den (freien) Dienstnehmer bei einer geringfügigen Beschäftigung keine Sozialversicherungsbeiträge entfallen – er könnte sich diesfalls selbst versichern (siehe dazu näher das Kapitel „Selbstversicherung bei geringfügiger Beschäftigung") – kann es bei Vorliegen mehrerer geringfügiger Beschäftigungen bzw. bei Ausübung einer geringfügigen Beschäftigung neben einem bereits die Vollversicherung begründenden (freien) Dienstverhältnis sehr wohl zu einer Vollversicherung auch für die einzelnen geringfügigen Beschäftigungsverhältnisse kommen (siehe dazu Kapitel „Vollversicherung trotz geringfügiger Beschäftigungsverhältnisse").

005-02-00-006
Geringfügig fallweise Beschäftigte

Unter fallweise beschäftigten Personen sind gemäß § 471b ASVG Personen zu verstehen, die in unregelmäßiger Folge tageweise beim selben Dienstgeber beschäftigt werden, wenn die Beschäftigung für eine kürzere Zeit als eine Woche vereinbart ist. Diese fallweise beschäftigten Personen sind grundsätzlich gemäß § 471a ASVG in der Kranken-, Unfall- und Pensionsversicherung versichert (vollversichert), wobei gemäß § 471c ASVG die „Pflichtversicherung" nur eintritt, wenn das dem Dienstnehmer im betreffenden Beitragszeitraum für einen Arbeitstag im Durchschnitt gebührende Entgelt den nach § 5 Abs. 2 Z 1 ASVG geltenden Betrag übersteigt.

„Echte" fallweise beschäftigte Personen im Sinne von § 471a bis § 471e ASVG können nur Dienstnehmer im Sinne von § 4 Abs. 2 ASVG sein. Dies ergibt sich (auch) zweifelsfrei aus den Erläuternden Bemerkungen zur 29. ASVG-Novelle (1.1.1973).

Demnach war für geringfügig fallweise beschäftigte Personen (Dienstnehmer) mit einem durchschnittlichen Entgelt, das nicht mehr als die tägliche Geringfügigkeitsgrenze ausmachte, der pauschalierte Dienstgeberbeitrag nach Maßgabe von § 53a Abs. 1 und 2 ASVG zu entrichten (siehe Kapitel „Dienstgeberabgabe").

Wenn § 471c ASVG so ausgelegt werden würde, dass geringfügig fallweise beschäftigte Personen nach dieser Bestimmung nicht pflichtversichert wären, hätte dies die logische Konsequenz, dass dieser Personenkreis jedenfalls als tageweise Dienstnehmer nach den allgemeinen Bestimmungen der Pflichtversicherung unterlägen. Die Meldungs- und Abrechnungserleichterungen gemäß §§ 471a ff ASVG fielen dann weg.

Dies widerspricht zweifelsfrei der Absicht des Gesetzgebers, der für diesen Personenkreis am grundsätzlichen Bestand der Pflichtversicherung nichts verändern, sondern lediglich Melde- und Abrechnungserleichterungen sowie eine Vereinfachung der Beurteilung der Geringfügigkeit ermöglichen wollte.

Bei der Verwendung des Wortes „Pflichtversicherung" in § 471c ASVG handelt es sich daher lediglich um ein redaktionelles Versehen. Die genannte Bestimmung ist daher interpretativ folgendermaßen zu lesen:

„Die Vollversicherung tritt nur ein, wenn das dem Dienstnehmer im betreffenden Beitragszeitraum für einen Arbeitstag im Durchschnitt gebührende Entgelt den nach § 5 Abs. 2 Z 1 ASVG geltenden Betrag übersteigt."

(Hauptverband 19.8.1998, Zl. 32-51.1/98 Sm)

005-02-00-007
Dienstgeberabgabe

Hinweis: DAG-00-00-001

005-01-05-002
Abmeldung – Sonderfälle

Personen, die derzeit nach dem ASVG versichert sind und am 31.12.2003 aufgrund von Arbeitsunfähigkeit, Wochenhilfe, Karenzurlaub nach dem Mutterschutzgesetz oder dem Elternkarenzurlaubsgesetz etc. kein Entgelt (mehr) erhalten, sind mit Ende des Entgeltanspruches abzumelden. Fragen bezüglich des Abmeldedatums für diese Personen sind an die BVA zu richten. Handelt es sich um Personen, die weiterhin nach dem ASVG versichert bleiben, können diese Anfragen an die Österreichische Gesundheitskasse gerichtet werden. Für Personen, deren Dienstverhältnis vor dem 1.1.2004 beendet wird, ist der Zeitraum der Verlängerung der Pflichtversicherung aufgrund einer Urlaubsersatzleistung der Österreichischen Gesundheitskasse zu melden.

008-00-00-001
Teilversicherung (§ 8 ASVG)

Diese Bestimmung regelt, welcher Personenkreis in der Kranken-, bzw. in der Unfall- bzw. in der Pensionsversicherung bzw. in zwei von den drei Zweigen versichert ist.

008-01-00-001
Übergangsfälle

Beispiele:

1. Ein Architekt ist als Übergangsfall (als ehemaliger § 8 Abs. 1 Z 4 lit. a ASVG-Versicherter) in der Kranken- und Unfallversicherung versichert. Da er nicht nach dem GSVG pensionsversichert ist, ist die Österreichische Gesundheitskasse für die Grundlagenfeststellung zuständig. Der Architekt legt einen negativen Einkommensteuerbescheid für das drittvorangegangene Jahr, gibt aber an, in der Folge wieder ein Einkommen zu haben.

   Im vorliegenden Fall ist eine rückwirkende Abmeldung dann möglich, wenn es sich nicht um den Hauptberuf handelt. Im ASVG gibt es keine Versicherung ohne Grundlage. Es wird so vorgegangen, dass als Grundlage die Mindestbeitragsgrundlage aus dem GSVG herangezogen wird.

   Nach erfolgter Abmeldung ist eine § 16 ASVG-Selbstversicherung möglich. Als Beitragsgrundlage gilt wiederum die Mindestbeitragsgrundlage.

2. Ein Versicherter ist ab 1.3.2004 nach dem ASVG pflichtversichert. Die SVS erstellt daher für 2004 eine Differenzvorschreibung. Erzielt der Versicherte ein Einkommen über der HBGRL meldet die SVS für die Monate Jänner und Februar BGRL = 0. Die Pflichtversicherung ab 1.3. wird zum Wegfall der Voraussetzungen führen, trotzdem ist für Jänner und Februar eine Beitragsforderung von der SVS zu erstellen. Ab März wird aus dieser Beschäftigung die Höchstbeitragsgrundlage im ASVG überschritten, obwohl es sich bei der Tätigkeit nicht um die Haupteinnahmequelle handelt. Es besteht daher weiter ein Übergangsfall. Die Beitragsgrundlage ist dabei das tatsächliche Einkommen, welches von der SVS im Dachverband der Sozialversicherungsträger gespeichert ist.

   In diesem Fall werden die letzten vorgeschriebenen Beitragsgrundlagen als Grundlagen für die Monate Jänner und Februar herangezogen.

3. Die SVS übermittelt die Beitragsgrundlagen für Versicherte, die in Wien bereits wegen Wegfall der Voraussetzungen abgemeldet wurden. Es wurde um Verständigung über die Abmeldungen gebeten. Für die Übergangsfälle soll eine formlose Mitteilung über die Abmeldung wegen Wegfall der Voraussetzungen an die SVS ergehen.

4. Ein Künstler bezieht eine Pension nach dem GSVG und übt weiterhin seine künstlerische Tätigkeit aus. Die Pension bildet die Haupteinnahmequelle, es kommt zum Wegfall der Voraussetzungen für die Kranken- und Unfallversicherung nach dem ASVG. Der Künstler ist aus der GSVG-Pension nicht krankenversichert und unterliegt nicht der Teilversicherung in der Krankenversicherung nach dem ASVG. Er hat die Möglichkeit

einer Selbstversicherung in der Krankenversicherung nach § 16 ASVG; die Mindestbeitragsgrundlage richtet sich dabei nach den Richtlinien über die Herabsetzung der Beitragsgrundlage. (Hauptverband 21. September 2004, Zl. FO-MVB/51.1/04 Rv/Mm)

010-00-00-001
Beginn der Pflichtversicherung (§ 10 ASVG)
Die Pflichtversicherung nach dem ASVG tritt nicht als Folge einer darauf abzielenden Willenserklärung ein, sondern kraft Gesetzes („ex-lege-Versicherung"), und zwar mit Verwirklichung eines bestimmten Tatbestandes („ipso-iure-Versicherung"). Auf die Erstattung einer Anmeldung kommt es hiebei nicht an.

010-00-00-002
Unterlassung der Meldungserstattung
Fehlt es an der nach § 225 Abs. 1 Z 1 lit. b ASVG erforderlichen wirksamen Beitragsentrichtung, können Erhebungen bezüglich eines allfälligen Verschuldens an der Unterlassung von rechtzeitigen Meldungen bzw. an der Verjährung des Rechtes zur Vorschreibung von Beiträgen dahinstehen. Ein allfälliges Verschulden des Dienstgebers an der unterlassenen Meldung zur Sozialversicherung mag zwar zu seiner (Schadenersatzpflicht) Ersatzpflicht führen, weil er damit auch seine Fürsorgepflicht verletzt hat, berechtigt allerdings die Behörde nicht, vom eindeutigen Wortlaut des Gesetzes abzugehen. (VwGH 18.10.2000, Zl. 95/08/0184)

Der Umstand, dass die Anmeldung zur Krankenversicherung und Pensionsversicherung aus einem Verschulden des Dienstgebers unterlassen worden sei, vermag – soweit dies allein eine niedrigere Pensionshöhe zur Folge hat – keine soziale Härte iSd § 225 Abs. 3 ASVG zu begründen, wohl aber gegebenenfalls einen Schadenersatzanspruch der Dienstnehmerin gegenüber ihrem Dienstgeber. (VwGH 23.2.2000, Zl. 2000/08/0008)

010-01-00-001
Beginn mit Aufnahme der Tätigkeit
Für den Beginn der Pflichtversicherung ist die tatsächliche Aufnahme der Beschäftigung und nicht der vertraglich vereinbarte Beginn des Dienstverhältnisses maßgebend. Dies gilt auch dann, wenn der Dienstnehmer wegen Erkrankung an der Arbeitsaufnahme zum vereinbarten Zeitpunkt verhindert war und für die Zeit der Arbeitsverhinderung Bezüge erhalten hat.

Als Tag des Beginnes der Beschäftigung im Sinne des § 10 Abs. 1 erster Satz ASVG ist, sofern es sich nicht um die Wiederaufnahme einer Beschäftigung im Rahmen eines fortbestehenden Beschäftigungsverhältnisses handelt, in der Regel der tatsächliche Antritt (die Aufnahme) der Beschäftigung anzusehen; auf den vereinbarten Beginn des Arbeitsverhältnisses kommt es nicht an. (VwGH 24.10.1998, Zl. 88/08/0281, VwGH 17.1.1995, Zl. 93/08/0264)

Der Verwaltungsgerichtshof lässt jedoch Ausnahmen von obiger Regel zu:

Abweichend beginnt die Pflichtversicherung dann, wenn der Dienstnehmer auf dem Weg zur erstmaligen Aufnahme der für einen bestimmten Tag mit dem Dienstgeber vereinbarten Arbeitstätigkeit einen Unfall erleidet, durch den er an der Arbeitsaufnahme gehindert wird, bereits mit dem Beginn des Tages der vereinbarten Arbeitsaufnahme.

Darauf, ob einem solchen Dienstnehmer trotz des Unfalles (schon) an diesem Tag ein Entgeltanspruch zugestanden ist, kommt es für den Eintritt der Pflichtversicherung nicht an. (VwGH 17.1.1995, Zl. 93/08/0273)

Erweist sich ein Dienstnehmer nach Erledigung der Aufnahmeformalitäten wegen Trunkenheit als arbeitsunfähig, so liegt nach Auffassung des Hauptverbandes ein sogenannter missglückter Arbeitsversuch vor, bei dem überhaupt kein Sozialversicherungsverhältnis zustande kommt. Davon spricht man, wenn der Erfolg einer mit der Absicht auf eine Arbeitsleistung unternommenen Handlung aus Gründen unterbleibt, die vom Willen des Handelnden unabhängig sind. Auch der Umstand, dass der Betreffende etwa für die Stunde seiner Anwesenheit im Betrieb einen Lohn erhalten hat, ist für das Entstehen der Pflichtversicherung nicht entscheidend.

Für den Beginn der Pflichtversicherung im Sinne des § 10 ASVG kommt es grundsätzlich auf die Entgeltlichkeit der Beschäftigung, die begonnen haben muss, an. (VwGH 14.11.1995, Zl. 95/08/0273)

Zum Thema „Beginn der Pflichtversicherung" hat der VwGH folgende Kernaussagen getätigt: Das versicherungspflichtige Beschäftigungsverhältnis im Sinne § 4 Abs. 2 und § 10 Abs. 1 ASVG beginnt grundsätzlich mit der tatsächlichen Aufnahme der Beschäftigung. Sobald der Antritt der Beschäftigung tatsächlich erfolgt, ist nicht mehr entscheidend, ob die Vertragsparteien diesen oder einen anderen Tag als Tag der Arbeitsaufnahme vereinbart haben. Die Abgrenzung eines Vorstellungsgespräches von einer Arbeitsleistung, die den Beginn eines Arbeitsverhältnisses markiert, hat nach objektiven Gesichtspunkten unter Berücksichtigung des redlichen Verkehrs zu erfolgen. Nimmt ein Arbeitgeber im Zuge eines Vorstellungsgespräches eine Arbeitsleistung entgegen, die nach Art und Umfang üblicherweise nicht unentgeltlich erbracht wird, entsteht ein versicherungspflichtiges Beschäftigungsverhältnis. (VwGH 18.2.2004, Zl. 2000/08/0180, Hauptverband 1.2.2005, Zl. FO-MVB/51.1/05 Rv/Mm)

In einem vorliegenden Fall hat eine Handelsangestellte per 15.2.2014 ihr Dienstverhältnis einvernehmlich beendet und für den 15.6.2014 mit ihrem Dienstgeber eine Zusage der Wiedereinstellung vereinbart.

Am 15.6.2014 wollte die Arbeitnehmerin ihre Arbeit wieder aufnehmen. Der Arbeitgeber teilte infolge der Arbeitnehmerin mit, dass ihr keine Anstellung mehr angeboten werden kann. Sie besteht auf ihre Anstellung.

Eine Wiedereinstellungszusage des Arbeitgebers führt zu einer Option der Arbeitnehmerin, ein neues Arbeitsverhältnis zu den vorherigen Bedingungen zu begründen. Macht die Arbeitnehmerin davon Gebrauch, so wird das Arbeitsverhältnis wieder begründet.

Bei Nichteinhalten der Wiedereinstellungszusage durch den Arbeitgeber gilt das durch das ausgeübte Optionsrecht wiederbegründete Arbeitsverhältnis durch den Arbeitgeber als mit sofortiger Wirkung aufgelöst und es besteht ein Anspruch auf Kündigungsentschädigung im Sinne des § 29 Abs. 2 AngG (vgl. OGH 30.5.2012, 8 ObA 27/12x).

Zu einer etwaigen Lösung in der Probezeit im Sinne der kollektivvertraglichen Bestimmung im Sinne des Punkt III Z 2 des anzuwendenden Kollektivvertrages für Handelsangestellte ist festzuhalten, dass diese kollektivvertragliche Regelung nicht bei aufeinanderfolgenden Dienstverhältnissen bei gleichen Arbeitgeber zur Anwendung kommt (vgl. OGH 07.06.2006, 9 ObA 45/06t).

Da die Arbeitnehmerin zum Wiedereinstellungszeitpunkt ihre Arbeit durch Ausübung des Optionsrechtes tatsächlich angetreten hat, ist von einem Antritt des Beschäftigungsverhältnisses und somit einem Beginn der Pflichtversicherung im Sinne des § 10 Abs. 1 ASVG auszugehen.

Gemäß § 11 Abs. 2 ASVG ist die zum Zeitpunkt der Beendigung des Dienstverhältnisses fällig werdende pauschalierte Kündigungsentschädigung auf den entsprechenden Zeitraum der Kündigungsfrist umzulegen. Ab dem 15.6.2014 besteht daher für den Zeitraum der Kündigungsentschädigung eine Pflichtversicherung gemäß § 4 Abs. 2 iVm § 4 Abs. 1 Z 1 ASVG. (Hauptverband, 20.10.2015, Zl. 51.1/15 Jv/Wot)

010-01-00-002
Beginn der Versicherung bei Lehrlingen

Bei Lehrlingen beginnt die Pflichtversicherung nicht wie bei Dienstnehmern mit dem Tag der Aufnahme der Tätigkeit, sondern mit dem Tag des Beginnes des Lehr- oder Ausbildungsverhältnisses (siehe „Lehrlinge").

Wird eine versicherungspflichtige Beschäftigung aufgenommen und ein Lehrvertrag mit einem späteren Wirksamkeitsbeginn abgeschlossen hat, so hat die Anmeldung zur Sozialversicherung mit dem Tag der Aufnahme der Beschäftigung zu erfolgen. Die Beschäftigungsaufnahme erfolgt hier nicht als Lehrling, sondern als Dienstnehmer.

Die Beiträge sind entsprechend unter den Beitragsgruppen A1 (Arbeiter) bzw. D1 (Angestellte) zumindest auf Basis der für ungelernte Arbeitskräfte geltenden Lohnsätze des jeweils anzuwendenden Kollektivvertrages (Anspruchsprinzip) abzurechnen.

Erst ab dem im Lehrvertrag festgesetzten Zeitpunkt des Beginnes der Lehrzeit ist die Einstufung als Lehrling vorzunehmen.

010-01-00-003
Versicherung bei Ausbildung/Seminarbesuch während Karenz

DienstnehmerInnen in Karenz nützen oft die Zeit um eine Ausbildung zu machen oder zumindest ein Seminar zu besuchen. Bei den Seminaren kann es sich um betriebsinterne Seminare oder auch um Seminare externer Seminaranbieter handeln. Die Kosten der Ausbildung werden vom Dienstgeber getragen.

Für die Dienstgeber stellt sich die Frage, ob durch einen solchen – vom Dienstgeber angebotenen – Seminarbesuch während der Karenzzeit sozialversicherungsrechtliche Probleme für den Dienstgeber oder Dienstnehmer (insbesondere hinsichtlich der Unfallversicherung) entstehen und ob bei einem Seminarbesuch während der Karenzzeit Meldungen durch den Dienstgeber erforderlich sind.

Ein Unfallversicherungsschutz besteht auch, wenn eine Person in der Zeit einer Karenz nach dem MSchG oder nach dem Väter-Karenzgesetz nicht unfallversichert ist und während der Zeit dieser Karenz berufliche Schulungs- bzw. Fortbildungskurse besucht (§ 176 Abs. 3 2. Satz ASVG).

Eine Meldung ist nicht erforderlich.

Beitragspflicht besteht nicht, weil kein Ansatz als Sachbezug erfolgt. (Hauptverband 21.–22.6.2011, Zl. 32-MVB-51.1/11 Sbm-Dm/Sdo)

010-01a-00-001
Beginn der Versicherung bei freien Dienstnehmern

Grundsätzlich beginnt bei einem freien Dienstnehmer die Pflichtversicherung gemäß § 10 Abs. 1 ASVG mit dem Tag des Beginnes der Beschäftigung.

Davon abweichend ist in der durch die 55. Novelle zum ASVG eingefügten Bestimmung des § 10 Abs. 1a ASVG in Verbindung mit § 410 Abs. 1 Z 8 ASVG normiert, dass die (nachträgliche) Feststellung der Österreichischen Gesundheitskasse, eine auf Grund einer bestimmten Tätigkeit bereits nach § 2 Abs. 1 Z 4 GSVG pflichtversicherten Person unterliege für diese Tätigkeit der Pflichtversicherung nach § 4 Abs. 4 ASVG, in Bescheidform zu ergehen hat und Rechtswirkungen nur pro futuro entfaltet, das heißt, die Pflichtversicherung nach § 4 Abs. 4 ASVG mit dem Tag der Erlassung dieses Bescheides beginnt.

010-02-00-001
Beginn der Versicherung der im § 10 Abs. 2 ASVG genannten Personengruppen

Für die im § 10 Abs. 2 ASVG genannten Personengruppen beginnt die Pflichtversicherung (Unfallversicherung) grundsätzlich mit dem Tag der Aufnahme der versicherungspflichtigen Tätigkeit.

Wie alle selbstständig Erwerbstätigen, die Mitglieder einer Kammer der gewerblichen Wirtschaft sind, unterliegen auch die gemäß § 2 Abs. 1 Z 4 GSVG pflichtversicherten „Neuen Selbstständigen" der Teilversicherung in der Unfallversicherung. Diese Teilversicherung soll – in Anlehnung an die einschlägigen Bestimmungen im GSVG über den Beginn der Kranken- und Pensionsversicherung – im Falle verspäteter Meldung (§ 18 GSVG) erst mit dem der Meldung folgenden Tag beginnen. Auch die Pflichtversicherung (Unfallversicherung) der im § 3 Abs. 1 Z 2 GSVG genannten Personen beginnt nach Ablauf des Tages, an dem die Meldung beim Versicherungsträger einlangt.

010-03-00-001
Beginn der Versicherung mit Erteilung der amtlichen Bewilligung bzw. mit der Bestellung

Bei den im § 10 Abs. 3 ASVG angeführten Personengruppen beginnt die Pflichtversicherung mit der Erteilung der amtlichen Bewilligung zur Ausübung der versicherungspflichtigen Tätigkeit bzw. der Bestellung zum öffentlichen Verwalter, Vorstandsmitglied (Geschäftsleiter), Versicherungsvertreter, Kommissions- oder Beiratsmitglied.

010-05-00-001
Beginn der Pflichtversicherung für Teilnehmer/Innen des freiwilligen Sozialjahres

Die Pflichtversicherung beginnt mit dem Eintritt des Tatbestandes, der den Grund der Versicherung bildet.

Fraglich ist, was im Zusammenhang mit dem Freiwilligengesetz der die Versicherungspflicht auslösende bzw. beendende Tatbestand ist. Da schon durch das Wort „Teilnehmer/innen" ein Begriff starker Tatsächlichkeit gewählt wurde, soll die Pflichtversicherung mit dem Tag des Beginns der Tätigkeit beginnen und mit dem Tag der Einstellung der Tätigkeit enden. (Hauptverband, 23.10.2012, Zl. 32-MVB-51.1/12, Sbm-Ph-Dm/Sdo)

011-00-00-001
Ende der Pflichtversicherung
(§§ 11, 12 ASVG)

In den §§ 11 und 12 ASVG ist geregelt, wann hinsichtlich der einzelnen Versichertengruppen die Pflichtversicherung zu beenden ist.

011-01-00-001
Gleichzeitiges Ende des Beschäftigungsverhältnisses und des Entgeltanspruches

Der enge Zusammenhang zwischen Entgeltlichkeit der Beschäftigung und der Pflichtversicherung zeigt sich insbesondere beim Ende der Versicherung.

Die Pflichtversicherung endet grundsätzlich mit dem Ende des Beschäftigungsverhältnisses. Dies ist dann der Fall, wenn mit dem Ende des Beschäftigungsverhältnisses gleichzeitig auch der Entgeltanspruch erloschen ist.

Fällt jedoch der Zeitpunkt, an dem der Anspruch auf Entgelt endet, nicht mit dem Zeitpunkt des Endes des Beschäftigungsverhältnisses zusammen, so erlischt die Pflichtversicherung mit dem Ende des Entgeltanspruches. Dabei sind zwei Fallkonstellationen möglich (siehe „Ende des Entgeltanspruches vor dem Ende des Beschäftigungsverhältnisses" bzw. „Ende des Entgeltanspruches nach dem Ende des Beschäftigungsverhältnisses").

011-01-00-002
Ende des Entgeltanspruches vor dem Ende des Beschäftigungsverhältnisses

Endet der Entgeltanspruch z.B. gemäß § 1154 ABGB oder § 8 AngG wegen langandauernder Krankheit, ohne dass die Beendigung des Dienstverhältnisses z.B. durch Kündigung oder Entlassung ausgesprochen wird, endet die Pflichtversicherung dennoch mit dem Ende des Entgeltanspruches. Dies gilt nicht bei einem Lehr- oder Ausbildungsverhältnis, bei dem jedenfalls bis zu dessen Beendigung Versicherungspflicht besteht (siehe „Ende der Versicherung bei Lehrlingen"). Die Versicherungs- und Beitragspflicht endet auch, wenn die Krankengeldzuschusszahlung weniger als 50% der vollen Geld- und Sachbezüge gemäß § 49 Abs. 3 Z 9 ASVG beträgt und daher nicht mehr als Entgelt im Sinne des § 49 Abs. 1 und Abs. 2 ASVG gilt.

Der Dienstgeber hat nicht nur, sobald das Dienstverhältnis, sondern auch, wenn nur der Entgeltanspruch geendet hat, den Dienstnehmer von der Versicherung abzumelden. Nimmt der Dienstnehmer die Beschäftigung wieder auf, so ist er wieder zur Versicherung anzumelden.

Löst z.B. bei langandauernder Krankheit der Dienstgeber nach Erschöpfung des Entgeltanspruches (Krankenentgelt, Krankengeldzuschuss) das Dienstverhältnis nicht auf, endet trotzdem die Pflichtversicherung, ohne dass hiedurch arbeitsrechtlich das Dienstverhältnis mangels Kündigung bzw. Entlassung beendet wurde. Verliert der Dienstnehmer aber auch den Krankengeldanspruch seitens der Krankenkasse („Aussteuerung"), kann er in einer Frist gemäß § 16 Abs. 3 ASVG, die Krankenversicherung freiwillig fortsetzen. Die Pflichtversicherung beginnt neuerlich, wenn der Entgeltanspruch wieder auflebt.

Bei einem Krankenstand entfallen die Abmeldung und die Wiederanmeldung durch den Dienstgeber auf den für Ab- und Anmeldung im Allgemeinen vorgesehenen Vordrucken. Wird bei Inanspruchnahme von Leistungen aus der Krankenversicherung eine Lohnbestätigung ausgestellt, gilt diese Lohnbestätigung als ordnungsgemäße Meldung. Der Wiederbeginn des Entgeltanspruches wird durch die eigenen organisatorischen Einrichtungen des Krankenversicherungsträgers festgestellt.

Wird das Dienstverhältnis im Verlauf der Arbeitsunfähigkeit infolge Krankheit gelöst, so hat der Dienstgeber eine Abmeldung zu erstatten (Richtlinien des HVSVT über Form und Inhalt der Meldungen).

6. E-MVB
011-01-00-003 – 011-01-00-004

Bei Fortbestand des Dienstverhältnisses sind Dienstnehmer, die kurzfristig unentschuldigt von der Arbeit ferngeblieben sind, mit dem ersten Tag des unentschuldigten Fernbleibens von der Sozialversicherung abzumelden und mit dem Tag der Wiederaufnahme der Beschäftigung bei der Krankenkasse wieder anzumelden.

Wird das Dienstverhältnis durch den Dienstgeber wegen unentschuldigten Fernbleibens vorzeitig aufgelöst, besteht das Dienstverhältnis bis zur Auflösung, doch pflegt der Entgeltanspruch im Allgemeinen bereits früher, nämlich mit dem Beginn des unentschuldigten Fernbleibens, zu endigen, so dass Ende des Entgeltanspruches und Ende des Dienstverhältnisses auseinander fallen. In diesem Fall erlischt die Pflichtversicherung mit dem Ende des Entgeltanspruches gemäß § 11 Abs. 1 ASVG.

Der Dienstgeber hat den Dienstnehmer mit Wirkung ab dem letzten Tag des Entgeltanspruches von der Pflichtversicherung abzumelden. Vertritt man den Rechtsstandpunkt, dass nach vorzeitiger Auflösung wegen unentschuldigten Fernbleibens nicht nur der Entgeltanspruch, sondern das sozialversicherungspflichtige Beschäftigungsverhältnis mit dem Beginn des unentschuldigten Fernbleibens endigt, tritt an der Wirkung der Abmeldung keine Änderung ein.

Auch in den Fällen des Beschäftigungsverbotes nach dem Mutterschutzgesetz (siehe „Ende der Versicherung bei Mutterschaftskarenzurlaub") und beim Präsenzdienst endet der arbeitsrechtliche Entgeltanspruch bereits, während das Dienstverhältnis selbst noch weiter fortbesteht.

Ebenso entfällt auch beim unbezahlten Urlaub (siehe „Bestand der Versicherung bei unbezahltem Urlaub") der Entgeltanspruch bei aufrechtem Fortbestand des Beschäftigungsverhältnisses.

011-01-00-003
Ende des Entgeltanspruches nach dem Ende des Beschäftigungsverhältnisses

Die Pflichtversicherung besteht gemäß § 11 Abs. 1 zweiter Satz ASVG trotz der Beendigung des sie begründenden Beschäftigungsverhältnisses und damit auch der Dienstnehmereigenschaft bis zu dem Zeitpunkt weiter, an dem der Anspruch auf das Entgelt endet. Ob ein Anspruch auf einen Geld- oder Sachbezug aus dem (sozialversicherungsrechtlichen) Dienstverhältnis besteht, ist nach zivilrechtlichen (arbeitsrechtlichen) Grundsätzen zu beurteilen. Ist diese Frage im Sinne eines Hervorgehens aus dem Arbeitsvertrag zu bejahen, so kommt es auf den Rechtsgrund dieses Anspruches, also darauf, ob der Geld- oder Sachbezug in Erfüllung des Arbeitsvertrages oder aus dem Rechtsgrund des Schadenersatzes wegen eines Bruches des Vertrages gebührt, nicht an. (VwGH 19.1.1989, Zl. 87/08/0274)

§ 11 Abs. 1 zweiter Satz ASVG bezieht sich bloß auf den Anspruch aus einem beendeten Beschäftigungsverhältnis, nicht aber auch auf ein Entgelt aus einem weiterlaufenden Beschäftigungsverhältnis.

Der Gesetzgeber hat in der genannten Bestimmung die Versicherungspflicht ausdrücklich auf die Zeit bis zum Ende des Entgeltanspruches erstreckt, wenn die Beschäftigung des Dienstnehmers infolge Kündigung und gleichzeitigen Ausscheidens des Dienstnehmers aus dem Betrieb ihr faktisches Ende gefunden hat. (VwGH 19.9.1989, Zl. 89/08/0105)

Fälle, in denen die Pflichtversicherung wegen Fortlaufens des Entgeltanspruches über das Ende des Beschäftigungsverhältnisses weiter besteht, ergeben sich etwa im Zusammenhang mit einem Krankenstand. Wird beispielsweise ein Arbeitnehmer während eines Krankenstandes vom Arbeitgeber gekündigt, dann behält er nach den einschlägigen gesetzlichen Bestimmungen seinen Anspruch auf Krankenentgelt jedenfalls so, als er ihn bei aufrechtem Dienstverhältnis gehabt hätte. Unter Krankenentgelt in diesem Sinne sind alle Entgeltzahlungen des Arbeitgebers zu verstehen, sofern sie mindestens 50% der Bezüge des Arbeitnehmers betragen. Erhält also der Arbeitnehmer über das Ende des Dienstverhältnisses hinaus sein Entgelt voll oder zumindest bis zur Hälfte weiterbezahlt, besteht auch die Pflichtversicherung weiter.

Weitere Beispiele, in denen der Entgeltanspruch über das Ende des Beschäftigungsverhältnisses hinaus weiter besteht, sind etwa bei Vergleichen (siehe „Verlängerung der Versicherung auf Grund von Vergleichen") bei Kündigungsentschädigung (siehe „Verlängerung der Versicherung auf Grund einer Kündigungsentschädigung") sowie bei Ersatzleistungen (siehe „Verlängerung der Versicherung auf Grund einer Ersatzleistung") gegeben.

011-01-00-004
Ende der Versicherung bei Lehrlingen

Mangels Definition in § 4 Abs. 2 ASVG und aus dem Fehlen einer anders lautenden Bestimmung im ASVG muss geschlossen werden, dass für die Versicherungspflicht eines Lehrlings lediglich der Bestand des Lehrverhältnisses ohne Rücksicht auf einen Entgeltanspruch maßgebend ist. Die Vorschrift des § 11 Abs. 1 zweiter Satz ASVG, wonach dann, wenn der Entgeltanspruch nicht mit dem Ende des Beschäftigungsverhältnisses zusammenfällt, die Pflichtversicherung mit dem Ende des Entgeltanspruches erlischt, ist in den Fällen, in denen ein Lehr- oder Ausbildungsverhältnis vorliegt, nicht anwendbar, weil die Gesetzesstelle das Lehr- und Ausbildungsverhältnis nicht mehr erwähnt. Von der Bestimmung des § 11 Abs. 1 ASVG gilt nur die des ersten Satzes für Lehrverhältnisse. Dieses bleibt während der Zeit, in der der Lehrling infolge Krankheit arbeitsunfähig ist, aufrecht. Daraus folgt, dass auch die Pflichtversicherung eines Lehrlings in der Zeit, in der er wegen Arbeitsunfähigkeit infolge Krankheit nur einen Anspruch auf Teilentgelt (gemäß § 17a BAG) hat, aufrecht bleibt. Unter diesen Umständen spielt die Tatsache, dass das Teilentgelt nicht als Entgelt nach § 49 ASVG gewertet wird, keine Rolle. Trotz Fortbestehens der Pflichtversicherung besteht keine Beitragspflicht für einen erkrankten Lehrling, weil dessen Teilentgelt kein Entgelt im

Sinne des § 49 ASVG darstellt. (BMsV 12.5.1964, GZ. II-115.455-6/1/63)

Nach der geltenden Rechtslage ist vom Grundsatz auszugehen, dass die Pflichtversicherung an den rechtlichen Bestand des Lehrverhältnisses geknüpft ist. Für den Bestand der Pflichtversicherung ist es unerheblich, aus welchem Grund die Tätigkeit des Lehrlings unterbrochen wird, wenn nur das Lehrverhältnis weiter aufrecht bleibt. Die Pflichtversicherung von Lehrlingen kann somit vor allem nicht an die zusätzliche Voraussetzung gebunden werden, dass der Lehrling tatsächlich beschäftigt ist. Gemäß § 14 Abs. 2 lit. e BAG in der Fassung der Novelle BGBl. 1978/2332 endet das Lehrverhältnis schon vor Ablauf der vereinbarten Lehrzeit unter anderem dann, wenn der Lehrling die Lehrabschlussprüfung erfolgreich ablegt; das Ende des Lehrverhältnisses tritt mit Ablauf der Woche ein, in der die Prüfung abgelegt wird. Tritt durch die vorzeitig mit Erfolg abgelegte Lehrabschlussprüfung eine Verkürzung der Dauer des Lehrverhältnisses ein, bewirkt dies nicht nachträglich eine Verschiebung des Zeitpunktes, mit dem das letzte Lehrjahr begonnen hat. Wurde die Lehrabschlussprüfung erst nach dem Ablauf der vereinbarten Lehrzeit abgelegt, endet die Pflichtversicherung als Lehrling – unabhängig vom Zeitpunkt der Prüfung – mit dem Ende der im Lehrvertrag vereinbarten Dauer der Lehrzeit. (Soziale Sicherheit 1/1980)

Bei Vorliegen einer Kündigungsentschädigung kommt es zu einer Verlängerung der Pflichtversicherung. Die Kündigungsentschädigung ist beitragspflichtig. Bezüglich der Qualifikation ist der Betroffene als Lehrling zu werten. (Hauptverband 3.7.2003, Zl. FO-MVB/32-51.1/03 Rv/Mm)

011-01-00-005
Ende der Versicherung bei Mutterschaftskarenz

Bekanntlich erlischt die Pflichtversicherung mit dem Ende des Beschäftigungsverhältnisses. Wenn aber der Zeitpunkt, an dem der Anspruch auf Entgelt endet, nicht mit dem Zeitpunkt des Endes des Beschäftigungsverhältnisses zusammenfällt, endet die Pflichtversicherung mit dem Ende des Entgeltanspruches. Wenn eine Versicherte während einer Arbeitsunfähigkeit infolge Krankheit oder während der Zeit des Beschäftigungsverbotes infolge Mutterschaft kein beitragspflichtiges Entgelt bezieht, erlischt die Pflichtversicherung und es wäre die Abmeldung zu erstatten. Nach den verbindlichen Richtlinien des Dachverbandes der Sozialversicherungsträger über Form und Inhalt der Meldungen ist jedoch in solchen Fällen, und zwar nur dann, wenn das Beschäftigungsverhältnis nicht gelöst ist, keine Abmeldung zu erstatten. Das Ende der Pflichtversicherung wird vielmehr aus der vom Dienstgeber auszufertigenden Arbeits- und Lohnbestätigung ermittelt. Bei Auflösung des Beschäftigungsverhältnisses ist dagegen eine Abmeldung in solchen Fällen zu erstatten. Ebenso entfällt nach der im Allgemeinen seitens der Österreichischen Gesundheitskasse gehandhabten Praxis die Erstattung der Wiederanmeldung, wenn die Beschäftigung sogleich am ersten Tag nach der Arbeitsunfähigkeit oder am ersten Tag nach dem Ende des Beschäftigungsverbotes infolge Mutterschaft aufgenommen wird. Ist dies nicht der Fall, dann ist mit dem Tag des Endes des Entgeltanspruches die Abmeldung und mit dem Tag der Wiederaufnahme der Beschäftigung die Anmeldung zu erstatten. Wenn im Anschluss an die Zeit des Wochengeldbezuges eine Karenz nach dem MSchG absolviert wird, ist bei Antritt der Karenz eine Abmeldung zu erstatten, und zwar ist auf dem Abmeldeformular der Tag des Endes des Entgeltanspruches anzugeben (dieser Tag wird normalerweise mit dem Tag vor Eintritt des 8-wöchigen Beschäftigungsverbotes vor der voraussichtlichen Entbindung zusammenfallen). Als Grund der Abmeldung möge „Karenz im Sinne des MSchG ab .... (Datum)" angeführt werden. Unklarheit besteht auch oft über die Meldungserstattung, wenn zwischen dem Ende des Wochengeldbezuges und der Karenz ein Gebührenurlaub konsumiert wird. In einem solchen Fall ist mit dem Ende des Gebührenurlaubes (des Entgeltanspruches) eine Abmeldung zu erstatten und als Grund der Abmeldung der Vermerk „Karenz im Sinne des MSchG im Anschluss an den Gebührenurlaub" anzubringen. (Die Erstattung einer Wiederanmeldung für den am ersten Tag nach der Wochenhilfe angetretenen Gebührenurlaub entfällt, weil diese Meldung wie im Falle des Beschäftigungsantrittes von der Österreichischen Gesundheitskasse im Allgemeinen aus eigenem durchgeführt wird.) Wurde die Abmeldung wegen der Karenz bereits eingesendet und tritt ein Entgeltanspruch (z.B. infolge eines Gebührenurlaubes) ein, so ist für diese Zeit eine Anmeldung und eine Abmeldung zu erstatten. Stellt sich während der Karenz oder nachher heraus, dass die Beschäftigung nicht wieder aufgenommen wird, ist eine weitere Abmeldung zu erstatten. Der Wiederantritt der Beschäftigung nach der Karenz ist der Kasse mit einer Anmeldung bekannt zu geben.

011-01-00-006
Altersteilzeit bei Insolvenz

Wenn während der Insolvenz des Dienstgebers bei vereinbarter Altersteilzeit (§ 27 AlVG, AlVG-0002) das Dienstverhältnis vor Ablauf der Blockarbeitszeit beendet wird, führt die noch offene Einarbeitungszeit zu keiner Verlängerung der Pflichtversicherung. Es kommt auch zu keiner Erhöhung der Beitragsgrundlage durch eine Aufrollung der offenen Beitragsgrundlagen. (Hauptverband 8.5.2003, Zl. FO-MVB/32-51.1/02 Rv/Mm)

011-01-00-007
Abmeldung bei Streik

Wenn Streiks ganz- oder mehrtägig laufen und die Dienstgeberin bzw. der Dienstgeber für diese Zeit kein Entgelt zahlt, endet die Pflichtversicherung auch bei aufrechtem Dienstverhältnis wegen Ende des Entgeltanspruches für diese Zeit. Der Krankenversicherungsschutz besteht in der Regel für Sachleistungen sechs Wochen weiter, für

Krankengeld beträgt die Schutzfrist drei Wochen. SRÄG 2006, BGBl. I Nr. 131/2006. Pragmatisch wird jedoch von Seiten der Sozialversicherung bei sehr kurzen Entgeltunterbrechungen (bis zu drei Tagen) von einer Ab- und Anmeldung abgesehen. Allerdings reduziert sich dann die sozialversicherungsrechtliche Beitragsgrundlage entsprechend. Wenn die Dienstgeberinnen bzw. Dienstgeber Ab- und Anmeldungen tatsächlich erstellen, sind diese durchzuführen. Das Streikgeld wird beitragsfrei gewertet (Hauptverband 3.12.2013 Zl. LVB 51.1/13 Jv).

011-01-00-008
Saisonverlängerung durch Überstunden

Der Verwaltungsgerichtshof hat mit Erkenntnis vom 22.11.2006, Zl 2004/08/0065 festgestellt, dass das Arbeitszeitgesetz die Kollektivvertragsparteien in § 19e AZG lediglich zu einer Verlängerung der Kündigungsfrist um Zeitguthaben zum Zwecke des Zeitausgleichs ermächtigt, nicht jedoch zu einer Verlängerung des Arbeitsverhältnisses über sein privatautonom festgelegtes Ende (z.B. bei Befristung des Arbeitsverhältnisses) hinaus. Eine kollektivvertragliche Regelung, die das Arbeitsverhältnis um die Dauer nicht ausgeglichener Überstunden verlängert, ist nichtig. Die Rechtsansicht des Verwaltungsgerichtshofes ist mit sofortiger Wirkung umzusetzen. Sozialversicherungstechnisch ist davon auszugehen, dass aufgrund von Aufzeichnungspflichten des Arbeitgebers eine Aufrollung der Löhne möglich ist. (Hauptverband 27.3.2007, Zl. 32-MVB-51.1/07 Af/Mm) (VwGH 22.11.2007, Zl. 2004/08/0065)

011-02-00-001
Verlängerung der Versicherung auf Grund von Vergleichen

Die Frage der Erstreckung der Versicherungspflicht nach § 11 Abs. 2 ASVG ist nicht nach dem Vergleichstext, sondern auf Grund des Klagebegehrens und des Prozessverlaufes zu beurteilen. Dienstgeber und Dienstnehmer steht es zwar frei, den Zeitpunkt und die Form der Lösung des Dienstverhältnisses (Entlassung, einvernehmliche Lösung, Kündigung) zu bestimmen, doch kann sich diese Vereinbarung nur auf die arbeitsrechtlichen Beziehungen auswirken. Keinesfalls kann dadurch die Bestimmung des § 11 Abs. 2 ASVG ausgeschaltet werden, wenn über das vereinbarte Ende des Dienstverhältnisses hinaus die im Klagebegehren enthaltenen Entgeltansprüche gemäß § 29 AngG des Dienstnehmers teilweise befriedigt werden, ohne dass es dabei auf die Bezeichnung des ausbezahlten Betrages ankäme. Selbst der Wortlaut eines Vergleiches ist insoweit unmaßgeblich, als an sich beitragspflichtige Entgelte im Sinne des § 49 Abs. 1 ASVG als beitragsfreie Lohnbestandteile oder sonstige nicht der Beitragspflicht unterliegende Ansprüche des Dienstnehmers bezeichnet werden. (BMAGS 20.4.1999, GZ. 121.516/1-7/99)

Die Behörden der Sozialversicherung sind bei der Feststellung der sich aus einer vergleichsweisen Vereinbarung ergebenden Ansprüche des Dienstnehmers an den Wortlaut dieser Vereinbarung insoweit nicht gebunden, als Entgeltansprüche im Sinne des § 49 Abs. 1 ASVG allenfalls fälschlich als beitragsfreie Lohnbestandteile im Sinne des § 49 Abs. 3 ASVG deklariert wurden. Soweit die Feststellung der Beitragsfreiheit hinsichtlich eines bestimmten Betrages nicht möglich ist, liegt im Zweifel jedenfalls beitragspflichtiges Entgelt im Sinne des § 49 Abs. 1 ASVG vor.

Wenn und soweit aber die nach Beendigung des Beschäftigungsverhältnisses noch offenen (strittigen) Ansprüche eines Dienstnehmers tatsächlich teils aus beitragspflichtigen, teils aus beitragsfreien Entgeltbestandteilen bestehen, sind die Parteien eines darüber abgeschlossenen Vergleiches nicht verpflichtet, die Anerkennung der beitragspflichtigen vor den beitragsfreien Ansprüchen zu vereinbaren. Die Vertragsparteien sind vielmehr in der vergleichsweisen Disposition über diese Ansprüche insoweit frei, als durchaus die Leistung der beitragsfreien Ansprüche vereinbart und auf die beitragspflichtigen Gehaltsbestandteile verzichtet werden kann.

Eine Grenze fände diese Dispositionsbefugnis jedoch dann, wenn z.B. ein höherer Betrag an beitragsfreien Ansprüchen verglichen worden wäre, als gemessen an den Voraussetzungen des § 49 Abs. 3 ASVG tatsächlich zustünde, oder wenn – fiktiv vom vollständigen Erfolg des Dienstnehmers im Prozess ausgehend – bei gleichzeitigem (allenfalls teilweisem) Verzicht auf die Leistung der Ansprüche aus dem Dienstverhältnis der verglichene Kostenbetrag den dem Dienstnehmer nach den Vorschriften des Kostenrechtes bemessenen Ersatzanspruch bzw. dessen tatsächliche Aufwendungen, insbesondere an Gebühren und Vertretungskosten, überstiege. (VwGH 8.10.1991, Zl. 90/08/0094)

§ 11 Abs. 2 ASVG trifft für den Fall Vorkehrungen, dass eine zeitraumbezogene Zuordnung nicht möglich ist, weil sich die Dienstvertragspartner in einer vergleichsweise Regelung auf die Leistung einer Pauschalsumme geeinigt haben, ohne ausdrückliche Zuordnungen zu bestimmten Zeiträumen vorzunehmen; diese Bestimmung normiert die Berechnungsmethode, nach der in solchen Fällen für den Zeitraum vom Ende des Beschäftigungsverhältnisses bis zum Ende des Entgeltanspruches im Sinne des § 11 Abs. 1 ASVG (und damit der Zeitpunkt des Endes der Pflichtversicherung) festzustellen ist. Zuerst sind aus dem Vergleichsbetrag allfällige, nach § 49 ASVG nicht zum Entgelt gehörende Bezüge auszuscheiden; der verbleibende Restbetrag wird sodann an den vor dem Austritt aus der Beschäftigung gebührenden Bezügen gemessen und dadurch festgestellt, welcher Zeitraum durch den Vergleichsbetrag gedeckt ist, also welchen Zeitraum der Vergleichsbetrag, geteilt durch das zuletzt gebührende laufende Entgelt, ergibt.

§ 11 Abs. 2 ASVG ordnet nicht eine Bindung der Verwaltungsbehörde und Versicherungsträger an gerichtliche oder außergerichtliche Vergleiche an, sondern ist – die Beachtlichkeit eines solchen Vergleiches voraussetzend – eine (bloße) Berechnungsvorschrift. Aus dieser Bestimmung kann daher für das Verhältnis einer vergleichsweisen Regelung zu einem gerichtlichen Urteil hinsichtlich der in § 49 Abs. 6 ASVG angeordneten Bindungswirkung nichts gewonnen werden. (VwGH 19.12.1991, Zl. 90/08/0058)

Wird einem Dienstnehmer in einem den Streit um seine arbeitsrechtlichen Ansprüche nach Beendigung des Dienstverhältnisses bereinigenden gerichtlichen Vergleich eine Abfertigungssumme zugesprochen, die den eingeklagten Abfertigungsbetrag übersteigt, verlängert sich die Pflichtversicherung des Dienstnehmers um so viele Monate, wie die letzte Beitragsgrundlage vor Beendigung des Dienstverhältnisses in dem eingeklagten Abfertigungsbetrag übersteigenden Vergleichsbetrag Deckung findet. (VwGH 27.7.2001, Zl. 95/08/0145)

011-02-00-002
Verlängerung der Versicherung auf Grund einer Ersatzleistung

Für den zum Zeitpunkt der Beendigung des Arbeitsverhältnisses nicht verbrauchten Urlaub steht eine Ersatzleistung zu. Das Ausmaß der Ersatzleistung entspricht dem ausstehenden Urlaubsentgelt zum Zeitpunkt der Beendigung des Arbeitsverhältnisses. Für das Urlaubsjahr, in das Arbeitsverhältnis endet, gebührt diese Ersatzleistung nur aliquot. In den erläuternden Bemerkungen zum Arbeitsrechtsänderungsgesetz 2000 wurde hiezu unter anderem ausgeführt, dass bei der Bemessung der Ersatzleistung Bruchteile von Urlaubstagen kaufmännisch zu runden sind. Bei der in weiterer Folge vorzunehmenden Verlängerung der Pflichtversicherung um die Dauer der Ersatzleistung bleiben – abweichend von der Bemessung derselben – jedoch Teile von Tagen immer außer Betracht. Bei Beendigung des Arbeitsverhältnisses durch unberechtigten vorzeitigen Austritt oder schuldhafter Entlassung ist ein über das aliquote Ausmaß bereits bezogenes Urlaubsentgelt vom Arbeitnehmer zu erstatten. Eine solche Rückerstattung hat für die Sozialversicherung keine Auswirkung und führt weder zu einer Verkürzung der Pflichtversicherung noch zur Verminderung der Beitragsgrundlage. Für den nicht verbrauchten Urlaub aus früheren Urlaubsjahren steht an Stelle des Urlaubsentgeltes die Ersatzleistung immer ungeschmälert zu. Diese Ersatzleistung für Urlaubsentgelt gemäß § 10 Urlaubsgesetz tritt an Stelle der Urlaubsabfindung und Urlaubsentschädigung. Für die Zeit des Bezuges einer Ersatzleistung für Urlaubsentgelt besteht die Pflichtversicherung – so wie bisher im Falle des Bezuges von Urlaubsersatzleistung – weiter. Gebührt also zum Zeitpunkt der arbeitsrechtlichen Auflösung des Beschäftigungsverhältnisses eine Ersatzleistung, verlängert sich die Pflichtversicherung um die Zahl der Werktage, welche der Berechnung der Ersatzleistung zugrunde gelegt wurden. Im Hinblick auf das im ASVG verankerte Gebührnisprinzip ist die Verlängerung der Pflichtversicherung auch dann durchzuführen, wenn der Anspruch auf Ersatzleistung nicht realisiert worden ist. Zur vereinfachten Berechnung der Dauer der Pflichtversicherung ist für je sechs Werktage ein weiterer Tag (Sonntag bzw. Ruhetag) hinzuzurechnen bzw. sind bei arbeitstäglicher Urlaubsberechnung mit 5-Tage-Woche zwei Tage hinzuzurechnen.

Eine Urlaubsersatzleistung verlängert ein Versicherungsverhältnis auch im Zusammenhang mit Präsenzdienst. Wird ein befristetes Beschäftigungsverhältnis durch Zeitablauf während des Präsenzdienstes beendet und besteht im Anschluss an das arbeitsrechtliche Beschäftigungsende ein Anspruch auf eine Urlaubsersatzleistung, sind die allgemeinen sozialversicherungsrechtlichen Bestimmungen bezüglich Ende der Pflichtversicherung anzuwenden. Die Urlaubsersatzleistung verlängert die Pflichtversicherung des Präsenzdieners. Die Zeit der Urlaubsersatzleistung ist nach dem arbeitsrechtlichen Ende des Beschäftigungsverhältnisses anzuhängen. Diesbezüglich ist eine Meldung des Dienstgebers erforderlich. (Hauptverband 5.6.2003, Zl. FO-MVB/32-51.1/02 Rv/Mm)

Wird durch die Bauarbeiter-Urlaubs- und Abfertigungs-Kasse eine Ersatzleistung nach Bauarbeiter-Urlaubs- und Abfertigungsgesetz gewährt, ist für die Durchführung der Pflichtversicherung die Österreichische Gesundheitskasse zuständig.

011-02-00-003
Verlängerung der Versicherung auf Grund einer Kündigungsentschädigung

Im Falle des Anspruches auf Kündigungsentschädigung infolge eines gerechtfertigten vorzeitigen Austrittes des Dienstnehmers endet dessen Entgeltanspruch im sozialversicherungsrechtlichen Sinn erst nach dem Ende des Beschäftigungsverhältnisses, so dass die Pflichtversicherung erst mit dem Ende des Zeitraumes endet, für den der Dienstnehmer die Kündigungsentschädigung erhält.

011-02a-00-001
Verlängerung der Versicherung auf Grund einer Winterfeiertagsvergütung

Die Winterfeiertagsvergütung unterliegt der Vollversicherung. Wenn die Winterfeiertagsvergütung zusammen mit dem Urlaubsentgelt ausbezahlt wird, hat die Beiträge hiefür der Arbeitgeber abzuführen, ansonsten die Bauarbeiter-Urlaubs- und Abfertigungs-Kasse unter sinngemäßer Anwendung der Bestimmungen für die Urlaubsabfindung.

011-03-00-001
Bestand der Versicherung bei unbezahltem Urlaub

Unter dem Begriff „Arbeitsunterbrechung infolge Urlaubes ohne Entgeltzahlung" ist nicht jede Arbeitsunterbrechung ohne Entgeltzahlung zu verstehen, und vor allem sollten nicht jene Fälle erfasst werden, in denen auf einen solchen Urlaub ein Rechtsanspruch besteht. Die Regelung des § 11 Abs. 3 lit. a ASVG ist auf das so genannte „Beurlaubung gegen Karenz der Bezüge" abgestellt. Darunter ist ein Vertrag zwischen einem Dienstgeber und seinem Dienstnehmer zu verstehen, durch den der Dienstnehmer zu einem genannten Zweck und auf gewisse Zeit von seiner Dienstleistungspflicht freigestellt wird und der Dienstgeber während der Dauer der Freistellung von der Verpflichtung zur Leistung der Bezüge an den Dienstnehmer gelöst wird. Der Karenzurlaub ist als eine Maßnahme anzusehen, die eine Willensübereinstimmung beider Teile über die Tatsachen des Karenzurlaubes selbst sowie über dessen Begleitumstände erfordert.

Wird dem Dienstnehmer kollektivvertraglich unter gewissen Umständen ein Anspruch auf unbezahlte Freizeit eingeräumt, steht ihm diese, ähnlich wie nach dem Mutterschutzgesetz, dem Arbeitsplatz-Sicherungsgesetz und § 64 Landarbeitsgesetz (auch ohne Zustimmung des Dienstgebers) zu. Es handelt sich daher um Arbeitsunterbrechung ohne Entgeltzahlung und nicht um einen Karenzurlaub gemäß § 11 Abs. 3 lit. a ASVG.

Die Pflichtversicherung besteht für die Zeit einer bis zu einem Monat dauernden Arbeitsunterbrechung infolge Urlaubes ohne Entgeltzahlung weiter, wenn das Beschäftigungsverhältnis in dieser Zeit nicht beendet wird. Wird der unbezahlte Urlaub jedoch für länger als einen Monat vereinbart, oder wird die Beschäftigung nach Ablauf dieses Monates nicht fortgesetzt, so ist die Abmeldung mit dem Tag vor Beginn des unbezahlten Urlaubes zu erstatten.

Als allgemeine Beitragsgrundlage gilt für Zeiten einer Arbeitsunterbrechung infolge Urlaubes ohne Entgeltzahlung gemäß § 47 ASVG jener Betrag, der auf die Dauer einer solchen Arbeitsunterbrechung entsprechenden Zeitabschnitt unmittelbar vor der Unterbrechung entfiel.

Während eines derartigen Urlaubes ohne Entgeltzahlung hat der Versicherte gemäß § 53 Abs. 3 lit. c ASVG in Verbindung mit § 11 Abs. 3 lit. a ASVG
– die Sozialversicherungsbeiträge (KV, UV, PV und AV) und
– den Schlechtwetterentschädigungsbeitrag (SW)

zur Gänze selbst zu tragen.

Der IESG-Zuschlag und der Beitrag nach dem Nachtschwerarbeitsgesetz gehen jedoch weiterhin zu Lasten des Dienstgebers.

Für einen derartigen Zeitraum entfallen
– die Kammerumlage (KU),
– die Landarbeiterkammerumlage (LK) und
– der Wohnbauförderungsbeitrag (WF).

In der Steiermark und in Kärnten ist die Landarbeiterkammerumlage jedoch vom Versicherten zu leisten.

Die Pflichtversicherung besteht für die Zeit einer Arbeitsunterbrechung infolge Urlaubs ohne Entgeltzahlung weiter, sofern dieser Urlaub nicht länger als einen Monat dauert (§ 11 Abs. 3 lit. a ASVG).

Nach Auffassung des Dachverbandes der österreichischen Sozialversicherungsträger ist § 11 Abs. 3 lit. a ASVG aufgrund des Verweises in § 11 Abs. 1 erster Satz ASVG („... Pflichtversicherung der in § 10 Abs. 1 bezeichneten Personen ...") auch bei geringfügig Beschäftigten anzuwenden.

Die Versicherte bzw. der Versicherte hat den Unfallversicherungsbeitrag selbst zu tragen. Er ist von der Dienstgeberin bzw. vom Dienstgeber einzubehalten.

Die Abrechnung hat im Monat des Einbehalts des Unfallversicherungsbeitrages zu erfolgen, auch wenn die Abrechnung der geringfügigen Beschäftigungsverhältnisse ansonsten jährlich erfolgt.

Bei der Berechnung der Dienstgeberabgabe ist das unterbrochene Arbeitsverhältnis nicht zu berücksichtigen. (Hauptverband, 13.9. 2012, Zl. 32-MVB-51.1/12/Dm/Sdo)

Im Zuge der Änderungen im Kollektivvertrag für die Arbeitnehmerinnen und Arbeitnehmer der Justizbetreuungsagentur ist vorliegender Fall zur Beurteilung an den damaligen Hauptverband herangetragen worden.

Konkret betrifft die Frage den hinzugefügten § 16a des Kollektivvertrages (siehe Attachment). § 16a (1) des KV sieht eine Kann-Bestimmung für ein Papamonat vor (kein Rechtsanspruch für den Dienstnehmer). Dieser Papamonat ist daher mit einem unbezahlten Urlaub vergleichbar. Gemäß § 11 (3) ASVG bleibt für die Zeit einer Arbeitsunterbrechung die Pflichtversicherung bestehen, wenn dieser unbezahlte Urlaub die Dauer von einem Monat nicht überschreitet und das Beschäftigungsverhältnis nicht beendet wird. Während eines unbezahlten Urlaubs hat der Dienstnehmer grundsätzlich die Sozialversicherungsbeiträge zur Gänze selbst zu tragen. Davon abweichend regelt § 16 (6) des KV, dass die Arbeitgeberbeiträge vom Dienstgeber (JBA) übernommen werden.

Im vorliegenden Fall liegt ein unbezahlter Urlaub gem. § 11 Abs. 3 lit. a ASVG vor. Die Beitragsgrundlage ergibt sich aus § 47 lit. a ASVG. Der Umstand, dass der Dienstgeber Teile der Beitragspflicht des Dienstnehmers (§ 53 Abs. 3 lit. c ASVG) übernimmt, führt hier zu keiner Erhöhung der in § 47 ASVG bestimmten Grundlage. (Hauptverband, 15./16.9.2015, Zl. 51.1/15 Jv/Km)

011-03-00-002
Bestand der Versicherung bei Dienst als Schöffe oder Geschworener

Unterbricht ein pflichtversicherter Dienstnehmer die Arbeit, weil er zum Dienst als Schöffe oder Geschworener herangezogen wird, so schuldet der Dienstgeber gemäß § 53 Abs. 3 ASVG den fortlaufenden Beitrag. Er gebührt aber dem Dienstnehmer, falls ihm Lohn oder Gehalt wegen seiner Heranziehung als Geschworener oder Schöffe entgeht, im Zusammenhang mit § 39 des GebührenanspruchsG, als Entschädigung für die Zeitversäumnis auch der auf den Dienstgeber und auf ihn selbst für diese Zeit entfallende Beitrag zur Sozialversicherung und zur Arbeitslosenversicherung.

Weiters wird hier bestimmt, dass der Dienstgeber die Höhe dieser Beiträge zu bescheinigen hat und der Dienstnehmer verpflichtet ist, die Beiträge dem Dienstgeber abzuführen.

Diese gesetzliche Bestimmung über den Kostenersatz ändert aber nichts an der Einzahlungspflicht des Dienstgebers bei der Krankenkasse.

011-03-00-003
Bestand der Versicherung bei Epidemien

Bei den im § 11 Abs. 3 lit. c ASVG zitierten Bestimmungen des EpidemieG in der Fassung der EpidemieG-Nov. 1974, BGBl. Nr. 702, handelt es sich um folgende Maßnahmen:

§ 7: Absonderung Kranker;
§ 11: Untersuchung der Abgabe von Lebensmitteln;
§ 17: Überwachung bestimmter Personen;
§ 20: Betriebseinschränkung oder Schließung gewerblicher Unternehmungen;
§ 22: Räumung von Wohnungen;
§ 24: Verhängung von Verkehrsbeschränkungen für die Bewohner bestimmter Ortschaften.

Mittellosen Personen wird für die Zeit, während der sie durch eine auf Grund der nach den zitierten Gesetzesstellen getroffenen Verfügung an ihrem Erwerb gehindert werden, eine Vergütung nach Maßgabe der Bestimmungen des § 32 des EpidemieG. gewährt; hinsichtlich der Beitragsgrundlage kann somit in diesen Fällen die Bestimmung des § 47 lit. b ASVG herangezogen werden.

011-04-00-001
Ende der Versicherung bei schwankendem Arbeitsverdienst

Diese Bestimmung des § 11 Abs. 4 in Verbindung mit Abs. 6 ASVG ist insbesondere bei geringfügiger Beschäftigung nach § 5 Abs. 2 ASVG von Wichtigkeit (Hinweis „Geringfügigkeit – Schwankender Arbeitsverdienst").

Treten bei einem Beschäftigungsverhältnis, das die Vollversicherung begründet, die Voraussetzungen für die geringfügige Beschäftigung (Teilversicherung in der Unfallversicherung) ein, endet die Vollversicherung mit Ende des laufenden Beitragszeitraumes. Tritt der Ausnahmegrund aber bereits am ersten Tag des Beitragszeitraumes ein, endet die Vollversicherung mit dem Ablauf des vorhergehenden Beitragszeitraumes.

Kommt es während der Teilversicherung in der Unfallversicherung (geringfügigen Beschäftigung) zu einer Erhöhung, wodurch die Geringfügigkeitsgrenze überschritten wird, liegt ab Beginn des jeweiligen Beitragszeitraumes Vollversicherung vor.

Die Änderungen der Vollversicherung auf geringfügige Beschäftigung und umgekehrt sind der Kasse vom Arbeitgeber jeweils mit Änderungsmeldung bekannt zu geben (§ 11 Abs. 6 in Verbindung mit Abs. 4 ASVG).

012-04-00-001
Ende der Pflichtversicherung für Teilnehmer/Innen des freiwilligen Sozialjahres

Die Pflichtversicherung endet mit dem Wegfall des für die Versicherung maßgeblichen Tatbestandes.

Fraglich ist, was im Zusammenhang mit dem Freiwilligengesetz der die Versicherungspflicht auslösende bzw. beendende Tatbestand ist. Da schon durch das Wort „Teilnehmer/innen" ein Begriff starker Tatsächlichkeit gewählt wurde, soll die Pflichtversicherung mit dem Tag des Beginns der Tätigkeit beginnen und mit dem Tag der Einstellung der Tätigkeit enden. (Hauptverband, 23.10.2012, Zl. 32-MVB-51.1/12 Sbm-Ph-Dm/Sdo)

016-00-00-001
Selbstversicherung in der Krankenversicherung (§ 16 ASVG)

Es gibt die Möglichkeit, eine freiwillige Selbstversicherung in der Krankenversicherung abzuschließen.

016-01-00-001
Selbstversicherung in der Krankenversicherung – Voraussetzungen

Personen, die nicht in einer gesetzlichen Krankenversicherung pflichtversichert sind, können sich, solange ihr Wohnsitz im Inland gelegen ist, in der Krankenversicherung auf Antrag selbstsichern. Unter „gesetzlichen Krankenversicherung pflichtversichert" ist auch eine gesetzliche Krankenversicherung im Ausland zu verstehen. (Hauptverband 25., 26.9.2003, Zl. FO-MVB/32-51.1/03 Rv/Mm)

Nachdem eine Beitragserstattung gemäß § 24b B-KUVG bzw. § 70a ASVG nur bei Vorliegen von Pflichtversicherungen möglich ist, ist eine Beitragserstattung beim Zusammentreffen einer Pflichtversicherung mit einer Selbstversicherung nach § 16 ASVG jedenfalls ausgeschlossen. (Hauptverband 16.3.04, Zl. FO-MVB/51.1/04 Rv/Mm)

Bezüglich „Wohnsitz im Inland" vgl. auch unter 019a-01-00-001. (Hauptverband 22., 23. Juni 2004, Zl. FO-MVB/51.1/04 Rv/Mm)

016-01-00-002
Selbstversicherung in der Krankenversicherung – Wechsel aus der Krankenunterstützung gemäß ÄrzteG

Eine Ärztin stellt einen Antrag auf Selbstsicherung gemäß § 16 ASVG nach „Wechsel" aus der Krankenunterstützung gemäß Ärztegesetz. Die Zugehörigkeit zum Wohlfahrtsfonds einer Österreichischen Ärztekammer ist nicht einer Pflichtversicherung in der gesetzlichen Krankenversicherung gleichzustellen. Aus diesem Grund ist jedenfalls die Wartezeit des § 124 ASVG anwendbar. Fraglich ist, ob § 16 Abs. 3 Z 2 lit. c ASVG auf freiberuflich tätige Ärzte anzuwenden ist. Der Wohlfahrtsfonds der Ärztekammer ist als eine wahlweise zur Pflichtversicherung nach § 2

6. E-MVB
019a-00-00-001 – 031c-02-00-001

Abs. 1 Z 4 GSVG geschaffene Versorgungseinrichtung einer gesetzlichen beruflichen Vertretung anzusehen. Nach Rechtsauffassung des Bundesministeriums für Gesundheit gilt die Sperrfrist des § 16 Abs. 3 Z 2 lit. c ASVG nur für die nach dem Inkrafttreten des opting out nach § 5 GSVG neu geschaffenen Versorgungseinrichtungen, nicht jedoch für die zu diesem Zeitpunkt bereits bestehenden Versorgungseinrichtungen der Ärzte. Aus Sicht der Österreichischen Gesundheitskasse ist daher für freiberuflich tätige Ärzte zwar die Bestimmung über die Wartezeit nach § 124 ASVG anzuwenden, nicht jedoch die Sperrfrist bei einer Selbstversicherung nach § 16 Abs. 3 Z 2 lit. c ASVG (Hauptverband 16.-17.6.2009, Zl. 32-MVB-51.1/09 Dm/Mm).

019a-00-00-001
Selbstversicherung bei geringfügiger Beschäftigung (§ 19a ASVG)

Personen, die eine geringfügige Beschäftigung ausüben, haben die Möglichkeit, sich unter bestimmten Voraussetzungen in der Kranken- und Pensionsversicherung selbstzuversichern.

019a-01-00-001
Selbstversicherung bei geringfügiger Beschäftigung – Voraussetzungen

Personen, die von der Vollversicherung gemäß § 5 Abs. 1 Z 2 ASVG ausgenommen und auch sonst weder in der Krankenversicherung noch in der Pensionsversicherung nach diesem oder einem anderen Bundesgesetz pflichtsichert sind, können sich, solange sie ihren Wohnsitz im Inland haben, auf Antrag in der Kranken- und Pensionsversicherung selbstversichern. Ausgeschlossen von dieser Selbstversicherung sind jedoch die im § 123 Abs. 9 und 10 ASVG genannten Personen sowie Personen, die einen bescheidmäßig zuerkannten Anspruch auf eine laufende Leistung aus einer eigenen gesetzlichen Pensionsversicherung haben. Aus diesem Grund ist es etwa für Mitglieder der Tierärztekammer nicht möglich, eine § 19a ASVG-Versicherung abzuschließen, da diese Personengruppe einer gesetzlichen beruflichen Interessenvertretung angehören, welche gemäß § 5 Abs. 1 GSVG von der Pflichtversicherung ausgenommen ist. (Hauptverband 25., 26.9.2003, Zl. FO-MVB/32-51.1/03 Rv/Mm)

Bei rückwirkender Feststellung der Pflichtversicherung nach § 2 Abs. 1 Z 4 GSVG bleibt ein Krankenversicherungsschutz aus einer vorliegenden § 19a ASVG-Versicherung so lange aufrecht, bis ein Leistungsanspruch nach dem GSVG (vgl. § 54 GSVG) entsteht. (Hauptverband 27. Mai 2004, Zl. FO-MVB/51.1/04 Rv/Mm)

Sowohl § 16 ASVG als auch § 19a ASVG fordern als Anspruchsvoraussetzung für den Abschluss einer Selbstversicherung den Wohnsitz im Inland. Es stellt sich nun die Frage, was unter „Inland" unter dem Aspekt der EU bzw. der Gleichstellung von Inland mit EU-Land verstanden wird. Artikel 9 der VO 1408/71 besagt, dass Rechtsvorschriften eines Mitgliedstaates, durch welche die freiwillige Versicherung oder freiwillige Weiterversicherung davon abhängig gemacht wird, dass der Berechtigte im Gebiet dieses Staates wohnt, nicht für Personen gelten, die im Gebiet eines anderen Mitgliedstaates wohnen, wenn für diese Personen zu irgendeiner Zeit ihrer früheren Laufbahn als Arbeitnehmer oder Selbständige die Rechtsvorschriften des ersten Staates gegolten haben. Die geringfügige Beschäftigung wird als Anknüpfungspunkt akzeptiert und eine Selbstversicherung gemäß § 19a ASVG ermöglicht. In diesem Fall ist aber – so wie in allen anderen Fällen auch – noch zu prüfen, ob ein etwaiger anderer Kranken- oder Pensionsversicherungsschutz im Ausland besteht. Hiezu wird die Erklärung (Bestätigung) des Versicherten grundsätzlich ausreichend sein. (Hauptverband 22., 23. Juni 2004, Zl. FO-MVB/51.1/04 Rv/Mm)

Personen gemäß § 2 Abs. 1 Z 1 GSVG, die glaubhaft machen, dass ihre Umsätze die Umsatzgrenze des § 6 Abs. 1 Z 27 UStG 1994 und ihre Einkünfte aus dieser Tätigkeit jährlich die 12-fache „Geringfügigkeitsgrenze" nicht übersteigen, sind gemäß § 4 Abs. 1 Z 7 GSVG von der Pflichtversicherung in der Kranken- und Pensionsversicherung ausgenommen. Aufgrund dieser Ausnahmebestimmung im GSVG ist eine Selbstversicherung bei geringfügiger Beschäftigung gemäß § 19a ASVG möglich. (Hauptverband 21. September 2004, Zl. FO-MVB/51.1/04 Rv/Mm)

031-00-00-001
Dachverband der Sozialversicherungsträger (§ 30 ASVG)

Die in den §§ 23 bis 25 ASVG bezeichneten Versicherungsträger und die Träger der im § 2 Abs. 1 ASVG bezeichneten Sonderversicherungen gehören dem Dachverband der Sozialversicherungsträger an. Die Obliegenheiten des Dachverbandes sind im § 31 Abs. 2 ff. ASVG geregelt.

031-05-16-001
Gebührenbefreiung

Die Befreiung vom Service-Entgelt für die E-card ist in Richtlinien des Dachverbandes geregelt.

031c-00-00-001
Krankenscheinersatz

Die e-card hat alle Arten von Krankenscheinen zu ersetzen. Sie ist zu diesem Zweck ab dem Zeitpunkt ihrer Verfügbarkeit bei jeder Inanspruchnahme eines Vertragspartners vorzulegen.

031c-02-00-001
Krankenscheinersatz-Service-Entgelt

Gemäß § 31c Abs. 3 Z 1 ASVG hat der Dienstgeber, erstmals am 15. November 2005 für das Jahr 2006 für die zu diesem Stichtag bei ihm in einem Beschäftigungsverhältnis stehenden Personen und deren Angehörige ein Service-Entgelt in Höhe von je 10 € einzuheben und an den Krankenversicherungsträger abzuführen. (DG-Info September 2005; FO-MVB/53.1/05 Af-Rj-Rv/Mm)

031c-02-00-002
Krankenscheinersatz – betroffene Personen

Das Service-Entgelt ist für folgende Personen vom Dienstgeber einzuheben, wenn für diese zum Stichtag 15. November ein Krankenversicherungsschutz nach dem ASVG besteht: Dienstnehmer, freie Dienstnehmer, Personen in einem Ausbildungsverhältnis, Dienstnehmer, die aufgrund Arbeitsunfähigkeit mindestens die Hälfte ihres Entgelts fortgezahlt bekommen, Ehegatten oder Lebensgefährten dieser Personen, die als Angehörige zum Stichtag mitversichert sind, Bezieher einer Ersatzleistung für Urlaubsentgelt sowie für Bezieher einer Kündigungsentschädigung. Nicht einzuheben ist das Service-Entgelt für: Dienstnehmer, die am Stichtag keine Bezüge erhalten (z.B. Wochenhilfe, Karenz MSchG/VKG, Präsenzdienst bzw. Zivildienst), Dienstnehmer, die auf Grund einer Arbeitsunfähigkeit weniger als die Hälfte ihres Entgelts fortgezahlt bekommen, geringfügig Beschäftigte, Personen, von denen bekannt ist, dass sie bereits im ersten Quartal des nachfolgenden Kalenderjahres die Anspruchsvoraussetzungen für eine Eigenpension erfüllen werden, als Angehörige geltende Kinder. Der Dienstgeber hat das Service-Entgelt auch für die anspruchsberechtigten Angehörigen einzuheben. Die Einhebung des Service-Entgeltes wird nur dann möglich sein, wenn dem Dienstgeber die hierfür relevanten Umstände vom Dienstnehmer bekannt gegeben wurden (z.B. Alleinverdienerabsetzbetrag u.a.). Für den Dienstgeber ist es nicht von Bedeutung, ob der jeweilige Dienstnehmer mehrfach versichert ist oder ob eine Rezeptgebührenbefreiung vorliegt. In diesen Fällen ist das Service-Entgelt einzuheben. Die betroffenen Personen können allerdings das eventuell zuviel bezahlte Service-Entgelt über Antrag beim Krankenversicherungsträger rückfordern. (DG-Info September 2005; FO-MVB/53.1/05 Af-Rj-Rv/Mm)

031c-03-00-001
Krankenscheinersatz – Meldung und Abfuhr des Service-Entgelts

Betriebe, die die Beiträge im Lohnsummenverfahren abrechnen (Selbstabrechner) haben das Service-Entgelt in der Verrechnungsgruppe N 89 mit der Beitragsnachweisung für November an den zuständigen Krankenversicherungsträger zu melden und mit den übrigen Sozialversicherungsbeiträgen für November bis spätestens 15. Dezember zu zahlen. Vorschreibebetriebe haben dem zuständigen Krankenversicherungsträger die Summe der einzuhebenden Service-Entgelte bekannt zu geben. Für diese Zwecke ist das bundeseinheitliche Formular zur Meldung des Service-Entgeltes zu verwenden. Für alle anderen Personen (z.B. Selbstversicherte, Bezieher von Krankengeld oder Wochengeld) hat der Krankenversicherungsträger zum Stichtag das Service-Entgelt einzuheben. (DG-Info September 2005; FO-MVB/53.1/05 Af-Rj-Rv/Mm)

031c-05-00-001
Krankenscheinersatz – Rückerstattung des Service-Entgelts

Der Krankenversicherungsträger hat bei zuviel bezahltem Service-Entgelt die Rückerstattung durchzuführen. Dies kann z.b. bei Vorliegen einer Mehrfachversicherung zum Stichtag der Fall sein. Nachdem der Krankenversicherungsträger keine personenbezogene Meldung über das entrichtete Service-Entgelt erhält, bedarf es hierzu einer Bestätigung, die der Dienstnehmer beizubringen hat. Wenn der Dienstnehmer keine Bestätigung des Abzuges des Service-Entgelts in seinem Gehaltszettel beibringen kann, wird im Anlassfall eine gesonderte Bestätigung ausgestellt. (DG-Info September 2005; FO-MVB/53.1/05 Af-Rj-Rv/Mm)

033-00-00-01
An- und Abmeldung der Pflichtversicherten (§ 33 ASVG)

Die Dienstgeber haben jede von ihnen beschäftigte, nach diesem Bundesgesetz in der Krankenversicherung pflichtversicherte Person (Vollversicherte und Teilversicherte) vor Arbeitsantritt beim zuständigen Krankenversicherungsträger anzumelden und binnen sieben Tagen nach dem Ende der Pflichtversicherung abzumelden. Die An(Ab)-meldung durch den Dienstgeber wirkt auch für den Bereich der Unfall- und Pensionsversicherung, soweit die beschäftigte Person in diesen Versicherungen pflichtversichert ist.

033-01-00-002
Meldung bei Arbeitsunfähigkeit, Mutterschutz und Mutterschaftskarenz

Da eine Versicherte während der Zeit des Beschäftigungsverbotes infolge Mutterschaft kein beitragspflichtiges Entgelt bezieht, erlischt die Pflichtversicherung wegen Ende Entgeltanspruch. Die Abmeldung ist bei Antritt des Karenz (Abmeldegrund: Karenz nach MSchG) rückwirkend mit Ende des Entgeltanspruches zu erstellen. Bei Wiederantritt der Beschäftigung nach Ende des Karenz ist eine Anmeldung zu erstatten.

Während der Arbeitsunfähigkeit infolge Krankheit ist bei aufrechtem Arbeitsverhältnis eine Abmeldung nicht erforderlich. Bei Auflösung des arbeitsrechtlichen Verhältnisses ist eine Abmeldung zu erstatten.

Betreffend die Meldungserstattung (DFÜ) bei Karenzurlaub nach dem MSchG bzw. einvernehmliche Auflösung während des Kinderbetreuungsgeldbezuges und Anspruch auf Ersatzleistung sind nachstehend einige Beispiele angeführt:

1. Fallbeispiel:

Anmeldung per 01.02.2003 Angestellte D1
Wochengeldbezug von 17.05.04 bis 06.09.04
Kinderbetreuungsgeldbezug ab 07.09.04
Beschäftigungsverhältnis nicht gelöst
Karenzurlaub MSchG wird konsumiert

6. E-MVB
033-01-00-003 – 033-01a-00-001

LÖSUNG:
Die Abmeldung EdB keine Angabe
EdE per 16.05.04
EdMV per 06.09.04
Abmeldegrund: 07 Karenzurlaub nach MSchG
Vorlage der Abmeldung bis zum 13.09.04
L16: SV 01.04 bis 05.04
MV 01.04 bis 09.04
Vorlage des BGN: 28.02.2005

2. Fallbeispiel:
Anmeldung per 01.02.2003 Angestellte D1
Wochengeldbezug von 17.05.04 bis 06.09.04
Kinderbetreuungsgeldbezug ab 07.09.04
Beschäftigungsverhältnis wird mit 06.09.04 einvernehmlich aufgelöst

LÖSUNG:
Die Abmeldung EdB per 06.09.04
EdE per 16.05.04
EdMV per 06.09.04
Abmeldegrund: 03 einvernehmliche Lösung
Vorlage der Abmeldung bis zum 13.09.04
L16: SV 01.04 bis 05.04
MV 01.04 bis 09.04
Vorlage des BGN: 15.10.2004

3. Fallbeispiel:
Anmeldung per 01.02.2003 Angestellte D1
Wochengeldbezug von 17.05.04 bis 06.09.04
Kinderbetreuungsgeldbezug ab 07.09.04
Die Abmeldung aus Lösungsvorschlag 1. Fallbeispiel wurde am 13.09.04 erstattet
Beschäftigungsverhältnis wird mit 30.09.04 einvernehmlich aufgelöst

LÖSUNG:
Die Abmeldungsrichtigstellung
EdB per 30.09.04
EdE per 16.05.04
EdMV keine Angabe
Abmeldegrund: 03 einvernehmliche Lösung
Vorlage der Richtigstellung der Abmeldung bis zum 07.10.04
L16: SV 01.04 bis 05.04
MV 01.04 bis 09.04
Vorlage des BGN: 15.10.2004

4. Fallbeispiel:
Anmeldung per 01.02.2003 Angestellte D1
Wochengeldbezug von 17.05.04 bis 06.09.04
Kinderbetreuungsgeldbezug ab 07.09.04
Die Abmeldung aus Lösungsvorschlag 1. Fallbeispiel wurde am 13.09.04 erstattet
Beschäftigungsverhältnis wird mit 08.11.04 einvernehmlich aufgelöst
Anspruch auf 10 Tage Urlaubsersatzleistung = 14 SV-Tage

LÖSUNG:
Die Anmeldung per 09.11.04 (kein MV-Beginn) und die
AbmeldungEdB per 08.11.04
EdE per 22.11.04
EdMV keine Angabe
Ersatzleistung vom 09.11.04 bis 22.11.04
Abmeldegrund: 03 einvernehmliche Lösung
Vorlage der Meldungen bis zum 29.11.04
L16: SV 01.04 bis 11.04
MV 01.04 bis 09.04
Vorlage des BGN: 15.12.2004
(Hauptverband 12., 13. Oktober 2004, Zl. FO-MVB/51.1/04 Rv/Mm)

033-01-00-003
Abmeldung bei Urlaubsersatzleistung nach unentschuldigtem Fernbleiben

Es gilt zu klären, zu welchem Termin die Abmeldung wegen einer Urlaubsersatzleistung nach unentschuldigtem Fernbleiben durchzuführen ist. In diesem Fall ist zu unterscheiden, ob das Dienstverhältnis sofort gelöst wird oder nicht. Wird das Dienstverhältnis sofort gelöst, hat die Abmeldung mit dem Tag, der vor dem Beginn des unentschuldigten Fernbleibens liegt, zu erfolgen. Im Falle einer Kündigung erfolgt die Abmeldung mit arbeitsrechtlichem Ende (= unentschuldigtes Fernbleiben), das ist gleichzeitig das Ende des Entgeltanspruches. An dieses ist nun die Zeit der Urlaubsersatzleistung anzuhängen. Wird das Dienstverhältnis nicht sofort gelöst, so hat die Abmeldung mit dem Tag der Auflösung des Beschäftigungsverhältnisses zu erfolgen. Nimmt der Arbeitnehmer die Arbeit nicht wieder auf und spricht der Dienstgeber die Kündigung oder Entlassung aus, so endet bei Kündigung das Beschäftigungsverhältnis mit Ende der Kündigungsfrist bzw. sofort, bei Entlassung. Das bloße Nichterscheinen am Arbeitsplatz lässt im Hinblick auf den an ein konkludentes Verhalten bei Auflösung des Dienstverhältnisses anzulegenden strengen Maßstab noch nicht den Schluss zu, dass der Arbeitnehmer austreten wollte. Als Abmeldegrund ist unter sonstige Gründe „unentschuldigtes Fernbleiben" einzutragen. Mit Beginn der Beitragspflicht wegen Urlaubsersatzleistung ist eine Anmeldung vorzunehmen. (Hauptverband 25., 26.9.2003, Zl. FO-MVB/32-51.1/03 Rv/Mm, sowie 22., 23.6.2004, Zl. FO-MVB/51.1/04 Rv/Mm)

033-01a-00-001
Anmeldung

Der Dienstgeber hat die Anmeldeverpflichtung so zu erfüllen, dass er in zwei Schritten meldet, und zwar
1. vor Arbeitsantritt die Beitragskontonummer, die Namen und Versicherungsnummern bzw. die Geburtsdaten der beschäftigten Personen, den Tag der Beschäftigungsaufnahme sowie das Vorliegen einer Voll- oder Teilversicherung und

6. E-MVB
033-01a-00-002 – 035-00-00-001

2. die noch fehlenden Angaben mit der monatlichen Beitragsgrundlagenmeldung für jenen Beitragszeitraum, in dem die Beschäftigung aufgenommen wurde.

033-01a-00-002
Monatliche Beitragsgrundlagenmeldung

Mit dem Meldepflicht-Änderungsgesetz wird die monatliche Beitragsgrundlagenmeldung (mBGM) eingeführt, die mit 1. Jänner 2019 in Kraft tritt.

Die Einführung der mBGM bedeutet eine komplette Systemumstellung für die Dienstgeber/innen und die Sozialversicherungsträger

033-01b-00-001
Elektronische Meldung

Erfolgt die Anmeldung nach Abs. 1a Z 1 nicht mittels elektronischer Datenfernübertragung, so ist die elektronische Übermittlung (§ 41 Abs. 1) – unbeschadet des § 41 Abs. 4 – innerhalb von sieben Tagen ab dem Beginn der Pflichtversicherung nachzuholen.

Eine genaue Darstellung findet sich unter:

https://www.sozialversicherung.at/cdscontent/?content

Siehe auch unter www.sozialversicherung.at - Dienstgeber-Publikationen-DG-Service-Sonderausgabe mBGM

034-00-00-001
Meldung von Änderungen (§ 34 ASVG)

Die Dienstgeber haben während des Bestandes der Pflichtversicherung jede für diese Versicherung bedeutsame Änderung, die nicht von der Meldung nach Abs. 2 umfasst ist, innerhalb von sieben Tagen dem zuständigen Krankenversicherungsträger zu melden. Jedenfalls zu melden ist der Wechsel des Abfertigungssystems nach § 47 des Betrieblichen Mitarbeiter- und Selbständigenvorsorgegesetzes (BMSVG), BGBl. I Nr. 100/2002, oder nach vergleichbaren österreichischen Rechtsvorschriften.

034-02-00-001
Monatliche Beitragsgrundlagen

Die Meldung der monatlichen Beitragsgrundlagen hat nach Ablauf eines jeden Beitragszeitraumes mittels elektronischer Datenfernübertragung (§ 41 Abs. 1 und 4) zu erfolgen; die Frist für die Vorlage der monatlichen Beitragsgrundlagenmeldung endet mit dem 15. des Folgemonats. Wird ein Beschäftigungsverhältnis nach dem 15. des Eintrittsmonats aufgenommen, endet die Frist für die Meldung der monatlichen Beitragsgrundlage mit dem 15. des übernächsten Monats. Dies gilt auch bei Wiedereintritt des Entgeltanspruches nach dem 15. des Wiedereintrittsmonats. Davon abweichend kann für Versicherte nach § 4 Abs. 4 die Meldung der nach § 44 Abs. 8 ermittelten Beitragsgrundlage bis zum 15. des der Entgeltleistung folgenden Kalendermonats erfolgen.

034-03-00-001
Nicht vollständige Übermittlung von monatlichen Beitragsgrundlagen

Werden die monatlichen Beitragsgrundlagen nicht oder nicht vollständig übermittelt, so können bis zu ihrer (vollständigen) Übermittlung die Beitragsgrundlagen des Vormonats fortgeschrieben werden. Liegen solche nicht vor, so ist der Träger der Krankenversicherung berechtigt, die Beitragsgrundlagen unter Heranziehung von Daten anderer Versicherungsverhältnisse beim selben Dienstgeber oder, wenn diese nicht vorliegen, von Daten der Versicherungsverhältnisse bei gleichartigen oder ähnlichen Betrieben festzusetzen. (in Krafttreten durch BGBl I 2015/79).

034-04-00-001
Fortschreibung der Beitragsgrundlagen

Berichtigungen der Beitragsgrundlagen können – wenn die Beiträge nicht durch den Träger der Krankenversicherung nach § 58 Abs. 4 dem Beitragsschuldner/der Beitragsschuldnerin vorgeschrieben werden – innerhalb von zwölf Monaten nach Ablauf des Zeitraumes, für den die Beitragsgrundlagenmeldung gilt, ohne nachteilige Rechtsfolgen vorgenommen werden. (in Krafttreten durch BGBl I 2015/79).

034-05-00-001
Vorschreibung nach § 58 Abs. 4 ASVG

Werden die Beiträge vom Träger der Krankenversicherung nach § 58 Abs. 4 dem Beitragsschuldner/der Beitragsschuldnerin vorgeschrieben, so ist die monatliche Beitragsgrundlagenmeldung erstmals für jenen Beitragszeitraum, in dem die Beschäftigung aufgenommen wurde, zu übermitteln. In der Folge ist eine monatliche Beitragsgrundlagenmeldung nur dann zu erstatten, wenn eine Änderung der Beitragsgrundlage (§§ 44 und 54) erfolgt. Abweichend von Abs. 2 endet die Frist für die Vorlage der monatlichen Beitragsgrundlagenmeldung mit dem Siebenten des Monats, der dem Monat der Anmeldung zur Pflichtversicherung oder der Änderung der Beitragsgrundlage folgt. Für Versicherte nach § 4 Abs. 4 kann die Meldung der nach § 44 Abs. 8 ermittelten Beitragsgrundlage bis zum Siebenten des der Entgeltleistung folgenden Kalendermonats erfolgen. (in Krafttreten durch BGBl I 2015/79).

034-06-00-001
Arbeitsstätte

Die Dienstgeber haben die Adresse der Arbeitsstätte am 31. Dezember oder am letzten Beschäftigungstag des Jahres zu melden. Die Meldung hat mittels elektronischer Datenfernübertragung bis Ende Februar des folgenden Kalenderjahres zu erfolgen. (in Krafttreten durch BGBl I 2015/79).

035-00-00-001
Dienstgeber (§ 35 ASVG)

Dienstgeber im Sinn der Sozialversicherung ist

6. E-MVB
035-00-00-002 – 035-00-00-004

der, für dessen Rechnung der Betrieb geführt wird, in dem der Versicherte beschäftigt ist.

Der Verwaltungsgerichtshof bekräftigt im Erkenntnis eines verstärkten Senates vom 10. Dezember 1986, Slg. Nr. 12325/A (S. 677) seine schon im Erkenntnis vom 17. Februar 1983, Zl. 81/08/0155, vertretene Rechtsauffassung, wonach bei Beurteilung der Frage, auf wessen Rechnung ein Betrieb geführt wird, in dem ein Dienstnehmer in einem Beschäftigungsverhältnis steht, an das die zu klärende Beitragspflicht anknüpft, wesentlich sei, wer nach rechtlichen und nicht bloß tatsächlichen Gesichtspunkten aus den im Betrieb getätigten Geschäften berechtigt und verpflichtet wird, wen also demnach das Risiko des Betriebes im Gesamten unmittelbar trifft (vgl. zu diesem Moment das Erkenntnis eines verstärkten Senates vom 30. November 1983, Slg. Nr. 11241/A – S. 580; ferner das Erkenntnis vom 25. Jänner 1994, Zl. 92/08/0264).

Dazu hat der Verwaltungsgerichtshof im bereits erwähnten Erkenntnis eines verstärkten Senates vom 10. Dezember 1986, Slg. 12325/A, ausgeführt, dass es für die Dienstgebereigenschaft nicht nur darauf ankomme, wer letztlich aus den im Betrieb getätigten Geschäften (nach den hiefür in Betracht kommenden Regeln des Privatrechtes) unmittelbar berechtigt und verpflichtet werde, sondern überdies darauf, dass der in Betracht kommenden Person, wenn schon nicht das Recht zur Geschäftsführung, so doch eine so weit reichende Einflussmöglichkeit auf die Betriebsführung zukommen müsse, dass ihr die Erfüllung der dem Dienstgeber nach dem ASVG auferlegten Verpflichtung in Bezug auf das an das Beschäftigungsverhältnis anknüpfende Versicherungs- und Leistungsverhältnis entweder selbst oder durch dritte Personen möglich sei (vgl. u.a. das Erkenntnis vom 22. Mai 1990, Zl. 89/08/0016, zuletzt das Erkenntnis vom 3. Juli 2002, Zl. 99/08/0173).

Auszug aus einem VwGH Erkenntnis vom 31.7.2014, Zl. 2014/08/0008:

„Für die Dienstgebereigenschaft komme es nicht darauf an, wer Weisungen erteile bzw. Entgelt leiste oder die Betriebsmittel zur Verfügung gestellt habe, sondern auf wessen Rechnung der Betrieb geführt wurde. Das Risiko des „Betriebes" treffe die Revisionswerberin als Liegenschaftseigentümerin, weshalb sie als Dienstgeberin im Sinn des § 35 Abs. 1 ASVG anzusehen sei. Die Grundsätze betreffend die Dienstgebereigenschaft gelten nicht nur im gewerblichen bzw. „betriebsrechtlichen" Bereich, sondern auch dann, wenn eine Privatperson die Dienste anderer Personen in Anspruch nehme und so als Dienstgeberin agiere.

„Weder aus dem Vorbringen der Revisionswerberin noch aus dem Akteninhalt ergeben sich konkrete Anhaltspunkte dafür, dass die Revisionswerberin mit dem Unternehmen, das die Dienstnehmer „geschickt" hat, einen Werkvertrag abgeschlossen hat, oder dass etwa eine Arbeitskräfteüberlassung vorgelegen ist. Es ist zwar offenkundig, dass die Dienstnehmer nicht von der Revisionswerberin selbst in Dienst genommen worden sind; darauf kommt es jedoch, wie die belangte Behörde richtig ausgeführt hat, schon nach dem ausdrücklichen Wortlaut des § 35 Abs. 1 ASVG nicht an." (VwGH 31.7.2014, Zl. 2014/08/0008, Hauptverband vom 16.9.2014, Zl. 51.1/14/0008 Jv/Gd)

035-00-00-002
Betriebsführung durch Dritte

Nicht entscheidend für die Dienstgebereigenschaft einer aus der Betriebsführung unmittelbar berechtigten und verpflichteten Person ist es, ob sie den Betrieb selbst oder durch dritte Personen (Organe, Bevollmächtigte, Beauftragte, Familienangehörige, Dienstnehmer usw.) führt, wenn ihr nur (auch) im Falle der Betriebsführung durch dritte Personen (weiterhin) zumindest die rechtliche Möglichkeit einer Einflussnahme auf die Betriebsführung zusteht (vgl. u.a. das Erkenntnis des VwGH vom 25. Jänner 1994, Zl. 92/08/0264).

An der Dienstgebereigenschaft der Person, die das Risiko des Betriebes im Gesamten trifft, ändert es ferner nichts, wenn sie den Dienstnehmer durch Mittelspersonen in Dienst genommen hat oder ihn ganz oder teilweise auf Leistungen Dritter anstelle des Entgelts verweist (vgl. neuerlich das Erkenntnis eines verstärkten Senates vom 10. Dezember 1986, Slg. Nr. 12325/A, sowie das Erkenntnis vom 25. Jänner 1994, Zl. 92/08/0264) oder dadurch, dass ein (mit ihrem Wissen und Willen den Betrieb führender) Dritter bei einzelnen betrieblichen Geschäften, so auch bei der Indienstnahme und Beschäftigung einer Person im Betrieb und für den Betrieb, einschließlich Weisungserteilung und tatsächlicher Entgeltzahlung als „Mittelsperson", nach außen hin im eigenen Namen auftritt; dabei kommt es nicht darauf an, dass die Indienstnahme „ohne Wissen" oder sogar „gegen den Willen" des Dienstgebers erfolgt ist (vgl. die Erkenntnisse des VwGH vom 17. Dezember 1991, Slg. Nr. 13551/A, und vom 21. September 1993, Zl. 92/08/0248; zum Unterschied zu den nach § 67 Abs. 3 ASVG Haftungspflichtigen vgl. das Erkenntnis vom 1. Dezember 1992, Zl. 88/08/0018).

035-00-00-003
Ausübung von Funktionen

Aus der Ausübung von Funktionen, wie der Aufnahme und Entlassung von Arbeitnehmern, der Ausbezahlung der Löhne, der Entgegennahme von Bestellungen und der Durchführung von Kalkulationen, kann für sich allein noch nicht auf die Dienstgebereigenschaft geschlossen werden (vgl. – unter Hinweis auf das Erkenntnis des VwGH vom 16. November 1960, Zl. 1572/57 – jenes vom 12. November 1991, Zl. 89/08/0262).

035-00-00-004
Miteigentümer

Das Eigentum bzw. Miteigentum am Betrieb ist für die Beurteilung der Frage, auf wessen Rechnung und Gefahr ein Betrieb geführt wird, in erster Linie maßgebende rechtliche Gegebenheit. Eine sozialversicherungsrechtlich relevante Änderung der sich aus den Eigentumsverhältnissen erge-

6. E-MVB
035-00-00-005 – 035-00-00-008

benden Zurechnung von Rechten und Pflichten aus der Betriebsführung setzt voraus, dass durch rechtswirksame dingliche (z.b. durch Einräumung eines Fruchtgenussrechtes) oder obligatorische Rechtsakte (z.b. durch Abschluss eines Pachtvertrages oder einer besonderen, einem Pachtvertrag nahe kommende Vereinbarung zwischen Miteigentümern, vgl. die Erkenntnisse des VwGH vom 24. März 1992, Zl. 89/08/0168, unter Hinweis auf Vorjudikatur, und vom 15. Mai 2002, Zl. 97/08/0652, 0653) statt des Eigentümers (der Miteigentümer) ein Nichteigentümer bzw. bei Vereinbarungen zwischen Miteigentümern einer der Miteigentümer allein aus der Führung des Betriebes berechtigt und verpflichtet wird. Ein Betrieb wird ganz allgemein auf Rechnung eines redlichen Besitzers geführt (vgl. das zuletzt zitierte Erkenntnis vom 15. Mai 2002).

Die bloße tatsächliche Betriebsführung durch einen Miteigentümer reicht dazu nicht aus (vgl. zu der erforderlichen besonderen, im Außenverhältnis wirksamen Vereinbarung zwischen Miteigentümern das – zum BSVG ergangene – Erkenntnis vom 3. Juli 1990, Zl. 88/08/0248, unter Hinweis auf die Erkenntnisse des VwGH vom 8. Mai 1963, Zl. 93/63, vom 19. März 1969, Zl. 1516/68 und Zl. 1529/68, vom 27. März 1981, Zl. 08/0558/79, und vom 20. Oktober 1988, Zl. 87/08/0119).

035-00-00-005
Gütergemeinschaft bei Ehegatten

Besteht zwischen Eheleuten eine allgemeine bzw. eine den Betrieb zur Gänze umfassende Gütergemeinschaft, so wird der Betrieb auch dann auf Rechnung und Gefahr beider Eheleute geführt, wenn einer der beiden nicht persönlich mitarbeitet, außer sie hätten hievon abweichende – gleich Ehepakten – formbedürftige Abreden getroffen (vgl. die ebenfalls landwirtschaftliche Betriebe betreffenden, aber sinngemäß auch für § 35 ASVG maßgebenden Erkenntnisse vom 22. September 1983, Zl. 81/08/0081, und – aus jüngerer Zeit – vom 21. Juni 2000, Zl. 96/08/0008). (VwGH 20.11.2002, Zl. 98/08/0017, 0018-13, 98/08/0061-10)

035-00-00-006
Berechtigung und Verpflichtung aus im Betrieb getätigter Geschäfte

Die Dienstgebereigenschaft im Sinne des § 35 ASVG ist in Abhängigkeit von der Beantwortung der Frage zu beurteilen, wer nach rechtlichen (und nicht bloß tatsächlichen) Gesichtspunkten aus den im Betrieb getätigten Geschäften berechtigt und verpflichtet wird, wen also demnach das Risiko des Betriebes im Gesamten unmittelbar trifft. (VwGH 17.12.1991, Zl. 90/08/0222)

Das System der Pflichtversicherung abhängig Beschäftigter baut auf der Verschiedenheit von Dienstgeber (im Sinne des § 35 Abs. 1 ASVG) und Dienstnehmer auf; letzteres kann daher auch jener nicht sein, der auf einen Dienstgeber, der etwa eine juristische Person ist, in rechtlicher Hinsicht (hier: als Mehrheitsgesellschafter) einen beherrschenden Einfluss ausübt. (VwGH 28.5.1991, Zl. 90/08/0096; VwGH 19.2.1991, Zl. 90/08/0092; VwGH 11.2.1997, Zl. 96/08/0009)

Für die Dienstgebereigenschaft kommt es nicht nur darauf an, wer letztlich aus den im Betrieb getätigten Geschäften (nach den hiefür in Betracht kommenden Regeln des Privatrechtes) unmittelbar berechtigt und verpflichtet wird, sondern überdies darauf, dass der in Betracht kommenden Person, wenn schon nicht das Recht zur Geschäftsführung, so doch eine so weitreichende Einflussmöglichkeit auf die Betriebsführung zukommen muss, dass ihr die Erfüllung der dem Dienstgeber nach dem ASVG auferlegten Verpflichtungen in Bezug auf das an das Beschäftigungsverhältnis anknüpfende Versicherungsverhältnis und Leistungsverhältnis entweder selbst oder durch dritte Personen möglich ist. (VwGH 19.6.1990, Zl. 89/08/0326)

035-00-00-007
Dienstgeber kann nicht gleichzeitig Dienstnehmer sein

Ein Dienstgeber kann nicht gleichzeitig sein eigener Dienstnehmer sein. Eine Person ist aber nicht in diesem Sinn Dienstgeber im Sinne des § 35 Abs. 1 ASVG, wenn ihr als (einzelner) Minderheitseigentümer nicht jener Einfluss auf die Verwaltung zukommt, der es gestatten würde, sie für die Erfüllung der einem Dienstgeber nach den Bestimmungen des ASVG obliegenden Pflicht verantwortlich zu machen.
(VwGH 19.6.1990, Zl. 89/08/0326)

035-00-00-008
Betriebsmittel

Für die Beurteilung der Dienstgebereigenschaft ist es gleichgültig, ob die Betriebsmittel kraft Eigentums oder sonstigen Gebrauchsrechtes zur Verfügung stehen. (hier: zur Frage der Dienstgebereigenschaft eines Landes – Bundeslandes – gegenüber Arbeitern, die bei Bauvorhaben von Bringungsgemeinschaften eingesetzt sind). (VwGH 12.11.1991, Zl. 89/08/0262)

Der Umstand, von wem das Entgelt geleistet wird, ist schon im Hinblick auf § 49 Abs. 1 ASVG kein taugliches Kriterium für die Dienstgeberqualität, weil sich aus dieser Bestimmung klar ergibt, dass das Entgelt auch von einem Dritten geleistet werden kann. Maßgeblich ist vielmehr, von wem der Arbeitnehmer in wirtschaftlicher und persönlicher Hinsicht abhängig ist. (VwGH 17.09.1991, Zl. 90/08/0208)

Die Frage, ob der Beschäftigte zum Betriebsinhaber in einem Verhältnis gemäß § 4 Abs. 2 ASVG steht, ist von jener zu trennen, auf wessen Rechnung der Betrieb geführt wird; letztere Frage ist für erstere nur zur Umschreibung der Person des Dienstgebers im Sinne des § 35 Abs. 1 ASVG von Bedeutung. (VwGH 22.1.1991, Zl. 89/08/0289)

6. E-MVB

035-01-00-001
Meldepflicht des Masseverwalters
Den Masseverwalter treffen die Meldepflichten des Dienstgebers.

035-01-00-002
Dienstgeber im Zusammenhang mit Arbeitskräfteüberlassung

Im Rahmen der vorübergehenden Überlassung von Arbeitnehmern an Dritte (im Sinne des Leiharbeitsverhältnisses) bleiben die grundlegenden Rechte und Pflichten aus dem Arbeitsverhältnis zwischen verleihendem Arbeitgeber und Arbeitnehmer aufrecht. Der „Entleiher" darf nur ihm delegierte, fremde Rechte ausüben. Der Verleiher ist in der Regel auch der sozialversicherungsrechtliche Dienstgeber des Leiharbeitnehmers. Damit kommt der Arbeitnehmer durch seine Tätigkeit beim Beschäftiger (Entleiher) rechtlich nur seiner Arbeitspflicht gegenüber dem Verleiher nach, wobei die Weisungen des Entleihers als solche des Verleihers (als Arbeitgeber) zu beurteilen sind, diesen auch sämtliche Arbeitgeberpflichten weiterhin treffen und eine unmittelbare vertragliche Rechtsbeziehung zwischen Arbeitnehmer und Drittem fehlt. (VwGH 4.10.2001, Zl. 96/08/0351)

Aus einem Leiharbeitsverhältnis, bei welchem gegenüber dem Verleiher eine Arbeitsleistung nicht erbracht wird, darf die Behörde nach der zeitraumbezogen hier anzuwendenden Rechtslage den Verleiher nur unter der Voraussetzung als Arbeitgeber in Anspruch nehmen, dass der Beschäftigte mit dem Verleiher eine vertragliche Vereinbarung des Inhalts getroffen hat, dass sich der Beschäftigte verpflichtet hat, seine Arbeitskraft als Arbeitnehmer dem Verleiher in der Weise zur Verfügung zu stellen, dass die Arbeitsleistung in vom Verleiher bezeichneten Beschäftigerunternehmen nach den dort zu erteilenden Weisungen erbracht werden sollte. Bei jeder anderen Vertragsgestaltung läge zwar – allenfalls – auf Grund des weiten Arbeitnehmerbegriffs des § 3 Abs. 4 Arbeitskräfteüberlassungsgesetz (AÜG) Arbeitnehmerüberlassung im Sinne des AÜG vor, nicht aber ein Leiharbeitsverhältnis als Beschäftigungsverhältnis im Sinne des § 4 Abs. 2 ASVG. Allein auf die tatsächliche Gestaltung der Arbeitserbringung beim Beschäftigerunternehmen (ohne Einbeziehung des Inhalts der vertraglichen Vereinbarungen des Verleihers mit dem Beschäftigten bzw. mit dem Beschäftigerunternehmen) kann in Fällen wie dem vorliegenden im Allgemeinen deshalb nicht abgestellt werden, weil die Art der Leistungserbringung beim Beschäftigerunternehmen vom Verleiher nicht gestaltet wird und ihm daher auch dann nicht als „tatsächliche Gestaltung des Beschäftigungsverhältnisses" zugerechnet werden kann, wenn sie von dem (nicht bloß zum Schein abgeschlossenen) vertraglichen Vereinbarungen des Verleihers mit dem Beschäftigten einerseits und mit dem Beschäftiger andererseits abweicht. (VwGH 4.10.2001, Zl. 96/08/0351)

Es kann zwar selbst für den Fall des Vorliegens eines gültigen Werkvertrages zwischen Entsender und Beschäftiger dem wahren wirtschaftlichen Gehalt nach Arbeitnehmerüberlassung vorliegen, wenn es den Vertragspartnern nach der typischen Gestaltung des Vertragsinhaltes erkennbar gerade auf die Zurverfügungstellung von Arbeitskräften ankommt. Dies gilt aber nicht auch dann, wenn die Entsendung auf Grund eines zwischen dem Entsender und dem Beschäftigten bestehenden Vertrages erfolgt, der kein Arbeitsvertrag ist. In einem solchen Fall wäre freilich denkbar, dass auf Grund einer solchen Überschreitung des bestehenden vertraglichen Rahmens durch das Beschäftigerunternehmen zwischen diesem und dem Beschäftigten konkludent – neben dem z.B. auf einem freien Dienstvertrag beruhenden Leihvertrag – ein Arbeitsvertrag zustandekommt, bei welchem der Beschäftiger (nicht aber der Verleiher) ausnahmsweise als Dienstgeber in Anspruch genommen werden kann. Soweit aber zum Verleiher auf Grund der (nicht bloß zum Schein getroffenen) Vertragsgestaltung ein Verhältnis persönlicher und wirtschaftlicher Abhängigkeit nicht abgeleitet werden kann, kann dieser jedenfalls nicht Dienstgeber eines versicherungspflichtigen Beschäftigungsverhältnisses im Sinne des § 35 Abs. 1 ASVG sein, wie immer die tatsächliche Gestaltung der Leistungserbringung im Beschäftigerunternehmen erfolgt sein mag. (VwGH 4.10.2001, Zl. 96/08/0351)

Besteht ein Vertragsverhältnis nur zwischen Arbeitnehmer und „Verleiher" und ist dieses so gestaltet, dass der zur persönlichen Leistung verpflichtete Arbeitnehmer seiner Zurverfügungstellung an den „Entlehner" ausdrücklich zustimmte, dann ist die Einordnung in den Betrieb dieses Dritten, die Gebundenheit an die von ihm zugestandene Arbeitszeit und an seine Weisungen sowie die Unterwerfung unter seine Kontrolle nur als Konkretisierung der gegenüber dem „Verleiher" weiterbestehenden persönlichen Abhängigkeit anzusehen. (VwGH 17.1.1995, Zl. 93/08/0182)

Da Dienstgeber im Sinne des § 35 Abs. 1 ASVG auch jener ist, der den Dienstnehmer hinsichtlich des Lohnzahlung auf Dritte verweist, sofern die Beschäftigung in einem Betrieb stattfindet, der auf seine Rechnung und Gefahr geführt wird, ist bei einer direkten Lohnfortzahlung durch den Beschäftiger (Entleiher) der Verleiher eines Leiharbeitsverhältnisses als sozialversicherungsrechtlicher Dienstgeber. (VwGH 17.01.1995, Zl. 93/08/0182)

Ein unmittelbares Beschäftigungsverhältnis im Sinne des § 4 Abs. 2 ASVG zum Beschäftiger (Entleiher) als Dienstgeber im Sinne des § 35 Abs. 1 ASVG ist dann anzunehmen, wenn diesem auf Grund eigener Rechtsbeziehungen mit dem Dienstnehmer ein unmittelbarer (und nicht bloß vom Verleiher abgeleiteter) Rechtsanspruch auf die Arbeitsleistung zusteht. Wird diese in persönlicher und wirtschaftlicher Abhängigkeit erbracht, so kommt ein sozialversicherungspflichtiges Beschäftigungsverhältnis zum Entleihunternehmen zustande. Ein solches Beschäftigungsverhältnis besteht jedoch hinsichtlich der Geschäftsführertätigkeit nach dem GmbHG nicht (auch) zum Überlasser (Verleiher), wenn ihm gegenüber für die Dauer der Geschäftsführungstätigkeit keine Arbeitsleistungen erbracht werden und nach dem tatsächlichen Vertragsinhalt auch gar nicht erbracht werden sollen, sondern der „Arbeitsvertrag" ausschließlich die Überlassung an Dritte als Geschäftsführer einer GmbH zum Gegenstand hat.

Erfüllt eine in einem versicherungspflichtigen Beschäftigungsverhältnis zum Vermieter von Räumlichkeiten (hier: Labor einer Weinbauschule) stehende Beschäftigte auf Grund der zwischen dem Mieter und dem Vermieter dieser Räumlichkeiten einerseits bzw. mit ihr andererseits getroffenen Vereinbarungen durch die Erbringung von Dienstleistungen gegenüber dem Mieter ihre Arbeitspflicht im Rahmen ihres Beschäftigungsverhältnisses zum Vermieter, liegt ein Leiharbeitsverhältnis vor, hinsichtlich dessen – weiterhin – der „Verleiher" (und nicht der „Entleiher") Dienstgeber der zur Verfügung gestellten Arbeitnehmerin bleibt, und zwar selbst dann, wenn das Entgelt (oder ein zusätzliches Entgelt) vom Mieter direkt an die Arbeitnehmerin geleistet wird. (VwGH 21.9.1993, Zl. 92/08/0186)

Leisten ausländische Arbeitskräfte auf Grund ihres mit einem ausländischen (Entsende-)Betriebes bestehenden Arbeitsverhältnisses Arbeiten für ein inländisches (Beschäftigungs-)Unternehmen, dann liegt auch dann kein (teilversichertes) Volontärsverhältnis zum inländischen Unternehmen vor, wenn die Beschäftigung auch oder in erster Linie zu Ausbildungszwecken erfolgt. Ob in einer solchen Konstellation das inländische Unternehmen als Beschäftigungsunternehmen im Rahmen eines (vollversicherten) grenzüberschreitenden Leiharbeitsverhältnisses gemäß § 3 Abs. 3 letzter Satz ASVG iVm § 16 AÜG (und damit als Dienstgeber im Sinne des § 35 Abs. 2 letzter Satz ASVG) anzusehen ist, oder ob es an den beschäftigten Arbeitnehmern bloß eine Ausbildungsleistung für das ausländische Unternehmen erbringt, ist nach den Grundsätzen des hier analog anzuwendenden § 4 Abs. 2 AÜG zu beurteilen (hier: Bejahung eines Leiharbeitsverhältnisses zwischen ungarischen Arbeitskräften und einem österreichischen Unternehmen, welches die Arbeitskräfte auf einer Baustelle einsetzte, wo diese – behauptetermaßen im Rahmen einer Ausbildung für das ausländische Entsendeunternehmen – Fassadenarbeiten verrichteten, zu deren Erbringung sich das Beschäftigungsunternehmen im Rahmen seines Geschäftsbetriebes gegenüber einem Auftraggeber verpflichtet hatte). (VwGH 17.10.2001, Zl. 96/08/0101)

035-01-00-003
Dienstgeber bei einer Wohnungseigentumsgemeinschaft

Die Wohnungseigentümergemeinschaft, die im Rahmen ihres Geschäftsbetriebes tätig wird, ist Dienstgeber.

Die Wohnungseigentümergemeinschaft ist gegenüber einem Hausbesorger Dienstgeber mit allen Verpflichtungen (Hinweis des Obersten Gerichtshofes vom 18. Mai 1998, 8 Ob A4/98s).

Der arbeitsrechtliche Arbeitgeber im Sinne des Hausbesorgergesetzes entspricht aber auch dem sozialversicherungsrechtlichen Dienstgeber des Hausbesorgers im Sinne des § 35 ASVG. (VwGH 3.7.2002, Zl. 99/08/173)

Der Verwaltungsgerichtshof hat in seinem Erkenntnis vom 17. November 1992, Zl. 91/08/0193, seine Auffassung bekräftigt, dass der Gemeinschaft der Wohnungseigentümer als solcher keine Rechtspersönlichkeit zukomme und nicht sie, sondern nur die Wohnungseigentümer in ihrer Gesamtheit als Dienstgeber im Sinne des § 35 Abs. 1 ASVG in Betracht kommen können. Im Bereich des Wohnungseigentumsgesetz 1975 (WEG) ist allerdings seither eine wesentliche Änderung eingetreten. Gemäß der mit dem 3. WÄG eingeführten Bestimmung des § 13c WEG 1975 bilden die Wohnungs- und Miteigentümer der Liegenschaft zu deren Verwaltung die Wohnungseigentümergemeinschaft. Diese kann in Angelegenheiten der Verwaltung der Liegenschaft als solche Rechte erwerben und Verbindlichkeiten eingehen sowie klagen und am Ort der gelegenen Sache geklagt werden. Der Wohnungseigentümergemeinschaft wurde, wenn auch nur hinsichtlich der Verwaltung der Liegenschaft, beschränkte Rechtsfähigkeit zuerkannt. (VwGH 3.7.2002, Zl. 99/08/173)

Für die Miteigentümerschaft im Sinne des § 833 ABGB ist charakteristisch, dass (falls nichts anderes vereinbart ist) aus den von der Mehrheit (bzw. vom Verwalter) geschlossenen Rechtsgeschäften alle Miteigentümer je nach ihrem Anteil berechtigt und verpflichtet werden (§ 839 ABGB), dass sie aber gemeinsam besitzen, benützen und verwalten, d.h. dass (fallbezogen) zwar nicht der einzelne (Minderheits)eigentümer, wohl aber alle Miteigentümer gemeinsam die Voraussetzungen des § 35 Abs. 1 ASVG erfüllen. (VwGH 19.6.1990, Zl. 89/08/0326)

035-01-00-004
Dienstgeber vor Eintragung der Ges.m.b.H ins Firmenbuch

Ob jemand in einem „Beschäftigungsverhältnis" im Sinn des § 4 Abs. 2 ASVG steht, ist in der Regel immer in Bezug auf eine bestimmte Person, nämlich den Dienstgeber, zu prüfen. Auch im Gründungsstadium (ab Vorliegen des notariell beglaubigten Gesellschaftsvertrages) kommt eine GmbH – als Vorgesellschaft – als Dienstgeberin in Betracht (Hauptverband 6.3. bzw. 3.4.2003, Zl. FO-MVB/32-51.1/02 Rv/Mm).

035-01-00-005
Dienstgeber vor Vereinskonstituierung

Für das Entstehen eines Vereines als juristische Person ist – in Übereinstimmung mit der herrschenden Judikatur des Obersten Gerichtshofes – allein der Beginn der Vereinstätigkeit (allerdings nur auf die in der Satzung vorgesehene Weise) maßgebend, sodass vor Invollzugsetzung der Satzung durch Bestellung der satzungsmäßigen Organe ein Verein noch nicht existent ist. Vor seiner Konstituierung

6. E-MVB

035-01-00-006 – 035-01-00-009

kann daher ein Verein nicht Dienstgeber im Sinne des § 35 Abs. 1 ASVG sein bzw. ein Dienstverhältnis rechtswirksam abschließen. (VwGH 11.5.1993, Zl. 91/08/0120)

035-01-00-006
Feststellung der Dienstgebereigenschaft

Aus dem Zusammenhalt der §§ 4 Abs. 2, 35 Abs. 1, 58 Abs. 2 und 410 Abs. 1 erster Satz ASVG ergibt sich, dass der Versicherungsträger nicht über die Dienstgebereigenschaft im Sinne des § 35 Abs. 1 ASVG an sich einen Feststellungsbescheid erlassen darf, weil damit weder Rechte und Pflichten im Sinne der Formulierung des § 410 Abs. 1 erster Satz ASVG, noch das Bestehen oder das Nichtbestehen einer Pflichtversicherung im Sinne des § 410 Abs. 1 Z 1 ASVG, noch die Verpflichtung zur Beitragsentrichtung festgestellt wird. (VwGH 16.03.1999 Zl. 97/08/0001)

Die Dienstgebereigenschaft ist ein Tatbestandselement sowohl für die Feststellung der Pflichtversicherung als auch für die Verpflichtung zur Entrichtung von Beiträgen. Sie kann aber nicht Gegenstand einer isolierten Rechtsfeststellung sein, weil dafür – anders als bei der Feststellung der Pflichtversicherung als Vorfrage in Bezug auf die Beitragspflicht – weder ein rechtliches Interesse noch eine besondere gesetzliche Grundlage besteht. Im Beschwerdefall hat die belangte Behörde aber gar keine isolierte Rechtsfeststellung der Dienstgebereigenschaft vorgenommen, sondern sie hat dadurch, dass sie die Versicherungspflicht, d.h. die Dienstgebereigenschaft (durch Verweis auf beigelegte Beitragsrechnungsblätter) zu bestimmten Dienstnehmern und bestimmten Zeiträumen in Beziehung gesetzt hat, eine Vorfrage der Beitragsschuld gemäß § 58 Abs. 2 ASVG beurteilt; davon abgesehen ist die belangte Behörde gar nicht davon ausgegangen, dass bereits vor dem Abschluss des für die Begründung der Dienstgebereigenschaft des Beschwerdeführers maßgeblichen Gesellschaftsvertrages (der Beschwerdeführer ist Geschäftsführer der betreffenden GmbH) Dienstverhältnisse eingegangen worden wären. (VwGH 16.3.1999, Zl. 97/08/0001)

035-01-00-007
Dienstgeber von Personen, die für Personengesellschaften tätig sind

Nach der früheren Judikatur des VwGH kam die Dienstgebereigenschaft im Sinne des § 35 Abs. 1 ASVG hinsichtlich jener Personen, die für eine OHG (KG) in einem Verhältnis persönlicher und wirtschaftlicher Tätigkeit abhängig tätig waren, den Gesellschaftern (bei der KG grundsätzlich nur dem Komplementär) zu. Nach dem E des verstärkten Senates vom 10.12.1986, 83/08/0200, VwSlg 12325 A/1986, ist jedoch in diesen Fällen nunmehr die OHG (KG) selbst Dienstgeber (im Sinne des ASVG). (VwGH 25.06.1992, Zl. 91/09/0221)

Dienstgeber von Personen, die für eine Personengesellschaft des Handelsrechtes in persönlicher und wirtschaftlicher Abhängigkeit tätig sind, ist die Gesellschaft selbst und nicht auch die Gesellschafter. Dies gilt auch für eingetragene Erwerbsgesellschaften im Sinne des EGG, zumal diese Gesellschaften gemäß § 4 Abs. 1 EGG in handelsrechtlicher Hinsicht und durch das Sozialrechtsänderungsgesetz 1990, in sozialversicherungsrechtlicher Hinsicht der OHG (KG) gleichgestellt sind. Die Ausübung der Dienstgeberfunktion fällt ausschließlich in die Zuständigkeit der vertretungsbefugten Gesellschafter (SZ 38/154 und SZ 51/21, sowie Koppensteiner in Straube, Kommentar zum HGB, § 125, Randzahl 3). (VwGH 23.04.1996, Zl. 94/08/0073)

Ist eine Person für eine OHG oder KG in persönlicher und wirtschaftlicher Abhängigkeit tätig, ist die Gesellschaft selbst und sind nicht die Gesellschafter (Komplementäre) Dienstgeber; ein „Durchgriff" auf die Gesellschafter in Hinsicht auf ihre Dienstgebereigenschaft ist daher abzulehnen. (VwGH 20.10.1992, Zl. 91/08/0135)

035-01-00-008
Dienstgebereigenschaft, wenn Betrieb von dritter Person geführt wird

Nicht entscheidend für die Dienstgebereigenschaft einer aus der Betriebsführung unmittelbar berechtigten und verpflichteten Person ist es, ob sie den Betrieb selbst oder durch dritte Personen (Organe, Bevollmächtigte, Beauftragte, Familienangehörige, Dienstnehmer usw.) führt, wenn ihr nur (auch) im Falle der Betriebsführung durch dritte Personen (weiterhin) zumindest die rechtliche Möglichkeit einer Einflussnahme auf die Betriebsführung zusteht. (VwGH 25.1.1994, Zl. 92/08/0264)

035-01-00-009
Indienstnahme durch Mittelsperson oder Leistung Dritter anstelle Entgelt

An der Dienstgebereigenschaft der Person, die das Risiko des Betriebes im gesamten unmittelbar trifft, ändert es nichts, wenn sie den Dienstnehmer durch Mittelspersonen in Dienst genommen hat oder ihn ganz oder teilweise auf Leistungen Dritter anstelle des Entgelts verweist. (VwGH 25.01.1994, Zl. 92/08/0264)

An der Dienstgebereigenschaft einer Person ändert sich nichts dadurch, dass ein (mit ihrem Wissen und Willen den Betrieb führender) Dritter bei einzelnen betrieblichen Geschäften, so auch bei der Indienstnahme und Beschäftigung einer Person im Betrieb und für den Betrieb, einschließlich Weisungserteilung und tatsächlicher Entgeltzahlung als „Mittelsperson", nach außen hin im eigenen Namen auftritt, wenn nur den Dienstgeber das Risiko des Betriebs im Gesamten trifft und ihm zumindest die rechtliche Einflussmöglichkeit auf die tatsächliche Betriebsführung im Ganzen zusteht. (hier: dabei kommt es nicht darauf an, dass die Indienstnahme „ohne Wissen" oder sogar „gegen den Willen" des Dienstgebers erfolgt ist). (VwGH 21.9.1993, Zl. 92/08/0248)

035-01-00-010
Dienstgeberqualifikationen treffen auf mehrere Personen zu

Treffen die für die Dienstgeberqualifikation entscheidenden Umstände in Bezug auf ein und dasselbe Beschäftigungsverhältnis auf mehrere Personen zu, so ist jeder von Ihnen Dienstgeber mit den dem sozialversicherungsrechtlichen Dienstgeber nach dem ASVG auferlegten Verpflichtungen und eingeräumten Berechtigungen. Dass solche Personen Gesellschafter einer Gesellschaft bürgerlichen Rechts sind, ändert daran nichts, weil dieser Gesellschaft nach dem Zivilrecht, das insofern zufolge § 9 AVG iVm § 357 Abs. 1 ASVG mangels einer Sonderregelung im ASVG auch für diesen Rechtsbereich gilt, keine Rechtspersönlichkeit zukommt und sie daher nicht als Zuordnungssubjekt der Rechte und Pflichten des sozialversicherungsrechtlichen Dienstgebers qualifiziert werden kann. (VwGH 28.11.1995, Zl. 94/08/0074)

035-01-00-011
Dienstgebereigenschaft bei Pacht

Eine Person, die nicht Eigentümer eines Betriebes ist, kann dennoch als Dienstgeber angesehen werden, wenn der Betrieb auf ihre Rechnung und Gefahr geführt wird. Dies gilt etwa für Pächter und Fruchtnießer. (VwGH 92/08/0256 v. 22.06.1993)

Der Pächter kann Dienstgeber der im Betrieb tätigen Arbeitnehmer dadurch werden, dass er (entweder) in die bestehenden Dienstverträge eintritt oder mit den Dienstnehmern jeweils neue Dienstverträge abschließt. Solche Vereinbarungen können gemäß § 863 ABGB ausdrücklich, aber auch konkludent geschlossen. Für die Frage, ob der Pächter ab jenem Zeitpunkt, ab dem der Betrieb auf seine Rechnung und Gefahr geführt wurde, verpflichtet ist, als Dienstgeber Sozialversicherungsbeiträge für die in diesem Betrieb beschäftigten Dienstnehmer zu entrichten, ist aber nicht entscheidend, welcher der beiden genannten Fälle vorliegt. (VwGH 22.6.1993, Zl. 93/08/0025)

035-03-00-001
Bestellung von Bevollmächtigten

§ 111 ASVG sieht iVm § 35 Abs. 3 ASVG die Übertragung der nach den §§ 33 ff ASVG bestehenden Pflichten auf Bevollmächtigte vor, die dann auch nach § 111 leg.cit. allein strafbar sind. Voraussetzung dafür ist allerdings, dass Name und Anschrift dieser Bevollmächtigten und deren Mitfertigung dem zuständigen Versicherungsträger bekannt gegeben werden. Nach dieser Bestimmung kann auch ein Außenstehender zum Bevollmächtigten bestellt werden. Bei mehreren Geschäftsführern kann daher umso mehr einer von ihnen zum Bevollmächtigten im Sinne des § 35 Abs. 3 ASVG bestellt werden. Auch in diesem Fall ist aber diese Bevollmächtigung in der im § 35 Abs. 3 leg. cit. vorgeschriebenen Weise der Österreichischen Gesundheitskasse mitzuteilen. (VwGH 27.7.2001, Zl. 96/08/0268)

035-03-00-002
Vollmachtvorlage durch Wirtschaftstreuhänder

Beruft sich ein Wirtschaftstreuhänder im Verwaltungsverfahren auf die ihm erteilte Bevollmächtigung, so ersetzt diese Berufung den urkundlichen Nachweis (§ 88 Abs. 9 Wirtschaftstreuhandberufsgesetz – WTBG, BGBl I Nr. 58/1999). Wirtschaftstreuhänder benötigen somit keine schriftliche Vollmachtsurkunde, wenn sie sich auf die erteilte Bevollmächtigung berufen. Spezialvollmachten im Sinne des § 35 Abs. 3 ASVG (Meldevollmacht bezüglich An-, Ab- und Änderungsmeldungen) sind davon nicht umfasst.

035-03-00-003
Bevollmächtigung im Zusammenhang mit einer GmbH

Die im Erkenntnis vom 22. März 1994, 93/08/0176, VwSlg 14020 A/1994, entwickelten Ergebnisse bedeuten im Zusammenhang mit der Beurteilung der Haftung eines Geschäftsführers gemäß § 67 Abs. 10 ASVG wegen eines Meldeverstoßes im Sinne des vorgenannten Erkenntnisses, dass zunächst von der Behörde festzustellen ist, welche Umstände zu welchem Zeitpunkt im Sinne der §§ 33ff ASVG hätten gemeldet werden müssen, sowie, dass diese Meldung unterblieben ist. Auf Grund des zu unterstellenden Grundwissens eines Meldepflichtigen, sowie der Verpflichtung, dass er sich darüber hinaus grundsätzlich alle zur Erfüllung seiner gesetzlichen Verpflichtungen notwendigen Kenntnisse verschaffen muss, so er diese nicht besitzt und den Mangel im Falle der Buchführung erfolgte und der offenbar auch bei der Buchführung erfolgte und der offenbar auch den Mangel im Falle darauf zurückzuführenden Meldepflichtverletzung als Außerachtlassung der gehörigen Sorgfalt (§ 1297 ABGB) zu vertreten hat, liegt es im Zuge der Gewährung des Parteiengehörs sodann beim Meldepflichtigen darzutun, dass er entweder die Verpflichtung im Sinne des § 35 Abs. 3 ASVG an Dritte übertragen hat oder aus welchen sonstigen Gründen ihn kein Verschulden an der Unterlassung der Meldung trifft. (VwGH 27.7.2001, Zl. 2001/08/0069)

Hat der Geschäftsführer der GmbH nicht behauptet, einen Vertreter im Sinne des § 35 Abs. 3 ASVG bestellt zu haben, so muss er sich bei Erfüllung der gegenüber der Österreichischen Gesundheitskasse konkret bestehenden Verpflichtungen ein allfälliges Verschulden der Kanzlei, bei welcher die Buchführung erfolgte und der offenbar auch der Verkehr mit der Österreichischen Gesundheitskasse oblag, nach den Grundsätzen über die Haftung für Erfüllungsgehilfen zurechnen lassen. (VwGH 27.7.2001, Zl. 2001/08/0069)

Unter Bevollmächtigten im Sinne des § 35 Abs. 3 bzw. § 36 Abs. 2 ASVG sind zwar gewillkürte Vollmachtsträger zu verstehen, auf die der Dienstgeber die ihm gemäß den §§ 33 und 34 ASVG obliegenden Meldepflichten (An- und Abmeldung der Pflichtversicherten, Meldung von Änderungen) übertragen hat und die dem Versicherungsträger bekannt gegeben worden sind; der in § 111 ASVG sanktionierte Straftatbestand richtet sich jedoch bei juristischen Personen, Personengesellschaften des Handelsrechtes oder eingetragenen Erwerbsgesellschaften im Falle, dass solche Bevollmächtigte nicht bestellt sind, gemäß § 9 Verwaltungsstrafgesetz (VStG) an zur Vertretung nach außen berufene Personen. Für diesen Fall kann also § 111 ASVG iVm § 9 VStG eine Handlungspflicht gesetzlicher Vertreter im Zusammenhang mit den in den §§ 33 und 34 ASVG normierten Melde- und Auskunftspflichten insoweit entnommen werden, als die Verletzung dieser Pflichten wie in § 111 ASVG umschrieben verwaltungsstrafrechtlich sanktioniert ist. Ein Verstoß gegen diese Pflichten durch einen gesetzlichen Vertreter kann daher – sofern dieser Verstoß verschuldet und für die gänzliche oder teilweise Uneinbringlichkeit einer Beitragsforderung kausal ist – zu einer Haftung gemäß § 67 Abs. 10 ASVG führen. Im Übrigen normiert weder § 67 Abs. 10 ASVG noch eine andere Bestimmung dieses Gesetzes spezifische sozialversicherungsrechtliche, gegenüber der Österreichischen Gesundheitskasse bestehende Verpflichtungen des Vertreters einer juristischen Person, wie dies etwa in § 80 Abs. 1 BAO für das Abgabenrecht angeordnet ist. Der Umstand, es sei „selbstverständlich", dass juristische Personen nur durch zur Vertretung nach außen berufene Personen handeln (können), hat nicht ohne weiteres die Schadenshaftung dieser Vertreter auch gegenüber jedem Dritten gegenüber zur Folge, sofern er nicht eine spezifisch diesem Dritten gegenüber bestehende (gesetzliche) Verpflichtung verletzt hat, sei es durch Unterlassung einer gesetzlich gebotenen, sei es durch Begehung einer deliktischen Handlung. (VwGH 12.12.2000, Zl. VS 98/08/0191; SoSi 2001, S. 345–350)

035-03-00-004
Verantwortlichkeit bei Vorliegen einer Bevollmächtigung

Eine das Verschulden von vornherein ausschließende Abwälzung der Verantwortlichkeit für die Einhaltung der Meldevorschriften nach dem ASVG setzt eine Bekanntgabe des Bevollmächtigten voraus, die dem § 35 Abs. 3 ASVG entspricht (Angabe von Name und Anschrift unter Mitfertigung des Bevollmächtigten). (VwGH 7.7.1992, Zl. 88/08/0145)

035-03-00-005
Bevollmächtigter bei Wohnungseigentumsgemeinschaft

Der bestellte Verwalter (bzw. fallbezogen: die verwaltende Mehrheits-Miteigentümerin) hat (in Ansehung des Hausbesorgerdienstvertrages) notwendigerweise auch die Stellung eines Bevollmächtigten im Sinne der §§ 35 Abs. 3 und 36 Abs. 2 ASVG (und ist daher auch Normadressat der §§ 111 und 112 ASVG), zumal die mit dem Hausbesorgerdienstvertrag verbundenen Rechte und Pflichten (und damit auch jene, die sich aus der gesetzlichen Sozialversicherung ergeben) zur ordentlichen Verwaltung gehören und damit von der Vertretungsmacht des Verwalters umfasst sind. Beitragsschuldner im Sinne des § 58 Abs. 2 ASVG sind hingegen alle Miteigentümer, und zwar (zufolge § 839 ABGB) anteilig. Der sozialversicherungsrechtliche Dienstgeber des Hausbesorgers entspricht somit im Ergebnis auch dem arbeitsrechtlichen Arbeitgeber im Sinne des Hausbesorgergesetzes (vgl. EvBl 1979/133 = Arb 9773 = DRdA 1981, 39, mit zustimmender Besprechung von Welser – Cermak). (VwGH 19.6.1990, Zl. 89/08/0326)

035-04-00-001
Exterritoriale Dienstgeber und Dienstgeber, die im Inland keine Betriebsstätte haben

Wenn der Dienstgeber die Vorrechte der Exterritorialität genießt, oder wenn dem Dienstgeber im Zusammenhang mit einem zwischenstaatlichen Vertrag oder der Mitgliedschaft Österreichs bei einer internationalen Organisation besondere Privilegien oder Immunitäten eingeräumt sind (§ 35 Abs. 4 lit. a ASVG) hat der Dienstnehmer die in den §§ 33 und 34 ASVG vorgeschriebenen Meldungen selbst zu erstatten. (BMAS 4.9.1995, GZ. 10.009/293-4/95)

Gemäß Artikel 12a Abs. 1 der Verordnung (EWG) 574/72 hat der Dienstnehmer, der im Gebiet von zwei oder mehr Mitgliedstaaten beschäftigt ist, selbst dem Sozialversicherungsträger seines Wohnortes Meldungen über das Vorliegen einer weiteren unselbständigen Beschäftigung in einem anderen EWR-Staat zu erstatten. Der Sozialversicherungsträger des Wohnortes ist sodann gemäß Artikel 12a Abs. 2 der VO (EWG) 574/72 verpflichtet, dem Dienstnehmer eine Bescheinigung darüber auszustellen, dass die Rechtsvorschriften dieses Mitgliedstaates für ihn gelten, und eine Abschrift dieser Bescheinigung dem Sozialversicherungsträger des Beschäftigungsortes zu übermitteln.

Der Sozialversicherungsträger des Beschäftigungsortes hat erforderlichenfalls dem Sozialversicherungsträger des Wohnortes gemäß Artikel 12a Abs. 2 der VO (EWG) 574/72 die Auskünfte zu erteilen, die für die Festsetzung der Beiträge notwendig sind. Die Behörden und Sozialversicherungsträger jedes Mitgliedstaates sind jedoch auch berechtigt, zur Durchführung der gegenständlichen Verordnungen nicht nur miteinander, sondern auch mit den beteiligten Personen oder deren Beauftragten unmittelbar in Verbindung zu treten (Artikel 84 Abs. 3 der VO (EWG) 1408/71). Dem österreichischen Sozialversicherungsträger ist die Aufnahme eines Dienstverhältnisses mit einem EWR-Bürger, der im Ausland pflichtversichert ist (siehe dazu unter § 3 Abs. 1 ASVG), unter Hinweis auf die geltenden EWR-Verordnungen anzuzeigen, sowie die Höhe seines Bezuges bekannt zu geben.

Gemäß Art. 109 der VO (EWG) 574/72 besteht für den Dienstgeber, der in dem anderen EWR-Mitgliedstaat keine Niederlassung hat, im Übrigen auch die Möglichkeit, mit dem Dienstnehmer eine Vereinbarung zu schließen, wonach der Dienstnehmer die Pflichten des Dienstgebers zur Zahlung der Beiträge wahrnimmt. Beiträge, die einem Sozialversicherungsträger eines Mitgliedstaates geschuldet werden, können aber auch im Gebiet eines anderen Mitgliedstaates nach dem Verwaltungsverfahren und mit den gleichen Vorrechten eingezogen werden, die für die Einziehung der Beiträge des Sozialversicherungsträgers in diesem Staat gelten (siehe Artikel 92 der VO (EWG) 1408/71).

041-00-00-001
Form der Meldungen (§ 41 ASVG)

Jede Meldung zur Sozialversicherung hat grundsätzlich mittels elektronischer Datenfernübertragung nach bundeseinheitlich festgelegten Datensätzen durch den Dienstgeber zu erfolgen.

041-01-00-001
Datenfernübertragung

Die Meldungen zur Sozialversicherung insbesondere die An- und Abmeldungen sowie die Änderungsmeldungen sind nach § 41 Abs. 1 ASVG grundsätzlich mittels elektronischer Datenfernübertragung in den vom Hauptverband festgelegten einheitlichen Datensätzen unverzüglich an den Krankenversicherungsträger zu erstatten.

„Alle elektronischen Meldungen sind an das für die Übernahme elektronischer Meldungen eingerichtete Datensammelsystem (ELDA) zu übermitteln."

Die Ausnahmen von der Meldeerstattung mittels Datenfernübertragung sind in den „Richtlinien des Dachverbandes über Ausnahmen von der Meldeerstattung mittels Datenfernübertragung" enthalten.

Von den vorhin erwähnten Ausnahmebestimmungen betroffene Dienstgeber können bundeseinheitliche Meldeformulare bei ihrem örtlich zuständigen Krankenversicherungsträger anfordern.

041a-00-00-001
Sozialversicherungsprüfung (§ 41a ASVG)

Ab Jänner 2003 werden alle lohnabhängigen Abgaben in einem Vorgang, d.h. grundsätzlich nur mehr von einem Prüforgan, Sozialversicherungsbediensteter oder Bediensteter der Finanzbehörde, geprüft. Jede Prüfung ist gleichzeitig eine Sozialversicherungsprüfung, eine Lohnsteuerprüfung und eine Kommunalsteuerprüfung.

041a-03-00-001
Gemeinsame Prüfung (GPLA)

Im Rahmen eines Prüfvorgangs werden alle Sozialversicherungsbeiträge und Umlagen, die Lohnsteuer, die Kommunalsteuer, der Dienstgeberbeitrag zum Familienlastenausgleichsfonds und der Zuschlag zum Dienstgeberbeitrag geprüft. Alle Dienstgeber werden mit dem Ziel einer flächendeckenden Prüfung in regelmäßigen zeitlichen Abständen (drei bis maximal fünf Jahre) geprüft. Im Anlassfall ist auch eine Prüfung in kürzeren Zeitabständen möglich. Geprüft werden die Einhaltung der Versicherungs-, Melde-, und Beitragsbestimmungen der Sozialversicherung sowie die richtige Abfuhr von Lohnsteuer und Kommunalsteuer. Die Feststellungen des Prüfers, die die jeweils anderen Bereiche betreffen, werden den beteiligten Institutionen zur Weiterverarbeitung übermittelt. Einheitliches Verfahrensrecht für die Abwicklung der GPLA sind die einschlägigen Bestimmungen der Bundesabgabenordnung (§ 151 BAO). Bescheidmäßige Feststellungen über das Prüfergebnis der Sozialversicherungsbeiträge trifft der zuständige Krankenversicherungsträger; den Bescheid bezüglich der Lohnsteuer stellt das zuständige Betriebsstättenfinanzamt aus, die Bescheide bezüglich der Kommunalsteuer die in Betracht kommenden Gemeinden oder Städte. Auch die Rechtsmittelverfahren laufen weiterhin getrennt ab. Jede Institution hat das schon jetzt geltende Verfahrensrecht in ihrem Bereich weiterhin anzuwenden. In der Sozialversicherung gilt das Allgemeine Verwaltungsverfahrensgesetz (AVG), für die Lohnsteuer die Bundesabgabenordnung und für die Kommunalsteuer die jeweiligen Landesabgabenordnungen. Das Recht, „Nachschauen" (Erhebungen) durchzuführen, bleibt weiterhin bestehen. In solchen Fällen werden Prüfer der jeweiligen Institution (auch einer Gemeinde oder einer Stadt) nur in ihrem eigenen Zuständigkeitsbereich tätig (z.B. erfolgt die Nachschau bezüglich der Kommunalsteuer durch einen Bevollmächtigten der Gemeinde ausschließlich für den Bereich der Kommunalsteuer).

Im Zuge der GPLA wird auch geprüft, ob der Dienstgeber für den Dienstnehmer die Anmeldung zum NSchG durchgeführt hat und die Beiträge entrichtet. Es ist allerdings darauf hinzuweisen, dass nicht alle GPLA-Prüfungen direkt im Betrieb, sondern oft bei Steuerberatern stattfinden. (Hauptverband 17.2.2004, Zl. FO-MVB/51.1/04 Rv/Mm)

042-00-00-001
Auskünfte zwischen Versicherungsträgern und Dienstgebern (§ 42 ASVG)

Diese Bestimmung regelt das Recht der Auskunftpflicht sowie das Recht der Nachschau eines Krankenversicherungsträgers außerhalb der Sozialversicherungsprüfung.

042-01-00-001
Erfüllung der Auskunftspflicht   zu ASVG

Die Verpflichtung, den Versicherungsträgern über alle für das Versicherungsverhältnis maßgebenden Umstände wahrheitsgemäß Auskunft zu erteilen, erstreckt sich jedenfalls auf das Wissen, das sich der Dienstgeber aus den Geschäftsbüchern, Belegen und sonstigen Aufzeichnungen verschaffen kann, in die er dem Versicherungsträger Einsicht zu gewähren hat. Die Unterlassung der Befragung von Personen zur Verschaffung des für die wahrheitsgemäße Beantwortung der Anfrage des Versicherungsträgers notwendigen Wissens beinhaltet nicht den Tatbestand der Verweigerung der Erfüllung der Auskunftspflicht. (VwGH 19.3.1969, Zl. 1449/68)

6. E-MVB
042-03-00-001 – 043a-00-00-001

042-03-00-001
Recht auf Schätzung von Werten

Ist der Dienstgeber nicht in der Lage, dem Prüfer des Versicherungsträgers Aufzeichnungen über die von seinen Dienstnehmern tatsächlich geleisteten Arbeitsstunden vorzulegen, obgleich er gemäß § 26 Abs. 1 Arbeitszeitgesetz (AZG) verpflichtet ist, solche Aufzeichnungen zu führen, darf der Versicherungsträger von seinem Recht zur Schätzung im Sinne des § 42 Abs. 3 ASVG Gebrauch machen. Es ist nicht rechtswidrig, wenn der Versicherungsträger zu diesem Zweck von den Öffnungszeiten des Betriebes sowie den Daten ähnlicher Betriebe ausgeht, zumal das Gesetz eine solche Vorgangsweise ausdrücklich gestattet. Dass die sonstigen, vom Dienstgeber zur Verfügung gestellten Unterlagen zur Feststellung des gemäß § 49 Abs. 1 ASVG gebührenden Entgeltes nicht geeignet waren, hat die Behörde im Beschwerdefall in der Begründung ihres Bescheides schlüssig dargelegt. Eine Verpflichtung, vor einer Schätzung jedenfalls auch die Dienstnehmer über die geleisteten Arbeitszeiten zu befragen, besteht deshalb nicht, weil die Behörde keine Verpflichtung trifft, zum Zwecke der Rekonstruktion von Aufzeichnungen, die vom Dienstgeber rechtswidrigerweise nicht geführt wurden, ein Ermittlungsverfahren durchzuführen. Das Gesetz erlaubt vielmehr, bei Fehlen solcher Unterlagen sogleich mit Schätzung vorzugehen. (VwGH 21.6.2000, Zl. 95/08/0050)

Aus dem Zusammenhalt von § 44 Abs. 1 Z 1, Abs. 2 und § 49 Abs. 1 ASVG ergibt sich, dass in Fällen, in denen der Dienstnehmer bzw. Lehrling gegen den Dienstgeber bzw. Lehrberechtigten im Zusammenhang mit Trinkgeldern keine Rechtsansprüche, wie z.B. auf (teilweisen) Ersatz entfallender Trinkgelder oder auf garantierte Mindestbeträge an Trinkgeldern, hat, jedenfalls bei Fehlen einer Pauschalierungsverordnung nach § 44 Abs. 3 ASVG in die allgemeine Beitragsgrundlage eines Beitragszeitraumes grundsätzlich nur Trinkgelder einzubeziehen sind, die ein Dienstnehmer bzw. Lehrling "auf Grund des Dienst(Lehr)verhältnisses" in diesem Beitragszeitraum von Dritten tatsächlich erhalten hat. Kann deren Höhe auf Grund diesbezüglicher Ermittlungen nicht zweifelsfrei festgestellt werden, so kann sie der Versicherungsträger nach § 42 Abs. 3 letzter Satz ASVG bzw. der Landeshauptmann als Einspruchsbehörde nach § 46 AVG (VfGH 13.3.1964, VfSlg. 4658) anhand von Schätzwerten ermitteln, wenn Trinkgelder in gleichartigen oder ähnlichen Betrieben üblich sind. Dies kann, so wie in allen Fällen von Schätzung, dazu führen, dass das der Beitragsbemessung zugrunde gelegte Entgelt vom tatsächlich bezogenen abweicht; diese verfahrensrechtliche Ermächtigung darf aber – unter Bedachtnahme auf den obgenannten Grundsatz – nicht so verstanden werden, dass damit auch für Zeiten, in denen der Dienstnehmer bzw. Lehrling gar keine Möglichkeit hat, Trinkgelder zu erhalten, wie z.B. in Zeiten des Urlaubs, der Krankheit, der Pflegefreistellung oder des Berufsschulbesuches, Trinkgelder der Beitragsbemessung zugrunde gelegt werden dürften. (VwGH 21.9.1993, Zl. 92/08/0064)

Als Grundlage für eine Schätzung (§ 42 Abs. 3 ASVG) der wöchentlichen Einsatzzeit von Lastkraftfahrern ist ein Gutachten der zuständigen Fachgruppe der gesetzlichen Interessenvertretung für das Güterbeförderungsgewerbe grundsätzlich geeignet. (VwGH 12.5.1992, Zl. 89/08/0103; VwGH 16.4.1991, Zl. 90/08/0156)

§ 42 Abs. 3 ASVG gestattet es ausdrücklich, dass der Sozialversicherungsträger zum Zweck der Schätzung der Arbeitszeit einen Teil der in Betracht kommenden Dienstnehmer befragt und auf der Grundlage des sich daraus ergebenden Sachverhaltes die Schätzung bei den anderen, gleichartig Versicherten vornimmt. (VwGH 12.5.1992, Zl. 89/08/0103; VwGH 22.1.1991, Zl. 89/08/0279)

Ob der Versicherungsträger der Schätzung gemäß § 42 Abs. 3 ASVG Daten anderer Beschäftigungsverhältnisse beim selben Dienstgeber oder Fremdvergleiche zugrunde legt, liegt in seinem Ermessen, dessen gesetzmäßige Handhabung durch den VwGH überprüft werden kann; hierbei ist maßgeblich, ob und welche (anderen) Unterlagen vom geprüften Dienstgeber sonst zur Verfügung gestellt worden sind und ob diese insoweit ausreichen, dass eine darauf gestützte vergleichsweise Schätzung der Wirklichkeit näher kommt, als die Heranziehung von Fremddaten. (VwGH 16.4.1991, Zl. 90/08/0156)

Soll die Höhe der Dienstnehmern zugekommenen Trinkgelder im Zusammenhang mit der Festsetzung der Beitragsgrundlage vom Versicherungsträger bzw. von der Einspruchsbehörde im Sinne des § 42 Abs. 3 ASVG unter Heranziehung der Höhe der Trinkgelder in gleichgelagerten oder ähnlichen Betrieben ermittelt werden (in dem gegebenen Falle wurde dieses Vorgehen vom Versicherungsträger und von der Einspruchsbehörde als „Schätzung" bezeichnet), so liegt ein mängelfreies Verfahren nur dann vor, wenn bei diesem Vorgehen auch auf die übrigen Ergebnisse des Ermittlungsverfahrens sowie auf die in diesem Zusammenhang gestellten Beweisanträge der betroffenen Partei Bedacht genommen und diese insbesondere auch durch die Bekanntgabe der Namen jener Betriebe, die zum Vergleich herangezogen werden, in die Lage versetzt wird, zur Frage, ob bzw. inwieweit eine Gleichartigkeit der herangezogenen Betriebe tatsächlich festgestellt werden könne, Stellung zu nehmen. (VwGH 15.12.1964, Zl. 0904/64)

043a-00-00-001
Auskunftspflicht der Versicherungsträger

Der zuständige Krankenversicherungsträger hat auf Anfrage der Dienstgeber schriftlich darüber Auskunft zu geben, ob und inwieweit im einzelnen Fall die Vorschriften über das Melde-, Versicherungs- und Beitragswesen anzuwenden sind. Die Auskunft hat mit Rücksicht auf die Auswirkungen für den Versicherten tunlichst innerhalb von 14 Tagen zu erfolgen. Diese Auskunft gilt nur dann als verbindliche Aussage des Krankenversicherungs-

6. E-MVB
044-00-00-001 – 044-01-00-005

trägers, wenn der schriftlich dargelegte Sachverhalt auch den tatsächlichen Verhältnissen entspricht. Im Zuge von gemeinsamen Prüfungen (GPLA) kann daher von dieser Auskunft des Krankenversicherungsträgers abgegangen werden.

044-00-00-001
Allgemeine Beitragsgrundlage, Entgelt
(§ 44 ASVG)

In dieser Bestimmung wird geregelt, welcher Teil des Arbeitsverdienstes Grundlage für die Bemessung der allgemeinen Beiträge ist.

044-01-00-001
Begriff allgemeine Beitragsgrundlage

Allgemeine Beitragsgrundlage ist für Pflichtversicherte das im Beitragszeitraum gebührende Entgelt im Sinne des § 49 ASVG mit Ausnahme allfälliger Sonderzahlungen. Unter Entgelt sind dabei die Geld- und Sachbezüge zu verstehen, auf die der pflichtversicherte Dienstnehmer aus dem Dienstverhältnis Anspruch hat oder die er darüber hinaus auf Grund des Dienstverhältnisses vom Dienstgeber oder von einem Dritten erhält.

Für die Bemessung der Beiträge ist somit nicht lediglich das tatsächlich gezahlte Entgelt (Geld- und Sachbezüge) maßgebend, sondern, wenn es diesen tatsächlich gewährten Betrag übersteigt, jenes Entgelt, auf dessen Bezahlung bei Fälligkeit des Beitrages ein Rechtsanspruch besteht. Ob ein derartiger Anspruch auf einen Geld- oder Sachbezug besteht, ist nach zivilrechtlichen (arbeitsrechtlichen) Grundsätzen zu beurteilen.

Gemäß § 1152 ABGB richten sich das Entgelt und die Entgelthöhe in einem Beschäftigungsverhältnis primär nach einer allfälligen Vereinbarung. Diese Bestimmungsfaktoren des § 1152 ABGB weichen aber dem zwingenden Recht, somit einem Kollektivvertrag, einer Satzung, einem Mindestlohntarif oder einer Betriebsvereinbarung, so dass eine Vereinbarung des Dienstvertrages dann (teil-)nichtig ist, wenn sie gegen eine Norm kollektiver Rechtsgestaltung verstößt. Da die im Kollektivvertrag festgelegten Löhne und Gehälter Mindestentgelte sind, sind daher einzelvertragliche Vereinbarungen, die dem Dienstnehmer ein geringeres als das kollektivvertraglich zustehende Entgelt gewähren, nichtig. An die Stelle der nichtigen Lohnabrede tritt der Lohnsatz der kollektiven Rechtsquelle und es ist dieser Mindestlohn der Beitragsberechnung zugrunde zu legen. (VwGH 27.7.2001, Zl. 99/08/0148)

044-01-00-002
Anspruch auf einen Geld- oder Sachbezug

Ob ein Anspruch auf einen Geld- oder Sachbezug besteht, richtet sich dabei nach zivilrechtlichen (arbeitsrechtlichen) Grundsätzen.

Danach bleibt aber die Regelung dieser Frage, sofern nicht eine gesetzliche Grundlage besteht, einer Vereinbarung (Einzel- oder Kollektivvertrag), mangels einer solchen dem Ortsgebrauch überlassen.

044-01-00-003
Anspruch auf kollektivvertragliches Mindestentgelt

Sind auf das Dienstverhältnis kollektivvertragliche Vereinbarungen anzuwenden, hat zumindest das nach diesen Vereinbarungen dem Dienstnehmer zustehende Entgelt die Beitragsgrundlage für die Bemessung der Sozialversicherungsbeiträge zu bilden. In diesem Fall ist auch die Zulässigkeit vertraglicher Dispositionen zwischen Dienstgeber und Dienstnehmer in Ansehung der dort geregelten Mindestentgelte nicht gegeben. Diese sind in der Regel in Geldbeträgen festgelegt und insoweit zwingend in Geld zu entrichten. Das im Bereich kollektivvertraglicher Mindestentgelte geltende Geldzahlungsgebot schließt – ungeachtet aller Günstigkeitsüberlegungen – in diesem Bereich abweichende Sondervereinbarungen aus. Ob der Marktwert der vom Dienstgeber tatsächlich gewährten Naturalbezüge im Ergebnis höher ist als der „vereinbarte" Wert, d.h. höher als jener Teil des Barentgelts, an dessen Stelle die Sachbezüge geleistet werden sollten, ist daher unbeachtlich.

Sowohl der Barlohn, auf den der Dienstnehmer nach dem Kollektivvertrag Anspruch hat, als auch der Naturallohn, der ihm tatsächlich gewährt wird, ist gemäß § 49 Abs. 1 ASVG zum sozialversicherungsrechtlichen Entgelt zu zählen und unterliegt der Beitragspflicht.

Erhält ein Dienstnehmer ausschließlich einen Sachbezug, ist zur Berechnung der allgemeinen Beitragsgrundlage der kollektivvertragliche Mindestlohn entsprechend seiner Tätigkeit als Bruttolohn anzusetzen und der Wert der konsumierten Sachbezüge hinzuzurechnen. (VwGH 27.7.2001, Zl.95/08/0037)

044-01-00-004
Maßgeblicher Arbeitsverdienst

Maßgeblich ist der Arbeitsverdienst, auf den im Beitragszeitraum gemäß gesetzlichen oder lohngestaltender Vorschriften ein Anspruch besteht, und nicht der allenfalls geringere tatsächlich erzielte (vereinbarte) Arbeitsverdienst, wohl aber ein etwa vereinbarter höherer Verdienst als der gebührende. (VwGH 5.6.1957, Zl. 1613/55; VwGH 16.6.1965, Zl.1237/64)

044-01-00-005
Zahlungen des Dienstgebers nach Ende der Pflichtversicherung, jedoch bei aufrechtem (karenziertem) arbeitsrechtlichem Beschäftigungsverhältnis

1. Bei Karenzgeldbezug, Präsenzdienst:
   a) Abschlußprovisionen:
      Abschlußprovisionen sind dem Beitragszeitraum beitragspflichtig zuzurechnen, in dem der Vertragsabschluß getätigt worden ist und somit der Anspruch auf diese Provision erworben wurde.
      Wurde aufgrund einer Tätigkeit die Abschlußprovision während Zeiten des

zu ASVG

Karenzgeldbezuges bzw. Präsenzdienstzeiten erworben, so kommt es im entsprechenden Monat zu einem Aufleben der Sozialversicherungspflicht unter Beachtung der Geringfügigkeitsgrenze. Es ist daher in diesen Fällen für mindestens einen Kalendermonat die Anmeldung zur Sozialversicherung und nach Ende des Provisionsbezuges die Abmeldung zu erstatten.

Es stellt sich grundsätzlich die Frage, ob in solchen Fällen das ursprüngliche Sozialversicherungsverhältnis kurzfristig wiederauflebt oder ob durch eine Tätigkeit während des karenzierten Beschäftigungsverhältnisses beim selben Dienstgeber zu diesem ein zweites sozialversicherungsrechtlich relevantes Dienstverhältnis für diese Zeit entsteht.

Kommt es zum Wiederaufleben der ruhenden Vollversicherung, so werden die ausgezahlten beitragspflichtigen Provisionen grundsätzlich als Teilentgelt gemäß § 242 Abs. 1 Z 2 ASVG gewertet.

b) Folgeprovisionen:
Hier ist grundsätzlich zu unterscheiden zwischen Folgeprovisionen ohne gleichzeitiger Betreuungsverpflichtung (beitragsfrei) und solchen mit Betreuungsverpflichtungen (beitragspflichtig unter Beachtung der Geringfügigkeitsgrenze als Teilentgelt).

c) Sonderzahlungen:
Sonderzahlungen, die unmittelbar von einer Leistungserbringung des Dienstnehmers abhängen (z.B. Erfolgsprämien, Bilanzgelder usw.), sind jenem Beitragszeitraum zuzuordnen, in dem diese Leistung – zumindest teilweise – erbracht worden ist.

Sonderzahlungen, die nicht unmittelbar leistungsabhängig sind, sondern lediglich aufgrund des aufrechten – wenn auch karenzierten – Beschäftigungsverhältnisses gewährt werden, sind dann beitragspflichtig, wenn in jenem Kalenderjahr, in dem der Sonderzahlungsanspruch erworben wurde, zumindest für einen Kalendertag die Versicherungspflicht des Beschäftigungsverhältnisses (tatsächliche Arbeitsleistung oder Arbeitsunfähigkeit mit Entgeltfortzahlungsanspruch) bestanden hat, andernfalls besteht Beitragsfreiheit.

2. Bei Krankengeld-, Wochengeldbezug:
a) Abschlußprovisionen:
Siehe Punkt 1a.
b) Folgeprovosionen:
Siehe Punkt 1b.
Es handelt sich jedenfalls nicht um Zuschüsse des Dienstgebers, die für die Zeit des Anspruches auf laufende Geldleistungen aus der Krankenversicherung gewährt werden, sondern um eigenständige Zahlungen des Dienstgebers aufgrund einer erbrachten Arbeitsleistung. § 49 Abs. 3 Z 9 ASVG kann daher nicht zur Anwendung kommen.

c) Sonderzahlungen:
Die während eines Krankengeld- bzw. Wochengeldbezuges gewährten Sonderzahlungen könnten aufgrund eines Umkehrschlusses zu § 57 Abs. 1 ASVG generell in jedem Fall als beitragspflichtig qualifiziert werden. Bei Gewährung einer Sonderzahlung innerhalb eines Kalenderjahres, in dem kein einziger Tag einer Pflichtversicherung vorliegt, wäre die organisatorische Durchführung über das Steuerfeld 15 zu bewerkstelligen.

d) Einmalzahlungen:
Werden während eines Kranken- oder Wochengeldbezuges sogenannte Einmalzahlungen gewährt, unterliegen diese – unter Beachtung der Geringfügigkeitsgrenze – der allgemeinen Beitragspflicht.

044-01-00-006
Zahlungen nach dem arbeits- und sozialversicherungsrechtlichen Ende eines Beschäftigungsverhältnisses

1. Abschlußprovisionen:

Abschlußprovisionen sind dem Beitragszeitraum beitragspflichtig zuzurechnen, in dem der Vertragsabschluß getätigt worden ist und somit der Anspruch auf diese Provision erworben wurde.

Abschlußprovisionen für nach dem Ende des Beschäftigungsverhältnisses getätigte Vertragsabschlüsse können gemäß § 4 Abs. 4 ASVG der Versicherungspflicht unterliegen.

2. Folgeprovisionen:

Provisionszahlungen, die zwar nach dem Ende der Pflichtversicherung, jedoch bei weiterhin aufrechtem Beschäftigungsverhältnis, erfolgen: Fallen während der Karenz bzw. des Präsenzdienstes Folgeprovisionen an, so ist mit Beginn des Beitragszeitraumes wieder eine Anmeldung zur Sozialversicherung zu erstatten. Als Folgeprovisionen werden Provisionen bezeichnet, die die Dienstnehmerin bzw. der Dienstnehmer während der Laufzeit des von ihr bzw. ihm vermittelten oder abgeschlossenen Vertrages erhält. Beitragspflichtig sind sowohl Folgeprovisionen mit als auch ohne Betreuungsverpflichtung.

Ist das Beschäftigungsverhältnis sowohl arbeits- als auch sozialversicherungsrechtlich beendet, können Abschlussprovisionen für nach dem Ende des Dienstverhältnisses getätigte Vertragsabschlüsse der Versicherungspflicht gemäß § 4 Abs. 4 des Allgemeinen

Sozialversicherungsgesetzes ("freies Dienstverhältnis") unterliegen.

Folgeprovisionen ohne Betreuungspflicht sind nach dem Ende des Dienstverhältnisses beitragsfrei, während Folgeprovisionen mit Betreuungspflicht ebenfalls zu einem freien Dienstverhältnis führen können. Werden Folgeprovisionen im Verlängerungszeitraum einer Pflichtversicherung (Urlaubsersatzleistung, Kündigungsentschädigung) ausbezahlt, erhöhen diese die Beitragsgrundlage (Hauptverband, 2.6.2015, Zl. 51/1 Jv/Dm).

3. Sonderzahlungen:

Bei einer Gewährung von Sonderzahlungen nach Ende des Beschäftigungsverhältnisses kann es sich nur um leistungsbezogene Sonderzahlungen handeln, die jenem Zeitraum beitragspflichtig zuzuordnen sind, in dem die Leistungen erbracht worden sind.

044-01-00-007
Verlängerung der Pflichtversicherung nach Ende des arbeitsrechtlichen Beschäftigungsverhältnisses (Ersatzleistung, Kündigungsentschädigung)

Zahlungen zwischen dem arbeitsrechtlichen Ende und dem sozialversicherungsrechtlichen Ende eines Beschäftigungsverhältnisses sind grundsätzlich beitragspflichtig.

Eine Urlaubsersatzleistung verlängert die Pflichtversicherung eines Lehrverhältnisses. Ist eine Kündigungsentschädigung bei Lehrlingen vorgesehen, so erfolgt eine Verlängerung der Pflichtversicherung. Die Kündigungsentschädigung ist dann beitragspflichtig. Bezüglich der Qualifikation ist der Betroffene als Lehrling zu werten.

Folgeprovisionen, die im Verlängerungszeitraum ausbezahlt werden, wirken sich erhöhend für die Beitragsgrundlage aus. Wird die Pflichtversicherung aufgrund einer Urlaubsersatzleistung verlängert und wird in dieser Zeit zum selben Dienstgeber ein geringfügiges Beschäftigungsverhältnis begründet, so besteht für diese Zeit ein Vollversicherungsverhältnis.

Sonderzahlungen sind nur dann zu berücksichtigen, wenn ein Anspruch darauf besteht. Grundsätzlich wird für die Berücksichtigung von Sonderzahlungen ein Sechstel der Beitragsgrundlage herangezogen, weil dies dem Regelfall entspricht. Auf Antrag sind jedoch Sonderzahlungen im tatsächlichen Ausmaß zu berücksichtigen. (Hauptverband 5.11.1997, Zl. 32-53.11/97 Sm/Mm, 3.7.2003, Zl. FO-MVB/32-51.1/03 Rv/Mm)

Ein anderes Thema ist die Zuordenbarkeit einer Urlaubsersatzleistung einer geringfügig Beschäftigten, die am Monatsende aus einem Unternehmen ausscheidet. Auf Grund des vorhandenen Jahresarbeitszeitdurchrechnungsmodells sind der Mitarbeiterin die vorhandenen Zeitguthaben in Geld abzugelten. Auf Grund dieser Abgeltung kommt es im Austrittsmonat zu einem Überschreiten der Geringfügigkeitsgrenze. Der Mitarbeiterin wird weiters eine Urlaubsersatzleistung ausbezahlt.

Die Urlaubsersatzleistung ist beitragsrechtlich auf Grundlage des Anspruchsprinzips dem jeweiligen Monat zuzuordnen, d.h. im Falle des Austritts mit 31.1. wäre die Urlaubsersatzleistung dem Monat Februar zuzuordnen.

Wenn die Zeitguthaben zeitraumbezogen zuordenbar sind, dann sind sie den Monaten jedenfalls zuzuordnen. Im Austrittsmonat ist das Zeitguthaben in Geld zuzurechnen, daher zu rollen. Es kann daher bei den angeführten Sachverhalt zu einer Vollversicherung im Austrittsmonat kommen. Die nachfolgende Urlaubsersatzleistung ist möglicherweise wieder unter der Geringfügigkeitsgrenze. Für die Vollversicherung gilt das gleiche. Durch die Zurechnung des Zeitguthabens im letzten Monat würde die Höchstbeitragsgrundlage überschritten werden. Sozialversicherungsrechtlich ist in diesem Fall die Höchstbeitragsgrundlage heranzuziehen (Hauptverband, 23.2.2010, Zl. 32-MVB-51.1/10 Sbm/Mm).

044-01-00-008
Rechtswirksamkeit des Anspruchslohnes

Da § 10 AZG zwingendes Recht ist, können davon abweichende Vereinbarungen zwischen Dienstgeber und Dienstnehmer nur wirksam sein, wenn und insoweit sie für den Dienstnehmer günstiger sind als der gesetzliche Anspruch auf Überstundenvergütung. Vereinbarungen, die sich darauf beschränken, einen Freizeitausgleich im Verhältnis 1 : 1 festzusetzen, sind daher rechtsunwirksam. Die Unwirksamkeit einer abgeschlossenen Zeitausgleichsvereinbarung hat sozialversicherungsrechtlich zur Folge, dass die Krankenkasse Ansprüche auf Überstundenvergütung zu Recht den einzelnen Lohnzahlungszeiträumen zuordnet, woraus sich zu Recht Beitragsnachforderungen und Beitragszuschläge ergeben. (VwGH 22.10.1987, Zl. 83/08/0245)

044-01-00-009
Sachbezugsanspruch

Wird ein Dienstnehmer nicht mit Geld, sondern ausschließlich durch das Bereitstellen eines Firmen-Kfz entlohnt, setzt sich die allgemeine Beitragsgrundlage selbst dann, wenn der nach § 50 ASVG errechnete Wert des Sachbezuges im Wesentlichen dem kollektivvertraglich zu gewährenden Lohn entspricht, aus dem kollektivvertraglichen Mindestlohn und dem Sachbezug zusammen. (VwGH 27.7.2001, Zl. 95/08/0037)

Ein Dienstnehmer unterliegt einem Kollektivvertrag, der als Mindestentgelt einen bestimmten Geldbetrag vorsieht. Vom Dienstgeber werden Geld- und Sachbezüge geleistet, wobei der Geldlohn des Arbeitnehmers niedriger ist als der KV-Lohn. Die Summe der Geld- und Sachbezüge entspricht aber zumindest dem kollektivvertraglichen Mindestlohn bzw. geht darüber hinaus. Die teilweise Leistung des Entgeltes in Naturalien wurde zwischen Dienstgeber und -nehmer vertraglich vereinbart.

Die Beitragsgrundlage ist der dem Dienstnehmer gewährter Naturallohn zuzüglich der im Kollektivvertrag festgelegte volle Mindest-(Geld-)-Lohn.

Kollektivvertraglich in Geldbeträgen festgesetzte Mindestentgelte sind zwingend und ausschließlich in Geld zu entrichten. Dieses Geldzahlungsgebot schließt (ungeachtet aller Günstigkeitsüberlegungen) davon abweichende Sondervereinbarungen zwischen Dienstnehmer und -geber aus. Dies bedeutet, dass der Dienstnehmer (unabhängig von den gewährten Sachbezügen) in jedem Fall Anspruch auf die volle Höhe des kollektivvertraglich normierten Mindest(Geld)Lohnes hat. Somit zählen im konkreten Fall sowohl der volle kollektivvertragliche Anspruchslohn als auch der tatsächlich geleistete Naturallohn zum beitragspflichtigen Entgelt im Sinne des § 49 Abs. 1 ASVG. (VwGH 22.3.1994, Zl. 92/08/0150)

044-01-00-010
Beitragsgrundlage aus mehreren Tätigkeiten

Entgelte, die der Arbeitnehmer aus zwei nicht trennbaren Tätigkeiten im Betrieb von ein und demselben Arbeitgeber erhält, sind zusammenzuzählen und es wird die Beitragsgrundlage von einem Dienstverhältnis gebildet, d.h. es sind also nicht zwei sozialversicherungspflichtige echte Beschäftigungsverhältnisse gemäß § 4 Abs. 2 ASVG zu ein und demselben Arbeitgeber möglich (VwGH 28.4.1988, Zl. 87/08/0032).

Führt der Arbeitnehmer zusätzlich zu seinem Dienstverhältnis (§ 4 Abs. 2 ASVG) eine weitere, völlig getrennte und andersartige Tätigkeit auf Grund eines separaten freien Dienstvertrages (§ 4 Abs. 4 ASVG) oder Werkvertrages (GSVG) durch und besteht abgesehen von der Identität der Vertragspartner zwischen der Tätigkeit z.B. als Lagerarbeiter (in einem Dienstverhältnis) und der Tätigkeit als Autovertreter (auf Grund eines freien Dienstvertrages oder Werkvertrages) überhaupt kein Zusammenhang, stellen beide Tätigkeiten auch für Zwecke der Sozialversicherung keine Einheit dar, sondern sind getrennt zu beurteilen.

Ist nun weder von einer inhaltlichen noch von einer zeitlichen Verschränkung der beiden auf Grund unterschiedlicher Verträge ausgeübten Tätigkeiten auszugehen, genügt auch ein „Leistungsinteresse" des Arbeitgebers an der Tätigkeit des Arbeitnehmers als Autovertreter nicht, um – in Übertragung der Grundsätze der ständigen Rechtsprechung zur Wertung der Leistungen Dritter als Entgelt (VwGH 17.9.1991, Zl. 90/08/0004) – die dem Arbeitnehmer auf Grund der Vereinbarung zustehenden Provisionen als Entgelt unter dem Gesichtspunkt von Geldbezügen „auf Grund des Dienstverhältnisses" (nämlich des Beschäftigungsverhältnisses als Lagerhalter) zu werten.

Hiezu wäre neben diesem Interesse auch erforderlich, dass die nach dem Parteiwillen nur für die Tätigkeit als Autovertreter zustehenden Provisionen dennoch wegen ihres sachlichen oder zeitlichen Zusammenhanges mit der Tätigkeit als Lagerhalter auch als Gegenwert für die vom Arbeitnehmer im Rahmen dieses Beschäftigungsverhältnisses erbrachten Leistungen zu werten wären oder dass auch in Bezug auf die Vermittlungstätigkeit die Merkmale persönlicher und wirtschaftlicher Abhängigkeit im Sinne des § 4 Abs. 2 ASVG überwiegen.

Zum Vorliegen des Leistungsinteresses und der zeitlichen und/oder inhaltlichen Verschränkung siehe ausführlich dazu VwGH vom 23.6.1998, Zl. 95/08/0281, d.h. ist davon auszugehen, dass die vergütete Leistung nicht auf Grund des Dienstverhältnisses (oder eines zweiten) zum Arbeitgeber erbracht wird, hängt die Einbeziehung ihrer Vergütung in die Beitragsgrundlage vielmehr davon ab, ob eine inhaltliche und/oder zeitliche Verschränkung der beiden Tätigkeiten vorliegt.

044-01-00-011
Änderung der Beitragsgruppe

Dienstnehmer, die das Anfallsalter für die vorzeitige Alterspension bei langer Versicherungsdauer vollendet haben, und davor in Beitragsgruppe A1/D1 abgerechnet wurden, sind ab Beginn des folgenden Kalendermonates in der Beitragsgruppe A2/D2 abzurechnen. Wenn das Anfallsalter mit dem Ersten des Kalendermonates erfüllt wird, gilt der Geburtsmonat, nicht der Folgemonat. (Hauptverband 3.7.2003, Zl. FO-MVB/32-51.1/03 Rv/Mm)

044-01-00-012
Beitragsgrundlage nach Unterbrechung von Kurzarbeitet

Es ist möglich, sowohl generell für alle Dienstnehmer als auch nur bei einzelnen die Kurzarbeit zu unterbrechen.

Es stellt sich die Frage ob die SV-Bemessung trotz Unterbrechung unverändert wie vor dem erstmaligen Eintritt der Kurzarbeit bleibt bzw. wie lange unterbrochen werden muss, damit die SV-Bemessung neu ermittelt wird?

Die Kurzarbeits-Sozialpartnervereinbarung wird zwischen dem Unternehmen und den Sozial- bzw. Kollektivvertragspartnern über einen bestimmten Zeitraum (z.B. über sechs Monate) abgeschlossen und nicht mit dem AMS. Die Sozialversicherungsbeitragsgrundlage innerhalb des genannten Kurzarbeitszeitraumes bleibt immer gleich. SV-Beitragsgrundlage ist immer die Höhe des Entgeltes des letzten voll entlohnten Monates der betroffenen MitarbeiterIn vor Kurzarbeitsbeginn. Es ist unerheblich, ob innerhalb dieser 6 Monate auch immer kurzgearbeitet wurde oder es auch zu kollektivvertraglicher Normalarbeitszeit gekommen ist.

Das AMS kann anhand der vorzulegenden, üblicherweise monatlichen Abrechnungslisten die tatsächlichen Ausfall- bzw. Leistungsstunden feststellen und ergibt sich daraus erst die entsprechende, tatsächlich auszuzahlende Beihilfenhöhe. Es muss daher die SV-Beitragsgrundlage bei einer, an die erste Kurzarbeitsphase unmittelbar anschließenden zweiten Kurzarbeitsphase (nur mit neuer Sozialpartnervereinbarung möglich), mangels einer dazwischenliegenden Normalproduktionphase mit voll entlohnten Monaten gleich hoch sein. Die SV-Beitragsgrundlage kann sich nur nach einer abgeschlossenen Kurzarbeit ändern, sofern zumindest ein voll entlohnter Monat zwischen einer allfälligen weiteren Kurzarbeitsphase liegt (Hauptverband 16.-17.6.2009, Zl. 32-MVB-51.1/09 Dm/Mm).

044-01-00-013
Beitragsgrundlage bei Kurzarbeit

Während des Bezuges der Kurzarbeitsunterstützung richten sich die Beiträge und die Leistungen der Sozialversicherung nach der letzten Bemessungsgrundlage vor Eintritt der Kurzarbeit (§ 32 (3) AMFG). Nach dem bundeseinheitlichen Arbeitsbehelf sind jedoch die (Landarbeiter)Kammerumlage, der Wohnbauförderungsbeitrag und der Schlechtwetterentschädigungsbeitrag vom tatsächlichen (geringeren) Entgelt zu berechnen.

Im Zusammenhang mit der Altersteilzeit hat der VwGH (2003/08/0015 vom 21.12.2005) bereits festgestellt, dass die Kammerumlage von der Beitragsgrundlage vor Herabsetzung der Arbeitszeit zu berechnen ist, der Arbeitsbehelf wurde bereits berichtigt.

Da sowohl die (Landarbeiter)Kammerumlage als auch der Wohnbauförderungsbeitrag an die Beitragsgrundlage in der Krankenversicherung anknüpfen, ist auch im Fall der Kurzarbeit als Beitragsgrundlage für Kammerumlage/Wohnbauförderungsbeitrag (KU/WF) die Beitragsgrundlage vor Eintritt der Kurzarbeit heranzuziehen (§ 32 AMFG).

Der Schlechtwetterentschädigungsbeitrag hingegen knüpft an den „Arbeitsverdienst" an, daher ist als Beitragsgrundlage das reduzierte Entgelt (zuzüglich Kurzarbeitsunterstützung) heranzuziehen.

Sollte die Differenz der SV-Beiträge (vor Herabsetzung und tatsächliches Entgelt während der Kurzarbeit) vom AG übernommen werden, so führt dies zu keiner Erhöhung der Beitragsgrundlage für den AN, da § 32 AMFG die Beitragsgrundlage der SV abschließend regelt. Vgl auch AMPFG 0021). (Hauptverband 2.12.2008, Zl. 32-MVB-51.1/08 Jv/Mm).

044-01-01-001
Herabsetzung der Beitragsgrundlage von Amts wegen

Sind Entgeltansprüche aus einem Dienstverhältnis mit dem Ehepartner vom Arbeitsinhalt und vom Arbeitsausmaß her nicht begründbar, kann die Beitragsgrundlage von Amts wegen herabgesetzt werden. (VwGH 16.2.1999, Zl. 95/08/0333)

044-01-01-002
Umsatzsteuer

Gemäß § 49 Abs. 1 ASVG sind unter Entgelt die Geld- und Sachbezüge zu verstehen, auf die der pflichtversicherte Dienstnehmer (Lehrling) aus dem Dienst(Lehr)verhältnis Anspruch hat oder die er darüber hinaus auf Grund des Dienst(Lehr)verhältnisses vom Dienstgeber oder von einem Dritten erhält. Einkünfte aus nichtselbständiger Arbeit unterliegen gemäß § 1 UStG und § 2 UStG nicht der Umsatzbesteuerung. Ein vom Dienstgeber dennoch für Umsatzsteuer (also allenfalls rechtsirrig) tatsächlich geleisteter Betrag ist nicht Entgelt im Sinne des § 49 Abs. 1 ASVG. Die Umsatzsteuer ist trotzdem an das Finanzamt abzuführen.

044-01-10-001
Allgemeine Beitragsgrundlage bei Altersteilzeit, Altersteilzeitbeihilfe, Solidaritätsprämienmodell

Die jeweilige Summe von Teilzeitarbeitsentgelt und Lohnausgleich ist sozialversicherungs- und umlagepflichtig, mit den üblichen Bemessungs- und Abzugsregeln. Erreichen Teilzeitentgelt und Lohnausgleich nicht die jeweilige Höchstbeitragsgrundlage, muss der Dienstgeber die Sozialversicherungsbeiträge entsprechend der Beitragsgrundlage vor der Herabsetzung der Normalarbeitszeit entrichten.

Bei Schwankungen des Arbeitsverdienstes ist nicht die zufällig letzte monatliche Beitragsgrundlage heranzuziehen, sondern auch – um Zufallsergebnisse zu vermeiden – das durchschnittliche regelmäßige Entgelt.

Überdies nimmt die Beitragsgrundlage an den Änderungen der jährlichen Höchstbeitragsgrundlage teil.

Die auf diese fiktive Differenzbeitragsgrundlage entfallenden Gesamtbeiträge (Dienstgeber- und Dienstnehmeranteile) sind vom Dienstgeber zu entrichten. Die Kammerumlage, der Wohnbauförderungsbeitrag und der Schlechtwetterentschädigungsbeitrag sind von der Beitragsgrundlage für die Krankenversicherung zu entrichten.

Als Arbeitsverdienst gilt auf Grund der Bestimmung des § 44 Abs. 1 Z. 10 ASVG bei Dienstnehmern, für die dem Dienstgeber ein Altersteilzeitgeld gewährt wird, die Beitragsgrundlage vor Herabsetzung der Normalarbeitszeit; dies gilt auch für die Berechnung der Arbeiterkammerumlage. (VwGH, 21.12.2005, 2002/08/0121) (Hauptverband 28.2.2006, Zl. FO-MVB/51.1/06 Dm/Mm)

044-02-00-001
Dauer des Beitragszeitraumes

Beitragszeitraum ist der Kalendermonat, der einheitlich mit 30 Tagen anzunehmen ist.

044-03-00-001
Trinkgeld

Der Versicherungsträger kann nach Anhörung der in Betracht kommenden Interessenvertretungen der Dienstgeber und der Dienstnehmer festsetzen, dass bei bestimmten Gruppen von Versicherten, die üblicherweise Trinkgelder erhalten, diese Trinkgelder der Bemessung der Beiträge pauschaliert zugrunde zu legen sind.

Grundsätzlich sind Trinkgeldpauschalien aus dem Gastgewerbekollektivvertrag auf überlassene

6. E-MVB
044-05-00-001 – 044-07-00-003

Arbeitskräfte, die in einem Gastronomiebetrieb beschäftigt sind, anzuwenden, da diese dem Beschäftigerkollektivvertrag unterliegen. Bezüglich der anzuwendenden Höhe der Trinkgelder sind die jeweiligen Festsetzungen der Trinkgeldpauschalien in den einzelnen Bundesländern maßgebend. (Hauptverband 16. November 2004, Zl. FO-MVB/51.1/04 Rv/Mm)

044-05-00-001
Erhöhung der Beitragsgrundlage bei Nettolohnvereinbarung

Bei einer Nettolohnvereinbarung, bei der der Dienstgeber auch den Dienstnehmeranteil an den Sozialversicherungsbeiträgen trägt, erhöht sich lediglich die Beitragsgrundlage einmal um den Dienstnehmeranteil, nicht aber der Anspruchslohn um die fortgesetzt erhöhte Beitragsgrundlage.

Daran ändert sich auch dann nichts, wenn die von einer Beitragsnachrechnung Betroffenen aus der ständigen „freiwilligen" Tragung ihrer Beitragsanteile einen Rechtsanspruch darauf erworben hätten; dann handelt es sich um eine konkludent zustande gekommene echte (originäre) Nettolohnvereinbarung. Bei einer solchen Vereinbarung wird – im Gegensatz zur unechten (abgeleiteten) Nettolohnvereinbarung – der Nettolohn (und nicht ein um die zur Tragung übernommenen Sozialversicherungsbeiträge und Abgaben erhöhter Bruttolohn) als konstante Größe (von der auch Lohnzuschläge, Urlaubsabgeltungen, Lohnerhöhungen usw. zu berechnen sind), unabhängig von einem Schwanken der Höhe der Abgaben und Sozialversicherungsbeiträge, und daher sowohl zulasten als auch zugunsten des Dienstnehmers geschuldet. Dies hat in sozialversicherungsrechtlicher Hinsicht – zufolge der Bestimmung des § 44 Abs. 5 ASVG – die gleichen Konsequenzen. (VwGH 16.5.1995, Zl. 94/08/0165)

Zahlt der Dienstgeber die Dienstnehmeranteile des vollversicherten geringfügig Beschäftigten, stellt dies einen Vorteil aus dem Dienstverhältnis dar, und sie sind daher beitragspflichtig (erhöht die Beitragsgrundlage); dadurch kann es auch allenfalls dazu kommen, dass die Geringfügigkeitsgrenze letztendlich überschritten wird.

Grundsätzlich ist die nachträgliche Übernahme des Dienstnehmeranteils als beitragspflichtiges Entgelt auf die jeweiligen Beitragsmonate aufzurollen. (Hauptverband 11.1.2000, Zl. 32-51.1/99 Sm/Mm)

§ 44 Abs. 5 ASVG ist restriktiv auszulegen, und zwar dahin gehend, dass damit nur die Abgaben, die ein Dienstnehmer normalerweise leistet, gemeint sind (z.B. bei geringfügig Beschäftigten oder kurzfristig beschäftigten Dienstnehmern im Sinne des § 69 EStG). (VwGH 29.9.1992, Zl. 92/08/0090)

044-07-00-001
Einarbeitungszeiten

§ 44 Abs. 7 ASVG bestimmt, dass bei abweichender Vereinbarung der Arbeitszeit (Einarbeitung von arbeitsfreien Tagen) das Entgelt für jene Zeiträume als erworben gilt, der der Versicherte eingearbeitet hat.

Nach Auffassung des Hauptverbandes ist die Wirkung dieser gesetzlichen Bestimmung nicht nur auf das Beitragsrecht beschränkt, sondern besagt auf dem Gebiet des ASVG-Leistungsrechtes, dass falls ein Krankenstand in die vom Dienstnehmer eingearbeiteten freien Tage fällt, anzunehmen ist, dass der Dienstnehmer für diese Zeit das volle Entgelt bezogen hat und daher das Krankengeld gemäß § 143 Abs. 1 Z 3 ASVG ruht.

044-07-00-002
Verlängerung der Pflichtversicherung durch Einarbeitung

Es kann nicht abgeleitet werden, dass das Dienstverhältnis als weiterbestehend fingiert wird, wenn es vor Konsumation der bereits vorher eingearbeiteten Freizeit gelöst wird. Endigt das Dienstverhältnis, bevor die freie Zeit, die der Dienstnehmer bereits eingearbeitet hat, verstrichen ist, muss angenommen werden dass es überhaupt nicht zu der ursprünglich beabsichtigten abweichenden Verteilung der Arbeitszeit gekommen ist, weil dem Dienstnehmer durch das vorzeitige Ende des Dienstverhältnisses die Möglichkeit fehlt, die eingearbeitete Freizeit in Anspruch zu nehmen.

Eine sozialversicherungsrechtliche fiktive Verlängerung des Dienstverhältnisses erscheint nur dann begründet, wenn auch nach arbeitsrechtlichen Regelungen, z.B. auf Grund einer Vereinbarung zwischen Dienstgeber und Dienstnehmer, das Dienstverhältnis erst zu einem späteren als dem tatsächlich durch Beendigung der Tätigkeit gekennzeichneten Zeitpunkt enden soll.

Die vom Dienstnehmer geleistete Mehrarbeit muss auf andere Weise (z.B. durch Bezahlung von Überstunden) abgegolten werden bzw. der sozialversicherungsrechtlichen Regelung unterworfen werden, wenn die Einarbeitung nicht erfolgt. (SoSi 1/1975)

044-07-00-003
Sabbatical Regelung

Manche Unternehmen vereinbaren mit ihren Angestellten sogenannte Sabbatical Regelungen. Im Rahmenzeitraum von fünf Jahren werden vier Jahre 40 Stunden pro Woche gearbeitet und 80% des gebührenden Entgeltes ausgezahlt. Im 5. Jahr läuft der Bezug von 80% weiter, es wird aber keine Arbeitsleistung erbracht. Eine Sabbatical-Regelung mit einer Verminderung des Entgeltanspruches auf 80% ist zulässig. Vertraglich werden Einzelvereinbarungen akzeptiert. Es handelt sich dabei um eine Willensübereinstimmung, die zur Kenntnis zu nehmen ist. Als Beitragsgrundlage gilt durchlaufend für die fünf Jahre das tatsächlich ausgezahlte Entgelt in der Höhe von 80%. Eine allfällige Arbeitsunfähigkeit wegen Erkrankung ändert an der Vereinbarung nichts. Die Freizeitphase kann angetreten werden. Grundsätzlich besteht Anspruch auf Urlaub. Es kann aber in einer Vereinbarung festgelegt werden, wann (ob auch in der Freizeitphase) der Urlaub konsumiert werden soll. (Hauptverband 1.2.2005, Zl. FO-MVB/51.1/05 Rv/Mm)

044-08-00-001
Allgemeine Beitragsgrundlage für Freie Dienstnehmer

Für die Ermittlung der Beitragsgrundlage für Freie Dienstnehmer gelten dieselben Bestimmungen wie für die Dienstnehmer. Beitragsgrundlage ist somit das im Kalendermonat gebührende Entgelt (Arbeitsverdienst).

Die Sonderbestimmung des § 44 Abs. 8 ASVG ist für Freie Dienstnehmer (§ 4 Abs. 4 ASVG) nur anzuwenden, wenn der für längere Zeiträume als einen Kalendermonat gebührende Arbeitsverdienst ein im Voraus bestimmter Betrag ist, der weder den tatsächlichen zeitlichen Abschnitten der Leistungserbringung noch nach Leistungskriterien (z.B. Stück- oder Akkordlohn, Provision) konkret zugeordnet werden kann (z.B. Honorar für Konsulenten). (SoSi 10/1973)

044-08-00-001
Allgemeine Beitragsgrundlage für Freie Dienstnehmer

Für die Ermittlung der Beitragsgrundlage für Freie Dienstnehmer gelten dieselben Bestimmungen wie für die Dienstnehmer. Beitragsgrundlage ist somit das im Kalendermonat gebührende Entgelt (Arbeitsverdienst).

Die Sonderbestimmung des § 44 Abs. 8 ASVG ist für Freie Dienstnehmer (§ 4 Abs. 4 ASVG) nur anzuwenden, wenn der für längere Zeiträume als einen Kalendermonat gebührende Arbeitsverdienst ein im Voraus bestimmter Betrag ist, der weder den tatsächlichen zeitlichen Abschnitten der Leistungserbringung noch nach Leistungskriterien (z.B. Stück- oder Akkordlohn, Provision) konkret zugeordnet werden kann (z.B. Honorar für Konsulenten). (SoSi 10/1973)

045-00-00-001
Höchstbeitragsgrundlage (§ 45 ASVG)

Allgemeine Beiträge sind nur bis zur Höchstbeitragsgrundlage (www.sozialversicherung.at) zu entrichten.

045-01-00-001
Festlegung der Höchstbeitragsgrundlage

Die Höchstbeitragsgrundlage wird jährlich durch Verordnung des zuständigen Bundesministers festgelegt. Für die Berechnung der Beiträge ist gemäß § 45 Abs. 1 ASVG die Beitragsgrundlage maßgeblich, die auf den Kalendertag entfällt. Es ist daher in jedem Fall von dem auf den Kalendertag entfallenden Entgelt auszugehen. Die Auffassung, der Begriff „Entgelt" wäre auf das Monatsentgelt abgestellt, findet in den gesetzlichen Bestimmungen keine Stütze. Diese Höchstbeitragsgrundlage gilt auch für den Beitrag zur Arbeitslosenversicherung, für den Zuschlag zum IESG, den NSchG-Beitrag, die Schlechtwetterentschädigung, die Arbeiterkammerumlage und den Wohnbauförderungsbeitrag.

Ab Jänner 2004 gibt es eine zusätzliche Anhebung der Höchstbeitragsgrundlage um täglich 1,– Euro, somit um monatlich 30,– €.

045-01-00-002
Höchstbeitragsgrundlage und Altersteilzeitgeld

Bei der Bemessung des Altersteilzeitgeldes sind die jährlichen Anhebungen bzw. kollektivvertragliche oder sonst gebührende Ist-Lohnerhöhungen zu berücksichtigen. Somit ist die letzte volle Beitragsgrundlage insofern variabel, als sie durch solche Steigerungen entsprechend erhöht wird.

Das AMS ersetzt auch den Lohnausgleich für die fälligen Sonderzahlungen, der sich aus dem für Sonderzahlungen geltenden Maximalbetrag der doppelten Höchstbeitragsgrundlage ergibt. Die erste Sonderzahlung im Jahr kann daher über der einfachen Höchstbeitragsgrundlage liegen, bei weiteren Sonderzahlungen gebührt jedoch nur mehr die Differenz auf die doppelte Höchstbeitragsgrundlage.

045-01-00-003
Berechnung der Anzahl der Teilentgelttage

Ein Dienstnehmer bezieht (laut Lohnkonto) vom 01.01.–26.10.08 volles Entgelt, vom 27.10.–24.11.08 halbes Entgelt. Sein monatlicher Bruttobezug beträgt 4.133,71 € zuzüglich sv-pflichtigem Fahrtkostenersatz von 30,88 €. Im Oktober 2008 erhält er daher für 01.–26.10. Gehalt in Höhe von 3.582,55 € sowie für 27.–31.10. Teilentgelt in Höhe von 275,58 € zuzüglich 30,88 € Fahrtkostenersatz (pflichtig). Im November 2008 erhält er für 02.–24.11. Teilentgelt in Höhe von 1653,49 €.

Als allgemeine Beitragsgrundlage ist das 26-fache der täglichen Höchstbeitragsgrundlage, also 26 x 131.- = 3.406.- € (für 2008) zuzüglich Teilentgelt in Höhe von 275,58 € (maximal wären noch 4 x 131.- = 524.- € möglich) abzurechnen. Dies deshalb, weil die jeweilige tägliche Höchstbeitragsgrundlage für die allgemeine Beitragsgrundlage und für das Teilentgelt gesondert zu betrachten ist. Im vorliegenden Fall beträgt somit die Anzahl der Teilentgelttage 29 Kalendertage. (Hauptverband 21.4.2009, Zl. 32-MVB-51.1/09 Jv/Mm)

045-02-00-001
Höchstbeitragsgrundlage bei mehreren Beschäftigungen

Liegen mehrere Beschäftigungsverhältnisse vor, so ist der Beitrag in jedem einzelnen Beschäftigungsverhältnis bis zur Höhe der Höchstbeitragsgrundlage gesondert zu bemessen.

047-00-00-001
Allgemeine Beitragsgrundlage in besonderen Fällen (§ 47 ASVG)

Die Pflichtversicherung besteht für die Zeit einer bis zu einem Monat dauernden Arbeitsunterbrechung infolge Urlaubes ohne Entgeltzahlung (§ 47 lit. a ASVG) weiter, wenn das Beschäftigungsverhältnis in dieser Zeit nicht beendet wird. Wird der unbezahlte Urlaub jedoch für länger als einen Monat vereinbart, oder wird die Beschäftigung nach Ablauf dieses Monates nicht fortgesetzt, so ist die Abmeldung mit dem Tag vor Beginn des unbezahlten Urlaubes zu erstatten. Als allgemeine Beitragsgrundlage gilt für Zeiten einer Arbeitsunterbrechung infolge Urlaubes ohne Entgeltzahlung jener Betrag, der auf den der Dauer einer solchen Arbeitsunterbrechung entsprechenden Zeitabschnitt unmittelbar vor der Unterbrechung entfiel.

Als allgemeine Beitragsgrundlage gilt für Zeiten einer Minderung der Beitragsgrundlage infolge Ausübung eines öffentlichen Mandates der Betrag, der auf den letzten Beitragszeitraum unmittelbar vor der Minderung der Beitragsgrundlage entfiel.

Beispiel:

Ein Dienstnehmer reduziert infolge Ausübung eines öffentlichen Mandates (Landtagsabgeordneter) seine Arbeitszeit von 40 Stunden auf 27,5 Stunden und wir infolgedessen auch seine abgerechnete Beitragsgrundlage im selben Ausmaß gekürzt. Gemäß § 47 lit. c ASVG gilt als allgemeine Beitragsgrundlage für Zeiten einer Minderung der Beitragsgrundlage infolge Ausübung eines öffentlichen Mandates der Betrag, der auf den letzten Beitragszeitraum unmittelbar vor der Minderung der Beitragsgrundlage entfiel. Gemäß § 53 Abs. 4 ASVG hat im Falle des § 47 lit. c ASVG der Dienstgeber den Beitrag zu entrichten. Er ist berechtigt, unbeschadet der Bestimmungen des § 60 Abs. 1 ASVG, auch den Unterschiedsbetrag zwischen dem Beitrag, der sich auf Grund der Beitragsgrundlage nach § 47 lit. c ASVG und der allgemeinen Beitragsgrundlage nach § 44 ASVG ergibt, vom Entgelt in barem abzuziehen. Nach dem Gesetzestext muss somit obgenannter Dienstnehmer vom Dienstgeber nach wie vor mit einer Beitragsgrundlage abgerechnet werden, die einem Monatsbezug bei einer 40-Stundenwoche entspricht. Der Dienstgeber hat gemäß § 53 Abs. 4 ASVG das Recht, sowohl den Dienstnehmer- als auch den Dienstgeberanteil, der auf den Unterschiedsbetrag entfällt, dem Dienstnehmer vom Lohn abzuziehen. § 53 Abs. 1 ASVG kommt nicht zur Anwendung, da in § 53 Abs. 4 ASVG vom Gesetzgeber ausdrücklich eine andere Tragung angeordnet ist. (Hauptverband 3.5.2005, Zl. FO-MVB51.1/05 Rv/Mm)

049-00-00-001
Entgelt (§ 49 ASVG)

Unter Entgelt sind die Geld- und Sachbezüge zu verstehen, auf die der pflichtversicherte Dienstnehmer aus dem Dienstverhältnis Anspruch hat oder die er darüber hinaus auf Grund des Dienstverhältnisses vom Dienstgeber oder von einem Dritten erhält („allgemeine Beitragsgrundlage").

049-01-00-001
Bruttoentgelt

Da der Entgeltbegriff des § 49 Abs. 1 ASVG an den arbeitsrechtlichen Begriff anknüpft, ist unter Entgelt im Sinne dieser Bestimmung das Bruttoentgelt zu verstehen, dadurch ist aber nicht ausgeschlossen, dass dem Dienstvertrag eine Nettolohnvereinbarung zugrundegelegt wird, weil eine solche arbeitsrechtlich nicht unzulässig ist. Der Beitragsbemessung und auch dem gegebenenfalls in Betracht zu ziehenden Günstigkeitsvergleich mit dem kollektivvertraglichen Anspruchslohn ist in einem solchen Fall das entsprechend errechnete Bruttoentgelt zugrunde zu legen.

Wird eine Nettolohnvereinbarung getroffen, so ist erkennbar, dass das als Beitragsgrundlage angenommene Entgelt um die Lohnsteuer und die Sozialversicherungsbeiträge erhöht werden muss. Bei der Frage nach dem Inhalt eines allenfalls stillschweigend abgeänderten Nettolohnvertrages kommt es nicht darauf an, ob der Dienstnehmer die tatsächliche Modalität der sozialversicherungsrechtlichen Behandlung seiner Bezüge anhand der ihm ausgefolgten Lohnstreifen erkennen hätte müssen. (VwGH 3.7.1990, Zl. 88/08/0138)

Bei einer Nettolohnvereinbarung erhöht sich die Beitragsgrundlage um die vom Dienstgeber übernommenen Beiträge und Abgaben.

Beispiel:

Sachverhalt: „Durch eine Sozialversicherungsprüfung wird eine GmbH zur Zahlung von SV-Beiträgen für die Privatnutzung eines firmeneigenen PKW durch den im Unternehmen beschäftigten Vater des Geschäftsführers an die Österreichische Gesundheitskasse verpflichtet." Die beschwerdeführende Gesellschaft erhob Einspruch mit der Begründung, dass der als LWK-Fahrer beschäftigte Vater keinen firmeneigenen PKW „für Privatfahrten" verwende, er benütze nur für Firmenzwecke verschiedene firmeneigene PKW. Der Vater wohne im selben Haus, in dem auch das Firmenbüro untergebracht sein – der Standort des Firmen-LKW befinde sich hingegen im Gewerbegebiet. Bevor er zu den LKW fahre, erledige er Bürotätigkeiten im Firmenbüro. Wenn er vom Büro zum LKW-Standort fahre, benötigter den firmeneigenen PKW.

VwGH: „Die SV-Beitragspflicht aus dem Titel eines Sachbezuges durch private Nutzung eines arbeitsbereigenen KfZ kann dann verneint werden, wenn ein ernst gemeintes Verbot von Privatfahrten durch den Arbeitgeber vorliegt und der Arbeitgeber auch für die Wirksamkeit seines Verbotes vorsorgt. Wird die Existenz eines ausdrücklichen, an den DN gerichteten und durch entsprechende Maßnahmen in seiner Effektivität gesicherten Verbotes von Privatfahrten und dessen effektiver Kontrolle gar nicht behauptet und ist ein solches aufgrund der verwandtschaftlichen Nahebeziehung nach der Lebenserfahrung auch nicht zu erwarten, besteht SV-Beitragspflicht." (Hauptverband 21. September 2004, Zl. FO-MVB/51.1/04 Rv/Mm) (VwGH v. 26.5.2004, Zl. 2001/08/00229).

Der Beitragsbemessung ist das Entgelt im Sinne des § 49 ASVG, auf das ein Dienstnehmer aufgrund des Dienstverhältnisses Anspruch hat oder das er darüber hinaus auf Grund des Dienstverhältnisses erhält, zu Grunde zu legen; ob die Entgeltzahlung beim Dienstgeber zu steuerlich abzugsfähigen Aufwendungen (wie z. B. als Betriebsausgabe) führt, ist dafür unerheblich.

Konkret geht es in dem vom VwGH beurteilten Fall darum, dass eine Ehefrau im Prüfzeitraum neben Ordinationshilfen auch ihren Gatten beschäftigt. Mit den zwei Ordinationshilfen werden jährlich Dienstverträge abgeschlossen. Mit dem Ehegatten gibt es keinen schriftlichen Arbeitsvertrag, seine wöchentliche Arbeitszeit beträgt 40 Stunden. Der Ehegatte arbeitet nicht als Ordinationshilfe, sondern ist für die EDV-Betreuung, die Warenbeschaffung, die Medikamenteneinkäufe, den Zahlungsverkehr und die Überprüfung der Bankbelege, die Überprüfung der Krankenkassenabrechnungen, die tägliche Post Botenfahrten sowie der Sammlung und das Sortieren der Belege zuständig. Laut Lohnaufzeichnungen benötigt er für diese Arbeiten neben seinen 40 Wochenstunden teilweise bis zu 100 Überstunden im Monat. Sein monatlicher Bruttolohn (ohne Überstunden) beträgt EUR 2.463,43.

Laut obiger Darstellung ergibt sich nicht nur zwischen Arbeitslohn der Ordinationshilfen und Arbeitslohn des Gatten ein Missverhältnis, sondern auch in den zu erbringenden Leistungen. Während die Ordinationshilfen mit der Aufnahme der Patienten, der Erfassung in der EDV-Kartei, der Assistenz bei Untersuchungen und der Abrechnung mit den Krankenkassen betraut sind, fallen doch viele der oben zitierten Arbeiten des Ehegatten noch unter die eheliche Beistandspflicht (z. B. M-Einkäufe, Überprüfung des Bankwesens und der Krankenkassenabrechnungen, tägliche Post, Botenfahrten usw.).

Der für diese Arbeiten bezahlte Arbeitslohn würde einem Familienfremden unter den selben Bedingungen sicher nicht bezahlt werden und würde einem Fremdvergleich nicht standhalten.

Die Betriebsprüfung kürzt daher den Gehalt des Ehegatten auf einen Bruttogehalt laut Kollektivvertrag für Angestellte in der entsprechenden Beschäftigungsgruppe.

Daraufhin erklärt die Arbeitgeberin, das Gehalt ihres Gatten auch in sv-rechtlicher Hinsicht rückwirkend zu kürzen und nun die zu Ungebühr entrichteten Beiträge gem. § 69 Abs. 1 ASVG zurückzufordern.

Das Beschwerdevorbringen deutet darauf hin, dass die – laut Beschwerde – nachträglich zwischen der Beschwerdeführerin und und ihrem Gatten vereinbarte rückwirkende Kürzung des Entgelts für die Jahre 2004 bis 2006 zu dem Zweck erfolgte, einen Teil der für diesen Zeitraum entrichteten Sozialversicherungsbeiträge gemäß § 69 Abs. 1 ASVG rückfordern zu können, zumal eine Änderung von Umständen, die für das Vertragsverhältnis zwischen der Beschwerdeführerin und ihrem Gatten wesentlich waren, nicht geltend gemacht wurde und sich auch sonst nicht erkennen lässt. Da es sich beim Dienstnehmer um den Ehemann der Beschwerdeführerin handelt und nach dem gesamten Vorbringen alleiniger Auslöser für die behauptete Änderung des Dienstvertrages die aufgrund der Betriebsprüfung festgestellte steuerliche Nichtabzugsfähigkeit der gesamten Entgeltzahlungen im Betrieb der Beschwerdeführerin war, wäre daher mangels nachvollziehbarer, nicht in der Angehörigeneigenschaft gelegener Gründe für einen nachträglichen Verzicht des Dienstnehmers auf einen wesentlichen Teil des über drei Jahre hindurch bereits erhaltenen Entgelts selbst bei Nachweis einer entsprechenden (rückwirkenden) Änderungsvereinbarung von einer gemäß § 539a Abs. 2 ASVG unbeachtlichen Vereinbarung auszugehen.

Damit wurden die auf Grund der ursprünglichen Entgeltvereinbarung geleisteten Beiträge jedenfalls nicht im Sinne des § 69 Abs. 1 ASVG zu Ungebühr entrichtet. (Hauptverband, 27.3.2012, Zl. 32-MVB-51.1/12 Ph/Dm/Sdo, VwGH 18.1.2012, Zl. 2008/08/0248)

049-01-00-002
Leistungen Dritter

Leistungen Dritter im inneren Zusammenhang mit dem Beschäftigungsverhältnis von Dienstnehmern sind auch dann beitragspflichtig, wenn die Aktivitäten des Dienstnehmers zum erheblichen Ausmaß außerhalb der Arbeitszeit erfolgen. Für das Vorliegen des geforderten inneren Zusammenhanges wird es im Allgemeinen auch genügen, wenn ein Dienstgeber der Vermittlungs- und Abschlusstätigkeit seiner Dienstnehmer im Rahmen seines Betriebes zustimmt und hiefür seine Einrichtungen sowie die Dienstzeit der betreffenden Dienstnehmer zur Verfügung stellt. Ist aber solcherart der innere Zusammenhang der bezüglichen Tätigkeiten der Dienstnehmer, für die ihnen von Dritten Geld- oder Sachbezüge zufließen, mit dem Beschäftigungsverhältnis zu bejahen, ist es ohne Bedeutung, ob die entsprechenden Leistungen der Dienstnehmer nur während der Dienstzeit oder auch darüber hinaus erbracht werden. (VwGH 13.5.1995, Zl. 94/08/0107)

Auch wenn das Kooperationsabkommen eines Dienstgebers (z.B. Versicherungsunternehmen) mit einer Bausparkasse ausdrücklich nur Regelungen für Außendienstmitarbeiter enthält, kann nicht davon ausgegangen werden, dass kein Leistungsinteresse des Dienstgebers auch an der Vermittlung von Bausparverträgen durch seine Innendienstmitarbeiter bestünde, wenn ihm die entsprechenden Vermittlungstätigkeiten bekannt sind und er diese zumindest duldet. Besteht daher ein zeitlicher und/oder inhaltlicher Zusammenhang zwischen der Innendiensttätigkeit und der Vermittlungstätigkeit, sind die von der Bausparkasse gewährten Provisionen als Entgelt aus dem Dienstverhältnis sv-pflichtig (VwGH 15.10.2003, Zl. 2000/08/0044, Hauptverband 17.2.04, Zl. FO-MVB/51.1/04 Rv/Mm)

6. E-MVB
049-01-00-003 – 049-01-00-007

049-01-00-003
Trinkgelder

Trinkgelder zählen zum sozialversicherungsrechtlichen Entgeltbegriff, auch wenn sie dem Dienstgeber nicht bekannt gegeben werden. Der Entgeltbegriff des Sozialversicherungsrechtes ist daher weiter als der arbeitsrechtliche. Das Sozialversicherungsrecht bezieht in diesen Begriff auch Einkommen ein, das nicht Gegenstand des Dienstvertrages ist. Ziel des Sozialversicherungsrechtes ist es, Vorsorge für die Existenzsicherung im Fall von Krankheit, Unfall oder für einen der gesetzlichen Pensionsfälle zu schaffen, wobei die Form der Berechnung der in diesen Fällen zustehenden Leistungen so gestaltet ist, dass sich diese Leistungen weitgehend an den Einkommensverhältnissen vor Eintritt des Versicherungsfalles orientieren.

Die Krankenversicherungsträger haben Festsetzungen erlassen, nach denen die Trinkgelder bestimmter Gruppen von Versicherten (insbesondere Dienstnehmer im Hotel und Gastgewerbe, Friseure und Kosmetiker, Fußpfleger und Masseure, Taxilenker) der Beitragsbemessung pauschaliert zugrunde gelegt werden.

049-01-00-004
Pflichtversicherung und Beitragsgrundlage im Falle einer Freistellung nach § 49d VBG

Wenn ein Vertragsbediensteter des Bundes nach § 49d VBG freigestellt wird, um in der Zeit der Freistellung einer mit dem Bezug eines Stipendiums verbundenen Forschungstätigkeit nachzugehen, stellt sich die Frage, ob der Bund in dieser Zeit Dienstgeber bleibt und ob ein (freies) Dienstverhältnis weiter besteht oder ob das Stipendium als Entgelt von dritter Seite und damit als ASVG-Beitragsgrundlage gilt. Hier ist zu unterscheiden, ob es sich um einen Beamten oder einen Vertragsbediensteten handelt. Handelt es sich um einen Beamten, so wurden diese ursprünglich bei vorliegendem Sachverhalt durch die Sozialversicherungsanstalt der gewerblichen Wirtschaft als neue Selbständige einbezogen.

Der Verwaltungsgerichtshof hat sich ausdrücklich dagegen ausgesprochen mit dem Argument, dass es sich hierbei um keine selbständige Tätigkeit handelt. (VwGH 19.2.2003, Zl. 2001/08/0104)

Eine Freistellung erfolgt nur bezüglich der Tätigkeit an der Uni – nicht allerdings von Lehre und Forschung. Da die Dienstverpflichtung aufrecht bleibt, handelt es sich um eine Fortsetzung der Tätigkeit aus dem Beamtendienstverhältnis. Statt dem bisherigen Gehalt erhält der Betroffene nun den Stipendiumsbezug. Die Beitragsgrundlage im B-KUVG ist das letzte monatliche Gehalt. In bezug auf die Altersvorsorge werden die Pensionsbeiträge weiter bezahlt. Handelt es sich im vorliegenden Fall um einen Vertragsbediensteten, so stellt das Stipendium Entgelt von dritter Seite dar. Es entsteht Pflichtversicherung in der Pensionsversicherung nach ASVG. Maßgebliche Beitragsgrundlage ist der Stipendiumsbezug. Vom Stipendium sind Dienstnehmer- sowie Dienstgeberbeiträge einzubehalten.

(Hauptverband 5.6.2003, Zl. FO-MVB/32-51.1/02 Rv/Mm)

049-01-00-005
Lenkerprüfungshonorar

Wenn Beamte und Vertragsbedienstete des Amtes der Landesregierung als Fahrprüfer gemäß § 36 Führerscheingesetz vom Landeshauptmann bestellt sind und für diese Tätigkeit Honorare erhalten, sind diese Honorare der Beitragsgrundlage (zur jeweiligen Beitragsgruppe) hinzuzurechnen. Es handelt sich dabei um Nebentätigkeiten. Bei Vertragsbediensteten gilt dieses Honorar als Entgelt im Sinne des § 49 ASVG. (Hauptverband 3.7.2003, Zl. FO-MVB/32-51.1/03 Rv/Mm)

049-01-00-006
Anspruchslohn bei Urlaubsersatzleistung in Gastgewerbe-Saisonbetrieben

In Gastgewerbe-Saisonbetrieben werden regelmäßige Überstunden geleistet, die nicht in Form eines Überstundenpauschales, sondern aufgrund ihres tatsächlichen Anfalls abzurechnen sind. Gemäß § 10 Abs. 3 Urlaubsgesetz ist die Urlaubsersatzleistung unter Einrechnung allfällig geleisteter regelmäßiger Überstunden zu berechnen. Auch für das Anspruchslohnprinzip sind regelmäßige Überstunden, die während der Saison erbracht wurden, zu berücksichtigen. (Hauptverband 25., 26.9.2003, Zl. FO-MVB/32-51.1/03 Rv/Mm)

049-01-00-007
Überstunden gemäß Kollektivvertrag – Günstigkeitsvergleich

Der VwGH hat in seinem Erkenntnis vom 3. Oktober 2002, Zl. 98/08/0067-6, die den Ausschluss der Berücksichtigung von Zulagen und Zuschlägen bewirkende Norm des Kollektivvertrages für die eisen- und metallerzeugende und -verarbeitende Industrie als gegen § 10 Arbeitszeitgesetz (AZG) verstoßend und somit für nichtig erklärt. Der Günstigkeitsvergleich zwischen kollektivvertraglicher Norm und § 10 AZG ist nicht nur beim Metallkollektivvertrag, sondern bei allen Kollektivverträgen mit vergleichbarer Regelung anzuwenden.(Hauptverband 25., 26.9.2003, Zl. FO-MVB/32-51.1/03 Rv/Mm)

Der VwGH hat ausgesprochen, dass die Bestimmung der Punkte XIV Z 12 des Kollektivvertrages für Arbeiter im eisen- und metallverarbeitenden Gewerbe gegen § 10 Abs. 3 AZG verstößt und daher nichtig ist. Zulagen und Zuschläge sind daher bei der Berechnung des Überstundenentgeltes zu berücksichtigen. Als Teiler ist in diesem Fall 1/143 anzuwenden. Dies gilt ab 1. April 2004.

Es wird davon auszugehen sein, dass der Kollektivvertrag demnächst angepasst wird. (VwGH vom 17. März 2004, Zl. 2000/08/0220). (Hauptverband 22., 23. Juni 2004, Zl. FO-MVB/51.1/04 Rv/Mm)

Der VwGH folgte betreffend die Überstundenvergütung im KV für die eisen- und metallerzeugende und -verarbeitende Industrie in diesem

6. E-MVB
049-01-00-008 – 049-01-00-011

Erkenntnis in Abkehr von seiner bisherigen Rechtsprechung der Judikaturlinie des OGH.

Bei kollektivvertraglicher Vereinbarung eines günstigeren Überstundenteilers (hier: Teiler von 1/143 nach dem KV-Metallindustrie/Arbeiter statt eines Teilers von 1/167 bei einer Normalarbeitszeit von 38,5 Wochenstunden) ist es grundsätzlich zulässig, Zulagen und Zuschläge aus der Berechnungsgrundlage für Überstundenzuschläge auszuschließen, soweit diese Regelung im Ergebnis dazu führt, dass die Arbeitnehmer höhere Überstundenzuschläge erhalten als bei Anwendung der gesetzlichen Regelung. (VwGH-11.12.2013, Zl. 2012/08/0217, Hauptverband 25.2.2014, Zl. LVB-51.1/14 Jv/Gd)

049-01-00-008
Gleitzeitguthaben

Der VwGH hat entschieden, dass bei einem Gleitzeitguthaben am Ende einer Gleitzeitperiode eine Aufrollung der einzelnen Beitragszeiträume nicht in Betracht kommt, weil das Guthaben gleichsam als Ergebnis eines Arbeitszeitkontokorrents das rechnerische Ergebnis von Gutstunden und Fehlstunden ist und als solches daher keinem bestimmten Beitragszeitraum zugeordnet werden kann. Es kann daher beitragsrechtlich nur jenem Beitragszeitraum zugeordnet werden, in welchem die Abgeltung ausbezahlt wurde. Dieses Erkenntnis gilt für all jene Fälle, in denen eine Zuordnung von Gutstunden nicht möglich ist. Sind die Überstunden einem bestimmten Beitragszeitraum zuordenbar, ist gemäß § 44 Abs. 7 ASVG aufzurollen. (VwGH vom 21. April 2004, Zl. 2001/08/0048) (Hauptverband 22., 23. Juni 2004, Zl. FO-MVB/51.1/04 Rv/Mm)

049-01-00-009
Nachtzuschlag

Ein Gastronomiebetrieb hat täglich von 8.00 Uhr bis 4 Uhr des folgenden Tages geöffnet. Eine Dienstnehmergruppe arbeitet immer überwiegend in der Nacht (von 20 Uhr bis 4 Uhr). Zur Anwendung kommt der Kollektivvertrag für das Gastgewerbe. Nachtarbeitszuschläge werden vom Dienstgeber nicht bezahlt. Die Nichtzahlung der Zuschläge begründet der Dienstgeber mit dem Hinweis auf Punkt 7a und auf die Erläuterungen des Kollektivvertrages, aus welchem hervorgeht, dass Zuschläge für Dienstnehmer im Gast- und Schankbetrieben nur in Nachtbetrieben zu zahlen sind.

Den Dienstnehmern, auch wenn sie immer überwiegend in der Nacht (von 20 Uhr bis 4 Uhr) arbeiten, gebührt kein Nachtarbeitszuschlag. Dies hat auch das Bundeseinigungsamt beim Bundesministerium für Wirtschaft und Arbeit in seinem Erlass vom 13. Juni 2005, Zl. 13/BEA/2005-1, festgestellt. Es hat dazu u.a. folgende Rechtsansicht vertreten:

„Während es in Beherbergungsbetrieben für den Anspruch auf einen Nachtarbeitszuschlag genügt, wenn der Arbeitnehmer überwiegend in der Zeit zwischen 22 Uhr und 6 Uhr beschäftigt ist, kommt bei der Zuschlagsregelung für Arbeitnehmer in Gastronomiebetrieben eine zusätzliche Anspruchsvoraussetzung, eben das Erfordernis des Nachtbetriebes, hinzu. Dies bedeutet, dass bei einer Tätigkeit eines Arbeitnehmers während der Nacht und damit in einem Betrieb mit Öffnungszeiten, die auch in die Nacht fallen, ein zusätzliches Kriterium in Gestalt einer besonderen Qualifikation des Betriebes tritt. In Abgrenzung zu Betrieben, die auch in der Nacht geöffnet haben, müssen dies Betriebe sein, die eben schwerpunktmäßig in der Nacht tätig sind."

Damit ist als Ergebnis festzuhalten, dass unter Nachtbetrieben nur solche Gastronomiebetriebe zu verstehen sind, deren Öffnungszeiten überwiegend in der Nacht zwischen 22 Uhr und 6 Uhr fallen; deren Öffnungszeiten demgegenüber überwiegend nicht in diesen Zeitraum fallen, sind daher nicht als Nachtbetriebe zu verstehen. (Hauptverband 5., 6., 7.10.2005, Zl. FO-MVB/51.1/05 Af/Mm)

049-01-00-010
Entgeltfortzahlung für Beschäftigte ohne Wochengeldanspruch

Aufgrund der Entscheidung des Verwaltungsgerichtshofes steht ab 1. Mai 2005 einer schwangeren Angestellten bei aufrechtem Arbeitsverhältnis, die keinen Anspruch auf Wochengeld hat, nach der Entbindung für sechs Wochen ein Anspruch auf Entgeltfortzahlung durch den Dienstgeber zu (§ 8 Abs. 4 AngG). Der Dienstgeber hat daher diese Person nach den sechs Wochen nach der Entbindung zur Sozialversicherung und zum BMVG anzumelden (vollversichert oder geringfügig) und die entsprechenden Beiträge zu entrichten. Dies gilt auch für geringfügig beschäftigte Angestellte, deren Anspruch auf Wochengeld von vornherein ausgeschlossen ist (nur teilversichert in der Unfallversicherung). Die Anmeldung zur Sozialversicherung durch den Dienstgeber ist auch dann zu erstatten, wenn die geringfügig beschäftigte Angestellte eine § 19a ASVG-Teilversicherung in der Kranken- und Pensionsversicherung abgeschlossen hat und aus dieser freiwilligen Versicherung einen Wochengeldbezug erhält. Die § 19a ASVG-Versicherung ist eine freiwillige Versicherung, die neben dem bestehenden geringfügig beschäftigten Arbeitsverhältnis und den daraus sich ergebenden arbeitsrechtlichen Konsequenzen entsteht. (Hauptverband 5., 6., 7.10.2005, Zl. FO-MVB/51.1/05 Af/Mm)

049-01-00-011
Umwandlung einer Überzahlungsdifferenz

Ein Zimmereibetrieb will mit Zustimmung des Betriebsrates die im Kollektivvertrag enthaltene Bestimmung der beizubehaltenden Überzahlung in der Größenordnung von € 1,– bis € 2,–/Stunde (Differenz zwischen KV-Lohn und tatsächlich ausbezahltem höheren Lohnsatz zum Zeitpunkt der KV-Erhöhung) in beitrags- und steuerfreie Zehrgelder „umwandeln". (Pt. IV des KOLLV. Zimmermeistergewerbe „Fahrvergütung/Zehrgelder"). Diese Vorgangsweise kommt einer Lohnkürzung gleich und führt selbst bei Zustimmung des Dienstnehmers zu keiner Reduzierung der Beitragsgrundlage, da auf den Anspruchlohn abzustellen ist. Auf kollektivvertraglich festgelegte Ansprüche kann nicht rechtswirksam verzichtet werden (OGH 20.4.1994, 9 Ob A 59/94). (Hauptverband 13.6. 2006, Zl. 32-MVB-51.1/06/Af/Mm)

049-01-00-012
Begünstigter Personaleinkauf

Werden den DienstnehmerInnen von Apotheken aufgrund ihres Dienstverhältnisses Rabatte gewährt, die über die handelsüblichen, allen Endverbrauchern zugänglichen Rabatte hinausgehen, so besteht für diesen geldwerten Vorteil Lohnsteuerpflicht. Diese Sachbezüge sind als Entgelt nach § 49 Abs. 1 ASVG zu behandeln und daher beitragspflichtig. Für die Bewertung von geldwerten Vorteilen aus dem Dienstverhältnis, die als Sachbezüge anzusehen sind, ist gem. § 50 ASVG die Bewertung für die Zwecke der Lohnsteuer heranzuziehen. (Hauptverband 23.1.2007, Zl. 32-MVB-51.1/07 Af-Dm/Mm)

049-01-00-013
Lohnzuschläge

Wenn Arbeitnehmer aus Unternehmen der EU-Staaten zur Erbringung von Dienstleistungen in die Schweiz entsendet werden, sind diesen entsendeten Dienstnehmern mindestens die Arbeits- und Lohnbedingungen zu garantieren, die in der Schweiz durch Rechtsvorschriften und durch für allgemein verbindlich erklärte Tarifverträge festgelegt sind. Dies regelt das Freizügigkeitsabkommen, das zwischen der Schweiz und der Europäischen Gemeinschaft abgeschlossen wurde.

Die Löhne der aus den EU-Staaten entsendeten Arbeitnehmer liegen häufig unter den in der Schweiz vorgeschriebenen Mindestlöhnen. Um den Unterschied auszugleichen und den gesetzlichen Verpflichtungen zu genügen, wird den Arbeitnehmern ein Zuschlag zum Lohn ausbezahlt.

Dieser „Zuschlag" ist Gehaltsbestandteil und ist entsprechend dem Anspruchslohnprinzip sozialversicherungspflichtig.

Gemäß § 49 Abs. 3 ASVG gelten bestimmte Vergütungen nicht als Entgelt im sozialversicherungsrechtlichen Sinn und unterliegen somit nicht der Beitragspflicht. So z.B. Auslagenersätze, Fahrtkostenvergütungen, Übernachtungsgelder. Es ist allerdings nicht möglich, einen Gehaltsbestandteil als Auslagenersatz zu titulieren, um der Beitragspflicht zu entkommen. Das wäre eine Umgehung der gesetzlichen Bestimmungen. Eine Meldepflichtverletzung hat die Verhängung eines Beitragszuschlages gemäß § 113 ASVG zur Folge. Außerdem wird von der Bezirksverwaltungsbehörde eine Verwaltungsstrafe verhängt (Hauptverband 4., 5.12.2007, Zl. 32-MVB-51.1/07 Dm/Mm).

049-01-00-014
Einnahmen aus verbotenen Tätigkeiten im Rahmen eines Dienstverhältnisses

Ein Mitarbeiter einer Bank veruntreut Kundengelder. Er verwendet diese „Einnahmen" für a) eigene Zwecke (z.B. überträgt die Gelder auf sein Konto) oder b) um Kontoabdeckungen anderer Kunden, um seine zu großzügige Kreditvergabepolitik zu verschleiern.

Laut ständiger Rechtsprechung des VwGH (s. VwGH 16.1.1991, 90/13/0285, VwGH 4.10.1995, 95/15/0080, zuletzt VwGH 31.7.2013, 2009/13/0194) stellen solche Einnahmen aus einer verbotenen Tätigkeit Einkünfte aus nichtselbständiger Arbeit (Arbeitslohn) im Sinne des § 25 Abs. 1 lit. a EStG (Bezüge und Vorteile aus einem Dienstverhältnis) dar, unabhängig davon, ob die vereinnahmten Gelder in der Folge an Dritte weitergegeben werden oder nicht.

Eine konkrete Rechtsprechung hierzu, ob solche „Einnahmen" auch beitragspflichtiges Entgelt im Sinne des § 49 ASVG darstellen, gibt es bislang nicht.

Bundeseinheitliche Vorgangsweise innerhalb der Sozialversicherung ist die, dass Einnahmen aus verbotenen Tätigkeiten im Rahmen eines Dienstverhältnisses nicht als Entgelt im sozialversicherungsrechtlichen Sinn gelten. Selbst wenn diese „Einnahmen" als Einnahmen von dritter Seite gewertet werden können, so stellt dies nur dann ein beitragspflichtiges Entgelt iSd § 49 Abs. 1 ASVG dar, wenn ein ausreichender innerer Zusammenhang mit dem Dienstverhältnis besteht sowie ein „Leistungsinteresse des Dienstgebers" gegeben ist. Zumindest letzteres ist auszuschließen. (Hauptverband 3.12.2013, Zl. LVB–51.1/14 Jv).

049-01-00-015
Sachbezug und Karenz

Einem Dienstnehmer steht der Firmen-PKW auch für Privatfahrten zur Verfügung. Sein Dienstverhältnis wird nach einiger Zeit karenziert, wobei er aber den Firmen-PKW weiter für Privatfahrten nutzen kann. Der Dienstnehmer geht nun (neben dem karenzierten Dienstverhältnis) mit demselben Dienstgeber ein geringfügiges Beschäftigungsverhältnis ein. Der Wert des Sachbezuges beträgt € 700,--/Monat, das Entgelt für das geringfügige Beschäftigungsverhältnis € 300,--/Monat. Es stellt sich die Frage nach den beitragsrechtlichen Auswirkungen.

Werden während einer Karenzierung nur mehr Sachbezüge gewährt, sind diese beitragsfrei. Unter der Voraussetzung, dass es sich bei dem während der Karenzierung zum selben Dienstgeber eingegangenen neuen Beschäftigungsverhältnis arbeitsrechtlich tatsächlich um ein eigenständiges Dienstverhältnis handelt, bleibt der aus dem karenzierten Dienstverhältnis weitergewährte Sachbezug beitragsfrei. Der Sachbezug ist in diesem Fall auch nicht dem zweiten (geringfügigen) Beschäftigungsverhältnis „hinzuzurechnen". (Hauptverband, 18.10.2016, Zl. 51.1/16 Jv/Wot)

049-02-00-001
Begriff der Sonderzahlung

Gemäß § 49 Abs. 2 ASVG sind Sonderzahlungen Bezüge, die in größeren Zeiträumen als den Beitragszeiträumen gewährt werden. Voraussetzung für die Wertung als Sonderzahlung ist, dass der Bezug nicht einmalig gewährt wird, sondern dass mit einer Wiedergewährung in größeren Zeiträumen als den Beitragszeiträumen zu rechnen ist.

Eine Qualifizierung als Sonderzahlung ist nach der derzeitigen Rechtsprechung des VwGH dann gegeben, wenn es sich um einmalige Bezüge handelt, mit deren Wiedergewährung in größeren Zeiträumen als den Beitragszeiträumen sicher oder üblicherweise, so z.B. alljährlich bei entsprechendem Geschäftserfolg (unter dem Titel „Prämien", „Bilanzgelder" und „Anschaffungsbeiträge"), gerechnet werden kann. (SoSi 11/1963)

Sind die Merkmale (gelockerte Regelmäßigkeit der Wiederkehr) nicht gegeben, so liegt ein einmaliger Bezug vor. Die Beitragspflicht dieser Bezüge ergibt sich nicht aus § 49 Abs. 2 ASVG, sondern aus § 49 Abs. 1 ASVG. Nach dieser Bestimmung sind eindeutig absolut einmalige Bezüge beitragspflichtig. Sie unterliegen der Beitragspflicht – abweichend von der Lohnsteuerpflicht im Lohnsteuerrecht – so wie der laufende Bezug, bzw. sind zur Beitragsleistung dem betreffenden laufenden Bezug hinzuzuschlagen.

So genannte einmalige Zuwendungen werden oft als Sonderzahlungen aufgefasst und dementsprechend als Sonderzahlungen auch gemeldet, obwohl feststeht, dass mit einer Wiederkehr der Zuwendungen nicht zu rechnen ist. Die Behandlung als Sonderzahlung ist in solchen Fällen falsch.

Das Gleiche gilt, wenn im Zuge von Lohn- bzw. Gehaltsverhandlungen für die Zeit vor Inkrafttreten der neuen Lohnsätze häufig einmalige Abgeltungen vereinbart werden. Derartige Zuwendungen erhalten meistens die Bezeichnung „einmalige Sonderzahlung", „Sonderzahlung", „einmalige Nachzahlung", „Überbrückungshilfe" Diese einmaligen Bezüge sind beitragsrechtlich laufender Bezug.

Fehlt eine Zusage für die Wiederkehr bzw. handelt es sich um eine erste einmalige Zuwendung, so ist bei der Beurteilung darauf Bedacht zu nehmen, ob der Dienstnehmer eine Wiederkehr erwarten kann. Dies wird dann der Fall sein, wenn tatsächliche Veranlassung und Rechtsgrund bei der Gewährung der einzelnen Leistungen gleich sind und nach der Art des Anlasses eine gewisse, wenn auch gelockerte Regelmäßigkeit der Wiederkehr erwartet werden kann. (VwGH 11.5.1960, Zl. 2228/59)

Für die Beurteilung der Frage, ob es sich bei dem ausgezahlten Entgelt um eine Sonderzahlung handelt, ist der Umstand nicht entscheidend, ob der Dienstnehmer auf diese Leistung einen Anspruch hat oder nicht. (VwGH 15.7.1959, Zl. 981, 3001 und 3002/58)

Alle beitragspflichtigen Bezüge, die keine Sonderzahlungen im Sinne des § 49 Abs. 2 ASVG sind, stellen Entgelt nach § 49 Abs. 1 ASVG dar und sind demnach der allgemeinen (laufenden) Beitragsgrundlage zuzurechnen. Derartige Zuwendungen sind im Beitragszeitraum der Auszahlung unter Berücksichtigung der Höchstbeitragsgrundlagen als allgemeine (laufende) Beitragsgrundlage zu melden. Des Öfteren wird auch die Ansicht vertreten, dass ein Bezug deshalb, weil er für größere Zeiträume als die Beitragszeiträume gewährt wird, eine Sonderzahlung ist. Wie aus den vorstehenden Ausführungen hervorgeht, richtet sich die Wertung einer Zuwendung als Sonderzahlung ausschließlich danach, ob sie in größeren Zeiträumen als den Beitragszeiträumen gewährt wird, sie also wiederkehrt bzw. mit einer Wiederkehr zu rechnen ist. Beitragsrechtlich stellt demnach eine einmalige, für einen größeren Zeitraum als einen Beitragszeitraum gewährte Zuwendung keine Sonderzahlung, sondern Entgelt im Sinne des § 49 Abs. 1 ASVG dar. Sie ist daher im Beitragszeitraum der Auszahlung der allgemeinen Beitragsgrundlage zuzurechnen. (VwGH 4.6.1958, Zl. 296/57)

Die Mehrmaligkeit allein macht einen Bezug nicht zu einem „laufenden Arbeitslohn". Sie ist ebenso wenig entscheidend, wie die Wiederholung oder die Häufigkeit. Vielmehr besteht nach Auffassung des VwGH das Wesen der „sonstigen" Bezüge darin, dass mit ihrem automatischen periodischen Anfall im Laufe des Beschäftigungsverhältnisses nicht zu rechnen ist, wobei unter „automatisch" verstanden wird, dass für die jedesmalige Flüssigstellung eines Bezuges nicht jeweils Verhandlungen zwischen Dienstgebern und Dienstnehmern erforderlich waren. Eine Zuwendung, die nicht in diesem Sinn automatisch anfällt, kann also auch dann nicht als laufender Arbeitslohn angesehen werden, wenn sie in gewissen Zeitabständen wiederkehrt.

Die Krankenkasse müsste bei Prüfung der Frage, ob es sich um laufende Bezüge oder Sonderzahlungen handelt, vom Begriff des laufenden Arbeitslohnes ausgehen, aus dessen Bestimmung sich zwangsläufig ergibt, was unter sonstigen Bezügen verstanden werden muss und nicht umgekehrt, indem sie es unternimmt, unabhängig davon den Begriff der sonstigen Bezüge zu definieren, als einzigen Anhaltspunkt für die beispielsweise Hervorhebung der einmaligen Bezüge anzunehmen und daraus ableitet, dass es sich bei den sonstigen Bezügen, wenn schon nicht um einmalige, so doch um Zuwendungen handeln müsse, die in bestimmten, zahlenmäßig begrenzten Anlässen begründet liegen. Werden Produktions- und Leistungsprämien in Hinblick auf die Ertragslage des Unternehmens gewährt und in ihrer Wiederkehr und Höhe durch diese bestimmt, so vermag diese Beziehung zur Ertragslage des Unternehmens sie aber trotz ihrer Wiederkehr nicht zu einem Bestandteil des laufenden Arbeitslohnes zu machen. (VwGH 6.5.1959, Zl. 2515/55)

Einmal jährlich wiederkehrend ausgezahlte Bezüge sind nur dann Sonderzahlungen, wenn sie entweder auf Grund eines nicht laufend (nach Leistung der betreffenden Arbeit), sondern nur einmal jährlich entstehenden Anspruches gebühren oder einen Anspruch in größeren Zeiträumen als den Beitragszeiträumen regelmäßig wiederkehrend bezahlt werden. (VwGH 9.5.1962, Zl. 2092/61)

Sonderzahlungen sind bei der Berechnung der Urlaubsentschädigung bzw. -abfindung nach dem VBG 1948 nicht einzubeziehen: VwGH: „Für einen Arbeitnehmer, auf den das Urlaubsgesetz 1976

6. E-MVB
049-02-00-002

(UrlG) anzuwenden ist, zählen zum Urlaubsentgelt iSd § 6 UrlG auch die nach dem Gesetz, nach einem Kollektivvertrag oder kraft einzelvertraglicher Regelung gebührenden Sonderzahlungen. Nach ständiger arbeitsgerichtlicher Rechtsprechung sind demgemäß in die Urlaubsentschädigung nach § 9 Urlaubsgesetz und in die Urlaubsabfindung nach § 10 Urlaubsgesetz die Sonderzahlungen (aliquot) einzubeziehen. Das hier anzuwendende VBG kennt hingegen keine Bestimmung, die (wie § 6 UrlG) die Höhe des Urlaubsentgelts nach dem Ausfallsprinzip ausdrücklich regelt. § 28a Abs. 2 VBG normiert vielmehr als Bemessungsbasis der „Entschädigung für den Erholungsurlaub" das Monatsentgelt und die Kinderzulage, die für den Zeitraum des gesamten Erholungsurlaubes dieses Kalenderjahres gebühren würden. Soweit Ansprüche nach dem Monatsentgelt zu bemessen sind, sind diesem die in § 8a Abs. 1 zweiter Satz VBG genannten Zulagen, nicht jedoch (aliquote) Sonderzahlungen, die nach § 8a Abs. 2 VBG „außer dem Monatsentgelt" gebühren, zuzuzählen. Hätte der Gesetzgeber bei Vertragsbediensteten in die Bemessungsgrundlage der Urlaubsentschädigung oder der Urlaubsabfindung auch (aliquote) Sonderzahlungen einbeziehen wollen, so hätte er diesen Bestandteil der Bezüge – ebenso wie er dies hinsichtlich der in § 8a Abs. 2 genannten Kinderzulage getan hat – ausdrücklich in den § 28a Abs. 2 VBG aufnehmen müssen." (VwGH v. 16. Juni 2004, Zl. 2001/08/0085) (Hauptverband 21. September 2004, Zl. 51.1/04 Rv/Mm)

Wenn einem Dienstnehmer/Pensionisten, dessen Dienstverhältnis bereits beendet ist, später für das abgelaufene Jahr eine Gewinnbeteiligung (Sonderzahlung) ausbezahlt wird, so liegt Beitragsfreiheit vor, da diese Zahlung jenem Zeitraum zuzuordnen ist, in dem die Leistung erbracht wurde. Nachdem zu dem relevanten Zeitpunkt, die Höchstbeitragsgrundlage bereits erreicht wurde, ist die Gewinnbeteiligung als beitragsfrei zu bewerten. (Hauptverband 12., 13. Oktober 2004, Zl. FO-MVB/51.1/04 Rv/Mm)

049-02-00-002
Berechnungsgrundlage für Sonderzahlungen

Da § 49 Abs. 2 ASVG auf § 49 Abs. 1 ASVG verweist, sind trotz der Wendung „gewährt werden" unter Sonderzahlungen nicht nur solche Geld- und Sachbezüge zu verstehen, die dem pflichtversicherten Dienstnehmer (Lehrling) in größeren Zeiträumen als den Beitragszeiträumen tatsächlich „zukommen", sondern entweder Geld- und Sachbezüge, auf die er aus dem Dienst(Lehr)verhältnis „in größeren Zeiträumen als den Beitragszeiträumen" Anspruch hat, ohne Rücksicht darauf, ob sie ihm überhaupt oder in der gebührenden Höhe zukommen, oder die er darüber hinaus in diesen Zeiträumen auf Grund des Dienst(Lehr)verhältnisses von seinem Dienstgeber oder einem Dritten tatsächlich erhält. Ob ein Anspruch auf einen Geld- oder Sachbezug besteht, ist nach zivilrechtlichen (arbeitsrechtlichen) Grundsätzen zu beurteilen, wobei in jenen Fällen, in denen kollektivvertragliche Vereinbarungen in Betracht kommen, – entsprechend § 3 Arbeitsverfassungsgesetz (ArbVG) – zumindest das nach diesen Vereinbarungen den Dienstnehmern zustehende Entgelt die Berechnungsgrundlage für die Sozialversicherungsbeiträge zu bilden hat.

Nach § 12b Rahmenkollektivvertrag für Angestellte der Industrie (Rahmen-KV-Industrieangestellte) sind zwar in die Berechnungsgrundlage des 13. und 14. Monatsgehaltes – soweit in den Fachkollektivverträgen nichts anderes geregelt ist – Vergütungen im Sinne des § 6 Rahmen-KV-Industrieangestellte (Nacht- und Nachtschichtzuschläge), sonstige auf Grund von Zusatzkollektivverträgen für die Angestellten gewährte Zuschläge für Mehrschichtarbeit sowie Schmutz-, Erschwernis- und Gefahrenzulagen, die den Angestellten auf Grund eines Kollektivvertrages oder einer auf Grund kollektivvertraglichen Ermächtigung abgeschlossenen Betriebsvereinbarung gewährt werden, einzubeziehen; ein Umkehrschluss im Sinne des Ausschlusses anderer als der dort genannten Bezüge von der Einbeziehung in das 13. und 14. Monatsgehalt kann daraus aber schon deshalb nicht gezogen werden, weil sich die Bestimmung nur auf kollektivvertraglich gewährte Leistungen bezieht und diese deren Einbeziehung in die Berechnung der Sonderzahlungen anordnet.

Wenn ein Kollektivvertrag keine ausdrückliche Regelung hinsichtlich der Sonderzahlungsermittlung bei Ende des Lehrverhältnisses und Übergang ins Arbeiter- oder Angestelltenverhältnis kennt, kann daraus nicht abgeleitet werden, dass keine „Mischberechnung" bei der Bemessung der Sonderzahlung zu erfolgen hat.

Maßgeblich ist, ob der Kollektivvertrag eine allgemeine Aliquotierungsregelung für Sonderzahlungen bei Ein- und Austritt eines Beschäftigten vorsieht. Gegebenenfalls ist eine „Mischberechnung" der Sonderzahlung auf Basis der Lehrlingsentschädigung und des jeweiligen Gehaltes/Lohnes vorzunehmen.

Eine „Mischberechnung" hat jedoch nicht zu erfolgen, wenn im Kollektivvertrag keine (allgemeine) Aliquotierungsregelung enthalten ist.

Enthält ein Kollektivvertrag keine abschließende Regelung über die Aliquotierung von Sonderzahlungen, normiert er einen auf den Kalendermonat bezogenen Entgeltanspruch als Bemessungsgrundlage für Sonderzahlungen, und wird weder ein bestimmter Stichtag noch ein bestimmter Zeitraum für deren Ermittlung als maßgeblich erklärt, ist im Zweifel von einem durchschnittlichen Monatsentgelt im Kalenderjahr vor der Fälligkeit der jeweiligen Sonderzahlung auszugehen. Dies gilt grundsätzlich auch in jenen Fällen, in denen die verminderte Höhe von Monatsentgelten darauf zurückzuführen ist, dass entweder keine volle oder überhaupt keine Entgeltzahlungspflicht des Arbeitgebers im Krankheitsfall (mehr) besteht. (Hauptverband 4.4.2005, Zl. FO-MVB/51.1/05 Rv/Mm)

049-02-00-003
Günstigkeitsvergleich bei erhöhtem laufenden Entgelt ohne Sonderzahlungen

Eine Vereinbarung, wonach das Urlaubsentgelt unabhängig vom Verbrauch des Urlaubs durch Zahlung eines erhöhten laufenden Entgelts (oder mit einem Zuschlag zu diesem) abgegolten werden soll, ist unwirksam. Sonderzahlungen hingegen dürfen aliquot mit einem erhöhten laufenden Entgelt ausgezahlt werden, weil dadurch nur die Fälligkeit der Sonderzahlungen vorverlegt wird, was für den Arbeitnehmer grundsätzlich günstiger ist. Gemäß § 3 Abs. 1 Arbeitsverfassungsgesetz sind Sondervereinbarungen, sofern sie der Kollektivvertrag nicht ausschließt, nur gültig, soweit sie für den Arbeitnehmer günstiger sind. Das Günstigkeitsprinzip kann auch bei Verzicht auf unabdingbare Ansprüche durchgreifen und ermöglicht eine sinnvolle Vertragsgestaltung. Bei der praktischen Anwendung des Günstigkeitsprinzips ist grundsätzlich auf den Einzelfall des betroffenen Arbeitnehmers abzustellen. Die Wertung richtet sich aber nicht nach der subjektiven Einschätzung des Arbeitnehmers oder Arbeitgebers, sondern nach objektiven Kriterien. Demnach können bei der Prüfung der Günstigkeit nicht einzelne Bestimmungen isoliert betrachtet, sondern nur sachlich und rechtlich zusammenhängende Bestimmungen miteinander verglichen werden. Die Einbeziehung der aliquoten Sonderzahlungsanteile in die laufende Entlohnung ist hingegen zulässig. Durch eine solche Vereinbarung wird lediglich die arbeitsrechtliche Fälligkeit der Sonderzahlungen gegenüber der kollektivvertraglichen Regelung vorverlegt. Eine solche Regelung ist für den Arbeitnehmer eher günstig und kann durch Einzelvertrag zulässig vereinbart werden.

Für die beitragsrechtliche Beurteilung handelt es sich grundsätzlich um einen laufenden Bezug und nicht um eine Sonderzahlung. Es sind allerdings die Bestimmungen der §§ 539 und 539a ASVG zu berücksichtigen.

049-02-00-004
Günstigkeitsvergleich bei fehlender Sonderzahlung

Erhält ein Dienstnehmer keine Sonderzahlungen, sondern nur laufende Bezüge, so ist – im Sinne der ständigen Rechtsprechung des VwGH (insbesondere VwGH 30.1.1963, Zl. 50/62) – ein Günstigkeitsvergleich anzustellen.

Der Günstigkeitsvergleich erfolgt dahingehend, dass dann, wenn die laufenden Bezüge doppelt so hoch sind als das kollektivvertragliche Entgelt, der betreffende Arbeitsvertrag im Ergebnis als günstiger anzusehen ist als die Rechtslage nach dem Kollektivvertrag; man kann in einem solchen Fall davon ausgehen, dass keine Sonderzahlungen gebühren, und es sind demnach dem Dienstgeber auch keine Sonderbeiträge anzulasten.

Ist das tatsächliche Entgelt zwar erheblich höher als das kollektivvertragliche, aber erreicht es doch dessen doppelte Höhe nicht, ist in einem solchen Fall nur der Differenzbetrag als Sonderzahlung der Beitragsbemessung zugrunde zu legen.

Liegt eine so erhebliche Besserstellung nicht vor, so sind die gebührenden Sonderzahlungen im vollen Ausmaß als beitragspflichtig zu behandeln. (SoSi 3/1982)

Die Österreichische Gesundheitskasse orientiert sich an der Rechtsprechung des Verwaltungsgerichtshofes und nicht an der des OGH. Ob Sonderzahlungen für Zeiten des Bezuges von Geldleistungen (Krankengeld, Wochengeld, Kinderbetreuungsgeld) während eines aufrechten Dienstverhältnisses gebühren, ist nach den genauen Definitionen der Anspruchsvoraussetzungen des jeweiligen Kollektivvertrages zu beurteilen. Dementsprechend besteht dann ein Anspruch auf Sonderzahlungen, wenn der Kollektivvertrag eine Aliquotierung (bzw. Nichtgewährung) dezitiert nicht vorsieht.

049-02-00-005
Abgrenzung Sonderzahlung – laufendes Entgelt

In der Folge werden einzelne Entgeltbestandteile angeführt und dahingehend bewertet, ob es sich dabei sozialversicherungsrechtlich um laufendes Entgelt oder um Sonderzahlungen handelt.

§ 49 ASVG regelt das Entgelt. Abs. 2 definiert Sonderzahlungen als Bezüge, die in größeren Zeiträumen als den Beitragszeiträumen gewährt werden. VwGH: „Hängt das Entstehen des Provisionsanspruchs nur von der Tätigkeit laufender Umsätze und nicht von der Erfüllung weiterer Bedingungen ab, sind auch quartalsweise abgerechnete Provisionsspitzen als laufende Bezüge zu behandeln. Wird den Dienstnehmern eine jährliche Mindestprovision für Umsätze zugesagt, stellt dies keine „Bedingung" des Provisionsanspruchs dar; es sind daher nicht nur die monatlichen Akontierungen der Garantieprovision, sondern auch die quartalsweise abgerechneten Provisionsspitzen als laufende Bezüge zu behandeln." Hinsichtlich der Qualifikation von Umsatzprovisionen kommt es also nicht darauf an, ob sie in größeren Zeiträumen als die Beitragszeiträume abgerechnet werden, sondern darauf, wie die jeweilige Vereinbarung aussieht, die zwischen den Parteien des Arbeitsverhältnisses getroffen wurden. Wenn also eine Provision von keinerlei weiteren Bedingungen abhängig ist, handelt es sich dabei um laufendes Entgelt unabhängig davon, wie oft sie ausbezahlt wird. (VwGH 26. Mai 2004, Zl. 2000/08/0125) (Hauptverband 21. September 2004, Zl. FO-MVB/51.1/04 Rv/Mm)

„Bei einem Bankinstitut wurde eine Sozialversicherungsprüfung durchgeführt und festgestellt", dass für einige Dienstnehmer keine Sozialversicherungsbeiträge von den aliquoten Sonderzahlungen entrichtet wurden. Das Bankinstitut bezahlte den Dienstnehmern jeweils ein 12tel der gebührenden Sonderzahlungen monatlich im Vorhinein mit dem laufenden Gehalt aus. Es kam zu einer Überschreitung der Höchstbeitragsgrundlage, und somit blieb dieser Teil beitragsfrei. Die Bezüge wurden als 13. und 14. Gehalt am Gehaltszettel ausgewiesen. VwGH: „Die

6. E-MVB
049-02-00-006 – 049-02-00-011

beitragsrechtliche Behandlung als laufendes Entgelt hätte zur Voraussetzung, dass nicht ein 13. oder 14. Monatsgehalt geleistet, sondern im Arbeitsvertrag ausdrücklich vereinbart worden wäre, an deren Stelle eine entsprechend hohe überkollektivvertraglich laufende Entlohnung zu gewähren. Eine solche Vereinbarung liegt aber nicht vor. Es sind daher für den 13. und 14. Monatsgehalt Sonderbeiträge vorzuschreiben." (VwGH 18. Februar 2004, Zl. 2001/08/0004) (Hauptverband 21. September 2004, Zl. FO-MVB/51.1/04 Rv/Mm)

Die Tochtergesellschaft einer Bank hat ein Prämien(Provisions)system, bei dem das Entstehen eines Anspruchs nicht allein von der Tätigkeit laufender Umsätze, sondern darüber hinaus noch von der Erfüllung weiterer Bedingungen abhängt. Aufgrund der dienstvertraglichen Vereinbarungen entsteht der Anspruch auf Leistung erst mit der Erfüllung dieser Bedingungen. Ob die Bedingungen erfüllt wurden, kann jeweils erst im März/April des Folgejahres festgestellt werden. Der Verwaltungsgerichtshof hat ausgesprochen, dass der Anspruch auf die Leistung erst mit der Erfüllung dieser Bedingungen entsteht, wenn das Entstehen eines Anspruches auf eine Umsatzprovision nach der dienstvertraglichen Vereinbarung nicht allein von der Tätigkeit laufender Umsätze, sondern darüber hinaus noch von der Erfüllung weiterer Bedingungen abhängig ist. Die Aussage des VwGH ist sehr generell. Die zusätzlichen Bedingungen sind jeweils im Einzelfall zu prüfen. Für die Beurteilung als Sonderzahlung muss es sich um eine Bedingung handeln, die mit dem Beschäftigungsverhältnis in unmittelbarem, ursächlichem Zusammenhang steht. Ist die Provision an eine Bedingung gekoppelt, die „sehr leicht" zu erfüllen ist (z.B. 15 Bausparverträge in einem Jahr), dann liegt eine Umgehungshandlung vor, und die Provision ist dem laufenden Bezug zuzuordnen (VwGH 17. März 2004, Zl. 2001/08/0015) (Hauptverband 12., 13. Oktober 2004, Zl. FO-MVB/51.1/04 Rv/Mm)

049-02-00-006
Außerordentliche Belohnung

Zahlungen an Dienstnehmer ein- bis zweimal jährlich als außerordentliche Belohnung für in der Normalarbeitszeit erbrachte Sonderleistungen sind Sonderzahlungen gemäß § 49 Abs. 2 ASVG. (VwGH 20.12.1961, Zl. 1958/1959/58)

049-02-00-007
Außertourliche Zuwendung

Eine außertourliche Zuwendung, mit deren Wiedergewährung in größeren Zeiträumen als den Beitragszeiträumen nicht zu rechnen ist bzw. deren Wiedergewährung nicht als gegeben angenommen werden kann, stellt beitragsrechtlich keine Sonderzahlung dar. Dies gilt auch dann, wenn derartige dem Wesen nach einmalige Zuwendungen in den lohngestaltenden Vorschriften oder dem allgemeinen Sprachgebrauch nach als Sonderzahlungen bezeichnet werden.

049-02-00-008
Anwesenheitsprämien

Werden Dienstnehmern Anwesenheitsprämien in Form von Gutscheinen (Bon), die nur bei dieser Firma selbst und nur in Ware im Detailverkaufsladen eingelöst werden können, ausgefolgt, um die „Anwesenheit", also das Nichtvorliegen (oder geringe Ausmaß) betrieblicher Fehlzeiten, zu honorieren, so handelt es sich hiebei um einen typischen Entgeltbestandteil, der ein bestimmtes Wohlverhalten der Dienstnehmer belohnen soll. Falls die Wiederkehr in größeren Zeiträumen als den Beitragszeiträumen den Dienstnehmern zugesagt oder zumindest für den Fall der Erfüllung der Voraussetzungen als wahrscheinlich in Aussicht gestellt wurde, sind die Beiträge nach den für Sonderzahlungen geltenden Vorschriften abzuführen.

Handelt es sich um eine einmalige, voraussichtlich in Zukunft nicht wiederkehrende Prämie, ist der Sachbezugswert dem laufenden Entgelt des Beitragszeitraumes der Auszahlung hinzuzurechnen und die Summe gemeinsam der Berechnung der laufenden Beiträge zu unterwerfen. Für die Bewertung des Sachbezuges ist gemäß § 50 ASVG auf dem Gebiet der Sozialversicherung der nach den lohnsteuerlichen Vorschriften geltende Sachbezugswert maßgeblich (üblicher Mittelpreis des Verbraucherortes, also nicht der bloße Selbstkostenpreis des Dienstgeberbetriebes).

049-02-00-009
Bilanzgeld

Dass Prämien, die neben Grundgehalt und Überstundenentgelt einem Dienstnehmer für besondere Leistungen gewährt werden (hier Jahresabschluss, Inventur und Bilanz), von vornherein nicht als Sonderzahlungen gewertet werden könnten, findet in den in Betracht kommenden gesetzlichen Bestimmungen keine Stütze. Wäre der Gesetzgeber tatsächlich von dieser Auffassung ausgegangen, so hätte er dies wohl bei den in § 49 Abs. 2 ASVG demonstrativ aufgezählten Bezügen insbesondere beim Bilanzgeld – durch einen konkreten Hinweis dahin gehend zum Ausdruck gebracht, dass die genannten Bezüge dann nicht als Sonderzahlungen gewertet werden könnten, wenn sie als besondere Belohnung für besondere Leistungen gegeben würden. (VwGH 21.12.1960, Zl. 307/60)

049-02-00-010
Freiwillige Leistungsprämie nach Ende jedes Wirtschaftsjahres

Wenn ein Dienstgeber seinen Dienstnehmern seit mehreren Jahren eine freiwillige Leistungsprämie nach Ende jedes Wirtschaftsjahres gewährt, ist diese Prämie in Hinblick auf den Charakter einer gewissen Regelmäßigkeit der Wiederkehr eindeutig eine Sonderzahlung.

049-02-00-011
Geldaushilfen

Geldaushilfen, die gleichzeitig mit der Weihnachtssonderzahlung zur Anweisung gebracht werden und zur Bestreitung der „die Bediensteten treffenden weihnachtlichen Mehrausgaben" dienen, sind als beitragspflichtiges Entgelt (Sonderzahlungen) zu werten.

049-02-00-012
Inventurgelder

Inventurgelder, die für das jeweils laufende Jahr am letzten Tag des Jänners des darauf folgenden Jahres an jene Angestellten ausbezahlt werden, die an einem ansonsten arbeitsfreien Tag mit den Inventurarbeiten als Grundlage der kalenderjährlich zu erstellenden Bilanz beschäftigt sind, sind als Sonderzahlungen und nicht als laufendes Entgelt zu werten. (VwGH 15.7.1959, Zl. 981, 3001 und 3002/58)

049-02-00-013
Kinderzulagen an Dienstnehmer zu Weihnachten

Wiederkehrende Kinderzulagen an Dienstnehmer zu Weihnachten sind als Sonderzahlung zu behandeln.

049-02-00-014
Konjunkturprämien

Bei einer Konjunkturprämie handelt es sich ungeachtet der Bezeichnung als einmalige Sonderzahlung um keine Sonderzahlung, sondern um einen laufenden Bezug, der dem Entgelt des Beitragszeitraums, in dem die Auszahlung zu erfolgen hat, hinzuzurechnen ist.

049-02-00-015
Leistungsprämien und Leistungszulagen

Leistungsprämien und Leistungszulagen, die in größeren Zeiträumen als den Beitragszeiträumen gewährt werden, gelten als Sonderzahlungen. Dies betrifft Leistungsprämien und Leistungszulagen, die nicht nach einem bestimmten Schlüssel vom laufenden Lohn errechnet und die nicht als Abgeltung für eine in einem genau bestimmten Zeitraum erbrachte Leistung gewährt werden.

Jede Leistungsprämie, deren Höhe nicht vom laufenden Lohn abhängig ist und die nicht als Abgeltung für eine in einem bestimmten Zeitraum erbrachte, genau feststehende Leistung gewährt wird, gilt beitragsrechtlich als Sonderzahlung im Sinne des Vorschrift des § 49 Abs. 2 ASVG, sofern sie in größeren Zeiträumen als den Beitragszeiträumen gewährt wird. Leistungsprämien und Leistungszulagen hingegen, die wohl in größeren Zeiträumen als den Beitragszeiträumen ausgezahlt werden, deren Höhe nach einem bestimmten Schlüssel vom laufenden Lohn errechnet wird und mit denen in bestimmten Zeiträumen erbrachte, genau feststehende Leistungen abgegolten werden, stellen trotz der Flüssigmachung in größeren Zeiträumen als den Beitragszeiträumen keine Sonderzahlung dar.

Wenn Verträge, die den Anspruch auf Erfolgsremunerationen oder Wettbewerbsprämien begründen, als Anspruchsvoraussetzung vorsehen,
dass das Dienstverhältnis bis zu einem bestimmten Zeitpunkt bestanden haben muss, kann mit einer regelmäßigen Wiederkehr der Zahlung gerechnet werden und diese ist somit als Sonderzahlung zu behandeln.

Wenn allerdings Dienstnehmer derartige Zahlungen nur fallweise in Anerkennung einer besonderen Leistung erhalten, müsste man die betreffenden Zahlungen – mangels einer regelmäßigen Wiederkehr in größeren Zeiträumen als den Beitragszeiträumen – dem laufenden Entgelt zuordnen. (Hauptverband 26.4.1979, 32-53.24/79)

049-02-00-016
Umsatzprovisionen

Maßgeblich für die Beantwortung der Frage, ob es sich um laufendes Entgelt oder um eine Sonderzahlung im Sinne des § 49 Abs. 2 ASVG handelt, sind die Entstehungsursachen der Leistung. Naturgemäß entstehen Umsatzprovisionen bei jedem getätigten Verkauf einer Ware, d.h., die Basis der jährlichen Leistung entsteht täglich, nicht erst im Rechnungs- bzw. Auszahlungszeitpunkt.

Die Vorgangsweise des Dienstgebers, einmal jährlich eine Summe dem Dienstnehmer zu zahlen, begründet für sich allein nicht den Charakter einer Sonderzahlung im Sinne des § 49 Abs. 2 ASVG. Durch die Bezeichnungsart der Leistung allein erhält sie nicht die Merkmale einer Sonderzahlung, sie muss daher anteilsmäßig dem monatlich gewährten Entgelt zugeschlagen werden und unterliegt demgemäß der laufenden Beitragspflicht.

Das Entstehen des Anspruches ist nicht nur von der Tätigung von Umsätzen, sondern von weiteren Voraussetzungen abhängig. Der Anspruch entsteht erst mit der Erfüllung dieser Bedingungen. Die Erfolgsprämie/Superprovision ist abhängig von der Erreichung des in der jährlichen Ausschreibung festgelegten Prämienzuwachses. Die Prämie wird nach Abzug der garantierten und monatlich ausbezahlten Akontierung in einem ausbezahlt. Sie wird in größeren Abständen als dem Beitragszeitraum erfasst und ist regelmäßig wieder kehrend. Auf die Akontierung besteht auch dann ein Anspruch, wenn das festgelegte Ziel für die Erfolgsprämie nicht erreicht wird. Auch wenn die gesamte Erfolgsprämie zusätzlich zu den monatlichen Bezügen gebührt, so handelt es sich dennoch um einen eigenständigen und von den monatlichen Zahlungen zu unterscheidenden Anspruch. Es ist unrichtig, von Akontierung und Restzahlung zu sprechen. Der Anspruch auf die sogenannte „Restzahlung" hängt vom Entstehen des insgesamt höheren Anspruchs ab. Wegen der Verschiedenartigkeit der Anspruchsvoraussetzungen kann von der Leistung Garantieprovisionen nicht auf die Rechtsnatur der Erfolgsprämie geschlossen werden. (VwGH 20.2.2002, Zl. 99/08/0079)

Folgende Provisions- und Prämienmodelle werden als allgemeine Beitragsgrundlage oder Sonderzahlung abgerechnet:

Sales Mitarbeiter

Die monatlich gewährten Provisionen stellen beitragsrechtlich zur Gänze laufendes Entgelt dar. Eine Aufrollung auf die einzelnen Beitragszeiträume ist vorzunehmen.

Presales Mitarbeiter

Die Provisionen stellen beitragsrechtlich laufendes Entgelt dar, daran ändert auch die Vereinbarung einer quartalsweisen Abrechnung nichts. Eine Aufrollung auf die einzelnen Beitragszeiträume ist vorzunehmen.

Service Mitarbeiter

Hier ist zwischen den Umsatzzielen und den individuellen Zielen (zB Mitarbeiterentwicklung) zu unterscheiden:

Umsatzziele: Lösung wie für die Presales Mitarbeiter

Individuelle Ziele: Sofern mit einer Wiederkehr zu rechnen ist, handelt es sich bei diesen Provisionen um Sonderzahlungen. (HV, 23.2.2016, Zl. LVB-51.1/16 Jv/Wot)

049-02-00-017
Urlaubsentgelt der Bauarbeiter

Nur die Hälfte des Urlaubsentgeltes der Bauarbeiter ist als Sonderzahlung im Sinne des § 49 Abs. 2 ASVG zu behandeln, während die andere Hälfte als laufendes Entgelt in die allgemeine Beitragsgrundlage einzubeziehen ist.

049-02-00-018
Urlaubszuschuss für Hausgehilfen und für Hausangestellte

Der Urlaubszuschuss für Hausgehilfen und für Hausangestellte ist beitragsrechtlich zur Gänze als Sonderzahlung anzusehen.

049-02-00-019
Weihnachtsbeihilfen

Weihnachtsbeihilfen an Dienstnehmer sind (ungeachtet der Notwendigkeit, jedes Jahr neuerlich anzusuchen und trotz Gewährung in unterschiedlicher Höhe bzw. an verschiedene Personenkreise) Sonderzahlungen im Sinne des § 49 Abs. 2 ASVG.

049-02-00-020
Weihnachtsremuneration – monatliche Abgeltung

Wenn der Rechtsanspruch auf monatliche Abgeltung der Weihnachtsremuneration nicht erst im Fälligkeitszeitpunkt der Weihnachtsremuneration, sondern in jedem Monat entsteht, wenn es sich also nicht um Vorschüsse, sondern um vertragliche Teilzahlungen handelt, sind diese Bezugsteile nicht als Sonderzahlungen im Sinne des § 49 Abs. 2 ASVG, sondern als laufendes Entgelt zu behandeln. (VwGH 22.10.1987, Zl. 83/08/0009)

049-02-00-021
Einbeziehung einer Hektoliterprämie in die Sonderzahlung

Anlässlich einer Beitragsprüfung bei einer Brauerei wurde festgestellt, dass den Kraftfahrern und Mitfahrern, die im Wesentlichen zur Zustellung von Bier oder sonstigen Getränken eingesetzt werden, sogenannte „Hektoliterprämien" gewährt werden. Diese „Hektoliterprämien" sind in die Sonderzahlung einzubeziehen. (Hauptverband 25., 26.9.2003, Zl. FO-MVB/32-51.1/03 Rv/Mm)

049-02-00-022
Geburtenbeihilfe

Bei Geburtenbeihilfen handelt es sich um laufendes Entgelt. Das laufende Entgelt ist so abzurechnen, dass die Geburtsbeihilfe im letzten laufenden Beitragszeitraum unter Berücksichtigung der Höchstbeitragsgrundlage abzurechnen ist. Da es sich um eine Einmalzahlung handelt, erfolgt keine Berücksichtigung in der Arbeits- und Entgeltbestätigung. (Hauptverband am 15.3.2016, Zl. LVB-51.1/16 Jv/Wot)

049-03-00-001
Taxative Aufzählung jener Geld- und Sachbezüge, die nicht als Entgelt gelten

§ 49 Abs. 3 ASVG enthält eine taxative Aufzählung jener Geld- und Sachbezüge, die nicht als Entgelt im Sinne des § 49 Abs. 1 und Abs. 2 ASVG gelten, d.h. die zwar an sich die Merkmale der in § 49 Abs. 1 und Abs. 2 ASVG angeführten Art aufweisen, jedoch kraft besonderer gesetzlicher Vorschriften in § 49 Abs. 3 ASVG von der Bewertung als beitragspflichtiges Entgelt ausgenommen sind.

Bei den Bestimmungen des § 49 Abs. 3 ASVG handelt es sich um Ausnahmebestimmungen, die nicht extensiv ausgelegt werden dürfen (VwGH 14.9.1966, Zl. 744/66).

Der Anwendungsbereich des durch § 49 Abs. 3 ASVG normierten Ausnahmekataloges erstreckt sich demnach nur auf „solche Bezüge, die „an sich" Entgelt im Sinne des § 49 Abs. 1 oder Abs. 2 ASVG sind. Steuerlich anerkannte Werbungskosten, die ein Dienstnehmer für seine Fortbildung aufgewendet hat, können nur dann das sozialversicherungspflichtige Entgelt mindern, wenn die vom Dienstnehmer aus seinen vom Dienstgeber gezahlten Geldbezügen, von denen die allgemeinen Beiträge errechnet worden sind, aufgewendeten Kosten für seine Fort- und Weiterbildung einem der Tatbestände des § 49 Abs. 3 ASVG, allenfalls iVm § 49 Abs. 4 ASVG, zu subsumieren wären und daher das Entgelt im Sinne des § 49 Abs. 1 ASVG vermindert hätten. (VwGH 23.2.1993, Zl. 92/08/0254)

049-03-01-001
Dienstreisen

Die beitragsrechtliche Beurteilung richtet sich nach § 26 EStG 1988. Siehe hiezu Lohnsteuerrichtlinien – Randzahlen 699–703a.

Wie der VwGH ausgeführt hat, gilt für alle im § 26 EStG erfassten Arbeitgeberleistungen der Grundsatz, dass darüber einzeln abgerechnet werden muss. In diesem Sinn hat der VwGH bereits wiederholt ausgesprochen, dass der Nachweis jeder einzelnen Dienstreise durch entsprechende Belege

6. E-MVB
049-03-01-001

zu erbringen ist. Beim Ersatz der Reisekosten durch Pauschbeträge gem. § 26 Z 4 EStG 1988 hat der Nachweis durch Belege dem Grunde nach zu erfolgen. Nur mit einwandfreien Nachweisen belegte Reisekostenentschädigungen dürfen als steuerfrei behandelt werden. Die Richtigkeit des vom Arbeitgeber vorgenommenen Lohnsteuerabzuges muss jederzeit für das Finanzamt leicht nachprüfbar, vor allem aus Lohnbüchern, Geschäftsbüchern und sonstigen Unterlagen ersichtlich sein. Unter einem Nachweis dem Grunde nach ist der Nachweis zu verstehen, dass im Einzelnen nach der Definition des § 26 Z 4 EStG 1988 eine Dienstreise vorliegt und die dafür gewährten pauschalen Tagesgelder die je nach Dauer der Dienstreise bemessenen Tagesgelder des § 26 Z 4 EStG 1988 nicht überschreiten. Dies ist zumindest durch das Datum, die Dauer, das Ziel und den Zweck der einzelnen Dienstreise darzulegen und durch entsprechende Aufzeichnungen zu belegen. Ein Nachweis ist dem Grunde nach erst dann gegeben, wenn neben dem Nachweis einer einzelnen tatsächlich angetretenen Reise auch insbesondere deren exakte Dauer belegt werden kann. Diese Umstände sind für die Beurteilung maßgebend, ob die geltend gemachten Reisekostensätze oder Entfernungszulagen nach § 26 Z 4 EStG 1988 nicht zu den Einkünften aus nichtselbstständiger Arbeit gehören. (VwGH v. 21. Oktober 1993, Zl. 92/15/0001) (Hauptverband 21. September 2004, Zl. FO-MVB/51.1/04 Rv/Mm).

In einem vorliegenden Fall bezahlte ein Erwachsenenbildungsinstitut an die dort tätigen freien Dienstnehmer Kilometergelder aus. Diese wurden als beitragspflichtig nachverrechnet, wobei allerdings jene Kosten, die bei Benützung eines Massenbeförderungsmittels erwachsen wären (§ 49 Abs. 3 Z 20 ASVG) berücksichtigt wurden.

Mit Erkenntnis vom 15.03.2005, Zl. 2001/08/0176, hat der VwGH dargelegt, dass die Anwendung der Ausnahmen vom beitragspflichtigen Entgelt im Sinne des § 49 Abs. 3 ASVG auf freie Dienstnehmer nur insoweit in Betracht kommt, als die genannten Bestimmungen ihrerseits an die Lohnsteuerpflicht anknüpfen. Soweit letzteres der Fall ist, scheitert eine Anwendung der betreffenden Befreiungsbestimmung auf freie Dienstnehmer schon aus diesem Grunde. Die Anerkennung pauschalierter (d.h. nicht durch Belege über tatsächliche Auslagen nachgewiesen) Reisevergütungen, wie Kilometergelder, Tagegelder oder Nächtigungsvergütungen als beitragsfrei im Sinne des § 26 Z 4 EStG, einschließlich der in dieser Bestimmung für die Anerkennung als steuerfrei festgelegten Höchstgrenzen, setzt voraus, dass lohnsteuerpflichtige Einkünfte vorliegen. Aufgrund dieses grundsätzlichen Erkenntnisses zur beitragsrechtlichen Behandlung von Zulagen für freie Dienstnehmer ist festzustellen, dass für freie Dienstnehmer jene Zulagen im § 49 Abs. 3 ASVG nicht beitragsfrei sind, die auf die entsprechenden lohnsteuerrechtlichen Vorschriften als Vorfrage verweisen. Dies insbesondere deshalb, weil der Verwaltungsgerichtshof in diesem Erkenntnis ausdrücklich festgestellt hat, dass die genannten Bestimmungen an die Lohnsteuerpflicht anknüpfen, die freien Dienstnehmer gemäß § 4 Abs. 4 ASVG allerdings einkommensteuerpflichtig sind. In weiterer Konsequenz bedeutet dies, dass die Beitragsfreiheit auch dann nicht gegeben ist, wenn derartige Aufwendungen durch Belege nachgewiesen werden. In derartigen Fällen ist das Honorar als „Bruttohonorar" zu verstehen und Beitragsgrundlage. Diese Vorgangsweise aufgrund des Verwaltungsgerichtshof-Erkenntnisses wird bundeseinheitlich mit 1. Mai 2005 (Beitragszeitraum Mai 2005) angewendet. (VwGH 15.3.2005, Zl. 2001/08/0176) (Hauptverband 30.5.-1.6.2005, Zl. FO-MVB/51.1/05 Rv/Mm)

Der Halbsatz im § 49 Abs. 3 Z 1 ASVG, der auf die Lohnsteuer verweist, ist eine lex specialis zum Begriff der Dienstreise und kann nicht durch die generelle Regelung des Aufwandsersatzes außer Kraft gesetzt werden. Für die Fahrt zwischen Wohnung und Arbeitsstätte ist allerdings § 49 Abs. 3 Z 20 ASVG anzuwenden (billigstes öffentliche Verkehrsmittel), (Hauptverband, 14.9.2005, Zl. FO-MVB/51.1/05 Af/Mm)

Ein Dienstnehmer ist mit über 25 % an der Gesellschaft beteiligt, ist jedoch gemäß § 4 Abs. 2 ASVG (persönliche und wirtschaftliche Abhängigkeit) sozialversicherungsrechtlich Dienstnehmer. Ein Dienstvertrag wurde abgeschlossen. Steuerrechtlich ist dieser Dienstnehmer einkommensteuerpflichtig und nicht lohnsteuerpflichtig. Die Entscheidung des Verwaltungsgerichtshofes zu den freien Dienstnehmern bezüglich der Beitragspflicht von Diäten und Aufwandsentschädigungen ist auch auf diese Personengruppe und nicht nur ausschließlich auf freie Dienstnehmer gemäß § 4 Abs. 4 ASVG anzuwenden. (Hauptverband 5., 6., 7.10.2005, Zl. FO-MVB/51.1/05 Af/Mm)

Liegen die in einem Kollektivvertrag (hier: eisen- und metallerzeugende und -verarbeitende Industrie) pauschal festgelegten Diätensätze um knapp 50 % über den im EStG normierten Beträgen und kann der Arbeitnehmer nachweisen, dass die ausbezahlten Diäten seine Aufwendungen stets erheblich überschritten haben, kommt dem steuerpflichtigen Teil der Diäten (das heißt jenem Teil, der über den im EStG geregelten steuerfreien Sätzen liegt) Entgeltcharakter zu und ist dieser nicht nur in die Bemessungsgrundlage für die Abfertigung alt einzubeziehen. Weist der Arbeitnehmer nach, dass die Pauschale deutlich über den Einschätzungen des Gesetzgebers liegt, liegt es am Arbeitgeber, den Aufwandcharakter der Pauschale zu beweisen. (OGH 30.3.2006, 8 ObA 87/05k) Anmerkung: Diese Entscheidung ist als Einzelfallentscheidung zum Kollektivvertrag anzusehen und findet im Bereich der Sozialversicherung keine generalisierende Anwendung/Betrachtung statt. Zur Urlaubsersatzleistung bezog der OGH deshalb keine Stellung, da diesbezüglich kein Partienantrag vorlag. (Hauptverband 11.7.2006, Zl. 32-MVB-51.1/06 Dm/Mm)

Mit Erkenntnis vom 22.6.2006, G 147/05, hat der Verfassungsgerichtshof den vierten Satzes in § 26 Z4 EStG 1988, BGBl 400 idF BGBl 818/1993, und die Verordnung des Bundesministers für Finanzen

6. E-MVB
049-03-01-002 – 049-03-01-006

betreffend Reisekostenvergütungen gemäß § 26 Z 4 EStG 1988 auf Grund einer lohngestaltenden Vorschrift im Sinne des § 68 Abs. 5 Zl bis 6 EStG 1988, BGBl II 306/1997, wegen Gleichheitswidrigkeit mit Ablauf des 31.12.2007 aufgehoben. Die Kundmachung der Aufhebung erfolgte mit BGBl I 151/2006. (Hauptverband 3.10.2006, Zl. 32-MVB-51.1/06 Dm/Mm).

Durch das Bundesgesetz BGBl. I Nr. 133/2008 wurde § 3 Abs. 1 Z 16b des EStG 1988 geändert. § 3 Abs. 1 Z 16b EStG regelt als Reiseaufwandsentschädigungen gezahlte Tagesgelder und Nächtigungsgelder. In § 49 Abs. 3 Z 1 ASVG sind im letzten Halbsatz nur die Tagesgelder angeführt. Obwohl nunmehr die Textänderungen unterschiedlich sind, ist im Sinne einer einheitlichen Vorgangsweise vorzugehen. (Hauptverband 2.12.2008, Zl. 32-MVB-51.1/08 Jv/Mm).

Gemäß § 3 Abs. 1 Z 16b des Einkommensteuergesetzes 1988 können vom Arbeitgeber für Fahrten zu einer Baustelle oder zu einem Einsatzort für Montage- oder Servicetätigkeit, die unmittelbar von der Wohnung aus angetreten werden, Fahrtkostenvergütungen nach dieser Bestimmung behandelt werden oder das Pendlerpauschale im Sinne des § 16 Abs. 1 Z 6 EStG beim Steuerabzug vom Arbeitslohn berücksichtigt werden. Sofern die in Rede stehenden Fahrtkostenvergütungen nach § 3 Abs. 1 Z 16b EStG steuerfrei sind, sind sie auch in dieser Höhe als beitragsfrei zu behandeln. Eine Einschränkung der Beitragsfreiheit im Sinne des § 49 Abs. 3 Z 20 ASVG ist in diesem Fall nicht vorzunehmen. Wird vom Arbeitgeber für diese Fahrten ein Pendlerpauschale gewährt, können allenfalls zusätzlich gewährte Fahrtkostensätze gemäß § 49 Abs. 3 Z 20 ASVG bis zur Höhe der Kosten eines Massenbeförderungsmittels beitragsfrei belassen werden. (Hauptverband 21.4.2009, Zl. 32-MVB-51.1/09 Jv/Mm)

049-03-01-002
Bauzulagen

Bauzulagen sind in der Regel steuerpflichtig und sozialversicherungspflichtig und können nach herrschender Verwaltungspraxis grundsätzlich weder als Reisekostensätze noch als Erschwerniszulagen berücksichtigt werden.

Zulagen stellen im Allgemeinen grundsätzlich Entgelt dar. Bauzulagen jedoch, die nur an jenen Tagen zur Auszahlung kommen, an denen sich der Dienstnehmer auf der Baustelle befindet, und für die weder Lohnsteuer noch sozialversicherungsrechtliche Abgaben zu leisten sind, können dem Sinn nach eine Aufwandsentschädigung darstellen, womit damit ein nachzuweisender Aufwand abgedeckt werden soll.

Wird eine Bauzulage jedoch ohne irgendeine Bezugnahme auf einen Mehraufwand und ohne Abstellen auf einzelne Ausgaben und Verrichtungen in einer Höhe gewährt, dass man nicht mehr davon sprechen kann, dass damit nur ein allfälliger zusätzlicher Bekleidungs- oder Reinigungsaufwand abgegolten wird, handelt es sich um keine Aufwandsentschädigung, sondern um einen Teil des Entgelts, das nicht nur dann zu bezahlen ist, wenn tatsächlich Arbeiten an Baustellen geleistet werden, sondern auch bei Dienstverhinderung, z.B. bei Krankheit oder Urlaub. Eine solche Bauzulage ist als Entgeltbestandteil zu betrachten und daher sozialversicherungspflichtig.

Wird eine als Entgeltbestandteil zu verstehende Bauzulage trotz dieses Rechtsanspruchs im Urlaub oder während einer Krankheit, aus welchen Gründen immer, nicht bezahlt, so ist dies für die beitragsrechtliche Behandlung irrelevant: Da die Beitragspflicht auf den Anspruchslohn (§ 49 Abs. 1 ASVG) abstellt, sind von den nicht ausbezahlten Kranken- oder Urlaubsentgeltbestandteilen „Bauzulagen" auch dann Beiträge abzuführen, wenn der Dienstnehmer auf die Geldleistung, auf die er Rechtsanspruch hat, verzichtet.

049-03-01-003
Bezüge von einem Arbeitskollegen

Bezüge, die einem Dienstnehmer von einem seiner Arbeitskollegen dafür zukommen, dass er diesem das an sich ihm zustehende Dienst-Kfz überlässt, sind beitragspflichtes Entgelt. Die Zahlung erfolgt nämlich in Erfüllung des Anspruchs des Dienstnehmers gegenüber dem Dienstgeber und daher im Versicherungsverhältnis des Dienstnehmers als Entgelt im Sinne des § 49 Abs. 1 ASVG. (VwGH 20.2.1996, Zl. 95/08/0188)

049-03-01-004
Bildschirmbrille

Grundsätzlich sind Bildschirmbrillen vom Arbeitgeber und nicht vom Krankenversicherungsträger zu zahlen. Grundsätzlich sollten dem Dienstnehmer gar keine Kosten erwachsen, da der Dienstgeber diese direkt zu bezahlen hat. Die Kosten für die erforderlichen Untersuchungen hat ebenfalls der Dienstgeber zu tragen. Ersetzt der Dienstgeber die Kosten der Bildschirmbrille gehört dies nicht zum Entgelt, ebensowenig der Ersatz der Untersuchungskosten durch den Arbeitgeber.

049-03-01-005
Bildschirmzulage

Bildschirmzulagen unterliegen als Erschwerniszulagen nur dann der Beitragspflicht in der Sozialversicherung, wenn sie steuerfrei zu behandeln sind. Diese vom Steuerrecht abweichende Regelung, die auch für Gefahrenzulagen gilt, stellt eine Abgeltung für berufsbedingte Belastungen dar, die sich unmittelbar auf die Leistungsverpflichtungen der Sozialversicherungsträger durch erhöhte Risikoübernahme auswirken.

049-03-01-006
Bleizulage

Eine Bleizulage ist einer Gefahrenzulage gleichzuhalten und kann daher nicht unter den allgemeinen Ausdruck „Auslagenersatz" des § 49 Abs. 3 Z 1 ASVG subsumiert werden.

6. E-MVB
049-03-01-007 – 049-03-01-013

049-03-01-007
Montagezulagen

Montagezulagen, die auf Grund des einschlägigen Kollektivvertrages sowohl für Montagearbeiten außerhalb wie auch innerhalb des Betriebes gebühren, stellen keine Aufwandsentschädigung oder Auslagenersatz dar, sondern beitragspflichtigen Arbeitslohn; eine kollektivvertragliche Bezeichnung solcher Zulagen als Aufwandsersatz ist diesbezüglich unbeachtlich.

049-03-01-008
Wegzeitvergütungen

Wegzeitvergütungen, die nicht für den mit Arbeiten außerhalb des Betriebes verbundenen Mehraufwand des Dienstnehmers, sondern für in Form von Wegzeiten zusätzlich geleistete Arbeitszeiten gewährt werden (hier z.B. nach dem KV für das eisen- und metallverarbeitende Gewerbe), stellen, ungeachtet des kollektivvertraglichen Anspruchs auf diese Vergütung, beitragspflichtiges Entgelt im Sinne des § 49 Abs. 1 ASVG dar. (VwGH 13.10.1988, Zl. 86/08/0190)

049-03-01-009
Aufwandsersätze für Freie Dienstnehmer

Als Entgelt Freier Dienstnehmer sind alle Geld- und Sachbezüge zu verstehen, auf die der pflichtversicherte Freie Dienstnehmer aus dem Auftragsverhältnis Anspruch hat oder die er darüber hinaus auf Grund des Auftragsverhältnisses vom Auftraggeber oder von einem Dritten erhält.

Die nicht beitragspflichtigen Entgeltbestandteile sind in § 49 Abs. 3 ASVG angeführt und gelten auch für diese Versicherungsverhältnisse. Dies bedeutet, dass Aufwandersätze nach denselben Kriterien wie bei Dienstnehmern beitragsfrei zu behandeln sind (z.B. Dienstreisen, Diäten, Kilometergeld).

Aufwandsersätze sind aber nur dann beitragsfrei zu berücksichtigen, wenn sie dem Auftraggeber vom Auftragnehmer gesondert in Rechnung gestellt werden. Pauschalierte Aufwandsersätze sind beitragspflichtig. Die im getrennt ausgewiesenen Sachaufwand enthaltenen nachgewiesenen, zur Erfüllung des Auftrages erforderlichen Subhonorare sind beitragsfrei. Vom Auftraggeber zur Verfügung gestellte Betriebsmittel zur Ausführung der Dienstleistung sind nicht als Sachbezüge zu werten und daher nicht beitragspflichtig.

049-03-01-010
Nachtschichtzulage

Auslagenersätze im Sinne der beispielsweisen Aufzählung des § 49 Abs. 3 Z 1 ASVG sind nur solche, bei denen es sich um den Ersatz von Auslagen des Dienstnehmers handelt, die dadurch entstehen, dass der Ort der Arbeitsverrichtung Besonderheiten aufweist.

Demnach besteht kein Anlass, die Nachtschichtzulagen als Auslagenersatz im Sinne des § 49 Abs. 3 Z 1 ASVG anzusehen, weil hier Vergütungen vorliegen, die typischerweise für allenfalls dem Dienstnehmer entstehende Mehrauslagen in Zusammenhang mit der besonderen zeitlichen Lagerung der Arbeitsleistung zustehen. (VwGH 24.11.1971, Zl. 1671/71)

049-03-01-011
Vorteil aus dem Dienstverhältnis

Wenn ein Dienstnehmer mit seinem eigenen PKW auf Dienstreise während der Dienstverrichtung einen Unfall erleidet und der Dienstgeber die Reparaturkosten (Reifenschaden, Windschutzscheibe, Stoßstange etc.) übernimmt, handelt es sich hiebei um einen Vorteil aus dem Dienstverhältnis. Beitragsfrei ist die Zahlung des Dienstgebers, wenn der Schaden in Höhe der nachgewiesenen Rechnungssumme beglichen wurde (das bedeutet, dass eine Rechnung in Höhe der Schadenssumme vorliegen muss). Wurde mit der Zahlung des Kilometergeldes eine generelle Schadensabgeltung vereinbart und trotzdem der Schaden vom Dienstgeber beglichen, besteht Beitragspflicht. (Hauptverband 25., 26.9.2003, Zl. FO-MVB/32-51.1/03 Rv/Mm)

Bei von der Kaskoversicherung geleisteten Gesamtvergütungen von Unfallschäden an Dienstnehmer, für die eine pauschal abgeschlossene Kaskoversicherung (durch den Dienstgeber) für ausschließliche Dienstfahrten mit dem Privatfahrzeug eines Dienstnehmers abgeschlossen wurde, handelt es sich um keinen Vorteil aus dem Dienstverhältnis, da der Begünstigte der Dienstgeber ist. Dieser ist zum Schadenersatz verpflichtet. Es wird keine Beitragspflicht ausgelöst, weil die Leistung überhaupt nicht beitragsrelevant ist. (Hauptverband 27. Mai 2004, Zl. FO-MVB/51.1/04 Rv/Mm)

049-03-01-012
Taggeld

Die Sozialversicherung ist bei der beitragsrechtlichen Beurteilung von Taggeld an den Beurteilungskriterien der Finanz gebunden, weil das ASVG auf die entsprechende Bestimmung im EStG verweist. Das Taggeld im Bereich Bauindustrie/Baugewerbe ist somit auch aus sozialversicherungsrechtlicher Sicht beitragsfrei zu werten. Dies gilt auch für die Fälle der Übergangsregelung. Es ist allerdings darauf hinzuweisen, dass die Beitragsgrundlage für die Versicherten reduziert wird, was Auswirkungen vor allem im Bereich der Pensionsversicherung, sowie beim Arbeitslosengeld hat. (Hauptverband 20. April 2004, Zl. FO-MVB/51.1/04 Rv/Mm)

049-03-01-013
Entfernungszulage

Der Verwaltungsgerichtshof hat mit Erkenntnis vom 17.3.2004, Zl. 2000/08/0220, ausgesprochen, dass Abschnitt XIV, Punkt 12, des Kollektivvertrages für Arbeiter im eisen- und metallverarbeitende Gewerbe gegen § 10 Abs. 3 AZG verstößt und daher nichtig ist. Zulagen und Zuschläge sind daher bei der Berechnung des Überstundenentgeltes zu be-

6. E-MVB
049-03-01-014 – 049-03-02-001

rücksichtigen (Hauptverband, 22. und 23.6.2004, Zl. FO-MVB/51.1/04 Rv/Mm).

In Anbetracht des im Abschnitt X des genannten Kollektivvertrages geregelten Verdienstbegriffes sowie des Generalkollektivvertrages über den Begriff des Entgeltes gemäß § 6 UrlG, ist eine Einbeziehung der Entfernungszulage in das Überstundenentgelt bzw. in die Berechnung des Feiertags-, Urlaubs- und Krankenentgeltes sowie in die Sonderzahlungen nicht vorzunehmen. (Hauptverband 3.5.2005, Zl. FO-MVB/51.1/05 Rv/Mm)

049-03-01-014
Kostenersatz für Pflegefreistellungsbestätigung

Ob die refundierten Kosten für die Pflegefreistellungsbestätigung beitrags- und steuerpflichtig sind, hängt davon ab, ob die Dienstgeberin bzw. der Dienstgeber die Bestätigung verlangt hat. Nur in diesem Fall findet der 1. Halbsatz in § 49 Abs. 3 Z 1 ASVG „dienstliche Verrichtung für den Dienstgeber" Anwendung und der Kostenersatz ist beitragsfrei. Sollte die Pflegefreistellungsbestätigung von der Dienstnehmerin bzw. vom Dienstnehmer freiwillig beigebracht werden, so stellt die Refundierung der Kosten beitragspflichtiges Entgelt dar.

Die steuerliche Beurteilung ist ident. (Hauptverband vom 3./4.6.2014, Zl. 51.1/14/0006 Jv/Gd)

049-03-01-015
Kontoführungsgebühren

„Berücksichtigt man zudem den für die Mitarbeiter nur geringen Wert der Zuwendung, dem überdies auch die sich daraus ergebenden Nachteile (umfassende Offenlegung der finanziellen Situation und daraus erschließbarer Lebensumstände gegenüber dem Dienstgeber) gegenüber zu stellen sind, und zieht man weiter in Betracht, dass Mitarbeiter einer Bank bei Durchführung ihrer Geldgeschäfte weniger Aufwand für die Bank verursachen als Dritte, da etwa eine persönliche Kundenbetreuung (zumindest teilweise) entfallen kann und die Mitarbeiter einer Bank mit der Vorgangsweise bei Finanztransaktionen vertraut sind, so ist für den Beschwerdefall im Ergebnis festzuhalten, dass zumindest ein intensives betriebliches Interesse der mitbeteiligten Partei an der Leistung besteht – vgl. dazu nochmals das Erkenntnis vom 3. Oktober 2002, Zl. 2002/08/0162 – demgegenüber das Interesse der Dienstnehmer an dieser Leistung in den Hintergrund tritt. Dagegen, dass die belangte Behörde die gegenständlichen Vergünstigungen nicht als Entgelt im Sinne des § 49 ASVG gewertet hat, bestehen daher vom dem Verwaltungsgerichtshof keinen Bedenken." (VwGH vom 13.11.2013, Zl. 2012/08/0164)

Vgl. auch das Erkenntnis des VwGH vom 21.11.2013, Zl. 2012/08/0127: „kostenlose Kontoführung ist keine Vergünstigung und stellt aus Gründen, die im Erkenntnis vom 13.11.2013 angeführt sind, kein beitragspflichtiges Entgelt im Sinne des § 49 ASVG dar. (Hauptverband 21.1.2014, Zl. 51.1/14/0013 Km/Gd)

049-03-01-016
Fahrkostenvergütungen

Im Zuge einer Außenprüfung wurden die abgerechneten halben Sachbezüge wegen „erheblicher Mängel" in den Fahrtenaufzeichnungen auf volle Sachbezüge „aufgestockt" und die entsprechenden Lohnabgaben im Haftungswege nachverrechnet. Die Beschwerdeführerin räumte zwar teilweise Mängel in den Fahrtaufzeichnungen ein, jedoch hätten die Privatfahrten auch nach Hinzurechnung der „zweifelhaften" Fahrten das für die Heranziehung des „halben Sachbezugswertes" geltende Höchstmaß in den jeweils strittigen Zeiträumen nicht überschritten.

Aus den Entscheidungsgründen:

Eine vom Dienstgeber zugestandene Erlaubnis von Privatfahrten ist nicht Gegenstand des nach § 4 Abs. 2 der Verordnung zu führenden Nachweises und eine unzureichende Dokumentation der Erlaubnis führt nicht dazu, dass statt eines halben Sachbezugswertes ein voller anzusetzen ist. Die Bezugnahme auf eine „Möglichkeit" in § 4 Abs. 1 der Verordnung ist nicht so zu verstehen, dass es auf die Inanspruchnahme dieser Möglichkeit nicht ankäme. Ein Sachbezugswert ist nur anzusetzen, wenn nach der Lebenserfahrung auf Grund des Gesamtbildes der Verhältnisse anzunehmen ist, dass ArbeitnehmerInnen die eingeräumte Möglichkeit – wenn auch nur fallweise – nützen.

Steht DienstnehmerInnen ein Privat-Pkw zur Verfügung, so liegt eine Privatnutzung der Firmen-PKWs nicht unbedingt nahe.

Die belangte Behörde hat gar nicht festgestellt, dass Privatfahrten stattgefunden hätten.

Die Behörde ist auf das weitere Argument der Beschwerdeführerin nicht eingegangen, es komme nur darauf an, dass der in § 4 Abs. 2 der Verordnung genannte Wert nicht überschritten worden sei und dieser Nachweis erbracht sei, wenn die Differenz zwischen der Gesamtzahl der gefahrenen Kilometer und der Zahl der nachweislich für beruflich veranlasste Fahrten zurückgelegten Kilometer den in der Verordnung genannten Wert nicht überschreitet.

Die belangte Behörde hat die von ihr kritisierten, von der Beschwerdeführerin zum Teil auch zugestandenen Fehler in den Aufzeichnungen aber nicht in ein mengenmäßiges Verhältnis zur Gesamtkilometeranzahl gesetzt, im Ergebnis daher „lückenlose" Nachweise gefordert und damit den Maßstab der gem. § 4 Abs. 2 der Verordnung vorzunehmenden Prüfung verkannt. (VwGH vom 24.9. 2014, Zl. 2011/13/0074; Hauptverband, 20. Jänner 2015, Zl. LVB-51.1/15 Jv/Km)

049-03-02-001
Schmutzzulagen

Die beitragsrechtliche Beurteilung richtet sich nach § 68 EStG 1988. Siehe Lohnsteuerrichtlinien Randzahl 1126–1131

049-03-02-002
Schmutzzulagen für Rauchfangkehrer

Mit Erkenntnis vom 7. Mai 2008, Zl. 2006/08/00225, hat der VwGH entschieden, dass Schmutzzulagen, auch wenn sie während des Urlaubes und während der gesetzlichen Feiertage gezahlt worden sind, als beitragsfrei zu behandeln sind. „... Ist also die Tätigkeit des Arbeitnehmers überwiegend eine solche, für die eine Schmutzzulage gebührt, so ist es für den Anspruch auf diese Zulage gleichgültig, ob und wann zeitraumbezogen innerhalb des für die Prüfung des Anspruchs auf Schmutzzulage maßgebenden Lohnzahlungszeitraums ein konkreter Reinigungsaufwand aufgrund einer Verschmutzung entsteht und in welcher Höhe dieser Aufwand entsteht. ... ... Sind die Tatbestandvoraussetzungen des § 68 Abs. 5 EStG 1988 für die Gewährung einer Schmutzzulage gegeben, werden also überwiegend Arbeiten geleistet, die üblicherweise (typischerweise) eine außerordentliche Verschmutzung des Arbeitnehmers verursachen, so ist es für die Frage der Beitragsfreiheit unmaßgeblich, ob auch in einem konkreten Einzelfall eine solche Verschmutzung gegeben war." (VwGH 7.5.2008, Zl. 2006/08/00225, Hauptverband 16.9.2008, Zl. 32-MVB-51.1/08 Dm/Mm).

(Erlass des BMF vom 19.11.2008, GZ: BMF-010222/0241-VI/7/2008, ARD 5920/17/2008) LStR 2002, Rz 11130).

Voraussetzung für die Steuerfreiheit ist u.a. das Vorliegen einer lohngestaltenden Vorschrift im Sinne des § 68 Abs. 5 Z 1 bis 7 EStG 1988 sowie die Angemessenheit der Zulage. Von einer Angemessenheit kann dann ausgegangen werden, wenn die Schmutzzulage (bzw. die insgesamt an RauchfangkehrerInnen gezahlte SEG-Zulage (Schmutz,-Erschwernis und Gefahrenzulage) 8 % des Grundlohnes nicht übersteigt.

Auch im Bereich der Sozialversicherung kommt entsprechend § 49 Abs. 3 Z 2 ASVG die steuerliche Höchstgrenze von 8 % des Grundlohnes zur Anwendung. Voraussetzung ist allerdings, dass im entsprechenden Monat eine überwiegende Verschmutzung vorliegen muss. Liegen in einem Monat beispielsweise 3 Wochen Urlaub, so liegt Beitragspflicht der Schmutzzulage vor, da keine überwiegende Verschmutzung in dieser Zeit vorliegt. (Hauptverband 17.2.2009, Zl. 32-MVB-51.1/09 Jv/Mm).

049-03-03-001
Fehlgeldentschädigungen
(aufgehoben)

049-03-03-002
Kontoführungsgebühren
wurde zu 049-03-01-015

049-03-04-001
Umzugskostenvergütungen
Die beitragsrechtliche Beurteilung richtet sich nach § 26 EStG 1988. Siehe hiezu die Lohnsteuerrichtlinien Randzahlen 392–393.

049-03-05-001
Arbeits(Berufs)kleidung

Als Entgelt im Sinne des § 49 ASVG gilt nicht der Wert der Reinigung der Arbeitskleidung sowie der Wert der unentgeltlich überlassenen Arbeitskleidung, wenn es sich um typische Berufskleidung handelt.

Der Wortlaut des § 49 Abs. 3 Z 5 ASVG gibt zu keinen Zweifeln Anlass, wonach nur der Wert der Reinigung der Arbeitskleidung sowie der Wert einer in natura beigestellten Arbeitskleidung nicht zum Entgelt gehört und daher beitragsfrei bleibt. Ein in Geld gewährtes Bekleidungspauschale hingegen gehört zum beitragspflichtigen Entgelt. Eine Unterstellung dieses unter der Bezeichnung Bekleidungspauschale gewährten Barbezuges unter den Begriff des Auslagenersatzes unter die lex generalis (allgemeines Gesetz, § 49 Abs. 3 Z 1 ASVG) kann aus dem Grunde nicht in Betracht gezogen werden, weil es sich bei der Bestimmung des § 49 Abs. 3 Z 5 ASVG um eine lex specialis handelt.

Eine Bekleidungszulage, mit der Anschaffungsaufwand für typische Berufskleidung abgegolten werden soll, findet als Aufwandsabgeltung weder in § 49 Abs. 3 Z 5 ASVG Deckung noch kann sie subsidiär dem § 49 Abs. 3 Z 1 erster Satz ASVG unterstellt werden. (VwGH 20.12.1984, Zl. 85/08/0012)

Im Kollektivvertrag für pharmazeutische Fachkräfte (Kopie im Anhang) findet sich eine Bestimmung über Schutzbekleidung. U.a. ist geregelt, dass Fachkräften im Regelfall die Reinigung eines Arbeitsmantels pro Woche gebührt. Die Reinigung kann laut Kollektivvertrag Die Reinigung kann auch durch die Dienstnehmerin bzw. den Dienstnehmer gegen Abgeltung der normalen Kosten übernommen werden. Der Kostenersatz ist durch die Kollektivvertragspartner einvernehmlich festzulegen und zu verlautbaren. Der in diesem Artikel beschriebene Kostenersatz nennt sich bei den Pharmazeuten „Mantelwäsche". Die Mantelwäsche beträgt derzeit 21,65 Euro monatlich.

Es stellt sich nun die Frage, ob diese Kosten beitragsfrei oder beitragspflichtig zu werten sind.

Bei Arbeitsmänteln der pharmazeutischen Fachkräfte handelt es sich zweifelsfrei um typische Berufskleidung mit allgemein erkennbarem, eine private Nutzung praktisch ausschließendem Uniformcharakter. Gem. § 49 Abs. 3 Z 5 ASVG ist der Wert der Reinigung der Arbeitskleidung sowie der Wert der unentgeltlich überlassenen Arbeitskleidung, wenn es sich um typische Berufskleidung handelt, beitragsfrei.

In seiner Entscheidung vom 17.1.1995 (90/14/0203) hält der VwGH zu § 68 EStG fest: Wenn ein Arbeitgeber Berufskleidung nicht in natura überlässt, sondern dem Arbeitnehmer Geldbeträge zur Anschaffung von Berufskleidung ausbezahlt, liegt beim Arbeitnehmer steuerpflichtiger Arbeitslohn vor. Dieser Judikatur folgend kommt man zum Ergebnis, dass die Hingabe von Barbeträgen bzw. die Auszahlung von Geld zur Reinigung derselben in logischer Konsequenz ebenso steuerpflichtig und wohl auch sozialversicherungsbeitragspflichtig ist.

Nicht immer aber muss eine Geldleistung im Zusammenhang mit der Berufskleidung zur Beitragspflicht führen. Dient die Zulage dazu, den Reinigungsaufwand aufgrund der Verschmutzung der Arbeitskleidung abzudecken, kann eine beitragsfreie Schmutzzulage vorliegen.

Vergleiche VwGH vom 16.02.1999, GZ. 96/08/0305 „Bei Vorliegen der Tatbestandsvoraussetzungen des § 49 Abs. 3 Z 2 ASVG steht § 49 Abs. 3 Z 5 ASVG der Beitragsfreiheit einer gemäß § 49 Abs. 3 Z 2 ASVG gewährten Geldzulage, die der Reinigung von Arbeitskleidung oder der Anschaffung neuer Arbeitskleidung dient, insoweit der Verschleiß auf die Wirkungen der Verschmutzung zurückgeführt wird, nicht entgegen (ausführliche Begründung im Erk.; Hinweis E 25.5.1987, 86/08/0100, VwSlg 12474 A/1987, E 17.1.1995, 90/14/0203)."

Anders ist die Sachlage zu beurteilen, wenn die DienstnehmerInnen Belege aus der Putzerei vorlegen können. Dann gebührt Aufwandsersatz, der beitragsfrei gewertet wird.

Hinweis des BMF:

„Die Hingabe von Barbeträgen an den Arbeitnehmer zur Anschaffung von typischer Berufskleidung, zur Reinigung bzw. zur Reparatur derselben fällt nicht unter diese Befreiungsbestimmung (VwGH 26.2.1971, 0783/69; VwGH 17.1.1995, 90/14/0203), wohl aber können die getätigten Aufwendungen Werbungskosten sein (siehe hiezu § 16 EStG 1988)." (Hauptverband 25.2.2014, Zl. LVB-51.1/14 Jv/Gd)

049-03-07-001
Abgangsentschädigungen

Wie sich aus § 49 Abs. 3 Z 7 ASVG ergibt, sind nicht Abgangsentschädigungen aller Art schlechthin von der Beitragspflicht ausgenommen, sondern Abgangsentschädigungen vom Gesetzgeber nur beispielsweise angeführt worden; dem ausdrücklichen Wortlaut der angeführten Bestimmung zufolge muss es sich jedoch um Vergütungen handeln, die lediglich aus Anlass der Beendigung des Dienstverhältnisses gewährt werden, damit die Beitragsfreiheit gegeben ist.

Von einer beitragsfreien Entschädigung im Sinne des § 49 Abs. 3 Z 7 ASVG kann dann keine Rede sein, wenn ein Vergleich abgeschlossen wurde, um das arbeitsgerichtliche Verfahren zu einem Ende zu bringen und vor dem Vergleichsabschluss ein Verzicht des Dienstnehmers auf die von ihm gegen den Dienstgeber geltend gemachten Forderungen nicht erfolgt ist.(VwGH 3.7.1986, Zl. 85/08/0201)

Auch ohne gesetzliche Verpflichtung, aus Anlass der Beendigung des Dienstverhältnisses geleistete Entgeltbestandteile, die nach Voraussetzung und Höhe Ähnlichkeit mit dem in der Rechtsordnung herausgearbeiteten Typus der gesetzlichen Abfertigung haben, sind begrifflich Abfertigungen, und zwar in dem Sinn, dass ihre Grundlage nicht die im Rahmen des Dienstverhältnisses zu erbringende Arbeitsleistung, sondern die Beendigung des Dienstverhältnisses ist. Es muss sich dabei um eine Zuwendung des Dienstgebers an den Dienstnehmer handeln, die Arbeitsleistungen des Dienstnehmers abgelten soll, andernfalls läge kein Entgelt vor, der Bezug wäre beitragsfrei und würde die Leistungsbemessungsgrundlage nicht erhöhen.

Eine ausreichende Entsprechung mit den Typusmerkmalen einer Abfertigung liegt vor, wenn sich die geleistete „freiwillige Abfertigung" von der gesetzlich zustehenden nur dadurch unterscheidet, dass eine Vordienstzeitenanrechnung auch hinsichtlich der in einem anderen Betrieb zurückgelegten Dienstzeiten vorgenommen wird. (VwGH 27.3.1990, Zl. 85/08/0126)

Liegt keine kausale Verknüpfung der Zuwendung mit der Auflösung des Dienstverhältnisses vor, weil die Zuwendung während des aufrechten Bestandes des Dienstverhältnisses (und auch nicht etwa in Hinblick auf eine bevorstehende Auflösung desselben) gewährt worden ist, ist § 49 Abs. 3 Z 7 ASVG, der als Ausnahmetatbestand auch nicht ausdehnend auszulegen ist, nicht anzuwenden. (VwGH 22.10.1991, Zl. 90/08/0189)

Zahlungen, die ein Dienstgeber an einen aus dem Dienstverhältnis ausgeschiedenen Dienstnehmer auf Grund einer vereinbarten Konkurrenzklausel leistet, unterliegen nicht der Beitragspflicht zur Sozialversicherung.

Diese Zahlungen stehen zwar zweifellos mit dem beendeten Dienstverhältnis in Zusammenhang. Charakteristisch ist aber, dass die Konkurrenzklausel und die für ihre Einhaltung ausbedungene Zahlungspflicht des Dienstgebers nicht während des Dienstverhältnisses, sondern gerade erst nach dessen Beendigung wirksam wird, also für einen Zeitraum, innerhalb dessen die Bereitschaft, weiterhin Arbeit zu leisten bzw. entgegenzunehmen, nicht mehr besteht. Es handelt sich demnach nicht um eine Weiterzahlung des Arbeitsentgeltes und es kommt zu keiner Fortdauer der Pflichtversicherung nach § 11 Abs. 1 ASVG über das Ende des Beschäftigungsverhältnisses hinaus. Die Beitragsfreiheit der in Rede stehenden Zahlungen lässt sich auch aus § 49 Abs. 3 Z 7 ASVG ableiten, wenngleich bei dieser Gesetzesbestimmung eher nur an einmalige Zahlungen aus Anlass der Beendigung des Dienstverhältnisses, wie z.B. Abfertigungen, gedacht ist. (Hauptverband 15.9.1992, Zl. 32-53.11/92)

049-03-07-002
Urlaubsablösen

Urlaubsablösen, die für den Fall der ausnahmsweisen Nichtinanspruchnahme des Urlaubes bei Fortdauer des Beschäftigungsverhältnisses gewährt werden, stehen nicht in Zusammenhang mit der Auflösung des Dienstverhältnisses und unterliegen daher grundsätzlich der Beitragspflicht.

6. E-MVB
049-03-07-003 – 049-03-11-002

049-03-07-003
Urlaubsgelder bei Beendigung des Dienstverhältnisses

Urlaubsgelder (in der Praxis auch als Urlaubszuschüsse bezeichnet), die anteilsmäßig bei Beendigung des Dienstverhältnisses ausgezahlt werden, sind gleichfalls nicht beitragsfrei, weil sie nicht aus Anlass der Beendigung des Beschäftigungsverhältnisses gewährt, sondern rein zufällig bei Beendigung des Beschäftigungsverhältnisses ausgezahlt werden. Der Umstand, dass diese Urlaubsgelder, die sonst beitragspflichtig sind, am Ende des Beschäftigungsverhältnisses ausgezahlt werden, vermag ihre Beitragspflicht nicht zu beeinflussen.

049-03-07-004
Finanzielle Abgeltung für Postensuchtage

Wenn Postensuchtage in der Kündigungsfrist in Geld abgegolten werden, entsteht dieses Entgelt aus Anlass der Beendigung des Dienstverhältnisses und ist gemäß § 49 Abs. 3 Z 7 ASVG beitragsfrei. Es kommt zu keiner Verlängerung der Pflichtversicherung.

049-03-09-001
Zuschüsse während Anspruch auf laufende Geldleistungen aus der Krankenversicherung

Das für die ersten 3 Tage der Arbeitsunfähigkeit bezahlte Entgelt ist stets als Entgelt gemäß § 49 Abs. 1 ASVG und § 44 Abs. 1 Z 1 ASVG beitragspflichtig.

Auch Lehrlinge über 18 Jahren haben Anspruch auf das Entgelt während der ersten 3 Krankheitstage – es besteht daher für diese auch jedenfalls Sozialversicherungsbeitragspflicht. (VwGH 28.11.1962, Zl. 1043/62)

Unter „vollen Geld- und Sachbezügen" im Sinne des § 49 Abs. 3 Z 9 ASVG ist nicht nur das für den letzten Beitragszeitraum vor Eintritt der Arbeitsunfähigkeit gebührende normale Entgelt, sondern auch das in diesem Zeitraum fällig gewordene Entgelt für geleistete Überstunden zu verstehen. (VwGH 16.12.1959, Zl. 2327/58)

Auch wenn das Krankenentgelt erst einschließlich von freiwilligen betrieblichen Zuwendungen, Kinderzulagen, Werks- oder Dienstwohnungen usw. während der Krankheits 50% der vor der Arbeitsunfähigkeit gebührenden Geld- und Sachbezüge übersteigt, besteht gemäß § 49 Abs. 3 Z 9 ASVG Beitragspflicht.

Der Anschauung, dass für das im Sinne des § 8 AngG geleistete halbe Entgelt nach § 57 Abs. 1 ASVG allgemeine Beiträge zu entrichten seien, nicht jedoch auch für die betriebsfürsorgerische Leistung, muss beigepflichtet werden. (VwGH 4.3.1970, Zl. 1242/69)

Unter den für die Dauer der Arbeitsunfähigkeit weitergezahlten Bezügen (arg. „fortbezieht" gemäß § 57 Abs. 1 ASVG) sind hiebei nur Bezüge jener Art zu verstehen wie sie vor dem Eintritt der Arbeitsunfähigkeit geleistet worden sind, zu denen die erst während der Arbeitsunfähigkeit gezahlte betriebsfürsorgliche Leistung nicht gezählt werden kann.

Fallbeispiel:
Ein Dienstnehmer erhält 2.000,– Euro Gehalt sowie 100,– Euro Sachbezug. Seine Beitragsgrundlage ist demnach 2.100,– Euro. Im Krankenstand erhält er einen Zuschuss zum Krankengeld in Höhe von 50% von 2.000,– Euro, also 1.000,– Euro. Der Sachbezug in Höhe von 100,– Euro wird weitergewährt. Wenn der Dienstnehmer nun 1.100,– Euro erhält, ist der gesamte Betrag beitragspflichtig, weil die Summe mehr als 50% der vollen Geld- und Sachbezüge beträgt. Sollte der Dienstnehmer nur den Zuschuss zum Krankengeld, also 1.000,– Euro, bekommen, sind diese beitragsfrei, weil diese weniger als 50% der vollen Geld- und Sachbezüge vor Eintritt des Versicherungsfalles betragen.

049-03-10-001
Jubiläumsgeschenke

(aufgehoben)

049-03-10-002
Diensterfindungen

(aufgehoben)

049-03-11-001
Soziale Zuwendungen

Freiwillige soziale Zuwendungen sind
- Zuwendungen des Dienstgebers an den Betriebsratsfonds, weiters Zuwendungen zur Beseitigung von Katastrophenschäden, insbesondere Hochwasser-, Erdrutsch-, Vermurungs- und Lawinenschäden,
- Zuwendungen des Dienstgebers für zielgerichtete, wirkungsorientierte, vom Leistungsangebot der gesetzlichen Krankenversicherung erfasste Gesundheitsförderung (Salutogenese) und Prävention sowie Impfungen, soweit diese Zuwendungen an alle DienstnehmerInnen oder bestimmte Gruppen seiner DienstnehmerInnen gewährt werden,
- Zuwendungen des Dienstgebers für das Begräbnis des Dienstnehmers/der Dienstnehmerin oder dessen/deren (Ehe-)Partners/(Ehe-)Partnerin oder dessen/deren Kinder im Sinne des § 106 EStG 1988,
- Zuschüsse des Dienstgebers für die Betreuung von Kindern bis höchstens 1 000 € pro Kind und Kalenderjahr, die der Dienstgeber allen Dienstnehmer/inne/n oder bestimmten Gruppen seiner DienstnehmerInnen gewährt, wenn die weiteren Voraussetzungen nach Abs. 9 vorliegen;

049-03-11-002
Freiwillige Zahlungen während der Karenz

Freiwillige Zahlungen während der Karenz sind sozialversicherungsrechtlich beitragsfrei, weil keine Arbeitsleistung erbracht wird. Da das BMVG diesbezüglich auf die sozialversicherungs-

6. E-MVB
049-03-11-003

rechtlichen Bestimmungen verweist, sind diese Zahlungen auch nicht BMVG-pflichtig. Diese Aussage gilt auch, wenn dieses Entgelt aufgrund eines Kollektivvertrages verpflichtend gezahlt wird. (Hauptverband 8.5.2003, Zl. FO-MVB/32-51.1/02 Rv/Mm)

049-03-11-003
Gesundheitsförderung

Mit dem 1. Jänner 2016 wird durch das Steuerreformgesetz 2015/2016 der Katalog der nicht als Entgelt geltenden Bezüge des § 49 Abs. 3 ASVG adaptiert. Im Zuge dieser Änderungen werden die beitragsfreien freiwilligen sozialen Zuwendungen des Dienstgebers nunmehr abschließend aufgezählt (§ 49 Abs. 3 Z 11 ASVG).

Beitragsfrei sind unter anderem „Zuwendungen des Dienstgebers für zielgerichtete, wirkungsorientierte, vom Leistungsangebot der gesetzlichen Krankenversicherung erfasste Gesundheitsförderung (Salutogenese) und Prävention sowie Impfungen, soweit diese Zuwendungen an alle Dienstnehmerinnen und Dienstnehmer oder bestimmte Gruppen seiner Dienstnehmerinnen und Dienstnehmer gewährt werden" (vgl. § 49 Abs. 3 Z 11 lit. b) ASVG idF BGBl. I Nr. 118/2015). In § 3 Abs. 1 Z 13 EStG findet sich eine korrespondierende Regelung.

Grundsätzliches:
Die in § 49 Abs. 3 ASVG aufgezählten Befreiungstatbestände, also auch die hier gegenständliche Regelung, sind eng auszulegen.

Zuwendungen in Form von Angeboten zur Stärkung der Gesundheit sowie der Verhinderung von Krankheit zielen auf die Verbesserung des Gesundheitsverhaltens und die Stärkung der dahingehenden persönlichen Kompetenz der Dienstnehmerinnen und Dienstnehmer ab. Barleistungen an Dienstnehmerinnen und Dienstnehmer, die in diesem Zusammenhang geleistet werden, können generell nicht beitragsfrei behandelt werden. Die Zuwendungen sind von der Dienstgeberin oder dem Dienstgeber direkt mit den qualifizierten Anbieterinnen und Anbietern abzurechnen.

Um zielgerichtet zu sein, haben alle Angebote ein im Vorfeld definiertes Ziel (z. B. Raucherstopp, Gewichtsnormalisierung) zu verfolgen. Sinnvollerweise sind Maßnahmen zur Verbesserung des Gesundheitsverhaltens, mit Änderungen der Verhältnisse abgestimmt. Als wirkungsorientiert kann ein Angebot nur gelten, wenn seine Wirksamkeit wissenschaftlich belegt ist. Von einer Wirkungsorientierung ist zudem nur dann auszugehen, wenn der Anbieter zur konkreten Leistungserbringung qualifiziert und berechtigt ist.

Handlungsfelder
Das Angebotsspektrum kann im Konkreten nur folgende Handlungsfelder umfassen:
Ernährung
Bewegung
Sucht
Psychische Gesundheit

Angebote zum Thema Ernährung
Die Angebote zielen auf die Vermeidung von Mangel- und Fehlernährung sowie die Vermeidung und Reduktion von Übergewicht ab.

Die positive Beeinflussung des Ernährungsverhaltens durch eine qualitätsgesicherte Beratung und Anleitung zur Ernährungsumstellung ist belegt. Es geht dabei um die Stärkung der Motivation und Handlungskompetenz der Versicherten bzw. des Versicherten zu einer nachhaltigen Umstellung auf eine Ernährungsweise nach der aktuellen nationalen Ernährungsempfehlung (Ernährungspyramide). Sinnvollerweise werden Maßnahmen zur Prävention von Übergewicht immer mit Maßnahmen zur Steigerung der körperlichen Aktivität kombiniert.

Die Umsetzung entsprechender Angebote im Bereich Ernährung obliegt ErnährungswissenschaftlerInnen, ÄrztInnen mit ÖÄK-Diplom Ernährung oder DiätologInnen.

ACHTUNG: Bei Vorliegen einer ernährungsrelevanten Erkrankung dürfen nur ÄrztInnen und DiätologInnen Beratungen durchführen.

Nicht beitragsfrei sind demnach:
Kosten für Nahrungsergänzungsmitteln, Formula-Diäten und weitere diätetische Lebensmittel
Kosten für die Messungen von Stoffwechselparametern, genetische Analysen oder „Allergietests"
Reine Koch- und Backkurse
Patentierte Gewichtsreduktionsprogramme

Angebote zum Thema Bewegung
Die Angebote müssen auf die Umsetzung der nationalen Bewegungsempfehlungen sowie auf die Reduktion von Erkrankungsrisiken (z. B. Diabetes, Herz-Kreislauf-Erkrankungen, Stütz- und Bewegungsapparat) abzielen. Bewegungsprogramme mit vorangegangener Beratung sind individuell an die Zielgruppe angepasst und werden mit einer zielgerichteten Perspektive durchgeführt. (Z. B. Stärkung der Rückenmuskulatur, Aufbau von Kondition.) Das Ziel ist Nachhaltigkeit im Sinne einer langfristigen Einbindung der Maßnahme in den Alltag.

Die Umsetzung entsprechender Angebote im Bereich Bewegung muss durch SportwissenschafterInnen, Sport-TrainerInnen, InstruktorInnen sowie PhysiotherapeutInnen, und ÄrztInnen mit entsprechender Zusatzausbildung erfolgen.

ACHTUNG: Bei Vorliegen einer bewegungsrelevanten Erkrankung dürfen nur ÄrztInnen, PhysiotherapeutInnen und SportwissenschaftlerInnen mit Akkreditierung zur Trainingstherapie Beratungen durchführen.

Nicht beitragsfrei sind demnach Beiträge für Fitnesscenter oder Mitgliedsbeiträge für Sportvereine. Zuwendungen für bestimmte Kurse in Fitnesscentern oder bei Sportvereinen, sind bei Erfüllung der zuvor genannten Voraussetzungen als beitragsfrei zu behandeln, die Kurse also zielgerichtet und wirkungsorientiert sind und von einer entsprechend qualifizierten Person abgehalten werden.

6. E-MVB
049-03-11-004

Angebote zum Thema Sucht (RaucherInnenentwöhnung)

Angebote der RaucherInnenentwöhnung zielen langfristig auf den Rauchstopp ab.

Sowohl Einzelentwöhnung als auch Gruppenentwöhnung zeigen besondere Wirksamkeit in der Tabakentwöhnung. Empfohlen werden dabei vier oder mehr „Face to Face"-Interventionseinheiten. Diese finden über die Dauer von mindestens einem Monat statt. Ein Gruppenseminar wird zumindest je eineinhalb Stunden und eine Einzelentwöhnung zu mindestens 30 Minuten abgehalten. Werden mehrere dieser Kontaktformen in einer Intervention vereint, steigert dies die Abstinenzrate.

Die Umsetzung entsprechender Angebote im Bereich RaucherInnenentwöhnung obliegt klinischen- und GesundheitspsychologInnen sowie ÄrztInnen mit entsprechender Zusatzausbildung nach dem Curriculum des Dachverbandes der Sozialversicherungsträger.

Angebote zum Thema Psychische Gesundheit

Angebote müssen darauf abzielen, negative Folgen für die körperliche und psychische Gesundheit aufgrund von chronischen Stresserfahrungen zu vermeiden, indem individuelle Bewältigungskompetenzen gestärkt werden. Ziel ist es dabei, ein möglichst breites Bewältigungsrepertoire und eine möglichst hohe Flexibilität im Umgang mit Stressbelastungen zu erlernen.

Die Maßnahmen sollen sich an Personen mit Stressbelastungen richten, die lernen wollen, damit sicherer und gesundheitsbewusster umzugehen, um dadurch potenziell behandlungsbedürftige Stressfolgen zu vermeiden.

Die Umsetzung entsprechender Angebote im Bereich der psychischen Gesundheit kann nur von klinischen- und GesundheitspsychologInnen, PsychotherapeutInnen sowie ÄrztInnen mit psychosozialer Weiterbildung durchgeführt werden.

Impfungen

Unter „Impfungen" im Sinne von § 49 Abs. 3 Z 11 lit. b ASVG sind die im „Impfplan Österreich" des Bundesministeriums für Gesundheit (BMG) angeführten nationalen Impfungen gegen impfpräventable Erkrankungen zu verstehen.

Zuwendungen des Dienstgebers für Impfungen sind daher generell als beitragsfrei zu behandeln, wenn sie allen oder bestimmten Gruppen seiner Dienstnehmer gewährt werden.

Im Gegensatz zu den zielgerichteten und wirkungsorientierten Maßnahmen der Gesundheitsförderung sind von dieser Ausnahmebestimmung auch Zuschüsse des Dienstgebers an den Dienstnehmer für das Impfserum sowie die ärztliche Leistung umfasst.

Eine genaue Auflistung findet sich unter www.sozialversicherung.at

Stellt der Dienstgeber eine Bildschirmbrille zur Verfügung, handelt es sich grundsätzlich nicht um eine zielgerichtete, wirkungsorientierte vom Leistungsangebot der gesetzlichen Krankenversicherung erfasste Gesundheitsförderung (Salutogenese) und Prävention im Sinne des § 49 Abs. 3 Z 11b ASVG.

In § 68 des Arbeitnehmerschutzgesetzes (ASchG) ist geregelt, welche besonderen Maßnahmen bei Bildschirmarbeit durch den Dienstgeber zu ergreifen sind. Ist nach diesen Bestimmungen die Verwendung einer Bildschirmbrille geboten, darf dies zu keiner finanziellen Mehrbelastung des Dienstnehmers führen, weshalb es nicht vom Entgeltbegriff des ASVG erfasst ist, wenn der Dienstgeber die notwendige Bildschirmbrille zur Verfügung stellt.

Ein Zuschuss zu einem Sehbehelf, der nach § 68 AschG nicht notwendig ist, stellt einen Vorteil aus dem Dienstverhältnis dar und ist grundsätzlich beitragspflichtig. (Hauptverband am 23.2.2016, Zl. LVB-51.1/16 Jv/Wot)

049-03-11-004
Gesundheitsförderung-Beispiele

Erfolgen Zuwendungen des Dienstgebers für kombinierte Angebote, die Maßnahmen aus mehreren Handlungsfeldern wie unter 049-03-11-003 aufgezählt, beinhalten (z. B. Wanderungen mit speziell ausgewählten Übungen aus der Physiotherapie mit anschließender Ernährungsberatung), sind diese nach § 49 Abs. 3 Z 11 lit. b) ASVG beitragsfrei, wenn die einzelnen Maßnahmen durch entsprechend qualifizierte Anbieter durchgeführt werden. Dies betrifft die anteiligen Kosten für Maßnahmen der Gesundheitsförderung oder Prävention. Zuwendungen für Anreise, Unterkunft und Verpflegung können nicht nach § 49 Abs. 3 Z 11 lit. b) ASVG beitragsfrei behandelt werden.

Ernährung

Als zielgerichtet und wirkungsorientiert können Maßnahmen der Gesundheitsförderung und Prävention im Bereich Ernährung dann angesehen werden, wenn sie von:

- ErnährungswissenschaftlerInnen,
- ÄrztInnen mit ÖÄK-Diplom Ernährung oder
- DiätologInnen

durchgeführt werden.

ACHTUNG: Bei Vorliegen einer ernährungsrelevanten Erkrankung dürfen nur ÄrztInnen und DiätologInnen Beratungen durchführen.

Abnehmen mit Unterstützung

Ein Kurs zum „Abnehmen mit Unterstützung", welcher das Ziel verfolgt, eine Änderung des Lebensstils herbeizuführen, ist bei entsprechender Qualifikation des Anbieters als zielgerichtete, wirkungsorientierte Maßnahme der Gesundheitsförderung anzusehen. Zuwendungen des Dienstgebers für die Teilnahme sind nach § 49 Abs. 3 Z 11 lit. b) ASVG beitragsfrei.

Kochkurse

Zuwendungen des Dienstgebers für spezielle Kochkurse oder Ernährungsschulungen, die von entsprechen qualifizierten Anbietern zielgerichtet durchgeführt werden (z.B. DiätologInnen) fallen unter § 49 Abs. 3 Z 11 lit. b) ASVG. Allgemeine

6. E-MVB
049-03-11-004

Kochkurse sind keine Maßnahme der Gesundheitsförderung oder Prävention, Zuwendungen für allgemeine Kochkurse sind daher nicht nach § 49 Abs. 3 Z 11 lit. b) ASVG beitragsfrei.

Warum Diäten nichts bringen

Ein Vortrag oder Seminar zum Thema „Warum Diäten nichts bringen" ist bei entsprechender Qualifikation des Anbieters als zielgerichtete, wirkungsorientierte Maßnahme der Gesundheitsförderung anzusehen. Zuwendungen des Dienstgebers für die Teilnahme sind nach § 49 Abs. 3 Z 11 lit. b) ASVG beitragsfrei.

Bewegung

Als zielgerichtet und wirkungsorientiert sind Maßnahmen der Gesundheitsförderung und Prävention im Bereich Bewegung nur dann anzusehen, wenn sie von:

- SportwissenschaftlerInnen,
- Sport-TrainerInnen,
- InstruktorInnen,
- PhysiotherapeutInnen und
- ÄrztInnen mit entsprechender Zusatzausbildung

durchgeführt werden.

ACHTUNG: Bei Vorliegen einer bewegungsrelevanten Erkrankung dürfen nur ÄrztInnen, PhysiotherapeutInnen und SportwissenschaftlerInnen mit Akkreditierung zur Trainingstherapie Beratungen durchführen.

Kraft- und Ausdauertraining

Zielgerichtet muss immer unter gesundheitlichen Aspekten beurteilt werden. Dies ist beispielsweise bei einem gezielten Rückentraining gegeben. Allgemeines Krafttraining- und Ausdauertraining ist daher nicht erfasst. Zuwendungen des Dienstgebers zur Ausübung von allgemeinem Kraft- und Ausdauertraining sind nicht nach § 49 Abs. 3 Z 11 lit. b) ASVG beitragsfrei.

Nordic Walking-Kurs/Langlaufkurs

Ein allgemeiner Nordic Walking-Kurs, in dessen Rahmen die technische Befähigung zur Ausübung dieses Sports erlangt oder verbessert werden soll, ist nicht zielgerichtet im Sinne von § 49 Abs. 3 Z 11 lit. b) ASVG. Verfolgen Nordic-Walking Kurse dezidiert gesundheitliche Zielsetzungen für Personen mit entsprechendem Bedarf (z.B zielgerichtetes Herz-Kreislauf-Programm) findet § 49 Abs. 3 Z 11 lit. b) ASVG Anwendung, wenn der Kurs von einem entsprechend qualifizierten Anbieter durchgeführt wird. Dies gilt sinngemäß auch für die Teilnahme an Langlaufkursen.

Pilates

Der Begriff „zielgerichtet" muss immer unter gesundheitlichen Aspekten beurteilt werden. Wird ein solches Ziel verfolgt, sind bei entsprechender Qualifikation des Anbieters Zuwendungen des Dienstgebers nach § 49 Abs. 3 Z 11 lit. b) ASVG beitragsfrei.

Rückengesundheit

Programme für die Rückengesundheit (Rücken mach mit, Rückenstärkungskurse, Rückenschule, gesundheitsbezogenes Rückentraining) sind bei entsprechender Qualifikation des Anbieters als zielgerichtete, wirkungsorientierte Maßnahme der Gesundheitsförderung anzusehen. Zuwendungen des Dienstgebers für die Teilnahme sind nach § 49 Abs. 3 Z 11 lit. b) ASVG beitragsfrei.

Spezielle Sportgeräte

Das Training unter Verwendung von speziellen Sportgeräten (z.B. Schwingringsysteme oder Ähnliches) ist nur dann zielgerichtet, wenn die Übungen von Personen mit entsprechenden Notwendigkeiten gemacht werden. Darüber hinaus muss auch der Anbieter über die entsprechenden Qualifikationen verfügen, damit für Zuwendungen des Dienstgebers Beitragsfreiheit nach § 49 Abs. 3 Z 11 lit. b) ASVG vorliegt.

Sportliche Betätigung/Allgemeine Sportangebote/Laufveranstaltungen

Alles was zur üblichen Form der sportlichen Betätigung gehört, fällt nicht in das Handlungsfeld Bewegung, weil hier keine individuelle Anpassung an die Zielgruppe und keine Durchführung mit einer zielgerichteten Perspektive erfolgt. Die Ausübung von Sport fällt nicht unter den Begriff zielgerichtete und wirkungsorientierte Gesundheitsförderung.

Die Teilnahme an organisierten Läufen (z.B. Marathon, Business-Run, Frauenlauf, Salzburger Businesslauf oder ähnliche Veranstaltungen) fällt nicht unter § 49 Abs. 3 Z 11 lit. b) ASVG.

Die Teilnahme kann aber als Teilnahme an einer „Betriebsveranstaltung" (§ 49 Abs. 3 Z 17 ASVG) beitragsfrei sein. Dies gilt auch für die Teilnahme an Triathlon- Veranstaltungen. Zuwendungen des Dienstgebers für die Vorbereitung auf und die Teilnahme an diesen Veranstaltungen sind nicht nach § 49 Abs. 3 Z 11 lit. b) ASVG beitragsfrei.

Der Besuch eines Fitness-Studios ist demnach keine Maßnahme der Gesundheitsförderung oder Prävention (Maßnahmen, die in einem Fitnessstudio stattfinden und die Voraussetzungen zielgerichtet und wirkungsorientiert mit entsprechend qualifizierter Anleitung erfüllen, fallen jedoch darunter).

Sportmedizinischer Gesundheitscheck

Zuwendungen des Dienstgebers für einen sportmedizinischen Gesundheitscheck sind nach § 49 Abs. 3 Z 11 lit. b) ASVG beitragsfrei, wenn sie von einem entsprechend qualifizierten Anbieter durchgeführt werden.

Yoga, Tai Chi, und Qigong zielen als Entspannungsverfahren darauf ab, physischen und psychischen Spannungszuständen vorzubeugen bzw. diese zu reduzieren. Sie können nur dann als zielgerichtet und wirkungsorientiert angesehen werden, wenn sie von einem entsprechend qualifizierten Anbieter (Gesundheitsberuf) durchgeführt werden.

Sucht (RaucherInnenentwöhnung)

Als zielgerichtet und wirkungsorientiert sind Maßnahmen der Gesundheitsförderung und Prävention im Bereich RaucherInnenentwöhnung nur dann anzusehen, wenn sie von
- Klinischen PsychologInnen oder GesundheitspsychologInnen und
- ÄrztInnen mit entsprechender Zusatzausbildung nach dem Curriculum des Hauptverbandes der österreichischen Sozialversicherungsträger

durchgeführt werden.

Ambulante RaucherInnenentwöhnung

Zuwendungen für die Teilnahme an Programmen zur ambulanten RaucherInnenentwöhnung sind nach § 49 Abs. 3 Z 11 lit. b) ASVG beitragsfrei, wenn der Anbieter über die entsprechende Qualifikation verfügt.

Psychische Gesundheit

Als zielgerichtet und wirkungsorientiert sind Maßnahmen der Gesundheitsförderung und Prävention im Bereich der psychischen Gesundheit nur dann anzusehen, wenn sie von
- Klinischen PsychologInnen oder GesundheitspsychologInnen,
- PsychotherapeutInnen sowie
- ÄrztInnen mit psychosozialer Weiterbildung

durchgeführt werden.

„Burnout Prophylaxe"

Seminare zur „Burnout Prophylaxe" sind bei entsprechender Qualifikation des Anbieters als zielgerichtete, wirkungsorientierte Maßnahme der Gesundheitsförderung anzusehen. Zuwendungen des Dienstgebers für die Teilnahme sind nach § 49 Abs. 3 Z 11 lit. b) ASVG beitragsfrei.

Entspannung – aber aktiv

Seminare zum Thema „Entspannung – aber aktiv" sind bei entsprechender Qualifikation des Anbieters als zielgerichtete, wirkungsorientierte Maßnahme der Gesundheitsförderung anzusehen. Zuwendungen des Dienstgebers für die Teilnahme sind nach § 49 Abs. 3 Z 11 lit. b) ASVG beitragsfrei.

Mindguard-Basis

Mindguard dient der mentalen Stärkung und ist in das Handlungsfeld psychische Gesundheit einzuordnen. Wird die Maßnahme von Klinischen PsychologInnen und GesundheitspsychologInnen, PsychotherapeutInnen oder ÄrztInnen mit psychosozialer Weiterbildung durchgeführt, besteht Beitragsfreiheit nach § 49 Abs. 3 Z 11 lit. b) ASVG.

Psychische Belastbarkeit und deren Management

Seminare zum Thema „Psychische Belastbarkeit und deren Management" sind bei entsprechender Qualifikation des Anbieters als zielgerichtete, wirkungsorientierte Maßnahme der Gesundheitsförderung anzusehen. Zuwendungen des Dienstgebers für die Teilnahme sind nach § 49 Abs. 3 Z 11 lit. b) ASVG beitragsfrei.

Resilienzstärkung

Seminare zum Thema Resilienzstärkung sind ist bei entsprechender Qualifikation des Anbieters als zielgerichtete, wirkungsorientierte Maßnahme der Gesundheitsförderung anzusehen. Zuwendungen des Dienstgebers für die Teilnahme sind nach § 49 Abs. 3 Z 11 lit. b) ASVG beitragsfrei.

Spaziergang verbunden mit Gehirntraining

Von qualifizierten Personen im Bereich psychische Gesundheit werden geführte „Spaziergänge" angeboten, die von einem Gehirntraining (verschiedene Übungen werden unterwegs vorgestellt und durchgeführt) begleitet werden. Zuwendungen des Dienstgebers für die Teilnahme an einer solchen Maßnahme sind nach § 49 Abs. 3 Z 11 lit. b) ASVG beitragsfrei. Das geistige Training wird mit einem Spaziergang verknüpft. Die Kombination aus Bewegung und Gehirntraining bewirkt eine Steigerung der geistigen Leistungsfähigkeit und hat das Ziel, der Altersvergesslichkeit und Demenz vorzubeugen.

049-03-12-001
Freie oder verbilligte Mahlzeiten

Freie oder verbilligte Mahlzeiten, die der Dienstgeber nicht in seinen Haushalt aufgenommen Dienstnehmer/innen zur Verköstigung am Arbeitsplatz freiwillig gewährt; Gutscheine gelten bis zu einem Wert von 8 Euro pro Arbeitstag nicht als Entgelt, wenn sie nur zur Konsumation von Mahlzeiten eingelöst werden können, die in einer Gaststätte oder einem Lieferservice zubereitet bzw. geliefert werden; können Gutscheine zur Bezahlung von Lebensmitteln verwendet werden, die nicht sofort konsumiert werden müssen, so gelten sie bis zu einem Wert von 2 Euro pro Arbeitstag nicht als Entgelt.

049-03-17-001
Zuwendungen bei Betriebsveranstaltungen

Die Teilnahme an Betriebsveranstaltungen (zum Beispiel Betriebsausflüge, kulturelle Veranstaltungen, Betriebsfeiern) bis zur Höhe von 365 € jährlich und die hiebei empfangenen Sachzuwendungen bis zur Höhe von 186 € jährlich sowie aus Anlass eines DienstnehmerInnenjubiläums oder eines Firmenjubiläums gewährte Sachzuwendungen bis zur Höhe von 186 € jährlich;

In den LStR (Rz 78) werden Sachzuwendungen auch bereits aus Anlass eines 10-jährigen Dienstnehmer- bzw. Firmenjubiläums als steuerfrei angesehen (sofern die sonstigen Voraussetzungen vorliegen).

Da es sich seit 1.1.2016 um eine neue Rechtslage handelt, akzeptiert auch die Sozialversicherung grundsätzlich die Beitragsfreiheit aus Anlass eines 10-jährigen Dienstnehmer- bzw. Firmenjubiläums. Die sonstigen „Jubiläumsjahre", die zu einer Beitragsfreiheit führen, bleiben unverändert. (Hauptverband am 19.1.2016, Zl. LVB-51.1/16 Jv/Wot)

Bei beitragspflichtigen Jubiläumsgeldzahlungen handelt es sich um Sonderzahlungen im Sinne des

6. E-MVB
049-03-18-001

§ 49 Abs. 2 ASVG, da diese in größeren Zeiträumen als den Beitragszeiträumen gewährt werden und mit einer Wiederkehr zu rechnen ist. (Hauptverband am 19.1.2016, Zl. LVB-51.1/16 Jv/Wot)

Jubiläumsgelder, die aufgrund einer gesetzlichen Bestimmung erst im Jänner 2016 ausbezahlt werden, sind beitragsfrei zu werten, da zwar der Auszahlungsanspruch erst im Jahr 2016 besteht, die Geldleistung allerdings für ein Jubiläum gebührt, das bereits 2015 stattgefunden hat. (Hauptverband am 15.3.2016, Zl. LVB-51.1/16 Jv/Wot)

049-03-18-001
Maßnahmen zur Zukunftssicherung

Die beitragsrechtliche Beurteilung richtet sich nach den §§ 3 bzw. 26 EStG 1988. Siehe Lohnsteuerrichtlinien Randzahlen 81–84.

Trotz der Verschiedenheit der Zwecke der Gebiete der Sozialversicherungsrechts und des Einkommensteuerrechts ist nicht nur hinsichtlich jener Tatbestände, in denen der Gesetzgeber ausdrücklich auf die steuerlichen Vorschriften hinweist, eine Wertung nach steuerrechtlichen Vorschriften geboten; die Parallelität der Formulierungen im Sozialversicherungsrecht und Einkommensteuerrecht gebietet auch (unter Beachtung der verschiedenartigen Zwecke) in den Fällen eine möglichst einheitliche Interpretation, in denen der Gesetzgeber den steuerrechtlichen Tatbestand (aus dem Grund der Angleichung des Sozialversicherungsrechts und Steuerrechts) wörtlich übernommen hat. Aufwendungen für die Zukunftssicherung sind solche Ausgaben des Arbeitgebers, die dazu dienen, Arbeitnehmer oder diesen nahestehende Personen für den Fall der Krankheit, der Invalidität, des Alters oder des Todes des Arbeitnehmers sicherzustellen, und die der Arbeitgeber für die Gesamtheit oder eine Mehrzahl der Arbeitnehmer aufwendet. Die Ausnahmebestimmung des § 49 Abs. 3 Z 18 ASVG gilt auch dann, wenn der Dienstgeber zwar allen Dienstnehmern oder bestimmten Gruppen von Dienstnehmern eine Zukunftssicherung anbietet, von diesem Angebot aber nicht alle Dienstnehmer (einer bestimmten Gruppe) Gebrauch machen, und zwar insbesondere in den Fällen, in denen der Dienstnehmer anteilsmäßig Leistungen für die Zukunftssicherung zu erbringen hat. Das Anbot muss aber von seinen objektiven Voraussetzungen her so beschaffen sein, dass es geeignet ist, von allen Arbeitnehmern (einer bestimmten Gruppe) auch tatsächlich angenommen zu werden. (VwGH 2.7.1991, Zl. 89/08/0111)

Nach Randzahl 81 der Lohnsteuerrichtlinien kommt die Steuerbefreiung des § 3 Abs. 1 Z 15 lit. a EStG 1988 – bei Zutreffen aller anderen Voraussetzungen – auch dann zum Tragen, wenn vom Arbeitgeber bestehende Bezugsansprüche des Arbeitnehmers durch Maßnahmen zur Zukunftssicherung abgegolten werden („Bezugsumwandlung"). Für die sozialversicherungsrechtliche Beurteilung bedeutet das, dass dadurch keine Reduzierung der Beitragsgrundlage erfolgt, weil diese steuerfreie Bezugsumwandlung im Ausnahmenkatalog des § 49 Abs. 3 ASVG nicht ausdrücklich angeführt ist. Derartige Bezugsumwandlungen sind daher beitragspflichtig und führen somit zu keiner Verringerung der Beitragsgrundlage. Die Bezugskürzung durch Lohnverzicht für Maßnahmen der Zukunftssicherung ist bei Erfüllung nachstehender Bedingungen beitragsfrei bis zum kollektivvertraglichen Mindestlohn und führt auch zu einer Verminderung der Bemessungsgrundlage für Barleistungen. Voraussetzung für die Beitragsfreiheit derartiger Zahlungen sind folgende Kriterien:

– Es muss sich um eine zukunftssichernde Maßnahme handeln.
– Diese Maßnahme muss für alle DienstnehmerInnen bzw. für bestimmte Dienstnehmergruppen getätigt werden bzw. dem Betriebsratsfonds zufließen. Es ist allerdings nicht erforderlich, dass alle Arbeitnehmer diese auch in Anspruch nehmen.
– Die Zukunftssicherung muss für alle Dienstnehmer bzw. für bestimmte Gruppen der Dienstnehmer gleichartig sein.
– Die Zahlung ist jährlich mit 300,-- € je Dienstnehmer begrenzt.
– Eine individuelle Vereinbarung zwischen Dienstnehmer und Dienstgeber über die Reduzierung des Bruttolohnes liegt vor.
– Der Dienstnehmer oder ein unterhaltsberechtigter Angehöriger muss aus der Versicherung als Begünstigter oder aufgrund sonstiger Bedingungen unmittelbar berechtigt sein.
– Die Beiträge müssen vom Arbeitgeber unmittelbar an die Versicherung geleistet werden.
– Die Versicherungspolizze ist beim Arbeitgeber oder einem vom Arbeitgeber und der Arbeitnehmervertretung bestimmten Rechtsträger zu hinterlegen.

(Hauptverband 16.3.2004, Zl. FO-MVB/51.1/04 Rv/Mm)

Neue Beurteilung ab 1. September 2004, die auf alle auch schon bestehenden Zukunftssicherungsmodelle anzuwenden ist:

Der Verwaltungsgerichtshof hat hinsichtlich der beitragsrechtlichen Beurteilung der Zukunftssicherung Grundlegendes ausgeführt: Im Beschwerdefall zahlt der Dienstgeber hinsichtlich der Zukunftssicherung einerseits 14 mal pro Jahr ATS 286,00 für jeden Dienstnehmer in den Versicherungsvertrag (das sind ATS 4.000,00/Jahr). Als Gegenleistung stimmt der Dienstnehmer einer Verminderung seines Bruttomonatsbezuges um ATS 286,00 durch Verzicht auf die künftig fällige Erhöhung seines Ist-Lohnes auf Grund der Änderung des Kollektivvertrages zu. Die Dienstnehmer verzichten unwiderruflich auf diesen Betrag zu Gunsten der Prämienzahlung des Dienstgebers in dieser Höhe für die Zukunftssicherung. § 49 Abs. 3 Z 18 lit. a ASVG bestimmt, dass Aufwendungen des Dienstgebers für die Zukunftssicherung seiner Dienstnehmer, soweit diese Aufwendungen für alle Dienstnehmer oder bestimmte Gruppen seiner Dienstnehmer getätigt werden oder dem Betriebsratsfonds zufließen und für den einzelnen

Dienstnehmer EUR 300,00 jährlich nicht übersteigen, nicht als Entgelt im Sinne des § 49 Abs. 1 und 2 ASVG gelten. Unter Aufwendungen des Dienstgebers sind Ausgaben des Dienstgebers für Versicherungs- oder(und) Versorgungseinrichtungen zu verstehen, die dazu dienen, Dienstnehmer oder diesen nahe stehende Personen für den Fall der Krankheit, der Invalidität, des Alters oder des Todes des Dienstnehmers sicherzustellen. Die vorliegenden Einzelvereinbarungen, die nach ihrer wirtschaftlichen Zielsetzung zweifellos intendierten, dass sich die Dienstnehmer gemeinsam mit dem Arbeitgeber an der Finanzierung der betrieblichen Altersversorgung beteiligen sollten, können nicht unter den in § 3 ArbVG genannten Günstigkeitsgesichtspunkten beurteilt werden, da die zu vergleichenden Faktoren, nämlich die Finanzierung einer Altersversorgung auf der einen Seite und ein höherer Ist-Lohn auf der anderen Seite, in ihrer Wertigkeit nicht auf einen gemeinsamen Nenner gebracht werden können und daher der Sache nach nicht quantitativ vergleichbar sind. Diese Vereinbarungen können daher schon im Ansatz gegenüber der Ist-Lohnerhöhung nicht als günstiger angesehen werden. Keine arbeitsrechtliche Vorschrift verbietet zwar den Arbeitnehmern, ihre Zustimmung dazu zu erklären, dass im Zuge einer Ist-Lohnerhöhung ein bestimmter monatlicher Geldbetrag nicht mit dem Arbeitslohn auszubezahlen, sondern vom Arbeitgeber für den Arbeitnehmer (als seine Beteiligung) in eine Pensionsvorsorge einbezahlt wird. Insoweit liegt aber eine Einkommensverwendung durch den Arbeitnehmer und kein Beitrag des Arbeitgebers vor, weshalb sich an der Beitragspflicht für jenen Entgeltteil, der in die Pensionsvorsorge einbezahlt wird, nichts ändert. So weit die hier strittige Vereinbarung aber darüber hinaus intendiert, den nach dem Parteiwillen wirtschaftlich die Arbeitnehmer belastenden Beitrag in die Pensionsvorsorge als Beitrag des Arbeitgebers erscheinen zu lassen und so die Beitragsfreiheit dieses – nach dem Vorgesagten beitragspflichtigen – Entgeltteils herbeizuführen, ist die Vereinbarung gemäß § 539 ASVG nichtig. Wenn der Dienstnehmer auf einen Teil der ihm zustehenden Ist-Lohnerhöhung zu Gunsten der Zukunftssicherung verzichtet, liegt eine Einkommensverwendung durch den Dienstnehmer vor, weshalb dieser „Verzicht" keine Auswirkung auf die Höhe des beitragspflichtigen Entgeltes nach § 49 Abs. 1 und 2 ASVG hat. (VwGH v.16. Juni 2004, Zl. 2001/08/0028) Unter Berücksichtigung des VwGH-Erkenntnisses sind daher ab 1.9.2004 auch für diesen Entgeltteil Sozialversicherungsbeiträge zu entrichten. (Hauptverband 21. September 2004, Zl. FO-MVB/51.1/04 Rv/Mm) (Bundeseinheitliche Dienstgeberinformation November 2004)

Der Unterschied zwischen Direktversicherung und Indirektversicherung ist, dass bei indirekten Versicherungen der Dienstgeber Versicherungsnehmer ist. Es ist allerdings auch die Indirektversicherung beitragspflichtig, da ebenfalls eine Einkommensverwendung des Dienstnehmers vorliegt. (Hauptverband 16. November 2004, Zl. 51.1/04 Rv/Mm)

Die Österreichische Bundesforste AG plant eine Änderung des mit 1. Jänner 1999 in Kraft getretenen Kollektivvertrages, die folgende Bestimmung umfasst: „Bei Angestellten, für die Aufwendungen für die Zukunftssicherung im Sinne von § 3 Abs. 1 Z 15 lit. a des EStG 1988 in der jeweils geltenden Fassung getätigt werden, vermindert sich das Entgelt um 300,-- € jährlich". Die Sozialversicherung geht im vorliegenden Fall von der Beitragspflicht dieser Konstruktion aus, da der einzelne Dienstnehmer einen Anspruch auf das Entgelt hat und eine kollektivvertraglich vorgesehene Verminderung des Entgelts im Falle der Inanspruchnahme einer Zukunftssicherung im Sinne des § 49 Abs. 3 Z 18 lit. a ASVG einen Missbrauch darstellt, weil das Anspruchslohnprinzip umgangen wird. Außerdem erfolgt die Zahlung für die Zukunftssicherung nicht durch den Dienstnehmer, wie dies aufgrund der Gesetzestextierung für die Beitragsfreiheit notwendig wäre. (Hauptverband 5.4.2005, Zl. FO-MVB/51.1/05 Rv/Mm)

Aufwendungen für die Zukunftssicherung sind solche Ausgaben des Arbeitgebers, die dazu dienen, Arbeitnehmer oder diesen nahestehenden Personen für den Fall der Krankheit, der Invalidität, des Alters oder des Todes des Arbeitnehmers sicherzustellen, und die der Arbeitgeber für die Gesamtheit oder eine Mehrzahl der Arbeitnehmer aufwendet. Die Prämienleistung eines Dienstgebers für eine Rückdeckungsversicherung, die dazu dient, dem Dienstgeber im Versicherungsfall (Pensionsfall eines Dienstnehmers) die Mittel zur Leistung der den Dienstnehmern zugesagten Betriebspensionen zu verschaffen, kann nicht als beitragspflichtiges Entgelt iSd § 49 Abs. 1 ASVG gewertet werden. Eine Rückdeckungsversicherung liegt dann vor, wenn der Arbeitnehmer die versicherte Person ist, und der Arbeitgeber der Prämienzahler, Bezugsberechtiger und Versicherungsnehmer ist (VwGH 14.9.2005, Zl. 2002/08/0121), (Hauptverband 28.2.2006, Zl. FO-MVB/51.1/06 Dm/Mm)

Während lt. LStR 2002, RZ 81, nicht für alle Arbeitnehmer oder alle Arbeitnehmer einer bestimmten Berufsgruppe die gleiche Form der Zukunftssicherung gewählt werden muss, findet sich in den E-MVB die Aussage, dass die Zukunftssicherung für alle Dienstnehmer bzw. für die Gruppe gleichartig sein muss. Hinsichtlich der Gleichartigkeit gilt für die beitragsrechtliche Beurteilung die gleiche Vorgehensweise wie in den Lohnsteuerrichtlinien 2002. Der Dienstgeber kann verschiedene Risikoversicherungen (gegen Krankheit oder Alter oder Invalidität) im Paket anbieten (Hauptverband 16.9.2008, Zl. 32-MVB-51.1/08 Dm/Mm).

049-03-18-002
Pensionskassenbeiträge

§ 49 Abs. 3 Z 18 lit. b ASVG regelt die sozialversicherungsrechtliche Beitragsfreiheit von Beiträgen, die der Dienstgeber für seine Dienstnehmer im Sinne des § 2 Z 1 des Betriebspensionsgesetzes oder im Sinne der §§ 6 und 7 BMVG oder vergleichbarer österreichischer Rechtsvorschriften

6. E-MVB
049-03-18-003

leistet, soweit sie nach § 4 Abs. 4 Z 2 lit. a bzw. § 26 Z 7 des EStG 1988 nicht der Einkommen(Lohn)steuerpflicht unterliegen. Die Beitragsfreiheit kann sich unter der genannten Voraussetzung nur auf Beiträge des Dienstgebers beziehen. Der Hintergrund für diese Regelung ist, dass der Dienstnehmer in die erste Säule der Pensionssicherung einbezahlt. Die zweite und dritte Säule soll aber nicht durch Beitragsfreistellung von Dienstnehmerbeiträgen finanziert werden. Die Bindungswirkung der Sozialversicherung in der lit. b des § 49 Abs. 3 Z 18 ASVG an die lohnsteuerrechtliche Beurteilung ist nur dann gegeben, wenn es sich um Beiträge des Dienstgebers handelt. Das heißt, Beitragsfreiheit besteht, wenn DG-Beiträge lohnsteuerfrei sind. Handelt es sich um Entgeltbestandteile des Dienstnehmers, liegt Beitragspflicht vor, selbst wenn diese steuerfrei behandelt werden. Der Krankenversicherungsträger hat die lohnsteuerrechtliche Vorfrage selbst zu beurteilen. (Hauptverband 5.4.2005, Zl. FO-MVB/51.1/05 Rv/Mm)

Nach § 49 Abs. 3 Z 18 lit. b) ASVG sind Beiträge, die DienstgeberInnen für ihre (freien) DienstnehmerInnen im Sinne des § 2 Z 1 des Betriebspensionsgesetzes oder im Sinne der §§ 6 und 7 BMSVG oder vergleichbarer österreichischer Rechtsvorschriften leisten, in der Sozialversicherung beitragsfrei, soweit diese Beiträge nach § 4 Abs. 4 Z 1 lit. c oder Z 2 lit. a EStG 1988 oder nach § 26 Z 7 EStG 1988 nicht der Einkommen(Lohn)steuerpflicht unterliegen.

Rz 761 der Lohnsteuerrichtlinien lautet:

„Sieht eine lohngestaltende Vorschrift im Sinne des § 68 Abs. 5 Z 1 bis 6 EStG 1988 vor, dass der bisher gezahlte Arbeitslohn oder eine Lohnerhöhung ganz oder teilweise für Pensionskassenbeiträge oder für Versicherungsprämien für eine betriebliche Kollektivversicherung verwendet wird, so stellt diese Bezugsumwandlung einen Arbeitgeberbeitrag im Sinne des § 26 Z 7 EStG 1988 dar.

Dies gilt auch dann, wenn in der lohngestaltenden Vorschrift vorgesehen ist, dass einzelne Arbeitnehmer zwischen Bezugsumwandlung und Bezugsauszahlung wählen können. Hinsichtlich der lohngestaltenden Vorschriften siehe Rz 735. Eine besondere kollektivvertragliche Ermächtigung zum Abschluss einer Betriebsvereinbarung liegt nur dann vor, wenn entweder die Tatsache der Umwandlung oder/und die Höhe der umzuwandelnden Bezüge ausdrücklich einer Betriebsvereinbarung überlassen wird; nicht aber, wenn der Kollektivvertrag selbst die Höhe der Umwandlung dezidiert regelt und die Betriebsvereinbarung davon abweichen kann."

Ist eine Bezugsumwandlung in der dargestellten Form in der Sozialversicherung beitragsfrei.

Besteht Steuerfreiheit nach § 4 Abs. 4 Z 1 lit. c ASVG oder Z 2 lit. a EStG 1988 oder nach § 26 Z 7 EStG 1988 besteht auch keine Beitragspflicht gemäß § 49 Abs. 3 Z 18 lit. b) ASVG.

(Hauptverband, 18. September 2018 LVB-51.1/18 Jv/Km)

049-03-18-003
Optionen auf Beteiligungen am Unternehmen des Dienstgebers

Als Entgelt im Sinne des Abs. 1 und 2 gelten nicht: der Vorteil aus der Ausübung von nicht übertragbaren Optionen auf Beteiligungen am Unternehmen des Dienstgebers oder an mit diesem verbundenen Konzernunternehmen, soweit dieser Vorteil nach § 3 Abs. 1 Z 15 lit. c EStG 1988 einkommensteuerbefreit ist;

Beispiel 1:

Ein Dienstnehmer übt seine Option (Aktienkauf) aufgrund des Sharesave-Sparplans aus, d.h. dass ein Lohnsteuer-Sachbezug Sonderzahlung aus dem vergünstigten Aktienkaufpreis entsteht. Ein Teil dieses Sachbezuges ist nach § 3 Abs. 1 Z 15 lit. c EStG steuerbefreit, ein weiterer Teil wird als Sonderzahlung gemäß § 67 Abs. 1 und 2 EStG versteuert und der Rest als Sonderzahlung gemäß § 67 Abs. 10 EStG. Wie sieht die Beitragspflicht dieser drei Teile aus – ebenso ein Teil frei oder alles pflichtig, als SZ-Beitrag oder laufender Beitrag?

Lösung:

Nachdem § 49 Abs. 3 Z 18 lit. d ASVG ausdrücklich auf die Steuerfreiheit gemäß § 3 Abs. 1 Z 15 lit. c EStG verweist, ist auch jener Teil beitragsfrei, der lohnsteuerfrei ist. Der darüber hinausgehende Betrag ist als laufender Bezug beitragspflichtig.

Beispiel 2:

Ein im Vorjahr ausgetretener Dienstnehmer übt ebenfalls seine Option aufgrund des Sharesave-Sparplans aus, d.h. dass auch ein Lohnsteuer-Sachbezug Sonderzahlung aus dem vergünstigten Aktienkaufpreis entsteht. Die Versteuerung erfolgt wie oben; wie ist in diesem Fall – bereits ausgetreten – vorzugehen. Muss der Dienstnehmer angemeldet werden? Auch wenn der Sachbezug als SZ-Beitrag pflichtig wäre?

Lösung:

In diesem Fall entsteht keine Beitragspflicht, weil kein aufrechtes Dienstverhältnis mehr besteht. Eine Beitragspflicht würde nur dann entstehen, wenn diese Option im Zuge der Auflösung des Dienstverhältnisses geltend gemacht würde.

(Hauptverband 5., 6., 7.10.2005, Zl. FO-MVB/51.1/05 Af/Mm)

Beispiel 3:

Nach einer kollektivvertraglichen Bestimmung kann durch Vereinbarung zwischen Arbeitgeber und Betriebsrat (Betriebsvereinbarung nach ArbVG) die kollektivvertragliche Erhöhung von 3,7% der Lohnsumme wie folgt verwendet werden: 1,3% können unter anderem zum Aufbau einer Mitarbeiterbeteiligung im Sinne strategischen Eigentums verwendet werden. Nach dem uns vorliegenden Sachverhalt wurde eine solche Betriebsvereinbarung abgeschlossen. Daraufhin wurden 1,3%, die in Form von Mitarbeiterbeteiligungen ausgegeben werden, nach § 49 Abs. 3 Z 18 lit. c ASVG zur Gänze sv-frei belassen. Ist diese Vorgangsweise zulässig?

6. E-MVB
049-03-19-001 – 049-03-20-001

Variante: Die Dienstnehmer erhalten jährlich eine Prämie, die sv-pflichtig abgerechnet wurde. Nach dem Abschluss einer Betriebsvereinbarung wird diese Prämie in Form einer Mitarbeiterbeteiligung „ausbezahlt" und sv-frei belassen. Ist diese Vorgangsweise zulässig?

Lösung:
Die Umwandlung von Barentgelt in Mitarbeiterbeteiligungen ist sozialversicherungsfrei, sofern der Arbeitgeber diesen Vorteil allen Arbeitnehmer oder bestimmten Gruppen seiner Arbeitnehmer gewährt. Die Beitragsfreiheit gilt nicht nur für den Vorteil selbst, sondern auch für die Anschaffungskosten und besteht im selben Ausmaß wie die Steuerfreiheit.
(Hauptverband 7.11.2006, Zl. 32-MVB-51.1/06 Dm/Mm)

049-03-19-001
Zinsersparnisse

Zinsersparnisse sollen unabhängig von der Abrechnungsart nach dem Anspruchsprinzip in allen Fällen beitragsrechtlich als laufendes Entgelt nach § 49 Abs. 1 ASVG behandelt werden. Für Zinsersparnisse aus Gehaltsvorschüssen und Arbeitgeberdarlehen ist bis zu insgesamt € 7.300 kein Sachbezug anzusetzen. Übersteigen Gehaltsvorschüsse und Arbeitgeberdarlehen den Betrag von € 7.300, ist ein Sachbezug nur vom übersteigenden Betrag zu ermitteln. Die Zinsersparnis bei unverzinslichen Gehaltsvorschüssen und Arbeitgeberdarlehen ist mit 3,5 % anzusetzen.

049-03-20-001
Unentgeltliche oder verbilligte Beförderung sowie Fahrtkostenvergütung

Die Einschränkung in § 49 Abs. 3 Z 20 ASVG auf Fahrten mit Massenbeförderungsmitteln ist so zu verstehen, dass der Ersatz der Fahrtkosten insoweit beitragsfrei ist, als er die Kosten, die bei Benützung eines Massenbeförderungsmittels erwachsen wären, nicht übersteigt. Die Beitragsfreiheit an sich soll jedoch unabhängig davon anerkannt werden, ob der Dienstnehmer tatsächlich ein Massenbeförderungsmittel benützt oder ob er mit seinem eigenen Kfz zur Arbeit fährt. Die Überlassung eines Kfz für den Weg zur Arbeitsstätte ist nicht „Ersatz der tatsächlichen Kosten für Fahrten mit Massenbeförderungsmitteln" im buchstäblichen Sinn. Da sie aber dem Dienstnehmer solche Kosten erspart, ist sie in ihrer wirtschaftlichen Auswirkung dem Ersatz solcher Kosten gleichzuhalten. Jedenfalls ist kein Grund ersichtlich, der es rechtfertigen könnte, zwar den Ersatz der Kosten eines tatsächlich benützten Massenbeförderungsmittels beitragsfrei zu stellen, die tatsächliche Überlassung eines Kfz des Dienstgebers hingegen voll als Sachbezug zu werten. Eine solche Regelung würde eine unsachliche Differenzierung zwischen Personen, die ein Massenbeförderungsmittel benützen (können), und jenen bewirken, die ein Privatfahrzeug verwenden (müssen); sie verstieße daher gegen den Gleichheitssatz. Sollte die Überlassung des Fahrzeuges nicht ohnedies eine Beförderung durch den Dienstgeber gleichzuhalten sein, stellt sie einen – wie immer zu bewertenden – Sachbezug dar, der Kosten eines Massenbeförderungsmittels gar nicht erst entstehen lässt, weshalb der Wert dieses Sachbezuges dem Dienstnehmer tatsächlich erwachsener Kosten der Fortbewegung zwischen Wohnung und Arbeitsstätte entspricht, die bis zur Höhe der (fiktiven) Kosten eines Massenbeförderungsmittels beitragsfrei zu belassen sind. (VfGH 16.6.1992, B 511/91, VfGH 1.3.1996, B 257/95, Hauptverband 3.7.2003, Zl. FO-MVB/32-51.1/03 Rv/Mm)

Steht kein Massenbeförderungsmittel zur Verfügung bzw. ist es den Betroffenen nicht zumutbar, dieses zu benützen (Distanz zu groß), ist der für Postautobusse geltende Fahrpreis heranzuziehen und beitragsfrei zu belassen. Es gibt allerdings keinen österreichweit gültigen einheitlichen Tarif für einen Postbuskilometer; dieser ist von den jeweiligen Verkehrsverbunden abhängig. Es sollte daher ein allgemein gültiger Fixbetrag festgelegt werden. Dieser Fixbetrag sollte 25 % des amtlichen Kilometergeldes betragen (kaufmännisch auf Cent gerundet) und dann zur Anwendung kommen, wenn kein Massenbeförderungsmittel zwischen Wohnung und Arbeitsstätte verkehrt. (Hauptverband 22., 23. Juni 2004, Zl. FO-MVB/51.1/04 Rv/Mm)

Gegenteilige Aussagen in Kollektivverträgen haben keine Auswirkung auf die sozialversicherungsrechtliche Bewertung. (Hauptverband 3. 5. 2005, Zl. FO-MVB51.1/05 Rv/Mm)

Unzumutbarkeit der Benützung von Massenverkehrsmitteln ist auch gegeben, wenn ein Massenverkehrsmittel nicht zur erforderlichen Zeit verkehrt. (Hauptverband 17.2.2009, Zl. 32-MVB-51.1/09 Jv/Mm)

Betreffend Fahrtkosten im Baugewerbe haben Arbeiter gemäß § 9 Abschnitt V KV Bauindustrie/Baugewerbe nach 2 Wochen Beschäftigung auf einer Baustelle, die mehr als 100 km vom Wohnort entfernt ist, Anspruch auf Bezahlung der Kosten für eine Heimfahrt. Diese Regelung gilt allerdings nur, wenn Baustelle und Wohnort im Inland sind, wobei als Wohnort auch ausländische Wohnorte, die nicht weiter als 30 km von der Staatsgrenze entfernt sind, als inländische Wohnorte gewertet werden. Diese Fahrtkostenvergütung ist in Höhe der Kosten eines billigsten Massenbeförderungsmittels nach § 49 Abs. 3 Z 20 ASVG beitragsfrei. Nach dem geltenden Kollektivvertrag steht der Anspruch auf das billigste Massenbeförderungsmittel zu.

Die ÖBB bietet jedermann eine „Vorteilscard" zum Preis von 99 € pro Jahr an. Inhaber einer solchen Vorteilscard zahlen nur 50 % des regulären Fahrpreises. Es ist daher zulässig, dass der Arbeiter einmal im Jahr den Betrag von 99 € zu bezahlen, um dann auf den niedrigeren Fahrpreis zu verweisen. In diesem Zusammenhang stellt sich die Frage, wie hoch die Kosten für die Vorteilscard der ÖBB zu sozialversicherungsrechtlich zu werten sind.

Sind durch die Nutzung einer ÖBB-Vorteilscard die Fahrtkosten unter Berücksichtigung der Kosten

6. E-MVB

049-03-21-001 – 049-03-24-001

für die Vorteilscard insgesamt günstiger, dann sind auch die Kosten für die ÖBB-Vorteilscard sv-beitragsfrei. Es ist jedoch ein entsprechender Nachweis durch den Dienstgeber erforderlich. Voraussetzung ist jedenfalls, dass der Dienstnehmer die ÖBB-Vorteilscard nicht privat nutzen wird. (Hauptverband, 14.9.2010, Zl. 32-MVB-51.1/10 Dm/Mm).

049-03-21-001
Zulagen im Krankheitsfall

Für die Zeiten eines Urlaubes sind Schmutzzulagen, Fehlgeldentschädigungen, Werkzeuggelder usw. als beitragspflichtig zu behandeln, weil der Grund, weshalb solche Zuwendungen gegeben werden, nur während der Zeit der effektiven Dienstleistung vorliegt.

Während eines Krankenstandes sind jedoch vom Dienstgeber fortgezahlte Schmutzzulagen, Fehlgeldentschädigungen, Werkzeuggelder usw. beitragsfrei, weil dies ausdrücklich vorgesehen ist.

049-03-22-001
Teilentgelt von Lehrlingen

Das im Ausmaß des Anspruches gem. § 17a BAG an Lehrlinge bezahlte Teilentgelt ist ohne Rücksicht auf die Höhe beitragsfrei.

049-03-23-001
Ausbildungskosten

Gemäß § 49 Abs. 3 Z 23 ASVG gehören Beträge, die vom Dienstgeber im betrieblichen Interesse für die Ausbildung oder Fortbildung des Dienstnehmers aufgewendet werden, nicht zum beitragspflichtigen Entgelt. Unter den Begriff Ausbildungskosten fallen aber nicht Vergütungen für die Lehr- und Anlernausbildung. Diese Bestimmung entspricht jener des § 26 Z 3 EStG 1988. Siehe Lohnsteuerrichtlinien Randzahlen 696–698.

Vorgehensweise Finanz:

Stellungnahme des BMF betreffend der steuerbaren Behandlung der vom AG für den AN bezahlten Ausbildungskosten:

Gemäß § 26 Z 3 EStG 1988 gehören Beträge, die vom Arbeitgeber im betrieblichen Interesse für die Ausbildung oder Fortbildung des Arbeitnehmers aufgewendet werden, nicht zu den Einkünften aus nichtselbständiger Arbeit. Unabhängig davon, ob in jedem Einzelfall tatsächlich ein Überwiegen des betrieblichen Interesses des Dienstgebers nachgewiesen wird (vgl. Rz 690 LStR), bestehen keine Bedenken, die übernommenen Studienbeiträge als gemäß § 26 Z 3 EStG 1988 nicht steuerbar zu behandeln. Dies insbesondere auch deshalb, weil diese Studienbeiträge, soweit sie vom Abgabepflichtigen selbst gezahlt werden, jedenfalls als Werbungskosten im Sinn des § 16 Abs. 1 Z 10 EStG 1988 abgezogen werden können. Diese Rechtsauffassung kann aus Vereinfachungsgründen auch in jenem Fall angewendet werden, in dem der Arbeitgeber den Angestellten die von ihm gezahlten Studienbeiträge ersetzt, vorausgesetzt, es wird sichergestellt, dass der Abgabepflichtige diese Beträge nicht auch als Werbungskosten geltend machen kann (Übergabe des Originalzahlungsbelegs).

Absetzbarkeit der Ausbildungskosten seitens des Arbeitnehmers als Werbungskosten:

Nur soweit diese für den AN als Werbungskosten absetzbar sind, können diese auch vom AG ersetzt und abgezogen werden ohne, dass diese einen Sachbezug beim AN darstellen.

Abzugsfähige Aufwendungen für berufsbildende Schulen, Fachhochschulstudien, Universitätslehrgänge und ähnlichen Einrichtungen:

Besteht ein Zusammenhang mit der ausgeübten (verwandten) Tätigkeit, sind auch Aufwendungen für berufsbildende mittlere und höhere Schulen und für Fachhochschulen abzugsfähig. Gleiches gilt, wenn der Besuch einer berufsbildenden mittleren oder höheren Schule bzw. Fachhochschule den Teil einer umfassenden Umschulungsmaßnahme darstellt. Werbungskosten liegen daher ua. bei folgenden Bildungsmaßnahmen vor:

- Fachschulen oder Handelsschulen,
- Handelsakademien, höhere technische Lehranstalten, höhere Lehranstalten für wirtschaftliche Berufe einschließlich der Berufsreifeprüfung nach dem Lehrplan für diese Schulen sowie die diesbezüglichen Aufbaulehrgänge zur Erlangung der Reifeprüfung an einer berufsbildenden höheren Schule, Kollegs nach dem Schulorganisationsgesetz (seinerzeitige Abiturientenlehrgänge),
- Fachhochschulen, Pädagogische Akademien, Sozialakademien, Militärakademien,
- Universitätslehrgänge und postgraduale Studien (zB Master of Business Administration),
- Verwaltungsakademie und Beamtenaufstiegsprüfung.

Ob die Aus- oder Fortbildung oder die umfassende Umschulungsmaßnahme im Tagesschulbetrieb oder in Abendkursen erfolgt, ist unmaßgeblich.

Sozialversicherung:

Obwohl der § 26 Z 3 EStG und der § 49 Abs. 3 Z 23 ASVG ident formuliert sind, ist eine einheitliche steuerliche und beitragsrechtliche Behandlung nicht möglich. Die Steuerfreiheit ergibt sich im wesentlichen dadurch, dass diese Kosten vom Dienstnehmer als Werbungskosten geltend gemacht werden könnten und somit vorweg die Steuerfreiheit beim Dienstgeber anerkannt wird. Für die Sozialversicherung ist ein derartiger „Ausweg" nicht möglich. Für die Beitragsfreiheit ist daher das betriebliche Interesse relevant. Nur wenn dieses gegeben ist, wird Beitragsfreiheit vorliegen. Bezüglich der Ausbildungseinrichtungen erfolgt eine gleiche Vorgangsweise wie bei der Finanz (siehe Punkt C – Abzugsfähige Aufwendungen ...) (Hauptverband 16. November 2004, Zl. FO-MVB/51.1/04 Rv/Mm)

049-03-24-001
Verbesserungsvorschläge

(aufgehoben)

6. E-MVB

049-03-26-001 – 049-04-00-001

049-03-25-001
Prämien

(aufgehoben)

049-03-26-001
Sonderklassehonorare – Poolgelder

Entgelte der Ärzte für die Behandlung von Pfleglingen der Sonderklasse, soweit diese Entgelte nicht von einer Krankenanstalt im eigenen Namen vereinnahmt werden, sind gemäß § 49 Abs. 3 Z 26 ASVG beitragsfrei, unterliegen aber als Einkünfte aus freiberuflicher Tätigkeit der Beitragspflicht nach FSVG.

Auch der Bezug von „Sonderklassegelder" bei Turnusärzten löst Versicherungspflicht nach dem FSVG aus. (Hauptverband 3. Juli 2003, Zl. FO-MVB/32-51.1/03 Rv/Mm)

Entgelte von nichtärztlichem Personal für die Behandlung von Pfleglingen der Sonderklasse (Poolgelder) sind als Entgelte Dritter beitragspflichtig nach den Bestimmungen des ASVG.

049-03-26a-001
Notärzte

Nicht unter den Entgeltbegriff fallen Entgelte für die Tätigkeit als Notarzt/Notärztin in landesgesetzlich geregelten Rettungsdienst, sofern diese Tätigkeit weder den Hauptberuf noch die Hauptquelle der Einnahmen bildet. (geändert durch BGBl. I Nr. 118/2015)

049-03-28-001
Sportler – pauschale Reiseaufwandsentschädigung

Vom Entgeltbegriff ausgenommen sind pauschale Reiseaufwandsentschädigungen, die Sportvereine (Sportverbände) an SportlerInnen oder Schieds(wettkampf)richterInnen oder SportbetreuerInnen (z. B. TrainerInnen, Masseure und Masseurinnen) leisten, und zwar bis zu 60 € pro Einsatztag, höchstens aber 540 € pro Kalendermonat der Tätigkeit, sofern diese nicht den Hauptberuf und die Hauptquelle der Einnahmen bildet und Steuerfreiheit nach § 3 Abs. 1 Z 16c zweiter Satz EStG 1988 zusteht;

Gemeinnützige Sportvereine können an Sportlerinnen und Sportler, Schiedsrichterinnen und Schiedsrichter sowie Sportbetreuerinnen und Sportbetreuer steuer- und sozialversicherungsfrei pauschale Reiseaufwandsentschädigungen ausbezahlen.

Pauschale Reiseaufwandsentschädigungen sind
- bis zu 60 Euro pro Einsatztag
- maximal 540 Euro monatlich steuer- und sozialversicherungsfrei.

Hinweis zur Gemeinnützigkeit:
Gemeinnützigkeit bedeutet die Förderung der Allgemeinheit. Das heißt, wenn der Verein das Gemeinwohl selbstlos (d.h. nicht gewinnorientiert) fördert. Dies ist im sportlichen Bereich grundsätzlich anzunehmen, mit Ausnahme des Berufssports sowie des Betriebs von Freizeiteinrichtungen. Bloße Freizeitgestaltung und Erholung gelten idR nicht als gemeinnützig. Weiterführende Informationen finden Sie in der Broschüre "Vereine und Steuern" des Bundesministeriums für Finanzen sowie unter www.bmf.gv.at.

Hinweis für die Sozialversicherung:
In der Sozialversicherung gilt die Beitragsfreiheit nur dann, wenn die ausgeübte Tätigkeit nicht den Hauptberuf und die Hauptquelle der Einnahmen bildet. Eine Tätigkeit als Studentin bzw. Student (bei ordentlichem Studienfortgang) oder Hausfrau bzw. Hausmann (kein Singlehaushalt) gilt als Hauptberuf, nicht allerdings der Leistungsbezug aus der Arbeitslosenversicherung (Arbeitslosengeld, Notstandshilfe etc.) oder der Leistungsbezug aus einer Altersversorgung (Pension, Ruhegenuss).

Weiterführende Informationen siehe Broschüre des Bundesministeriums für Finanzen „Vereine und Steuern". Außerdem gibt es einen Leitfaden, der von der Sozialversicherung gemeinsam mit dem Bundesministerium für Finanzen herausgebracht wird. Dieser ist unter www.sozialversicherung.at abrufbar. (Hauptverband, 30. Jänner 2018, Zl. LVB-51.1/18 Jv/Km)

Können Einsatztage im Sinne des § 49 Abs. 3 Z 28 auf Grund der COVID-19-Krise in den Kalendermonaten November und Dezember 2021 nicht stattfinden und werden pauschale Reiseaufwandsentschädigungen weiter gewährt, so gelten diese nach § 49 Abs. 3 Z 28 nicht als Entgelt, wenn sie nach § 124b Z 381 EStG 1988 steuerfrei sind.

049-03-29-001
MitarbeiterInnenrabatt

Nicht unter den Entgeltbegriff fällt der geldwerte Vorteil nach § 50 Abs. 3 aus dem kostenlosen oder verbilligten Bezug von Waren oder Dienstleistungen, die der Dienstgeber oder ein mit dem Dienstgeber verbundenes Konzernunternehmen im allgemeinen Geschäftsverkehr anbietet (MitarbeiterInnenrabatt), wenn
- MitarbeiterInnenrabatt allen oder bestimmten Gruppen von Dienstnehmer/inne/n eingeräumt wird,
- die kostenlos oder verbilligt bezogenen Waren oder Dienstleistungen von den Dienstnehmer/inne/n weder verkauft noch zur Einkünfteerzielung verwendet und nur in einer solchen Menge gewährt werden, die einen Verkauf oder eine Einkünfteerzielung tatsächlich ausschließen, und
- der MitarbeiterInnenrabatt im Einzelfall 20% nicht übersteigt oder – soweit dies nicht zur Anwendung kommt – der Gesamtbetrag der MitarbeiterInnenrabatte 1 000 Euro im Kalenderjahr nicht übersteigt.

049-04-00-001
Feststellung des Dachverbandes über beitragsfreie Entgeltbestandteile

Gegenstand der vom Dachverband (vormals:

Hauptverband) vorzunehmenden Auslegung sind nicht die Bestimmungen des § 49 Abs. 3 Z 1, 2, 6 und 11 ASVG, sondern die kollektivvertraglichen Vereinbarungen. Eine Feststellung nach § 49 Abs. 4 ASVG interpretiert daher nicht das Gesetz, sondern den Kollektivvertrag.

Durch diese Regelung wird insoweit der Rechtspraxis Rechnung getragen, als sich in einer Vielzahl von kollektivvertraglichen Vereinbarungen Regelungen über die Leistung von Zulagen und Zuwendungen finden, die ihrer Bezeichnung nach auf beitragsfreie Zulagen im Sinne des § 49 Abs. 3 ASVG schließen lassen, in Wahrheit aber dem Zweck der Gewährung nach von ihrer Benennung abweichen.

Wird in einem Kollektivvertrag eine Zulage z.B. als Schmutzzulage bezeichnet, so ist damit noch nicht gesagt, dass es sich hiebei tatsächlich um eine Schmutzzulage handelt. Der Zweck muss nicht mit der Bezeichnung übereinstimmen. Es kommt vor, dass Schmutzzulagen gewährt werden, ohne dass bei einer betrieblichen Arbeit eine Verschmutzung entsteht, die die Gewährung einer solchen Zulage überhaupt rechtfertigt. Es kann z.B. eine versteckte Lohnerhöhung vorliegen. Weiters kommt es vor, dass Schmutzzulagen bei einer nur mäßigen tatsächlichen Verschmutzung in einem erheblichen Ausmaß des Lohnes gewährt werden. Eine solche Zuwendung kann nicht zur Gänze als Schmutzzulage beitragsfrei gestellt werden.

Von besonderer Bedeutung sind schließlich Zulagen, die nicht nur wegen Verschmutzung, sondern auch aus anderen Gründen (Erschwernis, besondere Betriebsgefahr, Gesundheitsschädigung u.a.) gezahlt werden. Hier handelt es sich um so genannte kombinierte Zulagen. Beitragspflichtige und beitragsfreie Entgeltteile sind miteinander vermischt. Es liegt im Wesen dieser Bezüge, dass in solchen Fällen eine strenge Abgrenzung nicht gefunden werden kann. Es wird daher im Interesse einer einheitlichen Handhabung der Entgeltbestimmungen vom Hauptverband ein Teil der Zuwendungen als Schmutzzulage beitragsfrei anerkannt.

Siehe hiezu Feststellungen unter www.sozdok.at

049-05-00-001
Feiertagsentgelte der Heimarbeiter

Die Feiertagsentgelte der Heimarbeiter sind als Sonderzahlung zu behandeln. Nach § 49 Abs. 5 ASVG sind bei der Feststellung der Beitragsgrundlage neben allfälligen in § 49 Abs. 5 dritter Satz ASVG genannten Lohnnebenkosten vom Arbeitsverdienst des Zwischenmeisters (Stückmeisters) nur die durch Heimarbeitstarif festgesetzten Unkostenzuschläge abzuziehen; als Arbeitsverdienst wäre hiebei das gesamte aus der Heimarbeit gebührende Entgelt zu verstehen. (BMSV 12.8.1960, GZ. II-74.171-7/60)

049-06-00-001
Vergleich

Unter einem Vergleich versteht man ein beiderseitiges Nachgeben zweier Vertragsparteien von strittigen oder zweifelhaften Rechten (§ 1380 ABGB).

Mitunter enden Streitigkeiten über arbeits(lohn)rechtliche Ansprüche des Dienstnehmers vor dem Arbeitsgericht. Die von den Gerichten in solchen Fällen getroffenen Entscheidungen, aber auch eingegangene gerichtliche oder außergerichtliche Vergleiche über Entgeltansprüche bleiben zumeist nicht ohne sozialversicherungsrechtliche Auswirkungen. Dabei kommt cs in der Regel zur Verlängerung der Pflichtversicherung und in der Folge auch zu Beitragsnachzahlungen.

Wird ein gerichtlicher oder außergerichtlicher Vergleich über Ansprüche geschlossen, die sich auf die Zeit des aufrechten Bestands des Dienstverhältnisses beziehen, ist der beitragspflichtige Vergleichsbetrag durch Aufrollen den betroffenen Beitragszeiträumen zuzuordnen.

Wird ein gerichtlicher oder außergerichtlicher Vergleich über Ansprüche geschlossen, die sich auf die Zeit nach Beendigung des Dienstverhältnisses beziehen, kommt es zur Verlängerung der Pflichtversicherung um jenen Zeitraum, für den der beitragspflichtige Entgeltanspruch (z.B. Kündigungsentschädigung, Urlaubsersatzleistung) zugestanden wurde (§ 11 Abs. 2 ASVG).

Im Sinn des Urteils ist die Auswirkung auf die Pflichtversicherung und insbesondere auf die Beitragsgrundlage zu prüfen. Dabei ist zu unterscheiden, ob es sich um beitragspflichtige Entgeltansprüche für die Zeit vor oder nach Beendigung des Dienstverhältnisses handelt (§ 49 Abs. 6 ASVG).

049-06-00-002
Abfertigung als Vergleichszahlung

Waren Abfertigungsansprüche vor Abschluss eines Vergleichs zwischen einem ausgeschiedenen Arbeitnehmer und seinem früheren Arbeitgeber gar nicht strittig, ist die Widmung eines Vergleichsbetrags als Abfertigung sozialversicherungsrechtlich unbeachtlich.

Entscheidend dafür, ob die Bezeichnung im Vergleich „Abfertigung für Dienstverhältnis" bloß eine Fehlbezeichnung war oder wie sie im Falle des Einverständnisses des Arbeitnehmers und somit als Teil der Einigung – als Widmung des Vergleichsbetrags zumindest teilweise beachtlich sein konnte, ist daher die Frage, ob gesetzliche oder vertragliche Abfertigungsansprüche zwischen dem Arbeitnehmer und seinem früheren Arbeitgeber überhaupt strittig (wenn auch nicht notwendigerweise klagsgegenständlich) gewesen waren. (VwGH 19.1.1999, Zl. 96/08/0402)

Ohne rechtlichen Abfertigungsanspruch kann es zu keiner sozialversicherungsrechtlichen Berücksichtigung einer durch Gerichtsvergleich festgelegten Abfertigung kommen.

Es steht nicht im Belieben des Arbeitgebers und Arbeitnehmers, bei Abschluss eines Vergleiches durch eine willkürliche Benennung einer Zahlung als Abfertigung die Verlängerung der Pflichtversicherung gemäß § 11 Abs. 2 ASVG illusorisch zu machen.

Ist in der Vergleichsvereinbarung nicht von einer Abfertigung, sondern lediglich von einer Zahlung zur Abgeltung der gegenseitigen Forderungen aus dem Dienstverhältnis die Rede, dann kann der Vergleichsbetrag nur eine teilweise Erfüllung der Gehaltsforderungen darstellen, wodurch eine entsprechende Verlängerung der Pflichtversicherung gemäß § 11 Abs. 2 ASVG eintritt.

Mit der Vereinbarung einer beitragsfreien Abfertigung an Stelle einer teilweisen Erfüllung des Entgeltanspruches zur Vermeidung einer Verlängerung der Pflichtversicherung und einer Beitragsnachzahlung könnte für den Dienstgeber nichts gewonnen werden, weil Vereinbarungen durch die die Anwendung von Bestimmungen des ASVG im Vorhinein ausgeschlossen oder beschränkt wird, gemäß § 539 ASVG ohne rechtliche Wirkung sind.

Verpflichtet sich ein Dienstgeber im Rahmen eines Vergleichs zur Zahlung einer freiwilligen Abfertigung, obwohl im zugrunde liegenden Verfahren allein das Vorliegen des Anspruchs auf Überstundenentgelt strittig war, ist die vorgenommene Widmung der Vergleichssumme als Abfertigung für die Berechnung der Sozialversicherungsbeiträge unbeachtlich. (VwGH 04.10.2001, Zl. 98/08/0209)

Hat ein entlassener Angestellter teils Kündigungsentschädigung für laufendes Entgelt, teils Abfertigung eingeklagt, und wird diese Klagsforderung beim Arbeitsgericht mit der Zahlung einer „einmaligen Abgangsentschädigung" verglichen, sind jene Teile der „Abgangsentschädigung", die der eingeklagten Kündigungsentschädigung entsprechen, beitragspflichtig und verlängern dementsprechend das Ende der Pflichtversicherung und damit auch der Beitragspflicht, während der der Abfertigung entsprechende Teil der „Abgangsentschädigung" gemäß § 49 Abs. 3 ASVG beitragsfrei ist. Die Aufteilung des Vergleichsbetrages auf beitragspflichtige Kündigungsentschädigung und beitragsfreie Abfertigung erfolgt im Verhältnis der eingeklagten beitragsfreien und beitragspflichtigen Entgelte zueinander.

049-06-00-003
Aufrechtes Dienstverhältnis

Werden Vergleiche über Ansprüche abgeschlossen, die sich auf die Zeit des aufrechten Bestandes des Beschäftigungsverhältnisses beziehen, kommt es zu keiner Verlängerung der Pflichtversicherung (vgl. dazu § 11 Abs. 1 ASVG). Die Vergleichsbeträge müssen in solchen Fällen durch Aufrollung den bisherigen Beitragsgrundlagen zugeordnet werden.

049-06-00-004
Außergerichtlicher Vergleich

Schon in der Rechtsprechung der unteren Instanzen wurde zum Ausdruck gebracht, dass § 49 Abs. 6 ASVG unanwendbar ist, wenn es infolge eines Vergleichsabschlusses zu einer Entscheidung des Arbeitsgerichtes gar nicht gekommen ist. § 49 Abs. 6 ASVG bezieht sich aber ausdrücklich auf Entscheidungen im streitigen Verfahren, nicht auf einen Vergleich oder ein Anerkenntnis, die zwar auch den Prozess erledigen, jedoch nicht als Entscheidung angesehen werden können. Aus diesem Grund besteht nach der Rechtsprechung des VwGH die Berechtigung der Sozialversicherungsträger, Beiträge auch auf den Bezugsteil vorzuschreiben, auf welchen seitens des Arbeitnehmers bei Beendigung des Dienstverhältnisses arbeitsrechtlich gültig verzichtet wurde. (VwGH 28.11.1962, Zl. 2031/61)

049-06-00-005
Beendigung des Dienstverhältnisses

Ein gerichtlicher (oder außergerichtlicher) Vergleich darf nur als Ganzes, nicht jedoch in seine einzelnen Teile zerlegt, einer rechtlichen Betrachtung unterzogen werden. § 11 Abs. 2 ASVG trifft für den Fall Vorkehrungen, dass eine zeitraumbezogene Zuordnung nicht möglich ist, weil sich die Dienstvertragspartner in einer vergleichsweisen Regelung auf die Leistung einer Pauschalsumme geeinigt haben, ohne auch ausdrückliche Zuordnungen zu bestimmten Zeiträumen vorzunehmen; diese Bestimmung normiert die Berechnungsmethode, nach der in solchen Fällen der Zeitraum vom Ende des Beschäftigungsverhältnisses bis zum Ende des Entgeltanspruches im Sinne des § 11 Abs. 1 ASVG (und damit der Zeitpunkt des Endes der Pflichtversicherung) festzustellen ist. Zuerst sind aus dem Vergleichsbetrag allfällige, nach § 49 ASVG nicht zum Entgelt gehörende Bezüge auszuscheiden; der verbleibende Restbetrag wird sodann an den vor dem Austritt aus der Beschäftigung gebührenden Bezügen gemessen und dadurch festgestellt, welcher Zeitraum durch den Vergleichsbetrag gedeckt ist, also welchen Zeitraum der Vergleichsbetrag, geteilt durch das zuletzt gebührende laufende Entgelt, ergibt. § 11 Abs. 2 ASVG ordnet nicht eine Bindung der Verwaltungsbehörde und Versicherungsträger an gerichtliche oder außergerichtliche Vergleiche an, sondern ist – die Beachtlichkeit eines solchen Vergleiches voraussetzend – eine (bloße) Berechnungsvorschrift. Aus dieser Bestimmung kann daher für das Verhältnis einer vergleichsweisen Regelung zu einem gerichtlichen Urteil hinsichtlich der in § 49 Abs. 6 ASVG angeordneten Bindungswirkung nichts gewonnen werden. (VwGH 19.12.1991, Zl. 90/08/0058)

Die Frage der Erstreckung der Pflichtversicherung nach § 11 Abs. 2 ASVG ist nicht nach dem Vergleichstext, sondern auf Grund des Klagebegehrens und des Prozessverlaufes zu beurteilen. Dem Dienstgeber und dem Dienstnehmer steht es zwar frei, den Zeitpunkt und die Form der Lösung des Dienstverhältnisses (Entlassung, einvernehmliche Lösung, Kündigung) zu bestimmen, doch kann sich diese Vereinbarung nur auf die arbeitsrechtlichen Beziehungen auswirken. Keinesfalls kann dadurch die Bestimmung des § 11 Abs. 2 ASVG ausgeschaltet werden, wenn über das vereinbarte Ende des Dienstverhältnisses hinaus die im Klagebegehren enthaltenen Entgeltansprüche gemäß § 29 AngG teilweise befriedigt werden, ohne dass es dabei auf die Bezeichnung des ausbezahlten Betrages ankäme. (BMAS 5.9.1986, GZ. 121.050/2-6/86)

049-06-00-006
Beitragsfreies und beitragspflichtiges Entgelt

Die Behörden der Sozialversicherung sind bei Feststellung der sich aus einer vergleichsweisen Vereinbarung ergebenden Ansprüche des Dienstnehmers an den Wortlaut dieser Vereinbarung insoweit nicht gebunden, als Entgeltansprüche im Sinne des § 49 Abs. 1 ASVG allenfalls fälschlich als beitragsfreie Lohnbestandteile im Sinne des § 49 Abs. 3 ASVG deklariert wurden. Derartige, der Beitragsvermeidung dienende Fehlbezeichnungen sind schon deshalb unwirksam, weil § 11 Abs. 2 ASVG betreffend Verlängerung der Pflichtversicherung im Falle eines Vergleichs nur die Nichtberücksichtigung von gemäß § 49 ASVG nicht zum Entgelt gehörenden Bezügen erlaubt. Es kommt daher auch in Zusammenhang mit § 11 Abs. 2 ASVG nicht darauf an, welche Bezeichnung die Parteien im Vergleich wählen, sondern darauf, ob die Voraussetzungen für die Beitragsfreiheit tatsächlich vorliegen. Soweit die Feststellung der Beitragsfreiheit hinsichtlich eines bestimmten Betrags nicht möglich ist, liegt im Zweifel jedenfalls beitragspflichtiges Entgelt im Sinne des § 49 Abs. 1 ASVG vor.

Wenn und insoweit aber die nach Beendigung des Beschäftigungsverhältnisses noch offenen (strittigen) Ansprüchen eines Dienstnehmers tatsächlich teils aus beitragspflichtigen, teils aus beitragsfreien Entgeltbestandteilen bestehen, sind die Parteien eines darüber abgeschlossenen Vergleichs durch keine Rechtsnorm dazu verpflichtet, etwa die Anerkennung der beitragspflichtigen oder den beitragsfreien Ansprüchen zu vereinbaren. Die Vertragsparteien sind vielmehr in der vergleichsweisen Disposition über diese Ansprüche insoweit frei, als durchaus die Leistung der beitragsfreien Ansprüche vereinbart und auf die beitragspflichtigen Gehaltsbestandteile verzichtet werden kann. Eine Grenze fände diese Dispositionsbefugnis jedoch, wenn z.B. ein höherer Betrag an beitragsfreien Ansprüchen verglichen worden wäre als gemessen an den Voraussetzungen des § 49 Abs. 3 ASVG tatsächlich zustünde, oder wenn – fiktiv vom vollständigen Erfolg des Dienstnehmers im Prozess ausgehend – bei gleichzeitigem (allenfalls teilweisem) Verzicht auf die Leistungen der Ansprüche aus dem Dienstverhältnis der verglichene Kostenbetrag den dem Dienstnehmer nach den Vorschriften des Kostenrechtes bemessenen Ersatzanspruch bzw. dessen tatsächliche Aufwendungen, insbesondere an Gebühren und Vertretungskosten, übersteige. Diese Grundsätze lassen sich sinngemäß auch auf die Beurteilung der Art der Beendigung eines Dienstverhältnisses und der klageweise geltend gemachten, von der Art der Beendigung des Dienstverhältnisses abhängigen Entgeltforderungen des Dienstnehmers übertragen. In einer solchen aus Anlass der (strittigen) Beendigung des Dienstverhältnisses getroffenen abschließenden Regelung kann ein Dienstnehmer sowohl die Art der Auflösung des Dienstverhältnisses vereinbaren, als auch sich über an sich unverzichtbare Ansprüche vergleichen.

In der 60. ASVG-Novelle ist vorgesehen, dass die Krankenversicherungsträger nicht mehr an gerichtliche Vergleiche gebunden sind. Es stellt sich die Frage, wie in der Praxis bei der beitragsrechtlichen Beurteilung von Vergleichen vorzugehen ist. Es gilt das Anspruchslohnprinzip, das bedeutet, dass der Kollektivvertragslohn nachverrechnet werden kann. Als Grundlage hiefür sollte das Klagebegehren herangezogen werden. (Hauptverband 25.9.2002, Zl. 32-51.1/02 Rv)

049-06-00-007
Berechnungsmethode

§ 11 Abs. 2 ASVG normiert also die Berechnungsmethode, nach der in solchen Fällen der Zeitraum vom Ende des Beschäftigungsverhältnisses bis zum Ende des Entgeltanspruches im Sinne des § 11 Abs. 1 zweiter Satz ASVG (und damit der Zeitpunkt des Endes der Pflichtversicherung) festzustellen ist. Zuerst sind aus dem Vergleichsbetrag allfällige, gemäß § 49 ASVG nicht zum Entgelt gehörende Bezüge auszuscheiden; der verbleibende Restbetrag wird dann an den vor dem Austritt aus der Beschäftigung gebührenden Bezügen gemessen und dadurch festgestellt, welcher Zeitraum durch den Vergleichsbetrag gedeckt ist, welchen Zeitraum also der Vergleichsbetrag geteilt durch das zuletzt gebührende laufende Entgelt ergibt.

Nach § 11 Abs. 2 ASVG darf bei Abschluss eines Vergleiches nach Beendigung des Dienstverhältnisses nicht schon wegen des „Faktums" eines solchen Vergleichs unbesehen der (ganze) im Vergleich zugestandene Betrag, sondern nur der um die gemäß § 49 ASVG nicht zum Entgelt gehörenden Bezüge (unter Umständen auch auf Null) verminderte Vergleichsbetrag bei der Berechnung nach dieser Bestimmung herangezogen werden. Eine Verlängerung der Pflichtversicherung bzw. deren Dauer nach § 11 Abs. 2 ASVG hängt demgemäß einerseits („nach Beendigung des Dienstverhältnisses gebührenden Arbeitslohn oder Gehalt") davon ab, ob bzw. in welchem Umfang es sich beim Vergleichsbetrag überhaupt um ein den Kriterien des § 49 Abs. 1 ASVG entsprechendes Entgelt handelt, d.h. um Geld- und Sachbezüge, auf die der (ehemalige) Dienstnehmer aus dem (beendeten) Dienstverhältnis Anspruch hat oder die er darüber hinaus auf Grund des (beendeten) Dienstverhältnisses vom Dienstgeber oder von einem Dritten erhält, und andererseits davon, ob bzw. in welchem Umfang dieser Betrag aus als Entgelt im Sinne des § 49 Abs. 1 und 2 ASVG geltenden) „Bezügen" gemäß § 49 Abs. 3 ASVG besteht.

Für diese Beurteilung ist der Wortlaut des Vergleichs (die Bezeichnung der verglichenen Ansprüche) auch dann, wenn der Tatbestand des § 539 ASVG („Rechtsunwirksame Vereinbarungen") nicht vorliegt, insoweit unmaßgeblich, als beitragspflichtige Entgelte im Sinne des § 49 Abs. 1 ASVG – zur Beitragsvermeidung – fälschlich als

6. E-MVB
049-06-00-008 – 049-06-00-011

beitragsfreie Lohnbestandteile oder sonstige, nicht der Beitragspflicht unterliegende Ansprüche des Dienstnehmers bezeichnet werden könnten. Derartige, der Beitragsvermeidung dienende Fehlbezeichnungen sind schon deshalb unwirksam, weil § 11 Abs. 2 ASVG nur die Nichtberücksichtigung von gemäß § 49 ASVG nicht zum Entgelt gehörenden Bezügen erlaubt. Es kommt daher auch in Zusammenhang mit § 11 Abs. 2 ASVG nicht darauf an, welche Bezeichnung die Parteien im Vergleich wählen, sondern darauf, ob die Voraussetzungen für die Beitragsfreiheit tatsächlich vorliegen.

Soweit die Feststellung der Beitragsfreiheit hinsichtlich eines bestimmten Betrages nicht möglich ist, liegt (wenn die Entgeltlichkeit im Sinne des § 49 Abs. 1 ASVG an sich feststeht) im Zweifel jedenfalls beitragspflichtiges Entgelt vor. Wenn und soweit aber die nach Beendigung des Beschäftigungsverhältnisses noch offenen (strittigen) Ansprüche eines Dienstnehmers tatsächlich teils aus beitragspflichtigen, teils aus beitragsfreien Entgeltbestandteilen bestehen, steht es den Parteien einerseits frei, in einen Vergleich auch offene (strittige) Ansprüche einzubeziehen, die zuvor nicht Gegenstand eines dem Vergleich vorangegangenen Verfahrens waren, und sind sie andererseits durch keine Rechtsnorm dazu verpflichtet, die Anerkennung der beitragspflichtigen vor den beitragsfreien Ansprüchen zu vereinbaren.

Im Zweifel ist grundsätzlich Entgelt im Sinne des § 49 Abs. 1 ASVG anzunehmen, und durch die Teilung des gesamten oder restlichen Vergleichsbetrages durch das vor Auflösung des Dienstverhältnisses gebührende Entgelt ist der maßgebliche Zeitraum für eine Verlängerung der Pflichtversicherung nach § 11 Abs. 2 ASVG zu ermitteln (vgl. VwGH 2.7.1996, Zl. 94/09/0122).

049-06-00-008
Bindungswirkung

Die Versicherungsträger und die Verwaltungsbehörden sind an rechtskräftige Entscheidungen der Gerichte, in denen Entgeltansprüche des Dienstnehmers (Lehrling) festgestellt werden, gebunden (§ 49 Abs. 6 ASVG). Dies jedoch nur unter der Voraussetzung, dass der gerichtlichen Entscheidung ein streitiges Verfahren vorangegangen ist und es sich bei der Entscheidung nicht um ein Anerkenntnisurteil oder einen gerichtlichen Vergleich handelt.

049-06-00-009
Bruttobetrag

Der sich in einem Vergleich zur Zahlung eines Bruttobetrages verpflichtende Arbeitgeber übernimmt eine Abzugspflicht, die (erst) bei Zahlung der Schuld entsteht. Der die Ansprüche des Arbeitnehmers aus einem Dienstvertrag regelnde Vergleich, der eine Bruttosumme enthält und mit einer Generalklausel abschließt, beinhaltet eindeutig die Pflicht des Arbeitgebers, die Sozialversicherungsbeiträge abzuziehen.

049-06-00-010
Kündigungsentschädigung

Kündigungsentschädigungen stellen ein Entgelt dar, dass das Weiterbestehen der Pflichtversicherung über das Ende des Beschäftigungsverhältnisses hinaus im Sinne des § 11 Abs. 1 zweiter Satz ASVG bewirkt; es handelt sich hiebei nicht um eine Ausnahme nach § 49 Abs. 3 Z 7 ASVG. § 11 Abs. 2 ASVG ist schon deshalb nicht anzuwenden, weil die Kündigungsentschädigung nicht auf Grund eines Vergleiches gewährt wird. Da die Kündigungsentschädigung für einen bestimmten Zeitraum nach Beendigung des Dienstverhältnisses (und damit des Beschäftigungsverhältnisses) zusteht, ist das Ende dieses Zeitraumes als jenes Entgeltanspruches im Sinne des § 11 Abs. 1 zweiter Satz ASVG i.V.m. § 49 Abs. 1 ASVG aufzufassen.

Die Pflichtversicherung der in Betracht kommenden Personen endet somit erst mit dem Ende jenes Zeitraumes, für den Kündigungsentschädigung zusteht. (VwGH 28.5.1984, Zl. 82/08/0238; VwGH 20.9.1984, Zl. 82/08/0132; VwGH 7.3.1985, Zl. 83/08/0250)

049-06-00-011
Meldung an den Krankenversicherungsträger

Die Arbeits- und Sozialgerichte erster Instanz sind generell zur Übermittlung aller Urteils- und Vergleichsausfertigungen an die Österreichische Gesundheitskasse verpflichtet.

Der Zweck dieser Vorschrift besteht darin, den Krankenversicherungsträger von einem gegebenenfalls beitragspflichtigen, gerichtlich zuerkannten Entgeltanspruch eines Dienstnehmers in Kenntnis zu setzen.

Wenn daher dem Dienstnehmer durch ein (arbeits)gerichtliches Urteil Entgeltansprüche gegenüber seinem (früheren) Dienstgeber bestätigt werden, sind im Einzelfall die Auswirkungen auf die Pflichtversicherung und insbesondere auf die Beitragsgrundlage zu prüfen. Dabei ist auch hier zu unterscheiden, ob es sich um Entgeltansprüche vor oder nach Beendigung des Beschäftigungsverhältnisses handelt. Somit kann es einerseits zu einer Aufstockung der bisherigen Beitragsgrundlagen und andererseits zu einer Verlängerung der Pflichtversicherung um jenen Zeitraum kommen, für den der Entgeltanspruch zugestanden wird.

Der Dienstgeber hat unaufgefordert seine Verpflichtung zur Erstattung der Meldung wahrzunehmen.

Wenn aufgrund eines gerichtlichen Vergleiches einem Dienstnehmer neben dem Vergleichsbetrag auch Verzugszinsen für die verspätete Zahlung zu leisten sind, so sind diese Zinsen für den Dienstnehmer sozialversicherungsbeitragsfrei, weil kein Zusammenhang mit dem versicherungspflichtigen Dienstverhältnis besteht. (Hauptverband 2., 3.12.2003, Zl. FO-MVB/32-51.1/03 Rv/Mm)

6. E-MVB
049-07-00-001 – 050-00-00-001

049-07-00-001
Erwachsenenbildung

Der zuständige Bundesminister kann nach Anhörung des Dachverbandes und der Interessenvertretungen der Dienstgeber und der Dienstnehmer für Lehrende an Einrichtungen, die vorwiegend Erwachsenenbildung betreiben, feststellen, ob und inwieweit pauschalierte Aufwandsentschädigungen nicht als Entgelt gelten, sofern die jeweilige Tätigkeit nicht den Hauptberuf und die Hauptquelle der Einnahmen bildet.

Fallbeispiel:
Für eine nebenberuflich tätig werdende Vortragende im Bereich der Erwachsenenbildung tritt der Versicherungsfall der Mutterschaft (§ 120 Abs. 1 Z 3 ASVG) z. B. am 25. Oktober des Kalenderjahres ein. Kann in diesen Fällen von der unter Punkt I des Erlasses des Bundesministeriums für soziale Sicherheit und Generationen vom 30.9.2002, GZ: 21.105/124-2/02, beschriebenen Vorgangsweise hinsichtlich der Ermittlung, ob Pflichtversicherung gegeben ist im Hinblick auf die Problematik „Wochengeldbezug – durchgehende Versicherung" wie folgt abgegangen werden? Von der im Erlass des Bundesministeriums für soziale Sicherheit, Generationen und Konsumentenschutz beschriebenen Vorgangsweise ist nicht abzugehen und somit die Pflichtversicherung für das Halbjahr durchzuführen. Dies führt dazu, dass kein Anspruch auf Wochengeld gebührt. (Hauptverband 16. November 2004, Zl. FO-MVB/51.1/04 Rv/Mm)

Vgl. auch 004-ABC-E 002, und 004-ABC-F 011

049-07-00-002
Beschäftigte im Sport und Kulturbereich

Der zuständige Bundesminister kann nach Anhörung des Dachverbandes und der Interessenvertretungen der Dienstgeber und der Dienstnehmer für im Sport- und Kulturbereich Beschäftigte, feststellen, ob und inwieweit pauschalierte Aufwandsentschädigungen nicht als Entgelt gelten, sofern die jeweilige Tätigkeit nicht den Hauptberuf und die Hauptquelle der Einnahmen bildet. Laut Verordnung des Bundesministeriums für soziale Sicherheit, Generationen und Konsumentenschutz über beitragsfreie pauschalierte Aufwandsentschädigungen gilt u.a. für Mitglieder im Sinne des § 1 Abs. 1 des Schauspielergesetzes 1922 in einem Theaterunternehmen und für Musiker eine beitragsfreie Aufwandsentschädigung bis zur Höhe von 537,78 € pro Kalendermonat. Diese Verordnung ist für Sänger anzuwenden, wenn die Kriterien (Nebenberuflichkeit) zutreffen.(Hauptverband 1.2.2005, Zl. FO-MVB/51.1/05 Rv/Mm)

Ein Profifußballverein gründet eine „Vermarktungsgesellschaft" (ebenfalls vereinsrechtlich organisiert). Die Fußballspieler haben einen Dienstvertrag sowohl zum eigentlichen Fußballverein als auch zur Vermarktungsgesellschaft. Die dienstvertragliche Verpflichtung umfasst beim Fußballverein Leistungen wie Training, Trainingslager, Freundschaftsspiele, Wettkampfspiele u.ä. Die Verpflichtung gegenüber der Vermarktungsgesellschaft besteht darin, dieser für alle erdenklichen Werbemaßnahmen zur Verfügung zu stehen. Diesbezüglich ist festzuhalten, dass die Fußballspieler zu diesem Zwecke ihre Persönlichkeitsrechte im entsprechenden Umfang an die Vermarktungsgesellschaft abtreten (Recht am eigenen Bild, am eigenen Wort etc.). Ob nun bezüglich der Vermarktungsgesellschaft ein Dienstverhältnis oder ein freies Dienstverhältnis vorliegt, wurde noch nicht geprüft, ist für die gegenständliche Anfrage jedoch nicht von Bedeutung. Jedenfalls wird das Entgelt, das der Fußballspieler aus seinem Dienstverhältnis zum Fußballclub erhält, niedriger sein als jenes aus seinem (freien) Dienstverhältnis zur Vermarktungsgesellschaft. Das Entgelt von der Vermarktungsgesellschaft ist nach Angaben des Vereins deshalb höher, da aus der Vermarktung mittlerweile wesentlich höhere Einnahmen (z.B. Fernsehgelder, Sponsorengelder) erzielt werden können, als aus den Sporteinnahmen (Eintrittsgelder). Anmerkung: Nach Angaben des entsprechenden Fußballvereins wird es seitens der Bundesliga den Vereinen nahegelegt, den Sportbereich und den Vermarktungsbereich zu trennen. Der Verein argumentiert nun damit, dass die eigentliche Tätigkeit als Fußballspieler somit nicht mehr Hauptberuf und Hauptquelle der Einnahmen bilde und deshalb beim bezahlten Entgelt im Fußballclub € 537,78 laut obgenannter Verordnung abgezogen werden könnten. Der Abzug von € 537,78 kommt nicht in Betracht. Obwohl unterschiedliche Verpflichtungen zu zwei verschiedenen Rechtsträgern vorliegen, besteht doch ein innerer Zusammenhang zwischen den zwei Tätigkeiten. Die Tätigkeit als Fußballer ist Bedingung für das Entgelt aus den Werbetätigkeiten für die Vermarktungsgesellschaft. Als Hauptberuf ist somit jedenfalls auch ein Beruf anzusehen, der Voraussetzung für die Bezahlung für eine andere (allenfalls auch zeitlich überwiegende, was hier nicht der Fall ist) Tätigkeit mit höherem Entgelt ist. § 539 Abs. 1 und Abs. 3 ASVG ist zu beachten. (Hauptverband 13.12.2005, Zl. FO-MVB/51.1/05 Af/Mm)

050-00-00-001
Sachbezüge (§ 50 ASVG)

Geldwerte Vorteile aus Sachbezügen (Wohnung, Heizung, Beleuchtung, Kleidung, Kost, Waren, Überlassung von Kraftfahrzeugen zur Privatnutzung und sonstige Sachbezüge) sind mit den um übliche Preisnachlässe verminderten üblichen Endpreisen des Abgabeortes anzusetzen.

Die im Einvernehmen mit dem Bundesminister für Arbeit, Soziales und Konsumentenschutz zu erlassende Verordnung des Bundesministers für Finanzen nach § 15 Abs. 2 Z 2 EStG 1988, mit der die Höhe geldwerter Vorteile festgelegt wird, gilt für die Bewertung von Sachbezügen.

Ist die Höhe des geldwerten Vorteils nicht mit Verordnung nach Abs. 2 festgelegt, so ist für MitarbeiterInnenrabatte der geldwerte Vorteil abweichend von Abs. 1 von jenem um übliche Preisnachlässen verminderten Endpreis zu bemessen, zu dem der Dienstgeber Waren oder Dienstleistungen

6. E-MVB
051-00-00-001 – 051d-00-00-001

fremden Letztverbraucher/inne/n im allgemeinen Geschäftsverkehr anbietet. Sind die AbnehmerInnen des Dienstgebers keine LetztverbraucherInnen (zum Beispiel Großhandel), so ist der übliche Endpreis des Abgabeortes anzusetzen. (geändert durch BGBl. I Nr. 118/2015)

051-00-00-001
Allgemeine Beiträge für Vollversicherte (§ 51 ASVG)

Auf www.sozialversicherung.at zu Beitragsgruppen und veränderliche Werte.

051-01-00-001
Beitragssätze

Für alle unselbständig Erwerbstätigen wird ein einheitlicher Beitragssatz in der Krankenversicherung in Form eines Mischsatzes für Arbeiter und Angestellte geschaffen. Die genauen Prozentsätze finden sich unter www.sozialversicherung.at/mediaDB/21453.PDF

Der Verwaltungsgerichtshof hat mit Erkenntnis vom 28. Juni 2006, GZ. 2003/08/0202, festgestellt, dass, auch wenn der Dienstnehmer selbst nicht zur Zahlung der Beiträge verpflichtet ist, er gemäß § 51 ASVG die Dienstnehmeranteile der Beiträge zu „tragen" hat. Dabei handelt es sich um eine Pflicht des Versicherten im Sinne des § 410 Abs. 1 Z 7 ASVG. Die Behörde erster Instanz hätte daher – antragsgemäß – die ziffernmäßige Höhe der vom Dienstnehmer zu tragenden Beitragsteile festzustellen gehabt. (VwGH vom 28. Juni 2006, GZ. 2003/08/0202) (Hauptverband 7.11.2006, Zl. 32-MVB-51.1/06 Dm/Mm).

051-06-00-001
Wegfall des Unfallversicherungsbeitrages

Der Unfallversicherungsbeitrag entfällt ab 1. Jänner 2004 für alle Personen, die das 60. Lebensjahr vollendet haben, mit Beginn des nächsten Kalendermonates nach Vollendung des 60. Lebensjahres. Wird das 60. Lebensjahr an einem Ersten des Kalendermonates vollendet, gilt die Befreiung von der Beitragspflicht ab diesem Tag. (Hauptverband 3.7.2003, Zl. FO-MVB/32-51.1/03 Rv/Mm)

051-07-00-001
Halbierung des Pensionsversicherungsbeitrages

Für Personen, deren Alterspension sich wegen Aufschubes der Geltendmachung des Anspruches erhöht, ist für jeden für diese Erhöhung zu berücksichtigenden Monat die Hälfte des auf den Dienstgeber und die versicherte Person entfallenden Beitragsteiles aus Mitteln der Pensionsversicherung zu zahlen.

051d-00-00-000
Zusatzbeitrag für Angehörige (§ 51d ASVG)

Für Angehörige ist unter bestimmten Voraussetzungen ein Zusatzbeitrag vom Versicherten zu zahlen. Die Einführung eines Zusatzbeitrages für Angehörige in der Krankenversicherung gemäß § 51d ASVG ist verfassungsrechtlich unbedenklich. (VfGH 4.12.2001, B 998/01)

051d-00-00-001
Personenkreis und Ausnahmen

Der Zusatzbeitrag ist zu zahlen
- für den Ehegatten,
- für den Lebensgefährten,
- für Angehörige aus dem Kreis der Eltern, Wahl-, Stief- und Pflegeeltern, der Kinder, Wahl-, Stief- und Pflegekinder, der Enkel oder der Geschwister des Versicherten, die als haushaltsführende Angehörige gelten (§ 123 Abs. 7 und 8 ASVG)

für die Dauer ihrer Mitversicherung.

Der Zusatzbeitrag ist nicht zu zahlen
- für mitversicherte Kinder, Wahl-, Stief- und Pflegekinder bzw. Enkel der/des Versicherten.
- für den Ehegatten, Lebensgefährten, haushaltsführende Angehörigen), wenn folgende Voraussetzungen zutreffen:
- Der mitversicherte Angehörige widmet sich aktuell der Erziehung eines oder mehrerer im gemeinsamen Haushalt lebender Kinder. Hiefür ist die Hausgemeinschaft mit dem Kind ausreichend, auch wenn daneben eine Beschäftigung ausgeübt wird.
- Der mitversicherte Angehörige hat sich in der Vergangenheit der Erziehung eines oder mehrerer im gemeinsamen Haushalt lebender Kinder zumindest 4 Jahre hindurch gewidmet. Hiefür war die Hausgemeinschaft mit dem Kind ausreichend, auch wenn daneben eine Beschäftigung ausgeübt wurde.
- Der Erziehung „gewidmet hat" bedeutet, dass sich der Ehegatte (Lebensgefährte) bzw. Angehörige sowie die Kinder (vor Vollendung des 18. Lebensjahres) zumindest 4 Jahre im gemeinsamen Haushalt aufgehalten haben; es ist nicht erforderlich, dass der Ehegatte (Lebensgefährte) bzw. Angehörige tatsächlich den Haushalt geführt hat. Eine Erwerbstätigkeit daneben ist zulässig.
- Der mitversicherte Angehörige erhält Pflegegeld zumindest in Höhe der Stufe 4.
- Der mitversicherte Angehörige pflegt den Versicherten, der zumindest Pflegegeld in Höhe der Stufe 4 erhält.
- Bei Vorliegen einer sozialen Schutzbedürftigkeit nach Richtlinien des Dachverbandes. Dies vor allem dann der Fall, wenn das monatliche Nettoeinkommen des Versicherten den Ausgleichszulagenrichtsatz für Ehepaare nicht übersteigt.
- Während des Bezuges von Krankengeld, Wochengeld, Karenzgeld, Arbeitslosengeld oder Notstandshilfe.

6. E-MVB
051d-00-00-002 – 051e-01-00-001

051d-00-00-002
Beitragsvorschreibung

Der Zusatzbeitrag wird dem Versicherten vom Krankenversicherungsträger vorgeschrieben und eingehoben.

Der Versicherte und nicht der Angehörige hat diesen auf seine Gefahr und Kosten selbst einzuzahlen.

Der Zusatzbeitrag beträgt 3,4% von der Beitragsgrundlage (Pension, sonstiges Einkommen) des Versicherten.

Bei Versicherten auf Grund einer Beschäftigung wird als Beitragsgrundlage das sozialversicherungspflichtige Erwerbseinkommen (inklusive Sonderzahlungen) herangezogen. Bei den unselbständig Erwerbstätigen wird dabei auf die letzten im Dachverband gespeicherten Beitragsgrundlagen abgestellt, und zwar die Beitragsgrundlagen des zweitvorangegangenen Kalenderjahres. Sind derartige Grundlagen noch nicht vorhanden, wird das aktuelle Erwerbseinkommen berücksichtigt.

Bei krankenversicherten Pensionisten ist die Beitragsgrundlage der aktuelle monatliche Pensionsbezug zuzüglich der Sonderzahlungen.

Bei Selbstversicherten in der Krankenversicherung gilt die hiefür herangezogene Beitragsgrundlage als Berechnungsgrundlage.

Im Falle einer Mehrfachversicherung ist der Zusatzbeitrag aus jedem einzelnen Beschäftigungsverhältnis zu zahlen.

Der Zusatzbeitrag für Angehörige verbleibt nicht dem Krankenversicherungsträger, sondern fließt über den Weg der Krankenanstaltenfinanzierung in das Bundesbudget.

051d-01-00-003
Zusatzbeitrag für Angehörige innerhalb der dreiwöchigen Schutzfrist gemäß § 122 Abs. 2 Z 2 ASVG

Gemäß § 123 Abs. 1 Z 2 ASVG besteht für Angehörige Anspruch auf Leistungen der Krankenversicherung, wenn sie weder nach dem ASVG noch nach einer anderen gesetzlichen Vorschrift krankenversichert sind. Personen, denen gemäß § 122 Abs. 2 Z 2 ASVG innerhalb der dreiwöchigen Schutzfrist bei Eintritt eines Versicherungsfalles Leistungen zu gewähren sind, sind nicht gesetzlich krankenversichert. Es gibt nur einen Leistungsschutz. Der Versicherte hat demzufolge für diese Personen für die Zeit der Schutzfrist als Angehörige im Sinne des § 123 ASVG den Zusatzbeitrag gemäß § 51d ASVG zu entrichten. (Hauptverband 25., 26.9.2003, Zl. FO-MVB/32-51.1/03 Rv/Mm)

Aufgrund der Bestimmungen des § 51d ASVG ist ein solcher Zusatzbeitrag für Angehörige gemäß § 123 ASVG im Ausmaß von 3,4% der für den Versicherten (die Versicherte) heranzuziehenden Beitragsgrundlage zu leisten, für deren Ermittlung § 21 AlVG sinngemäß anzuwenden ist. Dies bedeutet umgekehrt, dass ein Zusatzbeitrag nicht zu leisten ist, wenn die Ehegattin zumindest in der Krankenversicherung teilversichert ist. Gemäß § 6 Abs. 2 AlVG sind die Bezieher von Arbeitslosengeld, Notstandshilfe etc. krankenversichert. Wenn der Arbeitslose den Anspruch auf Arbeitslosengeld z.B. aufgrund der Bestimmungen des § 10 AlVG verliert, erhebt sich die Frage, ob für diese Zeit ein Zusatzbeitrag für Angehörige zu entrichten ist oder nicht. Es ist für jene Zeit kein Zusatzbeitrag vorzuschreiben, in der vom AMS eine KV-Zeitenmeldung kommt und somit das AMS den Krankenversicherungsbeitrag entrichtet. (Hauptverband 1. 2. 2005, Zl. FO-MVB/51.1/05 Rv/Mm)

051d-01-00-004
Zusatzbeitrag für Angehörige bei Wechsel der Versicherungszuständigkeit

Eine 40jährige Lebensgefährtin, die seit 4 Jahren bei der GKK beitragspflichtig mitversichert ist und vor bzw. nach der Gesetzesänderung im Jahre 2006 keine versicherungspflichtige Beschäftigung aufgenommen hat, kann, wenn nun die Versicherungszuständigkeit des Versicherten im Jahr 2008 von der GKK zur VAEB wechselt, auch bei der VAEB mitversichert werden. Das gleiche gilt, wenn der Versicherte eine weitere Beschäftigung aufnimmt und somit auch bei der VAEB versichert ist. (Hauptverband 17.2.2009, Zl. 32-MVB-51.1/09 Jv/Mm)

051e-00-00-001
Ergänzungsbeitrag zur Finanzierung unfallbedingter Leistungen der Krankenversicherung (§ 51e ASVG)

Zur Finanzierung unfallbedingter Leistungen in der Krankenversicherung wurde ein Ergänzungsbeitrag eingeführt.

051e-01-00-002
Lehrlinge

Der Ergänzungsbeitrag gemäß § 51e Abs. 1 ASVG ist auch für Lehrlinge zu entrichten. Obwohl eine ausdrückliche Regelung im § 57a ASVG fehlt, entfällt der Ergänzungsbeitrag für die ersten zwei Jahre der Lehrzeit. (Hauptverband 25., 26.9.2003, Zl. FO-MVB/32-51.1/03 Rv/Mm)

051e-01-00-001
Anwendungsbereich

Für in der Krankenversicherung pflichtversicherte Erwerbstätige und Pensionisten sowie Bezieher von Übergangsgeld nach § 306 ASVG und freiwillig Versicherte (mit Ausnahme der Selbstversicherten nach § 19a ASVG) ist ein Ergänzungsbeitrag im Ausmaß von 0,1% der allgemeinen Beitragsgrundlage (Pension) zur Finanzierung unfallbedingter Leistungen der Krankenversicherung zu entrichten. Dieser Beitrag entfällt zur Gänze auf den Versicherten. (Hauptverband 25., 26.9.2003, Zl. FO-MVB/32-51.1/03 Rv/Mm)

053-00-00-001
Sondervorschriften über die Aufteilung des allgemeinen Beitrages (§ 53 ASVG)

Der den Versicherten belastende Teil der allgemeinen Beiträge darf zusammen mit dem den Versicherten belastenden Teil des Beitrages zur Arbeitslosenversicherung 20% seiner Geldbezüge nicht übersteigen. Den Unterschiedsbetrag hat der Dienstgeber zu tragen. Für Pflichtversicherte, die nur Anspruch auf Sachbezüge haben oder kein Entgelt erhalten, hat der Dienstgeber auch die auf den Pflichtversicherten entfallenden Beitragsteile zu tragen.

053-01-00-001
Aufteilung des allgemeinen Beitrages
Beispiel aus der Praxis:

Im vorliegenden Fall handelt es sich um einen Vorschreibebetrieb (17% Erhöhung der SV-Grundlage). Es handelt sich um Arbeiter. Bruttoarbeitslohn: 198,– €, Sachbezug: 32,– €, SV-Bemessung laufend: 269,1 € (inkl. 17% Erhöhung).

SV-DN:
A1 = 46,15 €,
KU = 1,35 €,
WF = 1,35 €,
SV-DG:
A1 = 55,03 €,
WF = 1,35 €,
IE = 1,89 €
20 von 198 € = 39,60 € < 46,15 €
SV-DN:
A1 = 39,60 €,
KU = 1,35 €,
WF = 1,35 €,
SV-DG:
A1 = 61,58 €,
WF = 1,35 €,
IE = 1,89 €

In diesem Fall wird die Sonderregelung des § 53 ASVG folgendermaßen angewendet:

§ 53 ASVG enthält Sondervorschriften über die Aufteilung des allgemeine Beitrages. So wird in Abs. 1 geregelt, dass der den Versicherten belastende Teil der allgemeinen Beiträge zusammen mit dem Arbeitslosenversicherungsbeitrag 20% seiner Geldbezüge nicht übersteigen darf. Den Unterschiedsbetrag hat der Dienstgeber zu tragen. Generell ist davon auszugehen, dass der § 53 ASVG nur auf Geldbezüge abstellt. Der Sachbezugswert ist nicht zu addieren. Im vorliegenden Beispiel betragen 20% vom Bruttoarbeitslohn (198,– €) 39,60 €. Das ist also die Beitragsgrenze, die gemäß § 53 ASVG vom Dienstnehmer zu tragen ist. Der Differenzbetrag (auf 46,15 €) in Höhe von 6,55 € ist vom Dienstgeber zu tragen. Außer Betracht bleibt dabei die pauschalierte Sonderzahlung. Bei einer Pauschalierung handelt es sich um die Vereinfachung in der Abrechnung zwischen Dienstgeber und Sozialversicherung. (Hauptverband 22., 23. Juni 2004, Zl. FO-MVB/51.1/04 Rv/Mm)

Beispiel:

Die Arbeitszeit eines Dienstnehmers wird im Rahmen von Kurzarbeit auf „null" reduziert. Er erhält als Kurzarbeitsunterstützung € 800,–. Seine letzte Beitragsgrundlage vor der Kurzarbeit betrug € 1.500,–.

§ 53 Abs. 1 ASVG besagt, dass der auf den Versicherten entfallende Teil der KV-, PV- und AV-Beiträge 20% seiner Geldbezüge nicht übersteigen darf. Gemäß § 53 Abs. 2 ASVG hat der Dienstgeber für Pflichtversicherte, die nur Anspruch auf Sachbezüge haben oder kein Entgelt erhalten, auch die auf den Pflichtversicherten entfallenden Beitragsteile zu tragen.

Fragestellung:

Welche Grundlage ist heranzuziehen, um festzustellen, ob die „20%-Regel" des § 53 Abs. 1 ASVG anzuwenden ist?

Antwort:

Gemäß § 32 Abs. 3 AMFG gilt die Kurzarbeitsunterstützung für die Lohnsteuer als steuerpflichtiger Lohn und für sonstige Abgaben und Beihilfen auf Grund bundesgesetzlicher Vorschriften als Entgelt. Während des Bezuges der Kurzarbeitsunterstützung richten sich die Beiträge und die Leistungen der Sozialversicherung nach der letzten Bemessungsgrundlage vor Eintritt der Kurzarbeit. Somit sind die 20% nur von der Kurzarbeitsunterstützung zu berechnen, da diese der einzige Geldbezug ist, den der Arbeitnehmer noch erhält. (Hauptverband 4.–6.9.2006, Zl. 32-MVB-51.1/06 Af/Mm).

053-01-00-002
Vorzeitiger Verkauf von Mitarbeiterbeteiligungen

Ein Unternehmen gewährt den MitarbeiterInnen Sachbezüge in Form von Bonusaktien, die im Rahmen des § 49 Abs. 3 Z 18c ASVG steuer- und sozialversicherungsfrei behandelt werden. Nun haben einige MitarbeiterInnen diese Bonusaktien vor Ablauf der fünfjährigen Behaltefrist verkauft. Dadurch werden diese Beteiligungen steuer- und sozialversicherungspflichtig. Es stellt sich heraus, dass die abzurechnenden SV-Beiträge (für das laufende Entgelt und die nachzuverrechnenden Sachbezüge) mehr als 20 % der Geldbezüge (§ 53 Abs. 1 ASVG) betragen. Somit müsste der Dienstgeber für die kostenlos überlassenen Mitarbeiterbeteiligungen nun zum Teil (auch) die Dienstnehmeranteile übernehmen, weil die DienstnehmerInnen diese Aktien vereinbarungswidrig zu früh verkauft haben.

§ 53 Abs. 1 ASVG ist in diesen Fällen so zu verstehen, dass durch die Qualifizierung der verkauften Mitarbeiterbeteiligung als Sachbezug – und daraus folgend die Verpflichtung des Dienstgebers, die 20 % übersteigenden Beträge selbst zu tragen – das dem § 53 ASVG zugrunde liegende Schutzprinzip ad absurdum geführt würde. Durch den

Verkauf der Beteili-gungen wird der „Sachbezug Mitarbeiterbeteiligung" de facto zum „Geldbezug" und ist daher bei der Berechnung der 20 % einzubeziehen. (Hauptverband 16.9.2008, Zl. 32-MVB-51.1/08 Dm/Mm).

053-03-00-000
Pflicht des Dienstnehmers zur Entrichtung der Beiträge

Sowohl nach dem Wortlaut der Bestimmung des § 53 Abs. 3 lit. a ASVG in ihrem Kontext als auch nach den Gesetzesmaterialien stellt diese Bestimmung trotz des Gebrauches der Wendung „der Dienstnehmer hat ... zu entrichten" primär eine Durchbrechung der grundsätzlichen Beitragslast nach § 51 Abs. 3 ASVG dar und ist erst in Konsequenz dessen, dass unter den Voraussetzungen des § 53 Abs. 3 lit. a ASVG den Dienstnehmer die gesamte Beitragslast treffe, auch eine Regelung des § 58 Abs. 2 ASVG über die Beitragsschuld. Dies ist mutatis mutandis auch auf den Fall des § 53 Abs. 3 lit. b ASVG zu übertragen: auch in dem darin geregelten Fall des Fehlens einer inländischen Betriebsstätte eines ausländischen Dienstgebers führt die alleinige Verpflichtung des Dienstnehmers zur Meldung und Beitragsentrichtung dazu, dass dieser auch (allein) als Beitragsschuldner anzusehen ist. Bei dem vorliegenden Erkenntnis handelt es sich um eine Einzelfallentscheidung. In der Vollziehung wird an der bisherigen Vorgangsweise festgehalten, das bedeutet, dass im Regelfall weiterhin der Dienstgeber Verpflichteter ist; es ist nicht für jeden Dienstnehmer ein Konto anzulegen. (Hauptverband 3.5.2005, Zl. FO-MVB51.1/05 Rv/Mm)

053a-00-00-001
Beiträge für Versicherte, die in geringfügigen Beschäftigungsverhältnissen stehen (§ 53a ASVG)

Bei jenen Personen, die in einem Kalenderjahr zumindest eine geringfügige Beschäftigung neben einer bereits bestehenden vollversicherten unselbstständigen Beschäftigung ausgeübt haben, sind auch ihre geringfügigen Einkommen beitragspflichtig (Krankenversicherung und Pensionsversicherung). Die Beiträge zur Kranken- und Pensionsversicherung für das Kalenderjahr sind vom Dienstnehmer zu entrichten und werden ihm vom Krankenversicherungsträger vorgeschrieben. Für jeden Kalendermonat beträgt der Pauschalbetrag 14.12% der allgemeinen Beitragsgrundlage der geringfügigen Beschäftigung. Bei einer Beschäftigung als geringfügiger Dienstnehmer – nicht hingegen bei einer Tätigkeit als geringfügiger Freier Dienstnehmer – besteht außerdem Mitgliedschaft zur Arbeiterkammer (Arbeiterkammerumlage 0,5%). Diese Ausführungen gelten auch dann, wenn zwei oder mehrere geringfügige Beschäftigungsverhältnisse nebeneinander ausgeübt werden und das Gesamteinkommen die Geringfügigkeitsgrenze überschreitet.

053b-00-00-001
Zuschüsse an die Dienstgeber (§ 53b ASVG)

Den Dienstgebern können Zuschüsse aus Mitteln der Unfallversicherung zur teilweisen Vergütung des Aufwandes für die Entgeltfortzahlung einschließlich allfälliger Sonderzahlungen im Sinne des § 3 EFZG oder vergleichbarer österreichischer Rechtsvorschriften an bei der Allgemeinen Unfallversicherungsanstalt oder der Versicherungsanstalt öffentlich Bediensteter, Eisenbahnen und Bergbau unfallversicherte Dienstnehmer geleistet werden.

053b-02-01-001
Zuschüsse an die Dienstgeber bei Konzern

Der Umstand, dass ein Unternehmen Teil eines Konzerns ist, führt bei der Berechnung der für die Gewährung eines Zuschusses der AUVA zur Entgeltfortzahlung gemäß § 53b ASVG maßgeblichen Betriebsgröße nicht dazu, dass die Mitarbeiter aller Konzernniederlassungen in die Berechnung einzurechnen wären. Vielmehr sind nur jene Dienstnehmer in die Zählung einzubeziehen, die in einem Dienstverhältnis zu jenem Dienstgeber stehen, der die Entgeltfortzahlung geleistet hat. (VwGH 26.1.2005, Zl. 2004/08/0139), (Hauptverband 5.4.2005, Zl. FO-MVB/51.1/05 Rv/Mm)

054-00-00-001
Sonderbeiträge (§ 54 ASVG)

Von den im Kalenderjahr fällig werdenden Sonderzahlungen sind bis zur zweifachen monatlichen Höchstbeitragsgrundlage Sonderbeiträge zu entrichten. Von Sonderzahlungen sind keine Landarbeiterkammerumlage (ausgenommen in Kärnten), keine Kammerumlage und kein Wohnbauförderungsbeitrag zu entrichten. Bei einem Dienstgeberwechsel sind die während eines Kalenderjahres gewährten Sonderzahlungen so zu behandeln, als ob diese zur Gänze vom letzten Dienstgeber bezahlt worden wären. Das bedeutet in der Praxis, dass bei mehreren Dienstverhältnissen, die innerhalb eines Kalenderjahres nacheinander ausgeübt werden, der jeweils nachfolgende Dienstgeber nur mehr für die Differenz zur jährlichen Höchstbeitragsgrundlage Sonderbeiträge abrechnen muss.

Höhe der Beitragssätze (siehe www.sozialversicherung.at – Beitragsrechtliche Werte).

Ein Betriebsübergang nach AVRAG stellt keine Lösung des arbeitsrechtlichen Beschäftigungsverhältnisses dar. Die Arbeitnehmer werden mit allen Rechten und Pflichten durch den neuen Arbeitgeber übernommen. Daher ist eine Auszahlung von Sonderzahlungen bzw. die Fälligkeit von Sozialversicherungsbeiträgen zum Zeitpunkt des Betriebsüberganges nicht notwendig. (Hauptverband 11.9.2007, Zl. 32-MVB-51.1/07 Dm/Mm)

054a-00-00-001
Entrichtung von Beitragsteilen durch Dritte (§ 54a ASVG)

Eine Gebietskörperschaft (Bund, Land, Gemeinde) oder eine berufliche Interessenvertretung sowie ein Verein, der im Wirkungsbereich einer Gebietskörperschaft oder einer beruflichen Interessenvertretung tätig wird, kann für Dienstnehmer bei „anderen" Dienstgebern die Dienstnehmerbeiträge zur Sozialversicherung übernehmen. Voraussetzung dafür ist, dass mit dem zuständigen Versicherungsträger eine Vereinbarung getroffen wird, mit der sich die Gebietskörperschaft (Interessenvertretung, Verein) zur Übernahme des Dienstnehmeranteiles verpflichtet. Außerdem ist es erforderlich, den „anderen" Dienstgeber von dieser Vereinbarung zu verständigen. Dieser wird damit von der Beitragsentrichtung hinsichtlich des Dienstnehmeranteiles entbunden und hat somit nur den Dienstgeberanteil abzuführen. Für diesen Dienstnehmeranteil haftet die Gebietskörperschaft (Interessenvertretung, Verein) als Beitragsschuldner gegenüber dem Krankenversicherungsträger.

058-00-00-001
Fälligkeit und Einzahlung der Beiträge (§ 58 ASVG)

Die allgemeinen Beiträge sind in der Regel am letzten Tag des Kalendermonates fällig, in den das Ende des Beitragszeitraumes fällt. Die Sonderbeiträge werden im Regelfall am letzten Tag des Kalendermonates fällig, in dem die Sonderzahlung fällig wurde (wenn die Sonderzahlung aber vor ihrer Fälligkeit ausgezahlt wurde, am letzten Tag des Auszahlungsmonates).

058-01-00-001
Fälligkeit

Der Umstand allein, dass § 59 Abs. 1 ASVG im Ergebnis eine gewisse Toleranzfrist vorsieht, während deren eine Zahlungsverspätung sanktionslos bleibt, ändert nichts an der gesetzlichen Bestimmung der Fälligkeit der SV-Beiträge (mit Ende des jeweiligen Beitragszeitraumes) in § 58 Abs. 1 ASVG. (VwGH 22.12.1998, Zl. 94/08/0249)

SV-Beitragsschulden sind Bringschulden und nur dann rechtzeitig entrichtet, wenn sie innerhalb von 15 Tagen nach ihrer Fälligkeit bei der Österreichischen Gesundheitskasse eingezahlt sind. Im Fall der Vorschreibung der Beiträge durch die Krankenkasse tritt die Fälligkeit der Beiträge zwei Tage nach Aufgabe der jeweiligen Beitragsvorschreibung zur Post (Postaufgabedatum) ein, auch wenn die Beitragsvorschreibung dem Beitragsschuldner nicht zugestellt worden ist. (VwGH 28.11.1994, Zl. 94/08/0153)

058-02-00-001
Einzahlung

Schuldner (und nicht bloß Inkassant oder Zahlstelle) der auf den Versicherten und den Dienstgeber entfallenden Beiträge ist nach § 58 Abs. 2 ASVG (grundsätzlich) der Dienstgeber, der jedoch nach § 60 ASVG nach Maßgabe dieser Bestimmung berechtigt ist, den auf den Versicherten entfallenden Beitragsteil abzuziehen bzw. einzuziehen. Die Frage, ob jemand im Hinblick auf die Haftung für Beiträge als Dienstgeber anzusehen ist, wird mit der bescheidmäßigen Feststellung der Pflichtversicherung bestimmter Dienstnehmer bejaht, weil die Pflichtversicherung als Teilaspekt die Feststellung der Dienstgebereigenschaft impliziert. Erklärt der Dienstgeber im Vergleich seine Bereitschaft, von einer Einbehaltung der Dienstnehmeranteile zur Sozialversicherung aus den Gehaltsnachzahlungen Abstand zu nehmen, kann dies den Dienstgeber dem Sozialversicherungsträger gegenüber von seiner aus § 58 Abs. 2 ASVG resultierenden Verpflichtung nicht entbinden.

059-00-00-001
Verzugszinsen (§ 59 ASVG)

Die Sozialversicherungsbeiträge sind grundsätzlich bis zum 15. des folgenden Kalendermonates dem Krankenversicherungsträger abzuführen; dieser muss spätestens am 15. über die Beiträge verfügen können.

Bei verspäteter Einzahlung aber noch innerhalb von drei Tagen (Respirofrist) nach Ablauf der 15-Tage-Frist bleibt diese verspätete Einzahlung ohne Rechtsfolgen (keine Vorschreibung von Verzugszinsen). Fällt der letzte Tag der Frist auf einen Samstag, Sonntag, gesetzlichen Feiertag, Karfreitag oder 24. Dezember, so ist der nächste Tag, der nicht einer der vorgenannten Tage ist, als letzter Tag der Frist anzusehen (§ 59 Abs. 1 ASVG i.V.m. § 108 Abs. 3 BAO).

059-01-00-001
Lauf der Verzugszinsen

Für den Lauf der Verzugszinsen kommt es nicht darauf an, ob – zwischenzeitig – von den beteiligten Behörden Entscheidungen erlassen wurden, die eine strittige Beitragsschuld zunächst verneint haben. Das Wesen der Verzugszinsen als wirtschaftliches Äquivalent für den vom Sozialversicherungsträger erlittenen Zinsenverlust bedeutet, dass damit das Risiko des Versicherungsträgers, die ihm (letztlich) gebührenden Beiträge zeitgerecht (bzw. im Falle einer Verspätung: ohne wirtschaftlichen Verlust) zu erlangen, ausgeglichen werden soll. Es entspricht geradezu diesem Gedanken des Riskenausgleichs als Zweck des Rechtsinstituts und ist daher folgerichtig, wenn es auch in solchen Fällen, in denen die Beitragsschuld wegen unklarer Rechtslage erst nach längeren Verfahren endgültig feststeht, für die Verpflichtung zur Zahlung von Verzugszinsen nicht darauf ankommt, ob und in welchem Ausmaß den Beitragspflichtigen am Zahlungsverzug ein Verschulden trifft. (VwGH 17.11.1999, Zl. 99/08/0124.)

059-01-00-002
Verzugszinsen bei Wiederaufnahme des Verfahrens

Als Folge, des die Wiederaufnahme anordnenden Bescheides tritt der Bescheid, mit dem das wiederaufzunehmende Verfahren abgeschlossen wurde, außer Kraft, und wird durch den rechtskräftigen Bescheid im wiederaufgenommenen Verfahren mit der Wirkung „ex tunc" ersetzt (diese rechtskräftige Feststellung hat gemäß § 58 Abs. 3 i.V.m. § 59 Abs. 1 ASVG zur Konsequenz, dass auch für jenen Zeitraum, für den die Pflichtversicherung vor der Wiederaufnahme des Verfahrens verneint worden war, ungeachtet des zwischenweiligen Bestehens einer individuellen Norm Verzugszinsen vorzuschreiben sind).

059-01-00-003
Verzugszinsen nach langwieriger Prozessführung

Verzugszinsen für rückständige Beiträge sind auch dann zu bezahlen, wenn sich das Vorliegen von beitragspflichtigem Anspruchslohn auf Grund widerstreitender Rechtsansichten der Lehre und der Höchstgerichte erst nach langwieriger Prozessführung herausstellt. (VwGH 24.6.1997, Zl. 95/08/0041)

059-02-00-001
Kurzfristigkeit des Zahlungsverzuges

Die Kurzfristigkeit des Zahlungsverzuges gemäß § 59 Abs. 2 ASVG als Voraussetzung einer möglichen Nachsicht der Verzugszinsen stellt ausschließlich auf den Zeitraum ab, für den nach § 59 Abs. 1 ASVG Verzugszinsen zu entrichten sind. (VwGH 24.6.1997, Zl. 95/08/0041)

Gemäß § 59 Abs. 2 ASVG kann der zur Entgegennahme der Zahlung berufene Versicherungsträger die Verzugszinsen herabsetzen oder nachsehen, wenn durch ihre Einhebung in voller Höhe die wirtschaftlichen Verhältnisse des Beitragsschuldners gefährdet wären. Die Verzugszinsen können überdies nachgesehen werden, wenn es sich um einen kurzfristigen Zahlungsverzug handelt und der Beitragsschuldner ansonsten regelmäßig seine Beitragspflicht erfüllt hat.

Die Verzugszinsen haben keinen pönalen Charakter, sondern stellen ein wirtschaftliches Äquivalent für den Zinsenverlust dar, den der Beitragsgläubiger dadurch erleidet, dass er die geschuldete Leistung nicht fristgerecht erhält. Die Verzugszinsen beruhen auf bereicherungsrechtlichen Gedanken und fallen verschuldensunabhängig an. Der Normzweck liegt darin, eine Schädigung der Sozialversicherungsträger, aber auch der ihrer Beitragspflicht rechtzeitig nachkommenden Dienstgeber vorzubeugen; Es geht also um den Schutz der Versichertengemeinschaft, aber auch der rechtstreuen Dienstgeber. Verzugszinsen gehen somit auch über die Abschöpfung eines allfälligen Nutzens hinaus. Sie sollen nämlich – abgesehen von der Abgeltung eines durch die Säumnis verursachten Verwaltungsmehraufwands – auch verhindern, dass der Dienstgeber durch Nichtzahlung der Beiträge einen günstigen Kredit („billiges Geld") erlangt.

Beispiel
Bei öffentlich-rechtlichen Institutionen können Verzugszinsenprobleme auftreten, wenn auf deren Beitragskonten Verzugszinsen auflaufen, die aus verspäteten Dienstantrittsmeldungen (Verzögerungen durch Weitergabe von Meldungen zwischen verschiedenen Dienststellen) resultieren.

Vom Normzweck her würden wohl Verzugszinsen anfallen, die unter den Voraussetzungen des § 59 Abs. 2 ASVG nachgesehen werden können. (Hauptverband 21.10.2014, Zl. 51.1/14/0013 Km/Gd)

066-00-00-001
Sicherung der Beiträge (§ 66 ASVG)

Die Bestimmungen der §§ 232 und 233 der BAO, BGBl. Nr. 194/1961, sind auf Beitragsforderungen nach diesem Bundesgesetz mit der Maßgabe entsprechend anzuwenden, dass an Stelle der Abgabenbehörde der Versicherungsträger tritt, der nach § 58 Abs. 6 ASVG berufen ist, die Beitragsforderung rechtlich geltend zu machen. Gegen den Sicherstellungsauftrag ist das Rechtsmittel des Einspruches gegeben. Dienstnehmer, für die ein Mindestlohntarif im Sinne der § 22 ff ArbVG gilt, haben jedenfalls Anspruch auf das in diesem Mindestlohntarif festgesetzte Mindestentgelt. Ein Sportverein beschäftigt Dienstnehmer zur Reinigung von Büro, Hallenbad, Turnsälen, Freibad, Sauna und Sanitärbereich, wie auch in einem zeitlich sehr eingeschränkten Ausmaß für Sperrdienst und Kartenverkauf. Vom Dienstgeber wurde die Anwendbarkeit des MLT im wesentlichen mit zwei Argumenten verneint: Die Tätigkeitsmerkmale seien nicht deckungsgleich mit § 2 MLT, der eine taxative Aufzählung von Tätigkeiten beinhalte, die keine bloßen Reinigungsarbeiten darstellten; auch wenn die Reinigungsarbeiten zeitlich überwiegen würden, stellte sich das Gesamtbild der Tätigkeit eher als „Allroundtätigkeit" dar und wäre nicht mit Arbeiten in Privathaushalten vergleichbar. Der Verein selbst sei nicht kollektivvertragsfähig, es bestünde aber jederzeit die Möglichkeit, den Dachverbänden die KV-Fähigkeit durch das Bundeseinigungsamt zuzuerkennen; es reiche schon die Möglichkeit der Zuerkennung; die tatsächliche Zuerkennung durch das BEA wäre lediglich ein Formalakt. Der VwGH hat dargelegt, dass die Anwendung des § 1 lit. b sublit. bb MLT nur für jenen Personenkreis von Bedeutung ist, der nicht sublit. aa (damit auch dem HGHAngG) unterliegt. Die Typisierung des Arbeitsplatzes als „Hauswirtschaft" ist nicht erforderlich (denn dann unterlägen DN juristischer Personen, für die es keine kollektivvertragsfähige Körperschaft gibt, jedenfalls dem HGHAngG und damit dem MLT). Die Erweiterung des Personenkreises der vom MLT erfassten Dienstnehmer um Dienstnehmer, die nicht unter das HGHAngG fallen, durch die sublit. bb knüpft daher bei jenen Dienstnehmern, die nicht im Auftrag ihres Dienstgebers bei dritten Personen ... in privaten Haushalten ihre Arbeit verrichten, nur am Typus der Tätigkeit (einschlägige Reinigungs- und Aufräumungsarbeiten bzw. nunmehr einschlägige Arbeiten) an, nicht aber auch dem Typus des Arbeitsplatzes. VwGH 23.3.2005, Zl. 2002/08/0200-7), (Hauptverband 5.7.2005, Zl. FO-MVB/51.1/05 Rv/Mm)

068-00-00-001
Verjährung der Beiträge (§ 68 ASVG)

Die Frage der Verjährung der Beiträge ist insbesondere bei Nachverrechnungen im Zuge von Sozialversicherungsprüfungen maßgebend.

068-01-00-002
Beginn der Verjährung

Die dreijährige Verjährungsfrist beginnt mit dem Tag der Meldung zu laufen. Auch die fünfjährige Verjährungsfrist beginnt mit dem Tag der Meldung, wenn jedoch keine Meldung erstattet wurde, beginnt sie mit dem Tag der Fälligkeit der Beiträge.

Die Grundsätze über die Erkundigungspflicht bzw. Befassungspflicht beziehen sich nur auf Fallkonstellationen, in denen dem Meldepflichtigen nicht schon vor dem Zeitpunkt, zu dem die bezüglichen Meldungen zu erstatten waren bzw. erstattet wurden, von der zur Vollziehung der beitragsrechtlichen Normen des ASVG berufenen Österreichischen Gesundheitskasse eine die Meldepflicht auslösende Rechtsauffassung mitgeteilt wurde. In diesem Fall geht das Risiko der Unterlassung einer Meldung bzw. der Erstattung einer unrichtigen Meldung im Sinne des dritten Satzes des § 68 Abs. 1 ASVG (bei einer wenn auch erst im späteren Beitragsverfahren bestätigten Richtigkeit dieser mitgeteilten Rechtsauffassung) zu Lasten des Meldepflichtigen, dem es freilich nach § 410 Abs. 1 Z 7 ASVG freisteht, unverzüglich nach einer solchen Mitteilung von sich aus auf eine rasche Klärung der strittigen Frage im Beitragsverfahren zu dringen. (VwGH 22.3.1994, Zl. 93/08/0176; VwGH 22.3.1994, Zl. 93/08/0177)

Die Erkundigungspflicht wird nur ausgelöst, wenn der Meldepflichtige nach dem von ihm zu fordernden Grundwissen über beitragsrechtliche und melderechtliche Angelegenheiten zumindest Bedenken gegen die bzw. Zweifel an der Beitragsfreiheit gehabt haben musste. Nach diesem Grundwissen muss in Betracht gezogen werden, dass auch „Geldbezüge und Sachbezüge", die ein Dienstnehmer „von einem Dritten erhält", zum Entgelt nach § 49 Abs. 1 ASVG gehören können; dies allerdings nur, wenn der Dienstnehmer darauf „aus dem Dienstverhältnis" Anspruch hat oder sie „auf Grund des Dienstverhältnisses" erhält. (VwGH 22.3.1994, Zl. 93/08/0176; VwGH 22.3.1994, Zl. 93/08/0177)

068-01-00-003
Verletzung der Sorgfaltspflicht

Die fünfjährige Verjährungsfrist kommt schon dann zur Anwendung, wenn die Erstattung einer Anmeldung, Änderungsmeldung oder Sonderzahlungsmeldung unterlassen worden ist. Die Verlängerung der Verjährungsfrist nach § 68 Abs. 1 ASVG setzt als subjektive Komponente voraus, dass der Dienstgeber die Angaben, die er unterlassen hat, bei gehöriger Sorgfalt als notwendig hätte erkennen können. (VwGH 17.12.1991, Zl. 91/08/0152)

Es ist grundsätzlich davon auszugehen, dass sich ein Meldepflichtiger alle zur Erfüllung seiner gesetzlichen Verpflichtungen notwendigen Kenntnisse verschaffen muss und den Mangel im Falle einer darauf zurückzuführenden Meldepflicht – Verletzung als Außerachtlassung der gehörigen Sorgfalt – zu vertreten hat. Den Meldepflichtigen trifft keine „verschuldensunabhängige Erfolgshaftung für die richtige Gesetzeskenntnis"; erforderlich ist vielmehr eine Vorwerfbarkeit der Rechtsunkenntnis, d.h. dass ein Meldepflichtiger, der nicht über alle zur Erfüllung seiner gesetzlichen Verpflichtungen notwendigen Kenntnisse verfügt, nicht schon deshalb im Sinne des § 68 Abs. 1 dritter Satz ASVG exkulpiert ist, weil er sich mit der strittigen Frage ohnedies, wenn auch nur auf Grund seiner eingeschränkten Kenntnisse, auseinandergesetzt hat und dementsprechend vorgegangen ist. Einen solchen Meldepflichtigen trifft vielmehr eine Erkundigungspflicht, sofern er seine – objektiv unrichtige – Rechtsauffassung nicht etwa auf höchstgerichtliche (und erst später geänderte) Rechtsprechung oder bei Fehlen einer solchen auf eine ständige Verwaltungsübung zu stützen vermag. In der Frage, ob dem Dienstgeber eine Verletzung der gehörigen Sorgfalt im Sinne des § 68 Abs. 1 ASVG vorgeworfen werden kann, kommt es nicht darauf an, ob der betreffende Dienstnehmer seinen Standpunkt, es liege ein Arbeitsverhältnis vor und nicht ein Werkvertrag, erst nach einem langjährigen Rechtsstreit durchsetzen kann. Der Dienstgeber ist vielmehr nur dann entschuldigt, wenn er die ihm zumutbaren Schritte unternommen hat, sich in der Frage der Meldepflicht des Beschäftigungsverhältnisses sachkundig zu machen und die Unterlassung der Meldung auf das Ergebnis dieser Bemühungen ursächlich zurückzuführen ist. Dabei macht es keinen Unterschied, ob sich der Dienstgeber auf eine ihm mitgeteilte Verwaltungspraxis der Österreichischen Gesundheitskasse, auf höchstgerichtliche Rechtsprechung oder auf sonstige verlässliche Auskünfte sachkundiger Personen oder Institutionen zu stützen vermag. (VwGH 22.3.1994, Zl. 93/08/0176; VwGH 22.3.1994, Zl. 93/08/0177)

Bei Unterlassungsdelikten beginnt der Lauf der Verjährungsfrist erst ab dem Zeitpunkt, ab dem die Unterlassung beendet ist. Die Verjährung beginnt daher so lange nicht, als die Verpflichtung zu handeln besteht und die Handlung noch nachgeholt werden kann. Bei deren Nichtmeldung nach dem ASVG handelt es sich um ein Dauerdelikt, bei dem nicht nur die Herbeiführung eines rechtswidrigen Zustandes, sondern auch dessen Aufrechterhaltung pönalisiert ist, also die Verjährung ab dem Aufhören (Beseitigung) des rechtswidrigen Zustandes beginnt. Unter Bedachtnahme auf die Bestimmungen des § 68 Abs. 1 ASVG kann eine Meldung noch so lange nachgeholt werden, als dem Versicherungsträger das Recht auf Feststellung der Verpflichtung zur Zahlung von Beiträgen zukommt. Bei einer Nichtmeldung, wie im vorliegenden Fall, beträgt die Verjährungsfrist in Bezug auf das genannte Feststellungsrecht fünf Jahre, gerechnet vom Tag der Fälligkeit der Beiträge. Die Verfolgungsverjährungsfrist beginnt daher bei einer Nichtmeldung frühestens mit dem Zeitpunkt der Beitragsverjährung zu laufen. (VwGH 18.11.1997, Zl. 97/08/0499-3)

Ist dem Dienstgeber die Beschäftigung einer Person, die er als versicherten Dienstnehmer bezeichnete, für den wegen eines Eingabefehlers in der EDV-Anlage weder Meldung erstattet noch Sozialversicherungsbeiträge abgerechnet wurden, in einem Verhältnis wirtschaftlicher und persönlicher Abhängigkeit gegen Entgelt, bekannt, ist es in Zusammenhang mit der Vorwerfbarkeit des Unterbleibens der Meldung im Rahmen des § 68 Abs. 1 ASVG ohne Bedeutung, aus welchen in der Sphäre des Dienstgebers gelegenen Gründen die als notwendig erkannte Meldung letztlich unterblieben ist. (VwGH 17.12.1991, Zl. 91/08/0152)

Einen Dienstgeber vermag der bloße Umstand, dass er seine eigene Unkenntnis von Meldeverpflichtungen durch ständige Betrauung eines Steuerberaters mit Lohnverrechnungsaufgaben auszugleichen sucht, nicht zu entschuldigen. (VwGH 24.11.1992, Zl. 92/08/0151)

068-01-00-004
Meldung von Sonderzahlungen

Hat der Dienstgeber die laufenden Bezüge gemeldet, jedoch in seinen Meldungen auf die Leistung von Sonderzahlungen keinerlei Bezug genommen, so liegen hinsichtlich der Sonderzahlungen „keine Angaben" vor. (VwGH 28.4.1971, Zl. 2068/70) Die einmalige Meldung einer Sonderzahlung genügt nicht, um für die anderen, dem Dienstgeber zugeflossenen nicht gemeldeten Sonderzahlungen den Fall auszuschließen, dass der Dienstgeber „keine Angaben" gemacht hat. Es gilt daher die fünfjährige Verjährungsfrist gemäß § 68 Abs. 1 ASVG. (VwGH 24.11.1971, Zl. 1636/71)

068-01-00-005
Unterbrechung bzw. Hemmung der Verjährung

Jede nach außen hin in Erscheinung tretende und dem Beitragsschuldner zur Kenntnis gebrachte Tätigkeit des zuständigen Versicherungsträgers, die der rechtswirksamen Feststellung der Beitragsschuld dient, unterbricht die Verjährung des Feststellungsrechtes gemäß § 68 Abs. 1 ASVG. (VwGH 22.3.1994, Zl. 93/08/0176; VwGH 29.9.1992, Zl. 92/08/0154; VwGH 17.9.1991, Zl. 91/08/0052; VwGH 5.3.1991, Zl. 89/08/0147)

Eine Ausklammerung der strittigen Provisionen von der Beitragsprüfung bewirkt weder eine Hemmung noch eine Unterbrechung im Sinne des § 68 Abs. 1 ASVG (Hinweis E 22.3.1994, 93/08/0176). Da ohne Mitteilung der zutreffenden Rechtsauffassung über die Beitragspflicht auch dieser Provisionen durch den Beitragsprüfer oder einem anderen Organ des Versicherungsträgers bei der Prüfung oder danach vor dem Zeitpunkt, zu denen hinsichtlich der strittigen Provisionen Meldung im Sinne des § 34 Abs. 1 oder Abs. 2 ASVG zu erstatten war oder erstattet wurde, keine grundsätzliche Erkundungspflicht des Meldepflichtigen besteht, ist die fünfjährige Verjährungsfrist des § 68 Abs. 1 ASVG auf die fällig gewordenen Beiträge nicht anzuwenden. (VwGH 16.5.1995, 94/08/0169)

Die „Ausklammerung" strittiger Provisionen von der Beitragsprüfung aus verfahrensökonomischen Gründen stellt – in Bezug auf die Beitragspflicht für diese strittigen Provisionen – keine zur Unterbrechung der Verjährung des diesbezüglichen Feststellungsrechtes geeignete Maßnahme im Sinne des § 68 Abs. 1 ASVG dar, da diese gerade nicht der rechtswirksamen Feststellung der Beitragsschuld dient. (VwGH 22.3.1994, 93/08/0176)

Die Verjährung des Rechtes auf Feststellung der Verpflichtung zur Zahlung von Beiträgen wird durch jede zum Zwecke der Feststellung getroffene Maßnahme in dem Zeitpunkt unterbrochen, in dem der Zahlungspflichtige hievon in Kenntnis gesetzt wird. Dazu zählt auch die Vornahme einer Beitragsprüfung. (VwGH 31.5.2000, 94/08/0095; VwGH 22.6.1993, 93/08/0011)

Die Übermittlung von Kontoauszügen und Beitragsrechnungen über den bisher aushaftenden Gesamtsaldo der Beitragsschulden durch den zuständigen Versicherungsträger unterbricht die Verjährung des Feststellungsrechts gemäß § 68 Abs. 1 ASVG. (VwGH 22.6.1993, 93/08/0011)

068-01-00-006
Beitragsmithaftende

Maßnahmen zur Verjährungsunterbrechung wirken, auch wenn sie nur gegen den Zahlungspflichtigen gesetzt werden, in gleicher Weise gegen den Beitragsmithaftenden. (VwGH 17.10.2001, Zl. 98/08/0389)

068-01-00-007
Maßnahmen

Das schriftliche Ersuchen des Krankenversicherungsträgers an den Beitragsschuldner um Bekanntgabe beitragspflichtigen Entgelts von Dienstnehmern dient objektiv dem Ziel, die Verpflichtung zur Beitragszahlung festzustellen und ist somit – dem Regelungszweck des § 68 Abs. 1 ASVG entsprechend – Maßnahme im Sinne des § 68 Abs. 1 letzter Satz ASVG. (VwGH 22.6.1993, 93/08/0011; VwGH 7.7.1992, 88/08/0193; VwGH 5.3.1991, 89/08/0147)

Eine Maßnahme im Sinne des § 68 Abs. 1 letzter Satz ASVG setzt nicht eine bescheidmäßige Feststellung voraus, sondern darunter ist vielmehr jede nach außen hin in Erscheinung tretende und dem Beitragsschuldner zur Kenntnis gebrachte Tätigkeit des Versicherungsträgers zu verstehen. Dazu zählt auch die durch einen ausgewiesenen Bediensteten des Versicherungsträgers gemäß § 42 ASVG vorgenommene Beitragsprüfung. Durch die Beitragsprüfung wird die Verjährung des Feststellungsrechtes wirksam unterbrochen. (VwGH 31.5.1972, 1919/71; VwGH 31.5.2000, 94/08/0095; VwGH 24.11.1992, 92/08/0151; VwGH 5.3.1991, Zl. 89/08/0147)

068-02-00-01
Verjährung der Einforderung von Beitragsschulden

Da im § 68 Abs. 2 ASVG die Zustellung einer an den Zahlungspflichtigen gerichteten Zahlungsaufforderung (Mahnung) nur als Beispiel einer Maßnahme im Sinne des § 68 Abs. 2 ASVG angeführt ist, unterbricht nicht nur sie die Einforderungsverjährung im Sinne des § 68 Abs. 2 ASVG. Wegen des Beispielcharakters kann auch daraus nicht die Erforderlichkeit der Inkenntnissetzung bzw. Verständigung des Zahlungspflichtigen für die Wirksamkeit einer solchen Maßnahme abgeleitet werden. (VwGH 30.9.1997, Zl. 95/08/0263; VwGH 30.5.1995, Zl. 93/08/0201)

Da es sich sowohl bei der (die Ausstellung eines Rückstandsausweises voraussetzenden) Mahnung im Sinne des § 64 Abs. 3 ASVG als auch bei der (die Unterbrechung der Einforderungsverjährung bewirkenden) Mahnung im Sinne des § 68 Abs. 2 zweiter Satz ASVG um Maßnahmen zum Zwecke der Hereinbringung von Beitragsschulden handelt, bedarf es bei einer Mahnung im Sinne des § 68 Abs. 2 zweiter Satz ASVG keines Nachweises der Zustellung. Diese wird vielmehr bei Postversand am dritten Tag nach der Aufgabe zur Post vermutet, wobei es sich aber mangels eines eindeutigen Hinweises darauf (wie etwa im § 58 Abs. 1 zweiter Satz ASVG oder § 106 zweiter Satz BAO) um keine unwiderlegliche Vermutung handelt, sodass dem Zahlungspflichtigen der Gegenbeweis offen bleibt. (VwGH 30.5.1995, Zl. 93/08/0201)

Als verjährungsunterbrechende Maßnahme im Sinne des § 68 Abs. 2 ASVG ist jede Maßnahme anzusehen, die objektiv mit dem Zweck der Hereinbringung der offenen Forderung in Einklang gebracht werden kann, mit anderen Worten, diesem Zwecke – unmittelbar oder mittelbar – dient. Dient eine Maßnahme dem Zweck der Hereinbringung, dann ist zu vermuten, dass sie zu diesem Zwecke getroffen wurde. Voraussetzung ist lediglich, dass die Behörde eindeutig zu erkennen gibt, dass sie eine Maßnahme in Bezug auf die konkrete Forderung gegen den Zahlungspflichtigen setzen wollte, mit anderen Worten, die Setzung einer solchen konkreten Maßnahme auch später noch nach der Aktenlage nachvollziehbar ist. Ob eine Maßnahme der Hereinbringung einer offenen Forderung dient, hängt von der Beurteilung im Einzelfall ab. Ist die Anschrift des Verpflichteten nicht bekannt (oder der Verpflichtete an der bekannten Anschrift nicht erreichbar), so dienen all jene Maßnahmen der Hereinbringung der offenen Forderung, die der Feststellung des tatsächlichen Aufenthaltsortes des Verpflichteten (zum Zwecke, die exekutive Einbringung der Forderung auf geeignete Weise fortsetzen zu können) dienen (hier unter anderem Außendiensterhebungen des Versicherungsträgers und Anfragen beim Zentralmeldeamt. (VwGH 30.9.1997, Zl. 95/08/0263)

Fehlt es an der gemäß § 8 Abs. 1 Zustellgesetz (ZustG) geforderten Voraussetzung, dass eine Person während des Verfahrens ihre bisherige Abgabestelle ändert, ist die Adressierung der Mahnschreiben an die bisherige Abgabestelle des Zahlungspflichtigen und deren Zustellungen an den ortabwesenden Zahlungspflichtigen keine die Unterbrechung der Einforderungsverjährung bewirkende Maßnahme im Sinne des § 68 Abs. 2 ASVG. Wird außer der Absendung dieser Mahnschreiben keine andere, zum Zwecke der Hereinbringung der festgestellten Beitragsschuld geeignete Maßnahme gesetzt und keine Hemmung durch eine „Bewilligung einer Zahlungserleichterung" bewirkt (anders als nach § 231 BAO stellt die Aussetzung der Einbringung festgestellter Beitragsschulden im Falle erfolglosen Versuchs von Einbringungsmaßnahmen keinen Hemmungsgrund dar), kann Einforderungsverjährung der festgestellten Beitragsschuld im Sinne des § 68 Abs. 2 ASVG eintreten. (VwGH 30.9.1997, Zl. 95/08/0263; VwGH 30.5.1995, Zl. 93/08/0201)

Eine dem zahlungspflichtigen Dienstgeber durch Zustellung zur Kenntnis gebrachte „Nachbelastungsanzeige" stellt eine Maßnahme im Sinne des § 68 Abs. 2 ASVG dar. (VwGH 30.5.1995, Zl. 93/08/0201)

Aus der mit rechtskräftigem Bescheid festgestellten Verjährung des Rechtes auf Einforderung der festgestellten Beitragsschulden samt Verzugszinsen und Nebengebühren folgt nicht, dass der vom Beitragsschuldner (im Wege der Exekution) gezahlte Betrag im Sinne des § 69 Abs. 1 erster Satz ASVG, § 83 ASVG zu Ungebühr entrichtet worden sei. Denn normativer Inhalt des Spruches dieses Bescheides war – dem § 68 Abs. 2 ASVG, § 83 ASVG entsprechend – nicht die Feststellung des Nichtbestehens dieser Schulden; „festgestellte" Beitragsschulden sind vielmehr – im Gegenteil – eine Voraussetzung eines solchen Bescheides. (VwGH 18.3.1997, Zl. 95/08/0098)

Mit Beendigung des Exekutionsverfahrens, das eine Maßnahme im Sinne des § 68 Abs. 2 ASVG darstellt, beginnt die Verjährungsfrist des Rechts auf Einforderung festgestellter Beitragsschulden im Sinne des § 68 Abs. 2 ASVG wieder zu laufen, sodass es zu dessen Unterbrechung einer neuerlichen Maßnahme im Sinne des § 68 Abs. 2 ASVG bedarf. Ist die Absendung eines Mahnschreibens als Unterbrechungsmaßnahme nach § 68 Abs. 2 ASVG zu qualifizieren, unterbricht zwar die Versendung die Verjährung, sie beginnt aber (mangels sich an jeweilige Versendung anschließender weiterer Maßnahmen) sogleich (oder doch nach Ablauf der gesetzten Zahlungsfrist) wieder neu zu laufen. (VwGH 30.5.1995, Zl. 93/08/0201)

Die 2-jährige Verjährungsfrist zur Einhebung von SV-Beiträgen kann nicht früher ablaufen als die 3-jährige Verjährungsfrist zur Feststellung der Verpflichtung zur Zahlung der Beiträge; sie wird daher jedenfalls auch dann unterbrochen, wenn der Beitragsschuldner nach der Verständigung vom Ergebnis einer Beitragsprüfung oder nach Erlassung eines Rückstandsausweises die Erlassung eines bekämpfbaren Bescheides beantragt. Eine Verfahrenshandlung, welche die Frist der Feststellungsverjährung unterbricht, hat dieselbe Wirkung auch auf die Frist der Einhebungsverjährung. Die Ein-

6. E-MVB
068-02-00-01

hebungsverjährung beginnt dann erst wieder mit dem Eintritt der Rechtskraft des Bescheides über die Feststellung der Beitragsschuld neu zu laufen. (VwGH 22.12.2004, Zl. 2004/08/0099), (Hauptverband 5.4.2005, Zl. FO-MVB/51.1/05 Rv/Mm)

In einem vom VwGH zu beurteilenden Fall ging es es darum, ob die zu beurteilende Beitragsforderung den Bestimmungen des Pflege-Verfassungsgesetzes unterliegt und somit das Recht auf Feststellung der Verplfichtung zur Zahlung von Beiträgen bereits verjährt ist. Der VwGH führt dazu folgendes aus:

„Der Begriff „Auftraggeber" bezieht sich erkennbar auf die Funktion der zu pflegenden oder zu betreuenden Person (oder ihrer Angehörigen) als Vertragspartner einer selbständig tätigen Pflegeperson. Bei Pflege und Betreuung von Personen im Rahmen einer selbständigen Erwerbstätigkeit besteht für die zu pflegende oder zu betreuende Person keine (gesetzliche) Beitragspflicht, vielmehr besteht die Beitragspflicht einer selbständig tätigen (natürlichen) Person. Entsprechend den Erläuterungen zum Initiativantrag (Hinweis 547/A BlgNR 23. GP, 3) sollten auch diese selbständig tätigen Personen („Betreuungskräfte") vor Beitragsnachforderungen und verwaltungsstrafrechtlicher Verfolgung geschützt werden. Demnach ist etwa gemäß § 2 Abs. 1 Z 8 Pflege-Verfassungsgesetz § 23 GSVG nicht anzuwenden und regelt § 3 leg. cit. die Verjährung von Beitragsforderungen (auch) abweichend von § 40 GSVG. Dies bezieht sich aber lediglich auf die Beitragspflicht für die selbständige Tätigkeit. Beschäftigt ein selbständiger Pfleger hingegen seinerseits einen Dienstnehmer, der sodann die Pflege tatsächlich erbringt, so ist insoweit nicht die zu pflegende Person, sondern der selbständige Pfleger Arbeitgeber. Dass auch hinsichtlich dieser Beiträge das Pflege-Verfassungsgesetz anzuwenden sei, weil die zu pflegende Person noch als „Auftraggeber" der Pflegeleistung beurteilt werden könnte, ist nicht anzunehmen." (Hauptverband, 4.12.2012, Zl. 32-Mvb-51.1/12 Sbm/Ph/Dm/Sdo, VwGH, 12.9.2012, Zl. 2009/08/0289,)

Feststellungsverjährung: „Unter einer zur Unterbrechung der Verjährung des Feststellungsrechtes geeigneten Maßnahme ist jede nach außen hin in Erscheinung tretende und dem Beitragsschuldner zur Kenntnis gebrachte Tätigkeit des Versicherungsträgers zu verstehen, die der rechts-wirksamen Feststellung der Beitragsschuld dient. Eine solche Maßnahme stellt nicht erst die Erlassung des Bescheides des Versicherungsträgers, mit dem eine Zahlungsverpflichtung festgestellt wird, an den Beitragsschuldner, sondern schon eine durch ausgewiesene Bedienstete des Versicherungsträgers gemäß § 42 ASVG beim Beitragsschuldner vorgenommene Beitragsprüfung (Einsicht in die Geschäftsbücher, Belege und sonstigen Aufzeichnungen des Beitragsschuldners) dar, da gerade sie in erster Linie der Feststellung dienen soll, ob die Sozialversicherungsbeiträge ordnungsgemäß entrichtet worden sind. Zur Herbeiführung der Unterbrechungswirkung ab Beginn der Beitragsprüfung genügt es, dass der Beitragsschuldner von der Vornahme dieser der Feststellung seiner Schuld dienenden Maßnahme in Kenntnis gesetzt wird; eines ausdrücklichen Hinweises auf diesen Zweck bedarf es nicht. Entsprechend dem Regelungszweck des § 68 Abs. 1 ASVG, nach dem nur dann eine Verjährung des Rechtes auf Feststellung der Verpflichtung zur Zahlung von Beiträgen eintreten soll, wenn gegenüber dem Beitragsschuldner innerhalb der gesetzten Fristen keine auf die Verpflichtung zur Zahlung gerichtete Maßnahme gesetzt wird, sind aber auch andere objektiv dem Feststellungsziel dienende Aktivitäten des Versicherungsträgers, wie z.B. schriftliche Ersuchen an den Beitragsschuldner um Bekanntgabe beitragspflichtigen Entgelts von Dienstnehmern oder die Übersendung von Kontoauszügen über Beitragsrückstände durch den Versicherungsträger, als Maßnahmen im Sinne des § 68 Abs. 1 letzter Satz ASVG zu werten. Eine einmal eingetretene Unterbrechung der Verjährung wird nicht beendet, solange ein Streit über die Verpflichtung zur Zahlung von Beiträgen besteht. Ein solcher Streit muss sich aber in konkreten und in angemessener Zeit gesetzten Verfahrensschritten dokumentieren, wobei die Durchführung eines Verwaltungsverfahrens zur Feststellung der Beitragspflicht oder der Beitragshöhe als verjährungsunterbrechend in Betracht kommt. Die fristunterbrechende Wirkung dauert bis zur Erledigung eines allfälligen verwaltungsgerichtlichen Verfahrens fort.

Einforderungsverjährung: „Die zweijährige Frist der Einforderungsverjährung gemäß § 68 Abs. 2 ASVG beginnt mit der Verständigung des Zahlungspflichtigen vom Ergebnis der Feststellung, wobei die „Verständigung vom Ergebnis der Feststellung" z.B. auch in der Verständigung vom Ergebnis einer Beitragsprüfung oder – auf deren Grundlage – in der Erlassung eines Rückstandausweises bestehen kann, sofern diese nicht bestritten werden. Im Streitfall kann hingegen ohne Erlassung eines Bescheides von „festgestellten Beitragsschulden" im Sinn des § 68 Abs. 2 ASVG nicht gesprochen werden. Die Einforderungsverjährungsfrist beginnt dann frühestens mit dem Eintritt der Rechtskraft des Bescheides über die strittige Beitragsschuld zu laufen; für den Fall, dass der Bescheid mit Beschwerde an den Verfassungs- oder Verwaltungsgerichtshof bekämpft wird, ist der Streit jedoch auch während des gerichtlichen Verfahrens noch nicht als beendet anzusehen. Das folgt schon daraus, dass die Feststellungsverjährungsfrist nach der ausdrücklichen Anordnung des § 68 Abs. 1 letzter Satz ASVG während des Verfahrens vor den Gerichtshöfen des öffentlichen Rechtes (u.a.) über die Feststellung der Verpflichtung zur Zahlung von Beiträgen gehemmt ist; von einer festgestellten Beitragsschuld als Voraussetzung für den Beginn des Laufs der Einforderungsverjährungsfrist kann daher auch in dieser Phase des Rechtsstreits noch nicht gesprochen werden (VwGH-Erkenntnis vom 11.12.2013, Zl. 2012/08/0287vgl. das Erkenntnis vom 25. Juni 2013, Zl. 2013/08/0036, Hauptverband 25.2.2014, Zl. LVB-51.1/14 Jv/Gd).

6. E-MVB
069-00-00-001 – 069-01-00-001

069-00-00-001
Rückforderung ungebührlich entrichteter Beiträge (§ 69 ASVG)
Zu Ungebühr entrichtete Beiträge können zurückgefordert werden.

069-01-00-001
Geltendmachung der Rückforderung
Eine Geltendmachung der Rückforderung ungebührlich entrichteter Beiträge im Sinne des § 69 ASVG kann nur dann angenommen werden, wenn der Versicherte bzw. der Dienstgeber eine Handlung setzt, in der eindeutig zum Ausdruck kommt, dass er vom Versicherungsträger die bereits geleisteten Beiträge im Hinblick auf deren ungebührliche Entrichtung zurückfordere; demnach liegt eine solche „Geltendmachung der Rückforderung" nicht vor, wenn der Dienstgeber bzw. Dienstnehmer in dem Einspruch gegen den Bescheid des Versicherungsträgers, mit dem die Pflichtversicherung des betreffenden Dienstnehmers und die daraus entspringende Verpflichtung des Dienstgebers zur Beitragszahlung festgestellt wurde, das Bestehen der letztangeführten Verpflichtung bekämpft und gegen den in diesem Verfahren ergangenen letztinstanzlichen Bescheid die Verwaltungsgerichtshof-Beschwerde eingebracht hat, auf Grund deren schließlich im Verwaltungsverfahren ausgesprochen wird, dass die Verpflichtung zur Beitragszahlung nicht gegeben sei. (VwGH 15.9.1964, Zl. 0012/64)

Wenn die Entrichtung von Sozialversicherungsbeiträgen auf Grund der Anmeldung eines Dienstnehmers zur Vollversicherung erfolgte, ist zur Entscheidung darüber, ob insbesondere die Pensionsversicherungsbeiträge zu Ungebühr entrichtet worden und demzufolge rückforderbar seien oder nicht, der Träger der Krankenversicherung – und nicht der Träger der Pensionsversicherung – zuständig. (VwGH 13.2.1963, Zl. 1624/62)

Ein Bescheid, dessen Spruch lediglich die Feststellung enthält, dass die Pflichtversicherung mit einem bestimmten Zeitpunkt geendet habe, umfasst nicht auch die Feststellung, dass über den Zeitpunkt der Beendigung der Pflichtversicherung hinaus geleistete Beiträge als zu Ungebühr entrichtet im Sinne des § 69 ASVG zu gelten haben. (VwGH 20.10.1964, Zl. 0533/64)

Liegt ein rechtskräftiger Bescheid vor, mit dem festgestellt worden ist, dass der Dienstgeber zur Bezahlung von Beiträgen nicht verpflichtet gewesen ist, so sind solche Beiträge als zu Ungebühr entrichtet anzusehen, aus welchen Gründen immer die Entscheidung erfolgt ist. (VwGH 27.11.1963, Zl. 1324/62)

Eine Rückerstattung von Beiträgen, die sich auf den Versicherungsschutz bereits ausgewirkt haben, ist unter keinem Gesichtspunkt verfassungsrechtlich geboten. Im Lichte dieser Ausführungen kann auch davon keine Rede sein, dass ohne eine Bestimmung über die Zulässigkeit der Rückerstattung von Beiträgen die Rechtslage in einer gegen den Gleichheitssatz verstoßenden Weise unvollständig wäre, weshalb auch ein Analogieschluss aus dem allgemeinen Rückforderungstatbestand des § 69 ASVG wegen ungebührlicher Entrichtung von Beiträgen nicht zulässig ist. (VwGH 4.10.2001, Zl. 98/08/0336)

Wenn die Ungebührlichkeit der Entrichtung von Beiträgen durch den Versicherungsträger anerkannt oder im Verwaltungsverfahren festgestellt worden ist, so können diese Beiträge auch dann innerhalb von zwei Jahren nach dem Anerkenntnis bzw. nach dem Eintritt der Rechtskraft der Feststellung zurückgefordert werden, wenn die Zahlung mehr als zwei Jahre zurückliegt. (VwGH 12.6.1963, Zl. 1773/62)

Auf die Frage, wen das Verschulden an der Entrichtung der Sozialversicherungsbeiträge trifft, somit darauf, ob Versicherungsträger und/oder Dienstgeber hätten erkennen können, dass die Beiträge zu Ungebühr vorgeschrieben und entrichtet wurden, stellt § 69 Abs. 1 ASVG nicht ab. (VwGH 20.9.2000, Zl. 97/08/0535; VwGH 7.7.1992, Zl. 92/08/0079)

Ein Fall des § 69 Abs. 1 ASVG liegt, wie der VwGH schon in dem E 22.9.1988, 87/08/0262, VwSlg 12778 A/1988, ausgeführt hat, auch dann vor, wenn Beiträge von jemand entrichtet wurden, der dazu gesetzlich nicht verpflichtet war. § 69 Abs. 1 ASVG differenziert nicht weiter nach Gründen, aus denen ein Beitrag „zu Ungebühr" entrichtet worden ist; es sind daher alle Ursachen ungebührlicher Beitragsentrichtung nach dem Gesetz gleichwertig und darauf gestützte Rückforderungsansprüche immer nach § 69 ASVG zu behandeln. (VwGH 20.9.2000, Zl. 97/08/0535)

Der Rückforderung zu Ungebühr entrichteter Beiträge im Sinne des § 69 ASVG steht der Bestand einer rechtskräftigen, bescheidmäßigen Beitragsvorschreibung entgegen. (VwGH 13.3.1990, Zl. 89/08/0107) Die Rechtskraft eines Bescheides, mit dem für bestimmte Zeiträume und Dienstnehmer die Rückforderbarkeit von Beiträgen gemäß § 69 ASVG festgestellt wird, steht einer neuerlichen Vorschreibung dieser Beiträge für diese Zeiträume und diese Dienstnehmer entgegen. (VwGH 13.3.1990, Zl. 89/08/0107)

Auf Grund des in Art. 18 Abs. 1 B-VG verankerten Legalitätsprinzipes bedarf es für die Zulässigkeit eines Vertrages als behördliche Handlungsform in einer bestimmten Frage immer einer ausdrücklichen gesetzlichen Ermächtigung. Da für die Inanspruchnahme der Haftung für Beitragsschulden gemäß § 67 ASVG in § 410 Abs. 1 Z 4 ASVG für den Versicherungsträger die Erlassung eines Bescheides vorgesehen ist, kann die Frage der Haftung nach § 67 ASVG nicht durch einen privatrechtlichen Vertrag geregelt werden. Beitragsschulden, die eine als haftpflichtig gemäß § 67 ASVG in Anspruch genommene Person nicht auf Grund eines Haftungsbescheides, sondern bloß auf Grund einer mit dem Versicherungsträger abgeschlossenen Vereinbarung, somit mangels Einhaltung der für die Rechtswirksamkeit der Haftungsbegründung vorgeschriebenen Bescheidform „zur Ungebühr entrichtet", sie können gemäß

§ 69 ASVG im Verwaltungsweg zurückgefordert werden. (VwGH 22.9.1988, Zl. 87/08/0262)

Für die Frage der Rückforderbarkeit ungebührlich entrichteter Beiträge kommt es nach § 69 dritter Satz erster Halbsatz ASVG nicht darauf an, ob die vor der Geltendmachung der Rückforderung gewährte Leistung aus einer Versicherung nur geringfügiger Art oder aber von größerem Umfang gewesen ist. (VwGH 15.6.1966, Zl. 0048/66)

Im Falle von zu Unrecht erfolgter Beitragsentrichtung wird dem Dienstgeber und dem Dienstnehmer das Recht eingeräumt, diese Beiträge rückzufordern. Die Rückforderung von Beiträgen zu einer Versicherung, aus welcher innerhalb des Zeitraumes, für den Beiträge ungebührlich entrichtet worden sind, eine Leistung erbracht wurde, ist für den gesamten Zeitraum ausgeschlossen. Gemeint ist damit nicht der Beitragszeitraum im Sinne des § 44 Abs. 2 ASVG, somit grundsätzlich der Kalendermonat, sondern die Zeit vom ersten bis zum letzten Monat, für den ein Beitrag ungebührlich entrichtet wurde. (VwGH 21.11.2001, Zl. 97/08/0171; VwGH 20.6.2001, Zl. 96/08/0098)

(Der Gesetzgeber versteht unter Beiträge im Sinne des § 69 ASVG den gleichen Begriffsinhalt, wie z.B. in § 58, § 61, § 66 bis § 68 u.a. ASVG, der die vom Dienstgeber geschuldeten und entrichteten Beiträge zur Pflichtversicherung in den verschiedenen Versicherungszweigen, wie sich etwa aus dem Wortlaut des § 69 Abs. 5 ASVG unzweifelhaft ergibt. (VwGH 13.3.1990, 89/08/0107)

Verfahrensgegenstand bei der Rückforderung von ungebührlich entrichteten Beiträgen ist die Differenz zwischen dem für einen konkreten Beitragszeitraum entrichteten und dem für diesen Beitragszeitraum geschuldeten Beitrag (wobei letzterer auch Null sein kann). (VwGH 13.3.1990, Zl. 89/08/0107)

069-01-00-002
Vergütungszinsen

Der Anspruch auf Vergütungszinsen in Höhe der gesetzlichen Zinsen besteht in jedem – auch ohne Bescheiderlassung – von § 69 Abs. 1 ASVG erfassten Fall der Verpflichtung zur Rückzahlung zu Unrecht vereinnahmter Beiträge. Der Anspruch unterliegt der Verjährung nach § 1480 ABGB. Die Unterbrechung der Verjährung im Sinne des § 69 Abs. 1 Satz 3 ASVG ist – im Gegensatz zur Sondervorschrift über die Länge der Verjährungsfrist für den Hauptanspruch – auch auf den Nebenanspruch auf Vergütungszinsen anzuwenden. (VwGH 24.6.1997, Zl. 95/08/0083)

Anlässlich einer GPLA, die im Jahr 2010 stattgefunden hat, wurde festgestellt, dass seitens einer Krankenhaus BetriebsgmbH die, im Namen und für Rechnung der Ärzte vereinnahmten und an diese weitergeleiteten Sonderklassegebühren in den Jahren 2005 bis 2009 zu Unrecht beitragspflichtig abgerechnet worden waren.

Die Krankenhaus BetriebsgmbH stellte daher einen Rückverrechnungsantrag iSd § 69 ASVG, dem seitens der Kasse entsprochen wurde.

Der darüber hinaus gestellte Antrag auf Erstattung von „Guthabenzinsen" für die zu Unrecht entrichteten Beiträge wurde hingegen mit Bescheid abgelehnt.

Seitens des BVwG wurde die Entscheidung der Kasse bestätigt, die ordentliche Revision jedoch für zulässig erachtet, weil zu der Frage, ob Vergütungszinsen für ungebührlich entrichtete Beiträge auch dann zustünden, wenn eine Beitragszahlung ohne aktive Veranlassung der Österreichischen Gesundheitskasse erfolgt sei, bis dato keine höchstgerichtliche Rechtsprechung vorliege. Die bisher in dieser Angelegenheit ergangenen Entscheidungen (VfGH vom 20.6.1994, G 85/93 sowie VwGH vom 24.6.1997, Zl. 95/08/0083) hatten nur den Fall der von der Österreichischen Gesundheitskasse vorgeschriebenen Beitragsnachverrechnung zu behandeln. Die gegenständliche Konstellation war daher nicht ausreichend thematisiert worden.

Begründung des VwGH

Der VwGH hat nun mit Erkenntnis vom 6.7.2016, Zl. Ro 2016/08/0017 die Revision als unbegründet abgewiesen und dazu folgendes ausgeführt:

„Die Annahme einer Gesetzeslücke in § 69 Abs. 1 ASVG ist im Sinn der genannten Erkenntnisse dort geboten, wo die Bestimmung der zu bezahlenden Beiträge vom Versicherungsträger (sei es durch Beitragsbescheid, sei es durch Beitragsnachverrechnung) vorgenommen wurde. Nur in diesen Fällen ist von Anfang an eine, das Vorliegen einer Gesetzeslücke nahe liegende Schutzwürdigkeit des Beitragsschuldners, anzunehmen.

Eine solche Schutzwürdigkeit besteht aber nicht, wenn – wie im vorliegenden Fall – die Entscheidung über die zu entrichtenden Beiträge iSd § 58 Abs. 4 iVm § 34 Abs. 2 ASVG in der Sphäre des diesbezüglich zur Sorgfalt verpflichteten Beitragsschuldners gefällt worden ist. Der Versicherungsträger hat in der Regel keine Möglichkeit, zeitnah zu beurteilen, ob die Beitragsabfuhr durch den Verpflichteten den gesetzlichen Bestimmungen entspricht. Es erschiene nicht sachgerecht, den Versicherungsträger, der die Zahlung der Beiträge in unrichtiger Höhe nicht veranlasst hat und die er auch nicht verhindern konnte, nicht nur mit den Aufwendungen für die Rückzahlung, sondern auch mit der Zahlung von Vergütungszinsen zu belasten. Eine durch Analogie zu schließende Lücke des § 69 ASVG liegt nicht vor." (Hauptverband, 13.9.2016, Zl. 51.1/16 Jv/Wot, VwGH vom 6.7.2016, Ro 2016/08/0017)

069-02-00-001
Formalversicherung

Der Zweck der Rechtsfigur der Formalversicherung ist darin gelegen, dass im Interesse der Rechtssicherheit eine Leistungspflicht des Versicherungsträgers auch dann eintritt, wenn er auf Grund einer vorbehaltlos erstatteten, nicht vorsätzlich unrichtigen Anmeldung den Bestand der Pflichtversicherung zunächst als gegeben angesehen und für den vermeintlich Pflichtversicherten drei Monate ununterbrochen die Beiträge unbeanstandet angenommen hat. Mit der Formalversicherung sind also für deren Dauer sowohl für den vermeintlich Pflichtversicherten wie auch für die in Betracht kommenden Versicherungsträger alle Rechte und Pflichten verbunden, die sich aus der Pflichtversicherung auf Grund einer wirklich versicherungspflichtigen Tätigkeit ergeben hätten, dies insbesondere sowohl hinsichtlich der Beitragspflicht wie der Anspruchsberechtigung. (VwGH 26.9.1991, Zl. 91/09/0092)

Auch die Rückforderung von Beiträgen zu einer Versicherung durch deren Zahlung die Formalversicherung begründet wurde, ist zulässig, wenn der Versicherungsträger keine Leistungen erbracht hat. (VwGH 10.1.1968, Zl. 0871/67)

Die Vorschrift des § 69 Abs. 2 erster Satz ASVG, dessen Aufgabe es ist, die Rückforderung von Beiträgen, durch welche eine Formalversicherung begründet wurde, sowie von Beiträgen zu einer Versicherung, aus welcher innerhalb des Zeitraumes, für den Beiträge ungebührlich entrichtet worden sind, eine Leistung erbracht wurde, für den gesamten Zeitraum aus „versicherungsrechtlichen Grundsätzen" auszuschließen, kann nicht auf die Arbeiterkammerumlagebeträge angewendet werden. Von Gesetzes wegen von der Kammerzugehörigkeit ausgeschlossene Personen rechtens nicht auf Grund einer irrtümlichen Einbehaltung der Kammerumlagebeträge durch ihren Dienstgeber zu „Formalkammerzugehörigen" werden. (VwGH 26.9.1991, Zl. 91/09/0092)

069-06-00-001
Rückforderung von Beiträgen durch Dienstnehmer auch möglich, obwohl Dienstgeber Schuldner der Beiträge ist

Zur Rückforderung von ungebührlich für den Dienstnehmer entrichteten Sozialversicherungsbeiträgen (Dienstnehmeranteile) ist der Dienstnehmer selbst ungeachtet des Umstandes berechtigt, dass nach § 58 Abs. 2 ASVG der Dienstgeber Schuldner auch hinsichtlich der Dienstnehmeranteile ist. „Selbst getragen" hat der Versicherte die Dienstnehmeranteile nicht nur, wenn er sie selbst bezahlt hat, sondern auch, wenn sie durch den Dienstgeber vom Entgelt in Barem abgezogen wurden. Über den Rückforderungsanspruch ist durch Bescheid gemäß § 410 Abs. 1 Z 7 ASVG zu entscheiden. (VwGH 7.4.1992, Zl. 87/08/0286)

070-00-00-001
Erstattung von Beiträgen
(§§ 70 und 70a ASVG)

Werden gleichzeitig mehrere versicherungspflichtige Erwerbstätigkeiten ausgeübt, so besteht grundsätzlich in jeder Versicherung Beitragspflicht bis zu den jeweiligen Höchstbeitragsgrundlagen. Da hierbei in Summe die Höchstbeitragsgrundlagen überschritten werden können, sehen das Allgemeine Sozialversicherungsgesetz (ASVG), das Gewerbliche Sozialversicherungsgesetz (GSVG), das Bauern-Sozialversicherungsgesetz (BSVG)

und das Beamten-Kranken- und Unfallversicherungsgesetz (B-KUVG) Möglichkeiten der Erstattung von Beiträgen für den Versicherten vor. Eine Erstattung von Beiträgen für den Dienstgeber ist gesetzlich ausgeschlossen (VfGH 14.3.1997, G 392/96, G 398, G 399/96)

081a-00-00-001
Informations- und Aufklärungspflicht
(§ 81a ASVG)

Die Versicherungsträger (der Dachverband) und das Bundesministerium für soziale Sicherheit und Generationen sowie das Bundesministerium für Gesundheit und Frauen haben die Versicherten (Dienstgeber, LeistungsbezieherInnen) über ihre Rechte und Pflichten nach diesem Bundesgesetz zu informieren und aufzuklären. Die Versicherungsträger (Der Hauptverband) haben Informationen und Aufklärungen im Sinne des ersten Satzes mit jenen des Bundesministeriums für soziale Sicherheit und Generationen bzw. des Bundesministeriums für Gesundheit und Frauen abzustimmen. Informationen (Aufklärungen) gelten als abgestimmt, wenn sich das jeweilige Bundesministerium binnen 48 Stunden nach Zustellung nicht dazu äußert.

081a-00-00-002
Amtshaftung bei Verletzung der Informations- und Aufklärungspflicht

In Rechtsprechung und Lehre sind allgemeine Verhaltenspflichten des Sozialversicherungsträgers gegenüber dem Versicherten anerkannt. Vor allem aus dem sozialversicherungsrechtlichen Schuldverhältnis lassen sich eine Reihe von Auskunfts-, Aufklärungs-, Informations- und Beratungspflichten der Versicherungsträger begründen, deren Verletzung zur Amtshaftung führen kann. Darüber hinaus bestimmt § 1 Abs. 1 AuskunftspflichtG (BGBl 287/1987), dass die Organe des Bundes sowie die Organe der durch die Bundesgesetzgebung zu regelnden Selbstverwaltung über Angelegenheiten ihres Wirkungsbereichs Auskünfte zu erteilen haben, wobei eine Verletzung der Auskunftspflicht Amtshaftungsansprüche nach sich ziehen kann (RIS-Justiz RS0113363, RS0113716; SZ 73/34 ua). Auch wenn ein Auskunftsbegehren erst im Zuge einer Rückfrage des Sozialversicherungsträgers gestellt wird, fällt dieser Vorgang unter die Hoheits- bzw. Selbstverwaltung, sodass nicht davon gesprochen werden kann, es handle sich bei einer daraufhin erteilten Auskunft um eine – amtshaftungsrechtlich irrelevante – „Serviceleistung". (OGH 20.6.2006, Zl. 1 Ob 113/06h) (Hauptverband 3.10.2006, Zl. 32-MVB-51.1/06 Dm/Mm)

111-00-00-001
Verstöße gegen die Melde-, Anzeige- und Auskunftspflicht (§§ 111, 112 ASVG)

Diese Bestimmung stellt nur Verstöße gegen die auf Grund dieses Gesetzes obliegenden Verpflichtungen unter Strafe. (VwGH 25.09.1990, Zl. 90/08/0064; VwGH 26.11.1991, Zl. 91/08/0101)

111-00-00-002
Pflichten des Geschäftsführers

Im Erkenntnis eines verstärkten Senates vom 12. Dezember 2000, Zl. 98/08/0191, 0192, hat der Verwaltungsgerichtshof in Abänderung seiner bisherigen ständigen Rechtsprechung nunmehr die Auffassung vertreten, dass unter den „den Vertretern auferlegten Pflichten" im Sinne des § 67 Abs. 10 ASVG in Ermangelung weiterer in den gesetzlichen Vorschriften ausdrücklich normierter Pflichten des Geschäftsführers im Wesentlichen die Melde- und Auskunftspflichten, soweit diese in § 111 ASVG iVm. § 9 VStG auch gesetzlichen Vertretern gegenüber sanktioniert sind, sowie die in § 114 Abs. 2 ASVG umschriebene Verpflichtung zur Abfuhr einbehaltener Dienstnehmerbeiträge zu verstehen sind. (VwGH 4.4.2002, Zl. 2001/08/0115)

Im nachfolgenden geht es um die Pflicht des Geschäftsführers zur Meldepflicht im Zusammenhang mit einem ungarischen Staatsangehörigen im Zusammenhang mit einer Bescheinigung E 101.. In diesem Verfahren betreffend Übertretung des § 111 ASVG wurde der ungarische Staatsangehörige K. auf einer Baustelle bei Zimmererarbeiten angetroffen, ohne zur Sozialversicherung angemeldet zu sein.

Es wurde vorgebracht, dass K. einen holzverarbeitenden Betrieb in Ungarn besitze und als Subunternehmer beauftragt sei. Es wurden zwei Formulare E 101(für unterschiedliche Zeiträume, teilweise rückwirkend) vorgelegt, mit denen bescheinigt wurde, dass K. u.a. im gegenständlichen Zeitraum gemäß Art. 14a Abs. 2 VO 1408/71 den ungarischen Rechtsvorschriften unterliegen.

Der VwGH kam zum Ergebnis, dass die österreichischen Behörden an die mit dem Formular E 101 erfolgte Bescheinigung gebunden waren und daher im Ergebnis richtig davon ausgegangen wurde, dass K. im gegenständlichen Zeitraum in Österreich nicht der Pflichtversicherung unterlegen ist und daher keine Pflicht zur Anmeldung zur (österreichischen) Sozialversicherung bestand, mit folgender Begründung:

1.) Der Gerichtshof der Europäischen Union (EuGH) hat hinsichtlich der gemäß Art. 11a VO 574/72 auszustellenden Bescheinigung E 101 ausgesprochen, dass sie den zuständigen Träger des Mitgliedstaats, in den sich der Selbständige zur Ausführung einer Arbeit begibt, in Bezug auf die anzuwendenden sozialversicherungsrechtlichen Vorschriften bindet, solange sie nicht zurückgezogen oder für ungültig erklärt worden ist (vgl. das Urteil vom 30. März 2000, Rs C-178/97 – Banks u.a., insb. Rz 39 ff und den Urteilstenor). Eine ebensolche Bindungswirkung hat der EuGH einer Bescheinigung E 101 auch zugesprochen, wenn sie gemäß Art. 11 Abs. 1 lit. a VO 574/72 ausgestellt wird (vgl. die Urteile vom 10. Februar 2000, Rs C-202/97 – Fitzwilliam FTF, Rz 52 ff, und vom 26. Jänner 2006, Rs C-2/05 – Herbosch Kiere NV, Rz 23 ff, wo (in Rz 32 und im Urteilstenor) ausdrücklich auch von einer Bindung der Gerichte die Rede ist; s. auch das hg. Erkenntnis vom 16. März 2011, Zl. 2010/08/0231). Im Urteil in der Rechtssache Banks hat der EuGH weiters festgehalten, dass eine Bescheinigung E 101 auch Rückwirkung entfalten kann. Der an die Bescheinigung gebundene Mitgliedstaat kann bei Zweifeln an der Richtigkeit des der Bescheinigung zugrunde liegenden Sachverhalts oder dessen rechtlicher Bewertung eine Überprüfung durch den ausstellenden Träger verlangen und – sofern es zu keiner Übereinstimmung kommt – die Verwaltungskommission für die soziale Sicherheit der Wanderarbeitnehmer um Vermittlung anrufen. Führt dies nicht zum Erfolg, kann er schließlich ein Vertragsverletzungsverfahren nach Art. 258 ff AEUV anstrengen.

2.) Im Beschwerdefall hat der zuständige ungarische Sozialversicherungsträger in der Bescheinigung E 101 angegeben, dass sich die Geltung ungarischer Rechtsvorschriften auf Art. 14a Abs. 2 VO 1408/71 gründe; demnach handelt es sich um eine Bescheinigung nach Art. 12a Abs. 2 VO 574/72 (und nicht nach Art. 11a dieser Verordnung). Es ist aber davon auszugehen, dass eine Bescheinigung E 101 nach Art. 12a Abs. 2 VO 574/72 – ungeachtet dessen, dass auf Grund dieser Bestimmung eine Abschrift auch dem zuständigen Träger des anderen Mitgliedstaates zu übermitteln wäre – hinsichtlich der anwendbaren Rechts die gleiche Bindungswirkung entfaltet wie eine Bescheinigung E 101 nach Art. 11 Abs. 1 lit. a oder Art. 11a VO 574/72, weil die vom EuGH für die Bindungswirkung angeführten Gründe – insbesondere der Grundsatz der vertrauensvollen Zusammenarbeit zwischen den Mitgliedstaaten sowie der Grundsatz des Anschlusses der Arbeitnehmer und Selbständigen an ein einziges System der sozialen Sicherheit, verbunden mit der Vorhersehbarkeit des anwendbaren Systems – hier gleichermaßen zutreffen.

3.) Die vom EuGH angenommene Bindungswirkung einer Bescheinigung E 101 bezieht sich nach den Urteilen des EuGH vom 30. März 2000, Rs C-178/97 – Banks, vom 10. Februar 2000, Rs C-202/97 – Fitzwilliam FTF, und vom 26. Jänner 2006, Rs C-2/05 – Herbosch Kiere NV, auf die bescheinigte Anwendbarkeit der sozialversicherungsrechtlichen Vorschriften des betreffenden Mitgliedstaates hinsichtlich einer bestimmten Tätigkeit und nicht bloß darauf, welche Rechtsvorschriften für die Beurteilung der Selbständigkeit oder Unselbständigkeit der Tätigkeit maßgeblich sind. Bei Zweifeln an der Richtigkeit des der Bescheinigung zugrunde liegenden Sachverhalts bzw. der vorgenommenen Subsumtion unter die unionsrechtlichen Vorschriften wäre an den die Bescheinigung ausstellenden Sozialversicherungsträger heranzutreten und allenfalls ein Verfahren vor der Verwaltungskommission für die soziale Sicherheit der Wanderarbeitnehmer oder letztlich vor dem EuGH anzustrengen. Es lässt sich weder Art. 14a Abs. 1 lit. a noch Art. 14a Abs. 2 VO 1408/71 entnehmen, dass die im zweiten Mitgliedstaat ausgeübte (selbständige oder unselbständige) Tätigkeit mit jener im ersten Mitgliedstaat identisch sein müsste. Das bedeutet aber nicht, dass mit der Bescheinigung E 101 eine „Blanko"-Ermächtigung für jedwede andere selbständige oder unselbständige Betätigung in einem anderen Mitgliedstaat erteilt werden kann, weil jedenfalls die Voraussetzung einer „gewöhnlich" (auch) im ersten Mitgliedstaat ausgeübten selbständigen Tätigkeit erfüllt sein muss und es sich in den Fällen des Art. 14a Abs. 1 lit. a außerdem nur um eine zeitlich begrenzte Tätigkeit im zweiten Mitgliedstaat handeln darf (vgl. dazu auch das Urteil in der Rechtssache Banks, Rz 25 ff). (VwGH, 23.5.2012, Zl. 2009/08/0204, Hauptverband, 23.10.2012, Zl. 32-MVB-51.1/12 Sbm-Ph-Dm/Sdo)

Ähnlich gelagert ist der nachstehende Fall, in dem zehn ungarische Staatsangehörige durch die FinPol bei der Durchführung von Trockenbauarbeiten betreten wurden. Diese Ungarn sind als drei GesBRs zu jeweils drei bis vier Personen als Subunternehmer der P. Trockenbau GmbH aufgetreten.

Der Verwaltungsgerichtshof führte dazu aus, dass der EuGH explizit festhält, dass eine Überprüfung, ob bestimmte Tätigkeiten tatsächlich selbstständig oder doch im Rahmen einer unselbstständigen Beschäftigung ausgeübt werden, zulässig ist. Der Verwaltungsgerichtshof stellte weiters fest, dass im Beschwerdefall nicht ersichtlich ist, dass die ungarischen Staatsangehörigen bzw. die Gesellschaften, an denen sie beteiligt sind, über eine eigene betriebliche Organisation oder über nennenswerte Betriebsmittel verfügen, eigene unternehmerische Entscheidungen treffen und in der Art selbstständig am Markt auftretender Unternehmer ihre Tätigkeiten erfolgreich anbieten.

Im Ergebnis wurde daher seitens des Verwaltungsgerichtshofes das Vorliegen von Dienstverhältnissen im Sinne des § 4 Abs. 2 ASVG bestätigt. (Hauptverband, 26.3.2013, Zl. 32-LVB-51.1/13 Sbm-Ph/Sdo, VwGH, 14.1.2013, Zl. 2011/08/0199)

111-00-00-003
Bevollmächtigte

§ 111 ASVG sieht iVm § 35 Abs. 3 ASVG die Übertragung der nach den §§ 33 ff. ASVG bestehenden Pflichten auf Bevollmächtigte vor, die dann auch nach § 111 ASVG allein strafbar sind. Voraussetzung dafür ist allerdings, dass Name und Anschrift dieser Bevollmächtigten und deren Mitfertigung dem zuständigen Versicherungsträger bekannt gegeben wurden. Nach dieser Bestimmung kann auch ein Außenstehender zum Bevollmächtigten bestellt werden. Bei mehreren Geschäftsführern kann daher umso mehr einer von ihnen zum Bevollmächtigten im Sinne des § 35 Abs. 3 ASVG bestellt werden. Auch in diesem Fall ist aber diese Bevollmächtigung in der im § 35 Abs. 3 ASVG vorgeschriebenen Weise der Österreichischen Gesundheitskasse mitzuteilen (VwGH 27.7.2001, Zl. 98/08/0268).

Unter Bevollmächtigten iSd § 35 Abs. 3 bzw. § 36 Abs. 2 ASVG sind zwar gewillkürte Vollmachtsträger zu verstehen, auf die der Dienstgeber die ihm gemäß den §§ 33 und 34 ASVG obliegenden Meldepflichten (An- und Abmeldung der Pflichtversicherten, Meldung von Änderungen) übertragen hat und die dem Versicherungsträger bekannt gegeben worden sind; der in § 111 ASVG sanktionierte Straftatbestand richtet sich jedoch bei juristischen Personen, Personengesellschaften des Handelsrechtes oder eingetragenen Erwerbsgesellschaften im Falle, dass solche Bevollmächtigte nicht bestellt sind, gemäß § 9 VStG an die zur Vertretung nach außen berufene Personen. Für diesen Fall kann also § 111 ASVG iVm § 9 VStG eine Handlungspflicht gesetzlicher Vertreter iZm. den in den §§ 33 und 34 ASVG normierten Melde- und Auskunftspflichten insoweit entnommen werden, als die Verletzung dieser Pflichten wie in § 111 ASVG umschriebene verwaltungsstrafrechtlich sanktioniert ist. Ein Verstoß gegen diese Pflichten durch einen gesetzlichen Vertreter kann daher – sofern dieser Verstoß verschuldet und für die gänzliche oder teilweise Uneinbringlichkeit einer Beitragsforderung kausal ist – zu einer Haftung gemäß § 67 Abs. 10 ASVG führen. Im Übrigen normiert weder § 67 Abs. 10 ASVG noch eine andere Bestimmung dieses Gesetzes spezifische sozialversicherungsrechtliche, gegenüber der Österreichischen Gesundheitskasse bestehende Verpflichtung des Vertreters einer juristischen Person, wie dies in einem § 80 Abs. 1 BAO für das Abgabenrecht angeordnet ist. Der Umstand, es sei „selbstverständlich", dass juristische Personen nur durch zur Vertretung nach außen berufene Personen handeln (können), hat nicht ohne weiteres die Schadenshaftung dieser Vertreter auch jedem Dritten gegenüber zur Folge, sofern er nicht eine spezifisch diesem Dritten gegenüber bestehende (gesetzliche) Verpflichtung verletzt hat, sei es durch Unterlassung einer gesetzlich gebotenen, sei es durch Begehung einer gesetzlich verpönten Handlung.

Der VwGH hat mit Erkenntnis vom 16.03.2011, Zl. 2008/08/0040, festgestellt, dass Steuerberater/Wirtschaftstreuhänder in Verwaltungsstrafverfahren wegen Übertretung des § 33 ASVG gem. § 10 Abs. 3 AVG nicht als Bevollmächtigte zugelassen sind. (VwGH 16.03.2011, Zl. 2008/08/0040, Hauptverband 17.5.2011, Zl. 32-MVB-51.1/11 Dm/Sdo)

111-00-00-004
Dienstverhältnis

Wenn jemand bei der Erbringung von Dienstleistungen arbeitend unter solchen Umständen angetroffen wird, die nach der Lebenserfahrung üblicherweise auf ein Dienstverhältnis hindeuten (wie dies bei der Tätigkeit einer Kellnerin in einem Gastwirtschaftsbetrieb der Fall ist), dann ist die

Behörde berechtigt, von einem Dienstverhältnis im üblichen Sinne auszugehen, sofern im Verfahren nicht jene atypischen Umstände dargelegt werden, die einer solchen Deutung ohne nähere Untersuchung entgegenstehen. Durfte die Behörde daher von einem solchen Dienstverhältnis ausgehen, dann ergibt sich der Entgeltanspruch – sofern dieser nicht ohnehin in Kollektivverträgen oder Mindestlohntarifen geregelt ist – im Zweifel aus § 1152 ABGB. (VwGH 27.7.2001, Zl. 99/08/0030)

111-00-00-005
Verwalter als Bevollmächtigter

Der bestellte Verwalter (bzw. fallbezogen: die verwaltende Mehrheits-Miteigentümerin) hat (in Ansehung des Hausbesorgerdienstvertrages) notwendigerweise auch die Stellung eines Bevollmächtigten im Sinne der §§ 35 Abs. 3 und 36 Abs. 2 ASVG (und ist daher auch Normadressat der §§ 111 und 112 ASVG), zumal die mit dem Hausbesorgerdienstvertrag verbundenen Rechte und Pflichten (und damit auch jene, die sich aus der gesetzlichen Sozialversicherung ergeben) zur ordentlichen Verwaltung gehören und damit von der Vertretungsmacht des Verwalters umfasst sind. Beitragsschuldner im Sinne des § 58 Abs. 2 ASVG sind hingegen die Miteigentümer, und zwar (zufolge § 839 ABGB) anteilig. Der sozialversicherungsrechtliche Dienstgeber des Hausbesorgers entspricht somit im Ergebnis auch dem arbeitsrechtlichen Arbeitgeber im Sinne des Hausbesorgergesetzes. (VwGH 19.6.1990, Zl. 89/08/0326)

111-00-00-006
Geringfügiges Beschäftigungsverhältnis

§ 33 ASVG unterscheidet zwischen der Meldung krankenversicherter Personen in seinem Abs. 1 und der Meldung bloß geringfügig Beschäftigter in seinem Abs. 2. Bestraft die Behörde daher wegen Übertretung des § 33 Abs. 1 ASVG (Nichtmeldung krankenversicherter Personen), so hat sie in der Begründung die Krankenversicherungspflicht der Beschäftigung, d.h. einen Entgeltanspruch, der die Geringfügigkeitsgrenze übersteigt, darzutun. Nach diesen Grundsätzen bedeutet die zumindest die Feststellung eines solchen Umfanges der Arbeitsverpflichtung, dass daraus (oder aus den lohnrelevanten Vorschriften des Kollektivvertrages) verlässlich auf einen die Geringfügigkeitsgrenze übersteigenden Anspruchslohn geschlossen werden darf. Gelingt ihr dies nicht, dann käme nur ein Schuldspruch nach § 33 Abs. 1 iVm Abs. 2 ASVG in Betracht. (VwGH 27.7.2001, Zl. 99/08/0030)

111-00-00-007
Auskunftspflicht

Die Verpflichtung, den Versicherungsträgern über alle für das Versicherungsverhältnis maßgebenden Umstände wahrheitsgemäß Auskunft zu erteilen, erstreckt sich jedenfalls auch auf das Wissen, das sich der Dienstgeber aus den Geschäftsbüchern, Belegen und sonstigen Aufzeichnungen verschaffen kann, in die er dem Versicherungsträger Einsicht zu gewähren hat.

113-00-00-001
Beitragszuschläge (§ 113 ASVG)

Den in § 111 Abs. 1 genannten Personen (Stellen) können Beitragszuschläge vorgeschrieben werden, wenn die Anmeldung zur Pflichtversicherung nicht vor Arbeitsantritt erstattet wurde.

Der Beitragszuschlag nach einer unmittelbaren Betretung im Sinne des § 111a setzt sich aus zwei Teilbeträgen zusammen, mit denen die Kosten für die gesonderte Bearbeitung und für den Prüfeinsatz pauschal abgegolten werden. Der Teilbetrag für die gesonderte Bearbeitung beläuft sich auf 400 € je nicht vor Arbeitsantritt angemeldeter Person; der Teilbetrag für den Prüfeinsatz beläuft sich auf 600 €.

Bei erstmaliger verspäteter Anmeldung mit unbedeutenden Folgen kann der Teilbetrag für die gesonderte Bearbeitung entfallen und der Teilbetrag für den Prüfeinsatz auf bis zu 300 € herabgesetzt werden. In besonders berücksichtigungswürdigen Fällen kann auch der Teilbetrag für den Prüfeinsatz entfallen.

113-01-00-002
Meldepflichtverletzung

Eine verschuldete Meldepflichtverletzung liegt ab dem Zeitpunkt des erstinstanzlichen Urteils des Arbeits- und Sozialgerichtes vor (VwGH 20.11.2002, Zl. 2000/08/0186-8)

113-01-00-003
Ein Beitragszuschlag ist keine Verwaltungsstrafe

Die Auferlegung eines Beitragszuschlages nach § 113 Abs. 1 ASVG ist – ungeachtet der Überschrift „Strafbestimmungen" des ersten Teiles Abschnitt VIII des ASVG – nicht als Verwaltungsstrafe zu werten, weshalb die Frage des subjektiven Verschuldens des Dienstgebers nicht zu untersuchen ist. (VwGH 20.6.2001, Zl. 96/08/0331; VwGH 24.6.1997, Zl. 95/08/0041)

Das Fehlen der subjektiven Vorwerfbarkeit des Meldeverstoßes schließt die Verhängung eines Beitragszuschlages nach § 113 Abs. 1 ASVG nicht aus; vielmehr kommt es nur darauf an, dass objektiv ein Meldeverstoß verwirklicht wurde, gleichgültig aus welchen Gründen. (VwGH 27.3.1990, Zl. 89/08/0050)

Im Verfahren betreffend Beitragsnachverrechnung darf die Behörde die Entgeltfrage aufgrund einer Durchschnittsberechnung rückwirkend aufrollen, diesbezüglich kann auf die Berechnungsmethode im Lohnsummenverfahren verwiesen werden. (VwGH 18.6.1991, Zl. 90/08/0209)

Für die Vorschreibung eines Beitragszuschlages nach § 113 ASVG ist – anders als für die Bestrafung nach § 111 ASVG – weder ein vorsätzliches noch ein fahrlässiges Handeln in Bezug auf die Meldepflichtverletzung maßgeblich. So ist

6. E-MVB

113-01-00-004 – 113-01-00-008

ein Beitragszuschlag auch dann vorzuschreiben, wenn technische Umstände beim Dienstgeber eine korrekte Meldung verhindert haben (z.B., wenn die vom Dienstgeber per Fax durchgeführte Mindestangaben-Meldung aus technischen Gründen nicht erfolgreich war, was vom Dienstgeber jedoch erst nach einigen Tagen bemerkt wurde). (VwGH 19.1.2011, 2010/08/0255, Hauptverband 13.9.2011, Zl. 32-MVB-51.1/11 Dm/Sdo)

113-01-00-004
Ausmaß

Der Beitragszuschlag nach § 113 Abs. 1 ASVG ist nicht als Verwaltungsstrafe, sondern als eine (neben der Bestrafung nach §§ 111 und 112 ASVG ermöglichte) wegen des durch die Säumigkeit des Meldepflichtigen verursachten Mehraufwandes in der Verwaltung sachlich gerechtfertigte weitere Sanktion für die Nichteinhaltung der Meldepflicht und damit als ein Sicherungsmittel für das ordnungsgemäße Funktionieren der Sozialversicherung zu werten. Demgemäss darf, wenn mit dem festgestellten Meldeverstoß auch eine Beitragsnachentrichtung verbunden ist, der Beitragszuschlag – bei Bedachtnahme auf den Regelungszusammenhang des § 113 ASVG mit § 59 ASVG – weder den durch den Meldeverstoß verursachten Verwaltungsmehraufwand zuzüglich der Verzugszinsen infolge der verspäteten Beitragsentrichtung noch das Doppelte der in § 113 ASVG näher umschriebenen Beiträge übersteigen; er darf in solchen Fällen nach dem klaren Wortlaut des § 113 Abs. 1 ASVG aber auch – unabhängig von den wirtschaftlichen Verhältnissen des Beitragsschuldners und der Art des Meldeverstoßes – eine Untergrenze nicht unterschreiten, nämlich die Höhe der Verzugszinsen, die ohne Vorschreibung eines Beitragszuschlages auf Grund des § 59 Abs. 1 ASVG für die nachzuzahlenden Beiträge zu entrichten gewesen wären. Der Art des Meldeverstoßes und damit dem Verschulden des Meldepflichtigen an diesem Verstoß kommt – neben anderen Umständen, wie z.B. den wirtschaftlichen Verhältnissen des Beitragsschuldners – nur bei der Ermessensübung innerhalb der objektiven Grenzen Bedeutung zu. (VwGH 30.9.1994, Zl. 91/08/0069; VwGH 16.4.1991, Zl. 90/08/0103; VwGH 19.2.1991, Zl. 90/08/0142)

Da der Regelungsinhalt des § 113 Abs. 1 ASVG im Fall eines zu einer Beitragsnachentrichtung führenden Meldeverstoßes eine Mindesthöhe des Beitragszuschlages, nämlich das Ausmaß der Verzugszinsen gebietet, kommt ein völliges Abgehen von der Verhängung eines Beitragszuschlages nicht in Betracht (VwGH 30.5.2001, Zl. 95/08/0301)

113-01-00-005
Höchstgrenze

Bei der Ermittlung der objektiven Höchstgrenze des Beitragszuschlages kommt der Art des Meldeverstoßes und dem Verschulden des Meldepflichtigen an diesem Verstoß nur – neben anderen Umständen, wie z.B. den wirtschaftlichen Verhältnissen des Beitragsschuldners – bei der Ermessensübung innerhalb der objektiven Grenzen Bedeutung zu. (VwGH 27.4.1989, Zl. 87/08/0034)

113-01-00-006
Mindesthöhe

Da der Regelungsinhalt des § 113 Abs. 1 ASVG im Falle eines zu einer Beitragsnachentrichtung führenden Meldeverstoßes eine Mindesthöhe des Beitragszuschlages, nämlich das Ausmaß der Verzugszinsen gebietet, kommt ein völliges Abgehen von der Verhängung eines Beitragszuschlages nicht in Betracht. (VwGH 30.5.2001, Zl. 95/08/0301)

Vor dem Hintergrund des Zweckes des Rechtsinstitutes des Beitragszuschlages als weitere Sanktion für die Nichteinhaltung der Meldepflichten und damit als Sicherungsmittel für das ordnungsgemäße Funktionieren der Sozialversicherung ist es sachgerecht, dass durch § 113 Abs. 1 letzter Satz ASVG die Anwendung des § 59 Abs. 2 ASVG ausgeschlossen wird. Ein Unterschreiten der gesetzlichen Verzugszinsen im Sinne des § 59 Abs. 2 ASVG ist in den Fällen des § 113 Abs. 1 ASVG nicht vorgesehen. (VwGH 24.4.1990, Zl. 89/08/0172)

Der durch die Verletzung der Meldepflicht verursachte Mehraufwand der Verwaltung ist grundsätzlich nicht jener Verwaltungsaufwand, der zur Feststellung der Meldepflichtverletzungen aufgewendet wurde, sondern jener Aufwand, der nicht aufgelaufen wäre, wenn keine Meldeverstöße festgestellt worden wären. (VwGH 30.9.1994, Zl. 91/08/0069; VwGH 19.2.1991, Zl. 90/08/0142)

113-01-00-007
Verwaltungsmehraufwand

Unter dem Verwaltungskostenmehraufwand iSd Judikatur zu § 113 ASVG ist nicht der mit der Führung des Rechtsmittelverfahrens, sondern nur der mit der Feststellung der Beitragsschuld (als Voraussetzung ihrer Eintreibung) verbundene Mehraufwand zu verstehen. (VwGH 16.4.1991, Zl. 90/08/0103)

113-01-00-008
Verzugszinsen

Die Verpflichtung, Verzugszinsen nach § 59 Abs. 1 ASVG zu entrichten, ist nur die gesetzliche Folge des Verzuges bei der Einzahlung der rückständigen und fälligen Beiträge. Das Institut der Verzugszinsen trägt keinen pönalen Charakter, sondern stellt ein wirtschaftliches Äquivalent für den Zinsenverlust dar, den der Beitragsgläubiger dadurch erleidet, dass er die geschuldete Leistung nicht innerhalb der Einzahlungsfrist zur Fälligkeit erhält. Wird die gesetzliche Verpflichtung zur Zahlung von Verzugszinsen nach § 59 Abs. 1 ASVG durch bescheidmäßige Festsetzung eines bestimmten zu leistenden Betrages konkretisiert, so liegt ein konstitutiver Bescheid vor, für den die Sach- und Rechtslage im Zeitpunkt seiner Erlassung maßgebend ist. (VwGH 29.6.1993, Zl. 90/08/0196; VwGH 26.11.1992, Zl. 92/09/0177)

6. E-MVB
113-01-00-009 – 113-01-00-012

Wie sich aus den in § 59 Abs. 1 erster Satz ASVG (zweimal) verwendeten Begriffen „rückständige Beiträge" ergibt, stellt der Anspruch auf Verzugszinsen einen Annex zu dem Anspruch in der Hauptsache dar und teilt solcherart dessen rechtliches Schicksal. Eine nachträgliche Herabsetzung (Aufhebung) der einmal vorgeschriebenen Beiträge, bezüglich der zunächst Verzinsungspflicht eingetreten ist, bedingt in einem offenen Verwaltungsverfahren die Anpassung an die verminderte Beitragsschuld. Solcherart wird die Verzugszinsenverpflichtung in eine innere Übereinstimmung mit der tatsächlich aushaftenden Beitragsschuld gebracht. (VwGH 29.6.1993, Zl. 90/08/0196)

113-01-00-009
Ermessensübung

Der Sinn des in § 56 Abs. 3 ASVG eingeräumten Ermessens lässt sich durch Heranziehung des § 59 Abs. 2 und § 113 Abs. 1 ASVG ermitteln.

Siehe: 56-03-00-001

Unter dem Gesichtspunkt der Art des Meldeverstoßes ist bei der Ermessensübung anlässlich der Festsetzung des Beitragszuschlages auch auf die behauptete Verlässlichkeit der im Rahmen einer Wirtschaftstreuhandkanzlei beauftragten Lohnverrechnerin Bedacht zu nehmen. (VwGH 07.7.1992, Zl. 88/08/0145)

113-01-00-010
Wirtschaftliche Verhältnisse

Die Behörde hat den entscheidungsrelevanten Sachverhalt von Amts wegen festzustellen. Dem gemäß hat die Behörde den Beitragsschuldner aufzufordern und ihm Gelegenheit zu geben, seine wirtschaftlichen Verhältnisse umfassend und entsprechend belegt, offen zu legen, um so bei der Bemessung des Beitragszuschlages – innerhalb der objektiven Grenzen – auch auf die wirtschaftliche Lage des Beitragsschuldners Bedacht nehmen zu können. Erst wenn der Beitragsschuldner nach einer solchen Aufforderung seiner dadurch ausgelösten Mitwirkungspflicht nicht nachgekommen ist, besteht für die Behörde keine Verpflichtung mehr, im Rahmen der Ermessensübung auf die wirtschaftliche Lage des Beitragsschuldners Bedacht zu nehmen. (VwGH 05.6.2002, Zl. 99/08/0138; VwGH 17.12.1991, Zl. 91/08/0042)

Hat der Beitragspflichtige im Verwaltungsverfahren nicht dargelegt, aus welchen Gründen es zu den ihm angelasteten Meldefehlern gekommen ist und welche Vorkehrungen in organisatorischer Hinsicht er zur Sicherstellung der Erstattung von möglichst gesetzkonformen und fehlerfreien Meldungen getroffen hat, so darf die Behörde bei Verhängung des Beitragszuschlages – der allgemeinen Lebenserfahrung folgend – im Zweifel davon ausgehen, dass dem Verantwortlichen die tatsächliche Höhe des Entgelts der Dienstnehmer wohl bekannt war und daher die Meldungen vorsätzlich unrichtig erstattet worden sind. (VwGH 17.12.1991, Zl. 91/08/0042)

113-01-00-011
Meldungen

Bezogen auf den Fall der Meldung einer Änderung (Erhöhung) des Arbeitsentgelts konnte die Meldepflicht (§ 34 Abs. 1 ASVG) – außer im Falle einer vorgezogenen tatsächlichen Gewährung einer Bezugserhöhung – nicht früher eintreten, als der Anspruch auf dieses Entgelt entstanden ist. (VwGH 20.12.2000, Zl. 2000/08/0197)

Die Anmeldung des Versicherten erfolgt verspätet (iSd § 113 Abs. 1 ASVG), wenn sie nach Ablauf der Meldefrist nach § 33 Abs. 1 ASVG bzw. nach der Kassensatzung beim Versicherungsträger einlangt. § 33 Abs. 3 ASVG, wonach der Postenlauf in (verfahrensrechtliche) Fristen nicht einzurechnen ist, findet keine Anwendung. Die Wahl des Beförderungsmittels erfolgt auf Gefahr des Meldepflichtigen. Die Fristablaufshemmung durch einen Samstag, Sonntag oder Feiertag hingegen kommt zum Tragen. (VwGH 18.6.1991, Zl. 87/08/0098)

Auch bei nicht fristgerechter (verspäteter) Meldung einer Sonderzahlung kann ein Beitragszuschlag gemäß § 113 Abs. 1 ASVG unter dem Gesichtspunkt der Meldung eines zu niedrigen Entgeltes vorgeschrieben werden. (VwGH 15.9.1965, Zl. 0271/65)

Da auch ein von der bisherigen Verwaltungspraxis abweichendes erstinstanzliches Urteil über eine Entgeltforderung eine für die Versicherung bedeutsame Änderung im Sinne des § 34 Ab. 1 ASVG darstellt und die Meldepflicht des Dienstgebers auslöst, kann dem Dienstgeber ein Beitragszuschlag vorgeschrieben werden, wenn er nach Zustellung des erstinstanzlichen Urteils, mit dem ein Dienstnehmer wegen bislang falscher Einstufung nach dem Kollektivvertrag ein höheres Entgelt zugesprochen und der Dienstgeber zur Zahlung der Entgeltdifferenz verpflichtet wurde, die entsprechende Änderungsmeldung an den Sozialversicherungsträger unterlässt. (VwGH 20.11.2002, Zl. 2000/08/0186)

Der Tatbestand des § 113 Abs. 1 Z 1 iVm Abs. 2 ASVG stellt auf die Unterlassung einer Anmeldung „zur Pflichtversicherung" ab und nicht darauf, dass – insbesondere mit Blick auf die in § 5 Abs. 1 Z 2 ASVG geregelte Ausnahme von der Vollversicherung – eine bestimmte Art der Pflichtversicherung korrekt gemeldet worden ist. (Hauptverband, 4.12.2012, Zl. 32-MVB-51.1/12 Sbm/Ph/Dm/Sdo, VwGH, 17.10.2012, Zl. 2012/08/0143)

113-01-00-012
Verwaltungsverfahren

Bei der Vorschreibung eines Beitragszuschlages nach § 113 Abs. 1 ASVG kommt es nicht darauf an, auf welche Beitragszeiträume sich die Meldeverstöße beziehen, die zum Anlass einer Beitragszuschlagsvorschreibung genommen wurden; daher ist auch für die Entscheidung über den Einspruch gegen einen die Vorschreibung eines Beitragszuschlages nach § 113 Abs. 1 ASVG betreffenden Bescheid die im Zeitpunkt der Erlassung des Bescheides der Einspruchsbehörde geltende Rechtslage maßgebend. (VwGH 7.7.1992, Zl. 88/08/0145)

Durch eine – wenn auch rechtswidrige – Herabsetzung eines rechtskräftigen Beitragszuschlages mittels Berichtigungsbescheides kann der Rechtsmittelwerber in keinem Recht verletzt worden sein. (VwGH 16.4.1991, Zl. 90/08/0156)

In Verfahren betreffend Vorschreibung eines Beitragszuschlages gemäß § 113 Abs. 1 ASVG ist die Verwaltungsbehörde im Rahmen der Sache nach § 66 Abs. 4 letzter Satz AVG berechtigt und verpflichtet, den bei ihr bekämpften Bescheid nach jeder Richtung und daher mangels einer dem § 51 Abs. 4 VStG analogen Bestimmung im Verwaltungsverfahren auch zuungunsten des Rechtsmittelwerbers abzuändern. (VwGH 17.12.1991, Zl. 91/08/0042; VwGH 24.4.1990, Zl. 89/08/0172).

Ergibt sich nach Verhängung des Beitragszuschlages, dass eine Reduzierung der ursprünglich angenommenen Höhe der nichtgemeldeten Beiträge vorzunehmen ist, so kann dies zum Anlass einer Wiederaufnahme des Verwaltungsverfahrens gem. § 69 Abs. 1 AVG genommen werden. (VwGH 16.4.1991, Zl. 90/08/0156)

In einer Betretungssache durch die KIAB wurde ein Dienstnehmer am 6.3.2008 um 16:50 Uhr „betreten" und vom Dienstgeber am 6.3.2008 um 18:37 Uhr zur Pflichtversicherung angemeldet.

Von der Österreichischen Gesundheitskasse wurde bescheidmäßig einen Beitragszuschlag (BZ) in Höhe von € 1.300,-- (€ 500,-- wegen Nichtmeldung vor Arbeitsantritt + € 800,-- für den Prüfeinsatz) verhängt.

Gegen diesen Bescheid wurde Einspruch erhoben.

Diesem Einspruch wurde teilweise Folge gegeben und der Teilbetrag für die gesonderte Bearbeitung auf € 200,--, der Teilbetrag für den Prüfeinsatz auf € 400,-- herabgesetzt und die Sanktionierung (die BZ-Höhe insgesamt) mit € 600,-- festgesetzt.

Der Dienstgeber hat Beschwerde beim VwGH gegen die BZ-Höhe von nunmehr € 600,-- eingebracht und begründet dies damit, dass eine rechtzeitige Anmeldung nicht erfolgen konnte, da der zuständige Geschäftsführer auf Urlaub war, und somit nicht rechtzeitig handeln konnte. Ein Kraftfahrer der beschwerdeführenden Partei konnte auf Grund einer familiären Verpflichtung seinen Dienst nicht antreten und hat in Eigeninitiative einen Arbeitskollegen ersucht, für ihn einzuspringen, der sodann das Fahrzeug zum Zeitpunkt der durchgeführten Kontrolle gelenkt habe. Sofort nach Bekanntwerden dieses Umstandes sei eine Kontaktaufnahme mit dem Steuerberater erfolgt und der Dienstnehmer unverzüglich angemeldet.

Aus dem Erkenntnis heißt es „... Im Beschwerdefall steht fest, dass es sich um eine erstmalige verspätete Anmeldung handelt. ... Es kann auch davon ausgegangen werden, dass diese erstmalige verspätete Anmeldung unbedeutende Folgen gehabt habe, was vom VwGH- im Hinblick darauf, dass lediglich ein Dienstnehmer verspätete gemeldet wurde – nicht als rechtswidrig erkannt werden kann ...". ... Der VwGH führt weiter aus, dass die Festsetzung des Teilbetrages für die gesonderte Bearbeitung mit EUR 200,- sich jedoch als rechtswidrig erweist, da eine derartige Herabsetzung dieses Teilbetrages des Beitragszuschlages im Gesetz nicht vorgesehen ist. Das Gesetz sieht nur den gänzlichen Entfall dieses Teilbetrages vor.

Was die Rechtfertigung der besonderen Umstände beim Dienstgeber anbelangt, so heißt es im Erkenntnis: „wenn die beschwerdeführende Partei es als Dienstgeberin ihren Dienstnehmern ermöglicht, bei kurzfristig auftretender Verhinderung eine Ersatzkraft aufzunehmen, so hat sie auch dafür zu sorgen, dass die einstellungsberechtigte Person die erforderliche (Mindestangaben-) Meldung an die Österreichischen Gesundheitskasse vor Aufnahme der Tätigkeit sicherstellen kann. Der bloße Umstand, dass der Geschäftsführer von der Aufnahme des Dienstnehmers nicht rechtzeitig – vor der durchgeführten Kontrolle durch die KIAB – informiert wurde, kann daher nicht als besonders berücksichtigungswürdiger Grund angesehen werden, der den gänzlichen Entfall des Teilbetrages des Beitragszuschlages für den Prüfeinsatz rechtfertigen würde. Da die Vorschreibung der beiden Teilbeträge trennbar ist, war die Beschwerde, soweit sie sich gegen die Vorschreibung des (herabgesetzten) Teilbetrages für den Prüfeinsatz wendet, als unbegründet abzuweisen. Der angefochtene Bescheid war daher, soweit darin der Teilbetrag des Beitragszuschlages für die gesonderte Bearbeitung in der Höhe von EUR 200,- vorgeschrieben wird, gem. § 42 Abs. 2 Z1 VwGG wegen Rechtwidrigkeit seines Inhaltes aufzuheben. Im Übrigen war die Beschwerde ... als unbegründet abzuweisen." (VwGH 7.9.2011, Zl. 2008/08/0218-7, Hauptverband 18.10.2011, Zl. 32-MVB-51.1/11 Dm/Sdo)

114-00-00-001
Säumniszuschläge (§ 114 ASVG)

Den in § 111 Abs. 1 genannten Personen (Stellen) werden Säumniszuschläge vorgeschrieben, wenn

1. die Anmeldung zur Pflichtversicherung nicht innerhalb von sieben Tagen ab dem Beginn der Pflichtversicherung mittels elektronischer Datenfernübertragung oder gemäß § 41 Abs. 4 erstattet wurde oder
2. die Meldung der noch fehlenden Daten zur Anmeldung nicht mit jener monatlichen Beitragsgrundlagenmeldung erfolgte, die für den Kalendermonat des Beginnes der Pflichtversicherung zu erstatten war, oder
3. die Abmeldung nicht oder nicht rechtzeitig erfolgte oder
4. die Frist für die Vorlage der monatlichen Beitragsgrundlagenmeldung (§ 34 Abs. 2 und 5) nicht eingehalten wurde oder
5. die Berichtigung der monatlichen Beitragsgrundlagenmeldung verspätet erfolgte (§ 34 Abs. 4) oder

6. E-MVB
114-00-00-002 – 361-03-00-002

6. für die Pflichtversicherung bedeutsame sonstige Änderungen nach § 34 Abs. 1 nicht oder nicht rechtzeitig gemeldet wurden.

114-00-00-002
Höhe

In den Fällen des Abs. 1 Z 1, 2, 3 und 6 ist ein Säumniszuschlag in der Höhe von 50 € zu entrichten.

In den Fällen des Abs. 1 Z 4 ist bei einer Verspätung von bis zu fünf Tagen ein Säumniszuschlag in der Höhe von 5 € zu entrichten, bei einer Verspätung von sechs bis zu zehn Tagen ein Säumniszuschlag in der Höhe von 10 €. Bei Verspätungen von elf Tagen bis zum Monatsende ist ein Säumniszuschlag in der Höhe von 15 € zu entrichten. Wenn nach Ablauf des Kalendermonats immer noch keine monatliche Beitragsgrundlagenmeldung vorliegt, so wird diese nach § 34 Abs. 3 geschätzt und es fällt ein Säumniszuschlag in der Höhe von 50 € an. Der Säumniszuschlag entfällt, wenn für die verspätete Meldung bereits nach Abs. 2 ein Säumniszuschlag angefallen ist.

An die Stelle der in den Abs. 2 und 3 genannten Beträge tritt ab Beginn eines jeden Beitragsjahres (§ 242 Abs. 10), erstmals ab 1. Jänner 2018, der unter Bedachtnahme auf § 108 Abs. 6 mit der jeweiligen Aufwertungszahl (§ 108 Abs. 1) vervielfachte Betrag. Der vervielfachte Betrag ist auf volle Euro zu runden.

In den Fällen des Abs. 1 Z 5 ist ein Säumniszuschlag in der Höhe der Verzugszinsen nach § 59 Abs. 1, gerundet auf volle Euro, zu entrichten, wenn das Entgelt zu niedrig gemeldet wurde.

Werden die Beiträge vom Träger der Krankenversicherung nach § 58 Abs. 4 dem Beitragsschuldner/der Beitragsschuldnerin vorgeschrieben, so fällt abweichend von den Abs. 3 und 5 ein Säumniszuschlag in der Höhe von 50 € an, wenn die Berichtigung der monatlichen Beitragsgrundlagenmeldung verspätet erfolgt (§ 34 Abs. 5).

Erreicht die Summe der in den Fällen des Abs. 1 Z 2 bis 6 insgesamt angefallenen Säumniszuschläge in einem Beitragszeitraum (§ 34 Abs. 2) je Versicherungsträger das Fünffache der Höchstbeitragsgrundlage (§ 45 Abs. 1), so sind damit alle diesbezüglichen Meldeverstöße pauschal abgegolten.

Der Versicherungsträger kann in den Fällen des Abs. 1 unter Berücksichtigung der Art des Meldeverstoßes, der wirtschaftlichen Verhältnisse des Beitragsschuldners/der Beitragsschuldnerin, des Verspätungszeitraumes und der Erfüllung der bisherigen Meldeverpflichtungen auf den Säumniszuschlag zur Gänze oder zum Teil verzichten oder den bereits entrichteten Säumniszuschlag rückerstatten.

Guthaben wegen zu hoch gemeldeten Entgelts dürfen im Fall einer verspäteten Berichtigung nach Abs. 1 Z 5 nicht gegen bereits angefallene Verzugszinsen (§ 59 Abs. 1) aufgerechnet werden.

115-01-00-001
Vorschreibung der Beitrags- und Säumniszuschläge

Die Beitrags- und Säumniszuschläge werden von jenem Versicherungsträger vorgeschrieben, an den die Meldung zu erstatten ist oder dem die Unterlagen vorzulegen sind; die Verpflichtung zur Zahlung der fälligen Beiträge wird davon nicht berührt.

358-00-00-001
Feststellung des Sachverhaltes (§ 358 ASVG)

Die Versicherungsträger haben den Sachverhalt festzustellen.

358-03-00-001
Feststellung des Geburtsdatums

Für die Feststellung des Geburtsdatums des Versicherten ist die erste schriftliche Angabe des Versicherten gegenüber dem Versicherungsträger heranzuziehen. Von dem so ermittelten Geburtsdatum darf nur abgewichen werden, wenn die im Gesetz genannten Ausnahmen erfüllt sind. An diesen Grundsatz ist auch die Pensionsversicherungsanstalt gebunden. Selbst wenn die Personenstandsbehörden eine Änderung des Geburtsdatums vornehmen, sind die Versicherungsträger nicht daran gebunden. (Hauptverband 25., 26.9.2003, Zl. FO-MVB/32-51.1/03 Rv/Mm)

361-03-00-000
Ausstellung von Krankenscheinen – Krankenscheingebühr (§ 361 Abs. 3 ASVG)

Grundsätzlich ist der Dienstgeber zur Ausstellung von Krankenscheinen (§ 135 Abs. 3 ASVG) und Zahnbehandlungsscheinen (§ 153 Abs. 4 ASVG) für die bei ihm beschäftigten Versicherten und für deren Angehörige verpflichtet.

361-03-00-001
Krankenscheingebühr

Solange die Krankenscheine (Krankenkassenscheck) noch nicht durch die Chipkarte ersetzt sind haben die Dienstgeber (§ 361 Abs. 3 ASVG) für jeden Krankenschein bzw. Zahnbehandlungsschein (ausgenommen Überweisungsschein, Zuweisungsschein) vom Anspruchsberechtigten eine Gebühr von 3,63 Euro für Rechnung des Versicherungsträgers einzuheben (§§ 135 Abs. 3 und 153 Abs. 4 ASVG).

Freie Dienstnehmer gemäß § 4 Abs. 4 ASVG und Personen, die auf Grund einer mehrfach geringfügigen Beschäftigung als vollversichert gelten, erhalten die erforderlichen Krankenscheine vom zuständigen Krankenversicherungsträger.

Die für die Dauer der Familienhospizkarenz benötigten Krankenscheine können auch vom Dienstgeber ausgestellt werden.

361-03-00-002
Bundeslandwechsel innerhalb eines Betriebsverbandes oder Konzernes

Wechselt ein Dienstnehmer innerhalb des Betriebsverbandes oder Konzernes in ein anderes Bundesland und hat er in diesem Quartal bereits Krankenscheine gegen Gebühr erhalten, sind Krankenscheine für das neue Bundesland, bei Bedarf, gebührenfrei auszustellen.

361-03-00-003
Dienstgeberwechsel-Bundeslandwechsel

Bei einem Dienstgeberwechsel im Bundesland oder in ein anderes Bundesland innerhalb eines Quartals, ist die Krankenscheingebühr in jenen Fällen einzuheben, in denen der Anspruchsberechtigte die Entrichtung der Gebühr (zB mittels Zahlungsbestätigung des früheren Dienstgebers) nicht glaubhaft nachweisen kann.

Wenn der neue Dienstgeber auf Grund eines vorgelegten Zahlungsnachweises Krankenscheine gebührenfrei abgibt, ist dies in seinen Ausgabeaufzeichnungen entsprechend zu vermerken.

361-03-00-004
Duplikate

Die Ausgabe von Krankenscheinduplikaten ist in den Ausgabeaufzeichnungen des Dienstgebers entsprechend zu vermerken und hat gebührenfrei zu erfolgen.

361-03-00-005
Einhebung der Krankenscheingebühr bei Kündigungsentschädigung, Ersatzleistung

Die Ausstellung des Krankenscheins für Versicherte, bei denen auf Grund des Bezuges einer Ersatzleistung und/oder Kündigungsentschädigung die Pflichtversicherung weiterbesteht, sowie für deren Angehörige übernimmt der zuständige Krankenversicherungsträger.

Anspruchsberechtigte können daher im Anlassfall dorthin verwiesen werden.

361-03-00-006
Facharztscheine

Pro Anspruchsberechtigten und Quartal können bis zu drei Facharztscheine (gebührenpflichtig) ausgestellt werden.

In jenen Bundesländern, in denen mehr als drei Facharztscheine ausgestellt werden dürfen (NÖ, OÖ und Vbg.), sind auch diese gebührenpflichtig.

361-03-00-007
Umtausch bzw. Korrektur nicht verbrauchter Krankenscheine

Bereits bezahlte Krankenscheine, die wegen Quartalswechsels nicht mehr in Anspruch genommen werden können, sind entweder gebührenfrei gegen Krankenscheine des neuen Quartals, bei gleichzeitiger Vernichtung der alten Scheine, auszutauschen oder durch Korrektur der Scheine (Ausstellungsdatum und Quartal) und Anbringung eines entsprechenden Korrekturvermerkes des Dienstgebers – gebührenfrei – für das neue Quartal gültig zu machen. Die gewählte Vorgangsweise ist in den Ausgabeaufzeichnungen des Dienstgebers entsprechend zu vermerken.

361-03-00-008
Urlaubskrankenscheine

Urlaubskrankenscheine sind gebührenfrei auszustellen.

361-03-00-009
Zahnbehandlungsscheine

Der erste pro Anspruchsberechtigten und Quartal ausgestellte Zahnbehandlungsschein ist gebührenpflichtig. Zusätzliche Zahnbehandlungsscheine innerhalb des gleichen Quartals sind bis auf weiteres gebührenfrei auszustellen. (In Tirol darf nur 1 Facharztschein pro Quartal ausgestellt werden.)

361-03-00-010
Ausgabeaufzeichnungen des Dienstgebers

Der Dienstgeber hat Aufzeichnungen über die Ausgabe der Krankenscheine (Zahnbehandlungsscheine) unter Beachtung folgender Mindestangaben pro Person und Quartal zu führen:

– Versicherungsnummer
– Zuname, Vorname (Versicherter/Angehöriger)
– Anzahl der ausgegebenen Scheine pro Arztsparte (praktischer Arzt, Facharzt, Zahnarzt) gegen Gebühr
– Ausstellungsdatum
– Anzahl der ausgegebenen Scheine pro Arztsparte (praktischer Arzt, Facharzt, Zahnarzt) ohne Gebühr
– Begründung bei gebührenfreier Abgabe

Die Aufzeichnungen sind bis zur nächsten GPLA aufzubewahren.

Der zuständige Krankenversicherungsträger ist jederzeit berechtigt, vom Dienstgeber die Vorlage dieser Aufzeichnungen zum Zwecke einer Überprüfung zu verlangen. Der Dienstgeber ist hinsichtlich der Gestaltung seiner Aufzeichnungen grundsätzlich an keine Vorlage gebunden, sofern die erforderlichen Mindestangaben sichergestellt sind.

361-03-00-011
Abfuhr der Krankenscheingebühr – Selbstabrechnende Betriebe

Die Meldung der abzuführenden Gebühren- bzw. Akontosumme hat monatlich mit der Beitragsnachweisung (Verrechnungsgruppe N99) zu erfolgen. Die Gebührensumme der innerhalb eines Kalendermonats (Beitragszeitraumes) abgegebenen gebührenpflichtigen Krankenscheine ist vom Dienstgeber bzw. der sonstigen ausstellenden Stelle jeweils bis zum 15. des Folgemonats, gemeinsam mit den SV-Beiträgen, an jenen Krankenversicherungsträger, auf dessen Rechnung sie eingehoben werden, abzuführen.

361-03-00-012
Abfuhr der Krankenscheingebühr – Vorschreibebetriebe

Dienstgeber, denen die SV-Beiträge vom zuständigen Krankenversicherungsträger vorgeschrieben werden, haben diesem, bis zum 7. des Folgemonats eines Quartals, die sich aus der Anzahl der in diesem Quartal auf Rechnung dieses Krankenversicherungsträgers abgegebenen gebührenpflichtigen Krankenscheine ergebende Gebührensumme mit dem dafür vorgesehenen Formular zu melden.

Die gemeldete Gebührensumme wird vom Krankenversicherungsträger bei der nächsten Beitragsvorschreibung entsprechend berücksichtigt.

361-03-00-013
Zahlungsverzug

Ein Zahlungsverzug bei der Krankenscheingebühr hat dieselben Konsequenzen wie ein Zahlungsverzug bei den Sozialversicherungsbeiträgen.

410-00-00-001
Bescheide der Verwaltungsträger in Verwaltungssachen (§ 410 ASVG)

Der Versicherungsträger hat in Verwaltungssachen, zu deren Behandlung er nach § 409 ASVG berufen ist, einen Bescheid zu erlassen, wenn er die sich aus diesem Bundesgesetz in solchen Angelegenheiten ergebenden Rechte und Pflichten von Versicherten und von deren Dienstgebern oder die gesetzliche Haftung Dritter für Sozialversicherungsbeiträge feststellt und nicht das Bescheidrecht der Versicherungsträger in diesem Bundesgesetz ausgeschlossen ist. In bestimmten Fällen ist über Antrag des Versicherten (Dienstgebers) ohne unnötigen Aufschub, spätestens aber sechs Monate nach Einlangen des Antrages, der Bescheid zu erlassen. Wird der Partei innerhalb dieser Frist der Bescheid nicht zugestellt, so geht auf ihr schriftliches Verlangen die Zuständigkeit zur Entscheidung an den Landeshauptmann über.

410-02-00-001
Bescheiderteilung

Die Klägerin hatte für geringfügig beschäftigte Arbeitnehmer gemäß § 53a ASVG den pauschalierten Dienstgeber-Beitrag zu entrichten. Da diese Bestimmung beim VfGH einem Gesetzesprüfungsverfahren unterzogen wurde, beantragte die Klägerin am 12. Februar 2002 bei der Österreichischen Gesundheitskasse die Rückzahlung des pauschalierten Dienstgeber-Beitrages, um sich die „Anlassfallwirkung" zu sichern.

Bei der Österreichischen Gesundheitskasse war für die Erledigung dieser Bescheidanträge ein Mitarbeiter zuständig, der seit Mitte Jänner 2002 etwa 200 Bescheidanträge auf Rückerstattung des pauschalierten Dienstgeber-Beitrages zu bearbeiten hatte. Der Bescheidantrag der Klägerin wurde am 10. Mai 2002 erledigt. Da die nichtöffentliche Sitzung vor dem VfGH bereits am 7. März 2002 begann, kam die Klägerin nicht mehr in den Genuss der Anlassfallwirkung.

Die Klägerin begehrte von der Kasse aus dem Grund der Amtshaftung den Ersatz des ihr entstandenen Schadens in Höhe des Klagebetrages, weil die Kasse schuldhaft säumig gewesen sei. Der Aufwand für die Erlassung des Bescheids hätte nur etwa 10 Minuten betragen.

Das Verlangen eines Dienstgebers auf Bescheiderlassung binnen 14 Tagen, um in den Genuss der „Anlassfallwirkung" beim VfGH zu kommen, ist nach den gegebenen Umständen als Überspannung der Entscheidungsfrist (in zeitlicher Hinsicht) anzusehen. Die Behörde ist weiters nicht verpflichtet die für die Bearbeitung dieser Anträge zuständige Abteilung personell aufzustocken bzw. den dort eingesetzten Mitarbeiter von anderen Agenden zu entlasten. Eine diesfalls eingebrachte Amtshaftungsklage wurde abgewiesen. (Hauptverband 20. April 2004, Zl. FO-MVB/51.1/04 Rv/Mm)

412a-00-00-001
Verfahren zur Klärung der Versicherungszuordnung (§ 412a ASVG)

Mit dem BGBl. I, Nr. 125/2017 wurde eine neue Bestimmung zur Klärung der Versicherungszuordnung („Sozialversicherungszuordnungsgesetz") geschaffen.

Zur Klärung der Versicherungszuordnung ist ein Verfahren mit wechselseitigen Verständigungspflichten des Krankenversicherungsträgers und der Sozialversicherungsanstalt der Selbständigen durchzuführen. Eine Einleitung dieses Verfahren erfolgt entweder aufgrund einer amtswegigen Sachverhaltsfeststellung (§§ 412b und 412c-Neuzuordnung) oder aufgrund der Anmeldung zur Pflichtversicherung (§ 412d-Vorabprüfung) oder auf Antrag der versicherten Person oder ihres Auftragsgebers (§ 412e-Versicherungszuordnung auf Antrag).

412a-00-00-002
Liste freier Gewerbe

Die Österreichische Gesundheitskasse, die Versicherungsanstalt öffentlich Bediensteter, Eisenbahnen und Bergbau sowie die Sozialversicherungsanstalt der Selbständigen haben einvernehmlich nachstehende freie Gewerbe bestimmt, die dem Verfahren zur Klärung der Versicherungszuordnung gemäß § 412a Z 2 lit a ASVG unterzogen werden.

1. Adressieren, einlegen, einkleben, falten, kuvertieren von Prospekten, Katalogen, Zeitungen, Briefen und Broschüren (Postservice)
2. Befüllen von Verkaufsautomaten
3. Befüllen von Kissen
4. Beladen und Entladen von Verkehrsmitteln
5. Chauffeurdienste für Halter solcher Personenkraftwagen, die nicht gewerblich betrieben werden, ohne ständig vom selben Auftraggeber betraut zu werden

6. Durchführung von Lohnarbeiten und Dienstleistungen für land- und forstwirtschaftliche Betriebe mit Geräten, die typischerweise in solchen Betrieben verwendet werden, bestehend aus Mähen, Pressen von Heu und Silage, Jauchegrube entleeren, Holzhäckselarbeiten, Ausbringen von Dünger, Erntearbeiten, Bodenbearbeitung (Agrardienstleistungen ausgenommen Fuhrwerksdienste)
7. Einfache Vorbereitungsarbeiten für durch Befugte durchzuführende Schweißarbeiten, insbesondere durch Schrägschleifen der Verbindungsstücke
8. Oberflächenreinigung von beweglichen Sachen, ausgenommen Textilien sowie der Denkmal-, Fassaden- und Gebäudereinigung vorbehaltenen Tätigkeiten
9. Zusammenbau und Montage beweglicher Sachen, mit Ausnahme von Möbeln und statisch belangreichen Konstruktionen, aus fertig bezogenen Teilen mit Hilfe einfacher Schraub-, Klemm-, Kleb- und Steckverbindungen
10. Botendienste
11. Büroservice
12. Demontage von Heizungsanlagen, Heizkesseln und Tanks samt Zu- und Ableitungen unter Ausnahme des Abschließens von Versorgungsnetzen für Gas, Wasser und Strom sowie sämtlicher statisch belangreicher Arbeiten
13. Erdbewegung (Deichgräber), beschränkt auf seichte Abgrabungen bis zu einer Tiefe von 1,25 Meter, sofern keine besonderen statischen Kenntnisse erforderlich sind
14. Regalbetreuung

539a-00-00-01
Grundsätze der Sachverhaltsfeststellung (§ 539a ASVG)

Im Zuge des Strukturanpassungsgesetzes 1996 wurde die Bestimmung des § 539a ASVG neu eingefügt, in der die Grundsätze zur Sachverhaltsfeststellung geregelt und weitgehend den §§ 21 bis 24 BAO nachgebildet sind.

539a-01-00-01
Wahrer wirtschaftlicher Gehalt

Bei der Beurteilung der Pflichtversicherung, insbesondere der Abgrenzung zwischen Dienstnehmern, freien Dienstnehmern und selbstständiger Tätigkeit, ist der wahre wirtschaftliche Gehalt der vertraglichen Vereinbarung entscheidend. Es kommt also nicht auf die äußere Erscheinungsform des Sachverhaltes (z.B. Werkvertrag, Dienstvertrag) an, sondern darauf, wie die in Rede stehende Tätigkeit tatsächlich ausgeübt wird.

539a-02-00-01
Umgehungsabsicht

Durch den Missbrauch von Formen und durch Gestaltungsmöglichkeiten des bürgerlichen Rechts können Verpflichtungen nach den sozialversicherungsrechtlichen Bestimmungen, besonders die Pflichtversicherung, nicht umgangen oder gemindert werden.

Nach der Judikatur des Verwaltungsgerichtshofes liegt ein Missbrauch von Formen und Gestaltungsmöglichkeiten des bürgerlichen Rechts im Sinne von § 539a Abs. 2 ASVG jedenfalls dann vor, wenn die Gestaltung der rechtlichen Verhältnisse anders als mit der Absicht der Umgehung gesetzlicher Verpflichtungen nicht erklärt werden kann (VwGH 14.3.2001, Zl. 2000/08/0097).

In dem zitierten Erkenntnis hat ein Alleingesellschafter einer GmbH einen Dritten zum Geschäftsführer bestellt, ihm aber zugleich im Innenverhältnis praktisch alle mit der Geschäftsführung verbundenen Befugnisse, mit Ausnahme der nicht abdingbaren, entzogen und sich gleichzeitig von diesem nominellen Geschäftsführer mit einer umfassenden Generalvollmacht ausstatten lassen.

Eine derartige Konstruktion lässt nur den Schluss zu, dass sie lediglich deshalb gewählt wurde, um dem Alleingesellschafter zwar die Befugnisse der Geschäftsführung zu vermitteln, ihn jedoch vor den im Gesetz vorgesehenen Sorgfaltsverbindlichkeiten und den damit verbundenen Haftungen eines Geschäftsführers zu schützen.

Eine solche Konstruktion, die also im Wesentlichen nur der Umgehung gesetzlicher Haftungen als Geschäftsführer dient, ist nach Ansicht des Verwaltungsgerichtshofes gemäß § 539a Abs. 2 ASVG unbeachtlich.

539a-03-00-01
Beurteilung nach den tatsächlichen Verhältnissen

Nach § 539a Abs. 3 ASVG ist der Sachverhalt so zu beurteilen, wie er bei einer den wirtschaftlichen Vorgängen, Tatsachen und Verhältnissen angemessenen rechtlichen Gestaltung zu beurteilen gewesen wäre. Bei dem im Verwaltungsgerichtshoferkenntnis vom 14.3.2001, Zl. 2000/08/0097, behandelten Fall (siehe vorstehende Ausführungen) wäre die vorliegende Rechtssache daher so zu beurteilen, als ob der Alleingesellschafter Geschäftsführer und damit zur gesetzlichen Vertretung der Gesellschaft berufenes Organ gewesen wäre. Dies deshalb, da ein sachlicher Grund, einen Dritten zunächst zum Geschäftsführer zu bestellen und sich dann selbst die zur Geschäftsführung erforderlichen Befugnisse im Rahmen einer Generalvollmacht einräumen zu lassen, im konkreten Fall nicht erkennbar war.

539a-04-00-01
Scheingeschäfte

Im § 539a Abs. 4 ASVG wird zum Ausdruck gebracht, dass Scheingeschäfte und andere Scheinhandlungen für die Feststellung eines Sachverhaltes keine Bedeutung haben. Soll durch das Scheingeschäft ein anderes Rechtsgeschäft verdeckt werden, ist das verdeckte Rechtsgeschäft für die Beurteilung des Sachverhaltes maßgebend.

6. E-MVB
539a-05-00-01 – AlVG-0002

539a-05-00-01
Anwendung der BAO

Im § 539a Abs. 5 ASVG wird noch zusätzlich die direkte Geltung der Bestimmungen der §§ 21 bis 24 BAO für Sachverhalte, die nach dem ASVG zu beurteilen sind, angeordnet.

AlVG-0001
Arbeitslosenversicherungsgesetz (AlVG)

Das Arbeitslosenversicherungsgesetz 1977 regelt im Wesentlichen den Umfang der Arbeitslosenversicherung sowie die daraus zu gewährenden Leistungen.

Aufgrund der Bestimmung des § 1 Abs. 2 lit. e AlVG besteht für DienstnehmerInnen die das gesetzliche Mindestalter für eine Alterspension erreicht oder das 60. Lebensjahr vollendet haben, ab dem Beginn des darauffolgenden Kalendermonates keine Pflichtversicherung in der Arbeitslosenversicherung mehr.

Dies bedeutet, dass für Frauen ab Jänner 2004 ab dem Kalendermonat nach Vollendung von 56 Lebensjahren und 6 Monaten keine Arbeitslosenversicherungspflicht besteht. Aufgrund der neuen Pensionsbestimmungen ergeben sich folgende weitere maßgebende Zeitpunkte:

Bis 30. Juni 2004
56 Jahre und 6 Monate
Ab 1. Juli 2004 – 30. September 2004
56 Jahre und 8 Monate
Ab 1. Oktober 2004 – 31. Dezember 2004
56 Jahre und 10 Monate
Ab 1. Jänner 2005
Quartalsweise Erhöhung um jeweils einen Monat

Diese Erhöhungsschritte gelten nur für Frauen; für Männer gilt generell das Erreichen des 60. Lebensjahres. Individuelle Regelungen für das Pensionsantrittsalter (z.B. „Hacklerregelung") bleiben außer Betracht.

Neben dem AlV-Beitrag entfällt auch der IESG-Zuschlag!

Überblick über Entfall des Arbeitslosenversicherungsbeitrages und des IESG-Zuschlages.

Im Folgenden geben wir Ihnen einen Überblick über die ab 1. Jänner 2004 geltende Rechtslage:

Frauen ab dem vollendeten 56. bzw. Männer ab dem vollendeten 58. Lebensjahr:
– Die Pflichtversicherung in der Arbeitslosenversicherung bleibt aufrecht.
– Der AlV-Beitrag entfällt.
– Der IESG-Zuschlag ist weiterhin zu entrichten.

DienstnehmerInnen, die das gesetzliche Mindestalter für eine Alterspension erreicht oder das 60. Lebensjahr vollendet haben:
– Die Pflichtversicherung in der Arbeitslosenversicherung endet.
– Der AlV-Beitrag sowie der IESG-Zuschlag entfallen.

Einstellung von DienstnehmerInnen, die das 50. Lebensjahr vollendet haben, sofern bestimmte Voraussetzungen vorliegen (Bonus):
– Die allgemeinen Voraussetzungen für den Bonus müssen wie bisher vorliegen (Internet-Tipp: www.kgkk.at (Service (Dienstgeber (Grundlagen von A–Z (Bonus alle Kriterien, die für den Bonus notwendig sind).
– Die Pflichtversicherung in der Arbeitslosenversicherung bleibt aufrecht.
– Der Dienstgeberanteil zum AlV-Beitrag entfällt zur Gänze oder zur Hälfte.
– Der IESG-Zuschlag ist zu entrichten.

AlVG-0002
Altersteilzeit

Ein Arbeitgeber, der ältere ArbeitnehmerInnen beschäftigt, die ihre Arbeitszeit verringern und denen einen Lohnausgleich gewährt, hat Anspruch auf Altersteilzeitgeld (§ 27 Abs. 1 AlVG). Die Voraussetzungen für die Inanspruchnahme des Altersteilzeitgeldes werden vom Arbeitsmarktservice geprüft. Bei Erfüllung dieser Voraussetzungen gebührt das Altersteilzeitgeld. Anträge sind vom Arbeitgeber bei der nach dem Betriebssitz zuständigen regionalen Geschäftsstelle des Arbeitsmarktservice zu stellen. Der Arbeitgeber hat jede für das Bestehen oder für das Ausmaß des Anspruchs auf Altersteilzeitgeld maßgebliche Änderung unverzüglich der zuständigen regionalen Geschäftsstelle des AMS anzuzeigen (§ 27 Abs. 6 AlVG).

Betreffend Altersteilzeit bei Insolvenz vergleiche auch 011-01-00-006.

„Gemäß der Judikatur des Obersten Gerichtshofes (OGH vom 8.8.2007, 9 ObA 19/07w) erwirbt der Dienstnehmer im geblockten Altersteilzeitmodell durch Krankenstände in der Arbeitsphase nur während der vollen Entgeltfortzahlung (EFZ) auch ein volles Guthaben für die Freizeitphase. Verringert sich der EFZ-Anspruch so, reduziert sich auch das Guthaben um die Hälfte (bei einer 25%igen EFZ vermindert sich das Guthaben um 75%). Besteht keinerlei Anspruch auf EFZ mehr, wird kein Guthaben mehr erworben Eine Erkrankung während der Arbeitsphase kann daher zur Folge haben, dass sich der Beginn der Freizeitphase verzögert oder das Entgelt während der Freizeitphase gekürzt wird. Auf die entsprechenden Bestimmungen der jeweiligen Kollektivverträge, Betriebsvereinbarungen oder Einzelverträge ist dabei zu achten. Günstigere Regelungen für Dienstnehmer sind möglich (so kann der Dienstgeber z. B. trotz Erkrankung auf die Einarbeitung oder die Entgeltkürzung verzichten). Eine Kontaktaufnahme mit dem AMS wird jedenfalls empfohlen." (LVB-51.1/18 Jv/Km)

Gemäß § 44 Abs. 1 Z 10 ASVG gilt als Beitragsgrundlage bei Dienstnehmern, für die dem Dienstgeber ein Altersteilzeitgeld gewährt wird, die Beitragsgrundlage vor Herabsetzung der Normalarbeitszeit. Grundlage für die Bemessung des Altersteilzeitgeldes ist daher das gebührende monatliche Bruttoarbeitsentgelt vor Herabsetzung der Normalarbeitszeit. In die Beitragsgrundlage eingeflossene, regelmäßig über einen längeren Zeitraum (Richtwert drei Monate) erbrachte bezahlte Überstunden (z.B. pauschalierte Überstunden) sind zu berücksichtigen. Einmalige Prämien oder nur in diesem Monat angefallene Überstunden bleiben außer Betracht. Diese Beitragsgrundlage gilt auch für den Arbeitslosenversicherungsbeitrag, für alle Nebenbeiträge (Umlagen und Fonds) und für den Mitarbeitervorsorgebeitrag. Bei der Bemessung des Altersteilzeitgeldes werden die jährlichen Anhebungen der Höchstbeitragsgrundlage bzw. kollektivvertragliche oder sonst gebührende Ist-Lohnerhöhungen berücksichtigt. Die letzte volle Beitragsgrundlage iSd § 44 Abs. 1 Z 10 ASVG ist daher insofern variabel, als sie sich durch solche Steigerungen entsprechend erhöht. Häufig wird/wurde für die Altersteilzeit das „Blockzeitmodell" vereinbart. Der Dienstnehmer arbeitet in der Regel während der Hälfte der vereinbarten Dauer voll weiter und nimmt während der anderen Hälfte Zeitausgleich. Endet nun ein solches Dienstverhältnis vor Ablauf der vereinbarten Dauer, so endet der Anspruch auf Altersteilzeitgeld ebenfalls mit dem arbeitsrechtlichen Ende. Es kommt weder zu einer Verlängerung der Pflichtversicherung noch löst die Nachzahlung des nicht konsumierten Zeitguthabens eine Erhöhung der Beitragsgrundlage aus.

Fordert das AMS vom Dienstgeber das Altersteilzeitgeld zurück, ist die fixe Beitragsgrundlage nach § 44 Abs. 1 Z 10 ASVG nicht mehr anwendbar. Nachzahlungen des Dienstgebers sind beitragszeitraumkonform aufzurollen. Gebührt nach dem Ende des Dienstverhältnisses (nach dem Auslaufen des Altersteilzeitgeldes) noch eine Urlaubsersatzleistung ist die Pflichtversicherung nach den allgemein gültigen Regeln zu verlängern. (Bundeseinheitliche Dienstgeberinformation Oktober 2003)

Kündigt der Arbeitgeber einen Arbeitnehmer während eines geblockten Altersteilzeitmodells vorzeitig, ist dem Arbeitnehmer das im Zeitpunkt der Beendigung des Arbeitsverhältnisses bestehende Zeitguthaben an Normalarbeitszeit unter Berücksichtigung eines Zuschlages von 50 % abzugelten. Ob bei Berechnung der Abgeltung auch der vom Arbeitgeber gezahlte Lohnausgleich in den Stundensatz einzubeziehen ist, richtet sich nach der konkreten Altersteilzeitvereinbarung. Sieht diese vor, dass für die Altersteilzeitarbeit jedenfalls ein bestimmtes Entgelt geschuldet wird, ohne dieses weiter in Bezug auf eine allfällige Beendigung des Arbeitsverhältnisses und ihre Folgen zu spezifizieren, ist der bis zur Kündigung gezahlte Lohnausgleich in die Bemessungsgrundlage einzubeziehen. (Hauptverband 5.7.2005, Zl. FO-MVB/51.1/05 Rv/Mm)

<u>Beispiel für eine Umstufung:</u>
Mitarbeiterin geboren am 10.4.1954 hat einen Pensionsbescheid mit 1.5.2014.

Die Dienstnehmerin vollendet das 60.Lj. mit 09.04.2014.

Lt. Pensionsbescheid sind die Voraussetzungen für die Alterspension zum Stichtag 01.05.2014 erfüllt.

Laut Auskunft durch das AMS ist die Umstufung mit 01.05. korrekt.

Würde diese Person Leistungen aus der Arbeitslosenversicherung beziehen, käme es ebenfalls mit 01.05. zu einer Einstellung des Leistungsbezuges. Die Ausführungen im § 1 Abs. 2 lit. e AlVG, ... ab Beginn des folgenden Kalendermonats... beziehen sich auf die Erfüllung des Alters für die Korridorpension bzw. ein Jahr danach. Wenn dieses Alter wie im Beispiel angeführt, der 10.04. wäre, dann ist mit 01.05. die Umstufung durchzuführen (das ist nämlich der Beginn des folgenden Kalendermonats).

Maßgebender Zeitpunkt ist der Stichtag. (Hauptverband 21.10.2014, Zl. 51.1/14/0013 Km/Gd)

AlVG-0003
Beitragsgrundlage

Gemäß § 44 Abs. 1 Z 10 ASVG gilt als Beitragsgrundlage bei Dienstnehmern, für die dem Dienstgeber ein Altersteilzeitgeld gewährt wird, die Beitragsgrundlage vor Herabsetzung der Normalarbeitszeit. Damit ist klargestellt, dass bei der Bemessung des Altersteilzeitgeldes die jährlichen Anhebungen der Höchstbeitragsgrundlage bzw. kollektivvertragliche oder sonst gebührende IST-Lohnerhöhungen berücksichtigt werden. Somit ist die bisher „versteinerte" letzte volle Beitragsgrundlage iSd § 44 Abs. 1 Z 10 ASVG insofern variabel, als sie durch solche Steigerungen entsprechend erhöht wird.

Bei Verlängerung der Pflichtversicherung wegen einer Ersatzleistung für das Urlaubsentgelt (Urlaubsersatzleistung) ist sozialversicherungsrechtlich § 44 Abs. 1 Z 10 ASVG nicht anwendbar, weil es sich um einen Zeitraum handelt, für den der Dienstgeber kein Altersteilzeitgeld erhält.

Die Kammerumlage, der Wohnbauförderungsbeitrag und der Schlechtwetterentschädigungsbeitrag sind von der Beitragsgrundlage für die Krankenversicherung zu entrichten.

AlVG-0004
Familienhospizkarenz

Personen, die in einem privatrechtlichen Dienstverhältnis stehen und gemäß § 14a oder § 14b AVRAG oder einer gleichartigen Regelung eine Herabsetzung, eine Änderung der Lage der Normalarbeitszeit oder eine Freistellung gegen Entfall des Arbeitsentgelts zum Zwecke der Sterbebegleitung eines nahen Verwandten oder der Begleitung eines schwersterkrankten Kindes in Anspruch nehmen, bleiben jedenfalls nach den jeweils auf Grund dieses Dienstverhältnisses anzuwendenden Rechtsvorschriften kranken- und pensionsversichert. Wenn es bei Inanspruchnahme von Familienhospizkarenz rückwirkend zu einer Zuerkennung einer Berufsunfähigkeitspension kommt, so hat die rückwirkend zuerkannte Berufsunfähigkeitspension keine Auswirkung auf die Familienhospiz-

6. E-MVB
AMPFG-0001 – AMPFG-0003

karenz. Diese bleibt bestehen. Auch während des Bezugs von Kinderbetreuungsgeld und die daraus resultierende Krankenversicherung besteht eine allfällige Familienhospizkarenz weiter. Es liegt ein Fall der Mehrfachversicherung vor. (Hauptverband 2., 3.12.2003, Zl. FO-MVB/32-51.1/03 Rv/Mm)

AMPFG-0001
Arbeitsmarktpolitikfinanzierungsgesetz (AMPFG)

In den §§ 5a und 5b AMPFG ist das Bonus/Malus-System gesetzlich geregelt. Das Bonus/Malus-System kommt nur bei arbeitslosenversicherungspflichtigen Beschäftigungsverhältnissen zur Anwendung.

AMPFG-0002
Bonus

Bonus bedeutet, dass der Dienstgeberanteil zur Arbeitslosenversicherung bei Einstellung älterer Dienstnehmer verringert wird oder zur Gänze entfällt.

Für den Entfall des Arbeitslosenversicherungsbeitrages ist nicht das arbeitsrechtliche, sondern das sozialversicherungsrechtliche Ende maßgebend. Das bedeutet, dass für die Zeit der Urlaubsersatzleistung bzw. Kündigungsentschädigung der Arbeitslosenversicherungsbeitrag mit dem nächsten Kalendermonat entfällt, wenn das entsprechende Geburtsdatum in diesem Zeitraum liegt. (Hauptverband 17.2.2004, Zl. FO-MVB/51.1/04 Rv/Mm)

Mit Wirksamkeit 1.8.2004 wurde § 5a Abs. 2 Z 1 AMPFG geändert. Ein Entfall gemäß § 5a Abs. 2 Z 1 AMPFG tritt nicht ein, wenn die eingestellte Person bereits vor Vollendung des 50. Lebensjahres beim selben Dienstgeber beschäftigt war, es sei denn, der Zeitpunkt der Beendigung des vorangegangenen Dienstverhältnisses im Sinne des § 11 ASVG liegt mehr als drei Jahre vor der Einstellung zurück. Der ARD hat die Gesetzesänderung falsch aufgefasst. Es muss die Richtigstellung im ARD veranlasst werden. Richtig ist, dass ein Bonusfall den Bonus behält, wenn er innerhalb der Wiedereinstellungsfrist wieder eingestellt wird; dies war Absicht des Gesetzgebers. Falsch ist die Annahme, dass jemand nach 50 Jahren freigesetzt wird und umgehend wieder eingestellt wird, damit er ein Bonus-Fall wird. In diesem Fall gibt es keinen Bonus, weil die 3-Jahresfrist nicht eingehalten wurde. Es kommen somit 2 Gruppen eines Bonus-Falles zur Anwendung:

a. Jemand wird als Bonus-Fall gekündigt und wird wieder eingestellt.
b. Jemand wird gekündigt, ohne ein Bonus-Fall zu sein, und wird nach Vollendung des 50. Lebensjahres und nach Ablauf von 3 Jahren beim selben Dienstgeber wieder eingestellt.

Anders liegt der Fall, in dem jemand mit über 49 Jahren gekündigt wird und mit 50,5 Jahren wieder eingestellt wird. Hier liegt kein Bonus-Fall vor, weil die 3-Jahresfrist nicht erfüllt ist. (Hauptverband 21. September 2004, Zl. FO-MVB/51.1/04 Rv/Mm)

Beispiel 1:
erstes Dienstverhältnis: vom 48. bis zum 49. Lebensjahr – kein Bonus;
zweites Dienstverhältnis: ab dem 51. Lebensjahr – kein Bonus;
Lösung: Der Dienstnehmer war bereits vor Vollendung des 50.Lebensjahres beim Dienstgeber beschäftigt. Da die dreijährige Sperrfrist nicht eingehalten wurde, steht kein Bonus zu. Weder Fallgruppe a noch Fallgruppe b trifft zu.

Beispiel 2:
erstes Dienstverhältnis: vom 45. bis zum 47. Lebensjahr – kein Bonus;
zweites Dienstverhältnis: vom 49. bis zum 51. Lebensjahr – kein Bonus;
drittes Dienstverhältnis: ab dem 52. Lebensjahr – kein Bonus;
Lösung: Der Dienstnehmer war bereits VOR Vollendung des 50. Lebensjahres beim Dienstgeber beschäftigt. Da vor Beginn des dritten Dienstverhältnisses die dreijährige Sperrfrist nicht eingehalten wurde, steht kein Bonus zu. Weder Fallgruppe a noch Fallgruppe b trifft zu.

Beispiel 3:
erstes Dienstverhältnis: vom 47. bis zum 49. Lebensjahr – kein Bonus;
zweites Dienstverhältnis: vom 53. bis zum 54. Lebensjahr – Bonus!
drittes Dienstverhältnis: ab dem 55. Lebensjahr – Bonus!
Lösung: Der Dienstnehmer war zwar bereits vor Vollendung des 50. Lebensjahres beim Dienstgeber beschäftigt; für das zweite Dienstverhältnis gebührt aber dennoch ein Bonus, weil die dreijährige Sperrfrist eingehalten wurde (Fallgruppe b). Für das dritte Dienstverhältnis gebührt ebenfalls ein Bonus, weil ein Dienstverhältnis, das ein Bonus-Fall ist, beendet und wieder aufgenommen wurde (Fallgruppe a).

Beispiel 4:
erstes Dienstverhältnis: vom 51. bis zum 52. Lebensjahr – Bonus!
zweites Dienstverhältnis: ab dem 53. Lebensjahr – Bonus!
Lösung: Für das erste Dienstverhältnis gebührt ein Bonus, weil das Dienstverhältnis nach Vollendung des 50. Lebensjahres begründet wurde. Für das zweite Dienstverhältnis gebührt der Bonus, weil ein Dienstverhältnis, das ein Bonusfall ist, beendet und wieder aufgenommen wurde (Fallgruppe a).

AMPFG-0003
Bonus – Altersgrenze für Neueinstellungen nach dem 30.9.2000

Als Zeitpunkt für das Wirksamwerden des Bonus gilt der 50. Geburtstag. Bei Einstellung solcher Dienstnehmer nach dem 30.9.2000 entfällt der Dienstgeberbeitrag zur Arbeitslosenversicherung zur Gänze.

6. E-MVB
AMPFG-0004 – AMPFG-0008

AMPFG-0004
Altersgrenze für bereits erfolgte Einstellungen (1.4.1996 bis 30.9.2000 – „Altfälle")

Für die in der Zeit vom 1.4.1996 bis einschließlich 30.9.2000 bereits eingestellten Dienstnehmer, sogenannte „Altfälle", gelten nach wie vor folgende Altersgrenzen:

AMPFG-0005
BONUS 1 (gilt nur für „Altfälle")

Als Zeitpunkt für das Wirksamwerden der Bonusstufe 1 gilt der 50. Geburtstag. Bei Einstellung solcher Dienstnehmer (bis einschließlich 30.9.2000) bis zur Vollendung des 55. Lebensjahres vermindert sich der Dienstgeberanteil am Arbeitslosenversicherungsbeitrag von derzeit 3 v.H. auf 1,5 v.H.

AMPFG-0006
BONUS 2 (Regelfall)

Bei Einstellung solcher Dienstnehmer (ab 1.10.2000) entfällt der Dienstgeberanteil am Arbeitslosenversicherungsbeitrag zur Gänze. Ebenso für Dienstnehmer, die schon vor Vollendung des 55. Lebensjahres beim selben Dienstgeber in der Bonusstufe 1 beschäftigt waren („Altfälle") ab Erreichung dieser Altersgrenze.

AMPFG-0007
Zeitpunkt für das Wirksamwerden des Bonus

Als Zeitpunkt für das Wirksamwerden der Bonusstufen gilt der jeweilige Geburtstag, wenn dies ein Monatserster ist, ansonst der dem Geburtstag folgende Monatserste. Es muss sich dabei um eine Neueinstellung oder bei den „Altfällen" um die Erreichung der Bonusstufe 2 eines bereits in Bonusstufe 1 Beschäftigten handeln.

Eine Verminderung oder ein Entfall des Arbeitslosenversicherungsbeitrages tritt nicht ein, wenn
– der eingestellte Dienstnehmer bereits beim selben Dienstgeber arbeitslosenversicherungspflichtig beschäftigt war, es sei denn, der Zeitpunkt der Beendigung des vorangegangenen Dienstverhältnisses (Ende des Entgeltanspruches) liegt mehr als drei Jahre vor der Einstellung zurück, oder
– ein Dienstnehmer innerhalb eines Konzerns oder innerhalb einer Gesellschaft nach bürgerlichem Recht (zB ARGE) von einem Unternehmen zu einem anderen Unternehmen wechselt oder
– das Dienstverhältnis nicht für die Dauer von mindestens einem Monat vereinbart wird oder der Dienstnehmer nicht mindestens einen Monat lang durchlaufend arbeitslosenversicherungspflichtig beschäftigt war.

Der Bonus nach § 5a AMPFG für ein vollversichertes Beschäftigungsverhältnis (bei Vorliegen aller sonstigen Voraussetzungen) fällt auch dann an, wenn diesem Beschäftigungsverhältnis ein geringfügig entlohntes Beschäftigungsverhältnis unmittelbar vorangegangen ist. (VfGH 26.2.2001, Zl. B 1570/00)

Wenn der stillgelegte Betrieb verkauft wird und der neue Betriebsinhaber dieselben Leute wieder einstellt, gebührt der Bonus.

Für Erntehelfer ist kein Bonus zu gewähren.

Wird das Dienstverhältnis eines älteren Dienstnehmers wegen saisonaler Beschäftigungsschwankungen am Ende der Saison aufgelöst, wobei der Dienstnehmer aber auch eine Wiedereinstellungszusage erhält, kann bei Begründung eines neuen Dienstverhältnisses mit diesem Dienstnehmer am Beginn der nächsten Saison der Bonus (Verminderung des Dienstgeberanteils am Arbeitslosenversicherungsbeitrag) nicht in Anspruch genommen werden. (VwGH 21.9.1999, Zl. 99/08/0059)

Eine Anwendung der Bonus-Regelung auch in den Fällen, in denen es sich um kurzfristige Unterbrechungen des Dienstverhältnisses in Saisonbetrieben handelt, würde sowohl den gesetzlichen Bestimmungen des § 5a AMPFG als auch der Intention des Gesetzgebers widersprechen, wonach der Bonus nur solange gewährt werden soll, als dem Betrieb Kosten der Arbeitslosenversicherung verursacht werden. (BMAS 11.8.1997, Zl. 35.500/34-2/97)

Weitere Hinweise zum Bonus-System siehe unter weitere wichtige Hinweise zum Bonus-Malus-System.

AMPFG-0008
Malus

Dienstgeber, die das arbeitslosenversicherungspflichtige Dienstverhältnis eines Dienstnehmers, der zum Beendigungszeitpunkt das 50. Lebensjahr vollendet oder überschritten hat, auflösen, haben einen einmaligen Beitrag zu entrichten. Als Beendigungszeitpunkt gilt das arbeitsrechtliche Ende des Dienstverhältnisses bzw. bei einem Wechsel von einer voll- und arbeitslosenversicherungspflichtigen Tätigkeit zu einer geringfügigen Beschäftigung das Ende der Pflichtversicherung in der Arbeitslosenversicherung.

Beitragspflicht besteht bei Auflösung eines arbeitslosenversicherungspflichtigen Dienstverhältnisses, sofern der Dienstnehmer
– das 50. Lebensjahr vollendet oder überschritten hat,
– mindestens zehn Jahre im Betrieb beschäftigt war, wobei Unterbrechungen der Beschäftigung bis zu einem Jahr eingerechnet werden (dies gilt auch für die Zeit der Beschäftigung in einem anderen Unternehmen innerhalb eines Konzerns oder innerhalb einer Gesellschaft nach bürgerlichem Recht wie z.B. ARGE)

und insbesondere aus folgenden Gründen aus dem Betrieb ausgeschieden ist:
– Kündigung durch den Dienstgeber
– berechtigter vorzeitiger Austritt
– einverständliche Lösung
– Zeitablauf

6. E-MVB
AMPFG-0009 – AMPFG-0010

- Entlassung (wegen langer Arbeitsunfähigkeit infolge Krankheit) gemäß § 82 GewO
- Entlassung ohne Verschulden des Dienstnehmers

Der Malus fällt nicht an, wenn

- der Dienstnehmer
- gekündigt hat oder
- ohne wichtigen Grund vorzeitig ausgetreten ist oder
- aus gesundheitlichen Gründen vorzeitig ausgetreten ist oder
- im Zeitpunkt der Auflösung des Dienstverhältnisses einen Anspruch auf eine Invaliditäts- oder Berufsunfähigkeitspension hat oder
- zum Zeitpunkt der Auflösung des Dienstverhältnisses die Anspruchsvoraussetzungen für eine andere (vorzeitige) Alterspension als die Korridorpension gem. § 4 Abs. 2 des Allgemeinen Pensionsgesetzes (APG) erfüllt hat oder
- im Zeitpunkt der Auflösung des Dienstverhältnisses die Voraussetzungen für die Inanspruchnahme eines Sonderruhegeldes nach Artikel X des Nachtschwerarbeitsgesetzes (NSchG) erfüllt oder
- die Entlassung gerechtfertigt ist oder
- innerhalb eines Konzerns oder innerhalb einer Gesellschaft nach bürgerlichem Recht (z.B. ARGE) im unmittelbaren Anschluss an das beendete Dienstverhältnis ein neues Dienstverhältnis begründet wird oder
- ein Wiedereinstellungsvertrag oder eine Wiedereinstellungszusage (§ 9 Abs. 7 AlVG) vorliegt oder
- der Betrieb stillgelegt wird oder
- ein Teilbetrieb stillgelegt wird und keine Beschäftigungsmöglichkeit in einem anderen Teilbetrieb besteht.

AMPFG-0009
Beitragsgrundlage

Als Beitragsgrundlage für den Malusbetrag gilt die allgemeine Beitragsgrundlage des betroffenen Dienstnehmers plus anteilige Sonderzahlungen (1/6) im letzten vollen Beitragszeitraum. Hat das Beschäftigungsverhältnis nicht für die Dauer eines vollen Beitragszeitraumes bestanden, so ist für die Beitragsgrundlage eine fiktive Hochrechnung auf 30 Kalendertage vorzunehmen.

AMPFG-0010
Berechnung des Malus (einmaliger Betrag)

Im Rahmen des Budgetbegleitgesetzes 2003 erfolgt eine Reform der Berechnung des Malus. Es wird dabei die Betriebszugehörigkeit stärker berücksichtigt und die Gleichbehandlung von Mann und Frau umgesetzt. Wird das Dienstverhältnis einer Person, die zum Beendigungszeitpunkt das 50. Lebensjahr vollendet oder überschritten und bereits zehn Jahre im Betrieb gearbeitet hat, unter bestimmten Voraussetzungen aufgelöst, so hat der Dienstgeber einen einmaligen Malusbetrag zu entrichten. Daran ändert sich auch durch das Budgetbegleitgesetz 2003 nichts. Neu ist die Berechnung dieses „speziellen" Arbeitslosenversicherungsbeitrages. Anders als bisher ist die Höhe des Malusbetrages nicht mehr von der für Männer und Frauen unterschiedlichen Altersgrenze der vorzeitigen Alterspension bei langer Versicherungsdauer abhängig. Vielmehr steigt der Malusbetrag bis zur Vollendung des 56. Lebensjahres sukzessive an. Ab dem 56. Lebensjahr kommt es zu einer Verminderung des Prozentausmaßes für den Malus. Darüber hinaus spielt die Dauer der Betriebszugehörigkeit eine größere Rolle als bisher. Die neue Berechnungsvariante ist auf alle Dienstverhältnisse, die nach dem 31. Dezember 2003 aufgelöst werden, anzuwenden. Die allgemeinen Voraussetzungen für den Malus müssen vorliegen (Internet-Tipp: www.sozialversicherung.at – Dienstgeber – Grundlagen von A–Z – Malus alle Kriterien, die für den Malus notwendig sind). (Bundeseinheitliche Dienstgeberinformation Oktober 2003)

Ab Vollendung des 50. Lebensjahres beträgt der Grundbetrag 20% der Beitragsgrundlage (letzte volle Beitragsgrundlage einschließlich anteiliger Sonderzahlungen). Dieser Grundbetrag erhöht sich mit jedem weiteren vollendeten Vierteljahr um jeweils 15% bis zum Höchstausmaß von 260%. Ab Vollendung des 56. Lebensjahres vermindert sich der Grundbetrag von 260% mit jedem weiteren vollendeten Vierteljahr um jeweils 15% bis auf das Mindestausmaß von 80%. Der so errechnete Betrag erhöht sich bei einer Dauer des Dienstverhältnisses von mehr als 10 Jahren für jedes weitere vollendete Jahr um jeweils 2%, jedoch nicht mehr als 30% (§ 5b Abs. 3 AMPFG). Das bedeutet, dass das arbeitsrechtliche Ende für die Beurteilung herangezogen wird, ob ein Malus anfällt. Für die Berechnung der Höhe des Betrages gilt das sozialversicherungsrechtliche Ende. (Hauptverband 22., 23. Juni 2004, Zl. FO-MVB/51.1/04 Rv/Mm)

Für die Berechnung des Malus-Betrages wird nur die Dienstzeit (nicht die Kalenderjahre) herausgezogen. Bei der Frage, ob ein Malus zur Anwendung kommt, werden für die Prüfung des Vorliegens einer 10-jährigen Betriebszugehörigkeit Arbeitsunterbrechungen bis zu einem Jahr berücksichtigt. (Hauptverband 17.2.2004, Zl. FO-MVB/51.1/04 Rv/Mm)

Zur Feststellung, ob die für die Vorschreibung eines Malus notwendige Voraussetzung der 10-jährigen Betriebszugehörigkeit vorliegt, werden gemäß § 5b Abs. 1 AMPFG unter anderem Unterbrechungen der Beschäftigung bis zu einem Jahr eingerechnet. Bei der Beurteilung, ob eine Unterbrechung von einem Jahr oder länger vorliegt, sind die einzelnen Unterbrechungen zurückgerechnet vom arbeitsrechtlichen Ende des Beschäftigungsverhältnisses aufzusummieren. (Hauptverband 21. September 2004, Zl. FO-MVB/51.1/04 Rv/Mm)

Seit Jahresbeginn 2004 steht Ihnen eine „Malus-Rechner" zur Verfügung:

6. E-MVB
AMPFG-0011

www.ooegkk.at/esvapps/page/page.jsp?p_pageid=182&p_id=5&p_menuid=8780

Für einen männlichen Versicherten, der 20 Jahre im Betrieb beschäftigt war und der zum Zeitpunkt der Auflösung des Dienstverhältnisses (Kündigung durch den Dienstgeber) das 58. Lebensjahr vollendet hat, ist der Beitrag im Sinne des § 5b Abs. 1 AMPFG (Malus) zu entrichten, da ab Vollendung des 58. bis zur Vollendung des 60. Lebensjahres der Arbeitslosenversicherungsbeitrag aus Mitteln der Gebarung der Arbeitsmarktpolitik getragen wird.

Für einen männlichen Versicherten, der 20 Jahre im Betrieb beschäftigt war und der zum Zeitpunkt der Auflösung des Dienstverhältnisses (Kündigung durch den Dienstgeber) das 58. Lebensjahr vollendet hat, ist der Beitrag im Sinne des § 5b Abs. 1 AMPFG (Malus) zu entrichten, da Zeiten einer gemäß § 1 Abs. 2 lit. e von der Arbeitslosenversicherungspflicht ausgenommenen krankenversicherungspflichtigen Erwerbstätigkeit auf die Anwartschaft anzurechnen sind. Die „Faktorenreihe MALUS-System" im Arbeitsbehelf 2004 ist auch auf über 60-Jährige anwendbar. (Hauptverband 16. November 2004, Zl. FO-MVB/51.1/04 Rv/Mm)

AMPFG-0011
Entrichtung des Beitrages

Die Entrichtung des Betrages erfolgt nach jenem System, nach dem der Dienstgeber auch die anderen Sozialversicherungsbeiträge entrichtet (Selbstabrechnungs- bzw. Vorschreibebetriebe). Die Kontrolle der Zahlungsverpflichtung erfolgt innerhalb der regelmäßigen GPLA.

Der Malus kommt bei Vorliegen eines gesetzlichen Auflösungstatbestandes nicht zur Anwendung, da § 5b Abs. 1 AMPFG fordert, dass der Dienstgeber auflöst (BMAS 14.01.1997, Zl. 33.202/1-2/97).

Beendet ein Arbeitnehmer eine Beschäftigung faktisch und nimmt er eine andere Beschäftigung auf, so ist für die Feststellung zur Entrichtung eines Malusbeitrages das Alter des Arbeitnehmers zum Zeitpunkt des Versicherungsendes maßgeblich. Die Einräumung eines Karenzurlaubes durch den ersten Arbeitgeber, die dem Arbeitnehmer Sicherheit zur Rückkehr in die erste Beschäftigung bei Scheitern der zweiten Beschäftigung gibt, kann daher dem Arbeitnehmer nicht zum Nachteil gereichen.

Gemäß § 5b Abs. 1 AMPFG kommt der Malus bei Freisetzung Älterer in jedem Auflösungsfall zum Tragen, außer der Dienstnehmer hat gekündigt, ist ohne wichtigen Grund ausgetreten oder es hat ihn ein Verschulden an der Entlassung getroffen. Nur im Rahmen dieser gesetzlichen Regelung können die gegenständlichen Fälle beurteilt werden.

1. Arbeitnehmer der Sparkassen können nach den verschiedenen Pensionsordnungen nach 35 anrechenbaren Dienstjahren mit dem 55. Lebensjahr in den Ruhestand versetzt werden oder sich versetzen lassen. Wird die Versetzung in den Ruhestand durch den Arbeitgeber einseitig vorgenommen, so ist dies ein Malusfall. Wird die Versetzung in den Ruhestand vom Arbeitnehmer verlangt und muss der Arbeitgeber diesem Verlangen entsprechen, so ist dies eine Kündigung durch den Arbeitnehmer gleichzuhalten, sodass kein Malus anfällt

2. Dienstnehmer der Versicherungen können nach § 33 Abs. 9 des Kollektivvertrages für Angestellte vom Versicherungsunternehmen Innendienst (KVI) nach 300 anrechenbaren Beitragsmonaten ab dem 55. Lebensjahr (Frauen 50. Lebensjahr) vom Unternehmen gekündigt werden. Damit sind die Voraussetzungen für den Malus gegeben. (BMAS 25.11.1998, Zl. 33.201/24-2/98)

Wird einem Arbeitnehmer anlässlich einer vom Arbeitgeber ausgehenden Unterbrechung des Dienstverhältnisses nur der ungefähre, von weiteren Bedingungen abhängige Zeitpunkt einer Wiedereinstellung mitgeteilt, ist nicht von einer Karenzierung (Aussetzung), sondern von einer den Abfertigungsanspruch auslösenden Kündigung des Dienstverhältnisses auszugehen.

Der Sinn des § 5 Abs. 3 AMPFG über die Festlegung einer Mindestdauer der Beschäftigung liegt darin, dass erst nach einer zehnjährigen tatsächlichen Beschäftigung der Malus zum Tragen kommt. Die Regelung mit der Unterbrechung soll lediglich verhindern, dass Arbeitgeber Arbeitskräfte kurz vor Erreichen dieser Mindestdauer kündigen und danach wieder einstellen, um so dem Malus zu entgehen.

§ 5b Abs. 3 AMPFG ist daher dahingehend zu interpretieren, dass eine Unterbrechung bis zu einem Jahr außer Betracht bleibt. (BMAS 14.1.1997, Zl. 33.202/1-2/97)

Nach dem Erkenntnis des Verfassungsgerichtshofes verstößt bei der Anwendung des § 5a AMPFG eine Gleichbehandlung geringfügig entlohnter und voll- (und damit arbeitslosen-) versicherter Beschäftigungsverhältnisse gegen den Gleichheitssatz. E-contrario ist auch bei der Anwendung des § 5b AMPFG zu differenzieren.

Unter dem Begriff des „Auflösen" eines Dienstverhältnisses ist daher von vornherein nur die Beendigung eines auch arbeitslosenversicherungspflichtigen Beschäftigungsverhältnisses zu verstehen. Die Begründung eines geringfügig entlohnten Beschäftigungsverhältnisses, diesem folgt, bzw. ein Wechsel aus der versicherungspflichtigen Beschäftigung in eine geringfügige Beschäftigung führt daher zur Rechtsfolge des § 5b AMPFG und zur Pflicht, den Malus zu entrichten.

Jede andere Auslegung würde dagegen zu Umgehungshandlungen führen, da der Malus nach der letzten vollen Beitragsgrundlage zu berechnen ist und bei Beendigung der geringfügigen Beschäftigung nach einem vollen Monat nicht mehr der Malus auf der Grundlage des arbeitslosenversicherungspflichtigen Entgeltes zu zahlen wäre, obwohl die Berechnung der Leistungen aus der Arbeitslosenversicherung von diesem arbeitslosenversicherungspflichtigen Entgelt ausgeht. (VfGH

6. E-MVB
AMPFG-0012 – AMPFG-0016

26.2.2001, Zl. B 1570/00), (BMAS 17.5.2001, Zl. 433.002/28-VI/A/2/2001)

Unter einer Wiedereinstellungszusage im Sinne des § 9 Abs. 7 AlVG ist, wie § 9 Abs. 6 und 7 AlVG klar erweisen, eine rechtsverbindliche Vereinbarung zwischen dem Dienstgeber und dem Arbeitslosen zu verstehen, wobei der Dienstgeber verpflichtet ist, den Arbeitslosen zu einem bestimmten Zeitpunkt wieder einzustellen, und dieser verpflichtet ist, die Beschäftigung wieder aufzunehmen. Eine schlichte Zusage, den Arbeitslosen künftig wieder einstellen zu wollen, ist keine Wiedereinstellungszusage. (VwGH 20.12.1994, Zl. 92/08/0147; VwGH 27.4.93, Zl. 93/08/0129) (BMWA 27.4.2001, Zl. 433.002/18-VI/A/7/2001)

Wird ein Wiedereinstellungsvertrag oder eine Wiedereinstellungszusage seitens des Dienstgebers nicht eingehalten, entsteht nachträglich die Beitragspflicht (Malus). Die Kontrolle erfolgt bei der GPLA.

Eine einseitige Wiedereinstellungszusage bindet nur den Erklärenden und löst keine Verpflichtung des Erklärungsempfängers aus, ein allfälliges Anbot der Gegenseite auf Begründung eines neuen Dienstverhältnisses anzunehmen. Lediglich eine ausdrückliche Wiedereinstellungsvereinbarung, also ein zweiseitig verbindlicher Vertrag, mit dem sich Arbeitgeber und Arbeitnehmer verpflichten, zu einem konkret bestimmten Zeitpunkt ein konkret umschriebenes Dienstverhältnis (wieder) zu begründen, vermag eine Verpflichtung des Arbeitnehmers zur Begründung eines solchen Dienstverhältnisses auszulösen, bei deren Nichteinhaltung ihm keine Beendigungsansprüche zustehen würden.

Eine Wiedereinstellungszusage lediglich für ein freies Dienstverhältnis gemäß § 4 Abs. 4 ASVG befreit nicht von der Verpflichtung zur Entrichtung eines Malus. Dies deshalb, weil es sich hiebei nicht um eine Wiedereinstellung in ein Dienstverhältnis gemäß § 4 Abs. 2 ASVG handelt, welche den Wiedereintritt in ein früher bestandenes Rechtsverhältnis derselben Art (zu im wesentlichen unveränderten Bedingungen, ausgenommen eine Änderungskündigung) zum Gegenstand hat, sondern um die Neueinstellung in ein anderes (hier: freies Dienstverhältnis) Rechtsverhältnis.

Als „Zeitpunkt der Auflösung des Dienstverhältnisses" gilt in der Regel das arbeitsrechtliche Ende des Dienstverhältnisses (EdB).

Allerdings ist in jenen Fällen, in denen das Ende des Entgeltanspruches (EdE) nach dem Ende des Beschäftigungsverhältnisses liegt, für die Malusberechnung das Ende des Entgeltanspruches heranzuziehen, da bis zu diesem Zeitpunkt Arbeitslosenversicherungsbeiträge entrichtet werden. Es gilt somit immer das spätere Datum.

Weitere Hinweise zum Malus-System siehe unter weitere wichtige Hinweise zum Bonus-Malus-System.

AMPFG-0012
Administration

Die Dienstgeber müssen in der Anmeldung angeben, ob ein Bonusfall und bei der Abmeldung eines Dienstnehmers, ob es sich um einen Malusfall handelt. Eine Überprüfung dieser Angaben erfolgt innerhalb der regelmäßigen gemeinsamen Prüfung aller lohnabhängigen Abgaben. Für die Lohnverrechnung ergeben sich keine Änderungen bei der Berechnung des Dienstnehmeranteiles.

AMPFG-0013
Weitere wichtige Hinweise zum Bonus-Malus-System

Das Bonus/Malus-System stellt ausschließlich auf die Begründung bzw. Beendigung von arbeitslosenversicherungspflichtigen Beschäftigungsverhältnissen ab. Der Bonus fällt daher auch an, wenn einem der Voll- und Arbeitslosenversicherung unterliegenden Beschäftigungsverhältnis bei ein- und demselben Dienstgeber ein geringfügig entlohntes unmittelbar vorangegangen ist. Ebenso ist beim Wechsel von einer voll- und arbeitslosenversicherungspflichtigen Tätigkeit zu einer geringfügigen Beschäftigung ein Malusbetrag zu entrichten.

AMPFG-0014
Änderungskündigung

Wird ein Arbeitnehmer gekündigt (mit Abwicklung aller Ansprüche) und tritt er am darauffolgenden Tag (nahtlos) in ein neues Beschäftigungsverhältnis zum selben Dienstgeber (unter anderen Rahmenbedingungen, wie zB anderes Entgelt, neuer Aufgabenbereich) ein, so ist in diesem Fall aus pragmatischen Gründen davon auszugehen, dass im Zeitpunkt der Kündigung eine Wiedereinstellungszusage vorgelegen ist (ist aus der faktischen Wiedereinstellung abzuleiten). Es kommt daher weder ein Bonus noch ein Malus in Betracht.

AMPFG-0015
Arbeitsgemeinschaften

Werden neue Dienstnehmer innerhalb einer Arbeitsgemeinschaft ausschließlich für diese aufgenommen, kommt das Bonus-Malus-System zur Anwendung. Werden bereits in einem Betrieb beschäftigte Dienstnehmer zur Tätigkeit in einer Arbeitsgemeinschaft entsandt oder abgezogen, kommt das Bonus-Malus-System nicht zur Anwendung.

AMPFG-0016
Dienstgeberwechsel

Kommt bei einem Dienstgeberwechsel § 3 AVRAG (gesetzliche Dienstnehmerübernahme-verpflichtung) zur Anwendung, steht kein Bonus zu. Dies ergibt sich aus dem im § 5a AMPFG verwendeten Begriff „Einstellung". Bei einer gesetzlichen Übernahmeverpflichtung liegt keine Einstellung in diesem Sinne vor (kein Bonus). Wird ein übernommener Dienstnehmer jedoch anschließend gekündigt, kommt es jedenfalls zur Beitragspflicht

6. E-MVB
AMPFG-0017 – AMPFG-0024

(Malus), wenn die übrigen Voraussetzungen vorliegen. Wird außerhalb einer gesetzlichen Übernahmeverpflichtung ein Dienstnehmer von einem anderen Dienstgeber zu denselben Konditionen „übernommen", so handelt es sich hiebei um eine Einstellung. Somit kommt in diesen Fällen das Bonus-System zur Anwendung. Wenn ein Betrieb stillgelegt wird und auf Grund dessen die Dienstnehmer gekündigt und abgefertigt werden, entsteht kein Malus. Wenn der stillgelegte Betrieb verkauft wird und der neue Betriebsinhaber dieselben Leute wieder einstellt, gebührt der Bonus.

AMPFG-0017
Exterritorale Dienstgeber

Bei Dienstgebern, die keine Betriebsstätte im Inland haben bzw. bei Exterritorialität kommt das Bonus-Malus-System nicht zur Anwendung.

Der Sinn der Bonus/Malusbestimmung liegt darin, einem Dienstgeber einen Anreiz zur Beschäftigung eines älteren Arbeitnehmers durch eine Verminderung des Dienstgeberbeitrages zur Arbeitslosenversicherung zu bieten bzw. einem Dienstgeber durch einen pauschalierten Betrag davon abzuhalten, das Dienstverhältnis mit einem älteren Dienstnehmer zu beenden. Das Bonus/Malussystem kommt nicht zum Tragen, da der Dienstnehmer die Beiträge selbst zur Gänze entrichtet und damit kein Bonus und kein Malus für den Dienstgeber anfallen kann. (BMAS 14.1.1997, Zl. 33.202/1-2/97)

AMPFG-0019
Tageweise bzw. fallweise Beschäftigte

Durch das Bonussystem sollen längerfristige Beschäftigungsverhältnisse gefördert werden. Daher kommt es nur dort zur Anwendung, wo ein Beschäftigungsverhältnis auf unbestimmte Zeit, mindestens jedoch für ein Monat, vereinbart wurde.

AMPFG-0020
Geringfügig Beschäftigte

Für Personen, die das 60. Lebensjahr vollendet haben, wird der allgemeine Beitrag zur Unfallversicherung aus Mitteln der Unfallversicherung getragen (§ 51 Abs. 6 ASVG). Von dieser Regelung sind auch geringfügig Beschäftigte betroffen. Eine Anmeldung zur Sozialversicherung hat zu erfolgen. Die BMVG-Beiträge sind abzuführen. Es ist ein Lohnzettel zu legen. Für die Dienstgeberabgabe sind diese Beschäftigungsverhältnisse ebenfalls zu berücksichtigen. (Hauptverband 25., 26.9.2003, Zl. FO-MVB/32-51.1/03 Rv/Mm)

AMPFG-0021
Beitragsgrundlage bei Kurzarbeit

Gemäß § 32 Abs. 3 AMPFG richten sich die Beiträge während des Bezuges der Kurzarbeitsunterstützung nach der letzten Beitragsgrundlage vor Eintritt der Kurzarbeit. Danach erfolgende kollektivvertragliche Erhöhungen oder Ist-Lohnerhöhungen erhöhen in der Folge auch die Beitragsgrundlage für die Kurzarbeitsunterstützung.

Diese Grundlage ist auch Beitragsgrundlage für Beiträge nach dem BMVG. (Hauptverband 6.3. bzw. 3.4.2003, Zl. FO-MVB/32-51.1/02 Rv/Mm)

AMPFG-0022
Wiedereinstellungszusage

Gemäß § 5b Abs. 2 Z 4 AMPFG besteht eine Beitragspflicht zur Arbeitslosenversicherung bei Freisetzung Älterer nicht, wenn ein Wiedereinstellungsvertrag oder eine Wiedereinstellungszusage (§ 9 Abs. 7 AlVG) vorliegt. § 9 Abs. 7 AlVG normiert Nachstehendes:

Wenn in Folge eines Wiedereinstellungsvertrages oder einer Wiedereinstellungszusage Ansprüche aus dem beendeten Arbeitsverhältnis nicht oder nicht zur Gänze erfüllt worden sind, so werden diese spätestens zu jenem Zeitpunkt fällig, in dem der Arbeitnehmer seine Beschäftigung gemäß dem Wiedereinstellungsvertrag (Wiedereinstellungszusage) hätte aufnehmen müssen, sofern durch Gesetz nichts anderes bestimmt ist. Verjährung- und Verfallsfristen verlängern sich um den Zeitraum zwischen Beendigung des Arbeitsverhältnisses und dem vereinbarten Zeitpunkt der Wiederaufnahme der Beschäftigung. Der Zeitpunkt der Wiedereinstellung muss laut OGH ausreichend bestimmt oder bestimmbar sein. Ist er das nicht, ist sofort ein Malus zu entrichten. Ist zwar ein Zeitpunkt der Wiedereinstellung genannt, zu diesem aber keine Wiedereinstellung erfolgt, wird der Malus fällig. Wird der im Vertrag festgelegte Wiedereinstellungszeitpunkt verschoben bzw. wiederholt verschoben, ist das zu akzeptieren; es ist kein Malus vorzuschreiben. Wird allerdings auch der endgültig verschobene Zeitpunkt nicht eingehalten, wird der Malus fällig. Gibt es eine neue Zusage, ist das zu akzeptieren, es ist kein Malus vorzuschreiben. Erst wenn diese nicht eingehalten wird, ist ein Malus vorzuschreiben. (Hauptverband 16. November 2004, Zl. FO-MVB/51.1/04 Rv/Mm)

AMPFG-0023
Nettobeihilfen des JASG

Beim Entfall des Dienstnehmer-ALV-Beitrages bei Nettobeihilfen im Sinne des JASG stellt sich die Frage, ob diese dem Dienstgeber „zu Gute" kommen. Wurde eine Nettolohnvereinbarung vor dem 1.7.2008 (Reduzierung AlV) abgeschlossen, so ist das Entgelt um die auf den Versicherten entfallenden Beiträge sowie Abgaben, die vereinbarungsgemäß der Dienstgeber übernimmt, zu erhöhen. Bei einer Nettolohnvereinbarung, die nach dem 1.7.2008 abgeschlossen wurde, wurde die Reduzierung des AlV-Beitrages bereits in Betracht gezogen, da in einer Nettolohnvereinbarung naturgemäß alle Gegebenheiten berücksichtigt werden. (Hauptverband 17.2.2009, Zl.32-MVB-51.1/09 Jv/Mm)

AMPFG-0024
verminderter AlV-Beitrag bei niedrigem Einkommen

Ab 1. Juli 2008 entfällt für DeinstnehmerInnen

6. E-MVB
AMPFG-0025

und freie DienstnehmerInnen mit geringem Engelt vermindert sich bzw. entfällt der Dienstnehmeranteil zur Arbeitslosenersicherung je nach Höhe des monatlichen Entgelts. Bei einer monatlichen Beitragsgrundlage bis € 1.100,-- entfällt der Dienstnehmeranteil zur Arbeitslosenversicherung zur Gänze (minus 3 %). Bei einer monatlichen Beitragsgrundlage über € 1.100,-- bis € 1.200,-- beträgt der Dienstnehmeranteil 1 % (minus 2 %), bei einer monatlichen Beitragsgrundlage über € 1.200,-- bis € 1.350,-- [1] beträgt der Dienstnehmeranteil 2 % (minus 1 %). Diese Beiträge sind jährlich mit der Aufwertungszahl nach § 108a ASVG zu vervielfachen und kaufmännisch auf volle Eurobeträge zu runden.

Die verminderten Beitragssätze zur Arbeitslosenversicherung gelten auch bei der Ermittlung der Beiträge von Sonderzahlungen. Diese Personen bleiben arbeitslosenversichert. Die entfallenen Beiträge in der Gebarung zur Arbeitslosenversicherung sind vom Bund zu tragen. Der Dienstgeberanteil zur Arbeitslosenversicherung beträgt auch bei diesen Personen unverändert 3 % der Beitragsgrundlage. Die verminderten Arbeitslosenversicherungsbeiträge sind mit den Verrechnungsgruppen N25a (minus 3 %), N25b (minus 2 %) und N25c (minus 1 %) als Gutschrift an den zuständigen Krankenversicherungsträger zu melden.

[1] akutelle Werte 2010: Beitragsgrundlage bis € 1.155,00: 0 %, über € 1.155,00 bis 1.260,00: 1 %, über € 1.260,00 bis 1.417,00: 2 % (§ 2a AMPFG).

AMPFG-0025
Auflösungsabgabe 2014

Mit dem 2. Stabilitätsgesetz 2012 (BGBl. I Nr. 35/2012) wurde die Auflösungsabgabe eingeführt (§ 2b AMPFG) und in den Einnahmenkatalog der Gebarung Arbeitsmarktpolitik aufgenommen (§ 1 Abs. 1 Z 3 AMPFG). Die Regelung über die Auflösungsabgabe tritt gemäß § 10 Abs. 45 AMPFG mit 1. Jänner 2013 in Kraft und gilt, wenn ein arbeitslosenversicherungspflichtiges Dienstverhältnis oder freies Dienstverhältnis nach dem 31. Dezember 2012 endet.

Gemäß § 2b AMPFG hat der/die Dienstgeber/in zum Ende jedes arbeitslosenversicherungspflichtigen Dienstverhältnisses oder arbeitslosenversicherungspflichtigen freien Dienstverhältnisses eine Abgabe in Höhe von 110 € zu entrichten. Der zu entrichtende Betrag ist jährlich, erstmals für das Jahr 2013, mit der Aufwertungszahl gemäß § 108 Abs. 2 ASVG zu vervielfachen und kaufmännisch auf einen Euro zu runden sowie vom Bundesminister für Arbeit, Soziales und Konsumentenschutz im Bundesgesetzblatt kundzumachen.

Im Jahr 2017 beträgt die Auflösungsabgabe 124 €.

Bei der Auflösungsabgabe handelt es sich gemäß § 2b Abs. 3 AMPFG um eine ausschließliche Bundesabgabe zugunsten der zweckgebundenen Gebarung Arbeitsmarktpolitik, die von den Krankenversicherungsträgern im übertragenen Wirkungsbereich einzuheben ist.

Fälligkeit, Meldung und Abrechnung

Gemäß § 2b Abs. 5 AMPFG ist die Auflösungsabgabe im Monat der Auflösung des (freien) Dienstverhältnisses gemeinsam mit den Sozialversicherungsbeiträgen fällig und von der Dienstgeberin bzw. vom Dienstgeber unaufgefordert zu entrichten.

Im Formular der Abmeldung ist zur Auflösungsabgabe ein „Ja" oder „Nein" anzukreuzen. Die Abrechnung erfolgt mit der Verrechnungsgruppe N80. Im Datensatz ist ein entsprechendes Feld vorgesehen.

Hemmung der Verjährung

Gemäß § 2b Abs. 5 AMPFG ist im Falle der Einbringung einer Klage über die Rechtswirksamkeit der Beendigung des Dienstverhältnisses oder freien Dienstverhältnisses die Verjährung der Verpflichtung zur Leistung der Abgabe ab der Klagseinbringung bis zur Zustellung der Ausfertigung der rechtskräftigen Entscheidung des Gerichtes oder der Vergleichsausfertigung an den zuständigen Krankenversicherungsträger gehemmt.

Anwendungsbereich bzw. keine Entrichtung der Auflösungsabgabe

Die Abgabe ist gemäß § 2b Abs. 2 AMPFG nicht zu entrichten, wenn

1. das Dienstverhältnis oder freie Dienstverhältnis auf längstens sechs Monate befristet war oder
2. die Auflösung des Dienstverhältnisses während des Probemonats erfolgt oder
3. die Dienstnehmerin oder der Dienstnehmer
   a) gekündigt hat oder
   b) ohne wichtigen Grund vorzeitig ausgetreten ist oder
   c) aus gesundheitlichen Gründen vorzeitig ausgetreten ist oder
   d) im Zeitpunkt der Auflösung des Dienstverhältnisses einen Anspruch auf eine Invaliditäts- oder Berufsunfähigkeitspension hat oder
   e) bei einvernehmlicher Auflösung des Dienstverhältnisses das Regelpensionsalter vollendet hat und die Anspruchsvoraussetzungen für eine Alterspension erfüllt oder
   f) bei einvernehmlicher Auflösung des Dienstverhältnisses die Voraussetzungen für die Inanspruchnahme eines Sonderruhegeldes nach Art. X des Nachtschwerarbeitsgesetzes (NSchG), BGBl. Nr. 354/1981, erfüllt oder
   g) gerechtfertigt entlassen wurde oder
4. die freie Dienstnehmerin oder der freie Dienstnehmer
   a) gekündigt hat oder
   b) das freie Dienstverhältnis ohne Vorliegen eines wichtigen Grundes vorzeitig aufgelöst hat oder

c) einen wichtigen Grund gesetzt hat, der den Dienstgeber veranlasst hat, das freie Dienstverhältnis vorzeitig aufzulösen, oder
d) im Zeitpunkt der Auflösung des freien Dienstverhältnisses einen Anspruch auf eine Invaliditäts- oder Berufsunfähigkeitspension hat oder
e) bei einvernehmlicher Auflösung des freien Dienstverhältnisses das Regelpensionsalter vollendet hat und die Anspruchsvoraussetzungen für eine Alterspension erfüllt oder
5. ein Lehrverhältnis aufgelöst wird oder
6. ein verpflichtendes Ferial- oder Berufspraktikum beendet wird oder
7. das Dienstverhältnis oder freie Dienstverhältnis nach § 25 der Insolvenzordnung, RGBl. Nr. 337/1914, gelöst wird oder
8. innerhalb eines Konzerns im unmittelbaren Anschluss an das beendete Dienstverhältnis ein neues Dienstverhältnis begründet wird oder
9. das Dienstverhältnis oder freie Dienstverhältnis durch den Tod der Dienstnehmerin oder freien Dienstnehmerin oder des Dienstnehmers oder freien Dienstnehmers endet.

Den Erläuterungen zum 2. Stabilitätsgesetz 2012 (1685 der Beilagen NR XXIV. GP) ist hinsichtlich des Anwendungsbereichs Folgendes zu entnehmen:

„In jenen Fällen, in denen die Auflösung des (freien) Dienstverhältnisses einseitig vom Arbeitnehmer oder freien Dienstnehmer erfolgt oder wie im Falle der gerechtfertigten Entlassung verursacht wurde, soll keine Abgabe zu entrichten sein. Dasselbe gilt, wenn die Auflösung einvernehmlich anlässlich der Inanspruchnahme einer Invaliditäts- oder Berufsunfähigkeitspension, einer Alterspension nach Erreichung des Regelpensionsalters oder eines Sonderruhegeldes nach dem Nachtschwerarbeitsgesetz erfolgt. Weiters soll der Ablauf von auf längstens sechs Monate befristeten Dienstverhältnissen oder auch deren einvernehmliche vorzeitige Auflösung zu keiner Abgabepflicht führen. In sonstigen Fällen einer einvernehmlichen Auflösung wie auch bei Ablauf eines auf eine längere Dauer als sechs Monate befristeten Dienstverhältnisses, ist die Abgabe jedoch zu entrichten. Bei einer Pflicht zur Leistung der Abgabe nach nur auf kurze Dauer befristeten Dienstverhältnissen wie etwa auf einer tageweisen Beschäftigung käme es zu einer unverhältnismäßigen Belastung der Dienstgeber. Der Abschluss auf kurze Zeit befristeter Dienstverhältnisse ist nur eingeschränkt zulässig, weil wie besondere Rechtfertigungsgebote für befristete Dienstverhältnisse bestehen wie zum Beispiel nach dem Arbeitskräfteüberlassungsgesetz oder weil Kettenarbeitsverträge in den meisten Fällen unzulässig sind. Kommt es nur zu einer Statusänderung wie bei der Pragmatisierung von Vertragsbediensteten durch Gebietskörperschaften wird auch ohne ausdrückliche gesetzliche Ausnahme von keiner Verpflichtung zur Leistung einer Abgabe auszugehen sein. Bei einer Umwandlung von versicherungspflichtigen Dienstverhältnissen in geringfügige Dienstverhältnisse wird jedenfalls eine Abgabe zu entrichten sein. Die Einhebung der Auflösungsabgabe erfolgt durch die Krankenversicherungsträger."

Darüber hinaus wird mit dem Sozialrechts-Änderungsgesetz 2012 eine Übergangsregelung (§ 17 AMPFG) eingefügt, wonach bei Beendigung eines arbeitslosenversicherungspflichtigen Dienstverhältnisses vor dem 1. Juli 2013 keine Abgabe zu leisten ist, wenn der Betrieb (die Unternehmung) bezüglich der/des betroffenen Arbeitnehmerin/Arbeitnehmers gemäß § 2 des Bauarbeiter-Urlaubs- und Abfertigungsgesetzes (BUAG) dem Sachbereich der Urlaubsregelung unterliegt und die für diese/n Arbeitnehmer/in gemäß § 21 BUAG festgesetzten Zuschläge gemäß § 21a BUAG entrichtet hat.

Diese Übergangsregelung wurde durch das BGBl. I Nr. 137/2013 (Bundesgesetz, mit dem das Bauarbeiter-Urlaubs- und Abfertigungsgesetz, das Allgemeine Sozialversicherungsgesetz, das Arbeitslosenversicherungsgesetz 1977 und das Arbeitsmarktpolitik-Finanzierungsgesetz geändert werden) in eine Sonderregelung übergeführt (Inkrafttreten: 1. Juli 2013). § 17 AMPFG lautet nunmehr:

„§ 17. (1) Bei Beendigung eines arbeitslosenversicherungspflichtigen Dienstverhältnisses hat der Arbeitgeber keine Abgabe gemäß § 2b zu leisten, wenn der Betrieb (die Unternehmung) bezüglich des betroffenen Arbeitnehmers gemäß § 2 des Bauarbeiter-Urlaubs- und Abfertigungsgesetzes (BUAG) dem Sachbereich der Urlaubsregelung unterliegt und die für diesen Arbeitnehmer gemäß § 21 BUAG festgesetzten Zuschläge gemäß § 21a BUAG entrichtet hat. Die Bauarbeiter-Urlaubs- und Abfertigungskasse hat als Ersatz für die dadurch entgangenen Abgaben jeweils Pauschalabgeltungen an die zweckgebundene Gebarung Arbeitsmarktpolitik zu leisten.

(2) Die Hälfte der Einnahmen aus den Pauschalabgeltungen gemäß Abs. 1 ist der Arbeitsmarktrücklage gemäß § 50 AMSG zuzuführen und für Beihilfen an Unternehmen zur Förderung der Beschäftigung älterer Personen zu verwenden.

(3) Die Pauschalabgeltung für das erste Halbjahr 2013 beträgt 4,8 Mio. € und ist bis spätestens 30. Juni 2013 zu leisten.

(4) Die Pauschalabgeltung für das zweite Halbjahr 2013 beträgt 8,2 Mio. € und ist bis spätestens 31. Oktober 2013 zu leisten.

(5) Die Pauschalabgeltung ab dem Jahr 2014 ist in den Monaten März, Juni, September und Oktober als Vorauszahlung jeweils in Höhe eines Viertels des Gesamtbetrages des Vorjahres zu leisten. Die Differenz zwischen der Vorauszahlung und der Abrechnung auf der Grundlage der tatsächlichen abgabepflichtigen Beendigungen ist mit der jeweils nächstfolgenden Vorauszahlung gegen zu rechnen."

Zur Auflösungsabgabe wurden einige Anfragen an die Sozialversicherung herangetragen, deren

Beantwortung mit dem Bundesministerium für Arbeit, Soziales und Konsumentenschutz akkordiert wurde und im Folgenden dargestellt wird:

1. Zu § 2b Abs. 1 AMPFG – Anwendungsbereich

a. Ältere Dienstnehmer/innen:
   Hier müssen zwei Konstellationen unterschieden werden:
   - Besteht für eine/n Dienstnehmer/in aus Altersgründen keine Pflichtversicherung in der Arbeitslosenversicherung (AV) mehr, fällt bei der Beendigung des Dienstverhältnisses auch keine Auflösungsabgabe an.
   - Besteht aber die Arbeitslosenversicherungspflicht trotz Entfall des Arbeitslosenversicherungsbeitrages weiter, ist die Abgabe im Beendigungsfall zu entrichten.

b. „Statuswechsel":
   Bloße „Statuswechsel" eines Dienstverhältnisses führen grundsätzlich zu keiner Auflösungsabgabe (z. B. Übernahme einer überlassenen Arbeitskraft durch den/die Beschäftiger/in, Beendigung des Dienstverhältnisses bei gleichzeitiger Begründung eines neuen arbeitslosenversicherungspflichtigen Dienstverhältnisses bei dem/der selben Dienstgeber/in oder bei dem/der Betriebsübernehmer/in).

c. Wechsel vom ASVG ins GSVG („Statuswechsel"):
   Bei einem „Statuswechsel" des Dienstverhältnisses fällt nach den Erläuterungen keine Auflösungsabgabe an. Unter Statuswechsel sind nicht nur Änderungen vom ASVG in ein öffentlich rechtliches Dienstverhältnis (dieses Beispiel wurde in den Erläuterungen genannt), sondern auch Wechsel zwischen dem ASVG und dem GSVG (und andere) zu subsumieren. Im Einzelfall wird auf das gleiche (gleichartige) Tätigkeitsfeld der Erwerbstätigkeit bzw. der dadurch fehlenden Arbeitslosigkeit abzustellen sein und nicht auf den Zweig der Sozialversicherung, in dem die Erwerbstätigkeit (unselbständig oder selbständig) pflichtversichert ist.

d. Übernahme Zeitarbeiter durch Beschäftiger („Statuswechsel"):
   Damit keine Auflösungsabgabe anfällt, darf kein Tag der Beschäftigungslosigkeit zwischen dem bisherigen Dienstverhältnis zum Überlasser bzw. zur Überlasserin und dem nachfolgenden Dienstverhältnis beim (bisherigen) Beschäftiger bzw. bei der (bisherigen) Beschäftigerin liegen; auch kein Wochenende. Liegen Tage der Beschäftigungslosigkeit dazwischen, so ist vom Überlasser bzw. von der Überlasserin eine Auslösungsabgabe zu leisten (ausgenommen andere Ausnahmetatbestände des § 2b Arbeitsmarktpolitik- Finanzierungsgesetz liegen vor).

   Das Bundesministerium für Arbeit, Soziales und Konsumentenschutz geht davon aus, dass das Dienstverhältnis zum Überlasser bzw. zur Überlasserin in der Regel einvernehmlich gelöst werden wird, wenn ein Wechsel zum (bisherigen) Beschäftiger bzw. zur (bisherigen) Beschäftigerin erfolgt, weil so das Erfordernis des unmittelbaren Wechsels des Dienstverhältnisses (ohne Tag der Beschäftigungslosigkeit) am besten zu gewährleisten sein wird.

e. Überlassung:
   Unter bloßen „Statuswechsel" fällt nicht, dass ein Dienstverhältnis endet und der Dienstnehmer bzw. die Dienstnehmerin am Folgetag über einen Überlasser bzw. eine Überlasserin wieder beim gleichen Unternehmen beschäftigt wird. Im Gegensatz zur Übernahme einer überlassenen Arbeitskraft durch den Beschäftiger bzw. die Beschäftigerin, die sozial- und arbeitsmarktpolitisch erwünscht ist, da damit in der Regel eine Verbesserung der Situation der Arbeitskraft auf dem Arbeitsmarkt verbunden ist, erfolgt in diesem Fall die Beendigung eines Dienstverhältnisses als Stammarbeitskraft und dessen Verlagerung hin zu einem Überlasser bzw. einer Überlasserin, womit das Dienstverhältnis prekärer geworden ist. Dieser Fall ist nicht unter Statuswechsel zu subsumieren. Auch ein spezifisches Naheverhältnis zum Überlasser bzw. zur Überlasserin betreffend diesen Arbeitsplatz hat es davor nicht gegeben, vielmehr wird das Verhältnis zwischen Beschäftiger bzw. Beschäftigerin und Arbeitskraft durch die Zwischenschaltung eines Überlassers bzw. einer Überlasserin entscheidend gelockert. In diesem Fall ist vom Beschäftiger bzw. von der Beschäftigerin aufgrund des Endes des Dienstverhältnisses (Zeitablauf) die Auflösungsabgabe zu leisten. Nur wenn der Beschäftiger bzw. die Beschäftigerin (bisheriger Arbeitgeber bzw. bisherige Arbeitgeberin) unmittelbar anschließend an das mit Zeitablauf endende ein neues Dienstverhältnis mit der Arbeitskraft abschließt, ist aufgrund eines durchgehenden Dienstverhältnisses keine Auflösungsabgabe zu leisten.

2. Zu § 2b Abs. 2 Z 1 AMPFG – Befristung

a. Auf längstens sechs Monate befristete Dienstverhältnisse:
   Bei Dienstverhältnissen, die auf längstens sechs Monate befristet sind, fällt bei deren Ende keine Auslösungsabgabe an. Die Form der Beendigung (Zeitablauf, einvernehmliche Lösung oder eine zulässige, vereinbarte Dienstgeberkündigung) spielt dabei keine Rolle. Der Gesetzestext verlangt für die Anwendung dieser Ausnahme (§ 2b Abs. 2 Z 1 AMPFG) keine bestimmte Form der Beendigung.

   Die Ausnahmebestimmung von auf längstens sechs Monate befristeten Dienstverhältnissen gilt auch dann, wenn diese Befristung nicht kalendermäßig bestimmt ist, aber sich aufgrund anderer Vereinbarungen (Karenzvertretung, Krankenstand, Ernte, ...) des Arbeitsvertrages eindeutig ergibt, dass sechs Monate nicht überschritten werden.

b. Auf länger als sechs Monate befristete Dienstverhältnisse:
Bei befristeten Dienstverhältnissen, die mit einem Zeitraum von mehr als sechs Monaten befristet sind, fällt dann keine Auflösungsabgabe an, wenn unmittelbar anschließend ein weiteres, befristetes Dienstverhältnis folgt. Unmittelbar anschließend meint „nahtlos", also ohne einen Tag Arbeits- bzw. Beschäftigungslosigkeit dazwischen. Erst zum Ende des (letzten) Dienstverhältnisses, an das kein weiteres Dienstverhältnis nahtlos anschließt, würde in Fällen unmittelbar aufeinander folgender befristeter Dienstverhältnisse die Auflösungsabgabe fällig werden. In diesem Sinne fällt bei befristeten Dienstverträgen mit Lehrkräften, die jährlich für ein Jahr verlängert werden, erst bei Ende der letzten Verlängerung – sofern das Dienstverhältnis dann beendet wird – die Auflösungsabgabe an. Wird die Lehrkraft unbefristet übernommen, fällt keine Auflösungsabgabe an. Keine Auflösungsabgabe fällt auch bei der Übernahme von Lehrkräften von kirchlichen Arbeitgebern zum Bund (oder Land) an, sofern dieser nahtlos erfolgt.

Dieser Fall ist vergleichbar mit dem Wechsel eines Dienstverhältnisses innerhalb von Dienststellen des Bundes, sofern dieser Wechsel „nahtlos", also ohne Lücke erfolgt. Ein derartiger Wechsel kann in analoger Auslegung unter den Ausnahmetatbestand des § 2b Abs. 2 Z 8 AMPFG subsumiert werden, sodass hier ebenfalls keine Auflösungsabgabe anfällt. Im Hinblick auf den Zweck des Arbeitskräfteüberlassungsgesetzes, überlassenen Arbeitskräften den Wechsel zum Beschäftiger (mit den in der Regel damit verbundenen Vorteilen) nicht zu erschweren, sondern zu erleichtern gilt Gleiches für den nahtlosen Wechsel von einem Arbeitskräfteüberlasser zum (bisherigen) Beschäftiger, jedoch nicht in umgekehrter Richtung. Zweck der Auflösungsabgabe ist, die Verursachung von Arbeitslosigkeit im Hinblick auf die mit der Auflösung von Arbeitsverhältnissen durch den Dienstgeber in der Regel verbundenen Aufwendungen durch die Verpflichtung zu einer Abgabe zu sanktionieren.

Dieser Zweck wird in jenen Fällen, in denen – auf Grund eines qualifizierten Naheverhältnisses der beiden Dienstgeber – der nahtlose Wechsel von einem zum anderen Dienstverhältnis sich nicht zufällig ergibt, sondern von vornherein klar feststeht, auf keinen Fall erfüllt. Es ändert sich zwar die Arbeitgeberin bzw. der Arbeitgeber auf Grund der Übernahme des kirchlichen Dienstverhältnisses durch den Bund (bzw. das Land), doch inhaltlich ändert sich am Dienstverhältnis (Lehrauftrag an der Schule) nichts, auch die das Dienstverhältnis finanzierende Stelle bleibt gleich, bloß die Bestandskraft des Dienstverhältnisses wird größer. Auch in derartigen Fällen ist daher – sofern die Übernahme nahtlos erfolgt – keine Auflösungsabgabe zu entrichten.

b. Mehrmalige unmittelbar aufeinander folgende Befristungen:
Summieren sich (unmittelbar aufeinander folgende) Befristungen nicht über einen Zeitraum von sechs Monaten hinaus, so fällt keine Auflösungsabgabe bei Beendigung des Dienstverhältnisses an.

Grundsätzlich sind nur nahtlos (ohne zeitliche Unterbrechung) ineinander übergehende Befristungen zusammenzurechnen. Sollten jedoch mehrere insgesamt über sechs Monate dauernde befristete Dienstverhältnisse dazwischen jeweils nur kurze Lücken aufweisen, so wird – insbesondere bei Häufung derartiger Fälle bei einer Dienstgeberin bzw. einem Dienstgeber – zu prüfen sein, ob die Unterbrechungen nur dem Zweck der Umgehung der Auflösungsabgabe dienen oder aus anderen Gründen gerechtfertigt sind. Bei sachlich nicht begründbaren kurzen Unterbrechungen ist für die Beurteilung, ob eine Auflösungsabgabe anfällt, ungeachtet der Lücken von durchgehenden befristeten Dienstverhältnissen auszugehen. Bei Unterbrechungen zwischen zwei befristeten Dienstverhältnissen, die vier Wochen oder länger dauern, wird nicht mehr von einem einheitlichen befristeten Dienstverhältnis ausgegangen werden können.

c. Aufeinanderfolgende (längstens auf sechs Monate) befristete Dienstverhältnisse:
Zur Frage aufeinanderfolgender (längstens auf sechs Monate) befristeter Dienstverhältnisse (etwa Fachhochschulen, Universitäten, Erwachsenenbildungseinrichtungen) gilt, dass – sofern aufeinanderfolgende Befristungen arbeitsrechtlich zulässig sind – vorerst keine Auflösungsabgabe zu leisten ist. Eine Auflösungsabgabe fällt jedoch am Ende der aufeinander folgenden befristeten Dienstverhältnisse an, da diese zusammengerechnet werden und somit die Grenze von sechs Monaten überschritten wird. Hierzu besteht keine Alternative, da es einer besonderen sachlichen Rechtfertigung bedürfte, Fachhochschulen anders zu behandeln als sonstige Dienstgeber/innen.

d. Häufige befristete Dienstverhältnisse von kurzer Dauer, die von Beschäftigungslosigkeit unterbrochen sind:
Häufige befristete Dienstverhältnisse von kurzer Dauer, die von Beschäftigungslosigkeit unterbrochen sind, unterliegen nach den Gesetzesmaterialien keiner Auflösungsabgabe. Dazu findet sich in den erläuternden Bemerkungen:

„Bei einer Pflicht zur Leistung der Abgabe nach nur auf kurze Dauer befristeten Dienst-

6. E-MVB
AMPFG-0025

verhältnissen wie etwa einer tageweisen Beschäftigung käme es zu einer unverhältnismäßigen Belastung der Dienstgeber. Der Abschluss auf kurze Zeit befristeter Dienstverhältnisse ist nur eingeschränkt zulässig, weil etwa besondere Rechtfertigungsgebote für befristete Dienstverhältnisse bestehen wie zum Beispiel nach dem Arbeitskräfteüberlassungsgesetz oder weil Kettenarbeitsverträge in den meisten Fällen unzulässig sind."

In diesem Sinne kommt es bei kurzen befristeten Beschäftigungszeiten, die von Erwerbslosigkeit unterbrochen sind, zu keiner Auflösungsabgabe, da mangels nahtloser Aneinanderreihung befristeter Dienstverhältnisse auch die Sechs-Monats-Grenze nicht überschritten wird. Sollten das befristete Dienstverhältnis oder unmittelbar aufeinanderfolgende befristete Dienstverhältnisse über sechs Monate dauern, fällt die Auflösungsabgabe an. Zur Beurteilung kurzfristiger Unterbrechungen siehe „Mehrmalige unmittelbar aufeinander folgende Befristungen".

In diesem Sinne kommt es bei kurzen befristeten Beschäftigungszeiten, die von Erwerbslosigkeit unterbrochen sind, zu keiner Auflösungsabgabe, da mangels nahtloser Aneinanderreihung befristeter Dienstverhältnisse auch die Sechs-Monats-Grenze nicht überschritten wird. Sollten das befristete Dienstverhältnis oder unmittelbar aufeinanderfolgende befristete Dienstverhältnisse über sechs Monate dauern, fällt die Auflösungsabgabe an. Zur Beurteilung kurzfristiger Unterbrechungen siehe „Mehrmalige unmittelbar aufeinander folgende Befristungen".

e. Behaltefrist:
Die im Berufsausbildungsgesetz (BAG) geregelte Verpflichtung, einen ausgelernten Lehrling grundsätzlich drei Monate weiter zu verwenden, ist nicht als Befristung des Dienstverhältnisses zu werten. Wurde jedoch für die Zeit der Behaltefrist ausdrücklich ein befristetes Dienstverhältnis von maximal sechs Monaten vereinbart, führt die Beendigung zu keiner Abgabe.

f. Verlängerung eines Dienstverhältnisses aufgrund einer Schwangerschaft:
Bei einem auf bis zu sechs Monate befristeten Dienstverhältnis, das sich durch die Schwangerschaft einer Dienstnehmerin über sechs Monate hinaus verlängert (bzw. dessen zeitlicher Ablauf durch die Schwangerschaft gehemmt wird) fällt keine Auflösungsabgabe an.

Der Schutz der schwangeren Dienstnehmerin soll in diesen Fällen nicht zu einer Abgabenpflicht der Dienstgeberin bzw. des Dienstgebers in Form der Auflösungsabgabe führen. Die sechs Monate übersteigende Dauer des Dienstverhältnisses ist hier jeglicher Disposition der Dienstgeberin bzw. des Dienstgebers entzogen und ausschließlich auf ein Ereignis in der Sphäre der Dienstnehmerin und deren Schutz dienende gesetzliche Bestimmungen zurück zu führen.

3. Zu § 2b Abs. 2 Z 2 AMPFG – Probemonat

a. Dauer der Probedienstverhältnisse
Die Auflösung eines Dienstverhältnisses während des Probemonats unterliegt keiner Auflösungsabgabe. Dies sieht bereits der Gesetzestext vor. Sieht ein Kollektivvertrag längere Probedienstverhältnisse als einen Monat vor, so ist dieser längere Zeitraum als Probemonat heranzuziehen. Sieht ein Kollektivvertrag gar keine oder nur kürzere Probedienstverhältnisse vor, so liegt zwar von Beginn an oder nach diesem kürzeren Zeitraum – also auch innerhalb des ersten Monats – bereits ein normales Dienstverhältnis vor. Es ist jedoch davon auszugehen, dass der Gesetzgeber durch die Wortwahl „Probemonat" die Auflösung von Arbeitsverhältnissen während des ersten Monats jedenfalls nicht der Auflösungsabgabe unterwerfen wollte und daher innerhalb dieses Zeitraums eine Differenzierung nach Status der Arbeitskraft und anwendbarem Kollektivvertrag unterbleiben soll.

4. Zu § 2b Abs. 2 Z 3 und 4 AMPFG – Beendigung des (arbeitslosenversicherungspflichtigen) Dienstverhältnisses oder des (arbeitslosenversicherungspflichtigen) freien Dienstverhältnisses

a. Anspruch auf eine im Gesetz nicht genannte Pensionsart:
Bei einer einvernehmlichen Auflösung von Dienstverhältnissen älterer Personen fällt dann keine Auflösungsabgabe an, wenn ein Anspruch auf (irgend)eine Alterspension besteht, selbst wenn diese im Gesetz nicht ausdrücklich angeführt ist. Im Hinblick auf den Zweck der Regelung, Arbeitslosigkeit und damit zusammenhängend Aufwendungen der Gebarung Arbeitsmarktpolitik zu vermeiden, kann die Auflösungsabgabe entfallen, wenn bei einvernehmlicher Auflösung des Dienstverhältnisses ein Anspruch auf (irgend)eine Pension (z.B. Korridorpension oder Langzeitversichertenpension nach der so genannten „Hacklerregelung") besteht. Die Art der Pension muss nicht ausdrücklich im Gesetzestext erwähnt sein. In diesen Fällen kommt es zu keiner Belastung der Gebarung Arbeitsmarktpolitik. Anders liegen Fälle bei Kündigung durch die Dienstgeberin bzw. den Dienstgeber oder bei einem berechtigten vorzeitigen Austritt, weil dann trotz der möglichen Anspruchs auf eine Korridorpension, wenn diese nicht in Anspruch genommen wird, bis zu einem Jahr lang noch ein Anspruch auf eine Leistung bei Arbeitslosigkeit bestehen kann.

i. Sonderunterstützung:
Die Sonderunterstützung nach dem SUG ist keine gesetzliche Pensionsleistung, sondern eine eigens geregelte Form von

Leistungen bei Arbeitslosigkeit. Daher ist hier – allein schon vom Zweck der Regelung der Auflösungsabgabe – jedenfalls die Auflösungsabgabe zu leisten.

ii. Firmenpension:
Eine Firmenpension ist keine gesetzliche Pensionsleistung, die analog zu den im Gesetz genannten Ausnahmetatbeständen interpretiert werden kann. Es fällt daher die Auflösungsabgabe an.

b. Umwandlung in geringfügiges Dienstverhältnis/ schwankendes Einkommen

i. Unbefristete Dienstverhältnisse mit (regelmäßig) schwankendem Einkommen:
Bei unbefristeten Dienstverhältnissen mit (regelmäßig) schwankendem Einkommen, die abwechselnd über bzw. unter der Geringfügigkeitsgrenze des § 5 Abs. 2 ASVG versichert werden, fällt die Auflösungsabgabe erst bei Beendigung des Dienstverhältnisses an. Dies gilt unabhängig davon, ob am Ende gerade ein vollversichertes oder nur ein geringfügig versichertes Dienstverhältnis vorliegt (keine Auflösungsabgabe fällt natürlich an, wenn bei der Beendigung einer der Ausnahmetatbestände des § 2 Abs. 2 AMPFG, zum Beispiel Kündigung durch die Dienstnehmerin bzw. den Dienstnehmer, vorliegt).

ii. Unbefristete Dienstverhältnisse ohne (regelmäßig) schwankendes Einkommen – Umwandlung in geringfügiges Dienstverhältnis:
Bei Dienstverhältnissen ohne (regelmäßig) schwankendes Einkommen, die von einem vollversicherten in ein geringfügig entlohntes Dienstverhältnis umgewandelt werden, fällt die Auflösungsabgabe bereits bei der Umstellung an. Diese Interpretation des Gesetzes sehen die Materialien ausdrücklich vor (1685 der Beilagen NR XXIV. GP, 59). Wird später das geringfügig entlohnte Dienstverhältnis beendet, ist keine Auflösungsabgabe mehr zu leisten. Bei der Meldung einer Umstellung von einem vollversicherten auf ein geringfügig entlohntes Dienstverhältnis ist Folgendes zu beachten:

- Die Umstellung von einem vollversicherten auf ein geringfügig entlohntes Dienstverhältnis ist im Bereich der **Vorschreibebetriebe** nicht durch eine Änderungsmeldung sondern durch eine Abmeldung und eine Anmeldung zu melden, da die Auflösungsabgabe gemäß Organisationsbeschreibung (DM-ORG) nur im Rahmen der Abmeldung übermittelt werden kann. Wenn die Umstellung keine neue Beschäftigung begründet, bleibt bei der Abmeldung das Ende der Beschäftigung unbelegt und ist der Abmeldegrund 29 (SV-Ende – Beschäftigung aufrecht) zu verwenden, anderenfalls erfolgt die Meldung des Beschäftigungsendes mit einem die Beschäftigung beendenden Abmeldegrund.
- Im Bereich der **Selbstabrechnung** ist obiges Vorgehen nicht zwingend erforderlich (also auch eine Änderungsmeldung zulässig), da die Verrechnung der Auflösungsabgabe über die Beitragsnachweisung erfolgt.

c. Wiedereinstellungszusage:
Bei der Auflösung eines Dienstverhältnisses fällt – sofern die im Gesetz genannten Ausnahmen nicht vorliegen – die Auflösungsabgabe an. Eine allfällige Wiedereinstellungszusage ändert nichts daran.

d. Geburt:
Vorzeitige Austritte wegen der Geburt eines Kindes gemäß Mutterschutzgesetz bzw. Väterkarenzgesetz verursachen keine Auflösungsabgabe.

e. Betriebsschließung:
Auch in Fällen, in denen ein Betrieb geschlossen wird, weil der Dienstgeber bzw. die Dienstgeberin in Pension geht oder stirbt, fällt die Auflösungsabgabe an, da nur Beendigungen nach § 25 der Insolvenzordnung und Beendigungen in Folge des Todes des Dienstnehmers bzw. der Dienstnehmerin von der Auflösungsabgabe befreit sind.

5. Zu § 2b Abs. 2 Z 6 AMPFG – Praktikum

a. Verpflichtendes Berufspraktikum:
Es wird keine Auflösungsabgabe fällig, solange die Gesamtdauer des verpflichtenden Berufspraktikums nicht überschritten wurde.

6. Zu § 2b Abs. 2 Z 8 AMPFG – „Konzernprivileg"

a. Wechsel zwischen zwei Einpersonenunternehmen derselben natürlichen Person:
Dem unmittelbaren (und daher nahtlosen) Wechsel des Dienstverhältnisses innerhalb von Unternehmen eines Konzerns ist ein Wechsel des Dienstverhältnisses zwischen zwei Unternehmen ein und desselben Unternehmers bzw. derselben Unternehmerin gleichzuhalten. Wesentlich ist, dass jene Unternehmen, zwischen denen ein nahtloser Wechsel des DVs stattfindet, unter einheitlicher Leitung geführt werden oder unter dem beherrschenden Einfluss ein und derselben Person bzw. Unternehmens-/Personengruppe stehen.

Spezialfall: Wechsel zwischen Sozialversicherungsträgern/Hauptverband:
Die obigen Ausführungen zum Wechsel in eine andere Firma sind auch auf den unmit-

6. E-MVB
AMPFG-0025

telbaren (nahtlosen) Wechsel innerhalb der einzelnen Versicherungsträger, die gemäß § 31 ASVG zum Hauptverband der österreichischen Sozialversicherungsträger zusammengefasst sind, anwendbar. Auch § 28b der Dienstordnung A für die Angestellten bei den Sozialversicherungsträgern Österreichs stellt die Übernahme eines bzw. einer Angestellten in den Dienst eines anderen Versicherungsträgers der Versetzung im Bereich ein- und desselben Versicherungsträgers gleich. Wesentlich ist aber, dass die Übernahme, der Wechsel unmittelbar, also nahtlos, stattfindet, damit die Auflösungsabgabe nicht anfällt.

7. Zu § 2b Abs. 4 AMPFG – Verfahren

a. Rückzahlung der Auflösungsabgabe:

Gemäß § 2b Abs. 4 AMPFG gilt für die Einhebung und Prüfung der korrekten Einhaltung der Abgabenpflicht der Auflösungsabgabe das gleiche Verfahren, nach dem die Krankenversicherungsträger andere Dienstgeberbeiträge (wie etwa jene zur Kranken- oder Pensionsversicherung) einheben. In diesem Sinne gelten die Bestimmungen des ASVG analog, womit sich auch eine Rückzahlungspflicht bei irrtümlich oder fälschlicherweise einbezahlten (abgeführten) Beiträgen ergibt.

8. Sonstige Einzelfragen:

Zu sozialökonomischen Betrieben und gemeinnützigen Beschäftigungsprojekten:

Bei der Beendigung von auf mehr als sechs Monate befristeten Dienstverhältnissen ist, wenn keine anderen Ausnahmetatbestände vorliegen, die Auflösungsabgabe zu leisten, auch wenn es sich um geförderte Transitarbeitsplätze handelt.

Übernahme einer Transitarbeitskraft:

Da der Zweck sozialökonomischer Betriebe die Integration von „Transitarbeitskräften" in den regulären „ersten" Arbeitsmarkt, fällt bei der unmittelbaren (nahtlosen) Übernahme einer „Transitarbeitskraft" durch einen Betrieb des „ersten" Arbeitsmarktes keine Auflösungsabgabe an. Analog zum Wechsel vom Überlasser bzw. von einer Überlasserin zum Beschäftiger bzw. zu einer Beschäftigerin erfolgt hier in der Regel eine wesentliche Verbesserung der Stellung der Arbeitskraft auf dem Arbeitsmarkt, die keiner Abgabenpflicht unterliegen soll. Etwas anderes gilt, wenn das länger als sechs Monate befristete Dienstverhältnis der Transitarbeitskraft zum sozialökonomischen Betrieb endet, ohne dass eine Integration in den „ersten" Arbeitsmarkt gelingt oder die Integration nur ohne nahtlosen Übergang des Dienstverhältnisses möglich ist. In diesen Fällen wird die Auflösungsabgabe fällig.

Nahtlos bzw. unmittelbar meint stets „am folgenden Kalendertag". Endet daher das Dienstverhältnis des Transitarbeitsplatzes am 31.8., so muss das Dienstverhältnis im Betrieb des ersten Arbeitsmarktes am 1.9. beginnen, unabhängig welcher Wochentag dies (und/oder ob dies ein Feiertag) ist. Andernfalls ist die Auflösungsabgabe zu entrichten. Endet das Dienstverhältnis im sozialökonomischen Projekt ohne dem sicheren Wissen über ein nachfolgendes Dienstverhältnis am ersten Arbeitsmarkt, so ist gleichfalls die Auflösungsabgabe zu entrichten.

Kennt der sozialökonomische Betrieb den Beginn des nachfolgenden Dienstverhältnisses nicht oder kennt es auch nur den Betrieb des ersten Arbeitsmarktes nicht, so wird kein ausreichendes Naheverhältnis zwischen dem sozialökonomischen Betrieb und dem nachfolgenden Betrieb des ersten Arbeitsmarktes bestehen, sodass in diesen Fällen stets eine Auflösungsabgabe anfällt.

Anfragen eines Vereins:

a) Häufig können Transitarbeitskräfte den Einstieg in den ersten Arbeitsmarkt nur mit einer zusätzlichen finanziellen Unterstützung durch das Arbeitsmarktservice schaffen. Um diese Beihilfe zu den Lohnkosten erhalten zu können, müssen von uns vermittelte Personen häufig zwischen dem ‚alten' Dienstverhältnis bei uns und dem ‚neuen' am ersten Arbeitsmarkt einen einzigen Tag der Arbeitslosigkeit, gemeldet beim AMS, aufweisen können. Ist auch in so einem Fall der nahtlose Übergang nicht mehr gegeben?

b) Und schließlich stellen sich noch Definitionsfragen: Gilt diese Ausnahmebestimmung für alle arbeitsmarktpolitischen Maßnahmen (logischerweise mit Dienstverhältnis)? Der Begriff ‚sozialökonomischer Betrieb' stammt aus der AMS-Sphäre. Es gibt aber natürlich auch eine Vielzahl von Beschäftigungsprojekten, die von den Bundessozialämtern und den Ländern finanziert werden. Darf ich annehmen, dass diese Ausnahmeregelung für alle Fälle des nahtlosen Wechsels von einem Dienstverhältnis des zweiten Arbeitsmarktes in ein Dienstverhältnis des ersten Arbeitsmarktes gilt?

Antwort zu a und b: Liegt kein nahtloser Übergang vom Transitarbeitsplatz zum nachfolgenden Arbeitsplatz auf dem ersten Arbeitsmarkt vor (auch wenn dazwischen gefördert ist), ist jedenfalls eine Auflösungsabgabe fällig. Will man sich die Abgabe „ersparen", ist bei der Vermittlung einer nachfolgenden Beschäftigung auf eine übergangslose Beschäftigung in einem Betrieb auf dem ersten Arbeitsmarkt abzustellen. Grundsätzlich gilt diese Regelung für alle Einrichtungen, die gemeinnützig und somit gefördert „Transitarbeitsplätze" bereitstellen und deren Zweck in der Wiedereingliederung arbeitsloser Personen in den Arbeitsmarkt bzw. im Reduzieren des Defizits Langzeitarbeitsloser liegt. Ob es sich um einen AMS-geförderten oder vom Land oder dem Bundessozialamt geförderten Betrieb handelt, spielt keine Rolle. Entscheidend ist der arbeitsmarktpolitische Zweck der Bereitstellung von Transitarbeitsplätzen für arbeitslose Personen.

Transitarbeitsplätze:

FRAGE: In unserem Unternehmen gibt es ein gefördertes Projekt, in welchem Jugendliche zu Heimhilfen bzw. Kindergartenhelferinnen ausgebildet werden. Nach Ende des Projektes werden diese Jugendlichen unmittelbar im Anschluss von den Betrieben übernommen.

Das Dienstverhältnis zu uns muss jedoch aufgelöst werden und durch die Abmeldungsgründe „einvernehmliche Lösung" bzw. „Zeitablauf" kommt es automatisch durch die Dauer desselben zu einer Auflösungsabgabe.

Da diese Projekte jedoch gefördert sind, wäre in Anlehnung an die Mitteilung jedoch keine Auflösungsabgabe fällig?

Antwort: Bei einem nahtlosen Übergang von einem (geförderten) Transitarbeitsplatz auf einen Arbeitsplatz auf dem ersten Arbeitsmarkt fällt keine Auflösungsabgabe an. Kommt es daher – im Anschluss der geförderten Ausbildung der Jugendlichen zu Heimhilfen bzw. Kindergartenhelferinnen – zu einer nahtlosen Übernahme in einen anderen Betrieb des ersten Arbeitsmarktes, fällt keine Auflösungsabgabe an.

Diese Sichtweise des Bundesministeriums für Arbeit, Soziales und Konsumentenschutz wurde auch im DGservice vom März 2013 publiziert.

Winterdienst:
Solange die befristeten vollversicherten und geringfügigen Dienstverhältnisse insgesamt sechs Monate nicht überschreiten, fällt keine Auflösungsabgabe an. [Hinweis zur Arbeitslosenversicherung: Zu bedenken ist allerdings, dass gemäß § 12 Abs. 3 lit. h des Arbeitslosenversicherungsgesetzes (AlVG) kein Anspruch auf Arbeitslosengeld besteht, wenn nicht mindestens ein Zeitraum von einem Monat zwischen dem Ende des vollversicherten und der Aufnahme des geringfügigen Dienstverhältnisses bei der selben Dienstgeberin bzw. beim selben Dienstgeber liegt.]

Gebäudereinigung:
Bei einer Änderungsmeldung von einer arbeitslosenversicherungspflichtigen Vollzeitbeschäftigung auf eine geringfügige Beschäftigung fällt nach dem klaren Willen des Gesetzgebers (Erläuterungen) keine Auflösungsabgabe an. Insofern würde diese Praxis nichts an der Abgabepflicht ändern. Richtig ist, dass die betroffenen Arbeitskräfte kein Arbeitslosengeld erhalten würden, da bei einer solchen Vorgangsweise gemäß § 12 Abs. 3 lit. h AlVG Arbeitslosigkeit nicht vorliegt (Missbrauchsverhinderungstatbestand).

Kettenarbeitsverträge:
Bei der Auflösung eines Dienstverhältnisses fällt – sofern die im Gesetz genannten Ausnahmen nicht vorliegen – die Auflösungsabgabe an. Dass vorweg geplant ist, die Arbeitskräfte einige Monate später wieder einzustellen (es handelt sich vermutlich um Wiedereinstellzusagen), ändert daran nichts. Würde das Dienstverhältnis gar nicht wirklich gelöst werden (wie angedeutet), dann wären die Arbeitskräfte durchgehend beschäftigt, womit keine Kettenarbeitsverträge vorlägen, keine Auflösungsabgabe anfiele, aber die Arbeitskräfte auch keine Leistung bei Arbeitslosigkeit erhalten könnten, weil das Dienstverhältnis nicht beendet wurde.

Präsenzdienst:
Durch die Einberufung zum Präsenzdienst (bzw. Zuweisung zum Ausbildungs- oder Zivildienst) bleibt das Arbeitsverhältnis unberührt. Nur bestimmte Pflichten ruhen während dieser Zeit. Daher liegt vor und nach dem Präsenzdienst (Ausbildungs- bzw. Zivildienst) ein und dasselbe Dienstverhältnis vor.

Verlängerung befristeter Dienstverhältnisse aufgrund von Schutzbestimmungen sowie Behaltefrist – Lehrlinge in der Metallindustrie:
Verlängert sich ein arbeitsrechtlich zulässig bis sechs Monate befristetes Dienstverhältnis nur wegen Schutzbestimmungen nach dem MSchG, VKG oder APG (Präsenzdienst), so ist nach Ende der Behaltefrist keine Auflösungsabgabe zu leisten. Diese Schutzfristen sind für die ArbeitnehmerInnen geschaffen und sollen nicht zusätzlich zu einer Abgabenpflicht des Arbeitgebers bzw. der Arbeitgeberin führen.

Ähnliches kann für Fälle gelten, wo nach dem anzuwendenden Kollektivvertrag in der eisen- und metallerzeugenden und -verarbeitenden Industrie ausgelernte Arbeiterlehrlinge nach ordnungsgemäßer Beendigung der Lehrzeit sechs Monate weiter zu verwenden sind und wenn diese Weiterverwendungszeit nicht mit dem Letzten eines Kalendermonats endet, die Weiterverwendungszeit auf diesen zu erstrecken ist. Die (geringfügige) Erstreckung der Weiterverwendungszeit bis zum Monatsende erleichtert dem betroffenen Arbeitnehmer bzw. der betroffenen Arbeitnehmerin die Aufnahme einer neuen Beschäftigung ohne zwischenzeitliche Arbeitslosigkeit, weil die Wahrscheinlichkeit einer Einstellung bei einem neuen Arbeitgeber bzw. einer neuen Arbeitgeberin mit darauf folgendem Monatsersten als höher angesehen werden kann. Bei Befristungen des Dienstverhältnisses entsprechend einer sechs Monate dauernden Behaltefrist nach dem Kollektivvertrag bis zum Letzten des Kalendermonats, in dem die Sechsmonatsfrist abläuft, ist daher keine Auflösungsabgabe zu entrichten.

Inkrafttreten bei karenzierten Dienstverhältnissen

Anfrage:
Sind für arbeitsrechtlich aufrechte Dienstverhältnisse, die im Jahr 2013 beendet werden, die Bestimmungen zur Auflösungsabgabe auch dann anzuwenden, wenn die Arbeitslosenversicherungspflicht bereits im Jahr 2012 endete?

Beispiel: Ein im Jahr 2012 karenziertes Dienstverhältnis wird nach Ablauf der Karenzierung im Jahr 2013 einvernehmlich aufgelöst.

Antwort:
Entscheidend ist der Grund des Endes der Arbeitslosenversicherungspflicht davor (hier im Jahr 2012).

Endete die Pflichtversicherung in der Arbeitslosenversicherung aufgrund des Alters der Arbeitskraft im Jahr 2012 und wurde dieses Dienstverhältnis später karenziert und endet im Jahr 2013, so fällt keine Auflösungsabgabe an, weil auch bei

6. E-MVB
AMPFG-0025

Ende des (nicht karenzierten) Dienstverhältnisses keine Auflösungsabgabe anfiele.

Endete hingegen die Pflichtversicherung in der Arbeitslosenversicherung im Jahr 2012 nur wegen der Karenzierung (Entfall der Pflichten des Arbeitgebers bzw. der Arbeitgeberin und der Arbeitskraft) und wäre das Dienstverhältnis nach Ende der Karenzierung (2013) wiederum pflichtversichert in der Arbeitslosenversicherung, so fällt die Auflösungsabgabe an, da ein (ohne Karenzierung) arbeitslosenversicherungspflichtiges Dienstverhältnis endet.

Es soll hier nicht – im Wege von Karenzierungen – eine Umgehung der Abgabepflicht ermöglicht werden.

Vorruhestandsbezug:

Anfrage:

Ein arbeitslosenversicherungspflichtiges Dienstverhältnis wird durch einvernehmliche Lösung per 31.1.2013 beendet. Ab 1.2.2013 bezieht der Dienstnehmer einen Vorruhestandsbezug (freie Vereinbarung) vom bisherigen Dienstgeber und ist bei einer Tochterfirma des bisherigen Dienstgebers geringfügig beschäftigt.

Ist in diesem Fall die Auflösungsabgabe zu entrichten?

Antwort:

Mit Ende des arbeitslosenversicherungspflichtigen Dienstverhältnisses (Ende Jänner 2013) fällt bereits die Auflösungsabgabe an. Der Vorruhestandsbezug ist – soweit ersichtlich – keine gesetzliche Pension im Sinne der Ausnahmetatbestände des § 2b Abs. 2 AMPFG. Die neuerliche Beschäftigung in einem Tochterunternehmen greift nicht als Ausnahme von der Auflösungsabgabe, da dieses (neue) Dienstverhältnis nur geringfügig vereinbart wurde, und der Gesetzgeber bei einem Wechsel von einem voll versicherten in ein geringfügig versichertes Dienstverhältnis gleichfalls die Leistung der Auflösungsabgabe vorsieht.

Das geringfügige Dienstverhältnis selbst unterliegt nicht der Arbeitslosenversicherungspflicht. Daher fällt bei dessen Ende später keine Auflösungsabgabe an.

Witterungsbedingtes Aussetzen:

Anfrage:

Ein Betrieb beschäftigt Waldarbeiter in einem unbefristeten Arbeitsverhältnis, von denen jedes Jahr im Winter, während es witterungsbedingt weniger Arbeit gibt, einige Arbeiter zu verschiedenen Liftgesellschaften gehen. Dies wurde mit den Liftgesellschaften, deren Liftanlagen sich teilweise auf dem Grund dieses Betriebes befinden, vertraglich vereinbart, um den Arbeitern eine durchgehende Beschäftigungsmöglichkeit zu verschaffen und Zeiten mit Arbeitslosigkeit möglichst zu verhindern. In der Regel wechseln die Dienstverhältnisse ohne Unterbrechung durch Arbeitslosigkeit. Während des „winterlichen Aussetzens" bleiben Ansprüche wie z.B. die Zeiten für die Abfertigung nach dem alten Modell erhalten. Auch Urlaubsansprüche bleiben bestehen und bei der Beschäftigung bei den Liftgesellschaften wird vom Betrieb ein volles Arbeitsjahr angerechnet.

Es wird versucht, die restlichen Waldarbeiter des Betriebes durchgehend zu beschäftigen. Wenn aufgrund der Witterung eine ausreichende Arbeitssicherheit nicht mehr gewährleistet werden kann (hohe Schneelage, Temperaturextreme, u.ä.), werden die Arbeiter im unbedingt notwendigen Ausmaß ausgestellt und an das AMS verwiesen, allerdings mit einer Wiedereinstellungszusage zum nächstmöglichen Zeitpunkt. Auch hier bleiben die oben erwähnten Ansprüche erhalten.

Antwort:

Da nach § 2b AMPFG die Beendigung eines arbeitslosenversicherungspflichtigen Dienstverhältnisses die Auflösungsabgabe nach sich zieht – sofern nicht eine der aufgezählten Ausnahmen vorliegt, ist bei Beendigung des Dienstverhältnisses die Auflösungsabgabe zu zahlen. Es liegen im gegenständlichen Fall zwei unterschiedliche Dienstgeber vor; auch eine Überlassung an die Liftgesellschaft für die Winterzeit ist nicht gegeben.

Das Bundesministerium für Arbeit, Soziales und Konsumentenschutz sieht hier keinen möglichen Ausnahmetatbestand als erfüllt. Das Problem der witterungsbedingten Beendigung von Dienstverhältnissen stellt sich nicht nur für Forstbetriebe, sondern etwa auch für die gesamte Bauwirtschaft, wobei der Gesetzgeber hier nur eine Begünstigung für bis zu sechs Monate befristete Dienstverhältnisse geschaffen hat. Für die Bauwirtschaft gibt es nur für die Startphase die gesetzliche Regelung der Zahlung eines Pauschalbetrages.

Es ist allerdings zwischen unbefristeten und befristeten Dienstverhältnissen zu unterscheiden. Bei einem unbefristeten Dienstverhältnis ist dessen Beendigung – nach dem Präsenzdienst – eine Auflösungsabgabe zu leisten, sofern nicht einer der Tatbestände des § 2b AMPFG vorliegt. Das Gleiche gilt für länger als sechs Monate befristete Dienstverhältnisse.

Nur bei einem (ursprünglich) längstens auf sechs Monate befristeten Dienst-verhältnis, das sich durch den Präsenzdienst (Ausbildungs- bzw. Zivildienst) über die Dauer von sechs Monaten hinaus verlängert (bzw. dessen zeitlicher Ablauf dadurch gehemmt wird), fällt keine Auflösungsabgabe an.

Der Schutz der den Präsenzdienst (Ausbildungs- bzw. Zivildienst) leistenden Person soll in diesen Fällen nicht zu einer Abgabenpflicht (Auflösungsabgabe) der Dienstgeberin bzw. des Dienstgebers führen, von der diese bzw. dieser bei Abschluss des Dienstvertrages nicht ausgehen musste und deren Ursache nicht in ihrer bzw. seiner Sphäre liegt.

Die Möglichkeit, nach einem Präsenzdienst für die Dauer der Behaltefrist ein befristetes Dienstverhältnis abzuschließen, besteht nicht, da – nach dem Präsenzdienst – ein und dasselbe Dienstverhältnis weiterbesteht. Dieses bestehende Dienstverhältnis müsste daher zuerst beendet werden, um anschließend – sofern arbeitsrechtlich zulässig – ein befristetes Dienstverhältnis abschließen zu können.

Ein Vergleich mit Lehrverhältnissen ist nicht möglich. Im Bereich von Lehrverhältnissen ändert sich nämlich die Art des Dienstverhältnisses, da nach Abschluss der Lehre das (bisherige) Ausbildungsverhältnis endet und ein gewöhnliches Dienstverhältnis beginnt.

Rückzahlung der Auflösungsabgabe

Es wurde die Frage gestellt, ob die Auflösungsabgabe vom Krankenversicherungsträger zurückzuzahlen ist, wenn sich im Nachhinein herausstellt, dass die Abmeldung nicht korrekt war.

Das BMASK beantwortete diese Frage folgendermaßen:

Gemäß § 2b Abs. 4 AMPFG gilt für die Einhebung und Prüfung der korrekten Einhaltung der Abgabenpflicht der Auflösungsabgabe das gleiche Verfahren, nach dem die Krankenversicherungsträger andere Dienstgeberbeiträge (wie etwa jene zur Kranken- und Pensionsversicherung) einheben. In diesem Sinne gelten die Bestimmungen des ASVG analog, womit sich auch eine Rückzahlungspflicht bei irrtümlich oder fälschlicherweise einbezahlten (abgeführten) Beiträgen ergibt.

Behaltefrist:

Die im Berufsausbildungsgesetz (BAG) geregelte Verpflichtung, einen ausgelernten Lehrling grundsätzlich drei Monate weiter zu verwenden, ist nicht als Befristung des Dienstverhältnisses zu werten. Wurde jedoch für die Zeit der Behaltefrist ausdrücklich ein befristetes Dienstverhältnis von maximal sechs Monaten vereinbart, führt die Beendigung zu keiner Abgabe.

Verlängerung eines Dienstverhältnisses aufgrund einer Schwangerschaft:

Bei einem auf bis zu sechs Monate befristeten Dienstverhältnis, das sich durch die Schwangerschaft einer Dienstnehmerin über sechs Monate hinaus verlängert (bzw. dessen zeitlicher Ablauf durch die Schwangerschaft gehemmt wird) fällt keine Auflösungsabgabe an. Der Schutz der schwangeren Dienstnehmerin soll in diesen Fällen nicht zu einer Abgabenpflicht der Dienstgeberin bzw. des Dienstgebers in Form der Auflösungsabgabe führen. Die sechs Monate übersteigende Dauer des Dienstverhältnisses ist hier jeglicher Disposition der Dienstgeberin bzw. des Dienstgebers entzogen und ausschließlich auf ein Ereignis in der Sphäre der Dienstnehmerin und deren Schutz dienende gesetzliche Bestimmungen zurück zu führen.

Anspruch auf eine im Gesetz nicht genannte Pensionsart (dazu gab es bereits eine Beantwortung durch das BMASK, doch nunmehr wurde diese präzisiert):

Bei einvernehmlicher Auflösung von Dienstverhältnissen älterer Personen fällt dann keine Auflösungsabgabe an, wenn ein Anspruch auf (irgend)eine Alterspension besteht, selbst wenn diese im Gesetz nicht ausdrücklich angeführt ist. Im Hinblick auf den Zweck der Regelung, Arbeitslosigkeit und damit zusammenhängend Aufwendungen der Gebarung Arbeitsmarktpolitik zu vermeiden, kann die Auflösungsabgabe entfallen, wenn bei einvernehmlicher Auflösung des Dienstverhältnisses ein Anspruch auf (irgend)eine Pension (z.B. Korridorpension oder Langzeitversichertenpension nach der so genannten „Hacklerregelung") besteht. Die Art der Pension muss nicht ausdrücklich im Gesetzestext erwähnt sein. In diesen Fällen kommt es zu keiner Belastung der Gebarung Arbeitsmarktpolitik. Anders liegen Fälle bei Kündigung durch die Dienstgeberin bzw. den Dienstgeber oder bei einem berechtigten vorzeitigen Austritt, weil dann trotz des möglichen Anspruchs auf eine Korridorpension, wenn diese nicht in Anspruch genommen wird, bis zu einem Jahr lang noch ein Anspruch auf eine Leistung bei Arbeitslosigkeit bestehen kann.

Verpflichtendes Berufspraktikum:

Es wird keine Auflösungsabgabe fällig, solange die Gesamtdauer des verpflichtenden Berufspraktikums nicht überschritten wurde.

Präsenzdienst:

Durch die Einberufung zum Präsenzdienst (bzw. Zuweisung zum Ausbildungs- oder Zivildienst) bleibt das Arbeitsverhältnis unberührt. Nur bestimmte Pflichten ruhen während dieser Zeit. Daher liegt vor und nach dem Präsenzdienst (Ausbildungs- bzw. Zivildienst) ein und dasselbe Dienstverhältnis vor. Es ist allerdings zwischen unbefristeten und befristeten Dienstverhältnissen zu unterscheiden. Bei einem unbefristeten Dienstverhältnis ist bei dessen Beendigung – nach dem Präsenzdienst – eine Auflösungsabgabe zu leisten, sofern nicht einer der Tatbestände des § 2b AMPFG vorliegt. Das Gleiche gilt für länger als sechs Monate befristete Dienstverhältnisse. Nur bei einem (ursprünglich) längstens auf sechs Monate befristeten Dienstverhältnis, das sich durch den Präsenzdienst (Ausbildungs- bzw. Zivildienst) über die Dauer von sechs Monaten hinaus verlängert (bzw. dessen zeitlicher Ablauf dadurch gehemmt wird), fällt keine Auflösungsabgabe an. Der Schutz der den Präsenzdienst (Ausbildungs- bzw. Zivildienst) leistenden Person soll in diesen Fällen nicht zu einer Abgabenpflicht (Auflösungsabgabe) der Dienstgeberin bzw. des Dienstgebers führen, von der bzw. dieser bei Abschluss des Dienstvertrages nicht ausgehen musste und deren Ursache nicht in ihrer bzw. seiner Sphäre liegt. Die Möglichkeit, nach einem Präsenzdienst für die Dauer der Behaltefrist ein befristetes Dienstverhältnis abzuschließen, besteht nicht, da – nach dem Präsenzdienst – ein und dasselbe Dienstverhältnis weiterbesteht. Dieses bestehende Dienstverhältnis müsste daher zuerst beendet werden, um anschließend – sofern arbeitsrechtlich zulässig – ein befristetes Dienstverhältnis abschließen zu können. Ein Vergleich mit Lehrverhältnissen ist nicht möglich. Im Bereich von Lehrverhältnissen ändert sich nämlich die Art des Dienstverhältnisses, da nach Abschluss der Lehre das (bisherige) Ausbildungsverhältnis endet und ein gewöhnliches Dienstverhältnis beginnt.

(Hauptverband 22.1.2013, Zl.....)

6. E-MVB
AMPFG-0025

Wechsel in eine andere Firma
„Ein Arbeitgeber (Einzelunternehmer) hat zwei Firmen mit zwei verschiedenen Beitragskontonummern. Fällt die Auflösungsabgabe an, wenn ein Dienstnehmer z. B. am 31.1.2013 bei der einen Firma abgemeldet und am 1.2.2013 bei der anderen Firma angemeldet wird?"

Antwort:

Hier liegt soweit ersichtlich ein Wechsel des Dienstverhältnisses zwischen zwei Einpersonenunternehmen derselben natürlichen Person vor.

Dem unmittelbaren (und daher nahtlosen) Wechsel eines Dienstverhältnisses innerhalb von Unternehmen eines Konzerns ist ein Wechsel des Dienstverhältnisses zwischen zwei Unternehmen ein und desselben Unternehmers gleichzuhalten. Wesentlich ist, dass jene Unternehmen, zwischen denen ein nahtloser Wechsel des DVs stattfindet, unter einheitlicher Leitung geführt werden oder unter dem beherrschenden Einfluss ein und derselben Person bzw. Unternehmens-/Personengruppe stehen.

Spezialfall: Wechsel zwischen Sozialversicherungsträgern/Hauptverband:

Die obigen Ausführungen zum Wechsel in eine andere Firma sind auch auf den unmittelbaren (nahtlosen) Wechsel innerhalb der einzelnen Versicherungsträger, die gemäß § 31 ASVG zum Hauptverband der österreichischen Sozialversicherungsträger zusammengefasst sind, anwendbar. Auch § 28b der Dienstordnung A für die Angestellten bei den Sozialversicherungsträgern Österreichs stellt die Übernahme eines Angestellten in den Dienst eines anderen Versicherungsträgers der Versetzung im Bereich ein- und desselben Versicherungsträgers gleich. Wesentlich ist aber, dass die Übernahme, der Wechsel unmittelbar, also nahtlos, stattfindet, damit die Auflösungsabgabe nicht anfällt.

Befristung ohne Datum
„Fällt die Auflösungsabgabe an, wenn ein befristetes Dienstverhältnis ohne ‚genaues' Datum, jedoch mit dem Vermerk, dass es sich um eine Vertretung (z. B. Karenz oder für die Zeit des Krankenstandes eines anderen Dienstnehmers) handelt, längstens bis zur Rückkehr des zu vertretenden Dienstnehmers besteht – sofern die 6 Monate nicht überschritten werden?"

Antwort:

Die Ausnahmebestimmung von auf längstens sechs Monate befristete Dienstverhältnisse gilt auch dann, wenn diese Befristung nicht kalendermäßig bestimmt ist, aber sich aufgrund anderer Vereinbarungen (Karenzvertretung, Krankenstand, Ernte, ...) des Arbeitsvertrages eindeutig ergibt, dass sechs Monate nicht überschritten werden.

Behaltefrist Lehrlinge
„Der Kollektivvertrag für Arbeiter in der Metallindustrie sieht für ausgelernte Lehrlinge eine Weiterverwendungszeit von sechs Monaten vor. Endet diese Weiterverwendungszeit nicht mit dem Monatsletzten, ist sie auf diesen zu erstrecken. Beispiel: Ende der Lehrzeit ist der 14.1.2013, Ende der Weiterverwendungszeit ist der 31.7.2013. Wenn in diesem Fall nun ein befristetes Dienstverhältnis für die Dauer der Weiterverwendungszeit abgeschlossen wurde, ist dann die Auflösungsabgabe zu entrichten, weil die Befristung länger als sechs Monate beträgt?"

Antwort:

Eine Befristung über sechs Monate hinaus führt bei Beendigung des Dienstverhältnisses zur Leistung einer Auflösungsabgabe. In diesem Fall wäre daher die Abgabe zu leisten.

Sonderunterstützung
„Die Auflösungsabgabe bei einvernehmlicher Auflösung des Beschäftigungsverhältnisses bei Inanspruchnahme eines Sonderruhegeldes nach Art. X des Nachtschwerarbeitsgesetzes ist nicht zu entrichten. Die Versicherungsanstalt öffentlich Bediensteter, Eisenbahnen und Bergbau geht davon aus, dass dies auch für das Sonderunterstützungsgesetz (SUG) zutrifft, da bei der Auflösung des Beschäftigungsverhältnisses wegen Inanspruchnahme der Sonderunterstützung damals auch kein Malus angefallen ist. Ist dies korrekt?"

Antwort:

Die Sonderunterstützung nach dem SUG ist keine gesetzliche Pensionsleistung, sondern eine eigens geregelte Form von Leistungen bei Arbeitslosigkeit. Daher ist hier – allein schon vom Zweck der Regelung der Auflösungsabgabe – jedenfalls die Auflösungsabgabe zu leisten.

„Firmenpension"
„Einige unserer Mitarbeiter können noch nach 36 Dienstjahren in ‚Pension' gehen. Sie werden dann sogenannte Administrativpensionisten und bis zum Anfall einer ASVG-Pension wird ihr Ruhegenuss zur Gänze von unserer Pensionskasse finanziert. Sie fallen daher nicht auf den Arbeitsmarkt zurück, beziehen kein Arbeitslosengeld usw. Müssen wir bei dieser Art von Auflösung des Dienstverhältnisses die Auflösungsabgabe entrichten?"

Antwort:

Eine Firmenpension ist keine gesetzliche Pensionsleistung, die analog zu den im Gesetz genannten Ausnahmetatbeständen interpretiert werden kann. Es fällt daher die Auflösungsabgabe an.

Zeitpunkt des In-Kraft-Tretens
„Sind für arbeitsrechtlich aufrechte Dienstverhältnisse, die im Jahr 2013 beendet werden, die Bestimmungen zur Auflösungsabgabe auch dann anzuwenden, wenn die Arbeitslosenversicherungspflicht bereits im Jahr 2012 endete? Beispiel: Ein im Jahr 2012 karenziertes Dienstverhältnis wird nach Ablauf der Karenzierung im Jahr 2013 einvernehmlich aufgelöst."

Antwort:

Entscheidend ist der Grund des Endes der Arbeitslosenversicherungspflicht davor (hier im Jahr 2012).

Endete die Pflichtversicherung in der Arbeitslosenversicherung aufgrund des Alters der Arbeitskraft im Jahr 2012 und wurde dieses Dienstver-

6. E-MVB
AMPFG-0025

hältnis später karenziert und endet im Jahr 2013, so fällt keine Auflösungsabgabe an, weil auch bei Ende des (nicht karenzierten) Dienstverhältnisses keine Auflösungsabgabe anfiele.

Endete hingegen die Pflichtversicherung in der Arbeitslosenversicherung im Jahr 2012 nur wegen der Karenzierung (Entfall der Pflichten des Arbeitgebers und der Arbeitskraft) und wäre das Dienstverhältnis nach Ende der Karenzierung (2013) wiederum pflichtversichert in der Arbeitslosenversicherung, so fällt die Auflösungsabgabe an, da ein (ohne Karenzierung) arbeitslosenversicherungspflichtiges Dienstverhältnis endet.

Es soll hier nicht – im Wege von Karenzierungen – eine Umgehung der Abgabepflicht ermöglicht werden.

Überlassung

„Ein Dienstverhältnis mit einer Mitarbeiterin endet nach einer Dauer von 1 Jahr durch Zeitablauf und wird am Folgetag über einen Überlasser wieder beim gleichen Unternehmen beschäftigt. Ich vergleiche den Fall mit Ihrem Beispiel „Statuswechsel"- Übernahme einer überlassenen Arbeitskraft durch den Beschäftiger. Können Sie bestätigen, dass auch in meinem Fall keine Auflösungsabgabe zu entrichten ist?"

Antwort:

Im Gegensatz zur Übernahme einer überlassenen Arbeitskraft durch den Beschäftiger, die sozial- und arbeitsmarktpolitisch erwünscht ist, da damit in der Regel eine Verbesserung der Situation der Arbeitskraft auf dem Arbeitsmarkt verbunden ist, erfolgt in diesem Fall die Beendigung eines Dienstverhältnisses als Stammarbeit und dessen Verlagerung hin zu einem Überlasser, womit das Dienstverhältnis prekärer geworden ist. Dieser Fall ist nicht unter Statuswechsel zu subsumieren. Auch ein spezifisches Naheverhältnis zum Überlasser betreffend dessen Arbeitsplatz hat es davor nicht gegeben, vielmehr wird das Verhältnis zwischen Beschäftiger und Arbeitskraft durch die Zwischenschaltung eines Überlassers entscheidend gelockert. In diesem Fall ist vom Beschäftiger aufgrund des Endes des Dienstverhältnisses (Zeitablauf) die Auflösungsabgabe zu leisten. Nur wenn der Beschäftiger (bisherige Arbeitgeber) unmittelbar anschließend an das mit Zeitablauf endende ein neues Dienstverhältnis mit der Arbeitskraft abschließt, ist aufgrund eines durchgehenden Dienstverhältnisses keine Auflösungsabgabe zu leisten.

Vorruhestandsbezug:

Austritt eines Dienstnehmers – das Dienstverhältnis wird durch „einvernehmliche Lösung" per 31.1.2013 beendet. Das DV ist arbeitslosenversicherungspflichtig. Ab 1.2.2013 bezieht der Dienstnehmer von uns einen Vorruhestandsbezug. (freie Vereinbarung). Ab 1.2.2013 ist der DN bei einer unserer Tochterfirmen, der XXX GmbH geringfügig beschäftigt. Der ehemalige Mitarbeiter verpflichtet sich, eine Selbstversicherung in der gesetzlichen Kranken- und Pensionsversicherung für die Dauer der geringfügigen Beschäftigung abzuschließen.

Ist in diesem Fall die Auflösungsabgabe zu entrichten?

Antwort:

Mit Ende des arbeitslosenversicherungspflichtigen Dienstverhältnisses (Ende Jänner 2013) fällt bereits die Auflösungsabgabe an. Der Vorruhestandsbezug ist – soweit ersichtlich – keine gesetzliche Pension im Sinne der Ausnahmetatbestände des § 2b Abs. 2 AMPFG. Die neuerliche Beschäftigung in einem Tochterunternehmen greift nicht als Ausnahme von der Auflösungsabgabe, da dieses (neue) Dienstverhältnis nur geringfügig vereinbart wurde, und der Gesetzgeber bei einem Wechsel von einem voll versicherten in ein geringfügig versichertes Dienstverhältnis gleichfalls die Leistung der Auflösungsabgabe vorsieht.

Das geringfügige Dienstverhältnis selbst unterliegt nicht der Arbeitslosen-versicherungspflicht. Daher fällt bei dessen Ende später keine Auflösungsabgabe an.

Übernahme eines Zeitarbeiters durch den Beschäftiger:

Bei der direkten Übernahme einer überlassenen Arbeitskraft vom Überlasser durch den (bisherigen) Beschäftiger darf keine Unterbrechung vorliegen. Darf auch kein Wochenende dazwischen liegen?

Antwort:

Nein. Es darf kein Tag der Beschäftigungslosigkeit zwischen dem bisherigen Dienstverhältnis zum Überlasser und dem nachfolgenden Dienstverhältnis beim (bisherigen) Beschäftiger liegen, damit keine Auflösungsabgabe anfällt. Liegen Tage der Beschäftigungslosigkeit dazwischen, so ist vom Überlasser eine Auslösungsabgabe zu leisten (ausgenommen andere Ausnahmetatbestände des § 2b Arbeitsmarktpolitik- Finanzierungsgesetz liegen vor).

Die Beendigung bei der direkten Übernahme einer überlassenen Arbeitskraft vom Überlasser durch den (bisherigen) Beschäftiger: Kann die Beendigung auch durch eine EINVERNEHMLICHE LÖSUNG erfolgen?

Antwort:

Ja. Das Bundesministerium für Arbeit, Soziales und Konsumentenschutz geht davon aus, dass das Dienstverhältnis zum Überlasser in der Regel einvernehmlich gelöst werden wird, wenn ein Wechsel zum (bisherigen) Beschäftiger erfolgt, weil so das Erfordernis des unmittelbaren Wechsels des Dienstverhältnisses (ohne Tag der Beschäftigungslosigkeit) am besten zu gewährleisten sein wird.

Witterungsbedingtes Aussetzen:

Unser Betrieb beschäftigt 18 Waldarbeiter in einem unbefristeten Arbeitsverhältnis, von denen jedes Jahr im Winter während es witterungsbedingt bei uns weniger Arbeit gibt, 12 Arbeiter zu verschiedenen Liftgesellschaften gehen. Dies meist in der Zeit von Anfang Dezember bis spätestens Ende April des Folgejahres. Dies wurde mit den Liftgesellschaften, deren Liftanlagen sich teilweise auf unserem Grund befinden, vertraglich vereinbart, um unseren Arbeitern eine durchgehende Be-

6. E-MVB
AMPFG-0025

schäftigungsmöglichkeit zu verschaffen und Zeiten mit Arbeitslosigkeit möglichst zu verhindern. In der Regel wechseln die Dienstverhältnisse ohne Unterbrechung durch Arbeitslosigkeit. Von uns wird die Beschäftigung bei den Liften nicht als Ende des Dienstverhältnisses angesehen, sondern nur als winterliches Aussetzen. D.h. die Ansprüche wie z.B. die Zeiten für die Abfertigung nach dem alten Modell bleiben erhalten, Urlaubsansprüche bleiben bestehen und bei der Beschäftigung bei den Liftgesellschaften wird von uns ein volles Arbeitsjahr angerechnet.

Wir sehen es daher als kontraproduktiv und ungerecht, wenn wir in diesen Fällen eine Auflösungsabgabe zu leisten hätten, da wir doch mit diesem Modell dafür Sorge tragen, Arbeitslosigkeit zu verhindern und damit dem AMS Kosten ersparen. Durch die automatische Anrechnung eines vollen Dienstjahres bei diesem Beschäftigungsmodell entstehen uns sogar Mehrkosten z.B. bei Urlaubsanspruch, Sonderzahlungen usw. – im Vergleich zu einem ganzjährig beschäftigten Arbeitnehmer.

Die restlichen 6 Waldarbeiter unseres Betriebes versuchen wir durchgehend zu beschäftigen. Einzig, wenn es die Witterung nicht mehr zulässt und wir dadurch auch eine ausreichende Arbeitssicherheit nicht mehr gewährleisten können (hohe Schneelage, Temperaturextreme, u.ä.), werden die Arbeiter im unbedingt notwendigen Ausmaß ausgestellt und an das AMS verwiesen, allerdings mit einer Wiedereinstellungszusage zum nächstmöglichen Zeitpunkt. Auch hier empfinden wir die Auflösungsabgabe als ungerecht, da die Ausstellung der Arbeiter nicht aus von uns zu vertretenden Gründen geschieht sondern wegen höherer Gewalt. Auch in diesen Fällen wird von uns das Dienstverhältnis nicht beendet, sondern ebenfalls als witterungsbedingtes Aussetzen betrachtet, die Ansprüche wie oben erwähnt bleiben auch hier erhalten.

Eine ähnliche Problematik dürfte sich ja auch bei den vielen Arbeitnehmern im Baugewerbe darstellen!

Wir bitten um Prüfung und Rückmeldung, ob in diesen speziellen Fällen von Arbeitsunterbrechungen von einer Auflösungsabgabe abgesehen werden kann, was dann auch entsprechend auf den Abmeldungen bei der Österreichischen Gesundheitskasse zu vermerken wäre.

Antwort:

Da nach § 2b AMPFG die Beendigung eines arbeitslosenversicherungspflichtigen Dienstverhältnisses die Auflösungsabgabe nach sich zieht – sofern nicht eine der aufgezählten Ausnahmen vorliegt, ist bei Beendigung des Dienstverhältnisses die Auflösungsabgabe zu zahlen. Es liegen nach Auskunft der Salzburger GKK zwei unterschiedliche Dienstgeber (XXX Forstverwaltung und jeweilige Liftgesellschaft) vor; auch eine Überlassung an die Liftgesellschaft für die Winterzeit ist nicht gegeben.

Das Bundesministerium für Arbeit, Soziales und Konsumentenschutz sieht hier keinen möglichen Ausnahmetatbestand als erfüllt. Das Problem der witterungsbedingten Beendigung von Dienstverhältnissen stellt sich nicht nur für Forstbetriebe, sondern etwa auch für die gesamte Bauwirtschaft, wobei der Gesetzgeber hier nur eine Begünstigung für bis zu sechs Monate befristete Dienstverhältnisse geschaffen hat. Für die Bauwirtschaft gibt es nur für die Startphase die gesetzliche Regelung der Zahlung eines Pauschalbetrages.

Betriebsschließung:

Ein Betrieb wird geschlossen, weil der Dienstgeber in Pension geht bzw. stirbt. Ist in diesen Fällen ebenfalls eine Auflösungsabgabe zu entrichten?

Antwort:

Auch in diesem Fall fällt die Auflösungsabgabe an, da nur Beendigungen nach § 25 Insolvenzordnung und Beendigungen in Folge des Todes des Dienstnehmers von der Auflösungsabgabe befreit sind.

Wechsel vom ASVG ins GSVG – Statuswechsel?:

Die Pflichtversicherung eines Dienstnehmers nach dem ASVG wird durch eine Pflichtversicherung nach dem GSVG „abgelöst". Beispiel: Ein bisher mit 25 % an einer GmbH beteiligter handelsrechtlicher Geschäftsführer erhöht seine Beteiligung auf 75 %. Es besteht keine Pflichtversicherung nach dem ASVG mehr, sondern nach dem GSVG. Ist in diesem Fall die Auflösungsabgabe zu entrichten?

Antwort:

Da bei einem „Statuswechsel" des Dienstverhältnisses nach den Erläuterungen keine Auflösungsabgabe anfällt, ist hier kein Fall einer Auflösungsabgabe gegeben. Als Statuswechsel sind nicht nur Änderungen vom ASVG in ein öffentlich rechtliches Dienstverhältnis (dieses Beispiel wurde in den Erläuterungen genannt), sondern auch Wechsel zwischen dem ASVG und dem GSVG (und andere) zu subsumieren. Im Einzelfall wird auf das gleiche (gleichartige) Tätigkeitsfeld der Erwerbstätigkeit bzw. der dadurch fehlenden Arbeitslosigkeit abzustellen sein, und nicht auf den Zweig der Sozialversicherung, in dem die Erwerbstätigkeit (unselbständig oder selbständig) pflichtversichert ist. (Hauptverband, 26.2.2013, Zl. 32-LVB-51.1/13 Sbm-Dm/Sdo)

Betriebsübergang:

Bei einem Betriebsübergang (§ 3 Abs. 1 AVRAG) fällt hinsichtlich der übernommenen Dienstverhältnisse keine Auflösungsabgabe an.

Gleichfalls fällt keine Auflösungsabgabe an, wenn ein/e Dienstnehmer/in bei einem Betriebsübergang das Dienstverhältnis gemäß § 3 Abs. 3 AVRAG beendet, da die Beendigung allein von Seiten der Dienstnehmerin/des Dienstnehmers ausgegangen ist. Eine solche Beendigung ist daher analog dem § 2b Abs. 2 Z 3 lit. a AMPFG als Kündigung durch die Dienstnehmerin/den Dienstnehmer zu sehen.

Die in § 3 Abs. 5 vorgesehene Wertung einer solchen Beendigung als Arbeitgeberkündigung soll von ihrem Zweck her mögliche Nachteile der Arbeitskraft hinsichtlich ihrer Beendigungsansprüche vermeiden, nicht aber auch eine weitere Abgabenbelastung des Arbeitgebers herbeiführen.

„Unterbrochene" Dienstverhältnisse:

Das Unternehmen A schließt mit Herrn B einen unbefristeten Dienstvertrag ab. Dieses Beschäftigungsverhältnis wird nach einiger Zeit durch eine einvernehmliche Auflösung arbeitsrechtlich beendet. Nach drei Wochen wird zwischen A und B ein neues unbefristetes Dienstverhältnis vereinbart. Können diese zwei Dienstverhältnisse auf Grund der nur kurzen „Unterbrechung" als „Einheit" gewertet werden, sodass von der Auflösungsabgabe abgesehen werden kann? Bei sachlich nicht begründbaren kurzen Unterbrechungen von befristeten Dienstverhältnissen ist ja für die Beurteilung, ob die Auflösungsabgabe anfällt, ungeachtet der Lücken von durchgehenden befristeten Dienstverhältnissen auszugehen. Kann man dies so interpretieren, dass auch mehrere unbefristete Beschäftigungsverhältnisse mit jeweils nur kurzen Unterbrechungen als ein einziges durchgehendes Dienstverhältnis zu werten sind?

Antwort:

Für unbefristet abgeschlossene arbeitslosenversicherungspflichtige Dienstverhältnisse, die – wenn auch nur für zwei oder drei Wochen – beendet werden, ist die Auflösungsabgabe zu leisten. Dies gilt selbst dann, wenn das vollversicherte Dienstverhältnis in ein geringfügig versichertes Dienstverhältnis umgewandelt wird.

Da nach Sicht des Arbeitgebers ein durchgehendes Dienstverhältnis vorliegt, kann er sich von der Zahlung der Auflösungsabgabe nur befreien, wenn er dieses (durchgehende) Dienstverhältnis auch durchgehend (voll) versichert. Sollte abwechselnd voll und geringfügig versichert werden, so wäre beim ersten Wechsel auf Geringfügigkeit die Auflösungsabgabe zu leisten – später aber nicht mehr, solange ein durchgehendes Dienstverhältnis vorliegt. Ein durchgehendes Dienstverhältnis verlangt, dass keine Tage der Beschäftigungslosigkeit (ohne voller oder zumindest geringfügiger Pflichtversicherung) zwischen den einzelnen Beschäftigungsphasen unterschiedlicher Intensität liegen.

Nicht erfolgte gesetzlich erforderliche Aus- oder auch Weiterbildungen für Dienstnehmer/innen:

Ein Unternehmen, das u. a. „schulische Nachmittagsbetreuung" anbietet, hat der NÖGKK folgenden Sachverhalt geschildert:

Die in der schulischen Nachmittagsbetreuung tätigen Dienstnehmer wären verpflichtet, auf Grund einer neuen gesetzlichen Regelung einen „Ausbildungskurs" zu absolvieren. Absolviere ein Dienstnehmer diese Ausbildung (aus welchen Gründen auch immer) nicht, seien die gesetzlichen Voraussetzungen für eine weitere Tätigkeit in diesem Bereich nicht mehr gegeben. Das Unternehmen sehe sich daher in einem derartigen Fall – um gesetzeskonform zu handeln – gezwungen, das Dienstverhältnis aufzulösen. Kann hier von der Auflösungsabgabe abgesehen werden?

Das Unternehmen argumentiert folgendermaßen:

– Man würde den Dienstnehmer auch ohne die nunmehr erforderliche Ausbildung gerne weiter beschäftigen, dies sei aber auf Grund der neuen Rechtslage nicht mehr möglich.
– Das Nicht-Absolvieren der Ausbildung sei nicht „Schuld" des Dienstgebers, sondern liege in der „Sphäre" des Dienstnehmers.
– Es sei nicht anzunehmen, dass der Dienstnehmer in einem derartigen Fall das Dienstverhältnis von sich aus lösen würde.

Antwort:

Das Bundesministerium für Arbeit, Soziales und Konsumentenschutz geht hier von einem Angestelltenverhältnis aus.

Ein Arbeitgeber ist gemäß § 27 Z 2 des Angestelltengesetzes (AngG) berechtigt, eine/n Angestellte/n zu entlassen, wenn dieser/diese unfähig ist, die versprochenen oder die den Umständen nach angemessenen Dienste zu leisten (Dienstunfähigkeit). Es ist dabei gleichgültig, ob die Dienstunfähigkeit bereits im Zeitpunkt des Arbeitsantritts vorlag oder diese erst später im Laufe des Arbeitsverhältnisses eintritt. Die hM sieht eine Entlassung unter diesem Titel als gerechtfertigt an, wenn der Angestellte zur Erbringung der vertraglich vereinbarten Arbeitsleistung gänzlich unfähig und daher schlechthin unverwendbar ist, weil er/sie die dazu erforderlichen körperlichen, geistigen oder rechtlichen Voraussetzungen nicht erfüllt. Wesentlich ist, dass die Dienstunfähigkeit nicht bloß vorübergehend und kurzfristig ist, sondern wenn auch in ihrem zeitlichen Ausmaß vorhersehbar – von so langer Dauer ist, dass dem Arbeitgeber nach den Umständen des Falles eine Fortsetzung des Arbeitsverhältnisses nicht zumutbar ist. Nur erhebliche und andauernde Qualitätsunterschreitung und nicht etwa gelegentliche Entgleisungen erfüllen den Tatbestand.

Im Falle eines/einer in der schulischen Nachmittagsbetreuung tätigen ANin, der/die mangels Fortbildung im gesetzlich vorgeschriebenen Umfang seinen Beruf entgegen den einschlägigen Berufsvorschriften ausübt, kann von Seiten des Arbeitgebers grundsätzlich das Vorliegen einer Dienstunfähigkeit iSd § 27 Abs. 2 AngG argumentiert werden. Der/Die ANin kann so lange nicht vertragsgemäß eingesetzt werden, als er/sie nicht die gesetzlich vorgesehene Ausbildung absolviert (rechtliche Arbeitsunfähigkeit). Zu berücksichtigen wäre dabei auch, ob der Arbeitgeber in einem solchen Fall auf Grund der schulrechtlichen Vorschriften einem Haftungsrisiko ausgesetzt wäre (eben weil er unzureichend geschulte AN einsetzt).

Die Dienstunfähigkeit muss aber umgehend geltend gemacht werden, sobald sie sich zweifelsfrei herausstellt.

Eine gerechtfertigte Entlassung könnte außerdem auf den Grund der beharrlichen Dienstverwei-

6. E-MVB
AMPFG-0025

gerung (§ 27 Z 4 AngG) gestützt werden. Dazu ist es erforderlich, dass der/die AN die von ihm/ihr im Rahmen des Arbeitsvertrages geschuldete Leistung pflichtgemäßer Dienste oder die Befolgung einer gerechtfertigten Anordnung des Arbeitgebers ablehnt. Außerdem muss diese Dienstverweigerung gravierend und beharrlich sein, wobei immer das essentielle Tatbestandsmerkmal der Unzumutbarkeit der Weiterbeschäftigung berücksichtigt werden muss. Die Beharrlichkeit ergibt sich vor allem aus der wiederholten Dienstverweigerung bzw. aus deren besonderen Intensität. Grundsätzlich wird dabei eine Obliegenheit des Arbeitgebers zur Ermahnung angenommen. Verletzt ein/eine ANin die von ihm/ihr gesetzlich – und wohl auch auf Grund des Arbeitsvertrages geschuldete Fortbildungspflicht beharrlich, so setzt er/sie u.U. den «Entlassungsgrund» des § 27 Z 4 AngG. Die Beharrlichkeit kann sich insbesondere daraus ergeben, dass er/sie auch nach Ermahnung der gerechtfertigten Anordnung des/der AGin sich fortzubilden nicht Folge leistet.

Ob die Entlassung gerechtfertigt ist, wäre jedenfalls in jedem einzelnen Fall zu prüfen. Bei einer gerechtfertigten Entlassung ist keine Auflösungsabgabe zu leisten.

Verwaltungspraktikum bei Bundesdienststellen; § 36a VBG:

Gemäß § 36a Abs. 1 des Vertragsbedienstetengesetzes 1948 kann Personen die Möglichkeit eingeräumt werden, ihre Berufsvorbildung oder Schulbildung durch eine entsprechende praktische Tätigkeit zu ergänzen und zu vertiefen und auf diese Weise die Verwendungen im Bundesdienst kennen zu lernen. Dazu kann mit ihnen ein Ausbildungsverhältnis als Verwaltungspraktikant (Verwaltungspraktikum) begründet werden. Durch das Eingehen dieses Ausbildungsverhältnisses wird kein Dienstverhältnis begründet.

Gemäß § 36a Abs. 2 des Vertragsbedienstetengesetzes 1948 endet das Verwaltungspraktikum spätestens nach einer Gesamtdauer von zwölf Monaten.

Verwaltungspraktikanten sind gemäß § 36d Abs. 1 des Vertragsbedienstetengesetzes 1948 in der Kranken-, Unfall- und Pensionsversicherung nach Maßgabe des Allgemeinen Sozialversicherungsgesetzes pflichtversichert sowie in der Arbeitslosenversicherung auf Grund des Arbeitslosenversicherungsgesetzes 1977 versichert. Sie sind in Angelegenheiten der Arbeitslosenversicherung Dienstnehmern gleichgestellt (§ 1 Abs. 1 des Arbeitslosenversicherungsgesetzes 1977). Die nach diesen Vorschriften dem Dienstgeber obliegenden Aufgaben hat der Bund wahrzunehmen.

Nunmehr stellt sich die Frage, ob bei der Beendigung eines solchen Ausbildungsverhältnisses die Auflösungsabgabe gemäß § 2b Arbeitsmarktpolitik-Finanzierungsgesetz zu entrichten ist oder nicht. Da das Verwaltungspraktikum einerseits der Arbeitslosenversicherungspflicht unterliegt und kein verpflichtendes Praktikum ist, andererseits jedoch durch das Eingehen dieses Ausbildungsverhältnisses kein Dienstverhältnis begründet wird, erscheint die Vorgehensweise hinsichtlich der Auflösungsabgabe nicht eindeutig. Es stellt sich auch deshalb die Frage, da Lehrlinge (ebenfalls ein Ausbildungsverhältnis) im letzten Lehrjahr genauso arbeitslosen-versicherungspflichtig sind, jedoch von der Auflösungsabgabe ausgenommen sind.

Antwort:

§ 2b Abs. 1 des Arbeitsmarktpolitik-Finanzierungsgesetzes (AMPFG) sieht die Entrichtung der Auflösungsabgabe zum Ende jedes arbeitslosenversicherungs-pflichtigen Dienstverhältnisses vor. In der Regel ist bei Vorliegen von Ausbildungsverhältnissen – sofern nicht ein gesetzlicher Ausnahmetatbestand gegeben ist (Lehrvertrag) – vom Vorliegen eines Dienstverhältnisses auszugehen.

§ 36a des Vertragsbedienstetengesetzes 1948 (VBG) sieht für das Verwaltungspraktikum beim Bund ein Ausbildungsverhältnis vor und schließt ex-lege das Vorliegen eines Dienstverhältnisses aus. Eine Pflicht zur Entrichtung der Auflösungsabgabe, die an das Vorliegen eines Dienstverhältnisses anknüpft, kann in einem solchen Fall daher nicht bestehen.

In jenen Fällen, in denen wie gemäß § 36a VBG ex-lege das Vorliegen eines Dienstverhältnisses ausgeschlossen ist, ist daher bei Ende des Ausbildungsverhältnisses keine Auflösungsabgabe zu entrichten.

(Hauptverband, 26.3.2013, 32-LVB-51.1/13 Sbm-Ph/Sdo)

Übergangsregelung für BUAK-Betriebe

FRAGE (eines Steuerberaters): Bei BUAK-Betrieben wird das Dienstverhältnis oft mit dem Lösungsgrund „Dienstgeberkündigung" gelöst. Dies würde jedoch dann bedeuten, dass für alle Dienstnehmer die Auflösungsabgabe zu zahlen ist. Jetzt wurden BUAK-Betriebe bis 01.07. von der Auflösungsabgabe ausgenommen.

Wir betreuen einige BUAK-Betriebe, deren Mitarbeiter demnächst wieder angemeldet werden oder bereits angemeldet sind und bis ca. November arbeiten.

Was wäre, wenn die Dienstnehmer per 30.06. mittels Dienstgeberkündigung abgemeldet und am 01.07. mit befristetem Dienstvertrag wieder angemeldet werden? Da die Befristung dadurch kürzer als 6 Monate dauern würde, würde auch hier keine Auflösungsabgabe anfallen."

Antwort:

Grundsätzlich zählt § 2b AMPFG jene Ausnahmetatbestände auf, bei deren Vorliegen keine Auslösungsabgabe bei Ende des Dienstverhältnisses anfällt. Wenngleich bei Ende eines auf längstens sechs Monate befristeten Dienstverhältnisses keine Auflösungsabgabe anfällt, so ist – wie auch in den Gesetzesmaterialien ausgeführt – der Abschluss nur auf kurze Dauer befristeter Dienstverhältnisse nur eingeschränkt zulässig, weil besondere Rechtfertigungsgebote für befristete Dienstverhältnisse bestehen. Kettenarbeitsverträge sind in den meisten Fällen unzulässig.

Die aufeinanderfolgende Befristung zweier Arbeitsverträge zum Zweck der Vermeidung der Auflösungsabgabe entbehrt einer arbeitsrechtlich zulässigen Rechtfertigung, womit die zwei Dienstverhältnisse zusammenzuzählen sind und sich ein über sechs Monate dauerndes Dienstverhältnis ergibt, bei dessen Ende die Auflösungsabgabe zu entrichten ist.

Möglicherweise wird die bestehende Sonderregelung, der zufolge die Auflösungsabgabe für den Sachbereich der Urlaubsregelung nach dem BUAG unterliegende Unternehmen in Form einer Pauschalabgeltung durch die BUAK geleistet wird, mit Modifikationen hinsichtlich Höhe, Zahlungsweise und Abrechnung, über den 30. Juni 2013 hinaus dauerhaft verlängert werden, sodass die einzelnen Bauunternehmen auch künftig keine Auflösungsabgabe an den zuständigen Krankenversicherungsträger abführen müssen.

Vertragsbedienstete/ Beendigung des Dienstverhältnisses gemäß § 24 Abs. 9 VBG bzw. § 26 Abs. 9 GVBG

FRAGE: Gemäß § 24 Abs. 9 des Vertragsbedienstetengesetzes 1948 endet das Dienstverhältnis, wenn Dienstverhinderungen wegen Unfall oder Krankenstand ein Jahr gedauert haben. Auch im NÖ Gemeinde-Vertragsbedienstetengesetz (GVBG) findet sich die folgende Bestimmung: „Haben Dienstverhinderungen wegen Unfall oder Krankheit ... ein Jahr gedauert, so endet das Dienstverhältnis mit Ablauf dieser Frist, es sei denn, dass vorher seine Fortsetzung vereinbart wurde."

In einer Gemeinde liegt nun ein konkreter Fall vor, wo das Dienstverhältnis auf Grund dieser Bestimmung beendet wird (der Dienstnehmer ist länger als ein Jahr krank; eine Vereinbarung über die Fortsetzung des Dienstverhältnisses erfolgt nicht). Ist hier die Auflösungsabgabe zu entrichten?

Antwort:
Bei diesen – wenn auch gesetzlich vorgesehenen Endigungsgründen – fällt die Auflösungsabgabe an, da es hierfür keinen gesetzlichen Ausnahmetatbestand in § 2 b AMPFG gibt.

Das Arbeitsmarktpolitik-Finanzierungsgesetz knüpft bei der Pflicht zur Entrichtung der Auflösungsabgabe grundsätzlich an das Ende jedes arbeitslosenversicherungspflichtigen Dienstverhältnisses bzw. arbeitslosenversicherungspflichtigen freien Dienstverhältnisses an. Erst in den Ausnahmetatbeständen sind jene Fälle genannt, in welchen dennoch keine Abgabe anfällt, wie beispielsweise die Kündigung durch die Dienstnehmerin oder den Dienstnehmer. Ein Ausnahmetatbestand betreffend das gesetzliche Ende eines Dienstverhältnisses ist weder ausdrücklich genannt noch aus anderen Ausnahmetatbeständen ableitbar. Eine Ausnahme ist nur vorgesehen, wenn die Dienstnehmerin/der Dienstnehmer das Dienstverhältnis aus gesundheitlichen Gründen löst oder im Zeitpunkt der Auflösung Anspruch auf eine Invaliditäts- oder Berufsunfähigkeitspension hat.

Lehrlinge:
FRAGE: Ist für den Entfall der Auflösungsabgabe erforderlich, dass schon bei Abschluss des Lehrvertrages die Befristung für die Dauer der Behaltefrist vereinbart wird oder ist auch die Befristung unmittelbar nach Abschluss der Lehre ausreichend?

Antwort:
Wenn eine Befristung für die gebotene Behaltefrist oder darüber hinaus für längstens sechs Monate nach Ende des Lehrverhältnisses vereinbart wird, kann der Zeitpunkt des Abschlusses dieser Vereinbarung auch noch unmittelbar nach Ende der Lehrzeit (des Ausbildungsverhältnisses) liegen. Bei Umwandlung eines unbefristeten (oder länger befristeten) Arbeitsverhältnisses fällt jedoch zum Ende des Dienstverhältnisses eine Auflösungsabgabe an.

Verlängerung befristeter Dienstverhältnisse aufgrund von Schutzbestimmungen sowie Behaltefrist Lehrlinge in der Metallindustrie (ACHTUNG – Abgehen des BMASK von der bisherigen Rechtsansicht!)

Verlängert sich ein arbeitsrechtlich zulässig bis sechs Monate befristetes Dienstverhältnis nur wegen Schutzbestimmungen nach dem MSchG, VKG oder APG (Präsenzdienst), so ist nach Ende der Behaltefrist keine Auflösungsabgabe zu leisten. Diese Schutzfristen sind für die Arbeitnehmer/innen geschaffen und sollen nicht zusätzlich zu einer Abgabenpflicht des Arbeitgebers führen. Ähnliches kann für Fälle gelten, wo wie im angefragten Fall nach dem anzuwendenden Kollektivvertrag in der eisen- und metallerzeugenden und – verarbeitenden Industrie ausgelernte Arbeiterlehrlinge nach ordnungsgemäßer Beendigung der Lehrzeit sechs Monate weiter zu verwenden sind und diese Weiterverwendungszeit nicht mit dem Letzten eines Kalendermonats endet, die Weiterverwendungszeit auf diesen zu erstrecken ist. Die (geringfügige) Erstreckung der Weiterverwendungszeit bis zum Monatsende erleichtert dem betroffenen Arbeitnehmer die Aufnahme einer neuen Beschäftigung ohne zwischenzeitliche Arbeitslosigkeit, weil die Wahrscheinlichkeit einer Einstellung bei einem neuen Arbeitgeber mit darauf folgendem Monatsersten als höher angesehen werden kann.

Bei Befristungen des Dienstverhältnisses entsprechend einer sechs Monate dauernden Behaltefrist nach dem Kollektivvertrag bis zum Letzten des Kalendermonats, in dem die Sechsmonatsfrist abläuft, ist daher keine Auflösungsabgabe zu entrichten.

Konzern
FRAGE: Im Unternehmen bzw. im Konzernbereich unseres Klienten kommt es vor, dass bei Beendigung eines Dienstverhältnisses des Dienstgebers (nennen wir ihn C) zu einem Dienstnehmer (nennen wir ihn A) unmittelbar ein neues Dienstverhältnis mit einem neuen Dienstnehmer (nennen wir ihn B) abgeschlossen wird. Das heißt, an die Auflösung des Dienstverhältnisses zu Dienstnehmer A knüpft unmittelbar das Dienstverhältnis zu

6. E-MVB
AMPFG-0025

Dienstnehmer B an. Der zahlenmäßige Mitarbeiterstand bleibt unverändert.

Es kommt auch vor, dass das konzernzugehörige Unternehmen C1 das Dienstverhältnis mit dem Dienstnehmer A beendet und das Konzernunternehmen C2 ein Dienstverhältnis mit dem Dienstnehmer B begründet.

§ 2b Abs. 1 AMPFG legt fest, „zum Ende jedes arbeitslosenversicherungspflichtigen Dienstverhältnisses oder arbeitslosenversicherungspflichtigen freien Dienstverhältnisses ist vom Dienstgeber eine Abgabe zu entrichten."

§ 2b Abs. 2 AMPFG zählt eine Reihe von Ausnahmen von der Verpflichtung zur Leistung der Auflösungsabgabe auf. Absatz 2 Z 8 lautet: „Die Abgabe gemäß Abs. 1 ist nicht zu entrichten, wenn innerhalb eines Konzerns im unmittelbaren Anschluss an das beendete Dienstverhältnis ein neues Dienstverhältnis begründet wird..."

Die konkrete Frage ist, ob es ausreichend für die Erfüllung des oben angeführten Ausnahmetatbestandes ist, wenn ein Dienstgeber bei Beendigung eines Dienstverhältnisses zu einem Dienstnehmer im unmittelbaren Anschluss ein neues Dienstverhältnis zu einem anderen Dienstnehmer begründet bzw. wenn ein Konzernunternehmen ein Dienstverhältnis beendet und ein anderes Konzernunternehmen ein Dienstverhältnis mit einem anderen Dienstnehmer begründet? D.h. fällt die Auflösungsabgabe dann nicht an, wenn zwar ein Dienstverhältnis zu einem Dienstnehmer beendet, gleichzeitig (unmittelbar anschließend) jedoch ein Dienstverhältnis zu einem anderen Dienstnehmer begründet und bzw. wenn ein Dienstverhältnis im Konzern beendet wird und ein anderes Konzernunternehmen mit einem anderen Dienstnehmer ein Dienstverhältnis begründet?

Die Fragestellung ergibt sich dadurch, dass die Befreiungsbestimmung des § 2b Abs. 2 Z 8 AMPFG nach dem beendeten Dienstverhältnis nicht ausdrücklich die Begründung eines neuen Dienstverhältnisses zum selben Dienstnehmer (zur selben Person) verlangt und diese Regelung auch nicht systematisch der Z 3 leg.cit. zugeordnet wurde, aus der dieses ableitbar wäre.

Überdies sind nach § 2b (3) AMPFG 50% der Einnahmen aus der Auflösungsabgabe zweckgebunden für die Förderung der Beschäftigung von älteren Arbeitnehmern gem. § 50 AMSG zu verwenden. Der Rest ist nach § 1 für die allgemeine Gebarung der Arbeitsmarktpolitik zu verwenden. Wenn man dem Gesetzeszweck der arbeitsmarktpolitischen Förderung folgt, könnte die oben ausgeführte Ansicht vertretbar sein, da zwar ein Dienstverhältnis beendet wird, andererseits jedoch wieder ein Dienstverhältnis abgeschlossen wird und somit der Mitarbeiterstand unseres Mandanten/des Konzerns unverändert bleibt.

Antwort: Die Entrichtung der Auflösungsabgabe gemäß § 2b AMPFG ist auf das jeweilige arbeitslosenversicherungspflichtige Dienstverhältnis bezogen; sie bezieht sich somit auf das Ende des Dienstverhältnisses des jeweils arbeitslosenversicherungspflichtig beschäftigten Dienstnehmers, nicht auf den Arbeitsplatz innerhalb des Unternehmens oder Konzerns, auf dem ein Arbeitnehmer beschäftigt wird.

Die Begründung eines Dienstverhältnisses mit einer anderen Person im unmittelbaren Anschluss an die Auflösung eines Dienstverhältnisses stellt keinen Ausnahmetatbestand dar und kann daher auch nicht für Konzerne gelten. Eine diesbezügliche Begünstigung von Konzernen wäre als gleichheitswidrig zu beurteilen.

Die Erläuterungen zur Regierungsvorlage (1685BeilNR 24.GP S 59) verweisen außerdem ausdrücklich darauf, dass das Arbeitsmarktservice mit diesen Mitteln arbeitsmarktpolitische Maßnahmen für die (nun) freigestellten DienstnehmerInnen bzw. Dienstnehmer finanzieren soll.

Die Entrichtung der Auflösungsabgabe entfällt innerhalb eines Konzerns daher nur dann, wenn dieselbe Dienstnehmerin (derselbe Dienstnehmer) unmittelbar (nahtlos) nach Ende des Dienstverhältnisses von einem anderen Unternehmen innerhalb des Konzerns übernommen wird.

Schwankendes Einkommen bei freien Dienstnehmern/Dienstnehmerinnen:

FRAGE: Die Dienstgeber/Meldepflichtigen übermitteln in Regelfall für Freie DienstnehmerInnen, die für ein oder mehrere Monat(e) keine Honorarnote vorlegen, und damit für die betroffenen Monate kein Entgelt beziehen, eine Abmeldung mit dem Abmeldegrund 29 (SV-Ende – Beschäftigung aufrecht). Die Folge dieser Abmeldung ist die Beendigung der Pflichtversicherung in der Sozialversicherung bei aufrechtem Beschäftigungsverhältnis.

Für die Entrichtung der Auflösungsabgabe stellt sich nun die Frage nach welchen Regeln vorgegangen werden soll:

a) analog zu den Regeln bei schwankenden Einkommen, d.h.: eine Auflösungsabgabe ist zu leisten, wenn die Unterbrechung der Pflichtversicherung mehr als 1 Monat andauert (angelehnt an Punkt 4.b.ii der Empfehlungen zur einheitlichen Vollzugspraxis der Versicherungsträger im Bereich des Melde-, Versicherungs- und Beitragswesens [E-MVB AMPFG-0025])

b) analog zu den Regeln im Falle einer Karenzierung, d.h.: eine Auflösungsabgabe ist erst dann zu leisten, wenn das arbeitslosenversicherungspflichtige freie Dienstverhältnis beendet wird, und nicht bereits bei Beendigung der Pflichtversicherung bei aufrechter Beschäftigung.

Antwort: Bei schwankendem Einkommen (Entgelt) von freien DienstnehmerInnen gemäß § 4 Abs. 4 ASVG wird eine analoge Vorgangsweise wie bei Fällen der Karenzierung als zweckmäßig erachtet; d.h. die Auflösungsabgabe wird erst dann zu leisten sein, wenn das arbeitslosenversicherungspflichtige freie Dienstverhältnis beendet wird, und nicht bereits bei einer (zwischenzeitigen) Beendigung (Unterbrechung) der Pflichtversicherung bei einem dem Grunde nach weiterhin unverändert aufrechten Vertragsverhältnis. Bei einer dauerhaften Umwandlung in eine geringfügig entlohnte Beschäftigung fällt die Auflösungsabgabe hingegen sofort an.

Stornierung/Rückverrechnung der Auflösungsabgabe bei Wiedereinstellung?

FRAGE: Anmeldezeitraum des DN 01.01.2013 – 05.07.2013: bei der Abmeldung wird die Auflösungsabgabe bezahlt.

Nächste Anmeldung des DN 01.09.2013 – 31.01.2014:

Auflösungsabgabe für die Abmeldung vom 05.07.2013 wird wieder storniert?

Antwort: Endet ein länger als sechs Monate befristetes Dienstverhältnis (wie im genannten Beispiel: befristetes Dienstverhältnis vom 1.1.2013 bis 5.7.2013), so ist die Abgabe zu entrichten. Eine Rückverrechnung, wenn die Person nach den Sommermonaten wiederum eingestellt wird, ist im Gesetz nicht vorgesehen und daher nicht zulässig. Bei mehreren Befristungen, die über sechs Monate dauern, ist daher bei jedem Ende des (freien) Dienstverhältnisses die Auflösungsabgabe zu entrichten. Dies entspricht auch dem Zweck der Abgabe, nämlich die Entlastung der Gebarung Arbeitsmarktpolitik von Aufwendungen für arbeitslos gewordene Personen. Aufgrund dieses Zweckes ist die Abgabe daher auch dann nicht zu entrichten, wenn befristete (freie) Dienstverhältnisse unmittelbar aufeinander folgen. In diesen Fällen kommt es zu keiner (theoretisch möglichen) Belastung der Gebarung Arbeitsmarktpolitik, weswegen in diesen Fällen erst bei Ende des letzten befristeten Dienstverhältnisses die Abgabe zu entrichten ist.

Nach dem vom Anfragenden genannten Beispiel wäre daher mit 5.7. die Abgabe – ohne Rückverrechnung im September – zu leisten. Mit Ende Jänner hingegen wäre keine Auflösungsabgabe zu leisten, da hier ein bis längstens sechs Monate befristetes (freies) Dienstverhältnis vorliegt. (Wäre das Dienstverhältnis nicht befristet, müsste die Abgabe hingegen entrichtet werden.) Würde das (freie) Dienstverhältnis vom September bis Ende Jänner mit 1. Februar fortgesetzt (bzw. befristet verlängert), so wäre gleichfalls keine Abgabe wegen des unmittelbaren Anschlusses eines weiteren freien Dienstverhältnisses zu leisten. Die Abgabe wäre erst bei Ende der befristeten unmittelbar aufeinander folgenden Arbeitsverträge zu entrichten bzw. sobald Lücken (Unterbrechungen) entstehen.

Nachträgliche Entrichtung bei Änderung des Grundes der Beendigung des Dienstverhältnisses

Wenn sich der Grund für die Beendigung eines Dienstverhältnisses ändert, sodass statt einem nicht der Auflösungsabgabe unterliegenden Sachverhalt in Folge ein der Auflösungsabgabe unterliegender Sachverhalt vorliegt, so ist die Auflösungsabgabe (auch) nachträglich zu entrichten. Es liegt in der Folge kein Ausnahmetatbestand für die Entrichtung der Auflösungsabgabe mehr vor.

Wechsel von einem der Gemeinde nahestehenden Verein zur Gemeinde

Bei einem Wechsel von einem Tourismus- und Wirtschaftsförderungsverein, der der Gemeinde „gehört" (in dem Sinne, dass die Willensbildung des Vereines letztlich der Willensbildung der Stadtgemeinde entspricht) zur Gemeinde, kann bei einem nahtlosen Wechsel des Dienstverhältnisses vom Verein zur Gemeinde ein Ausnahmetatbestand analog § 2 Abs. 2 Z 8 AMPFG, das Vorliegen einer konzernähnlichen Struktur, angenommen werden. Das heißt, es wäre in so einem Fall keine Auflösungsabgabe zu entrichten. Ähnlich wie bei dem nicht ausdrücklich im AMPFG geregelten Fall der Übernahme überlassener Arbeitnehmer durch den Beschäftiger wird hier eine aus arbeitsmarktlicher Sicht wünschenswerte höhere „Bestandssicherheit" des Dienstverhältnisses erreicht. Zudem steht eindeutig fest, dass keine Belastung der Arbeitslosenversicherung eintreten wird. Damit liegt auch der mit der Auflösungsabgabe verfolgte Zweck (Beitrag zur Tragung der finanziellen Folgen der Auflösung des Arbeitsverhältnisses) nicht vor.

Beendigung von Dienstverhältnissen auf Grund der Übernahme eines der Tätigkeitsbereiche durch einen anderen Arbeitgeber

Bei Beendigung von Dienstverhältnissen auf Grund der Übernahme eines der Tätigkeitsbereiche durch einen anderen Arbeitgeber, liegt kein gesetzlicher Ausnahmetatbestand vor. Wenn kein Konzern vorliegt, ist bei Kündigung des Dienstverhältnisses die Auflösungsabgabe zu leisten.

Zu sozialökonomischen Betrieben und gemeinnützigen Beschäftigungsprojekten (Ergänzungen):

Bei der Beendigung von auf mehr als sechs Monate befristeten Dienstverhältnissen ist, wenn keine anderen Ausnahmetatbestände vorliegen, die Auflösungsabgabe zu leisten, auch wenn es sich um geförderte Transitarbeitsplätze handelt.

Fachkräftestipendium

Wenn ein Dienstnehmer für die eigene Weiterbildung das Fachkräftestipendium gem. § 34 b AMSG vom Arbeitsmarktservice erhalten möchte, spielt es diesbezüglich keine Rolle, ob er das Dienstverhältnis selbst kündigt oder dieses einvernehmlich löst. Das Fachkräftestipendium entfällt gerade nicht für den ersten Monat der Teilnahme an der Maßnahme (im Gegensatz zum Arbeitslosengeld), wenn er das Dienstverhältnis selbst kündigt. Dies sieht die einschlägige Richtlinie des Arbeitsmarktservice eigens vor. Da die Auflösung des Dienstverhältnisses in solchen Fällen vom Dienstnehmer bzw. der Dienstnehmerin ausgeht, wäre eine Kündigung durch den/die DienstnehmerIn der richtige Vorgang. Bei einvernehmlicher Auflösung fällt im Gegensatz dazu eine Auflösungsabgabe an.

Altersteilzeitvereinbarung

Für Beendigungen von Dienstverhältnissen nach einer Altersteilzeitvereinbarung gelten keine Sonderbestimmungen. Es kommt auf die Art der Beendigung des Dienstverhältnisses an, nicht darauf, ob die Altersteilzeitvereinbarung allenfalls verlängert wird oder nicht. Daher fällt bei DienstgeberInnenkündigung oder einer einvernehmlichen Auflösung des Dienstverhältnisses nach einer Altersteilzeitvereinbarung, soweit kein Pensionsanspruch besteht oder ein anderer der in § 2b AMPFG genannten Ausnahmetatbeständen gegeben ist, die Auflösungsabgabe an. Dasselbe gilt, wenn das Dienstverhältnis auf Grund der Altersteilzeitvereinbarung auf länger als sechs Monate (mit Ende der Altersteilzeit) befristet war. Dies gilt unabhängig davon, ob ein Übergangsgeld nach Altersteilzeit gebührt oder nicht.

Gemeinnütziger Verein

Sachverhalt:

Ein gemeinnütziger Verein hat ein gemeinnütziges Beschäftigungsprojekt, wo sehr arbeitsmarktferne Personen (BezieherInnen der bedarfsorientierten Mindestsicherung) mit maximal 12 Monaten befristet beschäftigt sind. Ziel ist ein nahtloser Übergang zu einem Sozialökonomischen Betrieb (SÖB der Volkshilfe Beschäftigung oder der Caritas) oder eine direkte Übernahme in den regulären Arbeitsmarkt.

In der Praxis funktioniert das so, dass das Dienstverhältnis einvernehmlich gelöst wird und am nächsten Tag zum Beispiel im Volkshilfe Beschäftigung SÖB beginnt (befristet mit 6 Monaten mit dem Ziel einer Vermittlung in den ersten Arbeitsmarkt).

FRAGE: Ist beim nahtlosen Übergang von GBP zum SÖB eine Auflösungsabgabe fällig?

Antwort: Bei Vorliegen einer derartigen Konstellation kann in Analogie zu § 2b Abs. 2 Z 8 AMPFG eine Ausnahme von der Auflösungsabgabe gerechtfertigt werden. Gem. § 2b Abs. 2 Z 8 AMPFG ist keine Auflösungsabgabe zu entrichten, wenn innerhalb eines Konzerns im unmittelbaren Anschluss an das beendete Dienstverhältnis ein neues Dienstverhältnis begründet wird. Im gegenständlichen Fall liegt zwar kein Konzern im formalrechtlichen Sinn vor, es besteht aber eine konzernähnliche Struktur.

Es wurde bisher ein sogenannter „Statuswechsel" angenommen, der keine Verpflichtung zur Entrichtung einer Auflösungsabgabe auslöst, wenn ein Dienstverhältnis einer geförderten Transitarbeitskraft zu einem Sozialökonomischen Betrieb nahtlos in ein Dienstverhältnis zu einem Betrieb am ersten Arbeitsmarkt übergeht.

Die Beschäftigung besonders arbeitsmarktferner Personen in einem gemeinnützigen Beschäftigungsprojekt ist dem theoretischen Konzept nach der Beschäftigung in einem Sozialökonomischen Betrieb vorgelagert. Eine Auflösung des Dienstverhältnisses im Rahmen eines gemeinnützigen Beschäftigungsprojektes, um eine unmittelbar anschließende Beschäftigung in einem Sozialökonomischen Betrieb zu ermöglichen, dient dem Zweck der Integration in den ersten Arbeitsmarkt.

Definition des Begriffs „unmittelbar"

Sachverhalt:

Es wurde vom Verkehrsbüro eine Anfrage betreffend die Auslegung des Begriffes „unmittelbar" gestellt.

Antwort: Grundsätzlich meint der Begriff unmittelbar im Zusammenhang mit dem Ende und Beginn eines Dienstverhältnisses, dass keine (Kalender-)Tage Beschäftigungslosigkeit zwischen den beiden Beschäftigungen liegen. Es hat also ein unmittelbarer bzw. nahtloser Übergang von einer (bisherigen) Beschäftigung beim Dienstgeber A zu einer (nachfolgenden) Beschäftigung beim Dienstgeber B innerhalb des Konzerns stattzufinden, damit keine Auflösungsabgabe anfällt. Es ist dabei auf die jeweilige Pflichtversicherung abzustellen, sodass (versicherte) Tage von Urlaubs- oder Kündigungsentschädigung zwischen den beiden Beschäftigungen nicht schaden, da für einen solchen Zeitraum auch kein Arbeitslosengeld ausbezahlt wird.

Die Antworten zu den Detailfragen:

Sachverhalt I „A":

Dienstnehmer „A" beendet sein Dienstverhältnis mit der Gesellschaft „A innerhalb eines Konzerns" mit 25.09.2014.

Grund: Kündigung d.d. DG. Der Dienstnehmer wird in der Gesellschaft „A" endabgerechnet.

Der Dienstnehmer „A" tritt mit 01.10.2014 in der Gesellschaft „B innerhalb eines Konzerns" ein. Das neue Dienstverhältnis enthält eine vereinbarte Probezeit. Die Mitarbeitervorsorgekasse bleibt ein Monat beitragsfrei.

FRAGE: ist in diesem Fall eine Auflösungsabgabe in der Gesellschaft „A"
zu entrichten? Oder ist hier der § 2b Z 8 d AMPFG anzuwenden?

Antwort: Die Auflösungsabgabe ist zu entrichten, da zwischen bisheriger Beschäftigung (Ende 25.9.) und nachfolgender Beschäftigung (Beginn: 1.10.) einige beschäftigungslose Tage liegen, für die grundsätzlich ein Anspruch auf Leistung bei Arbeitslosigkeit besteht.

Sachverhalt II „B":

Dienstnehmer „B" beendet sein Dienstverhältnis mit der Gesellschaft „A innerhalb eines Konzerns" mit 22.10.2014.

Grund: Einvernehmliche Lösung. Der Dienstnehmer wird in der Gesellschaft endabgerechnet und erhält eine Urlaubsersatzleistung bis 24.10.2014.

Der Dienstnehmer „B" tritt bereits mit 20.10.2014 in der Gesellschaft „B innerhalb eines Konzerns" ein. Das neue Dienstverhältnis enthält eine vereinbarte Probezeit. Die Mitarbeitervorsorgekasse bleibt ein Monat beitragsfrei.

FRAGE: ist in diesem Fall eine Auflösungsabgabe in der Gesellschaft „A" zu entrichten? Oder ist hier der § 2b Ziffer 8 d AMPFG anzuwenden?

Antwort: Es ist keine Auflösungsabgabe zu entrichten, da sich die beiden Dienstverhältnisse überschneiden. Es liegen keine dienstverhältnisfreien Kalendertage zwischen den beiden Beschäftigungen.

Sachverhalt III „C":
Dienstnehmer „C" beendet sein Dienstverhältnis mit der Gesellschaft „A innerhalb eines Konzerns" mit 25.09.2014.
Grund: Kündigung d.d. Dienstgeber. Der Dienstnehmer wird in der Gesellschaft endabgerechnet und erhält eine Urlaubsersatzleistung bis 24.10.2014.
Der Dienstnehmer „C" tritt mit 26.09.2014 in der Gesellschaft „B innerhalb eines Konzerns" ein. Das neue Dienstverhältnis enthält eine vereinbarte Probezeit. Die Mitarbeitervorsorgekasse bleibt ein Monat beitragsfrei.
FRAGE: ist in diesem Fall eine Auflösungsabgabe in der Gesellschaft „A" zu entrichten? Oder ist hier der § 2b Z 8 d AMPFG anzuwenden?
Antwort: Es ist keine Auflösungsabgabe zu entrichten, da die beiden Dienstverhältnisse unmittelbar (nahtlos) aufeinander folgen.
Da das freiwillige Sozialjahr nicht der Arbeitslosenversicherungspflicht unterliegt (vgl. den Ausnahmetatbestand des § 1 Abs. 2 lit. f AlVG), liegt auch die Voraussetzung (nämlich das Ende eines arbeitslosenversicherungspflichtigen Dienstverhältnisses) für die Auflösungsabgabe nicht vor. Es ist daher keine Auflösungsabgabe zu leisten, wenn der Rechtsträger sich von einem Teilnehmer im Freiwilligen Sozialen Jahr trennt. Gleiches gilt für die anderen Tatbestände, die nicht der Arbeitslosenversicherungspflicht unterliegen (wie freiwilliges Umweltschutzjahr, Gedenkdienst, Friedens- oder Sozialdienst im Ausland oder bei Teilnahme am Integrationsjahr (§ 1 Abs. 2 lit. g AlvG)). (Hauptverband am 23.2.2016, Zl. LVB-51.1/16 Jv/Wot)

AVRAG-0001
Arbeitsvertragsrechtsanpassungsgesetz

Das Arbeitsvertragsrechtsanpassungsgesetz gilt für Arbeitsverhältnisse, die auf einem privat-rechtlichen Vertrag beruhen. Es enthält Bestimmungen betreffend schriftliche Aufzeichnungen des Inhaltes des Arbeitsvertrages, Bestimmungen über den Betriebsübergang, über die Haftung des Generalunternehmers, zum Thema Sicherheitsvertrauenspersonen sowie zur Bildungskarenz.

AVRAG-0002
Bildungskarenz

Unter bestimmten Voraussetzungen kann gemäß § 11 AVRAG Bildungskarenz vereinbart werden, für die bei Erfüllung der Anwartschaft auf Arbeitslosengeld und Nachweis der Teilnahme an einer Weiterbildungsmaßnahme das Arbeitsmarktservice Weiterbildungsgeld in der Höhe des Kinderbetreuungsgeldes, bei über 45-jährigen in der Höhe des Arbeitslosengeldes, wenn dieses höher ist, zu leisten hat (§ 26 AlVG).

BSchEG-0001
Bauarbeiter-Schlechtwetterentschädigungsgesetz (BSchEG)

Die Arbeitgeber haben den Arbeitnehmern, die wegen Schlechtwetter einen Arbeitsausfall erleiden, der mit einem Lohnausfall verbunden ist, eine Schlechtwetterentschädigung zu zahlen. Die als Schlechtwetterentschädigung ausgezahlten Beiträge sind dem Arbeitgeber von der Bauarbeiter-Urlaubs- und Abfertigungskasse über Antrag auszuzahlen. Zur Deckung dieses Aufwandes hat der Arbeitgeber einen Schlechtwetterentschädigungsbeitrag zu entrichten.

BSchEG-0002
Geltungsbereich

Arbeitskräfteüberlassungsbetriebe haben seit 1. August 1998 den SW-Beitrag für die gemäß § 2 Abs. 1 lit. h BUAG in den Sachbereich der Urlaubsregelung einbezogenen Dienstnehmer zu leisten. Im Allgemeinen kann davon ausgegangen werden, dass der Gesetzgeber den Betriebsbegriff im § 34 Abs. 1 ArbVG bei der Regelung verwandter Materien, wie etwa im Fall des BSchEG im gleichen Sinn gebraucht wissen wollte. (VwGH 28.3.1984, Zl.84/08/0029)

Dem Dienstgeber steht auf Grund seines Direktionsrechts das Recht zu, die Arbeitnehmer im Rahmen des Dienstvertrages dort zur Arbeit einzusetzen, wo sie von Schlechtwetter nicht betroffen werden. Die Betriebe des Steinhauergewerbes wurden am 1.11.1972 durch Verordnung in den Geltungsbereich des Bauarbeiter-Schlechtwetterentschädigungsgesetzes 1957 einbezogen. Der Dienstnehmer muss sich vorerst mit dem Dienstgeber ins Einvernehmen setzen, ob die Arbeit unterbleiben kann; er darf nicht ohne eine diesbezügliche Entscheidung des Dienstgebers den Arbeitsplatz verlassen. Doch ist die Entlassung eines Hilfsarbeiters, der sich, wenn die Außenarbeiten wegen Schlechtwetters eingestellt werden müssen, weigert, die Hilfsarbeitertätigkeit der Demontage einer Heizung vorzunehmen, unberechtigt. Mit den Erdbaubetrieben sollen sowohl die Deichgräberbetriebe als auch jene Betriebe erfasst werden, die in Ausübung verschiedenster Gewerbeberechtigungen mit Baumaschinen und Verwendung eigener Arbeitskräfte Erdbewegungsarbeiten durchführen, wobei es ohne Belang ist, ob diese Tätigkeit unter dem Titel der Vermietung der Maschine einschließlich Bedienungspersonal vorgenommen wird. Unter die Betriebe fallen nicht nur die von der Privatwirtschaft geführten Betriebe, sondern auch die Betriebe öffentlich-rechtlicher Körperschaften und auch die Eigenregiearbeiten von öffentlich-rechtlichen Körperschaften sowie der von diesen verwalteten Anstalten, Stiftungen und Fonds, soweit Eigenregiearbeiten ihrer Art nach in die Gewerbeberechtigung fallen würde. Zu den Hoch- und Tiefbaubetrieben zählen auch Betriebe, die Beton- und Eisenbetonarbeiten, Meliorationsarbeiten und Uferschutzbauten durchführen; weiters gehören dazu die Fassadenbetriebe sowie Betriebe, welche betrieblich die Verlegung von Kabeln und Rohren besorgen. Der persönliche Geltungsbereich des Gesetzes erstreckt sich nur auf Arbeiter, ausgenommen sind jedoch die im § 2 BSchEG angeführten Personen. Maßgebend für die Unter-

6. E-MVB
BSchEG-0003 – DAG-01-01-001

stellung eines Arbeiters unter die Bestimmungen des Gesetzes ist lediglich die Art des Betriebes und nicht die vom Arbeiter ausgeübte Tätigkeit. Demnach fallen auch Bedienerinnen, Heizer, Köchinnen in Werksküchen von Baubetrieben ebenso wie Hilfsprofessionisten des Baubetriebes unter die Schlechtwetterregelung. Bei Beurteilung der Betriebseigenschaft kommt es auf die tatsächlich entfaltete Tätigkeit und nicht auf die formale Berechtigung an (VwGH 22.10.1987, Zl. 86/09/0152)

Der Begriff Zimmereibetriebe umfasst nicht die industriellen Betriebe des Holzhaus- und Hallenbaues. Bei der letzten Änderung des Beitragsgruppenschemas wurde die Beitragsgruppe A13I „zusätzlicher KV-Versicherungsbeitrag nach dem Bauarbeiter-Schlechtwetterentschädigungsgesetz für Bauarbeiter in der Land- und Forstwirtschaft" aus dem Beitragsgruppenschema entfernt. Dies deshalb, weil schon im BG-Schema ab 1. Oktober 2002 keine Beitragsgruppe A11 mit Schlechtwetterentschädigungsbeitrag von 1,4 % vorgesehen war. Die Wiedereinführung der Beitragsgruppe A13I für Bauarbeiter in der Land- und Forstwirtschaft ist deshalb nicht notwendig, weil für diese Personengruppe A13 zu verwenden ist. (Hauptverband 16.3.2004, Zl. FO-MVB/51.1/04 Rv/Mm)

Für die Verpflichtung zur Leistung des Schlechtwetterentschädigungsbeitrages führt der VwGH aus, ist nicht die Art der Tätigkeit der Arbeitnehmer ausschlaggebend, sondern inwieweit der Betrieb an sich unter die taxative Aufzählung des § 1 Bauarbeiter-Schlechtwetterentschädigungsgesetz fällt. Diese Bestimmung zählt alle Betriebsarten abschließend auf, welche als solche (für sämtliche Arbeiter) einen Beitrag zu entrichten haben. Unter anderem sind „Hoch- und Tiefbaubetriebe" genannt. Da der Tunnelbau eine Unterkategorie des Hoch- bzw. Tiefbaus darstellt, haben Tunnelbaubetriebe (somit auch die ARGE) für alle ihre Arbeiter einen Schlechtwetterentschädigungsbeitrag abzuführen. (Hauptverband, 4.12.2012, Zl. 32-MVB-51.1/12 Sbm/Ph/Dm/Sdo, VwGH 18.9.2012, Zl. 2012/11/0101)

BSchEG-0003
Ausnahmen

Von der Schlechtwetterregelung ausgenommen sind beispielsweise folgende Betriebe:

Schwarzdecker, Asphaltierer, Brunnenmacher, Isolierer, Hafner, Beton- und Kunststeinerzeuger, Steinholz- und Terazzoleger, Steinmetzbetriebe sowie Betriebe der Grabsteinerzeugung (wenn in diesen auch Steinmetzarbeiten verrichtet werden), Steinbrüche, Güterwegbauten, die von öffentlichrechtlichen Körperschaften mit eigenen land- und forstwirtschaftlichen Arbeitskräften in Eigenregie durchgeführt werden, Trockenausbaubetriebe.

Die Personalbereitstellung stellt keine Betriebstätigkeit im Sinne des Abs. 1 BSchEG dar. (VwGH 18.9.1990, Zl. 90/09/0067)

Für die Dauer einer Beschäftigung auf Auslandsbaustellen unterliegen Arbeiter nicht dem BSchEG.

Kein Schlechtwetterbeitrag ist zu entrichten für Lehrlinge, für Angestellte und für geringfügig beschäftigte Arbeiter.

BSchEG-0004
Beitrag – Beitragsgrundlage

In der durch Schlechtwetter ausfallenden Arbeitszeit sind Arbeiter gemäß § 1 des BSchEG 1957 in der gesetzlichen Krankenversicherung mit dem Entgelt versichert, das ihnen bei Vollarbeit (§ 6 Abs. 1 BSchEG) gebührt hätte.

In der Unfall-, Pensions- und Arbeitslosenversicherung sind die Sozialversicherungsbeiträge vom tatsächlich erzielten Entgelt (Lohn zuzüglich Schlechtwetterentschädigung) zu leisten. Für die Berechnung der Kammerumlage, des Wohnbauförderungsbeitrages, der Landarbeiterkammerumlage, des Schlechtwetterentschädigungsbeitrages und des Zuschlages nach dem Insolvenz-Entgeltsicherungsgesetz bildet ebenfalls das tatsächlich erzielte Entgelt die Grundlage. Den Krankenversicherungsbeitrag für den Differenzbetrag zwischen dem bei Vollarbeit gebührenden Arbeitsentgelt und dem tatsächlich erzielten Entgelt (Lohn zuzüglich Schlechtwetterentschädigung) trägt der Dienstgeber allein.

Der Schlechtwetterentschädigungsbeitrag ist je zur Hälfte vom Dienstgeber und Dienstnehmer von der allgemeinen Beitragsgrundlage bis zur Höchstbeitragsgrundlage zu tragen.

Der Schlechtwetterentschädigungsbeitrag ist auch von Sonderzahlungen zu entrichten.

Bei Urlaub ohne Entgeltzahlung ist ebenfalls der Schlechtwetterbeitrag zu entrichten, aber zur Gänze vom Versicherten zu tragen.

Die Höhe des Beitrages siehe www.sozialversicherung.at

DAG-00-00-001
Geltungsbereich

Der Verfassungsgerichtshof hat mit Erkenntnis vom 7. März 2003, Zl. G 219/01-10 die in § 53a ASVG enthaltenen Bestimmungen hinsichtlich des Pauschalbetrages für geringfügig Beschäftigte in der Kranken- und Pensionsversicherung als verfassungswidrig aufgehoben. Diese Aufhebung trat mit Ablauf des 31. März 2003 in Kraft. Dies bedeutet, dass die Bestimmungen des pauschalierten Dienstgeberbeitrages bis einschließlich 31. März 2003 zur Gänze weiterhin anzuwenden sind.

Mit dem Dienstgeberabgabegesetz (BGBl. I Nr. 28/2003) hat der Gesetzgeber eine Ersatzregelung getroffen. Damit tritt an die Stelle des bisherigen pauschalierten Dienstgeberbeitrages eine Dienstgeberabgabe.

DAG-01-01-001
Beitrag

Die Dienstgeber haben für alle bei ihnen geringfügig beschäftigten Personen eine pauschalierte Abgabe in der Höhe von 16,4% der Beitragsgrundlage zu entrichten, sofern die Summe der monat-

6. E-MVB
DAG-01-03-001 – EFZG-0002

lichen allgemeinen Beitragsgrundlage dieser Personen das Eineinhalbfache der Geringfügigkeitsgrenze (LINK zu veränderliche Werte) übersteigt.

DAG-01-03-001
Beitragsgrundlagen

Beitragsgrundlage ist die Summe aller beitragspflichtigen Entgelte (einschließlich der Sonderzahlungen) der geringfügig beschäftigten Personen.

DAG-02-01-001
Entrichtung

Die Dienstgeberabgabe ist, so wie der frühere pauschalierte Dienstgeberbeitrag, jeweils für ein Kalenderjahr im Nachhinein bis zum 15. Jänner des Folgejahres zu entrichten. Auf die Entrichtung sind die Vorschriften des ASVG über die Entrichtung der Sozialversicherungsbeiträge (Respirofrist, Verzugszinsen) anzuwenden. Die Zahlung erfolgt an jenen Krankenversicherungsträger, bei dem die Meldungen der geringfügig Beschäftigten zu erstatten sind. Selbstabrechner im Lohnsummenverfahren könne die Beiträge auch monatlich abrechnen.

DAG-02-02-001
Zuständiger Krankenversicherungsträger

Die Dienstgeberabgabe ist an jenen Krankenversicherungsträger zu entrichten, bei dem die Meldung der in der Unfallversicherung pflichtversicherten geringfügig Beschäftigten nach § 33 Abs. 2 ASVG zu erstatten ist.

EFZ-0001
Zuschüsse der AUVA an Dienstgeber nach Entgeltfortzahlung
www.auva.sozvers.at/esvapps/page/page.jsp?p_pageid=120&p_id=5&p_menuid=5125

EFZG-0001
Entgeltfortzahlungsgesetz

Das Entgeltfortzahlungsgesetz gilt im Wesentlichen für Arbeitnehmer, deren Arbeitsverhältnis auf einem privat-rechtlichen Vertrag beruht.

EFZG-0002
Entgeltfortzahlung im Erkrankungsfall

Im Erkrankungsfall und der daraus folgenden Arbeitsunfähigkeit sind für die Dauer des Anspruches auf Entgeltfortzahlung die Beiträge weiter zu entrichten. Der Anspruch richtet sich nach dem jeweils für das Dienst/Arbeitsverhältnis gültigen Gesetz (Angestellten-, Entgeltfortzahlungs-, Gutsangestellten-, Landarbeits-, Schauspieler-, Vertragsbedienstetengesetz). Ist der Anspruch auf volle Entgeltfortzahlung ausgeschöpft, besteht nur dann Beitragspflicht, wenn das gewährte oder gebührende Entgelt das Ausmaß von 50 % der vollen Geld- und Sachbezüge (Entgelt) vor dem Eintritt der Arbeitsunfähigkeit erreicht bzw. überschreitet.

Wird ein Arbeiter während des Krankenstandes gekündigt und beginnt ein neues Arbeitsjahr zwar erst nach Ablauf der Kündigungsfrist aber noch während des fortdauernden Krankenstandes, so entsteht mit Beginn des neuen Arbeitsjahres ein neuer Entgeltfortzahlungsanspruch gemäß § 5 EFZG. (OGH vom 7.6.2006, 9 ObA 115/05k) (Hauptverband 3.10.2006, Zl. 32-MVB-51.1/06 Dm/Mm)

Auch bei fortdauernder Arbeitsverhinderung, die auf denselben Arbeitsunfall oder dieselbe Berufskrankheit zurückgeht, entsteht mit dem Beginn eines neuen Arbeitsjahres ein neuer Entgeltfortzahlungsanspruch (§ 2 Abs. 5 3. Satz EFZG). (OGH vom 7.6.2006, 9 ObA 13/06m) (Hauptverband 3.10.2006, Zl. 32-MVB-51.1/06 Dm/Mm).

Mit seinem neuen Urteil vom 22.10.2010 nimmt der OGH von oben zitierter Rechtsansicht wieder Abstand. Wird ein Arbeiter während eines Krankenstandes gekündigt und reicht der ununterbrochene Krankenstand in ein neues fiktives Arbeitsjahr hinein, das erst nach Ablauf der Kündigungsfrist beginnt, so entsteht mit Beginn des neuen Arbeitsjahres gem. der neuen Rechtsansicht kein neuer Entgeltfortzahlungsanspruch (OGH, 22.10.2010,Zl. 9 ObA 36/10z, Hauptverband 25.1.2011, Zl. 32-MVB-51.1/11 Af/Sdo).

In letzter Zeit treten vermehrt Fälle auf, in denen durch kurzfristigen Arbeitsantritt (Extremfall 1 Tag) und anschließendem Krankenstand eine neuerliche Ersterkrankung (6 Monatsfrist) nach dem Angestelltengesetz eintritt. Ein voller Entgeltanspruch des Dienstnehmers ist die Folge. Seitens der Dienstgeber wird in diesem Zusammenhang argumentiert, dass es sich um eine durchlaufende Erkrankung bzw. um eine Folgeerkrankung handelt. Dies insofern, als der neuerliche Krankenstand nach dem kurzfristigen Dienstantritt auf Grund derselben Grunderkrankung verursacht wird. Entsprechende Diagnosen werden zwecks Dokumentation dieses Umstandes auf ausdrückliches Verlangen des Dienstgebers vom Dienstnehmer beigebracht. Unter Hinweis auf das Urteil des OGH vom 5.9.1967, 4 Ob 34/67, verweigern die Dienstgeber die Entgeltfortzahlung (vgl. hierzu auch Urteil des ASG Wien vom 19.5.2004, 34 Cga 54/04s,rk)

Beim Urteil des OGH vom 5.9.1967, 4 Ob 34/67, handelt es sich um keine „historische" Einzelfallentscheidung. Der OGH hat in seiner Entscheidung vom 14.10.2008, 8 ObA 44/08s, seiner vorhergehenden Entscheidungen grundsätzlich bestätigt. In diesem Urteil stellt der OGH fest:

„Die Befürchtung, dass ein Arbeitnehmer im neuen Arbeitsjahr bloß einen Tag die Arbeit antritt, um dann bei neuerlicher Dienstverhinderung aufgrund derselben Ursache erneut einen vollen Entgeltfortzahlungsanspruch zu haben, kann ebenfalls zu keiner anderen Auslegung des § 2 Abs. 5 EFZG führen. Auch wenn ein Arbeitnehmer willkürlich trotz an sich gegebener Arbeitsunfähigkeit kurzfristig die Arbeit aufnehme, um seine Ansprüche über die gesetzliche Maximalfrist hinaus zu verlängern, müsste dies zur Beurteilung der Einheitlichkeit der Dienstverhinderungen führen."

Es ist demnach von einer gefestigten Rechtsprechung auszugehen, wonach es trotz Wiederantritt

6. E-MVB
EFZG-0003 – EFZG-0011

des Dienstes für einen Tag von einem durchlaufenden Krankenstand auszugehen ist. (Hauptverband 11.4.2011, Zl. 32-MVB-51.1/11 Af)

EFZG-0003
Entgeltfortzahlungsanspruch für nach dem EFZG Versicherte

Durch das Arbeitsrechtsänderungsgesetz 2000 wurde die Entgeltfortzahlung der Arbeiter im Krankheitsfall an die Fristen für die Angestellten angeglichen (um jeweils 2 Wochen verlängert), die Erstattungsregelung des Entgeltfortzahlungsgesetzes (EFZG) wurde beseitigt und der EFZ-Beitrag entfiel ab 1. Oktober 2000. Folgende Änderungen sind mit Wirksamkeitsbeginn 1. Jänner 2001 in Kraft getreten:

EFZG-0004
Arbeitsrechtlicher Anspruch auf Entgeltfortzahlung gemäß § 2 EFZG

Arbeitnehmer, die dem EFZG unterliegen und die durch Krankheit (Unglücksfall) an der Leistung der Arbeit verhindert sind, behalten den Anspruch auf das Entgelt bis zur Dauer von sechs Wochen (früher 4 Wochen).

Der Anspruch auf das Entgelt erhöht sich auf die Dauer von

– 8 Wochen, wenn das Arbeitsverhältnis 5 Jahre

– 10 Wochen, wenn das Arbeitsverhältnis 15 Jahre

– 12 Wochen, wenn das Arbeitsverhältnis 25 Jahre

ununterbrochen gedauert hat. Durch jeweils weitere 4 Wochen behält der Arbeitnehmer den Anspruch auf das halbe Entgelt.

EFZG-0005
Wegfall der Wartezeit

Die 14-tägige Wartefrist für den Entgeltanspruch bei Beginn der Beschäftigung entfällt für neue Dienstverhältnisse seit 1. Jänner 2001.

EFZG-0006
Keine Änderung bei Arbeitsunfall/Berufskrankheit

Die gegenüber dem Angestelltengesetz günstigere Reglung bei Arbeitsunfällen (Berufskrankheiten) im § 2 Abs. 5 EFZG bleibt weiterhin bestehen:

– 8 Wochen, ab Beginn des ersten Arbeitstages

– 10 Wochen, bei einer Dauer des Arbeitsverhältnisses von 15 Jahren

EFZG-0007
Vordienstzeiten

Bei der Ermittlung der Anspruchsdauer sind Arbeitszeiten (auch einer geringfügigen Beschäftigung) beim selben Arbeitgeber, die keine längere Unterbrechung als 60 Tage aufweisen, zusammenzurechnen, außer die Unterbrechung wurde vom Arbeitnehmer herbeigeführt (§ 2 Abs. 3 EFZG).

Für die Anrechnung von Vordienstzeiten bei anderen Arbeitgebern nach Betriebsübergang u.ä. gelten Sonderregelungen (§ 2 Abs. 3a EFZG). Lehrzeiten gelten als Vordienstzeiten; § 2 Abs. 3 EFZG gilt entsprechend.

EFZG-0008
Günstigere Regelungen

Sehen Kollektivverträge, Betriebsvereinbarungen oder Arbeitsverträge eine günstigere Regelung (§ 7 EFZG) für die Dauer der Entgeltfortzahlung vor, werden diese Fristen nicht automatisch um 2 Wochen verlängert, sondern bleiben von dieser gesetzlichen Neuregelung unberührt. Die gesetzlichen Fristen sind aber jedenfalls als Mindestdauer zu berücksichtigen.

EFZG-0009
Sonstige Gesetze mit Entgeltfortzahlung

Für Arbeitsverhältnisse, auf die das ABGB anzuwenden ist, wurden die Entgeltfortzahlungsbestimmungen ebenfalls geändert (§ 1154b ABGB). In der Praxis wird dies jedoch nur dann von Bedeutung sein, wenn keine anderen arbeitsrechtlichen Rechtsnormen (zB AngG, EFZG ua.) zur Anwendung kommen. Die Bestimmungen des Hausgehilfen und Hausangestelltengesetzes, des Hausbesorgergesetzes und des Heimarbeitsgesetzes wurden auch entsprechend geändert.

EFZG-0010
Keine Änderung bei Lehrlingen

Die Bestimmungen des Berufsausbildungsgesetzes (§ 17a BAG) blieben unverändert. Für Lehrlinge gelten daher die Änderungen über den arbeitsrechtlichen Lohnfortzahlungsanspruch nicht. Der EFZ-Beitrag und die Erstattungsregelung sind aber mit 1. Oktober 2000 weggefallen.

EFZG-0011
Ausfallsprinzip

Die Entgeltfortzahlung richtet sich nach dem Ausfallsprinzip. Der Arbeitnehmer soll während der Anspruchsdauer jenes Entgelt erhalten, das er erhalten hätte, wäre er nicht im Krankenstand gewesen. Er hat Anspruch auf Fortzahlung des Entgeltes und nicht bloß des Gehaltes.

Unter Gehalt ist bekanntlich nur das regelmäßige, fixe Entgelt für die Normalarbeitszeit zu verstehen, also ohne allfällige Überstundenentgelte, Provisionen und variable Leistungsprämien. Im Krankheitsfall schreibt das Gesetz jedoch die Fortzahlung des Entgeltes vor. Zum Entgelt aber gehören vor allem auch die variablen Entgeltteile, insbesondere auch Provisionen. Zur Ermittlung der Provisionen, die voraussichtlich verdient worden wären, muss man auf das tatsächliche Provisionseinkommen der Vergangenheit, meist der letzten 12 Monate, zurückgreifen.

Auch allfällige Überstundenentgelte, die angefallen wären, sind beim Krankenentgelt zu berücksichtigen (nicht aber Überstunden, die durch

6. E-MVB
EFZG-0012 – IESG-0001

Zeitausgleich abgegolten werden und so das Entgelt nicht erhöhen). Grundvoraussetzung ist, dass Überstunden angefallen wären. Steht auch die Zahl fest – wenn etwa Überstunden bereits fix angeordnet waren –, sind diese eingeteilten Überstunden mit Grundlohn und Zuschlag zu bezahlen. Steht lediglich fest, dass Überstunden geleistet worden wären, aber nicht, wie viele (die Arbeitsleistung der Ersatzkraft ist im Allgemeinen kein Maßstab, so der OGH), bleibt ebenfalls nichts anderes übrig, als von der Vergangenheit auf die Zukunft zu schließen. Bei der Auswahl des Durchschnittszeitraumes ist stets darauf zu achten, dass er für den Krankenstandszeitraum repräsentativ sein muss.

Im nachstehenden Fall es geht um eine Dienstfreistellung. Herr A ist bei der Dienstgeberin seit 1974 als DN beschäftigt. Herr A wird von der Dienstgeberin 2010 grundlos dienstfrei gestellt. Der DG zahlt dem DN das nach dem Ausfallsprinzip zu berechnende Entgelt weiter. Der DN forderte aber zudem Prämien für nach seiner Dienstfreistellung stattgefundene Auslandstourneen im Jahr 2011 und 2012, da er seit 1974 bis zu seiner Dienstfreistellung an jeder Auslandstournee teilgenommen und hierfür Prämien erhalten hat.

Die Dienstgeberin wendet im Verfahren ein, dass solche Prämien für stattgefundene Auslandstourneen nicht zu berücksichtigen seien, weil der DN auf die Teilnahme an Auslandstourneen keinen Rechtsanspruch habe und weil nicht feststehe, dass der DN – wäre er nicht dienstfrei gestellt gewesen – überhaupt an allen Auslandstourneen teilgenommen hätte.

Der OGH stellt dazu fest, dass der Dienstnehmer nach dem Lohnausfallsprinzip nach § 1155 ABGB Anspruch auf jenes Entgelt hat, das er bekommen hätte, wenn er wie bisher weiter gearbeitet hätte. Der Fortzahlungsanspruch umfasst daher etwa auch Überstundenentgelt für regelmäßig in Betracht kommende Mehrleistungen, aber auch regelmäßig bezogene Zulagen und Zuschläge. Dass der Dienstnehmer auf die Erbringung der Leistungen, die diesen Entgeltbestandteilen zugrunde liegen, einen Rechtsanspruch hat, ist dafür keineswegs Voraussetzung.

Hat daher ein seit mehreren Jahren von seinem Arbeitgeber grundlos dienstfrei gestellter Arbeitnehmer seit 1974 bis zu seiner Dienstfreistellung an jeder Auslandstournee des Arbeitgebers teilgenommen und wurde vom Arbeitgeber auch nicht bestritten, dass der Arbeitnehmer auch weiter an Tourneen teilgenommen hätte, sind bei der Berechnung des Fortzahlungsanspruchs auch Prämien für Auslandstourneen anteilig zu berücksichtigen, die während der Dienstfreistellung stattgefunden haben. (OGH v. 29.11.2013, 8 ObA 44/13y, Hauptverband 29.4.2014, Zl. LVB-51.1/14 Jv/Gd)

EFZG-0012
Einvernehmliche Lösung eines Dienstverhältnisses im Krankenstand

Liegt eine Wiedereinstellungszusage vor, so reduziert sich der denkmögliche Zweck einer "einvernehmlichen Auflösung des Dienstverhältnisses" bei Betrachtung ihres wahren wirtschaftlichen Gehalts (§ 539a Abs. 1 ASVG) auf eine bloße Abdingung der Entgeltfortzahlung im Krankheitsfall. Die einvernehmliche Unterbrechung des Arbeitsverhältnisses ist daher, da sie bei wahrer wirtschaftlicher Betrachtungsweise entgegen § 6 EFZG den Entgeltfortzahlungsanspruch ausschließt, nichtig. Die sozialversicherungsrechtliche Beachtlichkeit der Auflösungsvereinbarung wird daher zu Recht verneint. Hingegen wird die bisherige Judikatur zur einvernehmlichen Lösung eines Dienstverhältnisses im Krankenstand ohne Wiedereinstellungszusage bestätigt: vgl. Erk. vom 23.1.2008, Zl. 2006/08/0325.

Die arbeitsrechtliche Unwirksamkeit einer einvernehmlichen Auflösung des Dienstverhältnisses während eines entgeltpflichtigen Krankenstandes wird verneint, da § 6 EFZG nicht zur Anwendung kommen kann und andererseits § 539a ASVG der sozialversicherungsrechtlichen Beachtlichkeit der Auflösungsvereinbarung nicht entgegen steht. Gegen den Missbrauch von Formen und Gestaltungsmöglichkeiten des bürgerlichen Rechts im Sinne des § 539a Abs. 2 ASVG spricht auch eindeutig, dass es zu keiner (anschließenden) Wiederbeschäftigung gekommen ist (VwGH 23.1.2008, Zl. 2006/08/0325, VwGH, 14.4.2010, Zl. 2007/08/0327, Hauptverband, 15.–16.6.2010, Zl. 32-MVB-51.1/10 Dm).

Epidemie- und Tierseuchengesetz-0001
Epidemie- und Tierseuchengesetz

Bei Arbeitsunterbrechung auf Grund des Epidemiegesetzes 1950 und bei Verhängung einer Sperre wegen Maul- und Klauenseuche nach dem Tierseuchengesetz gilt als allgemeine Beitragsgrundlage die gebührende Vergütung für den Verdienstentgang, mindestens jedoch die Beitragsgrundlage des letzten Beitragszeitraumes vor der Arbeitsunterbrechung (§ 47 lit. b ASVG). Die Arbeitgeber haben den Mitarbeitern den gebührenden Vergütungsbetrag an den für die Zahlung des Entgeltes im Betrieb üblichen Terminen auszuzahlen. Der Anspruch auf Vergütung gegenüber dem Bund geht mit dem Zeitpunkt der Auszahlung auf den Arbeitgeber über. Die Frist zur Geltendmachung des Anspruches auf Entschädigung oder Vergütung der Verdienstentgangs gegenüber dem Bund beträgt 6 Wochen. Die Pflichtversicherung besteht, wenn das Beschäftigungsverhältnis nicht früher beendet wird gem. § 11 Abs. 3 lit. c ASVG für die Zeit einer Arbeitsunterbrechung auf Grund einer Maßnahme nach den §§ 7, 11, 17, 20, 22 oder 24 des Epidemiegesetzes und für die Dauer der Verhängung einer Sperre wegen Maul- und Klauenseuche nach dem Tierseuchengesetz weiter.

IESG-0001
Insolvenz-Entgeltsicherungsgesetz (IESG)

Das IESG regelt die Voraussetzungen für die Entrichtung des IESG-Beitrages sowie die Voraussetzungen, nach denen Arbeitnehmer, über deren

6. E-MVB
IESG-0002 – IESG-0005

Arbeitgeber ein Insolvenzverfahren eröffnet wurde, Anspruch auf Insolvenz-Ausfallgeld haben.

IESG-0002
Geltungsbereich

Der Arbeitgeberbegriff des IESG ist nicht identisch mit jenem des Sozialversicherungsrechts. Grundsätzlich ist unter einem Arbeitgeber im Sinne des § 1 IESG nach dem hiebei heranzuziehenden § 1151 Abs. 1 ABGB jene Person zu verstehen, der sich der Arbeitnehmer auf eine gewisse Zeit zur Dienstleistung verpflichtet hat. (VwGH 17.10.1984, Zl. 83/11/0184; VwGH 26.11.1986, Zl. 85/11/0080-0082)

Das IESG stellt auf den Arbeitnehmerbegriff des Arbeitsrechtes ab. Ob ein Arbeitsverhältnis vorliegt, ist nach dem ausdrücklich oder schlüssig vereinbarten Vertragsinhalt zu beurteilen. Entscheidend für das Vorliegen eines Arbeitsverhältnisses ist die Unterworfenheit des Arbeitnehmers unter die funktionelle Autorität des Arbeitgebers, die sich in organisatorischer Gebundenheit, besonders bezüglich Arbeitszeit, Arbeitsort und Kontrolle, und weitgehenden Ausschluss der Bestimmungsfreiheit des Arbeitnehmers äußert. Der Begriff des Arbeitnehmers im Sinne des IESG ist nicht jener des § 4 Abs. 2 ASVG, sondern jener des Arbeitsvertragsrechtes. Der zentrale Arbeitnehmerbegriff des Arbeitsvertragsrechtes ist jener des § 1151 Abs. 1 ABGB. (VwGH 27.3.1987, Zl. 86/11/0064)

Das IESG erfasst nur Arbeitnehmer, deren Beschäftigungsverhältnisse nach den §§ 1, 3 und 30 Abs. 2 ASVG in die allgemeine österreichische Sozialversicherung fallen. Die von einem im Inland in Konkurs verfallenen Arbeitgeber im Ausland beschäftigten und im Inland sv-pflichtigen Arbeitnehmer haben daher keinen Anspruch auf Insolvenz-Ausfallgeld.

Aus der mit einem Leiharbeitsverhältnis verbundenen spezifischen Gestaltung des Weisungsrechts des Arbeitgebers folgt nicht, dass das Leiharbeitsverhältnis kein Arbeitsverhältnis im Sinne des § 1 Abs. 1 IESG sein kann. (VwGH 12.2.1986, Zl. 84/11/0264)

Für Personen, für die gemäß § 2 Abs. 8 AMPFG der Arbeitslosenversicherungsbeitrag aus Mitteln der Gebarung Arbeitsmarktpolitik zu tragen ist, ist bis zum Ablauf des Kalendermonates, in dem diese das 60. Lebensjahr vollendet haben, ein IESG-Zuschlag zu entrichten.

IESG-0003
Ausnahmen

Das IESG findet keine Anwendung auf:
- Dienstnehmer des Bundes, der Bundesländer, der Gemeinden und der Gemeindeverbände,
- Dienstnehmer von Arbeitgebern, die entweder nach den allgemein anerkannten Regeln des Völkerrechtes oder gemäß völkerrechtlicher Verträge oder auf Grund des Bundesgesetzes über die Einräumung von Privilegien und Immunitäten an internationale Organisationen, BGBl. Nr. 677/1977, Immunität genießen,
- Mitglieder des Organs einer juristischen Person, das zur gesetzlichen Vertretung der juristischen Person berufen ist,
- Gesellschafter, denen ein beherrschender Einfluss auf die Gesellschaft zusteht, auch wenn dieser Einfluss ausschließlich oder teilweise auf der treuhändigen Verfügung von Gesellschaftsanteilen Dritter beruht oder durch treuhändige Weitergabe von Gesellschaftsanteilen ausgeübt wird,
- leitende Angestellte, denen dauernd maßgebender Einfluss auf die Führung des Unternehmens zusteht (in Verbindung mit der Befreiung von der Entrichtung der KU nach §§ 10 und 17 AKG),
- Vorstandsmitglieder einer Aktiengesellschaft (OGH vom 24.3.2014, 8 ObS 3/14w, Hauptverband vom 3./4.6.2014, Zl. 51.1/14/0006 Jv/Gd)

IESG-0004
Beitrag – Beitragsgrundlagen

Der Zuschlag nach dem IESG ist zur Gänze vom Dienstgeber von der allgemeinen Beitragsgrundlage sowie von der Beitragsgrundlage für Sonderzahlungen bis zur Höchstbeitragsgrundlage zu tragen.

Die Höhe des Beitrages siehe www.sozialversicherung.at

IESG-0005
Keine Beitragspflicht

Der Insolvenzbeitrag ist grundsätzlich für alle der Arbeitslosenversicherungspflicht unterliegenden Versicherten zu leisten. Kein Beitrag ist zu entrichten für:
- Dienstnehmer des Bundes, der Bundesländer, der Gemeinden und der Gemeindeverbände,
- Dienstnehmer von Arbeitgebern, die entweder nach den allgemein anerkannten Regeln des Völkerrechtes oder gemäß völkerrechtlicher Verträge oder auf Grund des Bundesgesetzes über die Einräumung von Privilegien und Immunitäten an internationale Organisationen, BGBl. Nr. 677/1977, Immunität genießen,
- Mitglieder des Organs einer juristischen Person, das zur gesetzlichen Vertretung der juristischen Person berufen ist,
- Gesellschafter, denen ein beherrschender Einfluss auf die Gesellschaft zusteht, auch wenn dieser Einfluss ausschließlich oder teilweise auf der treuhändigen Verfügung von Gesellschaftsanteilen Dritter beruht oder durch treuhändige Weitergabe von Gesellschaftsanteilen ausgeübt wird,
- leitende Angestellte, denen dauernd maßgebender Einfluss auf die Führung des Unternehmens zusteht (in Verbindung mit der

Befreiung von der Entrichtung der KU nach §§ 10 und 17 AKG),
- Lehrlinge für die gesamte Lehrzeit,
- Personen, die das 60. Lebensjahr vollendet haben, ab Beginn des folgenden Kalendermonates. Wird das 60. Lebensjahr an einem Ersten des Kalendermonates vollendet, gilt die Befreiung von der Beitragspflicht ab diesem Tag.

Im Falle eines Urlaubs ohne Entgeltzahlung ist der Insolvenzbeitrag zu entrichten.

IESG-0006
Arbeitnehmer an Universitäten

Mit Wirkung vom 1.1.2004 übernehmen die Universitäten die Rechte und Pflichten des Bundes hinsichtlich des Personals. Gemäß § 4 Universitätsgesetz (UG) handelt es sich bei Universitäten um juristische Personen öffentlichen Rechts. § 18 Abs. 2 UG bestimmt, dass alle dem Bund eingeräumten abgaben- und gebührenrechtlichen Begünstigungen auch auf die Universitäten Anwendung finden, soweit diese in Erfüllung ihrer gesetzlichen Aufgaben tätig werden. Aus dieser Bestimmung kann geschlossen werden, dass in diesem Fall kein IESG-Zuschlag anfällt. (Hauptverband 25., 26.9.2003, Zl. FO-MVB/32-51.1/03 Rv/Mm)

IESG-0007
Entrichtung der Zuschläge gemäß § 12 Abs. 1 Z 4 IESG

Wasserverbände nach dem Wasserrechtsgesetz des Bundes, andere Verbände, die nicht in Form einer Körperschaft öffentlichen Rechts konstituiert sind und rechtlich selbständige Betriebe (GmbH oder AG) haben einen IESG-Zuschlag zu entrichten. Betroffene Dienstgeber wurden überprüft. Dabei konnte festgestellt werden, dass die o.a. Rechtsauffassung noch keinen durchgehenden Bekanntheitsgrad hatte. Diese Dienstgeber werden in Zukunft aufgefordert, IESG-Beiträge abzurechnen. Da es keine neue Judikatur zu dieser Frage gibt, sind die Beiträge drei Jahre rückwirkend abzurechnen. (Hauptverband 7.11.2006, Zl. 32-51.1/06 Dm/Mm)

KU-0001
Arbeiterkammerumlage

Die Arbeiterkammerumlage ist im Arbeiterkammergesetz (AKG) geregelt.

KU-0002
Geltungsbereich

Die Arbeiterkammerumlage ist grundsätzlich von allen kammerzugehörigen Arbeitnehmern zu leisten. Die Dienstgeber haben für die bei ihnen beschäftigten kammerzugehörigen Arbeitnehmer den Umlagebetrag vom Lohn (Gehalt) einzubehalten. Die Einhebung der Arbeiterkammerumlage obliegt dem zur Durchführung der gesetzlichen Krankenversicherung der Kammerzugehörigen berufenen Sozialversicherungsträger und ist von diesem an die Kammer für Arbeiter und Angestellte abzuführen. Die Zugehörigkeit zur Arbeiterkammer entsteht unmittelbar kraft Gesetzes mit der Aufnahme einer Tätigkeit im Sinne des § 10 Abs. 1 AKG, die nicht gemäß Abs. 2 leg.cit. vom Geltungsbereich ausgenommen ist.

§ 10 Abs. 1 AKG normiert, dass alle Arbeitnehmer kammerzugehörig sind und unterscheidet nicht nach der Dauer der Beschäftigung. Daher sind auch teilzeitbeschäftigte Arbeitnehmer und geringfügig Beschäftigte arbeiterkammerzugehörig. Für geringfügig Beschäftigte ist aber auf Grund einer Vereinbarung mit der Arbeiterkammer keine Arbeiterkammerumlage zu entrichten.

Arbeitnehmer von Gemeindeverbänden sind jedenfalls arbeiterkammerzugehörig.

Gesamtprokura reicht nach herrschender Auffassung nicht zur Begründung der Stellung eines leitenden Angestellten aus, nur die Geschäftsführerbefugnis. (BMAS 8.7.1991, GZ. 53.140/13-3/91)

Es kann nicht auf die Selbsteinschätzung des betroffenen Angestellten ankommen. Die Betrauung mit der Leitung eines Bereichs wie Marketing oder Produktion und Entwicklung oder Finanz- und Betriebsbuchhaltung oder Personalwesen legt noch nicht fest, dass dauernd maßgeblicher Einfluss auf die Führung des Unternehmens zusteht. Vielmehr sind zum einen die Arbeitsverträge und zum anderen die tatsächlichen Formen der Einflussnahme auf die Unternehmensführung zu prüfen. Ist für den Betrieb, in dem ein leitender Angestellter tätig ist, eine Satzung maßgeblich, so ist diese auch zur Entscheidung der Frage, ob dauernd maßgeblicher Einfluss auf die Unternehmensführung zusteht, heranzuziehen. (VwGH 24.3.1988, Zl. 87/09/0298)

Aus der Stellung als Prokurist ergibt sich noch nicht der maßgebliche Einfluss auf die Führung des Unternehmens. Noch weniger macht die bloße Bezeichnung „Direktor" diese Person zum leitenden Angestellten, dem dauernd maßgeblicher Einfluss auf die Führung des Unternehmens zusteht. (VwGH 26.10.1956, Zl. 1325/56; VwGH 17.1.1982, Zl. 1928/79)

KU-0003
Ausnahmen

Keine Arbeiterkammerumlage ist zu entrichten für:
- nach dem Berufsausbildungsgesetz (Lehrlinge) oder nach gleichartigen Rechtsvorschriften in Berufsausbildung befindliche Arbeitnehmer,
- geringfügig Beschäftigte,
- leitende Angestellte
- Geschäftsführer und Vorstandsmitglieder von Kapitalgesellschaften,
- Rechts- und Patentanwaltsanwärter,
- Notariatskandidaten,
- Berufsanwärter der Wirtschaftstreuhänder,
- Ärzte sowie in öffentlichen oder Anstaltsapotheken angestellte Pharmazeuten,

6. E-MVB
KU-0004 – LK-0002

- Dienstnehmer in land- und forstwirtschaftlichen Betrieben,
- Freie Dienstnehmer gemäß § 4 Abs. 4 ASVG.

Auch Ärzte, die von ihrer Berechtigung zur Berufsausübung keinen Gebrauch machen und nur als außerordentliche Kammerangehörige im Verzeichnis der zur Berufsausübung berechtigten Ärzte der zuständigen Ärztekammer eingetragen sind, sind von der Zugehörigkeit zur Arbeiterkammer ausgenommen. (VwGH 19.1.1961, Zl. 1489/59)

Arbeitnehmer von Bund, Ländern und Gemeinde, die in einem land- und forstwirtschaftlichen Betrieb einer dieser Gebietskörperschaften beschäftigt sind, gehören nicht der Arbeiterkammer an.

Keine Kammerumlage ist von geringfügig Beschäftigten einzuheben, die nicht krankenversichert sind. Für Arbeiter und Angestellte, für die ein Krankenversicherungsbeitrag eingehoben wird (Vollversicherung auf Grund mehrfacher geringfügiger Beschäftigung oder Vollversicherung plus geringfügige Beschäftigung) ist auch die Kammerumlage zu entrichten.

Die Verneinung der Kammerzugehörigkeit von Geschäftsführern und Vorstandsmitgliedern von Kapitalgesellschaften (GmbH, AG) sowie von leitenden Angestellten in Unternehmungen mit anderer Rechtsform (z.B. OHG, KG, Einzelhandelsfirma), denen dauernd maßgeblicher Einfluss auf die Führung des Unternehmens zusteht, beruht auf der Vorstellung, dass dieser Teil der leitenden Angestellten der Arbeitgeberseite näher steht als den übrigen Arbeitnehmern und dass deren Interesse von der Arbeiterkammer nicht zugleich mit den Interessen der übrigen Arbeitnehmer vertreten werden können. In den Umfang des Begriffs „leitende Angestellte" dürfen nur Personen einbezogen werden, die „berufen sind, auf betriebstechnischem, kaufmännischem oder administrativem Gebiete unter eigener Verantwortung Verfügungen zu treffen, die auf die Führung des Betriebes von maßgebendem Einfluss sind". Es muss sich daher um Dienstnehmer handeln, die Unternehmeraufgaben zu erfüllen haben. Da ein Unternehmer im Innenverhältnis den Prokuristen verpflichten könnte, bestimmte Rechtsgeschäfte nicht selbstständig, sondern nur nach vorheriger Rückfrage mit ihm abzuschließen, ergibt sich aus der Stellung als Prokurist noch nicht der maßgebende Einfluss auf die Führung des Unternehmens. Noch weniger als die Stellung als Prokurist macht die bloße Bezeichnung „Direktor" zum leitenden Angestellten, dem dauernd maßgebender Einfluss auf die Führung des Unternehmens zusteht. (VwGH 26.10.1956, Zl. 1325/56)

Berufsanwärter der Wirtschaftstreuhänder sind von der Kammerzugehörigkeit ausgenommen. Angestellte Wirtschaftstreuhänder mit abgeschlossener Berufsausbildung gehören im Hinblick auf ihre Arbeitnehmereigenschaft der Arbeiterkammer an. (VfGH 16.3.1989, B 1268/87)

KU-0004
Beitrag – Beitragsgrundlagen

Die Höhe des Beitrages siehe www.sozialversicherung.at

Die Arbeiterkammerumlage ist vom Versicherten allein bis zur Höchstbeitragsgrundlage zu tragen.

Die Dienstgeber haben für die bei ihnen beschäftigten kammerzugehörigen Arbeitnehmern den Umlagebetrag vom Lohn (Gehalt) einzubehalten. Die Einhebung der Kammerumlage obliegt dem zur Durchführung der gesetzlichen Krankenversicherung der Kammerzugehörigen berufenen Sozialversicherungsträger und ist von diesem an die Kammer für Arbeiter und Angestellte abzuführen.

Von Sonderzahlungen ist die Kammerumlage nicht zu entrichten.

Bei einem Urlaub ohne Entgeltzahlung ist die Kammerumlage nicht zu entrichten.

KU-0005
Verfahren

Streitigkeiten über die Zugehörigkeit zur Arbeiterkammer entscheidet auf Antrag des Betroffenen oder der Arbeiterkammer der Bundesminister für soziale Sicherheit und Generationen, der mit Bescheid entscheidet. Gegen diesen Bescheid steht beiden Parteien die Beschwerde an die Gerichtshöfe des öffentlichen Rechts (VfGH, VwGH) offen, die entgültig entscheiden.

LK-0001
Landarbeiterkammerumlage

Die Landarbeiterkammerumlage ist in den Bundesländern Kärnten, Salzburg, Steiermark, Niederösterreich und Oberösterreich durch das jeweilige Landarbeiterkammergesetz geregelt. Für die Bundesländer Tirol und Vorarlberg sind die Bestimmungen über die Landarbeiterkammerumlage im jeweiligen Landwirtschaftskammergesetz enthalten.

Die land- und forstwirtschaftlichen Arbeitnehmer in Wien und im Burgenland sind arbeiterkammerzugehörig, wenn sie schon vom Arbeiterkammergesetz 1945 erfasst waren, so lange in diesen Bundesländern keine Landarbeiterkammer besteht.

LK-0002
Geltungsbereich

Als land- und forstwirtschaftliche Betriebe gelten insbesondere:
1. Betriebe der land- und forstwirtschaftlichen Produktion und ihrer Nebenbetriebe, soweit diese hauptsächlich die Verarbeitung eigener Erzeugnisse zum Gegenstand haben. Zur land- und forstwirtschaftlichen Produktion zählen
   a) die Hervorbringung und Gewinnung pflanzlicher Erzeugnisse mit Hilfe der Naturkräfte einschließlich des Wein- und Obstbaues und des Gartenbaues

(ohne Gartenerrichtung und Instandhaltung, sowie Gräberbetreuung und Binden von Kränzen, Sträußen, sowie deren Verkauf)
b) Baumschulen,
c) das Halten von Nutztieren zur Zucht, Mästung oder Gewinnung tierischer Erzeugnisse sowie
d) die Jagd und Fischerei
e) Agrargemeinschaften;
2. Land- und forstwirtschaftliche Ein- und Verkaufsgenossenschaften, soweit diese überwiegend mit dem Einkauf land- und forstwirtschaftlicher Betriebserfordernisse und dem Lagern und dem Verkauf unverarbeiteter land- und forstwirtschaftlicher Erzeugnisse befasst sind;
3. Land- und forstwirtschaftliche Erwerbs- und Wirtschaftsgenossenschaften, wobei überwiegend nachstehende Tätigkeiten ausgeübt werden:
a) der Betrieb von Sägen, Mühlen, Molkereien, Brennereien, Keltereien nach altem Herkommen üblichen Zweigen der Verarbeitung land- und forstwirtschaftlicher Erzeugnisse;
b) die Vermittlung des Einkaufes und Verkaufes sowie die Versteigerung von Zuchtvieh;
c) der Verkauf unverarbeiteter pflanzlicher Erzeugnisse sowie von Ferkeln, Fischen, Geflügel, Eiern und Honig auch im Wege der Versteigerung;
d) der im Zusammenhang mit den vorgenannten Tätigkeiten vorgenommene Einkauf von Verpackungen, Umhüllungen für die oben angeführten Erzeugnisse;
e) die Züchtung, Vermehrung, Bearbeitung, Verwertung und Beschaffung von Saatgut;
f) die Nutzung von land- und forstwirtschaftlichen Grundstücken und ortsfesten land- und forstwirtschaftlichen Betriebseinrichtungen.

Ein- und dasselbe Dienstverhältnis kann, bei gemischter Tätigkeit, nur entweder als land- und forstwirtschaftliches oder als nicht land- und forstwirtschaftliches qualifiziert werden. Dabei ist auf das Überwiegen der Tätigkeit des Arbeitnehmers abzustellen. (VfGH 11.12.1993, B 319/91)

LK-0003
Ausnahmen

Keine Landarbeiterkammerumlage ist zu entrichten:
– für Lehrlinge mit Ausnahme jener in der Steiermark und in Kärnten,
– für leitende Angestellte (Ausnahme: Niederösterreich, Steiermark, Tirol), die zur selbständigen Führung und zur Vertretung des land- und forstwirtschaftlichen Betriebes nach außen berechtigt sind,
– für hauptberuflich im land- und forstwirtschaftlichen Betrieb beschäftigte Ehegatten, Eltern, Großeltern, Kinder, Enkelkinder sowie Schwiegersöhne und Schwiegertöchter des Dienstgebers, wenn sie mit diesem in Hausgemeinschaft leben,
– für Dienstnehmer in Sägen, Harzverarbeitungsstätten, Mühlen und Molkereien, die von land- und forstwirtschaftlichen Erwerbs- und Wirtschaftsgenossenschaften betrieben werden, sofern in diesen dauernd mehr als 5 Dienstnehmer beschäftigt sind,
– von Sonderzahlungen mit Ausnahme von Kärnten, wo die Landarbeiterkammerumlage von der Beitragsgrundlage für Sonderzahlungen jährlich zu leisten ist,
– bei einem Urlaub ohne Entgeltzahlung (Ausnahme in der Steiermark und in Kärnten),
– in Burgenland und Wien für Dienstnehmer in land- und forstwirtschaftlichen Großbetrieben und in land- und forstwirtschaftlichen Genossenschaften mit mehr als 10 Dienstnehmern; dort wird an Stelle der Landarbeiterkammerumlage die Kammerumlage eingehoben (Arbeiterkammergesetz 1945).

LK-0004
Beitrag – Beitragsgrundlagen

Die Höhe des Beitrages siehe www.sozialversicherung.at

Die Landarbeiterkammerumlage (LK) ist vom Versicherten allein bis zur Höchstbeitragsgrundlage zu tragen.

Sie ist grundsätzlich von gegen Entgelt beschäftigten Dienstnehmern in Betrieben der Land- und Forstwirtschaft oder diesen gleichgestellten Betrieben (§ 27 ASVG i.V.m. den in den jeweiligen Bundesländern in Geltung stehenden Landarbeiterkammergesetzen) und von auf land- und forstwirtschaftlichem Gebiet tätigen Arbeitnehmern (z.B. Milchmesser der Landwirtschaftskammer u.ä.), zu leisten.

LK-0005
Verfahren

Im Zweifelsfall entscheidet über die Mitgliedschaft zur Landarbeiterkammer diese mit Bescheid. Gegen diesen Bescheid kann Berufung an die Landesregierung erhoben werden. In den Bundesländern Tirol und Oberösterreich entscheidet bei Zugehörigkeitsfragen zur Landarbeiterkammer über Antrag die Landesregierung.

NeuFöG-0001
Neugründungs-Förderungsgesetz

Mit dem Neugründungs-Förderungsgesetz (NeuFöG) wird die Neugründung eines Betriebes durch zahlreiche Befreiungen von bestimmten Abgaben, Beiträgen und Gebühren erleichtert.

6. E-MVB
NeuFöG-0002 – NSchG-0002

Für die grundsätzlichen Voraussetzungen siehe die Informationen der Wirtschaftskammer Österreich.

NeuFöG-0002
Auswirkung in der Sozialversicherung

Für den Bereich der Sozialversicherung gilt, dass Neugründer für die im Gründungsjahr beschäftigten Personen (§ 4 Abs. 1 ASVG in der ab 1.1.2000 geltenden Fassung) die Dienstgeberanteile zum Wohnbauförderungsbeitragsgesetz und die Beiträge zur gesetzlichen Unfallversicherung – unbeschadet des Bestandes der Pflichtversicherung in der Unfallversicherung – nicht entrichten müssen. Vom § 4 Abs. 1 ASVG in der ab 1.1.2000 geltenden Fassung sind beispielsweise die Dienstnehmer iSd §§ 4 Abs. 2 und 4 ASVG, jeweils unabhängig davon, ob sie voll- oder teilsichert sind, Lehrlinge usw. erfasst.

NeuFöG-0003
Erklärung

Die Befreiung von den Wohnbauförderungsbeiträgen und den Beiträgen zur gesetzlichen Unfallversicherung tritt nur ein, wenn der Neugründer der Österreichischen Gesundheitskasse bereits im Vorhinein (das bedeutet bei der Erstanmeldung eines Dienstnehmers) den amtlichen Vordruck über die „Erklärung der Neugründung" mit Beratungsbestätigung der jeweiligen gesetzlichen Berufsvertretung vorliegt. Der Vordruck ist nur dann gültig, wenn darauf durch die gesetzliche Berufsvertretung (z.B. Wirtschaftskammer) die Inanspruchnahme der verpflichtend vorgesehenen Beratung bestätigt ist. Wenn der Betriebsinhaber keiner gesetzlichen Berufsvertretung angehört, muss die Beratung durch die Sozialversicherungsanstalt der Selbständigen in Anspruch genommen und bestätigt werden. Der amtliche Vordruck (NeuFö 1)ist bei den Wirtschaftskammern, bei der Sozialversicherungsanstalt der Selbständigen und den Finanzämtern erhältlich. Es kann auch im Internet unter folgender Adresse abgerufen werden:
www.bmf.gv.at/steuern/_startframe.htm.

NeuFöG-0004
Beratung

Auf dem amtlichen Vordruck muss bestätigt sein, dass die Erklärung der Neugründung unter Inanspruchnahme der Beratung jener gesetzlichen Berufsvertretung, der der Betriebsinhaber zuzurechnen ist, erstellt worden ist. Kann der Betriebsinhaber keiner gesetzlichen Berufsvertretung zugerechnet werden (z.B. sogenannte neue Selbständige), ist eine Beratung durch die Sozialversicherungsanstalt der Selbständigen in Anspruch zu nehmen.

Die Bestätigung über die Beratung durch die Sozialversicherungsanstalt der Selbständigen kann entfallen, wenn ausschließlich die Wirkungen des § 1 Z 1 NeuFöG eintreten. In Fällen, in denen der Neugründer keiner gesetzlichen Berufsvertretung zuzuordnen ist und in denen lediglich die Befreiung von Stempelgebühren und Bundesverwaltungsabgaben begehrt wird, ist daher eine Bestätigung über eine durchgeführte Beratung nicht erforderlich. Ergibt sich erst später, dass auch andere Befreiungen zum Tragen kommen (z.B. Aufnahme von Arbeitnehmern, für die die Befreiung von den Lohnabgaben gemäß § 1 Z 7 NeuFöG begehrt wird), ist die Beratung durch die Sozialversicherungsanstalt der Selbständigen nachzuholen und zu bestätigen.

NeuFöG-0005
Beitragsabrechnung

Die Abrechnungen der Beiträge für Neugründer erfolgt ausschließlich im Lohnsummenverfahren. Ein Eingriff in die bestehenden Beitragsgruppen ist nicht notwendig. Vielmehr werden alle Beiträge zunächst nach dem vollen Beitragssatz ermittelt. Die Rückverrechnung der nicht anfallenden Dienstgeberanteile zum Wohnbauförderungsbeitragsgesetz und zur gesetzlichen Unfallversicherung ist in derselben Beitragsabrechnung mit den bundeseinheitlichen festgelegten Rückverrechnungsgruppen N44/N63 vorzunehmen.

Verrechnungsgruppen

N44: Rückverrechnung des Wohnbauförderungsbeitrages (0,5%) und des Unfallversicherungsbeitrages (1,4%) – insgesamt im Ausmaß von 1,9%.

N73: Rückverrechnung des Unfallversicherungsbeitrages im Ausmaß von 1,3 %.

NSchG-0001
Nachtarbeit und Nachtschwerarbeit

Die Bestimmungen über Nachtarbeit und Nachtschwerarbeit sind im Nachtschwerarbeitsgesetz geregelt (NSchG).

NSchG-0002
Geltungsbereich

Nachtarbeit im Sinne des Artikel VII Abs. 1 NSchG leistet ein Arbeitnehmer, der in der Zeit zwischen 22 Uhr und 6 Uhr mindestens sechs Stunden arbeitet, sofern nicht in die Arbeitszeit regelmäßig und in erheblichem Umfang Arbeitsbereitschaft fällt. Erfasst werden sowohl regelmäßige Nachtarbeiten, die auf Grund der betrieblichen Arbeitszeiteinteilung geleistet werden, als auch gelegentliche Nachtarbeit.

Liegt regelmäßig und in erheblichem Umfang Arbeitsbereitschaft vor, ist eine Einbeziehung auf Grund der geringeren Belastung nicht gerechtfertigt. Dabei ist nicht das Ausmaß der Arbeitsbereitschaft in der einzelnen Nacht maßgeblich, sondern das bei der Tätigkeit des Arbeitnehmers während der Nacht regelmäßige Auftreten der Arbeitsbereitschaft. Für diese Ausnahme ist die Judikatur zu § 5 Arbeitszeitgesetz (AZG) maßgeblich.

Bei der Definition der Regelmäßigkeit und des erheblichen Umfanges der Arbeitsbereitschaft ist nicht von Bedeutung, wie lange die Zeiten der Anspannung und der Entspannung sind und wie oft sie abwechseln. Es kommt nur darauf an, dass insgesamt die Zeiten der Arbeitsbereitschaft im

Verhältnis zur Gesamtarbeitszeit erheblich und bei dieser Tätigkeit regelmäßig im Sinne von „typisch" sind. (BMAS 13.7.1981, GZ. 65.000/22-4/81)

Nachtschwerarbeit leistet ein Arbeitnehmer, der das Kriterium der Nachtarbeit erfüllt hat und unter den in Artikel VII Abs. 2 Z 1 bis 11 NSchG angeführten Bedingungen arbeitet.

Ein Nachtschwerarbeitsmonat liegt jedenfalls dann vor, wenn ein Dienstnehmer innerhalb eines Kalendermonates an mindestens sechs Arbeitstagen Nachtschwerarbeit erbringt.

Die Dienstgeber haben jeden davon betroffenen Dienstnehmer nach dem Ende des Kalendermonates, in dem Nachtschwerarbeit geleistet wurde, gesondert innerhalb der gesetzlichen Frist mittels Änderungsmeldung dem Krankenversicherungsträger bekannt zu geben. Bei Verstößen gegen die Melde- und Auskunftspflicht gelten die Sanktionsbestimmungen des ASVG entsprechend.

Arbeitsunterbrechungen (wegen Krankheit oder Urlaubs), die keine Beendigung der Pflichtversicherung nach sich gezogen haben, haben unberücksichtigt zu bleiben. Bei derartigen Arbeitsunterbrechungen ist zu prüfen, ob der betreffende Arbeitnehmer Nachtschwerarbeit verrichtet hätte, wenn die Arbeitsunterbrechung nicht eingetreten wäre. Trifft dies zu, ist auch ein Monat als Nachtschwerarbeitsmonat zu zählen, in dem wegen Krankheit oder Urlaub überhaupt nicht gearbeitet worden ist. (BMAS 21.2.1983, GZ. 30.037/55-V/2/1983)

NSchG-0003
Auslegungen zur Nachtschwerarbeit
Bildschirmarbeit

Maßgebend für die Beurteilung ist die im Gesetz gegebene Definition des Bildschirmarbeitsplatzes, wobei dem Ausdruck „bestimmend für die gesamte Tätigkeit" eine qualitative und quantitative Bedeutung innewohnt. Diese Tätigkeit vor dem Bildschirm muss regelmäßig so ausgeführt werden, dass sie ihrer Art nach für die gesamte Tätigkeit bestimmend ist, wobei auch hier eine zu enge Auslegung zu vermeiden ist. Weiters ist bei dieser Frage grundsätzlich auf die tatsächliche Ausübung der Tätigkeit Bedacht zu nehmen, wobei der Arbeitsvertrag nicht maßgeblich ist.

Bei Bildschirmarbeitsplätzen gemäß Artikel VII Abs. 2 Z 7 NSchG handelt es sich um Arbeitsplätze, bei denen das Bildschirmarbeitsgerät, die Dateneingabetastatur bzw. eine andere Steuerungseinheit (z.B. light pen, mouse) sowie gegebenenfalls ein Informationsträger eine funktionelle Einheit bilden, sofern die Arbeit mit dem Bildschirmgerät und die Arbeitszeit an diesem Gerät für die gesamte Tätigkeit bestimmend sind. Durch diese Definition werden tatsächlich nur jene Tätigkeiten, bei denen die Arbeit am Bildschirmgerät gegenüber allen anderen Arbeitstätigkeiten deutlich dominiert, erfasst. Reine Kontrollmonitore, die ausschließlich überwachende Funktion haben und die keine Kommunikation zwischen dem Datenverarbeitungsgerät und dem Arbeitnehmer erlauben, sind von der Begriffsbestimmung des Bildschirmarbeitsplatzes im Sinne des NSchG nicht erfasst. (BMAS 31.7.1996, GZ. 120.121/7-7/96)

Da eine generelle Beurteilung in diesem Fall nicht möglich ist, muss jeder Einzelfall geprüft werden. Monitore zur Beobachtung von Arbeitsabläufen können unter den „Bildschirmarbeitsplatzbegriff" nicht subsumiert werden. (BMAS 23.3.1982, GZ. 61.720/5-4/82; BMAS 12.3.1982, GZ. 62.120/8-4/82)

Die Arbeit mit dem Bildschirmarbeitsgerät ist dann für die gesamte Tätigkeit des Arbeitnehmers als bestimmend anzusehen, wenn die Arbeitsaufgabe im wesentlichen in der Eingabe, Abberufung oder Verarbeitung von Daten besteht, die ohne Bildschirmarbeitsgerät in Verbindung mit einem Rechner nicht gelöst werden kann. Dementsprechend muss auch die Arbeitszeit am Gerät überwiegen. (BMAS 13.7.1981, GZ. 65.000/22-4/81)

Die Voraussetzung für das Vorliegen eines Bildschirmarbeitsplatzes ist nicht nur wie bisher bei Vorliegen einer Dateneingabetastatur, sondern auch bei Vorhandensein einer anderen Steuerungseinheit (z.B.: light pen, mouse) erfüllt.

Bildschirmarbeitsplätze ohne jede Dateneingabetastatur bzw. ohne sonstige Steuerungseinheit werden nicht erfasst. Die Arbeit mit dem Bildschirmarbeitsgerät muss für die gesamte Tätigkeit und den Arbeitsablauf bestimmend sein. Gelegentliche Bildschirmtätigkeiten reichen für eine Einbeziehung nicht aus.

Da eine gesundheitliche Beeinträchtigung von Bildschirmarbeitsplätzen vom dauernden Blickkontakt des Arbeitnehmers mit dem Bildschirm hergeleitet wird, liegt nur dann Schwerarbeit im Sinne des Art. VII Abs. 2 Z 7 NSchG vor, wenn dieser Blickkontakt die gesamte Arbeitszeit beherrscht. Die gelegentliche Heranziehung von Bildschirmgeräten zu Auskunfts- und Kontrolltätigkeiten vermag den geforderten Tatbestand nicht zu erfüllen.

Die Arbeit mit dem Bildschirmgerät ist dann für die gesamte Tätigkeit des Arbeitnehmers als bestimmend anzusehen, wenn die Arbeitsaufgabe im wesentlichen in der Eingabe, Abberufung oder Verarbeitung von Daten besteht, die ohne Bildschirmgerät in Verbindung mit einem Rechner nicht gelöst werden kann. Dementsprechend muss auch die Arbeitszeit überwiegen. Wird nicht über eine Dateneingabetastatur, sondern eine sonstige Steuerungseinheit eingegriffen, so müssen die konkreten Verhältnisse dahingehend geprüft werden, ob diese Steuerungseinheit(en) unter Berücksichtigung der im Artikel VII Abs. 2 Z 7 letzter Satz NSchG angeführten Kriterien für den konkret beschäftigten Dienstnehmer eine entsprechende Erschwernis darstellt. (BMAS 10.6.1996, GZ. 120.909/1-7/96)

Von der Definition der Bildschirmarbeitsplätze grundsätzlich erfasst werden auch die Tätigkeiten von Fluglotsen, die derzeit mit light pen arbeiten. Ob sie jedoch unter das NSchG fallen, hängt davon ab, ob die übrigen Voraussetzungen erfüllt sind.

6. E-MVB
NSchG-0004 – NSchG-0008

Die Tätigkeit eines „technischen Leiters", die vorrangig darin besteht, die gesendete technische Qualität des Fernsehprogramms über Fernsehbildschirme zu überwachen und darüber hinaus allfällig auftretende technische Mängel im Rahmen seiner Möglichkeiten kurzfristig zu beseitigen, ist nicht als eine Tätigkeit an Bildschirmarbeitsplätzen zu qualifizieren.

In der Verordnung zu Art. VII Abs. 2 Z 2, Abs. 2 Z 5 und Abs. 2 Z 8 werden die Verordnungsermächtigungen für den Bundesminister für soziale Sicherheit und Generationen bzw. für den Bundesminister für wirtschaftliche Angelegenheiten zusammengefasst. Durch die Verordnung wurden die Kriterien der Belastung durch Hitze, gesundheitsgefährdende Erschütterungen und gesundheitsschädigendes Einwirken von inhalativen Schadstoffen näher bestimmt.

NSchG-0004
Auslegungen zur Nachtschwerarbeit
Bohrtürme

Die Tätigkeiten an Bohrtürmen und deren Antriebsanlagen sind mit einer Reihe von Erschwernissen verbunden. Die Aufzählung der belastenden Tätigkeiten ist taxativ. Für die Einbeziehung in den Kreis der Schwerarbeiter genügt das Vorliegen von zwei Schwerarbeitskriterien, wobei die Grenzwerte bei Mehrfachbelastung tiefer anzusetzen sind als bei Vorliegen von nur einem Schwerarbeitskriterium.

NSchG-0005
Auslegungen zur Nachtschwerarbeit
Feuerungstechnische Spezialbauarbeiten

Bei feuerungstechnischen Spezialbauarbeitern (z.B. Ofenmaurer), die unter schwersten Bedingungen (große Hitze, Versetzen von schweren Steinen in engen Schächten usw.) arbeiten, tritt das Schwerarbeitskriterium der Hitze zwar nicht während des überwiegenden Teils der Arbeitszeit auf, auf Grund der übrigen Erschwernisse ist jedoch eine Einbeziehung gerechtfertigt.

NSchG-0006
Auslegungen zur Nachtschwerarbeit
Taxifahrer

Bei Taxifahrern kommt es in der Nacht regelmäßig zu längeren Stehzeiten, in denen der Lenker keine Arbeiten zu verrichten hat, sondern lediglich auf Fahrgäste wartet. Derartige Zeiten sind als Arbeitsbereitschaft zu qualifizieren. Weiters fordert das Gesetz die Arbeit unter besonders belastenden Bedingungen während der Nachtzeit. Zweifellos treten bei Taxilenkern besondere Belastungen auf, insbesondere das Fahren im Stau ist mit Stress und Schadstoffbelastung verbunden. Diese Umstände treten jedoch vor allem während des Tages und nicht – wie vom Gesetz gefordert – während der Nacht auf. Die Einbeziehung der Taxifahrer in das NSchG wird daher mangels Vorliegens der Voraussetzungen im allgemeinen nicht möglich sein. (BMAS 4.2.1994, GZ. 10.009/307-4/93)

NSchG-0007
Beiträge – Beitragsgrundlagen

Die Höhe des Beitrages siehe www.sozialversicherung.at

Der Nachtschwerarbeits-Beitrag ist von der allgemeinen Beitragsgrundlage bis zur jeweiligen Höchstbeitragsgrundlage zu entrichten (Arbeitgeberbeitrag). Der Nachtschwerarbeits-Beitrag ist auch von Sonderzahlungen im Sinne des § 54 ASVG zu entrichten. Die Beurteilung der Beitragspflicht richtet sich dabei danach, ob der Monat, in dem die entsprechende Sonderzahlung fällig wird, als Nachtschwerarbeitsmonat gilt.

Endet die Pflichtversicherung, so sind drei Fälle zu unterscheiden:
1. Die Pflichtversicherung endet zugleich mit dem Arbeitsverhältnis. Dies ist der Regelfall des § 11 ASVG, der in diesem Zusammenhang keine weiteren Probleme aufwirft.
2. Die Pflichtversicherung endet vor dem Ende des Dienstverhältnisses (etwa wegen Ende des Entgeltfortzahlungsanspruches bei langen Krankenständen, etc.). In diesem Fall kann kein Nachtschwerarbeitsmonat nach dem Ende des Entgeltanspruches erworben werden, weil der Nachtschwerarbeitsmonat keine eigene Rechtsnatur hat, sondern das Vorliegen eines Versicherungsmonats voraussetzt. Mangels eines Entgelts ist auch der Beitrag gemäß Art. XI Abs. 3 NSchG nicht zu entrichten.
3. Der Entgeltanspruch reicht über das Ende des Arbeitsverhältnisses hinaus. In diesem Fall endet die Pflichtversicherung erst mit dem Ende des Entgeltanspruches. Dies bedeutet, dass Nachtschwerarbeitsmonate auch noch nach Beendigung des Arbeitsverhältnisses erworben werden können, wenn nach den Grundsätzen des Ausfallprinzips Nachtschwerarbeit verrichtet worden wäre, wenn das Arbeitsverhältnis weiter bestanden hätte.

Bei verspäteter Abmeldung sind gemäß § 56 Abs. 1 ASVG Ordnungsbeiträge zu bezahlen.

Die Bestimmungen des § 69 ASVG über die Rückforderung ungebührlich entrichteter Beiträge finden ebenfalls Anwendung.

Bei einem die Dauer von einem Monat nicht übersteigenden unbezahlten Urlaub gemäß § 11 Abs. 3 lit. a ASVG sind die Beiträge zu bezahlen.

Für den Zeitraum der Verlängerung der Pflichtversicherung aufgrund einer Urlaubsersatzleistung (Urlaubsabfindung, Urlaubsentschädigung) bzw. einer Kündigungsentschädigung werden Nachtschwerarbeitszeiten erworben und es ist für diese Zeiten auch der Nachtschwerarbeits-Beitrag zu entrichten. (Hauptverband 22.1.2013, Zl. 32-LVB-51.1/13 Ph-Dm/Sdo)

NSchG-0008
Verfahren

Der Krankenversicherungsträger hat bei Streitigkeiten zwischen einem Versicherten und seinem

Dienstgeber „über das Vorliegen der Voraussetzungen nach Artikel VII Abs. 2 NSchG" einen Bescheid zu erlassen. Antragsberechtigt sind der Arbeitgeber, der Arbeitnehmer und das zuständige Organ der Arbeitnehmerschaft (Betriebsrat).

Ein Feststellungsinteresse des Versicherten, der seiner Auffassung nach in einem bestimmten Zeitraum Nachtschwerarbeit im Sinne des Abs. 2 leistet oder geleistet hat, dessen Dienstgeber aber keine Meldung nach Artikel VIII erstattet hat, ist (jedenfalls für die Belange der Sozialversicherung) zu bejahen.

Um eine Straffung des Verfahrens zu erreichen, ist vorgesehen, den Instanzenzug generell – also auch in Beitragsangelegenheiten – direkt vom Krankenversicherungsträger zum Bundesminister für soziale Sicherheit und Generationen gehen zu lassen.

Wird gelegentlich Nachtschwerarbeit (z.B. Schichtspringer) geleistet, ist Meldung zu erstatten, sobald die Voraussetzungen erfüllt sind.

Wegen der besonderen Bedeutung, die der Entrichtung des Nachtschwerarbeitsbeitrages für das Sonderruhegeld zukommt, ist vorgesehen, dass die Arbeitgeber eine Kopie der Sozialversicherungsmeldung auch dem Versicherten und dem Betriebsrat übermitteln. Da der Nachtschwerarbeitsbeitrag vom Arbeitgeber allein geleistet wird und bei der Gehalts- bzw. Lohnabrechnung daher nicht aufscheint, hätte der Arbeitnehmer an sich keine Möglichkeit festzustellen, ob er als Nachtschwerarbeiter dem Krankenversicherungsträger gemeldet ist.

WB-0001
Wohnbauförderungsbeitrag

Der Wohnbauförderungsbeitrag ist im Bundesgesetz über die Einhebung eines Wohnbauförderungsbeitrages geregelt.

WB-0002
Geltungsbereich

Der Beitragspflicht unterliegen:
- Personen, die auf Grund eines privat- oder öffentlich-rechtlichen Dienstverhältnisses oder als Heimarbeiter beschäftigt sind, solange sie Anspruch auf Entgelt haben
- Dienstgeber, soweit deren Dienstnehmer beitragspflichtig sind
- Auftraggeber der beitragspflichtigen Heimarbeiter

Bei mehrfacher Beschäftigung ist der Wohnbauförderungsbeitrag nur soweit zu leisten, als die Summe der Entgelte aus zwei oder mehreren Beschäftigungen die Höchstbeitragsgrundlage nicht übersteigt.

WB-0003
Ausnahmen

Ausgenommen von der Beitragspflicht sind:
- Lehrlinge
- Dienstnehmer, die in Betrieben der Land- und Forstwirtschaft beschäftigt sind und für die das Landarbeitsgesetz, BGBl. 287/1984, gilt, sowie Dienstnehmer, die in land- und forstwirtschaftlichen Betrieben des Bundes, eines Landes, einer Gemeinde oder Gemeindeverbandes beschäftigt sind
- Dienstnehmer, auf die das Hausbesorgergesetz, BGBl. 16/1970 anzuwenden ist, wenn das Dienstverhältnis vor dem 30.6.2000 abgeschlossen wurde
- Dienstnehmer, die neben Diensten für die Hauswirtschaft eines land- oder forstwirtschaftlichen Dienstgebers oder für Mitglieder seines Hausstandes Dienste für den land- oder forstwirtschaftlichen Betrieb des Dienstgebers leisten und nicht unter das Hausgehilfen- und Hausangestelltengesetz, BGBl. 235/1962, fallen
- Geringfügig beschäftigte Dienstnehmer oder Heimarbeiter
- Dienstnehmer im Gründungsjahr eines Betriebes nach dem Neugründungs-Förderungsgesetz BGBl. II 278/1999,
- Ferialpraktikanten im Sinne des § 4 Abs. 1 Z 11 ASVG,
- Freie Dienstnehmer gemäß § 4 Abs. 4 ASVG,
- Selbstversicherte gemäß § 19a ASVG,
- die nicht im land(forst)wirtschaftlichen Betrieb der Eltern, Großeltern, Wahl- oder Stiefeltern ohne Entgelt regelmäßig beschäftigten Kinder, Enkel, Wahl- oder Stiefkinder, die das 17. Lebensjahr vollendet haben und keiner anderen Erwerbstätigkeit hauptberuflich nachgehen (gemäß § 4 Abs. 1 Z 3 ASVG),
- Vorstandsmitglieder (Geschäftsleiter) von Aktiengesellschaften, Sparkassen, Landeshypothekenbanken sowie Versicherungsvereinen auf Gegenseitigkeit und hauptberufliche Vorstandsmitglieder (Geschäftsleiter) von Kreditgenossenschaften gemäß § 4 Abs. 1 Z 6 ASVG.

WB-0004
Beitrag – Beitragsgrundlage

Die Höhe des Beitrages siehe www.sozialversicherung.at

Der Wohnbauförderungsbeitrag ist von der allgemeinen Beitragsgrundlage bis zur monatlichen Höchstbeitragsgrundlage zu entrichten (je zur Hälfte Dienstnehmer- und Dienstgeberanteil).

Von Sonderzahlungen ist der Wohnbauförderungsbeitrag nicht zu entrichten.

Bei Urlaub ohne Entgeltzahlung ist der Wohnbauförderungsbeitrag nicht zu entrichten.

WB-0005
Verfahren

Über die Beitragspflicht entscheidet im Streitfall der Landeshauptmann. Die Träger der gesetzlichen Kranken- und Pensionsversicherung sind

6. E-MVB
VwGVG-0001 – VwGVG-0003

im Verfahren über die Entscheidung der Beitragspflicht Partei.

VwGVG-0001
Verwaltungsgerichtshofverfahrensgesetz

Dieses Bundesgesetz regelt das Verfahren der Verwaltungsgerichte mit Ausnahme des Bundesfinanzgerichtes.

Mit der Verwaltungsgerichtsbarkeits-Novelle 2012 wurde die verfassungsrechtliche Grundlage zur Einrichtung von neun Landesverwaltungsgerichten und zwei Verwaltungsgerichten auf Bundesebene, das BVwG und das BFG geschaffen. In den folgenden Gliederungsnummern werden VwGH-Entscheidungen zu relevanten Bestimmungen aus dem VwGVG dargestellt.

VwGVG-0002
Unzulässigkeit einer ao Revision

Im Rahmen einer Kontrolle durch das Finanzamt wurde in einem Betrieb Frau A angetroffen, die Strickarbeiten durchgeführt hat, ohne rechtmäßig zur Sozialversicherung angemeldet gewesen zu sein. Die Firma hat angegeben, dass die Besagte nicht im Betrieb gearbeitet hat, sondern es sich bei dieser Tätigkeit lediglich um eine Probearbeit ohne Entgelt gehandelt habe. Es wurde festgestellt, dass ein Dienstverhältnis vorliegt, jedenfalls Sozialversicherungspflicht besteht und das Anspruchslohnprinzip gilt.

Dieser Bescheid wurde angefochten.

Im gegenständlichen Fall hob das Bundesverwaltungsgericht diesen Bescheid der Österreichischen Gesundheitskasse auf und verwies an die Kasse zurück. Grund für die Zurückweisung war, dass die Feststellung des maßgeblichen Sachverhaltes unterlassen wurde und ergänzende Ermittlungsschritte erforderlich seien. Das Parteiengehör sei nicht gewährt worden, somit können nicht von einem Ermittlungsverfahren im Sinne des AVG gesprochen werden.

Gegen diesen Beschluss richtet sich die ao. Revision mit dem Antrag, diesen wegen Rechtswidrigkeit aufzuheben.

Der VwGH führt dazu aus, dass von der Möglichkeit der Zurückverweisung nur bei krassen bzw. besonders gravierenden Ermittlungslücken Gebrauch gemacht werden soll und verweist diesbezüglich auf das in § 28 VwGVG insgesamt normierte System, das insbesondere auf die normative Zielsetzung der Verfahrensbeschleunigung bzw. auf die Berücksichtigung einer angemessenen Verfahrensdauer abstellt.

„Eine Zurückverweisung der Sache an die Verwaltungsbehörde zur Durchführung notwendiger Ermittlungen wird daher insbesondere dann in Betracht kommen, wenn die Verwaltungsbehörde jegliche erforderliche Ermittlungstätigkeit unterlassen hat, wenn sie zur Ermittlung des maßgebenden Sachverhaltes lediglich völlig ungeeignete Ermittlungsschritte gesetzt oder bloß ansatzweise ermittelt hat."

„Angewendet auf den vorliegenden Revisionsfall lagen dem Bundesverwaltungsgericht die Erhebungen im Verwaltungsverfahren vor, insbesondere der Strafantrag der Finanzpolizei samt darin wiedergegebenen Stellungnahmen der Beschäftigten als auch der mitbeteiligten Partei...".

Das Bundesverwaltungsgericht wäre somit dazu verhalten gewesen, seine meritorische Entscheidungszuständigkeit wahrzunehmen.

„In Anbetracht dessen, dass die Verwaltungsgerichte in ihrer Konzeption nun die erste gerichtliche Tatsacheninstanz sind, haben sie auf Basis von vorhandenen Ermittlungsergebnissen und allfälligen Ergänzungen in der Sache selbst zu entscheiden".

Der Beschluss des Bundesverwaltungsgerichtes war aufzuheben. (VwGH 26.6.14, Ro 2014/03/0063, VwGH 10.9.2014, Zl. Ra 2014/08/0005-9, Hauptverband 21.10.2014, Zl. 51.1/14/0013 Km/Gd)

VwGVG-0003
Beitragsbescheid – inhaltliche Voraussetzungen

Der VwGH hat mit Erkenntnis vom 10.09.2014 zur Zahl Ro 2014/08/0069 eine Revision in einem Verfahren zur Feststellung der Beitragspflicht als unbegründet abgewiesen. Begründet wurde dies im Wesentlichen damit, dass der Revisionswerber weder vorgebracht habe, inwieweit die Angaben der einvernommenen Zeugen falsch gewesen wären, noch hätte der Revisionswerber behauptet, dass sich die – auf dem gleichen Vertragsmuster beruhende Tätigkeit der beiden anderen Zusteller von jener der einvernommenen Personen unterschieden hätte. Der Revisionswerber habe daher nicht die Relevanz der behaupteten Verfahrensfehler dargelegt. Hinsichtlich der Nachvollziehbarkeit der Beiträge genügt es dem VwGH laut diesem Erkenntnis offensichtlich, dass in Beitragsbescheiden die einzelnen Dienstnehmer mit den jeweiligen Beschäftigungszeiträumen, die allgemeine Beitragsgrundlage, die Beitragsgrundlage Sonderzahlungen und die vorgeschriebenen Beiträge anführt werden. Vom Revisionswerber wird ein Beschwerdevorbringen mit genauer rechtlicher Begründung verlangt. (VwGH 10.09.2014 zur Zahl Ro 2014/08/0069 Hauptverband 21.10.2014, Zl. 51.1/14/0013 Km/Gd)

7. Arbeitsbehelf 2022

7. Arbeitsbehelf 2022
für Dienstgeberinnen und Dienstgeber sowie Lohnverrechnerinnen und Lohnverrechner

(veröffentlicht von der Österreichischen Gesundheitskasse – ÖGK, www.gesundheitskasse.at)

INHALTSVERZEICHNIS

1	**Allgemeine Hinweise**		3.12.	Weiterbildungsbeitrag nach dem Arbeitskräfteüberlassungsgesetz
1.1.	Allspartenservice		3.13.	Wohnbauförderungsbeitrag
1.2.	AuftraggeberInnenhaftung (AGH)		3.14.	Beitragsfälligkeit
1.3.	Auskunftspflicht		3.15.	Zahlungsfrist
1.4.	Elektronischer Datenaustausch mit den österreichischen Sozialversicherungsträgern (ELDA)		**4**	**Versichertengruppen**
			4.1.	Dienstnehmerin bzw. Dienstnehmer
1.5.	Entgeltfortzahlungsfonds bei der Allgemeinen Unfallversicherungsanstalt (AUVA)		4.2.	Fallweise Beschäftigte
			4.3.	Familienhospizkarenz
1.6.	Gemeinsame Prüfung Lohnabgaben und Beiträge (GPLB)		4.4.	Ferialarbeiterinnen und Ferialarbeiter/Ferialangestellte sowie Ferialpraktikantinnen und Ferialpraktikanten
1.7.	Lohn- und Sozialdumping-Bekämpfungsgesetz (LSD-BG)		4.5.	Freie Dienstnehmerin bzw. freier Dienstnehmer
1.8.	Neugründungs-Förderungsgesetz (NeuFöG)		4.6.	Geringfügigkeit
			4.7.	Lehrlinge
1.9.	Single Point of Contact (SPOC)		4.8.	Mehrfache Beschäftigung
1.10.	WEB-BE-Kunden-Portal (WEBEKU)		4.9.	Pflegekarenz/Pflegeteilzeit
2	**Bildung der Beitragsgrundlage**		4.10.	Präsenzdienst
2.1.	Allgemeine Beitragsgrundlage		4.11.	Schwerarbeiterinnen und Schwerarbeiter
2.2.	Allgemeine Beitragsgrundlage in besonderen Fällen		4.12.	Volontärinnen und Volontäre
			4.13.	Zivildienst
2.3.	Beitragszeitraum		**5**	**Monatliche Beitragsgrundlagenmeldung (mBGM)**
2.4.	Entgelt		
2.5.	Entgeltfortzahlung im Krankheitsfall		5.1.	Allgemeine Grundsätze
2.6.	Höchstbeitragsgrundlagen		5.2.	mBGM (für den Regelfall)
2.7.	Sachbezüge		5.3.	mBGM für fallweise Beschäftigte
2.8.	Sonderzahlungen		5.4.	mBGM für kürzer als einen Monat vereinbarte Beschäftigung
2.9.	Trinkgelder		
2.10.	Urlaubsersatzleistung/Kündigungsentschädigung		5.5.	Aufbau und Systematik
			5.6.	mBGM-Paket
3	**Beiträge, Ermittlung und Abfuhr**		5.7.	mBGM der bzw. des Versicherten
3.1.	Tarifsystem		5.8.	Tarifblock
3.2.	Abzugsrecht der Dienstgeberin bzw. des Dienstgebers		5.9.	Verrechnungsbasis
			5.10.	Verrechnungsposition
3.3.	Akkordschlusszahlungen		5.11.	Beispiele zur mBGM im Selbstabrechnerverfahren
3.4.	Arbeiterkammerumlage		
3.5.	Arbeitslosenversicherungsbeiträge bei geringem Einkommen		5.12.	Ausfertigung der mBGM im Selbstabrechnerverfahren
3.6.	Betriebliche Vorsorge		5.13.	mBGM im Beitragsvorschreibeverfahren
3.7.	Insolvenzentgeltsicherung		
3.8.	Landarbeiterkammerumlage		5.14.	Beispiele zur mBGM im Beitragsvorschreibeverfahren
3.9.	Nachtschwerarbeits-Beitrag		
3.10.	Schlechtwetterentschädigung		5.15.	Ausfertigung der mBGM im Beitragsvorschreibeverfahren
3.11.	Service-Entgelt (Gebühr für die e-card)		5.16.	SV-Clearingsystem

7. Arbeitsbehelf 2022

6	**Versichertenmeldungen**
6.1.	Überblick/Allgemeines
6.2.	Versicherungsnummer Anforderung
6.3.	Vor-Ort-Anmeldung
6.4.	Anmeldung
6.5.	Anmeldung fallweise beschäftigter Personen
6.6.	Änderungsmeldung
6.7.	Adressmeldung Versicherter
6.8.	Abmeldung
6.9.	Arbeits- und Entgeltbestätigung für Krankengeld
6.10.	Arbeits- und Entgeltbestätigung für Wochengeld
6.11.	Familienhospizkarenz/Pflegekarenz
6.12.	Schwerarbeitsmeldung
6.13.	Meldeverstöße
7	**Anhang**
7.1.	Checkliste für den Jahreswechsel
7.2.	Infos und Services im Internet
7.3.	Impressum
7.4.	Abkürzungsverzeichnis
7.5.	Stichwortverzeichnis

7. Arbeitsbehelf 2022

1.1. Allspartenservice

Allspartenservice bedeutet, dass Anträge, Meldungen und Mitteilungen
- bei jedem Versicherungsträger,
- in jedem Bundesland,
- unabhängig von der tatsächlichen Zuständigkeit

eingereicht werden können.

Wichtig ist lediglich, dass die Schriftstücke fristgerecht bei einem Versicherungsträger einlangen.

Ausnahmen:
- Das Allspartenservice erfasst nicht den Zahlungsverkehr. Zahlungen (Beiträge) sind nach wie vor an den jeweils zuständigen Versicherungsträger zu überweisen.
- Schriftstücke (Meldungen, Anträge etc.), die nicht eindeutig erkennen lassen, welcher Versicherungsträger zuständig ist, müssen leider zurückgewiesen werden. Die fristwahrende Einbringung geht in solchen Fällen verloren.

Am Allspartenservice nehmen derzeit alle nach dem Allgemeinen Sozialversicherungsgesetz (ASVG) organisierten Versicherungsträger (Allgemeine Unfallversicherungsanstalt - AUVA, Österreichische Gesundheitskasse - ÖGK und Pensionsversicherungsanstalt - PVA) sowie die Sozialversicherungsanstalt der Selbständigen (SVS) teil.

1.2. AuftraggeberInnenhaftung (AGH)

Unternehmen, die die Erbringung von Bauleistungen gemäß § 19 Abs. 1a des Umsatzsteuergesetzes 1994 (UStG 1994) an ein anderes Unternehmen ganz oder teilweise weitergeben, sind an die AGH gebunden.

Bauleistungen sind alle Leistungen, die der Herstellung, Instandsetzung, Instandhaltung, Reinigung, Änderung oder Beseitigung von Bauwerken dienen.

> ⓘ Zur grundsätzlichen Abklärung, ob im Einzelfall eine Reinigung von Bauwerken im Sinne des § 19 Abs. 1a UStG 1994 vorliegt, wenden Sie sich bitte an das zuständige Finanzamt.

1.2.1. Haftungsbestimmungen

Das Auftrag gebende Unternehmen haftet für alle Beiträge und Umlagen, die das beauftragte Unternehmen an österreichische Krankenversicherungsträger abzuführen hat, bis zum Höchstausmaß von 20 Prozent des geleisteten Werklohnes.

Zusätzlich haftet die Auftraggeberin bzw. der Auftraggeber für die vom Finanzamt einzuhebenden lohnabhängigen Abgaben bis zu fünf Prozent des geleisteten Werklohnes.

Die Haftungsinanspruchnahme setzt voraus, dass gegen die Auftragnehmerin bzw. den Auftragnehmer erfolglos Exekution geführt wurde oder ein Insolvenztatbestand gemäß § 1 Insolvenz-Entgeltsicherungsgesetz (IESG) vorliegt.

1.2.2. Haftungsbefreiung

Das Auftrag gebende Unternehmen hat folgende Möglichkeiten, sich von der Haftung zu befreien:
- Das beauftragte Unternehmen wird zum Zeitpunkt der Leistung des Werklohnes in der Gesamtliste der haftungsfreistellenden Unternehmen (HFU-Gesamtliste) geführt.
- Das Auftrag gebende Unternehmen überweist 25 Prozent (20 Prozent Sozialversicherungsbeiträge und fünf Prozent lohnabhängige Abgaben) des zu leistenden Werklohnes als Haftungsbetrag an das Dienstleistungszentrum-AGH (DLZ-AGH). Dieses ist unter anderem für die Entgegennahme, Aufteilung und Weiterleitung des Betrages an die beteiligten Krankenversicherungsträger und an das Finanzamt zuständig.

7. Arbeitsbehelf 2022

1.2.3. Aufnahme in die HFU-Gesamtliste

Um in die HFU-Gesamtliste aufgenommen zu werden, muss das betreffende Unternehmen einen schriftlichen Antrag an das DLZ-AGH oder elektronisch über das WEB-BE-Kunden-Portal (WEBEKU) stellen. Dazu müssen jedoch folgende Voraussetzungen erfüllt sein:
- Erbringung von Bauleistungen seit mindestens drei Jahren,
- Beschäftigung von nach dem ASVG angemeldeten Dienstnehmerinnen und Dienstnehmern,
- keine rückständigen Beiträge für Zeiträume bis zu dem der Antragstellung zweitvorangegangenen Kalendermonat und
- keine ausständigen Beitragsgrundlagenmeldungen für denselben Zeitraum.

Darüber hinaus können auch Ein-Personen-Unternehmen (EPU) in die HFU-Gesamtliste aufgenommen werden, wenn
- keine Dienstnehmerinnen und Dienstnehmer nach dem ASVG angemeldet sind,
- seit mindestens drei Jahren Bauleistungen erbracht werden,
- eine Pflichtversicherung nach dem Gewerblichen Sozialversicherungsgesetz (GSVG) auf Grund ihrer selbständigen Erwerbstätigkeit besteht,
- sie zum Antragszeitpunkt die fälligen Beiträge bis zum 15. jenes Kalendermonates, der dem Quartal folgt, entrichtet haben (Beitragsrückstände bis zu 500,00 Euro bleiben dabei außer Betracht) und
- ein entsprechender Antrag gestellt wird.

Generell gilt: Selbst wenn die einzelnen Voraussetzungen für eine Aufnahme in die HFU-Gesamtliste vorliegen, kann die Eintragung versagt oder das betreffende Unternehmen von der Liste gestrichen werden. Dies ist beispielsweise dann der Fall, wenn
- schwerwiegende verwaltungsrechtliche oder strafrechtliche Verstöße vorliegen oder
- zu erwarten ist, dass das Unternehmen seine sozialversicherungsrechtlichen Pflichten als Dienstgeberin bzw. Dienstgeber nicht erfüllen wird.

Im Falle einer Streichung von der HFU-Gesamtliste kann das Unternehmen eine Wiederaufnahme beantragen.

1.2.4. Auszahlung von Guthaben

Auf dem Beitragskonto der Auftragnehmerin bzw. des Auftragnehmers kann auf Grund der Überweisung von Haftungsbeträgen ein Guthaben entstehen. In diesem Fall kann ein Antrag auf Erstattung des Guthabens entweder schriftlich an das DLZ-AGH oder elektronisch über WEBEKU gestellt werden. Die Auszahlung durch den jeweiligen Krankenversicherungsträger kann jedoch nur dann erfolgen, wenn unter anderem
- alle Beitragskonten des beauftragten Unternehmens ausgeglichen sind,
- alle fälligen Zuschläge nach dem Bauarbeiter-Urlaubs- und Abfertigungsgesetz (BUAG) entrichtet sind und
- alle fälligen Abgabenforderungen des Bundes erfüllt sind.

Wird dem Antrag nicht stattgegeben, so ist das Guthaben mit etwaigen Rückständen der Auftragnehmerin bzw. des Auftragnehmers zu verrechnen – und zwar nach folgender gesetzlicher Reihenfolge:
1. offene Beitragsschulden,
2. Ansprüche gegenüber dem beauftragten Unternehmen auf Grund einer AGH,
3. Zuschlagsleistungen nach dem BUAG,
4. Abgabenforderungen des Bundes.

1.2.5. Auskunftspflicht

Gemäß § 67a Abs. 8 ASVG hat das Auftrag gebende Unternehmen dem Krankenversicherungsträger auf dessen Anfrage innerhalb von 14 Tagen Auskunft über das von ihm beauftragte Unternehmen und über die weitergegebenen Bauleistungen zu erteilen. Bei Verletzung dieser Auskunftspflicht drohen Geldstrafen von 1.000,00 Euro bis 20.000,00 Euro (im Wiederholungsfall).

Des Weiteren haben auch alle Unternehmen,
- die einen Antrag auf Aufnahme in die HFU-Gesamtliste stellen bzw. in der Liste geführt werden oder
- für die Haftungsbeträge von Auftrag gebenden Unternehmen geleistet wurden,

den Krankenversicherungsträgern wahrheitsgemäß binnen 14 Tagen alle Auskünfte zu erteilen und Unterlagen vorzulegen, die im Zusammenhang mit der AGH von Bedeutung sind. Bestehen Zweifel an der Richtigkeit der Angaben oder der vorgelegten Unterlagen, so kann der Krankenversicherungsträger auch die Vorlage der Originalurkunden verlangen.

1.2.6. Kontakt
- **Allgemeine Auskünfte zur AGH**
Servicecenter der österreichischen Sozialversicherung (SV-Servicecenter)

Telefon Inland: 050 124 6200
Bitte im Inland die erste Null nie weglassen!

Telefon Ausland: +43 50 124 6200
E-Mail: sv-servicecenter@itsv.at

- **Schriftliche Anträge auf Erst-(Wieder)aufnahme in die HFU-Gesamtliste sowie Guthabenauszahlung**
Dienstleistungszentrum - AuftraggeberInnen-Haftung (DLZ-AGH)
Wienerbergstraße 15-19
1100 Wien
Fax: +43 5 0766-114555
E-Mail: dlz-agh@oegk.at

- **Bankdaten des Dienstleistungszentrums**
ACHTUNG: nur für Haftungsbetragszahlungen verwenden

INSTITUT:	RLB NÖ-W
KONTONUMMER:	62-00.098.210
IBAN:	AT41 3200 0062 0009 8210
SWIFT/BIC:	RLNWATWW

1.3. Auskunftspflicht
1.3.1. Auskunftspflicht gegenüber dem Versicherungsträger
Auf Anfrage des Versicherungsträgers haben
- die Versicherten sowie die Zahlungs(Leistungs)empfängerinnen und Zahlungs(Leistungs)empfänger,
- die Dienstgeberin bzw. der Dienstgeber sowie die sonstigen meldepflichtigen Personen und Stellen,
- Personen, die Entgelt (Geld- bzw. Sachbezüge) leisten oder geleistet haben, unabhängig davon, ob die Empfängerin bzw. der Empfänger als Dienstnehmerin bzw. Dienstnehmer tätig war oder nicht,
- im Fall einer Bevollmächtigung nach § 35 Abs. 3 oder § 36 Abs. 2 ASVG auch die Bevollmächtigten

längstens binnen 14 Tagen wahrheitsgemäß Auskunft über alle für das Versicherungsverhältnis maßgebenden Umstände zu erteilen.

1.3.2. Erhebungen - Einsicht in die Geschäftsunterlagen
Die Versicherungsträger/Finanzämter sind berechtigt, sich von der Einhaltung der sozialversicherungsrechtlichen Vorschriften zu überzeugen. Zu diesem Zweck führen sie unter anderem auch Erhebungen durch.

Während der Betriebszeit darf daher Einsicht in alle Geschäftsbücher, Belege und sonstigen Auf-

7. Arbeitsbehelf 2022

zeichnungen genommen werden, die für das Versicherungsverhältnis von Bedeutung sind. Die Mitarbeiterin bzw. der Mitarbeiter des Versicherungsträgers bzw. Finanzamtes haben sich auf Verlangen selbstverständlich auszuweisen.

Die Bezirksverwaltungsbehörde kann die Dienstgeberinnen und Dienstgeber etc. zur Erfüllung der gesetzlichen Pflichten anhalten. Verstöße gegen die Auskunftspflicht stellen eine Verwaltungsübertretung dar und unterliegen Strafbestimmungen. Zudem sind die Versicherungsträger berechtigt, die zuständigen Behörden zu verständigen, wenn sie im Rahmen ihrer Tätigkeit zu dem begründeten Verdacht gelangen, dass eine Übertretung arbeitsrechtlicher, gewerberechtlicher oder steuerrechtlicher Vorschriften vorliegt.

1.3.3. Auskunftspflicht der freien Dienstnehmerin bzw. des freien Dienstnehmers gegenüber der Dienstgeberin bzw. dem Dienstgeber

Die freien Dienstnehmerinnen und freien Dienstnehmer **sind insbesondere verpflichtet, ihrer Dienstgeberin bzw. ihrem Dienstgeber Auskunft** über den Bestand bzw. Nichtbestand einer die Pflichtversicherung als freie Dienstnehmerin bzw. freier Dienstnehmer ausschließenden **anderen Pflichtversicherung** auf Grund ein und derselben Tätigkeit zu erteilen. Diese Auskunftsverpflichtung bezieht sich zum Beispiel auf das Bestehen oder den Wegfall einer Gewerbeberechtigung. Für die Einhaltung dieser Meldeverpflichtung sind keine Formvorschriften einzuhalten, insbesondere gibt es dafür **kein Formular des Krankenversicherungsträgers**.

Verstößt die freie Dienstnehmerin bzw. der freie Dienstnehmer gegen seine Auskunftsverpflichtung, haben die **Dienstgeberinnen und Dienstgeber** im Falle einer Beitragsvorschreibung (zum Beispiel Pflichtversicherung wird nachträglich festgestellt) **nur den auf sie entfallenden Beitragsteil** zu entrichten. Den auf die freie Dienstnehmerin bzw. den freien Dienstnehmer entfallenden Beitragsteil hat dieser dann selbst abzuführen. Die Verletzung der Auskunftsverpflichtung ist dem Versicherungsträger allerdings entsprechend zu dokumentieren.

> ⓘ Es ist daher notwendig, eine schriftliche Bestätigung der freien Dienstnehmerin bzw. des freien Dienstnehmers einzuholen. Darin sollte jedenfalls der konkrete Ausschließungsgrund für die Versicherung als freie Dienstnehmerin bzw. freier Dienstnehmer angeführt werden.

Die bzw. der Beschäftigte ist ausdrücklich auf ihre bzw. seine Auskunftsverpflichtung hinzuweisen.

1.4. Elektronischer Datenaustausch mit den österreichischen Sozialversicherungsträgern (ELDA)

Die Meldungen zur Sozialversicherung (SV) sind mittels elektronischer Datenfernübertragung (DFÜ) in festgelegten einheitlichen Datensätzen zu erstatten.

Für die Übernahme elektronischer Meldungen wurde ein Datensammelsystem eingerichtet. Bundesweit sind alle elektronischen Meldungen an dieses elektronische Datenaustauschsystem (ELDA) zu übermitteln. Selbstverständlich gilt als Einlangetag der Zeitpunkt des Empfanges bei ELDA. Als Bestätigung für die ordnungsgemäße Übermittlung dient der Ausdruck des Übertragungsprotokolls.

Nähere Informationen über die Voraussetzungen, den Funktionsablauf und die Anmeldung zur DFÜ finden Sie auf der ELDA-Website (*www.elda.at*).

> ⓘ Bei technischen Problemen wenden Sie sich bitte an das ELDA Competence Center (Telefonnummer 05 0766-14502700 oder 05 0766-14504300), bei rechtlichen Fragen an den für die Meldung zuständigen Versicherungsträger bzw. an das jeweils zuständige Finanzamt.

1.5. Entgeltfortzahlungsfonds bei der Allgemeinen Unfallversicherungsanstalt (AUVA)

Die AUVA kann Unternehmen mit nicht mehr als 50 bzw. zehn Dienstnehmerinnen und Dienstnehmern Zuschüsse zur Entgeltfortzahlung bei Arbeitsverhinderung durch Krankheit sowie nach Unfällen (Arbeits- und Freizeitunfälle) gewähren.

1.5.1. Zuschussberechtigte Dienstgeberinnen und Dienstgeber

Zuschussberechtigt sind alle Dienstgeberinnen und Dienstgeber (auch von Lehrlingen und geringfügig Beschäftigten), wenn
- sie in ihrem Betrieb regelmäßig nicht mehr als 50 bzw. zehn Dienstnehmerinnen und Dienstnehmer beschäftigen,
- ihre Dienstnehmerin bzw. ihr Dienstnehmer bei der AUVA versichert ist,
- die Arbeitsverhinderung länger als drei (Unfall) bzw. länger als zehn (Krankheit) aufeinander folgende Tage dauerte,
- das Entgelt fortgezahlt wurde,
- sie einen Antrag auf Zuschuss stellen.

1.5.2. Höhe des Zuschusses

Der Zuschuss für Unternehmen mit durchschnittlich nicht mehr als 50 Dienstnehmerinnen und Dienstnehmern beträgt 50 Prozent zuzüglich eines Zuschlages für die Sonderzahlungen in der Höhe von 8,34 Prozent des jeweils tatsächlich fortgezahlten Entgeltes (mit Ausnahme der Sonderzahlungen). Für die Ermittlung der Höhe der Zuschüsse ist das jeweils tatsächlich fortgezahlte Entgelt bis höchstens zum Eineinhalbfachen der täglichen Höchstbeitragsgrundlage nach dem ASVG heranzuziehen (**2022: 283,50 Euro**).

Für Dienstgeberinnen und Dienstgeber, die in ihrem Unternehmen durchschnittlich nicht mehr als zehn Dienstnehmerinnen und Dienstnehmer beschäftigen (sogenannte Kleinunternehmen), beträgt die Höhe der Zuschüsse 75 Prozent zuzüglich eines Zuschlages für Sonderzahlungen in der Höhe von 12,51 Prozent des tatsächlich fortgezahlten Entgeltes.

Bei **Arbeitsverhinderung nach Unfällen** gebühren Zuschüsse ab dem ersten Tag der Arbeitsverhinderung für die Dauer der tatsächlichen Entgeltfortzahlung (bis höchstens 42 Tage je Arbeitsjahr/Kalenderjahr), wenn die Arbeitsverhinderung länger als drei aufeinander folgende Tage gedauert hat.

Bei **Arbeitsverhinderung durch Krankheit** gebühren Zuschüsse ab dem elften Tag der Arbeitsverhinderung für die Dauer der tatsächlichen Entgeltfortzahlung (bis höchstens 42 Tage je Arbeitsjahr/Kalenderjahr), wenn die Arbeitsverhinderung länger als zehn aufeinander folgende Tage gedauert hat.

Je Dienstverhältnis werden Zuschüsse bei Arbeitsverhinderungen nach Unfällen und durch Krankheit für jeweils höchstens 42 Tage pro Arbeitsjahr/Kalenderjahr gewährt.

1.5.3. Auszahlung des Zuschusses

Der Zuschuss wird ausbezahlt
- laufend nach erfolgter Bearbeitung des Antrages,
- für die Dauer der tatsächlichen Entgeltfortzahlung, längstens jedoch für jeweils 42 Kalendertage je Dienstverhältnis pro Arbeitsjahr/Kalenderjahr.

1.5.4. Rückforderung eines zu Unrecht geleisteten Zuschusses

Die AUVA hat einen zu Unrecht geleisteten Zuschuss von der Dienstgeberin bzw. vom Dienstgeber zurückzufordern. Das Recht auf Rückforderung verjährt binnen drei Jahren nach dem Zeitpunkt, in dem der AUVA bekannt geworden ist, dass der Zuschuss zu Unrecht geleistet wurde. Die AUVA kann bei Vorliegen berücksichtigungswürdiger Umstände, zum Beispiel der wirtschaftlichen Verhältnisse, auf die Rückforderung ganz oder teilweise verzichten oder die Rückzahlung in Teilbeträgen zulassen.

7. Arbeitsbehelf 2022

1.5.5. Ausschluss von Zuschüssen infolge Zeitablauf

Der Antrag auf Zuschuss ist innerhalb von drei Jahren nach dem Beginn des Entgeltfortzahlungsanspruches zu stellen.

1.6. Gemeinsame Prüfung Lohnabgaben und Beiträge (GPLB)

Alle lohnabhängigen Abgaben (alle Sozialversicherungsbeiträge und Umlagen, Lohnsteuer, Kommunalsteuer, Dienstgeberbeitrag zum Familienlastenausgleichsfonds und Zuschlag zum Dienstgeberbeitrag) werden im Rahmen eines Prüfvorganges geprüft.

Jede GPLB (vormals GPLA) durch die ÖGK ist gleichzeitig eine Sozialversicherungs-, Lohnsteuer- und Kommunalsteuerprüfung. Diese effiziente Vorgehensweise verhindert eine überbordende administrative Belastung der Dienstgeberinnen und Dienstgeber durch drei getrennte Prüfungen von unterschiedlichen Organisationen. Zudem werden Synergien bei der Prüfung der verschiedenen Lohnabgaben und Beiträge bestmöglich genutzt.

Die Prüfung wird entweder durch Prüforgane des beim Bundesministerium für Finanzen (BMF) eingerichteten Prüfdienstes für Lohnabgaben und Beiträge (PLB) oder durch Prüferinnen und Prüfer der ÖGK im Rahmen der GPLB vorgenommen. Die tätigen Prüferinnen und Prüfer unterliegen dabei wechselseitig der fachlichen Weisungsbefugnis des zuständigen Finanzamtes, der ÖGK oder im Bereich der Kommunalsteuer der erhebungsberechtigten Gemeinde.

Die GPLB beginnt mit dem Prüfauftrag und endet mit der Schlussbesprechung. Im Rahmen der Abwicklung der GPLB gelten als einheitliches Verfahrensrecht die Bestimmungen der Bundesabgabenordnung (BAO).

Geprüft werden die Einhaltung der Melde-, Versicherungs- und Beitragsbestimmungen der SV, die Beiträge nach dem Betrieblichen Mitarbeiter- und Selbständigenvorsorgegesetz (BMSVG) sowie die richtige Abfuhr von Lohn- und Kommunalsteuer, Dienstgeberbeitrag zum Familienlastenausgleichsfonds und Zuschlag zum Dienstgeberbeitrag.

Wesentliche Aufgabe des Prüfdienstes der ÖGK ist es auch, den Dienstgeberinnen und Dienstgebern in allen Fragen zum Melde-, Versicherungs- und Beitragswesen (MVB) beratend zur Seite zu stehen.

Die Feststellungen der Prüferinnen und Prüfer werden nach abgehaltener Schlussbesprechung den beteiligten Institutionen zur Weiterverarbeitung übermittelt.

Bescheide über das Prüfergebnis sowie die daraus resultierenden Verfahren bleiben der jeweiligen Institution vorbehalten. Dies bedeutet, dass der Antrag auf bescheidmäßige Ausfertigung der Feststellungen über das Prüfergebnis der SV weiterhin bei der ÖGK zu stellen ist. Die bescheidmäßige Ausfertigung der steuerrechtlichen Feststellungen im Prüfergebnis bleibt hingegen der Finanz bzw. den jeweiligen Kommunen vorbehalten.

Im Rechtsmittelverfahren hat jede Institution das jeweils in ihrem Bereich geltende Verfahrensrecht weiterhin anzuwenden. In der SV gilt das Allgemeine Verwaltungsverfahrensgesetz 1991, für die Lohnsteuer und für die Kommunalsteuer die BAO.

1.7. Lohn- und Sozialdumping-Bekämpfungsgesetz (LSD-BG)

Das LSD-BG enthält Verwaltungsstraftatbestände zur Sicherung der gleichen Lohnbedingungen für in Österreich tätige Arbeitnehmerinnen und Arbeitnehmer. Zugleich soll damit gewährleistet werden, dass für inländische und ausländische Unternehmen die gleichen Wettbewerbsbedingungen gelten. Dementsprechend wurde eine Entgeltkontrolle eingeführt. Als Verwaltungsübertretungen gelten die

Unterentlohnung, die Vereitelung der Kontrolle sowie für ausländische Arbeitgeberinnen und Arbeitgeber das Nichtbereithalten und Nichtübermitteln der Lohnunterlagen in deutscher Sprache. Anhand der Lohnunterlagen wird überprüft, ob den Arbeitnehmerinnen und Arbeitnehmern sämtliche Entgeltbestandteile geleistet werden, die nach Gesetz, Verordnung oder Kollektivvertrag unter Beachtung der jeweiligen Einstufungskriterien gebühren. Ausgenommen sind die im § 49 Abs. 3 ASVG angeführten Entgeltbestandteile. Für diese Zwecke hat die Dienstgeberin bzw. der Dienstgeber die erforderlichen Unterlagen vorzulegen. Dazu zählen neben dem Arbeitsvertrag und dem Dienstzettel auch Lohnzettel, Arbeitszeitaufzeichnungen, Lohnaufzeichnungen sowie Lohnzahlungsnachweise (zum Beispiel Banküberweisungsbelege, Kassa-Ausgangsbelege).

Zur Feststellung, ob das jeweils zustehende Entgelt geleistet wird, sind entsprechende Kontrollen durch das Kompetenzzentrum Lohn- und Sozialdumping-Bekämpfung (Kompetenzzentrum LSDB) und Organe der Abgabenbehörden, der ÖGK sowie durch die Bauarbeiter-Urlaubs- und Abfertigungskasse (BUAK) gesetzlich vorgesehen. Werden die vom LSD-BG normierten Pflichten nicht erfüllt (zum Beispiel Leistung des zustehenden Entgeltes), liegt eine Verwaltungsübertretung vor. In diesem Fall sind das Kompetenzzentrum LSDB, der Krankenversicherungsträger und die BUAK grundsätzlich gesetzlich verpflichtet, Anzeige bei der jeweils zuständigen Bezirksverwaltungsbehörde zu erstatten.

1.8. Neugründungs-Förderungsgesetz (NeuFöG)

Mit dem NeuFöG wird das Ziel verfolgt, die **Neugründung von Betrieben durch die Befreiung von bestimmten Abgaben, Beiträgen und Gebühren zu erleichtern.**

Neugründerinnen und Neugründer müssen für die beschäftigten Personen **keine Dienstgeberanteile zum Wohnbauförderungsbeitrag (WF) und keine Beiträge zur Unfallversicherung (UV)** entrichten.

1.8.1. Förderung der Neugründung
- Die Begünstigung kann im Kalendermonat der Neugründung des Unternehmens sowie in den folgenden 35 Kalendermonaten für beschäftigte Dienstnehmerinnen und Dienstnehmer in Anspruch genommen werden.
- Die Begünstigung besteht für den Kalendermonat, in dem erstmals eine Dienstnehmerin bzw. ein Dienstnehmer beschäftigt wird, und die folgenden elf Kalendermonate.
- Ab dem zwölften Kalendermonat, der dem Kalendermonat der Neugründung folgt, ist die Begünstigung nur noch für die ersten drei beschäftigten Dienstnehmerinnen und Dienstnehmer anzuwenden.

Dies bedeutet, dass für die ersten drei Dienstnehmerinnen und Dienstnehmer eine Förderung im Ausmaß von maximal zwölf Monaten möglich ist (gemessen ab der Einstellung der ersten Dienstnehmerin bzw. des ersten Dienstnehmers). Für alle weiteren Dienstnehmerinnen und Dienstnehmer ist die Begünstigung hingegen mit dem Ablauf von elf Kalendermonaten nach dem Monat der Neugründung beschränkt.

1.8.2. Zeitpunkt der Neugründung
Als Zeitpunkt der Neugründung gilt jener Kalendermonat, in dem die Betriebsinhaberin bzw. der Betriebsinhaber erstmals werbend nach außen in Erscheinung tritt (also die für das Unternehmen typischen Leistungen am freien Wirtschaftsmarkt anbietet).

1.8.3. Bestätigung über die Neugründung
Für eine Befreiung ist es erforderlich, dass die Neugründerin bzw. der Neugründer eine Beratung durch die jeweilige gesetzliche Interessensvertretung (Wirtschaftskammer, Landwirtschaftskammer etc.) in Anspruch nimmt.

Wenn die Betriebsinhaberin bzw. der Betriebsinhaber keiner gesetzlichen Berufsvertretung zugeordnet werden kann, erfolgt das Beratungsgespräch durch die SVS.

Gemäß § 4 Abs. 3 NeuFöG kann auch die Wirtschaftskammer das Beratungsgespräch für Betriebe ohne gesetzlicher Berufsvertretung durchführen.

Im Rahmen dieses persönlichen Beratungsgespräches wird sodann eine Bestätigung („Erklärung der Neugründung") ausgehändigt. Dieses Formular ist der ÖGK **im Vorhinein** (= bei der Erstanmeldung einer Dienstnehmerin bzw. eines Dienstnehmers) vorzulegen.

Achtung: Die Erklärung über die Neugründung kann auch über das Unternehmensserviceportal (USP) elektronisch vorgenommen werden. Die Beratung durch die SVS oder durch die Berufsvertretung kann in diesen Fällen auch auf fernmündlichen Kommunikationswegen oder unter Verwendung technischer Einrichtungen zur Wort- und Bildübertragung erfolgen und ist durch die Betriebsinhaberin bzw. den Betriebsinhaber zu bestätigen (gemäß § 4 Abs. 4 NeuFöG).

1.8.4. Anmeldung von Arbeitnehmerinnen und Arbeitnehmern

Bereits im Zuge der Anforderung einer Beitragskontonummer ist auf das Vorliegen einer Neugründung hinzuweisen. Das Formular NeuFö2 ist spätestens bei der Erstanmeldung einer Arbeitnehmerin bzw. eines Arbeitnehmers vorzulegen.

1.8.5. Beitragsabrechnung

Bei der Beitragsabrechnung sind die normalen Beschäftigtengruppen zu verwenden. Die auf Grund der Förderung von der Dienstgeberin bzw. vom Dienstgeber nicht zu entrichtenden Wohnbauförderungs- und Unfallversicherungsbeiträge sind mittels der monatlichen Beitragsgrundlagenmeldung (mBGM) inklusive der entsprechenden Abschläge zu melden:
- WF-Entfall Neuförderung
- UV-Entfall Neuförderung

1.8.6. Meldeverpflichtung

Wird der neu gegründete Betrieb im Kalendermonat der Neugründung und in den folgenden elf Kalendermonaten um bereits bestehende andere Betriebe oder Teilbetriebe erweitert, stehen die Befreiungen weder für den neu gegründeten noch für den damit verbundenen Betrieb zu. Bereits in Anspruch genommene Befreiungen fallen nachträglich (rückwirkend) weg und die Beiträge sind nachzuentrichten. Die Betriebsinhaberin bzw. der Betriebsinhaber ist verpflichtet, den Umstand der Betriebserweiterung der ÖGK unverzüglich mitzuteilen.

1.9. Single Point of Contact (SPOC)

Der SPOC ist die bundesweite Ansprechstelle für Dienstgeberinnen und Dienstgeber mit Beitragskonten in mehreren Bundesländern und richtet sich grundsätzlich nach dem Hauptsitz des Unternehmens.

Eine zentrale Ansprechperson steht für Fragen im Zusammenhang mit der Abwicklung des Melde-, Versicherungs- und Beitragsbereiches zur Verfügung und koordiniert diese bundeslandübergreifend. Unternehmen mit Beitragskonten in nur einem Bundesland sind demnach nicht betroffen.

1.9.1. Aufgabenbereich des SPOC

Für Meldeverspätungen, die Abwicklung bzw. Durchführung von Verfahren zur Feststellung der Versicherungs- oder Beitragspflicht, Verfahren zur Klärung der Versicherungszuordnung und Bescheidanträge im Melde-, Versicherungs- und Beitragsbereich ist der SPOC universelle Anlaufstelle.

Ebenso gibt es im Einhebungsbereich österreichweit für Ratenvereinbarungen, Stundungen, Mahnungen und Exekutionsverfahren sowie Insolvenzen einen SPOC als Ansprechperson und ausführende Stelle.

Achtung: Die Melde- und Beitragsverpflichtungen bleiben jedoch unverändert. Dienstgeberinnen und Dienstgeber melden weiterhin über ELDA. Die Bearbeitung der Meldungen, Clearingfälle und Zahlungen erfolgt lokal in den jeweiligen Bundesländern.

1.9.2. Vorteile für Dienstgeberinnen und Dienstgeber
- Österreichweit einheitliche Standards in der Kundenbetreuung
- Gleiche Vorgehensweise bei Verfahren und Sanktionen sowie allen Einbringungsmaßnahmen (Mahnungen, Verzugszinsen)
- Eine Ansprechperson für wesentliche Geschäftsprozesse
- Gleichbehandlung aller Dienstgeberinnen und Dienstgeber bundesweit
- Verwaltungsvereinfachung für Dienstgeberinnen und Dienstgeber

Die Ansprechpersonen in den Bundesländern können Sie unter *www.gesundheitskasse.at* bei den Informationen für Dienstgeber abrufen.

1.10. WEB-BE-Kunden-Portal (WEBEKU)

Die Kundenfreundlichkeit im Bereich der elektronischen Kommunikation innerhalb der SV soll verbessert werden, indem wichtige Funktionalitäten für die Kundinnen und Kunden (Dienstgeberinnen und Dienstgeber, Selbst- und Sonderversicherte sowie Bevollmächtigte) im Web angeboten werden.

Das WEBEKU stellt das Hauptmodul für die web-basierenden Dienstleistungen für Dienstgeberinnen und Dienstgeber sowie Selbst- und Sonderversicherte dar.

1.10.1. Allgemeine Information

Im Projekt WEBEKU erfolgte die Umsetzung der Online-Kontoinformation. Kundinnen und Kunden erhalten eine aktuelle Sicht auf ihre Beitragskonten bei der ÖGK sowie der Versicherungsanstalt öffentlich Bediensteter, Eisenbahnen und Bergbau (BVAEB; Zweig Krankenversicherung).

Unternehmen, die der AGH unterliegen, können zusätzlich ihr Auftragnehmerkonto einsehen.

Durch die Schaffung eines sicheren Kommunikationskanals können personenbezogene Daten mit Hilfe von elektronischen Anträgen (zum Beispiel Guthabenauszahlung, Umbuchung, Unbedenklichkeitsbescheinigung, Erteilung bzw. Änderung SEPA-Lastschrift, Vollmachtshinterlegung) an die Sozialversicherungsträger übermittelt werden. Auf Grund der Coronavirus-Pandemie werden zukünftig auch Anträge auf Stundungs- bzw. Ratenzahlung sowie für die Erstattung des geleisteten Entgeltes inklusive Dienstgeberanteile zur SV gemäß § 735 Abs. 5 ASVG angeboten.

Ebenfalls können Erst- und Wiederaufnahmeanträge in die Liste der haftungsfreistellenden Unternehmen bzw. AGH-Guthabenauszahlungsanträge an das DLZ-AGH gestellt werden.

Weiters wurde die Abfrage des Beschäftigtenstandes bzw. der Versicherungsnummern (VSNR) von Dienstnehmerinnen und Dienstnehmern umgesetzt. Rückmeldungen aus dem SV-Clearingsystem werden ebenfalls angezeigt. Zusätzlich können auch Detailinformationen zur verbuchten mBGM angezeigt bzw. exportiert werden, zum Beispiel mBGM(-Paket) Status, Referenzwert etc.

Für Selbst- und Sonderversicherte kann eine Bestätigung der geleisteten Zahlungen und eine Zahlungsvereinbarung angefordert werden.

1.10.2. Vorteile
- Orts- und zeitunabhängiger Zugriff
- Tagesaktuelle Daten
- Abfrage des Beschäftigtenstandes
- Benutzerfreundliche Anwendung
- Einfache Administration
- Rasche Möglichkeit zur Reaktion (E-Mail-Verständigung bei Nachrichten in der WEBEKU-BOX bzw. von aufgetretenen Clearingfällen)

7. Arbeitsbehelf 2022

- Verminderung von Rückfragen (durch Rückmeldung aus dem SV-Clearingsystem bzw. Anzeige von mBGM-Dateien)
- Verringerung des Papierbedarfs (elektronische Zustellung von Nachrichten und Dateien in die WEBEKU-BOX)

1.10.3. Voraussetzungen
Zur Authentifizierung gibt es folgende Möglichkeiten:
- Authentifizierung mit Handy-Signatur oder Bürgerkarte
- Authentifizierung mit Zugangsdaten des USP

1.10.4. Zuständige Stelle
- **Allgemeine Auskünfte**
  IT-Services der Sozialversicherung GmbH
  Customer Care Center
  Telefon Inland: 050 124 6200
  Bitte im Inland die erste Null nie weglassen!

  Telefon Ausland: +43 50 124 6200
  E-Mail: sv-servicecenter@itsv.at
- **Registrierung für Dienstgeberinnen und Dienstgeber sowie Bevollmächtigte im USP**
  USP Service Center
  Telefon Inland: 050 233 733

1.10.5. Verfahrensablauf Anmeldung

1.10.5.1. Anmeldung für Dienstgeberinnen und Dienstgeber sowie Bevollmächtigte
- Für eine Erstanmeldung ist eine Registrierung im USP erforderlich. Danach müssen in der USP-Administration die jeweiligen WEBEKU-Verfahrensrechte durch die USP-Administratorin bzw. den USP-Administrator des Unternehmens zugeordnet werden. Bei einzelvertretungsbefugten Personen (zum Beispiel Geschäftsführerin bzw. Geschäftsführer, Inhaberin bzw. Inhaber) erfolgt eine automatische Zuordnung.

1.10.5.2. Anmeldung für Selbst- und Sonderversicherte
- Für eine Erstanmeldung mittels Bürgerkarte oder Handy-Signatur sind keine weiteren Schritte erforderlich.

1.10.6. Kosten
Bei Benutzung dieses Online-Services fallen für Sie **keine** Gebühren an.

Weitere Informationen und Antworten auf eventuelle Fragen finden Sie unter *www.gesundheitskasse.at* bei den Informationen für Dienstgeber.

2.1. Allgemeine Beitragsgrundlage

Die allgemeine Beitragsgrundlage - das heißt die Ausgangsbasis zur Berechnung der Sozialversicherungsbeiträge - ist der **im Beitragszeitraum gebührende Arbeitsverdienst**.

Für Dienstnehmerinnen und Dienstnehmer, Lehrlinge sowie freie Dienstnehmerinnen und freie Dienstnehmer ist als Arbeitsverdienst das auf volle Cent gerundete Entgelt heranzuziehen.

Für einige Versichertengruppen gibt es abweichende Regelungen (zum Beispiel fixe Beitragsgrundlagen).

2.2. Allgemeine Beitragsgrundlage in besonderen Fällen
2.2.1. Altersteilzeit und Teilpension

Als allgemeine Beitragsgrundlage gilt für Dienstnehmerinnen und Dienstnehmer, für die der Dienstgeberin bzw. dem Dienstgeber ein Altersteilzeitgeld oder eine Teilpension gewährt wird, die Beitragsgrundlage vor Herabsetzung der Normalarbeitszeit (§ 44 Abs. 1 Z 10 ASVG). Dies gilt auch analog für Sonderzahlungen.

Einmalig ausbezahlte beitragspflichtige Prämien und nur im letzten Beitragszeitraum fällige Überstundenentgelte bleiben bei der Ermittlung der jeweiligen Grundlage außer Betracht. In die Beitragsgrundlage eingeflossene, regelmäßig über einen längeren Zeitraum bezahlte Prämien und Überstunden (Richtwert ist ein Zeitraum von mindestens drei Monaten) sind allerdings zu berücksichtigen. Ist die Normalarbeitszeit unregelmäßig verteilt (zum Beispiel Schichtarbeit, Turnusdienst), dann ist das dem Durchrechnungszeitraum zu Grunde liegende durchschnittliche monatliche Bruttoentgelt als Beitragsgrundlage heranzuziehen.

Die jährliche Anhebung der Höchstbeitragsgrundlage bzw. kollektivvertragliche oder sonst gebührende Ist-Lohnerhöhungen sind zu berücksichtigen. Die letzte volle Beitragsgrundlage im Sinne des § 44 Abs. 1 Z 10 ASVG ist daher insofern variabel, als sie sich durch solche Steigerungen entsprechend erhöht.

2.2.1.1. Beitragsberechnung

Die Sozialversicherungsbeiträge (Krankenversicherung - KV, Unfallversicherung - UV und Pensionsversicherung - PV), der Arbeitslosenversicherungsbeitrag (AV-Beitrag) sowie die Umlagen/Nebenbeiträge (Arbeiterkammerumlage - AK, Landarbeiterkammerumlage - LK, WF, Schlechtwetterentschädigungsbeitrag - SW, Zuschlag nach dem Insolvenz-Entgeltsicherungsgesetz - IE, Nachtschwerarbeits-Beitrag - NB) und der BV-Beitrag sind von der Beitragsgrundlage vor Herabsetzung der Normalarbeitszeit zu berechnen.

Von der Differenz des Teilzeitarbeitsentgeltes zuzüglich des Lohnausgleiches zur Beitragsgrundlage vor Herabsetzung der Normalarbeitszeit haben die Dienstgeberinnen und Dienstgeber die Gesamtbeiträge zu entrichten.

Die KV-, UV-, PV- und AV-Beiträge sowie der IE werden der Dienstgeberin bzw. dem Dienstgeber jedoch vom Arbeitsmarktservice (AMS) teilweise ersetzt.

Beispiel: Beitragsgrundlage Sonderfall Altersteilzeit
Ermittlung der Beitragsgrundlage:
Die Arbeitszeit eines Arbeiters (ARB) wird um 50 Prozent herabgesetzt. Die wöchentliche Arbeitszeit beträgt 40 Stunden, der durchschnittliche Bruttomonatslohn des letzten Jahres belief sich auf 3.000,00 Euro.

Der Arbeitnehmer erhält vom Arbeitgeber
Arbeitsentgelt (für 50 % Arbeitszeit):   € 1.500,00
Lohnausgleich (50 % von € 1.500,00):   €   750,00
Gesamt (brutto):   **€ 2.250,00**

7. Arbeitsbehelf 2022

Der Arbeitnehmer bleibt weiterhin mit einem Brutto-Entgelt von 3.000,00 Euro (vor der Herabsetzung der Arbeitszeit) in der SV pflichtversichert.

Aufteilung der Sozialversicherungsbeiträge:
Der Dienstnehmeranteil setzt sich wie folgt zusammen (Angaben wie oben):

ARB vom Arbeitsentgelt:	17,12 % von	€ 1.500,00 =	€ 256,80
ARB vom Lohnausgleich:	17,12 % von	€ 750,00 =	€ 128,40
AK:	0,50 % von	€ 3.000,00 =	€ 15,00
WF:	0,50 % von	€ 3.000,00 =	€ 15,00
Gesamtabzug:			**€ 415,20**

Gesamtsumme der Sozialversicherungsbeiträge sowie sonstige Beiträge und Umlagen:

ARB:	37,65 % von	€ 3.000,00 =	€ 1.129,50
WF:	1,00 % von	€ 3.000,00 =	€ 30,00
AK:	0,50 % von	€ 3.000,00 =	€ 15,00
IE:	0,10 % von	€ 3.000,00 =	€ 3,00
BV-Beitrag:	1,53 % von	€ 3.000,00 =	€ 45,90
Gesamt:			€ 1.223,40
Abzüglich Dienstnehmer (DN)-Anteil:			- € 415,20
Dienstgeber (DG)-Anteil:			**€ 808,20**

Altersteilzeitgeld – Ersatz durch das AMS:
Berechnungsbasis:

Lohnausgleich:	50 % von	€ 1.500,00 =	€ 750,00
Ersatz des DG-Anteils und IE vom Lohnausgleich:	20,63 % von	€ 750,00 =	€ 154,73
Ersatz des DG- u. DN-Anteils sowie IF von der Differenz von € 3.000,00 und € 2.250,00:	37,75 % von	€ 750,00 =	€ 283,13
			€ 1.187,86
Ersatz bei kontinuierlicher Arbeitszeitverkürzung:	**90 % von**	**€ 1.187,86 =**	**€ 1.069,07**
Ersatz bei Blockzeitvereinbarung:	**50 % von**	**€ 1.187,86 =**	**€ 593,93**

ⓘ Auskünfte zum Altersteilzeitgeld (etwa betreffend die Erstattung von Beiträgen) erteilen alle regionalen Geschäftsstellen des AMS.

2.2.2. Beitragsgrundlage bei Arbeitsunterbrechungen

In einigen Fällen gibt es besondere Regelungen zur Bildung der Beitragsgrundlage.

So gilt als Beitragsgrundlage bei einer Arbeitsunterbrechung infolge
- eines Urlaubes ohne Entgeltzahlung (sofern dieser Urlaub die Dauer eines Monates nicht überschreitet und deshalb die Pflichtversicherung zu beenden ist),
- Heranziehung zum Dienst als Schöffin bzw. Schöffe oder Geschworene bzw. Geschworener oder
- der Teilnahme an Schulungs- und Bildungsveranstaltungen im Rahmen der besonderen Vorschriften über die erweiterte Bildungsfreistellung

die Beitragsgrundlage, die auf den entsprechenden Zeitabschnitt unmittelbar vor der Unterbrechung entfiel.

Bei einer Arbeitsunterbrechung auf Grund des Epidemiegesetzes 1950 und bei der Verhängung einer Sperre wegen Maul- und Klauenseuche nach dem Tierseuchengesetz ist die in diesem Zusammenhang gebührende Vergütung, mindestens jedoch die Beitragsgrundlage des letzten Beitragszeitraumes heranzuziehen.

Bei einer Verminderung der Beitragsgrundlage infolge der Ausübung eines öffentlichen Mandates ist die Beitragsgrundlage vor der Minderung heranzuziehen.

2.2.3. Bildungsteilzeit und Wiedereingliederungsteilzeit

Während einer Bildungsteilzeit gemäß § 11a Arbeitsvertragsrechts-Anpassungsgesetz (AVRAG) oder einer Wiedereingliederungsteilzeit gemäß § 13a AVRAG unterliegt die Dienstnehmerin bzw. der Dienstnehmer weiterhin der Vollversicherung. Die Beitragsabrechnung erfolgt auf Basis des tatsächlichen beitragspflichtigen Entgeltes sowie der im Verhältnis Vollzeit- und Teilzeitbeschäftigung gebührenden Sonderzahlungen.

Der BV-Beitrag ist jedoch während der gesamten Dauer der Bildungsteilzeit und der Wiedereingliederungsteilzeit auf Grundlage des monatlichen Entgeltes sowie der Sonderzahlungen vor Herabsetzung der Normalarbeitszeit zu entrichten (Lohnerhöhungen sind zu berücksichtigen). Weitere Infos zur Bildungsteilzeit erhalten Sie bei den regionalen Geschäftsstellen des AMS. Details zur Wiedereingliederungsteilzeit können Sie in der umfangreichen Broschüre des Bundesministeriums für Arbeit auf *www.bma.gv.at* unter „Services/Publikationen" nachlesen.

2.2.4. Kurzarbeitsunterstützung/Qualifizierungsunterstützung

Leistet die Dienstgeberin bzw. der Dienstgeber bei Kurzarbeit eine Entschädigung an die Dienstnehmerinnen und Dienstnehmer zur teilweisen Abgeltung des Verdienstausfalles (Kurzarbeits- bzw. Qualifizierungsunterstützung), kann sie bzw. er vom AMS unter bestimmten Voraussetzungen eine Kurzarbeitsbeihilfe (Qualifizierungsbeihilfe) erhalten. Die Pflichtversicherung bleibt unverändert aufrecht.

2.2.4.1. Beitragsgrundlage

Während der Dauer der Kurzarbeit richten sich die Beiträge und Leistungen der Sozialversicherung nach der letzten Beitragsgrundlage (inklusive abgerechneter Provisionen, Zulagen und Zuschläge) vor Eintritt der Kurzarbeit, wenn diese höher ist als die aktuelle Beitragsgrundlage (Günstigkeitsvergleich). Konkret ist ein Vergleich zwischen der Beitragsgrundlage vor Beginn der Kurzarbeit und jener Beitragsgrundlage, die ohne Kurzarbeit vorliegen würde, anzustellen. Von der jeweils höheren Beitragsgrundlage sind die Sozialversicherungsbeiträge sowie die Leistungen aus der Pflichtversicherung zu bemessen. „Stichtag" ist dabei der erste Tag der Kurzarbeit bzw. der erste Tag einer etwaig verlängerten Kurzarbeit.

Beispiel:
- Lehrlingsentschädigung bis 30.09.2022: 800,00 Euro
- Gehalt ab 01.10.2022: 1.200,00 Euro
- Kurzarbeit ab 01.10.2022

Lösung:
SV-Beitragsgrundlage für Kurzarbeit: 1.200,00 Euro

2.2.4.2. Beiträge

Von der so ermittelten Beitragsgrundlage sind sowohl die Sozialversicherungsbeiträge (KV, UV, PV), der Beitrag zur AV als auch die Umlagen/Nebenbeiträge (AK, LK, WF, IE, NB) zu entrichten. Der SW ist dagegen vom Arbeitsverdienst (tatsächliches Entgelt während der Kurzarbeit plus Kurzarbeits- bzw. Qualifizierungsunterstützung) zu berechnen.

Betriebliche Vorsorge (BV): Als Bemessungsgrundlage für die BV ist grundsätzlich das monatliche Entgelt auf Grundlage der Arbeitszeit vor der Herabsetzung der Normalarbeitszeit heranzuziehen. Übersteigt allerdings das monatliche Entgelt (einschließlich Kurzarbeitsunterstützung) während der Kurzarbeit diesen Betrag, ist dieses als Bemessungsgrundlage für den BV-Beitrag relevant. Anders als in der Sozialversicherung hat ein monatlicher Günstigkeitsvergleich zu erfolgen.

Beiträge der bzw. des Versicherten: Von der versicherten Person sind während der Kurzarbeit die Beiträge von der vor einer Kurzarbeit erzielten Arbeitsverdienst (inklusive Sachbezüge) und der Kurzarbeitsunterstützung zu tragen. Der auf die Versicherte bzw. den Versicherten entfallende Teil der KV-, PV- und AV-Beiträge darf 20 Prozent ihrer bzw. seiner Geldbezüge nicht übersteigen. Den Unterschiedsbetrag trägt die Dienstgeberin bzw. der Dienstgeber allein.

7. Arbeitsbehelf 2022

AV-Beitrag bei geringem Einkommen: Seit 01.01.2021 richtet sich der Anteil der Dienstnehmerin bzw. des Dienstnehmers zur AV während der Kurzarbeit nach dem der verringerten Arbeitszeit entsprechenden Entgelt – einschließlich Kurzarbeitsunterstützung. Werden die im Arbeitsmarktpolitik-Finanzierungsgesetz (AMPFG) angeführten Grenzbeträge unterschritten, so ist auch der von der Dienstnehmerin bzw. vom Dienstnehmer zu tragende Anteil zur AV entsprechend geringer bzw. entfällt allenfalls vollständig.

Insgesamt ist ungeachtet dessen jener Beitragssatz in der AV anzuwenden, der sich aus der Beitragsgrundlage vor Beginn der Kurzarbeit ergibt. Eine sich allenfalls dadurch ergebende Differenz (zum Beispiel Dienstnehmeranteil vor Kurzarbeit drei Prozent, Dienstnehmeranteil bemessen am tatsächlichen Entgelt während Kurzarbeit zwei Prozent) ist vorläufig von der Dienstgeberin bzw. vom Dienstgeber zu tragen. Im Rahmen der vom AMS geleisteten Kurzarbeitsbeihilfe erfolgt ein entsprechender Ersatz der diesbezüglichen Aufwendungen..

Beiträge der Dienstgeberin bzw. des Dienstgebers: Der Dienstgeberanteil der zu entrichtenden Beiträge ist von der nach den vorstehenden Grundsätzen ermittelten Beitragsgrundlage, Bemessungsgrundlage bzw. im Falle des SW vom tatsächlichen Arbeitsverdienst zuzüglich Kurzarbeitsunterstützung zu leisten.

Zusätzlich trägt die Dienstgeberin bzw. der Dienstgeber den auf die Dienstnehmerin bzw. den Dienstnehmer entfallenden Anteil der Beiträge von der Differenz zwischen Beitragsgrundlage und tatsächlich erzieltem Arbeitsverdienst (inklusive Sachbezüge) samt Kurzarbeitsunterstützung allein.

Darüber hinaus hat die Dienstgeberin bzw. der Dienstgeber Beiträge auf Grund der 20 Prozent-Regelung zu übernehmen sowie den allfälligen Differenzbetrag bei einkommensabhängiger Verminderung des Dienstnehmeranteiles am AV-Beitrag zu leisten.

Der dadurch entstehende Aufwand wird seitens des AMS durch die Kurzarbeitsbeihilfe pauschal ersetzt.

Von der Kurzarbeitsunterstützung ist keine Kommunalsteuer zu entrichten.

2.2.4.3. Sonderzahlungen
Entsprechend der Sozialpartnervereinbarung ist zur Ermittlung der Sonderzahlungen jenes Entgelt heranzuziehen, das gebührt hätte, wenn keine Kurzarbeit vereinbart worden wäre (allenfalls unter Berücksichtigung von kollektivvertraglichen Erhöhungen). Die Sonderbeiträge sind hiervon zu entrichten. Der Dienstgeberin bzw. dem Dienstgeber werden die anteiligen Sonderzahlungen samt Lohnnebenkosten durch die Kurzarbeitsbeihilfe erstattet.

2.2.4.4. Untermonatiger Beginn der Kurzarbeit
Zwecks Ermittlung der Beitragsgrundlage wird in diesen Fällen das Entgelt des Vormonates durch 30 dividiert und mit der Anzahl der Tage ab Eintritt der Kurzarbeit multipliziert. Danach wird das beitragspflichtige Entgelt der Dienstnehmerin bzw. des Dienstnehmers bis zum Beginn der Kurzarbeit addiert. Als Beitragsgrundlage für die Folgemonate gilt das im Monat vor Beginn der Kurzarbeit erzielte beitragspflichtige Entgelt. Wenn die Beschäftigung im Monat des Beginnes der Kurzarbeit begonnen hat, ist das gebührende Entgelt vor Beginn der Kurzarbeit auf einen vollen Beitragszeitraum aufzurechnen.

2.2.5. Unbezahlter Urlaub
Während eines bis zu maximal einem Monat dauernden unbezahlten Urlaubes besteht die Pflichtversicherung weiter. Voraussetzung dafür ist allerdings, dass das Beschäftigungsverhältnis in dieser Zeit nicht beendet wird.

Wird der unbezahlte Urlaub für länger als einen Monat vereinbart oder wird die Beschäftigung nach Ablauf dieses Monates nicht fortgesetzt, so ist die bzw. der Versicherte mit dem Tag vor Beginn des unbezahlten Urlaubes abzumelden.

7. Arbeitsbehelf 2022

Als allgemeine Beitragsgrundlage für den unbezahlten Urlaub, der nicht länger als einen Monat andauert, gilt der Betrag, der auf jenen Zeitabschnitt entfällt, der
- unmittelbar vor dem Urlaub liegt und
- in seiner Länge der Urlaubsdauer entspricht.

Während eines Urlaubes ohne Entgeltzahlung hat die bzw. der Versicherte die Sozialversicherungsbeiträge (KV, UV, PV und AV) sowie den SW **zur Gänze selbst** zu tragen.

Der IE, der NB und der Weiterbildungsbeitrag nach dem Arbeitskräfteüberlassungsgesetz (WBB-AÜG) gehen jedoch weiterhin zu Lasten der Dienstgeberin bzw. des Dienstgebers.

Während eines unbezahlten Urlaubes entfallen die AK, die LK, der WF und der BV-Beitrag.

In der Steiermark und in Kärnten ist die LK jedoch **von der versicherten Person** zu leisten.

Beispiel: Unbezahlter Urlaub - Bildung der Beitragsgrundlage

Ein Arbeiter (ARB) erzielte im Beitragszeitraum **Mai** einen monatlichen Brutto-Arbeitsverdienst von 2.200,00 Euro (schwankender Arbeitsverdienst).

Für die Dauer **vom 01.06. bis 15.06. wird unbezahlter Urlaub vereinbart.**

Als allgemeine Beitragsgrundlage für den unbezahlten Urlaub wird der tatsächliche Arbeitsverdienst, der unmittelbar vor der Unterbrechung erzielt wurde, herangezogen. Dieser beträgt vom 17.05. bis 31.05. (15 Tage) 1.100,00 Euro.

Das tatsächlich erzielte Entgelt vom 16.06. bis 30.06. beträgt 1.170,00 Euro.

Bildung der Beitragsgrundlage für **Juni**:

Für den unbezahlten Urlaub vom 01.06. bis 15.06.
sind die Entgeltteile vom 17.05. bis 31.05. heranzuziehen: € 1.100,00
Entgelt vom 16.06. bis 30.06.: € 1.170,00
Gesamtsumme: € 2.270,00

In der monatlichen Beitragsgrundlage für Juni ist somit eine allgemeine Beitragsgrundlage von 2.270,00 Euro zu berücksichtigen.

Ermittlung der allgemeinen Beiträge:
Dienstnehmer (DN)-Anteil für die Zeit des unbezahlten Urlaubes (keine AK und kein WF):
ARB: 17,12 % (DN) von € 1.100,00 = € 188,32
20,53 % (Dienstgeber - DG) von € 1.100,00 = € 225,83
37,65 % von € 1.100,00 = € 414,15

DN-Anteil für die Zeit vom 16.06. bis 30.06.:
ARB: 17,12 % von € 1.170,00 = € 200,30
AK: 0,50 % von € 1.170,00 = € 5,85
WF: 0,50 % von € 1.170,00 = € 5,85
18,12 % von € 1.170,00 = € 212,00

DN-Anteil gesamt: € 626,15

7. Arbeitsbehelf 2022

DG-Anteil für die Zeit des unbezahlten Urlaubes:
IE: 0,10 % von € 1.100,00 = € 1,10

DG-Anteil für die Zeit vom 16.06. bis 30.06.:
ARB: 20,53 % von € 1.170,00 = € 240,20
IE: 0,10 % von € 1.170,00 = € 1,17
WF: 0,50 % von € 1.170,00 = € 5,85
21,13 % von € 1.170,00 = € 247,22

DG-Anteil gesamt: **€ 248,32**

2.2.6. Pflichtversicherte ohne Entgelt

Für Versicherte, die **kein Entgelt oder keine Bezüge erhalten**, dazu gehören zum Beispiel die im nicht land(forst)wirtschaftlichen Betrieb der Eltern ohne Entgelt regelmäßig beschäftigten Kinder, die das 17. Lebensjahr vollendet haben und keiner anderen Erwerbstätigkeit hauptberuflich nachgehen, ist als fixe Beitragsgrundlage ein täglicher Arbeitsverdienst von **30,49 Euro** anzunehmen. Daraus ergibt sich eine monatliche Beitragsgrundlage von **914,70 Euro**.

Für **Zivildiener** beträgt die tägliche Beitragsgrundlage **42,89 Euro** und die monatliche Beitragsgrundlage **1.286,70 Euro**.

Für **Asylwerberinnen und Asylwerber** beläuft sich die tägliche Beitragsgrundlage auf **41,07 Euro** und die monatliche Beitragsgrundlage auf **1.232,10 Euro**.

2.3. Beitragszeitraum

Der Beitragszeitraum ist der für die Abrechnung der Sozialversicherungsbeiträge relevante Zeitraum. Als Beitragszeitraum gilt der **Kalendermonat**, der einheitlich mit 30 Tagen anzunehmen ist.

2.4. Entgelt
2.4.1. Entgelt - beitragspflichtig

Zum **Entgelt** im sozialversicherungsrechtlichen Sinn zählen die **Geld- und Sachbezüge** (brutto)
- auf die die pflichtversicherte Dienstnehmerin bzw. der pflichtversicherte Dienstnehmer oder Lehrling **aus dem Dienst- bzw. Lehrverhältnis Anspruch hat** oder
- die sie bzw. er darüber hinaus auf Grund des Dienst- bzw. Lehrverhältnisses **von der Dienstgeberin bzw. vom Dienstgeber oder einer bzw. einem Dritten erhält**.

Unter Entgelt von Dritten sind unter anderem **Trinkgelder, Trinkgeldpauschalen, Provisionen und Ähnliches** zu verstehen. Sonderzahlungen gelten ebenfalls als Entgelt.

Anspruchslohnprinzip: Die Untergrenze der Beitragsgrundlage stellt der durch Kollektivverträge, Arbeitsverträge etc. geregelte zivilrechtliche Entgeltanspruch dar. Dabei kommt es nicht darauf an, ob das Entgelt in diesem Ausmaß auch tatsächlich ausbezahlt wurde. Es genügt, dass ein Anspruch in bestimmter Höhe besteht. Auch wenn die Dienstnehmerin bzw. der Dienstnehmer tatsächlich weniger erhalten hat, sind die Beiträge zumindest von der Anspruchshöhe zu berechnen und abzuliefern.

Zuflussprinzip: Als Entgelt im sozialversicherungsrechtlichen Sinn gelten auch Geld- und Sachbezüge, die die Dienstnehmerin bzw. der Dienstnehmer, die freie Dienstnehmerin bzw. der freie Dienstnehmer und der Lehrling über ihren bzw. seinen zivilrechtlichen Anspruch hinaus auf Grund des Dienstverhältnisses oder von dritter Seite erhält. Deshalb zählen auch **freiwillige** Leistungen zum Entgelt. Dabei spielt es keine Rolle, ob diese Bezüge von der Dienstgeberin bzw. vom Dienstgeber gewährt werden oder von einer bzw. einem Dritten zufließen. Maßgeblich ist lediglich, dass diese auf Grund des Dienstverhältnisses, also in kausalem Zusammenhang mit der Beschäftigung, erwirtschaftet werden.

2.4.2. Entgelt - beitragsfrei

Dienstnehmerinnen und Dienstnehmer können Anspruch auf zusätzliches Entgelt in Form von Zulagen, Entschädigungen, Ersätzen, Vergütungen, Aufwendungsersätzen etc. haben, die nicht zum beitragspflichtigen Entgelt gehören.

Diese Entgelte sind im § 49 Abs. 3 ASVG taxativ, sprich erschöpfend, aufgezählt.

Zur besseren Übersicht sind auf den folgenden Seiten alphapetisch geordnet die häufigsten verwendeten Entgeltbestandteile aufgezählt.

A

Abfertigungen
die aus Anlass der Beendigung des Dienstverhältnisses gewährt werden;
Abgangsentschädigungen
die aus Anlass der Beendigung des Dienstverhältnisses gewährt werden;
Alkoholfreie Getränke
die die Dienstgeberin bzw. der Dienstgeber zum Verbrauch im Betrieb unentgeltlich oder verbilligt abgibt;
Arbeitskleidung
die unentgeltlich überlassen wird, wenn es sich um typische Berufskleidung handelt, sowie der Wert der Reinigung derselben. Nicht typische Arbeitskleidung (Dienstkleiderpauschale beispielsweise bei Standesbeamtinnen und Standesbeamten) sowie der Barersatz (Geldzuwendungen zur Anschaffung) sind beitragspflichtiges Entgelt;
Aufwandsersatz, Auslagenersatz
Zuwendungen aus diesem Titel sind dann beitragsfrei, wenn auch die Steuerfreiheit gemäß § 26 Einkommensteuergesetz 1988 (EStG 1988) gegeben ist (Reisekosten anlässlich einer Dienstreise über Auftrag der Arbeitgeberin bzw. des Arbeitgebers, Tages-, Nächtigungs- und Kilometergeld) und diese mit Belegen nachgewiesen werden.
Wir weisen besonders darauf hin, dass Pauschalvergütungen für Auslagenersätze einen beitragspflichtigen Arbeitslohn (Entgelt) darstellen. Hinsichtlich der Steuerfreiheit von Aufwandsersätzen (Reisekostenvergütungen) wird auf die Lohnsteuerrichtlinien 2002 verwiesen, die unter *www.bmf.gv.at* abrufbar sind.
Pauschale Reiseaufwandsentschädigungen, die Sportvereine (Sportverbände) an Sportlerinnen und Sportler oder Schieds(wettkampf)richterinnen und Schieds(wettkampf)richter oder Sportbetreuerinnen und Sportbetreuer (zum Beispiel Trainerinnen und Trainer, Masseurinnen und Masseure) leisten, und zwar bis zu 60,00 Euro pro Einsatztag, höchstens aber bis zu 540,00 Euro pro Kalendermonat der Tätigkeit, sofern diese nicht den Hauptberuf und die Hauptquelle der Einnahmen bildet und Steuerfreiheit nach § 3 Abs. 1 Z 16c zweiter Satz EStG 1988 zusteht, sind beitragsfrei.
Aufwendungen der Dienstgeberin bzw. des Dienstgebers für die Zukunftssicherung
der Dienstnehmerinnen und Dienstnehmer sind bis jährlich 300,00 Euro frei, der übersteigende Betrag ist beitragspflichtig;
Au-pair-Kräfte
Für Au-pair-Kräfte nach § 49 Abs. 8 ASVG sind beitragsfrei: der Wert der vollen freien Station samt Verpflegung sowie jene Beträge, die die Dienstgeberin bzw. der Dienstgeber für ihren privaten Krankenversicherungsschutz und für ihre Teilnahme an Sprachkursen und kulturellen Veranstaltungen aufwendet;
Ausbildungsbeihilfen
in betrieblichem Interesse gelegene einmalige oder laufende mit Beleg. Einmalige oder laufende Ausbildungsbeihilfen ohne Beleg sind beitragspflichtig;
Auslösen
kollektivvertraglich vorgesehene, soweit sie einkommen- bzw. lohnsteuerfrei sind;
Außerhauszulagen
soweit sie einen Aufwandsersatz darstellen;

7. Arbeitsbehelf 2022

B

Beförderung
der Dienstnehmerinnen und Dienstnehmer zwischen Wohnung und Arbeitsstätte auf Kosten der Dienstgeberin bzw. des Dienstgebers;

Beiträge
gemäß § 2 Z 1 des Betriebspensionsgesetzes, soweit sie nicht der Lohn- und Einkommensteuerpflicht unterliegen;

Beitragsfreie Entgeltbestandteile
die aus Anlass der Beendigung des Dienstverhältnisses gewährt werden;

Benützung von Einrichtungen und Anlagen
die die Dienstgeberin bzw. der Dienstgeber allen Dienstnehmerinnen und Dienstnehmern oder bestimmten Gruppen ihrer bzw. seiner Dienstnehmerinnen und Dienstnehmer zur Verfügung stellt (zum Beispiel Erholungs- und Kurheime, Kindergärten, Betriebsbibliotheken, Sportanlagen, betriebsärztlicher Dienst);

Berufsfortbildungsbeihilfen
in betrieblichem Interesse gelegene einmalige oder laufende mit Beleg. Einmalige oder laufende Berufsfortbildungsbeihilfen ohne Beleg sind beitragspflichtig;

Berufskleidung
siehe „Arbeitskleidung";

Betriebsausflüge, Betriebsveranstaltungen
Kosten der Teilnahme an Betriebsveranstaltungen, zum Beispiel Betriebsausflüge, kulturelle Veranstaltungen, Betriebsfeiern (bis zu 365,00 Euro pro Person jährlich) und die hiebei empfangenen üblichen Sachzuwendungen (zusätzlich 186,00 Euro pro Person jährlich, sofern der Betrag noch nicht durch andere Sachzuwendungen überschritten wurde, siehe „Geschenke (Sachgeschenke)") sind beitragsfrei. Bargeldzuwendungen an Stelle von Betriebsausflügen sind beitragspflichtiges Entgelt;

Betriebsrat - freigestellt
Zulagen, Zuschläge und Entschädigungen, die gemäß § 49 Abs. 3 Z 1-20 ASVG beitragsfrei sind;

Bildschirmzulage
ist beitragspflichtiges Entgelt;

Bildungsbeihilfen
in betrieblichem Interesse gelegene einmalige oder laufende Bildungsbeihilfen mit Beleg. Einmalige oder laufende Bildungsbeihilfen ohne Beleg sind beitragspflichtig;

C

Corona-Prämie
Zulagen und Bonuszahlungen für Mitarbeiterinnen und Mitarbeiter, die auf Grund der COVID-19-Krise zusätzlich bis Februar 2022 für das Kalenderjahr 2021 geleistet werden, sind bis zu 3.000,00 Euro beitragsfrei;

D

Diäten
siehe „Aufwandsersatz";

Dienstgeberdarlehen
bei zinsverbilligten oder unverzinslichen Dienstgeberdarlehen, soweit das Darlehen 7.300,00 Euro nicht übersteigt; über 7.300,00 Euro ist die Zinsersparnis für den übersteigenden Betrag mit 0,50 Prozent zu bewerten und beitragspflichtig;

Dienstjubiläen
Sachzuwendungen bis zu 186,00 Euro jährlich, die aus Anlass eines 10-, 20-, 25-, 30-, 35-, 40-, 45- oder 50-jährigen Dienstnehmerjubiläums bzw. aus Anlass eines 10-, 20-, 25-, 30-, 40-, 50-, 60-, 70-, 75-, 80-, 90-, 100-jährigen etc. Firmenjubiläums gewährt werden;

Digitale Arbeitsmittel
die Dienstgeberinnen und Dienstgeber ihren Dienstnehmerinnen und Dienstnehmern unentgeltlich überlassen;

E

Entfernungszulagen
siehe „Aufwandsersatz";

Entgelt der Ärztinnen und Ärzte
für die Behandlung von Pfleglingen der Sonderklasse (einschließlich ambulatorischer Behandlung), soweit diese Entgelte nicht von einer Krankenanstalt im eigenen Namen vereinnahmt werden;

Entgelt während Geldleistungen aus der Krankenversicherung
(Entgeltfortzahlung bei Arbeitsunfähigkeit, Wochenhilfe), wenn die Zuschüsse der Dienstgeberin bzw. des Dienstgebers in der Regel 50 Prozent der vollen Geld- und Sachbezüge vor dem Eintritt des Versicherungsfalles nicht erreichen sowie das Teilentgelt, das Lehrlingen bei Arbeitsunfähigkeit gebührt (Unterschiedsbetrag zwischen Krankengeld und Lehrlingseinkommen);

Ersatzleistung
nähere Erläuterungen finden Sie unter www.gesundheitskasse.at in den Grundlagen A-Z.

Essensgutscheine
bis zu einem Wert von 8,00 Euro pro Arbeitstag, wenn die Gutscheine nur für Mahlzeiten eingelöst werden können, die von einer Gaststätte oder einem Lieferservice zubereitet bzw. geliefert werden. Können die Gutscheine auch zur Bezahlung von Lebensmitteln verwendet werden, die nicht sofort konsumiert werden müssen, so gelten sie bis zu einem Bezug von 2,00 Euro pro Arbeitstag nicht als Entgelt;

F

Fahrtkostenvergütung
Ersatz für Fahrten im Auftrag der Dienstgeberin bzw. des Dienstgebers (Dienstreisen) sowie der tatsächlichen Kosten für Fahrten mit Massenbeförderungsmitteln zwischen Wohnung und Arbeitsstätte oder die durch die Dienstgeberin bzw. den Dienstgeber übernommenen Kosten der Wochen-, Monats- oder Jahreskarte für ein Massenbeförderungsmittel, wenn die Karte zumindest am Wohn- oder Arbeitsort gültig ist;

Familienheimfahrten
soweit eine Dienstreise vorliegt; Vergütung für Familienheimfahrten laut Kollektivvertrag;

Feiertagsentgelt
ist laut Arbeitsruhegesetz beitragspflichtig;

Firmenbeteiligungen
der Vorteil aus der unentgeltlichen oder verbilligten Abgabe von Kapitalanteilen (Optionen im Sinne des § 3 Abs. 1 Z 15c EStG 1988);
der Vorteil aus der unentgeltlichen oder verbilligten Abgabe von Aktien an Arbeitgebergesellschaften nach § 4d Abs. 5 Z 1 EStG 1988 durch diese selbst oder durch eine Mitarbeiterbeteiligungsstiftung nach § 4d Abs. 4 EStG 1988 bis zu einem Betrag von 4.500,00 Euro jährlich, soweit dieser Vorteil nach § 3 Abs. 1 Z 15 lit. c EStG 1988 einkommensteuerbefreit ist;
der Vorteil aus der unentgeltlichen oder verbilligten treuhändigen Verwahrung und Verwaltung von Aktien durch eine Mitarbeiterbeteiligungsstiftung nach § 4d Abs. 4 EStG 1988 für ihre Begünstigten.

Firmenpension
nach Beendigung des Dienstverhältnisses;

Freie oder verbilligte Mahlzeiten
die die Dienstgeberin bzw. der Dienstgeber an nicht in ihrem bzw. seinem Haushalt aufgenommene Dienstnehmerinnen und Dienstnehmer zur Verköstigung am Arbeitsplatz freiwillig gewährt;

Freiwillige soziale Zuwendungen
der Dienstgeberin bzw. des Dienstgebers an alle Dienstnehmerinnen und Dienstnehmer oder bestimmte Gruppen ihrer bzw. seiner Dienstnehmerinnen und Dienstnehmer oder an den Betriebsratsfonds (an individuell nicht bestimmte Personen);

Futterentschädigung
für Wachhunde;

G

Geschenke (Sachgeschenke)
die anlässlich der Teilnahme an Betriebsveranstaltungen (zum Beispiel Betriebsfeiern, Betriebsausflüge, kulturelle Veranstaltungen) üblich sind, soweit deren Kosten das herkömmliche Ausmaß nicht übersteigen (186,00 Euro pro Person jährlich);
Getränke
die die Dienstgeberin bzw. der Dienstgeber zum Verbrauch im Betrieb unentgeltlich oder verbilligt abgibt;
Gruppenversicherungsprämien
pro Person jährlich bis 300,00 Euro beitragsfrei;

H

Hausbesorgerinnen und Hausbesorger
(gilt für Dienstverhältnisse, die vor dem 01.07.2000 abgeschlossen wurden)
- Materialkostenersatz: zur Gänze beitragspflichtig
- Lichtpauschale: zur Gänze beitragspflichtig;

Heimarbeiterinnen und Heimarbeiter
UNKOSTENZUSCHLÄGE - besondere Lohnzuschläge bis zehn Prozent des Entgeltes bzw. der zehn Prozent des Entgeltes übersteigende Teil, soweit dieser im Einzelfall als Aufwandsersatz nachgewiesen wird;
Homeoffice-Pauschale
wenn und soweit es nicht nach § 26 Z9 lit. a EStG 1988 zu den Einkünften aus nichtselbständiger Arbeit gehört;

I

Internatskostenersatz
nach dem Berufsausbildungsgesetz;

K

Kilometergelder
siehe „Aufwandsersatz";

L

Landzulagen
soweit sie einen Aufwandsersatz darstellen;

M

Mahlzeiten
freie oder verbilligte, siehe „freie oder verbilligte Mahlzeiten";
Messegelder
siehe „Auslagenersatz";
Mitarbeiterbeteiligung
der Vorteil aus der unentgeltlichen oder verbilligten Abgabe von Unternehmensbeteiligungen im Sinne des § 3 Abs. 1 Z 15b EStG 1988 (bei Stock-Options der Vorteil aus der Ausübung gemäß § 3 Abs. 1 Z 15c EStG 1988);
Mitarbeiterrabatte
soweit die Voraussetzungen gemäß § 49 Abs. 3 Z 29 ASVG vorliegen;
Montagezulagen
sind grundsätzlich nur dann beitragsfrei, wenn sie keinen Entlohnungscharakter haben, es sich dabei tatsächlich um Aufwandsentschädigungen oder Auslagenersätze im Zusammenhang mit einer Dienstreise handelt und auch keine Lohnsteuerpflicht besteht. Montagezulagen, die auf Grund des einschlägigen Kollektivvertrages sowohl für Montagearbeiten außerhalb wie auch innerhalb des Betriebes gebühren, stellen daher keine beitragsfreie Aufwandsentschädigung dar;

7. Arbeitsbehelf 2022

Motorsägenvergütungen
sofern sie nach kollektivvertraglichen Regelungen gewährt werden;
Mundraub
(Freibrot);

N

Nächtigungsgelder
siehe „Aufwandsersatz";

P

Prüfungstaxenersatz
nach dem Berufsausbildungsgesetz;

R

Reinigung
der typischen Arbeitskleidung auf Kosten der Dienstgeberin bzw. des Dienstgebers gegen Beleg;
Reisekosten
siehe „Aufwandsersatz";
Renten, Ruhebezüge
auf Grund früherer Dienstleistungen;

S

Schmutzzulagen
sind dann beitragsfrei, wenn sie gemäß § 68 Abs. 1, 5 und 7 des EStG 1988 auch steuerfrei sind. Unter dem Begriff „Schmutz" ist alles zu verstehen, was geeignet ist, eine Verschmutzung des Körpers und der Bekleidung der Arbeitnehmerin bzw. des Arbeitnehmers zwangsläufig zu bewirken und eine solche Folge auch tatsächlich eintritt.
Im Allgemeinen wird eine derartige Verschmutzung bei Arbeiten, die eine Berührung mit Ruß, Rauch, Fetten, Ölen, Teer und dergleichen bedingen, wie bei der Wartung und Reinigung von Maschinen, bei Schlackearbeiten, in Kanälen etc. vorliegen.
Erst wenn ein derartiger Sachverhalt im Sinne einer außerordentlichen Verschmutzung gegeben ist, besteht Anspruch auf eine Schmutzzulage im Sinne der Kollektivverträge.
Voraussetzung für die Beitragsfreiheit der Schmutzzulage ist unter anderem, dass die Arbeitnehmerin bzw. der Arbeitnehmer tatsächlich Arbeiten verrichtet, die überwiegend unter Umständen erfolgen, die in erheblichem Maße eine Verschmutzung bewirken oder im Vergleich zu den allgemein üblichen Arbeitsbedingungen eine außerordentliche Verschmutzung darstellen. Die Arbeitnehmerin bzw. der Arbeitnehmer muss also während der Arbeitszeit mit Arbeiten betraut sein, die die genannte Verschmutzung zwangsläufig bewirken. Dies erfordert, dass der Behörde nachgewiesen wird, um welche Arbeiten es sich im Einzelnen handelt und wann sie geleistet wurden (Stundenaufzeichnungen).
Wird eine Schmutzzulage in Kombination mit einer Erschwernis- und Gefahrenzulage gewährt, ist der jeweilige Prozentanteil anzugeben und nachzuweisen.
Erschwernis- und Gefahrenzulagen sind beitragspflichtiges Entgelt!
Stock-Options
siehe „Mitarbeiterbeteiligung";
Störzulagen
siehe „Aufwandsersatz";

T

Tagesgelder
siehe „Aufwandsersatz";
Teilentgelt
für Lehrlinge im Erkrankungsfalle (Unterschiedsbetrag Krankengeld zu Lehrlingseinkommen);

Trennungsgelder und Trennungszulagen
siehe „Aufwandsersatz";
Trennungsgelder im Baugewerbe
durch welche die durch dienstliche Verrichtungen für die Dienstgeberin bzw. den Dienstgeber veranlassten Aufwendungen der Dienstnehmerin bzw. des Dienstnehmers abgegolten werden, sofern sie von der Einkommen- bzw. Lohnsteuer befreit sind;

Ü

Übergangsgelder
die aus Anlass der Beendigung des Dienstverhältnisses gewährt werden;
Übernachtungsgelder
siehe „Aufwandsersatz";
Umzugskostenvergütungen
soweit sie nicht der Einkommen- oder Lohnsteuerpflicht unterliegen;
Unkostenzuschläge
für Zwischenmeisterinnen und Zwischenmeister (Stückmeisterinnen und Stückmeister), soweit sie 25 Prozent des Entgeltes nicht übersteigen;
Urlaubsablösen
bei aufrechtem Dienstverhältnis sind diese als laufender Bezug zu werten und daher beitragspflichtig;

V

Vergütungen
siehe „Familienheimfahrten";
Verschmutzungszulagen
siehe „Schmutzzulagen";

W

Wegegelder
siehe „Aufwandsersatz";
Weihnachtsgeschenke
siehe „Geschenke (Sachgeschenke)";
Weihnachtsgaben
aus Anlass des Weihnachtsfestes an Vertragsbedienstete sind beitragspflichtig;

Z

Zehrgelder
siehe „Aufwandsersatz";
Zukunftssicherung
siehe „Aufwendungen";
Zulagen für Mehraufwand
bei auswärtiger Beschäftigung (siehe „Aufwandsersatz");
Zweckzuschuss
außerordentliche Zuwendungen im Sinne des Zweckzuschussgesetzes bis zu einer Höhe von 2.500,00 Euro pro Bezieherin bzw. Bezieher;;

7. Arbeitsbehelf 2022

2.4.3. Arbeitsgerichtsentscheidungen

Streitigkeiten über arbeits(lohn)rechtliche Ansprüche der Dienstnehmerinnen und Dienstnehmer (Lehrlinge) werden grundsätzlich von den Arbeits- und Sozialgerichten entschieden. Die in solchen Fällen getroffenen Entscheidungen haben mitunter auch sozialversicherungsrechtliche Auswirkungen. Deshalb sind die Arbeits- und Sozialgerichte verpflichtet, den zuständigen Krankenversicherungsträger über rechtskräftige Entscheidungen (Vergleiche) im Zusammenhang mit Entgeltansprüchen zu informieren. Auch wenn die Krankenversicherungsträger von rechtskräftigen Urteilen und Vergleichen informiert werden, entbindet dies die Dienstgeberinnen und Dienstgeber nicht von der unverzüglichen Meldungserstattung und Beitragsabrechnung bzw. -entrichtung.

2.4.3.1. Gerichtliche Entscheidungen (Urteile)

Rechtskräftige Entscheidungen über Entgeltansprüche einer Dienstnehmerin bzw. eines Dienstnehmers (Lehrlings) sind für die Versicherungsträger bindend. Werden der Dienstnehmerin bzw. dem Dienstnehmer Entgeltansprüche gegenüber der (früheren) Dienstgeberin bzw. dem (früheren) Dienstgeber zugesprochen, kann dies zu einer Erhöhung ihrer bzw. seiner bisherigen Beitragsgrundlagen und/oder zu einer Verlängerung der Pflichtversicherung führen.

2.4.3.2. Gerichtliche bzw. außergerichtliche Vergleiche

Die Versicherungsträger sind an den Wortlaut von Vergleichen nicht gebunden. Wird ein Vergleich über Entgeltansprüche für Zeiten nach Beendigung des Dienstverhältnisses (zum Beispiel Kündigungsentschädigung, Urlaubsersatzleistung) abgeschlossen, kommt es zu einer Verlängerung der Pflichtversicherung. Die Verlängerung erfolgt um den Zeitraum, der durch den Vergleichsbetrag, gemessen an den vor dem Austritt aus der Beschäftigung gebührenden Bezügen, gedeckt ist. Beitragsfreie Entgeltteile (zum Beispiel Abfertigung) werden dabei nicht berücksichtigt. Werden Entgeltansprüche für Zeiten des aufrechten Bestandes der Beschäftigung verglichen (zum Beispiel Überstundenentgelte), kommt es zu keiner Verlängerung der Pflichtversicherung. Der jeweilige Vergleichsbetrag wird vielmehr den entsprechenden Beitragszeiträumen zugeordnet. Dadurch erhöht sich die bisherige Beitragsgrundlage der Dienstnehmerin bzw. des Dienstnehmers.

2.5. Entgeltfortzahlung im Krankheitsfall

Im Erkrankungsfall und der daraus folgenden Arbeitsunfähigkeit sind für die Dauer des Anspruches auf Entgeltfortzahlung die Beiträge weiter zu entrichten. Der Anspruch richtet sich nach dem jeweils für das Dienst-/Arbeitsverhältnis gültigen Gesetz (Angestellten-, Entgeltfortzahlungs-, Gutsangestellten-, Landarbeits-, Schauspieler-, Vertragsbedienstetengesetz etc.).

Ist der Anspruch auf volle Entgeltfortzahlung ausgeschöpft, besteht nur dann Beitragspflicht, wenn das gewährte oder gebührende Entgelt das Ausmaß von 50 Prozent der vollen Geld- und Sachbezüge (Entgelt) vor dem Eintritt der Arbeitsunfähigkeit erreicht bzw. überschreitet.

2.5.1. Arbeiterinnen und Arbeiter

Arbeitnehmerinnen und Arbeitnehmer, die dem Entgeltfortzahlungsgesetz (EFZG) unterliegen, haben folgende Ansprüche:

Dauer des Dienstverhältnisses	Anspruch bei Krankheit/Unglücksfall pro Arbeitsjahr/Kalenderjahr	Arbeitsunfall/Berufskrankheit pro Anlassfall
bis ein Jahr	sechs Wochen - vier Wochen halbes Entgelt	acht Wochen
über ein Jahr	acht Wochen - vier Wochen halbes Entgelt	acht Wochen
über 15 Jahre	zehn Wochen - vier Wochen halbes Entgelt	zehn Wochen
über 25 Jahre	zwölf Wochen - vier Wochen halbes Entgelt	zehn Wochen

7. Arbeitsbehelf 2022

2.5.1.1. Anrechnung von Vordienstzeiten

Zu beachten ist in diesem Zusammenhang, dass Dienstzeiten zur selben Arbeitgeberin bzw. zum selben Arbeitgeber, die keine längere Unterbrechung als jeweils 60 Tage aufweisen, anzurechnen sind. Die Zusammenrechnung unterbleibt jedoch, wenn die Unterbrechung durch eine Arbeitnehmerkündigung, einen Austritt ohne wichtigen Grund oder eine verschuldete Entlassung begründet wurde. Die Zusammenrechnung bezieht sich lediglich auf die Anspruchsdauer und bewirkt daher keine Änderung beim Lauf des Arbeitsjahres.

Liegen Beschäftigungszeiten zu einer anderen Arbeitgeberin bzw. einem anderen Arbeitgeber vor, sind diese anzurechnen, wenn

- der Arbeitgeberwechsel durch den Übergang des Unternehmens, Betriebes oder Betriebsteiles erfolgte,
- die Anrechnung der im vorausgegangenen Arbeitsverhältnis zurückgelegten Dienstzeiten für die Bemessung des Urlaubes, der Kündigungsfrist sowie der Entgeltfortzahlung vereinbart wurde,
- die Dienstzeiten keine längere Unterbrechung als 60 Tage aufweisen und
- das vorausgegangene Dienstverhältnis nicht durch eine Arbeitnehmerkündigung, einen Austritt ohne wichtigen Grund oder eine verschuldete Entlassung beendet worden ist.

2.5.2. Angestellte

Arbeitnehmerinnen und Arbeitnehmer, die dem Angestelltengesetz (AngG) unterliegen, verfügen über folgende Ansprüche:

Dauer des Dienstverhältnisses	Anspruch bei Krankheit/Unglücksfall pro Arbeitsjahr/Kalenderjahr	Arbeitsunfall/Berufskrankheit pro Anlassfall
bis ein Jahr	sechs Wochen - vier Wochen halbes Entgelt	acht Wochen
über ein Jahr	acht Wochen - vier Wochen halbes Entgelt	acht Wochen
über 15 Jahre	zehn Wochen - vier Wochen halbes Entgelt	zehn Wochen
über 25 Jahre	zwölf Wochen - vier Wochen halbes Entgelt	zehn Wochen

2.5.2.1. Anrechnung von Vordienstzeiten

Das AngG selbst kennt keine Anrechnung von Vordienstzeiten. Eine freiwillige Anrechnung von Vordienstzeiten ist aber immer möglich.

2.5.3. Lehrlinge

Für Lehrlinge gelten hinsichtlich der Entgeltfortzahlung die entsprechenden Bestimmungen des Berufsausbildungsgesetzes (§ 17a BAG). Sie haben folgende Ansprüche:

Anspruch bei Krankheit bzw. Unglücksfall pro Lehrjahr	
acht Wochen volles Lehrlingseinkommen	vier Wochen Teilentgelt
Jeweiliger Anspruch (nach Ausschöpfung des Grundanspruches) bei neuerlicher Arbeitsverhinderung infolge Krankheit bzw. Unglücksfall innerhalb desselben Lehrjahres	
ersten drei Tage volles Lehrlingseinkommen	sechs Wochen Teilentgelt
Anspruch bei Arbeitsunfall bzw. Berufskrankheit pro Anlassfall	
acht Wochen volles Lehrlingseinkommen	vier Wochen Teilentgelt

2.6. Höchstbeitragsgrundlagen

Die im Durchschnitt des Beitragszeitraumes (oder eines Teiles des Beitragszeitraumes) auf den Kalendertag entfallende allgemeine Beitragsgrundlage darf die tägliche Höchstbeitragsgrundlage nicht überschreiten. Umfasst der Beitragszeitraum einen Kalendermonat und hat für den ganzen Kalendermonat Beitragspflicht bestanden, so ist bei der Anwendung der Höchstbeitragsgrundlage der Beitragszeitraum jedenfalls mit 30 Tagen anzusetzen.

Für Sonderzahlungen gibt es einen jährlichen Betrag, der nicht überschritten werden darf.

Die Höchstbeitragsgrundlage beträgt im Jahr **2022**
- täglich **189,00 Euro** bzw.
- monatlich **5.670,00 Euro.**
- **Sonderzahlungen** sind im Kalenderjahr bis zu einem Höchstbetrag von **11.340,00 Euro** beitragspflichtig.

> (i) Die allgemeinen Beiträge, Nebenbeiträge und Umlagen sind bis zur Höchstbeitragsgrundlage zu entrichten. Beiträge zur Betrieblichen Vorsorge (BV-Beiträge) dagegen sind auch über der Höchstbeitragsgrundlage abzuführen.

Zu beachten ist generell, dass von den Sonderzahlungen keine LK (Ausnahme Kärnten), keine AK und kein WF zu entrichten ist.

Die monatliche Höchstbeitragsgrundlage für freie Dienstnehmerinnen und freie Dienstnehmer beläuft sich
- wenn keine Sonderzahlungen bezogen werden, auf **6.615,00 Euro**
- andernfalls auf **5.670,00 Euro** und für Sonderzahlungen jährlich auf **11.340,00 Euro**.

Liegt kein voller Kalendermonat vor, ist ein Dreißigstel der jeweiligen Höchstbeitragsgrundlage pro sozialversicherungsrelevantem Tag anzusetzen. Die Höchstbeitragsgrundlage unterliegt der jährlichen Aufwertung.

2.7. Sachbezüge

Sachbezüge sind wie folgt zu bewerten:

2.7.1. Wert der vollen freien Station

Der Wert der vollen freien Station ist monatlich mit 196,20 Euro anzusetzen. Bei teilweiser Gewährung der vollen freien Station sind anzusetzen:

Sachbezug	Ansatz	täglich *)	monatlich
Kost und Wohnung	10/10	€ 6,5400	€ 196,20
Kost	8/10	€ 5,2320	€ 156,96
Mittagessen	3/10	€ 1,9620	€ 58,86
Abendessen	2/10	€ 1,3080	€ 39,24
Wohnung; Beheizung und Beleuchtung; 1. und 2. Frühstück; Jause	je 1/10	je € 0,6540	je € 19,62

*) Dient zur Berechnung der Werte für den zweiten bis 29. Tag. Nach der Multiplikation ist der vierstellige Wert nach der Euro-Umrechnungsregel auf zwei Stellen zu runden. Wird der Sachbezug nur für einen Tag gewährt, ist der oben angeführte Wert auf zwei Stellen zu runden.

2.7.2. Wohnraumbewertung

Die Verordnung über die bundeseinheitliche Bewertung bestimmter Sachbezüge sieht hinsichtlich der Wohnraumbewertung Folgendes vor:

§ 2 (1) Stellt der Arbeitgeber seinem Arbeitnehmer Wohnraum kostenlos oder verbilligt zur Verfügung, ist als monatlicher Quadratmeterwert der jeweils am 31. Oktober des Vorjahres geltende Richtwert gemäß § 5 des Richtwertgesetzes, Bundesgesetzblatt (BGBl.) Nr. 800/1993, in der Fassung des Bundesgesetzes BGBl. I Nr. 50/2008, bezogen auf das Wohnflächenausmaß gemäß Abs. 5, anzusetzen. Kostenbeiträge des Arbeitnehmers vermindern den Sachbezugswert.

(2) Der Quadratmeterwert gemäß Abs. 1 ist auf einen Wohnraum anzuwenden, der hinsichtlich der Ausstattung – unabhängig vom Ausmaß der Nutzfläche – der mietrechtlichen Normwohnung gemäß § 2 des Richtwertgesetzes entspricht.

7. Arbeitsbehelf 2022

(3) Der Wert gemäß Abs. 1 verändert sich folgendermaßen:

1. Für Wohnraum, der den Standard der mietrechtlichen Normwohnung nicht erreicht, ist der Wert gemäß Abs. 1 um 30 % zu vermindern.
2. Bei Dienstwohnungen für Hausbesorger, Hausbetreuer und Portiere ist der Wert gemäß Abs. 1 in Verbindung mit der Z 1 um 35 % zu vermindern.

(4) Für Wohnraum, dessen um 25 % verminderter üblicher Endpreis des Abgabeortes um mehr als 50 % niedriger oder um mehr als 100 % höher ist als der sich aus Abs. 1 und 3 ergebende Wert, ist der um 25 % verminderte fremdübliche Mietzins anzusetzen.

(5) Die Ermittlung des Wohnflächenausmaßes ist im Sinne des § 17 Abs. 2 und 3 des Mietrechtsgesetzes BGBl. Nr. 520/1981, in der Fassung des Bundesgesetzes BGBl. I Nr. 124/2006, vorzunehmen.

(6) Die Quadratmeterwerte beinhalten auch die Betriebskosten im Sinne des § 21 Mietrechtsgesetzes. Werden die Betriebskosten vom Arbeitnehmer getragen, ist von den Quadratmeterwerten ein Abschlag von 25 % vorzunehmen.

(7) Bei einer vom Arbeitgeber gemieteten Wohnung sind die Quadratmeterwerte gemäß Abs. 1 und 3 der um 25 % gekürzten tatsächlichen Miete (samt Betriebskosten, exklusive Heizkosten) einschließlich der vom Arbeitgeber getragenen Betriebskosten gegenüberzustellen; der höhere Wert bildet den maßgeblichen Sachbezug.

(7a) Überlässt der Arbeitgeber dem Arbeitnehmer kostenlos oder verbilligt eine arbeitsplatznahe Unterkunft (Wohnung, Appartement, Zimmer), die nicht den Mittelpunkt der Lebensinteressen bildet, gilt Folgendes:

1. Bis zu einer Größe von 30 m² ist kein Sachbezug anzusetzen.
2. Bei einer Größe von mehr als 30 m² aber nicht mehr als 40 m² ist der Wert gemäß Abs. 1 oder der Wert gemäß Abs. 7 um 35 % zu vermindern, wenn die arbeitsplatznahe Unterkunft durchgehend höchstens zwölf Monate vom selben Arbeitgeber zur Verfügung gestellt wird.

(8) Trägt die Heizkosten der Arbeitgeber, ist ganzjährig ein Heizkostenzuschlag von 0,58 Euro pro m² anzusetzen. Kostenbeiträge des Arbeitnehmers kürzen diesen Zuschlag.

(9) Trägt der Arbeitgeber bei einer von ihm gemieteten Wohnung die Heizkosten, ist der Sachbezugswert um die auf die Wohnung entfallenden tatsächlichen Heizkosten des Arbeitgebers zu erhöhen. Können die tatsächlichen Kosten nicht ermittelt werden, ist ganzjährig ein Heizkostenzuschlag von 0,58 Euro pro m² anzusetzen. Kostenbeiträge des Arbeitnehmers kürzen diesen Zuschlag.

Die für 2022 anzusetzenden Quadratmeterwerte (Bruttopreis inklusive Betriebskosten und Umsatzsteuer; exklusive Heizkosten) betragen:

Bundesland	Richtwert	Bundesland	Richtwert
Burgenland	€ 5,30	Tirol	€ 7,09
Kärnten	€ 6,80	Vorarlberg	€ 8,92
Niederösterreich	€ 5,96	Wien	€ 5,81
Oberösterreich	€ 6,29		
Salzburg	€ 8,03		
Steiermark	€ 8,02		

Beispiel 1:
- 100 m² Wohnnutzfläche in der Steiermark zu 8,02 Euro/m² = 802,00 Euro
- Wohnung entspricht nicht dem Standard abzüglich 30 Prozent = 240,60 Euro
- Anzusetzender Wert = 561,40 Euro

Die fremdübliche Miete am Verbrauchsort beträgt 400,00 Euro, gekürzt um 25 Prozent ergäbe dies einen Sachbezugswert in Höhe von 300,00 Euro. Eine Abweichung liegt vor, wenn der Wert von 280,70 Euro (561,40 Euro minus 50 Prozent) unterschritten wird. Das ist bei dem Beispiel nicht der Fall, daher kommt der oben angeführte Wert zum Ansatz.

Beispiel 1a:
- 100 m² Wohnnutzfläche in der Steiermark zu 8,02 Euro/m² = 802,00 Euro
- Wohnung entspricht nicht dem Standard abzüglich 30 Prozent = 240,60 Euro
- Errechneter Wert = 561,40 Euro
- Anzusetzender Wert = 225,00 Euro

Die fremdübliche Miete am Verbrauchsort beträgt 300,00 Euro, gekürzt um 25 Prozent ergibt dies einen Sachbezugswert in Höhe von 225,00 Euro. In diesem Fall liegt eine Abweichung um mehr als 50 Prozent vor, sodass ein Sachbezugswert von 225,00 Euro zum Ansatz kommt.

2.7.3. Deputate in der Land- und Forstwirtschaft

Der Sachbezug für Wohnungen der Arbeiterinnen und Arbeiter in der Land- und Forstwirtschaft ist mit jährlich **190,80 Euro** (15,90 Euro monatlich) anzusetzen. Für die Bewertung der Deputate in der Land- und Forstwirtschaft gelten die folgenden Sätze:

Grunddeputate (freie Wohnung, Beheizung und Beleuchtung) für ständig in der Land- und Forstwirtschaft beschäftigte Angestellte:

Kategorie nach Kollektivvertrag	Familienerhalter (monatlich)	Alleinstehende (monatlich)
I	€ 60,31	€ 30,52
II und III	€ 71,94	€ 38,51
IV und V	€ 81,39	€ 42,87
VI	€ 95,92	€ 50,87

2.7.4. Nutzung eines arbeitgebereigenen KFZ-Abstell- oder Garagenplatzes

Besteht für die Arbeitnehmerin bzw. den Arbeitnehmer die Möglichkeit, das von ihr bzw. ihm für Fahrten Wohnung - Arbeitsstätte genutzte Kraftfahrzeug während der Arbeitszeit in Bereichen, die einer Parkraumbewirtschaftung unterliegen, auf einem Abstell- oder Garagenplatz der Arbeitgeberin bzw. des Arbeitgebers zu parken, ist ein Sachbezug von 14,53 Euro monatlich anzusetzen.

Diese Regelung ist sowohl bei Kraftfahrzeugen der Arbeitnehmerinnen und Arbeitnehmern als auch bei firmeneigenen Kraftfahrzeugen, für die ein Sachbezug gemäß der Verordnung des BMF anzusetzen ist, anzuwenden.

Parkraumbewirtschaftung liegt dann vor, wenn das Abstellen von Kraftfahrzeugen auf öffentlichen Verkehrsflächen für einen bestimmten Zeitraum gebührenpflichtig ist.

2.7.5. Nutzung des arbeitgebereigenen Kraftfahrzeuges

2.7.5.1. Privatfahrten von mehr als 500 km monatlich (im Jahresdurchschnitt)

Besteht für die Arbeitnehmerin bzw. den Arbeitnehmer die Möglichkeit, ein firmeneigenes Kraftfahrzeug für Privatfahrten (das sind auch die Fahrten zwischen Wohnung und Arbeitsstätte) zu benützen,

7. Arbeitsbehelf 2022

dann sind als monatlicher Sachbezug zwei Prozent der tatsächlichen Anschaffungskosten des Kraftfahrzeuges (einschließlich Umsatzsteuer und Normverbrauchsabgabe), jedoch maximal 960,00 Euro, anzusetzen. Für Kalendermonate, für die das KFZ nicht zur Verfügung steht (auch nicht für dienstliche Fahrten), ist kein Sachbezugswert hinzuzurechnen.

Für Kraftfahrzeuge mit einem CO^2-Emissionswert von nicht mehr als 135 Gramm pro Kilometer ist ein Sachbezug von 1,50 Prozent der tatsächlichen Anschaffungskosten des Kraftfahrzeuges, maximal 720,00 Euro monatlich, anzusetzen. Bei einem CO^2-Emissionswert von Null Gramm pro Kilometer ist kein Sachbezugswert anzusetzen.

Der maßgebliche CO^2-Emissionswert ergibt sich aus dem CO^2-Emissionswert laut Typen- bzw. Einzelgenehmigung gemäß Kraftfahrgesetz 1967 oder der EG-Typengenehmigung.

Hinweis: Für Zeiten im Homeoffice findet keine Aliquotierung statt, wenn zumindest die Möglichkeit der Privatnutzung des KFZ besteht.

2.7.5.2. Privatfahrten von höchstens 500 km monatlich (im Jahresdurchschnitt)

Wird das firmeneigene Kraftfahrzeug nachweislich im Jahresdurchschnitt für Privatfahrten nicht mehr als 500 Kilometer monatlich benützt, ist der Sachbezugswert im halben Betrag, das ist ein Prozent der tatsächlichen Anschaffungskosten, maximal 480,00 Euro monatlich, anzusetzen. Außer dem Fahrtenbuch kommen auch andere Beweismittel zur Führung des Nachweises in Betracht. Beispielsweise ist es zulässig, dass die gesamte jährliche Kilometerleistung um jene für Dienstfahrten, die durch die Reiserechnungen oder Reiseberichte nachgewiesen werden, vermindert wird. Beträgt das Ergebnis im Jahresdurchschnitt höchstens 500 Kilometer monatlich, steht der halbe Sachbezugswert zu.

2.7.5.3. Niedrigerer Sachbezugswert

Ergibt sich für ein Fahrzeug mit einem Sachbezug

1. von zwei Prozent bei Ansatz von 0,67 Euro (Fahrzeugbenützung ohne Chauffeurin bzw. Chauffeur) bzw. 0,96 Euro (Fahrzeugbenützung mit Chauffeurin bzw. Chauffeur),
2. von 1,50 Prozent bei Ansatz von 0,50 Euro (Fahrzeugbenützung ohne Chauffeurin bzw. Chauffeur) bzw. 0,72 Euro (Fahrzeugbenützung mit Chauffeurin bzw. Chauffeur)

pro Kilometer Fahrtstrecke im Sinne von *„2.7.5.1. Privatfahrten von mehr als 500 km monatlich (im Jahresdurchschnitt)" auf Seite 32* ein um mehr als 50 Prozent geringerer Sachbezugswert als *„2.7.5.2. Privatfahrten von höchstens 500 km monatlich (im Jahresdurchschnitt)" auf Seite 33*, ist der geringere Sachbezugswert anzusetzen. Voraussetzung ist, dass sämtliche Fahrten lückenlos in einem Fahrtenbuch aufgezeichnet werden.

2.7.5.4. Kein Sachbezugswert

Ein Sachbezugswert ist nicht anzusetzen, wenn es sich um Spezialfahrzeuge handelt, die auf Grund ihrer Ausstattung eine andere private Nutzung praktisch ausschließen (zum Beispiel ÖAMTC- oder ARBÖ-Fahrzeuge, Montagefahrzeuge mit eingebauter Werkbank), oder wenn Berufschauffeurinnen und Berufschauffeure das Fahrzeug (PKW, Kombi), das privat nicht verwendet werden darf, nach der Dienstverrichtung mit nach Hause nehmen. Weitere Bestimmungen zu den Sachbezügen sind den Verordnungen des BMF zu entnehmen.

2.8. Sonderzahlungen

Unter Sonderzahlungen ist jenes Entgelt zu verstehen, das in größeren Zeiträumen als den Beitragszeiträumen (wiederkehrend) gewährt wird. Dazu gehören zum Beispiel **Weihnachts- sowie Urlaubsgeld, Gewinnanteile, Bilanzgeld, 13. und 14. Monatsbezug.**

7. Arbeitsbehelf 2022

Von Sonderzahlungen sind
- **keine** LK (Ausnahme: Kärnten),
- **keine** AK und
- **kein** WF zu entrichten.

Die übrigen Beiträge und Zuschläge sind jeweils abzuführen.

Sonderzahlungen unterliegen bis zur Höchstbeitragsgrundlage im Ausmaß von jährlich **11.340,00 Euro** der Beitragspflicht.

Bei einem Dienstgeberwechsel sind die während eines Kalenderjahres gewährten Sonderzahlungen so zu behandeln, als ob diese Zuwendungen zur Gänze von der letzten Dienstgeberin bzw. vom letzten Dienstgeber ausgezahlt worden wären.

Beispiel: Sonderzahlungen - Berücksichtigung der Höchstbeitragsgrundlage

Ein Dienstnehmer beendet am 22.03.2022 das **Dienstverhältnis A**. Die für das Jahr 2022 gebührenden Sonderzahlungen in der Höhe von **3.600,00 Euro** sind abzurechnen.

Das **Dienstverhältnis B** beim selben Dienstgeber dauert vom 25.03. bis 09.08.2022. Die aus diesem zweiten Dienstverhältnis gebührenden Sonderzahlungen in der Höhe von **3.900,00 Euro** sind abzurechnen.

Aus einem dritten **Dienstverhältnis C** beim selben Dienstgeber (vom 12.08. bis 31.12.2022) resultieren Sonderzahlungen in der Höhe von 3.900,00 Euro. Davon sind **3.840,00 Euro** (11.340,00 Euro - 3.600,00 Euro - 3.900,00 Euro = 3.840,00 Euro) abzurechnen.
- Von den im Kalenderjahr fällig werdenden Sonderzahlungen sind bis zur Höchstbeitragsgrundlage von 11.340,00 Euro Sonderbeiträge zu entrichten.
- Die restlichen 60,00 Euro sind daher beitragsfrei (3.900,00 Euro - 3.840,00 Euro = 60,00 Euro).
- Bei dieser Aufteilung war darauf Bedacht zu nehmen, dass aus den Dienstverhältnissen A und B bereits Sonderzahlungen in der Höhe von 7.500,00 Euro gewährt wurden.

2.9. Trinkgelder

Trinkgelder gelten als **Entgelt Dritter und unterliegen somit der Beitragspflicht**.

Die Feststellung der Höhe des Trinkgeldes erfolgt durch Aufzeichnungen der Dienstgeberin bzw. des Dienstgebers, Erhebungen bzw. Schätzungen des Krankenversicherungsträgers oder durch Pauschalierung.

Trinkgeldpauschalierungen existieren momentan für
- Kosmetikerinnen und Kosmetiker, Fußpflegerinnen und Fußpfleger sowie Masseurinnen und Masseure (in den Bundesländern Burgenland, Niederösterreich, Oberösterreich, Salzburg, Steiermark, Tirol, Vorarlberg und Wien),
- Friseurinnen und Friseure (in allen Bundesländern),
- das Gast-, Schank- und Beherbergungsgewerbe (in den Bundesländern Burgenland, Kärnten, Niederösterreich, Oberösterreich, Salzburg, Steiermark, Tirol, Vorarlberg und Wien),
- das Lohnfuhrwerkgewerbe (Lenken von Taxis, Mietwägen, Auto- und Omnibussen in den Bundesländern Kärnten, Oberösterreich, Salzburg, Steiermark, Tirol und Wien) sowie
- Dienstnehmerinnen und Dienstnehmer in Heilbadeanstalten, Kuranstalten, Heilquellenbetrieben und Bädern (im Bundesland Wien).

Die jeweiligen Pauschalierungsfestsetzungen finden Sie unter *www.ris.bka.gv.at*.

2.10. Urlaubsersatzleistung/Kündigungsentschädigung

2.10.1. Ersatzleistung für Urlaubsentgelt

Für den zum Zeitpunkt der Beendigung des Arbeitsverhältnisses nicht verbrauchten Urlaub steht eine Ersatzleistung zu. Basis für die Berechnung der Ersatzleistung ist grundsätzlich das Urlaubsentgelt.

Die Ersatzleistung gebührt für das Urlaubsjahr, in dem das Arbeitsverhältnis endet, lediglich aliquot.

Für den nicht verbrauchten Urlaub aus früheren Urlaubsjahren steht der Dienstnehmerin bzw. dem Dienstnehmer die Ersatzleistung (Urlaubsentgelt) immer ungeschmälert zu.

2.10.1.1. Berechnung der aliquoten Ersatzleistung

Jahresurlaub x zurückgelegter Dienstzeit in Kalendertagen : 365* (abzüglich eines etwaig im laufenden Urlaubsjahr bereits verbrauchten Urlaubes)
* 366 = Anzahl der Tage in einem Schaltjahr

Die so ermittelten Tage können kaufmännisch gerundet werden. Der Berechnung der Ersatzleistung werden diese Tage zu Grunde gelegt.

2.10.2. Urlaubsablöse

Vereinbarungen, die während des aufrechten Dienstverhältnisses für einen nicht verbrauchten Urlaub die Bezahlung einer Urlaubsablöse vorsehen, sind **rechtsunwirksam**.

Wird eine Urlaubsablöse dennoch ausbezahlt, so ist sie grundsätzlich dem laufenden Entgelt des Beitragszeitraumes hinzuzurechnen, in dem die Auszahlung erfolgt. Sie ist somit bis zur Höchstbeitragsgrundlage beitragspflichtig.

Ab dem Ausspruch der Kündigung wird eine Urlaubsablöse nicht mehr zur Kenntnis genommen, weil es sich dabei um eine Umgehung der Ersatzleistung für Urlaubsentgelt handelt. Auf den Urlaub und die Ersatzleistung kann nicht verzichtet werden. Es gilt das Anspruchsprinzip.

2.10.3. Kündigungsentschädigung

Kündigungsentschädigungen **verlängern die Pflichtversicherung** und **unterliegen der Beitragspflicht bis zur Höchstbeitragsgrundlage**.

Sie sind auf den entsprechenden Zeitraum der Kündigungsfrist umzulegen.

ⓘ Kündigungsentschädigungen führen zum Ruhen von Leistungen aus der AV.

2.10.4. Verlängerung der Pflichtversicherung

Für die Zeit des Bezuges einer Ersatzleistung besteht die Pflichtversicherung weiter.

Bei der Ermittlung des Verlängerungszeitraumes bleiben Teile von Tagen immer gänzlich außer Betracht. Es erfolgt also immer eine Abrundung auf ganze Tage!

Zusätzlich ist zu beachten, dass bei der Verlängerung der Pflichtversicherung (abhängig davon, ob der Urlaubsanspruch in Werk- oder Arbeitstagen ausgewiesen ist)
- für je sechs Werktage ein weiterer Tag (Sonntag bzw. Ruhetag) bzw.
- für je fünf Arbeitstage zwei Tage

hinzuzurechnen sind.

Gebühren sowohl eine Kündigungsentschädigung als auch eine Ersatzleistung für Urlaubsentgelt, so ist für die Ermittlung des Verlängerungszeitraumes zuerst die Kündigungsentschädigung und daran anschließend die Ersatzleistung heranzuziehen.

7. Arbeitsbehelf 2022

Die Verlängerung der Pflichtversicherung ist auch dann durchzuführen, wenn der Anspruch auf Ersatzleistung für Urlaubsentgelt nicht realisiert wurde.

Für die Zeit der Verlängerung der Pflichtversicherung ist die Ersatzleistung für Urlaubsentgelt als allgemeine Beitragsgrundlage und der darin enthaltene Sonderzahlungsanteil als Sonderzahlung zu verrechnen bzw. zu melden. Alle sonstigen Beiträge und Umlagen sind ebenfalls abzuführen.

Beispiele: Ersatzleistungen für Urlaubsentgelt

Berechnung des aliquoten Urlaubes im Austrittsjahr bei Arbeitstagsregelung:

Angaben
Eintritt des Dienstnehmers: 01.02.2020
Urlaubsanspruch: 25 Arbeitstage (AT)/Arbeitsjahr
Beginn des Urlaubsjahres: am 01.01. jedes Jahres
Ende des Dienstverhältnisses: 31.07.2022
Zurückgelegte Dienstzeit im Urlaubsjahr
(01.01.2022 - 31.07.2022): 212 Kalendertage (KT)
Resturlaub aus dem alten Urlaubsjahr: 5 AT
Lösung
25 AT x 212 KT : 365 KT* = 14,52 AT
Resturlaub aus dem alten Urlaubsjahr: + 5,00 AT
Gesamt: 19,52 AT
Mögliche kaufmännische Rundung: 20,00 AT

Der Ermittlung der Höhe der Urlaubsersatzleistung sind 20 AT zu Grunde zu legen.

Verlängerung der Pflichtversicherung:

Angaben wie im obigen Beispiel

Lösung
25 AT x 212 KT : 365 KT* = 14,52 AT
Resturlaub aus dem alten Urlaubsjahr: + 5,00 AT
Gesamt: 19,52 AT
Immer abzurunden: 19,00 AT
Für je fünf AT sind jeweils zwei weitere Tage
hinzuzurechnen (3 x 2 Tage): + 6,00 KT
Gesamt: 25,00 KT

Die Pflichtversicherung ist vom 01.08.2022 bis 25.08.2022 zu verlängern.

Berechnung des aliquoten Urlaubes im Austrittsjahr bei Werktagsregelung:

Angaben
Eintritt des Dienstnehmers: 01.03.2020
Urlaubsanspruch: 30 Werktage (WT)/Arbeitsjahr
Beginn des Urlaubsjahres: am 01.01. jedes Jahres
Ende des Dienstverhältnisses: 31.08.2022
Zurückgelegte Dienstzeit im Urlaubsjahr
(01.01.2022 - 31.08.2022): 243 Kalendertage (KT)
Resturlaub aus dem alten Urlaubsjahr: 5 WT

7. Arbeitsbehelf 2022

Lösung

30 WT x 243 KT : 365 KT* =	19,97 WT
Resturlaub aus dem alten Urlaubsjahr:	+ 5,00 WT
Gesamt:	24,97 WT
Mögliche kaufmännische Rundung:	25,00 WT

Der Ermittlung der Höhe der Urlaubsersatzleistung sind 25 WT zu Grunde zu legen.

Verlängerung der Pflichtversicherung:

Angaben wie im obigen Beispiel

Lösung

30 WT x 243 KT : 365 KT* =	19,97 WT
Resturlaub aus dem alten Urlaubsjahr:	+ 5,00 WT
Gesamt:	24,97 WT
Immer abzurunden:	24,00 WT
Für je sechs WT ist ein weiterer Tag hinzuzurechnen (4 x 1 Tag):	+ 4,00 KT
Gesamt:	28,00 KT

Die Pflichtversicherung ist vom 01.09.2022 bis 28.09.2022 zu verlängern.

(* 365 = Anzahl der Tage, wenn es sich um kein Schaltjahr handelt. 366 = Anzahl der Tage, wenn es sich um ein Schaltjahr handelt.)

2.10.5. Abmeldung

Auf der Abmeldung ist im Feld „Beschäftigungsverhältnis Ende" das Datum des arbeitsrechtlichen Endes der Beschäftigung, unter „Entgeltanspruch Ende" ist das Datum des Endes der Pflichtversicherung einzutragen. Weiters ist der Zeitraum der Kündigungsentschädigung und/oder der Ersatzleistung für Urlaubsentgelt ab ... bis ... auf dem Meldeformular anzugeben.

Im Feld „Betriebliche Vorsorge Ende" ist das Datum des **Endes der Pflichtversicherung** (= „Entgeltanspruch Ende") einzutragen.

Die Zeiten einer Urlaubsersatzleistung, Kündigungsentschädigung oder für nach dem arbeitsrechtlichen Ende des Arbeitsverhältnisses fortgezahltes Entgelt werden auch als Anwartschaftszeiten der BV angerechnet.

2.10.6. Besonderheiten

Bei der Beendigung des Arbeitsverhältnisses durch unberechtigten vorzeitigen Austritt oder schuldhafter Entlassung ist ein über das aliquote Ausmaß bereits bezogenes Urlaubsentgelt von der Dienstnehmerin bzw. vom Dienstnehmer zu erstatten. Eine solche Rückerstattung hat für die Sozialversicherung allerdings keine Auswirkung und führt daher weder zu einer Verkürzung der Pflichtversicherung noch zur Verminderung der Beitragsgrundlage.

> ⓘ Die Urlaubskarteien müssen so geführt werden, dass die Urlaubskonsumation der einzelnen Dienstnehmerinnen und Dienstnehmer jederzeit exakt nachvollziehbar ist.

Wird durch die BUAK eine Urlaubsabfindung (50 Prozent Ersatzleistung für Urlaubsentgelt, 50 Prozent für Urlaubszuschuss - UZ) nach dem BUAG gewährt, ist für die Verlängerung der Pflichtversicherung die ÖGK in Wien zuständig.

7. Arbeitsbehelf 2022

3.1. Tarifsystem
3.1.1. Aufbau des Tarifsystems
Das Tarifsystem ist modular gestaltet. Es setzt sich aus drei aufeinander aufbauenden Bestandteilen zusammen:
- **Beschäftigtengruppe (zum Beispiel Arbeiter, Angestelltenlehrlinge)**
- **Ergänzungen zur Beschäftigtengruppe (zum Beispiel NB)**
- **Abschläge/Zuschläge (zum Beispiel Service-Entgelt)**

Die Beschäftigtengruppe bildet dabei die Basis des Tarifsystems. Jede bzw. jeder Versicherte wird der jeweiligen Beschäftigtengruppe zugeordnet. Die Ergänzungen zur Beschäftigtengruppe und/oder die Abschläge/Zuschläge vermindern bzw. erhöhen bei Bedarf den der jeweiligen Beschäftigtengruppe zu Grunde liegenden Basisprozentsatz an zu entrichtenden Beiträgen.

Im Zusammenspiel mit den unterschiedlichen in der Lohnverrechnungssoftware definierten Verrechnungsbasen (allgemeine Beitragsgrundlage, Sonderzahlung etc.) werden die jeweils zu entrichtenden Beiträge ermittelt. Dadurch wird dem Umstand Rechnung getragen, dass beispielsweise von Sonderzahlungen - anders als von der allgemeinen Beitragsgrundlage - kein WF, keine AK und keine LK (Ausnahme: Kärnten) zu leisten ist. Diese Systematik gelangt auch bei den Ab- und Zuschlägen zur Anwendung.

Hinweis: Für die bei der BVAEB versicherten Personen existieren gesonderte Beschäftigtengruppen samt den notwendigen Ergänzungen und Ab- sowie Zuschlägen.

3.1.1.1. Beschäftigtengruppe
Sämtliche aus melde-, versicherungs- und beitragsrechtlicher Sicht gleich zu behandelnden Versicherungsverhältnisse werden im Tarifsystem zu einer Beschäftigtengruppe zusammengefasst. Entsprechende Beschäftigtengruppen existieren zum Beispiel für Arbeiterinnen und Arbeiter, Angestellte, Angestelltenlehrlinge, geringfügig Beschäftigte sowie für freie Dienstnehmerinnen und freie Dienstnehmer.

Jede dieser Beschäftigtengruppen normiert für die von ihr umfassten Versicherten folgende Grundeigenschaften:
- Umfang der Pflichtversicherung (KV, UV, PV und/oder AV),
- Zugehörigkeit zur PV der Arbeiterinnen und Arbeiter oder Angestellten,
- Zugehörigkeit zur Arbeiter- bzw. Landarbeiterkammer,
- Beitragspflicht und Beitragssatz in der KV, UV, PV und/oder AV sowie zur AK bzw. LK, zum WF und/oder zum IE.

Die Beschäftigtengruppe legt somit den Regelfall für die Beitragsabrechnung einer bestimmten Gruppe von Versicherten fest und beinhaltet auch sämtliche sonstige für die Versicherte bzw. den Versicherten zu entrichtende Nebenbeiträge/Umlagen.

Der BV-Beitrag als arbeitsrechtliche Besonderheit ist für Personen, die der österreichischen Sozialversicherungspflicht unterliegen, nicht in der Beschäftigtengruppe enthalten. Er wird in der mBGM grundsätzlich als eigene Verrechnungsposition mit eigener Verrechnungsbasis - es gilt bekanntlich weder die tägliche noch monatliche Höchstbeitragsgrundlage - berücksichtigt.

Im Einzelfall bestehende Besonderheiten - es ist zum Beispiel abweichend vom Regelfall zusätzlich der Beitrag nach dem Nachtschwerarbeitsgesetz (NSchG) zu entrichten - werden durch die Ergänzungen zur Beschäftigtengruppe und/oder die Abschläge/Zuschläge berücksichtigt. Für die Mehrzahl der Versicherten wird allerdings die Angabe der jeweiligen Beschäftigtengruppe ausreichen.

7. Arbeitsbehelf 2022

Die Beschäftigtengruppen sind darüber hinaus so aufgebaut, dass sie branchenspezifisch zugeordnet werden können. So muss die Beschäftigtengruppe für Landarbeiterinnen und Landarbeiter bei der Lohnverrechnung eines Gewerbebetriebes von vornherein nicht berücksichtigt werden. Dies eröffnet die Möglichkeit, sich in der Lohnverrechnungssoftware nur jene Beschäftigtengruppen anzeigen zu lassen, denen tatsächlich für die jeweilige Dienstgeberin bzw. den jeweiligen Dienstgeber praktische Bedeutung zukommt. Ein übersichtliches und transparentes System wird dadurch gewährleistet.

3.1.1.2. Beschäftigtengruppe und Basisprozentsätze

Beschäftigten-gruppen	GES	DG-Anteil	DN-Anteil	KV GES	KV DN/Lg.	UV DG	PV GES	PV DN/Lg.	AV GES	AV DN/Lg.	AK GES	AK DN/Lg.	LK GES	LK DN/Lg.	WF GES	WF DN/Lg.	IE GES	IE DG
Arbeiter	39,25	21,13	18,12	7,65	3,87	1,20	22,80	10,25	6,00	3,00	0,50	0,50	-	-	1,00	0,50	0,10	0,10
Angestellte	39,25	21,13	18,12	7,65	3,87	1,20	22,80	10,25	6,00	3,00	0,50	0,50	-	-	1,00	0,50	0,10	0,10
Arbeiter bis zur GFG	1,20	1,20	-	-	-	1,20	-	-	-	-	-	-	-	-	-	-	-	-
Angestellte bis zur GFG	1,20	1,20	-	-	-	1,20	-	-	-	-	-	-	-	-	-	-	-	-
Angestellten-lehrlinge	28,55	15,43	13,12	3,35	1,67	-	22,80	10,25	2,40	1,20	-	-	-	-	-	-	-	-
Arbeiterlehr-linge	28,55	15,43	13,12	3,35	1,67	-	22,80	10,25	2,40	1,20	-	-	-	-	-	-	-	-
freie DN – Arbeiter	38,25	20,63	17,62	7,65	3,87	1,20	22,80	10,25	6,00	3,00	0,50	0,50	-	-	-	-	0,10	0,10
freie DN - Angestellte	38,25	20,63	17,62	7,65	3,87	1,20	22,80	10,25	6,00	3,00	0,50	0,50	-	-	-	-	0,10	0,10
freie DN - Arbeiter bis zur GFG	1,20	1,20	-	-	-	1,20	-	-	-	-	-	-	-	-	-	-	-	-
freie DN - Angestellte bis zur GFG	1,20	1,20	-	-	-	1,20	-	-	-	-	-	-	-	-	-	-	-	-
L+F Arbeiter	38,50	20,63	17,87	7,65	3,87	1,20	22,80	10,25	6,00	3,00	-	-	0,75	0,75	-	-	0,10	0,10
L+F Arbeiter bis zur GFG	1,20	1,20	-	-	-	1,20	-	-	-	-	-	-	-	-	-	-	-	-
L+F Arbeiter-lehrling	28,55	15,43	13,12	3,35	1,67	-	22,80	10,25	2,40	1,20	-	-	-	-	-	-	-	-
L+F Arbeiter-lehrling (LK)	29,30	15,43	13,87	3,35	1,67	-	22,80	10,25	2,40	1,20	-	-	0,75	0,75	-	-	-	-
Hausgehilfe	39,25	21,13	18,12	7,65	3,87	1,20	22,80	10,25	6,00	3,00	0,50	0,50	-	-	1,00	0,50	0,10	0,10
Hausbesorger	38,25	20,63	17,62	7,65	3,87	1,20	22,80	10,25	6,00	3,00	0,50	0,50	-	-	-	-	0,10	0,10
Hausbesorger bis zur GFG	31,65	17,53	14,12	7,65	3,87	1,20	22,80	10,25	-	-	-	-	-	-	-	-	-	-

GES = Gesamt

Standard-Tarifgruppenverrechnung	KV, UV, PV, AV, AK/LK, WF, IE
Standard-Tarifgruppenverrechnung – Sonderzahlung	KV, UV, PV, AV, keine AK und keine WF; keine LK mit Ausnahme in Kärnten
Standard-Tarifgruppenverrechnung – unbezahlter Urlaub	Versicherter trägt KV, UV, PV, AV und SW zur Gänze; AK, LK (in der Steiermark und in Kärnten ist die LK vom DN zu leisten), WF und BV entfallen; IE und NB sind weiterhin vom DG zu leisten

	Weitere Umlagen/Nebenbeiträge
Schlechtwetterentschädigung	1,40 % (0,70 % DN/Lg. und 0,70 % DG) Gewerbliche Lehrlinge mit einer Doppellehre sind vom Geltungsbereich des Bauarbeiter-Schlechtwetterentschädigungsgesetzes (BSchEG) ausgenommen, wenn nur einer der beiden Lehrberufe in dessen Geltungsbereich fällt.
Nachtschwerarbeits-Beitrag	3,80 % (DG), sofern die arbeitsrechtlichen Voraussetzungen für Nachtschwerarbeit vorliegen. Dies gilt ebenso für Lehrlinge.
Betriebliche Vorsorge	1,53 % (DG)

Auf *www.gesundheitskasse.at/tasy* befindet sich die vollständige Dokumentation des Tarifsystems.

3.1.1.3. Ergänzung zur Beschäftigtengruppe

Mit der Ergänzung zur Beschäftigtengruppe werden für bestimmte Versicherte versicherungs- und beitragsrechtliche Besonderheiten berücksichtigt. Sofern notwendig, ist mit der personenbezogenen mBGM zusätzlich zur Beschäftigtengruppe auch die jeweils in Frage kommende Ergänzung zu melden. Dies kann zu einer Erhöhung oder Verminderung der abzurechnenden Beiträge führen.

Nachfolgend die in der Praxis wohl am häufigsten vorkommenden Situationen, die die Angabe einer Ergänzung zur Beschäftigtengruppe erfordern:
- Der NB ist zu entrichten.
- Der SW fällt an.

3.1.1.4. Abschläge/Zuschläge

Die Ab- und Zuschläge stellen die dritte Säule des neuen Tarifsystems dar. Je nach vorliegendem Sachverhalt sind pro versicherter Person mehrere Ab- und Zuschläge möglich. Eine Unterscheidung zwischen Arbeiterin bzw. Arbeiter und Angestellter bzw. Angestelltem ist dabei nicht notwendig.

Die nachstehende Tabelle beinhaltet die häufigsten Ab- und Zuschläge. Besonderheiten, die nur für bestimmte Dienstgeberinnen und Dienstgeber gelten (zum Beispiel Institutionen, die Entwicklungshelfer beschäftigen) oder regionale Besonderheiten betreffen (zum Beispiel Zuschlag LK für Sonderzahlungen in Kärnten), sind aus Gründen der Übersichtlichkeit nicht berücksichtigt.

Auswirkung	Beschreibung des Ab- bzw. Zuschlages
Abschlag	einkommensabhängige Minderung der Arbeitslosenversicherung um 1 % (A01)
Abschlag	einkommensabhängige Minderung der Arbeitslosenversicherung um 2 % (A02)
Abschlag	einkommensabhängige Minderung der Arbeitslosenversicherung um 3 % (A03)
Abschlag	einkommensabhängige Minderung der Arbeitslosenversicherung um 1,20 % für Lehrlinge (A04)
Abschlag	einkommensabhängige Minderung der Arbeitslosenversicherung um 0,20 % für Lehrlinge (A05)
Abschlag	Entfall des Wohnbauförderungsbeitrages für Neugründer (A07)
Abschlag	Entfall des Unfallversicherungsbeitrages für Neugründer (A08)
Abschlag	Entfall des Unfallversicherungsbeitrages für Personen, die das 60. Lebensjahr vollendet haben (A09)
Abschlag	Entfall des Arbeitslosenversicherungsbeitrages und des Zuschlages nach dem Insolvenz-Entgeltsicherungsgesetz[1] (A10)
Abschlag	Entfall des Arbeitslosenversicherungsbeitrages für Personen, die nicht dem Insolvenz-Entgeltsicherungsgesetz unterliegen[1] (A12)
Abschlag	Bonussystem – Altfall bei Einstellung und Vollendung des 50. Lebensjahres vor dem 1.9.2009 (A11)
Abschlag	Halbierung des Pensionsversicherungsbeitrages (A15)
Abschlag	Reduktion der Schlechtwetterentschädigung (A21)

7. Arbeitsbehelf 2022

Auswirkung	Beschreibung des Ab- bzw. Zuschlages
Abschlag	Entfall des Arbeitslosenversicherungsbeitrages für Lehrlinge in bestimmten, nichtbetrieblichen Ausbildungseinrichtungen („Altfälle" A13, „Neufälle" A14)
Zuschlag	Dienstgeberabgabe (Pensions- und Krankenversicherungsbeitrag, Z01)
Zuschlag	Service-Entgelt (Z02)
Zuschlag	jährliche Zahlung der Betrieblichen Vorsorge (Z04)
Zuschlag	Weiterbildungsbeitrag nach dem Arbeitskräfteüberlassungsgesetz (Z05)
Zuschlag	Krankenversicherungsbeitrag für die Schlechtwetterentschädigung (Z06)
Zuschlag	Krankenversicherungsbeitrag für die Schlechtwetterentschädigung für Lehrlinge (Z11)

[1] Bei Vorliegen der Anspruchsvoraussetzungen für bestimmte Pensionen bzw. spätestens nach Vollendung des 63. Lebensjahres.

3.1.2. Beispiel zum Tarifsystem

Ein 30-jähriger Arbeiter mit einem Entgelt von 1.500,00 Euro wird im November beschäftigt. Er verrichtet Nachtschwerarbeit.
- Die Beschäftigtengruppe „Arbeiter" ist auszuwählen.

Im Regelfall genügt die korrekte Beschäftigtengruppe für die Abrechnung der Sozialversicherungsbeiträge. In diesem Beispiel sind aber noch folgende Besonderheiten zu berücksichtigen:
- Die Verrichtung von Nachtschwerarbeit wird mit der Ergänzung „Nachtschwerarbeits-Beitrag" berücksichtigt.
- Durch die Höhe des Entgeltes von 1.500,00 Euro entfällt der Dienstnehmeranteil am AV-Beitrag bei geringem Einkommen in Höhe von drei Prozent. Der Abschlag „Verminderung des Arbeitslosenversicherungsbeitrages um 3 %" ist deshalb erforderlich.
- Zum Stichtag 15. November fällt das Service-Entgelt für die e-card an; deshalb kommt der Zuschlag „Service-Entgelt" zur Anwendung.

3.1.3. Tarifrechner

Der Tarifrechner unterstützt Sie bei der Bestimmung der gültigen Beschäftigtengruppen, allfälliger Ergänzungen zur Beschäftigtengruppe und/oder Abschläge/Zuschläge. Der Tarifrechner steht Ihnen unter www.gesundheitskasse.at/dienstgeber zur Verfügung.

3.2. Abzugsrecht der Dienstgeberin bzw. des Dienstgebers

Die Dienstgeberinnen und Dienstgeber sind berechtigt, vom Entgelt ihrer Dienstnehmerinnen und Dienstnehmer, Lehrlinge etc. den jeweiligen Versichertenanteil an den Sozialversicherungsbeiträgen abzuziehen.

Dieses Recht muss bei sonstigem Verlust spätestens bei der auf die Fälligkeit des Beitrages nächstfolgenden Entgeltzahlung ausgeübt werden. Kommt es ohne Verschulden der Dienstgeberin bzw. des Dienstgebers zu einer nachträglichen Entrichtung der Beiträge, gilt die zeitliche Beschränkung nicht. Der bzw. dem Versicherten dürfen bei einer Entgeltzahlung allerdings nicht mehr Beiträge abgezogen werden, als auf zwei Lohnzahlungszeiträume entfallen.

Diese Regelung gilt auch für Sonderbeiträge. Es ist jedoch darauf zu achten, dass der auf die Versicherte bzw. den Versicherten entfallende Beitragsteil nur von den Sonderzahlungen abgezogen wird.

> ⓘ Der auf die Versicherte bzw. den Versicherten entfallende Teil der KV-, PV- und AV-Beiträge darf 20 Prozent ihrer bzw. seiner Geldbezüge nicht übersteigen. Den Unterschiedsbetrag hat die Dienstgeberin bzw. der Dienstgeber zu tragen.

Hat die Versicherte bzw. der Versicherte lediglich Anspruch auf Sachbezüge oder erhält sie bzw. er kein Entgelt, ist von der Dienstgeberin bzw. vom Dienstgeber der gesamte Versichertenanteil zu übernehmen.

Beispiele: Abzugsrecht der Dienstgeberin bzw. des Dienstgebers

Dienstnehmeranteil für einen Arbeiter mit einem Brutto-Monatslohn von 1.900,00 Euro:

Arbeiter (ARB)	17,12 % von € 1.900,00	€ 325,28
AK	0,50 % von € 1.900,00	€ 9,50
WF	0,50 % von € 1.900,00	€ 9,50
		€ 344,28
ARB mit AK, WF	18,12 % von € 1.900,00	€ 344,28
Rückverrechnung des AV-Beitrages:		
Abschlag AV-Beitrag	-2,00 % von € 1.900,00	- € 38,00
Gesamtabzug		€ 306,28

Dienstnehmeranteil für einen Angestellten mit einem Brutto-Monatsgehalt von 6.000,00 Euro:

Angestellter (ANG)	17,12 % von € 5.670,00	€ 970,70
AK	0,50 % von € 5.670,00	€ 28,35
WF	0,50 % von € 5.670,00	€ 28,35
Gesamtabzug		€ 1.027,40
ANG mit AK, WF	18,12 % von € 5.670,00	€ 1.027,40

Anmerkung: Das Gehalt über der monatlichen Höchstbeitragsgrundlage von 5.670,00 Euro (2022) ist beitragsfrei.

Abzugsrecht der Dienstgeberin bzw. des Dienstgebers – Sondervorschrift:
Der auf die Versicherte bzw. den Versicherten entfallende Teil der KV-, PV- und AV-Beiträge darf 20 Prozent ihrer bzw. seiner Geldbezüge nicht übersteigen. Der Unterschiedsbetrag ist von der Dienstgeberin bzw. vom Dienstgeber zu tragen.

Ein Arbeiter erhält neben voller freier Station (196,20 Euro) einen monatlichen Bruttobarlohn von 303,80 Euro; somit ergibt sich ein Entgelt von 500,00 Euro.

ARB	17,12 % von € 500,00	€ 85,60
Rückverrechnung des AV-Beitrages:	-3,00 % von € 500,00	- € 15,00
Versichertenanteil ohne AV-Beitrag:	14,12 % von € 500,00	€ 70,60
	20,00 % von € 303,80	€ 60,76

Der Versicherte hat inklusive der AK und dem Versichertenanteil am WF (je 2,50 Euro) 65,76 Euro zu tragen.

3.3. Akkordschlusszahlungen

Akkordschlusszahlungen sind **Lohnnachzahlungen**, die im Allgemeinen mehrere Kalendermonate (Beitragszeiträume) umfassen. Diese Zahlungen sind **aliquot auf die betreffenden Kalendermonate (Beitragszeiträume) umzulegen.**

Dazu ist vorerst für jede einzelne Arbeitsschicht oder Arbeitsstunde das Ausmaß der Schlusszahlung festzustellen.

Auf Grund der für den betreffenden Akkord in den einzelnen Kalendermonaten (Beitragszeiträumen) geleisteten Arbeitsschichten (Arbeitsstunden) sind nur für diese Kalendermonate die aliquoten Anteile an der Schlusszahlung zu errechnen.

Die auf diese Weise ermittelten Beträge werden zu den in den einzelnen Kalendermonaten bereits abgerechneten Vorauszahlungen hinzugezählt.

Im Anschluss daran sind noch von den jeweils richtigen Beitragszeiträumen zugeordneten Akkordschlusszahlungen die Sozialversicherungsbeiträge abzurechnen.

3.4. Arbeiterkammerumlage

Die AK ist von **der bzw. dem Versicherten allein zu tragen**. Sie beträgt **0,50 Prozent** der allgemeinen Beitragsgrundlage bis zur Höchstbeitragsgrundlage und ist grundsätzlich von allen kammerzugehörigen Dienstnehmerinnen und Dienstnehmern (auch von freien Dienstnehmerinnen und freien Dienstnehmern) zu entrichten. Der Umlagebetrag wird von der Dienstgeberin bzw. vom Dienstgeber für die bei ihr bzw. ihm beschäftigten kammerzugehörigen Dienstnehmerinnen und Dienstnehmer vom Lohn (Gehalt) einbehalten.

Die AK wird vom Krankenversicherungsträger eingehoben und an die Kammer für Arbeiter und Angestellte abgeführt.

Keine AK ist zu entrichten
- von Sonderzahlungen,
- bei einem Urlaub ohne Entgeltzahlung,
- für nach dem BAG (Lehrlinge) oder nach gleichartigen Rechtsvorschriften in Berufsausbildung befindliche Dienstnehmerinnen und Dienstnehmer,
- für geringfügig Beschäftigte,
- für Geschäftsführerinnen und Geschäftsführer und Vorstandsmitglieder von Kapitalgesellschaften; in Unternehmen mit anderer Rechtsform leitende Angestellte, denen dauernd maßgebender Einfluss auf die Führung des Unternehmens zusteht,
- für Rechts- und Patentanwaltsanwärterinnen und Rechts- und Patentanwaltsanwärter,
- für Notariatskandidatinnen und Notariatskandidaten,
- für Berufsanwärterinnen und Berufsanwärter im Bereich Wirtschaftstreuhand,
- für Ärztinnen und Ärzte sowie in öffentlichen oder Anstaltsapotheken angestellte Pharmazeutinnen und Pharmazeuten und
- für Dienstnehmerinnen und Dienstnehmer in land- und forstwirtschaftlichen Betrieben.

Bezüglich der genauen Feststellung der Arbeiterkammerzugehörigkeit und der damit verbundenen Pflicht zur Entrichtung der AK wird auf die §§ 10, 11, 17 und 61 Arbeiterkammergesetz 1992 verwiesen.

3.5. Arbeitslosenversicherungsbeiträge bei geringem Einkommen

Im AMPFG ist festgelegt, dass sich der auf die Versicherte bzw. den Versicherten entfallende Anteil am AV-Beitrag bei geringem Entgelt vermindert bzw. mitunter zur Gänze entfällt.

3.5.1. Die Regelung im Detail

Die Höhe des **Versichertenanteiles** zur AV orientiert sich ab **01.01.2022** an folgender Einkommensstaffelung:
- bis 1.828,00 Euro: 0 Prozent,
- von 1.828,01 Euro bis 1.994,00 Euro: 1 Prozent,
- von 1.994,01 Euro bis 2.161,00 Euro: 2 Prozent.

Bei einem Bruttoeinkommen über 2.161,00 Euro ist der AV-Beitragssatz für Versicherte von drei Prozent einzubehalten. Die vorstehenden Grenzbeträge werden jährlich mit der Aufwertungszahl angepasst. Von dieser Regelung sind unter anderem auch freie Dienstnehmerinnen und freie Dienstnehmer umfasst. Der von der Arbeitgeberin bzw. vom Arbeitgeber zu tragende Anteil des AV-Beitrages (drei Prozent) bleibt unverändert. Ebenso der IE.

Für Lehrlinge beträgt der zu tragende Anteil am AV-Beitrag bei einer monatlichen Beitragsgrundlage (bzw. Sonderzahlung):
- bis 1.828,00 Euro: 0 Prozent (minus 1,20 Prozent der monatlichen Beitragsgrundlage)
- von 1.828,01 Euro bis 1.994,00 Euro: 1 Prozent (minus 0,20 Prozent der monatlichen Beitragsgrundlage)

3.5.2. Umsetzung in die Praxis

Für die Beurteilung, ob bzw. in welcher Höhe der Versichertenanteil am AV-Beitrag entfällt, sind das laufende Entgelt sowie die Sonderzahlungen (wie zum Beispiel Urlaubsgeld, Weihnachtsgeld, Bilanzgeld) im jeweiligen Beitragszeitraum getrennt zu betrachten. Eine Aufsummierung dieser Bezüge hat zu unterbleiben. Dadurch kann es unter Umständen zu unterschiedlichen Rückverrechnungen des AV-Beitrages kommen.

Beispiel:
- Laufender Bezug: 1.995,00 Euro brutto
- Sonderzahlung: 1.895,00 Euro brutto

Vom laufenden Bezug hat die jeweilige Dienstnehmerin bzw. der jeweilige Dienstnehmer zwei Prozent und von der Sonderzahlung lediglich ein Prozent des AV-Beitrages zu leisten.

Für den Entfall bzw. die Verringerung des AV-Beitrages ist jeder Beitragszeitraum separat zu betrachten (keine Durchschnittsberechnungen!). Die Höhe des AV-Beitrages kann also durchaus von Monat zu Monat variieren. Maßgeblich für den Entfall bzw. die Verminderung des Versichertenanteils zur AV ist immer das im Beitragszeitraum **tatsächlich** gebührende bzw. geleistete (Brutto-)Entgelt. Bei untermonatigem Beginn bzw. untermonatiger Beendigung eines Beschäftigungsverhältnisses bedarf es demzufolge keiner fiktiven Aufrechnung auf einen vollen Monat. Auch beim Teilentgelt im Falle von länger andauernden Arbeitsverhinderungen gilt dieser Grundsatz.

3.5.3. Mehrere Dienstverhältnisse

Eine Zusammenrechnung der monatlichen Beitragsgrundlagen aus mehreren Versicherungsverhältnissen erfolgt nicht. Dies bedeutet, dass jedes Versicherungsverhältnis hinsichtlich des Entfalls bzw. der Verringerung des AV-Beitrages einzeln zu behandeln ist.

3.6. Betriebliche Vorsorge

Das BMSVG ersetzt seit 01.01.2003 das vorher leistungsorientierte Abfertigungssystem durch ein beitragsorientiertes System im Rahmen eines Kapitaldeckungsverfahrens. Die Finanzierung der BV erfolgt dabei durch regelmäßige Beitragsleistungen der Arbeitgeberinnen und Arbeitgeber. Die Abfertigungsansprüche werden auf die Betrieblichen Vorsorgekassen (BV-Kassen) ausgelagert. Jede Arbeitgeberin bzw. jeder Arbeitgeber hat (durch Betriebsvereinbarung) eine BV-Kasse vertraglich zu wählen.

Der Anspruch der Arbeitnehmerin bzw. des Arbeitnehmers richtet sich nicht gegen die Arbeitgeberin bzw. den Arbeitgeber, sondern gegen die jeweilige BV-Kasse. Ein Anspruch auf BV soll grundsätzlich bei allen Beendigungsarten von Arbeitsverhältnissen zustehen. Eine Verfügung (zum Beispiel Auszahlung) über einen BV-Beitrag gibt es grundsätzlich nur bei den bisher anspruchsbegründenden Beendigungsarten und bei Vorliegen von drei Einzahlungsjahren (ausgenommen bei Pensionierung und Tod).

Der regelmäßige (monatliche) Melde- und Beitragsweg von der Arbeitgeberin bzw. vom Arbeitgeber zur BV-Kasse läuft - so wie bei allen anderen Beiträgen und Umlagen auch - über den gesetzlichen Krankenversicherungsträger, der auch die Einhaltung der Melde- und Beitragspflichten durch die Arbeitgeberin bzw. den Arbeitgeber im Zuge der GPLB kontrolliert.

7. Arbeitsbehelf 2022

Unter *www.gesundheitskasse.at* finden Sie bei den Informationen für Dienstgeber in den Grundlagen A-Z unter Betriebliche Vorsorge einen umfangreichen Fragen-Antworten-Katalog zum BMSVG.

3.6.1. Geltungsbereich des BMSVG

Die Regelungen des BMSVG gelten
- für Arbeitsverhältnisse, die auf einem privatrechtlichen Vertrag beruhen und nach dem 31.12.2002 begonnen haben (neue Dienstverhältnisse),
- für Arbeitsverhältnisse, die auf einem privatrechtlichen Vertrag beruhen und vor dem 01.01.2003 begonnen haben (bestehende alte Dienstverhältnisse), wenn die Arbeitgeberin bzw. der Arbeitgeber und die Arbeitnehmerin bzw. der Arbeitnehmer auf individueller Basis schriftlich den Übertritt in das neue Abfertigungssystem nach dem BMSVG vereinbaren, ab diesem Zeitpunkt (frühestens ab 01.01.2003),

und seit 01.01.2008
- für freie Dienstverhältnisse im Sinne des § 4 Abs. 4 ASVG sowie
- für freie Dienstverhältnisse von Vorstandsmitgliedern im Sinne des § 4 Abs. 1 Z 6 ASVG.

Die Regelungen des BMSVG sind auch auf **Lehrlinge** und **geringfügig Beschäftigte** anzuwenden.

Vor dem 01.01.2008 abgeschlossene freie Dienstverhältnisse, mit welchen schon vor dem 31.12.2007 privatrechtlich Abfertigungsansprüche vereinbart worden sind, unterliegen nicht dem BMSVG.

Für seit 2008 abgeschlossene Verträge gilt diese Ausnahmebestimmung nur, wenn
- im neuen Vertrag ein Abfertigungsanspruch vereinbart wurde

und
- der neue Vertrag unmittelbar einem zum 31.12.2007 bestehenden (freien Dienst-)Vertrag (samt Abfertigungsregelungen) mit derselben Dienstgeberin bzw. demselben Dienstgeber oder einer Dienstgeberin bzw. einem Dienstgeber im Konzern nachfolgt.

Wird nach dem 01.01.2008 jedoch ein freies Dienstverhältnis mit einer anderen Dienstgeberin bzw. einem anderen Dienstgeber eingegangen, findet das BMSVG auf dieses neue freie Dienstverhältnis Anwendung.

3.6.1.1. Wann ist das BMSVG nicht anzuwenden?

Ausgenommen vom BMSVG sind
- Dienstverhältnisse zu Ländern, Gemeinden und Gemeindeverbänden **(landesgesetzliche Sonderbestimmungen, die die BV für Mitarbeiterinnen und Mitarbeiter regeln, sind zu beachten)**,
- Dienstverhältnisse zum Bund, auf die dienstrechtliche Vorschriften anzuwenden sind,
- Dienstverhältnisse zu Stiftungen, Anstalten, Fonds oder sonstigen Einrichtungen, auf die das Vertragsbedienstetengesetz 1948 anzuwenden ist,
- Dienstverhältnisse, die dem Kollektivvertrag des Bundesforstegesetzes 1996 unterliegen,
- freie Dienstverhältnisse mit vertraglich festgelegten Abfertigungsansprüchen,
- unmittelbar nachfolgende freie Dienstverhältnisse mit derselben Dienstgeberin bzw. demselben Dienstgeber oder einer Dienstgeberin bzw. einem Dienstgeber im Konzern mit solchen Abfertigungsansprüchen,
- land- und forstwirtschaftliche Arbeiterinnen und Arbeiter im Sinne des Landarbeitsgesetzes 2021 (dieses beinhaltet eine dem BMSVG entsprechende Regelung) wie auch
- Volontärinnen und Volontäre sowie echte Ferialpraktikantinnen und Ferialpraktikanten (unentgeltlich).

Auf Dienstverhältnisse, die vor dem 01.01.2003 begonnen haben (bestehende Dienstverhältnisse) und für die ein Übertritt in das neue Abfertigungssystem nicht vereinbart wird, findet das BMSVG keine Anwendung.

Die alten Abfertigungsregelungen gelten weiter, wenn nach dem 31.12.2002
- auf Grund von Wiedereinstellungszusagen oder Wiedereinstellungsvereinbarungen unterbrochene Arbeitsverhältnisse unter Anrechnung von Vordienstzeiten bei derselben Arbeitgeberin bzw. demselben Arbeitgeber fortgesetzt werden;
- Arbeitnehmerinnen und Arbeitnehmer innerhalb eines Konzerns in ein neues Arbeitsverhältnis wechseln;
- unterbrochene Arbeitsverhältnisse unter Anrechnung von Vordienstzeiten bei derselben Arbeitgeberin bzw. demselben Arbeitgeber fortgesetzt werden und durch eine am 01.07.2002 anwendbare Bestimmung in einem Kollektivvertrag die Anrechnung von Vordienstzeiten für die Abfertigung festgesetzt wird;
- das Lehrverhältnis beendet wird und im Anschluss daran zur selben Arbeitgeberin bzw. zum selben Arbeitgeber ein Arbeitsverhältnis begründet wird.

3.6.1.2. Sonderbestimmungen

Für Arbeitsverhältnisse, die dem **BUAG** unterliegen, gelten die Bestimmungen des BMSVG nur teilweise. Die allgemeinen Bestimmungen sowie die Bestimmungen über das Beitragsrecht und das Leistungsrecht des BMSVG sind für derartige Arbeitsverhältnisse anzuwenden.

Für die beitragsrechtliche Abwicklung (das heißt die Meldung, Abrechnung und Abfuhr der Abfertigungsgrundlagen und -beiträge auf Grund von Arbeitsverhältnissen, die dem BUAG unterliegen) ist nicht der Krankenversicherungsträger, sondern ausschließlich die BUAK Betriebliche Vorsorgekasse GesmbH zuständig.

Für diesbezügliche Auskünfte stehen Ihnen die Mitarbeiterinnen und Mitarbeiter der BUAK-BV-Kasse zur Verfügung.

3.6.2. Beginn der Beitragszahlung zur Betrieblichen Vorsorge

Die Dienstgeberin bzw. der Dienstgeber muss für die Dienstnehmerin bzw. den Dienstnehmer (freie Dienstnehmerin bzw. freien Dienstnehmer) monatlich einen BV-Beitrag entrichten. **Voraussetzung** ist, dass das Dienstverhältnis **länger als einen Monat** dauert. Der erste Monat einer Beschäftigung bei einer Dienstgeberin bzw. einem Dienstgeber ist somit grundsätzlich beitragsfrei.

Der Beginn der Beitragszahlung zur BV berechnet sich immer **vom Tag des Beginnes der Beschäftigung bis zum selben Tag des nächstfolgenden Monates**. Nimmt etwa die Dienstnehmerin bzw. der Dienstnehmer die Beschäftigung am 20.07. bzw. 31.08. auf, beginnt die Beitragszahlung zur BV am 20.08. bzw. 01.10. Es ist dabei nur die Dauer des Dienstverhältnisses wesentlich, nicht aber das tatsächliche Beschäftigungsausmaß im Rahmen dieses Dienstverhältnisses. So ist das BMSVG auch auf jede Tätigkeit anzuwenden, die zum Beispiel regelmäßig am Freitag ausgeübt wird (= durchlaufende Pflichtversicherung).

Wird innerhalb eines Zeitraumes von zwölf Monaten ab dem Ende eines Dienstverhältnisses mit derselben Dienstgeberin bzw. demselben Dienstgeber erneut ein Dienstverhältnis abgeschlossen, setzt die Beitragszahlung zur BV bereits mit dem ersten Tag der neuerlichen Beschäftigung ein (kein beitragsfreier erster Monat!). Und zwar unabhängig davon, wie lange die beiden Dienstverhältnisse gedauert haben.

Den Beginn der Beitragszahlung zur BV muss die Dienstgeberin bzw. der Dienstgeber dem zuständigen Krankenversicherungsträger auf der Anmeldung bzw. bei Übertritt **mittels Änderungsmeldung** bekannt geben.

Beispiele
1. Dienstverhältnis: 10.10.2022 bis 28.10.2022
- Keine Zahlung zur BV, weil das Dienstverhältnis kürzer als einen Monat dauert.

2. Dienstverhältnis beim selben Dienstgeber: 01.12.2022 bis 09.12.2022
- Zahlung zur BV beginnt bereits ab 01.12.2022.

1. Dienstverhältnis: 17.10.2022 bis 30.11.2022
- Zahlung zur BV beginnt ab 17.11.2022.

2. Dienstverhältnis beim selben Dienstgeber: 05.12.2022 bis 09.12.2022
- Zahlung zur BV beginnt bereits ab 05.12.2022.

3.6.3. Ende der Beschäftigung

Pflichtversicherungsverlängernde Zeiten einer Urlaubsersatzleistung, Kündigungsentschädigung oder für nach dem Ende des Arbeitsverhältnisses fortgezahltes Entgelt werden auch als Anwartschaftszeiten der BV angerechnet. Das sozialversicherungsrechtliche Ende der Versicherungszeit entspricht somit auch dem Ende der Beitragszahlung zur BV.

Für den Fall, dass das Beschäftigungsverhältnis kürzer als einen Monat bzw. genau einen Monat dauert, jedoch durch eine allfällige Urlaubsersatzleistung darüber hinaus verlängert wird (häufig bei Lösungen im Probemonat), besteht keine Pflicht zur Beitragszahlung durch die Dienstgeberin bzw. den Dienstgeber.

Beispiel:
- Dienstverhältnis: 01.02.2022 bis 28.02.2022
- Urlaubsersatzleistung: 01.03.2022 bis 02.03.2022

3.6.4. Höhe der Beitragszahlung zur Betrieblichen Vorsorge - Beitragsgrundlage

Der Beitragssatz für die BV beträgt **1,53 Prozent** des monatlichen Entgeltes inklusive allfälliger Sonderzahlungen.

Die Dienstgeberin bzw. der Dienstgeber muss den Beitrag an den zuständigen Krankenversicherungsträger zur Weiterleitung an die BV-Kasse überweisen. Es gelten die Bestimmungen des ASVG über die Beitragsentrichtung. Die Höhe der BV-Beiträge ist dem Krankenversicherungsträger mittels mBGM zu melden. Die Beiträge sind innerhalb der üblichen Fristen des ASVG zu zahlen.

Beitragsgrundlage für die BV ist das monatliche Entgelt inklusive der Sonderzahlungen. Welche Leistungen als Entgelt zu verstehen sind, bestimmt sich nach dem sozialversicherungsrechtlichen Entgeltbegriff des § 49 ASVG. Wegen eines allfälligen beitragsfreien ersten Monates darf aber die Sonderzahlung für die Beitragsgrundlagenbildung nicht aliquot gekürzt werden.

Bei der Berechnung der BV-Beiträge bleibt sowohl die Geringfügigkeitsgrenze als auch die Höchstbeitragsgrundlage außer Betracht. Dies bedeutet, dass die BV-Beiträge sowohl von geringfügigen Entgelten als auch vom Entgelt über der Höchstbeitragsgrundlage zu entrichten sind.

3.6.5. Beiträge zur Betrieblichen Vorsorge für geringfügig Beschäftigte

Für die Dienstgeberin bzw. den Dienstgeber besteht die Wahlmöglichkeit, die BV-Beiträge aus geringfügigen Beschäftigungsverhältnissen entweder monatlich oder jährlich zu überweisen.

Eine jährliche Abrechnung kann nur gemeinsam für den UV-Beitrag (gegebenenfalls zuzüglich Dienstgeberabgabe) und den BV-Beitrag vorgenommen werden.

Bei einer **jährlichen Zahlungsweise** sind zusätzlich **2,50 Prozent** vom zu leistenden BV-Beitrag gleichzeitig mit diesem BV-Beitrag an den zuständigen Krankenversicherungsträger zur Weiterleitung an die BV-Kasse zu überweisen. Die BV-Kasse hat diesen zusätzlichen Beitrag dem Veranlagungsergebnis der jeweiligen Veranlagungsgemeinschaft gutzuschreiben.

Wird das geringfügige Beschäftigungsverhältnis unterjährig beendet und wurde die jährliche Zahlungsweise gewählt, sind die BV-Beiträge ebenso wie der zusätzliche Beitrag von 2,50 Prozent jedenfalls mit den Sozialversicherungsbeiträgen im Beendigungsmonat abzurechnen.

3.6.6. Beitragsleistung für entgeltfreie Zeiträume durch die Dienstgeberin bzw. den Dienstgeber

Für bestimmte entgeltfreie Zeiträume muss die Dienstgeberin bzw. der Dienstgeber die BV-Beiträge weiter zahlen, wenn das Arbeitsverhältnis weiter besteht. Es handelt sich dabei um folgende Umstände:

3.6.6.1. Präsenz-, Ausbildungs- oder Zivildienst

Für die Dauer des Präsenzdienstes ist bei arbeitsrechtlich aufrechtem Arbeitsverhältnis die Dienstgeberin bzw. der Dienstgeber verpflichtet, einen BV-Beitrag in der Höhe von 1,53 Prozent einer fiktiven Bemessungsgrundlage zu entrichten. Als fiktive Bemessungsgrundlage gilt der Betrag des Kinderbetreuungsgeldes gemäß § 3 Abs. 1 Kinderbetreuungsgeldgesetz (KBGG) in der Fassung vor dem BGBl. I Nr. 53/2016. Sie beträgt täglich 14,53 Euro (voller Monat x 30).

Erhält die Dienstnehmerin bzw. der Dienstnehmer von der Dienstgeberin bzw. vom Dienstgeber weiterhin ein beitragspflichtiges Entgelt (auch geringfügig), ist hiervon (zusätzlich zur fiktiven Bemessungsgrundlage) **ebenfalls ein BV-Beitrag zu zahlen**.

Diese Regelung gilt entsprechend für die Zeit eines
- Zivildienstes,
- Wehrdienstes als Zeitsoldat (BV-Beiträge für eine Dauer bis zwölf Monate) sowie
- eines Ausbildungsdienstes.

3.6.6.2. Wochengeld

Für die Dauer eines Anspruches auf Wochengeld nach dem ASVG hat die Dienstnehmerin bei weiterhin aufrechtem Arbeitsverhältnis Anspruch auf eine Beitragsleistung durch die Dienstgeberin bzw. den Dienstgeber. Diese Beitragsleistung beträgt 1,53 Prozent einer Bemessungsgrundlage in Höhe eines Monatsentgeltes, berechnet nach dem in den letzten drei Kalendermonaten vor dem Versicherungsfall der Mutterschaft gebührenden Entgelt. Dazu gehören auch anteilige Sonderzahlungen, wenn sie nicht für die Dauer des Wochengeldbezuges fortzuzahlen sind.

Die Bestimmung gilt sowohl für Dienstnehmerinnen als auch für freie Dienstnehmerinnen.

3.6.6.3. Krankengeld

Für die Dauer eines Anspruches auf Krankengeld nach dem ASVG hat die Dienstnehmerin bzw. der Dienstnehmer bei weiterhin aufrechtem Arbeitsverhältnis Anspruch auf eine Beitragsleistung zur BV durch die Dienstgeberin bzw. den Dienstgeber in Höhe von 1,53 Prozent einer fiktiven Bemessungsgrundlage. Diese richtet sich nach der Hälfte des für den Kalendermonat vor Eintritt des Versicherungsfalles der Arbeitsunfähigkeit gebührenden Entgeltes. Sonderzahlungen sind bei der Festlegung der fiktiven Bemessungsgrundlage außer Acht zu lassen. Diese Bestimmung gilt auch für freie Dienstnehmerinnen und freie Dienstnehmer.

Erfolgt eine 50-prozentige Entgeltfortzahlung durch die Dienstgeberin bzw. den Dienstgeber neben dem Krankengeldbezug, ist die fiktive Bemessungsgrundlage in diesem Fall 100 Prozent des vorherigen Entgeltes. Die fiktive Bemessungsgrundlage setzt sich in diesem Fall aus der 50-prozentigen Entgeltfortzahlung sowie der fiktiven 50-prozentigen Bemessungsgrundlage für den Bezug des Krankengeldes zusammen.

Wird das Arbeitsverhältnis während der Arbeitsunfähigkeit beendet, gilt ab diesem Zeitpunkt als Bemessungsgrundlage das fortgezahlte Entgelt (keine zusätzliche fiktive Bemessungsgrundlage).

Erhält die Dienstnehmerin bzw. der Dienstnehmer volles Krankengeld und zusätzlich von der Dienstgeberin bzw. vom Dienstgeber eine Entgeltfortzahlung (zum Beispiel in der Höhe von 25 Prozent), ist vom fortgezahlten Entgelt kein BV-Beitrag zu zahlen (auch für die Sozialversicherung beitragsfrei); Beitragsgrundlage für die BV ist nur die fiktive 50-prozentige Bemessungsgrundlage.

Das Teilentgelt bei Lehrlingen erhöht die fiktive 50-prozentige Bemessungsgrundlage nicht.

3.6.6.4. Wiedereingliederungsteilzeit
Für die Dauer der Wiedereingliederungsteilzeit nach § 13a AVRAG sind von der Dienstgeberin bzw. vom Dienstgeber BV-Beiträge auf Basis des monatlichen Entgeltes sowie der Sonderzahlungen vor Herabsetzung der Normalarbeitszeit zu entrichten.

3.6.7. Keine Beitragsleistung für entgeltfreie Zeiträume durch die Dienstgeberin bzw. den Dienstgeber

3.6.7.1. Kinderbetreuungsgeldbezug
Für Zeiten des Kinderbetreuungsgeldbezuges hat die Dienstnehmerin bzw. der Dienstnehmer Anspruch auf eine Beitragsleistung zur BV **zu Lasten des Familienlastenausgleichsfonds (FLAF)**. Dies gilt auch für eine ehemalige Dienstnehmerin bzw. einen ehemaligen Dienstnehmer, wenn der Zeitraum zwischen dem Beginn des Kinderbetreuungsgeldbezuges und dem Ende des letzten der BV unterliegenden Arbeitsverhältnisses nicht mehr als drei Jahre beträgt.

Die Beitragsleistung beträgt 1,53 Prozent des jeweils nach dem KBGG bezogenen Tagesbetrages an Kinderbetreuungsgeld.

Die Dienstgeberin bzw. der Dienstgeber hat keine BV-Beiträge zu entrichten. **Die Überweisung der BV-Beiträge** an die BV-Kasse der letzten Dienstgeberin bzw. des letzten Dienstgebers **führt der Krankenversicherungsträger durch.**

3.6.7.2. Familienzeitbonus
Für die Dauer der Inanspruchnahme eines Familienzeitbonus nach dem Familienzeitbonusgesetz sind keine BV-Beiträge zu leisten - weder von der Dienstgeberin bzw. vom Dienstgeber noch zu Lasten des FLAF.

3.6.7.3. Familienhospizkarenz
Für die Dauer einer **Familienhospizkarenz** (§ 14a oder § 14b AVRAG) **gegen Entfall des Entgeltes** hat die Dienstnehmerin bzw. der Dienstnehmer Anspruch auf Beitragsleistung zur BV zu Lasten des Bundes in der Höhe von 1,53 Prozent einer fiktiven Bemessungsgrundlage. Als fiktive Bemessungsgrundlage gilt der Betrag des Kinderbetreuungsgeldes gemäß § 5 Abs. 1 KBGG in der Fassung vor dem BGBl. I Nr. 53/2016. Sie beträgt täglich 26,60 Euro.

Die Dienstgeberin bzw. der Dienstgeber hat keine BV-Beiträge zu entrichten. **Die Überweisung der BV-Beiträge** an die BV-Kasse der letzten Dienstgeberin bzw. des letzten Dienstgebers **führt der Krankenversicherungsträger durch.**

Bei einer **Familienhospizkarenz mit Herabsetzung der Normalarbeitszeit** der Dienstnehmerin bzw. des Dienstnehmers handelt es sich um keinen entgeltfreien Zeitraum. Von der Dienstgeberin bzw. vom Dienstgeber sind BV-Beiträge auf Basis des monatlichen Entgeltes sowie der Sonderzahlungen vor Herabsetzung der Arbeitszeit zu leisten.

3.6.7.4. Pflegekarenz
Für die Dauer einer Pflegekarenz nach § 14c AVRAG hat die Dienstnehmerin bzw. der Dienstnehmer Anspruch auf eine Beitragsleistung zur BV zu Lasten des Bundes von 1,53 Prozent einer fiktiven Bemes-

sungsgrundlage. Als fiktive Bemessungsgrundlage gilt der Betrag des Kinderbetreuungsgeldes gemäß § 5 Abs. 1 KBGG in der Fassung vor dem BGBl. I Nr. 53/2016. Sie beträgt täglich 26,60 Euro.

Die Dienstgeberin bzw. der Dienstgeber hat keine BV-Beiträge zu entrichten. **Die Überweisung der BV-Beiträge** an die BV-Kasse der letzten Dienstgeberin bzw. des letzten Dienstgebers **führt der Krankenversicherungsträger durch.**

Bei der **Pflegeteilzeit** gemäß § 14d AVRAG handelt es sich um keinen entgeltfreien Zeitraum. Daher sind von der Dienstgeberin bzw. vom Dienstgeber BV-Beiträge auf Basis des monatlichen Entgeltes sowie der Sonderzahlungen vor Herabsetzung der Arbeitszeit zu leisten.

3.6.7.5. Rehabilitationsgeldbezug

Für die Dauer eines Anspruches auf Rehabilitationsgeld nach dem ASVG hat die Dienstnehmerin bzw. der Dienstnehmer bei weiterhin aufrechtem Arbeitsverhältnis **keinen Anspruch** auf eine Beitragsleistung zur BV durch die Dienstgeberin bzw. den Dienstgeber. Diese Bestimmung gilt auch für freie Dienstnehmerinnen und freie Dienstnehmer.

Erfolgt aber eine mindestens 50-prozentige Entgeltfortzahlung durch die Dienstgeberin bzw. den Dienstgeber statt bzw. neben dem Rehabilitationsgeldbezug, sind von der Dienstgeberin bzw. vom Dienstgeber BV-Beiträge zu entrichten. Beitragsgrundlage für die BV ist das fortgezahlte Entgelt.

3.6.7.6. Bildungskarenz

Für die Dauer einer Bildungskarenz (§ 11 AVRAG) hat die Dienstnehmerin bzw. der Dienstnehmer Anspruch auf eine Beitragsleistung zur BV, finanziert aus den Einnahmen des Bundes für Zwecke der Arbeitsmarktpolitik. Diese Beitragsleistung beträgt 1,53 Prozent der Bemessungsgrundlage in Höhe des von der Dienstnehmerin bzw. vom Dienstnehmer bezogenen Weiterbildungsgeldes gemäß § 26 Abs. 1 des Arbeitslosenversicherungsgesetzes 1977 (AlVG).

Die Dienstgeberin bzw. der Dienstgeber hat keine BV-Beiträge zu entrichten. **Die Überweisung der BV-Beiträge** an die BV-Kasse der letzten Dienstgeberin bzw. des letzten Dienstgebers **führt der Krankenversicherungsträger durch.**

Bei der **Bildungsteilzeit** gemäß § 11a AVRAG handelt es sich um keinen entgeltfreien Zeitraum. Daher sind von der Dienstgeberin bzw. vom Dienstgeber BV-Beiträge auf Basis des monatlichen Entgeltes sowie der Sonderzahlungen vor Herabsetzung der Normalarbeitszeit zu entrichten; Lohnerhöhungen sind zu berücksichtigen.

Während einer **Freistellung gegen Entfall des Arbeitsentgeltes** (§ 12 AVRAG), für die eine Förderung aus Mitteln der AV oder des AMS in Anspruch genommen wird, sind keine BV-Beiträge zu leisten - weder von der Dienstgeberin bzw. vom Dienstgeber noch aus den Einnahmen des Bundes für Zwecke der Arbeitsmarktpolitik.

3.6.7.7. Unbezahlter Urlaub

Für die Dauer eines unbezahlten Urlaubes sind keine BV-Beiträge zu leisten.

3.6.7.8. Meldung der entgeltfreien Zeiträume durch die Dienstgeberin bzw. den Dienstgeber

Bei Beendigung der Pflichtversicherung (Ende Entgeltanspruch) hat die Dienstgeberin bzw. der Dienstgeber zwingend eine Abmeldung zu erstatten. Darauf ist der entsprechende Abmeldegrund anzugeben.

Wird das Arbeitsverhältnis bei der Dienstgeberin bzw. beim Dienstgeber während dieser entgeltfreien Zeiträume beendet, ist von der Dienstgeberin bzw. vom Dienstgeber zwingend eine weitere Abmeldung mit dem neuen Abmeldegrund, zum Beispiel „Kündigung durch den Dienstnehmer", zu erstatten.

Für die Familienhospizkarenz/Pflegekarenz ist die Meldung „Familienhospiz/Pflegekarenz Abmeldung" zu verwenden. Eine Meldung ist in allen Fällen der Familienhospizkarenz/Pflegekarenz erforderlich.

3.6.8. Auswahl und Wechsel der Betrieblichen Vorsorgekasse

Jede Dienstgeberin bzw. jeder Dienstgeber hat rechtzeitig eine BV-Kasse auszuwählen. Die Auswahl der BV-Kasse hat durch eine **Betriebsvereinbarung** zu erfolgen.

Für Dienstnehmerinnen und Dienstnehmer, die von keinem Betriebsrat vertreten sind, trifft die Auswahl der BV-Kasse zunächst die Dienstgeberin bzw. der Dienstgeber. Über die beabsichtigte Auswahl der BV-Kasse sind alle Dienstnehmerinnen und Dienstnehmer binnen einer Woche schriftlich zu informieren. Wenn mindestens ein Drittel der Dienstnehmerinnen und Dienstnehmer binnen zwei Wochen gegen die beabsichtigte Auswahl schriftlich Einwände erhebt, muss die Dienstgeberin bzw. der Dienstgeber eine andere BV-Kasse vorschlagen.

Der **Beitrittsvertrag** ist **zwischen der BV-Kasse und der beitretenden Dienstgeberin bzw. dem beitretenden Dienstgeber** abzuschließen. Dieser Beitrittsvertrag hat insbesondere auch alle Beitragskontonummern der beitretenden Dienstgeberin bzw. des beitretenden Dienstgebers bei allen in Betracht kommenden Krankenversicherungsträgern zu enthalten. Die BV-Kasse meldet die Beitragskontonummer(n) mit der entsprechenden Leitzahl der BV-Kasse an den Dachverband der österreichischen Sozialversicherungsträger. Dieser leitet die Daten an den zuständigen Krankenversicherungsträger weiter. Damit entfällt die Verpflichtung der Dienstgeberin bzw. des Dienstgebers zur Meldung der Leitzahl der BV-Kasse an den Versicherungsträger.

Dienstgeberinnen und Dienstgeber, die noch keine BV-Kasse auswählen konnten (keine Einigung mit den Dienstnehmerinnen und Dienstnehmern), haben jedenfalls unabhängig davon die BV-Beiträge rechtzeitig an den zuständigen Krankenversicherungsträger zu entrichten. Der Krankenversicherungsträger hat diese BV-Beiträge zu veranlagen (gemäß § 446 ASVG). Nach erfolgter Wahl der BV-Kasse durch die Dienstgeberin bzw. den Dienstgeber überweist der Krankenversicherungsträger **die Beiträge samt angefallener Zinsen an die zuständige BV-Kasse**.

Die Dienstgeberin bzw. der Dienstgeber hat sich **innerhalb von sechs Monaten** für eine BV-Kasse zu entscheiden, sobald ein Arbeitsverhältnis besteht, das dem BMSVG unterliegt. Kommt es innerhalb der Sechsmonatsfrist zu keinem Beitrittsvertrag mit einer BV-Kasse, ist der zuständige Krankenversicherungsträger verpflichtet, ein gesetzliches **Zuweisungsverfahren** einzuleiten.

3.6.8.1. So funktioniert das Zuweisungsverfahren

- Nach Ablauf der Sechsmonatsfrist wird die Dienstgeberin bzw. der Dienstgeber vom Krankenversicherungsträger schriftlich aufgefordert, binnen drei Monaten eine BV-Kasse auszuwählen.
- Verstreicht diese Frist ungenutzt, wird der Dienstgeberin bzw. dem Dienstgeber vom Dachverband der österreichischen Sozialversicherungsträger eine BV-Kasse nach einem Schlüssel, der sich an den Marktanteilen der BV-Kassen orientiert, zugewiesen.
- Die Dienstgeberin bzw. der Dienstgeber erhält den Beitrittsvertrag von der zugeordneten BV-Kasse.
- Mit Einlangen dieses Schriftstückes bei der Dienstgeberin bzw. beim Dienstgeber kommt der Beitrittsvertrag ex lege zu Stande. Die Willenserklärung der Dienstgeberin bzw. des Dienstgebers wird mit dem Zeitpunkt der Zustellung fingiert.
- Die Kündigungsfrist für den Beitrittsvertrag beträgt in diesem Fall drei Monate. Dies gilt aber nur für die Kündigung zum nächsten oder übernächsten Bilanzstichtag der BV-Kasse (dies ist immer der 31.12. des jeweiligen Kalenderjahres).
- Durch die Zuweisung der Dienstgeberin bzw. des Dienstgebers zu einer BV-Kasse werden nicht nur die Beitragszeiten der BV der Dienstnehmerinnen und Dienstnehmer mit einem aufrechten Dienstverhältnis, sondern auch die Beitragszeiten der ehemaligen Dienstnehmerinnen und Dienstnehmer erfasst, für die die Dienstgeberin bzw. der Dienstgeber BV-Beiträge abgerechnet hat.

4.3.2. Begleitung von schwerst erkrankten Kindern

Im § 14b AVRAG wird für Arbeitnehmerinnen und Arbeitnehmer festgelegt, dass eine derartige Karenzregelung auch für die Begleitung von im gemeinsamen Haushalt lebenden, schwerst erkrankten Kindern (Adoptiv-, Pflegekindern oder leiblichen Kindern der Ehepartnerin bzw. des Ehepartners, der eingetragenen Partnerin bzw. des eingetragenen Partners oder der Lebensgefährtin bzw. des Lebensgefährten) möglich ist.

Zunächst ist diese Maßnahme auf fünf Monate beschränkt. Bei einer Verlängerung darf die Gesamtdauer neun Monate nicht überschreiten. Sonst gelten die Regelungen für die Sterbebegleitung analog.

4.3.3. Sozialversicherungsrechtliche Absicherung

Hinsichtlich der kranken- und pensionsversicherungsrechtlichen Absicherung gelten dieselben Regelungen wie für Pflegekarenz (siehe *„4.9.5. Sozialversicherungsrechtliche Absicherung" auf Seite 72*).

4.4. Ferialarbeiterinnen und Ferialarbeiter/Ferialangestellte sowie Ferialpraktikantinnen und Ferialpraktikanten

4.4.1. Ferialarbeiterinnen und Ferialarbeiter/Ferialangestellte

Werden Schülerinnen und Schüler sowie Studierende in der Ferienzeit wie herkömmliche Dienstnehmerinnen und Dienstnehmer in persönlicher und wirtschaftlicher Abhängigkeit gegen Entgelt beschäftigt, unterliegen sie als Dienstnehmerinnen und Dienstnehmer der Pflichtversicherung nach § 4 Abs. 2 ASVG.

Die Dienstnehmerstellung kommt insbesondere dadurch zum Ausdruck, dass die Schülerin bzw. der Schüler oder die bzw. der Studierende zur persönlichen Arbeitsleistung verpflichtet ist, Weisungen bezüglich Arbeitszeit, Arbeitsort und sein arbeitsbezogenes Verhalten erhält, einer diesbezüglichen Kontrolle unterliegt sowie organisatorisch in den Betrieb eingegliedert ist.

- Für derart Beschäftigte gelten die jeweiligen lohngestaltenden (kollektivvertraglichen) Vorschriften.
- Die Sozialversicherungsbeiträge sind zumindest vom gebührenden Entgelt (auch von Sonderzahlungen) zu entrichten.
- Die Beitragsabrechnung erfolgt in der Beschäftigtengruppe Arbeiter bzw. Angestellter. Liegt der Arbeitsverdienst unter der Geringfügigkeitsgrenze **(2022: 485,85 Euro)**, ist die Beschäftigtengruppe geringfügiger Arbeiter bzw. geringfügiger Angestellter anzuwenden.
- Wenn die Beschäftigung länger als einen Monat dauert, sind von der Dienstgeberin bzw. vom Dienstgeber BV-Beiträge zu entrichten.

4.4.2. Praktikantinnen und Praktikanten

4.4.2.1. „Echte" Ferialpraktikantinnen und Ferialpraktikanten

„Echte" Ferialpraktikantinnen und Ferialpraktikanten sind Schülerinnen und Schüler sowie Studierende, die eine im Rahmen des Lehrplanes bzw. der Studienordnung vorgeschriebene oder übliche praktische Tätigkeit verrichten **ohne dafür Geld- und/oder Sachbezüge zu erhalten**. Sie sind während ihrer Tätigkeit im Rahmen der gesetzlichen Unfallversicherung für Schülerinnen und Schüler bzw. Studierende ohne Beitragsleistung der Dienstgeberin bzw. des Dienstgebers und ohne Anmeldung zur Sozialversicherung unfallversichert. Ein Ferialpraktikum kann nicht nur während der Ferienzeit, sondern während des ganzen Jahres absolviert werden. Kennzeichnend für eine Beschäftigung als Ferialpraktikantin bzw. Ferialpraktikant sind folgende Kriterien:

- Es muss sich nachweislich um Schülerinnen und Schüler bzw. Studierende einer bestimmten Fachrichtung handeln, die im Betrieb entsprechend dieser Fachrichtung eingesetzt werden.
- Die praktische Tätigkeit im Betrieb muss dem Lern- und Ausbildungszweck des betreffenden Schultyps bzw. der Studienordnung entsprechen.
- Die Dauer des Ferialpraktikums richtet sich dabei nach den einschlägigen Ausbildungsvorschriften. Die Nachweise über die Ausbildungserfordernisse hat die Dienstgeberin bzw. der Dienstgeber

von Gesellschaftsanteilen Dritter beruht oder durch treuhändige Weitergabe von Gesellschaftsanteilen ausgeübt wird,
- Vorstände einer Aktiengesellschaft, die der AV und der Lohnsteuerpflicht unterliegen,
- Vorstandsmitglieder von Sparkassen,
- Lehrlinge für die gesamte Dauer der Lehrzeit,
- Personen, die vor dem 01.01.1953 geboren sind (60. Lebensjahr vollendet bzw. das für die vorzeitige Alterspension bei langer Versicherungsdauer maßgebliche Mindestalter vollendet),
- Personen, die nach dem 31.12.1952 geboren sind, sobald sie alle Anspruchsvoraussetzungen für eine Alterspension erfüllen bzw. das 63. Lebensjahr vollendet haben,
- Personen, die nach § 66a AlVG, BGBl. Nr. 609/1977 der Arbeitslosenversicherungspflicht unterliegen (Strafgefangene).

Im Falle eines (maximal einmonatigen) Urlaubes ohne Entgeltzahlung, der zu keiner Unterbrechung der Pflichtversicherung führt, ist der IE weiterhin von der Dienstgeberin bzw. vom Dienstgeber zu entrichten.

3.8. Landarbeiterkammerumlage

Die LK ist **von der bzw. dem Versicherten allein zu tragen**. Sie beträgt **0,75 Prozent** der allgemeinen Beitragsgrundlage und ist maximal bis zur Höchstbeitragsgrundlage in der Höhe von **5.670,00 Euro** zu entrichten.

Die LK ist grundsätzlich von
- gegen Entgelt beschäftigten Dienstnehmerinnen und Dienstnehmern in Betrieben der Land- und Forstwirtschaft oder diesen gleichgestellten Betrieben und
- auf land- und forstwirtschaftlichem Gebiet tätigen Dienstnehmerinnen und Dienstnehmern (zum Beispiel Milchmesser der Landwirtschaftskammer)

zu leisten.

Der Umlagebetrag wird von der Dienstgeberin bzw. vom Dienstgeber für die bei ihr bzw. ihm beschäftigten kammerzugehörigen Dienstnehmerinnen und Dienstnehmer vom Lohn (Gehalt) einbehalten.

Die LK wird vom Krankenversicherungsträger eingehoben und an die Landarbeiterkammer abgeführt.

Keine LK ist zu entrichten
- für Lehrlinge (Ausnahme: Steiermark und Kärnten),
- für freie Dienstnehmerinnen und freie Dienstnehmer (Ausnahme: Niederösterreich, Steiermark, Kärnten und Oberösterreich),
- für leitende Angestellte (Ausnahme: Niederösterreich, Salzburg, Steiermark, Tirol), denen dauernd ein maßgebender Einfluss auf die Führung des Betriebes zusteht,
- für Ehegattinnen und Ehegatten, Kinder, Kindeskinder sowie Schwiegerkinder ihrer Dienstgeberin bzw. ihres Dienstgebers, wenn sie der Versicherungspflicht in der PV nach den Bestimmungen des Bauern-Sozialversicherungsgesetzes (BSVG) unterliegen (Achtung: landesgesetzliche Sonderregelungen beachten),
- für Dienstnehmerinnen und Dienstnehmer in Sägen, Harzverarbeitungsstätten, Mühlen und Molkereien, die von land- und forstwirtschaftlichen Erwerbs- und Wirtschaftsgenossenschaften betrieben werden, sofern in diesen dauernd mehr als fünf Dienstnehmerinnen und Dienstnehmer beschäftigt sind,
- von Sonderzahlungen (Ausnahme: Kärnten, wo die LK von der Beitragsgrundlage für Sonderzahlungen bis höchstens 11.340,00 Euro jährlich zu leisten ist),
- bei einem Urlaub ohne Entgeltzahlung (Ausnahme: Steiermark und Kärnten),
- in Burgenland und Wien für Dienstnehmerinnen und Dienstnehmer in land- und forstwirtschaft-

lichen Großbetrieben und in land- und forstwirtschaftlichen Genossenschaften mit mehr als zehn Dienstnehmerinnen und Dienstnehmern; dort wird an Stelle der LK die AK eingehoben,
- in Wien für Dienstnehmerinnen und Dienstnehmer in land- und forstwirtschaftlichen Betrieben, die weder in land- und forstwirtschaftlichen Großbetrieben noch in land- und forstwirtschaftlichen Genossenschaften mit mehr als zehn Dienstnehmerinnen und Dienstnehmern beschäftigt sind und keinem Landarbeiterkammergesetz unterliegen.

3.9. Nachtschwerarbeits-Beitrag

Personen, die über längere Zeit Nachtschwerarbeit verrichten, haben **Anspruch auf Sonderruhegeld**. Zur Finanzierung dieser Geldleistung dient der NB. Für die Beurteilung, ob die Kriterien der Nachtschwerarbeit vorliegen und die Dienstgeberin bzw. der Dienstgeber den NB im Ausmaß von **3,80 Prozent** der allgemeinen Beitragsgrundlage bis zur jeweiligen Höchstbeitragsgrundlage sowie von den Sonderzahlungen zu entrichten hat, ist das Vorliegen folgender Voraussetzungen relevant:

3.9.1. Nachtarbeit

Nachtarbeit leistet eine Arbeitnehmerin bzw. ein Arbeitnehmer, der in der Zeit **zwischen 22.00 Uhr und 06.00 Uhr mindestens sechs Stunden** arbeitet, sofern nicht in die Arbeitszeit regelmäßig und in erheblichem Umfang Arbeitsbereitschaft fällt.

3.9.2. Nachtschwerarbeit

Nachtschwerarbeit liegt vor, wenn eine Arbeitnehmerin bzw. ein Arbeitnehmer, die bzw. der das Kriterium der Nachtarbeit erfüllt, unter erschwerenden Arbeitsbedingungen tätig wird. Erschwerende Arbeitsbedingungen sind etwa andauernd starker Lärm, besonders belastende Hitze bzw. Kälte. Arbeitnehmerinnen und Arbeitnehmer der Feuerwehren können unter bestimmten Voraussetzungen auch Nachtschwerarbeit leisten, wenn das Kriterium der Nachtarbeit auf Grund erheblicher Arbeitsbereitschaft nicht erfüllt ist.

Unter welchen Bedingungen Nachtschwerarbeit konkret vorliegt, ist im Artikel VII Abs. 2 Z 1 - 11 und Abs. 4 des NSchG definitiv geregelt.

Im Kollektivvertrag können darüber hinaus sonstige Arbeiten der Nachtschwerarbeit gleichgestellt werden.

3.9.3. Nachtschwerarbeitsmonat

Der NB ist grundsätzlich für jene Kalendermonate zu entrichten, in denen die jeweilige Dienstnehmerin bzw. der jeweilige Dienstnehmer an mindestens sechs Arbeitstagen Nachtschwerarbeit oder dieser durch Kollektivvertrag gleichgestellte Tätigkeiten erbringt (Sonderbestimmungen beachten).

Das NSchG sieht in diesem Zusammenhang auch Durchrechnungsbestimmungen vor.

3.9.4. Meldepflicht und Abrechnung

Die Beurteilung, ob die Voraussetzungen von Nachtschwerarbeit erfüllt werden bzw. ob ein Nachtschwerarbeitsmonat vorliegt, haben in erster Linie die Dienstgeberinnen und Dienstgeber anhand entsprechender Feststellungen (zum Beispiel Lärmmessberichte der AUVA, eigene Messungen, Schichtpläne) vorzunehmen.

Die Dienstgeberinnen und Dienstgeber haben jede von ihnen beschäftigte Dienstnehmerin bzw. jeden von ihnen beschäftigten Dienstnehmer, die bzw. der Nachtschwerarbeit leistet, innerhalb der gesetzlichen Meldefrist mittels mBGM als Ergänzung zur Beschäftigtengruppe gesondert zu melden. Der NB ist im Rahmen der monatlichen Beitragsabrechnung zu entrichten.

3.10. Schlechtwetterentschädigung

In der durch Schlechtwetter ausfallenden Arbeitszeit sind Arbeiterinnen und Arbeiter bzw. gewerbliche Lehrlinge (gemäß BSchEG) in der **KV** und unter Berücksichtigung der Höchstbeitragsgrundlage mit dem **Entgelt** versichert, **das** ihnen **bei Vollarbeit gebührt hätte.**

- Diese Regelung gilt auch für Arbeitskräfteüberlassungsbetriebe bezüglich Arbeiterinnen und Arbeiter, die gemäß § 2 Abs. 1 lit. h des BUAG in den Sachbereich der Urlaubsregelung einbezogen sind.
- Auf das Lehrverhältnis von gewerblichen Lehrlingen mit Doppellehre ist das BSchEG nicht anzuwenden, wenn nur einer der beiden Lehrberufe in den Geltungsbereich des BSchEG fällt.

In den übrigen Zweigen der SV (UV, PV und AV) sind sie unter Berücksichtigung der Höchstbeitragsgrundlage mit dem im Beitragszeitraum **tatsächlich erzielten Entgelt** (Lohn oder Lehrlingseinkommen zuzüglich Schlechtwetterentschädigung) versichert. Dies gilt auch für die Berechnung der AK, des WF, der LK, des SW, des IE und des BV-Beitrages, wobei nur für den BV-Beitrag die Höchstbeitragsgrundlage nicht zu berücksichtigen ist.

Die Schlechtwetterentschädigung beträgt für Baustellen im Inland und im Ausland 60 Prozent des Lohnes, der bei Vollarbeit gebührt hätte.

Die als Schlechtwetterentschädigung ausgezahlten Beträge sind der Dienstgeberin bzw. dem Dienstgeber von der BUAK über Antrag zu ersetzen.

Der KV-Beitrag für den **Differenzbetrag** zwischen dem bei Vollarbeit gebührenden Arbeitsentgelt und dem tatsächlich erzielten Entgelt (Lohn oder Lehrlingseinkommen zuzüglich Schlechtwetterentschädigung) ist von der Dienstgeberin bzw. vom Dienstgeber allein zu tragen und unter Beachtung der Höchstbeitragsgrundlage mittels mBGM inklusive Zuschlag wie folgt abzurechnen:

Zusätzlicher KV-Beitrag von insgesamt 7,65 Prozent
- Arbeiterinnen und Arbeiter

Zusätzlicher KV-Beitrag von insgesamt 3,35 Prozent
- Gewerbliche Lehrlinge ohne Doppellehre
- Gewerbliche Lehrlinge mit Doppellehre, wenn beide Lehrberufe in den Geltungsbereich des BSchEG fallen

Beispiel: Schlechtwetterentschädigung

Die Sollarbeitszeit eines Bauarbeiters beträgt in einem Monat 173 Stunden. Sein Stundenlohn beträgt 16,00 Euro. In diesem Monat fallen 23 Schlechtwetterstunden an.

Fiktiver Bruttolohn bei Vollarbeit:	173 Stunden x € 16,00 =	€ 2.768,00
Erzielter Arbeitslohn für 150 Stunden:	150 Stunden x € 16,00 =	€ 2.400,00
Schlechtwetterlohn für 23 Stunden, davon 60 %:	23 Stunden x € 16,00 x 60 % =	€ 220,80
Tatsächlicher Bruttolohn:		**€ 2.620,80**

Beitragspflichtiges Entgelt:
Abrechnung von KV, UV, PV, AV:	€ 2.620,80
Abrechnung von AK, WF, SW, IE:	€ 2.620,80
Abrechnung vom BV-Beitrag:	€ 2.620,80
Abrechnung der zusätzlichen KV von insgesamt 7,65 %: € 2.768,00 - € 2.620,80 =	€ 147,20

7. Arbeitsbehelf 2022

3.10.1. Schlechtwetterentschädigungsbeitrag

Gilt für ein Beschäftigungs- oder Lehrverhältnis das BSchEG, fällt zur Finanzierung der Schlechtwetterentschädigung der SW an.

Er beträgt **1,40 Prozent** der allgemeinen Beitragsgrundlage bis zur Höchstbeitragsgrundlage und ist auch von Sonderzahlungen zu entrichten.

Der SW wird je zur **Hälfte von der Dienstgeberin bzw. vom Dienstgeber und von der Dienstnehmerin bzw. vom Dienstnehmer** getragen.

Bei einem Urlaub ohne Entgeltzahlung ist der SW allerdings zur Gänze von der Arbeiterin bzw. vom Arbeiter oder gewerblichen Lehrling zu tragen.

Der SW ist nicht zu entrichten für
- die Dauer einer Beschäftigung von Arbeiterinnen und Arbeitern auf Auslandsbaustellen,
- Angestellte,
- Lehrlinge in Angestelltenberufen,
- gewerbliche Lehrlinge mit Doppellehre, wenn nur einer der beiden Lehrberufe in den Geltungsbereich des BSchEG fällt, und
- geringfügig Beschäftigte.

Arbeitskräfteüberlassungsbetriebe haben den SW für die gemäß § 2 Abs. 1 lit. h BUAG in den Sachbereich der Urlaubsregelung einbezogenen Dienstnehmerinnen und Dienstnehmer zu leisten.

3.11. Service-Entgelt (Gebühr für die e-card)

Für die e-card ist jährlich ein Service-Entgelt zu entrichten. Gemäß § 31c Abs. 3 Z 1 ASVG hat die Dienstgeberin bzw. der Dienstgeber
- am 15.11. eines jeden Jahres
- für die zu diesem Stichtag bei ihr bzw. ihm in einem Dienstverhältnis stehenden Personen das Service-Entgelt einzuheben und an den Krankenversicherungsträger abzuführen. Für das Jahr **2023** ist **am 15.11.2022** ein Service-Entgelt in Höhe von **12,95 Euro** fällig.

> ⓘ **Ermittlung des Service-Entgeltes für 2023:** 12,70 Euro (Service-Entgelt für 2022) x 1,021 (Aufwertungszahl für 2022) = 12,9667 Euro; Rundung auf fünf Cent = **12,95 Euro**.

3.11.1. Betroffene Personen

Das Service-Entgelt ist für folgende Personen von der Dienstgeberin bzw. vom Dienstgeber einzuheben, wenn für diese zum **Stichtag 15.11.** ein Krankenversicherungsschutz besteht:
- Dienstnehmerinnen und Dienstnehmer,
- freie Dienstnehmerinnen und freie Dienstnehmer,
- Lehrlinge,
- Personen in einem Ausbildungsverhältnis,
- Dienstnehmerinnen und Dienstnehmer, die auf Grund einer Arbeitsunfähigkeit mindestens die Hälfte ihres Entgeltes von der Dienstgeberin bzw. vom Dienstgeber fortgezahlt bekommen,
- Bezieherinnen und Bezieher einer Urlaubsersatzleistung gemäß § 10 Urlaubsgesetz (UrlG) oder
- Bezieherinnen und Bezieher einer Kündigungsentschädigung.

Kein Service-Entgelt ist einzuheben für:
- geringfügig Beschäftigte,
- Dienstnehmerinnen und Dienstnehmer, die am 15.11. keine Bezüge erhalten (etwa bei Wochenhilfe, Karenz nach dem MSchG/VKG, Präsenzdienst bzw. Zivildienst),

- Dienstnehmerinnen und Dienstnehmer, die auf Grund einer Arbeitsunfähigkeit weniger als die Hälfte ihres Entgeltes von der Dienstgeberin bzw. vom Dienstgeber fortgezahlt bekommen,
- Personen, von denen bekannt ist, dass sie bereits im ersten Quartal des nachfolgenden Kalenderjahres wegen Pensionsantritt von der Pflichtversicherung in der KV abgemeldet werden.

3.11.2. Art der Einhebung
Die Einhebung des Service-Entgeltes erfolgt durch Einbehaltung vom Lohn auf Grund der Daten, die der Dienstgeberin bzw. dem Dienstgeber aus der Lohnverrechnung bekannt sind. Das Service-Entgelt ist auch für jene Personen einzuheben, bei denen nach den Daten der Dienstgeberin bzw. des Dienstgebers Mehrfachversicherungen oder Rezeptgebührenbefreiungen bestehen. In diesen Fällen kann das Service-Entgelt allerdings auf Antrag der bzw. des Betroffenen durch den Krankenversicherungsträger rückerstattet werden.

3.12. Weiterbildungsbeitrag nach dem Arbeitskräfteüberlassungsgesetz
Gewerbliche Arbeitskräfteüberlasserinnen und Arbeitskräfteüberlasser im Sinne des § 94 Z 72 der Gewerbeordnung 1994 haben einen Beitrag zur Finanzierung des Sozial- und Weiterbildungsfonds für überlassene Arbeitnehmerinnen und Arbeitnehmer zu entrichten, wenn sowohl Kollektivverträge für den Betrieb der Überlasserin bzw. des Überlassers als auch für den Betrieb der Beschäftigerin bzw. des Beschäftigers vorliegen.

Der WBB-AÜG ist von der Überlasserin bzw. vom Überlasser allein zu tragen und beträgt für überlassene Arbeiterinnen und Arbeiter sowie Angestellte seit 01.04.2017 **0,35 Prozent** der allgemeinen Beitragsgrundlage bis zur Höchstbeitragsgrundlage, wobei die Geringfügigkeitsgrenze nicht anzuwenden ist. Dieser Beitrag ist auch von Sonderzahlungen zu leisten.

Kein WBB-AÜG ist zu entrichten:
- wenn nur für den Betrieb der Überlasserin bzw. des Überlassers oder nur für den Betrieb der Beschäftigerin bzw. des Beschäftigers ein Kollektivvertrag vorliegt;
- wenn weder für den Betrieb der Überlasserin bzw. des Überlassers noch für den Betrieb der Beschäftigerin bzw. des Beschäftigers ein Kollektivvertrag vorliegt.

3.12.1. Beitragszahlung von inländischen Überlasserinnen und Überlassern
Der WBB-AÜG wird am Letzten eines Kalendermonates mit den Sozialversicherungsbeiträgen fällig. Er ist mit den Sozialversicherungsbeiträgen an den Krankenversicherungsträger abzuführen und von diesem an den Sozial- und Weiterbildungsfonds zu überweisen.

3.12.2. Beitragszahlung von ausländischen Überlasserinnen und Überlassern
Besteht für eine überlassene Arbeitskraft keine Pflichtversicherung in Österreich, haben die ausländischen Überlasserinnen und Überlasser den WBB-AÜG über die BUAK abzurechnen.

Wenn aber die überlassene Arbeitskraft der Pflichtversicherung in Österreich unterliegt, gelten für die ausländischen Überlasserinnen und Überlasser dieselben Abrechnungs- und Zahlungsbestimmungen wie für inländische Überlasserinnen und Überlasser.

3.13. Wohnbauförderungsbeitrag
Derzeit beträgt der WF bundesweit **0,50 Prozent für die Dienstgeberin bzw. den Dienstgeber und 0,50 Prozent für die versicherte Person**, somit **insgesamt ein Prozent** der allgemeinen Beitragsgrundlage bis zur Höchstbeitragsgrundlage.

7. Arbeitsbehelf 2022

Beitragspflichtig sind
- Personen, die auf Grund eines privat- oder öffentlich-rechtlichen Dienstverhältnisses oder als Heimarbeiterinnen und Heimarbeiter beschäftigt sind, solange sie Anspruch auf Entgelt haben,
- Dienstgeberinnen und Dienstgeber, soweit deren Dienstnehmerinnen und Dienstnehmer beitragspflichtig sind,
- Auftraggeberinnen und Auftraggeber der beitragspflichtigen Heimarbeiterinnen und Heimarbeiter.

Kein WF ist zu entrichten für
- Lehrlinge,
- geringfügig Beschäftigte,
- freie Dienstnehmerinnen und freie Dienstnehmer,
- Hausbesorgerinnen und Hausbesorger im Sinne des Hausbesorgergesetzes (gilt nur für Dienstverhältnisse, die bis zum 30.06.2000 abgeschlossen wurden),
- Dienstnehmerinnen und Dienstnehmer in Betrieben der Land- und Forstwirtschaft, soweit auf sie die Bestimmungen des Landarbeitsgesetzes 2021 Anwendung finden,
- Gutsangestellte,
- Dienstnehmerinnen und Dienstnehmer, die neben Diensten
    - für die Hauswirtschaft einer land- oder forstwirtschaftlichen Dienstgeberin bzw. eines land- oder forstwirtschaftlichen Dienstgebers oder
    - für Mitglieder ihres bzw. seines Hausstandes,
  Dienste für den land- oder forstwirtschaftlichen Betrieb der Dienstgeberin bzw. des Dienstgebers leisten und nicht unter das Hausgehilfen- und Hausangestelltengesetz fallen,
- Dienstnehmerinnen und Dienstnehmer, die in land- und forstwirtschaftlichen Betrieben des Bundes, eines Landes, einer Gemeinde oder eines Gemeindeverbandes beschäftigt sind,
- Dienstnehmerinnen und Dienstnehmer während des geförderten Zeitraumes gemäß Neugründungs-Förderungsgesetz (gilt nur für den Dienstgeberanteil),
- Vorstände einer Aktiengesellschaft, für die keine Arbeitslosenversicherungs- und Lohnsteuerpflicht besteht,
- Vorstandsmitglieder (Geschäftsleiterinnen und Geschäftsleiter) von Aktiengesellschaften, Sparkassen, Landeshypotheken sowie Versicherungsvereinen auf Gegenseitigkeit und hauptberufliche Vorstandsmitglieder (Geschäftsleiterinnen und Geschäftsleiter) von Kreditgenossenschaften, die nicht der Arbeitslosenversicherungspflicht unterliegen.

> Von Sonderzahlungen und während eines Urlaubes ohne Entgeltzahlung ist der WF nicht zu entrichten.

3.14. Beitragsfälligkeit

Die Sozialversicherungsbeiträge sind innerhalb der Zahlungsfrist zu entrichten. Diese Frist beginnt mit der Fälligkeit der Beiträge zu laufen. Je nach Abrechnungsart ist die Beitragsfälligkeit unterschiedlich geregelt.

Die allgemeinen Beiträge sind in der Regel am letzten Tag des Kalendermonates fällig, in den das Ende des Beitragszeitraumes fällt.

Die Sonderbeiträge werden im Regelfall am letzten Tag des Kalendermonates fällig, in dem die Sonderzahlung fällig wurde (wenn die Sonderzahlung aber vor ihrer Fälligkeit ausgezahlt wurde, am letzten Tag des Auszahlungsmonates).

3.15. Zahlungsfrist

Die Beiträge gelten grundsätzlich dann als zeitgerecht entrichtet, wenn sie **binnen 15 Tagen nach deren Fälligkeit** auf einem Konto des zuständigen Versicherungsträgers gutgebucht sind.

7. Arbeitsbehelf 2022

Fällt der letzte Tag der Frist auf einen Samstag, Sonntag, gesetzlichen Feiertag, Karfreitag oder 24.12., so ist der nächste Tag, der nicht einer der vorgenannten Tage ist, als letzter Tag dieser Frist anzusehen.

Erfolgt die Einzahlung zwar verspätet, **aber noch innerhalb von drei Tagen (Respirofrist) nach Ablauf der 15-Tage-Frist, bleibt dies ohne Verspätungsfolgen.**

Fällt einer dieser drei Respirotage auf einen Samstag, Sonntag, gesetzlichen Feiertag, Karfreitag oder 24.12., so verlängert sich die Frist um diese(n) Tag(e) auf den folgenden Bankarbeitstag.

Werden die Beiträge auch unter Berücksichtigung der Respirofrist verspätet eingezahlt, fallen in der Regel Verzugszinsen ab dem 16. Tag an.

ⓘ **Auf den Einzahlungsbelegen ist unbedingt die zugeteilte Beitragskontonummer anzuführen!**

Verzögerungen auf dem Bankweg gehen zu Lasten der Dienstgeberin bzw. des Dienstgebers.

Erfolgt innerhalb der Zahlungsfrist kein Zahlungseingang (Verbuchung bzw. Wertstellung), so müssen von den rückständigen Beiträgen Verzugszinsen berechnet werden.

Der Verzugszinsensatz wurde für den Zeitraum **ab 01.07.2021 bis 30.09.2022** temporär um **zwei Prozent** verringert = **1,38 Prozent**.

Ab 01.10.2022 beträgt der Verzugszinsensatz **3,38 Prozent**.

7. Arbeitsbehelf 2022

4.1. Dienstnehmerin bzw. Dienstnehmer

Dienstnehmerin bzw. Dienstnehmer im sozialversicherungsrechtlichen Sinn ist, wer in einem **Verhältnis persönlicher und wirtschaftlicher Abhängigkeit gegen Entgelt** beschäftigt wird.

Zu den Dienstnehmerinnen und Dienstnehmern gehören auch Personen, bei deren Beschäftigung die Merkmale persönlicher und wirtschaftlicher Abhängigkeit gegenüber den Merkmalen selbständiger Ausübung der Erwerbstätigkeit überwiegen.

Als Dienstnehmerin bzw. Dienstnehmer gilt jedenfalls auch, wer gemäß § 47 Abs. 1 in Verbindung mit Abs. 2 des EStG 1988 eine **lohnsteuerpflichtige Tätigkeit** ausübt.

Dies ist der Fall, wenn die tätige Person ihre Arbeitskraft schuldet, unter der Leitung der Arbeitgeberin bzw. des Arbeitgebers steht oder deren bzw. dessen Weisungen zu folgen verpflichtet ist.

Einkünfte von Beamtinnen und Beamten aus Nebentätigkeiten sowie Bezüge, Auslagenersätze und Ruhe-(Versorgungs-)Bezüge im Sinne des Bezüge- und Verfassungsgerichtshofgesetzes sowie jene von Landesrätinnen und Landesräten, Landtagsabgeordneten, (Vize-)Bürgermeisterinnen und (Vize-)Bürgermeistern, Stadträtinnen und Stadträten sowie Mitgliedern einer Stadt-, Gemeinde- oder Ortsvertretung sind zwar dem Grunde nach lohnsteuerpflichtig, führen jedoch zu keiner Dienstnehmerstellung.

4.2. Fallweise Beschäftigte

Unter fallweise Beschäftigten versteht man Personen, die in **unregelmäßiger Folge tageweise bei derselben Dienstgeberin bzw. demselben Dienstgeber** beschäftigt werden, wenn die Beschäftigung für eine **kürzere Zeit als eine Woche** vereinbart ist.

Keine fallweise Beschäftigung liegt vor, wenn sich etwa eine Person verpflichtet, nur einmal wöchentlich an einem im Voraus bereits fixierten Tag (beispielsweise jeden Montag) oder einmal monatlich (zum Beispiel jeden 15. oder jeden letzten Freitag im Monat) eine bestimmte Arbeitsleistung zu erbringen. Durch die im Voraus bestimmten periodisch wiederkehrende Arbeitsleistung liegt in einem solchen Fall ein durchlaufendes Beschäftigungsverhältnis vor.

4.2.1. Umfang der Versicherung

Bei der fallweisen bzw. tageweisen Beschäftigung ist zu beachten, dass jeder Tag als eigenständiges Dienstverhältnis zu betrachten ist. Eine Zusammenrechnung hat nicht zu erfolgen. Daher ist stets jenes Entgelt heranzuziehen, das für den jeweiligen Kalendertag (00.00 Uhr - 24.00 Uhr) tatsächlich auszuzahlen ist. Dieses ist dann der monatlichen Geringfügigkeitsgrenze von **485,85 Euro (2022)** gegenüber zu stellen.

Beispiel:
- 05.01., Entgelt: 100,00 Euro = unter der Geringfügigkeitsgrenze
- 06.01., Entgelt: 100,00 Euro = unter der Geringfügigkeitsgrenze
- 18.01., Entgelt: 500,00 Euro = über der Geringfügigkeitsgrenze (tägliche Höchstbeitragsgrundlage beachten)
- 20.01., Entgelt: 500,00 Euro = über der Geringfügigkeitsgrenze (tägliche Höchstbeitragsgrundlage beachten)

Eine Vollversicherung besteht daher nur am 18.01. und am 20.01.!

4.3. Familienhospizkarenz

Arbeitnehmerinnen und Arbeitnehmer mit der Verpflichtung zur Arbeitsleistung durch einen privatrechtlichen Arbeitsvertrag - auch Lehrlinge und geringfügig Beschäftigte - haben entsprechend den Regelungen im AVRAG die Möglichkeit der Familienhospizkarenz (Sterbebegleitung oder Begleitung schwerst erkrankter Kinder). Freie Dienstnehmerinnen und freie Dienstnehmer unterliegen durch ihren freien Dienstvertrag nicht dem AVRAG und können daher die Familienhospizkarenz nicht in Anspruch nehmen.

Folgende Maßnahmen können zur Familienhospizkarenz verlangt werden:
- Herabsetzung der Normalarbeitszeit,
- Änderung der Lage der Normalarbeitszeit oder
- Freistellung gegen Entfall des Entgeltes.

Für die Dauer der Familienhospizkarenz besteht eine **eigene kranken- und pensionsversicherungsrechtliche Absicherung**. Davon sind **geringfügig Beschäftigte ausgenommen**: Das einzelne geringfügige Beschäftigungsverhältnis, aus dem die Familienhospizkarenz möglich ist, löst nur die Teilversicherung in der UV aus.

4.3.1. Sterbebegleitung

Durch § 14a AVRAG haben Arbeitnehmerinnen und Arbeitnehmer die Möglichkeit, eine Herabsetzung, eine Änderung der Lage der Normalarbeitszeit oder eine Freistellung von der Arbeitsleistung gegen Entfall des Arbeitsentgeltes für die Sterbebegleitung einer bzw. eines nahen Angehörigen im Sinne des § 16 Abs. 1 UrlG zu verlangen.

Nahe Angehörige in diesem Sinne sind:
- die Ehegattin bzw. der Ehegatte,
- die eingetragene Partnerin bzw. der eingetragene Partner,
- die Person, die mit der Arbeitnehmerin bzw. dem Arbeitnehmer in Lebensgemeinschaft lebt,
- Verwandte in gerader Linie (Kinder, Enkel, Eltern, Großeltern) sowie
- Adoptiv- und Pflegekinder.

Diese Regelung gilt auch für:
- Verwandte in der Seitenlinie zweiten Grades (Geschwister, Schwiegereltern, Schwiegerkinder),
- Adoptiv- und Pflegeeltern,
- leibliche Kinder der Ehegattin bzw. des Ehegatten oder der Lebensgefährtin bzw. des Lebensgefährten.

Ein gemeinsamer Haushalt mit der versicherten Person ist nicht Voraussetzung.

Für Kinder der eingetragenen Partnerin bzw. des eingetragenen Partners hat die Arbeitnehmerin bzw. der Arbeitnehmer insoweit Anspruch, als die Sterbebegleitung aus wichtigen wirtschaftlichen oder persönlichen Gründen kein Elternteil übernehmen kann.

Dauer:
Vorerst für einen bestimmten, drei Monate nicht übersteigenden Zeitraum. Eine Verlängerung ist zulässig, wobei die Gesamtdauer mit sechs Monaten begrenzt ist.

Die Arbeitnehmerin bzw. der Arbeitnehmer hat der Arbeitgeberin bzw. dem Arbeitgeber die von ihr bzw. ihm verlangte Maßnahme sowie deren Verlängerung schriftlich bekannt zu geben, wobei der Grund für die Maßnahme bzw. die Verlängerung als auch das Verwandtschaftsverhältnis glaubhaft zu machen ist. Die Glaubhaftmachung des Grundes kann durch eine ärztliche Bestätigung, dass die bzw. der Angehörige lebensbedrohlich erkrankt ist, erfolgen. Auf Verlangen der Arbeitgeberin bzw. des Arbeitgebers ist eine schriftliche Bescheinigung über das Verwandtschaftsverhältnis vorzulegen.

In der Regel wird zwischen der Arbeitnehmerin bzw. dem Arbeitnehmer und der Arbeitgeberin bzw. dem Arbeitgeber eine Vereinbarung über die Maßnahme der Familienhospizkarenz erfolgen. Kommt eine solche nicht zu Stande, ist ein eigenes Verfahren vorgesehen (Klage beim zuständigen Arbeits- und Sozialgericht).

4.3.2. Begleitung von schwerst erkrankten Kindern

Im § 14b AVRAG wird für Arbeitnehmerinnen und Arbeitnehmer festgelegt, dass eine derartige Karenzregelung auch für die Begleitung von im gemeinsamen Haushalt lebenden, schwerst erkrankten Kindern (Adoptiv-, Pflegekindern oder leiblichen Kindern der Ehepartnerin bzw. des Ehepartners, der eingetragenen Partnerin bzw. des eingetragenen Partners oder der Lebensgefährtin bzw. des Lebensgefährten) möglich ist.

Zunächst ist diese Maßnahme auf fünf Monate beschränkt. Bei einer Verlängerung darf die Gesamtdauer neun Monate nicht überschreiten. Sonst gelten die Regelungen für die Sterbebegleitung analog.

4.3.3. Sozialversicherungsrechtliche Absicherung

Hinsichtlich der kranken- und pensionsversicherungsrechtlichen Absicherung gelten dieselben Regelungen wie für Pflegekarenz (siehe *„4.9.5. Sozialversicherungsrechtliche Absicherung" auf Seite 72*).

4.4. Ferialarbeiterinnen und Ferialarbeiter/Ferialangestellte sowie Ferialpraktikantinnen und Ferialpraktikanten

4.4.1. Ferialarbeiterinnen und Ferialarbeiter/Ferialangestellte

Werden Schülerinnen und Schüler sowie Studierende in der Ferienzeit wie herkömmliche Dienstnehmerinnen und Dienstnehmer in persönlicher und wirtschaftlicher Abhängigkeit gegen Entgelt beschäftigt, unterliegen sie als Dienstnehmerinnen und Dienstnehmer der Pflichtversicherung nach § 4 Abs. 2 ASVG.

Die Dienstnehmerstellung kommt insbesondere dadurch zum Ausdruck, dass die Schülerin bzw. der Schüler oder die bzw. der Studierende zur persönlichen Arbeitsleistung verpflichtet ist, Weisungen bezüglich Arbeitszeit, Arbeitsort und sein arbeitsbezogenes Verhalten erhält, einer diesbezüglichen Kontrolle unterliegt sowie organisatorisch in den Betrieb eingegliedert ist.

- Für derart Beschäftigte gelten die jeweiligen lohngestaltenden (kollektivvertraglichen) Vorschriften.
- Die Sozialversicherungsbeiträge sind zumindest vom gebührenden Entgelt (auch von Sonderzahlungen) zu entrichten.
- Die Beitragsabrechnung erfolgt in der Beschäftigtengruppe Arbeiter bzw. Angestellter. Liegt der Arbeitsverdienst unter der Geringfügigkeitsgrenze **(2022: 485,85 Euro)**, ist die Beschäftigtengruppe geringfügiger Arbeiter bzw. geringfügiger Angestellter anzuwenden.
- Wenn die Beschäftigung länger als einen Monat dauert, sind von der Dienstgeberin bzw. vom Dienstgeber BV-Beiträge zu entrichten.

4.4.2. Praktikantinnen und Praktikanten

4.4.2.1. „Echte" Ferialpraktikantinnen und Ferialpraktikanten

„Echte" Ferialpraktikantinnen und Ferialpraktikanten sind Schülerinnen und Schüler sowie Studierende, die eine im Rahmen des Lehrplanes bzw. der Studienordnung vorgeschriebene oder übliche praktische Tätigkeit verrichten **ohne dafür Geld- und/oder Sachbezüge zu erhalten**. Sie sind während ihrer Tätigkeit im Rahmen der gesetzlichen Unfallversicherung für Schülerinnen und Schüler bzw. Studierende ohne Beitragsleistung der Dienstgeberin bzw. des Dienstgebers und ohne Anmeldung zur Sozialversicherung unfallversichert. Ein Ferialpraktikum kann nicht nur während der Ferienzeit, sondern während des ganzen Jahres absolviert werden. Kennzeichnend für eine Beschäftigung als Ferialpraktikantin bzw. Ferialpraktikant sind folgende Kriterien:

- Es muss sich nachweislich um Schülerinnen und Schüler bzw. Studierende einer bestimmten Fachrichtung handeln, die im Betrieb entsprechend dieser Fachrichtung eingesetzt werden.
- Die praktische Tätigkeit im Betrieb muss dem Lern- und Ausbildungszweck des betreffenden Schultyps bzw. der Studienordnung entsprechen.
- Die Dauer des Ferialpraktikums richtet sich dabei nach den einschlägigen Ausbildungsvorschriften. Die Nachweise über die Ausbildungserfordernisse hat die Dienstgeberin bzw. der Dienstgeber

7. Arbeitsbehelf 2022

aufzubewahren.
- Die Ferialpraktikantin bzw. der Ferialpraktikant erhält keine Geld- und/oder Sachbezüge bzw. hat auch keinen diesbezüglichen arbeitsrechtlichen Anspruch.
- Es besteht keinerlei persönliche Arbeitspflicht, keine Weisungs- und Kontrollunterworfenheit sowie keine organisatorische Eingliederung in den Betrieb.
- Im Mittelpunkt der Tätigkeit steht der Lern- und Ausbildungszweck und nicht die Arbeitsleistung.

> ⓘ Achtung: Werden Schülerinnen und Schüler bzw. Studierende im Rahmen ihres Praktikums als Dienstnehmerinnen und Dienstnehmer in persönlicher und wirtschaftlicher Abhängigkeit beschäftigt oder unterliegen sie auf Grund eines ihnen gewährten (Taschen-)Geld- und/oder Sachbezuges der Lohnsteuerpflicht, müssen sie angemeldet werden!

Die Beitragsabrechnung erfolgt je nach Tätigkeit in der Beschäftigtengruppe Arbeiter bzw. Angestellter, bei einer geringfügigen Beschäftigung ist die Beschäftigtengruppe geringfügiger Arbeiter bzw. geringfügiger Angestellter anzuwenden. Dauert das Beschäftigungsverhältnis länger als einen Monat, sind auch BV-Beiträge zu leisten.

4.4.2.2. Sonderregelungen im Hotel- und Gastgewerbe
- Durch ein Ferialpraktikum im Hotel- und Gastgewerbe wird ausschließlich ein Dienstverhältnis begründet.
- Bei einem Pflichtpraktikum im Hotel- und Gastgewerbe ist ein Volontariat ausgeschlossen.
- Es ist der entsprechende Kollektivvertrag anzuwenden. Ferialpraktikantinnen und Ferialpraktikanten haben zumindest Anspruch auf ein Entgelt in der Höhe der jeweils geltenden kollektivvertraglichen Bestimmungen.
- Diese Ferialpraktikantinnen und Ferialpraktikanten sind in der Beschäftigtengruppe Arbeiter bzw. Angestellter abzurechnen.

4.4.3. Individuelle Berufsorientierung (Schnupperlehre)
Schülerinnen und Schüler, die eine individuelle Berufsorientierung (Schnupperlehre) außerhalb der Unterrichtszeiten absolvieren, sind durch die gesetzliche Schülerunfallversicherung geschützt. Eine Anmeldung ist nicht erforderlich.

Dies trifft aber nur dann zu, wenn folgende Voraussetzungen vorliegen:
- Es muss sich um Schülerinnen und Schüler im oder nach dem achten Schuljahr handeln.
- Es darf kein „echtes" Arbeitsverhältnis vorliegen.
- Die individuelle Berufsorientierung darf höchstens 15 Tage pro Betrieb und Kalenderjahr dauern.
- Die bzw. der Erziehungsberechtigte muss der individuellen Berufsorientierung zustimmen.
- Es liegt eine Bestätigung vor, dass die Schülerin bzw. der Schüler auf alle relevanten Rechtsvorschriften (zum Beispiel jugendschutzrechtliche Bestimmungen) hingewiesen wurde.
- Wurde die Schule abgebrochen oder beendet, sind individuelle Berufsorientierungstage nicht möglich.
- Erfolgt das Schnuppern im Rahmen einer Schulveranstaltung oder als individuelle Berufsorientierung gemäß § 13b des Schulunterrichtsgesetzes (SchUG) - individuelle Freistellung vom Unterricht, auf dem Lehrplan aufbauend, maximal fünf Tage pro Unterrichtsjahr - und werden weder Geld- noch Sachbezüge gewährt, so ist ebenfalls keine Anmeldung erforderlich. Der Unfallversicherungsschutz ist durch die Schülerunfallversicherung gegeben. Bei der individuellen Berufsorientierung gemäß § 13b SchUG muss es sich um Schülerinnen und Schüler ab der achten Schulstufe allgemein bildender sowie berufsbildender mittlerer und höherer Schulen handeln (Schülerinnen und Schüler der Berufsschule sind davon ausgenommen).

Für weitere Auskünfte stehen Ihnen die Kundendienststellen der AUVA gerne zur Verfügung.

Achtung: Wird eine Person in einem Betrieb jedoch für einfache Tätigkeiten herangezogen, um ihre Eignung für eine allenfalls später erfolgende Einstellung zu testen, besteht im Regelfall eine Eingliederung in den Betrieb (Einhaltung einer bestimmten Arbeitszeit, Vorgabe des Arbeitsortes, persönliche Arbeitsleistungspflicht, Betriebsmittel werden von der Dienstgeberin bzw. vom Dienstgeber zur Verfügung gestellt).

Somit liegt ein Dienstverhältnis gemäß § 4 Abs. 2 ASVG vor. Die Anmeldung ist mit dem Tag der Aufnahme der (Probe-)Tätigkeit vorzunehmen. Auch wenn der auf Probe tätigen Dienstnehmerin bzw. dem auf Probe tätigen Dienstnehmer kein Entgelt gewährt wird, ist von einem sozialversicherungspflichtigen Dienstverhältnis auszugehen. Als Beitragsgrundlage ist der Anspruchslohn laut lohngestaltender Norm heranzuziehen.

4.4.4. Praxisleitfaden „Praktika: Welche Beschäftigungsformen möglich sind"

Weitere Informationen zu diesem Thema können Sie auch im Praxisleitfaden **„Praktika: Welche Beschäftigungsformen möglich sind"** unter www.gesundheitskasse.at bei den Informationen für Dienstgeber nachlesen.

4.5. Freie Dienstnehmerin bzw. freier Dienstnehmer

Den Dienstnehmerinnen und Dienstnehmern stehen Personen gleich, die auf Grund freier Dienstverträge auf bestimmte oder unbestimmte Zeit gegen Entgelt:
- Dienstleistungen erbringen,
- im Wesentlichen persönlich tätig werden,
- ohne wesentliche eigene Betriebsmittel arbeiten,
- vertraglich zur Tätigkeitsverrichtung verpflichtet sind und ihren Arbeitsablauf selbst bestimmen können.

Wesentlich ist weiters, dass die freie Dienstnehmerin bzw. der freie Dienstnehmer tätig wird für
- eine Dienstgeberin bzw. einen Dienstgeber im Rahmen deren bzw. dessen Geschäftsbetriebes, deren bzw. dessen Gewerbeberechtigung, deren bzw. dessen berufsrechtlicher Befugnis oder deren bzw. dessen statutenmäßigen Wirkungsbereiches, mit Ausnahme der bäuerlichen Nachbarschaftshilfe,
- eine Gebietskörperschaft oder eine sonstige juristische Person des öffentlichen Rechts bzw. die von ihnen verwalteten Betriebe, Anstalten, Stiftungen oder Fonds (im Rahmen einer Teilrechtsfähigkeit).

Eine Pflichtversicherung wird somit nicht begründet, wenn die Leistungen für Privatpersonen (insbesondere für einen privaten Haushalt) erbracht werden.

4.5.1. Ausnahmen von der Pflichtversicherung
Eine Pflichtversicherung als freie Dienstnehmerin bzw. freier Dienstnehmer tritt nicht ein, wenn
- die bzw. der Betreffende auf Grund dieser Tätigkeit bereits nach § 2 Abs. 1 Z 1 bis 3 GSVG oder § 2 Abs. 1 BSVG oder nach § 2 Abs. 1 und 2 des Bundesgesetzes über die Sozialversicherung freiberuflich selbständig Erwerbstätiger (FSVG) versichert ist,
- es sich um eine (Neben-)Tätigkeit im Sinne des § 19 Abs. 1 Z 1 lit. f Beamten-Kranken- und Unfallversicherungsgesetz (B-KUVG) handelt,
- eine selbständige Tätigkeit ausgeübt wird, die die Zugehörigkeit zu einer Kammer der freien Berufe begründet,
- es sich um eine Tätigkeit als Kunstschaffende bzw. Kunstschaffender, insbesondere als Künstlerin bzw. Künstler im Sinne des § 2 Abs. 1 des Künstler-Sozialversicherungsfondsgesetzes oder
- es sich bei der Tätigkeit um bäuerliche Nachbarschaftshilfe handelt.

Hierbei handelt es sich zum Beispiel um folgende Personengruppen:
- Gewerbetreibende im Rahmen ihrer Gewerbeberechtigung,
- Personen, die auf ihre Rechnung und Gefahr einen land(forst)wirtschaftlichen Betrieb im Sinne der Bestimmungen des Landarbeitsgesetzes 2021 führen,
- freiberuflich tätige Kammermitglieder (Ärztinnen und Ärzte, Rechtsanwältinnen und Rechtsanwälte etc.), Wirtschaftstreuhänderinnen und Wirtschaftstreuhänder, Dentistinnen und Dentisten, bildende Künstlerinnen und Künstler, Tierärztinnen und Tierärzte,

- Beamtinnen und Beamte, die Nebentätigkeiten zur selben Dienstgeberin bzw. zum selben Dienstgeber ausüben (der Bund ist hierbei als ein Dienstgeber anzusehen!).

Kein freier Dienstvertrag resultiert aus Tätigkeiten
- auf Grund eines politischen Mandats (Gemeinderätin bzw. Gemeinderat),
- auf Grund von Gerichtsbeschlüssen (Sachverständige bzw. Sachverständiger),
- auf Grund eines Hoheitsaktes,
- als Mitglied eines Aufsichts- oder Verwaltungsrates oder aus Tätigkeiten, die mit der Überwachung der Geschäftsführung zusammenhängen,
- für die Funktionsgebühren bezogen werden.

4.5.2. Beginn und Ende der Pflichtversicherung
- Beginn: Mit dem Tag der Aufnahme der versicherungspflichtigen Tätigkeit.
- Ende: Mit dem Ende des Beschäftigungsverhältnisses. Fällt jedoch der Zeitpunkt, an dem der Anspruch auf Entgelt endet, nicht mit dem Zeitpunkt des Endes des Beschäftigungsverhältnisses zusammen, so erlischt die Pflichtversicherung mit dem Ende des Entgeltanspruches.

4.5.3. Beitragsgrundlage
Als Beitragsgrundlage gilt das im Kalendermonat gebührende Entgelt gemäß § 49 ASVG. Gebührt allerdings der Arbeitsverdienst für längere Zeiträume als einen Kalendermonat, ist das Honorar auf die Dauer der Pflichtversicherung umzulegen (Durchschnittsbetrachtung). Dabei sind Kalendermonate, die nur zum Teil von der vereinbarten Tätigkeit ausgefüllt werden, als volle Kalendermonate zu zählen.

Die nicht beitragspflichtigen Entgeltbestandteile gelten auch für diese Versicherungsverhältnisse (siehe *"2.4.2. Entgelt - beitragsfrei" auf Seite 22*).

ⓘ Aufwandsersätze sind allerdings nur dann beitragsfrei zu berücksichtigen, wenn sie der Dienstgeberin bzw. dem Dienstgeber von der freien Dienstnehmerin bzw. vom freien Dienstnehmer gesondert in Rechnung gestellt werden. Pauschalierte Aufwandsersätze sind beitragspflichtig.

4.5.3.1. Höchstbeitragsgrundlage
Als monatliche Höchstbeitragsgrundlage gilt
- wenn **keine** Sonderzahlungen bezogen werden, das 35-fache (**2022: 6.615,00 Euro**)
- sonst das 30-fache der täglichen Höchstbeitragsgrundlage **5.670,00 Euro** und für Sonderzahlungen jährlich **11.340,00 Euro**

Liegt kein voller Kalendermonat vor, ist ein Dreißigstel der angeführten Höchstbeitragsgrundlage pro sozialversicherungsrelevantem Tag zu rechnen.

4.5.4. Sozialversicherungsbeiträge, Nebenbeiträge und Umlagen
Freie Dienstnehmerinnen und freie Dienstnehmer unterliegen nicht nur der KV, UV und PV, sondern auch der AV. Ebenso sind für freie Dienstnehmerinnen und freie Dienstnehmer der **BV-Beitrag**, der **IE** sowie die **AK** zu entrichten. Der WF fällt nicht an.

Achtung: In Niederösterreich, Oberösterreich, Steiermark und Kärnten ist für freie Dienstnehmerinnen und freie Dienstnehmer in der Land- und Forstwirtschaft die LK zu entrichten, in den übrigen Bundesländern die AK.

4.5.5. Altersbedingter Entfall des Arbeitslosenversicherungsbeitrages
Folgende Personengruppen sind von der Entrichtung des AV-Beitrages befreit:
- Männer und Frauen, ab Vollendung des 60. Lebensjahres, die einen bestehenden Anspruch auf eine Alterspension haben (nicht relevant ist die Korridorpension) sowie
- Männer und Frauen ab Vollendung des 63. Lebensjahres in jedem Fall (Pensionsanspruch spielt hier keine Rolle mehr).

4.5.6. Geringfügigkeit
Für diese Versichertengruppe gelten dieselben Bestimmungen wie für die Dienstnehmerinnen und Dienstnehmer in Bezug auf die Geringfügigkeit einer Beschäftigung, die Dienstgeberabgabe und die sozialversicherungsrechtliche Auswirkung bei mehreren gleichzeitig ausgeübten, geringfügigen Tätigkeiten.

4.5.7. Beschäftigtengruppen
Die Beitragsabrechnung erfolgt in der Beschäftigtengruppe freier Dienstnehmer - Arbeiter bzw. freier Dienstnehmer - Angestellter. Liegt der Arbeitsverdienst unter der Geringfügigkeitsgrenze, ist die Beschäftigtengruppe geringfügig beschäftigter freier Dienstnehmer - Arbeiter bzw. geringfügig beschäftigter freier Dienstnehmer - Angestellter anzuwenden.

4.6. Geringfügigkeit
Ein Beschäftigungsverhältnis als
- Dienstnehmerin bzw. Dienstnehmer,
- freie Dienstnehmerin bzw. freier Dienstnehmer,
- Heimarbeiterin bzw. Heimarbeiter oder
- Vorstandsmitglied

begründet grundsätzlich nur die Teilversicherung in der UV, wenn daraus im Kalendermonat kein höheres Entgelt als **485,85 Euro (2022)** gebührt.

> ⓘ Achtung: Keine geringfügige Beschäftigung liegt vor, wenn das im Kalendermonat gebührende Entgelt den Betrag nur deshalb nicht übersteigt, weil die für mindestens einen Monat oder auf unbestimmte Zeit vereinbarte Beschäftigung im Laufe des betreffenden Kalendermonates begonnen oder geendet hat oder unterbrochen wurde.

Die Geringfügigkeitsgrenze gilt nicht für
- **Lehrlinge,**
- **Hausbesorgerinnen und Hausbesorger** im Sinne des Hausbesorgergesetzes (außer für die Dauer des Karenzurlaubes und des Beschäftigungsverbotes gemäß dem MSchG) für alle Dienstverhältnisse, die vor dem 01.07.2000 begonnen wurden,
- **Kurzarbeiterinnen und Kurzarbeiter**, wenn das Entgelt die für die Geringfügigkeit geltenden Beträge deshalb nicht übersteigt, da wegen Kurzarbeit die sonst übliche Zahl von Arbeitsstunden nicht erreicht wird.

Geringfügig Beschäftigte unterliegen der BV, weshalb auch der BV-Beitrag zu entrichten ist!

Arbeitsrechtlich sind geringfügig beschäftigte Dienstnehmerinnen und Dienstnehmer jenen gleichgestellt, die der Vollversicherungspflicht (KV, UV und PV) unterliegen. Sofern ein Anspruch auf Sonderzahlungen (UZ, Weihnachtsgeld etc.) besteht bzw. wenn Sonderzahlungen ausbezahlt werden, sind diese ebenfalls zu melden und abzurechnen.

Bei Arbeitsunfähigkeit infolge Krankheit ist sowohl bei Angestellten als auch bei Arbeiterinnen und Arbeitern die in den jeweiligen Gesetzen vorgesehene Entgeltfortzahlung durch die Dienstgeberin bzw. den Dienstgeber zu leisten.

Dauert die Erkrankung länger und ist der Entgeltfortzahlungsanspruch bereits erschöpft, ist die Abmeldung mit dem letzten Entgelttag zu erstatten. Eine neuerliche Anmeldung hat nach Beendigung der Arbeitsunfähigkeit und Wiederaufnahme der Beschäftigung bzw. bei neuerlichem Entgeltfortzahlungsanspruch zu erfolgen.

7. Arbeitsbehelf 2022

4.6.1. Anwendung der Geringfügigkeitsgrenze
Es ist jeweils zu prüfen:
- Für welchen Zeitraum wurde das Dienstverhältnis abgeschlossen?
- Wann beginnt oder endet das Dienstverhältnis?
- Wie hoch ist das im Kalendermonat gebührende Entgelt?

4.6.1.1. Unbefristetes Dienstverhältnis
Bei einer auf unbestimmte Zeit vereinbarten Beschäftigung ist für die Beurteilung der Geringfügigkeit stets jenes Entgelt heranzuziehen, das für einen ganzen Kalendermonat gebührt bzw. gebührt hätte. Beginnt oder endet das Dienstverhältnis untermonatig, ist daher nicht das für den Anfangs- oder den Beendigungsmonat tatsächlich ausbezahlte Entgelt ausschlaggebend, sondern das (vereinbarte bzw. hochgerechnete) Entgelt für einen ganzen Kalendermonat.

Beispiel:
- Unbefristetes Dienstverhältnis, Beginn 04.10., Ende 04.12. (einvernehmliche Lösung)
- Vereinbartes Entgelt für einen ganzen Kalendermonat: 746,00 Euro = über der Geringfügigkeitsgrenze

4.6.1.2. Für zumindest einen Monat vereinbartes Dienstverhältnis
Hier gelten dieselben Bestimmungen wie bei unbefristeten Dienstverhältnissen.

Beispiel:
- Befristetes Dienstverhältnis, Beginn 15.07. bis 14.08. (= ein Monat)
- Hochgerechnetes Entgelt für einen ganzen Kalendermonat: 300,00 Euro = unter der Geringfügigkeitsgrenze

4.6.1.3. Für kürzer als einen Monat vereinbartes Dienstverhältnis
Hier ist jenes Entgelt heranzuziehen, das für die vereinbarte Dauer der Beschäftigung im jeweiligen Kalendermonat gebührt bzw. gebührt hätte.

Beispiel:
- Befristetes Dienstverhältnis vom 25.02. bis 07.03. (= kürzer als ein Monat)
- Entgelt Februar: 250,00 Euro = unter der Geringfügigkeitsgrenze
- Entgelt März: 500,00 Euro = über der Geringfügigkeitsgrenze

4.6.1.4. Mehrere Dienstverhältnisse bei derselben Dienstgeberin bzw. demselben Dienstgeber
Mehrere Dienstverhältnisse einer Dienstnehmerin bzw. eines Dienstnehmers bei derselben Dienstgeberin bzw. demselben Dienstgeber sind stets getrennt zu betrachten.

Beispiel:
- Unbefristetes Dienstverhältnis zu Dienstgeber A, Beginn 01.01., Ende 05.02. (einvernehmliche Lösung)
- Vereinbartes Entgelt für einen ganzen Kalendermonat: 1.200,00 Euro = über der Geringfügigkeitsgrenze

- Befristetes Dienstverhältnis zu Dienstgeber A vom 24.02. bis 15.03. (= kürzer als ein Monat)
- Entgelt Februar: 200,00 Euro = unter der Geringfügigkeitsgrenze
- Entgelt März: 400,00 Euro = unter der Geringfügigkeitsgrenze

4.6.1.5. Fallweise Beschäftigung
Bei der fallweisen (tageweisen) Beschäftigung ist zu beachten, dass jeder Tag als eigenständiges Dienstverhältnis zu betrachten ist. Eine Zusammenrechnung hat daher nicht zu erfolgen.

Beispiel:
- 05.01., Entgelt: 100,00 Euro = unter der Geringfügigkeitsgrenze
- 06.01., Entgelt: 100,00 Euro = unter der Geringfügigkeitsgrenze
- 18.01., Entgelt: 500,00 Euro = über der Geringfügigkeitsgrenze (tägliche Höchstbeitragsgrundlage berücksichtigen)
- 20.01., Entgelt: 500,00 Euro = über der Geringfügigkeitsgrenze (tägliche Höchstbeitragsgrundlage berücksichtigen)

Vollversicherung besteht daher nur am 18.01. und 20.01.

4.6.2. Beitragszeitraum

Als Beitragszeitraum gilt der **Kalendermonat**. Die Beiträge (UV-Beitrag bzw. Dienstgeberabgabe) sind erst mit Ablauf des Kalenderjahres fällig und so zu entrichten, dass sie bis spätestens 15.01. des folgenden Kalenderjahres bei der Kasse einlangen.

Auch für geringfügig Beschäftigte ist eine mBGM zu übermitteln. Wird die jährliche Zahlung in Anspruch genommen, ist dies im mBGM-Paket bekannt zu geben.

4.6.3. Beschäftigtengruppen für geringfügig beschäftigte Personen vor Vollendung des 60. Lebensjahres

Für geringfügig beschäftigte (freie) Dienstnehmerinnen und (freie) Dienstnehmer ist der UV-Beitrag (1,20 Prozent) in folgenden Beschäftigtengruppen abzurechnen:
- Geringfügig beschäftigte Arbeiter
- Geringfügig beschäftigte Angestellte
- Geringfügig beschäftigte freie Dienstnehmer - Arbeiter
- Geringfügig beschäftigte freie Dienstnehmer - Angestellte

4.6.4. Beschäftigtengruppen für geringfügig beschäftigte Personen ab Vollendung des 60. Lebensjahres

Für Frauen und Männer sind ab dem Beginn des der Vollendung des 60. Lebensjahres folgenden Kalendermonates keine UV-Beiträge zu entrichten. Diese werden aus den Mitteln der UV gezahlt.

Die Abrechnung für diese Personengruppe erfolgt in der gleichen Beschäftigtengruppe wie für jene vor Vollendung des 60. Lebensjahres, wobei der Entfall des UV-Beitrages mittels Abschlag auf der mBGM anzugeben ist.

4.6.5. Wechsel von Teilversicherung auf Vollversicherung

Kommt es während des Bestandes der Teilversicherung zu einer Erhöhung des Entgeltes, wodurch die Geringfügigkeitsgrenze überschritten wird, liegt **ab Beginn des jeweiligen Beitragszeitraumes** Vollversicherung vor. Die ab Beginn des jeweiligen Kalendermonates gültige neue Beschäftigtengruppe und das sozialversicherungspflichtige Gesamtentgelt sind mittels mBGM bekannt zu geben. Sollte dieser Umstand bereits vorab bekannt sein, ist eine Änderungsmeldung zu erstatten.

4.6.6. Wechsel von Vollversicherung auf Teilversicherung

Treten bei Fortbestand des Beschäftigungsverhältnisses die Voraussetzungen für eine geringfügige Beschäftigung während des Kalendermonates ein, so endet die Vollversicherung (KV, UV, PV und AV) mit dem Ende dieses Beitragszeitraumes. Die ab Beginn des folgenden Kalendermonates gültige neue Beschäftigtengruppe und das sozialversicherungspflichtige Gesamtentgelt für beide betroffenen Beitragszeiträume sind jeweils mittels mBGM bekannt zu geben.

Ist bereits am Ersten eines Beitragszeitraumes bekannt, dass ab diesem Zeitpunkt nur eine geringfügige Beschäftigung vorliegen wird, endet die Vollversicherung mit dem Ende des vorangegangenen Beitragszeitraumes. Die ab Beginn des jeweiligen Kalendermonates gültige neue Beschäftigtengruppe und das sozialversicherungspflichtige Gesamtentgelt sind mittels Änderungsmeldung bekannt zu geben.

4.6.7. Mehrere Beschäftigungsverhältnisse

Erzielt eine Dienstnehmerin (freie Dienstnehmerin) bzw. ein Dienstnehmer (freier Dienstnehmer) Entgelte aus verschiedenen Beschäftigungsverhältnissen, werden diese im jeweiligen Kalendermonat zusammengerechnet. Ergibt sich dabei, dass dieser Betrag die Geringfügigkeitsgrenze überschreitet, so gilt diese Person für sich nicht mehr als geringfügig beschäftigt und unterliegt der Vollversicherung (Schutz auch in der KV und PV). Die Dienstnehmerbeiträge zur KV und PV (inklusive allfälliger Kammerumlage) werden der Dienstnehmerin (freien Dienstnehmerin) bzw. dem Dienstnehmer (freien Dienstnehmer) vom Krankenversicherungsträger einmal jährlich im Nachhinein zur Zahlung vorgeschrieben.

Entgelte der Dienstnehmerin (freien Dienstnehmerin) bzw. des Dienstnehmers (freien Dienstnehmers) aus einer geringfügigen Beschäftigung bei gleichzeitigem Leistungsbezug aus der AV, Karenzgeldbezug, Pensionsbezug sowie Bezügen nach dem B-KUVG werden nicht zusammengerechnet.

4.6.8. Anpassung der Geringfügigkeitsgrenze

Die Geringfügigkeitsgrenze unterliegt der jährlichen Aufwertung. Dies kann dazu führen, dass eine - in Beachtung der Geringfügigkeitsgrenze des Vorjahres - vollversicherte Person ein Entgelt unter bzw. in Höhe der aufgewerteten Geringfügigkeitsgrenze bezieht.

Eine generelle Übergangsbestimmung sichert jedoch den Fortbestand der Vollversicherung in derartigen Fällen. Die bzw. der Versicherte hat allerdings die Möglichkeit, das Ausscheiden aus der Vollversicherung bis zum 30.06. des entsprechenden Jahres zu beantragen. Sofern ein derartiger Antrag einlangt, wird sodann lediglich eine Teilversicherung in der UV begründet.

4.6.9. Dienstgeberabgabe

Werden für eine Dienstgeberin bzw. einen Dienstgeber **mehrere geringfügig Beschäftigte** tätig, so ist die Summe der monatlichen allgemeinen Beitragsgrundlagen (ohne Sonderzahlungen) dieser Dienstnehmerinnen und Dienstnehmer sowie freien Dienstnehmerinnen und freien Dienstnehmer im Kalendermonat zu ermitteln.

Übersteigt die sich ergebende Summe das **Eineinhalbfache der monatlichen Geringfügigkeitsgrenze (2022: 728,78 Euro)**, hat die Dienstgeberin bzw. der Dienstgeber zusätzlich zum UV-Beitrag in der Höhe von 1,20 Prozent eine pauschalierte Dienstgeberabgabe in der Höhe von 16,40 Prozent (KV 3,85 Prozent und PV 12,55 Prozent) zu entrichten.

Beitragsgrundlage für die Dienstgeberabgabe ist die Summe aller Entgelte (einschließlich der Sonderzahlungen nach § 49 ASVG) der geringfügig beschäftigten Personen.

Im Selbstabrechnerverfahren kann die Dienstgeberabgabe auch monatlich abgerechnet werden.

Der Krankenversicherungsträger hebt diese Abgabe im übertragenen Wirkungsbereich für den Bund ein. Sie ist zweckgewidmet und dient der Finanzierung der PV (zu 76,50 Prozent) und der KV der geringfügig Beschäftigten (zu 23,50 Prozent).

4.7. Lehrlinge

4.7.1. Krankenversicherungsbeitrag

Der KV-Beitrag fällt vom ersten bis zum letzten Lehrjahr an. Der Beitragssatz beträgt während der gesamten Lehrzeit **3,35 Prozent**. Der Lehrling hat davon 1,67 Prozent und die Dienstgeberin bzw. der Dienstgeber 1,68 Prozent zu tragen.

4.7.2. Unfallversicherungsbeitrag

Für Lehrlinge ist **kein** UV-Beitrag zu entrichten. Der Lehrling ist trotzdem unfallversichert.

4.7.3. Pensionsversicherung
Der Beitragssatz für die PV beträgt während der gesamten Lehrzeit 22,80 Prozent. Davon entfallen auf den Lehrling 10,25 Prozent und auf die Dienstgeberin bzw. den Dienstgeber 12,55 Prozent.

4.7.4. Insolvenz-Entgeltsicherungszuschlag
Der IE entfällt für die gesamte Dauer des Lehrverhältnisses.

4.7.5. Schlechtwetterentschädigung
Ist auf ein Lehrverhältnis das BSchEG anzuwenden, hat die Dienstgeberin bzw. der Dienstgeber bei einem durch Schlechtwetter verursachten Lohnausfall an den gewerblichen Lehrling eine Schlechtwetterentschädigung zu zahlen.

Den zusätzlichen KV-Beitrag für den Differenzbetrag zwischen dem bei Vollarbeit gebührenden Arbeitsentgelt und dem tatsächlich erzielten Entgelt (= Lehrlingseinkommen zuzüglich Schlechtwetterentschädigung) ist von der Dienstgeberin bzw. vom Dienstgeber allein zu tragen und mittels mBGM inklusive Zuschlag für folgende Lehrlinge abzurechnen:
- Gewerbliche Lehrlinge ohne Doppellehre
- Gewerbliche Lehrlinge mit Doppellehre, wenn beide Lehrberufe in den Geltungsbereich des BSchEG fallen

Der SW ist **je zur Hälfte von der Dienstgeberin bzw. vom Dienstgeber und vom gewerblichen Lehrling zu tragen** und beträgt **1,40 Prozent** der allgemeinen Beitragsgrundlage bis zur Höchstbeitragsgrundlage. Dieser Beitrag ist auch von Sonderzahlungen zu entrichten. Bei Urlaub ohne Entgeltzahlung ist ebenfalls der SW zu zahlen, aber zur Gänze vom gewerblichen Lehrling zu tragen.

Für Lehrlinge in Angestelltenberufen und gewerbliche Lehrlinge mit Doppellehre, wenn nur einer der beiden Lehrberufe in den Geltungsbereich des BSchEG fällt, ist der SW nicht zu entrichten.

4.7.5.1. Arbeitslosenversicherungsbeitrag
Der AV-Beitrag fällt vom ersten bis zum letzten Lehrjahr an. Der Beitragssatz beträgt während der gesamten Lehrzeit **2,40 Prozent** (Dienstnehmer- und Dienstgeberanteil jeweils **1,20 Prozent**).

Bei geringem Einkommen vermindert sich gemäß AMPFG der vom Lehrling zu tragende Anteil am AV-Beitrag und beträgt bei einer monatlichen Beitragsgrundlage (bzw. Sonderzahlung):
- **bis 1.828,00 Euro**: 0 Prozent (minus 1,20 Prozent der monatlichen Beitragsgrundlage, zugehörige Beschäftigtengruppe mit der Verrechnungsposition Minderung AV um 1,20 Prozent (Lehrling))
- **von 1.828,01 Euro bis 1.994,00 Euro**: Ein Prozent (minus 0,20 Prozent der monatlichen Beitragsgrundlage, zugehörige Beschäftigtengruppe mit der Verrechnungsposition Minderung AV um 0,20 Prozent (Lehrling))

4.7.5.2. Betriebliche Vorsorge
Der BV-Beitrag beträgt 1,53 Prozent und ist nach den gleichen Bestimmungen wie für Dienstnehmerinnen und Dienstnehmer zu entrichten.

4.7.5.3. Beschäftigtengruppe
Die Beitragsabrechnung erfolgt in der Beschäftigtengruppe Arbeiterlehrling bzw. Angestelltenlehrling (gilt analog in der Land- und Forstwirtschaft).

4.8. Mehrfache Beschäftigung
Übt die bzw. der Pflichtversicherte gleichzeitig mehrere die Pflichtversicherung begründende Tätigkeiten aus, so sind die Beiträge in jedem einzelnen Beschäftigungsverhältnis bis zur Höchstbeitragsgrundlage zu berechnen. Dies gilt entsprechend auch für die Sonderzahlungen.

7. Arbeitsbehelf 2022

4.9. Pflegekarenz/Pflegeteilzeit

Um eine bessere Vereinbarkeit von Pflege und Beruf zu gewährleisten, besteht für Arbeitnehmerinnen und Arbeitnehmer die Möglichkeit der Vereinbarung einer Pflegekarenz (gegen gänzlichen Entfall des Arbeitsentgeltes) oder einer Pflegeteilzeit (gegen aliquoten Entfall des Arbeitsentgeltes).

Ziel dieser Pflegekarenz bzw. Pflegeteilzeit ist, insbesondere im Falle eines plötzlich auftretenden Pflegebedarfs einer bzw. eines nahen Angehörigen oder zur Entlastung einer pflegenden Person für eine bestimmte Zeit, den betroffenen Arbeitnehmerinnen und Arbeitnehmern die Möglichkeit einzuräumen, die Pflegesituation (neu) zu organisieren.

4.9.1. Voraussetzungen
- Pflege und/oder Betreuung von nahen Angehörigen, denen zum Zeitpunkt des Antrittes Pflegegeld ab der Stufe 3 nach dem Bundespflegegeldgesetz (BPGG) mit Bescheid zuerkannt wurde (bei demenziell erkrankten oder minderjährigen nahen Angehörigen genügt die Zuerkennung von Pflegegeld der Stufe 1).
- Schriftliche Vereinbarung zwischen der Arbeitgeberin bzw. dem Arbeitgeber und der Arbeitnehmerin bzw. dem Arbeitnehmer.
- Dauer des Arbeitsverhältnisses ununterbrochen mindestens drei Monate (bei Saisonniers muss das befristete Arbeitsverhältnis ununterbrochen zwei Monate gedauert haben und innerhalb von vier Jahren Beschäftigungszeiten zur selben Arbeitgeberin bzw. zum selben Arbeitgeber im Ausmaß von mindestens drei Monaten vorliegen).

4.9.2. Personenkreis
Die Möglichkeit zur Vereinbarung einer Pflegekarenz oder Pflegeteilzeit besteht für:
- Arbeitnehmerinnen und Arbeitnehmer mit privatrechtlichen Arbeitsverhältnissen
- Bundes-, Landes- und Gemeindebedienstete

Als nahe Angehörige gelten
- die Ehegattin bzw. der Ehegatte und deren bzw. dessen Kinder,
- Eltern, Großeltern, Adoptiv- und Pflegeeltern,
- Kinder, Enkelkinder, Adoptiv- und Pflegekinder,
- die Lebensgefährtin bzw. der Lebensgefährte und deren bzw. dessen Kinder,
- die eingetragene Partnerin bzw. der eingetragene Partner und deren bzw. dessen Kinder sowie
- Geschwister, Schwiegereltern und Schwiegerkinder.

Ein gemeinsamer Haushalt mit der bzw. dem nahen Angehörigen ist nicht erforderlich.

4.9.3. Dauer
Da Pflegekarenz und Pflegeteilzeit Überbrückungsmaßnahmen darstellen, ist die Dauer mit ein bis drei Monaten festgelegt. Im Rahmen der Pflegeteilzeit darf die herabgesetzte wöchentliche Normalarbeitszeit nicht unter zehn Stunden liegen. Die Vereinbarung der Pflegekarenz bzw. Pflegeteilzeit in mehreren Teilen (zeitliche Unterbrechung) ist nicht zulässig.

Grundsätzlich kann Pflegekarenz oder Pflegeteilzeit im Arbeitsverhältnis für ein und dieselbe zu pflegende/betreuende Person nur einmal vereinbart werden. Nur im Fall einer Erhöhung der Pflegegeldstufe der zu pflegenden/betreuenden Person ist einmalig eine neuerliche Vereinbarung der Pflegekarenz oder Pflegeteilzeit zulässig.

Für eine zu pflegende/betreuende Person können auch mehrere Beschäftigte jeweils eine Pflegekarenz oder Pflegeteilzeit vereinbaren. So können beispielsweise zwei Geschwister für denselben Elternteil für unterschiedliche Zeiträume jeweils eine Pflegekarenz oder Pflegeteilzeit für eine Dauer von bis zu drei Monaten, also für insgesamt bis zu sechs Monaten, vereinbaren. Im Falle einer Erhöhung des Pflegebedarfs ist eine erneute Vereinbarung für dieselbe Angehörige bzw. denselben Angehörigen möglich.

Zu beachten: Das Pflegekarenzgeld gebührt jedoch nicht länger als maximal zwölf Monate pro pflegebedürftiger Person (bei Inanspruchnahme durch zumindest zwei nahe Angehörige und neuerlicher Vereinbarung auf Grund der Erhöhung des Pflegebedarfs).

4.9.4. Rechtsanspruch

Seit 01.01.2020 besteht für Arbeitnehmerinnen und Arbeitnehmer in Betrieben mit mehr als fünf Beschäftigten ein Rechtsanspruch auf Pflegekarenz bzw. Pflegeteilzeit von bis zu zwei Wochen.

Zusätzlich zu den allgemeinen Voraussetzungen (Mindestbeschäftigungsdauer von drei Monaten; Pflegegeldstufe 3 bzw. bei demenziell erkrankten oder minderjährigen nahen Angehörigen Pflegegeldstufe 1) müssen folgende weitere erfüllt sein:
- Zum Zeitpunkt des Antrittes müssen mehr als fünf Beschäftigte im Betrieb tätig sein.
- Sobald der Arbeitnehmerin bzw. dem Arbeitnehmer der Zeitpunkt des Beginnes der Pflegekarenz bzw. Pflegeteilzeit bekannt ist, hat sie bzw. er dies der Arbeitgeberin bzw. dem Arbeitgeber mitzuteilen.
- Auf Verlangen sind der Arbeitgeberin bzw. dem Arbeitgeber binnen einer Woche die Pflegebedürftigkeit der zu pflegenden/betreuenden Person zu bescheinigen und das Angehörigenverhältnis glaubhaft zu machen.

Kommt in den ersten beiden Wochen keine Vereinbarung zwischen der Arbeitnehmerin bzw. dem Arbeitnehmer und der Arbeitgeberin bzw. dem Arbeitgeber über eine Pflegekarenz bzw. Pflegeteilzeit zustande, so hat die Arbeitnehmerin bzw. der Arbeitnehmer Anspruch auf eine Verlängerung von bis zu weiteren zwei Wochen.

Die auf Grund des Rechtsanspruches verbrachten Zeiten sind auf die gesetzlich mögliche Dauer einer vereinbarten Pflegekarenz bzw. Pflegeteilzeit anzurechnen.

4.9.5. Sozialversicherungsrechtliche Absicherung

Die einzelnen Fallkonstellationen können der nachstehenden Aufstellung entnommen werden.

4.9.5.1. Pflegekarenz bzw. Familienhospizkarenz

Merkmale	Die Arbeitszeit einer bzw. eines vormals vollversicherungspflichtigen Beschäftigten wird auf „Null" reduziert. Das Dienstverhältnis bleibt arbeitsrechtlich aber weiterhin aufrecht.
Meldungen der Dienstgeberin bzw. des Dienstgebers	Es ist eine Anmeldung mittels Familienhospizkarenz/Pflegekarenz-Meldung notwendig.
Beiträge	Es sind weder von der Dienstgeberin bzw. vom Dienstgeber noch von der Dienstnehmerin bzw. vom Dienstnehmer Beiträge zur Sozialversicherung bzw. BV-Beiträge zu entrichten.
Soziale Absicherung	Die Dienstnehmerin bzw. der Dienstnehmer bleibt trotz des karenzierten Dienstverhältnisses auf Grund der Bestimmungen des AlVG kranken- und pensionsversichert. Die Beiträge (inklusive der BV-Beiträge) werden vom Bund getragen. Pflegekarenzgeld kann beim Sozialministeriumservice beantragt werden.

4.9.5.2. Pflegeteilzeit bzw. Familienhospizteilzeit

Merkmale	Die Arbeitszeit einer bzw. eines vormals vollversicherungspflichtigen Beschäftigten wird entsprechend reduziert. Diese Verminderung kann zwei Folgen haben:	
	Das **Entgelt** der Dienstnehmerin bzw. des Dienstnehmers bleibt **über der Geringfügigkeitsgrenze**.	Das **Entgelt** der Dienstnehmerin bzw. des Dienstnehmers **sinkt auf bzw. unter die Geringfügigkeitsgrenze**.
Meldungen der Dienstgeberin bzw. des Dienstgebers	Keine	Mittels Familienhospizkarenz/Pflegekarenz-Meldung ist eine Anmeldung zur Pflegeteilzeit bzw. Familienhospizteilzeit zu erstatten. Die Änderung von einem vollversicherungspflichtigen zu einem geringfügigen Beschäftigungsverhältnis kann gemeldet werden, solange noch keine mBGM für den betroffenen Beitragszeitraum erstattet wurde.
Beiträge	Die Beiträge zur Sozialversicherung sind durch die Dienstgeberin bzw. den Dienstgeber vom verminderten Entgelt zu entrichten. Achtung: Den BV-Beitrag hat die Dienstgeberin bzw. der Dienstgeber allerdings von der Beitragsgrundlage vor Herabsetzung des Entgeltes zu leisten.	Für die geringfügige Beschäftigung hat die Dienstgeberin bzw. der Dienstgeber weiterhin den UV-Beitrag sowie den BV-Beitrag zu entrichten. Achtung: Der BV-Beitrag ist von der Beitragsgrundlage vor Herabsetzung des Entgeltes zu leisten.
Soziale Absicherung	Die Dienstnehmerin bzw. der Dienstnehmer bleibt auf Grund des Dienstverhältnisses kranken-, pensions- und unfallversichert. Ein aliquotes Pflegekarenzgeld kann beim Sozialministeriumservice beantragt werden. Dieses aliquote Pflegekarenzgeld führt zu einer zusätzlichen Teilversicherung in der PV (die Beiträge hierzu werden vom Bund getragen - diesbezüglich ist keine Meldung durch die Dienstgeberin bzw. den Dienstgeber vorgesehen).	Die Dienstnehmerin bzw. der Dienstnehmer bleibt (trotz des nunmehr geringfügigen Beschäftigungsverhältnisses) nicht nur unfall-, sondern auf Grund der Bestimmungen des AlVG auch kranken- und pensionsversichert. Ein aliquotes Pflegekarenzgeld kann beim Sozialministeriumservice beantragt werden. Dieses aliquote Pflegekarenzgeld führt zu einer zusätzlichen Teilversicherung in der PV (die Beiträge hierzu werden vom Bund getragen - diesbezüglich ist keine Meldung durch die Dienstgeberin bzw. den Dienstgeber vorgesehen).

4.10. Präsenzdienst

Für die Dauer des ordentlichen oder außerordentlichen Präsenzdienstes besteht **Pflichtversicherung in der KV**.

Der Leistungsanspruch des Wehrpflichtigen aus dieser Pflichtversicherung ruht jedoch für seine Person für die Dauer des Präsenzdienstes. Leistungen werden nur den anspruchsberechtigten Familienangehörigen gewährt.

Präsenzdienstzeiten (Ausbildungsdienstzeiten) bzw. Präsenzdienstzeiten als Zeitsoldat von mindestens einem Jahr werden seit dem 01.01.2005 entsprechend den Bestimmungen des Allgemeinen Pensionsgesetzes (APG) auf dem Pensionskonto erfasst.

Während der Dauer des Präsenzdienstes sind für den wehrpflichtigen Versicherten von der Dienstgeberin bzw. vom Dienstgeber keine Sozialversicherungsbeiträge zu leisten. **BV-Beiträge** sind während des Präsenzdienstes bzw. bis zum Ende des Beschäftigungsverhältnisses allerdings zu entrichten. Für die Dauer des Präsenzdienstes hat die Dienstgeberin bzw. der Dienstgeber bei aufrechtem Arbeitsverhältnis den BV-Beitrag in der Höhe von 1,53 Prozent einer fiktiven Bemessungsgrundlage zu entrichten. Als fiktive Bemessungsgrundlage gilt der Betrag des Kinderbetreuungsgeldes gemäß § 3 Abs. 1 KBGG - **2022**: täglich **14,53 Euro**, voller Monat x 30.

Der Versicherte ist anlässlich des Antrittes des Präsenzdienstes ordnungsgemäß abzumelden. Als Abmeldegrund ist **„Präsenzdienstleistung im Bundesheer"** anzugeben. Nach Wiederaufnahme der Beschäftigung bzw. nach Wiederbeginn des Entgeltanspruches ist eine neuerliche Anmeldung vor Arbeitsantritt zu erstatten.

7. Arbeitsbehelf 2022

4.11. Schwerarbeiterinnen und Schwerarbeiter

Die Dienstgeberinnen und Dienstgeber haben für die im Betrieb beschäftigten männlichen Versicherten, die bereits das 40. Lebensjahr bzw. weiblichen Versicherten, die bereits das 35. Lebensjahr vollendet haben, **dem Krankenversicherungsträger zu melden**:

- Alle Tätigkeiten, die auf das Vorliegen von Schwerarbeit im Sinne der Schwerarbeitsverordnung schließen lassen,
- die Namen und VSNR jener Personen, die derartige Tätigkeiten verrichten und
- die Dauer der Tätigkeiten.

ⓘ **Die Meldung der Schwerarbeit hat bis spätestens Ende Februar des nächstfolgenden Kalenderjahres (zum Beispiel für 2021 bis spätestens Ende Februar 2022) zu erfolgen.**

Achtung: Für geringfügig Beschäftigte sind keine Schwerarbeitsmeldungen zu erstatten.

Die Dienstgeberin bzw. der Dienstgeber hat bei Vorliegen von Schwerarbeit im Sinne der Schwerarbeitsverordnung (im Gegensatz zur Nachtschwerarbeit nach dem NSchG) keinen zusätzlichen, gesonderten Beitrag zu entrichten.

4.11.1. In welchen Fällen besteht keine Meldepflicht?

Für **geringfügig Beschäftigte** sind keine Schwerarbeitsmeldungen zu erstatten.

Bei Tätigkeiten, für die **Zuschläge zum Sachbereich Urlaub der BUAK** nach den §§ 21 und 21a des BUAG zu entrichten sind, werden die Meldungen von der BUAK durchgeführt.

Weiters entfällt die Meldepflicht, wenn der Dienstgeberin bzw. dem Dienstgeber **keine Informationen zu Personen im Sinne des § 1 Abs. 1 Z 6 der Schwerarbeitsverordnung vorliegen**, die Schwerarbeit im Sinne der Schwerarbeitsverordnung leisten. Sofern diese Informationen der Dienstgeberin bzw. dem Dienstgeber vorliegen, ist für diese Personen eine Schwerarbeitsmeldung möglich.

Bei **einer Tätigkeit nach § 1 Abs. 1 Z 3 der Schwerarbeitsverordnung** besteht ebenfalls keine Meldepflicht, da die Feststellung des Vorliegens einer Minderung der Erwerbstätigkeit von mindestens zehn Prozent als kausale Folge dieser Tätigkeit erst im Nachhinein möglich ist.

Arbeitsunterbrechungen: Endet bei Arbeitsunterbrechungen (zum Beispiel infolge eines Krankenstandes) die Pflichtversicherung auf Grund des Erlöschens des Entgeltanspruches, ist für die Zeit in der keine Pflichtversicherung in der PV besteht, keine Schwerarbeitsmeldung zu erstatten.

Weitere Informationen und einen Fragen-Antworten-Katalog zur Schwerarbeitsverordnung finden Sie unter *www.gesundheitskasse.at* bei den Informationen für Dienstgeber.

4.12. Volontärinnen und Volontäre

Volontärinnen und Volontäre sind Personen, die sich ausschließlich zum Zwecke der Erweiterung und Anwendung von meist theoretisch erworbenen Kenntnissen ohne Arbeitsverpflichtung und ohne Entgelt (zum Beispiel Taschengeld) in einem Betrieb betätigen. Wird Entgelt ausbezahlt, liegt jedenfalls ein Dienstverhältnis vor.

Kennzeichnend für ein Volontariat ist unter anderem, dass
- keine Bindung an eine bestimmte Tätigkeit vorliegt und
- das Ausbildungsverhältnis überwiegend der Volontärin bzw. dem Volontär zugutekommt.

Es handelt sich somit um Personen, die auf Grund ihrer Vorbildung bzw. abgeschlossenen Ausbildung bereits theoretisch zur Ausübung des jeweiligen Berufes befähigt sind, jedoch eine praktische Erweiterung ihres erworbenen Wissens anstreben.

Dieser Personenkreis unterliegt nur der **Teilversicherung in der UV.**

Echte Volontärinnen und Volontäre im Sinne der vorstehenden Ausführungen sind direkt bei der AUVA zur Versicherung zu melden.

Weitere Informationen zu diesem Thema können Sie auch im Praxisleitfaden **„Praktika: Welche Beschäftigungsformen möglich sind"** unter *www.gesundheitskasse.at* bei den Informationen für Dienstgeber nachlesen.

4.13. Zivildienst

Zivildienstleistende im Sinne des Zivildienstgesetzes 1986 (ZDG) und Zivildienstpflichtige, die einen Auslandsdienst gemäß § 12b ZDG leisten, unterliegen der KV und UV nach dem ASVG. Die KV- und UV-Beiträge werden zur Gänze von den Rechtsträgern (Einrichtungen) getragen, für die der Zivildiener tätig ist.

> ⓘ Die tägliche Beitragsgrundlage für Zivildiener beträgt im Jahr 2022 42,89 Euro, die monatliche Beitragsgrundlage 1.286,70 Euro.
> Für Zivildienstleistende ist der UV-Beitrag in Form eines Fixbetrages zu entrichten. Dieser unterliegt der jährlichen Aufwertung und beträgt 2022 6,03 Euro.

Die mitversicherten Angehörigen des Zivildieners können Leistungen aus der KV in Anspruch nehmen. Zivildienstzeiten werden entsprechend den Bestimmungen des APG auf dem Pensionskonto erfasst.

Für die Dauer des Zivildienstes sind **von der ursprünglichen Dienstgeberin bzw. vom ursprünglichen Dienstgeber** für den Zivildiener **keine Sozialversicherungsbeiträge** zu leisten. Die **Dienstgeberin bzw. der Dienstgeber hat jedoch für die Dauer des Zivildienstes den BV-Beitrag in der Höhe von 1,53 Prozent** zu entrichten, wenn und solange das Beschäftigungsverhältnis nicht gelöst ist. Als Bemessungsgrundlage für den BV-Beitrag ist das Kinderbetreuungsgeld (2022: täglich 14,53 Euro; voller Monat x 30) heranzuziehen.

Der Zivildiener ist bei Antritt des Zivildienstes mit dem letzten Tag des Entgeltanspruches abzumelden. Als Abmeldegrund ist „Zivildienst" anzugeben. Das Feld „Betriebliche Vorsorge Ende" ist nicht auszufüllen. Bei Wiederaufnahme der Beschäftigung ist eine neuerliche Anmeldung vor Arbeitsantritt zu erstatten.

5.1. Allgemeine Grundsätze

Die elektronisch zu erstattenden mBGM sind das Herzstück des seit 2019 geltenden Melde- und Abrechnungssystems. Einerseits wird mit der ersten mBGM nach erstatteter Anmeldung die gesetzliche Anmeldeverpflichtung abschließend erfüllt. Andererseits erfolgt auf Basis der im Lohnkonto enthaltenen Daten für jede einzelne Pflichtversicherte bzw. jeden einzelnen Pflichtversicherten die Meldung der individuellen Beitragsgrundlagen sowie der davon zu entrichtenden Sozialversicherungsbeiträge, Umlagen/Nebenbeiträge und der BV-Beiträge. Anhand der so gewonnenen Informationen ist es dem Krankenversicherungsträger möglich, Änderungen der Versicherungsverläufe automatisch zu verarbeiten (zum Beispiel Wechsel von einer geringfügigen Beschäftigung zu einer Vollversicherung und umgekehrt).

Die mBGM gelten sowohl für das Selbstabrechnerverfahren als auch (mit einigen Besonderheiten) für das Beitragsvorschreibeverfahren.

Bei der mBGM handelt es sich um eine versichertenbezogene Meldung, die pro abzurechnendem Beitragszeitraum zu erstatten ist. Nachstehende Grundsätze gelten für sämtliche mBGM.

Grundsatz 1: Welche mBGM ist zu verwenden?
Je nach vereinbarter Beschäftigungsdauer stehen folgende mBGM zur Verfügung:
- mBGM für mindestens einen Monat (oder länger) vereinbarte Beschäftigungsverhältnisse (= Regelfall),
- mBGM für kürzer als einen Monat vereinbarte Beschäftigung und
- mBGM für fallweise Beschäftigte.

Wesentlich ist die vor Arbeitsbeginn vereinbarte Beschäftigungsdauer. Es ist immer die der Beschäftigungsdauer entsprechende mBGM zu verwenden.

So ist zum Beispiel bei einer auf unbefristete Zeit vereinbarten Beschäftigung, die innerhalb der Probezeit nach einigen Tagen beendet wird, ebenfalls die mBGM für den Regelfall zu verwenden. Eine fallweise Beschäftigung an einem einzelnen Arbeitstag oder eine kürzer als einen Monat dauernde Beschäftigung wurde im Vorfeld nicht vereinbart und liegt daher nicht vor.

Wird unmittelbar im Anschluss an ein kürzer als einen Monat befristetes Beschäftigungsverhältnis ein unbefristetes Beschäftigungsverhältnis abgeschlossen, ist zum Ende der Befristung eine Abmeldung erforderlich. Eine mBGM für kürzer als einen Monat vereinbarte Beschäftigung ist in weiterer Folge zu erstatten. Das daran anschließende unbefristete Beschäftigungsverhältnis ist anzumelden und mit der mBGM für den Regelfall abzurechnen.

Grundsatz 2: Nur eine mBGM für alle gleichartigen Beschäftigungen in einem Beitragszeitraum
Liegen in einem Beitragszeitraum mehrere gleichartige Beschäftigungsverhältnisse (= Beschäftigungen mit derselben Art von Beschäftigungsvereinbarung) einer bzw. eines Versicherten zur selben Dienstgeberin bzw. zum selben Dienstgeber vor, sind diese in einer mBGM zu melden.

Beispiel 1: Dienstnehmer A beendet sein unbefristetes Beschäftigungsverhältnis am 05.06.2022. Am 10.06.2022 nimmt er beim gleichen Dienstgeber wiederum ein für längere Zeit als einen Monat vereinbartes Arbeitsverhältnis auf. Im Beitragszeitraum Juni 2022 liegen somit zwei gleichartige Beschäftigungen vor. Entsprechend dem Grundsatz 2 ist für den Dienstnehmer A somit eine einzige mBGM zu übermitteln, nämlich die mBGM für den Regelfall.

Beispiel 2: Dienstnehmer B beendet sein unbefristetes Beschäftigungsverhältnis am 05.06.2022. Am 10.06.2022 wird ein auf 14 Tage befristetes Beschäftigungsverhältnis vereinbart. Demzufolge liegen keine gleichartigen Beschäftigungen vor. Für den Dienstnehmer B ist daher neben der mBGM für den Regelfall (diese beinhaltet die Angaben zum unbefristeten Beschäftigungsverhältnis) auch eine mBGM für kürzer als einen Monat vereinbarte Beschäftigung zu erstatten.

Grundsatz 3: Wartung des Versicherungsverlaufes
Die erste mBGM bestätigt bzw. korrigiert anhand der darin enthaltenen Angaben den mittels Anmeldung bekannt gegebenen Umfang der Versicherung (zum Beispiel Voll- oder Teilversicherung).

Sollte am Ende des Beitragszeitraumes wider Erwarten ein geringeres oder höheres Entgelt als ursprünglich angenommen gebühren, kommt es somit automatisch zu einer Anpassung des mittels seinerzeitiger Anmeldung bekannt gegebenen Versicherungsverlaufes. Erst durch die erste mBGM wird die gesetzliche Anmeldeverpflichtung abschließend erfüllt.

Achtung: Steht bereits vor Erstattung der ersten mBGM fest, dass sich der Versicherungsumfang ändert, kann nach wie vor eine Korrektur der seinerzeitigen Anmeldung mittels Änderungsmeldung durchgeführt werden. So wird beispielsweise für einen ursprünglich als geringfügig beschäftigt Gemeldeten, aber auf Grund einer zwischenzeitlichen Erhöhung des Entgeltes nunmehr Vollversicherten, bereits vor der Erstattung der mBGM frühzeitig ein Leistungsanspruch in der KV sichergestellt.

Im Selbstabrechnerverfahren ist in weiterer Folge für jeden Beitragszeitraum und jede Versicherte bzw. jeden Versicherten eine mBGM zu erstatten. Für Dienstgeberinnen und Dienstgeber, denen die Beiträge vorgeschrieben werden, gelten abweichende Bestimmungen.

Mit Monatsbeginn eintretende Änderungen im Versicherungsverlauf (zum Beispiel Voll- bzw. Teilversicherung) werden ebenso wie untermonatige Änderungen (zum Beispiel Änderung der Tarifgruppe bei Wechsel von Lehr- auf Dienstverhältnis) der mBGM entnommen und ohne weiteres Zutun durch die Meldepflichtige bzw. den Meldepflichtigen automatisch verarbeitet. Änderungsmeldungen sind nur in einigen wenigen Fällen vorgesehen.

Grundsatz 4: mBGM für geringfügig Beschäftigte mit jährlicher Abrechnung
Auch bei einer jährlichen Abrechnung sind für die betroffenen Versicherten (monatlich) mBGM zu erstatten. Diese mBGM sind in einem eigenen mBGM-Paket zusammenzufassen. Für dieses mBGM-Paket ist das Feld „Jährliche Abrechnung für geringfügige Beschäftigung" mit „ja" zu belegen. Eine jährliche Abrechnung kann nur gemeinsam für den UV-Beitrag (gegebenenfalls zuzüglich Dienstgeberabgabe) und den BV-Beitrag vorgenommen werden.

Bei einer jährlichen Zahlungsweise der BV-Beiträge für geringfügig Beschäftigte sind zusätzlich 2,50 Prozent vom zu leistenden BV-Beitrag gleichzeitig mit diesem BV-Beitrag an den zuständigen Krankenversicherungsträger zu überweisen.

Grundsatz 5: Fehlende bzw. nicht vollständige mBGM
Wird die mBGM nicht oder nicht vollständig übermittelt, kann der Krankenversicherungsträger bis zu ihrer (vollständigen) Übermittlung die Beitragsgrundlagen des Vormonates fortschreiben. Ist dies mangels vorhandener Beitragsgrundlagen bzw. des Versicherten nicht möglich, ist die Höhe zu schätzen. Als Anhaltspunkt dienen dabei in erster Linie die einschlägigen Daten der Versicherten bei derselben Dienstgeberin bzw. demselben Dienstgeber. Kann die jeweilige Beitragsgrundlage auf diesem Weg nicht festgesetzt werden, weil beispielsweise kein weiterer Versicherter beschäftigt ist, hat sich der Krankenversicherungsträger an Versicherungsverhältnissen bei gleichartigen oder ähnlichen Betrieben zu orientieren.

Unter www.gesundheitskasse.at finden Sie bei den Informationen für Dienstgeber in den Grundlagen A-Z unter Monatliche Beitragsgrundlagenmeldung (mBGM) einen umfangreichen Fragen-Antworten-Katalog.

5.2. mBGM (für den Regelfall)
Diese Meldung ist für den Regelfall konzipiert. Sie ist ausschließlich für Versicherte zu verwenden, deren Beschäftigungsverhältnis **für mindestens einen Monat oder länger vereinbart ist**.

5.2.1. Auslöser/Zweck der Meldung
- Nach erstatteter Anmeldung ist die Anmeldeverpflichtung durch die Erstattung der ersten mBGM abschließend zu erfüllen.
- Zu einem bestehenden Beschäftigungsverhältnis sind laufend die entsprechenden Beitragsgrundlagen und die auf Grund dessen zu entrichtenden Sozialversicherungsbeiträge, Umlagen/Nebenbeiträge sowie die BV-Beiträge bekannt zu geben bzw. abzurechnen. (Gilt nur sinngemäß für Beitragsvorschreibeverfahren.)

5.2.2. Voraussetzungen
- Die Dienstgeberin bzw. der Dienstgeber verfügt über eine Beitragskontonummer.
- Die bzw. der Versicherte verfügt über eine VSNR bzw. diese wurde mit der Anmeldung angefordert.
- Eine Person, deren Beschäftigungsverhältnis für mindestens einen Monat vereinbart ist, wurde zur Pflichtversicherung gemeldet und/oder
- es sind Beitragsgrundlagen und Beiträge auf Grund eines aufrechten Beschäftigungsverhältnisses zu melden bzw. abzurechnen. (Gilt nur sinngemäß für Beitragsvorschreibeverfahren.)

5.2.3. Meldefrist
- **Selbstabrechnerverfahren:** Die mBGM ist bis zum 15. nach Ablauf eines jeden Beitragszeitraumes zu erstatten. Wird ein Beschäftigungsverhältnis nach dem 15. des Eintrittsmonates aufgenommen, endet die Frist mit dem 15. des übernächsten Monates. Dies gilt auch bei Wiedereintritt des Entgeltanspruches nach dem 15. des Wiedereintrittsmonates.
- **Beitragsvorschreibeverfahren:** Die mBGM ist bis zum Siebenten des Monates zu erstatten, der dem Monat der Anmeldung oder der Änderung der Beitragsgrundlage folgt.

5.2.4. Zuständige Stelle
Die mBGM für den Regelfall ist an den zuständigen Krankenversicherungsträger zu übermitteln.

5.2.5. Prozess bzw. Ablauf
Die Meldung gilt nur dann als erstattet, wenn sie mittels ELDA übermittelt wird.

Meldungen auf anderen Wegen, insbesondere in Papierform, mittels E-Mail oder telefonisch, gelten grundsätzlich als nicht erstattet.

Im Regelfall beinhaltet die versichertenbezogene mBGM nur einen Tarifblock. Die Verrechnung beginnt dabei mit dem ersten Tag des Beitragszeitraumes (Feld „Beginn der Verrechnung" entspricht dem Wert 1) bzw. dem Beginn der beitragsrelevanten Versicherungszeit im jeweiligen Beitragszeitraum.

In folgenden Konstellationen ist zwingend mehr als ein Tarifblock erforderlich:
- Wenn in einem Beitragszeitraum mehrere Beschäftigungsverhältnisse vorliegen. Dies gilt sowohl für zeitlich hintereinanderliegende als auch für parallele Beschäftigungen (zum Beispiel bei Aufnahme einer neuen Beschäftigung während laufender Kündigungsentschädigung oder Urlaubsersatzleistung).
- Bei unterschiedlicher Verrechnung innerhalb eines Beitragszeitraumes (zum Beispiel im Anschluss an ein untermonatig endendes Lehrverhältnis erfolgt eine Weiterbeschäftigung als Arbeiterin bzw. Arbeiter/Angestellte bzw. Angestellter).
- Im Falle einer Unterbrechung der Versicherungszeit auf Grund einer Abmeldung (ohne Ende der Beschäftigung) und einer neuerlichen Anmeldung (zum Beispiel bei Unterbrechung der Versicherungszeit im Rahmen einer Truppenübung).

5.2.6. Erforderliche Unterlagen
Es sind **keine** Unterlagen erforderlich.

5.2.7. Kosten
Es fallen **keine** Gebühren an.

7. Arbeitsbehelf 2022

5.2.8. Besonderheiten der Meldung: mBGM ohne Verrechnung für freie Dienstnehmerinnen und freie Dienstnehmer

Für freie Dienstnehmerinnen und freie Dienstnehmer, deren Arbeitsverdienst für längere Zeiträume als einen Kalendermonat gebührt und deren Gesamtarbeitsverdienst durchschnittlich auf den Zeitraum der Leistungserbringung aufgeteilt wird (Abrechnung mit Honorarnoten), muss zumindest die erste mBGM nach erfolgter Anmeldung mit einem Tarifblock ohne Verrechnung übermittelt werden. Die Anmeldeverpflichtung wird dadurch abschließend erfüllt. Für alle nachfolgenden Beitragszeiträume ist bis zur Entgeltleistung die Übermittlung einer mBGM ohne Verrechnung (Tarifblock ohne Verrechnung) zulässig.

Nach erfolgter Entgeltzahlung und Ermittlung des durchschnittlichen Entgeltes muss die erste bzw. müssen allfällig weitere mBGM ohne Verrechnung storniert werden. Bis zum 15. des der Entgeltleistung folgenden Beitragszeitraumes sind für jeden betroffenen Kalendermonat die entsprechenden mBGM mit Verrechnung nachzureichen. Besteht wider Erwarten kein Entgeltanspruch (es erfolgen beispielsweise keine Geschäftsabschlüsse durch die freie Dienstnehmerin bzw. den freien Dienstnehmer), ist die seinerzeitige Anmeldung zu stornieren.

5.2.9. Rechtsgrundlagen
- § 34 Abs. 2 ASVG
- § 41 ASVG

5.2.10. Änderung/Richtigstellung der Meldung (gilt nicht für Beitragsvorschreibeverfahren)

Mittels mBGM gemeldete Daten können ausschließlich durch eine Stornomeldung und anschließende Neuübermittlung der korrekten mBGM korrigiert werden. Nur im Selbstabrechnerverfahren können Berichtigungen innerhalb von zwölf Monaten nach Ablauf des Zeitraumes, für den die mBGM gilt, ohne nachteilige Folgen für die Meldepflichtige bzw. den Meldepflichtigen - sprich sanktions- und verzugszinsenfrei - vorgenommen werden. Die mBGM für März 2022 kann somit bis 31.03.2023 ohne negative Konsequenzen korrigiert werden.

5.3. mBGM für fallweise Beschäftigte

Im Unterschied zur mBGM für den Regelfall erfolgt mit der mBGM für fallweise Beschäftigte auch die Nennung der innerhalb des jeweiligen Beitragszeitraumes liegenden tatsächlichen Beschäftigungstage der bzw. des Versicherten.

Zudem dient die Meldung der Bekanntgabe der Beitragsgrundlagen sowie der Abrechnung der Sozialversicherungsbeiträge. (Gilt nur sinngemäß für Beitragsvorschreibeverfahren.)

Die Prüfung, ob ein Entgelt über oder unter der Geringfügigkeitsgrenze vorliegt, ist pro Beschäftigung anhand des erzielten Entgeltes durchzuführen.

5.3.1. Auslöser/Zweck der Meldung
- Die Anmeldeverpflichtung für eine fallweise beschäftigte Person ist zu erfüllen und
- die täglichen Beitragsgrundlagen von fallweise Beschäftigten sowie die zu entrichtenden Sozialversicherungsbeiträge, Umlagen/Nebenbeiträge sowie die BV-Beiträge sind bekannt zu geben bzw. abzurechnen. (Gilt nur sinngemäß für Beitragsvorschreibeverfahren.)

5.3.2. Voraussetzungen
- Die Dienstgeberin bzw. der Dienstgeber verfügt über eine Beitragskontonummer.
- Die bzw. der Versicherte verfügt über eine VSNR bzw. diese wurde im Zuge der Anmeldung fallweise Beschäftigter angefordert.
- Eine Person wurde im jeweiligen Beitragszeitraum in unregelmäßiger Folge tageweise für eine kürzere Zeit als eine Woche beschäftigt und entsprechend gemeldet.

5.3.3. Meldefrist

5.3.3.1. Selbstabrechnerverfahren
Wie bisher kann die Satzung des Krankenversicherungsträgers bestimmen, dass die siebentägige Frist für die Anmeldung sowie die Abmeldung hinsichtlich der innerhalb des Kalendermonates liegenden Beschäftigungstage von fallweise Beschäftigten spätestens mit dem Ersten des nächstfolgenden Kalendermonates beginnt.

Die gesetzliche Ermächtigung bezieht sich allerdings ausschließlich auf die An- und Abmeldung von fallweise Beschäftigten - somit lediglich auf die Meldung der Versicherungszeit. Die Bekanntgabe der Beitragsgrundlagen sowie die Abrechnung der Sozialversicherungsbeiträge ist abweichend davon bis zum 15. des Folgemonates, wenn die Beschäftigung nach dem 15. des Eintrittsmonates liegt, bis zum 15. des übernächsten Monates, vorzunehmen.

Vor diesem Hintergrund ergibt sich Folgendes:
- Langt die vollständig ausgefertigte mBGM für fallweise Beschäftigte bis zum Siebenten des Folgemonates ein, das heißt werden sowohl die einzelnen Versicherungstage samt den entsprechenden Beitragsgrundlagen gemeldet als auch die Beitragsabrechnung vorgenommen, wird die Meldeverpflichtung in einem Zuge erfüllt.
- Gesetzlich zulässig ist auch, dass mit der mBGM für fallweise Beschäftigte bis zum Siebenten des Folgemonates lediglich die Versicherungstage bekannt gegeben werden (Tarifblock fallweise Beschäftigte ohne Verrechnung). Die Übermittlung der Beitragsgrundlagen und der zu entrichtenden Beiträge ist meldefristwahrend bis zum 15. des Folgemonates möglich (Storno samt Neumeldung). Wird die fallweise Beschäftigung nach dem 15. des Eintrittsmonates aufgenommen, endet diese Frist mit dem 15. des übernächsten Monates.

Aus verwaltungsökonomischen Gründen empfiehlt es sich, die vollständige mBGM für fallweise Beschäftigte bis zum Siebenten des Folgemonates zu erstatten.

5.3.3.2. Beitragsvorschreibeverfahren
Im Beitragsvorschreibeverfahren ist die mBGM für fallweise Beschäftigte bis zum Siebenten des Folgemonates der fallweisen Beschäftigung zu erstatten.

5.3.4. Zuständige Stelle
Die mBGM für fallweise Beschäftigte ist an den zuständigen Krankenversicherungsträger zu übermitteln.

5.3.5. Prozess bzw. Ablauf
Die Meldung gilt nur dann als erstattet, wenn sie mittels ELDA übermittelt wird.

Meldungen auf anderen Wegen, insbesondere in Papierform, mittels E-Mail oder telefonisch, gelten grundsätzlich als nicht erstattet.

Der tägliche Arbeitsverdienst ist stets dem jeweiligen Tag der fallweisen Beschäftigung zuzuordnen und mit der jeweiligen Tarifgruppe abzurechnen. Die Übermittlung von je einem Tarifblock pro Beschäftigungstag ist erforderlich.

5.3.6. Erforderliche Unterlagen
Es sind **keine** Unterlagen erforderlich.

5.3.7. Kosten
Es fallen **keine** Gebühren an.

5.3.8. Besonderheiten der Meldung
Freie Dienstnehmerinnen und freie Dienstnehmer gelten nicht als fallweise Beschäftigte. Die Verwendung der mBGM für fallweise Beschäftigte ist für diese Personengruppe daher nicht möglich.

Die mittels mBGM gemeldeten Daten können ausschließlich durch eine Stornomeldung und anschließende Neuübermittlung der korrekten mBGM korrigiert werden. Nur im Selbstabrechnerverfahren können Berichtigungen innerhalb von zwölf Monaten nach Ablauf des Zeitraumes, für den die mBGM gilt, ohne nachteilige Folgen für die Meldepflichtige bzw. den Meldepflichtigen - also sanktions- und verzugszinsenfrei - vorgenommen werden. Die mBGM für März 2022 kann somit bis 31.03.2023 ohne negative Konsequenzen korrigiert werden. (Gilt nicht für Beitragsvorschreibeverfahren.)

5.3.9. Rechtsgrundlagen
- § 34 Abs. 2 ASVG
- § 41 ASVG

5.3.10. Änderung/Richtigstellung der Meldung
Die mittels mBGM für fallweise Beschäftigte gemeldeten Daten können ausschließlich durch eine Stornomeldung und anschließende Neumeldung der mBGM korrigiert werden. Der Versicherungsverlauf der fallweise Beschäftigten wird im Rahmen dieser Vorgehensweise mitunter ebenfalls geändert.

5.4. mBGM für kürzer als einen Monat vereinbarte Beschäftigung
Diese mBGM ist für Beschäftigungsverhältnisse zu verwenden, die für eine kürzere Zeit als einen Monat vereinbart sind. Der Beginn und das Ende der Verrechnung für die Versicherungszeit einer kürzer als einen Monat vereinbarten Beschäftigung sind zwingend anzugeben.

5.4.1. Auslöser/Zweck der Meldung
- Nach erstatteter Anmeldung ist die Anmeldeverpflichtung durch die Erstattung der ersten mBGM abschließend zu erfüllen.
- Zu einem bestehenden Beschäftigungsverhältnis sind die entsprechenden Beitragsgrundlagen und die zu entrichtenden Sozialversicherungsbeiträge, Umlagen/Nebenbeiträge sowie die BV-Beiträge bekannt zu geben bzw. abzurechnen. (Gilt nur sinngemäß für Beitragsvorschreibeverfahren.)

5.4.2. Voraussetzungen
- Die Dienstgeberin bzw. der Dienstgeber verfügt über eine Beitragskontonummer.
- Die bzw. der Versicherte verfügt über eine VSNR bzw. diese wurde im Zuge der Anmeldung angefordert.
- Eine Person, deren Beschäftigungsverhältnis für kürzere Zeit als einen Monat vereinbart ist, wurde zur Pflichtversicherung gemeldet und
- es sind Beitragsgrundlagen und Beiträge auf Grund eines Beschäftigungsverhältnisses zu melden bzw. abzurechnen. (Gilt nur sinngemäß für Beitragsvorschreibeverfahren.)

5.4.3. Meldefrist

5.4.3.1. Selbstabrechnerverfahren
Die mBGM ist bis zum 15. nach Ablauf eines jeden Beitragszeitraumes zu erstatten. Wird ein Beschäftigungsverhältnis nach dem 15. des Eintrittsmonates aufgenommen, endet die Frist mit dem 15. des übernächsten Monates. Dies gilt auch bei Wiedereintritt des Entgeltanspruches nach dem 15. des Wiedereintrittsmonates.

5.4.3.2. Beitragsvorschreibeverfahren
Die mBGM ist bis zum Siebenten des Monates, der dem Monat der Anmeldung oder der Änderung der Beitragsgrundlage folgt, zu erstatten.

5.4.4. Zuständige Stelle
Die mBGM für kürzer als einen Monat vereinbarte Beschäftigung ist an den zuständigen Krankenversicherungsträger zu übermitteln.

5.4.5. Prozess bzw. Ablauf
Die Meldung gilt nur dann als erstattet, wenn sie mittels ELDA übermittelt wird.

Meldungen auf anderen Wegen, insbesondere in Papierform, mittels E-Mail oder telefonisch, gelten grundsätzlich als nicht erstattet.

Erstreckt sich eine kürzer als einen Monat vereinbarte Beschäftigung über zwei Beitragszeiträume, sind zwei mBGM erforderlich.

Beispiel: Dienstnehmer A vereinbart eine befristete Beschäftigung vom 15.06.2022 bis 09.07.2022. In der mBGM für Juni ist als erster Tag der Verrechnung der 15.06.2022 und als letzter Tag der Verrechnung der 30.06.2022 anzugeben. In der für Juli zu erstattenden mBGM wird hingegen der 01.07.2022 und der 09.07.2022 als Verrechnungszeitraum angegeben.

Liegen mehrere kürzer als einen Monat vereinbarte Beschäftigungen in einem Beitragszeitraum (= gleichartige Beschäftigungen), sind diese in einer mBGM zusammenzufassen. Je Verrechnungszeitraum ist die entsprechende Tarifgruppe zu melden und jeweils ein eigener Tarifblock erforderlich.

5.4.6. Erforderliche Unterlagen
Es sind **keine** Unterlagen erforderlich.

5.4.7. Kosten
Es fallen **keine** Gebühren an.

5.4.8. Besonderheiten der Meldung (gilt nicht für Beitragsvorschreibeverfahren)
Mittels mBGM gemeldete Daten können ausschließlich durch eine Stornomeldung und anschließende Neuübermittlung der korrekten mBGM korrigiert werden. Nur im Selbstabrechnerverfahren können Berichtigungen innerhalb von zwölf Monaten nach Ablauf des Zeitraumes, für den die mBGM gilt, ohne nachteilige Folgen für die Meldepflichtige bzw. den Meldepflichtigen - sprich sanktions- und verzugszinsenfrei - vorgenommen werden. Die mBGM für März 2022 kann somit bis 31.03.2023 ohne negative Konsequenzen korrigiert werden.

5.4.9. Rechtsgrundlagen
- § 34 Abs. 2 ASVG
- § 41 ASVG

5.4.10. Änderung/Richtigstellung der Meldung (gilt nur sinngemäß für Beitragsvorschreibeverfahren)
Eine erstattete mBGM kann ausschließlich durch eine Stornomeldung und anschließende Neumeldung der korrekten mBGM geändert werden.

5.5. Aufbau und Systematik

Die mBGM kann aus technischer Sicht in mehrere Einzelteile gegliedert werden. Insgesamt setzt sich die mBGM aus folgenden, in hierarchischer Abhängigkeit zueinander stehenden Teilen zusammen:

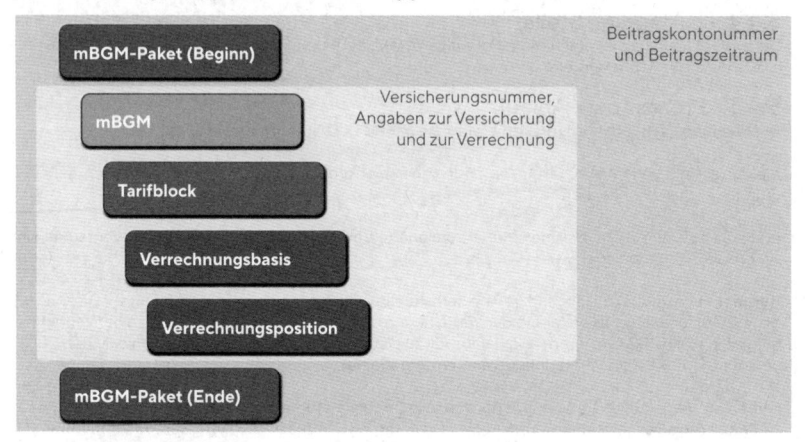

- **mBGM-Paket (Beginn)** — Beitragskontonummer und Beitragszeitraum
- **mBGM** — Versicherungsnummer, Angaben zur Versicherung und zur Verrechnung
- **Tarifblock**
- **Verrechnungsbasis**
- **Verrechnungsposition**
- **mBGM-Paket (Ende)**

5.6. mBGM-Paket

Das mBGM-Paket fasst pro Beitragskontonummer sämtliche versichertenbezogenen mBGM im jeweiligen Beitragszeitraum zusammen. Ein mBGM-Paket enthält somit zumindest eine oder mehrere einzelne mBGM. Dabei ist es unerheblich, um welche Art von mBGM es sich handelt, sofern diese den gleichen Beitragszeitraum betreffen.

Die in einem mBGM-Paket pro versicherter Person abgerechneten Beiträge werden im Bereich des Selbstabrechnerverfahrens automatisch aufsummiert und auf dem Beitragskonto der Dienstgeberin bzw. des Dienstgebers als Gesamtbetrag verbucht. Wenn sich in einem mBGM-Paket sowohl Nach- als auch Rückverrechnungen bzw. Storno-mBGM befinden, wird nur die errechnete Gesamtsumme auf dem Beitragskonto ausgewiesen. (Im Beitragsvorschreibeverfahren erfolgt die Ermittlung der Vorschreibesumme wie bisher durch den Krankenversicherungsträger. Das mBGM-Paket beinhaltet daher keine Gesamtsumme der zu entrichtenden Beiträge.)

Über das mBGM-Paket wird zudem gesteuert, ob für geringfügig Beschäftigte eine jährliche oder monatliche Abrechnung der anfallenden Beiträge gewünscht wird. Unterliegt eine Person in einem Kalendermonat sowohl einer Vollversicherung als auch der Teilversicherung in der UV auf Grund einer geringfügigen Beschäftigung und handelt es sich dabei um dieselbe Art von Beschäftigungsvereinbarungen (regelmäßig, fallweise oder kürzer als einen Monat vereinbart), ist diese mBGM (im Fall der jährlichen Abrechnung der Beiträge für geringfügig Beschäftigte) auch mit dem mBGM-Paket für die jährliche Beitragsabrechnung zu übermitteln.

Im Hintergrund erstellt die Lohnverrechnungssoftware oder auch die ELDA-Software bzw. ELDA Online einen Paket-Referenzwert zur eindeutigen Identifikation des jeweiligen mBGM-Paketes. Optional ist die Übermittlung einer eigenen Paketkennung möglich. Diese wird sodann bei der Online-Abfrage des jeweiligen Beitragskontos via WEBEKU ausgewiesen. Somit kann einfach nachvollzogen werden, auf Grund welchen mBGM-Paketes die Verbuchung erfolgte.

7. Arbeitsbehelf 2022

Grundsätzlich wird erwartet, dass alle mBGM für einen Beitragszeitraum in einem mBGM-Paket gemeldet werden (Ausnahme ist die jährliche Abrechnung des UV-Beitrages, des BV-Beitrages sowie der Dienstgeberabgabe für geringfügig Beschäftigte). Unter dem Gesichtspunkt der besseren Lesbarkeit des elektronischen Beitragskontos ist es allerdings zulässig, mehrere mBGM-Pakete zu übermitteln (zum Beispiel Trennung zwischen Arbeiterinnen und Arbeitern sowie Angestellten).

Die Zusammenführung der einzelnen mBGM der jeweiligen Versicherten zu Paketen erfolgt automatisch durch die Lohnverrechnungssoftware, durch die ELDA-Software bzw. ELDA Online.

5.6.1. Inhalt und Aufbau des mBGM-Paketes

„**Dienstgeber**" **und zuständiger** „**Versicherungsträger**": Achten Sie bei Vorliegen mehrerer Beitragskonten auf die korrekte Auswahl des zuständigen Versicherungsträgers und der von diesem vergebenen Beitragskontonummer. Die Länge der Beitragskontonummer hat den Formatvorgaben des jeweiligen Versicherungsträgers zu entsprechen. Gegebenenfalls ist sie mit Vornullen auf die geforderte Länge aufzufüllen (zum Beispiel achtstellige Beitragskontonummer = 00123456). Andernfalls kann es zu Einschränkungen beim SV-Clearingsystem kommen. Sonderzeichen und Buchstaben sind unzulässig.

„**Beitragszeitraum**" **(BZRM):** Ein mBGM-Paket beinhaltet alle mBGM eines Beitragszeitraumes. Betreffen die zu erstattenden mBGM verschiedene Beitragszeiträume (zum Beispiel rückwirkende Stornierung der mBGM für Jänner 2022 und Erstattung der mBGM für den laufenden Beitragszeitraum Juni 2022), sind diese in unterschiedlichen mBGM-Paketen zu übermitteln.

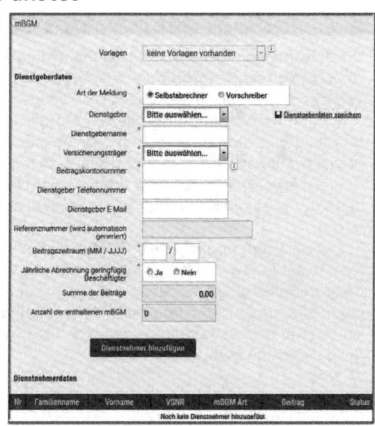

Screenshot aus ELDA Online/Meldungserfassung Dienstgeber

„**Jährliche Abrechnung geringfügig Beschäftigter**" **(JAGB):** Dieses Feld steuert, ob für geringfügig Beschäftigte der UV-Beitrag, der BV-Beitrag sowie die Dienstgeberabgabe jährlich abgerechnet werden sollen.

5.6.2. Beispiel zur jährlichen Abrechnung

Ein Versicherter steht seit mehreren Monaten in einem unbefristeten geringfügigen Beschäftigungsverhältnis. Die geringfügige Beschäftigung wird per 17.02.2022 beendet. Ab 20.02.2022 nimmt die betreffende Person bei derselben Dienstgeberin erneut eine zeitlich unbefristete Tätigkeit auf. Das Entgelt aus dieser zweiten Beschäftigung übersteigt die Geringfügigkeitsgrenze. Im Beitragszeitraum Februar liegen zwei unbefristete Beschäftigungsvereinbarungen vor. Für den Versicherten ist somit nur eine mBGM zulässig. Im Hinblick auf die von der Dienstgeberin gewünschte jährliche Abrechnung des UV-Beitrages und des BV-Beitrages ist wie folgt vorzugehen:

- mBGM Jänner 2022: Die mBGM für die geringfügige Beschäftigung ist mit dem mBGM-Paket für die jährliche Abrechnung zu übermitteln.
- mBGM Februar 2022: Sowohl die geringfügige Beschäftigung als auch die Vollversicherung sind in einer mBGM zu melden. Diese mBGM ist mit dem mBGM-Paket für die jährliche Abrechnung zu erstatten. Damit wird sichergestellt, dass die Beiträge für die geringfügige Beschäftigung die jährliche und die Beiträge für die Vollversicherung die monatliche Wertstellung erhalten.
- mBGM März 2022: Die mBGM für die laufende Vollversicherung wird in weiterer Folge mit dem „regulären" mBGM-Paket übermittelt.

Wurde hingegen das geringfügige Beschäftigungsverhältnis für kürzere Zeit als einen Monat vereinbart und die darauffolgende vollversicherte Tätigkeit unbefristet eingegangen, liegen unterschiedliche

Arten von Beschäftigungsvereinbarungen vor. Für den Versicherten sind somit zwei mBGM notwendig. Die mBGM für die geringfügige Beschäftigung im Beitragszeitraum Februar 2022 wird mit dem mBGM-Paket für die jährliche Abrechnung übermittelt. Die Abrechnung der Vollversicherung erfolgt hingegen mit dem „regulären" mBGM-Paket.

5.6.3. Änderungen

Ein mBGM-Paket kann nicht storniert werden. Korrekturen können ausschließlich durch Stornierung und Neumeldung der in einem mBGM-Paket enthaltenen versichertenbezogenen mBGM vorgenommen werden.

5.7. mBGM der bzw. des Versicherten

Die personenbezogene mBGM beinhaltet im Wesentlichen die Daten der abzurechnenden Person. Über die Verrechnungsgrundlage wird definiert, ob für die jeweilige Person im Beitragszeitraum eine Versicherung und/oder Zeiten der BV vorliegen oder ob eine Beitragsabrechnung ohne derartige Zeiten vorgenommen wird (zum Beispiel beitragspflichtige Einmalzahlung während einer Karenzierung). Weiters ist zu spezifizieren, ob es sich um eine mBGM für eine fallweise Beschäftigung, eine kürzer als einen Monat vereinbarte Beschäftigung bzw. eine regelmäßige Beschäftigung handelt oder ob eine Stornierung der jeweiligen mBGM-Art erfolgen soll. Liegen unterschiedliche Arten von Beschäftigungsvereinbarungen in einem Beitragszeitraum vor, sind diese in mehrere mBGM zu splitten.

Für jede personenbezogene mBGM in einem mBGM-Paket wird seitens der Lohnverrechnungssoftware bzw. ELDA automatisch ein Referenzwert vergeben. Dieser dient der eindeutigen Identifikation der jeweiligen mBGM. Einerseits können dadurch eindeutige Bezüge zwischen voneinander abhängigen Meldungen (zum Beispiel im Falle einer Stornierung einer mBGM) hergestellt werden. Andererseits gewährleistet der Referenzwert darüber hinaus die Zuordnung von Rückmeldungen im Rahmen des SV-Clearingsystems.

Sämtliche weitere Informationen bezüglich der Wartung des Versicherungsverlaufes und der Beitragsabrechnung der bzw. des jeweiligen Versicherten werden über den Tarifblock, die Verrechnungsbasis und die Verrechnungsposition gemeldet.

5.7.1. Inhalt und Aufbau der mBGM der bzw. des Versicherten

„**Art der Meldung" (SART):** Wählen Sie – je nach welchem System die Beitragsabrechnung erfolgt (Selbstabrechner- oder Beitragsvorschreiberverfahren) – die Art der zu erstattenden mBGM aus. Folgende mBGM-Typen stehen zur Verfügung:
- mBGM (für den Regelfall),
- mBGM für fallweise Beschäftigte und
- mBGM für kürzer als einen Monat vereinbarte Beschäftigung.

Für jede mBGM-Art ist auch eine Stornomeldung vorgesehen.

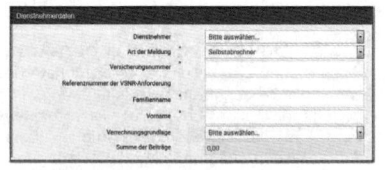

Screenshot aus ELDA Online/Meldungserfassung Dienstgeber

„**Versicherungsnummer" oder „Referenznummer der VSNR-Anforderung" (VSNR, REFV):** Die zehnstellige VSNR ist ohne Leerstellen anzugeben. Wurde die VSNR beantragt, aber noch nicht über das SV-Clearingsystem bekannt gegeben, ist der Referenzwert der Meldung Versicherungsnummer Anforderung zu übermitteln. Das Feld „Versicherungsnummer" bleibt in diesen Fällen unbelegt.

Daten der bzw. des Versicherten (FANA, VONA): Achten Sie bei der Ausfertigung dieser Felder auf die korrekte Schreibweise des Familiennamens und des Vornamens.

„**Verrechnungsgrundlage" (VERG):** Im Regelfall erfolgt mit der mBGM eine Beitragsabrechnung in Verbindung mit einer Versicherungszeit und/oder mit einer Zeit der BV. Ist eine Beitragsabrechnung

… ohne derartige Zeiten erforderlich (zum Beispiel Sonderzahlung während Karenzierung), ist das Feld „Verrechnungsgrundlage" mit der je nach Lagerung des Falles zutreffenden Variante „Verrechnung ohne Versicherungszeit" zu belegen.

5.7.2. Storno-mBGM der bzw. des Versicherten

„**Art der Meldung**" **(SART):** Wählen Sie die Art der zu stornierenden mBGM aus. Im Bereich des Beitragsvorschreibeverfahrens ist eine mBGM nur dann zu stornieren, wenn sie gänzlich zu Unrecht erstattet wurde.

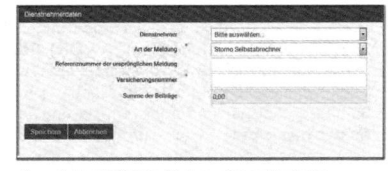

„**Referenznummer der ursprünglichen Meldung**" **(REFU):** Tragen Sie in dieses Feld den von der jeweiligen Lohnverrechnungssoftware bzw. ELDA automatisch vergebenen Referenzwert der zu stornierenden mBGM ein. In ELDA kann der relevante Referenzwert der fraglichen Meldung über die dort integrierte Suchfunktion übernommen werden.

Screenshot aus ELDA Online/Meldungserfassung Dienstgeber

„**Versicherungsnummer**" **(VSNR):** Die zehnstellige VSNR ist ohne Leerstellen anzugeben. Wurde die VSNR beantragt, aber noch nicht über das SV-Clearingsystem bekannt gegeben, ist der Referenzwert der Meldung Versicherungsnummer Anforderung zu übermitteln. Das Feld „Versicherungsnummer" bleibt in diesen Fällen unbelegt.

„**Summe der Beiträge**" **(VSUM):** Geben Sie hier die Summe der zu stornierenden Beiträge an. Achtung: Diese muss mit jener der Originalmeldung übereinstimmen.

5.8. Tarifblock

Der Tarifblock dient der Wartung des Versicherungsverlaufes. Durch die darin enthaltene Beschäftigtengruppe und deren allenfalls notwendige Ergänzungen werden sämtliche Angaben zu Art und Umfang der Pflichtversicherung laufend aktuell gehalten.

Die Zuordnung der gemeldeten Beitragsgrundlagen zu einer konkreten Versicherungszeit wird durch die Bekanntgabe des Beginnes der Verrechnung gewährleistet. Bei fallweise Beschäftigten sowie kürzer als einen Monat vereinbarten Beschäftigungen tritt an die Stelle des Verrechnungsbeginnes der jeweilige Arbeitstag bzw. der Beschäftigungszeitraum. Der Inhalt des Tarifblocks orientiert sich somit an der jeweils vorliegenden Beschäftigungsvereinbarung.

Im Regelfall leitet der Tarifblock die Verrechnung ein. Sämtliche Details dazu werden über die Verrechnungsbasis und Verrechnungsposition gemeldet.

5.8.1. Inhalt und Aufbau des Tarifblocks

„**Art/Auswahl Tarifblock**" **(IDTEIL):** Wählen Sie den der vorliegenden Beschäftigungsvereinbarung entsprechenden Tarifblock aus. Eine versichertenbezogene mBGM hat in bestimmten Fällen mehrere Tarifblöcke zu enthalten. Folgende Tarifblöcke stehen zur Verfügung:
- Tarifblock (für den Regelfall),
- Tarifblock fallweise Beschäftigung und
- Tarifblock für eine kürzer als einen Monat vereinbarte Beschäftigung.

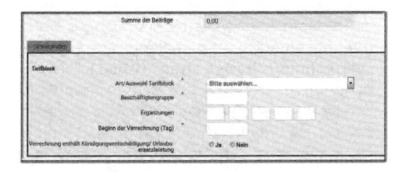

Screenshot aus ELDA Online/Meldungserfassung Dienstgeber

Zur Erfüllung der Anmeldeverpflichtung existiert für jede Art von Beschäftigungsvereinbarung ein entsprechender Tarifblock „ohne Verrechnung". Dieser ist für freie Dienstnehmerinnen und freie Dienstnehmer zu verwenden, wenn der Arbeitsverdienst für

7. Arbeitsbehelf 2022

längere Zeiträume als einen Kalendermonat gebührt und daher zum Zeitpunkt der ersten (die Anmeldung abschließenden) mBGM noch keine Abrechnung erfolgen kann. Eine ähnliche Situation ergibt sich bei fallweise Beschäftigten, wenn die vollständige mBGM bis zum Siebenten des Folgemonates (Meldefrist für die Anmeldung von fallweise Beschäftigten) noch nicht übermittelt werden kann.

„**Beschäftigtengruppe" (BSGR) und „Ergänzungen" zur Beschäftigtengruppe (ERGB):** Geben Sie unter Berücksichtigung des Tarifsystems die jeweilige Beschäftigtengruppe (Arbeiter, Angestellter etc.) sowie allenfalls dazu notwendige Ergänzungen (NB etc.) an.

„**Beginn der Verrechnung (Tag)" (VVON), Beschäftigungstag der fallweisen Beschäftigung (FTAG) oder erster und letzter Tag der kürzer als einen Monat vereinbarten Beschäftigung (BTAB, BTBS):** Der Inhalt dieser Datenfelder repräsentiert jenen Tag bzw. Zeitraum, für den die jeweilige Meldung der Beitragsgrundlagen und/oder Verrechnung der abzuführenden Beiträge vorgenommen wird. Grundsätzlich handelt es sich dabei um den Beginn der SV im jeweiligen Beitragszeitraum. Unterliegt die bzw. der Versicherte nur der BV, bezieht sich der Beginn der Verrechnung auf diesen Zeitpunkt bzw. diese Zeitspanne.

Reicht eine kürzer als einen Monat vereinbarte Beschäftigung über einen Kalendermonat hinaus (zum Beispiel 15.01. bis 07.02.), sind zwei mBGM zu erstatten. Im Tarifblock der mBGM für den ersten Beitragszeitraum ist als letzter Tag der Verrechnung (BTBS) der jeweilige Monatsletzte einzutragen. Die Verrechnung für den zweiten Beitragszeitraum (BTAB) beginnt sodann mit dem ersten Tag des folgenden Kalendermonates und endet in diesem Beispiel am 07.02.

„**Verrechnung enthält Kündigungsentschädigung/Urlaubsersatzleistung" (KEUE):** Dieses Feld ist bei einer kürzer als einen Monat bzw. mindestens einen Monat oder auf unbestimmte Zeit vereinbarten Beschäftigung zu belegen, wenn (auch) eine Verrechnung einer Kündigungsentschädigung und/oder Urlaubsersatzleistung erfolgt.

5.9. Verrechnungsbasis

Die Verrechnungsbasis beinhaltet Art und Höhe jenes Betrages, für den Beiträge zu verrechnen sind. Grundsätzlich handelt es sich dabei um die jeweilige Beitragsgrundlage. Für fixe Beträge, wie zum Beispiel das Service-Entgelt, sind eigene Verrechnungsbasen vorgesehen. Innerhalb eines Tarifblocks darf eine Verrechnungsbasis eines Typs nur einmal vorkommen.

5.9.1. Inhalt und Aufbau der Verrechnungsbasis

„**Verrechnungsbasis Typ" (VBTY):** Wählen Sie die Art der jeweiligen Verrechnungsbasis aus. Ein Tarifblock kann mehrere Verrechnungsbasen und dazugehörende Beitragsgrundlagen/Fixbeträge enthalten. Werden zum Beispiel in einem Beitragszeitraum Sonderzahlungen fällig, sind der Verrechnungsbasis-Typ „allgemeine Beitragsgrundlage" und „Sonderzahlung" auszuwählen und mit den entsprechenden Verrechnungsbasis-Beträgen (Beitragsgrundlagen) zu melden.

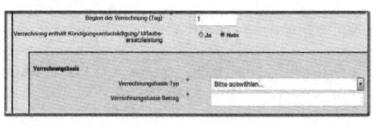

Screenshot aus ELDA Online/Meldungserfassung Dienstgeber

„**Verrechnungsbasis Betrag" (VBBT):** Dieses Feld ist entsprechend dem ausgewählten Verrechnungsbasis-Typ mit der jeweiligen Beitragsgrundlage bzw. dem abzurechnenden Fixbetrag (zum Beispiel Service-Entgelt) zu belegen. Mit Ausnahme der Beitragsgrundlage für die BV sind im Bereich des Selbstabrechnerverfahrens sämtliche Beitragsgrundlagen mit der Höchstbeitragsgrundlage zu deckeln. Werden die Beiträge vom Krankenversicherungsträger vorgeschrieben, muss hingegen in allen Fällen immer das gesamte beitragspflichtige Entgelt ohne Deckelung mit der Höchstbeitragsgrundlage übermittelt werden. Eine fiktive Hochrechnung der Beitragsgrundlagen auf den Beitragszeitraum ist nicht erforderlich. Insbesondere bei untermonatigen Ein- oder Austritten ist stets das konkret auf den Kalendermonat entfallende Entgelt zu melden.

7. Arbeitsbehelf 2022

5.9.2. Allgemeine Hinweise zur Belegung der Datenfelder

Allgemeine Beitragsgrundlage (AB): Gebührt beitragspflichtiges Teilentgelt, ist dieses in die allgemeine Beitragsgrundlage einzurechnen und muss nicht gesondert ausgewiesen werden. Der Unterschiedsbetrag, von dem zusätzliche KV-Beiträge zu entrichten sind, wenn der Dienstnehmerin bzw. dem Dienstnehmer die Schlechtwetterentschädigung nach dem BSchEG zusteht, darf nicht als allgemeine Beitragsgrundlage abgerechnet werden. In diesem Fall steht der Verrechnungsbasis-Typ Differenzbeitragsgrundlage SW-Entschädigung zur Verfügung.

Beitragsgrundlage bei unbezahltem Urlaub (UU): Dieser Verrechnungsbasis-Typ kommt ausschließlich für einen maximal einen Monat dauernden unbezahlten Urlaub zur Anwendung. Er ist auf Grund der in diesen Fällen zu beachtenden beitragsrechtlichen Besonderheiten (zum Beispiel Entfall der AK, des WF und des BV-Beitrages) erforderlich. Als Beitragsgrundlage gilt der Betrag, der auf jenen Zeitabschnitt entfällt, der unmittelbar vor dem unbezahlten Urlaub liegt und in seiner Länge der Urlaubsdauer entspricht. Liegen im Kalendermonat des maximal einen Monat dauernden unbezahlten Urlaubes auch entgeltpflichtige Arbeitstage, ist unabhängig von der Art der Beitragsabrechnung (Selbstabrechner- oder Beitragsvorschreibeverfahren) zusätzlich auch die Verrechnungsposition samt dazugehöriger Verrechnungsbasis allgemeine Beitragsgrundlage zu übermitteln.

Sonderzahlungen (SZ): Der Verrechnungsbasis-Typ Sonderzahlung darf in jedem Tarifblock einmal vorkommen.

Beitragsgrundlage zur BV (BV): Im Regelfall ist das monatliche Entgelt inklusive allfälliger Sonderzahlungen zu übermitteln. Für Zeiten ohne Entgelt mit aufrechter BV (zum Beispiel Wochengeldbezug) ist als Beitragsgrundlage für die BV die allenfalls vorgesehene fiktive Bemessungsgrundlage heranzuziehen. Die Beitragsgrundlage für die BV ist immer ohne Berücksichtigung der Höchstbeitragsgrundlage zu melden.

Beitrag zur BV (BB): Erfolgt bei geringfügig Beschäftigten eine jährliche Zahlung der BV-Beiträge, ist der monatlich anfallende BV-Beitrag als Berechnungsgrundlage einzutragen. Von diesem Betrag erfolgt die Errechnung des zusätzlich zu leistenden Zuschlages in Höhe von 2,50 Prozent.

Allgemeine Beitragsgrundlage für spezielle AV-Minderung (AZ): Diese Auswahlmöglichkeit ist dann zu verwenden, wenn für die Minderung der Beiträge für die AV eine andere (geringere) Beitragsgrundlage als für die normale Beitragsverrechnung zur Anwendung kommt. Der gegenständliche Verrechnungsbasis-Typ ist allerdings nicht generell als „Ersatz" für die allgemeine Beitragsgrundlage zu verwenden, sondern nur in Verbindung mit dem normalen Verrechnungsbasis-Typ allgemeine Beitragsgrundlage. Der Verrechnungsbasis-Typ kommt insbesondere in jenen Fällen zur Anwendung, in denen die Dienstgeberin bzw. der Dienstgeber Beitragsanteile der Dienstnehmerin bzw. des Dienstnehmers übernimmt (zum Beispiel bei Altersteilzeit).

Sonderzahlung für spezielle AV-Minderung (SA): Auch bei Sonderzahlungen kann die unter allgemeine Beitragsgrundlage für spezielle AV-Minderung beschriebene Situation eintreten. Gegebenenfalls ist sinngemäß vorzugehen.

Beitragsgrundlage DAG fallweise/kürzer als einen Monat vereinbarte geringfügige Beschäftigung (SO): Bei einer fallweisen oder kürzer als einen Monat vereinbarten Beschäftigung kann es dazu kommen, dass für die Abrechnung der UV eine andere Beitragsgrundlage als für die Abrechnung der Dienstgeberabgabe heranzuziehen ist. Dies deshalb, da die Beitragsgrundlage für den UV-Beitrag mit der täglichen Höchstbeitragsgrundlage begrenzt wird. Bei der Bemessung der Dienstgeberabgabe gelangt diese „Deckelung" hingegen nicht zur Anwendung. Beachten Sie, dass dieser Verrechnungsbasis-Typ auch dann zu verwenden ist, wenn keine Abweichung der Beitragsgrundlagen vorliegt. In die gegenständliche Verrechnungsbasis sind allgemeine Beitragsgrundlagen und allfällige Sonderzahlungen zu summieren und als Gesamtbetrag für die Abfuhr der Dienstgeberabgabe einzutragen.

7. Arbeitsbehelf 2022

Differenzbeitragsgrundlage SW-Entschädigung (SW): Als Differenzbeitragsgrundlage SW-Entschädigung ist jener Unterschiedsbetrag anzuführen, von dem zusätzlich ein KV-Beitrag zu entrichten ist, wenn der Dienstnehmerin bzw. dem Dienstnehmer Schlechtwetterentschädigung nach dem BSchEG gebührt.

Differenzbeitragsgrundlage Entwicklungshelfer (EH): Als Differenzbeitragsgrundlage Entwicklungshelfer ist jener Unterschiedsbetrag anzugeben, von dem zusätzlich ein PV-Beitrag zu entrichten ist, wenn für eine Fachkraft der Entwicklungshilfe nach § 2 des Entwicklungshelfergesetzes das tatsächlich bezogene Entgelt unter der Mindestbeitragsgrundlage nach § 48 ASVG liegt. Es handelt sich damit um die Differenz zwischen dem tatsächlich bezogenen Entgelt und dieser Mindestbeitragsgrundlage.

Service-Entgelt (SE): Als Verrechnungsbasis ist der fixe Betrag für die e-card heranzuziehen.

Differenzbeitragsgrundlage SW-Entschädigungs-Reduktion (SR): Dieser Verrechnungsbasis-Typ dient in Ausnahmefällen der Abrechnung des SW bei Kurzarbeit. Die normale Verrechnung der Beiträge erfolgt auf Basis des Einkommens vor der Kurzarbeit. Für die Abrechnung der Schlechtwetterentschädigung ist aber das tatsächliche (reduzierte) Einkommen heranzuziehen. Durch Angabe des Differenzbetrages zwischen dem Einkommen vor der Kurzarbeit und dem tatsächlichen Einkommen als Verrechnungsbasis vom Typ Differenzbeitragsgrundlage SW-Entschädigungs-Reduktion in Kombination mit dem Abschlag Reduktion der SW-Entschädigung wird der SW entsprechend reduziert.

5.10. Verrechnungsposition

Über die Verrechnungsposition wird der jeweilige Prozentsatz der zu entrichtenden Sozialversicherungsbeiträge, Umlagen/Nebenbeiträge und der BV-Beiträge festgelegt. In Verbindung mit der jeweiligen Verrechnungsbasis (allgemeine Beitragsgrundlage, Sonderzahlung etc.) errechnen sich sodann die zu entrichtenden Beiträge. Bei Fixbeträgen (zum Beispiel Service-Entgelt) beläuft sich der Prozentsatz stets auf 100 Prozent der Verrechnungsbasis.

Grundsätzlich wird zwischen folgenden Arten von Verrechnungspositionen unterschieden:
- Standard-Tarifgruppenverrechnung für die allgemeine Beitragsgrundlage,
- Standard-Tarifgruppenverrechnung für Sonderzahlung,
- Standard-Tarifgruppenverrechnung für unbezahlten Urlaub,
- Verrechnung der BV,
- Abschläge und
- Zuschläge.

5.10.1. Inhalt und Aufbau der Verrechnungsposition

„**Verrechnungsposition Typ" (VPTY)**, „**Verrechnungsposition Prozentsatz" (VPTA):** Die Auswahl, welche Verrechnungspositionen zur Anwendung gelangen, ist immer in Verbindung mit der jeweiligen Verrechnungsbasis zu treffen. Wird eine Verrechnungsbasis gemeldet, ist auch die dazugehörige Verrechnungsposition zu übermitteln.

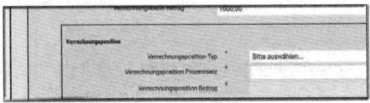

Screenshot aus ELDA Online/Meldungserfassung Dienstgeber

Folgende Verrechnungspositionen stehen zur Verfügung:
- Standard-Tarifgruppenverrechnung
- Standard-Tarifgruppenverrechnung (Sonderzahlung)
- Standard-Tarifgruppenverrechnung (unbezahlter Urlaub)
- Betriebliche Vorsorge
- Minderung AV um 1 %
- Minderung AV um 2 %
- Minderung AV um 3 %

7. Arbeitsbehelf 2022

- Minderung AV um 1,2 % (Lg.)
- Minderung AV um 0,2 % (Lg.)
- WF-Entfall Neugründerförderung
- UV-Entfall Neugründerförderung
- UV-Entfall 60. LJ vollendet
- AV + IE Entfall Pensionsanspruch
- AV Entfall Pensionsanspruch (IE-freie DV)
- Entfall AV - Lehrlingssonderfall
- Minderung PV um 50 %
- Dienstgeberabgabe (PV + KV)
- Service-Entgelt
- BV-Zuschlag bei jährlicher Zahlung
- Weiterbildungsbeitrag - AÜG
- KV-Beitrag für SW-Entschädigung
- Reduktion der SW-Entschädigung
- LK-Umlage für SZ und unbezahlten Urlaub (nur zu verwenden in Kärnten für Sonderzahlungen sowie Kärnten und Steiermark bei unbezahltem Urlaub)
- KV-Beitrag für SW-Entschädigung Lehrling

Abschläge können nur in Kombination mit einer Standard-Tarifgruppenverrechnung (allgemeine Beitragsgrundlage, Sonderzahlungsgrundlage oder Beitragsgrundlage für den unbezahlten Urlaub) auftreten. Eine Ausnahme davon stellt lediglich die Sondersituation mit den besonderen Verrechnungsbasen allgemeine Beitragsgrundlage für spezielle AV-Minderung, Sonderzahlung für spezielle AV-Minderung und Differenzbeitragsgrundlage SW-Entschädigungs-Reduktion dar. Die Verrechnungsposition Abschlag bei Minderung AV bzw. Reduktion der SW-Entschädigung ist dabei von diesen speziellen Verrechnungsbasen zu berechnen und somit immer mit diesen zu melden.

Existieren für Zuschläge keine eigenen Verrechnungsbasen (zum Beispiel Weiterbildungsbeitrag – AÜG), beziehen sich diese immer auf die jeweils bekannt zu gebende allgemeine Beitragsgrundlage, Sonderzahlungsgrundlage oder Beitragsgrundlage für den unbezahlten Urlaub. Ist hingegen eine gesonderte Verrechnungsbasis vorgesehen, muss stets die dazugehörige Verrechnungsposition gemeldet werden (zum Beispiel Verrechnungsbasis Service-Entgelt benötigt zwingend die Verrechnungsposition Service-Entgelt).

Beispiel: Einer versicherten Person gebührt im Beitragszeitraum Juni 2022 ein laufendes Entgelt von 1.500,00 Euro. Ein UZ im gleichen Ausmaß wird fällig.

Verrechnungsbasis Typ	Verrechnungsbasis Betrag	Verrechnungsposition
Allgemeine Beitragsgrundlage (AB)	€ 1.500,00	Standard-Tarifgruppenverrechnung
-	-	Abschlag Minderung AV um 3 %
Sonderzahlung (SZ)	€ 1.500,00	Standard-Tarifgruppenverrechnung Sonderzahlung
-	-	Abschlag Minderung AV um 3 %
Beitragsgrundlage zur BV (BV)	€ 3.000,00	Betriebliche Vorsorge

Für die allgemeine Beitragsgrundlage, die Sonderzahlung und die Beitragsgrundlage für die BV sind eigene Verrechnungsbasen vorgesehen. Die jeweils dazugehörigen Verrechnungspositionen sind anzugeben.

Im Gegensatz dazu existiert für die Minderung des AV-Beitrages keine gesonderte Verrechnungsbasis. Somit ist lediglich der Abschlag, der im vorstehenden Beispiel von der allgemeinen Beitragsgrundlage und der Sonderzahlung berechnet wird, zu melden.

7. Arbeitsbehelf 2022

5.11. Beispiele zur mBGM im Selbstabrechnerverfahren

5.11.1. Wartung des Versicherungsverlaufes

Die Anmeldeverpflichtung wird mit der Erstattung der ersten mBGM abschließend erfüllt. Alle Änderungen des Versicherungsverlaufes werden durch die mBGM gemeldet.

1. Die Dienstgeberin meldet einen Dienstnehmer mit einem Entgelt unter der Geringfügigkeitsgrenze per 08.01.2022 zur SV und per 08.02.2022 zur BV. Die Pflichtversicherung bzw. das Versicherungsverhältnis wird wie folgt gespeichert:

   Anmeldung vor Arbeitsantritt
   VVH unter der GFG ab 08.01. | BV ab 08.02.
   01/2022 | 02/2022 | 03/2022

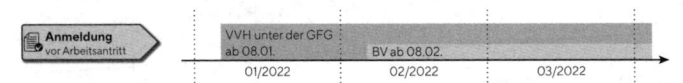

2. Der Dienstgeberin übermittelt bis 15.02.2022 die erste mBGM (Beschäftigtengruppe: geringfügig beschäftigter Arbeiter) und bestätigt dadurch den Versicherungsumfang. Die gesetzliche Anmeldeverpflichtung per 08.01.2022 ist damit abschließend erfüllt. Gleichzeitig erfolgt die Beitragsabrechnung für den Beitragszeitraum Jänner 2022.

   mBGM 01/2022 Vorlage bis 15.02.
   Bestätigtes VVH unter der GFG ab 08.01. | BV ab 08.02.
   01/2022 | 02/2022 | 03/2022
   mBGM Beitragszeitraum 01/2022

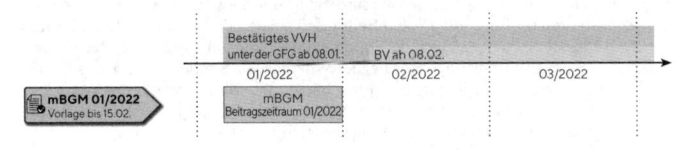

3. Im Rahmen der Abrechnung des Beitragszeitraumes Februar 2022 stellt die Dienstgeberin fest, dass das Entgelt des Dienstnehmers im Februar 2022 über der Geringfügigkeitsgrenze gelegen ist. Die Dienstgeberin meldet deshalb mit der mBGM für Februar 2022 die Beschäftigtengruppe Arbeiter. Der Versicherungsumfang wird dadurch automatisch per 01.02.2022 auf ein vollversicherungspflichtiges Versicherungsverhältnis geändert. Eine zusätzliche Änderungsmeldung ist nicht erforderlich. Abweichend von der Abrechnung für den Beitragszeitraum Jänner 2022 ist hier auch der BV-Beitrag zu übermitteln.

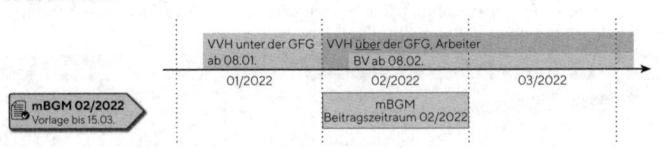

   mBGM 02/2022 Vorlage bis 15.03.
   VVH unter der GFG ab 08.01. | VVH über der GFG, Arbeiter BV ab 08.02.
   01/2022 | 02/2022 | 03/2022
   mBGM Beitragszeitraum 02/2022

5.11.2. Richtigstellung der Anmeldung, Storno/Neuübermittlung der mBGM

Das folgende Beispiel stellt den Meldeprozess bei einer nachträglichen Berichtigung des Beginnes der BV mit Stornierung und Neumeldung der mBGM dar.

1. Die Dienstgeberin meldet einen Dienstnehmer mit einem Entgelt über der Geringfügigkeitsgrenze per 08.01.2022 zur SV und per 08.02.2022 zur BV. Die Pflichtversicherung wird wie folgt gespeichert:

   Anmeldung vor Arbeitsantritt
   VVH ab 08.01. | BV ab 08.02.
   01/2022 | 02/2022 | 03/2022

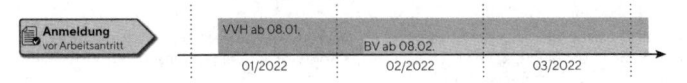

2. Die Dienstgeberin übermittelt bis 15.02.2022 die erste mBGM (Tarifgruppe: Arbeiter) und bestätigt dadurch den Versicherungsumfang. Neben der abschließenden Erfüllung der gesetzlichen Anmeldeverpflichtung per 08.01.2022 werden die Sozialversicherungsbeiträge für den Beitragszeitraum Jänner 2022 abgerechnet.

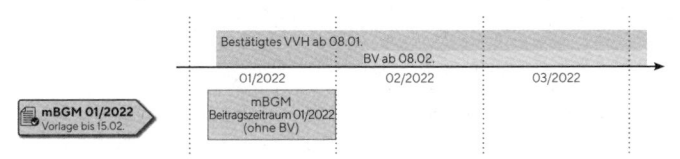

3. Da der Dienstnehmer bereits im Jahr 2021 für die Dienstgeberin tätig wurde, korrigiert die Dienstgeberin am 22.02.2022 mit einer Richtigstellung Anmeldung den Beginn der BV („Zwölf-Monats-Regel") auf den 08.01.2022.

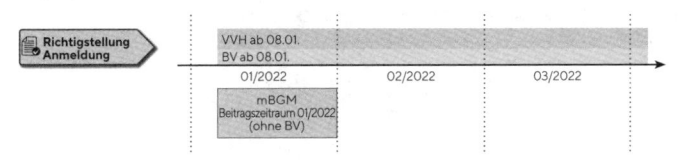

Anmerkung: Ändert sich nach erfolgter Anmeldung vor Arbeitsantritt der tatsächliche Beginn der Beschäftigung, ist dieser Umstand ebenfalls mit einer Richtigstellung Anmeldung bekannt zu geben.

4. Die Dienstgeberin storniert am 22.02.2022 auf Grund der Berichtigung der Anmeldung die mBGM für Jänner 2022 und erstattet eine neue mBGM für Jänner 2022. Diese beinhaltet unter anderem auch den ab 08.01.2022 zu entrichtenden BV-Beitrag.

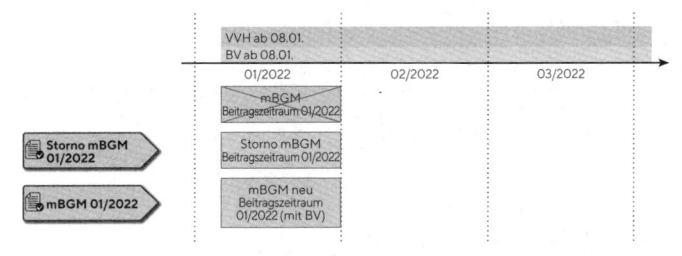

5.11.3. Änderungsmeldung und nachfolgende mBGM

Dieses Beispiel bildet den Meldeprozess bei einer notwendigen Änderung des Versicherungsumfanges für einen Beitragszeitraum ab, für den noch keine mBGM erstattet wurde.
Ein geringfügig beschäftigter Arbeiter ist zur Teilversicherung in der UV gemeldet. Auf Grund einer Erhöhung der Arbeitszeit mit 11.02.2022 liegt das im Beitragszeitraum Februar gebührende Entgelt über der Geringfügigkeitsgrenze. Die Dienstgeberin übermittelt am 11.02.2022 eine Änderungsmeldung mit folgenden Angaben:
- „Änderungsdatum (ADAT)": 01.02.2022
- „Beschäftigungsbereich (BBER)": Arbeiter

7. Arbeitsbehelf 2022

- „Geringfügigkeit (GERF)": nein
- „Freier Dienstvertrag (FRDV)": nein

Änderungsmeldung per 11.02.

	VVH unter der GFG BV	KV*	VVH über der GFG
	01/2022	02/2022	03/2022

* Kommt es während des Bestandes der geringfügigen Beschäftigung zu einer Erhöhung des Entgeltes, wodurch die Geringfügigkeitsgrenze überschritten wird, liegt bereits ab Beginn des Kalendermonates eine Vollversicherung vor. Durch die Vorlage einer Änderungsmeldung kann der Dienstnehmer ehestmöglich Leistungen aus der KV in Anspruch nehmen.

Bis spätestens 15.03. erstattet die Dienstgeberin die mBGM für den Beitragszeitraum Februar 2022 und bestätigt dadurch den Versicherungsumfang.

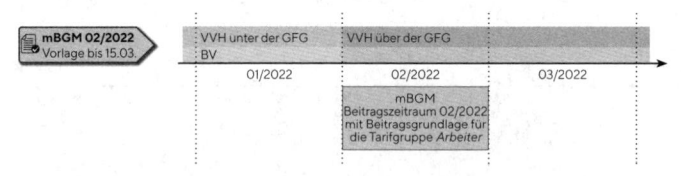

mBGM 02/2022 Vorlage bis 15.03.

	VVH unter der GFG BV	VVH über der GFG	
	01/2022	02/2022	03/2022
		mBGM Beitragszeitraum 02/2022 mit Beitragsgrundlage für die Tarifgruppe *Arbeiter*	

5.12. Ausfertigung der mBGM im Selbstabrechnerverfahren

In den nachfolgenden Beispielen sind die wesentlichen Datenfelder der mBGM dargestellt. Auf selbstsprechende Inhalte, wie etwa die Daten der Dienstgeberin bzw. des Dienstgebers und von ELDA bzw. der Lohnverrechnungssoftware automatisch befüllte Daten („Referenzwert", Anzahl der mBGM im Paket, Summe der Beiträge etc.) wird verzichtet.

5.12.1. Ein Tarifblock, zwei Verrechnungsbasen und mehrere Verrechnungspositionen

Sachverhalt A: Herr Martin Muster, VSNR 1294210672, wird als Arbeiter am 15.01.2022 unbefristet beschäftigt. Da er bereits für den Dienstgeber tätig war, unterliegt er ab Arbeitsbeginn der BV. Im Jänner beläuft sich sein Entgelt auf 1.200,00 Euro. Demzufolge vermindert sich der Versichertenanteil am AV-Beitrag um drei Prozent. Um via WEBEKU einfach nachvollziehen zu können, auf Grund welchen mBGM-Paketes die Buchung erfolgte, wird seitens des Dienstgebers die optionale Paketkennung xyz übermittelt.

Paket	Beitragszeitraum (BZRM)		012022
	Paketkennung (MPKE)		xyz
	Jährliche Abrechnung für geringfügig Beschäftigte (JAGB)		N
mBGM		Versicherungsnummer (VSNR)	1294210672
		Familienname (FANA)	Muster
		Vorname (VONA)	Martin
		Verrechnungsgrundlage (VERG)	Verrechnung SV und BV mit Zeiten SV und BV (1)

7. Arbeitsbehelf 2022

Tarifblock			
	Beschäftigtengruppe (BSGR)		Arbeiter (B001)
	Ergänzung zur Beschäftigtengruppe (ERGB)		unbelegt
	Beginn der Verrechnung (VVON)		15
	Verrechnung enthält Kündigungsentschädigung/Urlaubsersatzleistung (KEUE)		nein
Basis	Verrechnungsbasis Typ (VBTY)		Allgemeine Beitragsgrundlage (AB)
	Verrechnungsbasis Betrag (VBBT)		1.200,00
Position	Verrechnungsposition Typ (VPTY)		Standard-Tarifgruppenverrechnung (T01)
	Prozentsatz Tarif für Verrechnungsposition (VPTA)		39,25 %
	Verrechnungsposition Typ (VPTY)		Minderung AV um 3 % (A03)
	Prozentsatz Tarif für Verrechnungsposition (VPTA)		3,00 %
Basis	Verrechnungsbasis Typ (VBTY)		Beitragsgrundlage zur BV (BV)
	Verrechnungsbasis Betrag (VBBT)		1.200,00
Position	Verrechnungsposition Typ (VPTY)		Verrechnung der BV (V01)
	Prozentsatz Tarif für Verrechnungsposition (VPTA)		1,53 %
Ende			

Anmerkung: Die dreiprozentige einkommensabhängige Verminderung des Versichertenanteiles am AV-Beitrag wird von der allgemeinen Beitragsgrundlage berechnet. Der Abschlag ist somit (hierarchisch) dieser Verrechnungsbasis zuzuordnen. Für die BV ist hingegen ein eigener Verrechnungsbasis-Typ vorgesehen, der stets mit der Verrechnungsposition Verrechnung der BV zu melden ist.

Sachverhalt B: Anstelle einer unbefristeten Tätigkeit (wie in Sachverhalt A dargestellt) wird mit Herrn Martin Muster ein befristetes Beschäftigungsverhältnis vom 15.01.2022 bis 31.01.2022 vereinbart. Im Hinblick darauf, dass nunmehr eine mBGM für kürzer als einen Monat vereinbarte Beschäftigung zu erstatten ist, ergibt sich der nachstehende Tarifblock. Die übrigen Belegungen der Datenfelder bleiben unverändert.

Tarifblock		
	Beschäftigtengruppe (BSGR)	Arbeiter (B001)
	Ergänzung zur Beschäftigtengruppe (ERGB)	unbelegt
	Erster Tag der kürzer als einen Monat vereinbarten Beschäftigung (BTAB)	15
	Letzter Tag der kürzer als einen Monat vereinbarten Beschäftigung (BTBS)	31
	Verrechnung enthält Kündigungsentschädigung/Urlaubsersatzleistung (KEUE)	nein

Anmerkung: Wird die Beschäftigung vom 15.01.2022 bis 05.02.2022 vereinbart, sind die Felder „BTAB" und „BTBS" der mBGM für Februar 2022 mit 01 bzw. 05 zu belegen.

7. Arbeitsbehelf 2022

5.12.2. Mehr als ein Tarifblock in einer mBGM

Sachverhalt: Frau Maria Maier, VSNR 4578160571, beendet am 18.01.2022 ihre Lehre und wird als Angestellte weiter beschäftigt. Ihr Lehrlingseinkommen betrug 500,00 Euro. Als Angestellte gebührt ihr im Jänner ein Entgelt von 700,00 Euro. Der Versichertenanteil am AV-Beitrag vermindert sich im Jänner um 1,20 Prozent (Lehre) bzw. um drei Prozent (Angestelltentätigkeit). Da unterschiedliche Verrechnungen innerhalb des Beitragszeitraumes vorzunehmen sind, sind zwei Tarifblöcke erforderlich.

Ebene	Feld	Wert
Paket	Beitragszeitraum (BZRM)	012022
Paket	Paketkennung (MPKE)	unbelegt
Paket	Jährliche Abrechnung für geringfügig Beschäftigte (JAGB)	N
mBGM	Versicherungsnummer (VSNR)	4578160571
mBGM	Familienname (FANA)	Maier
mBGM	Vorname (VONA)	Maria
mBGM	Verrechnungsgrundlage (VERG)	Verrechnung SV und BV mit Zeiten SV und BV (1)
Tarifblock	Beschäftigtengruppe (BSGR)	Angestelltenlehrling (B044)
Tarifblock	Ergänzung zur Beschäftigtengruppe (ERGB)	unbelegt
Tarifblock	Beginn der Verrechnung (VVON)	01
Tarifblock	Verrechnung enthält Kündigungsentschädigung/Urlaubsersatzleistung (KEUE)	nein
Basis	Verrechnungsbasis Typ (VBTY)	Allgemeine Beitragsgrundlage (AB)
Basis	Verrechnungsbasis Betrag (VBBT)	500,00
Position	Verrechnungsposition Typ (VPTY)	Standard-Tarifgruppenverrechnung (T01)
Position	Prozentsatz Tarif für Verrechnungsposition (VPTA)	28,55 %
Position	Verrechnungsposition Typ (VPTY)	Minderung AV um 1,20 % (A04)
Position	Prozentsatz Tarif für Verrechnungsposition (VPTA)	1,20 %
Basis	Verrechnungsbasis Typ (VBTY)	Beitragsgrundlage zur BV (BV)
Basis	Verrechnungsbasis Betrag (VBBT)	500,00
Position	Verrechnungsposition Typ (VPTY)	Verrechnung der BV (V01)
Position	Prozentsatz Tarif für Verrechnungsposition (VPTA)	1,53 %
Tarifblock	Beschäftigtengruppe (BSGR)	Angestellte (B002)
Tarifblock	Ergänzung zur Beschäftigtengruppe (ERGB)	unbelegt
Tarifblock	Beginn der Verrechnung (VVON)	18
Tarifblock	Verrechnung enthält Kündigungsentschädigung/Urlaubsersatzleistung (KEUE)	nein
Basis	Verrechnungsbasis Typ (VBTY)	Allgemeine Beitragsgrundlage (AB)
Basis	Verrechnungsbasis Betrag (VBBT)	700,00

7. Arbeitsbehelf 2022

Position	Verrechnungsposition Typ (VPTY)		Standard-Tarifgruppenverrechnung (T01)
	Prozentsatz Tarif für Verrechnungsposition (VPTA)		39,25 %
	Verrechnungsposition Typ (VPTY)		Minderung AV um 3 % (A03)
	Prozentsatz Tarif für Verrechnungsposition (VPTA)		3,00 %
Basis	Verrechnungsbasis Typ (VBTY)		Beitragsgrundlage zur BV (BV)
	Verrechnungsbasis Betrag (VBBT)		700,00
Position	Verrechnungsposition Typ (VPTY)		Verrechnung der BV (V01)
	Prozentsatz Tarif für Verrechnungsposition (VPTA)		1,53 %
Ende			

5.12.3. Unterschiedliche Arten von Beschäftigungsvereinbarungen in einem mBGM-Paket (einem Beitragszeitraum)

Sachverhalt: Frau Berta Beispiel, VSNR 4578160571, wird erstmals für das Unternehmen A am 05.02.2022 als fallweise beschäftigte Angestellte mit einem geringfügigen Entgelt in Höhe von 400,00 Euro tätig. Vom 15.02.2022 bis 28.02.2022 vereinbart sie mit demselben Dienstgeber ein befristetes geringfügiges Dienstverhältnis (wiederum als Angestellte) mit einem Entgelt von 430,00 Euro. Da die Summe des beitragspflichtigen Entgeltes der insgesamt vom Unternehmen A geringfügig Beschäftigten im Beitragszeitraum das Eineinhalbfache der monatlichen Geringfügigkeitsgrenze übersteigt, fällt die Dienstgeberabgabe an. Der Dienstgeber entrichtet die Beiträge monatlich. Da unterschiedliche Arten von Beschäftigungsvereinbarungen vorliegen, sind zwei mBGM für Frau Beispiel zu erstatten.

Paket	Beitragszeitraum (BZRM)		022022
	Paketkennung (MPKE)		unbelegt
	Jährliche Abrechnung für geringfügig Beschäftigte (JAGB)		N
mBGM	Versicherungsnummer (VSNR)		4578160571
	Familienname (FANA)		Beispiel
	Vorname (VONA)		Berta
	Verrechnungsgrundlage (VERG)		Verrechnung SV mit Zeit SV (2)
Tarifblock	Beschäftigtengruppe (BSGR)		Geringfügig beschäftigte Angestellte (B030)
	Ergänzung zur Beschäftigtengruppe (ERGB)		unbelegt
	Beschäftigungstag der fallweisen Beschäftigung (FTAG)		05
Basis	Verrechnungsbasis Typ (VBTY)		Allgemeine Beitragsgrundlage (AB)
	Verrechnungsbasis Betrag (VBBT)		189,00*
Position	Verrechnungsposition Typ (VPTY)		Standard-Tarifgruppenverrechnung (T01)
	Prozentsatz Tarif für Verrechnungsposition (VPTA)		1,20 %

7. Arbeitsbehelf 2022

Basis	Verrechnungsbasis Typ (VBTY)		Beitragsgrundlage DAG fallweise/ kürzer als einen Monat vereinbarte geringfügige Beschäftigung (SO)
	Verrechnungsbasis Betrag (VBBT)		400,00
	Position	Verrechnungsposition Typ (VPTY)	Dienstgeberabgabe (Z01)
		Prozentsatz Tarif für Verrechnungsposition (VPTA)	16,40 %

mBGM	Versicherungsnummer (VSNR)	4578160571
	Familienname (FANA)	Beispiel
	Vorname (VONA)	Berta
	Verrechnungsgrundlage (VERG)	Verrechnung SV und BV mit Zeiten SV und BV (1)

Tarifblock	Beschäftigtengruppe (BSGR)	Geringfügig beschäftigte Angestellte (B030)
	Ergänzung zur Beschäftigtengruppe (ERGB)	unbelegt
	Erster Tag der kürzer als einen Monat vereinbarten Beschäftigung (BTAB)	15
	Letzter Tag der kürzer als einen Monat vereinbarten Beschäftigung (BTBS)	28
	Verrechnung enthält Kündigungsentschädigung/Urlaubsersatzleistung (KEUE)	nein

Basis	Verrechnungsbasis Typ (VBTY)		Allgemeine Beitragsgrundlage (AB)
	Verrechnungsbasis Betrag (VBBT)		430,00
	Position	Verrechnungsposition Typ (VPTY)	Standard-Tarifgruppenverrechnung (T01)
		Prozentsatz Tarif für Verrechnungsposition (VPTA)	1,20 %

Basis	Verrechnungsbasis Typ (VBTY)		Beitragsgrundlage DAG fallweise/ kürzer als einen Monat vereinbarte geringfügige Beschäftigung (SO)
	Verrechnungsbasis Betrag (VBBT)		430,00
	Position	Verrechnungsposition Typ (VPTY)	Dienstgeberabgabe (Z01)
		Prozentsatz Tarif für Verrechnungsposition (VPTP)	16,40 %

Basis	Verrechnungsbasis Typ (VBTY)		Beitragsgrundlage zur BV (BV)
	Verrechnungsbasis Betrag (VBBT)		430,00
	Position	Verrechnungsposition Typ (VPTY)	Verrechnung der BV (V01)
		Prozentsatz Tarif für Verrechnungsposition (VPTP)	1,53 %

Ende

* Der Wert von „189,00" entspricht der täglichen Höchstbeitragsgrundlage für das Jahr 2022.

5.13. mBGM im Beitragsvorschreibeverfahren

Die Beitragsabrechnung mit dem Krankenversicherungsträger hat primär im Wege des Selbstabrechnerverfahrens zu erfolgen. Es besteht jedoch die Möglichkeit, sich auf Wunsch die Sozialversicherungsbeiträge vorschreiben zu lassen. Voraussetzung ist, dass sie lediglich eine geringe Anzahl an Versicherten (zum Beispiel bei Kleinstbetrieben und Haushalten) beschäftigen.

Damit der Krankenversicherungsträger die zu entrichtenden Beiträge korrekt ermitteln und in weiterer Folge vorschreiben kann, ist es wie bisher erforderlich, dass die Dienstgeberinnen und Dienstgeber ihren Meldeverpflichtungen rechtzeitig und ordnungsgemäß nachkommen. Die für das Selbstabrechnerverfahren vorgesehenen Meldungsarten gelten auch für das Beitragsvorschreibeverfahren. Auf bestehende Unterschiede im Meldeprozedere wird nachstehend näher eingegangen.

5.13.1. Versichertenmeldungen

Im Beitragsvorschreibeverfahren sind die gleichen Versichertenmeldungen wie im Selbstabrechnerverfahren zu verwenden. Zusammengefasst stehen daher folgende Meldungen zur Verfügung:
- Versicherungsnummer Anforderung,
- Anmeldung (samt Storno und Richtigstellung),
- Vor-Ort-Anmeldung per Telefax oder Telefon,
- Anmeldung fallweise Beschäftigter (samt Storno),
- Änderungsmeldung,
- Adressmeldung Versicherter und
- Abmeldung (samt Storno und Richtigstellung).

Hinsichtlich der Ausfertigung der Meldungen und des Meldeprozesses sind im Vergleich zum Selbstabrechnerverfahren keine Besonderheiten zu beachten.

5.13.2. mBGM

Im Beitragsvorschreibeverfahren sind die nachstehenden mBGM zu verwenden:
- mBGM für mindestens einen Monat (oder länger) vereinbarte Beschäftigungsverhältnisse (= Regelfall),
- mBGM für kürzer als einen Monat vereinbarte Beschäftigung und
- mBGM für fallweise Beschäftigte.

Auch im Beitragsvorschreibeverfahren gelten die allgemeinen Grundsätze 1, 2, 3 und 4 (siehe *„5.1. Allgemeine Grundsätze" auf Seite 36*). Die im Grundsatz 5 beschriebene Schätzungsermächtigung greift in jenen Fällen, in denen nach erstatteter Anmeldung keine erste mBGM übermittelt wird.

5.13.2.1. mBGM im Beitragsvorschreibeverfahren - Unterschiede zum Selbstabrechnerverfahren

Die mBGM für Vorschreibebetriebe unterscheiden sich inhaltlich geringfügig von jenen für Selbstabrechnerinnen und Selbstabrechner. Ausschlaggebend dafür ist, dass einige Daten (wie zum Beispiel die Summe der zu entrichtenden Beiträge - diese werden seitens der Krankenversicherungsträger errechnet und in weiterer Folge vorgeschrieben) nicht benötigt werden.

Hinsichtlich der Handhabung der mBGM für das Beitragsvorschreibeverfahren gelten grundsätzlich die Ausführungen des Selbstabrechnerverfahrens (siehe *„5.2. mBGM (für den Regelfall)" auf Seite 77*). Jene Abschnitte, die keine Anwendung finden, sind gekennzeichnet. Auf Besonderheiten wird in den folgenden Punkten explizit hingewiesen.

5.13.2.2. Meldeverpflichtung

Werden der Dienstgeberin bzw. dem Dienstgeber die Beiträge vom Krankenversicherungsträger vorgeschrieben, ist die mBGM erstmals für jenen Beitragszeitraum zu übermitteln, in dem die Beschäftigung aufgenommen wurde. Dadurch wird einerseits die Anmeldeverpflichtung abschließend erfüllt und andererseits anhand der so bekannt gegebenen Daten (Beitragsgrundlage, Tarifgruppe etc.) die Beitragsvorschreibung ermöglicht.

In weiterer Folge ist eine mBGM nur dann zu erstatten, wenn eine Änderung eintritt, die Auswirkungen auf die Höhe der Beitragsvorschreibung (Höhe des Entgeltes, Sonderzahlungen, BV-Beitrag ist zu entrichten etc.) oder die Tarifgruppe hat.

Eine mBGM ist im Unterschied zum Selbstabrechnerverfahren somit nur dann erforderlich, wenn sich am zuletzt für die jeweilige Versicherte bzw. den jeweiligen Versicherten gemeldeten Sachverhalt etwas ändert. Die bisherige Systematik des Beitragsvorschreibeverfahrens bleibt demzufolge gleich.

5.13.2.3. Meldefrist
Die Frist für die Vorlage der mBGM endet mit dem Siebenten des Kalendermonates, der dem zu meldenden Sachverhalt (Anmeldung, beitragsrelevante Änderung) folgt.

5.13.2.4. Grundregeln im Beitragsvorschreibeverfahren
Für die Erstattung der mBGM gelten folgende Grundregeln:
- Die gemeldete allgemeine Beitragsgrundlage und die Beitragsgrundlage für die BV werden so lange für die Beitragsvorschreibung herangezogen, bis mittels neuerlicher mBGM eine Änderung des Sachverhaltes bekannt gegeben wird.
- Die Vorschreibung der Beiträge endet, wenn eine Abmeldung mit „Entgeltanspruch Ende" und/oder „Betriebliche Vorsorge Ende" einlangt.
- Durch erstattete Arbeits- und Entgeltbestätigungen für Kranken- oder Wochengeld wird die Pflichtversicherung ebenfalls beendet. Die Abmeldung wirkt allerdings nur für den Bereich der SV. Die BV wird nicht beendet.
- Die fiktive Beitragsgrundlage für die BV (zum Beispiel bei Kranken- oder Wochengeldbezug) ist jedenfalls von der Dienstgeberin bzw. vom Dienstgeber zu melden.
- Die allgemeine Beitragsgrundlage ist in Höhe des Entgeltes, ohne Berücksichtigung der Höchstbeitragsgrundlage, zu melden. Bei der Berechnung der Beiträge und der anschließenden Beitragsvorschreibung wird die Höchstbeitragsgrundlage automatisch berücksichtigt.
- Die Beitragsgrundlage für die BV entspricht stets der allgemeinen Beitragsgrundlage, sofern die Dienstgeberin bzw. der Dienstgeber nichts anderes meldet (beispielsweise eine fiktive Grundlage bei Krankengeldbezug).
- Die Beitragsgrundlage für Sonderzahlungen gilt ausschließlich für den Beitragszeitraum, für den sie gemeldet wurde.
- Die Beitragsgrundlage unbezahlter Urlaub gilt ebenfalls nur für den Beitragszeitraum, für den sie gemeldet wurde.
- Ergänzungen zur Beschäftigtengruppe (zum Beispiel SW, NB) wirken hingegen solange für die Verrechnung weiter, bis eine Änderung mit einer mBGM gemeldet wird.
- Wird eine rückwirkende Änderung mit einer mBGM vorgenommen, gilt sie bis zu jenem Beitragszeitraum, für den die nächste (und bereits verbuchte) mBGM vorliegt.

5.13.2.5. Änderung der mBGM
Ist nach erfolgter Beitragsvorschreibung eine mBGM für eine regelmäßige Beschäftigung zu ändern, ist lediglich eine neue mBGM zu übermitteln. Diese überschreibt die ursprüngliche Meldung, ein Storno der zu ändernden mBGM ist nicht zulässig.

Bei fallweiser Beschäftigung sind Änderungen stets mittels Storno und Neumeldung der betroffenen mBGM vorzunehmen. Dies gilt auch für kürzer als einen Monat vereinbarte Beschäftigungen, sofern sich die Versicherungszeit verändert.

7. Arbeitsbehelf 2022

5.13.2.6. Keine sanktionsfreie Berichtigung der mBGM
Die Möglichkeit der sanktions- und verzugszinsenfreien Berichtigung einer mBGM innerhalb von zwölf Monaten nach dem Beitragszeitraum, für den sie gilt, ist gesetzlich für das Beitragsvorschreibeverfahren nicht vorgesehen.

5.13.2.7. Ergänzungen zur Beschäftigtengruppe sowie Abschläge und Zuschläge
Entsprechend dem neuen Tarifsystem errechnen sich die zu entrichtenden Beiträge anhand der Beschäftigtengruppe, der Ergänzungen zur Beschäftigtengruppe sowie der Abschläge und Zuschläge.

Die Ergänzungen zur Beschäftigtengruppe (zum Beispiel SW, NB) sind im Anlassfall jedenfalls von der Dienstgeberin bzw. vom Dienstgeber mittels der mBGM für das Beitragsvorschreibeverfahren zu melden.

Der Großteil der Ab- und Zuschläge kann hingegen anhand der dem Krankenversicherungsträger zur Verfügung stehenden Daten automatisch berücksichtigt werden. In der nachfolgenden Tabelle ist ersichtlich, welche Ab- und Zuschläge im Bereich der Beitragsvorschreibung von der Dienstgeberin bzw. vom Dienstgeber gemeldet werden müssen.

Beschreibung des Ab- bzw. Zuschlages	Meldung erforderlich	Ab- bzw. Zuschlag wirkt bis zu einer Änderung durch die Dienstgeberin bzw. den Dienstgeber weiter
Entfall des Wohnbauförderungsbeitrages für Neugründer (A07)	ja	ja
Entfall des Unfallversicherungsbeitrages für Neugründer (A08)	ja	ja
Halbierung des Pensionsversicherungsbeitrages (A15)	ja	ja
Reduktion der Schlechtwetterentschädigung (A21)	ja	nein
einkommensabhängige Minderung der Arbeitslosenversicherung um 1 % (A01)	Eine Meldung von der Dienstgeberin bzw. vom Dienstgeber ist nur im Fall der Altersteilzeit erforderlich. Ausschlaggebend hierfür ist, dass die Verminderung des Beitrages lediglich vom tatsächlich an die Dienstnehmerin bzw. den Dienstnehmer ausbezahlten Entgelt vorzunehmen ist.	ja
einkommensabhängige Minderung der Arbeitslosenversicherung um 2 % (A02)		ja
einkommensabhängige Minderung der Arbeitslosenversicherung um 3 % (A03)		ja
Entfall des Arbeitslosenversicherungsbeitrages und des Zuschlages nach dem Insolvenz-Entgeltsicherungsgesetz - IESG (A10)	Eine Meldung von der Dienstgeberin bzw. vom Dienstgeber ist nur dann erforderlich, wenn dieser Abschlag vor der Vollendung des 63. Lebensjahres zur Anwendung kommt.	ja
Entfall des Arbeitslosenversicherungsbeitrages für Personen, die nicht dem IESG unterliegen (A12)	Eine Meldung von der Dienstgeberin bzw. vom Dienstgeber ist nur dann erforderlich, wenn dieser Abschlag vor der Vollendung des 63. Lebensjahres zur Anwendung kommt.	ja
einkommensabhängige Minderung der Arbeitslosenversicherung um 1,20 % für Lehrlinge (A04)	nein	wird automatisch berücksichtigt
einkommensabhängige Minderung der Arbeitslosenversicherung um 0,20 % für Lehrlinge (A05)	nein	wird automatisch berücksichtigt

7. Arbeitsbehelf 2022

Beschreibung des Ab- bzw. Zuschlages	Meldung erforderlich	Ab- bzw. Zuschlag wirkt bis zu einer Änderung durch die Dienstgeberin bzw. den Dienstgeber weiter
Entfall des Unfallversicherungsbeitrages für Personen, die das 60. Lebensjahr vollendet haben (A09)	nein	wird automatisch berücksichtigt
Bonussystem – Altfall (A11)	nein	wird automatisch berücksichtigt
Weiterbildungsbeitrag nach dem Arbeitskräfteüberlassungsgesetz (Z05)	ja	ja
Krankenversicherungsbeitrag für die Schlechtwetterentschädigung (Z06)	ja	nein
Krankenversicherungsbeitrag für die Schlechtwetterentschädigung für Lehrlinge (Z11)	ja	nein
Dienstgeberabgabe (Pensions- und Krankenversicherungsbeitrag; Z01)	Eine Meldung von der Dienstgeberin bzw. vom Dienstgeber ist nur dann erforderlich, wenn sich die Dienstgeberabgabe aus geringfügigen Beschäftigungen ergibt, die bei mehreren Krankenversicherungsträgern gemeldet sind.	ja
Service-Entgelt (Z02)	nein	wird automatisch berücksichtigt
jährliche Zahlung der Betrieblichen Vorsorge (Z04)	nein	wird automatisch berücksichtigt

5.14. Beispiele zur mBGM im Beitragsvorschreibeverfahren

5.14.1. Wartung des Versicherungsverlaufes

Die Anmeldeverpflichtung wird mit der Erstattung der ersten mBGM abschließend erfüllt. Alle Änderungen des Versicherungsverlaufes werden durch die mBGM gemeldet.

1. Die Dienstgeberin meldet einen Dienstnehmer per 11.01.2022 zur SV und per 11.02.2022 zur BV. Die Pflichtversicherung bzw. das Versicherungsverhältnis wird wie folgt gespeichert:

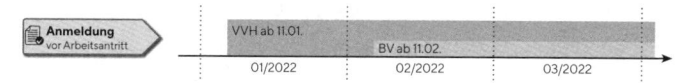

2. Die Dienstgeberin übermittelt bis 07.02.2022 die erste mBGM für den Beitragszeitraum Jänner 2022 mit der Tarifgruppe Arbeiter sowie der allgemeinen Beitragsgrundlage SV und bestätigt dadurch den Versicherungsumfang. Die gesetzliche Anmeldeverpflichtung per 11.01.2022 ist damit abschließend erfüllt.

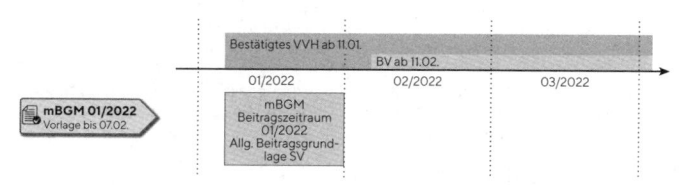

3. Bis 07.03.2022 erstattet die Dienstgeberin die mBGM für Februar 2022, die neben der allgemeinen Beitragsgrundlage auch die (anteilige) Beitragsgrundlage für die BV enthält.

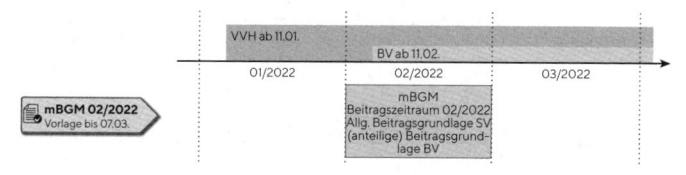

4. Bis 07.04.2022 übermittelt die Dienstgeberin die mBGM für März 2022, die neben der allgemeinen Beitragsgrundlage (in unveränderter Höhe zum Vormonat) auch die Beitragsgrundlage für die BV für einen ganzen Monat enthält.

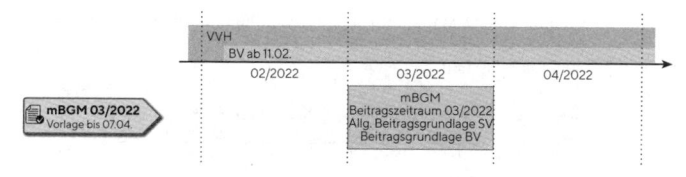

7. Arbeitsbehelf 2022

5. Für die Monate April bis Mai ist keine Meldung erforderlich. Die Sozialversicherungsbeiträge sowie die BV-Beiträge werden, wie es im Beitragsvorschreibeverfahren üblich ist, auf Basis der letzten mBGM für März 2022 vom Krankenversicherungsträger weiter vorgeschrieben.

6. Ab 01.06.2022 verringert der Dienstnehmer seine wöchentliche Arbeitszeit, was eine Reduzierung des Entgeltes zur Folge hat. Die Dienstgeberin meldet diesen Umstand bis 07.07.2022 mit der mBGM für Juni 2022. Die Beitragsvorschreibung durch den Krankenversicherungsträger erfolgt somit auf Basis des verringerten Entgeltes (allgemeine Beitragsgrundlage SV und Beitragsgrundlage BV).

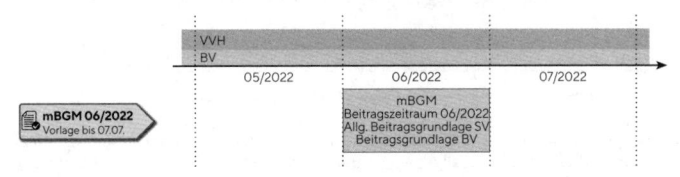

7. Für die Beitragszeiträume ab Juli 2022 ist keine Meldung erforderlich, sofern keine weitere Änderung (zum Beispiel Sonderzahlung) eintritt, die Auswirkungen auf die Höhe der Beitragsvorschreibung hat. Die Sozialversicherungsbeiträge sowie die BV-Beiträge werden deshalb auf Basis der letzten mBGM für Juni 2022 vom Krankenversicherungsträger weiter vorgeschrieben.

Anmerkung: Im Beitragsvorschreibeverfahren hat die mBGM immer alle für den Beitragszeitraum relevanten Bestandteile zu beinhalten. Auch dann, wenn sich für die Beitragsvorschreibung nur ein Teil davon gegenüber der letzten Meldung verändert hat.

5.14.2. Rückwirkende Korrektur

Im Falle einer rückwirkenden Korrektur einer mBGM wird die seinerzeitige Meldung überschrieben. Die korrigierte Verrechnungsbasis (allgemeine Beitragsgrundlage etc.) bleibt so lange für die Beitragsvorschreibung relevant, bis eine neuerliche mBGM für einen Beitragszeitraum vorliegt.

1. Die Dienstgeberin erstattet am 07.02.2022 für den Beitragszeitraum Jänner 2022 eine mBGM mit einem Entgelt in Höhe von 2.100,00 Euro. Die Beitragsvorschreibung ab Jänner 2022 erfolgt auf Basis dieser Meldung.

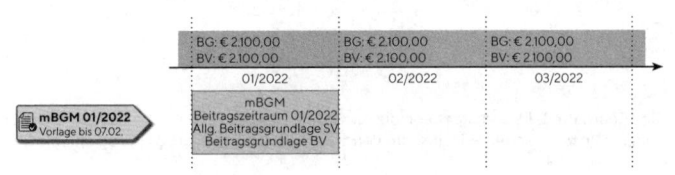

2. Im April 2022 erhöht sich das Entgelt des Versicherten auf 2.500,00 Euro. Die entsprechende mBGM wird fristgerecht am 09.05.2022 (der 07.05.2022 fällt auf einen Samstag, daher verlängert sich die Frist auf den folgenden Werktag) übermittelt.

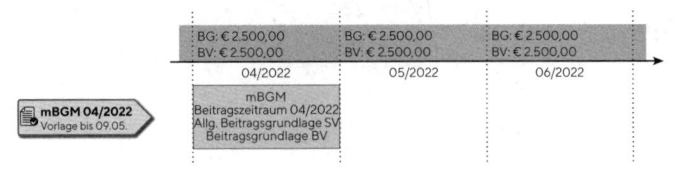

7. Arbeitsbehelf 2022

3. Im Juni 2022 stellt die Dienstgeberin fest, dass sich das Entgelt des Versicherten im Jänner 2022 auf 2.200,00 Euro beläuft. Am 03.06.2022 erstattet sie für den Beitragszeitraum Jänner 2022 eine korrigierte mBGM. Die ursprüngliche mBGM für Jänner 2022 mit einem Entgelt von 2.100,00 Euro wird überschrieben. Die Änderung wirkt zudem bis zu jenem Beitragszeitraum, für den wiederum eine mBGM erstattet wurde, also bis April 2022. Die Vorschreibung für Jänner bis März wird entsprechend korrigiert.

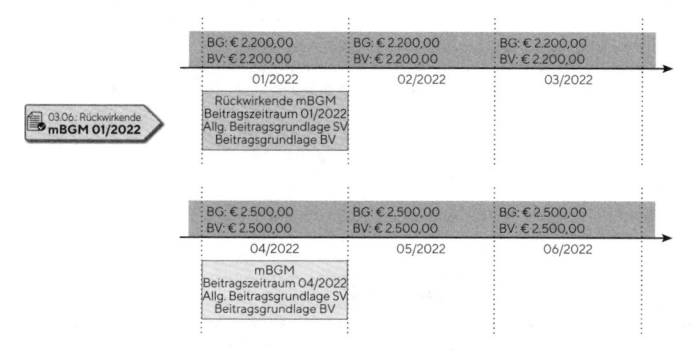

Anmerkung: Ist nach erfolgter Beitragsvorschreibung eine mBGM für eine regelmäßige Beschäftigung zu ändern, ist lediglich eine neue mBGM zu übermitteln. Diese überschreibt die ursprüngliche Meldung, ein Storno der zu ändernden mBGM ist nicht zulässig.

4. Für den Fall, dass sich das Entgelt im Beitragszeitraum Februar und März 2022 auf die ursprünglich bekannt gegebenen 2.100,00 Euro beläuft, ist am 03.06.2022 (zusätzlich zur rückwirkenden mBGM für Jänner 2022) eine weitere mBGM für den Beitragszeitraum Februar 2022 mit der Beitragsgrundlage von 2.100,00 Euro zu erstatten. Diese Meldung überschreibt sodann auch die Verrechnungsbasen des Beitragszeitraumes März. Für April liegt eine erstattete mBGM vor, die weiterhin für die Beitragsvorschreibung herangezogen wird.

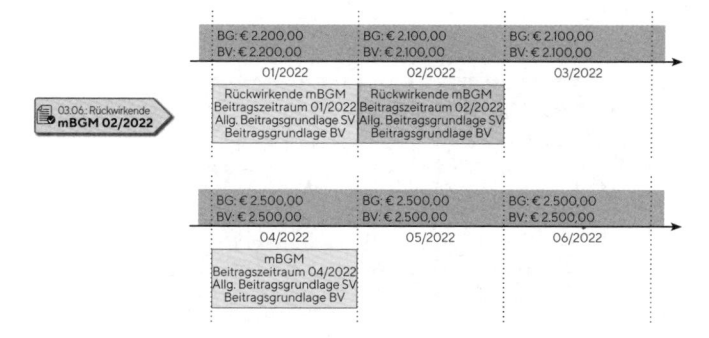

5.15. Ausfertigung der mBGM im Beitragsvorschreibeverfahren

Da im Beitragsvorschreibeverfahren die zu entrichtenden Sozialversicherungsbeiträge, Umlagen/ Nebenbeiträge sowie BV-Beiträge seitens des Krankenversicherungsträgers errechnet werden, unterscheidet sich die mBGM inhaltlich geringfügig gegenüber der mBGM für das Selbstabrechnerverfahren. So sind beispielsweise der Prozentsatz des Tarifes sowie die errechneten Beiträge nicht zu übermitteln.

Auch im Bereich der Abschläge und Zuschläge gibt es insofern Unterschiede, als ein Großteil dieser Angaben nicht gemeldet werden muss, sondern automatisch Berücksichtigung findet. Auskunft, welche Ab- und Zuschläge in welcher Situation zu melden sind, bietet die tabellarische Aufstellung unter „*3.1.1.4. Abschläge/Zuschläge" auf Seite 40*.

Zu beachten ist weiters, dass die jeweiligen Verrechnungsbasen immer ohne Berücksichtigung der Höchstbeitragsgrundlage zu melden sind.

Mit Ausnahme der angeführten Unterschiede gelten die im Kapitel „*5.11. Beispiele zur mBGM im Selbstabrechnerverfahren" auf Seite 91* dargestellten Beispiele.

5.15.1. Ein Tarifblock, zwei Verrechnungsbasen und mehrere Verrechnungspositionen – zwingend erforderliche Meldung eines Abschlages

Sachverhalt: Herr Martin Muster, VSNR 1234020159, steht seit mehreren Jahren in einem unbefristeten Beschäftigungsverhältnis als Angestellter. Sein monatlicher Verdienst beläuft sich im Februar 2022 auf 6.200,00 Euro. Ab 01.02.2022 besteht ein Anspruch auf eine Alterspension (Hacklerregelung). Da der Betreffende bereits das 60. Lebensjahr vollendet hat, ist kein UV-Beitrag zu entrichten. Ebenso entfallen der AV-Beitrag und die IE (Anspruch auf eine Alterspension).

Paket	Beitragszeitraum (BZRM)		022022
	Paketkennung (MPKE)		unbelegt
	Jährliche Abrechnung für geringfügig Beschäftigte (JAGB)		N
mBGM	Versicherungsnummer (VSNR)		1234020159
	Familienname (FANA)		Muster
	Vorname (VONA)		Martin
	Verrechnungsgrundlage (VERG)		Verrechnung SV und BV mit Zeiten SV und BV (1)
Tarifblock	Beschäftigtengruppe (BSGR)		Angestellter (B001)
	Ergänzung zur Beschäftigtengruppe (ERGB)		unbelegt
	Beginn der Verrechnung (VVON)		01
	Verrechnung enthält Kündigungsentschädigung/Urlaubsersatzleistung (KEUE)		nein
Basis	Verrechnungsbasis Typ (VBTY)		Allgemeine Beitragsgrundlage (AB)
	Verrechnungsbasis Betrag (VBBT)		6.200,00

7. Arbeitsbehelf 2022

Position	Verrechnungsposition Typ (VPTY)		Standard-Tarifgruppenverrechnung (T01)
	Verrechnungsposition Typ (VPTY)		Entfall des Arbeitslosenversicherungsbeitrages und des Zuschlages nach dem Insolvenz-Entgeltsicherungsgesetz (A10)
Basis	Verrechnungsbasis Typ (VBTY)		Beitragsgrundlage zur BV (BV)
	Verrechnungsbasis Betrag (VBBT)		6.200,00
Position	Verrechnungsposition Typ (VPTY)		Verrechnung der BV (V01)
Ende			

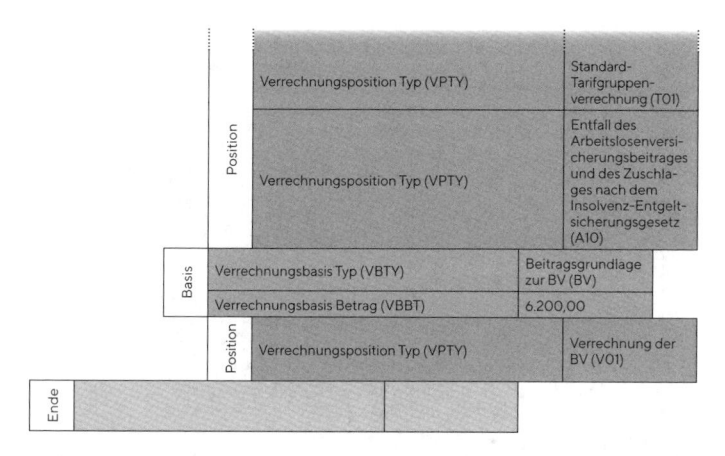

Anmerkung: Der altersbedingte Entfall des UV-Beitrages für Personen, die das 60. Lebensjahr vollendet haben, wird automatisch seitens des Krankenversicherungsträgers berücksichtigt und ist daher nicht gesondert bekannt zu geben. Die Meldung, dass auf Grund des Anspruches auf eine Alterspension ab 01.02.2022 der AV-Beitrag sowie der IE entfallen, ist allerdings – sofern der Versicherte wie in unserem Beispiel das 63. Lebensjahr noch nicht vollendet hat – zu melden (siehe auch Tabelle unter „*3.1.1.4. Abschläge/Zuschläge" auf Seite 40*).

5.15.2. Ein Tarifblock, zwei Verrechnungsbasen und mehrere Verrechnungspositionen – zwingend erforderliche Meldung der Dienstgeberabgabe

Sachverhalt: Frau Berta Beispiel, VSNR 1234160573, wird am 15.02.2022 erstmals als fallweise beschäftigte Angestellte mit einem Entgelt von 400,00 Euro tätig. Das Unternehmen A unterhält auch in einem anderen Bundesland eine Niederlassung. Zum dortigen Stammpersonal gehören drei regelmäßig geringfügig Beschäftigte. Die Summe der monatlichen allgemeinen Beitragsgrundlagen aller geringfügig Beschäftigten überschreitet das Eineinhalbfache der Geringfügigkeitsgrenze. Demzufolge wird im Februar die Dienstgeberabgabe fällig.

Paket	Beitragszeitraum (BZRM)	022022
	Paketkennung (MPKE)	unbelegt
	Jährliche Abrechnung für geringfügig Beschäftigte (JAGB)	N
mBGM	Versicherungsnummer (VSNR)	1234160573
	Familienname (FANA)	Beispiel
	Vorname (VONA)	Berta
	Verrechnungsgrundlage (VERG)	Verrechnung SV mit Zeit SV (2)
Tarifblock	Beschäftigtengruppe (BSGR)	Geringfügig beschäftigte Angestellte (B030)
	Ergänzung zur Beschäftigtengruppe (ERGB)	unbelegt
	Beschäftigungstag der fallweisen Beschäftigung (FTAG)	15

7. Arbeitsbehelf 2022

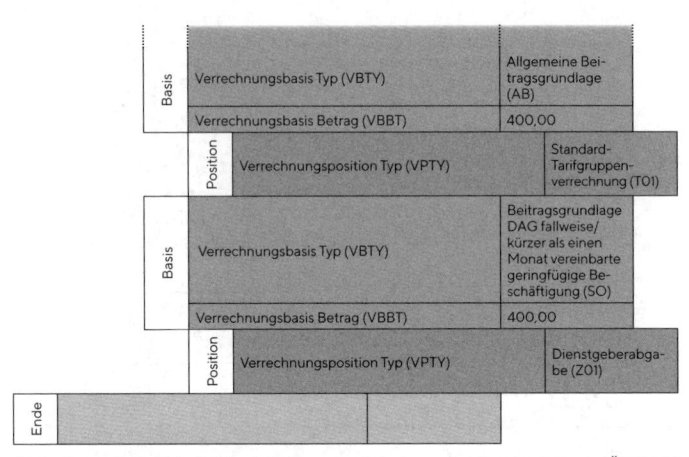

Basis	Verrechnungsbasis Typ (VBTY)	Allgemeine Beitragsgrundlage (AB)	
	Verrechnungsbasis Betrag (VBBT)	400,00	
Position	Verrechnungsposition Typ (VPTY)	Standard-Tarifgruppenverrechnung (T01)	
Basis	Verrechnungsbasis Typ (VBTY)	Beitragsgrundlage DAG fallweise/ kürzer als einen Monat vereinbarte geringfügige Beschäftigung (SO)	
	Verrechnungsbasis Betrag (VBBT)	400,00	
Position	Verrechnungsposition Typ (VPTY)	Dienstgeberabgabe (Z01)	
Ende			

Anmerkung: Besteht lediglich ein Beitragskonto bei nur einer Landesstelle der ÖGK, ist keine Meldung erforderlich – die Dienstgeberabgabe wird ohne gesonderte Meldung der Dienstgeberin bzw. des Dienstgebers automatisch vorgeschrieben.

5.16. SV-Clearingsystem

Das mit der mBGM eingeführte SV-Clearingsystem ist eine wichtige Hilfe für die Meldungserstattung, indem es Meldeabläufe auf ihre Richtigkeit überprüft. Im Falle von Unstimmigkeiten gibt das Clearingsystem Hinweise aus, um Fehler zu beheben und diese weitgehend zu vermeiden.

5.16.1. Prozess bzw. Ablauf

Meldungen, die formale Fehler aufweisen (zum Beispiel unrichtige VSNR), werden wie bisher von der in ELDA integrierten Dateiinhaltsprüfung zurückgewiesen und sind nach entsprechender Korrektur neuerlich zu übermitteln.

> ⓘ Das SV-Clearingsystem dient lediglich der Information, dass erstattete Meldungen Widersprüchlichkeiten aufweisen bzw. gemeldete Sachverhalte unschlüssig sind. Korrekturen von Meldungen erfolgen nach wie vor ausschließlich über ELDA.

Langt eine Versichertenmeldung bzw. eine mBGM via ELDA ein, erfolgt durch das EDV-System des Krankenversicherungsträgers eine Überprüfung und (wenn möglich) eine Verarbeitung der Meldung. Dabei werden alle offensichtlichen oder möglichen Mängel der Meldung aufgezeigt.

In periodischen Abständen erfolgen darüber hinaus über das EDV-System des Krankenversicherungsträgers Routineabgleiche, wie etwa eine Prüfung, ob im Bereich des Selbstabrechnerverfahrens sämtliche mBGM erstattet wurden.

Bei festgestellten Widersprüchlichkeiten wird in weiterer Folge automatisch eine entsprechende Rückmeldung mit einer konkreten Beschreibung der Auffälligkeit erzeugt. Die meist versichertenbezogenen Hinweise und Fehlermeldungen werden sodann über ELDA bereitgestellt und können mittels entsprechender Schnittstelle direkt in das Lohnverrechnungsprogramm - sofern diese Funktionalität unterstützt wird - übernommen werden. So kann sichergestellt werden, dass notwendige Meldungskorrekturen auch in der Lohnverrechnungssoftware Berücksichtigung finden.

Ein ungewolltes Auseinanderklaffen des darin enthaltenen sozialversicherungsrelevanten Datenbestandes mit jenem des Krankenversicherungsträgers soll dadurch so weit wie möglich vermieden werden.

Eine Schnittstelle zum Lohnverrechnungsprogramm ist für die Teilnahme am SV-Clearingsystem nicht zwingend erforderlich. Die Fehlerhinweise des SV-Clearingsystems können jederzeit online über WEBEKU abgerufen werden. Die Clearingfälle stehen darüber hinaus als XML-, CSV- und PDF-Datei zum Download bereit.

Für eine automatische Verständigung über das Vorliegen neuer Clearingfälle können in WEBEKU von der Dienstgeberin bzw. vom Dienstgeber oder von der Steuerberaterin bzw. vom Steuerberater mehrere E-Mail-Adressen hinterlegt werden.

Das SV-Clearingsystem ändert nichts daran, dass die Meldungserstattung über ELDA zu erfolgen hat.

5.16.2. Vorteile des SV-Clearingsystems

- Sämtliche erstattete Meldungen werden einzeln und unter Berücksichtigung bereits gemeldeter Sachverhalte zeitnah auf deren Stimmigkeit überprüft.
- Bei aufgetretenen Widersprüchlichkeiten wird die Meldungserstellerin bzw. der Meldungsersteller per E-Mail informiert, dass ein Clearingfall vorliegt.
- Jede über das SV-Clearingsystem zur Verfügung gestellte Rückmeldung beinhaltet Detailinformationen zum vorliegenden Clearingfall.
- Der jeweilige Clearingfall kann im Regelfall einer bzw. einem konkreten Versicherten zugeordnet werden.
- Die Meldungserstellerin bzw. der Meldungsersteller entscheidet, wann der aufgetretene Clearingfall bearbeitet wird.
- Die jeweiligen Fehlerrückmeldungen können über eine entsprechende Schnittstelle in die Lohnverrechnungssoftware übernommen werden.

5.16.3. Grafische Darstellung des SV-Clearingsystems

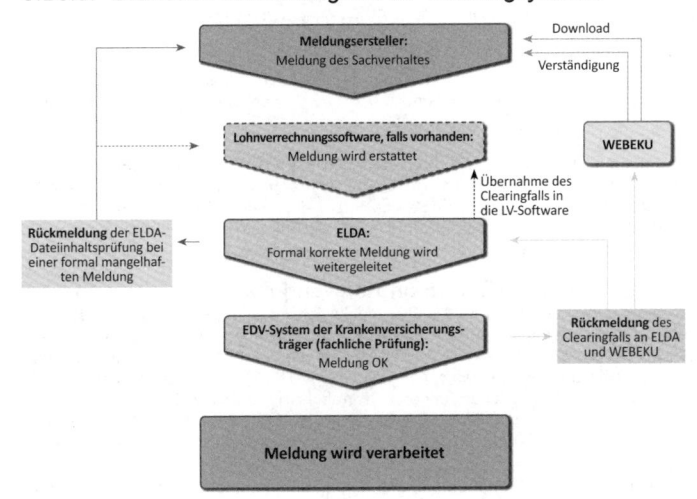

5.16.4. Arten der Clearingfälle

Wird nach fachlicher Prüfung durch das EDV-System des Krankenversicherungsträgers eine Auffälligkeit festgestellt, übermittelt das SV-Clearingsystem zwei Kategorien von Rückmeldungen. Je nach festgestellter Widersprüchlichkeit handelt es sich um

- Hinweise, die jedenfalls einer Bereinigung durch die Dienstgeberin bzw. den Dienstgeber/die Bevollmächtigte bzw. den Bevollmächtigten bedürfen, oder
- Mitteilungen mit rein informellem (serviceorientiertem) Charakter.

Die einzelne Rückmeldung selbst bezieht sich im Regelfall auf eine Versicherte bzw. einen Versicherten. Sie enthält neben den wesentlichen Daten zur Zuordnung des Clearingfalles (Beitragskontonummer, Dienstgeberin bzw. Dienstgeber, VSNR etc.) stets eine konkrete Beschreibung der vorliegenden Auffälligkeit.

5.16.4.1. Rückmeldungen, die jedenfalls einer Bereinigung bedürfen

Diese Rückmeldungen ergehen, wenn ein inhaltlicher Widerspruch im Datenbestand vorliegt, der einer Verarbeitung der erstatteten Meldung entgegensteht. Der Clearingfall kann ohne Zutun der Meldungserstellerin bzw. des Meldungserstellers nicht aufgelöst werden. Innerhalb einer bestimmten Frist wird eine Korrektur durch die Dienstgeberin bzw. den Dienstgeber/die Bevollmächtigte bzw. den Bevollmächtigten erwartet. Verstreicht diese, ergeht zum bestehenden Problem eine Urgenz.

Beispiele für Rückmeldungen, die einer Bereinigung bedürfen:
- „Die Abmeldung wurde nicht verarbeitet, da das Ende der Beschäftigung vor der Kündigungsentschädigung bzw. Urlaubsersatzleistung und das Ende des Entgeltanspruches nach dem Ende der Beschäftigung liegen muss."
- „Die Abmeldung wurde nicht verarbeitet, da der Abmeldegrund Präsenzdienstleistung im Bundesheer bei arbeitsrechtlichem Ende der Beschäftigung nicht möglich ist."

5.16.4.2. Rückmeldungen mit informellem (serviceorientiertem) Charakter

Der gemeldete Sachverhalt kann vom EDV-System des Krankenversicherungsträgers verarbeitet werden. Es wurde jedoch eine Auffälligkeit festgestellt, die überprüfenswert erscheint und mitunter zu Korrekturen Anlass gibt. Im Fokus dieser Meldungen steht somit der Servicegedanke. Auf sie kann, muss aber nicht reagiert werden. Informelle Rückmeldungen sind deshalb mit keinem Urgenzdatum versehen.

Beispiele für informelle Rückmeldungen:
- „Der Abschlag UV-Entfall 60. LJ vollendet wäre aufgrund des Alters zulässig."
- „Die Verrechnungsposition Minderung ALV um 1 % (A01) wurde nicht berücksichtigt, weil sie auf Grund der Höhe des gemeldeten Verrechnungsbasis Betrages + 3.000,00 nicht zulässig ist."

5.16.5. Voraussetzungen für die Nutzung des SV-Clearingsystems

Eine gesonderte Anmeldung bzw. Freischaltung für die Teilnahme am SV-Clearing beim Krankenversicherungsträger ist nicht notwendig. Das neue Service nutzt vielmehr die bereits existierende technische Infrastruktur des USP, von ELDA und WEBEKU sowie die Bürgerkarte bzw. Handy-Signatur. Das SV-Clearingsystem erweitert die bestehenden Produkte somit um eine neue Funktionalität.

5.16.6. SV-Clearingsystem Zuordnungsanwendung (USP)

Wesentlich für einen reibungslosen Ablauf ist, dass Rückmeldungen aus dem SV-Clearingsystem stets an die aktuell für die Meldungserstattung zuständige Stelle bzw. Person übermittelt werden. Um dies zu gewährleisten, ist jedes Beitragskonto einmalig mit der ELDA-Seriennummer der Meldungserstellerin bzw. des Meldungserstellers zu verknüpfen. Ist dies geschehen, werden sämtliche Clearingfälle an die ELDA-Outbox dieser ELDA-Seriennummer übermittelt und können sodann abgearbeitet werden. Sofern das Lohnverrechnungsprogramm der Dienstgeberin bzw. des Dienstgebers oder der bzw. des Bevollmächtigten an ELDA angebunden ist, werden die Rückmeldungen auch automatisch in diese Software übernommen.

Die einmalige Verknüpfung erfolgt über die via USP aufrufbare SV-Clearingsystem Zuordnungsanwendung.

Diese Applikation legt konkret fest,
- welche Clearingfälle (Versichertenmeldungen, mBGM),
- zu welcher Beitragskontonummer,
- an welche Empfängerin bzw. welchen Empfänger (repräsentiert durch die ELDA-Seriennummer) und
- für welche Zeitspanne (befristet, unbefristet)
- zur weiteren Bearbeitung übermittelt werden sollen.

Dadurch kann das SV-Clearingsystem individuell den jeweiligen betrieblichen Abläufen (Dienstgeberin bzw. Dienstgeber erledigt selbst sämtliche Meldungen, Steuerberaterin bzw. Steuerberater kümmert sich um die Meldepflichten etc.) angepasst und bei organisatorischen Veränderungen im Betrieb laufend aktualisiert werden. Liegt keine Eintragung in der SV-Clearingsystem Zuordnungsanwendung vor, erfolgt die Zustellung der Rückmeldung an die ELDA-Outbox jener ELDA-Seriennummer, mit welcher die betroffene Meldung übermittelt wurde. Rückmeldungen, welche keinen Bezug zu einer konkreten Meldung aufweisen (zum Beispiel mBGM fehlt), werden in diesem Fall nicht über die ELDA-Outbox zugestellt. Sie können aber online via WEBEKU eingesehen werden.

5.16.7. Einsichtnahme via WEBEKU

ⓘ WEBEKU bietet eine Online-Einsicht auf das Beitragskonto; zusätzlich stehen zahlreiche Services zur Verfügung, wie zum Beispiel die Abfrage des Beschäftigtenstandes oder die Abfrage einer VSNR.

Über WEBEKU können, ungeachtet der Festlegungen mittels SV-Clearingsystem Zuordnungsanwendung, sämtliche Clearingfälle pro Beitragskonto und deren Status eingesehen werden. Dies ist einerseits für die Dienstgeberin bzw. den Dienstgeber selbst und andererseits für Bevollmächtigte (im Rahmen ihrer berechtigten Beitragskonten) möglich. Ein Gesamtüberblick wird dadurch gewährleistet. Voraussetzung dafür ist, dass im USP die Verfahrensrechte „Clearing" bzw. „Clearing (als Bevollmächtigter)" vergeben wurden. Die integrierte Suchfunktion ermöglicht sodann das rasche Auffinden einzelner Clearingfälle bzw. eine Einschränkung der Anzeige nach Gruppenmerkmalen (zum Beispiel Ausgabe sämtlicher Fälle mit einem bestimmten Einlangedatum).

Jeder Clearingfall weist einen Status auf, der nähere Informationen zum aktuellen Zustand der ergangenen Rückmeldung anzeigt. Nachstehend die Bedeutung der einzelnen Statusmeldungen:
- Status „erstellt": Der Clearingfall wurde erstellt.
- Status „ELDA in Zustellung": ELDA unternimmt einen Zustellversuch an die jeweilige Meldungserstellerin bzw. den jeweiligen Meldungsersteller.
- Status „ELDA bereitgestellt": Die jeweilige Meldungserstellerin bzw. der jeweilige Meldungsersteller wurde identifiziert und der Clearingfall wird über ihre bzw. seine ELDA-Outbox zur Verfügung gestellt.
- Status „ELDA zugestellt": Der Clearingfall wurde von der Meldungserstellerin bzw. vom Meldungsersteller übernommen (positive Abholung durch Lohnverrechnungssoftware, ELDA Online etc.).
- Status „ELDA unzustellbar": Die Empfängerin bzw. der Empfänger des Clearingfalles ist nicht identifizierbar. Dies bedeutet, dass der Clearingfall keiner automatischen Zuteilung unterliegt und daher mitunter unbearbeitet bleibt.
- Status „WEBEKU in Bearbeitung": Der Clearingfall wurde von der Dienstgeberin bzw. vom Dienstgeber oder von der bevollmächtigten Person zur manuellen Bearbeitung übernommen. Statusänderungen können von der Dienstgeberin bzw. vom Dienstgeber oder von der bevollmächtigten Person händisch vorgenommen werden.
- Status „WEBEKU bearbeitet": Der Clearingfall wurde von der Dienstgeberin bzw. vom Dienstgeber oder von der bevollmächtigten Person bearbeitet und aus ihrer bzw. seiner Sicht abgeschlossen. Statusänderungen können von der Dienstgeberin bzw. vom Dienstgeber oder von der bevollmächtigten Person händisch vorgenommen werden.
- Status „obsolet": Der Clearingfall wurde gelöst und die betroffene Meldung im EDV-System des Krankenversicherungsträgers erfolgreich verarbeitet.

7. Arbeitsbehelf 2022

Zur Dokumentation, dass ein Clearingfall bearbeitet wird, kann der Status von „ELDA unzustellbar" händisch auf „WEBEKU in Bearbeitung" bzw. „WEBEKU bearbeitet" geändert werden. Dies erfolgt in der Detailansicht des Clearingfalles mittels der Buttons „in Bearbeitung setzen" bzw. „Bearbeitung abschließen".

Grafische Darstellung der Clearingfall - Suche via WEBEKU:

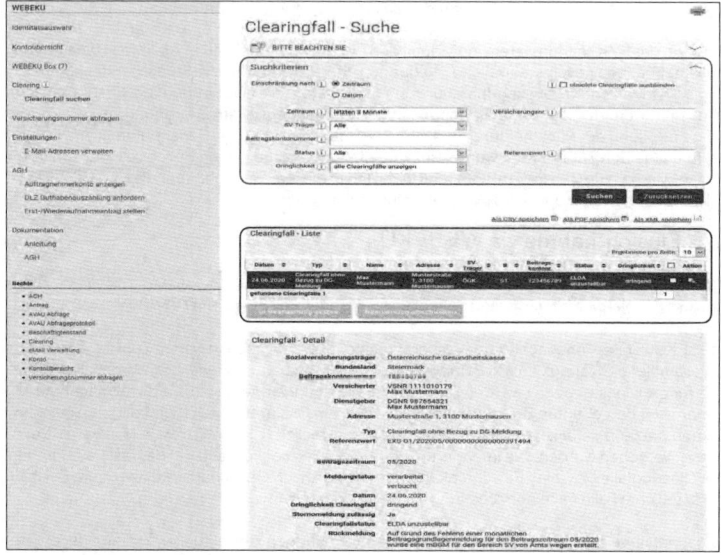

Screenshot aus WEBEKU, 07/2020

„**Einschränkung nach**": Standardmäßig werden die Clearingfälle der letzten drei Monate angezeigt. Zur Anzeige bestimmter Clearingfälle werden folgende Suchkriterien „Zeitraum" und „Datum" angeboten.
„**Status**": Für Clearingfälle, die ELDA innerhalb eines bestimmten Zeitraumes nicht zustellen kann, setzt ELDA den Status auf „ELDA unzustellbar". Befindet sich ein Clearingfall im Status „ELDA zugestellt", kann die berechtigte Empfängerin bzw. der berechtigte Empfänger (Dienstgeberin bzw. Dienstgeber, Bevollmächtigte) für diese beiden Status mittels Button „in Bearbeitung" auf den Status „WEBEKU in Bearbeitung" und in weiterer Folge mittels Button „Bearbeitung abschließen" auf den Status „WEBEKU bearbeitet" setzen. Über WEBEKU kann der Clearingfall von einer berechtigten Benutzerin bzw. einem berechtigten Benutzer jederzeit unabhängig vom Status eingesehen werden. Befindet sich der Clearingfall im Status „ELDA in Zustellung" kann jedoch keine Statusänderung durchgeführt werden.

„**Clearingfall – Liste**": Sollen nicht alle Clearingfälle exportiert werden, besteht in der „Clearingfall – Liste" die Möglichkeit, durch Klicken der Checkbox zum jeweiligen Clearingfall nur bestimmte Clearingfälle zu exportieren. Damit dies auch beim Export berücksichtigt wird, öffnet sich ein Fenster, wo es eine Auswahlmöglichkeit gibt, ob „Alle Clearingfälle" oder „Nur ausgewählte Clearingfälle" exportiert werden sollen. Wurden in der „Clearingfälle – Liste" keine Clearingfälle ausgewählt, steht der Button „Nur ausgewählte Clearingfälle" nicht zur Verfügung.
Wird die Checkbox in der Überschrift der „Clearingfall - Liste" geklickt, werden alle Clearingfälle in der unten angezeigten Liste selektiert. Die Checkbox dient auch dazu, eine Statusänderung von mehreren Clearingfällen durchzuführen. Werden alle Clearingfälle markiert und wird der Button „in Bearbeitung setzen" bzw. „Bearbeitung abschließen" gedrückt, werden nur jene Clearingfälle für eine Statusänderung berück-

sichtigt, bei denen es auch möglich ist. Es erfolgt nach erfolgreicher Statusänderung eine Hinweismeldung, bei wie vielen von den selektierten Clearingfällen eine Statusänderung durchgeführt wurde. Der Button „in Bearbeitung setzen" steht nur bei den Status „ELDA zugestellt" und „ELDA unzustellbar" zur Verfügung. Der Button „Bearbeitung abschließen" steht nur bei dem Status „WEBEKU in Bearbeitung" zur Verfügung.

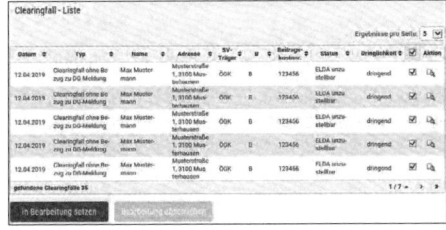

Screenshot aus WEBEKU, 7/2020

5.16.8. Clearingverständigung via E-Mail

Bei Vorliegen eines Clearingfalles bietet WEBEKU die Möglichkeit, dass eine Verständigung an eine im Vorfeld definierte E-Mail-Adresse erfolgt. Damit dieses Service genutzt werden kann, müssen die USP-Verfahrensrechte „E-MailAdresseVerwalten" bzw. „E-MailAdresseVerwaltenBevollmächtigter" vergeben sein.

E-Mail-Adressen können im Anschluss in WEBEKU sowohl auf Dienstgeberebene (= Verständigungen ergehen für alle Beitragskonten einer Dienstgeberin bzw. eines Dienstgebers) als auch für einzelne Beitragskonten hinterlegt werden.

Grafische Darstellung der Verwaltung der E-Mail-Adressen in WEBEKU

Screenshot aus WEBEKU, 7/2020

„**Suchkriterien**": Um eine E-Mail-Adresse für Clearing bzw. WEBEKU Box zu speichern, muss zuerst eine Suche durchgeführt werden.

Die Checkbox „auch verständigen, wenn bei Bevollmächtigen E-Mail-Adresse eingetragen" wird nur dann angezeigt, wenn die E-Mail-Adresse für „Clearing" verwaltet wird und wenn die E-Mail-Adresse als Kontoinhaberin bzw. Kontoinhaber verwaltet wird.

5.16.9. Hilfestellung und Beratung

Für nähere Auskünfte bzw. Fragen zum USP und zum SV-Clearingsystem stehen Ihnen folgende Einrichtungen zur Verfügung:

- **Für die Registrierung am USP:** USP-Service Center, Telefon: 050 233 733
- **Für die Einrichtung des SV-Clearingsystems und für WEBEKU:** Customer Care Center der IT-Services der Sozialversicherung GmbH, Telefon: 05 01 24 6200, E-Mail: sv-servicecenter@itsv.at

7. Arbeitsbehelf 2022

6.1. Überblick/Allgemeines

Die Einhaltung der gesetzlich vorgeschriebenen Meldefristen durch die Dienstgeberinnen und Dienstgeber bzw. sonstigen meldepflichtigen Stellen ist für das reibungslose Funktionieren der SV von wesentlicher Bedeutung. Nur so kann sichergestellt werden, dass die Versicherten die von ihnen benötigten Leistungen schnellstmöglich und in der richtigen Höhe in Anspruch nehmen können.

Grundsätzlich sind alle Meldungen mittels ELDA zu übermitteln.

6.1.1. Versichertenmeldungen

Die Versichertenmeldungen dienen der Anmeldung, Abmeldung und Wartung der personenbezogenen Versicherungsverläufe sowie der Bekanntgabe der Adresse der Pflichtversicherten. Es stehen folgende Versichertenmeldungen zur Verfügung:
- Versicherungsnummer Anforderung,
- Vor-Ort-Anmeldung (per Telefax oder Telefon),
- Anmeldung fallweise Beschäftigter (samt Storno),
- Anmeldung (samt Storno und Richtigstellung),
- Abmeldung (samt Storno und Richtigstellung),
- Änderungsmeldung und
- Adressmeldung Versicherter.

Eine Detailbeschreibung der angeführten Versichertenmeldungen finden Sie auf den Folgeseiten.

6.1.2. Weitere Meldungen

Neben den Versichertenmeldungen stehen Ihnen über ELDA bzw. Ihre Lohnverrechnungssoftware weitere Meldungen an die SV bzw. an die Finanzbehörden zur Verfügung (auszugsweise):
- Adresse der Arbeitsstätte,
- Antrag auf Zuschuss für Entgeltfortzahlung,
- Arbeits- und Entgeltbestätigung für Krankengeld (Detailbeschreibung auf den Folgeseiten),
- Arbeits- und Entgeltbestätigung für Wochengeld (Detailbeschreibung auf den Folgeseiten),
- Entsendungsanträge bzw. Anträge auf Festlegung der anzuwendenden Rechtsvorschriften,
- Familienhospizkarenz/Pflegekarenz (Detailbeschreibung auf den Folgeseiten),
- Gesundheitsberuferegistermeldung,
- Lohnzettel Finanz,
- mBGM (Detailbeschreibung im Kapitel mBGM),
- Schwerarbeitsmeldung (Detailbeschreibung auf den Folgeseiten) und
- Unfallmeldungen.

6.2. Versicherungsnummer Anforderung

Die zehnstellige VSNR stellt einen wichtigen Ordnungsbegriff in der SV dar. Voraussetzung für die Erstattung jeder Sozialversicherungsmeldung ist neben dem Vorhandensein einer Beitragskontonummer, dass für die Betreffende bzw. den Betreffenden bereits eine VSNR vergeben wurde. Diese kann der e-card der jeweiligen Person entnommen werden.

Bei ausländischen Dienstnehmerinnen und Dienstnehmern, die erstmals in Österreich eine Beschäftigung aufnehmen und demzufolge noch über keine VSNR verfügen, muss diese spätestens im Rahmen der elektronischen Erstattung der Anmeldung angefordert werden. Die Beantragung erfolgt dabei auf elektronischem Wege mit der Meldung Versicherungsnummer Anforderung.

6.2.1. Auslöser/Zweck der Meldung
- Die zu meldende Person verfügt über keine VSNR.
- Der bzw. dem Meldepflichtigen ist die (bereits vergebene) VSNR nicht bekannt.

7. Arbeitsbehelf 2022

6.2.2. Voraussetzungen
- Die Dienstgeberin bzw. der Dienstgeber verfügt über eine Beitragskontonummer.
- Alle für die Anforderung der VSNR erforderlichen Daten der bzw. des Versicherten sind bekannt.

6.2.3. Meldefrist
Die Anforderung der VSNR hat spätestens zeitgleich mit der Erstattung der Anmeldung zu erfolgen.

6.2.4. Zuständige Stelle
Die Anforderung der VSNR ist an den zuständigen Krankenversicherungsträger zu übermitteln.

6.2.5. Prozess bzw. Ablauf
Die Meldung ist mittels ELDA zu übermitteln.

Entnehmen Sie die für die Ausfertigung der Meldung nötigen Personendaten - zum Beispiel Familienname(n), Vorname(n), Staatsangehörigkeit, Geburtsdatum - einem amtlichen Personaldokument der bzw. des Versicherten (Reisepass oder Personalausweis) und bewahren Sie eine Kopie für etwaige Rückfragen auf.

Achtung: Die VSNR wird auf Basis der von Ihnen übermittelten Daten vergeben.

Nach der Ermittlung bzw. der Neuvergabe der VSNR erhält die Erstellerin bzw. der Ersteller der Meldung über das SV-Clearingsystem eine Mitteilung über die VSNR. Übernehmen Sie die so bekannt gegebene VSNR in Ihre Lohnverrechnungssoftware. Dadurch stellen Sie sicher, dass die VSNR für sämtliche weitere Sozialversicherungsmeldungen zur Verfügung steht.

Dienstgeberinnen und Dienstgeber, die nicht am automationsunterstützten SV-Clearingsystem teilnehmen können, werden vom Krankenversicherungsträger über die VSNR informiert.

Wird eine VSNR neu vergeben, erhält die bzw. der Versicherte eine e-card, sofern ein Krankenversicherungsschutz vorliegt.

6.2.6. Erforderliche Unterlagen
Es sind **keine** Unterlagen erforderlich.

6.2.7. Kosten
Es fallen **keine** Gebühren an.

6.2.8. Besonderheiten der Meldung
Die Abfrage der VSNR ist über die Web-Applikation WEBEKU möglich. Somit ist jederzeit überprüfbar, ob für die betreffende Person bereits eine VSNR vorhanden ist. Die Meldung Versicherungsnumer Anforderung ist lediglich dann notwendig, wenn die Abfrage in WEBEKU kein Ergebnis liefert.

6.2.9. Rechtsgrundlagen
- § 30c Abs. 1 Z 1 ASVG in Verbindung mit den §§ 33 und 34 ASVG

6.2.10. Inhalt und Aufbau der Versicherungsnummer Anforderung

Die notwendigen elektronischen Formulare sind in ELDA bzw. Ihrer Lohnverrechnungssoftware integriert.

6.2.10.1. Ausfüllhilfe: Versicherungsnummer Anforderung

„Dienstgeber" und zuständiger „Versicherungsträger": Achten Sie bei Vorliegen mehrerer Beitragskonten auf die korrekte Auswahl des zuständigen Versicherungsträgers und der von diesem vergebenen Beitragskontonummer. Die Länge der Beitragskontonummer hat den Formatvorgaben des jeweiligen Versicherungsträgers zu entsprechen. Gegebenenfalls ist sie mit Vornullen auf die geforderte Länge aufzufüllen (zum Beispiel achtstellige Beitragskontonummer = 00123456). Andernfalls kann es zu Einschränkungen beim SV-Clearingsystem kommen. Sonderzeichen und Buchstaben sind unzulässig.

Daten der bzw. des Versicherten (FANA, FNA1, VONA, GEBD, GESL, AKGV, AKGH): Übernehmen Sie die Daten aus einem amtlichen Dokument. Ein akademischer Grad kann nur für jene Titel vorgemerkt werden, deren Anführung gesetzlich vorgeschrieben ist. Dazu ist die Vorlage des Dokumentes über die Verleihung des akademischen Grades erforderlich. Jene akademischen Grade, die vor dem Namen geführt werden (zum Beispiel Mag., Dr. und DI bzw. Dipl.-Ing.) sind in das Feld „akad. Grad" (AKGV) einzutragen. Für Titel, die nach dem Familiennamen aufscheinen, steht hingegen das Feld „akad. Grad 2" (AKGH) zur Verfügung (zum Beispiel Bakk., Ph.D., Bachelor- und Mastergrade).

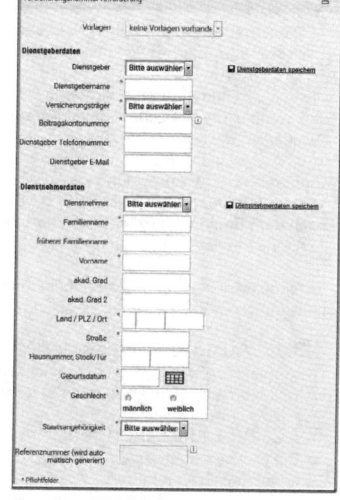

Adressdaten (WKFZ, PLZL, WORT, WSTR, WHNR, WTUR, STSL): Holen Sie rechtzeitig die aktuelle Adresse der bzw. des Versicherten ein. Besteht die vollständige Adresse neben der Hausnummer aus mehreren Ergänzungen, wie zum Beispiel Stockwerk und Türnummer, sind diese durch „/" zu trennen. Sorgen Sie dafür, dass Ihnen etwaige während der Beschäftigung stattfindende Adressänderungen bekannt gegeben werden und melden Sie diese mittels der Adressmeldung Versicherter dem Krankenversicherungsträger.

Screenshot aus ELDA Online/Meldungserfassung Dienstgeber

6.2.11. Änderung/Richtigstellung der Meldung

Wird im Rahmen der Anforderung der VSNR irrtümlich eine falsche Adresse angegeben, muss diese mittels der Adressmeldung Versicherter korrigiert werden. Wurden andere Daten (etwa die Staatsbürgerschaft) irrtümlich falsch gemeldet, wenden Sie sich bitte an den zuständigen Krankenversicherungsträger.

6.3. Vor-Ort-Anmeldung

Sämtliche Sozialversicherungsmeldungen - insbesondere also auch die Anmeldungen zur Pflichtversicherung - sind grundsätzlich mittels ELDA zu erstatten. In bestimmten Ausnahmefällen kann die Vor-Ort-Anmeldung vor Arbeitsantritt (ehemals Mindestangaben-Anmeldung) per Telefax oder Telefon erstattet werden.

Eine Vor-Ort-Anmeldung per Telefax unter der Nummer 05 0766-1461 oder per Telefon unter der Nummer 05 0766-1460 ist nach den Richtlinien über Ausnahmen von der Meldungserstattung mittels Datenfernübertragung (RMDFÜ) ausschließlich dann möglich, wenn die meldepflichtige Stelle
- über keine EDV-Ausstattung (zumindest PC) und keinen Internetzugang verfügt und ihre Personalabrechnung (Lohnverrechnung) auch nicht von einer anderen Stelle (Wirtschaftstreuhänder,

7. Arbeitsbehelf 2022

Datenverarbeitungsbetrieb etc.) durchführen lässt, bei der eine entsprechende EDV-Einrichtung vorhanden ist, oder
- ihre Personalabrechnung (Lohnverrechnung) von einer anderen Stelle (Wirtschaftstreuhänder, Datenverarbeitungsbetrieb etc.) durchführen lässt und diese nicht mehr erreichbar ist (Arbeitsaufnahme außerhalb der Bürozeiten der Dienstleisterin bzw. des Dienstleisters), oder
- die bzw. der Beschäftigte in einer Betriebsstätte (Filiale, Baustelle) der Dienstgeberin bzw. des Dienstgebers aufgenommen wird und die Betriebsstätte (Filiale, Baustelle) über keine EDV-Ausstattung (zumindest PC) oder keinen Internetzugang verfügt.

Die Vor-Ort-Anmeldung vor Arbeitsantritt darf darüber hinaus auch außerhalb von ELDA erstattet werden, wenn ein wesentlicher Teil der Datenfernübertragungseinrichtung für längere Zeit nachweisbar ausgefallen war und deshalb die Anmeldung nicht vor Arbeitsantritt hätte erstattet werden können.

Langt die Vor-Ort-Anmeldung vor Arbeitsantritt auf Grund einer der vorstehenden kurzfristigen Ausnahmesituationen außerhalb von ELDA ein, **ist die Anmeldung jedenfalls innerhalb von sieben Tagen nach dem Beginn der Pflichtversicherung in elektronischer Form nachzuholen**. Erfolgt dies nicht, liegt eine Meldefristverletzung vor!

Im Sinne einer Verwaltungsvereinfachung empfehlen wir, die ohnehin reduzierte Anmeldung vor Arbeitsantritt per ELDA zu erstatten. Dadurch ersparen Sie sich einen Arbeitsschritt.

6.3.1. Auslöser/Zweck der Meldung
Die Anmeldung einer Person bzw. einer fallweise beschäftigten Person vor Arbeitsantritt ist ausnahmsweise außerhalb der elektronischen Datenfernübertragung zu erstatten.

6.3.2. Voraussetzungen
- Die Dienstgeberin bzw. der Dienstgeber verfügt über eine Beitragskontonummer bzw. diese wird unverzüglich angefordert.
- Die bzw. der Versicherte verfügt über eine VSNR bzw. diese wird zeitgleich im Zuge der nachfolgenden elektronischen Anmeldung angefordert.
- Die Erstattung der Anmeldung per ELDA ist im Sinne der geltenden Richtlinien unzumutbar oder wegen eines Ausfalls der Datenfernübertragungseinrichtung nicht vor Arbeitsantritt möglich.

6.3.3. Meldefrist
Die Vor-Ort-Anmeldung ist jedenfalls vor Arbeitsbeginn zu erstatten.

6.3.4. Zuständige Stelle
Die Vor-Ort-Anmeldung ist vor Arbeitsantritt entweder mittels Telefax unter der Nummer 05 0766-1461 oder per Telefon unter der Nummer 05 0766-1460 beim ELDA-Call Center zu erstatten.

6.3.5. Prozess bzw. Ablauf
- Durch die Vor-Ort-Anmeldung wird nachgewiesen, dass die Anmeldung vor Arbeitsantritt erfolgte. Der genaue Zeitpunkt (Tag und Uhrzeit) der Meldungslegung wird in einer eigenen Datenbank für allfällige Kontrollen der Finanzpolizei vermerkt.
- Wurde eine Vor-Ort-Anmeldung erstattet, ist fristgerecht eine elektronische Anmeldung nachzureichen.

6.3.6. Erforderliche Unterlagen
Es sind **keine** Unterlagen erforderlich.

6.3.7. Kosten
Es fallen **keine** Gebühren an.

6.3.8. Besonderheiten der Meldung

Auf der Website des Krankenversicherungsträgers steht eine Telefaxvorlage für die Vor-Ort-Anmeldung zur Verfügung. Für fallweise Beschäftigte kann die Meldung auch mittels mobilen Geräten mit Android- oder IOS-Betriebssystem übermittelt werden. Die dazu notwendige ELDA APP kann über den jeweiligen APP-Store kostenfrei bezogen werden. Die APP entspricht vom Aufbau her der Telefaxvorlage. Vor-Ort-Anmeldungen, die auf anderen Wegen einlangen (E-Mail, SMS etc.), gelten als nicht erstattet.

6.3.9. Rechtsgrundlagen
- § 33 Abs. 1a ASVG
- § 41 ASVG

6.3.10. Inhalt und Aufbau der Telefaxvorlage Vor-Ort-Anmeldung

Die notwendigen elektronischen Formulare sind in ELDA bzw. Ihrer Lohnverrechnungssoftware integriert.

6.3.10.1. Ausfüllhilfe: Vor-Ort-Anmeldung

Angaben zur Dienstgeberin bzw. zum Dienstgeber: Sollte die bzw. der Meldepflichtige zum Zeitpunkt der Meldungserstattung noch über keine Beitragskontonummer verfügen, ist dies durch den Vermerk „Beitragskontonummer neu" auf der Telefaxvorlage zu vermerken. Die Beitragskontonummer muss in einem derartigen Fall unverzüglich beim Krankenversicherungsträger angefordert werden. Ein elektronisches Antragsformular steht Ihnen unter *www.gesundheitskasse.at/bknr* zur Verfügung. Für sämtliche in weiterer Folge zu erstattenden Meldungen ist die Beitragskontonummer unabdingbar.

Angaben zur Dienstnehmerin bzw. zum Dienstnehmer: Verfügt die jeweilige Person noch über keine VSNR oder ist diese zum Zeitpunkt der Meldungserstattung nicht bekannt, reicht für die Vor-Ort-Anmeldung zunächst das Geburtsdatum der bzw. des Versicherten. Die VSNR ist in weiterer Folge idealerweise vor der nachzuholenden elektronischen Anmeldung bzw. bei fallweiser Beschäftigung vor der Erstattung der mBGM für fallweise Beschäftigte mit der Meldung Versicherungsnummer Anforderung zu beantragen.

„**Beschäftigt ab**": Ist auszufüllen, wenn es sich um keine fallweise Beschäftigung handelt.

„**Beschäftigt am**": Ist ausschließlich für fallweise Beschäftigte auszufüllen. Für jeden Arbeitstag ist eine eigene Meldung zu erstatten.

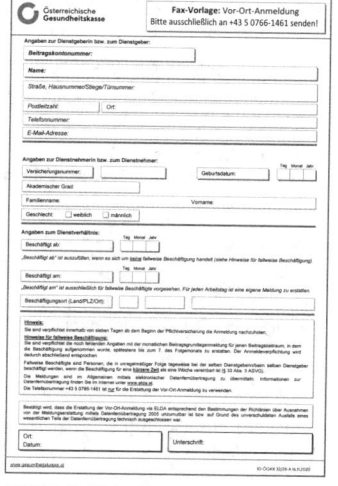

„**Beschäftigungsort**": Der Beschäftigungsort dokumentiert für allfällige Kontrollen der Finanzpolizei jenen Ort, an dem die Tätigkeit tatsächlich aufgenommen wird. Beachten Sie, dass dieser nicht zwingend mit dem Sitz des Unternehmens identisch ist (Firmensitz befindet sich zum Beispiel in 3100 St. Pölten, der tatsächliche Ort der Beschäftigung ist in 3390 Melk).

Fax-Vorlage: Vor-Ort-Anmeldung

6.3.11. Änderung/Richtigstellung der Meldung

Wurde eine Vor-Ort-Anmeldung irrtümlich erstattet, weil zum Beispiel die Dienstnehmerin bzw. der Dienstnehmer ihre bzw. seine Beschäftigung wider Erwarten nicht aufgenommen hat, ist sie per Telefax oder Telefon beim ELDA-Call Center zu stornieren.

6.4. Anmeldung

6.4.1. Auslöser/Zweck der Meldung
- Eine Person ist vor Arbeitsantritt zur Pflichtversicherung zu melden.
- Die elektronische Anmeldung ist nach erstatteter Vor-Ort-Anmeldung nachzuholen.

6.4.2. Voraussetzungen
- Die Dienstgeberin bzw. der Dienstgeber verfügt über eine Beitragskontonummer.
- Die bzw. der Versicherte verfügt über eine VSNR bzw. diese wird spätestens im Zuge der Anmeldung angefordert.

6.4.3. Meldefrist
- Jede beschäftigte Person (Voll- und Teilversicherte) ist durch die Dienstgeberin bzw. den Dienstgeber vor Arbeitsantritt beim zuständigen Krankenversicherungsträger anzumelden.
- Wurde eine Vor-Ort-Anmeldung erstattet, ist eine elektronische Anmeldung binnen sieben Tagen ab dem Beginn der Pflichtversicherung nachzuholen.

6.4.4. Zuständige Stelle
Die Anmeldung ist an den zuständigen Krankenversicherungsträger zu übermitteln.

6.4.5. Prozess bzw. Ablauf
Die Meldung gilt nur dann als erstattet, wenn sie mittels ELDA übermittelt wird. Meldungen auf anderen Wegen, insbesondere in Papierform, mittels E-Mail oder telefonisch, gelten grundsätzlich als nicht erstattet.

Die zu erstattende erste mBGM bestätigt oder korrigiert die Angaben der übermittelten Anmeldung und damit Art und Umfang der Versicherung. Der Anmeldeverpflichtung wird auf diesem Wege abschließend entsprochen.

Grundsätzlich ist auf der Anmeldung eine gültige VSNR anzugeben. Ist noch keine VSNR bekannt, ist diese spätestens zeitgleich mit der Erstattung der Anmeldung mittels der Meldung Versicherungsnummer Anforderung zu beantragen. Auf der Anmeldung ist in diesem Fall zwingend das Geburtsdatum und der Referenzwert der Meldung Versicherungsnummer Anforderung anzugeben. Wenn in Ausnahmefällen zum Zeitpunkt der Anmeldung die Übermittlung der Versicherungsnummer Anforderung nicht möglich war, muss die Referenz zur Versicherungsnummer Anforderung per Richtigstellung Anmeldung nachgetragen werden. Der Erstellerin bzw. dem Ersteller der Meldung wird die VSNR über das SV-Clearingsystem bekannt gegeben.

6.4.6. Erforderliche Unterlagen
Es sind **keine** Unterlagen erforderlich.

6.4.7. Kosten
Es fallen **keine** Gebühren an.

6.4.8. Besonderheiten der Meldung
Nach erfolgter Anmeldung ist der Dienstnehmerin bzw. dem Dienstnehmer unverzüglich eine Abschrift der Anmeldung auszuhändigen. Andernfalls liegt eine Ordnungswidrigkeit vor, die von den Bezirksverwaltungsbehörden durch eine Verwaltungsstrafe geahndet werden kann.

Die Anmeldeverpflichtung ist durch die elektronische Erstattung der Anmeldung und der anschließenden fristgerechten Übermittlung der mBGM abschließend erfüllt.

6.4.9. Rechtsgrundlagen
- § 33 ASVG
- § 41 ASVG

7. Arbeitsbehelf 2022

6.4.10. Inhalt und Aufbau der Anmeldung
Die notwendigen elektronischen Formulare sind in ELDA bzw. Ihrer Lohnverrechnungssoftware integriert.

6.4.10.1. Ausfüllhilfe: Anmeldung
„Dienstgeber" und zuständiger „Versicherungsträger": Achten Sie bei Vorliegen mehrerer Beitragskonten auf die korrekte Auswahl des zuständigen Versicherungsträgers und der von diesem vergebenen Beitragskontonummer. Die Länge der Beitragskontonummer hat den Formatvorgaben des jeweiligen Versicherungsträgers zu entsprechen. Gegebenenfalls ist sie mit Vornullen auf die geforderte Länge aufzufüllen (zum Beispiel achtstellige Beitragskontonummer = 00123456). Andernfalls kann es zu Einschränkungen beim SV-Clearingsystem kommen. Sonderzeichen und Buchstaben sind unzulässig.

Daten der bzw. des Versicherten (FANA, VONA), „Versicherungsnummer" (VSNR) oder „Geburtsdatum" (GEBD) und „Referenzwert der VSNR-Anforderung" (REFV): Die zehnstellige VSNR ist ohne Leerstellen anzugeben. Das Feld „Geburtsdatum" ist nur dann zwingend zu belegen, wenn die betreffende Person noch über keine VSNR verfügt bzw. diese noch nicht über das SV-Clearingsystem rückgemeldet wurde. Das Feld „Versicherungsnummer" bleibt sodann in der Grundstellung. In diesen Fällen ist neben dem Geburtsdatum allerdings der Referenzwert der Meldung Versicherungsnummer Anforderung, die idealerweise vor der elektronischen Anmeldung erstattet wurde, zu übermitteln.

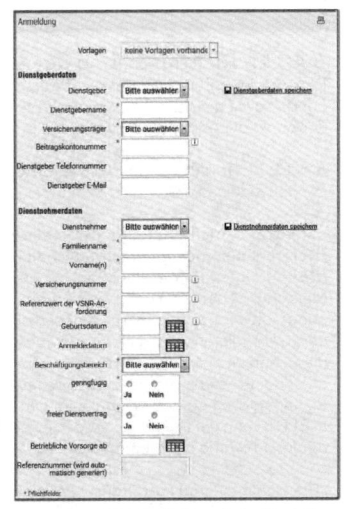

Screenshot aus ELDA Online/Meldungserfassung Dienstgeber

Der Referenzwert selbst wird im Hintergrund automatisch (zum Beispiel durch Ihre Lohnverrechnungssoftware) für eine eindeutige Identifikation jeder elektronisch erstatteten Meldung vergeben. Er dient vor allem dazu, eindeutige Bezüge zwischen voneinander abhängigen Meldungen herzustellen. In diesem Fall werden die Meldung Versicherungsnummer Anforderung und die zu erstattende Anmeldung verknüpft. Dadurch wird die korrekte Verarbeitung der Anmeldung unterstützt. Dem Referenzwert kommt darüber hinaus im Rahmen des SV-Clearingsystems eine wesentliche Bedeutung zu. In ELDA kann der Referenzwert der Meldung Versicherungsnummer Anforderung übernommen werden.

Achtung: Wird der Referenzwert der Meldung Versicherungsnummer Anforderung zum Zeitpunkt der Anmeldung nicht übermittelt, ist eine Nachmeldung desselben mittels der Meldung Richtigstellung Anmeldung erforderlich.

„Anmeldedatum" (ADAT): Tragen Sie den Tag der Beschäftigungsaufnahme und somit den Beginn der Pflichtversicherung ein. Das Feld bleibt unbelegt, wenn die jeweilige Person lediglich der BV unterliegt.

„Beschäftigungsbereich" (BBER): Geben Sie an, ob es sich bei der bzw. dem Versicherten um eine Arbeiterin bzw. einen Arbeiter, eine Angestellte bzw. einen Angestellten, einen Arbeiter- oder Angestelltenlehrling handelt. Unter die Kategorie Sonstige Personen ohne KV-Schutz fallen besondere Versicherungsverhältnisse, wie zum Beispiel bestimmte Arbeitnehmerinnen und Arbeitnehmer von Universitäten oder der Wirtschaftskammer. Für geringfügig Beschäftigte darf diese Auswahlmöglichkeit nicht verwendet werden. Sie sind vielmehr ausschließlich als Arbeiterinnen und Arbeiter oder Angestellte zu klassifizieren. Sämtliche weitere Auswahlmöglichkeiten, wie zum Beispiel Beamtinnen und Beamte, Asylwerberinnen und Asylwerber, Umschülerinnen und Umschüler, werden lediglich von bestimmten meldepflichtigen Behörden sowie Institutionen benötigt und spielen im Regelfall für privatwirtschaftlich tätige Dienstgeberinnen und Dienstgeber keine Rolle.

„geringfügig" (GERF), „freier Dienstvertrag" (FRDV) und „Betriebliche Vorsorge ab" (BVAB): Diese Felder sind entsprechend auszufertigen. Gelegentlich kann nur eine Anmeldung zur BV erforderlich sein (zum Beispiel das Beschäftigungsverhältnis unterliegt österreichischem Arbeitsrecht und somit dem BMSVG, begründet aber keine Pflichtversicherung im Inland). In diesem Fall ist das Feld „Anmeldedatum" in der Grundstellung zu belassen und neben den sonstigen Angaben zum Beschäftigungsbereich, zur Geringfügigkeit und zum Vorliegen eines freien Dienstvertrages nur der Beginn der BV zu melden.

6.4.11. Richtigstellung der Anmeldung

Diese Meldungsart dient der Korrektur eines unrichtigen Beginnes der Pflichtversicherung und/oder der BV sowie der Nachmeldung des Referenzwertes der Anforderung der VSNR, wenn die Angabe zum Zeitpunkt der Anmeldung nicht möglich war.

6.4.11.1. Inhalt und Aufbau der Richtigstellung Anmeldung

Die notwendigen elektronischen Formulare sind in ELDA bzw. Ihrer Lohnverrechnungssoftware integriert.

6.4.11.2. Ausfüllhilfe: Richtigstellung Anmeldung

„Referenznummer der ursprünglichen Meldung" (REFU): Unter „Referenznummer der ursprünglichen Meldung" ist der (zum Beispiel von Ihrer Lohnverrechnungssoftware) automatisch vergebene Referenzwert der zu korrigierenden Anmeldung zu übermitteln. Wurde die seinerzeit erstattete Anmeldung bereits berichtigt, muss der Referenzwert der zuletzt erstatteten Meldung Richtigstellung Anmeldung bekannt gegeben werden. In ELDA kann der Referenzwert der jeweils zu korrigierenden Meldung übernommen werden.

„Dienstgeber" und zuständiger „Versicherungsträger": Achten Sie bei Vorliegen mehrerer Beitragskonten auf die korrekte Auswahl des zuständigen Versicherungsträgers und der von diesem vergebenen Beitragskontonummer. Die Länge der Beitragskontonummer hat den Formatvorgaben des jeweiligen Versicherungsträgers zu entsprechen. Gegebenenfalls ist sie mit Vornullen auf die geforderte Länge aufzufüllen (zum Beispiel achtstellige Beitragskontonummer = 00123456). Andernfalls kann es zu Einschränkungen beim SV-Clearingsystem kommen. Sonderzeichen und Buchstaben sind unzulässig.

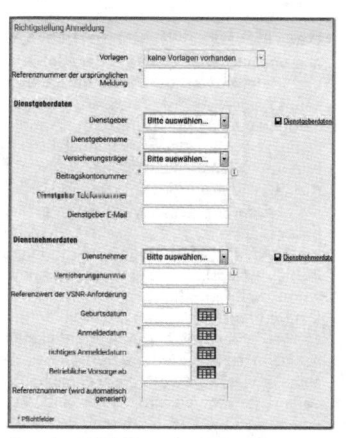

Screenshot aus ELDA Online/Meldungserfassung Dienstgeber

„Versicherungsnummer" (VSNR) oder „Geburtsdatum" (GEBD) und „Referenzwert der VSNR-Anforderung" (REFV): Wurde mit der seinerzeit erstatteten Anmeldung der Referenzwert der Meldung Versicherungsnummer Anforderung nicht übermittelt, muss dies mittels Richtigstellung Anmeldung nachgeholt werden. Tragen Sie in diesen Fällen das Geburtsdatum sowie den Referenzwert der erstatteten Meldung Versicherungsnummer Anforderung ein. Die Felder „Anmeldedatum" und „richtiges Anmeldedatum" sind dabei beide mit dem (bereits gemeldeten) Tag des Beginnes der Pflichtversicherung zu befüllen. Dies gilt sinngemäß für das Feld „Betriebliche Vorsorge ab". Unterliegt die jeweilige Person ausschließlich der BV, sind die Felder „Anmeldedatum", „richtiges Anmeldedatum" und „Betriebliche Vorsorge ab" mit dem Tag des Beginnes der BV zu belegen.

„Anmeldedatum" (ADAT), „richtiges Anmeldedatum" (RDAT), „Betriebliche Vorsorge ab" (BVAB): Ist nur der Beginn der Pflichtversicherung zu berichtigen, ist das Feld „Anmeldedatum" mit dem ursprünglichen (falschen) Anmeldedatum zu belegen. Im Feld „richtiges Anmeldedatum" ist das korrekte (neue) Anmeldedatum und im Feld „Betriebliche Vorsorge ab" gegebenenfalls der unveränderte Beginn der BV anzuführen.

Ist ausschließlich der Beginn der BV zu ändern, ist im Feld „Anmeldedatum" das ursprüngliche (unveränderte) Anmeldedatum anzuführen. Im Feld „richtiges Anmeldedatum" ist dasselbe Anmeldedatum und im Feld „Betriebliche Vorsorge ab" der tatsächliche Beginn der BV anzuführen.

Muss sowohl der Beginn der Pflichtversicherung als auch jener der BV korrigiert werden, ist im Feld „Anmeldedatum" das ursprüngliche (falsche) Anmeldedatum einzutragen. Im Feld „richtiges Anmeldedatum" ist das richtige (neue) Anmeldedatum und im Feld „Betriebliche Vorsorge ab" der korrekte Beginn der BV einzutragen.

In seltenen Konstellationen unterliegt eine Person dem österreichischen Arbeitsrecht und somit der BV, ohne dass eine Pflichtversicherung im Inland begründet wird. Ist in derartigen Fällen das Datum des Beginnes der BV zu berichtigen, ist im Feld „Anmeldedatum" der ursprüngliche (falsche) Beginn der BV anzuführen. Im Feld „richtiges Anmeldedatum" und im Feld „Betriebliche Vorsorge ab" ist der richtige (neue) Beginn der BV anzuführen.

Achtung: Wenn das Feld „Betriebliche Vorsorge ab" bei der Richtigstellung unbelegt bleibt, wird die Zeit der BV storniert. Dies ist dann notwendig, wenn die bzw. der jeweilige Versicherte im Zuge der Anmeldung irrtümlich zur BV gemeldet worden ist.

6.4.12. Storno der Anmeldung
Erfolgte eine Anmeldung zu Unrecht, weil beispielsweise die Beschäftigung wider Erwarten nicht aufgenommen wurde, ist die bereits erstattete Meldung zu stornieren.

6.4.12.1. Inhalt und Aufbau der Storno Anmeldung
Die notwendigen elektronischen Formulare sind in ELDA bzw. Ihrer Lohnverrechnungssoftware integriert.

6.4.12.2. Ausfüllhilfe: Storno Anmeldung
„**Referenznummer der ursprünglichen Meldung" (REFU):**
Tragen Sie in dieses Feld den von der jeweiligen Lohnverrechnungssoftware bzw. ELDA automatisch vergebenen Referenzwert der zu stornierenden Anmeldung ein. Wurde die Anmeldung zum Beispiel durch die Meldung Richtigstellung Anmeldung bereits korrigiert, ist der Referenzwert der letzten Meldung relevant. In ELDA kann der relevante Referenzwert der fraglichen Meldung übernommen werden.

„**Dienstgeber" und zuständiger „Versicherungsträger":**
Achten Sie bei Vorliegen mehrerer Beitragskonten auf die korrekte Auswahl des zuständigen Versicherungsträgers und der von diesem vergebenen Beitragskontonummer.

Screenshot aus ELDA Online/Meldungserfassung Dienstgeber

Die Länge der Beitragskontonummer hat den Formatvorgaben des jeweiligen Versicherungsträgers zu entsprechen. Gegebenenfalls ist sie mit Vornullen auf die geforderte Länge aufzufüllen (zum Beispiel achtstellige Beitragskontonummer = 00123456). Andernfalls kann es zu Einschränkungen beim SV-Clearingsystem kommen. Sonderzeichen und Buchstaben sind unzulässig.

„**Versicherungsnummer" (VSNR) oder „Geburtsdatum" (GEBD):** Die zehnstellige VSNR ist ohne Leerstellen anzugeben. Wurde die im Zuge der vorangegangenen Anmeldung mit der Meldung Versicherungsnummer Anforderung beantragte VSNR noch nicht über das SV-Clearingsystem bekannt gegeben, ist es ausreichend, das Geburtsdatum anzuführen.

„**Anmeldedatum" (ADAT):** In diesem Feld ist das ursprünglich gemeldete Anmeldedatum anzuführen. Unterliegt die jeweilige Person lediglich der BV, ohne dass eine Pflichtversicherung in der SV besteht, tragen Sie den ursprünglichen Beginn der BV ein.

Achtung: Eine zwischenzeitlich bereits erstattete Abmeldung wird automatisch storniert. Eine eigene Stornomeldung für die Abmeldung ist somit nicht notwendig. Etwaig übermittelte mBGM sind im

Selbstabrechnerverfahren jedoch zu stornieren. Dies ist im Beitragsvorschreibeverfahren nicht notwendig.

6.4.13. Beispiele rund um die Anmeldung
Auf www.gesundheitskasse.at/dienstgeber finden Sie *Beispiele rund um die Anmeldung.*

6.5. Anmeldung fallweise beschäftigter Personen
Auch fallweise Beschäftigte sind elektronisch vor Arbeitsantritt zu melden. Die Anmeldung fallweise Beschäftigter ist dabei für jeden Beschäftigungstag zu erstatten und wirkt als Vor-Ort-Anmeldung. Wie bei durchlaufenden Versicherungsverhältnissen wird erst nach Erstattung der mBGM die Anmeldeverpflichtung erfüllt. Die endgültige An- und Abmeldung für fallweise beschäftigte Personen ist als mBGM für fallweise Beschäftigte zu erstatten.

6.5.1. Auslöser/Zweck der Meldung
Eine fallweise beschäftigte Person ist vor Arbeitsantritt zur Pflichtversicherung zu melden.

6.5.2. Voraussetzungen
- Die Dienstgeberin bzw. der Dienstgeber verfügt über eine Beitragskontonummer.
- Die bzw. der Versicherte verfügt über eine VSNR bzw. diese wird spätestens im Zuge der Anmeldung fallweise Beschäftigter angefordert.

6.5.3. Meldefrist
Die Anmeldung fallweise Beschäftigter muss vor Arbeitsantritt erfolgen.

6.5.4. Zuständige Stelle
Die Anmeldung fallweise Beschäftigter ist an den zuständigen Krankenversicherungsträger zu übermitteln.

6.5.5. Prozess bzw. Ablauf
Die Meldung gilt nur dann als erstattet, wenn sie mittels ELDA übermittelt wird.

Meldungen auf anderen Wegen, insbesondere in Papierform, mittels E-Mail oder telefonisch, gelten grundsätzlich als nicht erstattet.

Die in weiterer Folge zu erstattende mBGM für fallweise Beschäftigte gilt als kombinierte An- und Abmeldung für fallweise beschäftigte Personen. Anhand dieser Meldung wird an den entsprechenden Tagen der Versicherungsverlauf letztendlich angelegt. Der Anmeldeverpflichtung wird dadurch abschließend entsprochen.

Grundsätzlich ist auf der Anmeldung fallweise Beschäftigter eine gültige VSNR anzugeben. Ist noch keine VSNR bekannt, ist diese zeitgleich mit der Anmeldung fallweise Beschäftigter mittels der Meldung Versicherungsnummer Anforderung zu beantragen. Auf der Anmeldung fallweise Beschäftigter ist in diesem Fall zwingend das Geburtsdatum anzugeben. Der Erstellerin bzw. dem Ersteller der Meldung wird die VSNR über das SV-Clearingsystem bekannt gegeben.

6.5.6. Erforderliche Unterlagen
Es sind **keine** Unterlagen erforderlich.

6.5.7. Kosten
Es fallen **keine** Gebühren an.

6.5.8. Besonderheiten der Meldung
Bei Vorliegen bestimmter Sachverhalte, die in den Richtlinien über Ausnahmen von der Meldungserstattung mittels RMDFÜ geregelt sind, kann die Anmeldung für fallweise Beschäftigte vor Arbeitsan-

tritt auch per Telefax unter der Nummer 05 0766-1461, per Telefon unter der Nummer 05 0766-1460 oder mit der ELDA APP erstattet werden.

Eine elektronische Nachmeldung der einzelnen Beschäftigungstage binnen sieben Tagen nach dem Beginn der Pflichtversicherung ist bei einer fallweisen Beschäftigung - anders als bei einer durchlaufenden Beschäftigung - nicht erforderlich. Die abschließende An- und Abmeldung einer fallweise beschäftigten Person wird mit dem mBGM für fallweise Beschäftigte erstattet.

Nach erfolgter Anmeldung fallweise Beschäftigter ist der Dienstnehmerin bzw. dem Dienstnehmer unverzüglich eine Abschrift der Zeitenmeldung aus jeder mBGM für fallweise Beschäftigte auszuhändigen. Andernfalls liegt eine Ordnungswidrigkeit vor, die von den Bezirksverwaltungsbehörden durch eine Verwaltungsstrafe geahndet werden kann.

6.5.9. Rechtsgrundlagen
- § 33 ASVG
- § 41 ASVG

6.5.10. Inhalt und Aufbau der Anmeldung fallweise Beschäftigter
Die notwendigen elektronischen Formulare sind in ELDA bzw. Ihrer Lohnverrechnungssoftware integriert.

6.5.10.1. Ausfüllhilfe: Anmeldung fallweise beschäftigter Personen
„Dienstgeber" und zuständiger „Versicherungsträger": Achten Sie bei Vorliegen mehrerer Beitragskonten auf die korrekte Auswahl des zuständigen Versicherungsträgers und der von diesem vergebenen Beitragskontonummer. Die Länge der Beitragskontonummer hat den Formatvorgaben des jeweiligen Versicherungsträgers zu entsprechen. Gegebenenfalls ist sie mit Vornullen auf die geforderte Länge aufzufüllen (zum Beispiel achtstellige Beitragskontonummer = 00123456). Andernfalls kann es zu Einschränkungen beim SV-Clearingsystem kommen. Sonderzeichen und Buchstaben sind unzulässig.

Daten der bzw. des Versicherten, „Versicherungsnummer" (VSNR) oder „Geburtsdatum" (GEBD): Die zehnstellige VSNR ist ohne Leerstellen anzugeben. Verfügt die jeweilige Person über keine VSNR oder ist diese zum Zeitpunkt der Meldungserstattung nicht bekannt, reicht für die Anmeldung fallweise Beschäftigter das Geburtsdatum der bzw. des Versicherten aus. Die VSNR ist in weiterer Folge spätestens vor der den Anmeldevorgang abschließenden mBGM für fallweise Beschäftigte durch Übermittlung der Meldung Versicherungsnummer Anforderung zu beantragen.

„Tag der fallweisen Beschäftigung" (Anmeldedatum - ADAT): Jeder Einsatz einer bzw. eines fallweise Beschäftigten ist mittels Anmeldung fallweise Beschäftigter zu melden. Beginnt die Tätigkeit einer bzw. eines fallweise Beschäftigten zum Beispiel am 29.01. um 20.00 Uhr und dauert bis 02.00 Uhr des 30.01. an, sind beide Tage der Beschäftigung jeweils mittels Anmeldung fallweise Beschäftigter bekannt zu geben, um Unannehmlichkeiten im Rahmen einer Kontrolle der Finanzpolizei zu vermeiden. Wird der 30.01. nicht gemeldet und nimmt die bzw. der fallweise Beschäftigte an diesem Tag ab 16.00 Uhr wieder eine Tätigkeit auf, ist auf Grund der Unterbrechung bzw. des neuen Beschäftigungsverhältnisses jedenfalls wieder eine Anmeldung fallweise Beschäftigter vor Arbeitsantritt (also vor 16.00 Uhr) erforderlich.

Der Beginn der BV wird der den Anmeldevorgang abschließenden mBGM für fallweise Beschäftigte entnommen.

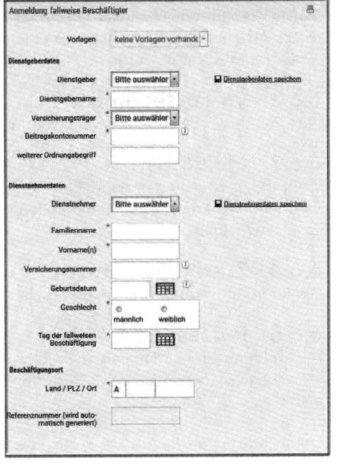

Screenshot aus ELDA Online/Meldungserfassung Dienstgeber

7. Arbeitsbehelf 2022

"Beschäftigungsort" (BKFZ, BPLZ, BORT): Der Beschäftigungsort dokumentiert für allfällige Kontrollen der Finanzpolizei jenen Ort, an dem die Tätigkeit tatsächlich aufgenommen wird. Beachten Sie, dass dieser nicht zwingend mit dem Sitz des Unternehmens identisch ist (der Firmensitz befindet sich zum Beispiel in 3100 St. Pölten, der tatsächliche Ort der Beschäftigung ist in 3390 Melk).

6.5.11. Änderung/Richtigstellung der Meldung
Erfolgte die Anmeldung fallweise Beschäftigter zu Unrecht, ist diese mittels Storno Anmeldung fallweise Beschäftigter zu stornieren. Eine Richtigstellung der Meldung wie bei der normalen Anmeldung ist nicht möglich. Die Meldung Storno Anmeldung fallweise Beschäftigter entspricht vollinhaltlich der Anmeldung fallweise Beschäftigter. Die jeweiligen Datenfelder sind dementsprechend auszufertigen.

6.6. Änderungsmeldung
6.6.1. Auslöser/Zweck der Meldung
- Eine Änderung von einem geringfügigen zu einem vollversicherungspflichtigen Beschäftigungsverhältnis oder umgekehrt kann gemeldet werden, solange noch keine mBGM für den betroffenen Beitragszeitraum erstattet wurde.
- Es erfolgt ein Umstieg von der Abfertigung alt in das Abfertigungssystem nach dem BMSVG, der gesetzlich ausdrücklich zu melden ist.
- Der Beginn oder das Ende der BV von Personen ist zu melden, die im Rahmen der Arbeitskräfteüberlassung an Bauunternehmen überlassen werden und für die ausschließlich die BUAK für die Einhebung der BV-Beiträge zuständig ist.
- Die Korrektur des Beschäftigungsbereiches (Arbeiterin bzw. Arbeiter, Angestellte bzw. Angestellter, Arbeiterlehrling etc.) ist zu melden, solange noch keine mBGM für den betreffenden Beitragszeitraum erstattet wurde.

6.6.2. Voraussetzungen
Eine Person wurde zur Pflichtversicherung gemeldet.

6.6.3. Meldefrist
Während des Bestandes der Pflichtversicherung ist von der Dienstgeberin bzw. vom Dienstgeber jede für die Versicherung bedeutsame Änderung, die nicht von der mBGM umfasst ist, innerhalb von sieben Tagen zu melden.

6.6.4. Zuständige Stelle
Die Änderungsmeldung ist an den zuständigen Krankenversicherungsträger zu übermitteln.

6.6.5. Prozess bzw. Ablauf
Die Meldung gilt nur dann als erstattet, wenn sie mittels ELDA übermittelt wird. Meldungen auf anderen Wegen, insbesondere in Papierform, mittels E-Mail oder telefonisch, gelten grundsätzlich als nicht erstattet.

Durch jede erstattete mBGM werden die Angaben der Anmeldung oder Änderungsmeldung bestätigt oder korrigiert.

Die mittels mBGM gemeldete Tarifgruppe (Beschäftigtengruppe samt etwaig notwendigen Ergänzungen) ist somit gegenüber den bereits übermittelten Angaben auf der Anmeldung bzw. Änderungsmeldung stets vorrangig. Folglich bleiben Änderungsmeldungen mit Angaben zur SV wirkungslos, wenn sie Beitragszeiträume betreffen, für die bereits eine mBGM übermittelt wurde.

Ist in diesen Fällen die Tarifgruppe zu ändern, ist die ursprüngliche mBGM zu stornieren. Im Anschluss ist eine mBGM neu zu erstatten (siehe *„6.6.12. Beispiele rund um die Änderungsmeldung" auf Seite 127*).
Ausnahme: Im Beitragsvorschreibeverfahren ist kein Storno der mBGM notwendig. Es genügt, eine neue mBGM zu übermitteln.

7. Arbeitsbehelf 2022

Eine Änderungsmeldung kann zeitlich begrenzt werden. Dazu stehen die Felder „Änderung ab" und „Änderung bis" zur Verfügung. Die Meldung von Änderungen, die erst in der Zukunft eintreten, ist grundsätzlich möglich. In diesen Fällen ist eine zeitliche Beschränkung („Bis-Datum") nicht zulässig.

6.6.6. Erforderliche Unterlagen
Es sind **keine** Unterlagen erforderlich.

6.6.7. Kosten
Es fallen **keine** Gebühren an.

6.6.8. Besonderheiten der Meldung
Die Änderung persönlicher Daten von Versicherten (zum Beispiel Namensänderung wegen Verehelichung) erfolgt ausschließlich auf Grund von Mitteilungen der Personenstandsbehörden oder durch die Vorlage von entsprechenden Dokumenten (zum Beispiel Verleihungsurkunde bei akademischen Graden) seitens der Versicherten selbst. Eine Meldeverpflichtung seitens der Dienstgeberin bzw. des Dienstgebers besteht nicht.

Für Adressänderungen ist eine eigene Meldung vorgesehen. Diese können nicht mittels Änderungsmeldung vorgenommen werden.

Bei untermonatigen Änderungen der Tarifgruppe ist die mBGM tarifgruppenkonform zu erstellen. Endet zum Beispiel ein Lehrverhältnis untermonatig und erfolgt die Weiterbeschäftigung als Arbeiterin bzw. Arbeiter, sind auf der zu erstattenden mBGM zwei Tarifgruppen - nämlich jene für Arbeiterlehrlinge und Arbeiter - auszuweisen. Auf Grund des Verrechnungswechsels sind mittels der mBGM zwei Tarifblöcke notwendig. Das Feld „Beginn der Verrechnung (Tag)" (= „Ab-Datum") ist jeweils entsprechend zu belegen. Eine Änderungsmeldung ist nicht erforderlich.

6.6.9. Rechtsgrundlagen
- § 34 ASVG
- § 41 ASVG

6.6.10. Inhalt und Aufbau der Änderungsmeldung
Die notwendigen elektronischen Formulare sind in ELDA bzw. Ihrer Lohnverrechnungssoftware integriert.

6.6.10.1. Ausfüllhilfe: Änderungsmeldung
„**Dienstgeber**" und zuständiger „**Versicherungsträger**": Achten Sie bei Vorliegen mehrerer Beitragskonten auf die korrekte Auswahl des zuständigen Versicherungsträgers und der von diesem vergebenen Beitragskontonummer. Die Länge der Beitragskontonummer hat den Formatvorgaben des jeweiligen Versicherungsträgers zu entsprechen. Gegebenenfalls ist sie mit Vornullen auf die geforderte Länge aufzufüllen (zum Beispiel achtstellige Beitragskontonummer = 00123456). Andernfalls kann es zu Einschränkungen beim SV-Clearingsystem kommen. Sonderzeichen und Buchstaben sind unzulässig.

Daten der bzw. des Versicherten, „Versicherungsnummer" (VSNR) oder „Geburtsdatum" (GEBD) und „Referenzwert der VSNR-Anforderung" (REFV): Die zehnstellige VSNR ist ohne Leerstellen anzugeben. Das Feld Geburtsdatum ist nur dann zwingend zu belegen, wenn die angeforderte VSNR noch nicht über das SV-Clearingsystem rückgemeldet wurde. Das Feld „Versicherungsnummer" bleibt sodann in der Grundstellung. In diesen Fällen ist neben dem Geburtsdatum allerdings der Referenzwert der Meldung Versicherungsnummer Anforderung, die idealerweise vor der elektronischen Anmeldung erstattet wurde, zu übermitteln. In ELDA kann der relevante Referenzwert der fraglichen Meldung übernommen werden.

„**Änderung ab" (ADAT):** In diesem Feld ist jener Tag einzutragen, ab dem die zu meldende Änderung gilt. Dieser kann sowohl in der Vergangenheit als auch in der Zukunft liegen.

7. Arbeitsbehelf 2022

„Änderung bis" (BDAT): Änderungen können sich nur auf einen bestimmten Zeitraum erstrecken. Die Dauer der etwaig notwendigen zeitlichen Befristung wird durch entsprechende Ausfertigung der Felder „Änderung ab" und „Änderung bis" bekannt gegeben. Das Datum im Feld „Änderung bis" darf nicht in der Zukunft liegen.

„Beschäftigungsbereich" (BBER), „geringfügig" (GERF), „freier Dienstvertrag" (FRDV): Diese Informationen charakterisieren das jeweilige Versicherungsverhältnis näher. Sie sind demzufolge gesamtheitlich zu betrachten. Selbst wenn sich die zu meldende Änderung nur auf eine dieser Angaben bezieht, sind immer alle drei Datenfelder mit den korrekten Inhalten zu belegen. Ist also zum Beispiel wegen des Über- oder Unterschreitens der Geringfügigkeitsgrenze eine Änderung des Versicherungsumfanges erforderlich, ist auch der Beschäftigungsbereich und das Feld „freier Dienstvertrag" auszufertigen.

„Betriebliche Vorsorge" (BVJN): Dieses Feld ist ausschließlich im Falle eines Übertritts in das Abfertigungssystem nach dem BMSVG oder der notwendigen Meldung des Beginnes bzw. Endes der BV von Personen relevant, die im Rahmen der Arbeitskräfteüberlassung an Bauunternehmen überlassen werden und für die ausschließlich die BUAK für die Einhebung der BV-Beiträge zuständig ist. Die Felder „Beschäftigungsbereich", „geringfügig", „freier Dienstvertrag" können in derartigen Fällen unbelegt bleiben.

Screenshot aus ELDA Online/Meldungserfassung Dienstgeber

6.6.11. Änderung/Richtigstellung der Meldung

Eine einmal erstattete Änderungsmeldung kann nicht storniert werden. Notwendige Korrekturen sind lediglich durch die Vorlage einer weiteren Änderungsmeldung möglich.

6.6.12. Beispiele rund um die Änderungsmeldung

Auf *www.gesundheitskasse.at/dienstgeber* finden Sie *Beispiele rund um die Änderungsmeldung*.

6.7. Adressmeldung Versicherter

Die Adresse einer bzw. eines Versicherten stellt eine für die Pflichtversicherung bedeutende Information dar. Sie ist dem Krankenversicherungsträger von der Dienstgeberin bzw. vom Dienstgeber elektronisch mit der Adressmeldung Versicherter verpflichtend bekannt zu geben. Dies gilt auch für jede Änderung der Anschrift.

6.7.1. Auslöser/Zweck der Meldung
- Bei erstmaliger Neuanmeldung einer bzw. eines Versicherten ist deren bzw. dessen Anschrift zu melden.
- Die bzw. der Versicherte ändert während des Bestandes der Pflichtversicherung ihre bzw. seine Adresse.
- Es erfolgt eine Wiederanmeldung einer bzw. eines bereits beschäftigt gewesenen Versicherten unter einer anderen als ursprünglich gemeldeten Anschrift.

6.7.2. Voraussetzungen
Die aktuelle Adresse wird von der bzw. dem Versicherten bekannt gegeben.

6.7.3. Meldefrist
Während des Bestandes der Pflichtversicherung ist von der Dienstgeberin bzw. vom Dienstgeber jede für die Versicherung bedeutsame Adressänderung innerhalb von sieben Tagen nach deren Bekanntwerden zu melden.

7. Arbeitsbehelf 2022

6.7.4. Zuständige Stelle
Die Meldung ist an den zuständigen Krankenversicherungsträger zu übermitteln.

6.7.5. Prozess bzw. Ablauf
Die Meldung gilt nur dann als erstattet, wenn sie mittels ELDA übermittelt wird.

Meldungen auf anderen Wegen, insbesondere in Papierform, mittels E-Mail oder telefonisch, gelten grundsätzlich als nicht erstattet. Holen Sie rechtzeitig vor dem Arbeitsantritt die aktuelle Adresse der bzw. des Versicherten ein bzw. sorgen Sie dafür, dass Ihnen etwaige Änderungen bekannt gegeben werden.

6.7.6. Erforderliche Unterlagen
Es sind **keine** Unterlagen erforderlich.

6.7.7. Kosten
Es fallen **keine** Gebühren an.

6.7.8. Besonderheiten der Meldung
Verfügt eine zu meldende Person noch über keine VSNR oder ist diese nicht bekannt, kann die aktuelle Anschrift mit der Meldung Versicherungsnummer Anforderung bekannt gegeben werden. Eine zusätzliche Adressmeldung ist nicht erforderlich.

Wird eine Versicherte bzw. ein Versicherter zum wiederholten Male bei derselben Dienstgeberin bzw. demselben Dienstgeber beschäftigt und bleiben ihre bzw. seine Adressdaten unverändert, ist bei der Wiederanmeldung keine Adressmeldung erforderlich.

6.7.9. Rechtsgrundlagen
- § 34 Abs. 1 ASVG
- § 41 ASVG

6.7.10. Inhalt und Aufbau der Adressmeldung Versicherter
Die notwendigen elektronischen Formulare sind in ELDA bzw. Ihrer Lohnverrechnungssoftware integriert.

6.7.10.1. Ausfüllhilfe: Adressmeldung Versicherter

„Dienstgeber" und zuständiger „Versicherungsträger": Achten Sie bei Vorliegen mehrerer Beitragskonten auf die korrekte Auswahl des zuständigen Versicherungsträgers und der von diesem vergebenen Beitragskontonummer. Die Länge der Beitragskontonummer hat den Formatvorgaben des jeweiligen Versicherungsträgers zu entsprechen. Gegebenenfalls ist sie mit Vornullen auf die geforderte Länge aufzufüllen (zum Beispiel achtstellige Beitragskontonummer = 00123456). Andernfalls kann es zu Einschränkungen beim SV-Clearingsystem kommen. Sonderzeichen und Buchstaben sind unzulässig.

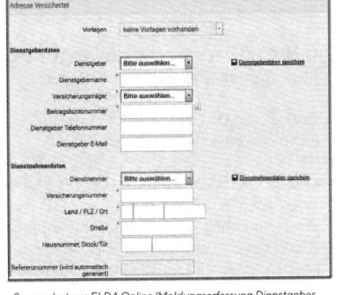

Screenshot aus ELDA Online/Meldungserfassung Dienstgeber

Daten der bzw. des Versicherten, „Versicherungsnummer" (VSNR): Verfügt die bzw. der Versicherte noch über keine VSNR, wurden dem Krankenversicherungsträger die Adressdaten bereits über die Meldung Versicherungsnummer Anforderung bekannt gegeben. Diese Meldung ist sodann nur bei etwaigen Änderungen der Adresse zu verwenden.

„Adressdaten" (WKFZ, PLZL, WORT, WSTR, WHNR, WTUR): Besteht die vollständige Adresse neben der Hausnummer aus mehreren Ergänzungen, wie zum Beispiel Stockwerk und Türnummer, sind diese durch „/" zu trennen.

6.7.11. Änderung/Richtigstellung der Meldung
Jede mittels der Adressmeldung Versicherter bekannt gegebene Anschrift gilt ab dem Tag, an dem die Meldung verarbeitet wird. Vergangenheits- oder zukunftsbezogene Änderungen sind nicht möglich.

6.8. Abmeldung
6.8.1. Auslöser/Zweck der Meldung
Eine Person ist von der Pflichtversicherung abzumelden und/oder die Beitragspflicht nach dem BMSVG endet.

6.8.2. Voraussetzungen
Es besteht ein laufendes Pflichtversicherungsverhältnis bzw. Beitragspflicht nach dem BMSVG.

6.8.3. Meldefrist
Die Abmeldung ist binnen sieben Tagen nach dem Ende der Pflichtversicherung zu erstatten.

6.8.4. Zuständige Stelle
Die Abmeldung hat beim zuständigen Krankenversicherungsträger zu erfolgen.

6.8.5. Prozess bzw. Ablauf
Die Meldung gilt nur dann als erstattet, wenn sie mittels ELDA übermittelt wird.

Meldungen auf anderen Wegen, insbesondere in Papierform, mittels E-Mail oder telefonisch, gelten grundsätzlich als nicht erstattet.

Auf der Abmeldung ist das Datum des Endes des Entgeltanspruches und des arbeitsrechtlichen Endes des Beschäftigungsverhältnisses anzuführen. Endet lediglich der Entgeltanspruch, aber das arbeitsrechtliche Beschäftigungsverhältnis bleibt aufrecht (zum Beispiel Karenzurlaub, Präsenzdienst), ist nur das Ende des Entgeltanspruches anzugeben.

Wenn sowohl eine Kündigungsentschädigung als auch Urlaubsersatzleistung anfallen, ist auf der Abmeldung die Zeit der Kündigungsentschädigung vor der Zeit der Urlaubsersatzleistung anzuführen. Das Ende des Entgeltanspruches muss dabei stets mit jenem Datum übereinstimmen, bis zu dem die Pflichtversicherung verlängert wird.

Der Abmeldegrund ist zwingend anzugeben.

6.8.6. Erforderliche Unterlagen
Es sind **keine** Unterlagen erforderlich.

6.8.7. Kosten
Es fallen **keine** Gebühren an.

6.8.8. Besonderheiten der Meldung
Eine Abschrift der Abmeldung ist der Dienstnehmerin bzw. dem Dienstnehmer unverzüglich auszuhändigen. Wird eine Arbeits- und Entgeltbestätigung für Wochengeld erstattet, ist keine Abmeldung für die Unterbrechung des Entgeltanspruches erforderlich. Wird im Anschluss an den Wochengeldbezug Karenzurlaub in Anspruch genommen, ist eine Abmeldung mit „Entgeltanspruch Ende" sowie gegebenenfalls „Betriebliche Vorsorge Ende" zu übermitteln.

Auch die Vorlage einer Arbeits- und Entgeltbestätigung für Krankengeld ersetzt die Abmeldung zur Pflichtversicherung. Endet der Krankengeldanspruch, lebt die Pflichtversicherung automatisch wieder auf - eine gesonderte Anmeldung ist nicht nötig. Lediglich wenn die Höchstdauer des Krankengeldanspruches durch die Versicherte bzw. den Versicherten ausgeschöpft ist (= Aussteuerung), ist eine Abmeldung mit „Entgeltanspruch Ende" sowie gegebenenfalls „Betriebliche Vorsorge Ende" nachzuholen.

Eine Anmeldung zur Familienhospizkarenz und eine Anmeldung zur Pflegekarenz gegen Entfall des Entgeltes ersetzen ebenfalls die Abmeldung.

6.8.9. Rechtsgrundlagen
- § 33 ASVG
- § 41 ASVG

6.8.10. Inhalt und Aufbau der Abmeldung
Die notwendigen elektronischen Formulare sind in ELDA bzw. Ihrer Lohnverrechnungssoftware integriert.

6.8.10.1. Ausfüllhilfe: Abmeldung
„Dienstgeber" und zuständiger „Versicherungsträger": Achten Sie bei Vorliegen mehrerer Beitragskonten auf die korrekte Auswahl des zuständigen Versicherungsträgers und der von diesem vergebenen Beitragskontonummer. Die Länge der Beitragskontonummer hat den Formatvorgaben des jeweiligen Versicherungsträgers zu entsprechen. Gegebenenfalls ist sie mit Vornullen auf die geforderte Länge aufzufüllen (zum Beispiel achtstellige Beitragskontonummer = 00123456). Andernfalls kann es zu Einschränkungen beim SV-Clearingsystem kommen. Sonderzeichen und Buchstaben sind unzulässig.

Daten der bzw. des Versicherten, „Versicherungsnummer" (VSNR) oder „Geburtsdatum" (GEBD) und „Referenzwert der VSNR-Anforderung" (REFV): Die zehnstellige VSNR ist ohne Leerstellen anzugeben. Das Feld „Geburtsdatum" ist nur dann zwingend zu belegen, wenn die angeforderte VSNR noch nicht über das SV-Clearingsystem rückgemeldet wurde. Das Feld „Versicherungsnummer" bleibt sodann mit der Grundstellung. In diesen Fällen ist neben dem Geburtsdatum allerdings der Referenzwert der Meldung Versicherungsnummer Anforderung, die idealerweise vor der elektronischen Anmeldung erstattet wurde, zu übermitteln. In ELDA kann der relevante Referenzwert der fraglichen Meldung übernommen werden.

„Entgeltanspruch Ende" (Abmeldedatum - ADAT): Geben Sie das korrekte Abmeldedatum bekannt. Bei Dienstnehmerinnen und Dienstnehmern ist beispielsweise das Ende des Entgeltanspruches relevant, bei Lehrlingen der Tag der Auflösung des Lehrverhältnisses. Gebührt eine Kündigungsentschädigung bzw. Urlaubsersatzleistung, ist der letzte Tag der dadurch bedingten Verlängerung der Pflichtversicherung einzutragen.

„Beschäftigungsverhältnis Ende" (EBSV): Hier ist der Tag des arbeitsrechtlichen Endes des Beschäftigungsverhältnisses/Lehrverhältnisses einzutragen. Ist das Beschäftigungsverhältnis trotz Wegfall des Entgeltanspruches nach wie vor aufrecht, bleibt das Feld unbelegt. Generell gilt, dass das Ende des Beschäftigungsverhältnisses nicht zwingend mit dem Ende der Pflichtversicherung korrespondieren muss.

„geringfügig" (GERF): Die Angaben beziehen sich auf den zum Zeitpunkt der Abmeldung vorliegenden Sachverhalt.

„Abmeldegrund" (AGRD, SAGR): Trifft keiner der zur Auswahl stehenden Abmeldegründe zu, ist die Abmeldung mit sonstiger Grund mit Ende des Beschäftigungsverhältnisses zu erstatten.

„Kündigungsentschädigung ab/bis" (KEAB, KEBI), „Urlaubsersatzleistung ab/bis" (UEAB, UEBI): Bei Anspruch auf Kündigungsentschädigung bzw. Urlaubsersatzleistung sind die jeweiligen „ab"-Felder

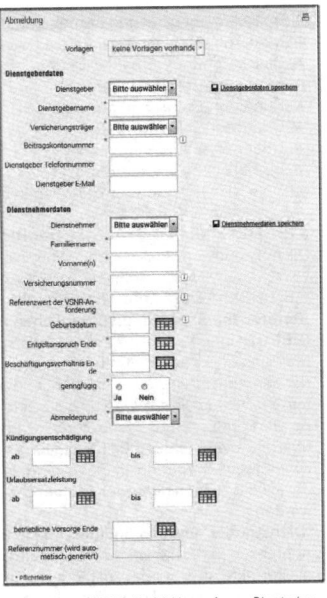

Screenshot aus ELDA Online/Meldungserfassung Dienstgeber

mit dem Datum des nächstfolgenden Tages nach dem Ende der Beschäftigung zu befüllen. In zeitlicher Hinsicht folgt eine Urlaubsersatzleistung stets einer gebührenden Kündigungsentschädigung. Das Abmeldedatum hat dem letzten Tag der dadurch bedingten Verlängerung der Pflichtversicherung zu entsprechen (Ausnahme: Ausleistung von Krankengeld).

„**Betriebliche Vorsorge Ende" (BVEN):** Dieses Feld ist mit jenem Zeitpunkt zu belegen, bis zu dem ein BV-Beitrag zu entrichten ist.

6.8.11. Richtigstellung der Abmeldung

Mit dieser Meldungsart kann das Datum der Abmeldung, das Ende des Beschäftigungsverhältnisses, der Abmeldegrund, die Kündigungsentschädigung ab/bis, die Urlaubsersatzleistung ab/bis sowie das Ende der BV berichtigt werden.

Die mittels Richtigstellung Abmeldung übermittelten Daten ersetzen vollständig die ursprünglich getätigten Angaben. Dabei gilt für die Datenfelder
- Beschäftigungsverhältnis Ende,
- Kündigungsentschädigung ab,
- Kündigungsentschädigung bis,
- Urlaubsersatzleistung ab,
- Urlaubsersatzleistung bis und
- Betriebliche Vorsorge Ende,

dass die Nicht-Angabe zum gänzlichen Entfall des ursprünglich gemeldeten Sachverhaltes führt.

6.8.11.1. Inhalt und Aufbau der Richtigstellung Abmeldung
Die notwendigen elektronischen Formulare sind in ELDA bzw. Ihrer Lohnverrechnungssoftware integriert.

6.8.11.2. Ausfüllhilfe: Richtigstellung Abmeldung

„**Referenznummer der ursprünglichen Meldung"**
(REFU): Unter Referenznummer der ursprünglichen Meldung ist der automatisch vergebene Referenzwert der nunmehr zu korrigierenden Abmeldung zu übermitteln. Wurde die seinerzeit erstattete Abmeldung bereits korrigiert, muss der Referenzwert der zuletzt übermittelten Meldung Richtigstellung Abmeldung bekannt gegeben werden. In ELDA kann der Referenzwert der jeweils zu korrigierenden Meldung übernommen werden.

„**Dienstgeber" und zuständiger „Versicherungsträger":**
Achten Sie bei Vorliegen mehrerer Beitragskonten auf die korrekte Auswahl des zuständigen Versicherungsträgers und der von diesem vergebenen Beitragskontonummer. Die Länge der Beitragskontonummer hat den Formatvorgaben des jeweiligen Versicherungsträgers zu entsprechen. Gegebenenfalls ist sie mit Vornullen auf die geforderte Länge aufzufüllen (zum Beispiel achtstellige Beitragskontonummer = 00123456). Andernfalls kann es zu Einschränkungen beim SV-Clearingsystem kommen. Sonderzeichen und Buchstaben sind unzulässig.

Daten der bzw. des Versicherten, „Versicherungsnummer" (VSNR) oder „Geburtsdatum" (GEBD): Wurde die im Zuge der vorangegangenen Anmeldung angeforderte VSNR noch nicht über das SV-Clearingsystem bekannt gegeben, ist es ausreichend, das Geburtsdatum anzugeben.

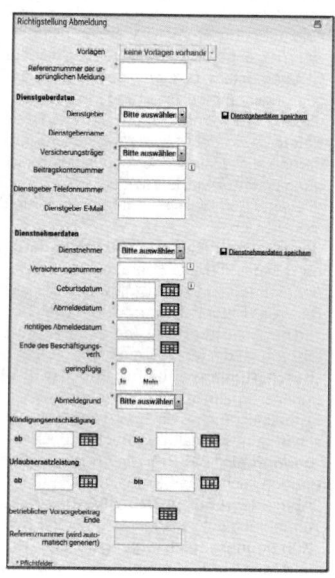

Screenshot aus ELDA Online/Meldungserfassung Dienstgeber

„**Abmeldedatum" (ADAT)**, „**richtiges Abmeldedatum" (RDAT)**, „**geringfügig" (GERF)**, „**Abmeldegrund" (AGRD, SAGR)**: Bei der Korrektur einer Abmeldung sind diese Felder jedenfalls mit den entsprechenden Daten zu belegen. Ändert sich der Abmeldezeitpunkt nicht, ist sowohl unter Abmeldedatum als auch im Feld „richtiges Abmeldedatum" das korrekte Ende der Pflichtversicherung einzutragen.

„**Ende des Beschäftigungsverh." (EBSV)**, „**Kündigungsentschädigung ab/bis" (KEAB, KEBI)**, „**Urlaubsersatzleistung ab/bis" (UEAB, UEBI)**, „**Betriebliche Vorsorge Ende" (BVEN)**: Die mittels Richtigstellung Abmeldung übermittelten Daten ersetzen vollständig die ursprünglich getätigten Angaben. **Achtung:** Bleiben diese Felder unbelegt, führt dies zum gänzlichen Entfall des ursprünglich gemeldeten Sachverhaltes.

Unterliegt eine Person ausschließlich der BV und bedarf es einer Korrektur des bereits gemeldeten „Ende-Datums", ist das Feld „Ende des Beschäftigungsverh." mit dem ursprünglichen Ende der BV zu belegen. Das korrekte Ende ist in das Feld „Betriebliche Vorsorge Ende" einzutragen.

Wurde die BV zu Unrecht beendet, ist das Feld „Betriebliche Vorsorge Ende" in der Grundstellung zu belassen. Dies bewirkt, dass die BV nicht abgemeldet wird.

6.8.12. Storno der Abmeldung

Eine Stornierung der Abmeldung ist lediglich dann vorzunehmen, wenn die ursprüngliche Abmeldung nicht korrekt erfolgte. Wenn die Versicherungszeit vollständig entfällt, ist ein Storno der Anmeldung ausreichend. Eine eigene Stornomeldung ist für die Abmeldung in diesem Fall nicht notwendig.

6.8.12.1. Inhalt und Aufbau der Storno Abmeldung

Die notwendigen elektronischen Formulare sind in ELDA bzw. Ihrer Lohnverrechnungssoftware integriert.

6.8.12.2. Ausfüllhilfe: Storno Abmeldung

„**Referenznummer der ursprünglichen Meldung" (REFU):** Tragen Sie in dieses Feld den automatisch vergebenen Referenzwert der zu stornierenden Abmeldung ein. Wurde die erstattete Abmeldung zum Beispiel durch die Meldung Richtigstellung Abmeldung bereits korrigiert, ist der Referenzwert der letzten Meldung relevant. In ELDA kann der Referenzwert der zu stornierenden Meldung übernommen werden.

„**Dienstgeber" und zuständiger „Versicherungsträger":** Achten Sie bei Vorliegen mehrerer Beitragskonten auf die korrekte Auswahl des zuständigen Versicherungsträgers und der von diesem vergebenen Beitragskontonummer. Die Länge der Beitragskontonummer hat den Formatvorgaben des jeweiligen Versicherungsträgers zu entsprechen. Gegebenenfalls ist sie mit Vornullen auf die geforderte Länge aufzufüllen (zum Beispiel achtstellige Beitragskontonummer = 00123456). Andernfalls kann es zu Einschränkungen beim SV-Clearingsystem kommen. Sonderzeichen und Buchstaben sind unzulässig.

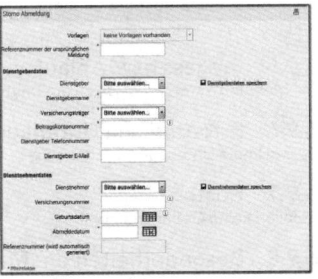

Screenshot aus ELDA Online/Meldungserfassung Dienstgeber

"Versicherungsnummer" (VSNR) oder "Geburtsdatum" (GEBD): Wurde die im Zuge der vorangegangenen Anmeldung angeforderte VSNR noch nicht über das SV-Clearingsystem bekannt gegeben, ist es ausreichend, das Geburtsdatum anzugeben.

"Abmeldedatum" (ADAT): In diesem Feld ist das ursprüngliche Abmeldedatum einzutragen. Unterlag die jeweilige Person lediglich der BV, ohne dass eine Pflichtversicherung in der SV bestand, tragen Sie das ursprüngliche Ende der BV ein.

6.8.13. Beispiele rund um die Abmeldung
Auf *www.gesundheitskasse.at/dienstgeber* finden Sie *Beispiele rund um die Abmeldung*.

6.9. Arbeits- und Entgeltbestätigung für Krankengeld
Für die Inanspruchnahme von Barleistungen aus dem Versicherungsfall der Arbeitsunfähigkeit infolge Krankheit durch die Versicherte bzw. den Versicherten ist von der Dienstgeberin bzw. vom Dienstgeber eine Arbeits- und Entgeltbestätigung auszustellen und an den zuständigen Krankenversicherungsträger zu übermitteln.

6.9.1. Auslöser/Zweck der Meldung
Der Versicherungsfall der Arbeitsunfähigkeit infolge Krankheit tritt ein.

6.9.2. Voraussetzungen
Die bzw. der Versicherte hat auf Grund der bestehenden KV Anspruch auf Krankengeld.

6.9.3. Meldefrist
Die Arbeits- und Entgeltbestätigung für Krankengeld ist im Interesse der Versicherten ehestmöglich zu senden.

6.9.4. Zuständige Stelle
Die Arbeits- und Entgeltbestätigung für Krankengeld ist an den zuständigen Krankenversicherungsträger zu übermitteln.

6.9.5. Prozess bzw. Ablauf
Die Meldung ist mittels ELDA zu übermitteln.

6.9.6. Erforderliche Unterlagen
Es sind **keine** Unterlagen erforderlich.

6.9.7. Kosten
Es fallen **keine** Gebühren an.

6.9.8. Besonderheiten der Meldung
- Eine Abschrift der vollständigen Arbeits- und Entgeltbestätigung ist der Dienstnehmerin bzw. dem Dienstnehmer unverzüglich auszuhändigen.
- Für Schäden, die dem Krankenversicherungsträger infolge unrichtiger Angaben erwachsen, haftet die Dienstgeberin bzw. der Dienstgeber.
- Bei Ordnungswidrigkeiten drohen seitens der Bezirksverwaltungsbehörde Verwaltungsstrafen.

6.9.9. Rechtsgrundlagen
- § 361 ASVG

7. Arbeitsbehelf 2022

6.9.10. Inhalt und Aufbau der Arbeits- und Entgeltbestätigung für Krankengeld

Die notwendigen elektronischen Formulare sind in ELDA bzw. Ihrer Lohnverrechnungssoftware integriert.

6.9.10.1. Ausfüllhilfe: Arbeits- und Entgeltbestätigung für Krankengeld

„Dienstgeber" und zuständiger „Versicherungsträger": Wählen Sie die Dienstgeberdaten und den zuständigen Versicherungsträger aus. Die Stammdaten verwalten Sie im Menü „Meldungserfassung DG" unter „Dienstgeber". Das Feld „weiterer Ordnungsbegriff" wird bei der Datenübermittlung von ELDA ignoriert. Es kann daher von Ihnen firmenintern nach Belieben befüllt (zum Beispiel Personalnummer der Dienstnehmerin bzw. des Dienstnehmers) oder auch leer gelassen werden.

Daten der bzw. des Versicherten (FANA, VONA, AKGR, WKFZ, PLZL, WORT, STRA, VSNR, GEBD): In diesen Feldern sind die Daten der bzw. des Versicherten anzuführen. Die Stammdaten verwalten Sie im Menü „Meldungserfassung DG" unter „Dienstnehmer".
Achten Sie auf die richtige Schreibweise von Namen und VSNR (vierstellige laufende Nummer und in der Regel das Geburtsdatum) sowie Anschrift. Wählen Sie darüber hinaus einen etwaig vorhandenen akademischen Grad aus.

„beschäftigt ab" (BEAB): Tragen Sie das Datum ein, mit dem die Dienstnehmerin bzw. der Dienstnehmer tatsächlich die Tätigkeit aufgenommen hat. **Achtung:** Die Pflichtversicherung eines Lehrlings beginnt mit dem im Lehrvertrag festgesetzten Datum.

„Art der Beschäftigung" (KABE): Wählen Sie die korrekte Zugehörigkeit aus.

„beschäftigt als" (TAET): Geben Sie die exakte Berufsbezeichnung ein.

Screenshot aus ELDA Online/Meldungserfassung Dienstgeber

„Beschäftigungstage pro Woche" (BTAG): Tragen Sie die Anzahl der durchschnittlichen Arbeitstage pro Woche ein.

„Tagesturnus" (TATU): Geben Sie die Anzahl der Tage für den Tagesturnus ein (im Regelfall fünf oder sechs Tage).

„letzter Arbeitstag" (LTAG): Geben Sie den letzten Arbeitstag vor der Arbeitsunfähigkeit an.

„Grund der Arbeitseinstellung" (GRUN): Geben Sie den Grund der Arbeitseinstellung an (allgemeine bzw. arbeitsrechtliche Gründe, wie zum Beispiel Krankheit, (un)bezahlter Urlaub, Entlassung, einvernehmliche Lösung) – vergessen Sie bitte nicht auf eine entsprechende Abmeldung.

„Kennzeichen" (KZKU): Wählen Sie Zutreffendes aus.

„gesetzliche Grundlage" (GEGC): Wählen Sie den korrekten Eintrag aus.

„arbeitsfreie(r) Tag(e)" (ARFT): Wählen Sie den/die entsprechenden Tag(e) aus bzw. erörtern Sie eine „andere Regelung".

„Beschäftigungsverhältnis wurde/wird" (BLOE): Wählen Sie „nicht gelöst", falls das Beschäftigungsverhältnis aufrecht bleibt bzw. „gelöst" mit dem entsprechenden Datum, falls es aufgelöst wird oder wurde.

„Versicherten IBAN-Nr." (IBAN) bzw. „Versicherten BIC" (BIC): Tragen Sie die Kontodaten der Dienstnehmerin bzw. des Dienstnehmers ein.

7. Arbeitsbehelf 2022

"**Geldbezüge (brutto)**" (BVO1, BBI1, BBE1 etc.)**:** Sonderzahlungen und beitragsfreie Bezüge zählen nicht zum monatlichen Entgelt. Als Beitragszeitraum gilt der Kalendermonat.

- Geben Sie das Entgelt an, das im zuletzt vorangegangenen Kalendermonat (bei freien Dienstnehmerinnen und freien Dienstnehmern in den letzten drei Kalendermonaten) vor dem Ende des vollen Entgeltanspruches gebührt hat oder darüber hinaus gewährt wurde. Wird das Entgelt aus besonderen Gründen nicht zum Zeitpunkt der Fälligkeit ausgezahlt, so ist es jenem Kalendermonat zuzuordnen, in dem darauf Anspruch bestand. Bezüge ohne Rechtsanspruch sind entsprechend dem Zeitpunkt der Auszahlung zu berücksichtigen. Wird Kurzarbeits- oder Qualifizierungsunterstützung bezogen, geben Sie den vor Eintritt der Kurzarbeit erzielten Lohn an, wenn dieser höher ist als der aktuelle Lohn. Vermerken Sie, seit wann die Kurzarbeits-/Qualifizierungsunterstützung gebührt.

Screenshot aus ELDA Online/Meldungserfassung Dienstgeber

- Bestand wegen einer früheren Arbeitsunfähigkeit nur für einen Teil des letzten Kalendermonates (bei freien Dienstnehmerinnen und freien Dienstnehmern der letzten drei Kalendermonate) vor dem Ende des vollen Entgeltanspruches Beitragspflicht, geben Sie ebenfalls das Entgelt dieses Kalendermonates (bei freien Dienstnehmerinnen und freien Dienstnehmern dieser drei Kalendermonate) an. Anzugeben sind nur Zeiten des vollen Entgeltanspruches. Zeiten, in denen nur Teilentgelt bezogen wurde, und das Entgelt des laufenden Beitragszeitraumes bleiben hier unberücksichtigt.
- Wenn im zuletzt vorangegangenen Kalendermonat (bei freien Dienstnehmerinnen und freien Dienstnehmern in den letzten drei Kalendermonaten) vor dem Ende des vollen Entgeltanspruches entweder das Beschäftigungsverhältnis noch nicht bestand oder die versicherte Person (zum Beispiel bei Wiedererkrankung) im zuletzt vorangegangenen Kalendermonat (bei freien Dienstnehmerinnen und freien Dienstnehmern in den letzten drei Kalendermonaten) wegen Arbeitsunfähigkeit keinen Anspruch auf beitragspflichtiges Entgelt hatte, ist das beitragspflichtige Entgelt des laufenden Beitragszeitraumes einzutragen. Auch in diesem Fall sind nur Zeiten des vollen Entgeltanspruches anzugeben. Zeiten, in denen nur Teilentgelt bezogen wurde, bleiben unberücksichtigt.
- Unbezahlter Urlaub (ohne Abmeldung höchstens bis zu einem Monat möglich): Führen Sie den Betrag an, der auf jenen Zeitabschnitt entfällt, der unmittelbar vor diesem Urlaub liegt und in seiner Länge der Urlaubsdauer entspricht.

"**Art der Entlohnung**" **(ARLO):** Wählen Sie "Zeitlohn" aus, wenn sich die Höhe der Entlohnung zum Beispiel nach der Anzahl der im Kalendermonat angefallenen Stunden (Stundenlöhne) richtet.

"**Anspruch auf Sonderzahlung**" **(SZKZ):** Bestätigen Sie hier den Anspruch auf Sonderzahlungen, wenn solche im Kalenderjahr, in dem die Arbeitsunfähigkeit eingetreten ist, bereits gezahlt wurden oder unter der Annahme eines fortlaufenden Beschäftigungsverhältnisses noch fällig werden. Wählen Sie "ja", wird das Feld "Sonderzahlungsumfang" (SZUM) eingeblendet. Hier ist "Voll (100%)" bzw. "Aliquot" auszuwählen.

"**Sachbezug ist im Geldbezug beinhaltet**" **(SBGB):** Beitragspflichtige Sachbezüge sind nur dann anzuführen, wenn sie während der Arbeitsunfähigkeit nicht weiter gewährt werden. Wählen Sie "ja", wird das Feld "Sachbezugsumfang" (SBUM) eingeblendet. Hier ist "Voll (100%)" bzw. "Aliquot" auszuwählen.

"**Kündigungsentschädigung ab/bis**" **bzw.** "**Urlaubsersatzleistung ab/bis**" **(KEAB, KEBI, UEAB, UEBI):** Tragen Sie gegebenenfalls jene Zeiträume ein, in denen die entsprechenden Leistungen gebühren.

"**volles Entgelt wird weiterbezahlt bis**" **(VENT):** Geben Sie das Datum des Endes des vollen Entgeltanspruches unter Berücksichtigung des § 9 des Arbeitsruhegesetzes ein. Besteht während der Arbeitsunfähigkeit durch gesetzliche oder vertragliche Vorschriften Anspruch auf Weiterleistung des Entgeltes oder auf Gewährung von Zuschüssen, muss dieses Datum genau angeführt werden. Hinweise wie "laut Kollek-

7. Arbeitsbehelf 2022

tivvertrag" oder „im gesetzlichen Ausmaß" genügen nicht.
„Anspruch Entgeltfortzahlung in Wochen" (AEFZ): Tragen Sie die Anzahl der Wochen ein, für die Anspruch auf Entgeltfortzahlung besteht.
„Berechnung der Ansprüche nach" bzw. „berechnet nach" (JAGU, TAGU): Wählen Sie die zutreffende Berechnungsart aus.
„Teilentgelt ..." (TPR1, TVO1, TBI1 etc.): Geben Sie den Prozentanteil des Gesamtentgeltes und den entsprechenden Zeitraum an.
„Anrechnung Vorerkrankungen ab/bis" (ANV1, ANB1 etc.): Geben Sie die Vorerkrankungen mit dem jeweiligen Datum ein.
„Vordienstzeit ab/bis" (VOAB, VOBI), „Freiwilliges Entgelt ..." (FEAB, FEBI), „Einarbeitungstage" (EIN1, EIN2 etc.) bzw. „Arbeitspflichtige Feiertage" (APFT1, APFT2 etc.): Tragen Sie die jeweiligen Daten ein.

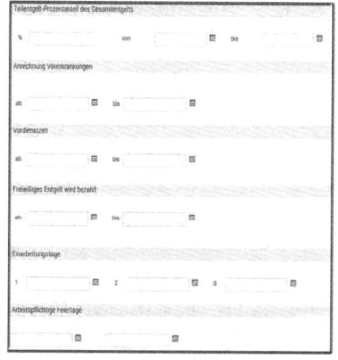

Screenshot aus ELDA Online/Meldungserfassung Dienstgeber

6.9.11. Änderung/Richtigstellung der Meldung
Die Korrektur einer unrichtig erstatteten Arbeits- und Entgeltbestätigung für Krankengeld erfolgt durch Stornierung und Vorlage einer neuerlichen Meldung.

6.10. Arbeits- und Entgeltbestätigung für Wochengeld
Für die Inanspruchnahme von Barleistungen aus dem Versicherungsfall der Mutterschaft durch die Versicherten ist von der Dienstgeberin bzw. vom Dienstgeber eine Arbeits- und Entgeltbestätigung für Wochengeld auszustellen und an den zuständigen Krankenversicherungsträger zu übermitteln.

6.10.1. Auslöser/Zweck der Meldung
Der Versicherungsfall der Mutterschaft tritt ein.

6.10.2. Voraussetzungen
Die Versicherte hat auf Grund der bestehenden KV Anspruch auf Wochengeld.

6.10.3. Meldefrist
Die Arbeits- und Entgeltbestätigung für Wochengeld ist im Interesse der Versicherten ehestmöglich zu übersenden.

6.10.4. Zuständige Stelle
Die Arbeits- und Entgeltbestätigung für Wochengeld ist an den zuständigen Krankenversicherungsträger zu übermitteln.

6.10.5. Prozess bzw. Ablauf
Die Meldung ist mittels ELDA zu übermitteln.

6.10.6. Erforderliche Unterlagen
Es sind **keine** Unterlagen erforderlich.

6.10.7. Kosten
Es fallen **keine** Gebühren an.

6.10.8. Besonderheiten der Meldung
- Eine Abschrift der vollständigen Arbeits- und Entgeltbestätigung ist der Dienstnehmerin unverzüglich auszuhändigen.
- Für Schäden, die dem Krankenversicherungsträger infolge unrichtiger Angaben erwachsen, haftet die Dienstgeberin bzw. der Dienstgeber.
- Bei Ordnungswidrigkeiten drohen seitens der Bezirksverwaltungsbehörde Verwaltungsstrafen.

6.10.9. Rechtsgrundlagen
- § 361 ASVG

6.10.10. Inhalt und Aufbau der Arbeits- und Entgeltbestätigung für Wochengeld
Die notwendigen elektronischen Formulare sind in ELDA bzw. Ihrer Lohnverrechnungssoftware integriert.

6.10.10.1. Ausfüllhilfe: Arbeits- und Entgeltbestätigung für Wochengeld

„Dienstgeber" und zuständiger „Versicherungsträger":
Wählen Sie die Dienstgeberdaten und den zuständigen Versicherungsträger aus. Die Stammdaten verwalten Sie im Menü „Meldungserfassung DG" unter „Dienstgeber". Das Feld „weiterer Ordnungsbegriff" wird bei der Datenübermittlung von ELDA ignoriert. Es kann daher von Ihnen firmenintern nach Belieben befüllt (zum Beispiel Personalnummer der zu erfassenden Dienstnehmerin) oder auch leer gelassen werden.

Daten der Versicherten (FANA, VONA, AKGR, WKFZ, PLZL, WORT, STRA, VSNR, GEBD): In diesen Feldern sind die Daten der Versicherten anzuführen. Die Stammdaten verwalten Sie im Menü „Meldungserfassung DG" unter „Dienstnehmer".

Achten Sie auf die richtige Schreibweise von Namen und VSNR (vierstellige laufende Nummer und in der Regel das Geburtsdatum) sowie Anschrift. Wählen Sie darüber hinaus einen etwaig vorhandenen akademischen Grad aus.

„beschäftigt ab" (BEAB): Tragen Sie den Beginn des letzten Beschäftigungsverhältnisses ein.

„Art der Beschäftigung" (KABE): Wählen Sie die korrekte Zugehörigkeit aus.

„beschäftigt als" (TAET): Geben Sie die exakte Berufsbezeichnung ein.

Screenshot aus ELDA Online/Meldungserfassung Dienstgeber

„Beschäftigungstage pro Woche" (BTAG): Tragen Sie die Anzahl der durchschnittlichen Arbeitstage pro Woche ein.

„Tagesturnus" (TATU): Geben Sie die Anzahl der Tage für den Tagesturnus ein (im Regelfall fünf oder sechs Tage).

„letzter Arbeitstag" (LTAG): Geben Sie jenen Tag an, an dem die Versicherte das letzte Mal vor dem Eintritt des Versicherungsfalles der Mutterschaft gearbeitet hat.

„Grund der Arbeitseinstellung" (GRUN): Geben Sie den Grund der Arbeitseinstellung an (allgemeine bzw. arbeitsrechtliche Gründe, wie zum Beispiel Mutterschaft, (un)bezahlter Urlaub, Entlassung, einvernehmliche Lösung) – vergessen Sie bitte nicht auf eine entsprechende Abmeldung.

„Beschäftigungsverhältnis wurde/wird" (BLOE): Wählen Sie „nicht gelöst", falls das Beschäftigungsverhältnis aufrecht bleibt bzw. „gelöst" mit dem entsprechenden Datum, falls es aufgelöst wird oder wurde. Gegebenenfalls belegen Sie das Feld „pragmatisiert".

7. Arbeitsbehelf 2022

„**Urlaub vor …**" **(URLV, URLB):** Tragen Sie gegebenenfalls Beginn und Ende des Urlaubes vor dem Eintritt der Mutterschaft ein.

„**Versicherten IBAN-Nr.**" **(IBAN)** bzw. „**Versicherten BIC**" **(BIC):** Tragen Sie die Kontodaten der Dienstnehmerin ein.

„**Arbeitsverdienst …**" **(AVON, ABIS, AVER, AVER1):** Tragen Sie jeweils den Netto-Arbeitsverdienst der letzten drei Kalendermonate vor dem Eintritt des Versicherungsfalles der Mutterschaft ein. Hat das versicherungspflichtige Beschäftigungsverhältnis erst in dem Monat begonnen, in dem auch der Versicherungsfall der Mutterschaft eingetreten ist, so ist nur der in diesem Monat erzielte Netto-Arbeitsverdienst anzugeben.

- Als Netto-Arbeitsverdienst gelten alle Geld- und Sachbezüge, einschließlich der die Höchstbeitragsgrundlage übersteigenden Entgeltteile, abzüglich der Lohnsteuer, des Anteiles der Dienstnehmerin an den Sozialversicherungsbeiträgen, der AK/LK, des WF, der beitragsfreien Lohn- oder Gehaltszuschläge, die beim Aussetzen der Beschäftigung wegfallen (Ersätze für tatsächlich geleistete Aufwendungen, wie zum Beispiel Fahrtspesenvergütungen, Mankogeld), und des SW.
- Fallen in diese drei Kalendermonate Zeiten, in denen die werdende Mutter keinen oder nicht den vollen Arbeitsverdienst erhalten hat, sind diese Zeiten als Unterbrechung anzuführen und bleiben beim Netto-Arbeitsverdienst außer Betracht. Dies betrifft Zeiten der Unterbrechung des vollen Lohnes oder Gehaltes wegen Krankheit, Kurzarbeit, unbezahlten Urlaubes, Dienstes als Schöffin oder Geschworene, einer Maßnahme nach dem Epidemie- oder Tierseuchengesetz und Teilnahme an Schulungs- und Bildungsveranstaltungen ein Rahmen der besonderen Vorschriften über die erweiterte Bildungsfreistellung.
- Gehört der November zum Bemessungszeitraum und war von der Dienstnehmerin das Service-Entgelt für die e-card durch die Dienstgeberin bzw. den Dienstgeber einzubehalten, erhöht sich der Anteil der Dienstnehmerin an den Sozialversicherungsbeiträgen um das Service-Entgelt. Dieser erhöhte Anteil ist bei der Berechnung des Nettoarbeitsverdienstes für die Lohnsteuerbemessungsgrundlage als Lohnsteuerfreibetrag zu berücksichtigen.
- Freie Dienstnehmerinnen: Anstelle des Netto-Arbeitsverdienstes gilt der Brutto-Arbeitsverdienst ohne Sachbezüge.

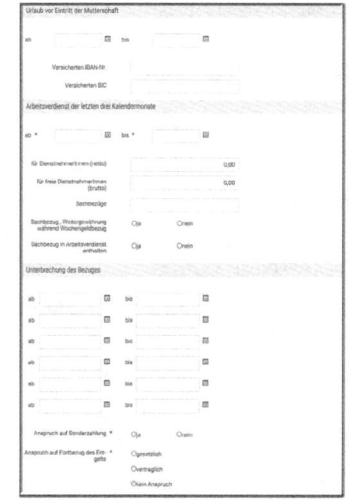

„**Sachbezüge**" **(SBZT, SBZW, SBZE):** Sachbezüge sind art- und mengenmäßig anzuführen, wenn sie der Versicherten unentgeltlich gewährt werden. Ergänzen Sie auch, an wie vielen Tagen pro Woche Sachbezüge gewährt werden. Beitragspflichtige Sachbezüge, die während der Wochenhilfe nicht weiter gewährt werden, zählen entsprechend dem Ausfallsprinzip zum Nettoarbeitsverdienst. Der geldwerte Vorteil dieser Bezüge ist zusammen mit den Geldbezügen in einer Summe im Feld „Arbeitsverdienst der letzten drei Kalendermonate für Dienstnehmerinnen (netto)" einzutragen. Zusätzlich muss beim Feld „Sachbezug in Arbeitsverdienst enthalten" „ja" angekreuzt werden. Sachbezüge, die während des Wochengeldbezuges weitergewährt werden (zum Beispiel Wohnung, PKW), gehören nicht zum ausgefallenen Nettoarbeitsverdienst. Beim Feld „Sachbezug, Weitergewährung während Wochengeldbezug" ist in einem derartigen Fall „ja" anzukreuzen. Wählen Sie „ja", wird das Feld „Sachbezugsumfang" (SBUM) eingeblendet. Hier ist „Voll (100%)" bzw. „Aliquot" auszuwählen.
Weitere Informationen zu den Sachbezügen finden Sie auf *www.gesundheitskasse.at*.

„**Anspruch auf Sonderzahlung**" **(SZKZ):** Bestätigen Sie hier den Anspruch auf Sonderzahlungen, wenn solche im Kalenderjahr, in dem der Beginn des Wochengeldbezuges liegt, bereits gezahlt wurden oder unter der Annahme eines fortlaufenden Beschäftigungsverhältnisses noch fällig werden. Wählen Sie „ja", wird das Feld „Sonderzahlungsumfang" (SZUM) eingeblendet. Hier ist „Voll (100%)" bzw. „Aliquot" auszuwählen. Tragen Sie ein, auf wie viele Monats- oder Wochenbezüge Anspruch auf Sonderzahlungen pro Jahr besteht.

„**Anspruch auf Fortbezug des Entgelts**" **(ANGV):** Besteht während des Wochengeldbezuges durch gesetzliche oder vertragliche Vorschriften Anspruch auf Fortbezug des Entgeltes, wählen Sie Zutreffendes aus.

6.10.11. Änderung/Richtigstellung der Meldung
Die Korrektur einer unrichtig erstatteten Arbeits- und Entgeltbestätigung für Wochengeld erfolgt durch Stornierung und Vorlage einer neuerlichen Meldung.

6.11. Familienhospizkarenz/Pflegekarenz
Beginn und Ende der Familienhospiz- bzw. Pflegekarenz sowie sämtliche in diesem Zusammenhang stehende Änderungen sind unaufgefordert dem zuständigen Krankenversicherungsträger zu melden. Dies betrifft sowohl Betriebe mit Selbstabrechnerverfahren als auch Betriebe mit Beitragsvorschreibeverfahren.

6.11.1. Auslöser/Zweck der Meldung
Eine vollversicherungspflichtige Person nimmt Familienhospiz- bzw. Pflegekarenz in Anspruch.

6.11.2. Voraussetzungen
Die zuvor vollversicherungspflichtige Person hat auf Grund der Familienhospiz- bzw. Pflegekarenz nur noch Anspruch auf ein geringfügiges Entgelt bzw. kein Entgelt.

6.11.3. Meldefrist
Die An-, Ab- bzw. Änderungsmeldung zur Familienhospiz- bzw. Pflegekarenz ist binnen **sieben** Tagen nach dem Eintritt des meldepflichtigen Ereignisses zu erstatten.

6.11.4. Zuständige Stelle
Die An-, Ab- bzw. Änderungsmeldung ist an den zuständigen Krankenversicherungsträger zu übermitteln.

6.11.5. Prozess bzw. Ablauf
Die Meldung gilt nur dann als erstattet, wenn sie mittels ELDA übermittelt wird.

Meldungen auf anderen Wegen, insbesondere in Papierform, mittels E-Mail oder telefonisch, gelten grundsätzlich als nicht erstattet.

6.11.6. Erforderliche Unterlagen
Es sind **keine** Unterlagen erforderlich.

6.11.7. Kosten
Es fallen **keine** Gebühren an.

6.11.8. Besonderheiten/Hinweise
- Für (zuvor bereits) geringfügig Beschäftigte, die Familienhospiz- bzw. Pflegekarenz in Anspruch nehmen, sind keine Meldungen zur Familienhospiz- bzw. Pflegekarenz zu erstatten. Diese Personen werden nicht in die KV und PV einbezogen.
- Eine Abschrift der Meldung ist der bzw. dem Versicherten unverzüglich auszuhändigen.
- Bei Ordnungswidrigkeiten drohen seitens der Bezirksverwaltungsbehörde Verwaltungsstrafen.

6.11.9. Rechtsgrundlagen
- § 34 ASVG
- § 41 ASVG

6.11.10. Inhalt und Aufbau der Meldungen Familienhospizkarenz - Pflegekarenz
Die notwendigen elektronischen Formulare sind in ELDA bzw. Ihrer Lohnverrechnungssoftware integriert.

7. Arbeitsbehelf 2022

6.11.10.1. Ausfüllhilfe: Familienhospiz-/Pflegekarenz - Anmeldung

„Dienstgeber" und zuständiger „Versicherungsträger":
Wählen Sie die Dienstgeberdaten und den zuständigen Versicherungsträger aus. Die Stammdaten verwalten Sie im Menü „Meldungserfassung DG" unter „Dienstgeber". Das Feld „weiterer Ordnungsbegriff" wird bei der Datenübermittlung von ELDA ignoriert. Es kann daher von Ihnen firmenintern nach Belieben befüllt (zum Beispiel Personalnummer der Dienstnehmerin bzw. des Dienstnehmers) oder auch leer gelassen werden.

Daten der bzw. des Versicherten (FANA, FAN2, FNA1, FNA2, VONA, VON2, AKGR, AKG2, WKFZ, PLZL, WORT, STRA, VSNR, GEBD, GESL, STSL): In diesen Feldern sind die Daten der bzw. des Versicherten anzuführen. Die Stammdaten verwalten Sie im Menü „Meldungserfassung DG" unter „Dienstnehmer".
Achten Sie auf die richtige Schreibweise von Namen und VSNR (vierstellige laufende Nummer und in der Regel das Geburtsdatum) sowie Anschrift. Wählen Sie darüber hinaus einen etwaig vorhandenen akademischen Grad aus.

„Anmeldedatum" (ADAT): Tragen Sie den Beginn der Familienhospizkarenz ein.

„Karenzart" (KART): Wählen Sie die zutreffende Karenzart aus.

„Entgelt vor Antritt ..." (EVFH): Tragen Sie die Höhe des Entgeltes vor Antritt der Familienhospizkarenz ein.
- Das Entgelt ist der beitragspflichtige monatliche Bruttogeldbezug (inklusive Provisionen, Trinkgeldern, Sachbezügen und ähnlichen Bestandteilen des Entgeltes). Sonderzahlungen zählen nicht zum monatlichen Entgelt.

Screenshot aus ELDA Online/Meldungserfassung Dienstgeber

6.11.10.2. Ausfüllhilfe: Familienhospiz-/Pflegekarenz - Abmeldung

„Dienstgeber" und zuständiger „Versicherungsträger":
Wählen Sie die Dienstgeberdaten und den zuständigen Versicherungsträger aus. Die Stammdaten verwalten Sie im Menü „Meldungserfassung DG" unter „Dienstgeber". Das Feld „weiterer Ordnungsbegriff" wird bei der Datenübermittlung von ELDA ignoriert. Es kann daher von Ihnen firmenintern nach Belieben befüllt (zum Beispiel Personalnummer der Dienstnehmerin bzw. des Dienstnehmers) oder auch leer gelassen werden.

Daten der bzw. des Versicherten (FANA, FAN2, VONA, VON2, AKGR, AKG2, WKFZ, PLZL, WORT, STRA, VSNR, GEBD): In diesen Feldern sind die Daten der bzw. des Versicherten anzuführen. Die Stammdaten verwalten Sie im Menü „Meldungserfassung DG" unter „Dienstnehmer".
Achten Sie auf die richtige Schreibweise von Namen und VSNR (vierstellige laufende Nummer und in der Regel das Geburtsdatum) sowie Anschrift. Wählen Sie darüber hinaus einen etwaig vorhandenen akademischen Grad aus.

„Abmeldedatum" (ADAT): Tragen Sie das Ende der Familienhospizkarenz ein.

„Karenzart" (KART): Wählen Sie die zutreffende Karenzart aus.

Screenshot aus ELDA Online/Meldungserfassung Dienstgeber

6.11.10.3. Ausfüllhilfe: Familienhospiz-/Pflegekarenz - Änderungsmeldung

„Dienstgeber" und zuständiger „Versicherungsträger":
Wählen Sie die Dienstgeberdaten und den zuständigen Versicherungsträger aus. Die Stammdaten verwalten Sie im Menü „Meldungserfassung DG" unter „Dienstgeber". Das Feld „weiterer Ordnungsbegriff" wird bei der Datenübermittlung von ELDA ignoriert. Es kann daher von Ihnen firmenintern nach Belieben befüllt (zum Beispiel Personalnummer der Dienstnehmerin bzw. des Dienstnehmers) oder auch leer gelassen werden.

Daten der bzw. des Versicherten (FANA, FAN2, VONA, VON2, VSNR, GEBD): In diesen Feldern sind die Daten der bzw. des Versicherten anzuführen. Die Stammdaten verwalten Sie im Menü „Meldungserfassung DG" unter „Dienstnehmer". Achten Sie auf die richtige Schreibweise von Namen und VSNR (vierstellige laufende Nummer und in der Regel das Geburtsdatum).

„Änderungsdatum" (ADAT): Tragen Sie das Datum ein, mit dem die Änderung in Kraft tritt.

„Karenzart" (KART): Wählen Sie die zutreffende Karenzart aus.

„Entgelt vor Antritt ..." (EVFH): Tragen Sie die Höhe des Entgeltes vor Antritt der Familienhospizkarenz ein.
- Das Entgelt ist der beitragspflichtige monatliche Bruttogeldbezug (inklusive Provisionen, Trinkgeldern, Sachbezügen und ähnlichen Bestandteilen des Entgeltes). Sonderzahlungen zählen nicht zum monatlichen Entgelt.

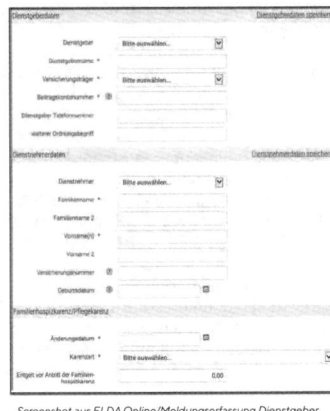

Screenshot aus ELDA Online/Meldungserfassung Dienstgeber

6.11.11. Änderung/Richtigstellung der Meldung
Etwaig erforderliche Korrekturen sind durch entsprechende Storno-, Änderungs- oder Richtigstellungsmeldungen möglich.

6.12. Schwerarbeitsmeldung
Leisten Versicherte Tätigkeiten unter erschwerten Arbeitsbedingungen im Sinne der Schwerarbeitsverordnung, ist dies von der Dienstgeberin bzw. vom Dienstgeber unaufgefordert dem zuständigen Krankenversicherungsträger zu melden.

6.12.1. Auslöser/Zweck der Meldung
Es liegen Tätigkeiten vor, die auf das Vorliegen von Schwerarbeit im Sinne der Schwerarbeitsverordnung schließen lassen.

6.12.2. Voraussetzungen
- Eine in der PV pflichtversicherte männliche Person hat das 40. Lebensjahr bzw. eine weibliche Person das 35. Lebensjahr vollendet.
- Es wurde ab diesem Zeitpunkt eine Tätigkeit verrichtet, die auf das Vorliegen von Schwerarbeit im Sinne der Schwerarbeitsverordnung schließen lässt.
- Es handelt sich um keine Tätigkeit, die hinsichtlich Schwerarbeit von einer dritten Stelle (zum Beispiel durch die BUAK) gemeldet wird.

6.12.3. Meldefrist
Die Schwerarbeitsmeldung ist einmal jährlich bis spätestens **Ende Februar des Folgejahres** zu erstatten.

6.12.4. Zuständige Stelle
Die Schwerarbeitsmeldung ist an den zuständigen Krankenversicherungsträger zu übermitteln.

6.12.5. Prozess bzw. Ablauf

Die Meldung gilt nur dann als erstattet, wenn sie mittels ELDA übermittelt wird.

Meldungen auf anderen Wegen, insbesondere in Papierform, mittels E-Mail oder telefonisch, gelten als nicht erstattet.

6.12.6. Erforderliche Unterlagen

Es sind **keine** Unterlagen erforderlich.

6.12.7. Kosten

Es fallen **keine** Gebühren an.

6.12.8. Besonderheiten der Meldung

- Für Versicherungszeiten, in denen keine Pflichtversicherung in der PV besteht, etwa Zeiten einer geringfügigen Beschäftigung, ist keine Schwerarbeitsmeldung vorzulegen.
- Die bzw. der Versicherte kann etwaige Nachteile, die sie bzw. er auf Grund eines Verstoßes gegen die Meldepflicht erleidet, auf zivilrechtlichem Wege einklagen.

6.12.9. Rechtsgrundlagen

- § 5 Schwerarbeitsverordnung
- § 41 ASVG

6.12.10. Inhalt und Aufbau der Schwerarbeitsmeldung

Die notwendigen elektronischen Formulare sind in ELDA bzw. Ihrer Lohnverrechnungssoftware integriert.

6.12.10.1. Ausfüllhilfe: Schwerarbeitsmeldung

„Dienstgeber" und zuständiger „Versicherungsträger": Wählen Sie die Dienstgeberdaten und den zuständigen Versicherungsträger aus. Die Stammdaten verwalten Sie im Menü „Meldungserfassung DG" unter „Dienstgeber". Das Feld „weiterer Ordnungsbegriff" wird bei der Datenübermittlung von ELDA ignoriert. Es kann daher von Ihnen firmenintern nach Belieben befüllt (zum Beispiel Personalnummer der Dienstnehmerin bzw. des Dienstnehmers) oder auch leer gelassen werden.

Daten der bzw. des Versicherten (VSNR, GEBD, FANA, VONA): In diesen Feldern sind die Daten der bzw. des Versicherten anzuführen. Die Stammdaten verwalten Sie im Menü „Meldungserfassung DG" unter „Dienstnehmer". Achten Sie auf die richtige Schreibweise von Namen und VSNR (vierstellige laufende Nummer und in der Regel das Geburtsdatum).

„Tätigkeitsjahr (JJJJ)" (JAHR): Tragen Sie jenes Kalenderjahr ein, in dem Schwerarbeit geleistet wurde.

Achtung: Übermitteln Sie pro Person nur eine Schwerarbeitsmeldung pro Kalenderjahr.

„Tätigkeit" (TART): Wählen Sie die zutreffende Art der Tätigkeit aus.

„von (TT.MM.)" (TVON) bzw. „bis (TT.MM.)" (TBIS): Tragen Sie hier den Zeitraum im Kalenderjahr (Tag und Monat) ein, der diese Tätigkeit umschließt.

Screenshot aus ELDA Online/Meldungserfassung Dienstgeber

6.12.11. Änderung/Richtigstellung der Meldung

Die Korrektur einer unrichtig erstatteten Schwerarbeitsmeldung erfolgt durch Stornierung und Vorlage einer neuerlichen Meldung.

6.13. Meldeverstöße

6.13.1. Beitragszuschlag

Wird anlässlich einer unmittelbaren Betretung festgestellt, dass die Anmeldung nicht vor Arbeitsantritt erstattet wurde, kann ein Beitragszuschlag vorgeschrieben werden.

Der Beitragszuschlag setzt sich aus zwei Teilbeträgen zusammen. Diese belaufen sich auf
- 400,00 Euro für die gesonderte Bearbeitung je nicht vor Arbeitsantritt angemeldeter Person und auf
- 600,00 Euro für den Prüfeinsatz.

Der Beitragszuschlag wird mittels Bescheid vorgeschrieben.

Bei erstmalig verspäteter Anmeldung mit unbedeutenden Folgen kann der Teilbetrag für die gesonderte Bearbeitung entfallen und der Teilbetrag für den Prüfeinsatz auf 300,00 Euro herabgesetzt werden bzw. in besonders berücksichtigungswürdigen Einzelfällen zur Gänze entfallen.

Der Umstand der nicht vor Arbeitsantritt erstatteten Anmeldung ist verpflichtend der Bezirksverwaltungsbehörde anzuzeigen. Die auf Grund der vorliegenden Ordnungswidrigkeit zusätzlich zum Beitragszuschlag drohende Verwaltungsstrafe beläuft sich unverändert auf 730,00 Euro bis 2.180,00 Euro (im Wiederholungsfall auf 2.180,00 Euro bis 5.000,00 Euro).

Betretungsfall: Eine Betretung liegt vor, wenn ein legitimiertes Prüforgan (zum Beispiel Bedienstete der Finanzverwaltung oder der ÖGK) anlässlich einer Kontrolle Personen arbeitend antrifft, die zum Kontrollzeitpunkt nicht vor Arbeitsantritt zur SV angemeldet sind.

6.13.2. Säumniszuschlag

Seit 01.09.2020 fallen für sämtliche Meldeverstöße Säumniszuschläge an. Sie können vorgeschrieben werden, wenn
- die Anmeldung zur Pflichtversicherung nicht innerhalb von sieben Tagen ab Beginn der Pflichtversicherung erstattet wird oder
- die Meldung der noch fehlenden Daten zur Anmeldung nicht mit jener mBGM erfolgt, die für den Kalendermonat des Beginnes der Pflichtversicherung zu erstatten ist, oder
- die Abmeldung nicht oder nicht rechtzeitig erfolgt oder
- die Frist für die Vorlage der mBGM nicht eingehalten wird oder
- die Berichtigung der mBGM verspätet erfolgt oder
- für die Pflichtversicherung bedeutsame sonstige Änderungen nicht oder nicht rechtzeitig gemeldet werden.

Der je Meldeverstoß anfallende Säumniszuschlag beläuft sich im Jahr **2022** bis auf die nachstehend angeführten zwei Ausnahmen grundsätzlich auf **57,00 Euro**.

Ausnahme 1: Wird im Bereich des Selbstabrechnerverfahrens die mBGM für einen Beitragszeitraum nach dem 15. des jeweiligen Folgemonates erstattet, beträgt die Höhe des Säumniszuschlages bei einer Vorspätung
- von bis zu fünf Tagen 5,00 Euro
- von sechs bis zehn Tagen 10,00 Euro und
- von elf Tagen bis zum Monatsende 15,00 Euro.

Langt die mBGM innerhalb der vorstehenden Fristen nicht ein, fallen pro Meldeverstoß **57,00 Euro** an. In weiterer Folge werden die Beitragsgrundlagen vom Krankenversicherungsträger im Rahmen einer qualifizierten Schätzung festgelegt. Die verspätete Meldung der Beitragsgrundlagen im Beitragsvorschreibeverfahren ist abweichend davon stets mit einem Säumniszuschlag im Ausmaß von **57,00 Euro** pro Meldeverstoß bedroht. Eine Staffelung ist hier nicht vorgesehen.

Ausnahme 2: Erfolgt eine rückwirkende Berichtigung eines mittels mBGM ursprünglich zu niedrig gemeldeten Entgeltes außerhalb der für Selbstabrechnerinnen und Selbstabrechner vorgesehenen sanktionsfreien zwölfmonatigen Frist, ergeht ein Säumniszuschlag in Höhe der anfallenden Verzugszinsen **(bis 30.09.2022: 1,38 Prozent, ab 01.10.2022: 3,38 Prozent)**.

Generell gilt, dass der Versicherungsträger unter Berücksichtigung der Art des Meldeverstoßes, der wirtschaftlichen Verhältnisse der Beitragsschuldnerin bzw. des Beitragsschuldners, des Verspätungszeitraumes und der Erfüllung der bisherigen Meldeverpflichtungen auf den jeweiligen Säumniszuschlag zum Teil oder zur Gänze verzichten kann.

6.13.2.1. Deckelung
Die Summe aller in einem Beitragszeitraum angefallenen Säumniszuschläge darf das Fünffache der täglichen Höchstbeitragsgrundlage **(2022: 945,00 Euro)** nicht überschreiten. Sämtliche Beitragskonten einer Dienstgeberin bzw. eines Dienstgebers werden dabei bundeslandübergreifend berücksichtigt. Die Deckelung erfolgt automatisch EDV-unterstützt. Säumniszuschläge für verspätete Anmeldungen sind allerdings von der Deckelung nicht umfasst.

6.13.2.2. Meldeverstoß-Konto
Die Deckelung der Säumniszuschläge erfolgt am so genannten Meldeverstoß-Konto (MVS-Konto). Das MVS-Konto bezeichnet jenes Beitragskonto einer Dienstgeberin bzw. eines Dienstgebers, auf welches alle Säumniszuschläge verbucht werden, egal wie viele Beitragskonten in einem oder mehreren Bundesländern bestehen.

Für Dienstgeberinnen und Dienstgeber mit Beitragskonten in mehreren Bundesländern wird das MVS-Konto grundsätzlich jenem Bundesland zugeordnet, in dem die geschäftliche Hauptanschrift (Betriebssitz) des Unternehmens liegt. Dort liegt auch der SPOC für sämtliche Anliegen im Zusammenhang mit Meldeverstößen.

Säumniszuschläge bzw. der Entfall von Säumniszuschlägen auf Grund der Deckelung werden der Dienstgeberin bzw. dem Dienstgeber schriftlich mitgeteilt. Anhand des Informationsschreibens ist auch ersichtlich, für welche Meldungen auf welchem Beitragskonto in welchem Bundesland ein Meldeverstoß vorliegt.

7. Arbeitsbehelf 2022

7.1. Checkliste für den Jahreswechsel

In unserer Checkliste finden Sie einen Überblick, welche Meldungen zum Jahreswechsel zu erstatten sind.

Was?	Lohnsummenverfahren	Vorschreibeverfahren	Personenkreis	Art der Meldung	Besonderheiten	Vorlage bis wann? Anmerkung: Fällt der letzte Tag der Frist auf einen Samstag, Sonntag oder Feiertag, endet die Frist gemäß Artikel 5 des Europäischen Fristenübereinkommens (FristenUB) am nächstfolgenden Werktag.
Lohnzettel Finanz	✓	✓	Dienstnehmerinnen und Dienstnehmer	Lohnzettel Finanz	Der Lohnzettel Finanz ist mittels ELDA zu übermitteln. Nur in Ausnahmefällen ist die Übermittlung in Papierform zulässig.	Elektronisch bis Ende Februar des Folgejahres; Papierformular bis Ende Jänner des Folgejahres an das zuständige Finanzamt
Mitteilung gemäß § 109a EStG 1988	✓		Freie Dienstnehmerinnen und freie Dienstnehmer	Mitteilung gemäß § 109a EStG 1988	Dieses Formular ist für freie Dienstnehmerinnen und freie Dienstnehmer anstelle des Lohnzettels Finanz zu erstatten.	Elektronisch bis Ende Februar des Folgejahres; Papierformular E 109a bis spätestens Ende Jänner des Folgejahres an das zuständige Finanzamt
Schwerarbeitsmeldung	✓	✓	Dienstnehmerinnen und Dienstnehmer, die unter erschwerten Arbeitsbedingungen tätig sind und in der PV pflichtversichert sind (keine Meldung etwa bei Tätigkeiten, für die Zuschläge zum Sachbereich Urlaub der BUAK nach den §§ 21 und 21a des BUAG zu entrichten sind - in diesen Fällen werden die Meldungen von der BUAK durchgeführt).	Schwerarbeitsmeldung	Meldung nur für Männer ab dem 40. bzw. Frauen ab dem 35. Lebensjahr; erschwerende Arbeitsbedingungen sind in der Schwerarbeitsverordnung definiert; Zeiten einer Kündigungsentschädigung oder Urlaubsersatzleistung sind nicht zu melden.	Jährlich im Nachhinein; frühestens ab Jänner; spätestens bis Ende Februar
Adresse der Arbeitsstätte	✓	✓	(Freie) Dienstnehmerinnen und (freie) Dienstnehmer	Adresse der Arbeitsstätte	Die Meldung ist mittels ELDA zu übermitteln.	Bis Ende Februar des Folgejahres an die Statistik Austria
Meldung von Heimarbeiterinnen und Heimarbeitern	✓	✓	Heimarbeiterinnen und Heimarbeiter	Auskunft über Beschäftigte gemäß § 5 Abs. 5 Heimarbeitsgesetz	Die Liste der beschäftigten Heimarbeiterinnen und Heimarbeiter ist mittels Formular zu übermitteln.	Bis 15.01. des Folgejahres an den zuständigen Krankenversicherungsträger

7.2. Infos und Services im Internet

Die ÖGK bietet Ihnen neben dem Arbeitsbehelf zusätzliche elektronische Infos und Services an:

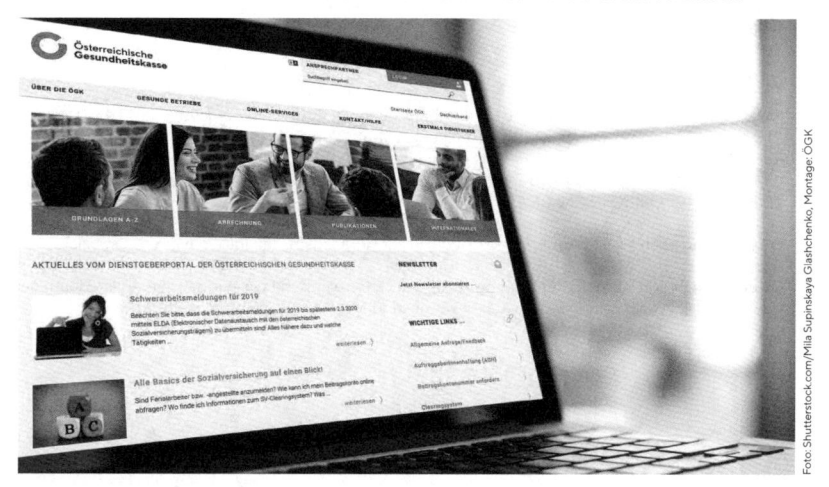

www.gesundheitskasse.at/dienstgeber
- Kontaktdaten zu den Landesstellen der ÖGK nach Themenbereichen gegliedert,
- Grundlagen A – Z,
- Tarifsystem,
- Schwerpunktthemen (AuftraggeberInnenhaftung, Internationales etc.),
- Fragen-Antworten-Kataloge (BMSVG, mBGM, Schwerarbeit, Auslandstätigkeit),
- Online-Medien: Magazin „DGservice", Dienstgeber-Newsletter, Praxisleitfaden „Auslandstätigkeit: Wer wo versichert ist", Praxisleitfaden „Praktika: Welche Beschäftigungsformen möglich sind", Praxisleitfaden „Gesellschafterinnen und Gesellschafter: Wann ein Dienstverhältnis möglich ist" etc.,
- Online-Services: Abfragen des Beitragskontos (WEBEKU), Ermitteln von Tarifgruppen, Anfordern einer Beitragskontonummer, Erteilen von Abbuchungsaufträgen, Einsicht in die Liste der haftungsfreistellenden Unternehmen (HFU-Liste), Abfragen von Krankenstandsbescheinigungen (KSB) etc.

www.elda.at
Informationen zum elektronischen Datenaustausch mit den Sozialversicherungsträgern (Registrierung, Meldungserfassung, Übermittlung etc.).

www.sozdok.at
Die SozDok bietet Ihnen Zugriff auf alle wichtigen Sozialversicherungsgesetze. Darüber hinaus können Sie Verordnungen, Durchführungsvorschriften, Entscheidungen, Erlässe, europarechtliche Bestimmungen und Hinweise zu Gesetzesmaterialien abrufen.

Zudem sind hier auch die MVB-Empfehlungen abrufbar. Dies sind Richtlinien zur einheitlichen Vollzugspraxis der Versicherungsträger im Bereich des Melde-, Versicherungs- und Beitragswesens.

7. Arbeitsbehelf 2022

www.ris.bka.gv.at/avsv
Die amtlichen Verlautbarungen der Sozialversicherungsträger und des Dachverbandes der österreichischen Sozialversicherungsträger werden im Rechtsinformationssystem des Bundes (RIS) kundgemacht. Hier finden Sie auch alle bisher im Internet (seit 2002) verlautbarten Kundmachungen der Sozialversicherung.

7.3. Impressum

Medieneigentümer: Österreichische Gesundheitskasse (ÖGK), Wienerbergstraße 15-19, 1100 Wien, ATU74552637, Tel.: +43 5 0766-0, E-Mail: office@oegk.at, Web: www.gesundheitskasse.at/impressum
Redaktionsteam: Fachbereich Versicherungsservice
Layout: Matthias Berger, Gerhard Trimmel (beide ÖGK)
Bildnachweis: Titelfoto - SFIO CRACHO/shutterstock.com, weitere Bilder, wenn nicht anders angegeben: ÖGK
Offenlegung nach § 25 Mediengesetz: Magazin zur Herausgabe von Informationen zur Sozialversicherung
Offenlegung nach § 25 Abs. 2 Mediengesetz: Die Österreichische Gesundheitskasse wird durch den Verwaltungsrat vertreten (§ 423 ASVG) – www.gesundheitskasse.at/selbstverwaltung

7. Arbeitsbehelf 2022

7.4. Abkürzungsverzeichnis

Die folgende Aufstellung beinhaltet die in diesem Arbeitsbehelf verwendeten Abkürzungen und deren Bedeutungen.

Abkürzung	Bedeutung
AGH	AuftraggeberInnenhaftung
AK	Arbeiterkammerumlage
AlVG	Arbeitslosenversicherungsgesetz 1977
AMPFG	Arbeitsmarktpolitik-Finanzierungsgesetz
AMS	Arbeitsmarktservice
AngG	Angestelltengesetz
APG	Allgemeines Pensionsgesetz
ASVG	Allgemeines Sozialversicherungsgesetz
AUVA	Allgemeine Unfallversicherungsanstalt
AV	Arbeitslosenversicherung
AVRAG	Arbeitsvertragsrechts-Anpassungsgesetz
BAG	Berufsausbildungsgesetz
BAO	Bundesabgabenordnung
BG	Beitragsgrundlage
BGBl.	Bundesgesetzblatt
BIC	Business Identifier Code (Internationale Bankleitzahl)
B-KUVG	Beamten-Kranken- und Unfallversicherungsgesetz
BMF	Bundesministerium für Finanzen
BMSVG	Betriebliches Mitarbeiter- und Selbständigenvorsorgegesetz
BPGG	Bundespflegegeldgesetz
BUAG	Bauarbeiter-Urlaubs- und Abfertigungsgesetz
BUAK	Bauarbeiter-Urlaubs- und Abfertigungskasse
BSchEG	Bauarbeiter-Schlechtwetterentschädigungsgesetz 1957
BSVG	Bauern-Sozialversicherungsgesetz
BV	Betriebliche Vorsorge
BVAEB	Versicherungsanstalt öffentlich Bediensteter, Eisenbahnen und Bergbau
DFÜ	Datenfernübertragung
DG	Dienstgeber
DLZ-AGH	Dienstleistungszentrum-AGH
DN	Dienstnehmer
DV	Dienstverhältnis
EDV	Elektronische Datenverarbeitung
EFZG	Entgeltfortzahlungsgesetz
ELDA	Elektronischer Datenaustausch mit den österreichischen Sozialversicherungsträgern
EStG 1988	Einkommensteuergesetz 1988
FLAF	Familienlastenausgleichsfonds
FSVG	Bundesgesetz über die Sozialversicherung freiberuflich selbständig Erwerbstätiger
GFG	Geringfügigkeitsgrenze
GPLB	Gemeinsame Prüfung Lohnabgaben und Beiträge
GSVG	Gewerbliches Sozialversicherungsgesetz
HFU-Gesamtliste	Liste der haftungsfreistellenden Unternehmen
IBAN	International Bank Account Number (Internationale Bankkontonummer)
IE	Insolvenz-Entgeltsicherungszuschlag bzw. Zuschlag nach dem Insolvenz-Entgeltsicherungsgesetz
IESG	Insolvenz-Entgeltsicherungsgesetz
KBGG	Kinderbetreuungsgeldgesetz
KV	Krankenversicherung
LK	Landarbeiterkammerumlage
LSD-BG	Lohn- und Sozialdumping-Bekämpfungsgesetz

7. Arbeitsbehelf 2022

Abkürzung	Bedeutung
mBGM	monatliche Beitragsgrundlagenmeldung
MSchG	Mutterschutzgesetz 1979
MVS-Konto	Meldeverstoß-Konto
NB	Nachtschwerarbeits-Beitrag
NeuFöG	Neugründungs-Förderungsgesetz
NSchG	Nachtschwerarbeitsgesetz
ÖGK	Österreichische Gesundheitskasse
PV	Pensionsversicherung
RMDFÜ	Datenfernübertragung
SchUG	Schulunterrichtsgesetz
SPOC	Single Point of Contact
SV	Sozialversicherung
SVS	Sozialversicherungsanstalt der Selbständigen
SW	Schlechtwetterentschädigungsbeitrag
SZ	Sonderzahlung
UrlG	Urlaubsgesetz
UStG 1994	Umsatzsteuergesetz 1994
UV	Unfallversicherung
UZ	Urlaubszuschuss
VBG	Vertragsbedienstetengesetz 1948
VKG	Väter-Karenzgesetz
VSNR	Versicherungsnummer
WBB-AÜG	Weiterbildungsbeitrag nach dem Arkbeitskräfteüberlassungsgesetz
WEDEKU	WEB-BE-Kunden-Portal
WF	Wohnbauförderungsbeitrag
ZDG	Zivildienstgesetz 1986